Richard Anschütz

# Der Chemiker August Keku

Band 2
**Abhandlungen, Berichte, Kritiken, Ar**

seVerus

**Anschütz, Richard:** Der Chemiker August Kekulé - Band 2: Abhandlungen, Berichte, Kritiken, Artikel, Reden
**Hamburg, SEVERUS Verlag 2012**
Nachdruck der Originalausgabe von 1929

ISBN: 978-3-86347-308-2
Druck: SEVERUS Verlag, Hamburg, 2012


Der SEVERUS Verlag ist ein Imprint der Diplomica Verlag GmbH.

**Bibliografische Information der Deutschen Nationalbibliothek:**
Die Deutsche Nationalbibliothek verzeichnet diese Publikation in der Deutschen
Nationalbibliografie; detaillierte bibliografische Daten sind im Internet über
http://dnb.d-nb.de abrufbar.

# AUGUST KEKULÉ

VON

## RICHARD ANSCHÜTZ

### BAND II

ABHANDLUNGEN, BERICHTE,
KRITIKEN, ARTIKEL, REDEN

MIT 5 ABBILDUNGEN IM TEXT UND 3 TAFELN

SEVERUS

Der

# Deutschen Chemischen Gesellschaft

gewidmet

vom Herausgeber

# Vorwort.

Einer Rechtfertigung, die Abhandlungen, Berichte, Kritiken, Artikel und Reden von August Kekulé gesammelt und geordnet den Fachgenossen vorzulegen, bedarf es nicht. Denn es handelt sich um den Niederschlag der Gedankenarbeit eines Gelehrten, dessen Theorien einen nicht hoch genug einzuschätzenden Einfluß auf die Entwicklung der organischen Chemie ausgeübt haben und noch ausüben. Beruhen doch auf Kekulé's Valenztheorie unsere Vorstellungen von dem Bau, der Struktur der Kohlenstoffverbindungen, die unseren Versuchen über ihren Abbau und Aufbau zugrunde liegen.

Dazu kommt, daß Kekulé's Abhandlungen in den verschiedensten, zum Teil nur schwierig zugänglichen englischen, belgischen und französischen Zeitschriften zerstreut und daher manche in Deutschland so gut wie unbekannt geblieben sind. Verursacht ist dies durch den ungewöhnlichen Lebenslauf Kekulé's, der ihn in jungen Jahren von den heimatlichen Hochschulen nach Paris, nach Reichenau bei Chur, nach London und als akademischen Lehrer von Heidelberg über Gent nach Bonn führte.

Den Stoff habe ich, wie schon das Titelblatt zeigt, in fünf Kapitel eingeteilt, von denen das erste, die Abhandlungen umfassende, bei weitem das wichtigste ist. Bei dieser Einteilung mußte von einer streng zeitlichen Reihenfolge der Schriften abgesehen werden, die jedoch ein besonderes chronologisches Verzeichnis am Ende des Bandes veranschaulicht.

I. Die *Abhandlungen* sind nach den oben genannten Orten aneinandergereiht, an denen sie entstanden sind. Sowohl die in Heidelberg als die in Gent und in Bonn veröffentlichten Aufsätze sind nach den bearbeiteten Problemen zusammengestellt, so daß sich die Hauptforschungsrichtungen Kekulé's bequem übersehen und verfolgen lassen; es sind hauptsächlich die folgenden:

G i e ß e n : Ueber die Amyloxydschwefelsäure und einige ihrer Salze.

R e i c h e n a u (mit v. P l a n t a): Beiträge zur Kenntnis einiger flüchtigen Basen.

L o n d o n : On a new Series of Sulphuretted Acids.

H e i d e l b e r g : Ueber die Konstitution des Knallquecksilbers. Die Entstehung der Valenztheorie.

G e n t : Untersuchungen über organische Säuren. Atomtheoretische Abhandlungen. Die Benzoltheorie und Untersuchungen aromatischer Verbindungen.

B o n n : Fortsetzung der Untersuchungen aromatischer Verbindungen. Ueber Terpentinöl und Kampher. Ueber Triphenylmethan. Arbeiten zur experimentellen Lösung des Benzolproblems. Ueber die Konstitution des Pyridins.

Ich weise darauf hin, daß von den vier atomtheoretischen Abhandlungen aus Gent zwei in den Comptes rendus de l'Académie des sciences, eine in den Bulletins de l'Académie Royale de Belgique und eine in der nur ein halbes Jahr existierenden englischen Zeitschrift „The Laboratory" veröffentlicht sind. Die beiden letzten Abhandlungen sind daher in Deutschland nicht bekannt geworden.

Die Abhandlung über die Konstitution des Pyridins habe ich mit Benutzung von K e k u l é ' s wissenschaftlichem Nachlaß zusammengestellt; sie wird also hier zum erstenmal veröffentlicht.

II. Die *Berichte — Rapports* — die K e k u l é über die meist aus seinem Laboratorium hervorgegangenen Abhandlungen seiner Schüler der belgischen Akademie in den Jahren 1864 bis 1867 erstattete, um sie zur Aufnahme in die Bulletins oder Mémoires der Akademie zu empfehlen, sind in Deutschland unbekannt geblieben. In dem Rapport über eine Abhandlung seines Assistenten S w a r t s spricht K e k u l é zuerst seine Ansicht über die Ursache der Isomerie der Fumar- und Maleïnsäure, die Itaconsäure, Citraconsäure und Mesaconsäure aus: die Lückentheorie. In dem großen Bericht K e k u l é ' s über die chemischen Vor-

träge auf der Innsbrucker Versammlung deutscher Naturforscher und
Aerzte 1869 finden sich von ihm theoretische Ansichten über verschiedene chemische Probleme, die nicht seinem engeren Arbeitsgebiet
angehörten.

III. *Kritiken* K e k u l é ' s über drei Bücher finden sich im ersten
Band der von ihm 1858 mitbegründeten *Kritischen Zeitschrift für
Chemie, Physik und Mathematik*, von denen jedoch nur die eingehende
Besprechung von S c h l o ß b e r g e r s Lehrbuch der organischen Chemie
eine besondere Bedeutung hat. Auch die Einführung dieser Zeitschrift
ist offenbar von K e k u l é verfaßt und daher von mir aufgenommen
worden.

IV. *Artikel.* In dem Neuen Handwörterbuch der Chemie von
H. v. F e h l i n g hat Kekulé 1870 die Artikel „*Acidität*" und „*Aequivalenz*" bearbeitet. Der Aufsatz über Aequivalenz ist besonders be-
achtenswert, weil in ihm Kekulé eine wichtige Strecke seines Weges,
der ihn zur Valenztheorie führte, eingehend und umfassend dargestellt hat.

V. *Reden.* Von den beiden als Broschüren 1878 erschienenen Rekto-
ratsreden entwickelt die erste: „*Die wissenschaftlichen Ziele und Leistungen der Chemie*," K e k u l é s Ansichten über eine Reihe künftiger
Probleme, die zweite: „*Die Prinzipien des höheren Unterrichts und die
Reform der Gymnasien*", ist getragen von der Sorge, daß unserem Volke
die Einheitsschule für die Vorbildung zum Universitätsstudium verloren
zu gehen drohe. Die beiden anderen gelegentlich bei zwei Festen gehaltenen Reden K e k u l é s enthalten wertvolle autobiographische Mit-
teilungen.

Es war mein Bestreben die sämtlichen Schriften K e k u l é s so
wiederzugeben, wie sie ursprünglich erschienen sind, sie, soweit es der
Satzspiegel zuließ, gewissermaßen zu faksimilieren. An der Recht-
schreibung der vor 50 bis 70 Jahren in deutschen Zeitschriften erschienenen Abhandlungen Kekulés ist daher nichts geändert. Ebenso sind
die Literaturzitate genau wiedergegeben. Wenn ich dagegen Zitate zufügte, so verwendete ich dafür die heute üblichen Abkürzungen. Da-

gegen habe ich allen Zitaten K e k u l é s die meist fehlenden Jahres-
zahlen beigesetzt. Für die Prüfung der Richtigkeit der Zitate aus mir
nicht zur Verfügung stehenden chemischen Zeitschriften bin ich der
Redaktion des Chemischen Zentralblattes zu besonderem Dank verpflichtet.

Dringt man in die Werke K e k u l é s ein, so empfängt man von ihm
den Eindruck eines überragenden Geistes, bei dem sich unerschöpflicher
Ideenreichtum mit durchdringendem kritischen Verstand in seltenstem
Maße paart. Das sind die Eigenschaften, die K e k u l é zum Reformator
der organischen Chemie werden ließen und einer großen Epoche in der
Entwicklungsgeschichte dieser Wissenschaft für immer seinen Namen
aufprägten.

D a r m s t a d t , Januar 1929.

R i c h a r d A n s c h ü t z.

# Inhaltsübersicht.

## II. B e r i c h t e.

## III. Kritiken.

## IV. Artikel.

## V. Reden.

# Abkürzungen.

A. oder Liebig's Ann. oder Ann. Chem. Pharm.: Annalen der Chemie und Pharmacie von Justus von Liebig.

A. ch. oder Ann. ch. phys. oder Ann. de Ch. et de Ph.: Annales de Chimie et de Physique.

Americ. Chem. J.: American Chemical Journal.

Archiv f. patholog. Anat. u. Physiologie u. f. klinische Med.: Archiv für pathologische Anatomie und Physiologie und für klinische Medizin.

Arch. Pharm.: Archiv für Pharmacie.

B. oder Ber. der deutsch. ch. Ges.: Berichte der Deutschen Chemischen Gesellschaft.

Berzel. Jahresb.: Jahres-Bericht über die Fortschritte der physischen Wissenschaften von Jacob Berzelius.

Bl. oder Bull. soc. chim.: Bulletin de la Société Chimique de Paris.

Bull. Acad. Roy. Belg.: Bulletin de l'Académie Royale de Belgique.

Chem. Centralbl.: Chemisches Centralblatt.

Chem. News: Chemical News.

Chem. Soc. Qu. Journ.: Quarterly Journal of the Chemical Society.

Compt. rend.: Comptes rendus de l'Académie des Sciences.

Compt. rend. d. tr. ch. p. L. et G.: Comptes rendus des traveaux de chimie par MM. Aug. Laurent et Charles Gerhardt.

G.: Gazzetta Chimica Italiana.

Giorn. di science nat. ed econ.: Giornale di science naturali ed economiche. Palermo.

Jahresb. f. Ch.: Jahresbericht über die Fortschritte der Chemie.

Journ. of Chem. Soc.: Journal of the Chemical Society of London.

J. f. pr. Ch. oder J. pr. Chem. oder Journ. f. pr. Ch.: Journal für praktische Chemie.

Pharm. Ctrbl. oder Pharm. Centralbl.: Pharmaceutisches Centralblatt.

Pogg. A. oder Pogg. Ann.: Annalen der Physik und Chemie von Poggendorff.

Précis de ch. org.: Précis de chimie organique par Charles Gerhardt.

Proc. Roy. Soc. Edinburgh: Proceedings of the Royal Society of Edinburgh.

Rammelsberg, Krist. Chem.: Rammelsberg, Handbuch der krystallographisch-physikalischen Chemie.

Schweigg.: Schweiggers Journal für Chemie und Physik.

Sitzungsb. d. Niederrh. Ges. f. Natur- u. Heilkunde: Sitzungsberichte der Niederrheinischen Gesellschaft für Natur- und Heilkunde.

Traité oder Gerhardt Traité: Traité de chimie organique par Charles Gerhardt.

Zeitschr. f. anal. Ch.: Zeitschrift für analytische Chemie.

Z. f. Ch. oder Zeitschr. f. Ch.: Zeitschrift für Chemie; N. F.: Neue Folge.

# I. Abhandlungen

## I. Kekulés Arbeiten im Universitätslaboratorium von Justus Liebig in Gießen 1850—1851.

Chemische Briefe von Justus Liebig, 3. Auflage, Heidelberg. Im 27. Brief Anm. S. 592 führt Liebig die Ergebnisse der von Kekulé ausgeführten Analyse von Kleber an:

„Kleber aus einer Stärkemehlfabrik lieferte 1—1¼ Prozent Asche, welche 7,87 Kali, 2,14 Natron, 17,31 Kalk, 12,08 Bittererde, 7,13 Eisenoxyd, zusammen 47,13 Basen mit 52,08 Phosphorsäure, 0,69 Schwefelsäure und 0,09 Chlor enthielt (Kekulé).

Ebendort, Anm. S. 595 teilt Liebig eine von Kekulé ausgeführte Analyse der Weizenkleie mit:

„Zusammensetzung der Weizenkleie.

Kekulé

| | |
|---|---:|
| Stärkemehl ⎫ | |
| Kleber    ⎬ . . . . . . . . . . | 67,3 |
| Zucker    ⎭ | |
| Fett . . . . . . . . . . . . . | 4,1 |
| Holzsubstanz . . . . . . . . . | 9,2 |
| Salze . . . . . . . . . . . . | 5,6 |
| Wasser . . . . . . . . . . . . | 13,8 |
| | 100.“ |

## Ueber die Amyloxydschwefelsäure und einige ihrer Salze; von Aug. Kekulé.

Liebigs Annalen 75, 275—293 (12. 10. 1850).

Cahours[1] hat vor einigen Jahren, bei Gelegenheit einer Untersuchung über das Kartoffelfuselöl, die Bildung einer der Aetherschwefelsäure correspondirenden Amyloxydschwefelsäure beobachtet; er hat die Säure und einzelne ihrer Salze dargestellt und beschrieben. Veran-

---

[1] Ann. de. Ch. et d. Ph. [2] LXX. 81 (1839). Ann. der Chem. und Pharm. XXX, 288 (1839).

laßt durch Hrn. Prof. Will habe ich in dessen Laboratorium einige von den Salzen dieser Säure dargestellt und analysirt.

Ich verschaffte mir eine, die Amyloxydschwefelsäure enthaltende Flüssigkeit, indem ich, nach der von Cahours angegebenen Methode, rectifizirtes Kartoffelfuselöl mit gleich viel englischer Schwefelsäure vermischte. Die Mischung veranlaßt lebhaftes Erhitzen, einen eigenthümlich ätherartigen, stark zum Husten reizenden Geruch und rothe Färbung, als deren Ursache wohl die von Gaulthier de Claubry[1]) und von Rieckher[2]) dargestellte und als Amyloxyd beschriebene Verbindung betrachtet werden kann, die sich nach diesen beiden Chemikern in Schwefelsäure mit rother Farbe löst. Die Amyloxydschwefelsäure bildet sich dabei ohne weitere Anwendung von Wärme, jedoch erst bei längerem Stehen; ihre vollständige Bildung kann daran erkannt werden, daß die Flüssigkeit mit Wasser mischbar ist, was nicht stattfindet, wenn der Säure nicht Zeit genug zur Bildung gelassen, oder wenn nicht hinreichend Schwefelsäure angewandt wurde; ein Ueberschuß von Schwefelsäure wirkt nicht zersetzend auf die gebildete Säure ein.

Aus dieser rohen Amyloxydschwefelsäure können die Salze aller der Basen durch Neutralisation mit kohlensauren Salzen dargestellt werden, deren Verbindungen mit Kohlensäure und Schwefelsäure in Wasser unlöslich sind: das Baryt-, das Blei- und das Kalksalz. Durch Filtration kann das gelöste amyloxydschwefelsaure Salz vom unlöslichen schwefelsauren getrennt und durch Verdampfen krystallisirt erhalten werden. Die auf diese Art erhaltene Lösung enthält meist wenig einer ölartigen braunen Flüssigkeit, die sich beim Eindampfen größtentheils an den Wänden der Schale ansetzt und durch Filtriren durch ein genäßtes Filter vollständig entfernt werden kann; ist die Lösung dann noch nicht ganz farblos, so kann sie durch Schütteln mit Kohle entfärbt werden.

Rein erhalten wird die Amyloxydschwefelsäure aus dem Barytsalz durch Zusatz von Schwefelsäure, oder zweckmäßiger aus dem Bleisalz, indem man das Blei durch Schwefelwasserstoff ausfällt. Man erhält so eine farblose wässerige Lösung der Säure, die durch vorsichtiges Verdampfen concentrirter erhalten werden kann, wodurch sie die Consistenz eines schwachen Syrups erlangt.

Ich war nicht im Stande, sie, wie Cahours, krystallisirt zu erhalten; beim Verdunstenlassen im Vacuum erhielt ich wohl von der aus dem

---

[1]) Ann. der Chem. und Pharm. XLIV, 128 (1842).
[2]) Ann. der Chem. und Pharm. LXIV, 336 (1848).

Bleisalz dargestellten Säure wenig kleine Krystalle, die jedoch nicht aus Amyloxydschwefelsäure, sondern aus Gyps bestanden, da, wie ich später fand, das von mir angewandte kohlensaure Bleioxyd äußerst geringe Spuren von Kalk enthielt.

Die Amyloxydschwefelsäure ist farblos, sie schmeckt scharf sauer und färbt Lackmuspapier stark roth. Sie löst Eisen und Zink unter Wasserstoffentwicklung auf und treibt die Kohlensäure aus ihren Verbindungen aus.

Die Säure zersetzt sich sehr leicht; schon beim Stehen an der Luft, beim Erhitzen und im Vacuum, und zwar um so leichter, je concentriter sie ist. Salpetersäure wirkt beim Erhitzen, Chlorgas schon bei gewöhnlicher Temperatur zersetzend auf die wässerige Säure ein.

Die Amyloxydschwefelsäure bildet wie die Aetherschwefelsäure, mit Ausnahme eines basischen Bleisalzes, nur neutrale Salze, die meist krystallisirbar, alle in Wasser, meist in Alkohol, theilweise auch in Aether löslich sind. Man erhält sie durch Auflösen von Metalloxyden oder kohlensauren Salzen, das Zink und Eisenoxydulsalz durch Lösen des Metalls in der wässerigen Säure; einige erhält man zweckmäßiger aus dem Kalksalz durch Zusatz eines kohlensauren, oder aus dem Barytsalz durch Versetzen mit schwefelsaurem Salz.

Sie haben alle einen mehr oder weniger bitteren Geschmack und fühlen sich fett und seifenartig an; die meisten enthalten Krystallwasser, das sie zum Theil schon an der Luft, meist im Vacuum, vollständig in warmer Luft verlieren, einige jedoch nicht ohne sich dabei theilweise zu zersetzen; wenige sind in feuchter Luft zerfließlich. Die meisten amyloxydschwefelsauren Salze zersetzen sich sowohl im krystallisirten Zustand, als in Lösung schon beim Stehen an der Luft, indem Amyloxydhydrat entweicht und ein schwefelsaures Salz zurückbleibt; Erwärmen befördert die Zersetzung, doch können die meisten durch Trocknen bei 100° vom Krystallwasser befreit werden, ohne sich zu zersetzen. Bei stärkerem Erhitzen entwickeln sie ein brennbares Gas und hinterlassen schwefelsaures Salz, das meist mit Kohle gemengt ist.

Um die Producte dieser Zersetzung genauer untersuchen zu können, wurde eine Quantität amyloxydschwefelsaurer Kalk der trocknen Destillation unterworfen. Zur Aufnahme der flüssigen Producte war eine mit Wasser abgekühlte Flasche vorgelegt, die gasförmigen wurden in einer Glasglocke aufgefangen. Ich nahm die Destillation unter Kohlenfeuer vor und erhielt die Hitze längere Zeit bei 100°, ließ sie aber später auf 150° steigen. Als das in der Mitte der Retorte befindliche Thermometer 100° zeigte, wurde das getrocknete Salz weich und entwickelte, während es sich allmälig schwärzte, ein brennbares Gas, dem viel schweflige Säure und etwas Kohlensäure beigemischt war, zu deren Entfernung ich das Gas durch Kalkmilch streichen ließ. Nachdem die Destillation eine Zeit lang fortgesetzt war und die Luft entwichen seyn konnte, fing ich das Gas über Wasser auf und erhielt eine auf dem Wasser schwimmende farblose Flüssigkeit, die an die Luft gebracht schnell verdunstete und mit leuchtender, stark rußender Flamme brannte. In der Mitte der Destillation konnte durch auftropfenden Aether alles Gas in der Glocke verdichtet und das Niveau in gleicher Höhe gehalten werden, ein Beweis, daß keins der auftretenden Producte der Beobachtung entging.

In der durch Wasser abgekühlten Vorlage sammelte sich Wasser (mit schwefliger Säure gesättigt) und eine auf diesem schwimmende gelbliche Flüssigkeit, die gegen Ende der Destillation in größerer Menge auftrat, während das flüchtigere Product sich fortwährend verminderte. Bei noch stärkerer Hitze war das Destillat durch Schwefel getrübt, in der Röhre des Kühlapparats setzte sich Schwefel ab, während sich die Menge der Kohlensäure vermehrte. In der Retorte blieb schwefelsaurer Kalk zurück, gemengt mit viel Kohle.

Beide Producte dieser Destillation wurden zur Entfernung der schwefligen Säure wiederholt mit Wasser, dem etwas kohlensaures Natron zugesetzt war, geschüttelt, über Chlorcalcium getrocknet und rectifizirt.

Das flüchtigere zeigte einen constanten Siedepunkt bei 42° C.; es war farblos und geschmacklos, leicht flüssig, viel leichter wie Wasser und leicht brennbar; es hatte einen schwach zwiebelartigen Geruch, der ihm selbst durch mehrmalige Rectification nicht entzogen werden konnte.

Ich stelle mit dem Resultate meiner Analyse die Analyse einer Substanz zusammen, die B a l a r d [1]) als flüchtigstes Product der Destillation von Amylalkohol mit Chlorzink erhielt und deren Siedepunkt er bei 39° fand.

I. 0.2074 Grm. gaben 0,2697 Aq. Die Bestimmung der $CO_2$ wurde durch einen Unfall unsicher.

II. 0,289 Grm. gaben 0,8852 $CO_2$ und 0,3827 Aq.

---

[1]) Journ. f. prakt. Chem. XXXIV, 148 (1845).

|         | berechnet | Balard | gefunden | |
|---------|-----------|--------|------|------|
|         |           |        | I. | II. |
| $C_{10}$ | 85,7 | 84,6 | 83,7 | -- | 83,5 |
| $H_{10}$ | 14,3 | -- | 14,7 | 14,4 | 14,7 |
|         | 100,0 | | 98,4 | | 98,2. |

Eine Bestimmung der Dampfdichte nach der Methode von D u m a s gab folgendes Resultat:

Gewichtsüberschuß des mit Dampf gefüllten Ballons
gegen den mit Luft gefüllten . . . . . . . . 0,413 Grm.
Capacität des Ballons . . . . . . . . . . . . . 329 CC.
Temperatur des Dampfs . . . . . . . . . . . 62⁰
Beim Dampf gebliebene Luft . . . . . . . . . 20,5 CC.
Temperatur der Luft . . . . . . . . . . . . 20,5° C.
Barometerstand . . . . . . . . . . . . . . . 747,5 MM.

Spec. Gew. . . . . . . . . . . . . . . . . . 2.4271

B a l a r d fand nach der Methode von
G a y - L u s s a c . . . . . . . . . . . . . 2,68

Die Berechnung giebt:

$C_{10}$   8,432
$H_{10}$   1,372

9,808
———— = 2,45.
4.

Es scheint nach diesen Resultaten der von mir erhaltenen Substanz die Formel $C_{10}H_{10}$ zuzukommen, sie scheint identisch zu seyn mit dem von B a l a r d dargestellten flüchtigsten Product der Destillation des Amylalkohols mit Chlorzink, für welches derselbe den Namen *Amylen* gewählt: beide Substanzen scheinen indessen nicht ganz rein zu seyn, der von mir dargestellte ist, wie ich glaube, eine geringe Menge einer schwefelhaltigen Verbindung beigemischt, die den Verlust bei der Analyse und den dem reinen Amylen nicht zukommenden zwiebelartigen Geruch veranlaßt.

Das weniger flüchtige Product der Zersetzung des amyloxydschwefelsauren Kalks durch Hitze zeigte bei der Rectification keinen constanten Siedepunkt. Das farblose Destillat besaß einen dem Mercaptan ähnlichen, wiewohl schwächeren, Geruch: bei 180° färbte sich das Uebergehende gelblich, der Rückstand wurde braun und es entstanden weiße Nebel, die schweflige Säure enthielten. Das Destillat wurde mehrmals fractionirt rectificirt, wobei sich immer ein Theil zersetzte, und das zwischen 165—175⁰ übergegangene analysirt:

Es gaben 0,3767 Grm. 1,0215 Grm. $CO_2$ und 0,4589 Aq.

| berechnet | | gefunden | |
|---|---|---|---|
| | | | atomistisches Verhältniß |
| $C_{10}$ | 75,95 | 73,96 | 10,99 |
| $H_{11}$ | 13,92 | 13,54 | 10 |
| O | 10,13 | 12,5 | 1,26 |
| | 100,00 | 100,00 . | |

Resultate, die mit der Zusammensetzung des *Amyläthers* ziemlich übereinstimmen; da in der mit Salpetersäure und chlorsaurem Kali zersetzten Substanz Schwefelsäure nachgewiesen werden konnte, die jedoch der
geringen Menge wegen nicht quantitativ bestimmt wurde, scheint es
wahrscheinlich, daß Beimischung einer schwefelhaltigen Substanz den
Verlust an Kohlenstoff und Wasserstoff und den mercaptanähnlichen Geruch veranlaßt. Salpetersäure wirkt in der Kälte nicht zersetzend auf
die Substanz ein, sie ertheilt ihr aber eine schön purpurrothe Farbe (bei
rauchender Salpetersäure ist die Farbe mehr gelbroth); durch Schütteln
mit Wasser scheidet sich die Flüssigkeit wieder farblos ab. Mit concentriter Schwefelsäure mischt sie sich, es entsteht eine schön rothgefärbte
Flüssigkeit von Syrupconsistenz, die im Wasser zu Boden sinkt, aus der
aber durch Schütteln mit Wasser das Oel wieder farblos ausgeschieden
wird. Zusatz von Salpetersäure zu dieser Mischung veranlaßt plötzliche
und sehr lebhafte Zersetzung.

Ich erwähne hier verschiedene Körper von gleicher Zusammensetzung und theilweise gleichen Eigenschaften, mit denen die eben beschriebene Substanz vielleicht identisch ist und die von den Entdeckern
mit dem Namen *Amyläther* bezeichnet wurden, die aber alle dem zu
hohen Siedepunkt nach zum Amylalkohol wohl in anderem Verhältniß
stehen, wie der Aether zum Weinalkohol. G a u l t h i e r d e G l a u b r y [1])
erhielt durch Destillation von Schwefelsäure mit Fuselöl aus Runkelrübenmelasse, neben drei anderen Verbindungen, eine, die bei 170°
siedet und deren Zusammensetzung der Formel $C_{10}H_{11}O$ entspricht. Eine
Verbindung von gleicher Zusammensetzung erhielt R i e c k h e r [2]), indem er Schwefelsäure mit Fuselöl destillirte, das Destillat mit Schwefelsäure vermischte, das unlösliche oben wegnahm, den löslichen Theil
entsäuerte und fractionirt rectificirte, bei 175—183°. Beide Chemiker

---
[1]) Ann. der Chem. und Pharm. XLIV, 128 (1842).
[2]) Ann. der Chem. und Pharm. LXIV, 336 (1848).

haben an dem auf die angegebene Weise dargestellten Amyläther die
Eigenschaft beobachtet, sich in Schwefelsäure mit rother Farbe zu lösen,
die auch das von mir erhaltene Product zeigt. Gleiche Zusammensetzung
zeigt auch der von B a l a r d [1]) durch Einwirkung einer alkoholischen
Kalilösung auf Chlorwasserstoffamyläther erhaltene Amyläther, dessen
Siedepunkt übrigens viel niedriger beobachtet wurde (111—112°).

Wenn die angegebenen Resultate auch nicht gestatten, die Zersetzung der amyloxydschwefelsauren Salze durch Hitze in Formeln darzustellen, so reichen sie doch wohl hin, sich ein allgemeines Bild der Zersetzung zu machen. Ein Theil des Amyloxyds geht als solches über, ein
Theil spaltet sich in Amylen und Wasser, ein dritter Theil zerfällt vollständig in Wasser, Kohlensäure und Kohle, ein vierter Theil endlich bildet mit Schwefel aus der Schwefelsäure eine schwefelhaltige Verbindung, die der geringen Menge wegen nicht isolirt werden konnte. Die
Schwefelsäure bleibt zur Hälfte mit dem Kalk zurück; die andere Hälfte
entweicht als schweflige Säure, Schwefel oder in einer organischen Verbindung, indem sie ihren Sauerstoff zur Bildung von Wasser und von
Kohlensäure hergiebt.

Durch Fällung des Kalksalzes mit kohlensaurem Ammoniak und
durch Eindampfen des Filtrats auf dem Wasserbad erhielt ich *amyloxyd-
schwefelsaures Ammoniak* als weiße warzige Krystallmasse, bei freiwilligem Verdunsten als weiße Krystallschuppen, die unangenehm bitter
schmecken, sich seifenartig anfühlen und in feuchter Luft etwas zer-
fließen. Es verliert weder im Vacuum noch beim Erhitzen bis 100°
Gewicht, bei 140° fängt es an sich zu zersetzen und verbrennt mit Hinterlassung von Kohle. In Wasser löst es sich äußerst leicht, in Alkohol
schwerer, nicht in Aether. Wird es in feinzertheiltem Zustand auf Wasser
geworfen, so zeigt es die bei der Lösung verschiedener Körper beobachteten Bewegungserscheinungen in hohem Grad.

0,3597 Grm. des zwischen Papier getrockneten Salzes gaben 0,429 $CO_2$ und
0,2696 HO.

|         |     | berechnet | gefunden |
|---------|-----|-----------|----------|
| $C_{10}$ | 60  | 32,43     | 32,36    |
| $H_{12}$ | 15  | 8,11      | 8,33     |
| $O_2$    | 16  | 8,65      | —        |
| 2 $SO_3$ | 80  | 43,24     | — -      |
| N        | 14  | 7,57      | —·—      |
|         | 185 | 100,00    |          |

[1]) Ebendaselbst LII 311 (1844).

was ziemlich genau der Formel $(C_{10}H_{11}O, SO_3)$ $SO_3 + NH_4O$ entspricht.

*Amyloxydschwefelsaures Kali* wurde erhalten aus dem Kalksalz und kohlensaurem Kali, beim Eindampfen als weiße warzige Masse, bei freiwilligem Verdunsten als schöne seidenglänzende, zu Warzen gruppirte Nadeln; einmal erhielt ich beim Verdunsten im Vacuum eine leichte blumenkohlähnliche Masse, die sich bei längerem Stehen wieder in Nadeln umsetzte.

Es fühlt sich seifenartig an, schmeckt bitter; löst sich leicht in Wasser und wasserhaltigem Spiritus; in Alkohol schwerer, aus heiß gesättigter alkoholischer Lösung scheidet sich beim Erkalten der größte Theil des Salzes in äußerst feinen verwirrten Nadeln aus; in Aether ist es unlöslich, verwandelt sich aber beim Schütteln mit Aether in einen Brei von Schuppen, aus dem sich bei längerem Stehen feine amianthglänzende Nadeln bilden. In Ammoniak löst es sich und bleibt beim Verdunsten desselben unverändert zurück.

An der Luft werden die Krystallnadeln erst matt unter Verlust von Wasser, später bräunen sie sich etwas, riechen nach Fuselöl und enthalten viel freie Schwefelsäure. Sie verbrennen an der Luft leicht, mit leuchtender, unten violett gefärbter Flamme. Im luftleeren Raum und beim Erhitzen bei $100^0$ verliert das Salz 4 pC. ($= 1$ Atom Wasser), ohne sich weiter zu zersetzen; bei $170^0$ bläht es sich stark auf, schmilzt und zersetzt sich mit Hinterlassung einer schwarzen schaumigen Masse, aus der durch Glühen alle Kohle entfernt werden kann.

Die Analyse des im Vacuum getrockneten Salzes gab von 0,9612 Grm. 3,4065 Grm. $SO_3$ KO.

| | | berechnet | C a h o u r s | gefunden |
|---|---|---|---|---|
| $SO_3$ KO | 87,2 | 42,30 | 42,21 | 42,39 |
| $SO_3$ | 40 | 19,39 | — | — |
| $C_{10}H_{11}O$ | 79 | 38,31 | — | — |
| | 206 | 100,00 . | | |

Die Analyse des nur zwischen Papier getrockneten Salzes gab folgende Resultate:

I. 0,2377 Grm. der blumenkohlförmigen Krystalle hinterließen 0,0969 Grm. $SO_3$KO.

II. 0,3731 Grm. der nadelförmigen 0,1515 Grm. $SO_3$ KO.

I. 0,482 Grm. verloren im Vacuum 0,0183 Grm.

II. 0,514 Grm. verloren bei $100^0$ 0,0215 Grm.

Es ergiebt sich daraus für das krystallisirte Salz die Formel:

$$(C_{10}H_{11}O, SO_3) \; SO_3 + KO + aq.$$

| | berechnet | | gefunden | |
|---|---|---|---|---|
| | | | I. | II. |
| $SO_3$ KO | 87,2 | 40,52 | 40,77 | 40,60 |
| $SO_3$ | 40 | 18,59 | — | — |
| $C_{10}H_{11}O$ | 79 | 36,71 | — | — |
| Wasser | 9 | 4,18 | 3,8 | 4,18 |
| | 215.2 | 100.00. | | |

Auf dieselbe Weise wie das Kalisalz stellte ich *amyloxydschwefel-saures Natron* dar, das mit diesem viele Aehnlichkeit zeigt. Bei freiwilligem Verdunsten der Lösung erhält man es als farblose Warzen, die mit kleinen Krystallen bedeckt sind; beim Eindampfen als weiße warzige Masse. Es fühlt sich seifenartig an, schmeckt bitter, löst sich leicht in Wasser, in heißem in jeder Menge. Aus heiß gesättigter alkoholischer Lösung scheidet es sich beim Erkalten in glänzenden Blättchen aus, die sich nach und nach in strahlig gruppirte platte Nadeln verwandeln. Gegen Aether verhält es sich wie das Kalisalz, es schießt daraus in glänzenden Krystallblättchen an. Beim Erhitzen wird es bei etwa 35° weich, bläht sich auf und wird weiß, indem es Wasser verliert, bei 145° fängt es an sich zu zersetzen, das wasserhaltige nach vorherigem Schmelzen, das getrocknete ohne Schmelzen.

I. 0,4099 Grm. des zwischen Papier getrockneten Salzes hinterließen 0,1345 Grm. $SO_3$ NaO.

II. 0,2193 Grm. des zwischen Papier getrockneten Salzes hinterließen 0,0720 Grm. $SO_3$ NaO.

I. 0,3568 Grm. verloren im Vacuum 0,0435 Grm.

II. 2,585 Grm. verloren bei 100° 0,315 Grm.

| | berechnet | | gefunden | |
|---|---|---|---|---|
| | | | I. | II. |
| $C_{10}H_{11}O$ | 79 | 36,36 | — | — |
| $SO_3$ | 40 | 18,41 | — | — |
| $SO_3$ NaO | 71,3 | 32,81 | 32,81 | 32,83 |
| 3 aq. | 27 | 12,42 | 12,2 | 12,19 |
| | 217,3 | 100.00. | | |

wonach für das krystallisirte Salz die Formel:

$$(C_{10}H_{11}O, SO_3) + NaO + 3 \, aq.$$

angenommen werden kann.

## Amyloxydschwefelsaurer Baryt.

Dieses Salz wurde aus dem Gemisch von Fuselöl mit Schwefelsäure durch Zusatz von kohlensaurem Baryt dargestellt. Das Filtrat ist meistens farblos, sollte es schwach gefärbt seyn, so reicht Schütteln mit Kohle hin es zu entfärben. Durch Eindampfen erhält man es als aus perlmutterglänzenden Krystallblättchen bestehende Warzen; durch freiwilliges Verdunsten, besonders bei mehrmaligem Umkrystallisiren, als große durchsichtige, platte rhombische Tafeln. Die Lösung wittert beim Krystallisiren stark aus. Die Krystalle sind biegsam, seifenartig, bitter und verwittern leicht in trockner Luft. Bei 95° fängt das Salz an sich unter Schwärzung zu zersetzen, das getrocknete ohne vorher zu schmelzen. Beim längerem Kochen der Lösung zersetzt sich das Salz und es fällt $SO_3$ BaO aus.

Die Analyse des zwischen Papier getrockneten Salzes gab von 0,6488 Grm. 0,2979 Grm. $SO_3$ BaO. C a h o u r s fand in 1,163—0,530 und in 0,775 0,351 Grm. $SO_3$ BaO.

0,195 Grm. verloren im Vacuum 0,013 Grm.

|  | berechnet | | gefunden | C a h o u r s | |
|---|---|---|---|---|---|
| $C_{10}H_{11}O$, $SO_3$ | 119 | 46,91 | --- | — | — |
| BaO, $SO_3$ | 116,7 | 45,99 | 45,93 | 45,57 | 45,29 |
| 2 aq. | 18 | 7,00 | 6,66 | — | — |
|  | 253,7 | 100,00 | | | |

was die von C a h o u r s angenommene Formel bestätigt.

## Amyloxydschwefelsaurer Strontian.

$(C_{10}H_{11}O, SO_3) SO_3 + SrO + 2$ aq. wurde erhalten durch Auflösen von kohlensaurem Strontian in wässeriger Säure und Verdunsten, als weiße krystallinische Warzen, die sich an der Luft zersetzen und bräunen; sie sind in Wasser und wasserhaltigem Weingeist leicht, in Alkohol schwer löslich, unlöslich in Aether.

0,6052 Grm. gaben 0,241 Grm. $SO_3$ SrO.

|  | berechnet | | gefunden |
|---|---|---|---|
| SrO, $SO_3$ | 92 | 40,18 | 39,82 |
| $C_{10}H_{11}O$, $SO_3$ | 119 | 51,97 | — |
| 2 aq. | 18 | 7,85 | — |
|  | 229 | 100,00 | |

## Amyloxydschwefelsaurer Kalk.

Es wurde dieses Salz dargestellt aus dem Gemenge von Fuselöl mit Schwefelsäure durch Neutralisation mit Kreide, oder, um zu heftiges Aufbrausen zu vermeiden, durch Zusatz von Aetzkalk bis nahe zur Neutralisation und dann von Kreide; Ueberschuß von Aetzkalk ist bei der Darstellung zu vermeiden. Auf welche Weise das Filtrat von den aufschwimmenden Oeltropfen befreit und farblos erhalten werden kann, ist oben angegeben worden; vom Gyps läßt es sich durch Eindampfen und Filtriren in der Hitze beinahe, durch Zusatz von Alkohol vollständig befreien. Durch Eindampfen erhält man das Salz als weiße warzenförmige Masse; durch freiwilliges Verdunsten in kleinen farblosen, zu Warzen gruppirten Krystallen. Die Lösung wittert beim Verdunsten stark aus; die Krystalle verwittern leicht in trockner Luft, sie schmecken unangenehm bitter und fühlen sich seifenartig fett an. Sie sind leicht löslich in Wasser, in heißem mehr wie in kaltem, so daß eine heißgesättigte wässerige Lösung beim Erkalten erstarrt. In Alkohol sind sie ebenfalls löslich, in heißem nur wenig mehr wie in kaltem; in Aether sind sie nicht löslich. — Es zersetzt sich beim Stehen an der Luft, es riecht dabei nach Fusel und löst sich des gebildeten Gypses wegen nicht mehr vollständig in Wasser auf. Bei langanhaltendem Erhitzen bei $100^\circ$ wird es etwas zersetzt.

I. 0,647 Grm. Salz gaben 0,2116 Grm. $SO_3$, CaO.
II. 0,6567 Grm. Salz gaben 0,2179 Grm. $SO_3$, CaO.
I. 0,5197 Grm. verloren im Vacuum 0,0426 Grm.
II. 0,65 Grm. verloren im Vacuum 0,058 Grm.

| | berechnet | | gefunden | |
|---|---|---|---|---|
| | | | I. | II. |
| $C_{10}H_{11}O$, $SO_3$ | 119 | 58,05 | — | — |
| CaO, $SO_3$ | 68 | 33,17 | 32,7 | 33,18 |
| 2 aq. | 18 | 8,78 | 8,2 | 8,9 |
| | 205 | 100,00. | | |

Woraus sich für das krystallisirte Salz die Formel $(C_{10}H_{11}O, SO_3)$ $SO_3 + CaO + 2\,aq.$ ergiebt; Cahours fand in dem ebenfalls zwischen Papier getrockneten Salz 34,65 pC. $SO_3$ CaO und berechnet daraus die Formel $(C_{10}H_{11}O, SO_3)$ $SO_3 + CaO + aq.$

## Amyloxydschwefelsaure Magnesia.

Erhalten durch Lösen von kohlensaurer Bittererde in wässeriger Säure, bei freiwilligem Verdunsten, als große wasserhelle, länglich rhombische Plättchen von schönem Perlmutterglanz. Löslich in Wasser und Alkohol, unlöslich in Aether.

   I. 0,4285 Grm. gaben 0,1209 Grm. $SO_3$, MgO.

  II. 0,2899 Grm. gaben 0,0817 Grm. $SO_3$, MgO.

| | berechnet | | gefunden | |
|---|---|---|---|---|
| | | | I. | II. |
| $C_{10}H_{11}O$, $SO_3$ | 119 | 55,17 | — | — |
| MgO, $SO_3$ | 60,7 | 28,14 | 28,21 | 28,18 |
| 4 aq. | 36 | 16,69 | — | — |
| | 215,7 | 100.00. | | |

Das krystallisirte Salz enthält demnach 4 Aeq. Wasser, die ihm nur schwer vollständig entzogen werden können.

### Amyloxydschwefelsaure Thonerde.

Durch Lösen von Thonerdehydrat in der wässerigen Säure erhielt ich eine farblose Flüssigkeit von saurer Reaction, die im Vacuum über Vitriolöl eine gallertartige Masse lieferte, von unangenehm bitterem Geschmack, löslich in Wasser, Alkohol und Aether. Die Masse ist in feuchter Luft sehr zerfließlich und zersetzt sich schnell beim Stehen an der Luft.

### Amyloxydschwefelsaures Manganoxydul.

Durch Lösen von kohlensaurem Manganoxydul in der wässerigen Säure wurde eine blaßrothe Lösung erhalten, die im Vacuum fast farblose platte durchsichtige Krystalle lieferte, deren Analyse folgendes Resultat gab:

   0,3507 Grm. gaben 0,115 Grm. $SO_3$, MnO.

| | berechnet | | gefunden |
|---|---|---|---|
| $C_{10}H_{11}O$, $SO_3$ | 119 | 51,51 | — |
| MnO, $SO_3$ | 76 | 32,90 | 32,82 |
| 4 aq. | 36 | 15,59 | — |
| | 231 | 100,00. | |

Sie lösen sich in Wasser und Alkohol, nicht in Aether. Das krystallisirte Salz zersetzt sich an der Luft nicht, aus einer Lösung dagegen, die lange der Luft ausgesetzt war, bilden sich bräunliche Warzen, die viel durch Chlorbarium nachweisbare Schwefelsäure enthalten.

### Amyloxydschwefelsaures Zinkoxyd.

Kann durch Auflösen von Zink oder kohlensaurem Zinkoxyd in wässeriger Säure erhalten werden. Perlmutterglänzende, dem Barytsalz ähnliche, theilweise zu Warzen gruppirte Blättchen, die sich in Wasser und Alkohol lösen und bei $110°$ zersetzen.

0,6162 Grm. des zwischen Papier getrockneten Salzes gaben 0,1122 Grm. ZnO.
0,4484 Grm. verloren im Vacuum 0,0381 Grm.

|              |     | berechnet | gefunden |
| ------------ | --- | --------- | -------- |
| $C_{10}H_{11}O$ | 79  | 36,41     | —        |
| $2 SO_3$     | 80  | 36,87     | —        |
| ZnO          | 40  | 18,43     | 18,50    |
| 2 aq.        | 18  | 8,29      | 8,49     |
|              | 217 | 100,00.   |          |

### Amyloxydschwefelsaures Bleioxyd.

Ganz analog der Aetherschwefelsäure ist die Amylschwefelsäure fähig, mit Bleioxyd zwei Salze zu bilden, von denen das eine leicht dargestellt wird, indem man die rohe Säure mit Bleiweiß sättigt, die sauer reagirende Flüssigkeit vorsichtig eindampft und über Schwefelsäure verdunstet. Man erhält auf diese Weise kleine farblose, zu Warzen gruppirte Krystalle, die sich in Wasser und Alkohol, aber nicht in Aether lösen; die einen eigenthümlich bitter süßen Geschmack besitzen und sich beim Stehen an der Luft langsam, leicht beim Kochen der Lösung zersetzen.

0,8032 Grm. gaben 0,441 Grm. $SO_3$ PbO.

|                       |     | berechnet | gefunden |
| --------------------- | --- | --------- | -------- |
| $C_{10}H_{11}O, SO_3$ | 119 | 42,50     | —        |
| $PbO, SO_3$           | 152 | 54,28     | 54,91    |
| 1 aq.                 | 9   | 3,22      | —        |
|                       | 280 | 100,00    |          |

was der von C a h o u r s angegebenen Formel $(C_{10}H_{11}O, SO_3) SO_3 + PbO + aq.$ entspricht.

Wird die Lösung dieses Salzes oder wässerige Amyloxydschwefelsäure mit Bleioxyd digerirt, so entsteht eine farblose neutrale Flüssigkeit, aus der sich kleine Krystalle absetzen, die auf 1 Aequivalent Amyloxyd 2 Aequivalente Bleioxyd enthalten; bei raschem Eindampfen der Lösung erhält man eine farblose zähe Masse. Die Lösung des Salzes bedeckt sich, indem sie aus der Luft Kohlensäure anzieht, mit einer Haut von kohlensaurem Bleioxyd und geht allmälig in einfach amyloxyd-schwefelsaures Bleioxyd über.

### Amyloxydschwefelsaures Eisenoxydul.

Die wässerige Säure löst metallisches Eisen auf unter Entwicklung von Wasserstoffgas; man erhält eine blaßgrün gefärbte Flüssigkeit, die Eisenoxydul enthält, sauer reagirt und süßlich bitter schmeckt. Beim Eindampfen scheidet sich ein Theil des Eisens als Oxyd in braunen Flocken aus, zuletzt erhält man kleine blaßgrüne Krystallkörner, die sich in Wasser, Alkohol und Aether lösen (in letzterem mit grüner Farbe) und die sich an der Luft schnell gelb färben und zersetzen, indem Eisenoxyd gebildet wird.

### Amyloxydschwefelsaures Eisenoxyd.

Durch Auflösen von Eisenoxydhydrat in der wässerigen Säure wurde eine gelbe Flüssigkeit erhalten, die beim Verdampfen kleine gelbe, zer-fließliche und leicht zersetzbare Krystallkörner lieferte.

### Amyloxydschwefelsaures Nickeloxydul.

Durch Auflösen von Nickeloxydulhydrat in der wässerigen Säure dargestellt. Beim Verdunsten der Lösung im Vacuum schön grüne, zu Warzen gruppirte, längliche Krystallblättchen, die in feuchter Luft zer-fließen, sich in Wasser und Alkohol, aber nicht in Aether lösen.

0,2463 Grm. gaben 0,0424 Grm. NiO.

|  | berechnet | | gefunden |
|---|---|---|---|
| $C_{10}H_{11}O$ | 79 | 36,81 | — |
| 2 $SO_3$ | 80 | 37,28 | — |
| NiO | 37,6 | 17,52 | 17,2 |
| 2 aq. | 18 | 8,39 | — |
|  | 214,6 | 100,00. | |

### Amyloxydschwefelsaures Kupferoxyd.

Durch Verdunstenlassen über Vitriolöl bildeten sich in der durch Lösen von kohlensaurem Kupferoxyd in der wässerigen Säure erhaltenen blauen Flüssigkeit große längliche, platte Tafeln von blaß blauer Farbe. Leicht löslich in Wasser und wasserhaltigem Weingeist, schwerer in Alkohol, unlöslich in Aether.

Die Krystalle sind luftbeständig und verlieren selbst bei längerem Stehen im Vacuum nur sehr wenig an Gewicht.

0.304 Grm. gaben 0,0517 Grm. CuO.

| | | berechnet | gefunden |
|---|---|---|---|
| $C_{10}H_{11}O$ | 79 | 33,62 | — |
| 2 $SO_3$ | 80 | 34,04 | — |
| CuO | 40 | 17,02 | 17,00 |
| 4 aq. | 36 | 15,32 | — |
| | 235 | 100,00. | |

### Amyloxydschwefelsaures Silberoxyd.

Die Lösung von Silberoxyd in wässeriger Säure scheidet beim Eindampfen etwas Silberoxyd aus; beim Verdunsten schießt das Salz als kleine farblose, zu Warzen gruppirte Schuppen an, die sich an der Luft schwärzen und in Wasser und Alkohol, nicht aber in Aether lösen. Die Krystalle sowohl als eine Lösung zersetzen sich bei längerem Stehen an der Luft.

1,0297 Grm. im Vacuum getrocknetes Salz gaben 0,405 Grm. Ag.

| | | berechnet | gefunden |
|---|---|---|---|
| $C_{10}H_{11}O$ | 79 | 28,73 | — |
| 2 $SO_3$ | 80 | 29,09 | — |
| O | 8 | 2,91 | — |
| Ag | 108 | 39,27 | 39,33 |
| | 273 | 100,00. | |

### Amyloxydschwefelsaures Quecksilberoxyd.

Durch Lösen von Quecksilberoxyd in wässeriger Säure wurde eine gelbe Lösung erhalten, die beim Verdunsten im Vacuum schön dunkelgelbe, zu Warzen gruppirte Krystalle lieferte, die an feuchter Luft zerfließen und sich bei längerem Stehen an der Luft zersetzen; sie schmecken äußerst scharf bitter und fühlen sich seifenartig klebrig an.

0,648 Grm. zwischen Papier getrocknetes Salz gaben 0,263 Grm. HgS.

| | | berechnet | gefunden |
|---|---|---|---|
| $C_{10}H_{11}O$ | 79 | 27,72 | — |
| 2 $SO_3$ | 80 | 28,07 | — |
| HgO | 108 | 37,89 | 37,8 |
| 2 aq. | 18 | 6,32 | — |
| | 285 | 100,00. | |

## II. Kekulés Arbeiten im Privatlaboratorium
## von Adolf v. Planta in Reichenau bei Chur 1853—1854;

### Beiträge zur Kenntnis einiger flüchtigen Basen
### von Dr. A. v. Planta und Dr. Aug. Kekulé

Liebig's Annalen 87, 1—11 (Heft 1, 16. 7. 1853).

Seit durch die Untersuchungen von Wurtz und Hofmann über die organischen Basen ein neues Licht auf die Constitution dieser Körper geworfen worden, sind die theoretischen Ansichten über diese Körpergruppe aus dem Gebiet der reinen Hypothesen auf das des Experiments übergeführt worden. Hofmann hat drei große Gruppen flüchtiger Basen charakterisirt, deren Glieder als Ammoniak betrachtet werden können, in welchem 1, 2 oder 3 Aeq. H durch Kohlenwasserstoffe vertreten sind. In dem Verhalten der Basen zu den Jodiden und Bromiden der s. g. Alkoholradicale hat er ein Mittel kennen gelehrt, zu entscheiden, welcher von diesen drei Gruppen die Base angehört.

Für das Anilin ist auf diesem Wege von Hofmann selbst bestätigt worden, daß es eine Amidbase; vom Propylamin, wenigstens von dem aus der Häringslake, hat Henry Winkles[1]) dargethan, daß es Trimethylamin. Von andern natürlichen oder durch Destillation erzeugten flüchtigen Basen ist durch das Experiment noch Nichts erwiesen. Man weiß nicht, ob das Petinin Anderson's wirklich (wie Gerhardt[2]) zuerst angenommen) Butylamin, also identisch mit der von Wurtz[3]) erhaltenen Base; ebensowenig, ob das Coniin, wie Rudolph Wagner[4]) meint, Dibutyrylamin.

Wir haben daher drei der am leichtesten zugänglichen flüchtigen Basen der Einwirkung des Jodäthyls unterworfen, und theilen im Nachstehenden die bis jetzt gewonnenen Resultate über das Nicotin mit.

---

[1]) Diese Annalen LXXXIII, 117 (1852).
[2]) Dessen: Compt. rend. des trav. chim. 1849, 121.
[3]) Diese Annalen LXXXV, 200 (1853).
[4]) Journ. f. pr. Ch. LI, 238 (1850).

## I. Nicotin.

Was zunächst die Formel des Nicotins angeht, so schien uns dieselbe durch die Analysen von S c h l o e s i n g[1]), B a r r a l[2]), M e l s e n s[3]) und R a e w s k y[4]) hinlänglich festgestellt. Ob dieselbe nach den Doppelsalzen, namentlich dem Platinsalz und dem Jodquecksilbersalz B o e - d e k e r's[5]), als: $C_{10}H_7N$, oder, wofür die S c h l o e s i n g'schen Sättigungsversuche und die B a r r a l'schen Dampfdichtebestimmungen sprechen, verdoppelt $= C_{20}H_{14}N_2$ anzunehmen, kam vorerst nicht in Betracht.

Daß das Nicotin durch Behandlung mit Jodäthyl Aethyl aufnehmen würde, war durch den anmerkungsweise von H o f m a n n[6]) mitgetheilten Versuch und durch die von W u r t z[7]) beobachtete Thatsache, daß das Nicotin mit Cyansäureäther einen Harnstoff bildet, wahrscheinlich gemacht; obgleich beide die erhaltenen Körper nicht genauer untersuchten.

Das zur Untersuchung angewandte Nicotin war von Hrn. Medicinalrath E. M e r c k in Darmstadt bezogen und vor der Anwendung auf seine Reinheit geprüft worden.

### Einwirkung von Jodäthyl auf Nicotin.

Beide Substanzen wirken schon bei gewöhnlicher Temperatur aufeinander ein, die anfangs klare Flüssigkeit trübt sich und scheidet braune, sich oben ansammelnde Oeltropfen aus; durch Hitze wird die Einwirkung sehr beschleunigt. Setzt man das Gemenge, in eine Röhre eingeschlossen (da in einem offenen Apparat ein Herausschleudern der zähflüssigen Masse nicht zu vermeiden ist), der Temperatur des siedenden Wassers aus, so ist die Reaction nach längstens einer Stunde beendet; die Masse erstarrt, theilweise schon im Wasserbad, vollständig beim Erkalten, zu gelben Krystallen. War Jodäthyl im Ueberschuß angewendet worden, so reagirt die Lösung der Krystalle neutral oder sauer; ein Ueberschuß von Nicotin, der an der alkalischen Reaction und am Geruch zu erkennen ist, ist zu vermeiden, da das überschüssige Nicotin des hohen Siedepunkts wegen nicht entfernt werden kann. Gleichzeitig entsteht stets,

---

[1]) Ann. ch. phys. [3] XIX, 230 (1847); Pharm. Ctrbl. 1847, 171.
[2]) Journ. f. pr. Ch. XLI, 466 (1847); Pharm. Ctrbl. 1847, 622.
[3]) Ann. der Chem. und Pharm. XLIX, 353 (1844).
[4]) Ebendaselbst LXX, 232 (1849).
[5]) Ebendaselbst LXXIII, 372 (1850).
[6]) Ebendaselbst LXXIX, 31 (1851).
[7]) Ebendaselbst LXXX, 349 (1852).

und zwar in um so größerer Menge, je länger die Einwirkung gedauert, ein rothgefärbtes jodhaltiges Zersetzungsproduct, das beim Lösen in Wasser sich theilweise als harzartiges Pulver zu Boden setzt. Durch Eindampfen oder Verdunsten der wässerigen Lösung wird die neue Jodverbindung wieder als strahlige Krystallmasse erhalten, doch zersetzt sich dabei, namentlich beim Erwärmen, ein Theil in jene rothe Substanz. Die erhaltenen Krystalle sind:

### Aethylnicotinjodid.

Die Krystalle sind an feuchter Luft zerfließlich; lösen sich äußerst leicht in Wasser, wenig in Alkohol und Aether. Aus heißer alkoholischer Lösung erhält man die Verbindung beim Erkalten in schönen, zu Warzen gruppirten, farblosen Säulen; ebenso wenn man Nicotin und Jodäthyl mit Alkohol verdünnt auf einander einwirken läßt. Durch absoluten Alkohol können sie von der rothgelben Mutterlauge befreit und, wiewohl nicht ohne Verlust, rein erhalten werden.

I. 1,0670 Grm. über Schwefelsäure getrockneter Substanz gaben 1,0620 Grm. AgJ.

II. 1,0270 Grm. über Schwefelsäure getrockneter Substanz gaben 1,0122 Grm. AgJ.

In 100 Theilen:

|         |       | berechnet |  gefunden |       |
|---------|-------|-----------|-----------|-------|
|         |       |           | I.        | II.   |
| $C_{14}$ | 84   | 35,43     | —         | —     |
| $H_{12}$ | 12   | 5,06      | —         | —     |
| N       | 14    | 5,90      | —         | —     |
| J       | 127,1 | 53,61     | 53,81     | 53,28 |
|         | 237,1 | 100,00.   |           |       |

Die Verbindung hat daher die Formel:

$$C_{14}H_{12}NJ.$$

### Aethylnicotinbromid.

Bromäthyh wirkt auf Nicotin eben so energisch ein, wie Jodäthyl; schon in der Kälte entsteht allmälig eine untere Oelschicht, die beim Erhitzen rasch zunimmt und bei beendigter Reaction schon im Wasserbad zu gelber Krystallmasse erstarrt. Die Krystalle sind noch zerfließlicher wie das Jodid und selbst in absolutem Alkohol ziemlich löslich.

## Aethylnicotin.

Durch Kalilauge wird weder aus dem Jodid noch Bromid die Base abgeschieden; beide Salze können selbst in concentrirter wässeriger Lösung mit starker Kalilauge vermischt werden, ohne daß sich eine ölartige Base abscheidet oder merkbare Zersetzung eintritt. Durch frisch gefälltes Silberoxyd dagegen werden beide unter Erwärmung und Bildung von Jod- oder Bromsilber zersetzt. Man erhält so das Aethylnicotin in wässeriger Lösung. Aus dem reinen Jodid dargestellt ist die Lösung, frisch bereitet, farblos; aus dem rohen Jodid erhält man sie schwach rothgelb gefärbt. Sie reagirt stark alkalisch, wirkt in concentrirtem Zustand auf die Epidermis wie Kalilauge, schmeckt äußerst bitter und besitzt keinen Geruch. Gegen Salzlösungen verhält sie sich wie fixe Alkalien; sie treibt das Ammoniak aus seinen Verbindungen aus und fällt die Oxyde der Metalle und alkalischen Erden.

Die wässerige Lösung der Base färbt sich schon beim Stehen an der Luft; sie kann weder durch Eindampfen noch durch Verdunsten (selbst im luftleeren Raum) concentrirt werden; sie nimmt dabei eine tief rothbraune Farbe an und scheidet braune zähe Tropfen aus, die in Wasser nur schwierig löslich sind und durchdringend nach faulen Fischen riechen.

### Salze des Aethylnicotins.

Die Salze des Aethylnicotins scheinen sämmtlich in Wasser sehr löslich zu seyn; selbst Gerbsäure giebt in der wässerigen Lösung der Base keinen Niederschlag; nur Pikrinsäure erzeugt einen schwefelgelben flockigen Niederschlag.

Das salzsaure Salz wurde durch Verdunsten im luftleeren Raum als strahlige, dem Jodid und Bromid ähnliche Krystallmasse erhalten. Die Verbindungen mit Schwefelsäure, Salpetersäure und Oxalsäure wurden als zäher Syrup erhalten, mit einzelnen Krystallparzellen; das essigsaure Salz zeigte keine Spur von Krystallisation.

Die Lösung der Base zieht aus der Luft mit Begierde Kohlensäure an.

### Doppelsalze des Aethylnicotins.

*Aethylnicotinplatinchlorid.* Die salzsaure Lösung der Base giebt mit Platinchlorid einen anfangs flockigen, gelben Niederschlag, der bald orangeroth und krystallinisch zu Boden fällt. In heißem Wasser ist er löslich und scheidet sich daraus beim Erkalten in rhombischen, meist zugespitzten Säulen von orangerother Farbe aus. In Alkohol, selbst in siedendem, ist die Verbindung fast unlöslich, unlöslich in Aether.

Nach den Analysen erscheint das gefällte Salz etwas unrein, während das aus Wasser umkrystallisirte rein ist.

Analysen des umkrystallisirten Salzes:

I. 0,8482 Grm. Substanz, über Schwefelsäure getrocknet, gaben mit chromsaurem Bleioxyd verbrannt 0,8246 Grm. $CO_2$ und 0,3008 Grm. HO.

II. 0,7474 Grm. Substanz, über Schwefelsäure getrocknet, gaben 0,2336 Grm. Platin.

III. 0,6026 Grm. Substanz, bei 100° getrocknet, gaben 0,1888 Grm. Platin.

Analysen des gefällten Salzes:

IV. 0,5362 Grm. Substanz, bei 100° getrocknet und mit chromsaurem Bleioxyd verbrannt, gaben 0,5380 Grm. $CO_2$ und 0,1972 Grm. HO.

V. 0,5524 Grm. Substanz, über Schwefelsäure getrocknet, gaben mit chromsaurem Bleioxyd verbrannt 0,5540 Grm. $CO_2$ und 0,2064 Grm. HO.

VI. 0,5584 Grm. bei 100° getrockneter Substanz gaben 0,1746 Grm. Platin.

VII. 0,3634 Grm. über Schwefelsäure getrockneter Substanz gaben 0,1146 Grm. Platin.

VIII. 1,0748 Grm. bei 100° getrockneter Substanz gaben 0,3350 Grm. Platin.

(Die Bestimmungen I—VII beziehen sich auf das Product der Behandlung von Nicotin mit Jodäthyl; Nr. VIII auf die aus Bromäthyl und Nicotin erzeugte Base.)

Wir stellen die auf 100 berechneten Resultate dieser Analysen zusammen mit den nach der Formel:

$$C_{14}H_{12}NCl + PtCl_2 \text{ oder: } C_{10}H_7 (C_4H_5) NCl + PtCl_2$$

berechneten Zahlen:

| | berechnet | | gefunden | | | | | | | |
|---|---|---|---|---|---|---|---|---|---|---|
| | | | I. | II. | III. | IV. | V. | VI. | VII. | VIII. |
| $C_{14}$ | 84 | 26,65 | 26,61 | — | — | 27,36 | 27,35 | — | — | — |
| $H_{12}$ | 12 | 3,81 | 3,94 | — | — | 4,08 | 4,15 | — | — | — |
| N | 14 | 4,44 | — | — | — | — | — | — | — | — |
| $Cl_3$ | 106,5 | 33,79 | — | — | — | — | — | — | — | — |
| Pt | 98,7 | 31,31 | — | 31,26 | 31,33 | — | — | 31,27 | 31,53 | 31,17 |
| | 315,2 | 100,00 | | | | | | | | |

*Aethylnicotingoldchlorid.* Goldchlorid giebt mit der salzsauren Lösung der Base einen schwefelgelben Niederschlag, der aus heißer wässeriger Lösung beim Erkalten in prachtvollen goldgelben Nadeln erhalten wird.

I. 0,4950 Grm. Substanz gaben 0,2172 Grm. Gold.
II. 0,7788 ., „ .. 0,3426 .. „

|         |     | Theorie | Versuch | |
|---------|-----|---------|---------|-------|
|         |     |         | I.      | II.   |
| $C_{14}$ | 84  | 18,71   | —       | —     |
| $H_{12}$ | 12  | 2,67    | —       | —     |
| N       | 14  | 3,12    | —       | —     |
| $Cl_4$  | 142 | 31,63   | —       | —     |
| Au      | 197 | 43,87   | 43,87   | 43,99 |
|         | 449 | 100.00. |         |       |

*Aethylnicotinpalladiumchlorür.* Palladiumchlorür giebt mit der salzsauren Lösung der Base keinen Niederschlag; beim Verdampfen erhält
man eine braune gummiartige Masse, die in Alkohol gelöst bei freiwilligem Verdunsten große rhombische Tafeln von brauner Farbe hinterläßt.

*Aethylnicotinquecksilberchlorid.* In der salzsauren Lösung der Base
giebt Quecksilberchlorid einen weißen flockigen Niederschlag, der bald
harzartig zusammenballt und beim Erwärmen schmilzt. In siedendem
Wasser ist er löslich; bei längerem Stehen scheiden sich dann schneeweiße, zu Warzen gruppirte Krystalle aus, die mit kaltem Wasser ausgewaschen werden können.

I. 0,8862 Grm. Substanz, mit chromsaurem Bleioxyd verbrannt, gaben
0,5002 Grm. $CO_2$, 0.1799 Grm. HO und 0,4798 Grm. Quecksilber.

II. 0,2686 Grm. Substanz gaben 0,2792 Grm. AgCl.

Auf 100 berechnet:

|         |     | Theorie | Versuch |
|---------|-----|---------|---------|
| $C_{14}$ | 84  | 15,22   | 15,39   |
| $H_{12}$ | 12  | 2,17    | 2,25    |
| N       | 14  | 2,54    | —       |
| $Cl_4$  | 142 | 25,72   | 25,71   |
| $Hg_3$  | 300 | 54,35   | 54,14   |
|         | 552 | 100,00. |         |

Das Salz hat demnach die Formel:

$$C_{14}H_{12}NCl + 3HgCl.$$

Es ist kaum nöthig zu bemerken, daß die gegebenen Formeln eben
so gut zu der verdoppelten Formel des Nicotins passen, als zu der einfachen.

Ist Nicotin    $= C_{10}H_7N$, so ist:

Aethylnicotin $= C_{14}H_{11}N = C_{10}H_6 (C_4H_5) N$
oder vielleicht richtiger:    $= C_{14}H_{12}NO$ .

Ist Nicotin    $= C_{20}H_{14}N_2$, so ist:

Aethylnicotin $= C_{28}H_{22}N_2 = C_{20}H_{12} (C_4H_5)_2 N_2$
oder:    $C_{20}H_{13} (C_4H_5)_2 N_2O$ .

Dagegen finden wir in den einfacheren Formeln der Doppelverbin-
dungen, und namentlich im Jodgehalt des Aethylnicotinjodids, weitere
Stützen für die einfachere Formel des Nicotins.

————

Wenn man das trockene Aethylnicotinjodid in einer Retorte rasch
erhitzt, so schmilzt es unter geringer Bräunung und es destillirt eine
milchig trübe Flüssigkeit über, die lebhaft nach Nicotin riecht. Beim
Schütteln mit einer Säure verschwindet der Geruch des Nicotins und
tritt deutlich der des Jodäthyls auf. Das Aethylnicotinjodid zerfällt also
beim Erhitzen in Jodäthyl und Nicotin. Gleichzeitig scheint ein Theil
des Jodids unverändert überzudestilliren; im Retortenhals sammelt sich
nämlich eine zähe braune Flüssigkeit, in der sich gelbe Krystalle bilden,
die das unveränderte Jodid sind. Offenbar wirken die Dämpfe des Jodäthyls und Nicotins auf einander ein und reproduciren das Jodid.

Daß aus der Lösung des Jodids und des Bromids durch Kalilauge
die Base nicht abgeschieden wird, ist oben schon erwähnt worden, und
es erscheint dieß als wesentlicher Unterschied der neuen Base von dem
Nicotin, das, obgleich in Wasser löslich, doch durch Kalilauge aus seinen
Salzen als Oel abgeschieden wird. Dieß, die eben beschriebene Zersetzung des Jodids beim Erhitzen, die Geruchlosigkeit der Base und die
Krystallisationsfähigkeit ihrer Salze, von denen das Bromid und Jodid
namentlich in deutlichen Krystallen erhalten wurde, führt zu der Ansicht, daß das Aethylnicotin der vierten der H o f m a n n'schen Reihen
angehört, d. h. daß es zum Nicotin in ähnlichem Verhältniß steht wie
das Teträthylammonium z. B. zum Triäthylamin. Nochmalige Behandlung der Base mit Jodäthyl mußte darüber Aufschluß geben. Fand nämlich das eben erwähnte Verhältniß statt, so konnte, bei nochmaliger Behandlung mit Jodäthyl, kein weiteres Aequivalent Aethyl mehr aufgenommen werden, es mußte vielmehr dasselbe Salz entstehen, wie bei
Behandlung des Nicotins selbst mit Jodäthyl.

Es wurde zu dem Zweck eine möglichst concentrirte Lösung der
Base dargestellt und mit Jodäthyl in einer zugeschmolzenen Röhre er-

hitzt. Nach einstündiger Einwirkung war die alkalische Reaction verschwunden; man schmolz die Röhre wieder zu und ließ sie während
mehrerer Tage der Temperatur des siedenden Wassers ausgesetzt;
dessen ungeachtet war nur das frühere Jodid wieder erzeugt worden,
wie folgende Platinbestimmung zeigt:

0,4772 Grm. des über Schwefelsäure getrockneten Platinsalzes gaben
0,1486 Grm. Platin.

Es entspricht dieß in 100 Theilen:  Pt 31,14
Aethylnicotinplatinchlorid verlangt:      31,31 .

Es hätte danach erwartet werden dürfen, daß das Aethylnicotin
beim Erhitzen (ähnlich wie dieß H o f m a n n bei seinen Ammonium-
basen beobachtet) zerfallen würde in Nicotin und ölbildendes Gas, und
es wäre dieß keine geringe Stütze für die einfachere Formel ($C_{10}H_7N$)
des Nicotins gewesen. Die Zersetzung scheint aber eine andere zu seyn.

Erhitzt man nämlich eine wässerige Lösung der Base, so trübt sich
die Flüssigkeit und es scheidet sich ein tief rothbraunes Oel aus; bei der
Destillation erhält man braune Oeltropfen und eine wässerige, stark
alkalisch reagirende Flüssigkeit von in durchfallendem Licht tiefrother,
in auffallendem grün irisirender Färbung. Beide färben die Haut gelb
und riechen höchst durchdringend nach faulen Fischen. Leider haben
wir bis jetzt weder die so erhaltene Base, noch eins ihrer Salze in genügender Reinheit erhalten können.

Dieselbe Zersetzung erleiden das Jodid und Bromid beim Erhitzen
mit Kali und, wiewohl langsamer, die Lösung der Base beim Stehen an
der Luft und selbst beim Verdunsten im luftleeren Raum.

Durch die im Vorstehenden mitgetheilten Thatsachen halten wir für
erwiesen, daß die von uns beschriebene Base das höchste durch Jodäthyl erzeugbare Substitutionsproduct des Nicotins ist, so daß also das
Nicotin — wenn die einfachere Formel: $C_{10}H_7N$ für dasselbe angenommen wird — der dritten der H o f m a n n'schen Reihen zugehört; daß
es eine Nitrilbase ist, in welcher der Kohlenstoff und Wasserstoff ($C_{10}H_7$)
die Rolle der drei Aeq. H des Ammoniaks spielt. In welcher Weise diese
$C_{10}H_7$ im Nicotin gruppirt anzunehmen sind, darüber konnte der eingeschlagene Weg keine Auskunft geben und enthalten wir uns aller Vermuthungen.

# Beiträge zur Kenntnis einiger flüchtiger Basen;

## von Dr. A. v. Planta und Dr. August Kekulé

Liebig's Annalen 89, 129—155 (Heft II, 4. 2. 1854).

## II. *Coniin.*

In einer früheren Abhandlung haben wir das Verhalten des Nicotins zu Jodäthyl beschrieben; im Nachfolgenden theilen wir die Resultate einer Untersuchung über das Coniin mit, die in der damals angegebenen Absicht ausgeführt wurde, zu ermitteln, welcher der durch H o f m a n n's Untersuchungen characterisirten Reihen flüchtiger Basen das Coniin angehöre.

Wie vom Nicotin hat H o f m a n n[1]) auch vom Coniin mitgetheilt, daß es durch Behandlung mit Jodäthyl ein krystallisirtes Product liefere. Dieß und die W u r t z'sche Beobachtung, daß das Coniin mit Cyansäure-äther einen Harnstoff[2]) bilde, ließ an der Fähigkeit des Coniins, Aethyl-substitutionsproducte zu bilden, nicht zweifeln. Es blieb noch zu ermitteln übrig: wieviel Aequivalente Wasserstoff im Coniin durch s. g. Radicale ersetzbar seyen.

Als Formel des Coniins ist im Nachfolgenden die von G e r h a r d t[3]) vorgeschlagene: $C_{16}H_{15}N$ angenommen, deren Wahrscheinlichkeit auch im L i e b i g'schen Jahresbericht (1849, S. 387) anerkannt worden. Wir werden weiter unten darauf ausführlicher zurückkommen und bemerken einstweilen nur, daß nach unsern Versuchen das käufliche Coniin nicht immer dieselbe Zusammensetzung hat, und daß von den verschiedenen Basen, als deren Gemenge es anzusehen ist, der einen die Formel $C_{16}H_{15}N$ zukommt. Wir behalten für diese Base, bis weitere Versuche über ihre Constitution Aufschluß ertheilt haben, den Namen Coniin bei. Die Namen der durch Jodäthyl erhaltenen Producte sind den von H o f m a n n für seine substituirten Aniline gewählten analog gebildet; sie sollen nur die Beziehungen der durch Substitution erhaltenen Basen zum Coniin ($C_{16}H_{15}N$) nach dem Verhältniß der Aequivalente ausdrücken, nicht aber Vermuthungen über die Constitution einschließen, und werden geändert

---

[1]) Diese Annalen LXXIX, 31 (1851).
[2]) Ebendaselbst LXXX, 346 (1852).
[3]) Compt. rend. d. tr. ch. p. L a u r e n t et G e r h a r d t 1849, 373.

werden müssen, sobald für das Coniin selbst ein rationeller Name eingeführt werden kann.

Das zur Untersuchung verwandte Coniin war zum größten Theil von
Hrn. Medicinalrath E. M e r c k in Darmstadt bezogen worden und rührte
von verschiedenen Darstellungen her; eine vierte Sorte von Coniin, durch
Hrn. W. J. N ö l l n e r in Darmstadt bezogen, war nach dessen Mittheilungen in früherer Zeit ebenfalls von Hrn. M e r c k dargestellt worden. Vor der Anwendung hatte man das Coniin stets zur Entfernung des
etwa noch beigemengten Ammoniaks in den luftleeren Raum gebracht;
eine andere Reinigung wurde nicht vorgenommen.

Da es uns nur darauf ankam, über die Constitution des Coniins Aufschluß zu erhalten, nicht aber die Zahl der Substitutionsproducte nutzlos
zu vermehren, haben wir nur die Einwirkung des Jodäthyls auf die Base
studirt. Gegen diese Verbindung zeigten die verschiedenen Coniinsorten
ein sehr verschiedenes Verhalten, obgleich Hr. Medicinalrath M e r c k auf
unser desfallsiges Anfragen erklärte: Sein Coniin sey von jeher aus
Schierlingssamen und stets auf dieselbe Weise (Methode von G e i g e r
und H e s s e) dargestellt.

Zur gegenseitigen Einwirkung wurde das Coniin mit Jodäthyl in eine
Röhre eingeschmolzen und der Temperatur des siedenden Wassers ausgesetzt; es geschah dieß zur Beschleunigung der Reaction jedesmal, obgleich beide Substanzen schon bei gewöhnlicher Temperatur aufeinander
einwirken.

Wir geben zunächst eine Beschreibung der auf diese Weise erhaltenen
Körper, und kommen später auf das verschiedene Verhalten der Coniine
zurück.

### Aethylconiin, $C_{20}H_{19}N$.

Von den verschiedenen Sorten des Coniins gab eine mit Jodäthyl in
eine Röhre eingeschmolzen und im Wasserbad erhitzt, ohne daß gleichzeitig ein krystallinisches Product entstand, eine zähflüssige Substanz,
die selbst bei mehrwöchentlichem Stehen im luftleeren Raum über
Schwefelsäure keine Spur von Krystallisation zeigte. Die Einwirkung war
nach halbstündigem Sieden schon beendigt, die über dem überschüssigen
Jodäthyl befindliche Schicht des neuen Jodids nahm bei längerem Sieden
nicht mehr zu. Der Inhalt des Rohrs wurde in Wasser gelöst, vom überschüssigen Jodäthyl abgegossen und zur Entfernung des noch gelösten
längere Zeit gelinde erwärmt. Die wässerige Lösung reagirte schwach

sauer, war geruchlos und schwach gelbroth gefärbt. Mit frisch gefälltem Silberoxyd bildete sie Jodsilber, das durch die abgeschiedene ölartige Base zusammenballte.

Kalilauge schied aus der wässerigen Lösung ein röthlichgelbes Oel aus, von heftigem, dem Coniin äußerst ähnlichem Geruch und basischen Eigenschaften. Dieses Oel ist:

*Aethylconiin.* — Um es rein zu erhalten, wurde es von der Kalilauge abgezogen, zu möglichster Entwässerung längere Zeit über Chlorcalcium, dann mehrmals über geschmolzenes Aetzkali gestellt und in einem Strom von Wasserstoffgas rectificirt. Man erhielt es so als fast farbloses, stark lichtbrechendes Oel, leichter als Wasser und in demselben nur wenig löslich, so zwar, daß, wie beim Coniin, selbst kalt mit der Base gesättigtes Wasser sich beim Erwärmen trübt. Bei nochmaliger Rectification zeigte die Base keinen constanten Siedepunkt, was, wie wir glauben, daher rührt, daß sie noch nicht vollständig wasserfrei war; das in verschiedenen Perioden der Destillation Uebergehende zeigte verschiedenes specifisches Gewicht, das später Uebergehende wurde stets leichter.

Obgleich zu erwarten stand, daß die Base nicht wasserfrei, wurde sie doch der Analyse unterworfen, denn wenn es auch nicht gelungen war, das Wasser vollständig aus der Substanz zu entfernen, so konnte der dadurch veranlaßte Fehler doch leicht aus den Resultaten der Analyse eliminirt werden.

I. 0.4502 Grm. Substanz mit Kupferoxyd verbrannt gaben: 1,2360 Grm. $CO_2$ und 0,4981 Grm. HO.

II. 0.2682 Grm. Substanz mit Kupferoxyd verbrannt gaben: 0.7350 Grm. $CO_2$ und 0.2992 Grm. HO.

III. 0,3262 Grm. Substanz mit Natronkalk in einer langen Röhre verbrannt gaben: 0.4546 Grm. Platinsalmiak.

Diese Resultate geben auf 100 berechnet:

|   | I. | II. | III. | Verhältniß d. Aequivalente | |
|---|---|---|---|---|---|
|   |   |   |   | I u. III. | II u. III. |
| C | 74,87 | 74,74 | — | 19,99 | 19,96 |
| H | 12,29 | 12,39 | — | 19,67 | 19,85 |
| N | — | — | 8,74 | 1 | 1 |

Rechnet man diese Zahlen in der Weise um, daß man das an 100 fehlende als Sauerstoff annimmt, der in der Form von Wasser in der Substanz enthalten ist; zieht man also von dem gefundenen Wasserstoff ein Achttheil dieses Sauerstoffs ab und berechnet dann auf 100, so ergeben sich folgende Zahlen, die wir mit den aus der Formel $C_{20}H_{19}N$ abgeleiteten zusammenstellen:

| | | berechnet | I u. III. | II u. III. | Mittel | Verhältniß der Aequivalente |
|---|---|---|---|---|---|---|
| | | | gefunden (umgerechnet) aus | | | |
| $C_{20}$ | 120 | 78,43 | 78,49 | 78,38 | 78,43 | 19,96 |
| $H_{19}$ | 19 | 12,42 | 12,35 | 12,45 | 12,40 | 18,93 |
| N | 14 | 9,15 | 9,16 | 9,17 | 9,17 | 1 |
| | 153 | 100,00 | 100,00 | 100,00 | 100,00 . | |

Aethylconiin von einer andern Darstellung aus derselben Coniinsorte gab bei der Verbrennung folgende Resultate:

I. 0.2576 Grm. Substanz mit Kupferoxyd verbrannt gaben: 0,7100 Grm. $CO_2$ und 0,2974 Grm. HO.

II. 0.3274 Grm. Substanz mit Natronkalk verbrannt gaben: 0,1996 Grm. Platin.

Danach:

| | berechnet aus: $C_{20}H_{19}N$ | direct gefunden | umgerechnet | Verh. d. Aeq. |
|---|---|---|---|---|
| C | 78,43 | 75,17 | 78,12 | 20,28 |
| H | 12,42 | 12,83 | 12,89 | 20,07 |
| N | 9,15 | 8,65 | 8,99 | 1. |

Die Formel $C_{20}H_{19}N$ wird noch durch folgende qualitative Stickstoffbestimmung bestätigt.

Aethylconiin (von derselben Darstellung wie das, welches zu der zuerst angeführten Analyse gedient hatte) mit Kupferoxyd in einer durch Wasserstoffgas luftleer gemachten Röhre verbrannt, gab ein Gasgemenge, in welchem das Verhältniß von Kohlensäure und Stickstoff wie folgt gefunden wurde[1]):

| | angewandte Gasmenge | gefunden N | $CO_2$ | Verhältniß von N : $CO_2$ |
|---|---|---|---|---|
| 1. | 56 ccm | 2,725 | 53,275 | 1 : 19,55 |
| 2. | 52 „ | 2,5 | 49,5 | 1 : 19,8 |
| 3. | 56,5 „ | 2,675 | 53,825 | 1 : 20,12 |
| | | | Mittel: | 1 : 19,82 . |

*Salze des Aethylconiins.* — Von den Salzen der Base konnte keines in einem zur Analyse geeigneten Zustand erhalten werden. Die Jodverbindung wurde, wie oben schon erwähnt, selbst bei mehrwöchentlichem

---

[1]) Das Genauere über die von uns angewandte Art der Analyse wird weiter unten angegeben werden.

Stehen im luftleeren Raum über Schwefelsäure nicht krystallinisch; ebensowenig das Bromid, das durch Anwendung des Bromäthyls statt des Jodäthyls in derselben Weise wie das Jodid erhalten worden war.

Stellt man die möglichst entwässerte Base neben ein mit concentrirter Salzsäure gefülltes Gefäß unter den Recipienten der Luftpumpe, so bilden sich weiße Nebel und die Base erstarrt zu einem Brei mikroscopischer Krystalle, die an der Luft rasch zerfließen.

Die Base löst sich leicht und unter starker Erwärmung in Säuren; keines der so dargestellten Salze konnte durch Verdunsten krystallisirt erhalten werden.

### Doppelsalze des Aethylconiins.

*Aethylconiinplatinchlorid.* — Das Platinsalz der Base scheidet sich aus wässeriger und alkoholischer Lösung nicht aus, obgleich es einmal gebildet in Alkohol nur wenig löslich ist. Aus alkoholischer Lösung wird es durch Aether in verhältnißmäßig geringer Menge als gelbes Krystallpulver gefällt (Analyse III und IV). Besser erhält man es durch Verdunstenlassen über Schwefelsäure und Auswaschen mit einem Gemenge von Aether und Alkohol (I und II).

Die Analyse gab:

I. 0,4484 Grm. mit chromsaurem Bleioxyd verbrannt gaben 0,5452 Grm. $CO_2$ und 0,2350 Grm. HO.

II. 0,6358 Grm. Substanz gaben 0,1748 Grm. Platin.

III. 0,7492 „        „        „     0,2070 „        „

IV. 0,6145 „        „        „     0,1714 „        „

Auf 100 berechnet:

|          | Theorie |        | Versuch |       |        |        |
|----------|---------|--------|---------|-------|--------|--------|
|          |         |        | I.      | II.   | III.   | IV.    |
| $C_{20}$ | 120     | 33,41  | 33,16   | —     | —      | —      |
| $H_{20}$ | 20      | 5,57   | 5,83    | —     | —      | —      |
| N        | 14      | 3,90   | —       | —     | —      | —      |
| $Cl_3$   | 106,5   | 29,65  | —       | —     | —      | —      |
| Pt       | 98,7    | 27,47  | —       | 27,49 | 27,63  | 27,89  |
|          | 359,2   | 100,00 |         |       |        |        |

*Aethylconiingoldchlorid.* — Goldchlorid giebt in der salzsauren Lösung der Base eine gelbe Trübung, und es scheidet sich ein rothgelbes, krystallinisch erstarrendes Oel aus; aus heißer verdünnter Lösung wurde das Salz in schön gelben Krystallen erhalten.

*Aethylconiinquecksilberchlorid.* —Quecksilberchlorid giebt in der salzsauren Lösung der Base einen weißen, harzartig zusammenballenden
Niederschlag, der beim Erhitzen schmilzt und sich beim Erkalten der
heiß bereiteten Lösung in krystallinisch erstarrenden Oeltropfen, bei verdünnter Lösung in deutlichen Krystallen (rhombischen, dem Quadrat sich
nähernden Tafeln) ausscheidet.

## *Aethyl–Methylconiin,* $C_{22}H_{22}NO$.

Von den verschiedenen Coniinsorten, die zur Untersuchung dienten,
gab nur eine bei der Behandlung mit Jodäthyl ausschließlich Aethylconiin; bei allen andern entstand gleichzeitig neben dem syrupartigen,
unkrystallisirbaren Aethylconiinjodid ein anderes krystallinisches Jodid.
Die Menge, in der beide Jodide erzeugt wurden, schien, soweit dieß das
Augenmaß zu beurtheilen gestattet, verschieden bei den verschiedenen
Sorten von Coniin, obgleich stets ein Ueberschuß von Jodäthyl angewandt
und die Einwirkung so lange fortgesetzt worden war, bis bei noch
längerem Erhitzen keine Abnahme des Jodäthyls mehr Statt fand und die
Lösung der Producte schwach sauer reagirte.

Wie bei der Sorte Coniin, die nur Aethylconiin lieferte, so mischten
sich auch die andern mit Jodäthyl zu einer anfangs klaren Flüssigkeit;
aber selbst bei gewöhnlicher Temperatur erfolgte die Einwirkung sehr
rasch, es entstand ein braunes, zu Boden sinkendes Oel; momentanes Eintauchen in siedendes Wasser genügte, um die Reaction in wenig Augenblicken zu beenden und eine Substanz zu erzeugen, die beim Abkühlen,
theilweise schon in siedendem Wasser selbst, zu einem Brei von kleinen
Krystallen erstarrt.

Setzt man zu der wässerigen Lösung des Röhreninhalts, die nach der
Entfernung des überschüssigen Jodäthyls vollständig geruchlos ist, Kalilauge, so scheidet sich ein braunes, wie Coniin riechendes Oel aus, das
sich bald in zwei Schichten trennt, von denen die obere (meist Aethylconiin) flüssig bleibt, während die untere bald krystallinisch erstarrt; aus
der milchig-trüben Kalilauge bilden sich bei längerem Stehen noch
prachtvolle, das ganze Gefäß durchziehende Nadeln von über 4 Zoll
Länge, die dieselbe Verbindung sind.

Um sicher zu seyn, daß die Einwirkung wirklich lange genug fortgesetzt worden, wurde ein Rohr mehrere Tage lang der Temperatur des
siedenden Wassers ausgesetzt, ohne daß das Resultat dadurch ein
anderes geworden wäre.

Die durch Kalilauge ausgeschiedenen Krystalle sind:

$$Aethyl - Methyl - Coniin - Jodid = C_{22}H_{22}NJ.$$

Um sie rein zu erhalten, kann man den festen Röhreninhalt geradezu mit Aether, dem etwas Alkohol zugesetzt worden, auswaschen; alles Aethylconiinjodid und Jodäthyl wird so entfernt. Zweckmäßiger ist es, weil so auch die gleichzeitig erzeugte ölige Base gewonnen wird, beide Jodide in Wasser zu lösen, mit Kalilauge zu fällen und nachdem das Aethylconiin abgenommen ist, die Krystalle des Aethylmethylconiinjodids zu reinigen, was leicht auf folgende Weise geschieht. Nachdem die größte Menge der Kalilauge entfernt, schüttelt man den Aether, dem wenig Alkohol zugesetzt worden (Aether allein eignet sich nicht, weil dadurch die Krystalle sich nicht zertheilen, im Gegentheil noch fester zusammenballen; Zusatz von etwas Alkohol, in welchem das Jodid sehr löslich ist, bewirkt leicht Zertheilung und macht so das Auswaschen möglich). Man bringt die Krystalle dann auf einen mit Asbest verstopften Trichter, oder nacheinander auf verschiedene Filter, bis am letzten keine Spur von Kalilauge mehr wahrzunehmen ist, und wascht mit alkoholhaltendem Aether aus. So gereinigt stellt das Aethylmethylconiinjodid ein schneeweißes Krystallpulver dar, das sich in Wasser und Alkohol leicht löst, in der Wärme weit mehr als in der Kälte, so daß eine heiß bereitete concentrirte Lösung beim Erkalten Krystalle absetzt; auch durch Verdunsten aus wässeriger und alkoholischer Lösung wird es wieder krystallisirt erhalten. Das Jodid ist in Aether und in alkalischen Flüssigkeiten unlöslich; es wird durch Kalilauge aus der wässerigen Lösung unverändert als weißes Krystallpulver gefällt; ja es kann mit Kalilauge gekocht werden, ohne sich zu zersetzen, es löst sich dabei auf und scheidet sich beim Erkalten in prachtvollen Nadeln wieder aus.

Bei 100° verlieren die über Schwefelsäure im luftleeren Raum getrockneten Krystalle nicht an Gewicht. Die Analyse gab folgende Resultate:

I.  0,3070 Grm. Substanz mit chromsaurem Bleioxyd verbrannt gaben: 0.5050 Grm. $CO_2$ und 0,2329 Grm. HO.

II.  0,3756 Grm. Substanz gaben: 0,6181 Grm. $CO_2$ und 0,2806 Grm. HO.

III.  0,3292 Grm. Substanz gaben: 0,2632 Grm. Jodsilber.

IV.  0,3474 Grm. Substanz gaben: 0,2770 Grm. Jodsilber.

(Die Analysen I. und III. beziehen sich auf nach der ersten, II und IV auf nach der zweiten Methode gereinigtes Jodid.)

Auf 100 berechnet geben diese Bestimmungen:

| | berechnet | | gefunden | | | |
|---|---|---|---|---|---|---|
| | | | I. | II. | III. | IV. |
| $C_{22}$ | 132 | 44,73 | 44,86 | 44,87 | — | — |
| $H_{22}$ | 22 | 7,46 | 8,42 | 8,30 | — | — |
| N | 14 | 4,74 | — | — | — | — |
| J | 127,1 | 43,07 | — | — | 43.24 | 43,11 |
| | 295,1 | 100,00 . | | | | |

## Aethyl - Methyl - Coniin.

Während das Aethylmethylconiinjodid durch ätzende Alkalien aus seiner wässerigen Lösung ohne Zersetzung zu erleiden gefällt wird, wird es durch frisch gefälltes Silberoxyd leicht zersetzt. Man erhält so die Base in wässeriger Lösung. Diese ist, wenn aus dem reinen Jodid darge- stellt, vollständig farblos und geruchlos, sie schmeckt äußerst scharf bitter, reagirt stark alkalisch und wirkt im concentrirten Zustand auf die Epidermis wie Kalilauge. Wird statt des reinen Jodids das durch Einwirkung von Jodäthyl auf Coniin erhaltene Product geradezu ange- wandt, so erhält man, während das Jodsilber von ausgeschiedenem Aethylconiin zusammenballt, eine anfangs farblose Flüssigkeit, die sich bald rothbraun färbt, von gelöstem Aethylconiin coniinartig riecht und etwas Silber in Lösung enthält.

Die Lösung des Aethylmethylconiins kann ohne Zersetzung zu er- leiden eingedampft und gekocht werden; beim Verdunsten hinterläßt sie, während viel Kohlensäure angezogen wird, eine farblose, theilweise krystallisirte (wohl nur kohlensaures Salz?) Masse, die an feuchter Luft rasch zerfließt.

## Salze des Aethylmethylconiins.

Daß das Aethylmethylconiin aus der Luft mit Begierde Kohlensäure anzieht, ist eben erwähnt worden; wir erhielten das kohlensaure Salz in langen Nadeln durch Verdampfen der wässerigen Base in einer Atmo- sphäre von Kohlensäure. Sämtliche Salze der Base, deren Darstellung wir versucht haben, sind krystallisirbar; das salzsaure, schwefelsaure, salpetersaure, oxalsaure und essigsaure Salz wurden durch Verdunsten im luftleeren Raum über Schwefelsäure krystallisirt erhalten; sie sind sämmtlich in Wasser sehr löslich, die meisten an feuchter Luft zerfließlich.

Gegen eine alkalische Lösung von Jodkalium verhält sich das Aethyl- methylconiin ebenso, wie Hofmann's Teträthylammonium, es wer- den Krystalle des Jodids ausgeschieden.

*Doppelsalze des Aethylmethylconiins.*

*Aethylmethylconiinplatinchlorid.* — Während das Platinsalz des Aethylconiins in Wasser und Alkohl leicht löslich ist, scheidet sich auf Zusatz
von wässerigem Platinchlorid zur wässerigen salzsauren Lösung des
Aethylmethylconiins in wenig Augenblicken eine schön gelbes krystallinisches Salz aus (microscopische Oktaëder, die zu verzweigten Nadeln
gruppirt sind). Aus verdünnter Lösung scheidet es sich erst allmälig
in prachtvollen Oktaëdern aus. Es ist in kaltem Wasser nur wenig, in
heißem mehr löslich, unlöslich in Aether und Alkohol.

Die Analyse des im luftleeren Raum über Schwefelsäure getrockneten
Salzes gab:

I. 0,4931 Grm. Substanz mit chromsaurem Bleioxyd verbrannt gaben:
0,6398 Grm. $CO_2$ und 0,2908 Grm. HO.

II. 0,6217 Grm. Substanz mit chromsaurem Bleioxyd verbrannt gaben:
0,8088 Grm. $CO_2$ und 0,3642 Grm. HO.

III. 0,1406 Grm. gaben 0,0372 Grm. Platin.

IV. 0,3792 Grm. gaben 0,1004 Grm. Platin.

V. 0,8986 Grm. gaben mit chromsaurem Bleioxyd verbrannt: 1.1728 Grm. $CO_2$
und 0,5314 Grm. HO.

VI. 0,1374 Grm. gaben 0,0362 Grm. Platin.

Auf 100 berechnen sich daraus folgende Zahlen:

| | Theorie | | I. | II. | III. | IV. | V. | VI. |
|---|---|---|---|---|---|---|---|---|
| $C_{22}$ | 132 | 35,37 | 35,39 | 35,48 | — | — | 35,59 | — |
| $H_{22}$ | 22 | 5,89 | 6,55[1]) | 6,51 | — | — | 6,57 | — |
| N | 14 | 3,75 | — | — | — | — | — | — |
| $Cl_3$ | 106,5 | 28,54 | — | — | — | — | — | — |
| Pt | 98,7 | 26,45 | — | — | 26,46 | 26,47 | — | 26,35 |
| | 373,2 | 100,00. | | | | | | |

*Aethylmethylconinngoldchlorid.* — Goldchlorid giebt mit der salzsauren
Lösung der Base einen schwefelgelben, flockigen, rasch krystallinisch
werdenden Niederschlag, der aus heißer wässeriger Lösung beim Erkalten

---

[1]) Bei der Analyse des Platinsalzes sowohl wie bei der des Jodids haben wir
den Wasserstoffgehalt etwas zu hoch gefunden; da indeß keine andere Formel zu
den für C, J und Pt gefundenen Zahlen besser stimmende Zahlen giebt, können wir
dieß nur dem Umstand zuschreiben, daß die Substanz während des Füllens Feuchtigkeit aufgenommen hatte, und behalten die gegebenen Formeln ($C_{16}H_{15}N$ für Coniin)
umsomehr bei, da uns eine Ammoniakbase mit paaren Wasserstoffäquivalenten
höchst unwahrscheinlich scheint.

in feinen Nadeln ausfällt. Das getrocknete Salz schmilzt beim Erhitzen (schon unter 100°) und erstarrt beim Erkalten krystallinisch.

Wir haben uns mit zwei Metallbestimmungen begnügt:

I. 0.4286 Grm. des über Schwefelsäure im luftleeren Raum getrockneten Salzes gaben 0,1654 Grm. Gold.

II. 0,5220 Grm. Substanz gaben: 0,2022 Grm. Gold.

|  | | berechnet | gefunden | |
|---|---|---|---|---|
|  | | | I. | II. |
| $C_{22}$ | 132 | 26,03 | — | — |
| $H_{22}$ | 22 | 4,34 | — | — |
| N | 14 | 2,76 | — | — |
| $Cl_4$ | 142 | 28,01 | — | — |
| Au | 197 | 38,86 | 38,59 | 38,74 |
|  | 507 | 100,00. | | |

*Verbindungen mit Quecksilberchlorid.* — Durch Eingießen der salzsauren Lösung der Base in eine Lösung von Quecksilberchlorid wurde ein weißer, deutlich krystallinischer Niederschlag erhalten, der in Wasser, Alkohol und selbst in Aether ziemlich löslich ist.

0,2332 Grm. des im luftleeren Raum über Schwefelsäure getrockneten Salzes gaben: 0,1600 Grm. HgS und 0,2312 Grm. AgCl.

In 100 Theilen des Salzes sind also enthalten:

$$Hg \quad 59,15; \quad Cl \quad 24,52$$

Zahlen, die nur mit der Formel:

$$C_{22}H_{22}NCl + 6\,HgCl$$

übereinstimmen, die folgende Zahlen verlangt:

|  | | Theorie | Versuch |
|---|---|---|---|
| $C_{22}$ | 132 | 12,98 | — |
| $H_{22}$ | 22 | 2,16 | — |
| N | 14 | 1,38 | — |
| $Cl_7$ | 248,5 | 24,45 | 24,53 |
| $Hg_6$ | 600 | 59,03 | 59,15 |
|  | 1016,5 | 100,00. | |

Erhitzt man dieses Salz mit Wasser, so schmilzt es, löst sich dann auf und es scheidet sich bei längerem Stehen ein neues Quecksilbersalz in großen Krystallen aus.

1,6622 Grm. dieses Salzes über Schwefelsäure getrocknet gaben mit chromsaurem Bleioxyd verbrannt: 0,8688 Grm. $CO_2$, 0,4042 Grm. HO und 0,9438 Grm. Hg.

|         |     | berechnet | gefunden |
|---------|-----|-----------|----------|
| $C_{22}$ | 132 | 14,98     | 14,25    |
| $H_{22}$ | 22  | 2,50      | 2,70     |
| N       | 14  | 1,59      | —        |
| $Cl_6$  | 213 | 24,18     | —        |
| $Hg_5$  | 500 | 56,75     | 56,78    |
|         | 881 | 100,00.   |          |

Das Salz hat also die Formel:

$$C_{22}H_{22}NCl + 5\,HgCl$$

enthält mithin 1 Aeq. HgCl weniger, als das gefällte.

Sämmtliche Eigenschaften des Aethylmethylconiins und seiner Salze sprechen dafür, daß es der vierten der H o f m a n n ' schen Basenreihen angehört, daß es eine Ammoniumbase ähnlich wie Teträthylammonium, Triäthylanilin etc., denen es sich scharf characterisirt anreiht. Zur weiteren Bestätigung dieser Ansicht blieb noch übrig, das Aethylmethylconiin von neuem der Einwirkung des Jodäthyls auszusetzen. Es wurde zu diesem Zweck eine concentrirte, und möglichst kohlensäurefreie Lösung der Base mit Jodäthyl in zwei Röhren eingeschmolzen und der Temperatur des siedenden Wassers ausgesetzt. Die eine nach wenig Minuten geöffnet zeigte schon schwach saure Reaction und gab mit Kalilauge Krystalle, die dem Ansehen nach nicht von dem früheren Jodid zu unterscheiden waren; die andere wurde acht Tage lang im Wasserbade erhitzt und der Inhalt dann zur Darstellung eines Platinsalzes verwendet, dessen Platingehalt wie folgt gefunden wurde:

I. 0,4286 Grm. Substanz gaben 0,1140 Grm. Pt.
II. 0,3054 „     „     „   0,0811 Grm. Pt.

Es giebt dies in Procenten:

|    | I.    | II.    |
|----|-------|--------|
| Pt | 26,59 | 26,55. |

Aethylmethylconiinplatinchlorid verlangt:

Pt   26,45 pC.

Es war somit erwiesen, daß kein weiteres Aeq. Aethyl mehr aufgenommen worden war; Aethylmethylconiin und Jodäthyl hatten sich gegenseitig zersetzt zu Aethylmethylconiinjodid und Alkohol.

Diesem Verhalten entspricht auch das des Jodids und der Base selbst beim Erhitzen. Erhitzt man das trockene Jodid in einer Retorte, so schmilzt es erst, ohne sich zu zersetzen, und erstarrt beim Erkalten kry-

stallinisch. Bei größerer Hitze zeigt es dasselbe Verhalten, wie H o f -
m a n n ' s Teträthylammoniumjodid: es bilden sich Jodäthyl und eine
nach Coniin riechende Base, die schnell und theilweise während der Destillation selbst das Jodid reproduciren.

Wie oben schon erwähnt, kann die wässerige Lösung der Base, ohne
Zersetzung zu erleiden, siedend eingedampft werden, unter starkem
Blasenwerfen entweicht nichts als Wasser. Erst nachdem die Lösung so
concentrirt geworden, daß sie beim Erkalten breiartig erstarrt, tritt
Zersetzung ein. Unter lebhaftem Schäumen destillirt dann, neben Was-
ser, eine neue ölartige Base über, die anfangs farblos, gegen Ende der
Destillation schwach gelb gefärbt wird. Gleichzeitig entwickelt sich ein
permanentes, mit leuchtender Flamme brennendes Gas, das durch sein
Verhalten zu Brom als Aethylen erkannt wurde. (Es bildet unter Wärme-
entwicklung ein farbloses Oel, schwerer als Wasser, von ätherartigem
Geruch und in einem Kältegemisch erstarrend.) In der Retorte bleibt eine
Spur verkohlter Materie.

Die ölige Base ist:

$$Methylconiin\ ^1) = C_{18}H_{17}N.$$

Sie ist ein farbloses, wie Coniin riechendes Oel, leichter als Wasser und
in demselben wenig löslich, indem es ihm stark alkalische Reaction mittheilt. In kaltem Wasser löst es sich mehr als in warmem; es zeigt in der
Hinsicht dasselbe Verhalten wie Aethylconiin.

Die geringe Quantität, in der wir die Base nur erhalten konnten,
machte den Versuch, sie wasserfrei darzustellen, wozu nach den bei
Aethylconiin gemachten Erfahrungen wenig Aussicht vorhanden war,
unmöglich und gestattete überhaupt kein ausführliches Studium ihrer
Eigenschaften. Auf den Versuch, durch Jodäthyl daraus wieder Aethyl-
Methyl-Coniin zu erhalten, mußte ebenfalls verzichtet werden. Wir konnten in der Beziehung nur darthun, daß so ein krystallisirtes Product erhalten wird.

Ueber die Zusammensetzung der Base läßt die Art ihrer Entstehung
kaum einen Zweifel. Sie ist offenbar $C_{18}H_{17}N$, und ihre Bildung aus
Aethylmethylconiin erfolgt nach dem Schema:

$$C_{22}H_{22}NO = C_{18}H_{17}N + C_4H_4 + HO.$$

Für diese Zusammensetzung spricht auch noch folgende Analyse:

---

¹) Wir bemerken hier nochmals, daß der Name Methylconiin Nichts weiter bezeichnen soll, als daß die Verbindung $C_2H_2$ mehr enthält, wie Coniin ($C_{16}H_{15}N$).

Eine Quantität der Base mit Kupferoxyd in einem luftleeren Rohr
verbrannt gab ein Gasgemenge, in welchem Kohlensäure und Stickstoff
in folgendem Verhältniß gefunden wurden [1]):

| angewandte Gasmenge | gefunden $N$ | demnach $CO_2$ | Verhältniß in $N : CO_2$ |
|---|---|---|---|
| 1. 54 CC. | 2,85 | 51,15 | 1 : 17,97 |
| 2. 55 „ | 2,85 | 52,15 | 1 : 17,96 |
| 3. 58 „ | 3,00 | 55,00 | 1 : 18,33 |

Mittel 1 : 18,09 .

*Diäthylconiin*, $C_{24}H_{24}NO$.

Bringt man das früher beschriebene Aethylconiin mit Jodäthyl zusammen, so erfolgt schon in der Kälte rasch Einwirkung, nach 12stün-

_____

[1]) Bei dieser und den andern relativen Kohlenstoff- und Stickstoffbestimmungen, bei denen es auf ein möglichst genaues Messen des Stickstoffs wesentlich ankam, haben wir uns von Mechanikus F a s t r é in Paris angefertigter Gasmeßröhren
bedient, deren Form von den gewöhnlichen etwas abweicht und die, wie wir glauben, größere Genauigkeit der Analyse zulassen.

Ein 2 Centimeter weites, in Cubikcentimeter eigetheiltes Rohr gestattet, größere Mengen von Gas (bis 60 CC.) der Analyse zu unterwerfen, während ein oben
an dieses angelöthetes engeres Rohrstück, das in Zehntheile von Cubikcentimetern
getheilt ist, ein genaues Messen der Stickstoffmenge ermöglicht. — Andererseits
wurden freilich durch die geringere Weite des oberen Rohres zwei (in entgegen-
gesetztem Sinne wirkende) Fehlerquellen vermehrt. Die bei so engem Rohr schon
merkbare Capillarität erhöhte das Niveau, während durch die an den Wänden anhaftende Kalilauge, die statt festen Aetzkalis angewandt werden mußte, der
Röhreninhalt vermindert und so das Niveau herabgedrückt wurde. Durch eine
Reihe sorgfältiger Versuche haben wir uns überzeugt, daß beide Fehler (und der
durch Tension des Wasserdampfes veranlaßte) sich nahezu aufheben.

Was die Genauigkeit dieser Analysen angeht, so bemerken wir: daß für ein
Verhältniß von $C : N = 22 : 1$ bis 16 : 1 für 55 verwendete Cubikcentimeter Gas die
Stickstoffmenge für jedes Kohlenstoffaquivalent noch um 1,2 bis 1,8 Zehntheile von
Cubikcentimetern, also um ebensoviel Theilstriche differirt, so daß freilich ein
Unterschied von einem halben Theilstrich in der beobachteten Stickstoffmenge das
Verhältniß von 20 : 1 in 19,6 : 1 ändert.

Obgleich die Methode danach an Genauigkeit noch Vieles zu wünschen übrig
läßt, glaubten wir doch sie im vorliegenden Fall, wo wegen geringer Menge von
Material keine andere Analyse möglich war, anwenden zu dürfen. Die Resultate
fallen, wie die andern so ausgeführten Analysen zeigen, genau genug aus; wenn
man nur Sorge trägt, den Verbrennungsapparat durch langes Durchleiten von
Wasserstoffgas vollständig luftleer zu machen, wenn man die Verbrennung mit
äußerster Vorsicht leitet und bei flüchtigen Substanzen die Substanz in enghal-
sigen, vollständig angefüllten Kügelchen einbringt, so daß nicht die aus den Kügelchen ausgetriebene Luft den Stickstoffgehalt vermehrt.

digem Stehen ist die ganze Masse krystallinisch erstarrt. Um sicher zu
sein, daß die Reaction beendigt, wurde die Röhre in siedendes Wasser
gesetzt. Die Krystalle schmolzen dabei zu einer über dem Jodäthyl
stehenden Schichte, die beim Erkalten wieder zu einem Brei von Krystallen erstarrte.

*Däthylconiinjodid.* — Die Krystalle sind kleiner, weit weniger scharf
begrenzt und weicher, als die des Aethylmethylconiinjodids; sie sind in
Wasser und Alkohol sehr löslich, weniger in Aether, doch wollte eine
Reinigung nach der bei Aethylmethylconiinjodid angegebenen Weise
nicht gelingen, so daß auf die Analyse verzichtet werden mußte.

*Diäthylconiin* wurde aus dem Jodid durch frisch gefälltes Silberoxyd
in wässeriger Lösung erhalten. Diese ist geruchlos, scharf bitter und
stark alkalisch.

*Diäthylconiinplatinchlorid.* — Durch Zusatz von Platinchlorid zur
salzsauren Lösung des Diäthylconiins wurde, obgleich beide Lösungen
ziemlich concentrirt waren, keine Fällung erhalten; bei vorsichtigem Eindampfen im Wasserbad schied sich ein krystallinisches Salz aus, das mit
Alkohol ausgewaschen wurde.

Die Analyse des Salzes gab folgende Resultate:

I. 0,4191 Grm. Substanz mit chromasurem Bleioxyd verbrannt gaben
0.5675 Grm. $CO_2$ und 0,2514 Grm. HO.

II. 0.7544 Grm. Substanz gaben 0,1924 Grm. Platin.

III. 0,3386 „ „ „ 0,0866 „ „

IV. 0.4012 „ „ „ 0,1024 „ „

V. 0,4350 „ „ „ 0,1116 . „

|  | Theorie | | Versuche | | | | |
|---|---|---|---|---|---|---|---|
|  |  |  | I. | II. | III. | IV. | V. |
| $C_{24}$ | 144 | 37,19 | 36,93 | — | — | — | — |
| $H_{24}$ | 24 | 6,20 | 6,66 | — | — | — | — |
| N | 14 | 3,61 | — | — | — | — | — |
| $Cl_3$ | 106,5 | 27,51 | — | — | — | — | — |
| Pt | 98,7 | 25,49 | — | 25,50 | 25,57 | 25,52 | 25,65 |
|  | 387,2 | 100,00 . | | | | | |

*Diäthylconiingoldchlorid.* — Schwefelgelber, halbflüssiger Niederschlag, der sich beim Erhitzen löst und beim Erkalten als krystallinisch
erstarrende Tropfen ausscheidet.

*Diäthylconiinquecksilberchlorid.* — Quecksilberchlorid giebt mit der
salzsauren Lösung der Base einen weißen flockigen Niederschlag, der

beim Erhitzen schmilzt und bei längerem Stehen der heiß bereiteten Lösung sich in mikroscopischen Krystallen absetzt.

Die geringe Menge, in der wir das Diäthylconiin nur erhalten hatten und die Unmöglichkeit, es aus anderen Coniinsorten wieder rein darzustellen, ließen uns keine weiteren Versuche mit der Base anstellen. Indessen lassen die beobachteten Eigenschaften, die es vom Aethylconiin scharf trennen und dem Aethylmethylconiin an die Seite setzen, von welchem es sich jedoch auch wesentlich, besonders durch die weit größere Löslichkeit des Jodids und des Platinsalzes, unterscheidet, wohl keinen Zweifel, daß das Diäthylconiin eine dem Teträthylammonium entsprechende Verbindung ist, so daß es durch weitere Behandlung mit Jodäthyl kein Aethyl mehr aufnehmen und beim Erhitzen in ölbildendes Gas und Aethylconiin zerfallen würde.

Es verdient hervorgehoben zu werden, daß wir nie die Basen der Coniinreihe (Aethylconiin und Diäthylconiin) durch Behandeln mit Jodäthyl in Methylconiin oder Aethylmethylconiin haben übergehen sehen; oder umgekehrt. Aus Aethylconiin wurde durch Behandeln mit Jodäthyl Diäthylconiin erzeugt; während Aethylmethylconiin sich durch Hitze zu Methylconiin zersetzt. Daß alle Basen einer Reihe angehören, deren Glieder um $C_4H_4$ von einander verschieden sind, was bei Verdoppelung der Formeln gedacht werden könnte, kann demnach (abgesehen davon, daß Nichts dafür spricht, die Formel der Verbindungen zu verdoppeln und sie so vom Typus Ammoniak zu entfernen) nicht angenommen werden, und es bleibt nur die Annahme: daß das rohe Coniin selbst ein Gemenge von zwei um $C_2H_2$ verschiedenen Basen sey.

Es blieb daher noch übrig, zu entscheiden, welche Formel die im käuflichen Coniin enthaltene Verbindung habe, die zur Bildung des Aethylmethylconiins Veranlassung gegeben. Sie konnte ebensowohl $C_{14}H_{13}N$ als $C_{18}H_{17}N$ sein. Im ersten Fall wäre das Aethylmethylconiin durch Aufnahme von 2 Aeq. $C_4H_5$, im zweiten durch Aufnahme von 1 Aeq. $C_4H_5$ an die Stelle von 2 resp. 1 Aeq. H entstanden. Letztere Ansicht schien von vorn herein die wahrscheinlichere. Es sprach dafür die Leichtigkeit, mit der das krystallisirte Aethylmethylconiinjodid durch Einwirkung von Jodäthyl auf käufliches Coniin entstanden war, während aus Einer Coniinsorte nicht direct Diäthylconiin, sondern erst Aethylconiin erzeugt wurde, das dann seinerseits durch Jodäthyl leicht in Diäthylconiin übergeführt wird (offenbar weil Jodäthyl auf die freie Base, nicht aber auf das schon gebildete Jodid substituirend einwirkt).

Um diese Frage zu entscheiden, schien es zweckmäßig, das rohe Coniin, so wie es der Einwirkung des Jodäthyls unterworfen worden war, zu analysiren. War die zur Bildung des Aethylmethylconiins Veranlassung gebende Verbindung $C_{14}H_{13}N$, so mußte das Verhältniß des C zum N im rohen Coniin kleiner als 16 : 1; war sie dagegen $C_{18}H_{17}N$, so mußte es größer als 16 : 1 gefunden werden. Leider haben wir es versäumt, die Sorte Coniin, die bei der Behandlung mit Jodäthyl nur Aethylconiin geliefert hatte, der Analyse zu unterwerfen. Zwei andere Sorten Coniin, die mit Jodäthyl beide substituirte Basen geliefert hatten, gaben folgende analytische Resultate:

Erste Sorte:

0,2822 Grm. mit Kupferoxyd verbrannt gaben: 0,7328 Grm. $CO_2$ und 0,3242 Grm. HO.

0,3730 Grm. mit Natronkalk verbrannt gaben: 0,5508 Grm. Platinsalmiak, der beim Glühen 0,2483 Grm. Platin lieferte. Der Stickstoff berechnet sich danach auf 100 aus dem Platinsalmiak zu 9,26; aus dem Platin = 9,44; im Mittel 9,35.

Auf 100 berechnet:

| | | Verhältniß der Aequivalente |
|---|---|---|
| C | 70,82 | 17,65 |
| H | 12,76 | |
| N | 9,35 | 1 |
| | 92,93 | |

Dasselbe Coniin mit Kupferoxyd in einem luftleeren Rohr verbrannt, gab ein Gasgemenge, dessen relativer Kohlensäure- und Stickstoffgehalt wie folgt gefunden wurde:

| | verwandtes Gas | gefunden N | $CO_2$ | Verhältniß von N : $CO_2$ |
|---|---|---|---|---|
| 1. | 55 CC. | 3,0 | 52 | 1 : 17,33 |
| 2. | 52.5 „ | 2,8 | 49,7 | 1 : 17,75 |
| | | | Mittel | 1 : 17,54 . |

Zweite Sorte Coniin:

0,2909 Grm. Substanz mit Kupferoxyd verbrannt gaben: 0,7626 Grm. $CO_2$ und 0,3414 Grm. HO.

0,3743 Grm. Coniin gaben 0,5649 Grm. Platinsalmiak, entsprechend 9,47 pC. N; und beim Glühen: 0,2554 Grm. Platin, entsprechend 9,68 pC. N; im Mittel 9,57 pC. N.

Auf 100 berechnet:

|   |   | Verhältniß der Aequivalente |
|---|---|---|
| C | 71,50 | 17,5 |
| H | 13,04 | |
| N | 9,57 | 1 |
| | 94,11. | |

Mit Kupferoxyd in einer luftleeren Röhre verbrannt gab dieselbe Coniinsorte ein Gasgemenge, von welchem:

| | verwendetes Gas | gaben N | $CO_2$ | Verhältniß von $N : CO_2$ |
|---|---|---|---|---|
| 1. | 55 CC. | 2,95 | 52,05 | 1 : 17,64 |
| 2. | 57 „ | 3,15 | 53,85 | 1 : 17,09 |
| | | | | Mittel 1 : 17,36 . |

Die für beide Coniinsorten gefundene Zusammensetzung bestätigt die oben ausgesprochene Ansicht, daß das Aethylmethylconiin durch Aufnahme von $C_4H_4$ aus dem im rohen Coniin enthaltenen Methylconiin $(C_{18}H_{17}N)$ entstanden sey. Die untersuchten Coniinsorten erscheinen demnach als Gemenge von:

Coniin        $C_{16}H_{15}N$  mit
Methylconiin  $C_{18}H_{17}N$.

Wir haben weiter von beiden Coniinsorten Platinsalze dargestellt und zwar in der Weise, daß eine salzsaure Lösung von Coniin mit alkoholischer Platinchloridlösung versetzt und durch Zusatz von Aether das Platinsalz in krystallinischer Form gefällt wurde.

Das Platinsalz der zweiten Coniinsorte gab:

0,3032 Grm. gaben 0,0876 Grm. Pt, entsprechend 28.89 pC. Platin.

Das der ersten Sorte gab:

0,4167 Grm. mit chromsaurem Bleioxyd verbrannt gaben: 0,4542 Grm. $CO_2$ und 0,1954 Grm. HO.
0,4956 Grm. Salz gaben 0,1442 Grm. Platin.

Die daraus abgeleitete Zusammensetzung in 100 Theilen stimmt sehr nahe mit den von B l y t h [1]) gefundenen Zahlen; beiden stehen die aus der Formel $C_{16,8}H_{15,8}N$ abgeleiteten am nächsten:

---

[1]) Diese Ann. LXX, 83 (1849).

| | gefunden | Blyth | | berechnet aus $C_{16,8}H_{15,8}N$ |
|---|---|---|---|---|
| C | 29,73 | 29,87 | 29,56 | 30,02 |
| H | 5,21 | 5,39 | 4,92 | 4,70 |
| N | —· | 4,05 | — | 4,17 |
| Cl | .... | — | ... | 31,72 |
| Pt | 29,09 | 29,16 | 29,07 | 29,39 |
| | | | | 100,00 . |

Daß beide Salze Gemenge sind von zwei verschiedenen Platinsalzen, kann nicht wohl bezweifelt werden; aber in unserem Platinsalz ist das Verhältniß des Kohlenstoffs zum Platin ein anderes, wie das des Kohlenstoffs zum Stickstoff in dem Coniin, aus dem das Salz erhalten wurde. Wir glauben, daß bei der Fällung des Platinsalzes mehr von der Base $C_{16}H_{15}N$ gefällt wird, während das Salz der Base: $C_{18}H_{17}N$ zum größten Theil in Lösung bleibt, was mit dem Verhalten des Methylconiinplatinchlorids übereinstimmt, das wir durch Zusatz von Aether zur alkoholischen Lösung nicht erhalten konnten.

Es ist oben [1]) angegeben worden, daß aus der wässerigen Lösung des durch Einwirkung von Jodäthyl auf Coniin erhaltenen Productes durch Kalilauge ein sich in zwei Schichten trennendes Oel abgeschieden wurde, von welchen eine zu krystallinischem Aethylmethylconiinjodid erstarrte, während die andere flüssig blieb. Dieser flüssige Theil (von dem seither angenommen wurde, er sey reines Aethylconiin) ist frei von Jod, besitzt den Geruch des Coniins und wird durch Destillation farblos erhalten. Er besteht der größeren Menge nach aus Aethylconiin ($C_{20}H_{19}N$), enthält aber noch eine an Kohlenstoff ärmere Basis beigemengt, von der eine vollständige Trennung nicht gelang. Behandelt man die gemischte Base wieder mit Jodäthyl, so wird neben Diäthylconiinjodid noch wenig Aethylmethylconiinjodid gebildet, das durch anhaltendes Auswaschen mit Alkohol, in dem es weit weniger löslich ist, als Diäthylconiinjodid, rein erhalten werden kann. Die Platinbestimmung VI Seite 33 bezieht sich auf ein aus so dargestelltem Jodid erhaltenes Platinsalz.

Auch durch Darstellung der Platinsalze gelingt eine annähernde Trennung beider Basen, die wenigstens genügt, die Existenz beider in dem erhaltenen Product nachzuweisen. Operirt man nämlich mit concentrirten wässerigen Lösungen. so wird Aethylmethylconiinplatin-

---

[1]) S. 29.

chlorid gefällt (das durch Umkrystallisiren gereinigt wird), während Diäthylconiinplatinchlorid in Lösung bleibt. Die Verbrennung V Seite 32 bezieht sich auf so erhaltenes Aethylmethylconiinplatinchlorid; die Bestimmungen IV und V Seite 37 auf so erhaltenes Diäthylconiin-platinchlorid.

Wir halten daraus für nachgewiesen, daß das krystallisirte Jodid ein Gemenge von Aethylmethyl- und Diäthylconiinjodid ist, und nehmen an, daß die flüssige Base, aus der dieses Gemenge durch Einwirkung von Jodäthyl erhalten wurde, die beiden Basen:

$$C_{20}H_{19}N \text{ und}$$
$$C_{18}H_{17}N$$

enthielt, aus denen das krystallisirte Jodid entstand nach dem Schema:

$$C_{20}H_{19}N + C_4H_5J = C_{24}H_{24}NJ$$
$$C_{18}H_{17}N + C_4H_5J = C_{22}H_{22}NJ.$$

Daß bei Einwirkung des Jodäthyls auf das käufliche Coniin die Substanz $C_{20}H_{19}N$ durch Substitution erhalten worden, kann wohl nicht bezweifelt werden. Ob aber die Base $C_{18}H_{17}N$ ebenso aus $C_{14}H_{13}N$ entstanden, oder ob sie als solche im Coniin enthalten gewesen und der Einwirkung des Jodäthyls entgangen, wagen wir nicht zu entscheiden. Erstere Ansicht scheint uns die wahrscheinlichere, und wäre dann das angewandte Coniin ein Gemenge gewesen aus:

$$C_{14}H_{13}N$$
$$C_{16}H_{15}N \text{ und}$$
$$C_{18}H_{17}N.$$

Werfen wir nun noch einen Blick auf die früheren, von O r t i g o s a [1]) und von B l y t h [2]) ausgeführten Analysen des Coniins und seines Platinsalzes.

Im L i e b i g' schen Jahresbericht (1849, S. 388) ist schon hervorgehoben worden, daß O r t i g o s a's Analysen des Platinsalzes für die von G e r h a r d t für das Coniin vorgeschlagene Formel $C_{16}H_{15}N$ sprechen; in der That stimmen die von ihm gefundenen Zahlen hinlänglich mit den aus der Formel berechneten. Leider hat O r t i g o s a keine Stickstoffbestimmung des Coniins selbst ausgeführt; rechnet man seine Kohlenstoff- und Wasserstoffbestimmungen in der eben angegebenen Weise um, indem

[1]) Diese Ann. XLII, 313 (1842).
[2]) Ebendaselbst LXX, 73 (1849).

man von der freilich etwas willkürlichen Annahme ausgeht, der Stickstoff sey nach der qualitativen Methode bestimmt und sein Verhältniß
zum Kohlenstoff wie 1 : 16 gefunden worden (in O r t i g o s a ' s Platin-
salzanalysen steht das Pt zum C im Verhältniß wie 1 : 16,11), so ergeben
sich Zahlen, die auffallend mit den aus der Formel $C_{16}H_{15}N$ abgeleiteten
übereinstimmen:

| | Ortigosa | | umgerechnet | | berechnet aus |
| | I. | II. | I. | II. | $C_{16}H_{15}N$ |
|---|---|---|---|---|---|
| C | 75,44 | 74,94 | 76,64 | 76,79 | 76,80 |
| H | 12,17 | 11,98 | 12,19 | 12,01 | 12,00 |
| N | (11,00) | (10,93) | 11,17 | 11,20 | 11,20 . |

B l y t h ' s Zahlen stimmen in derselben Weise umgerechnet weniger
gut mit der Formel; indessen macht es der geringere Platingehalt und
der höhere Kohlenstoffgehalt seines Platinsalzes wahrscheinlich, daß das
von ihm untersuchte Coniin von der an Kohlenstoff reicheren Base enthielt, die wir mit Methylconiin bezeichnet haben. In der That steht der
Stickstoffgehalt im B l y t h ' schen Coniinplatinsalz zum Kohlenstoffgehalt im Verhältniß wie: 1 N : 17,0 C (und 1 N : 17,2 Cl), und wenn man
dieses Verhältniß in die Analyse des Coniins einführt und dann umrech-
net, bekommt man Zahlen, die annähernd mit der Formel $C_{17}H_{16}N$ (die
sich von der von B l y t h fürs Coniin gewählten nur durch 1 Aeq. H
unterscheidet, das sie weniger enthält) übereinstimmen.

| | Blyth | | |
| | gefunden | umgerechnet | $C_{17}H_{16}N$ |
|---|---|---|---|
| C | 75,11 | 76,46 | 77,27 |
| H | 13,06 | 13,10 | 12,12 |
| N | (10,25) | 10,44 | 10,61 . |

Wir glauben danach, daß das von B l y t h untersuchte Coniin ein
Gemenge von $C_{16}H_{15}N$ und $C_{18}H_{17}N$ zu etwa gleichen Aequivalenten gewesen; während das von O r t i g o s a analysierte nahezu reines Coniin
($C_{16}H_{15}N$) war und bei der Behandlung mit Jodäthyl (wie die eine Sorte,
die uns diente) nur Aethylconiin geliefert haben würde.

Noch müssen wir erwähnen, daß wir stets beim Eindampfen oder Erwärmen der Platin- oder Quecksilbersalze des Coniins sowohl als der
daraus erhaltenen substituirten Basen Geruch nach Buttersäure wahrgenommen haben; einmal, bei dem leicht zersetzlichen Aethylconiinquecksilberchlorid, haben wir diese Säure, die B l y t h schon als Oxydations-

product des Coniins beobachtet hatte, mit Bestimmtheit nachgewiesen. Danach erscheint die Ansicht, daß das Coniin eine 8 Aequivalente Kohlenstoff enthaltende Atomgruppe enthalte, allerdings höchst wahrscheinlich; ob diese aber, wie R. W a g n e r [1]) vermutet, $C_8H_7$ oder vielleicht $C_8H_9$, muß weiteren Versuchen vorbehalten bleiben.

————

Aus den im Vorstehenden mitgetheilten Thatsachen, die, weil für den Augenblick kein weiteres Material aufzutreiben war, nicht so vervollständigt werden konnten, wie wir es gewünscht hätten, ziehen wir den Schluß:

1) Das käufliche Coniin ist (meist) ein Gemenge von zwei (oder mehr) homologen Basen.

2) Die mit Coniin bezeichnete Verbindung $C_{16}H_{15}N$ gehört der zweiten Reihe flüchtiger organischer Basen an. Sie enthält 1 Aeq. durch s. g. Radicale vertretbaren Wasserstoff, während der übrige Kohlenstoff- und Wasserstoffgehalt ($C_{16}H_{14}$) die Rolle von 2 Aeq. H spielt.

3) Die zweite im rohen Coniin enthaltene Base (Methylconiin = $C_{18}H_{17}N$) ist eine Nitrilbase; es kann in ihr kein Wasserstoff mehr durch s. g. Radicale ersetzt werden; durch weitergehende Substitution geht sie in eine nicht flüchtige Ammoniumbase über.

Schließlich stellen wir die in dieser Abhandlung beschriebenen Basen nochmals zusammen:

$$\text{Coniin} \quad = C_{16}H_{15}N \quad = \left. \begin{matrix} C_{16}H_{14} \\ H \end{matrix} \right| N$$

$$\text{Methylconiin} \quad = C_{18}H_{17}N$$

$$\text{Aethylconiin} \quad = C_{20}H_{19}N \quad = \left. \begin{matrix} C_{16}H_{14} \\ C_4H_5 \end{matrix} \right| N$$

$$\text{Aethylmethylconiin} \quad = C_{22}H_{22}NO = \left. \begin{matrix} C_{18}H_{17} \\ C_4H_5 \end{matrix} \right| NO$$

$$\text{Diäthylconiin} \quad = C_{24}H_{24}NO = \left. \begin{matrix} C_{16}H_{14} \\ C_4H_5 \\ C_4H_5 \end{matrix} \right| NO$$

————

[1]) Journ. f. pr. Chem. LI, 238 (1850).

# Chemische Notizen[1]
## von Dr. A. v. Planta und Dr. Aug. Kekulé

Liebig's Annalen 87, 364—368 (Heft 3. ausgegeben den 29. 9. 1853).

## II. Analyse zweier Kalksteine

Die untersuchten Steine stammen von Zizers im Kanton Graubündten, wo sie, mehr oder weniger dünne Zwischenlager im Flysch bildend, vorkommen.

Nr. 1 ist ein schiefriger, Nr. 2 ein blättriger dunkelblaugrauer Kalk
von erdigem Bruch. Beim Brennen werden beide schmutzig-gelb und verhalten sich sehr mager. Sie werden von Praktikern als guter Wetterkalk
und selbst ohne Cementzusatz zu Wasserbauten gerühmt.

a) *Analyse des ungebrannten Steines.*

|  | I. | II. |
|---|---|---|
| Specifisches Gewicht | 2,72 | 2,69 |

*In Salzsäure lösliche Bestandtheile:*

|  | I. | II. |
|---|---|---|
| Kohlensaurer Kalk | 77,72 | 55,59 |
| Kohlensaure Magnesia | 0,84 | 1,15 |
| Kohlensaures Eisenoxydul | 1,49 | 2,75 |
| Thonerde | 0,25 | 1,23 |
| Manganoxydul und Oxyd | 0,09 | Spur |
| Summe: | 80,39 | 60.72 |

*In Salzsäure unlöslicher Theil:*

|  | I. | II. |
|---|---|---|
| Kieselerde | 16,79 | 35,23 |
| Thonerde | 0,48 | 1,76 |
| Eisenoxyd | 0,97 | 0,41 |
| Spuren von Kalk etc. und Verlust | 0,35 | 0,38 |
| direct bestimmt: | 18,59 | 37,78 |
| Wasser | 0,54 | |
| Spuren von Chlormetallen, schwefels. u. phosphors. Salzen u. Verlust | 0,48 | 1,50 |
|  | 100,00 | 100,00 |

[1] Die Reihenfolge habe ich geändert und „I. Analyse der Schwefelquelle von
Serneus hinter „II. Analyse zweier Kalksteine", und III. Analyse von Gallen-
steinen" gestellt, damit sich an I. die Abhandlung: „Mineralquellen von St. Moritz
im Oberengadin, Kanton Graubünden" anschließt. (A.)

*Analyse des gebrannten Steines* [1]).

| | | |
|---|---:|---:|
| Kalk . . . . . . . . . . . . | 67,74 | 42,07 |
| Magnesia . . . . . . . . . . | 0,61 | 0,74 |
| Eisenoxyd . . . . . . . . . | 3,10 | 2,79 |
| Thonerde . . . . . . . . . . | 1,42 | 1,58 |
| Kieselerde . . . . . . . . . | 3,46 | 3,22 |
| Sand (in Salzsäure unlöslich) . . . | 23,64 | 50,02 |
| Chlormetalle etc. und Verlust . . . | 0,03 | — |
| | 100,00 | 100,43 . |

# III. Analysen von Gallensteinen

Die untersuchten Steine stammen aus der Gallenblase eines Mannes, der, etwa 60 Jahre alt, seinem Leben selbst ein Ende machte.

Ueber die durch sie veranlaßten Krankheitserscheinungen können wir Nichts mittheilen, da das betreffende Individuum niemals einen Arzt consultirte und da nach Mittheilungen des Kreisphysicus, dessen Gefälligkeit wir die untersuchten Steine verdanken, außer der Gallenblase kein Organ einen auffallend abnormen Zustand zeigte.

Die Gallenblase war dicht mit den Steinen angefüllt, so daß sie theilweise mit Gewalt von der Haut mußten losgelöst werden.

Das Gesammtgewicht aller Steine (etwas uns nicht zugekommenen Gries ungerechnet) betrug 12,5 Gramm; es waren in Allem vierzig, darunter sechs größere von 1,8 bis 1 Gramm Gewicht.

Sie hatten die Gestalt von durch Aneinanderliegen unregelmäßig polyédrisch gewordenen Kugeln. und bestanden der Hauptmasse nach aus schwach gelbgefärbten krystallinischem Cholesterin von durch Structur und Färbung erkennbarer schichtweiser Ablagerung. Im Innern enthielten sie eine braune körnige Substanz (Gallenfarbstoff-Kalk?) mit einzelnen freistehenden Cholesterinkrystallen.

Die Analyse wurde, um vergleichbare Resultate zu erhalten, nach demselben Verfahren ausgeführt, das von H e i n [2]) und S t h a m e r [3]) angewandt worden.

---

[1]) Kalk und Magnesia sind aus dem ungebrannten Stein berechnet, alles Uebrige direct bestimmt.

[2]) Journ. f. pr. Chem. XL, 47 (1847); Pharm. Centralbl. 1847, 354.

[3]) Arch. Pharm. [2] LIX, 161 (1849); Pharm. Centralbl. 1849, 923.

|                          | I      | II       |
|--------------------------|--------|----------|
| Absolutes Gewicht        | 1,79   | 1.56     |
| Specifisches Gewicht     | 1,0814 | 0,789 [1]|

*Zusammensetzung in 100 Theilen:*

|                                          | I       | II      |
|------------------------------------------|---------|---------|
| Trockenverlust                           | 4,89    | 5,02    |
| In Alkohol { Cholesterin                 | 90,82   | 90,11   |
| lösliche Stoffe { verseifbares Fett      | 2,02    | 1,90    |
| Rückstand { in Ammoniak löslich          | 0,20    | 0,54    |
| { in Ammoniak unlöslich                  | 1,35    | 1,56    |
| Asche [2]                                | 0,28    | 0.33    |
| In Wasser lösliche Stoffe                | 0,79    | 0,54    |
| Verlust                                  | —       |         |
|                                          | 100,35  | 100,00. |

# I. Analyse der Schwefelquelle von Serneus

Unfern des Dorfes Serneus im hinteren Theile des Prätigau, eines Seitenthales des Rheins im Kanton Graubünden, entspringt eine schon seit langer Zeit als Heilquelle benutzte Quelle.

Sie liefert nach unseren Messungen in 1 Minute 45 000 Cubikcentimeter Wasser. Ihre Temperatur wurde am 5. und 6. October 1852 bei 10°,5 und 7° Luftwärme zu 7° R. gefunden.

Das Wasser reagirt von freier Kohlensäure vorübergehend sauer, riecht lebhaft nach Schwefelwasserstoffgas und setzt auch in den zum Sammeln dienenden Becken feinen Schwefelschlamm ab; es zeigt im Uebrigen keinen besonderen Geschmack.

Das spec. Gewicht wurde = 1,00073 gefunden.

Die im Allgemeinen nach dem jetzt üblichen Verfahren ausgeführte Analyse ergab folgende Zusammensetzung (die kohlensauren Salze als einfache Carbonate berechnet):

| a) *Fixe Bestandtheile:* | In 1000 Theilen | Im Pfund = 7680 Gran |
|---------------------------|--------|--------|
| Kohlensaurer Kalk         | 0.2385 | 1,8321 |
| Kohlensaure Magnesia      | 0,1097 | 0,8420 |
| Kohlensaures Eisenoxydul  | 0,0003 | 0,0027 |
| Schwefelsaures Kali       | 0,0391 | 0,3005 |
| Schwefelsaures Natron     | 0,0447 | 0,3437 |

[1] Der Stein war innerlich hohl, daher sein niedriges spec. Gewicht.

[2] Die Asche bestand im Wesentlichen aus kohlensaurem und phosphorsaurem Kalk, sie enthielt etwas Eisen und Spuren von Kochsalz.

| | | |
|---|---|---|
| Chlornatrium . . . . . . . . . | 0,0018 | 0,0142 |
| Kohlensaures Natron . . . . . | 0,1026 | 0,7877 |
| Thonerde . . . . . . . . . . | 0,0012 | 0,0095 |
| Kieselerde . . . . . . . . | 0,0077 | 0,0596 |
| Phosphorsäure . . . . . . . | | |
| Baryt, Strontian . . . . . . | Spuren | |
| Fluor . . . . . . . . . . . | | |
| Jod, Brom . . . . . . . . | | |
| Mangan . . . . . . . . . | nicht nachweisbar | |
| Quellsäuren . . . . . . . . | | |
| Summe der fixen Bestandtheile . . | 0,5460 | 4,1920 |
| direct bestimmt | 0,5380 | 4.1318 |

| | In 1000 | Im Pfund |
|---|---|---|
| b) *Flüchtige Bestandtheile:* | Theilen | = 7680 Gran |
| Kohlensäure, die mit den Carbo- | | |
| naten zu Bicarbonaten verbun- | | |
| den ist ´. . . . . . . . . . | 0,1625 | 1,2487 |
| Wirklich freie Kohlensäure . . . | 0,1323 | 1,0167 |
| Sogenannte freie Kohlensäure . . | 0,2949 | 2,2654 |
| Schwefelwasserstoffgas . . . . . | 0,0004 | 0,0032 |

Auf Volumina berechnet beträgt bei der Quellentemperatur und bei Normalbarometerstand:

| | 1000 CC. enthalten Cubiccentim. | 1 Pfd. = 32 Cub.-Zoll enthält Cub.-Zoll |
|---|---|---|
| Die wirklich freie Kohlensäure. . | 69,00 | 2,208 |
| Die sogenannte freie Kohlensäure | 154,00 | 4,928 |
| Der Schwefelwasserstoff . . . . | 0,287 | 0.009 |

---

# Analyse der Mineralquellen
## von St. Moritz im Ober-Engadin, Kanton Graubündten
### von Dr. A. v. Planta und Dr. Aug. Kekulé

L i e b i g's Annalen **90**, 316—322 (Heft III, 13. VII. 1853).

Die nachfolgenden Analysen wurden ausgeführt auf Veranlassung der neuen Actiengesellschaft von St. Moritz, die im Frühjahr 1853 die Fassung der seither benutzten und schon von P a r a c e l s u s 1539 gerühmten Sauerquelle hat erneuern und gleichzeitig eine kleinere, seither unbenutzte Quelle hat fassen lassen.

Beide Quellen entspringen etwa 20 Minuten südwestlich vom Dorfe St. Moritz, am Fuße des zur Berninagruppe gehörigen und aus Urgebirge bestehenden Berges Roseg; 1769 Meter über der Meeresfläche.

Obgleich die große Quelle schon lange bekannt und benutzt ist, existiren doch keine neueren Analysen derselben. Die von M o r e l l[1]) 1788 und von C a p e l l e r[2]) 1826, können, weil nach einer längst verlassenen Methode ausgeführt, nur qualitative Anhaltspunkte geben. B a l a r d's[3]) Analyse 1824 ist (wie die M o r e l l's auch) mit nur wenigem, diesem Chemiker zugeschicktem Wasser in Montpellier ausgeführt worden. Die Resultate dieser Analysen werden wir weiter unten zur Vergleichung mittheilen.

Die Untersuchungen an der Quelle wurden vom 7.—9. Juli 1853 ausgeführt:

Die *Temperatur* fanden wir bei einer zwischen 8 und 14° R. schwankenden Lufttemperatur bei der:

größeren (alten)  Quelle constant $4^1/_2^0$ R.
kleineren (neuen)  „     „    $3^1/_2^0$ R.

C a p e l l e r fand bei der alten Quelle am 13. September 1822 bei 7° R. der Luft $4^1/_2^0$ R.

Die *Wassermenge* fanden wir bei der:

großen Quelle : 22,000 CC. in 1 Minute.
kleinen Quelle : 2,750 „ in 1 „

Das *specifische Gewicht* wurde gefunden:

Große Quelle = 1002,15
Kleine Quelle = 1002,39.

### Qualitative Prüfung.

Die qualitative Prüfung ergab bei beiden Quellen dasselbe Resultat. Beide geben beim Kochen eine alkalische Lösung, enthalten also kohlensaures Natron (im Widerspruch mit C a p e l l e r und K a i s e r, die

---

[1]) M o r e l l, chem. Untersuchung einiger Gesundbrunnen und Bäder der Schweiz. Bern, 1788.

[2]) Die vorzüglichsten Sauerquellen in Graubündten, von G. M. C a p e l l e r und Dr. J. A. K a i s e r. Chur, 1826.

[3]) Notice sur les eaux minérales de St. Maurice dans la haute Engadine, Canton des Grisons, par B e r n h a r d H e i n z, de Samaden. Montpellier, 1824.

dessen Abwesenheit besonders hervorheben[1]). Der Eisengehalt ist im frisch geschöpften, vollständig klaren Wasser leicht nachzuweisen; übereinstimmend mit den Resultaten der quantitativen Analyse ist die Reaction mit Wasser der neuen Quelle stärker, als mit dem der alten.

Außer Kali, Mangan und Phosphorsäure, die von den früheren Analytikern übersehen worden, haben wir keine neuen Bestandtheile in bestimmbarer Menge gefunden.

Jod konnte in der Mutterlauge von 12 Liter Wasser mit Stärkekleister und rauchender Salpetersäure[2]) (nicht mit Chlorwasser) nachgewiesen werden; Brom ist mit Aether und Chlorwasser leicht nachzuweisen, doch zu wenig, um mit einiger Sicherheit quantitativ bestimmt werden zu können.

Schwefelwasserstoff konnten wir an der Quelle selbst mit den empfindlichsten Reagentien nicht entdecken; der von B a l a r d gefundene war wohl erst in den ihm zugeschickten Flaschen durch Einwirkung des Korks entstanden.

Baryt, Strontian und Lithion konnten nicht nachgewiesen werden, dagegen Fluor.

Im Ocker haben wir Arsen und Kupfer, nicht aber Blei nachweisen können.

### Quantitative Analyse.

Die quantitative Analyse beider Quellen wurde im Allgemeinen nach dem für alkalische Säuerlinge üblichen Verfahren ausgeführt.

Zur Bestimmung der Alkalien wurde das Wasser für sich, dann mit Chlorbarium und Barytwasser gekocht; nach Entfernung des Baryts eingedampft, zur vollständigen Abscheidung der Kieselerde mit Salzsäure eingetrocknet, dann zur Entfernung der Magnesia mit Quecksilberoxyd behandelt und die Alkalien als Chlormetalle gewogen.

Das kohlensaure Natron wurde, wie gewöhnlich, in Chlornatrium verwandelt und aus der gefundenen Menge Chlorsilber berechnet; dabei wurde zur vollständigen Entfernung der im gekochten Wasser gelösten Magnesia ebenfalls Quecksilberoxyd angewandt.

---

[1]) a. a. O. Seite 23.

[2]) Ein Gegenversuch mit destillirtem Wasser, Stärke und derselben Salpetersäure gab durchaus keine Färbung. Sollte vielleicht die von v. B i b r a (diese Annalen LXXXVII, 183 [Orber Badesalz]) beobachtete Färbung darin ihren Grund haben, daß die von ihm angewandte Salpetersäure aus Chilisalpeter dargestellt und selbst jodhaltig war?

Zur Bestimmung des Eisens wurde das mit Schwefelammonium gefällte, noch Mangan und phosphorsaure Thonerde haltende Schwefeleisen gelöst; in weinsaurer Lösung nochmals mit Schwefelammonium gefällt und das Eisen als Oxyd gewogen.

Bei der Bestimmung des Mangans wurden Eisen und Mangan durch kohlensauren Baryt getrennt, das Mangan in verschlossenen Gefäßen mehrmals mit Schwefelammonium gefällt, zuletzt mit Natronlauge als Oxydul niedergeschlagen und als Oxyd-Oxydul gewogen.

Zur Bestimmung der Phosphorsäure und der Thonerde wurde das Eisen aus weinsaurer Lösung mit Schwefelammonium niedergeschlagen; im Filtrat dann bei der großen Quelle die Phosphorsäure als phosphorsaures Bittererde-Ammoniak gefällt und die Thonerde in der Asche des Filtrates bestimmt; bei der kleinen Quelle wurden in der Asche des vom Schwefeleisen erhaltenen Filtrates Phosphorsäure und Thonerde zusammen mit Ammoniak und Schwefelammonium niedergeschlagen.

Die Bestimmungen der Kohlensäure geschahen durch Einfließenlassen einer in einem Stechheber gemessenen Wassermenge in ein Gemisch von Chlorcalcium und Ammoniak und Ermittlung der Kohlensäure im erhaltenen Niederschlag.

Die Analyse der Gase geschah nach der älteren Methode: durch Absorption der Kohlensäure mit Kali und Entfernung des Sauerstoffs mittels Phosphors.

Aus den im Mittel von je zwei Bestimmungen gefundenen Zahlen berechnet sich folgende Zusammenstellung der Resultate für beide Quellen:

*Die kohlensauren Salze als einfache Carbonate berechnet.*

1. In 1000 Theilen.

|  | Kleine Quelle | Große Quelle | Balard, in der gr. Q. |
|---|---|---|---|
| Fixe Bestandtheile: |  |  |  |
| Kohlensaurer Kalk . . . . . . | 0,8911 | 0,7264 | 0,804 [1] |
| Kohlensaure Magnesia . . . . | 0,1583 | 0,1254 | 0,043 |
| Kohlensaures Eisenoxydul . . . | 0,0329 | 0,0237 | 0,162 |
| „ Manganoxydul . . | 0,0043 | 0,0041 |  |
| „ Natron . . . . . | 0,2074 | 0,1904 | 0,136 |
| Chlornatrium . . . . . . . . | 0,0404 | 0,0389 | 0,075 |
| Schwefelsaures Natron . . . . | 0,3481 | 0,2723 | 0,323 |
| „ Kali . . . . . | 0,0205 | 0,0164 |  |

[1) Balard giebt weiter noch an: Schwefelsaurer Kalk . . . . = 0,011
und ferner: organische (stickstoffhaltige) Materie . . . . . . . . = 0,028.

4*

|  | Kleine Quelle | Große Quelle | Balard, in der gr. Q. |
|---|---|---|---|
| Kieselerde . . . . . . . . . | 0,0495 | 0,0381 | 0,070 |
| Phosphorsäure . . . . . . . | 0,0006 | 0,0004 | |
| Thonerde . . . . . . . . . | 0,0004 | 0,0003 | 0,021 |
| Brom ⎫ | | | |
| Jod ⎬ Spuren | | | |
| Fluor ⎭ | | | |
| Summe der fixen Bestandtheile . | 1,7535 | 1,4364 | |
| direct bestimmt | 1,6860 | 1,3947 | |

Gasförmige Bestandtheile:

| | Kleine Quelle | Große Quelle |
|---|---|---|
| Freie und halbfreie Kohlensäure . | 3,0972 | 3,0233 |
| Wirklich freie Kohlensäure . . . | 2,5220 | 2,5484 |

Auf Volumina berechnet beträgt:

A. bei 0° und 760 MM. Bar.

| | ccm im Liter | |
|---|---|---|
| Freie und halbfreie Kohlensäure . | 1564,2 | 1526,9 |
| wirklich freie Kohlensäure . . . | 1273,7 | 1287,1 |

B. bei Quellentemperatur und 615.2 MM. Bar. (Mittlerer Barometerstand von St. Moritz.)

| | | |
|---|---|---|
| Freie und halbfreie Kohlensäure . | 1964,9 | 1925,1 |
| Wirklich freie Kohlensäure . . . | 1599,9 | 1622,6 |

II. 1 Pfund = 7680 Gran enthält Gran (die kohlensauren Salze, wie oben, als einfache Carbonate berechnet):

| Fixe Bestandtheile: | Kleine Quelle | Große Quelle | Capeller u. Kaiser, gr. Q. |
|---|---|---|---|
| Kohlensauren Kalk . . . . . . | 6,844 | 5,579 | 2,90 [1]) |
| Kohlensaure Magnesia . . . . . | 1,216 | 0,963 | 2,40 |
| Kohlensaures Eisenoxydul . . . | 0,253 | 0,182 | 0,32 |
| „ Manganoxydul . . . | 0,033 | 0,031 | — |
| „ Natron . . . . . | 1,593 | 1,462 | — |
| Chlornatrium . . . . . . . . | 0,310 | 0,299 | 1,25 |
| Schwefelsaures Natron . . . . . | 2,673 | 2,091 | 2,43 |
| „ Kali . . . . . . | 0,157 | 0,126 | — |
| Kieselerde . . . . . . . . . | 0,380 | 0,293 | — |

---

[1]) C a p e l l e r und K a i s e r geben ferner an: schwefelsauren Kalk 0,30.
salzsauren Kalk 0,02
salzsaure Talkerde 0,08
Extraktivstoff 0,01.

|  | Kleine Quelle | Große Quelle | Capeller u. Kaiser, gr. Q. |
|---|---|---|---|
| Phosphorsäure . . . . . . . . | 0,005 | 0,003 | — |
| Thonerde . . . . . . . . . . | 0,003 | 0,002 | — |
| Brom ⎫<br>Jod ⎬ Spuren.<br>Fluor ⎭ | | | |
| Summe der fixen Bestandtheile . | 13,467 | 11,031 | |

Gasförmige Bestandtheile:

| | | |
|---|---|---|
| Freie und halbfreie Kohlensäure . | 23,787 | 23,219 |
| wirklich freie Kohlensäure . . . | 19,369 | 19,571 |

Auf Volumina berechnet enthält:
ein Pfund = 32 C.-Zoll

Cub.-Zoll

A. Bei 0° und 760 MM. Bar.

| | | |
|---|---|---|
| freie und halbfreie Kohlensäure . . | 50,06 | 48,86 |
| wirklich freie Kohlensäure . . . . | 40,76 | 41,19 |

B. Bei Quellentemperatur und dem mittleren Barometerstand von St. Moritz (615.2 MM).

| | | |
|---|---|---|
| freie und halbfreie Kohlensäure . . | 62,88 | 61,60 |
| wirklich freie Kohlensäure . . . . | 51,20 | 51,93. |

Die im Wasser aufsteigenden Gasblasen enthalten:

| | |
|---|---|
| Kohlensäure | 980,25 |
| Stickstoff | 17,17 |
| Sauerstoff | 2,58 |
| | 1000,00. |

Das im Wasser gelöste Gas besteht aus:

| | |
|---|---|
| Kohlensäure | 99,65 |
| Stickstoff | 0,27 |
| Sauerstoff | 0,08 |

1 Liter Wasser enthält in Lösung CC.

| | bei 0° u. 760 MM. Pr | bei Quellentemp. u. 615,2 MM. B. |
|---|---|---|
| Kohlensäure | 1287,1 | 1622,6 |
| Stickstoff | 3,72 | 4,50 |
| Sauerstoff | 1,05 | 1,27 |

54

Aus dem Laboratorium des St. Bartholomews-Hospitals
von John Stenhouse in London 1854

„On a new Series of Sulphuretted Acids".

By Dr. August Kekulé

Communicated by Dr. Sharpey, Sec. R. S. Recived April 5, 1854[1]).

(London 1854. Proceedings of the Royal Society of London. Vol. VII, p. 37—40.)

Adopting the idea that the series of organic compounds of which
sulphuretted hydrogen is the type, corresponds in every respect with
the series of which water is the type, I concluded that not only mercap-
tans and neutral sulphides which correspond to the alcohols and ethers,
but also compounds corresponding to the acids, anhydrous acids and
ethers of acids might be produced; I therefore endeavoured to obtain
reactions which would enable me to replace oxygen in the compounds
of the latter series by sulphur.

Such reactions are produced by the compounds of sulphur with
phosphorus — the tersulphide ($P_2S_3$) and the pentasulphide ($P_2S_5$) —
which are easily obtained by fusing together amorphous phosphorus and
sulphur in an atmosphere of carbonic acid; no explosion takes place,
altough the combination is attended with a very violent action.

Experiment has proved that these combinations of sulphur and
phosphorus act on the members of the series of water in the same manner (altough less violently) as the corresponding compounds of chlorine
and phosphorus; — however, with this difference, that by using the
chlorine compounds the product is resolved into *two* groups of atoms,
while by using the sulphur compounds there is obtained only *one* group;
a peculiarity, which, according to the bibasic nature of sulphur, must
have been expected. By acting on these compounds of sulphur and
phosphorus with water one atom of sulphuretted hydrogen is obtained,
while the chlorides give two atoms of hydrochloric acid,

---

[1]) Die Abhandlung ist in der Sitzung vom „April 6, 1854" vorgetragen worden, in der Thomas Graham den Vorsitz führte, vgl. p. 32.        (A.)

$$6 \left.\begin{array}{c} H \\ H \end{array}\right\} O + P_2S_3{}^1) = 3 \left.\begin{array}{c} H \\ H \end{array}\right| S + 2\, PO_3H_3$$

$$6 \left.\begin{array}{c} H \\ H \end{array}\right\} O + 2\, PCl_3 = 6\, HCl + 2\, PO_3H_3.$$

Similar reactions are observed with organic compounds belonging to the series of water with the formation of phosphorous and phosphoric acids respectively, or a copulated acid. By acting in this, way, the following series of sulphuretted organic compounds is obtained, by the side of which are placed for comparison the products formed by the action of the chlorides of phosphorous on the same substances.

| Sulphuretted Hydrogen | Hydrochloric Acid |
|---|---|
| $\left.\begin{array}{c} H \\ H \end{array}\right\} S$ | 2 HCl |
| Mercaptan | Chloride of Ethyl + Hydrochloric Acid |
| $\left.\begin{array}{c} C_2H_5 \\ H \end{array}\right\} S$ | $C_2H_5Cl + HCl$ |
| Sulphide of Ethyl | Chloride of Ethyl |
| $\left.\begin{array}{c} C_2H_5 \\ C_2H_5 \end{array}\right\} S$ | $2\, C_2H_5Cl$ |
| Othyl Hydrosulphuric Acid | Chloride of Othyl + Hydrochloric Acid |
| $\left.\begin{array}{c} C_2H_3O \\ H \end{array}\right\} S$ | $C_2H_3O, Cl + HCl$ |
| Othyl-Sulphide of Othyl | Chloride of Othyl |
| $\left.\begin{array}{c} C_2H_3O \\ C_2H_3O \end{array}\right\} S$ | $2\, C_2H_3O, Cl$ |
| Othyl-Sulphide of Ethyl | Chloride of Othyl + Chloride of Ethyl |
| $\left.\begin{array}{c} C_2H_3O \\ C_2H_5 \end{array}\right\} S$ | $C_2H_3O, Cl + C_2H_5Cl$ |

Mercaptan is obtained by the action of tersulphide or pentasulphide of phosphorus on alcohol with extreme facility. Sulphide of ethyl may also by prepared by acting on ether in a similar manner.

*Thiacetic Acid, — Sulphuretted Acetic Acid,* — has been obtained by me by acting on monohydrated acetic acid with tersulphide of phosphorus. It is a colourless liquid, boiling at about 93° C., and has a peculiar odour resembling sulphuretted hydrogen an acetic acid. It dissolves potassium in the cold and zinc on heating with the evolution of hydrogen, and gives with lead a salt less soluble than the ordinary acetate, so that it gives a precipitate with acetate of lead. By recrystalli-

---

1) In der Abhandlung steht irrtümlich „P₂S" statt „P₂S₃".                    (A.)

zation from water or alcohol, the lead salt is obtained in fine silky needles, which, though quite colourless at first, are rapidly decomposed (wheter in solution or in the solid from) with the formation of sulphide of lead.

By anaylsis I found the lead salt contained — Lead 58.8 per cent. Theory requires 58.0 per cent. The acid contained. —

Sulphur 41.3 per cent. Theory requires 42.1 per cent.

Thiacetic acid is also formed in small quantity and by secondary action, by distilling pentasulphide of phosphorus with fused acetate of soda. Pentachloride of phosphorus gives a violent reaction with thiacetic acid, yielding sulphochloride of phosphorus, chloride of othyl, and hydrochloric acid,

$$\left.\begin{array}{c} C_2H_3O \\ H \end{array}\right\} S + PCl_5 = C_2H_3OCl + HCl + PSCl_3 \, .$$

*Thiacetate of Othyl. — Sulphide of Othyl —, Anhydrous Sulphuretted Acetic Acid.* — Pentasulphide of phosphorus acts but very feebly upon anhydrous acetic acid in the cold, but on heating a violent reaction takes place. By distilling the product, the anhydrous acid is obtained in the form of a colourless liquid, boiling at about 121° C., and having an odour greatly resembling sulphuretted acetic acid. On mixing with water it falls to the bottom, without, at first, suffering any change; on standing , however, it is slowly dissolved and decomposed into sulphuretted acetic acid and ordinary acetic acid. This change takes place much more rapidly on heating.

$$\left.\begin{array}{c} C_2H_3O \\ C_2H_3O \end{array}\right\} S + \left.\begin{array}{c} H \\ H \end{array}\right\} O = \left.\begin{array}{c} C_2H_3O \\ H \end{array}\right\} S + \left.\begin{array}{c} C_2H_3O \\ H \end{array}\right\} O \, .$$

It appears that anhydrous sulphuretted acetic acid is also produced by acting on the othyl-sulphide of lead with chloride of othyl, at all events chloride of lead is formed. Chloride of benzoyle gives with the lead salt a similar reaction, and it is probable that an intermediate sulphuretted acid is formed, having the fomula

$$\left.\begin{array}{c} C_2H_3O \\ C_7H_5O \end{array}\right\} S \, .$$

*Thiacetate of Ethyl. — Sulphuretted Acetic Ether.* — This compound may be prepared by the action of pentasulphide of phosphorus on acetic ether. It is a liquid lighter than water, and possesses an odour resembling acetic ether and sulphuretted hydrogen. It boils at about 80° C.

It will be seen that the action of tersulphide and pentasulphide of phosphorus above described produces sulphuretted organic compounds by substituting sulphur for oxygen. The compounds obtained in this way may also be formed by replacing one or two atoms of hydrogen in sulphuretted hydrogen ($H_2S$), or one or two atoms of metal in sulphide of potassium ($K_2S$), or in sulphide of hydrogen and potassium (KHS), by organic radicals. Mercaptan and the sulphides of alcohol radicals have, in fact, been long obtained in this manner.

The formation of a sulphuretted compound containing an acid radical has been observed by Gerhardt by acting on sulphide of lead with chloride of othyl. I have not made many experiments of this kind, but I have observed that chloride of benzoyle is not decomposed by sulphuretted hydrogen, while it (as well as chloride of othyl) gives a reaction with sulphide of hydrogen and potassium yielding chloride of potassium.

I am continuing these researches, and believe the above reactions will furnish many new compounds, and will tend to complete our knowledge of some of those organic and inorganic compounds now known.

# Notiz über eine neue Reihe schwefelhaltiger organischer Säuren[1)]

## von Dr. August Kekulé

L i e b i g ' s Annalen 90, 309 bis 316 (Heft III, ausgegeben 13. 7. 1854).

Wenn man die Verbindungen der anorganischen und der organischen Chemie nach Reihen ordnet, deren Typen den einfachsten Verbindungen der anorganischen Chemie entnommen sind, so sieht man leicht, daß auch in der organischen Chemie die Reihe von Verbindungen, deren Typus der Schwefelwasserstoff [$H_2S^{2)}$] ist, vollständig der Reihe des Wassers gleichlaufen müsse. Außer den Mercaptanen und neutralen Schwefelwasserstoffäthern, die den Alkoholen und Aethern der Wasserreihe entsprechen, müssen demnach auch die den Säuren, wasserfreien

---

[1)] Eine Mittheilung über denselben Gegenstand wurde gelesen in der Royal Society (London) am 6. April 1854.

[2)] Ich bediene mich in dieser Notiz der kleinen (G e r h a r d t'schen) Aequivalente.

Säuren und Säureäthern entsprechenden Gruppen der Schwefelwasser-stoffreihe erhalten werden können.

Dieß veranlaßte, eine Reaction aufzusuchen, welche gestatten würde, durch Einführen von Schwefel an die Stelle des Sauerstoffs die Glieder der Wasserreihe in die der Schwefelwasserstoffreihe umzu-wandeln.

Eine solche Reaction zeigen die Schwefelverbindungen des Phos-phors, das Phosphortersulphid ($P_2S_3$) und das Phosphorpentasulphid ($P_2S_5$). Man erhält diese Verbindungen — die Berzelius, um die beim Erhitzen von Schwefel und Phosphor stattfindende äußerst gefähr-liche Explosion zu vermeiden, auf indirectem Wege aus der rothen Modi-fication des unterphosphorigen Sulphids ($P_2S$) darstellte — leicht durch Zusammenschmelzen von Schwefel mit amorphem Phosphor in einer Atmosphäre von Kohlensäure. Es findet dabei keine Explosion statt; doch erfolgt die Verbindung mit so lebhafter Wärmeentwicklung, daß, namentlich bei dem flüchtigeren Teersulphid, ein Theil der Masse mit Heftigkeit sublimirt wird. So dargestellt sind beide Sulphide graugelbe krystallinische Massen mit freien Krystallen in den Drusenräumen. Aus Schwefelkohlenstoff können sie krystallisirt erhalten werden, während eine Lösung von Schwefel und Phosphor in Schwefelkohlenstoff in dem Verhältniß von 2 Atomen Phosphor auf 3 oder 5 At. Schwefel nur die niederen Schweflungsstufen des Phosphors erzeugt.

Der Versuch hat gezeigt, daß die genannten Schwefelverbindungen des Phosphors auf die Glieder der Wasserreihe eben so (wiewohl weni-ger energisch) einwirken, wie die entsprechenden Chlorverbindungen des Phosphors, mit dem Unterschied jedoch, daß bei Anwendung der Chlorverbindungen das Product stets in 2 Atomgruppen zerfällt, wäh-rend bei Anwendung der Schwefelverbindungen nur *Eine* Atomgruppe erhalten wird; wie man dieß bei der *zweibasischen* Natur des Schwefels nicht anders erwarten konnte.

Durch Einwirkung von Wasser auf die Sulphide des Phosphors ent-steht Schwefelwasserstoff und eine Säure des Phosphors:

$$6 \left. \begin{matrix} H \\ H \end{matrix} \right\} O + P_2S_3 = 3 \left. \begin{matrix} H \\ H \end{matrix} \right\} S + 2\ PO_3H_3.$$

Dieselbe Reaction zeigen die organischen, in die Reihe des Wassers gehörigen Verbindungen. Aus Alkohol wird durch Drei- oder Fünffach-Schwefelphosphor mit Leichtigkeit Mercaptan erhalten; während aus Aether durch dieselben Verbindungen Schwefeläthyl erzeugt wird:

$$5 \left. \begin{array}{c} C_2H_5 \\ H \end{array} \right| O + P_2S_5 = 5 \left. \begin{array}{c} C_2H_5 \\ H \end{array} \right| S + P_2O_5$$

$$5 \left. \begin{array}{c} C_2H_5 \\ C_2H_5 \end{array} \right| O - P_2S_5 = 5 \left. \begin{array}{c} C_2H_5 \\ C_2H_5 \end{array} \right| S + P_2O_5 .$$

Aus einem Glied der Wasserreihe, das als Wasser angesehen werden kann, in welchem 1 Atom Wasserstoff durch ein Radical vertreten ist, erhält man ein entsprechendes Glied der Schwefelwasserstoffreihe; während durch eine organische Verbindung, die als Wasser betrachtet werden kann, in welchem die beiden Atome Wasserstoff durch Radicale ersetzt sind, ein Schwefelwasserstoff erzeugt wird, der an der Stelle von 2 At. Wasserstoff zwei Atome eines Radicals enthält.

Daß die Säuren, die wasserfreien Säuren und die Säureäther dasselbe Verhalten zeigen würden, konnte kaum bezweifelt werden; der Versuch hat es in der That bestätigt.

*Thiacetsäure* $\left. \begin{array}{c} C_2H_3O \\ H \end{array} \right| S$ (alte Aeq.: $C_4H_4O_2S_2$) habe ich durch Einwirkung des Dreifach- und des Fünffach-Schwefelphosphors auf das Monohydrat der Essigsäure dargestellt. Sie ist eine farblose, in Wasser lösliche Flüssigkeit; siedet bei etwa 93° C. und besitzt einen eigenthümlichen, gleichzeitig an Schwefelwasserstoff und an Essigsäure erinnernden Geruch. Sie löst Kalium und beim Erwärmen Zink unter Wasserstoffgasentwicklung auf, und giebt mit Blei ein schwerlösliches Salz, so daß die Säure Bleizuckerlösung fällt. Aus heißem Wasser oder Alkohol kann dieses Bleisalz umkrystallisirt werden und stellt dann feine seidenglänzende und frisch dargestellt vollständig farblose Nadeln dar. Es zersetzt sich trocken sowohl als in Lösung rasch unter Bildung von Schwefelblei. Die Analyse gab 58,8 pC. Pb, die Formel $\left. \begin{array}{c} C_2H_3O \\ Pb \end{array} \right| S$ verlangt 58,0 pC. In der Säure selbst fand ich 41,3 pC. S, die Theorie verlangt 42,1 pC.

Die Thiacetsäure wird von concentrirter Salpetersäure mit Explosion zersetzt; auch das Bleisalz wird lebhaft oxydirt, man erhält Bleisulphat und eine viel Schwefelsäure enthaltende Flüssigkeit. Von Fünffach-Chlorphosphor wird die Säure heftig angegriffen, es entstehen Phosphorsulfochlorid, Chlorothyl[1]) und Salzsäure:

---

[1]) Ich ziehe den von W i l l i a m s o n vorgeschlagenen Namen „Othyl" für das Radical $C_2H_3O$ dem von G e r h a r d t gebrauchten „Acetyl" vor, da letzterer zu Verwechslungen mit dem Acetyl der Radicaltheorie $C_2H_3$ (alte Aeq. $C_4H_3$) führen muß.

$$\left. \begin{array}{c} C_2H_3O \\ H \end{array} \right\} S + PCl_5 = C_2H_3O, Cl + HCl + PSCl_3.$$

Die Thiacetsäure entsteht auch in geringer Menge und offenbar durch secundäre Einwirkung bei der Destillation von essigsaurem Natron mit Phosphorpentasulphid.

*Thiacetsäureanhydrid* (Schwefel-Othyl, Othylthiacetat) $\left. \begin{array}{c} C_2H_3O \\ C_2H_3O \end{array} \right\} S$.

Phosphorpentasulphid wirkt auf Essigsäureanhydrid in der Kälte kaum ein, bei gelindem Erwärmen tritt lebhafte Reaction ein; durch Destillation erhält man das Thiacetsäureanhydrid als farblose Flüssigkeit von etwa 121° C. Siedepunkt und einem der Thiacetsäure ähnlichen Geruch. In Wasser sinkt es anfangs unzersetzt unter, löst sich dann allmälig auf und zerfällt in Thiacetsäure und Essigsäure:

$$\left. \begin{array}{c} C_2H_3O \\ C_2H_3O \end{array} \right\} S + \left. \begin{array}{c} H \\ H \end{array} \right\} O = \left. \begin{array}{c} C_2H_3O \\ H \end{array} \right\} S + \left. \begin{array}{c} C_2H_3O \\ H \end{array} \right\} O.$$

Wahrscheinlich wird dieselbe Verbindung auch erhalten werden durch Einwirkung von Chlorothyl auf das oben beschriebene Bleisalz, wenigstens wirkt Chlorothyl auf dieses Salz ein unter Bildung von Chlorblei. Da Chlorbenzoyl dieselbe Reaction zeigt, erhält man wohl ein intermediäres Anhydrid von der Formel:

$$\left. \begin{array}{c} C_2H_3O \\ C_7H_5O \end{array} \right\} S.$$

*Thiacetsäureäther* (Aethylthiacetat) $\left. \begin{array}{c} C_2H_3O \\ C_2H_5 \end{array} \right\} S$ entsteht bei der äußerst heftigen Einwirkung von Fünffach-Schwefelphosphor auf Essigsäureäther. Er ist leichter als Wasser und in demselben nicht löslich, riecht dem Essigäther ähnlich, doch stark an Schwefelwasserstoff erinnernd, und siedet bei etwa 80° C.

Die eben beschriebenen Substanzen entstehen aus der Säure, dem Säureanhydrid und dem Säureäther ganz in derselben Weise, wie Mercaptan aus Alkohol und Schwefeläthyl aus Aether. Die Zersetzungen, durch welche sie gebildet werden, entsprechen in der That bis zu einem gewissen Grade denen durch die correspondirenden Chlorverbindungen des Phosphors erzeugten; immer jedoch mit dem oben angedeuteten, durch die zweibasische Natur des Schwefels veranlaßten characteristischen Unterschied.

Aus 1 Atom Wasser erhält man durch Dreifach-Schwefelphosphor

(z. B.) 1 Atom Schwefelwasserstoff; während 1 Atom Wasser mit Drei-
fach-Chlorphosphor 2 Atome Salzsäure erzeugt:

$$6 \left.\begin{array}{l} H \\ H \end{array}\right| O + P_2 S_3 = 3 \left.\begin{array}{l} H \\ H \end{array}\right| S + 2\, PO_3 H_3 .$$

$$6 \left.\begin{array}{l} H \\ H \end{array}\right| O + 2\, PCl_3 = 6\, HCl + 2\, PO_3 H_3 .$$

Für die Säuren hat man ebenso:

$$5 \left.\begin{array}{l} C_2 H_3 O \\ H \end{array}\right| O + \; P_2 S_5 = 5 \left.\begin{array}{l} C_2 H_3 O \\ H \end{array}\right| S + P_2 O_5 .$$

$$5 \left.\begin{array}{l} C_2 H_3 O \\ C_2 H_3 O \end{array}\right| O + \; P_2 S_5 = 5 \left.\begin{array}{l} C_2 H_3 O \\ C_2 H_4 O \end{array}\right| S + P_2 O_5 .$$

$$5 \left.\begin{array}{l} C_2 H_3 O \\ H \end{array}\right| O + 2\, PCl_5 = \frac{5\, C_2 H_3 O,\, Cl}{5\, HCl} + P_2 O_5 .$$

$$5 \left.\begin{array}{l} C_2 H_3 O \\ C_2 H_3 O \end{array}\right| O + 2\, PCl_5 = \frac{5\, C_2 H_3 O,\, Cl}{5\, C_2 H_3 O,\, Cl} + P_2 O_5 .$$

Das gegebene Schema soll natürlich nicht exact Ausdruck der Thatsache seyn, denn es ist einleuchtend, daß nicht wasserfreie Phosphorsäure erzeugt wird (es entsteht vielmehr Phosphorsäurehydrat, oder eine
gepaarte organische Verbindung desselben, oder beide); allein es zeigt,
besser als die Darstellung der Endproducte thun würde, die Beziehungen zwischen den mit den Chlor- und den Schwefelverbindungen des
Phosphors erhaltenen Reactionen. Man sieht in der That, daß die Zersetzung im Wesentlichen dieselbe ist: *nur* zerfällt bei Anwendung der
Chloride des Phosphors das Product in Chlorothyl und Salzsäure (resp.
2 Atome Chlorothyl), während bei der Anwendung der Schwefelverbindungen des Phosphors beide Gruppen vereinigt bleiben; weil die den
2 Atomen Chlor äquivalente Menge Schwefel nicht theilbar ist.

Ich glaube, bei der Gelegenheit darauf aufmerksam machen zu müssen, daß die neue (G e r h a r d t'sche) Schreibweise der Formeln wirklich
ein besserer Ausdruck der Thatsache ist, wie die seither gebräuchliche
Schreibart. Selbst wenn man, wie dieß jetzt häufig geschieht, die *neuen
Formeln* annimmt, mit Beibehaltung der *alten Aequivalente* (wenn man
also Alkohol $= \begin{array}{l} C_4 H_5 O \\ HO \end{array}$; Aether $= \begin{array}{l} C_4 H_5 O \\ C_4 H_5 O \end{array}$ schreibt etc.); so ist nicht einzusehen, warum Phosphorsulphid aus Alkohol Mercaptan $= \begin{array}{l} C_4 H_5 S \\ HS \end{array}$ er-
zeugt, während Phosphorchlorid Chloräthyl und Salzsäure bildet ($C_4 H_5 Cl$
$+ HCl$); warum nicht diese ebenso wie die beiden Gruppen: $C_4 H_5 S + HS$
vereinigt bleiben u. s. w. — Es ist eben nicht nur Unterschied in der

Schreibweise, vielmehr wirkliche Thatsache, daß 1 Atom Wasser 2 Atome Wasserstoff und nur 1 Atom Sauerstoff enthält; und daß die *Einem* untheilbaren Atom Sauerstoff äquivalente Menge Chlor durch 2 theilbar ist, während der Schwefel, wie Sauerstoff selbst, *zweibasisch* ist, so daß 1 Atom äquivalent ist 2 Atomen Chlor.

Die folgende Zusammenstellung zeigt deutlich die Beziehungen zwischen der Reihe des Wassers und des Schwefelwasserstoffs einerseits und der Salzsäure andererseits:

| Typus Wasser | Typus Schwefelwasserstoff | Typus Salzsäure |
|---|---|---|
| $\left.\begin{array}{c} H \\ H \end{array}\right\} O$ | $\left.\begin{array}{c} H \\ H \end{array}\right\} S$ | $2\,HCl$ |
| Alkohol $\left.\begin{array}{c} C_2H_5 \\ H \end{array}\right\} O$ | Mercaptan $\left.\begin{array}{c} C_2H_5 \\ H \end{array}\right\} S$ | Chloräthyl + Salzsäure $C_2H_5Cl + HCl$ |
| Aether $\left.\begin{array}{c} C_2H_5 \\ C_2H_5 \end{array}\right\} O$ | Schwefeläthyl $\left.\begin{array}{c} C_2H_5 \\ C_2H_5 \end{array}\right\} S$ | Chloräthyl $2\,C_2H_5Cl$ |
| Essigsäure $\left.\begin{array}{c} C_2H_3O \\ H \end{array}\right\} O$ | Thiacetsäure $\left.\begin{array}{c} C_2H_3O \\ H \end{array}\right\} S$ | Chlorothyl + Salzsäure $C_2H_3O, Cl + HCl$ |
| Essigs. Anhydrid $\left.\begin{array}{c} C_2H_3O \\ C_2H_3O \end{array}\right\} O$ | Thiacets. Anhydrid $\left.\begin{array}{c} C_2H_3O \\ C_2H_3O \end{array}\right\} S$ | Chlorothyl $2\,C_2H_3O, Cl$ |
| Essigäther $\left.\begin{array}{c} C_2H_3O \\ C_2H_5 \end{array}\right\} O$ | Thiacetsäureäther $\left.\begin{array}{c} C_2H_3O \\ C_2H_5 \end{array}\right\} S$ | Chlorothyl + Chloräthyl $C_2H_3O, Cl + C_2H_5Cl$. |

Man sieht leicht, daß bei der im Vorhergehenden beschriebenen Reaction mit den Sulphiden des Phosphors schwefelhaltige organische Verbindungen gebildet werden durch Substitution des Sauerstoffs durch Schwefel. Die so erzeugten Verbindungen können aber auch noch auf andere Weise erhalten werden, dadurch nämlich, daß man 1 oder 2 Atome Wasserstoff im Schwefelwasserstoff ($H_2S$), oder 1 oder 2 Atome Metall in einem Schwefelmetall ($M_2S$) oder einem Schwefelwasserstoff-Schwefelmetall (MHS) durch organische Gruppen ersetzt.

Mercaptane und neutrale Schwefelwasserstoffäther sind in der That schon seit lange auf dem Wege erhalten worden. Die Bildung einer in die Gruppe der Säuren gehörigen Verbindung hat Gerhardt[1]) bei

---

[1]) Ann. de chim. et de phys. [3] XXXVII, 285; diese Annalen LXXXVII, 71.

Einwirkung von Chlorothyl auf Schwefelblei beobachtet. Ich habe in dieser Richtung bis jetzt nur wenig Versuche angestellt und habe nur beobachtet, daß Chlorbenzoyl von gasförmigem Schwefelwasserstoff nicht angegriffen wird, während es sowohl, als auch Chloräthyl, auf Schwefelwasserstoff-Schwefelkalium lebhaft einwirkt, unter Bildung von Chlorkalium.

Ich bin mit der Fortsetzung dieser Versuche beschäftigt und glaube, daß die angegebene Reaction eine große Zahl neuer Verbindungen wird kennen lehren und daß sie zur besseren Erkenntniß mancher bekannten Verbindung der organischen und anorganischen Chemie führen wird.

Die Bildung einer in die Gruppe der Säuren gehörigen Verbindung hat G e r h a r d t [1]) bei Einwirkung von Chlorothyl auf Schwefelblei beobachtet. Ich habe in dieser Richtung bis jetzt nur wenig Versuche angestellt und habe nur beobachtet, daß Chlorbenzoyl von gasförmigem Schwefelwasserstoff nicht angegriffen wird, während es sowohl, als auch Chloräthyl, auf Schwefelwasserstoff-Schwefelkalium lebhaft einwirkt, unter Bildung von Chlorkalium.

Ich bin mit der Fortsetzung dieser Versuche beschäftigt und glaube, daß die angegebene Reaktion eine große Zahl neuer Verbindungen wird kennen lehren und daß sie zur besseren Erkenntnis mancher bekannten Verbindung der organischen und anorganischen Chemie führen wird.

---

[1]) Ann. de chim. et de phys. [3] XXXVII, 285 (1853); diese Annalen LXXXVII, 71 (1853).

# Aus dem Privatlaboratorium von August Kekulé in Heidelberg 1857 und 1858.

## Ueber die Constitution des Knallquecksilbers;[1]

### von Aug. Kekulé,
#### Privatdozenten in Heidelberg.

Liebig's Annalen 101, 200—213 (Heft II, 14. 2. 1857).

Im Nachstehenden theile ich die Resultate einiger Versuche mit, die in der Absicht angestellt wurden, eine Ansicht über die Constitution des Knallquecksilbers experimentell zu begründen. Obgleich diese Versuche noch nicht zu vollständigem Abschluß gekommen sind, scheint es doch geeignet, sie einstweilen mitzutheilen, da ich voraussichtlich in der nächsten Zeit diese Untersuchung nur langsam werde fördern können.

Die verschiedenen Ansichten über die Constitution des Knallsilbers und Knallquecksilbers sind so oft zusammengestellt und beleuchtet worden, daß eine Wiederholung hier überflüssig erscheint, zumal da von den meisten Chemikern die von Gay-Lussac und Liebig[2] zuerst vorgeschlagene rationelle Formel beibehalten worden ist. Diese Chemiker, gestützt auf analytische Belege und auf das Auftreten von Cyanverbindungen bei fast allen Zersetzungen der knallsauren Salze, betrachten die Knallsäure als eine Sauerstoffsäure des Cyans, als polymer mit Cyansäure. Obgleich diese Ansicht manche Eigenthümlichkeiten der knallsauren Verbindungen, namentlich ihre höchst explosive Natur ohne befriedigende Erklärung läßt, so muß man immerhin zugeben, daß sie bisher „die einfachste Betrachtungsweise der Ergebnisse des Versuches" war[3].

---

[1] Kurzen Bericht über diese Versuche gab Kekulé am 9. 1. 1857: „Ueber die Constitution des Knallquecksilbers". Vgl. Verhandl. d. naturhist.-med. Vereins zu Heidelberg 1, 12—13 (1857—1859). (A.)

[2] Ann. de Chim. et de Phys. [2] XXV, 285 (1824).

[3] Handwörterbuch der Chemie IV, 372 (1849).

Im Verlauf der Zeit haben sich nun mehrere Chemiker [D u f l o s [1]), K ü h n [2]), B e r z e l i u s [3]), F r i t z s c h e [4])] bemüht, die früher, namentlich von G a y - L u s s a c und L i e b i g, beobachteten Tatsachen auf andere Weise zu interpretiren und die Zusammensetzung der knallsauren Salze durch andere rationelle Formeln darzustellen. Da indeß keiner dieser Vorschläge, offenbar weil sie weder auf neue Versuche gestützt waren, noch die durch frühere Beobachtungen gefundenen Eigenthümlichkeiten der knallsauren Salze in mehr befriedigender Weise erklärten, die ältere Ansicht zu verdrängen im Stande war, können sie hier wohl übergangen werden.

Eine Ansicht indeß bedarf noch besonderer Erwähnung: die von G e r h a r d t und L a u r e n t, die, wenn ich nicht irre, zuerst von G e r - h a r d t in der älteren Auflage seines Lehrbuchs der organischen Chemie [5]) mitgetheilt wurde. Da man bei fast allen Nitrosubstitutionsproducten die Eigenschaft beobachtet hatte, daß sie beim Erhitzen oder beim Stoß explodiren, vermuthete G e r h a r d t, die knallsauren Verbindungen seien solche Nitrokörper [6]); er gab so der Knallsäure die Formel:

$$C_4N(NO_4)H_2.$$

Obgleich diese Formel wesentlich die Analogie mit anderen Nitrokörpern andeuten sollte, bemerkt G e r h a r d t doch noch, sie lasse die Knallsäure als Nitrosubstitutionsproduct einer Substanz erscheinen, die mit der Cyanwasserstoffsäure homolog sei:

| Cyanwasserstoffsäure | $C_2H\,N$ |
| Typ der Knallsäure | $C_4H_3N$. |

Indeß scheint G e r h a r d t auf diese Ansicht nur wenig Werth gelegt zu haben, da er sie in der neuen Auflage seines Lehrbuchs der organischen Chemie nicht wieder giebt. In diesem Werke wird die Knall-

---

[1]) Archiv der Pharmacie XVIII, 286.

[2]) Schweigg. LXI, 503 (1831); u. in neuerer Zeit: Pharm. Centralbl. 1855, **26**, 609.

[3]) Diese Ann. L, 426 [1844]; u. Berzel. Jahresber. XXIV, 87.

[4]) Journ. f. pr. Chem. XLIV, 150 [1848].

[5]) Précis de ch. org. II, 445 [1845].

[6]) Die Formel von G e r h a r d t wird im Handwörterbuch der Chemie IV, 372 mit der Bemerkung begleitet: „dieser Ansicht fehlt jede Stütze“; eine Kritik, die schwer mit der ebendaselbst S. 376 ausgesprochenen Vermuthung (das von L i e b i g durch Einwirkung von Chlor auf Knallsilber erzeugte Oel sei Chlorpikrin) in Uebereinstimmung zu bringen sein möchte.

säure gelegentlich des Salpeteräthers aufgeführt, und es heißt dabei[1]),
über die Constitution dieser Verbindungen sei es schwer sich Rechenschaft zu geben, nur könne aus der Bildung und der explosiven Natur
derselben geschlossen werden, sie enthielten die Gruppe $NO_2$ oder $NO_4$.

Die zwei letzten Untersuchungen über das Knallquecksilber und
wesentlich über ein neues, aus Knallquecksilber erhaltenes Zersetzungsproduct [Schischkoff's[2]) Isocyanursäure, Liebig's[3]) Fulminur-
säure] haben beide unsere Kenntnisse über die Constitution des Knallquecksilbers selbst nicht wesentlich gefördert, könnten vielmehr leicht zu
der Vermuthung Veranlassung geben, die Molecularformel des Knallquecksilbers sei doppelt so hoch anzunehmen, als es seither geschah.
Liebig betrachtet die Knallsäure noch als eine (zweibasische) Sauerstoffsäure des Cyans; während Schischkoff die Ansicht ausspricht,
die Knallsäure stehe ihrer Natur nach den Amiden viel näher, als den
Säuren, und die Metalle der knallsauren Verbindungen befänden sich
nicht im Salzzustand, sondern verträten den Wasserstoff im Ammoniak,
ohne jedoch diese Ansicht präciser zu formuliren.    Dabei macht
Schischkoff noch darauf aufmerksam, daß die Beständigkeit der
Isocyanursäure reducirenden Reagentien gegenüber gegen die von
Gerhardt ausgesprochene Ansicht, als enthielte das Knallquecksilber
die Gruppe $NO_4$, spreche.

Man muß zugeben, daß keine der früheren Ansichten die Bildung,
Eigenschaften und Zersetzungen des Knallsilbers und Knallquecksilbers
genügend erklärt. Während die höchst explosive Natur dieser Substanzen es wahrscheinlich macht, daß sie Nitrokörper sind, spricht das Auftreten von Cyanverbindungen bei fast allen Zersetzungen dafür, daß sie
selbst Cyanverbindungen sind. Dieß, so wie einzelne der früher schon,
besonders von Liebig und Gay-Lussac, beobachteten Zersetzungen (z. B. das Verhalten des Knallsilbers beim Erhitzen mit schwefelsaurem Kali, die Einwirkung von Schwefelwasserstoff und löslichen
Schwefelmetallen auf Knallsilber u. s. w.) veranlaßten mich zu der Annahme[4]): die Knallsäure resp. das Knallquecksilber enthalte die Hälfte

---

[1] Gerhardt, Traité de ch. org. II, 348 (1854).
[2] Petersb. Acad. Bull. XIV, 97: Mélanges phys. chim. II, 389; im Auszug:
diese Annalen XCVII, 53 (1855).
[3] Diese Annalen XCV, 282 (1855).
[4] Von der ich vielleicht noch bemerken darf, daß sie älter ist als die beiden
Abhandlungen über Isocyanursäure.

seines Stickstoffs als $NO_4$, die andere Hälfte in Verbindung mit der Hälfte des Kohlenstoffs als Cyan; ich schrieb so das Knallquecksilber:

$$C_2(NO_4)(C_2N)Hg_2.$$

Diese Formel zeigt auf den ersten Blick, daß das Knallquecksilber in seiner Zusammensetzung die größte Analogie zeigt mit einer großen Anzahl von bekannten Körpern, zu denen z. B. das Chloroform gehört:

$$C_2 \quad H \quad Cl \quad Cl \quad Cl.$$

Man könnte es betrachten als nitrirtes Chloroform, in welchem das Chlor zum Theil durch Cyan, zum Theil durch Quecksilber ersetzt ist.

Zu demselben Typus können die folgenden Verbindungen gerechnet werden:

| | | | | | |
|---|---|---|---|---|---|
| $C_2$ | H | H | H | H | Sumpfgas |
| $C_2$ | H | H | H | Cl | Chlormethyl etc. |
| $C_2$ | H | Cl | Cl | Cl | Chloroform etc. |
| $C_2$ | $(NO_4)$ | Cl | Cl | Cl | Chlorpikrin |
| $C_2$ | $(NO_4)$ | $(NO_4)$ | Cl | Cl | M a r i g n a c's Oel |
| $C_2$ | $(NO_4)$ | Br | Br | Br | Brompikrin |
| $C_2$ | H | H | H | $(C_2N)$ | Acetonitril |
| $C_2$ | Cl | Cl | Cl | $(C_2N)$ | Trichloracetonitril |
| $C_2$ | $(NO_4)$ | Hg | Hg | $(C_2N)$ | Knallquecksilber |
| $C_2$ | $(NO_4)$ | H | H | $(C_2N)$ | hypothetische Knallsäure. |

Das Knallquecksilber steht dem Chlorpikrin und dem Acetonitril am nächsten. Es ist wie das Chlorpikrin ein Nitrokörper und in demselben Sinn wie das Acetonitril (Cyanmethyl) eine Cyanverbindung. Es könnte betrachtet werden als nitrirtes Acetonitril, dessen beide Wasserstoffatome durch Quecksilber ersetzt sind, so daß die hypothetische Knallsäure nichts anderes wäre als Nitroacetonitril.

Indem ich die eben genannten Körper demselben Typus zuzähle, gebrauche ich dieß Wort nicht im Sinn der G e r h a r d t'schen Unitätstheorie, sondern in dem Sinn, in dem es zuerst von D u m a s gelegentlich seiner folgenreichen Untersuchungen über die Typen gebraucht wurde. Ich will dadurch wesentlich die Beziehungen andeuten, in denen die genannten Körper zueinander stehen; daß der eine unter dem Einfluß geeigneter Agentien aus dem andern erzeugt oder in den andern übergeführt werden kann. Ich finde das Wesentliche meiner Ansicht über die Constitution des Knallquecksilbers darin, daß: 1) die Hälfte des Stickstoffs und die Hälfte des Kohlenstoffs im Knallquecksilber in der Weise enthalten sind, daß sie geneigt sind, bei geeigneten Zersetzungen als Cyanverbin-

dung auszutreten; 2) daß die andere Hälfte des Stickstoffs im Knallquecksilber in derselben Weise enthalten ist, wie der Stickstoff in den
s. g. Nitrokörpern; während 3) die zweite Hälfte des Kohlenstoffs bei
geeigneten Zersetzungen die Bildung eines Körpers veranlassen muß,
der der Methylgruppe zugehört, oder ein Zersetzungsproduct (Oxydationsproduct) eines solchen ist.

Ich erwartete demgemäß, daß bei Einwirkung von Chlor auf Knall-
quecksilber das Cyan sowohl als das Quecksilber entzogen und durch
Chlor ersetzt werden, und daß so neben Chlorquecksilber und Chlorcyan
Chlorpikrin gebildet werden würde.

L i e b i g[1]) hat in der That schon gefunden, daß wenn man feuchtes
Knallsilber mit Chlor behandelt, ein Oel erhalten wird, das bei einem
durchdringenden Geruch die Augen sehr schmerzhaft afficirt und das
nach der von L i e b i g gegebenen Beschreibung wohl für (mit Chlorcyan
gemengtes) Chlorpikrin gehalten werden konnte. Seines Verhaltens zu
Eisenoxydsalzen wegen hielt L i e b i g dieses Oel für einen dem Chlorcyanöl ähnlichen Körper, „über dessen Zusammensetzung er indessen
kein Urtheil zu fällen wagt, da seine Wirkung auf die Respirationsorgane
alle weiteren Versuche untersagte." G m e l i n[2]) vermuthet, dieses Oel sei
Knallsilber, dessen Silber durch Chlor ersetzt sei: $C_4N(NO_4)Cl_2$; während im Handwörterbuch der Chemie[3]) die Ansicht ausgesprochen wird,
es sei vielleicht Chlorpikrin, dessen Bildung dann nach folgender Gleichung stattfände:

$$C_4N_2O_2 + 2\,AgO + Cl_{12} + 4\,HO = C_4N_2Cl_6O_8 + 2\,AgCl + 4\,ClH.$$

Als ich zu unter Wasser befindlichem Knallquecksilber unter häufigem Umschütteln Chlor leitete, trat bald, während das Chlor in reichlicher Menge absorbirt wurde, Erwärmung ein; das Knallquecksilber
löste sich allmälig auf und es fand sich eine beträchtliche Menge
eines gelben, bisweilen blaugrün gefärbten Oeles. Die von diesem Oel abgegossene Flüssigkeit entwickelte beim Erwärmen *gasförmiges Chlorcyan*, welches, abgesehen von seinem characteristischen Geruch, seiner
Löslichkeit in Wasser und Alkohol und der Reaction, die diese Lösungen mit Kali und Eisensalzen zeigten, noch dadurch identificirt wurde,
daß Kalium in dem Gase bei gelindem Erwärmen schon verbrennt unter

---

[1]) Pogg. Ann. XV, 564 (1829).
[2]) G m e l i n , Handbuch V, 41 (1852).
[3]) Handwörterbuch der Chemie IV, 376 (1849).

Bildung von Chlorkalium und Cyankalium. Die Flüssigkeit hinterläßt bei weiterem Eindampfen vollständig weißes Quecksilberchlorid. Das gebildete Oel, mehrmals zur Entfernung der Säure mit Kali und Wasser gewaschen, wurde mit Wasser destillirt, der mit den Wasserdämpfen übergehende Theil mit Chlorcalcium getrocknet und rectificirt. Das so erhaltene Oel zeigt einen dem Chlorpikrin äußerst ähnlichen Geruch, es geht wie dieses bei Destillation mit Wasser mit den ersten Theilen des Wassers über, und explodirt wie Chlorpikrin beim Erhitzen mit Kalium. Obgleich ich beträchtliche Mengen von Knallquecksilber (zu einer Operation z. B., das aus 1 Pfund Quecksilber nach Liebig's Methode dargestellte Knallquecksilber) zur Darstellung dieses Oeles verwandte und bei einzelnen Operationen Erwärmung und Einwirkung von Licht möglichst vermied, so war ich doch nicht im Stande, auf dem Wege vollständig reines Chlorpikrin darzustellen. Bei Destillation des möglichst gereinigten und entwässerten Productes destillirte zwar ein beträchtlicher Theil bei dem Siedepunkt des Chlorpikrins nahe liegenden Temperaturen über, aber selbst bei wiederholten Rectificationen wurde der Siedepunkt nicht constant. Ein bei etwa 110° überdestillirter Theil, der mit Eisensalzen und Kali keine Cyanreaction mehr zeigte (die das rohe Oel und das bei anderen Siedepunkten Uebergegangene deutlich liefert), gab bei der Analyse 69 pC. Chlor, während Chlorpikrin 64,75 pC. verlangt. Nach allen Eigenschaften dieses Oels glaube ich indeß annehmen zu dürfen, daß es im Wesentlichen aus Chlorpikrin besteht, welches nur mit einer gewissen Menge von Chlorkohlenstoff ($C_2Cl_4$) verunreinigt ist, dessen Bildung durch Einwirkung des überschüssigen Chlors leicht erklärbar ist; wie denn auch Stenhouse[1]) bei Einwirkung von Brom auf Pikrinsäure ein mit Bromkohlenstoff verunreinigtes Brompikrin erhielt.

Bildung von Kohlensäure habe ich bei dieser Zersetzung ebensowenig wie Liebig früher bei Einwirkung von Chlor auf Knallsilber beobachtet. Da indeß die Kohlensäure neben der großen Menge von entweichendem Chlor vielleicht hätte übersehen werden können, habe ich eine Unze Knallquecksilber mit Brom zersetzt und dabei bestimmt dargethan, daß keine Spur von Kohlensäure gebildet wird.

Ich glaube demnach, daß die Zersetzung des Knallquecksilbers durch Chlor im Allgemeinen nach dem Schema erfolgt:

---

[1]) Diese Annalen XCI, 307 (1854).

$$C_2(NO_4Cy)Hg_2 + 3\,Cl_2 = C_2(NO_4)Cl_3 + CyCl + 2\,HgCl,$$

daß aber dem gebildeten Chlorpikrin einerseits Chlorkohlenstoff und andererseits die cyanhaltigen Körper beigemengt sind, die nach S e r u l - l a s und B o u i s bei Einwirkung von Chlor auf feuchtes Chlorcyan erzeugt werden (Chlorcyanöl).

Daß bei dieser Einwirkung von Chlor auf Knallquecksilber wirklich Chlorpikrin gebildet wird, scheint mir dadurch erwiesen, daß bei Destillation von Knallquecksilber mit Bleichkalk leicht Chlorpikrin im Zustand völliger Reinheit erhalten werden kann. So dargestelltes Chlorpikrin destillirte nach dem Trocknen über Chlorcalcium vollständig zwischen 112 und 116° über und gab bei der Analyse (0,1678 Grm. gaben 0,4396 Grm. AgCl) 64,93 pC. Chlor, während die Berechnung verlangt 64,75 pC. Cl. Wenn nun gleich aus der Bildung des Chlorpikrins bei Einwirkung von Bleichkalk auf Kalkquecksilber nicht direct für die Richtigkeit der für das Knallquecksilber vorgeschlagenen rationellen Formel geschlossen werden kann, da fast alle Nitrokörper, die man bis jetzt in der Weise behandelt hat, Chlorpikrin geliefert haben (ähnlich wie eine große Menge organischer Substanzen beim Destilliren mit Bleichkalk Chloroform liefern), so wird doch dadurch:

1) Mit Sicherheit dargethan, daß das Knallquecksilber ein Nitrokörper ist, und

2) gewinnt, wenn man die Bildung von Chlorpikrin und die von Chlorcyan zusammennimmt, die obige Zersetzungsformel sehr an Wahrscheinlichkeit.

Ich hatte gehofft, in dem Verhalten des Knallquecksilbers gegen Schwefelwasserstoff und lösliche Schwefelmetalle eine weitere Stütze für die dem Knallquecksilber zugeschriebene rationelle Formel zu finden, aber die Versuche, die ich in der Richtung anstellte, gaben zum Theil unbestimmte Resultate.

Die Zersetzung des Knallquecksilbers durch Schwefelwasserstoff wird gewöhnlich dargestellt durch die Gleichung:

$$C_4N_2O_4Hg_2 + 3\,H_2S_2 = Hg_2S_2 + 2\,\left.{}^{C_2N}_{\ H}\right\} S_2 + 2\,H_2O_2.$$

Wenn meine Ansicht die richtige ist, so dürfte nur die Hälfte von dem im Knallquecksilber enthaltenen Kohlenstoff als Schwefelcyanverbindung erhalten werden. Die Zersetzung könnte etwa in der Weise vor sich gehen:

$$C_2NO_4CyHg_2 + H_2S_2 = Hg_2S_2 + C_2NO_4CyH_2.$$

Die dabei entstehende Knallsäure könnte sich im Moment des Freiwerdens unter Aufnahme von Schwefelwasserstoff (oder einem andern, dem Wassertyp zugehörigen Körper) zersetzen, etwa:

$$C_2NO_4CyH_2 + H_2S_2 = C_2O_4 \left. \begin{array}{c} \\ N \; H_2H_2 \\ Cy \end{array} \right| S_2 = C_2O_4 + \left. \begin{array}{c} Cy \\ NH_4 \end{array} \right| S_2,$$

also unter Bildung von Schwefelcyanammonium und Kohlensäure.

Die Bildung einer Schwefelcyanverbindung ist schon wiederholt nachgewiesen worden, und obgleich man früher die gebildete schwefelhaltige Säure für von der Schwefelcyanwasserstoffsäure verschieden zu betrachten geneigt war, so konnte doch namentlich nach Gladstone's[1]) Analyse des aus dem Knallkupferammonium erhaltenen Silbersalzes über die Identität beider kein Zweifel sein.

Ich habe nun (im Wesentlichen in Uebereinstimmung mit den früheren Versuchen Liebig's)[2]) gefunden, daß wenn man Knallquecksilber durch überschüssigen Schwefelwasserstoff zersetzt, eine Flüssigkeit erhalten wird, die, wenn erst durch Stehen an der Luft der überschüssige Schwefelwasserstoff zersetzt und verflüchtigt ist, völlig neutral reagirt, die mit Kalk oder Alkalien Ammoniak entwickelt, Eisenoxydsalze roth färbt und beim Verdunsten zerfließliches Schwefelcyanammonium hinterläßt. Mit salpetersaurem Silberoxyd giebt diese Lösung einen vollständig weißen Niederschlag, der bisweilen weiß bleibt, bisweilen sich braun und selbst schwarz färbt, aus dem aber selbst dann durch heißes Ammoniak ein Silbersalz ausgezogen wird, das beim Erkalten in vollständig weißen Krystallblättchen ausfällt. Obgleich die Identität dieses Salzes mit Schwefelcyansilber nicht bezweifelt werden konnte, habe ich doch eine Silberbestimmung ausgeführt; 0,5568 Grm. gaben 0,3666 Grm. metallisches Silber, entsprechend 65,84 pC. Ag: Schwefelcyansilber verlangt 65,06 pC.

Daß bei dieser Zersetzung wirklich nur die Hälfte des im Knallquecksilber enthaltenen Kohlenstoffs als Schwefelcyanammonium erhalten wird, scheint durch eine von Gay-Lussac und Liebig ausgeführte Bestimmung des Schwefels in der gebildeten schwefelhaltigen Säure erwiesen. Diese Chemiker erhielten aus 2,268 Grm. Knallsilber

---

[1]) Diese Annalen LXVI, 1 (1848).
[2]) Ann. de Chim. et de Phys. [2] XXXII 316 (1826), u. [2] XXXIII, 207 (1826).

1,86 Grm. schwefelsauren Baryt, während hätten erhalten werden sollen 3,70 Grm., wenn, wie man seither annahm, aller Kohlenstoff in die Schwefelcyanverbindung übergeführt worden wäre.

Die Bildung der Kohlensäure bei Zersetzung von Knallquecksilber oder Knallsilber mit Schwefelwasserstoff oder löslichen Schwefelmetallen ist, wie mir scheint, seither übersehen worden; oder es wurde wenigstens die Kohlensäure für das Product einer secundären Zersetzung gehalten. Die folgenden Beobachtungen scheinen mir dafür zu sprechen, daß bei diesen Zersetzungen die Kohlensäure ein wesentliches Product ist. Wenn durch in siedendem Wasser vertheiltes Knallquecksilber Schwefelwasserstoff geleitet wird, so enthält das entweichende Gas beträchtliche Mengen von Kohlensäure. Ebenso enthält der Niederschlag, den Schwefelbaryum oder Schwefelwasserstoffbaryum mit Knallquecksilber erzeugt, stets erhebliche Mengen von kohlensaurem Baryt; und wenn Knallquecksilber mit einer concentrirten und zu vollständiger Zersetzung unzureichenden Menge von Schwefelwasserstoffbaryum zersetzt wird, so tritt in der Nähe des Siedepunkts eine stürmische Reaction ein, bei der viel Kohlensäure entweicht, während der Niederschlag schon kohlensauren Baryt enthält. — Ich habe mehrfach den in solchen Niederschlägen enthaltenen kohlensauren Baryt seinem Verhältniß zum Schwefelquecksilber nach bestimmt, dabei aber nie übereinstimmende Resultate gefunden, und stets weit weniger kohlensauren Baryt erhalten, als es die Formel verlangt, ohne daß ich bis jetzt die Ursache davon auffinden konnte.

Ich bin nun weit davon entfernt, aus den mitgetheilten Tatsachen die für das Knallquecksilber vorgeschlagene rationelle Formel für bewiesen zu halten, und will zunächst versuchen, ob sich durch Synthese neue Gründe für meine Ansicht beibringen lassen, ob aus dem Acetonitril z. B., oder aus Chlorpikrin durch geeignete Behandlung Knallquecksilber oder dem Knallquecksilber näher stehende Körper erhalten werden können.

Schließlich bedürfen zwei Punkte noch der Erwähnung: Die Bildung der Isocyanursäure aus Knallquecksilber und die Bildung des Knallquecksilbers aus Alkohol.

Ich halte es, da Herr Schischkoff selbst mit Fortsetzung seiner Untersuchung beschäftigt ist, für ungeeignet, und so lange die rationelle Formel der Isocyanursäure nicht festgestellt ist, für fruchtlos, Hypothesen über die Bildung dieser Säure aufzustellen; nur so viel mag erwähnt werden, daß ihre Bildung aus Knallsäure gedacht werden kann, indem zwei Molecüle Knallsäure sich unter Aufnahme von Wasser und Austritt von Kohlensäure und Ammoniak vereinigen (etwa, indem die Nitrogruppe des einen Molecüls Zersetzung erleidet und veranlaßt):

$$2\, C_2(NO_4)CyH_2 + H_2O_2 = C_2(NO_4)Cy_2H_3O_2 + C_2O_4 + NH_3\,.$$

Was die Bildung des Knallquecksilbers bei Einwirkung von Salpetersäure auf Alkohol bei Gegenwart von Quecksilber angeht, so scheint mir in dieser Bildung, wenn sie sich auch noch nicht in Formeln Schritt für Schritt verfolgen läßt, eine große Analogie mit der Bildung des Chloroforms stattzufinden. Gerade so wie Chloroform aus Alkohol entsteht, indem gleichzeitig oxydirende und chlorirende Substanzen einwirken, so entsteht Knallquecksilber, wenn neben der Oxydation (durch Salpetersäure) die Bedingungen vorhanden sind, welche Cyan und Quecksilber an die Stelle bringen können, die das Chlor im Chloroform einnimmt, während dabei noch die starke Salpetersäure nitrirend einwirkt.

Diese Theorie der Bildung des Knallquecksilbers erlangt einige Wahrscheinlichkeit durch folgende Bildungsweise von Chlorpikrin. Wenn man einem Gemenge von starker Salpetersäure und Alkohol (so wie es zur Darstellung von Knallquecksilber dient) statt des Quecksilbersalzes Kochsalz zusetzt (also eine Quelle von Chlor), so tritt nach wenig Minuten Erhitzung ein, die Masse kommt von selbst in Sieden und es destillirt eine Flüssigkeit über, aus welcher Zusatz von Wasser ein schweres Oel abscheidet, das ganz den characteristischen Geruch des Chlorpikrins hat. Diese Bildung von Chlorpikrin scheint mir auch von anderem Gesichtspunkt aus einiges Interesse darzubieten, da das Chlorpikrin, obgleich seit den Analysen von Cahours[1]) seine von Gerhardt[2]) schon vermuthete Beziehung zum Chloroform erwiesen ist, seither nur aus Nitroverbindungen erhalten worden ist, und zwar aus keiner, die weniger als 12 Atome Kohlenstoff im Molekül enthält.

Heidelberg, den 26. December 1856.

---

[1]) Compt. rend. p. Laurent et Gerhardt 1849, **5**, 170.
[2]) Ebendaselbst pag. **5**, 34. Anmerk.

# Ueber die Constitution des Knallquecksilbers[1];
## von Aug. Kekulé.

Liebig's Annalen 105, 279—286 (Heft III, 27. 3. 1858).

Vor einiger Zeit[2]) habe ich die Ansicht zu begründen gesucht, das Knallquecksilber sei eine dem Typus des Acetonitrils oder des Chloroforms zugehörige Nitroverbindung; seine rationelle Formel sei:

$$C_2(NO_4)C_2NHg_2 = C_4Hg_2(NO_4)N.$$

Die Einwirkung des Chlors auf Knallquecksilber, wobei Quecksilberchlorid, Chlorcyan und Chlorpikrin entsteht, und das Zerfallen des Knallquecksilbers zu Schwefelcyanammonium und Kohlensäure[3]) bei Einwirkung von Schwefelwasserstoff, führte ich als wesentliche Stützen dieser Ansicht auf.

Gleichzeitig mit meiner Notiz über diesen Gegenstand veröffentlichte S c h i s c h k o f f eine vorläufige Mittheilung[4]) über einige Abkömmlinge der Isocyanursäure, die er seitdem ausführlicher beschrieben hat[5]). Er theilt bei dieser Gelegenheit eine andere Betrachtungsweise des Knallquecksilbers mit. Da nämlich aus Knallquecksilber unter Austritt von Cyansäure (oder den Elementen derselben) Isocyanursäure entsteht, so hält er die Knallsäure für Isocyanursäure + Cyansäure; und da die Isocyanursäure selbst von ihm als Nitroacetonitril + Cyansäure betrachtet wird, so ist die Knallsäure = Nitroacetonitril + 2 Cyansäure:

| Isocyanursäure | Knallsäure |
|---|---|
| $\begin{cases} C_4H_2NO_4N \\ C_2NO_2H \end{cases}$ | $\begin{cases} C_4H_2(NO_4)N \\ C_2NO_2H \\ C_2NO_2H. \end{cases}$ |

---

[1]) Vortrag von Hrn. Dr. K e k u l é: „Über die Einwirkung von Brom auf Knallquecksilber" am 21. December 1857. Verhandl. d. naturhist.-med. Vereins zu Heidelberg, 1, 92—93 (1857—1859).                                    (A.)

[2]) Diese Annalen CI, 200 (1857).

[3]) Versuche zur quantitativen Bestimmung der, bei Einwirkung von Schwefelbaryum oder Schwefelwasserstoffschwefelbaryum auf Knallquecksilber gebildeten Kohlensäure hatten mir früher stets weniger Kohlensäure gegeben, als der Formel nach hätte erwartet werden sollen; ich habe seitdem gefunden, daß dabei ein Theil der Knallsäure zu Isocyanursäure wird, die von dem angewandten Sulfid nicht weiter angegriffen wird und so den Verlust an Kohlensäure veranlaßt.

[4]) Diese Annalen CI, 213 (1857); Compt. rend. XLIV, 14 (1857).

[5]) Ann. ch. phys. [3] XLIX, 310 (1857).

Man sieht leicht, daß S c h i s c h k o f f 's Ansicht sich von der meinigen wesentlich in zwei Punkten unterscheidet: sie legt dem Knallquecksilber einerseits die doppelte Moleculargröße bei und sie nimmt zweitens an, $\frac{1}{4}$ des Stickstoffs sei im Knallquecksilber als Nitrogruppe enthalten, während nach meiner Ansicht die Hälfte des Stickstoffs im Knallquecksilber als solche Nitrogruppe anzunehmen ist.

Es lag nahe, zu versuchen, ob über den zweiten Punkt auf analytischem Weg Aufschluß erhalten werden könne. Man weiß, daß der Stickstoff der Nitrogruppe eigenthümliche Reactionen zeigt, daß er z. B. beim Verbrennen mit Natronkalk nicht, oder wenigstens nur sehr unvollständig in Ammoniak übergeführt wird. Obgleich des letzteren Umstandes wegen genaue Resultate nicht erwartet werden konnten, führte ich doch zwei Bestimmungen nach dieser Methode aus, und fand 6,29 und 6,21 pC. Stickstoff. Nach S c h i s c h k o f f 's Formel hätte man $\frac{3}{4}$ vom Stickstoffgehalt, also 7,4 pC. erhalten müssen, nach der von mir vorgeschlagenen Formel 4,9 pC.; die gefundenen Zahlen liegen also genau in der Mitte zwischen den aus den beiden Formeln hergeleiteten. Nichts desto weniger sprechen die Bestimmungen gegen S c h i s c h k o f f 's Formel, denn die Methode kann auf keinen Fall zu wenig, sie muß vielmehr zu viel Stickstoff geben, weil alle Nitrokörper bei solchen Verbrennungen einen Theil ihres Stickstoffs in Form von Ammoniak abgeben.

Ich habe noch verschiedene analytische Versuche in der Richtung angestellt, bin aber nicht im Stande gewesen, eine Methode aufzufinden, die hinreichend stimmende Resultate gegeben hätte. Die einzige Reaction, bei welcher der Stickstoff des Knallquecksilbers, so wie es die von mir vorgeschlagene Formel verlangt, in zwei verschiedenen Formen zu gleichen Aequivalenten austritt, scheint die Einwirkung von Schwefelwasserstoff zu sein, bei welcher, wie ich früher zeigte, Schwefelcyanammonium erhalten wird, so daß also die eine Hälfte des Stickstoffs als Cyan, die andere als Ammoniak (welches offenbar durch Reduction der Nitrogruppe entstanden ist) austritt.

Eine wesentliche Stütze meiner Ansicht über die Constitution der Knallsäure finde ich in der Einwirkung des Broms auf Knallquecksilber. Ich habe früher schon mitgetheilt, daß dabei keine Kohlensäure gebildet wird, ich habe den Versuch seitdem öfter wiederholt und in vielen Fällen keine, in anderen höchst unbedeutende Mengen von Kohlensäure erhalten. Bei dieser Einwirkung wird nun neben Quecksilberbromid ein Körper erzeugt, der dem Chlorpikrin analog ist; die Reaction geht aber nicht

so weit, wie bei Einwirkung des Chlors, es entsteht nicht das dem Chlorpikrin entsprechende Brompikrin unter Austritt von Bromcyan, es wird
vielmehr ein Körper erhalten, welcher das Cyan noch enthält und betrachtet werden kann als Knallquecksilber, in dem geradezu das Hg
durch Br ersetzt ist:

$$\text{Knallquecksilber} = C_2NO_4C_2NHg_2$$
$$\text{Neuer Körper} = C_2NO_4C_2NBr_2 .$$

Man erhält diesen Körper leicht, indem man Brom auf unter Wasser
befindliches Knallquecksilber einwirken läßt, und sobald die Farbe des
Broms nicht mehr verschwindet, abdestillirt. Mit den Wasserdämpfen
geht ein dem Chlorpikrin ähnlich riechendes Oel über, dessen erste Theile
von überschüssigem Brom gefärbt sind; die späteren Theile des Destillates
sind farblos und erstarren bisweilen schon im Kühlrohr, oder wenigstens
in der Vorlage, besonders leicht beim Schütteln mit kaltem Wasser, zu
farblosen Krystallen. Die ersten flüssig bleibenden Antheile des Destillates
geben, wenn sie mit Quecksilber vom Brom befreit nochmals destillirt
werden, ein ebenfalls farbloses Oel, aus welchem bisweilen beim Erkälten,
jedenfalls bei längerem Stehen oder langsamem Verdunsten sich große
Krystalle absetzen. In Wasser ist diese Substanz völlig unlöslich; aus
Aether und aus Alkohol, in welchen sie sich leicht löst, kann sie durch
Verdunsten umkrystallisirt werden und stellt dann völlig farblose, wohl
ausgebildete glänzende Krystalle dar, die einen dem Chlor- oder Brompikrin höchst ähnlichen Geruch besitzen und so flüchtig sind, daß selbst
die bei gewöhnlicher Temperatur entwickelten Dämpfe die Augen heftig
angreifen. Mit Wasser kann die Substanz unverändert destillirt werden;
für sich erhitzt schmilzt sie bei 50° und erstarrt beim Erkalten krystallinisch; bei 130° bis 135° beginnt das Sieden, aber gleichzeitig tritt Zersetzung ein, die Substanz wird gelb, entwickelt Gasblasen und stößt
braune Dämpfe aus, in welchen leicht Oxyde des Stickstoffs nachgewiesen
werden können. Wenn man die gebildeten Dämpfe stark erhitzt, tritt
Explosion ein, ähnlich wie sie nach der Beobachtung von S t e n h o u s e
bei dem Brompikrin und nach meinen Erfahrungen bei dem Chlorpikrin
erfolgt. Bei längerem Kochen mit Kali und Eisenoxydoxydulsalz giebt
selbst die wiederholt umkrystallisirte Substanz deutliche Cyanreaction.

Die Analyse gab folgende Resultate:

1) Direct erhaltene Substanz: 0,1810 Grm. gaben 0,2680 Grm. AgBr;
   0,4378 Grm. gaben 0,1638 Grm. $CO_2$ (und 0,0120 Grm. HO);

2) aus Alkohol umkrystallisirte Substanz:

0,3426 Grm. gaben 0,5306 Grm. AgBr;

0,3639 Grm. gaben 0,1298 Grm. $CO_2$ (und 0,0102 Grm. HO).

woraus sich die oben mitgetheilte Formel herleitet.

|  |  | Theorie | Versuch I. | Versuch II. |
|---|---|---|---|---|
| $C_4$ | 24 | 9,84 | 10,20 | 9,73 |
| $N_2$ | 28 | 11,47 | — | — |
| $O_4$ | 32 | 13,11 | — | — |
| $Br_2$ | 160 | 65,58 | 63,01 | 65,90 |
|  | 244 | 100,00. |  |  |

Ich schlage vor, die Substanz Dibromnitroacetonitril oder Cyan-dibrompikrin zu nennen, um an die Beziehungen zu erinnern, welche der Körper zu dem Acetonitril und zum Brompikrin zeigt. Er gehört in der That der früher mitgetheilten Reihe an, die ich hier nochmals mittheile, weil auch zwei von S c h i s c h k o f f in neuester Zeit dargestellte Verbindungen ihr zugehören und weil gerade diese neuentdeckten Substanzen den Zusammenhang zwischen dem Knallquecksilber und den weniger complicirt zusammengesetzten Körpern der Reihe vermitteln.

| Grubengas | . . . . | $C_2HHHH$ | |
|---|---|---|---|
| Chloroform | . . . . | $C_2HClClCl$ | |
| Nitroform | . . . . . | $C_2HNO_4NO_4NO_4$ | |
| Chlorpikrin | . . . . | $C_2NO_4ClClCl$ | |
| Marignac's Oel | . . . | $C_2NO_4NO_4ClCl$ | |
| Acetonitril | . . . . | $C_2HHHC_2N$ | $= C_4H_3N$ |
| Trichloracetonitril | . . | $C_2ClClClC_2N$ | $= C_4Cl_3N$ |
| Trinitroacetonitril | . . | $C_2NO_4NO_4NO_4C_2N$ | $= C_4(NO_4)_3N$ |
| Dibromnitroacetonitril | | $C_2NO_4BrBrC_2N$ | $= C_4(NO_4)Br_2N$ |
| Knallquecksilber | . . | $C_2NO_4HgHgC_2N$ | $= C_4(NO_4)Hg_2N$ . |

Man kann alle diese Körper Einer Reihe, einem mechanischen Typus zuzählen; alle enthalten dieselbe Anzahl von Atomen, wenn man die Nitrogruppe und das Cyan als den Elementen analoge Radicale betrachtet; in den individuellen Eigenschaften zeigen sie dabei große Verschiedenheiten, die durch die Verschiedenheit der dynamischen Natur der eingetretenen Elemente veranlaßt sind. Einen Theil jener Körper, die nämlich, welche Cyan enthalten, kann man zu einer besonderen Gruppe vereinigen, als deren Repräsentant das Acetonitril erscheint; mit demselben Rechte indeß, mit welchem dieses als Cyanmethyl betrachtet wird, können auch die übrigen Körper der Gruppe als cyanhaltige Derivate des Typus $C_2H_4$ angesehen werden. Während das Grubengas ein indifferenter Körper ist, verhält sich das (demselben Typus zugehörige) Chlormethyl wie das Chlorid eines *einatomigen*, das Chloroform, in manchen Reactionen wenigstens, wie das Chlorid eines *dreiatomigen* Radicals; der Contrast in der chemischen Natur des Chlors gegenüber der des Wasserstoffs ist die Ursache dieses verschiedenen Verhaltens, und die Anzahl der Chloratome bedingt die Basicität des als Radical erscheinenden Restes. In ähnlicher Weise ist die chemische Natur der Nitrogruppe die Veranlassung, daß, wie Schischkoff gezeigt hat, das Nitroform[1]) die Rolle einer Säure spielt; in ähnlicher Weise sehen wir auch das Knallquecksilber sein Metall am leichtesten gegen andere Metalle austauschen; aber es gelingt nichtsdestoweniger, das Quecksilber und selbst das Cyan durch Brom oder Chlor zu ersetzen und so Körper darzustellen, die ihrer chemischen Natur und Zusammensetzung nach den Zusammenhang zwischen dem Knallquecksilber und den einfachsten Verbindungen dieses Typus erkennen lassen.

Die Natur des neben dem Dibromnitroacetonitril entstehenden Oeles habe ich nicht mit Sicherheit nachweisen können; seinen Eigenschaften nach ist es wohl größtentheils Brompikrin, das durch Einwirkung eines Ueberschusses von Brom erzeugt wird; wenigstens habe ich beobachtet, daß Knallquecksilber mit stark überschüssigem Brom behandelt eine geringere Ausbeute an Krystallen liefert, und daß das Dibromnitroacetonitril bei Behandlung mit Brom oder Chlor, ohne Bildung von Kohlensäure, ölartige Körper liefert, die offenbar Brompikrin und Chlorpikrin sind.

Ich habe versucht, eine dem Dibromnitroacetonitril entsprechende Jodverbindung darzustellen, indem ich Jod zu in Alkohol vertheiltem Knallquecksilber brachte; es wird dabei leicht Quecksilberjodid gebildet und beim Verdunsten der alkoholischen Lösung bleiben neben Quecksilberjodid farblose jodhaltige Krystalle, welche dem Chlorpikrin ähnlich riechen; es gelang indeß nicht, die so erhaltene Substanz in reinem Zustand darzustellen.

Da die Bildung des Dibromnitroacetonitrils aus Knallquecksilber ohne Auftreten von Kohlensäure erfolgt und da dieser Körper seiner

---

[1]) Diese Annalen CIII, 364 (1857); Compt. rend. XLV, 144 (1857).

Zusammensetzung und seinen Eigenschaften nach sich eng an das Chlorpikrin anschließt, halte ich es für erwiesen, daß die Moleculargröße des
Knallquecksilbers ausgedrückt wird durch die Formel:

$$C_4N_2O_4Hg_2 ,$$

und ich glaube, daß die rationelle Formel:

$$C_2(NO_4)(C_2N)Hg_2$$

am besten Rechenschaft·giebt von dem chemischen Verhalten des Knallquecksilbers und von den Beziehungen, in welchen es zu andern Substanzen steht.

Es schien mir von Interesse, die Einwirkung des Broms auch auf
Isocyanursäure zu versuchen. Setzt man zu einer wässerigen Lösung
von isocyanursaurem Kali Brom, so tritt Erwärmung ein, und es entweicht, wenn die Lösung hinlänglich concentrirt war, unter förmlichem
Aufbrausen, eine reichliche Menge von Kohlensäure. Gleichzeitig scheiden sich ölige Tropfen aus, welche, wenn Brom im Ueberschuß eingewirkt hatte, nicht zum Krystalisiren gebracht werden können; während
das bei Einwirkung von weniger Brom erhaltene Oel nach der Destillation beim Verdunsten Krystalle liefert, die offenbar Dibromnitroacetonitril sind. Die Bildung der Kohlensäure bei dieser Einwirkung zeigt
offenbar, daß die Isocyanursäure complicirter zusammengesetzt ist, wie
die Knallsäure. Enthielte die Knallsäure, wie S c h i s c h k o f f meint,
2 Cyansäure + 1 Nitroacetonitril, die Isocyanursäure: 1 Cyansäure
+ 1 Nitroacetonitril, so müßte das Knallquecksilber nothwendig mehr
Kohlensäure liefern wie die Isocyanursäure, während es nach meinen
Versuchen, bei Anwendung reiner Materialien, keine oder nur Spuren
von Kohlensäure liefert.

# Entwicklung der Valenztheorie
## Heidelberg 1857, 1858.

## Ueber die s. g. gepaarten Verbindungen
## und die Theorie der mehratomigen Radicale;
### von Aug. Kekulé.

A. 104, 129—150 (Heft II, 30. 11. 1857).

Ueber die Constitution der gepaarten Säuren überhaupt und der Sulfosäuren insbesondere sind in der letzten Zeit von Limpricht und v. Uslar[1]) und von Mendius[2]) Ansichten veröffentlicht worden, die mich dazu veranlassen, im Nachfolgenden einige Bruchstücke aus einer Betrachtungsweise der chemischen Verbindungen mitzutheilen, deren ich mich seit längerer Zeit bediene und die, wie mir scheint, von manchen Beziehungen der chemischen Verbindungen eine klarere Vorstellung giebt, als die seither gebräuchlichen es thun.

Ich halte es nicht für geeignet, hier in eine ausführliche Darlegung meiner Anschauungsweise einzugehen; gebe vielmehr nur das, was mit den von den genannten Chemikern angeregten Fragen in nächster Beziehung steht; wesentlich um zu zeigen, daß selbst diese complicirt zusammengesetzten (s. g. gepaarten) Verbindungen, für die man seither Separathypothesen für nöthig hielt, in derselben Weise aufgefaßt werden können, wie die übrigen, und daß eine und dieselbe Anschauungsweise auf *alle* chemische Verbindungen anwendbar ist.

Um ausführliche historische Betrachtungen zu vermeiden, bemerke ich gleich von Anfang, daß das Nachfolgende zum größten Theil wenigstens nicht Anspruch auf Originalität macht; vielmehr nichts weiter sein soll, als eine weitere Ausführung der leitenden Ideen, die Williamson[3]) gelegentlich mitgetheilt hat und die man wohl: „die Theorie der mehratomigen Radicale" nennen könnte: Ideen, die Olding[4]) in seiner

---

[1]) Diese Annalen CII, 239 (1857).
[2]) Daselbst CIII, 39 (1857).
[3]) Chem. Soc. Qu. Journ. IV, 350 (1852).
[4]) Daselbst VII, 1 (1855).

Abhandlung über die Constitution der Säuren und Salze zuerst weiter ausführte; die, seit G e r h a r d t sie im IV. Band seines Traité zum Theil adoptirte (ohne sie jedoch, wie sich leicht zeigen läßt, streng im Sinn W i l l i a m s o n ' s aufzufassen), auch in deutschen Abhandlungen öfter wiederholt worden sind und deren Zweckmäßigkeit jetzt, nachdem sie zur Entdeckung einer großen Anzahl ausnehmend interessanter Verbindungen geführt haben, wohl nicht mehr bezweifelt werden kann.

Um den Unterschied der Ansichten hervortreten zu lassen, ist es nöthig, die seither gebräuchliche an einem Beispiel kurz zu erörtern.

L i m p r i c h t und v. U s l a r betrachten die Sulfobenzoësäure und die Sulfosäuren überhaupt der Analogie in der Bildungsweise mit den s. g. Nitrosubstitutionsproducten wegen als Sulfosubstitutionsproducte. Aus der Existenz des Sulfobenzoylchlorürs und aus dem Verhalten dieses Körpers schließen sie, die Sulfobenzoësäure enthielte das Radical:

$$C_{14}H_4(S_2O_4)O_2$$

und müsse betrachtet werden als:

$$\left.\begin{array}{c}C_{14}H_4(S_2O_4)O_2\\H_2\end{array}\right\}O_4\ .$$

Sie sagen schließlich, dieselben Gründe, die für die Annahme des Radicals $C_4H_3O_2$ in der Essigsäure und $C_4H_5$ im Alkohol sprechen, ließen es nothwendig erscheinen, in der Sulfobenzoësäure das Radical $C_{14}H_4S_2O_6$ anzunehmen; es hieße den Thatsachen geradezu widersprechen, wenn man die Sulfobenzoësäure noch ferner als gepaarte Schwefelsäure betrachten wolle.

M e n d i u s , im Allgemeinen mit diesen Ansichten einverstanden, ändert den Begriff von gepaart, und will gerade die Säuren, die man nach L i m p r i c h t und v. U s l a r *nicht* als „gepaarte" betrachten darf, als „gepaart" bezeichnet wissen.

Ich sehe nicht ein, worin die Vorzüge einer solchen Anschauungsweise — die zudem im Wesentlichen nichts weiter ist als eine Wiederholung der Ansichten, die G e r h a r d t und C h a n c e l [1]) 1852 mittheilten und die G e r h a r d t seitdem in seinem Traité [2]) ausführlicher entwickelte — bestehen; und ich glaube, die Wissenschaft wird wenig an Klarheit und die neue Theorie wenig an Anhängern gewinnen, wenn

---

[1]) Compt. rend. XXXV. 690 (1852).

[2]) Wo Bd. IV Seite 610 u. 665 dieselbe Formel für die Sulfobenzoësäure z. B. gegeben wird (1856).

man ohne Noth, und nur um auf einfache Typen beziehen zu können, stets neue und namentlich so complicirt zusammengesetzte Radicale annimmt. Man ist dann nicht weit mehr entfernt von der Form von Radicaltheorie, die Berzelius in seinen letzten Jahren vertrat, die fast eben so viel hypothetische Radicale als dargestellte Verbindungen kannte und die zu jedem neu entdeckten Körper gleich neue Radicale erfand.

Wenn die Existenz des Sulfobenzoylchlorürs und die Zersetzung dieses Körpers mit Wasser oder Alkalien (wobei Sulfobenzoësäure neben Chlorid erzeugt wird) dafür beweisen, daß die Sulfobenzoësäure das Radical $C_{14}H_4(S_2O_4)O_2$ enthält; so muß man mit demselben Recht für das auf analoge Weise dargestellte Chlorschwefelsäurehydrat (welches ebenso mit Wasser zerfällt in Salzsäure und Schwefelsäure) dasselbe gelten lassen; man muß in ihm das Chlorid des Radicals $S_2O_6H$ sehen und das Schwefelsäurehydrat betrachten als:

$$\left. \begin{array}{c} H(S_2O_4)O_2 \\ H \end{array} \right\} O_2\,{}^1),$$

wodurch sie dann vollständig der Sulfocarbolsäure entsprechen würde, deren Formel (nach Limpricht und v. Uslar, a. a. O. S. 249)

$$\left. \begin{array}{c} C_{12}H_5(S_2O_4)O_2 \\ H \end{array} \right\} O_2$$

ist.

Auf welche Weise durch einfache Substitution von $S_2O_4$ an die Stelle von H aus der *einbasischen* Essigsäure die *zweibasische* Sulfoessigsäure und aus der *einbasischen* Benzoësäure die *zweibasische* Sulfobenzoësäure entsteht, bleibt nach der von Limpricht und v. Uslar vertheidigten Ansicht vollends unerklärt. — Eben so wenig geben die Ansichten von Mendius eine Vorstellung davon, warum die Sulfosalicylsäure *zweibasisch* und nicht *dreibasisch* ist.

---

## I. *Idee der Typen* [2]).

Die Molecüle der chemischen Verbindungen bestehen aus einer Aneinanderlagerung von Atomen.

Die Zahl der mit Einem Atom (eines Elementes, oder wenn man bei

---

[1]) Vgl. Hugo Schiff, diese Annalen CII, 144 (1857).

[2]) In den folgenden Entwickelungen bediene ich mich der Gerhardt'schen Atomgewichte und der von Williamson für dieselben vorgeschlagenen Zeichen: $H = 1$; $\Theta = 16$; $\mathsf{G} = 12$; $N = 14$ u. s. w.

zusammengesetzteren Körpern die Betrachtung nicht bis auf die Elemente selbst zurückführen will, eines Radicales) verbundenen Atome anderer Elemente (oder Radicale) ist abhängig von der Basicität oder Verwandtschaftsgröße der Bestandtheile.

Die Elemente zerfallen in der Beziehung in drei Hauptgruppen:

1) Einbasische oder einatomige (I), z. B. H, Cl, Br, K;
2) zweibasische oder zweiatomige (II), „ „ $\Theta$, S;
3) dreibasische oder dreiatomige (III), „ „ N, P, As [1]).

Daraus ergeben sich die drei Haupttypen:

$$\text{I} + \text{I} \qquad \text{II} + 2\,\text{I} \qquad \text{III} + 3\,\text{I},$$

oder in einfachen Repräsentanten:

$$\text{HH} \qquad \Theta\text{H}_2 \qquad \text{NH}_3\,.$$

Aus diesen *Haupttypen* entstehen die *Nebentypen* durch einfache Vertretung Eines Atoms durch Ein ihm äquivalentes anderes Atom, z. B.:

$$\text{HCl} \qquad \text{SH}_2 \qquad \text{PH}_3\,.$$

Durch Vereinigung mehrerer Molecüle der Typen, die entweder gleichartig oder verschieden sein können, entstehen die *multiplen* und die *gemischten Typen*, z. B.

$$\left\{ \begin{array}{l} \text{HCl} \\ \text{HCl} \end{array} \right. \qquad \left\{ \begin{array}{l} \text{H} \\ \text{H} \end{array} \Theta \atop \text{H} \atop \text{H} \Theta \right. \qquad \left\{ \begin{array}{l} \text{HCl} \\ \text{H} \\ \text{H} \end{array} \Theta \right.$$

Eine *Vereinigung von mehreren Molecülen* der Typen kann nur dann stattfinden, wenn durch Eintritt eines *mehratomigen Radicals* an die Stelle von 2 oder 3 Atomen H eine Ursache des Zusammenhaltes stattfindet.

Das Wasser selbst kann z. B. betrachtet werden als 2 Molecüle Wasserstoff, in welchen 2 Atome Wasserstoff vertreten sind durch 1 Atom Sauerstoff u. s. w. Außer der schematischen Uebersichtlichkeit einer solchen Darstellungsweise, sind für einzelne Fälle, für die zweibasische Natur des $\Theta$ und des S namentlich, experimentelle Argumente bekannt[2]).

---

[1]) Der Kohlenstoff ist, wie sich leicht zeigen läßt und worauf ich später ausführlicher eingehen werde, vierbasisch oder vieratomig; d. h. 1 Atom Kohlenstoff $= \Theta = 12$ ist äquivalent 4 At. H.

Die einfachste Verbindung des $\Theta$ mit einem Element der ersten Gruppe, mit H oder Cl z. B., ist daher: $\Theta\text{H}_4$ und $\Theta\text{Cl}_4$.

[2]) Vgl. K e k u l é ' s Thiacetsäure, diese Annalen XC, 309 (Juli 1854); F r a n k - l a n d ' s Zinkäthyl, diese Annalen XCV, 28 (Juli 1855).

Ein *Einatomiges* Radical kann also nie zwei Molecüle der Typen zusammenhalten[1]).

Ein *zweiatomiges* Radical kann *zwei* Molecüle der Typen vereinigen, z. B.:

|  Chlorschwefelsäure | Schwefelsäure-hydrat | Carbamid (Harnstoff) |
|---|---|---|

$$\overset{''}{S}\Theta_2 , \; Cl_2 \qquad \overset{''}{S}\Theta_2 \begin{matrix} H \\[-2pt] \Theta \\[-2pt] \Theta \\[-2pt] H \end{matrix} \qquad \left. \begin{matrix} \overset{''}{C}\Theta \\ H_2 \\ H_2 \end{matrix} \right| N_2$$

kann aber auch *zwei* H in *einem* Molecül des Typus ersetzen, z. B.:

|  Schwefelsäureanhydrid | Carbimid, Cyansäure |
|---|---|

$$\overset{''}{S}\Theta_2 , \; \Theta \qquad\qquad \left. \begin{matrix} \overset{''}{C}\Theta \\ H \end{matrix} \right| N \; .$$

Ein *dreiatomiges* Radical vereinigt ebenso drei Molecüle der Typen, z. B.:

|  Phosphorsäure (nach Odling) | Glycerin (nach Wurtz) | Trichlorhydrin |
|---|---|---|

$$\left. \begin{matrix} \overset{'''}{P}\Theta \\ H_3 \end{matrix} \right| \Theta_3 \qquad \left. \begin{matrix} \overset{'''}{C_3}H_5 \\ H_3 \end{matrix} \right| \Theta_3 \qquad \overset{'''}{C_3}H_5 , \; Cl_3$$

kann aber auch 3 Atome H in 2 Molecülen $H_2\Theta$ z. B. ersetzen:

Metaphosphorsäure
(nach Odling)

$$\left. \begin{matrix} \overset{'''}{P}\Theta \\ H \end{matrix} \right| \Theta_2 \; .$$

Ein mehratomiges Radical kann, indem es *öfter* in die Atomgruppe eintritt, eine *größere* Anzahl von Molecülen der Typen vereinigen, z. B.:

|  Pyrophosphorsäure (nach Odling) | Nordhäuser Vitriolöl | Jacquelain's Kalisalz | Typus |
|---|---|---|---|

$$\left. \begin{matrix} \overset{'''}{P}\Theta \\[6pt] \overset{'''}{P}\Theta \\ H_4 \end{matrix} \right| \Theta_5 \qquad \begin{matrix} H \\ \overset{''}{S}\Theta_2 \\ \overset{''}{S}\Theta_2 \\ H \end{matrix} \begin{matrix} \Theta \\ \Theta \\ \Theta \\ \Theta \end{matrix} \qquad \begin{matrix} K \\ \overset{''}{S}\Theta_2 \\ \overset{''}{S}\Theta_2 \\ K \end{matrix} \begin{matrix} \Theta \\ \Theta \\ \Theta \\ \Theta \end{matrix} \qquad \begin{matrix} H \\ H \\ H \\ H \\ H \\ H \end{matrix} \begin{matrix} \Theta \\ \Theta \\ \Theta \\ \Theta \end{matrix}$$

---

[1]) Eine rationelle Formel ähnlich der, die G e r h a r d t für das Glycerin gebraucht (Traité IV, 629):

$$\left. \begin{matrix} C_3 H_5 \Theta \\ H_3 \end{matrix} \right| \Theta_2 \qquad \text{Typus} \qquad \begin{matrix} H \\ H \\ H \\ H \end{matrix} \begin{matrix} \Theta \\ \Theta \end{matrix} \qquad \left[ \begin{matrix} \text{Irrtümlich} \\ \text{steht dort} \end{matrix} \left. \begin{matrix} H \\ H \\ H \\ H \end{matrix} \right| \begin{matrix} \Theta_2 \\ O_2 \end{matrix} \right] \text{(A.)}$$

ist nach der Theorie der mehratomigen Radicale unzulässig.

Gerade so wie zwei oder mehr Molecüle desselben Typus durch mehratomige Radicale zusammengehalten werden (multiple Typen), so können auch mehrere Molecüle verschiedener Typen vereinigt werden (gemischte Typen), z. B.:

Typus          Schweflige Säure (in Salzen)[1]

$$\left.\begin{array}{c} \text{H} \\ \text{H} \\ \text{H} \end{array}\right\}\theta \qquad \left.\begin{array}{c} \text{H} \\ \overset{''}{S}\theta_2 \\ \text{H} \end{array}\right\}\theta$$

Demselben Typus (oder dem Nebentypus $HCl + H_2O$) gehört das Chlorschwefelsäurehydrat und das Epichlorhydrin an[2]:

Typus      Chlorschwefelsäurehydrat      Epichlorhydrin

$$\left.\begin{array}{c} \text{HCl} \\ \text{H} \\ \text{H} \end{array}\right\}\theta \qquad \left.\begin{array}{c} \overset{''}{S}\theta_2 \\ \text{H} \end{array}\begin{array}{c}\text{Cl}\\ \theta\end{array}\right. \qquad \overset{'''}{\text{C}}_3\text{H}_5{\begin{array}{c}\text{Cl}\\\theta\end{array}}$$

---

[1] Die schweflige Säure steht also zur Schwefelsäure in ähnlicher Beziehung, wie der Aldehyd zum Alkohol, sie ist gewissermaßen ein Halbaldehyd der Schwefelsäure. Aehnlich ist die Beziehung von salicyliger Säure zu Salicylsäure:

Saliretin      Saligenin      salicylige Säure      Salicylsäure

$$\overset{''}{\text{C}}_7\text{H}_6\theta \qquad \left.\begin{array}{c} \overset{''}{\text{C}}_7\text{H}_6 \\ \text{H}_2 \end{array}\right\}\theta_2 \qquad \left.\begin{array}{c} \overset{''}{\text{C}}_7\text{H}_4\theta \\ \text{H}_2 \end{array}\right\}\theta \qquad \left.\begin{array}{c} \overset{''}{\text{C}}_7\text{H}_4\theta \\ \text{H}_2 \end{array}\right\}\theta_2 .$$

während das Saligenin der zugehörige Alkohol und das Saliretin der Aether, also das Anhydrid desselben zweiatomigen Radicals ist. In derselben Beziehung steht (wenn die neuerdings von D e b u s (diese Annalen CII. 20) gegebene Formel die richtige ist) die Glyoxylsäure zur Oxalsäure:

Glyoxal      Glyoxylsäure      Oxalsäure

$$\left.\begin{array}{c} \overset{''}{\text{C}}_2\theta_2 \\ \text{H}_2 \end{array}\right| \qquad \left.\begin{array}{c} \overset{''}{\text{C}}_2\theta_3 \\ \text{H}_2 \end{array}\right\}\theta \qquad \left.\begin{array}{c} \overset{''}{\text{C}}_2\theta_2 \\ \text{H}_2 \end{array}\right\}\theta_2$$

Das Glyoxal, nach der Auffassung Hydrür des zweiatomigen Radicals Oxalyl, könnte auch Anhydrid des Radicals $\text{C}_2\text{H}_2\theta$ sein, dessen Hydrat die Glycolsäure ist (W u r t z. diese Annalen CIII, 366):

Glyoxal oder Glycolid          Glycolsäure

$$\overset{''}{\text{C}}_2\text{H}_2\theta , \theta \qquad\qquad \left.\begin{array}{c} \overset{''}{\text{C}}_2\text{H}_2\theta \\ \text{H}_2 \end{array}\right\}\theta_2 ,$$

wenn nicht vielleicht eher das Glycolid dieses Anhydrid ist.

[2] Während die zwei andern Chlorhydrine, das Mono- und das Dichlorhydrin, aufzufassen sind:

Typus      Monochlorhydrin          Typus      Dichlorhydrin

$$\begin{array}{c} \text{HCl} \\ \text{H}_2\theta \\ \text{H}_2\theta \end{array} \qquad \overset{'''}{\text{C}}_3\text{H}_5{\begin{array}{c}\text{Cl}\\\theta_2\\\text{H}_2\end{array}} \qquad\qquad \begin{array}{c} \text{H Cl} \\ \text{H Cl} \\ \text{H}_2\theta \end{array} \qquad \overset{'''}{\text{C}}_3\text{H}_5{\begin{array}{c}\text{Cl}_2\\\theta\\\text{H}\end{array}}$$

In ähnlicher Weise gehören gemischten Typen an:

|         | Typus | Unterschweflige Säure (nach Odling) |
|---------|-------|-------------------------------------|

$$\left.\begin{array}{l}H\\H\\H\\H\end{array}\right\}\!\!\begin{array}{l}\Theta\\ \\S\end{array} \qquad\qquad \left.\begin{array}{l}H\\SO_2\\H\end{array}\right\}\!\!\begin{array}{l}\Theta\\ \\S\end{array}$$

und

|         | Typus | Sulfaminsäure | Carbaminsäure | Oxaminsäure |
|---------|-------|---------------|---------------|-------------|

$$\left.\begin{array}{l}H\\H\end{array}\right\}N \quad \left.\begin{array}{l}H\\H\end{array}\right\}N \quad \left.\begin{array}{l}H\\H\end{array}\right\}N \quad \left.\begin{array}{l}H\\H\end{array}\right\}N$$
$$\left.\begin{array}{l}H\\H\\H\end{array}\right\}\Theta \quad \left.\begin{array}{l}SO_2\\H\end{array}\right\}\Theta \quad \left.\begin{array}{l}CO\\H\end{array}\right\}\Theta \quad \left.\begin{array}{l}C_2O_2\\H\end{array}\right\}\Theta$$

Die gegebenen Beispiele mögen genügen, um die Idee der Vereinigung mehrerer Molecüle durch mehratomige Radicale zu veranschaulichen. Ich füge nur die Formeln der stickstoffhaltigen Verbindungen des Radicals Carbonyl bei, weil gerade für diese, oder wenigstens einzelne derselben, in neuerer Zeit Formeln in Vorschlag gebracht worden sind [1]), welche, ähnlich wie die der Sulfosäuren, nur um auf einfache Typen beziehen zu können, zu höchst complicirten Radicalen ihre Zuflucht nehmen:

|                          |                        |         |               |               |
|--------------------------|------------------------|---------|---------------|---------------|
| Carbimid (Cyansäure)     | Carbimid (Harnstoff)   | Biuret  | Carbaminsäure | Allophansäure |

$$\left.\begin{array}{l}CO\\H\end{array}\right\}N \quad \left.\begin{array}{l}CO\\H_2\\H_2\end{array}\right\}N_2 \quad \left.\begin{array}{l}CO\\CO\\H_5\end{array}\right\}N_3 \quad \left.\begin{array}{l}H_2\\CO\\H\end{array}\right\}\!\!\begin{array}{l}N\\ \\\Theta\end{array} \quad \left.\begin{array}{l}H_3\\CO\\CO\\H\end{array}\right\}\!\!\begin{array}{l}N_2\\ \\ \\\Theta\end{array}$$

Formel von W e l t z i e n :
$$\left.\begin{array}{l}CONH_2\\H\\H\end{array}\right\}N \qquad\qquad \left.\begin{array}{l}CONH_2\\CONH_2\\H\end{array}\right\}N\,.$$

Die Theorie der mehratomigen Radicale giebt auch davon eine gewisse Vorstellung, warum zweibasische Säuren so leicht in Anhydride und Wasser zerfallen. Man kann sich nämlich denken, daß das zweiatomige Radical, welches vorher, indem es 2 Atome H in zwei verschiedenen Molecülen $H_2\Theta$ vertrat, diese 2 Molecüle vereinigte, seine Stellung so ändert, daß es jetzt 2 Atome H, die demselben Molecül $H_2\Theta$ angehören, ersetzt; wodurch dann die Ursache des Zusammenhangs wegfällt und die Atomgruppe sich in 2 Molecüle spaltet, z. B.:

---

[1]) W e l t z i e n , diese Annalen XCIV, 106 (1855) und C, 191 (1856).

Bernsteinsäure      Schwefelsäure[1])      in Typen

$$\left.\begin{array}{c} H \\ \overset{''}{C_4H_4O_2} \\ H \end{array}\right| \Theta \qquad \begin{array}{c} \overset{''}{C_4H_4O_2}, \Theta \\ \left.\begin{array}{c} H \\ H \end{array}\right| \Theta \end{array} \qquad \left.\begin{array}{c} H \\ \overset{''}{SO_2} \\ H \end{array}\right| \Theta \qquad \begin{array}{c} \overset{''}{SO_2}, \Theta \\ \left.\begin{array}{c} H \\ H \end{array}\right| \Theta \end{array} \qquad \left.\begin{array}{c} H \\ H \\ H \\ H \end{array}\right| \Theta \qquad \left.\begin{array}{c} H \\ H \\ H \\ H \end{array}\right| \Theta$$

In ähnlicher Weise giebt das Nordhäuser Vitriolöl beim Erhitzen Schwefelsäureanhydrid und Schwefelsäurehydrat[2]):

in Typen

$$\left.\begin{array}{c} H \\ \overset{''}{SO_2} \\ \overset{''}{SO_2} \\ H \end{array}\right| \Theta \qquad \begin{array}{c} \overset{''}{SO_2}, \Theta \\ \left.\begin{array}{c} H \\ \overset{''}{SO_2} \\ H \end{array}\right| \Theta \end{array} \qquad \left.\begin{array}{c} H \\ H \\ H \\ H \\ H \\ H \end{array}\right| \Theta \qquad \left.\begin{array}{c} H \\ H \\ H \\ H \\ H \\ H \end{array}\right| \Theta$$

## II. Gepaarte Verbindungen.

Mit dem Namen „gepaarte Verbindungen" hat man stets complicirter zusammengesetzte, durch gewisse Eigenthümlichkeiten im Verhalten ausgezeichnete Körper bezeichnet; für welche, fehlender Analogieen wegen, keine mit den herrschenden Ansichten zusammenhängende, rationelle Formeln gegeben werden konnten; zu deren Darstellung man also zu Separathypothesen seine Zuflucht nahm.

Auf Wiederholung und Kritik der natürlicherweise schwankenden Ansichten über solche Verbindungen einzugehen scheint deßhalb unnöthig; wir constatiren vielmehr einfach die Thatsache: Die s. g. gepaarten Verbindungen sind nicht anders zusammengesetzt, wie die übrigen chemischen Verbindungen; sie können in derselben Weise auf Typen bezogen werden, in welchen H vertreten ist durch Radicale; sie folgen in Bezug auf Bildung und Sättigungsvermögen denselben Gesetzen, die für

---

[1]) M a r i g n a c , Ann. de chim. et de phys. XXXIX. 184 (1853); diese Annálen LXXXVIII, 228 (1854).

[2]) Die Bildung des ölbildenden Gases beruht, wie es scheint, auf einer ebensolchen Umlagerung der Atome der Isethionsäure:

in Typen

$$\left.\begin{array}{c} H \\ \overset{''}{C_2H_4} \\ \overset{''}{SO_2} \\ H \end{array}\right| \Theta \qquad \begin{array}{c} \overset{''}{C_2H_4} \\ \left.\begin{array}{c} H \\ \overset{''}{SO_2} \\ H \end{array}\right| \Theta \end{array} \qquad \left.\begin{array}{c} H \\ H \\ H \\ H \\ H \\ H \end{array}\right| \Theta \qquad \left.\begin{array}{c} H \\ H \\ H \\ H \\ H \\ H \end{array}\right| \Theta$$

alle chemische Verbindungen gültig sind. (Wie dieß besonders von
B e k e t o f f [1]) hervorgehoben worden ist.)

Als Beispiele gebe ich die Formeln einiger Sulfurylverbindungen:

| | Typus | Schwefelsäure | Aethylschwefel-<br>säure | Phenyl-<br>schwefelsäure |
|---|---|---|---|---|
| I. | $\left.\begin{matrix}H\\H\\H\\H\end{matrix}\right.$ | $\left.\begin{matrix}H\\ \overset{\prime\prime}{SO_2}\\H\end{matrix}\right.$ | $\left.\begin{matrix}C_2H_5\\ \overset{\prime\prime}{SO_2}\\H\end{matrix}\right.$ | $\left.\begin{matrix}C_6H_5\\ \overset{\prime\prime}{SO_2}\\H\end{matrix}\right.$ |

| | Typus | Schweflige Säure | Methylunter-<br>schwefelsäure | Sulfo-<br>benzolsäure [2] |
|---|---|---|---|---|
| II. | $\begin{matrix}H\\H\\H\\H\end{matrix}$ | $\begin{matrix}H\\ \overset{\prime\prime}{SO_2}\\H\end{matrix}$ | $\begin{matrix}CH_3\\ \overset{\prime\prime}{SO_2}\\H\end{matrix}$ | $\begin{matrix}C_6H_5\\ \overset{\prime\prime}{SO_2}\\H\end{matrix}$ |

| | Typus | | | Sulfobenzid |
|---|---|---|---|---|
| III. | $\begin{matrix}H\\H\\H\\H\end{matrix}$ | | | $\begin{matrix}C_6H_5\\ \overset{\prime\prime}{SO_2}\\C_6H_5\end{matrix}$ |

Eine characteristische Verschiedenheit der Säuren I und II findet
durch diese Anschauungsweise leicht Erklärung; die nämlich, daß die
Säuren II eine größere Beständigkeit zeigen. In der That müssen alle
die Reagentien, welche dem $H_2\Theta$ Typus zugehörige Körper zersetzen,
während sie dem $H_2$ Typus zugehörende unzersetzt lassen — die Chloride des Phosphors z. B., deren Wirkung darin besteht, daß sie an die
Stelle des O die äquivalente Menge Cl bringen — die Säuren I völlig zerstören, während sie bei den Säuren II eine weit weniger tief gehende
Zersetzung veranlassen. So entsteht z. B. aus:

$$\left.\begin{matrix}C_2H_5\\ \overset{\prime\prime}{SO_2}\\H\end{matrix}\right| \Theta \qquad \begin{matrix}\underline{C_2H_5, \ Cl}\\ \underline{\overset{\prime\prime}{SO_2}, \ Cl_2}\\H, \ Cl\end{matrix}$$

---

[1] B e k e t o f f , Petersb. Acad. Bullet XII, 369 (vgl. J. pr. Ch. **62**, 422 (1854).
(A.).

[2] Die Sulfobenzolsäure entspricht also vollständig dem Chlorschwefelsäurehydrat; das Sulfobenzid der wasserfreien Chlorschwefelsäure; man erhält die Formeln beider Körper, indem man an die Stelle des Cl in den Chlorschwefelsäuren
das äquivalente Radical $C_6H_5$ einsetzt. Andererseits erscheint das Sulfobenzid als
2 Mol. Benzol = 2 H, $C_6H_5$, in welchen die 2 At. H vertreten sind durch das zweiatomige Radical Sulfuryl $= SO_2$.

dagegen aus:

$$\left.\begin{array}{l} \mathrm{C_6H_5} \\ \overset{''}{S}\Theta_2 \\ \mathrm{H} \end{array}\right\rbrace \Theta \qquad \dfrac{\begin{array}{l} \mathrm{C_6H_5} \\ \overset{''}{S}\Theta_2, \; \mathrm{Cl} \end{array}}{\mathrm{H, \; Cl.}}$$

Aus der Sulfobenzolsäure entsteht also ein Chlorid der zwei vereinigt bleibenden Radicale $\overset{''}{S}\Theta_2$ und $\mathrm{C_6H_5}$, die deßhalb als Ein beständiges Radical, als *gepaartes* Radical erscheinen.

In derselben Weise können aufgefaßt werden z. B.:

| Typus | Sulfaminsäure | Phenylsulfamin-säure | Sulfonaphtalidin-säure |
|---|---|---|---|
| $\left.\begin{array}{l}\mathrm{H}\\\mathrm{H}\\\mathrm{H}\\\mathrm{H}\\\mathrm{H}\end{array}\right.\begin{array}{l}\Big\}\mathrm{N}\\\Big\}\Theta\end{array}$ | $\left.\begin{array}{l}\mathrm{H}\\\mathrm{H}\\\overset{''}{S}\Theta_2\\\mathrm{H}\end{array}\right.\begin{array}{l}\Big\}\mathrm{N}\\\Big\}\Theta\end{array}$ | $\left.\begin{array}{l}\mathrm{H}\\\mathrm{C_6H_5}\\\overset{''}{S}\Theta_2\\\mathrm{H}\end{array}\right.\begin{array}{l}\Big\}\mathrm{N}\\\Big\}\Theta\end{array}$ | $\left.\begin{array}{l}\mathrm{H}\\\mathrm{C_{10}H_7}\\\overset{''}{S}\Theta_2\\\mathrm{H}\end{array}\right.\begin{array}{l}\Big\}\mathrm{N}\\\Big\}\Theta\end{array}$ |

| | Oxaminsäure | Aethyloxaminsäure | Oxamethan[1]) |
|---|---|---|---|
| | $\left.\begin{array}{l}\mathrm{H}\\\mathrm{H}\\\overset{''}{C_2}\Theta_2\\\mathrm{H}\end{array}\right.\begin{array}{l}\Big\}\mathrm{N}\\\Big\}\Theta\end{array}$ | $\left.\begin{array}{l}\mathrm{H}\\\mathrm{C_2H_5}\\\overset{''}{C_2}\Theta_2\\\mathrm{H}\end{array}\right.\begin{array}{l}\Big\}\mathrm{N}\\\Big\}\Theta\end{array}$ | $\left.\begin{array}{l}\mathrm{H}\\\mathrm{H}\\\overset{''}{C_2}\Theta_2\\\mathrm{C_2H_5}\end{array}\right.\begin{array}{l}\Big\}\mathrm{N}\\\Big\}\Theta\end{array}$ |

| Typus | Sulfitammon | Phenylsulfimid |
|---|---|---|
| $\left.\begin{array}{l}\mathrm{H}\\\mathrm{H}\\\mathrm{H}\\\mathrm{H}\\\mathrm{H}\end{array}\right.\Big\}\mathrm{N}$ | $\left.\begin{array}{l}\mathrm{H}\\\mathrm{H}\\\overset{''}{S}\Theta_2\\\mathrm{H}\end{array}\right.\Big\}\mathrm{N}$ | $\left.\begin{array}{l}\mathrm{H}\\\mathrm{H}\\\overset{''}{S}\Theta_2\\\mathrm{C_6H_5}\end{array}\right.\Big\}\mathrm{N.}$ |

Das Eintreten mehrerer zweiatomigen Radicale erzeugt natürlich complizirtere Typen, z. B.

| Typus | Isethionsäure | Carbylsulfat | Sulfoessigsäure | Sulfobenzoësäure |
|---|---|---|---|---|
| $\left.\begin{array}{l}\mathrm{H}\\\mathrm{H}\\\mathrm{H}\\\mathrm{H}\\\mathrm{H}\\\mathrm{H}\end{array}\right.\begin{array}{l}\Big\}\\\Big\}\Theta\\\Big\}\Theta\end{array}$ | $\left.\begin{array}{l}\overset{''}{C_2}H_4\\\overset{''}{S}\Theta_2\\\mathrm{H_2}\end{array}\right.\begin{array}{l}\Big\}\Theta\\\Big\}\Theta\end{array}$ | $\left.\begin{array}{l}\overset{''}{C_2}H_4\\\overset{''}{S}\Theta_2\\\overset{''}{S}\Theta_2\end{array}\right.\begin{array}{l}\Big\}\Theta\\\Big\}\Theta\end{array}$ | $\left.\begin{array}{l}\overset{''}{C_2}H_2\Theta\\\overset{''}{S}\Theta_2\\\mathrm{H_2}\end{array}\right.\begin{array}{l}\Big\}\Theta\\\Big\}\Theta\end{array}$ | $\left.\begin{array}{l}\overset{''}{C_7}H_4\Theta\\\overset{''}{S}\Theta_2\\\mathrm{H_2}\end{array}\right.\begin{array}{l}\Big\}\Theta\\\Big\}\Theta\end{array}$ |

---

[1]) Die Aethyloxaminsäure, isomer mit dem neutralen Oxamethan, verhält sich wie eine *Ein*basische Säure, weil allgemein *der* H besonders leicht durch Metalle vertreten wird, der dem Typus $\mathrm{H_2}\Theta$ angehört.

| Typus | Sulfosalicylsäure[1]) | Entsprechend dem Nordhäuser Vitriolöl | |
|---|---|---|---|
| $H_2\Theta$ | $\overset{''}{C_7H_4\Theta}$ $\Big\vert$ $\Theta$ | $\overset{''}{S\Theta_2}$ $\Big\vert$ $\Theta$ | |
| $H_2\Theta$ | | | |
| $H_2\Theta$ | $\overset{''}{S\Theta_2}$ $\Big\vert$ $\Theta$ | $\overset{''}{S\Theta_2}$ $\Big\vert$ $\Theta$ | |
| | $H_2$ $\Big\vert$ $\Theta$ | $H_2$ $\Big\vert$ $\Theta$ | |

| Typus | Aethionsäure |
|---|---|
| $H_2$ | $\overset{''}{C_2H_4}$ $\Big\vert$ |
| $H_2\Theta$ | $\overset{''}{S\Theta_2}$ $\Big\vert$ $\Theta$ |
| $H_2\Theta$ | |
| $H_2\Theta$ | $\overset{''}{S\Theta_2}$ $\Big\vert$ $\Theta$ |
| | $H_2$ $\Big\vert$ $\Theta$ |

| Typus | Methionsäure (Disulfometholsäure) | Disulfoätholsäure | Disulfobenzolsäure |
|---|---|---|---|
| $H_2$ | $\overset{''}{CH_2}$ $\Big\vert$ | $\overset{''}{C_2H_4}$ $\Big\vert$ | $\overset{''}{C_6H_4}$ $\Big\vert$ |
| $H_2$ | | | |
| $H_2\Theta$ | $\overset{''}{S\Theta_2}$ $\Big\vert$ $\Theta$ | $\overset{''}{S\Theta_2}$ $\Big\vert$ $\Theta$ | $\overset{''}{S\Theta_2}$ $\Big\vert$ $\Theta$ |
| $H_2\Theta$ | $\overset{''}{S\Theta_2}$ $\Big\vert$ $\Theta$ | $\overset{''}{S\Theta_2}$ $\Big\vert$ $\Theta$ | $\overset{''}{S\Theta_2}$ $\Big\vert$ $\Theta$ |
| | $H_2$ $\Big\vert$ | $H_2$ $\Big\vert$ | $H_2$ $\Big\vert$ |

Wenn Phosphorpentachlorid auf eine solche Säure, auf Sulfobenzoësäure, z. B. einwirkt, so wird, wie bei allen Reactionen der Chlorverbindungen des Phosphors, der dem Wassertypus zugehörige $\Theta$ durch
die ihm äquivalente Menge Cl ersetzt; da aber der einatomigen Natur
des Chlors wegen keine Ursache des Zusammenhaltens mehr stattfindet,
so trennen sich 2 Molecüle HCl, und es entsteht:

$$\text{aus:} \quad \left.\begin{array}{l} \overset{''}{C_7H_4\Theta} \\ \overset{''}{S\Theta_2} \\ H_2 \end{array}\right\vert \begin{array}{l} \Theta \\ \Theta \\ \end{array} \qquad \begin{array}{l} \overset{''}{C_7H_4\Theta} \\ \underline{\overset{''}{S\Theta_2},\ Cl_2} \\ H_2,\ Cl_2 \end{array} = 2\ HCl + \begin{array}{l} \overset{''}{C_7H_4\Theta} \\ \overset{''}{S\Theta_2},\ Cl_2 \end{array} \qquad \begin{array}{c} \text{Typus} \\ H_2 \\ 2\ HCl \end{array}$$

Sulfobenzoylchlorid. Die Gruppe $C_7H_4\Theta(S\Theta_2)$, obgleich offenbar aus *zwei*
Radicalen bestehend, erscheint also bei dieser Reaction als *Ein* (s. g. gepaartes) Radical.

---

[1]) Die Bildung solcher Sulfosäuren (der Sulfobenzolsäure z. B. kann in derselben Weise aufgefaßt werden, wie das Zerfallen des Schwefelsäurehydrats zu
Anhydrid und Wasser. Das zweiatomige Radical $S\Theta_2$, welches vorher die Stelle
von 2 At. H in $H_2\Theta$ einnahm, tritt jetzt an die Stelle von 1 At. H des Wassers
und 1 At. H des Phenylwasserstoffs und hält so beide zusammen. — Ebenso entspricht die Bildung der Sulfosalicylsäure vollständig der Bildung des Nordhäuser
Vitriolöls aus Schwefelsäurehydrat und wasserfreier Schwefelsäure.

Die amidartigen Verbindungen solcher Säuren müssen offenbar in ähnlicher Weise aufgefaßt werden, z. B.:

| Sulfobenzamid | Typus | Succinyl-sulfo-phenylaminsäure | Typus |
|---|---|---|---|
| $\begin{array}{l} \Theta_7\overset{''}{H}_4\Theta \\ \overset{''}{S\Theta}_2 \\ H_4 \end{array}\Big\} N_2$ | $\begin{array}{l} 2\,H_3N \\ H_2 \end{array}$ | $\left.\begin{array}{l} H \\ \Theta_6H_5 \\ \Theta_4\overset{''}{H}_4\Theta_2 \\ \overset{''}{S\Theta}_2 \\ H \end{array}\right\} N \atop \Theta$ | $\left.\begin{array}{l} H \\ H \\ H \\ H \end{array}\right\} N \atop \left.\begin{array}{l} H \\ H \\ H \end{array}\right\}\Theta$ |

Wir geben gerne zu, daß solche Formeln auf den ersten Blick etwas complicirt erscheinen und daß sie namentlich ungebührlich viel Raum in Anspruch nehmen, aber man wird andererseits zugeben müssen, daß sie besser als die gewöhnlich gebrauchten die Beziehungen der Körper ausdrücken, die durch sie dargestellt werden sollen.

### III. *Begriff von Radical.*

Nach unserer Ansicht sind Radicale nichts weiter als die bei einer bestimmten Zersetzung gerade unangegriffen bleibenden Reste. In ein und derselben Substanz kann also, je nachdem ein größerer oder geringerer Theil der Atomgruppe angegriffen wird, ein kleineres oder größeres Radical angenommen werden.

Wenn man z. B. die Salzzersetzungen der Schwefelsäure betrachtet, so führt dieß, weil bei ihnen nur 2 At. H ausgetauscht werden können, zu dem Schluß: die Schwefelsäure enthalte das Radical $S\Theta_4$; sie erscheint dann als Wasser, in welchem der $\Theta$ vertreten ist durch das Radical $S\Theta_4$ und wird so vergleichbar mit dem Schwefelwasserstoff:

$$H_2,\ \Theta \qquad H_2,\ S \qquad H_2,\ S\Theta_4.$$

Betrachtet man dagegen die Einwirkung des $PCl_5$, so findet man, daß diese Gruppe ($S\Theta_4$) 2 Atome Sauerstoff enthält, die durch Chlor vertretbar sind; man hat:

$$\begin{array}{l} H \\ S\Theta_2 \\ H \end{array}\Theta\atop\Theta \qquad \begin{array}{l} H\ \Theta \\ \underline{S\Theta_2Cl} \\ H\ Cl \end{array} \qquad \begin{array}{l} H\ Cl \\ \underline{S\Theta_2,\ Cl_2} \\ H\ Cl \end{array} \qquad \left[\begin{array}{l}\text{Irrtümlich}\\ \text{steht dort}\end{array} S\Theta_2Cl\right]\ (A.)$$

und man muß darnach in der Schwefelsäure das Radical $S\Theta_2$ annehmen. Eine Zersetzung, die tiefer eingreift, zeigt uns also, daß die Gruppe, die bei anderen Reactionen unverändert bleibt (als Radical erscheint), nur die Verbindung eines anderen Radicals ist (Constitution der Radicale).

In ähnlicher Weise bleibt, wenn Phosphorpentachlorid auf Sulfobenzolsäure z. B. einwirkt, die Gruppe $C_6H_5SO_2$ unzersetzt und erscheint als Radical, so daß die Sulfobenzolsäure selbst die Formel erhält:

$$\left.\begin{array}{c} C_6H_5SO_2 \\ H \end{array}\right\} O.$$

Die Entstehung der Säure aus Benzol und Schwefelsäure dagegen zeigt uns, daß die vorher als Radical erscheinende Atomgruppe zwei verschiedene Radicale enthält, so daß die Formel der Sulfobenzolsäure[1]):

$$\left.\begin{array}{c} C_6H_5 \\ SO_2 \\ H \end{array}\right\} O.$$

Die Annahme neuer (complicirt zusammengesetzter) Radicale in Verbindungen der Art ist also eben so berechtigt und zugleich eben so einseitig, wie die Theorie der Wasserstoffsäuren; sie berücksichtig *eine* Art von Zersetzung und trägt dabei anderen offenbar eben so berechtigten Metamorphosen keine Rechnung.

## IV. *Basicität der Radicale.*

Die Natur und besonders die Basicität der in bestimmten Reactionen unzersetzt bleibenden Reste (Radicale) ist wesentlich bedingt durch die Anzahl der in der angewandten Verbindung neben dem Radical enthaltenen, in chemischen Eigenschaften stark differirenden Atome.

Da nämlich diese in chemischer Natur contrastirenden Atome die Hauptursache der Zersetzung sind, so wird eine Substanz als Verbindung eines *einatomigen* Radicals erscheinen, wenn sie *ein* Atom eines Elementes enthält, das in seiner chemischen Natur mit dem Rest contrastirt.

Eben so wird eine Substanz, welche zwei solcher Atome (Cl z. B.) enthält, als Verbindung eines *zweiatomigen* Radicals erscheinen; und eine Zersetzung, die sie mit anderen Körpern erleidet, kann dann aufgefaßt werden als doppelter Austausch, bei welchem das *zweiatomige* Radical an die Stelle von *zwei* Atomen (H z. B.) getreten ist.

Dabei wird natürlich vorausgesetzt, daß solche in chemischer Natur differirende Atome an einer in der bestimmten Reaction wenigstens angreifbaren Stelle sich befinden.

Die einfachste Wasserstoffverbindung des (vieratomigen) Kohlen-

---

[1]) Irrtümlich steht dort „Sulfobenzoësäure". (A.)

stoffs, das Sumpfgas, $\Theta H_4$ z. B., verhält sich selbst weder wie ein Radical, noch wie die Verbindung eines Radicals. Die Betrachtung des Sumpfgases als Methylwasserstoff ist nur schematisch; man kennt keine Reaction, durch welche aus Sumpfgas eine Methylverbindung erzeugt wird.

Wenn 1 Atom Kohlenstoff $= \Theta$ statt mit 4 At. H, mit 3 At. H und 1 At. Cl verbunden ist, und wenn das Chlor sich an einer angreifbaren Stelle befindet, so verhält sich die Verbindung wie das Chlorid eines *einatomigen* Radicals (Methyl).

In derselben Weise erscheint das Chloroform $\Theta HCl_3$ bei geeigneten Reactionen als Chlorid des dreiatomigen Radicals $\Theta H$ (Formyl).

Eben so ist $\Theta_2 H_5$ einbasisch, $\Theta_2 H_4$ zweibasisch und $\Theta_2 H_3$ dreibasisch.

Durch Verlust von H entsteht also aus einem einatomigen Radical ein zweiatomiges, durch Verlust von 2 H ein dreiatomiges; und umgekehrt kann jeder Kohlenwasserstoff (freilich nur schematisch) betrachtet werden als Hydrür eines wasserstoffärmeren Radicals: das (zweiatomige) Elayl z. B. als Hydrür des dreiatomigen $\Theta_2 H_3$, das einatomige Aethyl als Hydrür des zweiatomigen Elayls u. s. w.

Wenn aller Wasserstoff des Sumpfgases durch Chlor ersetzt wird, der Kohlenstoff also (wie im Sumpfgas selbst) nur mit gleichartigen Atomen verbunden ist, entsteht ein Körper, der (wie das Sumpfgas) zu den Methylverbindungen nur in schematischer Beziehung steht und der sich nicht wie das Chlorid eines gechlorten Radicals verhält.

Aus diesen Betrachtungen ist klar, daß einatomige Radicale durch Eintritt von Chlor (oder chlorähnlichen Elementen oder Atomgruppen) in zweiatomige und resp. dreiatomige übergehen können.

Freilich sind bis jezt nur wenig solcher Uebergänge mit Sicherheit bekannt. Ich erinnere an die Bildung des Glycerins[1]) aus Propylen und an die von W u r t z wenigstens wahrscheinlich gemachte Bildung von Amylglycerin aus einfach-gechlortem Chloramylen[2]).

Weit zahlreicher sind die Uebergänge einatomiger Radicale in mehratomige durch Einwirkung der dem Chlor ähnlichen Atomgruppe $N\Theta_2$.

Benzol giebt z. B. mit Salpetersäure:

| Benzol | Nitrobenzol | Binitrobenzol |
|---|---|---|
| $\Theta_6 H_5 . H$ | $\Theta_6 H_4 (N\Theta_2) . H$ | $\Theta_6 H_3 (N\Theta_2)_2 . H$ |

---

[1]) W u r t z , Compt. rend. XLIV, 780 (1857); diese Annalen CII, 339 (1857).

[2]) W u r t z , Compt. rend. XLIII, 478 (1856); diese Annalen C, 119 (1856).

die beide als Substitutionsproducte von Phenylwasserstoff betrachtet
werden können. Mit reducirenden Substanzen (Schwefelwasserstoff z. B.)
geben beide

Phenylamin   Azophenylamin
(Anilin)    Semibenzidam
$\text{C}_6\text{H}_4(\text{NH}_2), \text{H}$  $\text{C}_6\text{H}_3(\text{NH}_2)_2, \text{H}.$

Mit demselben Recht, mit welchem die beiden ersteren Körper als
Nitrosubstitutionsproducte betrachtet werden, können die beiden letzteren als Amidosubstitutionsproducte angesehen werden. Die Chemiker haben sich indeß für das Anilin wenigstens bestimmt für die Eine
Ansicht entschieden, sie betrachten es als $\text{NH}_3$, in welchem 1 At. H
vertreten ist durch das einatomige Radical Phenyl; während das Semibenzidam entweder ohne rationelle Formel aufgeführt oder als Amido-
phenylamin betrachtet wird:

Anilin     Semibenzidam[1])

$$N\begin{cases}\text{C}_6\text{H}_5\\ \text{H}\\ \text{H}\end{cases} \qquad N\begin{cases}\text{C}_6\text{H}_4\text{NH}_2\\ \text{H}\\ \text{H},\end{cases}$$

so daß in einer und derselben Formel das Product von offenbar iden-
tischen Reactionen (Reduction der Nitrogruppe) auf zwei völlig verschiedene Arten ausgedrückt wird.

  Die Beziehungen, welche zwischen den beiden Nitroproducten des
Benzols und den zwei aus ihnen entstehenden ammoniakartigen Verbin-
dungen stattfinden, treten am deutlichsten hervor, wenn man Nitroben-
zol und Binitrobenzol statt als Nitrosubstitutionsproducte des Phenyl-
wasserstoffs (was sie ihrer Entstehung nach sind) betrachtet als das
Nitrit und Binitrit (den Chloriden entsprechend) der Radicale $\text{C}_6\text{H}_5$ und
$\text{C}_6\text{H}_4$. Wobei durch Eintritt von $\text{NO}_2$ an die Stelle von H im einatomigen
Radical $\text{C}_6\text{H}_5$ das zweiatomige Radical $\overset{''}{\text{C}_6}\text{H}_4$ entstanden ist.

$\text{C}_6\text{H}_5, \text{H}$   $\text{C}_6\text{H}_5, \text{NO}_2$   $\overset{''}{\text{C}_6}\text{H}_4, 2\,\text{NO}_2.$

Durch Reduction entstehen dann die dem Ammoniaktypus zugehörigen
Verbindungen:

---

  [1]) Eine Formel, die der von W e l t z i e n a. a. O. für den Harnstoff und das
Biuret vorgeschlagenen vollständig entspricht:

Harnstoff    Biuret

$$N\begin{cases}\text{CONH}_2\\ \text{H}\\ \text{H}\end{cases} \qquad N\begin{cases}\text{CONH}_2\\ \text{CONH}_2\\ \text{H}\end{cases}$$

Anilin            Semibenzidam[1])

$$N\begin{cases}C_6H_5\\H\\H\end{cases}\qquad N_2\begin{cases}\overset{''}{C_6H_4}\\H_2\\H_2\end{cases}$$

In ganz ähnlicher Weise kann die Bildung der Benzaminsäure aufgefaßt werden. Die Nitrobenzoësäure kann ihrer Entstehung nach betrachtet werden als Nitrosubstitutionsproduct:

$$\left.\begin{array}{c}C_7H_4(NO_2)O\\H\end{array}\right\}O,$$

dem Verhalten gegen Schwefelwasserstoff nach erscheint sie als:

$$\begin{array}{c}\overset{''}{C_7H_4}\overset{NO_2}{O}\\H\end{array}O,$$

entsprechend dem Chlorschwefelsäurehydrat:

$$\begin{array}{c}\overset{''}{SO_2}\overset{Cl}{O}\\H\end{array}O.$$

Durch Reduction entsteht aus ihr Benzaminsäure, die entweder als:

$$\left.\begin{array}{c}C_7H_4(NH_2)O\\H\end{array}\right\}O$$

oder als:

Typus

$$\left.\begin{array}{c}H\\H\\\overset{''}{C_7H_4}O\\H\end{array}\right\}\begin{array}{c}N\\\\O\end{array}\qquad\left.\begin{array}{c}H\\H\\\{H\\\{H\\H\end{array}\right\}\begin{array}{c}N\\\\O\end{array}$$

Amidobenzoësäure, oder als wirkliche Aminsäure des zweibasisch gewordenen Radicals $C_7\overset{''}{H_4}O$ betrachtet werden kann.

Die Annahme dieses zweiatomigen Radicals wird einigermaßen ge-

---

[1]) Das Semibenzidam entspricht dann vollständig dem Carbamid (Harnstoff); und die Bildung des Harnstoffs aus Carbonylchlorid (Phosgen) und Ammoniak ist offenbar analog der Bildung des Semibenzidams aus Binitrobenzol:

Phosgen    Binitrobenzol    Harnstoff    Semibenzidam

$$\overset{''}{CO}\begin{cases}Cl\\Cl\end{cases}\quad \overset{''}{C_6H_4}\begin{cases}NO_2{}^{1})\\NO_2\end{cases}\quad N_2\begin{cases}\overset{''}{CO}\\H_2\\H_2\end{cases}\quad N_2\begin{cases}\overset{''}{C_6H_4}\\H_2\\H_2\end{cases}$$

¹) Irrtümlich steht dort: NO₄

NO₄   (A.)

rechtfertigt durch die von G e r l a n d [1]) beobachtete Umwandlung,
welche die Benzaminsäure mit salpetriger Säure erleidet; dabei entsteht
nämlich (indem wie bei Einwirkung der salpetrigen Säure auf andere
Amide der dem Wassertypus zugehörige Körper erzeugt wird) Oxybenzoësäure, die offenbar dasselbe zweiatomige Radical enthält:

$$\text{Oxybenzoësäure} = \mathrm{C_7H_6O_3} = \left. \begin{array}{c} \mathrm{C_7\overset{''}{H_4}O} \\ \mathrm{H_2} \end{array} \right\} O_2.$$

Derselbe Uebergang einatomiger in zweiatomige Radicale findet, wie
es scheint, auch bei Einwirkung der Schwefelsäure auf Benzoësäure (und
auf Essigsäure) statt. Die Sulfobenzoësäure:

$$\left. \begin{array}{c} \mathrm{H} \\ \mathrm{\overset{''}{S}O_2} \\ \mathrm{C_7\overset{''}{H_4}O} \\ \mathrm{H} \end{array} \right| \begin{array}{c} \\ O \\ \\ O \end{array}$$

enthält das zweibasische Radical wie die Benzaminsäure und die Oxybenzoësäure, sie ist keine eigentliche Benzoylverbindung mehr, steht
vielmehr zu den Benzoylverbindungen in derselben Beziehung, wie die
Elaylverbindungen zu den Aethylverbindungen.

Ich bin nun weit davon entfernt, behaupten zu wollen, daß die hier
gegebene Anschauungsweise vor der gewöhnlichen in allen Fällen den
Vorzug verdient; bin vielmehr der Ansicht, daß beide Betrachtungs-
weisen gleich gerechtfertigt sind, und daß man je nach den Metamorphosen, die man ausdrücken, und je nach den Analogieen, die man hervorheben will, bald der einen, bald der andern den Vorzug geben soll.
In welcher Weise man thatsächliche Analogieen in Formeln ausdrückt,
ist schließlich von wenig Bedeutung; nöthig aber ist es, daß man nicht
Gegensätze da zu sehen vermeint, wo Analogieen stattfinden, und deßhalb halte ich es für unzulässig, für einzelne Körpergruppen ausschließlich die eine, für andere ausschließlich die andere Darstellungsweise zu
gebrauchen, und so offenbare Analogieen in verschiedener Weise auszudrücken.

H e i d e l b e r g , 15. August 1857.

---

[1]) Diese Annalen XCI, 185 (1854).

# Ueber die Constitution und die Metamorphosen der chemischen Verbindungen und über die chemische Natur des Kohlenstoffs;

## von Aug. Kekulé.

A. 106, 129—159 (Heft II, 19. 5. 1858).

Vor einiger Zeit[1]) habe ich Betrachtungen „über die sog. gepaar-ten Verbindungen und über die Theorie der mehratomigen Radicale" mitgetheilt, deren weitere Ausführung und Vervollständigung jetzt, um Mißverständnissen vorzubeugen, zweckmäßig erscheint.

Meine damalige Mittheilung hat von Seiten L i m p r i c h t ' s Be-merkungen[2]) veranlaßt, auf deren größeren Theil einzugehen ich mich nicht veranlaßt finde[3]). Eine derselben bedarf indeß, insofern sie wich-tige theoretische Fragen betrifft, doch der Besprechung. L i m p r i c h t meint nämlich meine frühere Bemerkung: „Daß die von ihm und v. U s l a r verteidigte Ansicht unerklärt lasse, wie durch Substitution von $SO_2$ an die Stelle von H aus der einbasischen Essigsäure die zwei-basische Sulfoessigsäure entstünde u. s. w." sei unbegründet. Er sagt (a. a. O. S. 182): „Wie also nach unserer Ansicht die zweibasische Natur der erwähnten Sulfonsäure unerklärt bleiben soll, ist nicht recht ein-zusehen, mit unserer Ansicht ist vielmehr eine andere Basicität der Säu-ren ganz unverträglich." Ich bin jetzt noch wie früher der Ansicht, daß zwar das sog. *Basicitätsgesetz*[4]) die zweibasische Natur dieser Säuren,

---

[1]) Diese Annalen CIV, 129 (1857).

[2]) Daselbst CV, 177 (1858).

[3]) In Betreff der Berechtigung meiner damaligen Aussprüche vergleiche man: Diese Annalen CII, 249; „neue Ansicht" „ist die *neue Ansicht*" u. s. w. Diese Annalen CII, 259: „Es hieße den Thatsachen geradezu widersprechen, wenn man die Sulfobenzoësäure noch fernerhin als *gepaarte Schwefelsäure* u. s. w. aufführen wollte." Diese Annalen CIII 71: „Als gepaarte Säuren bleiben dieser Begriffs-bestimmung nach noch übrig 3) diejenigen, welche aus einer organischen und einer zweibasischen unorganischen sich bilden, von denen *nur* die mit *Schwefelsäure gepaarten* bekannt sind."

[4]) Da diese, wie S t r e c k e r (CIII, 334) den wiederholten ungenauen Zita-ten gegenüber mit Recht hervorhebt, von ihm herrührende und von G e r h a r d t nur modificirte Regel, die unstreitig in vielen Fällen zutrifft und deshalb gewiß zweckmäßig ist, in neuerer Zeit oft „als allgemein gültiges Gesetz" hingestellt

bis zu einem gewissen Grad wenigstens, voraussehen läßt, *nicht aber*
die *neue* von L i m p r i c h t und v. U s l a r verteidigte Ansicht, die
Sulfosäuren seien Substitutionsproducte.

Ich bin jetzt genöthigt etwas ausführlicher auf diesen Gegenstand
einzugehen, was ich früher absichtlich vermied.

Ich sehe zunächst nicht ein, was man *damit* sagen will: „die Sulfosäuren sind Substitutionsproducte." Unter Substitution hat man von
jeher eine Vertretung einer gewissen Anzahl von Atomen durch eine
äquivalente Menge anderer Atome verstanden. In welcher Weise nun
die Sulfobenzolsäure als Substitutionsproduct des Benzols, die Sulfocarbolsäure als Substitutionsproduct der Carbolsäure betrachtet werden
soll, weiß ich nicht. Man sagt, die Gruppe $SO_2$ tritt ins Radical ein an
die Stelle von Wasserstoff (CII, 248 u. 249); sie *substituirt;* ich
frage: was?

| Benzol | $C_6H_5$, H | Sulfophenylsäure | $\left. \begin{array}{c} C_6H_5(SO_2) \\ H \end{array} \right\} \Theta$ |
|---|---|---|---|
| Carbolsäure | $\left. \begin{array}{c} C_6H_5 \\ H \end{array} \right\} \Theta$ | Sulfocarbolsäure | $\left. \begin{array}{c} C_6H_5(SO_2)\Theta \\ H \end{array} \right\} \Theta$ |

wird, ist es nöthig, darauf aufmerksam zu machen, daß sie dies nicht ist, daß sie
vielmehr nur zutrifft, wenn man sie nicht zu weit ausdehnt, namentlich nicht auf
die Fälle, auf welche sie nicht paßt; oder aber, wenn man die Basicität der einwirkenden Substanzen oder des Productes nach Willkür annimmt.

Einige Beispiele werden dies zeigen.

Die Aethylschwefelsäure ist einbasisch; nach der Regel von S t r e c k e r (oder
der von G e r h a r d t) muß sie einbasisch sein, wenn man den Alkohol als neutral annimmt.

Die Phenylschwefelsäure ist einbasisch, wie die Aethylschwefelsäure; die
Regel zeigt dieß, wenn man die Carbolsäure als indifferent, als Phenylalkohol betrachtet, wenn man ihre Basicität, wie die des Alkohols = 0 annimmt.

$$B = 2 + 0 - (2 - 1) = 1.$$

Die Nitroproducte der Carbolsäure sind einbasische Säuren; L i m p r i c h t
und v. U s l a r zeigen (CII, 246f.) mit G e r h a r d t (Traité IV, 834), daß dieß so
sein muß, weil für Pikrinsäure z. B.:

$$B = 3 + 1 - (4 - 1) = 1.$$

Dabei wird einmal die Basicität der Carbolsäure = 1, das anderemal = 0 angenommen; so gelingt es, die Regel für beide Fälle passend und zu einem „allgemein gültigen Gesetz" zu machen, zu welchem jetzt erst „die einzige Ausnahme entdeckt worden ist." (CV, 185).

Wer soll nun aber entscheiden, ob die Carbolsäure ein indifferenter Alkohol
oder eine einbasische Säure ist? Läßt man die Bildung der einbasischen Phenylschwefelsäure entscheiden, setzt man also die Basicität der Carbolsäure = 0, so

Wenn die Wirkung der Schwefelsäure bei Bildung solcher Sulfosäuren eine Substitution wäre, so müßte zunächst der Typus beibehalten werden; wenigstens ist dieß, seitdem L a u r e n t die Substitutionstheorie aufstellte, bis jetzt die herrschende Ansicht gewesen. In diesen Fällen wird aber der Typus verändert, und selbst wenn man von diesem absieht und nur die Radicale betrachtet, wie dieß für die Sulfobenzoësäure und die Sulfosalicylsäure geschehen ist, so kann man wohl fragen: was wird vom Radical Phenyl substituirt, wenn Sulfophenylsäure oder Sulfocarbolsäure entstehen? Für die Sulfoessigsäure, Sulfobenzoësäure u. s. w. ist die Annahme gemacht worden (CIII, 73; CV, 183 ff.): die Gruppe $SO_2$, substituire ein *Atom* H, obgleich sie *zwei* Atomen H, *äquivalent* sei; man kann wohl die Erwartung aussprechen, daß die Mehrheit der Chemiker eine solche Erweiterung des Begriffes von Substitution nicht annehmen werde. Warum aber bei solcher „Substitution" (wenn man den Namen gebrauchen will, obgleich er offenbar nicht gebraucht werden kann) das Radical seine Basicität ändert, warum aus einem Körper, den man dem Typus $H_2\Theta$ zuzählt, ein Körper entsteht,

_____

macht die Pikrinsäure eine Ausnahme vom „Gesetz". Verfährt man umgekehrt, leitet man aus der Bildung der Pikrinsäure u. s. w. die Ansicht her, die Carbolsäure sei eine einbasische Säure, so macht die Phenylschwefelsäure eine Ausnahme, sie müßte zweibasisch sein, wie die Essigschwefelsäure, denn:

$$B = 2 + 1 - (2 - 1) = 2.$$

Da sie aber dennoch einbasisch ist, so muß man wohl (vgl. CV, 185) den Grund in noch unerforschten Verhältnissen der Carbolsäure suchen: man kann etwa annehmen (vgl. CIII, 80), daß es zwei verschiedene Carbolsäuren giebt, von welchen die eine eine einbasische Säure, die andere wie der Alkohol ein indifferenter Körper ist.

Aehnlich geht es bei vielen amidartigen Verbindungen. Für die Amide der einbasischen Säuren giebt die Regel von S t r e c k e r und die von G e r h a r d t die Basicität = 0; für viele Amide weiß man indeß seit länger, für das Acetamid hat es S t r e c k e r selbst vor Kurzem gezeigt, daß sie sich mit einzelnen Metalloxyden direct verbinden, also wie einbasische Säuren verhalten.

Für die Amide giebt die Regel von S t r e c k e r die Basicität = 0, die von G e r h a r d t = 1; S t r e c k e r führt dieß (CIII, 335) zu Gunsten seiner Regel auf, und doch weiß man, daß das Succimid (z. B.) mit Silberoxyd und Quecksilberoxyd salzartige Verbindungen liefert; und man betrachtet die Cyansäure fast allgemein als Imid der Kohlensäure und gleichzeitig als einbasische Säure.

Man sieht, die ganze Frage läuft darauf hinaus: was ist eine Säure? Ein Körper, in welchem Wasserstoff durch Metall vertreten werden kann, oder ein Körper, bei dem solche Vertretung gerade mit besonderer Leichtigkeit stattfindet? und mit welcher, wo ist die Grenze?

der dem Typus $2\,H_2\Theta$ zugehört, ist damit immer noch nicht erklärt,
eben so wenig wie der Uebergang des dem $H_2$ Typus zugehörigen Benzols in die dem Typus $H_2\Theta$ zugehörende Sulfophenylsäure, durch Eintritt der Gruppe $S\Theta_2$ an die Stelle von O Atom H im Radical. — Dieß
sind, etwas ausführlicher wie früher, die Bedenken, die ich damals in
dem oben wiederholten Satz andeutete. Wenn aber der Satz (CIII, 74):
„Bei den übrigen Substitutionen, für die sich die Sulfosäuren als Repräsentanten aufstellen lassen, muß, wenn für 1 Atom H des organischen
Radicals ein Säureradical äquivalent 2 Atomen Wasserstoff eintritt,
nothwendig dessen Aequivalent im acidem Wasserstoff, d. h. die Basicität um 1 erhöht werden; das verdrängte Wasserstoffatom kann deshalb
nicht ausscheiden u. s. w." als Erklärung gelten soll (CV, 184) so kann
ich darin nicht beistimmen. Ich gestehe vielmehr, daß ich den Sinn
dieses Satzes nicht recht verstehe; es sei denn, daß damit gesagt sein
soll: daß die eine Hälfte des zweiatomigen Radicals $S\Theta_2$, an die Stelle
von einem Atom Wasserstoff tritt, und daß so, weil die andere Hälfte
von ihr nicht trennbar ist, nicht nur diese, sondern auch noch die mit
ihr verbundenen Atome mit der Moleculargruppe zusammengehalten
werden; und daß so eine eben deßhalb einem complicirteren Typus zugehörige Substanz erzeugt wird. Soll dieß der Sinn jenes Satzes sein,
so ist es genau die Ansicht, die ich früher (CIV, 141) entwickelte[1]).

Man wird daraus sehen, daß die Uebereinstimmung in den Ansichten über gepaarte Verbindungen (CV, 180) nicht allzu groß ist, und
daß der Unterschied der Ansichten nicht wesentlich in der Schreibweise
der Formeln liegt (CV, 182); daß vielmehr die Ansichten selbst größere
Verschiedenheiten zeigen, als die Formeln, durch welche sie angedeutet werden sollen. Ich habe nichts dagegen, wenn man die Sulfobenzolsäure z. B. statt:

$$
\begin{array}{cc}
\left.\begin{array}{l} \Theta_6 H_5 \\ S\Theta_2 \\ H \end{array}\right\}\Theta
&
\left.\begin{array}{l} \Theta_6 H_5(S\Theta_2) \\ H \end{array}\right\}\Theta
\end{array}
$$

schreibt, vorausgesetzt, daß man mit dieser Formel nicht etwa bezeichnen will, daß die Sulfobenzolsäure ein Substitutionsproduct sei.

Ich halte es für geeignet, bei der Gelegenheit darauf aufmerksam zu
machen, daß der Schreibweise der Formeln nach, seitdem die typische
Schreibweise sich eingebürgert hat, eine größere Uebereinstimmung der
Ansichten stattzufinden scheint, als dieß wirklich der Fall ist; indem

---

[1]) Vgl. übrigens G e r h a r d t. Traité IV. 666.

manche Chemiker zwar die äußere Form der neuen Typentheorie vollständig adoptirt haben, die Idee aber, die derselben zu Grunde liegt,
entweder mißverstehen, oder doch verschieden auffassen. Ein einfaches
Beispiel wird dieß zeigen. L i m p r i c h t, der zuerst in Deutschland
in einem Lehrbuch (Grundriß der organ. Chemie) sich der typischen
Schreibweise und der darauf begründeten Systematik bediente, nimmt
z. B., eben so wie ich, einen Typus Wasser an, den wir mit:

$$H_2\Theta \text{ oder } H_2O_2$$

bezeichnen. Die Idee, die wir durch diese Formel ausdrücken, ist offenbar verschieden, obgleich die Formel identisch ist. L i m p r i c h t sagt
darüber (Grundriß S. 3 ff.): „In der Anordnung der Bestandtheile ¨der
organischen Verbindungen bemerkt man die größte Aehnlichkeit mit gewissen unorganischen Verbindungen, so daß diese als Typus jener er-
scheinen. Wir stellen folgende Typen auf: Wasserstoff $=\left.\begin{matrix} H \\ H \end{matrix}\right\}$; Wasser
$=\left.\begin{matrix} H \\ H \end{matrix}\right\} O_2$ u. s. f.;" er nimmt dabei $O_2$ für zwei Atome Sauerstoff und
betrachtet das Wasser selbst als $\overline{HO}$ [1]). Ich meinerseits bezeichne mit
der Formel $H_2\Theta$, daß die einfachste Verbindung von Wasserstoff und
Sauerstoff *zwei* Atome Wasserstoff auf *ein* Atom Sauerstoff enthält und
enthalten muß, und daß es keine kleinere Menge dieser Verbindung
geben kann, weil der Sauerstoff *zweiatomig* ist. Ich rechne alle die
Körper zu demselben Typus, bei welchen aus derselben Ursache, also
durch ein zweiatomiges Element (oder Radical), zwei einatomige zu
einem untheilbaren Ganzen, zu einem Molecül, zusammengehalten werden. Für mich hat der Typus Wasser nur dann Sinn, wenn die zwei
Atome Sauerstoff von L i m p r i c h t ein untheilbares Ganze, also ein
Atom sind; ich verstehe nicht, wie die Aehnlichkeit organischer Verbindungen mit dem Wasser dazu führen kann, sie als dem Typus $H_2O_2$
zugehörig zu betrachten, wenn man das Wasser selbst als $\overline{HO}$ betrachtet, ich verstehe, mit einem Wort, den Typus Wasser nicht, wenn das
Wasser nicht seinem eigenen Typus zugehört.

---

[1]) Seite 2 (Grundriß) wird zwar $O = 16$ und $H_2O_2 = 18$ als geringster Wir-
kungswert für organische Verbindungen für wahrscheinlich erklärt; die Vorrede
giebt indeß die Gründe. warum $O = 8$ beibehalten und im ganzen Werk das Wasser mit $\overline{HO}$ bezeichnet wird; so daß die Menge Wasser, welche nach dem Geist
der Typentheorie die geringste mögliche ist. stets $2\overline{HO}$ geschrieben wird.

Da L i m p r i c h t sich über diesen Gegenstand seitdem nicht ausgesprochen
hat, vielmehr das Wasser noch $\overline{HO}$ schreibt, muß man wohl annehmen. daß dieß
noch seine Ansicht ist.

Die Verschiedenheit der Ansichten, die sich bei diesem einfachsten
Beispiel zeigt, wiederholt sich natürlich bei allen chemischen Verbindungen; sie findet selbst dann statt, wenn die Formeln zufällig identisch
sind. — Der Umstand, daß diese tiefgehende Verschiedenheit der Ansichten, wie es scheint, ziemlich allgemein übersehen wird, wird es entschuldigen, wenn ich sie in den folgenden Betrachtungen besonders hervorzuheben suche. Dabei muß ich wiederholt hervorheben, daß ich einen
großen Theil dieser Ansichten in keiner Weise für von mir herrührend
halte, vielmehr der Ansicht bin, daß außer den früher genannten Chemikern (W i l l i a m s o n , O d l i n g , G e r h a r d t), von welchen ausführ-
liclfere Betrachtungen über diese Gegenstände vorliegen, auch andere
die Grundideen dieser Ansichten wenigstens theilen; vor allem W u r t z ,
der es zwar nie für nöthig hielt, seine Ansichten ausführlicher zu entwickeln, uns andern aber gestattet, sie in jeder seiner klassischen Arbeiten, durch welche die Entwicklung dieser Ansichten erst möglich wurde,
zwischen den Zeilen zu lesen.

Der Kürze wegen scheint es zweckmäßig, auf Anführung und Kritik
der jetzt herrschenden Ansichten Verzicht zu leisten, meine Anschauung
meistens nur anzudeuten, und die Zahl der Beispiele, die sich zudem mit
Leichtigkeit aus allen Körpergruppen in beliebiger Anzahl beibringen
lassen, möglichst zu beschränken.

Ich halte es für nöthig und, bei dem jetzigen Stand der chemischen
Kenntnisse, für viele Fälle für möglich, bei der Erklärung der Eigenschaften der chemischen Verbindungen zurückzugehen bis auf die Elemente selbst, die die Verbindungen zusammensetzen. Ich halte es nicht
mehr für Hauptaufgabe der Zeit, Atomgruppen nachzuweisen, die gewisser Eigenschaften wegen als Radicale betrachtet werden können, und
so die Verbindungen einigen Typen zuzuzählen, die dabei kaum eine
andere Bedeutung als die einer Musterformel haben. Ich glaube vielmehr, daß man die Betrachtung auch auf die Constitution der Radicale
selbst ausdehnen, die Beziehungen der Radicale untereinander ermitteln:
und aus der Natur der Elemente, ebensowohl die Natur der Radicale,
wie die ihrer Verbindungen herleiten soll. Die früher von mir zusammengestellten Betrachtungen über die Natur der Elemente, über die
Basicität der Atome, bilden dazu den Ausgangspunkt. Die einfachsten
Combinationen der Elemente unter einander, so wie sie durch die un-

gleiche Basicität der Atome bedingt werden, sind die einfachsten Typen. Die Verbindungen können bestimmten Typen zugezählt werden, sobald bei der gerade in Betracht gezogenen Reaction die Verbindung von der Seite angegriffen wird, wo sie die für den Typus charakteristische Reaction zeigt. Radical nenne ich dabei den Rest, der bei der betreffenden Reaction gerade nicht angegriffen wird, um dessen Constitution man sich also für den Augenblick nicht weiter kümmert.

Um verständlicher zu werden, scheint es geeignet, zunächst die Vorstellung mitzutheilen, die ich von dem Vorgang bei chemischen Metamorphosen habe. Es scheint mir nämlich, als ob die Hauptursache mancher Unklarheit in den Ansichten durch die einseitige Vorstellung veranlaßt werde, die man von chemischen Metamorphosen hat[1]).

### Chemische Metamorphosen; Verbindung und Zersetzung.

Während man sich früher meist damit begnügte, das Endresultat einer chemischen Aktion in einer Gleichung auszudrücken, hat man in neuerer Zeit eine Vorstellung, die seit lange auf einzelne Körpergruppen in Anwendung war, allgemein auf alle chemischen Metamorphosen angewandt; man hat sich bemüht, alle Reactionen als doppelte Zersetzung aufzufassen. Die Gerhardt'sche Typentheorie beruht, wie Gerhardt selbst hervorhebt (Traité IV, 586), auf Annahme dieser Reaction als réaction type (IV, 570 ff.). Aus dem Folgenden wird, wie ich hoffe, klar werden, daß diese Auffassung nicht allgemein genug ist, insofern sie nicht auf alle Metamorphosen anwendbar ist, und weil sie selbst für die Fälle, auf welche sie paßt, nicht hinlänglich tief in der Erklärung geht.

Die chemischen Metamorphosen können in Bezug auf die dabei stattfindenden Vorgänge zunächst unter folgende Gesichtspunkte zusammengefaßt werden:

1. *Directe Addition*, von zwei Molecülen zu einem, findet verhältnißmäßig selten statt; indessen addirt sich direct: $NH_3$ zu $HCl$; $PCl_3$ zu $Cl_2$ u. s. w. Für die dem Typus $NH_3$ zugehörigen Körper ist es sogar die am meisten charakteristische Reaction, daß sie sich zu einem Molecül einer dem Typus $H_2$ zugehörigen Substanz direct addiren. Auch die isolirten zweiatomigen Radicale addiren sich direct zu 1 Molecül $Cl_2$ u. s. w., z. B. Kohlenoxyd, Elayl u. s. w.

---

[1]) Vgl. übrigens Laurent's geistreiche Betrachtungen über diesen Gegenstand; Méthode de Chimie. S. 408 u. a.

2. *Vereinigung mehrerer Molecüle durch Umlagerung eines mehr-atomigen Radicals.* — Die Bildung von Schwefelsäurehydrat aus $SΘ_3$ und $H_2Θ$, die des Nordhäuser Vitriolöls aus wasserfreier Schwefelsäure und Schwefelsäurehydrat, das Entstehen der Hydrate zweibasischer Säuren bei Einwirkung von Wasser auf das Anhydrid, die Bildung der Aminsäuren bei Einwirkung von Wasser auf das Imid, die der Amide bei Einwirkung von $NH_3$ auf Imid u. s. w. gehören hierher. Z. B.:

| Glycolid | Glycolsäure | Succimid | Succinamin-säure | Carbimid Cyansäure | Carbimid Harnstoff |
|---|---|---|---|---|---|
| $\overset{''}{C_2H_2}Θ,\ Θ$ | $\left.\begin{array}{c}H\\C_2\overset{''}{H_2}Θ\\H\end{array}\right.\begin{array}{c}\}Θ\\ \\ \}Θ\end{array}$ | $\left.\begin{array}{c}\overset{''}{C_4H_4}Θ_2\\ \hline H\\H\end{array}\right\}Θ$ | $\left.\begin{array}{c}H\\H\\ \overset{''}{C_4H_4}Θ_2\\H\end{array}\right.\begin{array}{c}\}N\\ \\ \}Θ\end{array}$ | $\left.\begin{array}{c}H\\H\\H\\ \hline \overset{''}{CΘ}\\H\end{array}\right.\begin{array}{c}\}N\\ \\ \\ \}N\end{array}$ | $\left.\begin{array}{c}H\\H\\ \overset{''}{CΘ}\\H\\H\end{array}\right.\begin{array}{c}\}N\\ \\ \}N\end{array}$ |
| $\left.\begin{array}{c}H\\H\end{array}\right\}Θ$ | | | | | |

Das umgekehrte findet bei vielen Zersetzungen statt, z. B. bei der Bildung der Anhydride zweibasischer Säuren, beim Zerfallen von Succinamid zu $NH_3$ und Succinimid. In beiden Fällen wird die Anzahl der Molecüle verändert und deshalb bei gasförmigen Körpern auch das Volum.

In einer bei weitem größeren Anzahl von Metamorphosen bleibt die Anzahl der Molecüle dieselbe (bei Gasen dann auch das Volum). Die Veränderung läßt sich dann auffassen, als habe das eine Molecül einen Theil seiner Bestandteile gegen Bestandtheile des anderen ausgetauscht. Unter den Metamorphosen, die man gewöhnlich als:

3. *Wechselseitige Zersetzung* oder *doppelter Austausch* bezeichnet, müssen indeß wesentlich zwei Arten unterschieden werden. Es ist zunächst einleuchtend, daß stets äquivalente Mengen ausgetauscht werden; also ein einatomiges Radical gegen ein anderes *einatomiges*; ein zweiatomiges gegen ein anderes zweiatomiges oder aber gegen zwei einatomige u. s. w. Findet dabei Austausch von gleichatomigen Radicalen gegen einander statt, so bleibt die Anzahl der Molecüle ungeändert; wird dagegen ein zweiatomiges Radical durch zwei einatomige ersetzt, so spaltet sich das vorher untheilbare Molecül, weil die Ursache des Zusammenhangs wegfällt, in zwei kleinere Molecüle; umgekehrt werden bisweilen, wenn an die Stelle von zwei einatomigen Radicalen ein zweiatomiges tritt, zwei vorher getrennte Molecüle zu einem untheilbaren Ganzen (zu einem Molecül) vereinigt. Es ist unnötig für solchen „doppelten Austausch" Beispiele anzuführen; eben so kann eine weitere Aus-

führung der Betrachtungen über das Zerfallen oder Vereinigtwerden durch Eintritt einatomiger Radicale an die Stelle von mehratomigen oder umgekehrt umgangen werden, da diese Betrachtung in derselben Weise, in welcher ich sie früher, gelegentlich der Thiacetsäure, mittheilte, von G e r h a r d t auf alle Körpergruppen ausgedehnt worden ist.

Hervorgehoben zu werden verdient nur noch, daß die Betrachtung solcher Metamorphosen als wechselseitiger Austausch ein treffliches Mittel an die Hand giebt, um die Basicität der Radicale (und der Elemente) zu erkennen.

Es läßt sich nicht leugnen, daß die Auffassung solcher Metamorphosen als wechselseitiger Austausch wenigstens die Beziehungen, in welchen die nach der Einwirkung vorhandenen Molecüle zu den vorher dagewesenen stehen, in möglichst einfacher Weise ausdrückt. Sie ist aber, abgesehen von den oben erwähnten Additionen, auch auf eine Anzahl anderer Metamorphosen nicht anwendbar, und giebt außerdem nicht eigentlich eine Vorstellung von dem, was während der Reaction vor sich geht; kann vielmehr (namentlich bei den gebräuchlichen Ausdrücken: ein Radical tritt aus, wird ersetzt u. s. w.) zu der offenbar irrigen Vorstellung Veranlassung geben, als existirten die Radicale (und Atome) während des Austausches, während sie gewissermaßen unterwegs sind, in freiem Zustand.

Die einfachste und auf alle chemischen Metamorphosen anwendbare Vorstellung ist folgende:

Wenn zwei Molecüle auf einander einwirken, so ziehen sie sich zunächst, vermöge der chemischen Affinität, an und lagern sich an einander; das Verhältniß zwischen den Affinitäten der einzelnen Atome veranlaßt dann, daß Atome in stärksten Zusammenhang kommen, die vorher den verschiedenen Molecülen angehört hatten. Deshalb zerfällt die Gruppe, welche nach einer Richtung getheilt sich an einander gelagert hatte, jetzt, indem Theilung nach anderer Richtung stattfindet[1]).

---

[1]) Man kann sich denken, daß dabei während der Annäherung der Molecüle schon der Zusammenhang der Atome in denselben gelockert wird, weil ein Theil der Verwandtschaftskraft durch die Atome der anderen Molecüle gebunden wird, bis endlich die vorher vereinigten Atome ganz ihren Zusammenhang verlieren und die neu gebildeten Molecüle sich trennen. — Bei dieser Annahme giebt die Auffassung eine gewisse Vorstellung von dem Vorgang bei Massenwirkung und Katalyse. Gerade so nämlich, wie ein Molecül eines Stoffes auf ein Molecül eines anderen einwirkt, so wirken auch alle anderen in der Nähe befindlichen Molecüle:

| vor | während | nach |
|-----|---------|------|
| a $\mid$ b | a  b | a  b |
| a, $\mid$ b, | a,  b, | a,  b, |

Vergleicht man dann das Product mit dem Material, so kann die Zersetzung als wechselseitiger Austausch aufgefaßt werden.

In der Mehrzahl der Fälle wird die Kraft, welche die Aneinanderlagerung der Molecüle veranlaßte, auch die Zersetzung hervorbringen; es ist indeß denkbar, und es kommen Fälle der Art vor, daß die Affinität der den verschiedenen Molecülen zugehörenden Atome zwar die Anlagerung der Molecüle, aber innerhalb derselben Bedingungen wenigstens nicht das Zerfallen der so entstandenen Atomgruppe zu zwei neuen Molecülen veranlaßt.

Von besonderem Interesse sind daher die Fälle, bei welchen das Zwischenstadium, die Aneinanderlagerung der Molecüle sich festhalten, durch willkürliche Veränderung der Bedingungen sich die Zersetzung aber doch zu Ende führen läßt. Wenn z. B. Chlorzink auf Alkohol einwirkt, so entsteht eine additionelle Verbindung; beim Erwärmen tritt dann die Zersetzung ein, die in den meisten Fällen direct erfolgt.

Die früher besprochenen additionellen Verbindungen sind solche Aneinanderlagerung zweier Molecüle, bei welchen innerhalb der gerade stattfindenden Bedingungen die Metamorphose nur bis zu der, der eigentlichen Zersetzung vorausgehenden Aneinanderlagerung geht, also gewissermaßen unvollendet bleibt. Daß dies auch bei den additionellen Verbindungen der dem $NH_3$ typ zugehörenden Substanzen der Fall ist, zeigt das von B a e y e r vor Kurzem entdeckte Verhalten der Arsenmethylverbindungen gegen Chlor. Das Kakodylchlorid addirt sich, indem es die für den Typ $NH_3$ charakteristische Reaction zeigt, direct zu Chlor; der gebildete (dem Typ $NH_4Cl$ zugehörige) Körper zerfällt dann bei gelinder Hitze zu Chlormethyl und Arsenmonomethyldichlorid. Sieht man dabei von der Bildung des krystallisirbaren Kakodyltrichlorids ab,

---

sie lockern den Zusammenhang der Atome. Das nächstliegende Molecül wirkt am stärksten und erleidet mit dem stofflich verschiedenen wechselseitige Zersetzung; die entfernter liegenden sind ihm dabei behülflich; sie erleiden, während sie den Zusammenhang der Atome im anderen Molecül lockern, selbst die gleiche Veränderung, sobald aber die Zersetzung stattgefunden hat, gewinnen sie ihre frühere Zusammensetzung wieder. Massenwirkung und Katalyse unterscheiden sich dieser Auffassung nach nur dadurch von einander, daß bei Massenwirkung das katalytisch-wirkende Molecül gleichartig mit einem der sich zersetzenden, bei Katalyse dagegen stofflich verschieden von beiden ist.

so erscheint die Zersetzung als doppelter Austausch; aber die vorher gebildete additionelle Verbindung kann in dem Fall noch mit verhältnißmäßiger Leichtigkeit festgehalten werden. Das Arsenmonomethylchlorid addirt sich ebenfalls wieder zu Chlor, aber die dabei erzeugte Verbindung ist so leicht zersetzbar, daß es der Anwendung eines Kältegemisches bedarf, um sich davon zu überzeugen, daß dem s. g. doppelten Austausch eine Addition vorausgeht [1]).

Man kann sich leicht davon überzeugen, daß diese Anschauung auf alle Metamorphosen anwendbar ist, die nur irgend als doppelter Austausch aufgefaßt werden können z. B.:

$$\begin{array}{c|c} \text{H} & \text{Cl} \\ \hline \text{H} & \text{Cl} \end{array} \qquad \begin{array}{c|c} \text{Hg} & \text{Hg} \\ \hline \Theta\text{N} & \Theta\text{N} \end{array} \qquad \begin{array}{c|c} \Theta_2\text{H}_3\Theta & \text{H} \\ \hline \text{Cl} & \text{H} \end{array}\Big|\Theta \qquad \left.\begin{array}{c|c} \text{Cl} & \text{H} \\ \hline \Theta_2\text{H}_5 & \text{H} \\ & \text{H} \end{array}\right\}\text{N}$$

Sie läßt aber auch eine Anzahl von Reactionen allen übrigen analog erscheinen, die man nicht wohl als doppelten Austausch betrachten kann. (Es sei denn, daß man die Hyperoxyde als des wechselseitigen Austausches fähige Radicale will gelten lassen, wozu sich die Chemiker bis jetzt nicht entschließen konnten, obgleich es L a u r e n t oft als einfache Consequenz verlangte.) Z. B.:

Bildung von Grubengas aus essigs. Salz u. Kalihydrat
$$\begin{array}{c|c} \Theta\text{H}_3 & \text{H} \\ \hline \Theta \quad \Theta\Theta & \text{K} \end{array}\Big|\Theta \\ \quad \text{K}$$

Bildung von Chloroform aus trichloressigs. Salz u. Kalihydrat
$$\begin{array}{c|c} \Theta\,\text{Cl}_2 & \text{H} \\ \hline \Theta \quad \Theta\Theta & \text{K} \end{array}\Big|\Theta \\ \quad \text{K}$$

Ebenso die Bildung der Acetone, der intermediären Acetone und der Aldehyde:

Aceton
$$\begin{array}{c|c} \Theta\text{H}_3 & \Theta_2\text{H}_3\Theta \\ \hline \Theta \quad \Theta\Theta & \text{K} \end{array}\Big|\Theta \\ \quad \text{K}$$

Aldehyd
$$\begin{array}{c|c} \text{H} & \Theta_2\text{H}_3\Theta \\ \hline \Theta \quad \Theta\Theta & \text{K} \end{array}\Big|\Theta \\ \quad \text{K}$$

---

[1]) Ein solches Zerfallen findet wahrscheinlich bei allen dem Typus $NH_3 + HCl$ zugehörenden Substanzen statt; wenigstens spricht die Dampfdichte des Salmiaks, des Phosphorsuperchlorids u. s. w. dafür, daß diese Körper nicht unzersetzt flüchtig sind, daß ihr Dampf vielmehr ein Gemenge zweier Dämpfe ist, die bei Temperaturerniedrigung sich wieder vereinigen, wie das für das Teträthylammoniumjodid z. B. mit Sicherheit nachgewiesen ist. (Dieselbe Ansicht ist im Märzheft der Annalen CV, 390 ff., besprochen worden; die vorliegende Abhandlung K e k u l é ' s kam der Redaction nach dem Schlusse des genannten Hefts, vor der Ausgabe desselben zu. D. R.)

Auch die Bildung des Chlorpikrins [1]) bei Einwirkung von Salpetersäure auf Chloral gehört hierher und erscheint vollständig analog der
Bildung des Chloroforms aus Chloral:

$$
\begin{array}{c}
\text{Chloroform} \\
\left.\dfrac{\text{C} \, Cl_3 \quad H}{\text{C} \quad \text{O} \quad K}\right| \text{O} \\
H
\end{array}
\qquad
\begin{array}{c}
\text{Chlorpikrin} \\
\left.\dfrac{\text{C} \, Cl_3 \quad NO_2}{\text{C} \quad \text{O} \quad H}\right| \text{O} \\
H
\end{array}
$$

Sind die sich zersetzenden Molecüle complicirter zusammengesetzt,
so ist es möglich, daß solche Spaltungen gleichzeitig nach verschiedener
Richtung vor sich gehen; so daß verschiedene Producte gleichzeitig und
alle primär auftreten, also nicht nothwendig mehrere Reactionen auf
einander folgen müssen.

*Einwirkung der Schwefelsäure auf organische Verbindungen.*

Die schwebende Streitfrage über die Constitution und Bildung der
s. g. Sulfosäuren u. s. w. läßt es zweckmäßig erscheinen, diejenigen Wirkungen der Schwefelsäure auf organische Substanzen, bei welchen s. g.
gepaarte Verbindungen entstehen, etwas genauer zu betrachten.

Es lassen sich dabei wesentlich drei Fälle unterscheiden:

1) Mehrere Molecüle werden dadurch zu einem untheilbaren Molecül
zusammengehalten, daß das zweiatomige Radical der Schwefelsäure sich
so umlagert, daß die eine Hälfte desselben an die Stelle von *typischem*
Wasserstoff tritt. Dies ist der bei weitem häufigste Fall, es ist genau
dieselbe Reaction, welche die Bildung von Schwefelsäurehydrat aus
Schwefelsäureanhydrid und Wasser oder die Bildung des Nordhäuser
Vitriolöls aus Schwefelsäureanhydrid und Hydrat veranlaßt. Z. B.:

$$
\begin{array}{cc}
\multicolumn{2}{c}{\text{Sulfocarbolsäure}} \\
\text{vor} & \text{nach} \\
\left.\begin{array}{c}C_6H_5 \\ H\end{array}\right| O & \left.\begin{array}{c}C_6H_5 \\ SO_2\end{array}\right| O \\
\overline{SO_2, \ O} & \left. H \right| O
\end{array}
\qquad
\begin{array}{cc}
\multicolumn{2}{c}{\text{Sulfobenzolsäure}} \\
\text{vor} & \text{nach} \\
\left.\begin{array}{c}C_6H_5 \\ H\end{array}\right| & \begin{array}{c}C_6H_5 \\ SO_2\end{array} \\
\overline{SO_2, \ O} & \left. H \right| O
\end{array}
$$

[1]) Ich will bei der Gelegenheit mittheilen, daß das Chlorpikrin, von dem ich
früher zeigte (diese Annalen CI, 212), daß es durch Destillation von Salpetersäure,
Alkohol und Kochsalz erhalten wird, auch entsteht: 1) wenn flüssiges oder festes
Chloral mit concentrirter Salpetersäure oder mit einem Gemenge von Salpetersäure und Schwefelsäure destillirt wird, und 2) wenn man ein Gemenge von Holzgeist und Schwefelsäure über ein Gemenge von Salpeter und Kochsalz destillirt.
Beide Bildungen charakterisirten das Chlorpikrin als einen Körper der Methylgruppe; nach der letzteren erscheint es als Methylchlorid, in welchem Wasserstoff
durch Chlor und NO_2 substituirt ist; nach der ersteren als nitrirtes Chloroform
oder als Nitrid des dreifach-gechlorten Methyls.

Sulfobenzid

vor $\qquad$ nach

$$\left.\begin{array}{c} C_6H_5 \\ H \\ \hline H \\ C_6H_5 \end{array}\right\} + SO_2, \Theta = \left.\begin{array}{c} C_6H_5 \\ SO_2 \\ C_6H_5 \end{array}\right\} + H_2\Theta$$

Hierher gehört, worauf ich früher schon aufmerksam machte (vgl. CIV, 149) auch die Bildung der Sulfosalicylsäure; ich habe also damals allerdings eine Analogie in dem Verhalten der Schwefelsäure zur Salicylsäure und zu den meisten übrigen organischen Substanzen nachgewiesen (vgl. CV, 186)[1].

2) Verhältnißmäßig selten sind bis jetzt die Fälle, bei welchen, bei der Umlagerung der Atome, die Hälfte des zweiatomigen Radicals $SO_2$, statt an die Stelle des *typischen* Wasserstoffs zu treten, an die Stelle von 1 *At. des Radicales* tritt; bei denen also der Angriff der Schwefelsäure auf die organische Substanz gewissermaßen von der anderen Seite erfolgt. Dahin gehört die Bildung der Isethionsäure, die der Sulfoessigsäure, der Sulfobenzoësäure u. s. w.; z. B.:

| Isethionsäure | | Sulfobenzoësäure | |
|---|---|---|---|
| vor | nach | vor | nach |

$$\left.\begin{array}{c} \overset{''}{S\Theta_2}\Theta \\ \hline H \\ C_2H_4 \\ H \end{array}\right\}\Theta \quad \left.\begin{array}{c} H \\ \overset{''}{S\Theta_2} \\ \overset{''}{C_2H_4} \\ H \end{array}\right\}\Theta$$

$$\left.\begin{array}{c} \overset{''}{S\Theta_2}\Theta \\ \hline H \\ C_7H_4\Theta \\ H \end{array}\right\}\Theta \quad \left.\begin{array}{c} H \\ \overset{''}{S\Theta_2} \\ \overset{''}{C_7H_4\Theta} \\ H \end{array}\right\}\Theta$$

3) Bisweilen tritt bei Einwirkung von Schwefelsäure auf eine organische Säure Kohlensäure aus, z. B. bei der Bildung der Disulfosäuren von H o f m a n n und B u c k t o n (oder auch Kohlenoxyd bei Bildung von W a l t e r 's Sulfocamphorsäure).

Die Bildung der Disulfometholsäure kann z. B. aufgefaßt werden als ein Austausch des zweiatomigen $SO_2$ gegen das zweiatomige $C\Theta$ der vorher gebildeten Sulfoessigsäure.

Sulfoessigsäure $+ \overset{''}{S\Theta_2}, \Theta$ giebt Disulfometholsäure $+ \overset{''}{C\Theta}, \Theta$:

---

[1] Die Schlußstelle meiner früheren Mittheilung bezieht sich übrigens weit weniger auf die Ansichten über die Sulfosäuren, als, wie man aus dem Zusammenhang leicht sehen kann, auf die in neuerer Zeit öfter geäußerten Ansichten über die Amidsäuren einbasischer Säuren und einige andere amidartige Körper.

[2] Irrtümlich steht dort „$C_6H_4\Theta$." (A.)

$$\left.\begin{array}{l} CH_3 \\ \overset{\prime\prime}{C}O \\ \overset{\prime\prime}{S}O_2 \\ H_2 \end{array}\right| \begin{array}{l} \Theta \\ \\ \Theta \end{array} + \overset{\prime\prime}{S}O_2,\ \Theta \qquad\qquad \left.\begin{array}{l} CH_2 \\ \overset{\prime\prime}{S}O_2 \\ \overset{\prime\prime}{S}O_2 \\ H_2 \end{array}\right| \begin{array}{l} \Theta \\ \\ \Theta \end{array} + \overset{\prime\prime}{C}O,\ \Theta.$$

### Radicale. Typen. Rationelle Formeln.

Aus den im Vorhergehenden gegebenen Betrachtungen über den Vorgang chemischer Metamorphosen ist es klar, was ich damit sagen will: „ein Radical ist der bei einer bestimmten Reaction gerade unangegriffen bleibende Rest". Man sieht deutlich, daß: „je nachdem eine Zersetzung tiefer oder weniger tief eingreift, verschieden große Radicale angenommen werden können". Die Bildung des Acetons namentlich ist von Interesse, insofern zwei gleichartige Molecüle ungleich große Reste dabei liefern. Da nun die Begriffe von Radical und von Typus sich gegenseitig ergänzen, ist es schon daraus einleuchtend, daß dieselbe Substanz auch verschiedenen Typen zugezählt werden kann[1]).

---

[1]) Gegen diese von Gerhardt verteidigte Ansicht sind in neuester Zeit wiederholt Widersprüche erhoben worden, indem man namentlich die bemerkenswerten Resultate gegen sie aufführte, welche Kopp in seinen Untersuchungen über das spec. Volum gewann. Man legt dabei den Typen eine andere Bedeutung bei, als sie eigentlich (nach Gerhardt u. s. w.) haben; statt sie für Ausdrücke gewisser Beziehungen in den Metamorphosen zu betrachten, nimmt man sie für Darstellung der Gruppirung der Atome in der bestehenden Verbindung; man legt den rationellen Formeln wieder nahezu den Werth bei, den sie früher hatten, indem man sie für Constitutionsformeln statt für Umsetzungsformeln gelten läßt. Es ist nun einleuchtend, daß die Art, wie die Atome aus der in Zerstörung begriffenen und sich umändernden Substanz austreten, unmöglich dafür beweisen kann, wie sie in der bestehenden und unverändert bleibenden Substanz gelagert sind. Obgleich es also gewiß für eine Aufgabe der Naturforschung gehalten werden muß, die Constitution der Materie, also wenn man will die Lagerung der Atome zu ermitteln: so muß man zugeben, daß nicht das Studium der chemischen Metamorphosen, sondern vielmehr nur ein vergleichendes Studium der physikalischen Eigenschaften der bestehenden Verbindungen dazu die Mittel bieten kann. Kopp's treffliche Untersuchungen werden dazu vielleicht Angriffspunkte abgeben; und es wird vielleicht möglich werden, für die chemischen Verbindungen „Constitutionsformeln" aufstellen zu können, die dann natürlich unveränderlich sein müssen. Aber selbst wenn dies gelungen, sind verschiedene rationelle Formeln (Umsetzungsformeln) immer noch zulässig, weil ein, durch in bestimmter Weise gelagerte Atome erzeugtes Molecül, unter verschiedenen Bedingungen, in verschiedener Weise und an verschiedener Stelle sich spalten kann.

Da außerdem der Angriff auf eine Atomgruppe bald von der einen, bald von der anderen Seite erfolgen kann, wird bisweilen ein Bestandtheil als dem Radical zugehörig betrachtet werden müssen, der bei anderen Reactionen als dem Typus angehörig erscheint. Selbst die allereinfachsten Verbindungen zeigen ein solches wechselndes Verhalten und dann natürlich in höchst auffallender Weise. Alle Cyanverbindungen z. B. können bei gewissen Reactionen als Verbindungen des Radicals Cyan $=$ $\ominus$N betrachtet werden; bei anderen Reactionen (immer dann, wenn dem Stickstoff Gelegenheit geboten wird, $NH_3$ zu bilden) erscheinen sie als amidartige Verbindungen, d. h. als dem $NH_3$ typ zugehörige Körper, in welchem H ersetzt ist durch irgend einen Rest: z. B.:

| Blausäure | Cyanmethyl | Cyansäure | Harnstoff | Cyanamid | Cyan |
|---|---|---|---|---|---|
| Nitril der Ameisensäure | Nitril der Essigsäure | Imid der Kohlensäure | Amid der Kohlensäure | Amid des Imids der Kohlensäure | Nitril der Oxalsäure |
| N, $\overset{'''}{\ominus}H$ | N, $\overset{'''}{\ominus_2}H_3$ | $N\begin{Bmatrix}\overset{''}{\ominus\ominus}\\ H\end{Bmatrix}$ | $N_2\begin{Bmatrix}\overset{''}{\ominus\ominus}\\ H_2\\ H_2\end{Bmatrix}$ | $N_2\begin{Bmatrix}\ominus\\ H_2\end{Bmatrix}$ | $N_2,\ \ominus_2{}^{1)}$ |

Betrachtet man die betreffenden Zersetzungen dieser Körper als „doppelten Austausch", so sieht man deutlich, daß die s. g. Radicale gegen eine äquivalente Menge von Wasserstoff z. B. ausgetauscht werden. Bei der Einwirkung von Cyanmethyl auf Kalilauge z. B. tritt das dreiatomige Radical $\ominus_2H_3$ an die Stelle von 3 Atomen H, von welchen 1 dem Kalihydrat, 2 dem Wasser zugehörten; bei der Zersetzung des Harnstoffs tritt das zweiatomige Radical $\ominus\ominus$ an die Stelle von 2 Atom H, welche 2 Molecülen Kalihydrat angehörten:

Cyanmethyl

vor: $\quad N,\ \overset{'''}{\ominus_2}H_3 + \left.\begin{matrix}H\\ H\end{matrix}\right\}\ominus$

$\overline{\qquad\qquad\qquad \left.\begin{matrix}H\\ K\end{matrix}\right\}\ominus}$

nach: $\quad N,\ H_3\ \overset{'''}{\ominus_2}H_3\left.\right\}\ominus_2$
$\qquad\qquad\qquad\qquad K$

Harnstoff

vor: $N\begin{Bmatrix}H\\ H\\ \overset{''}{\ominus\ominus}\\ H\\ H\end{Bmatrix}$ $\begin{matrix}\left.\begin{matrix}K\\ H\end{matrix}\right\}\ominus\\ \overline{\left.\begin{matrix}H\\ K\end{matrix}\right\}\ominus}\end{matrix}$

nach: $\dfrac{NH_3}{NH_3}\ \overset{''}{\ominus\ominus}$ $\begin{matrix}\left.\begin{matrix}K\\ \end{matrix}\right\}\ominus\\ \left.\begin{matrix}\\ K\end{matrix}\right\}\ominus\end{matrix}$

---

1) $\ominus$ äquivalent 4 H; $\ominus_2$ äquivalent 6 H; vgl. weiter unten.

Die rationellen Formeln sind Umsetzungsformeln und können, bei dem heutigen Stand der Wissenschaft, nichts anderes sein. Indem sie durch die Schreibweise die Atomgruppen andeuten, die bei gewissen Reactionen unangegriffen bleiben (Radicale), oder die Bestandtheile hervorheben, die bei gewissen oft wiederkehrenden Metamorphosen gerade eine Rolle spielen (Typen), sollen sie ein Bild geben von der chemischen Natur der Körper. Eine jede Formel also, welche gewisse Metamorphosen einer Verbindung ausdrückt, ist *rationell;* von den verschiedenen rationellen Formeln aber ist diejenige die *rationellste,* welche die größte Anzahl von Metamorphosen gleichzeitig ausdrückt.

Von den drei rationellen Formeln der Sulfobenzolsäure z. B.:

$$\left.\begin{matrix} \overset{''}{C_6H_5} \\ SO_2 \\ H \end{matrix}\right| \Theta \qquad \left.\begin{matrix} C_6H_5SO_2 \\ H \end{matrix}\right| \Theta \qquad C_6H_5SO_3, H$$

bezeichnet die erste: 1) daß 1 Atom H leicht gegen Metalle ausgetauscht werden kann, 2) daß bei Einwirkung von $PCl_5$ Chlor an die Stelle des typischen $\Theta$ tritt und dabei neben HCl das Chlorid $C_6H_5SO_2$, Cl entsteht; sie bezeichnet 3) daß die Sulfobenzolsäure entstehen kann aus einer Phenyl- und einer Sulfurylverbindung; sie drückt also alle bekannten Metamorphosen dieser Säure aus und erinnert an ihre Beziehungen zum Benzol und zur Schwefelsäure. — Die zweite drückt nur die Metamorphosen 1 und 2 aus, die dritte endlich (Wasserstoffsäurentheorie) bezeichnet nur die Salzzersetzungen und trägt allen übrigen Reactionen keine Rechnung. Die erste ist also entschieden die umfassendste und deshalb rationellste. Die Vortheile, welche die Schreibweise der Formeln nach „intermediären Typen" gerade in der Beziehung bietet, treten (außer bei den Sulfosäuren) besonders deutlich hervor bei den complicirter zusammengesetzten stickstoffhaltigen Körpern.

Die Formel einer Aminsäure zeigt z. B.:

$$\begin{matrix} H \\ H \\ C_2H_2\Theta \\ H \end{matrix}\left|\begin{matrix} N \\ \\ \\ \Theta. \end{matrix}\right.$$

indem sie dieselbe gleichzeitig dem Typ $H_2\Theta$ und $NH_3$ zuzählt, daß dieselbe sich einerseits wie ein Hydrat, andrerseits wie ein Körper des $NH_3$ typs verhalten, also direct mit Säuren verbinden muß u. s. w.

Die Formel des Oxamethans zeigt ebenso, daß dieser Körper von einer Seite aus betrachtet als Amid, von der anderen als Aether erscheint.

$$\begin{matrix} H \\ H \\ \Theta_2\Theta_2 \\ C_2H_5 \end{matrix}\Bigg| N \Big| \Theta.$$

Die zwei seither gebräuchlichen Formeln:

$$\begin{matrix} NH_2(\Theta_2\Theta_2) \\ C_2H_5 \end{matrix}\Bigg|\Theta \quad \text{und} \quad N\begin{cases} \Theta_2\Theta_2, C_2H_5, \Theta \\ H \\ H \end{cases}$$

von welchen die eine das Oxamethan als Aether der Oxaminsäure, die andere als Amid der Aethyloxalsäure darstellt, sind in der That nur zusammengezogene Ausdrücke dieser Formel von verschiedenen Gesichtspunkten aus. Beides sind rationelle Formeln, die für eine gewisse Klasse von Reactionen richtig sind; die Darstellung nach intermediären Typen ist eine Vereinigung beider und giebt als solche das vollständigste Bild.

Im allgemeinen wird immer die am weitesten auflösende Formel die Natur eines Körpers am vollständigsten ausdrücken. Wenn man also auch für gewöhnlich einer mehr empirischen Formel, die gerade die am häufigsten vorkommenden Reactionen ausdrückt, den Vorzug giebt, so muß man doch zugeben, daß die andere rationeller ist[1]).

### Constitution der Radicale. Natur des Kohlenstoffs.

Es ist öfter hervorgehoben worden, daß die Radicale nicht an sich enger geschlossene Atomgruppen, sondern nur Aneinanderlagerungen

---

[1]) Für die Essigsäure gebraucht man z. B. allgemein die Formel $\begin{matrix}\Theta_2H_3\Theta \\ H\end{matrix}\big|\Theta$; der Bildung aus Acetonitril nach (und nach der Bildung der Ameisensäure aus Chloroform ($\Theta H. Cl_3$) erhält sie die Formel $\begin{matrix}C_2H_3 \\ H\end{matrix}\big|\Theta_2$ und wird dann vergleichbar mit der Metaphosphorsäure. Eine Anzahl von Zersetzungen endlich liefern Kohlensäure oder eine andere Verbindung des Radicals $\Theta\Theta$; die Essigsäure kann danach betrachtet werden als (vgl. auch Mendius, CIII, 80):

$$\begin{matrix} CH_3 \\ \Theta\Theta \\ H \end{matrix}\Bigg|\Theta \qquad \begin{matrix} \Theta_6H_5 \\ S\Theta_2 \\ H \end{matrix}\Bigg|\Theta$$

Sie erscheint dann der Sulfobenzolsäure analog (als Carbomethylsäure). Die merkwürdige, in neuester Zeit von Wanklyn entdeckte Bildung der Propionsäure bei Einwirkung von Kohlensäure auf Natriumäthyl kann dann ganz in derselben Weise aufgefaßt werden, wie die Bildung der Sulfobenzolsäure aus Benzol und Schwefelsäureanhydrid.

von Atomen sind, die in gewissen Reactionen sich nicht trennen, in
andern dagegen zerfallen. Es ist von der Natur der aneinandergelager-
ten Atome und von der Natur der einwirkenden Substanz abhängig, ob
eine Atomgruppe gerade die Rolle eines s. g. Radicals spielt, oder nicht;
ob sie ein mehr oder weniger beständiges Radical ist. Man kann im Allgemeinen sagen: je größer die Verschiedenheit in der Natur der einzelnen Atome, um so leichter wird eine Atomgruppe, also auch ein Radical, zerfallen.

Es ist unnöthig, diese Betrachtung weiter auszudehnen; ich will also
nur an Einem Beispiel zeigen, wie man sich diese Aneinanderlagerung
der Atome vorstellen kann. Das Radical der Schwefelsäure $SO_2$ enthält
3 Atome, von denen jedes zweiatomig ist, also zwei Verwandtschaftseinheiten repräsentirt. Bei der Aneinanderlagerung tritt je eine Verwandtschaftseinheit des einen Atoms mit einer des andern in Verbindung. Von den 6 Verwandtschaftseinheiten werden also 4 verbraucht,
um die 3 Atome selbst zusammenzuhalten; 2 bleiben übrig und die
Gruppe erscheint also zweiatomig; sie verbindet sich z. B. mit zwei
Atomen eines einatomigen Elementes:

Radical Sulfuryl                Chlorschwefelsäure

Wirkt die Chlorschwefelsäure dann auf Wasser ein, so treten 2 HCl aus,
die Reste bleiben vereinigt und man kann das entstandene Product betrachten als 2 Molecüle $H_2O$, in welchen 2 Atome H vertreten sind durch
die Gruppe $SO_2$ [1]).

In ähnlicher Weise kann man sich die Zusammenlagerung der Atome
in allen Radicalen vorstellen, auch in den kohlenstoffhaltigen. Dazu ist
es nur nöthig, daß man sich eine Vorstellung bildet über die Natur des
Kohlenstoffs.

Betrachtet man nun die einfachsten Verbindungen des Kohlenstoffs
(Grubengas, Methylchlorid, Chlorkohlenstoff, Chloroform, Kohlensäure,

---

[1]) Man sieht leicht, daß die Gruppe $SO$, die unter Umständen ebenfalls die
Rolle eines Radicals spielt, auch zweiatomig sein muß. Die schweflige Säure (als
Hydrat) die nach der einen Ansicht dasselbe Radical enthält, wie die Schwefelsäure, und dem intermediären Typus $H_2 + H_2O$ zugehört, ist nach der andern eine
dem Typus $2 H_2O$ zugehörige Verbindung des Radicals $SO$. Beide sind gewissermaßen synonym.

Phosgengas, Schwefelkohlenstoff, Blausäure u. s. w.), so fällt es auf, daß die Menge Kohlenstoff, welche die Chemiker als die geringst-mögliche, als *Atom* erkannt haben, stets 4 Atome eines einatomigen, oder zwei Atome eines zweiatomigen Elementes bindet; daß allgemein die Summe der chemischen Einheiten der mit einem Atom Kohlenstoff verbundenen Elemente gleich 4 ist. Dies führt zu der Ansicht, daß der Kohlenstoff *vieratomig* (oder vierbasisch) ist [1]).

Der Kohlenstoff reiht sich demnach den drei früher besprochenen Gruppen von Elementen als bis jetzt einziger Repräsentant (die Verbindungen des Bors und Siliciums sind noch zu wenig bekannt) einer vierten Gruppe an. Seine einfachsten Combinationen mit Elementen der drei anderen Gruppen sind:

$$IV + 4\,I \qquad\qquad IV + 2\,II$$
$$IV + (II + 2\,I) \qquad\qquad IV + (III + I)$$

oder in Beispielen:

| $CH_4$ | $COCl$ | $CO_2$ | $CNH$ |
| $CCl_4$ | | $CS_2$ | |
| $CH_3Cl$ | | | |
| $CHCl_3$ | | | |

Für Substanzen, die mehrere Atome Kohlenstoff enthalten, muß man annehmen, daß ein Theil der Atome wenigstens, ebenso durch die Affinität des Kohlenstoffs in der Verbindung gehalten werde, und daß die Kohlenstoffatome selbst sich aneinander lagern, wobei natürlich ein Theil der Affinität des einen gegen einen eben so großen Theil der Affinität des andern gebunden wird.

Der einfachste und deshalb wahrscheinlichste Fall einer solchen Aneinanderlagerung von zwei Kohlenstoffatomen ist nun der, daß Eine Verwandtschaftseinheit des einen Atoms mit einer des andern gebunden ist. Von den $2 \times 4$ Verwandtschaftseinheiten der 2 Kohlenstoffatome werden also zwei verbraucht, um die beiden Atome selbst zusammenzuhalten; es bleiben mithin 6 übrig, die durch Atome anderer Elemente gebunden werden können. Mit anderen Worten: eine Gruppe von 2 Kohlenstoff $= C_2$ wird sechsatomig sein, sie wird mit 6 Atomen eines einatomigen Elementes eine Verbindung bilden, oder überhaupt mit soviel Atomen, daß die Summe der chemischen Einheiten dieser $= 6$ ist. (Z. B.

---

[1]) Wenn man den Kohlenstoff als *vieratomiges Radical* in die Typen einführt, so erhält man für einige der schon bekannten Verbindungen verhältnißmäßig einfache Formeln. Es würde indeß zu weit führen, darauf näher einzugehen.

Aethylwasserstoff, Aethylchlorid, Elaylchlorid, 1½ Chlorkohlenstoff, Acetonitril, Cyan, Aldehyd, Acetylchlorid, Glycolid u. s. w.).

Treten mehr als zwei Kohlenstoffatome in derselben Weise zusammmen, so wird für jedes weiter hinzutretende die Basicität der Kohlenstoffgruppe um zwei Einheiten erhöht. Die Anzahl der mit n Atomen Kohlenstoff, welche in dieser Weise aneinandergelagert sind, verbundenen Wasserstoffatome (chemische Einheiten) z. B. wird also ausgedrückt durch:

$$n(4-2)+2 = 2n+2.$$

Für n = 5 ist die Basicität also z. B. = 12 (Amylwasserstoff, Amylchlorid, Amylenchlorid, Valeronitril, Valeraldid, Valeryloxyd, Angelicasäure, Brenzweinsäureanhydrid u. s. w.). Seither wurde angenommen, daß alle an den Kohlenstoff sich anlagernden Atome durch die Verwandtschaft des Kohlenstoffs gebunden werden. Man kann sich aber eben so gut denken, daß bei mehratomigen Elementen (Θ, N u. s. w.) nur ein Theil der Verwandtschaft dieser, nur eine von den zwei Einheiten des Sauerstoffs z. B., oder nur eine von den drei Einheiten des Stickstoffs an den Kohlenstoff gebunden ist, so daß also von den zwei Verwandtschaftseinheiten des Stickstoffs noch zwei übrig bleiben, die durch andere Elemente gebunden werden können. Diese anderen Elemente stehen also mit dem Kohlenstoff nur indirect in Verbindung, was durch die typische Schreibweise der Formeln angedeutet wird:

$$\left.\begin{array}{c}\text{C}_2\text{H}_5\\ \text{H}\end{array}\right\}\Theta \qquad \left.\begin{array}{c}\text{C}_2\text{H}_5\\ \text{H}\\ \text{H}\end{array}\right\}\text{N} \qquad \left.\begin{array}{c}\text{C}_2\text{H}_3\Theta\\ \text{C}_2\text{H}_5\end{array}\right\}\Theta \qquad \left.\begin{array}{c}\text{C}_2\text{H}_5\\ \text{C}_2\text{H}_5\\ \text{C}_2\text{H}_5\end{array}\right\}\text{N}$$

Eben so werden durch den Sauerstoff oder den Stickstoff verschiedene Kohlenstoffgruppen zusammengehalten.

Betrachtet man solche Verbindungen wesentlich in Bezug auf diese sich so an die Kohlenstoffgruppe anlagernden Atome, so erscheint die Kohlenstoffgruppe als Radical, und man sagt dann: das Radical vertritt 1 Atom H des Typus, weil statt seiner 1 Atom H die Verwandtschaft des Θ oder N zu sättigen im Stande wäre.

Vergleicht man die Verbindungen mit einander, welche gleichviel Kohlenstoffatome im Molecül enthalten und durch einfache Metamorphose aus einander entstehen können (z. B. Alkohol, Aethylchlorid, Aldehyd, Essigsäure, Glycolsäure, Oxalsäure u. s. w.), so kommt man zu der Ansicht, daß sie die Kohlenstoffatome in derselben Weise gelagert enthalten, und daß nur die um das Kohlenstoffskelet sich anlagernden Atome wechseln.

Betrachtet man dagegen die homologen Körper, so kommt man zu der Ansicht, daß in ihnen die Kohlenstoffatome (gleichgültig wie viele in einem Molecül enthalten sind) auf dieselbe Weise, nach demselben Symmetriegesetz, aneinandergelagert sind. Bei tiefer eingreifenden Zersetzungen, bei welchen das Kohlenstoffskelet selbst angegriffen wird und in Bruchstücke zerfällt, zeigt dann jedes Bruchstück dieselbe Lagerung der Kohlenstoffatome, so daß jedes Bruchstück der Verbindung mit der angewandten Substanz homolog, oder aus einem mit ihr homologen Körper durch einfache Metamorphose (z. B. Vertretung von Wasserstoff durch Sauerstoff) ableitbar ist.

Bei einer sehr großen Anzahl organischer Verbindungen kann eine solche „einfachste" Aneinanderlagerung der Kohlenstoffatome angenommen werden. Andere enthalten so viel Kohlenstoffatome im Molecül, daß für sie eine dichtere Aneinanderlagerung des Kohlenstoffs angenommen werden muß[1]).

Das Benzol z. B. und alle seine Abkömmlinge zeigt, ebenso wie die ihm homologen Kohlenwasserstoffe, einen solchen höheren Kohlenstoffgehalt, der diese Körper charakteristisch von allen dem Aethyl verwandten Substanzen unterscheidet.

Das Naphtalin enthält noch mehr Kohlenstoff. Man muß in ihm den Kohlenstoff in noch mehr verdichteter Form, d. h. die einzelnen Atome noch enger aneinander gelagert annehmen.

Vergleicht man diese kohlenstoffreicheren Kohlenwasserstoffe: das Benzol und sein Homologen und das Naphtalin, mit den Kohlenwasserstoffen der Alkoholgruppe (dem Elayl und seinen Homologen), mit welchen sie in vieler Beziehung nach Analogie zeigen:

| Aethylen | Propylen | Butylen | Amylen |
|---|---|---|---|
| $C_2H_4$ | $C_3H_6$ | $C_4H_8$ | $C_5H_{10}$ |
| | Benzol | Toluol | Xylol |
| | $C_6H_6$ | $C_7H_8$ | $C_8H_{10}$ |
| | | Naphtalin | |
| | | $C_{10}H_8$ | |

Vergleicht man die Kohlenwasserstoffe der zweiten Reihe mit denen der ersten, so findet man, daß sie bei gleichem Wasserstoffgehalt 3 Atome Kohlenstoff mehr enthalten. Zwischen dem Naphtalin und dem Toluol

---

[1]) Man kann sich leicht davon überzeugen, daß die Formeln dieser Verbindungen durch die „nächst einfachste" Aneinanderlagerung der Kohlenstoffatome construirt werden können.

findet dieselbe Beziehung statt. Es scheint demnach, als ob sich hier
dieselbe Art der dichteren Aneinanderlagerung der Kohlenstoffatome
wiederholte und als ob es drei Klassen von kohlenstoffhaltigen Verbindungen gäbe, die schon durch die Art der Lagerung der Kohlenstoffatome von einander unterschieden sind.

*Principien einer Classification der organischen Verbindungen.*

Aus den im Vorhergehenden gegebenen Betrachtungen läßt sich eine
Classification der Kohlenstoffverbindungen herleiten, die ich zum Schluß
noch mittheilen will, weil es mir, nach längerem Gebrauch derselben,
scheint, als gestatte sie eine verhältnißmäßig übersichtliche Zusammenstellung der organischen Verbindungen. Man wird diese Classification,
wie ich hoffe, nicht allein übersichtlich, sondern, insofern sie gerade
auf die wichtigsten Entdeckungen der letzten Jahre begründet ist, auch
zeitgemäß finden.

Ich theile dabei die organischen Verbindungen zunächst nach dem
Kohlenstoffgehalt in drei (eben erwähnte) Klassen und benutze zur
Gruppirung innerhalb dieser Klassen:

1) den Uebergang einatomiger Radicale in mehratomige durch Austritt von Wasserstoff.

2) die Vertretung von Wasserstoff im Radical durch Sauerstoff, und

3) die homologen Reihen.

Die folgende Tabelle (S. 119), in welcher ich der Einfachheit wegen
die Radicale zusammenstelle, wird die Art dieser Systematik klar machen.
Die Gruppe

1) umfaßt die Alkohole und ihre Abkömmlinge;

2) die fetten Säuren u. s. w.;

3) die Homologen des ölbildenden Gases, die Glycole u. s. f.;

4) Kohlensäure, Glycolsäure, Milchsäure u. s. w.;

5) Oxalsäure, Bernsteinsäuren und die Homologen;

6) Chloroform, die Glycerine u. s. w. und außerdem Allylalkohol u. s. w.;

7) Acroleïn, Acrylsäure und ihr Homologen u. s. w.

Schließlich glaube ich noch hervorheben zu müssen, daß ich selbst
auf Betrachtungen der Art nur untergeordneten Wert lege. Da man
indeß in der Chemie bei dem gänzlichen Mangel exact-wissenschaftlicher
Principien sich einstweilen mit Wahrscheinlichkeits- und Zweckmäßig-
keitsvorstellungen begnügen muß, schien es geeignet diese Betrachtun-

| Einatomige Radicale | Gruppe 1 $C_nH_{2n}+1$ | Gruppe 2 $C_nH_{2n-1}O$ | | | | |
|---|---|---|---|---|---|---|
| | $\overset{\prime}{C}H_3$ | $\overset{\prime}{C}HO$ | | | | |
| | $\overset{\prime}{C_2}H_5$ | $\overset{\prime}{C_2}H_3O$ | | | | |
| | $\overset{\prime}{C_3}H_7$ | $\overset{\prime}{C_3}H_5O$ | | | | |
| | $C_4H_9$ | $C_4H_7O$ | | | | |

| Zweiatomige Radicale | Gruppe 3 $C_nH_{2n}$ | Gruppe 4 $C_nH_{2n-2}O$ | Gruppe 5 $C_nH_{2n-4}O_2$ | | | |
|---|---|---|---|---|---|---|
| | $\overset{\prime\prime}{C}H_2$ | $\overset{\prime\prime}{C}O$ | — | | | |
| | $\overset{\prime\prime}{C_2}H_4$ | $C_2H_2O$ | $\overset{\prime\prime}{C_2}O_2$ | | | |
| | $\overset{\prime\prime}{C_3}H_6$ | $C_3H_4O$ | | | | |
| | $\overset{\prime\prime}{C_4}H_8$ | — | $\overset{\prime\prime}{C_4}H_4O_2$ | | | |

| Dreiatomige Radicale (auch einatomig) | Gruppe 6 $C_nH_{2n-3}$[1)] | Gruppe 7 $C_nH_{2n-3}O$ | | | | |
|---|---|---|---|---|---|---|
| | $\overset{\prime\prime\prime}{C}H$ | | | | | |
| | $\overset{\prime\prime\prime}{C_2}H_3$ | | | | | |
| | $\overset{\prime\prime\prime}{C_3}H_5$ | $\overset{\prime}{C_3}H_3O$ | | | | |

[1)] Irrtümlich steht dort „$H_{2n-1}$". (A.)

gen mitzutheilen, weil sie, wie mir scheint, einen einfachen und ziemlich allgemeinen Ausdruck gerade für die neuesten Entdeckungen
geben und weil deßhalb ihre Anwendung vielleicht das Auffinden neuer
Thatsachen vermitteln kann.

Heidelberg, 16. März 1858.

## Remarques de M. A. Kekulé à l'occasion d'une Note de M. Couper sur une nouvelle théorie chimique.

Compt. rend. 47, 378, Séance du lundi 30 août 1858.

„Dans la séance du 14 juin, M. Couper a présenté à l'Académie des
Sciences une Note *sur une nouvelle théorie chimique*, dans laquelle je

retrouve plusieurs idées tellement identiques avec d'autres publiées
par moi, il y a un certain temps, que je crois de mon devoir de soumettre quelques observations à ce sujet. En effet, dans deux Mémoires
qui ont paru dans les *Annales de Chimie* de M. Liebig, l'une, „sur les
combinaisons copulées et la théorie des radicaux polyatomiques“ (novembre 1857), l'autre, „sur la constitution et les métamorphoses des
combinaisons chimiques et la nature chimique du carbone“ (en date du
16 mars et publié le 19 mai 1858), j'ai exposé différentes vues qui, à mon
avis, devaient donner un aperçu plus clair de la constitution des combinaisons chimiques.

„Je joins à l'appui de cette Note deux exemplaires de ces Mémoires
et je vais signaler les passages sur lesquels je fonde l'identité de quelques traits principaux de la théorie nouvelle avec mes vues précédentes.

„M. Couper commence son Mémoire par ces mots: „Je remonte aux
éléments eux-mêmes, dont j'étudie les affinités réciproques. Cette étude
suffit, selon moi, à l'explication de toutes les combinaisons chimiques.“

„Or dans mon second Mémoire se trouve à la page 136 la phrase
suivante: „Je crois necéssaire pour l'explication des propriétés des combinaisons chimiques de remonter jusqu'aux éléments eux-mêmes qui les
constituent.“

„Plus loin, en parlant du carbone, M. Couper dit: „La puissance de
combinaison la plus élevée que l'on connaisse pour le carbone est celle
du second degré, c'est-à-dire 4“; et il trouve au carbone une physiono-
mie particulière „en ce qu'il entre en combinaison avec lui-même“, trait
tellement caractéristique, que, d'après lui, il rend compte de ce fait
important et encore inexpliqué de l'accumulation des molécules de carbone dans les combinaisons organiques. „Dans les composés où 2, 3,
4, 5, 6, etc., molécules de carbone sont liées ensemble, c'est le carbone
qui sert de lien au carbone.“

„Nous ne saurions lui accorder que ces propriétés soient signalées
par lui pour la première fois. Déjà dans mon premier Mémoire (page
133, note), j'ai dit expressément que le carbone était de nature quatri-
atomique, c'est-à-dire que 1 atome de carbone (C = 12) est équivalent
à 4 atomes d'hydrogène (H = 1); j'ai ajouté que, par conséquent, les
combinaisons les plus simples du carbone avec des éléments du premier
groupe (éléments monoatomiques) étaient $CH_4$, $CCl_4$, etc. Dans mon
second Mémoire j'ai donné, en outre, plus de développement à cette idée

(page 153), et j'en ai tiré comme corollaire (page 154) que dans les substances contenant plusieurs atomes de carbone, on ne peut expliquer
cette accumulation que par l'hypothèse que les atomes du carbone lui-
même soient liés entre eux, en neutralisant ainsi une partie de leur affinité générale. J'ai cru pouvoir fonder cette hypothèse sur divers exemples trop prolixes pour les rappeler ici; je me contenterai de faire
remarquer que, moi aussi, j'ai donné une formule générale qui exprime,
pour une certaine classe de combinaisons, le nombre d'atomes d'hydrogène combinés avec $n$ atomes de carbone, dans les termes suivants:

$$C_n H_{n(4-2)+2},$$

tandis que M. Couper, de son coté, l'exprime de cette manière:

$$C_n M_{n \cdot 4} - M_{m \cdot 2} = n C M_4 - m M_2,$$

où m est $<$ n.

  „A première vue, on reconnaît entre nos deux formules certains
traits de ressemblance et je constate que la mienne n'est qu'une application particulière de la formule plus générale, il est vrai, mais aussi
plus vague de M. Couper. J'observerai encore que dans ma formule H
représente, comme M dans celle de M. Couper, tous les éléments qui
appartiennent au premier groupe."

  „Je n'insisterai pas sur la découverte de ce groupement des éléments qui se trouve développée avec plus de détails dans mon premier
Mémoire (pag. 133), et dont on pourrait retrouver le germe dans les travaux de Laurent, de Gerhardt et de M. Williamson. Qu'il me soit permis
seulement de faire remarquer qu'il pose en principe que, en outre de la
force inconnue qu'on est convenue de nommer affinité chimique, on doit
encore pour l'explication des combinaisons faire une grande part à ce
que j'ai nomme la *basicité des atomes*. Si M. Couper croit avoir découvert la cause de cette différence de basicité dans l'existence d'une espèce spéciale d'affinité, l'affinité de degré, je suis le premier à reconnaître que je n'ai aucun droit à lui contester cette priorité.

  „Loin de ma pensée, en soumettant ces quelques observations à l'appréciation de l'Académie des Sciences, de vouloir soulever un débat de
priorité, mais j'ai cru de mon devoir de constater l'orginalité des vues
exposées par moi dans mes présédents Mémoires."

  M. Dumas, qui avait présenté la Note de M. Couper, est invité à
prendre connaissance de la réclamation de M. Kekulé.

# Physiologisch-chemische Arbeiten
## 1858 in Heidelberg

Mittheilungen von Hrn. Dr. Kekulé „über den zuckerbildenden Stoff der Leber", am 17. Januar 1858.

Verhandlungen des naturhistorisch-medicinischen Vereins zu Heidelberg 1, 101—102 (1857—1859).

„Im Anschluß an den Vortrag des Hrn. Dr. Moos theilt Kekulé einige Versuche über Bernard's „matière glycogène" mit, zu deren Anstellung die Versuche von Moos Veranlassung gaben.

Zur Darstellung des Glycogens verfuhr man zunächst genau nach der Vorschrift von Bernard, welche sich bei wiederholten Versuchen als vollständig zweckmäßig erwies. Die von Lehmann, in dessen trefflicher Zusammenstellung der über die Zuckerbildung der Leber veröffentlichten Arbeiten, ausgesprochene Befürchtung: das Kochen des „rohen Glycogens" mit Kalilauge werde wohl kaum eine vollständige Entfernung der eiweißartigen Substanzen ermöglichen, erwies sich als unbegründet; es gelingt vielmehr bei halbstündigen Kochen mit nur einigermaßen concentrirter Kalilauge leicht das Glycogen so vollständig von stickstoffhaltigen Substanzen zu befreien, daß selbst mit Kalium kein Stickstoff mehr darin nachgewiesen werden kann. Dagegen hält das nach Berard's Vorschrift dargestellte Glycogen eine geringe Menge (wesentlich aus Kalksalzen bestehender) Asche mit Hartnäckigkeit zurück; während das nach Lehmann's Vorschrift dargestellte fast aschenfrei ist. Durch wiederholtes Lösen in Säuren (starker Essigsäure oder kalter verdünnter Salpetersäure) und Fällen mit Alkohol kann der Aschengehalt sehr vermindert werden.

In Betreff der Eigenschaften bestätigte K. im Allgemeinen die Angaben von Bernard, Hansen und E. Pelouze. — Das Glycogen ist weiß und völlig amorph; die Lösung in Wasser ist selbst bei völlig reiner Substanz opalescirend. Durch Jod wird es violett oder meistens rothbraun (ähnlich dem Ferrocyankupfer) gefärbt. Die opalescirende Lösung wird beim Kochen mit verd. Schwefelsäure rasch klar, zeigt dann aber noch keine Reaction auf Zucker; durch fortgesetztes Kochen mit Säuren wird leicht Zucker erhalten.

Die Analyse des bei 100° getrockneten Glycogens gab folgende Resultate:

0,2262 Grm. gaben 0,3690 Grm. Kohlens. und 0,1322 Grm. Wasser, woraus sich die Formel $C_{12}H_{10}H_{10}$ herleitet.

|  | | Theorie | Versuch |
|---|---|---|---|
| $C_{12}$ | $= 72$ | 44,44 | 44,49 |
| $H_{10}$ | $= 10$ | 6,17 | 6,49 |
| $O_{10}$ | $= 80$ | 49,39 | |

Bei zwei Darstellungen von Glycogen mit der Leber von Kaninchen wurde die Menge des erhaltenen Glycogens (in lufttrockenen Zustand) gewogen, man fand:

| Gewicht des Thieres | Gewicht der Leber | Glycogen Erhaltenes |
|---|---|---|
| 1300 Grm. | 44 Grm. | 0,8 Grm. |
| 1315 Grm. | 53 Grm. | 1,2 Grm. |

so daß, ein Mittel von zwei Versuchen, die Menge des Glycogens 2 pC. vom Gewicht der Leber beträgt.

Hofrath Prof. Dr. Salomon Moos.

# Zur Amyloidfrage[1]

von Dr. N. Friedreich          und          Dr. A. Kekulé
Prof. der med. Klinik in Heidelberg                    Prof. der Chemie in Gent

(Hierzu Taf. IV)

Archiv f. patholog. Anat. u. Physiologie u. f. klinisch. Med. **16**, 50—65 (1859).

Nachdem der Erste von uns bei seinen Untersuchungen über die concentrischen Amyloidkörper der Lungen zu dem schließlichen Resultate gekommen war, daß dieselben ihre Entstehung dem Faserstoffe extravasirter Blutmassen verdankten, welcher in concentrischen Lagen ge-

---

[1] Chemische Untersuchungen zu vorliegendem Falle von Prof. Dr. A. Kekulé: Verhandlungen naturhistorisch-medizinischen Vereins zu Heidelberg, Bd. 1, 150—155 (1857—1859).                    (A.).

rinne und nun weiterhin mit Beibehaltung der äußeren Formverhältnisse
bestimmte innere chemische Veränderungen erleide (vgl. dieses Archiv
Bd. X, S. 507), waren die ferneren Untersuchungen zunächst darauf gerichtet, auch an älteren Faserstoffgerinnungen anderer Lokalitäten die
amyloide Umwandlung nachzuweisen, um so neue Stützen für die Richtigkeit der oben ausgesprochenen Anschauung zu gewinnen. Vielfältige
Versuche, welche theils an älteren, in verschiedenen Abschnitten des Gefäßsystems vorgefundenen Thrombusmassen, theils an älteren faser-
stoffigen Entzündungslagen seröser Häute und an amorphen Extra-
vasatgerinnseln der mannigfaltigsten Lokalitäten angestellt wurden,
ließen nirgends zu einem irgendwie befriedigenden Resultate kommen.
Dagegen gelang die amyloide Reaction aufs vollständigste an den alten
Faserstofflagen im Innern einer von Hrn. Prof. L i n d h a r d t operirten
und schon sehr lange Zeit bestandenen Haematocele. Das ziemlich umfangreiche exstirpirte Stück der Tunica vaginalis zeigte sich unge-
wöhnlich verdickt durch eine ungemein starke und derbe sehnige Bindegewebswucherung und war an einzelnen Stellen im Uebergang zur faser-
knorpeligen Struktur. Die Innenfläche des ausgeschnittenen Stückes
zeigte sich höckerig und uneben durch aufgelagerte Massen, und waren
dieselben bald in unregelmäßigen Haufen und Klumpen abgelagert, bald
zu geschichteten, von der Innenfläche sich zwiebelartig abblätternden
trockenen Lamellen umgestaltet. Offenbar handelte es sich hier um ältere
Blutcoagula, welche sich schichtweise an den Wandungen der Hämato-
celecyste niedergeschlagen und hier sich metamorphosirt hatten. Das
Aussehen dieser Ablagerungen war bald hellgelblich, graugelb oder grau-
röthlich, bald mehr bräunlich oder rothbraun, je nach ihrem verschiedenen Alter und ihren wechselnden Stadien der Entfärbung. Hie und da
saßen auch zumeist nach Innen mehr frische und noch unentfärbte Ge-
rinnsel von rother oder schwarzrother Farbe auf. Das Mikroscop zeigte
die älteren geschichteten Lagen bestehend aus glasigen Massen von
ziemlich homogenen Aussehen; nur hie und da fanden sich leichte körnige Einsprengungen oder einzelne eingelagerte Fettkörnchenkugeln
(metamorphosirte farblose Blutzellen?) in demselben; mitunter sah man
eingelagerte Gruppen rother spießförmiger Hämatoidinkrystalle oder
einzelne rhombische Hämatoidintafeln, häufiger Cholestearinkrystalle in
mitunter mächtigen Haufen. Alle diese a l t e n F i b r i n l a g e n, an denen
sich übrigens keine Spur organisatorischer Vorgänge erkennen ließ, e r -
g a b e n  d i e  s c h ö n s t e  a m y l o i d e  R e a k t i o n, indem Zusatz von

Jod die bekannte rothe und nachherige Schwefelsäurezusatz die prächtigsten violetten und blauen Färbungen erzeugte; doch war die Reaktion keine dauernde, sondern war bereits nach wenigen Stunden wieder vorüber, indem das Violett allmälig in eine schmutzig braune und von da in eine schmutzig gelbe Färbung übergegangen war. Der Einwand, daß die Reaktion etwa durch Imbibition der Schichten mit diffusem und verändertem Hämatoidin bedingt gewesen wäre, ließ sich leicht damit widerlegen, daß die amyloide Reaktion gerade an jenen Massen und Lagen am schönsten gelang, an denen die gelbliche Färbung durch das Hämatoidin am geringsten war und wo die glasigen Fibrinmassen am durchsichtigsten und farblosesten erschienen. Das Bindegewebe der verdickten Tunica vaginalis zeigte übrigens keine Spur der Amyloidreaktion.

Ein neuer Fall aber, welcher für die Kenntniß der amyloiden Erkrankung von nicht geringer Bedeutung sein möchte, soll in Nachstehendem mitgetheilt werden. Außer daß sich aus demselben einige neue anatomische Thatsachen ergeben, dürfte andererseits derselbe noch dadurch von ganz besonderem Interesse erscheinen, als es in demselben gelang, eine hinreichende Menge amyloider Substanz zu isoliren und mit derselben zum ersten Male eine chemische Elementaranalyse zu veranstalten [1]).

Anna Maria Klein von Plankstadt, 36 Jahre alt, wurde im Herbste 1856 von Kopfschmerzen, Abgeschlagenheit und anderweitigen allgemeinen Erscheinungen befallen, welche sich nach kurzer Zeit zu ausgebildeten Intermittensanfällen mit tertianem Typus gestalteten, die sich immer Mittags gegen 4 Uhr einstellten. Der Frost nahm ungefähr eine Stunde in Anspruch, das Hitze- und Schweißstadium dauerte mehrere Stunden. Dabei gab Pat. an, häufige Schmerzen in der Milzgegend gehabt zu haben. In der beschriebenen Weise sollen die Anfälle, mit Unterbrechung einiger Wochen, ein ganzes Jahr lang gedauert haben, so daß Schwäche und Abmagerung sich allmälig dadurch einstellten. Später traten auch Diarrhoen und zuweilen Erbrechen hinzu. Seit dem Herbste 1857 bemerkte die Kranke ihren Leib an Umfang zunehmen, was sich nach und nach so steigerte, daß Ende Decembers desselben Jahres die Paracentese des Abdomens vorgenommen werden mußte. Am 14. Januar 1858 trat die Kranke in das akademische Hospital.

Stat. praesens. Bedeutende Abmagerung; die Musculatur atrophisch, das

---

[1]) Der Fall gelangte gerade an dem Tage zur Necropsie, an welchem der Erstere von uns seine neue Stellung in Heidelberg angetreten hatte, und wurde die Kranke von dem vorherigen Director der med. Klinik, Hrn. Prof. Duchek, unter der Diagnose „Morbus Brightii chron. und Malariacachexie" im akademischen Krankenhause behandelt.

Unterhautzellgewebe fettarm, die Haut trocken und sich abschuppend. An der Haut des Unterschenkels zeigte sich eine pseudoerysipelatöse Röthe und eine kleine eiternde Fläche. Oedem der Füße und der Unterschenkel bis ans Knie. Die Schleimhäute blaß und trocken. Fast totale Appetitlosigkeit, doch ohne Zungenbelag; hartnäckige Diarrhoen, zuweilen Uebelkeit. Pat. klagt über Kopfschmerz in beiden Schläfengegenden; Schwindel und Ohrensausen namentlich bei aufrechter Körperstellung. Die objektive Untersuchung ergiebt ein systolisches Blasen am Herzen bei normaler Größe desselben; Nonengeräusch an den Halsvenen; Arterien eng und schwach pulsirend, 96 Schläge. An den unteren Theilen der beiden hinteren Thoraxhälften Dämpfungen bei der Perkussion mit sehr schwachem Respirationsgeräusche. An den oberen Theilen der Lunge einzelne feuchte Rasselgeräusche. Katarrhalische, zuweilen mit etwas Blut tingirte Sputa. Die Leber läßt keine Veränderung erkennen; dagegen erscheint die Milz um das Doppelte etwa vergrößert. Das Abdomen stark gespannt und läßt sich sowohl durch das Gefühl der Fluktuation, wie durch die Perkussion ein reichlicher flüssiger Erguß im Peritonealcavum nachweisen. Der Harn dunkel gefärbt, spärlich; spez. Gew. 1018; beim Kochen, sowie nach Zusatz von Salpetersäure bildet sich ein ziemlich starkes Albuminsediment. — O r d i n. Infus. Ipecac. -- Klystiere mit Amylum und Opium; gute Nahrung, Wein. — Als die Diarrhöen durch diese Mittel nicht gestillt werden konnten, wurden Klystiere mit Argent. nitric. und innerlich ein Decoct. Colomb. gereicht. Aber auch diese Mittel blieben im Allgemeinen ohne besonderen Erfolg; der Ascites nahm mehr und mehr zu, so daß wegen dadurch bedingter heftiger Athemnoth am 30. Januar 1858 zum zweiten Male die Paracentese des Bauchs vorgenommen werden mußte, durch welche etwa 20 Schoppen einer hellgelben, sehr albuminreichen Flüssigkeit entleert wurden. In den nächsten Tagen nach der Operation große Erleichterung; das Oedem der Beine hatte sich vermindert, und auch der Albumingehalt des Harns schien geringer geworden zu sein. Die Stühle waren jetzt mehr breiig und erfolgten nur einige Male des Tages; auch der Appetit hatte sich gebessert, und Pat. fühlte sich etwas kräftiger. Doch bereits am 16. Februar war der frühere Zustand wieder in derselben Weise ausgebildet; der Ascites, ebenso das Oedem der Beine hatte sich wieder, wie vorher, eingestellt, und es mußte an diesem Tage wegen qualvoller Dyspnoe die Paracentese zum dritten Male wiederholt werden, welcher, wie das erste Mal, Erleichterung aller Symptome nachfolgte. Jedoch wurde am 1. März, ebenso am 18. März die Wiederholung der Paracentese nöthig. Am 29. März war der Ascites wiederum aufs Höchste gestiegen; es hatte sich starkes Oedem der Bauchdecken und der äußeren Genitalien dazugesellt; die Diarrhöen hatten wieder zugenommen und unter zunehmender Schwäche und Collapsus verschied die Kranke an genanntem Tage Nachmittags 3 Uhr.

S e c t i o n. Graciler Körperbau; blaßgelbe Hautdecken; Oedem der unteren Extremitäten und der Bauchwandung; atrophische, blasse Musculatur. Das knöcherne Schädeldach dick und compact; auf dem Scheitel einige flache Exostosen. Die Dura mater anämisch; die Pia mater leicht serös infiltrirt und längst des Verlaufes der größeren Gefäße von weißlicher Trübung. Etwas Serum in den Seitenventrikeln, Gehirnsubstanz ohne besondere Veränderung. — Die rechte Lunge durch einzelne alte Adhäsionen mit der Thoraxwand verwachsen; die linke Lunge frei.

Nirgends Spuren von Tuberkelbildung. In den Bronchien mäßige Mengen schleimigen Secrets. Doppelseitiger Hydrothorax mit Compression der unteren Lungenlappen. — Im Pericard geringe Mengen von Serum. Das Herz klein, prall contrahirt, in seinen Höhlen nur wenig dünnflüssiges Blut; die Muskulatur desselben dunkelbraun, stark pigmentirt, sehr derb und auf dem Durchschnitte von fast speckartigem Glanze. — Im Abdomen sehr viel klare, hellgelbe, ascitische Flüssigkeit, in welcher sich nur spärliche, gallertige Gerinnselfetzen vorfinden und durch welche das Zwerchfell bis herauf zur vierten Rippe verschoben ist. Das Netz sehr atrophisch. Die Leber klein und geschrumpft, ihre Kapsel an vielen Stellen schwielig verdickt, von wo aus sich derbe und mächtige Bindegewebszüge ein Stück weit in das Leberparenchym hinein fortsetzen und letzteres dadurch narbig mißstalten. In diesen sehnig weißen, narbigen Bindegewebszügen der Kapsel sowie jenen in der Leber fallen einzelne, erbsen- bis bohnengroße, rundlich umschriebene, mehr gelbweiße Knoten auf, welche sich scharf von dem umliegenden Bindegewebe abheben, und, wie das Mikroskop zeigt, aus Bindegewebspartien bestehen, deren Bindegewebskörper in weitgehendem Grade fettig entartet sind. Diese Zustände finden sich sowohl am kleinen, wie am großen Leberlappen, welcher letzterer außerdem noch an seiner Oberfläche mit theils kugeligen, theils spitzen und zapfenförmigen, sehr derben, bindegewebigen Fortsätzen besetzt ist. Durch diese Processe zeigt sich die Leber sehr difform und in einzelne kugelige Partien abgeschnürt; zwischen die feineren Parenchymtheile der Leber jedoch sieht man die Bindegewebswucherung sich nicht hinein fortsetzen und findet sich überhaupt ihr Parenchym mit Ausnahme einer durch Pigmentgehalt der Leberzellen bedingten, braunen Färbung nicht wesentlich verändert. Auch in der Gegend der Porta zeigt sich viel schwieliges Gewebe, jedoch ohne merkliche Strictur der V. porta. Die Gallenblase durch derbe Adhäsionen mit dem Quercolon verbunden. — Die Milz bedeutend vergrößert, von wachsartiger Härte und einer starken Knickung am oberen Ende, bietet im Ganzen den Habitus einer exquisiten Amyloidmilz. Jedoch sieht man schon durch die Kapsel eine ausgedehnte Partie der Milz grauweiß hindurchschimmern, und findet sich dieser Stelle entsprechend auf dem Durchschnitt das Milzparenchym zu einer vollständig blutleeren und unregelmäßig begrenzten Masse umgewandelt, welche im Centrum mehr weiße und weißgelbe Partien zeigt, weiter nach außen dagegen ein graulichweißes, durchscheinendes, dem weißen Wachse auch an Consistenz vollständig ähnliches Verhalten annimmt. Diese Masse verlor sich mit nicht ganz scharfer Begrenzung in das Gewebe der übrigen, den characteristischen Habitus einer gewöhnlichen blaßrothen Wachsmilz darbietenden Pulpe und wurde dieselbe wegen ihres dem weißen Wachse so vollständig in jeder Beziehung gleichenden Verhaltens schon an der Leiche, noch bevor die chemischen Reactionen vorgenommen werden konnten, für möglichst reine amyloide Substanz diagnosticirt (vgl. die Abbildung). — Die Schilddrüse durch ältere und frischere Colloidknoten vergrößert. Auf der Schleimhaut der hinteren Pharynxwand, sowie an der vorderen Fläche des Gaumensegels einzelne narbige Stellen und mehrere flache, derbe Erhabenheiten von rundlicher Form, ähnlich den Papules muqueux. Die Tonsillen etwas geschwollen. Im Magen, dessen Schleimhaut von einem zähen, gelblichen Schleime bedeckt ist, spärliche Speisereste. Die Schleimhaut des übrigen

Digestionskanales blaß, anämisch, leicht geschwellt und von eigenthümlichem
Glanze; nur im Colon stellenweise schieferige Pigmentirung. Im Endtheil des
Ileums, sehr nahe dem Coecum, findet sich ein etwa kreuzergroßes, rundliches, bis
auf die Submucosa dringendes Geschwür, von zackiger, buchtiger Begrenzung und
etwas derben, erhabenen Rändern; die Basis des Geschwürs gereinigt und ohne
specifischen Charakter. Ein zweites, weit umfangreicheres Geschwür sitzt im Coecum gleich an der Klappe; dasselbe dringt gleichfalls bis theils auf die Submucosa, theils auf die Muskelschichte, zeigt ebenfalls buchtige, etwas derbe und dicke
Ränder und ist mit seinem längeren Durchmesser in die Queraxe des Colons gelagert. Jede Spur von Tuberkelgranulation fehlte ebenso in der Basis, wie in den
Rändern oder der Umgebung des Geschwürs; ebenso waren alle diese Theile blaß
und anämisch. — Die Nieren vielleicht etwas vergrößert, sehr derb und fest; die
Rindensubstanz hell und anämisch, sehr derb und glänzend; die Pyramiden hell-
roth. In der Harnblase etwas dunkler Harn. Der Uterus sehr derb und etwas vergrößert durch interstitielle Bindegewebswucherung. Am Eingang und im Anfangs-
theil der Vagina mehrere, theilweise ziemlich umfangreiche Narbenbildungen, mit
sehnigweißer Schrumpfung und strahliger Einziehung der Schleimhaut. Die großen und kleinen Nymphen ödematös.

Die mikroskopische Untersuchung der verschiedenen Organe zeigte
zunächst in der Leber nur an den Wandungen einzelner Blutgefäße
die amyloide Degeneration in mäßigem Grade; die Leberzellen dagegen
erschienen nirgends amyloid erkrankt, sondern nur von etwas reich-
licherem, älterem, körnigem Pigmentgehalte. Es erschien dieser Mangel der amyloiden Degeneration am Leberparenchym um so auffallender und bemerkenswerther, als doch das Parenchym der Milz die Entartung in so ungewöhnlichem und vollständigem Grade darbot, daß ein
Theil derselben in reine Amyloidsubstanz durchaus umgewandelt war.
Nahm man etwas von der beschriebenen weißen, wachsartigen Partie
der Milz unter das Mikroskop, so konnte man hier alle Bestandtheile derselben, die Zellen in gleicher Weise wie das Balkengewebe und die Gefäße, in die homogene, die Jodschwefelsäurereaction aufs Prächtigste
ergebende, glasige Amyloidsubstanz umgewandelt sehen, bei vollständiger Anämie dieser Theile. Nur hie und da sah man in dieser Masse
noch einzelne kleine Partikelchen oder gröbere Gefäße, an welchen
die amyloide Reaction nicht zu Stande kam. Die oben beschriebenen
weißgelben Stellen in der Mitte der wachsartig weißen Masse der Milz
verdankten ihr Aussehen ziemlich viel feinkörnigem Fett, welches in
die amyloide Masse eingestreut war, und zwar ließ sich bei genauerer
Untersuchung verfolgen, daß dasselbe durch Fettdegeneration der
Bindegewebskörper des Balkengewebes an dieser Stelle frei geworden
war, während die Bindegewebsgrundsubstanz der letzteren in amyloide

Substanz umgewandelt erschien. Der übrige Theil der Milz bot das bekannte Verhalten der gewöhnlichen hellrothen Wachsentartung*). Die
Nieren zeigten außer mäßiger Vermehrung der Epithelien in den cor-
tikalen Harnkanälchen die ausgesprochenste amyloide Degeneration
ihrer Gefäße, namentlich der Glomeruli und der zuführenden Arteriolen.
An den Gefäßen des Uterus, der Uterin- und Scheidenschleimhaut,
des Herzens usw. ließen sich überall amyloide Entartungen nachweisen,
dagegen fehlten dieselben an der Muskelsubstanz des Uterus und des
Herzens, obgleich letzteres auf dem Durchschnitt sehr homogen und
glasig aussah und die meisten seiner Muskelelemente ihre Querstreifen
verloren und ein mehr homogenes Aussehen angenommen hatten. An
den Gefäßen der Lungen, ebenso des Gehirns keine Reaction, dagegen
wiederum in ausgezeichneter Weise an den Gefäßen des Darmcanales,
namentlich der Schleimhaut des Injunums bis herab zum Endtheil des
Colons, in geringerem Grade des Magens. Die Zotten der Darmschleim-
haut schienen zwar noch erhalten, aber es zeigte sich in ihre Substanz
eine Masse amyloider Schollen und Bröckel eingelagert, welche dem zer-
fallenen Capillarnetz der Zotte anzugehören schienen. An den größeren Arterienästchen des Darms und des Unterschleimhautgewebes sah
man oft bloß die Innenhaut glasig verdickt, während die äußeren Häute
sich noch normal verhielten, was jedenfalls dafür zu sprechen scheint,
daß in den Gefäßen die amyloide Infiltration von Innen nach Außen
fortschreitet und direct vom Blute aus in die Häute sich ablagert. Am
auffallendsten aber erschienen die im Darmcanal vorhandenen Ge-
schwüre, für welche kein anderer Erklärungsgrund aufgefunden werden
konnte, als eben die ausgedehnte Entartung der Gefäße und die dadurch gesetzte Ernährungsstörung der Schleimhaut selbst, so daß wir
nicht anstehen, dieselben geradezu als amyloide Darmgeschwüre zu
bezeichnen. In dieser Hinsicht erinnern wir an die früher einmal von dem
Einen von uns gemachte Beobachtung von Defekt fast aller Zotten des
Darmkanales in einem Falle von amyloider Degeneration der Darm-
gefäße (dies. Archiv Bd. XI. S. 391), wo unter den obwaltenden Verhältnissen doch kaum an ein Leichenphänomen gedacht werden konnte,

---

*) Wir erinnern bei dieser Gelegenheit an eine Beobachtung von B e c k m a n n,
welcher einmal in den Nierenpyramiden eines alten Selbstmörders mit bloßem
Auge sehr deutlich wahrnehmbare, schneeweiße Flecken und Streifen sah, die
von einer ganz ausgezeichneten amyloiden Masse gebildet wurden. Archiv Bd. XIII.
S. 98. (1858.)

sowie wie wir auch in dem gegenwärtigen Falle einzelne besonders
entartete Zotten entschieden wie im Zerfall begriffen gesehen haben.
Auch B e c k m a n n (dies. Archiv Bd. XIII. S. 97) fand bei einem ähnlichen Falle im unteren Theile des Ileums, häufiger im Coecum und
Colon ascendens neben rundlichen oberflächlichen Schleimhautdefekten
größere Schleimhautpartien von meist unregelmäßiger Begrenzung ge-
wulstet oder abgelöst, über der freiliegenden Submucosa in Form von
Fetzen hängend, zum Theil ganz ausgefallen.

Daß es sich in unserem beschriebenen Falle um ein neues Beispiel
von amyloider Degeneration in Zusammenhang mit inveterirter con-
stitutioneller Syphilis gehandelt habe, wie bereits früher wiederholt Beispiele für einen solches Nexus in diesem Archive (Bd. XI. S. 393;
Bd. XIII. S. 498) beigebracht wurden, schien nicht zweifelhaft. Die
alten Narben in der Scheide und im Rachen, die flachen Schleimhaut-
papeln an den Gaumentheilen, die characteristische Affection der Leber,
sowie vielleicht auch die flachen Exostosen am Schädel sprachen zu bestimmt für einen derartigen Zusammenhang, und möchten wir nur noch
auf die auffallende Aehnlichkeit hindeuten, welche dieser Fall mit einem
früher durch Einen von uns beschriebenen (Archiv Bd. XIII. S. 500)
darbot, indem auch in letzterem die gleiche syphilitische Leberaffection,
doch ohne Amyloid ihres Parenchyms, neben einer hochgradigen Wachsmilz und ausgedehnten Amyloidentartungen des Gefäßsystems und
Darmkanales sich vorgefunden hatte. Was die bei unserer Kranken
früher bestandenen tertianen Fieberanfälle betrifft, so schienen dieselben einer zufällig coincidirenden Intermittens angehört zu haben;
dieselben etwa auf die amyloide Erkrankung der Milz beziehen zu wollen, scheint unstatthaft, indem, soviel wenigstens die bisherigen Beobachtungen zeigen, die Wachsmilz keine derartigen Fieberanfälle bedingt, und auch umgekehrt die chronischen Fieberkuchen keine amyloiden Reactionen darbieten. Der Hydrops schien zum Theil Folge der
Leberaffection (Ascites), theils der amyloiden Entartung der Nieren-
gefäße, und wir sehen auch hier wieder die letztere unter einem dem
klinischen Begriffe der Bright'schen Krankheit sehr ähnlichen Sym-
ptomenkomplexe verlaufen, wie dies bereits in einer ganzen Reihe früherer Beispiele der Fall war.

Als die wichtigste Veränderung aber, welche sich in unserem Falle
ergab, erschien ohne Zweifel der beschriebene eigenthümliche Zustand,
den die Milz an einer bestimmten Ausdehnung darbot. Indem nicht nur

der gröbere Habitus dieser Partie, sondern auch das mikroskopische
Bild derselben und die Gleichmäßigkeit, mit welcher bei Zusatz von
Jod und Schwefelsäure die blaue Färbung erfolgte, darauf hinwiesen,
daß dieselbe fast ausschließlich aus Amyloidsubstanz bestehe, oder
wenigstens dieselbe in einem ungleich reineren Zustande und größerer
Menge hier vorliege, als sie seither beobachtet worden, so benutzten
wir diese selten gebotene Gelegenheit, die Substanz möglichst zu
isoliren und sie einer genaueren chemischen Analyse zu unterwerfen.

Man weiß, daß über die chemische Natur der mit Jod und Schwefelsäure blau werdenden s. g. thierischen Amyloidsubstanz verschiedene
Ansichten ausgesprochen worden sind. Schon bei der ersten Entdek-
kung derselben im Gehirne hielt Virchow die hier vorkommenden
concentrischen Körper wegen ihrer Eigenschaft, mit Jod und Schwefelsäure eine blaue Färbung einzugehen, für eine der pflanzlichen Cellulose ähnliche Substanz, hebt jedoch bei Gelegenheit weiterer Mittheilungen über diesen Gegenstand hervor, daß ihm der Unterschied der thierischen Amyloidsubstanz von der Cellulose oder von dem Stärkemehl
durchaus nicht entgangen sei, daß dieselbe weder alle Eigenschaften
des Amylons, noch alle Eigenschaften der pflanzlichen Cellulose besitze,
aber wahrscheinlich ein mit beiden isomerer Körper sei. Nachdem
weiterhin zahlreiche, theils von Virchow selbst, theils von anderen gemachte Beobachtungen den Nachweis geliefert hatten, daß nicht nur in
dem Gewebe der centralen und peripherischen Nervenapparate, sondern
auch in zahlreichen anderen Organen (Milz, Leber, Knorpel, Gefäße,
Lungen, Prostata etc.) unter gewissen krankhaften Verhältnissen bald
eine concentrisch geschichtete, bald amorph in die Gewebsbestandtheile
infiltrirte Substanz vorkomme, welche mit Jod und Schwefelsäure die
für das Amylon und die vegetabilische Cellulose characteristischen
Reaktionen darbietet, so schloß man sich ziemlich allgemein der von
Virchow ausgesprochenen Ansicht an. So erklärte u. a. Busk die
thierische Amyloidsubstanz für eine Art von Cellulose, weil sie nicht nur
mit Jod und Schwefelsäure, sondern auch mit Chlorzinkjod die blaue
Färbung gebe; Donders und Moleschott, sowie neuerlichst vom
botanischen Standpunkte aus Naegeli, betrachteten die Corpora amy-
lacea des Gehirns für wirkliche Stärke, weil sie mit Jod allein schon
einen blauen Schimmer annehmen, und auch der Erstere von uns schloß
sich, zunächst veranlaßt durch das Studium gewisser in den Lungen

vorkommender geschichteter Concretionen, der von Virchow aufgestellten Anschauung an.

Gegenüber diesen Ansichten, welche im Wesentlichen darin übereinstimmen, daß das thierische Amyloid ein den vegetabilischen Kohlenhydraten ähnlicher Stoff sei, suchte bekanntlich Meckel die Meinung
zu begründen, daß die blaue Färbung, welche jenes auf Zusatz von Jod
oder von Jod und Schwefelsäure zeige, von Cholestearin herrühre, und
zeigte in der That wenigstens, daß in der wachsartig oder amyloid
degenerirten Milz beträchtliche Mengen von Cholestearin enthalten
seien. Daß aber Meckel's Ansicht keine Wahrscheinlichkeit für sich
habe, hat schon Virchow gründlich dargethan, indem er mit Recht
hervorhob, daß alle Reaktionen, und namentlich die durch Jod und
Schwefelsäure eintretenden Färbungen der Amyloidsubstanz vollständig
von denen des Cholestearins verschieden seien, und indem er weiter
darauf hinwies, daß andere, an Cholestearin sehr reiche Gewebe, z. B.
die Nervensubstanz, die Jodschwefelsäurereaktionen des thierischen
Amyloids nicht zeigten. Weiterhin hat Paulizky (de Prostatae degene-
ratione amyloidea et concretionibus. Diss. inaug. Berol. 1857. p. 20)
den Nachweis geliefert, daß aus den amyloiden Concretionen der Prostata durch Alkohol Cholestearin ausgezogen werde, daß aber die mit
Alkohol und Aether extrahirten, also offenbar cholestearinfreien Concretionen noch dieselben Farbreaktionen zeigten, wie vorher. Hatte so
einerseits die Ansicht, daß die Farbreaktionen des thierischen Amyloids
durch Cholestearin veranlaßt werden, in den vorliegenden Thatsachen
kaum mehr eine Stütze, so ließen sich doch auch andererseits gegen
die Meinung, daß jenes eine dem Amylon oder der Cellulose ähnliche
Materie, also ein Kohlenhydrat sei, einige Zweifel geltend machen. Alle
Versuche, die Amyloidsubstanz, wie sie sich in verschiedenen Organen
des thierischen Körpers vorfand, in Zucker überzuführen, hatten ein
negatives Resultat ergeben, während doch diese Umwandlung bei der
Cellulose und dem Amylon mit Leichtigkeit hervorgebracht werden
kann und vom chemischen Gesichtspunkte aus, abgesehen von der Ele-
mentarzusammensetzung, für die am meisten charakteristische Eigenschaft aller eigentlichen Kohlenhydrate gehalten werden muß. Der von
Paulizky (l. c. p. 21) angestellte Versuch, nach welchem die Concretionen der Prostata nach längerem Erwärmen mit Speichel keine
Jodreaction mehr zeigten, kann in keiner Weise als Beweis dafür angesehen werden, daß das Amylon in Zucker übergegangen sei, indem in

diesem Falle der gebildete Zucker durch Reagentien doch leicht hätte nachgewiesen werden können, während doch Paulizky bestimmt angiebt, daß ihm dieses nicht gelungen sei. Als die hauptsächlichste Eigenschaft, welche demnach die thierische Amyloidsubstanz mit der Cellulose und dem Amylon gemeinsam darbietet, blieb somit nur ihr Verhalten zu Jod und Schwefelsäure, und es konnte dasselbe, da man außer der Cellulose und dem Amylon keine Körper kennt, welche ähnliche Reactionen zeigen, allerdings zunächst zu der Vermuthung führen, daß das thierische Amyloid eine den Kohlenhydraten analoge oder ähnliche Substanz sein möchte.

Bei diesen widersprechenden Ansichten über die chemische Natur der sog. Amyloidsubstanz schien es bei Vornahme der chemischen Untersuchung der in dem beschriebenen Falle vorgefundenen Milz zunächst geboten, speciell auf die Beantwortung folgender Fragen hinzuarbeiten:

1. Enthält die Amyloidmilz außergewöhnliche Mengen von Cholestearin und ist dieses die Ursache der Jodschwefelsäurereaction?

2. Enthält die Amyloidmilz einen der Stärkereihe in chemischer Beziehung ähnlichen Körper, welchem diese Reaction eigenthümlich ist?

Wir bemerken gleich von vorne herein, daß die von uns angestellten Versuche beide Fragen verneinend beantworten, und daß das chemische Verhalten jener wachsartigen weißen Partie der Milz mit beiden Ansichten im Widerspruche steht. Es zeigte nämlich diese Substanz das folgende Verhalten. Wasser ließ dieselbe sowohl in der Kälte, wie beim Kochen anscheinend unverändert und entzog nur Spuren einer eiweißartigen Materie. Auch Alkohol und Aether bewirkten keine beträchtliche Veränderung, und die mit beiden Lösungsmitteln extrahirte Substanz zeigte auf Zusatz von Jod und Schwefelsäure noch dieselbe Farbereaktion, ja es trat die blaue Färbung an derselben sogar noch leichter und reiner ein, als vorher. Kochte man Stückchen dieser Substanz längere Zeit mit sehr verdünnter Schwefelsäure, so löste sich dieselbe zu einer fast klaren Flüssigkeit auf, in welcher nur noch einzelne baumartig verästelte Bildungen ungelöst zurückblieben, welche bei mikroskopischer Betrachtung sich als Gefäßreste erkennen ließen, deren amyloide Substanz extrahirt zu sein schien. Die so erhaltene klare Lösung der amyloiden Substanz reducirte eine alkalische Kupferlösung nicht, enthielt also keinen Zucker; dieselbe ergab dagegen, wenn die Reaktion nach der Trommer'schen Methode angestellt wurde, eine schwach violett

gefärbte Flüssigkeit und verhielt sich also in dieser Hinsicht wie die
Lösung einer eiweißartigen Materie. In verdünnter Aetzkalilösung quoll
die Substanz zuerst auf, wurde dann durchsichtig und löste sich endlich beim Kochen oder auch nur bei längerem Erwärmen vollständig
auf, nur mit Hinterlassung derselben spärlichen verästelten Flocken,
wie sie auch bei Anwendung von Schwefelsäure ungelöst zurückgeblieben waren. Bei Zusatz von Säuren ergab diese alkalische Lösung einen
weißen, flockigen Niederschlag und verhielt sich also auch in dieser
Beziehung wie die Lösung einer eiweißartigen Materie.

Wenn es schon nach diesen Versuchen als höchst wahrscheinlich erscheinen mußte, daß bei weitem die Hauptmasse jener wachsartigen
Substanz ein dem Eiweiß oder Fibrin ähnlicher Körper sei, so schien es
doch weiter geeignet, die ganze Menge des zu Gebote stehenden Mate-
riales zu weiteren chemischen Versuchen zu verwenden. Die farblosen,
wachsartigen Theile der Milz wurden demnach sorgfältig ausgeschnitten,
in feine Stückchen zertheilt und zur Entfernung des l ö s l i c h e n
E i w e i ß e s wiederholt mit kaltem Wasser zerrieben und extrahirt;
sodann wurden sie nacheinander mit heißem Wasser, mit verdünntem
und absolutem Alkohol und endlich wiederholt mit Aether ausgezogen.
Da diese Lösungsmittel verhältnißmäßig nur wenig extrahirt hatten,
so wurden alle Auszüge vereinigt und im Wasserbade zur Trockene verdampft. Der Rückstand wurde dann mit Aether ausgezogen. Der dabei
ungelöst bleibende Theil bestand wesentlich aus eiweißartigen Materien,
enthielt aber außerdem beträchtliche Mengen von Kochsalz und wie es
schien, auch etwas Leucin; wenigstens gab die wässerige Lösung beim
Verdunsten neben deutlichen Kochsalzkrystallen einzelne Krystallwarzen, die unter dem Mikroskop das Ansehen des Leucins zeigten. Die
vorhandene Quantität gestattete nicht, weitere bestätigende Versuche
in letzterer Beziehung anzustellen; da jedoch das Leucin mehrfach als
Bestandtheil, und, wie es scheint, sogar als constanter Bestandtheil selbst
der gesunden Milz aufgefunden wurde, so konnten jene wohl für solches gehalten werden. Die oben bezeichnete ätherische Lösung hinterließ bei freiwilligem Verdunsten Cholestearin, zum Theil in wohlausgebildeten Krystallen und in so beträchtlicher Menge, daß es durch Umkrystallisiren vollständig weiß und rein erhalten werden konnte. Neben
dem Cholestearin hinterließ die ätherische Lösung kleine Oeltropfen einer
fetten Substanz, von denen einzelne nach starkem Abkühlen feine nadelförmige Krystalle auf der Oberfläche zeigten. Offenbar konnten diese

Fetttropfen für das in den fettig degenerirten Bindegewebskörpern der amyloiden Bindegewebsbalken, wie oben beschrieben wurde, vorhanden gewesene, feinkörnige und jetzt extrahirte Fett angesehen werden.

Die Hauptmasse des zu diesen Versuchen verwendeten weißen, wachsartigen Theiles der Milz war bei diesen verschiedenen Extractionen ungelöst zurückgeblieben und es stellte derselbe nach dem Verdunsten des Aethers fast weiße Körner und Klumpen dar, welche unter dem Mikroskope zum bei weitem größten Theile aus völlig formlosen, glasigen Schollen bestehend erschienen, denen nur eine verhältnißmäßig geringe Menge von Resten gröberer Gefäße beigemengt war. Diese so dargestellte Substanz zeigte auf Jod und Schwefelsäure noch dieselbe blaue Reaction in der allerschönsten Weise, wie die ursprüngliche Milz; jedoch verschwand die blaue Farbe bei den kleineren Körnchen weit rascher, als bei den größeren Schollen, indem sie zuerst in Grün und dann in Blaßgelb überging. Nur die genannten beigemengten Gefäße versagten die amyloide Reaktion und färbten sich rothgelb. Eine Trennung dieser formlosen Schollen von den Gefäßresten war nun der Aehnlichkeit des Verhaltens wegen auf chemischem Wege nicht wohl ausführbar, aber sie konnte wenigstens annähernd auf mechanischem Wege erreicht werden. Wurden nämlich die extrahirten Milzteile mit Aether zerrieben, so ließ sich durch Abschlämmen ein Theil der formlosen Schollen fast frei von Gefäßresten erhalten und stellte dann ein weißes, mehlartiges Pulver dar, in welchem auch mit dem Mikroskope nur noch sehr spärliche Reste von Gefäßen aufgefunden werden konnten. Da eine noch weitere und vollständige Reinigung dieser amorphen Materie, welcher offenbar die blaue Farbereaktion der Amyloidsubstanz eigenthümlich ist, nicht erreicht werden konnte, so führten wir mit dieser so dargestellten und bei 100° getrockneten Substanz eine Elementaranalyse aus. Die Resultate der Verbrennung waren:

0,1978 Grm., mit chromsaurem Bleioxyd verbrannt, gaben 0,3890 Grm. Kohlensäure und 0,1246 Grm. Wasser.

0,2451 Grm. gaben 0,5894 Grm. Platinsalmiak, entsprechend 0,0369 Grm. Stickstoff.

Daraus leitete sich die procentische Zusammensetzung her:

$$C = 53,58$$
$$H = 7,00$$
$$N = 15,04$$

Vergleicht man diese Zusammensetzung mit den Resultaten von Analysen eiweißartiger Substanzen, z. B. mit den folgenden:

Eiweiß

| nach Dumas und Cahours | | | nach Lieberkühn | nach Rüling |
|---|---|---|---|---|
| C = 53,5 | 53,4 | 53,5 | 53,5 | 53,8 |
| H = 7,1 | 7,2 | 7,3 | 7,0 | 7,1 |
| N = 15,8 | 15,7 | 15,7 | 15,6 | 15,5 |

so findet man, daß die Uebereinstimmung so groß ist, wie sie bei einem Körper der Art, der eine absolute Reindarstellung nicht gestattete, nur möglich ist. Der Stickstoffgehalt der von uns untersuchten Substanz wurde zwar etwas niedriger gefunden, als jener der meisten eiweißartigen Körper; indessen ist die Uebereinstimmung immer hinlänglich groß, um keinen Zweifel darüber zu lassen, daß der analysirte Körper zur Gruppe der eiweißartigen Substanzen gehörte. Mit Bezugnahme auf unsere beiden oben aufgeworfenen Fragen kann demnach als erwiesen betrachtet werden:

1. Die Wachsmilz enthält zwar beträchtliche Mengen von Cholestearin, aber dieses ist nicht die Ursache der Jodschwefelsäurereaktion.

2. Die Wachsmilz enthält keinen dem Amylon oder der Cellulose in chemischer Hinsicht ähnlichen Körper.

Unsere Untersuchungen und Angaben beziehen sich zunächst nur auf die amyloide Substanz der Milz, und es kann aus denselben mit Sicherheit kein directer Schluß auf die chemische Natur der Amyloidsubstanzen in andern Organen gezogen werden. Jedoch dürfte jetzt auch bezüglich dieser übrigen pathologischen Producte, die man der gemeinschaftlichen Jodschwefelsäurereaction wegen als Amyloidsubstanzen bezeichnet hat, die Ansicht größere Wahrscheinlichkeit gewinnen, daß sie nur eigenthümlich modificirte und veränderte eiweißartige Materien seien. Für diese Anschauung möchte auch die von dem Einen von uns früher dargestellte Entwicklungsweise der geschichteten Lungenamyloide aus concentrisch geronnenen Faserstofflagen, sowie der Eingangs dieses Aufsatzes gelieferte Nachweis amyloider Reaktionen an älteren Faserstoffschichten eines Haematocelesacks weitere Stützen beizubringen geeignet sein. Wenn demnach auch unserer Ueberzeugung nach die Amyloidsubstanz fernerhin zu den Proteinkörpern gerechnet werden muß, so werden doch immerhin die als amyloide Degenerationen der verschiedenen Gewebe bezeichneten Veränderungen sowohl ihres mor-

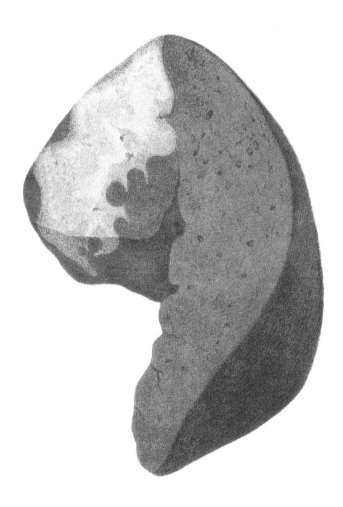

Zu N. Friedreich u. A. Kekulé: Zur Amyloidfrage
(Aus Archiv f. path. Anat. Bd. XVI, Tafel IV.)

phologischen Auftretens, wie ihrer eigenthümlichen Farbereaktionen wegen, wie endlich wegen ihrer allgemeineren Bedeutung einer besonderen constitutionellen Ernährungsstörung für den Pathologen von gleichem Interesse bleiben, und es dürfte auch gerade jetzt an der Bezeichnung des Processes als „amyloider Degeneration" um so weniger zu ändern sein.

## Erklärung der Abbildung.

Die Tafel zeigt die beschriebene Milz in natürlicher Größe auf einem frischen Durchschnitte und im Zustande der gewöhnlichen hellrothen, wachsartigen Degeneration. Die graue Partie im oberen Abschnitte derselben ist die fast völlig reine amyloide Substanz, welche gegen die Mitte in eine mehr weiße und im Centrum durch Einlagerung feinkörnigen Fettes in eine gelbliche Färbung übergeht. Durch die Kapsel sieht man die amyloide Substanz hindurchschimmern.

# Anfang der Untersuchungen über organische Säuren in Heidelberg 1858

## Bildung von Glycolsäure aus Essigsäure.

Mittheilung des Hrn. Dr. K e k u l é am 8. Febr. 1858. Verhandl. des naturhistorisch-med. Vereins zu Heidelberg 1, 105—107 (1857—1859).

R. H o f f m a n n beobachtete bei seiner vor einiger Zeit in K.'s Laboratorium augsführten Untersuchung über die Monochloressigsäure eine eigenthümliche Zersetzung der monochloressigsauren Salze, bei welcher, ohne daß die Bildung eines dritten Productes beobachtet wurde, Chlormetall und eine Säure gebildet wird. H o f f m a n n kam über die Natur dieser Säure nicht zu bestimmten Resultaten, sprach aber die Vermuthung aus, daß es Glycolsäure sein möge. Die theoretische Wichtigkeit dieser Bildung einer Säure mit zweiatomigen Radical aus einer einbasischen Säure gab Veranlassung zur Anstellung neuer Versuche, durch die sich die von H o f f m a n n ausgesprochene Vermuthung bestätigte.

K. hebt zunächst hervor, warum er diese Zersetzung für theoretisch besonders interessant hält.

Alkohol
$$\left. \begin{array}{c} C_4H_5 \\ H \end{array} \right\} O_2$$

Essigsäure
$$\left. \begin{array}{c} C_4H_3O_2 \\ H \end{array} \right\} O_2$$

Glycol
$$\left. \begin{array}{c} C_4H_4 \\ H_2 \end{array} \right\} O_4$$

Glycolsäure
$$\left. \begin{array}{c} C_4H_2O_2 \\ H_2 \end{array} \right\} O_4 .$$

Aus den einatomigen Alkoholen hat W u r t z vor kurzem eine merkwürdige Körpergruppe, die „Glycole" erhalten. Jedem Alkohol entspricht ein Glycol; das einatomige Radical des Alkohols wird durch Verlust von einem Atom Wasserstoff zu dem zweiatomigen Radical des Glycols. Jedem Alkohol entspricht ferner eine Säure (z. B. Essigsäure), die denselben Typus $H_2O_2$ zugehört und nur an der Stelle von $H_2$ im Radical $O_2$ enthält, und die durch Oxydation aus dem zugehörigen Alkohol erhalten werden kann. Ebenso entspricht jedem Glycol eine zweibasische Säure, bei deren Bildung ebenfalls zwei Atome H des Radicals durch O

ersetzt werden; und in der That hat W u r t z gezeigt, daß aus dem Glycol durch Oxydation Glycolsäure, aus dem nächst höherem Glied der
homologen Reihe dem Propylglycol $\left.{{C_6H_6}\atop{H_2}}\right\}O_4$ dagegen Milchsäure
$\left.{{C_6H_4O_2}\atop{H_2}}\right\}O_4$ erhalten wird. Aus den einatomigen Alkoholen lassen sich
also zweiatomige Glycole erhalten; durch Oxydation entstehen aus bei-
den Säuren; die neue Bildung der Glycolsäure aus Essigsäure zeigt nun
für die zwei Säuregruppen dasselbe was von W u r t z für die 2 Klassen
von Alkoholen dargethan wurde.

Dabei ist die Reaction noch deshalb besonders interessant, weil der
Uebergang des einatomigen Radicals der Essigsäure in das zweiatomige
Radical der Glycolsäure sich vollständig verfolgen läßt; weil man deutlich sieht, daß dieser Uebergang durch Austritt des Chlors, also durch
indirectem Austritt von 1 Atom Wasserstoff, erfolgt.

Nimmt man nun, wie es diesen Beziehungen nach geschehen muß, die
Formeln der Glycolsäure und der Milchsäure halb so groß an, als es seither geschah, so erscheinen diese Säuren homolog mit der Kohlensäure.
Die seither als Amide (der mit doppelter Formel geschriebenen Säuren)
betrachteten Körper: Glycocoll, Alanin etc. erscheinen als Aminsäuren;
die s. g. sauren Salze der Milchsäure werden zu übersauren entsprechend
den sauren Salzen der Essigsäure und dem vierfach sauren oxalsauren
Kali. Daß die Glycolsäure bei der Formel $\left.{{C_4H_2O_2}\atop{H_2}}\right\}O_4$ zwei Atome Wasserstoff außerhalb des Radicals enthält, zeigt die Existenz der Benzoglycol-
säure; auffallend ist nur, daß von den zwei Wasserstoffatomen nur eines
durch Metalle vertretbar ist, während bei der homologen Kohlensäure
die zwei Wasserstoffatome mit gleicher Leichtigkeit durch Metalle
ersetzt werden können; K. verspricht demnächst eine Ansicht über
die Molecularconstitution der chemischen Verbindungen mitzutheilen,
aus welcher sich diese Verschiedenheit der so nahestehenden und derselben homologen Reihe zugehörigen Substanzen herleiten läßt. —

Die neue Bildung der Glycolsäure giebt außerdem einen weiteren
experimentellen Anhaltspunkt für die Systematik der organischen Verbindungen an, welche K. seit längerer Zeit in seinen Vorlesungen benutzt und deren leitende Idee er durch das folgende Schema darstellt:

|              | Gruppe 1 | Gruppe 2   |
|--------------|----------|------------|
| Einatomige . . | $C_2H_3$ | $C_2H\,O_2$ |
| Radicale . . . | $C_4H_5$ | $C_4H_3O_2$ |
|              | $C_6H_7$ | $C_6H_5O_2$ |

| | Gruppe 3 | Gruppe 4 | Gruppe 5 |
|---|---|---|---|
| Zweiatomige . . | $C_2H_2$ | $C_2O_2$ | — |
| Radicale . . . | $C_4H_4$ | $C_4H_2O_2$ | $C_4O_4$ |
| | $C_6H_6$ | $C_6H_4O_2$ | — |
| | $C_8H_8$ | — | $C_8H_4O_4$ |

| | Gruppe 6 | Gruppe 7 |
|---|---|---|
| Dreiatomige . . | $C_2H$ | — |
| Radicale . . . | $C_4H_3$ | $C_4H\,O_2$ |
| (auch einatomig) | $C_6H_5$ | $C_6H_3O_2$ . |

Die Art der Systematik ist aus dem Vorhergehenden verständlich: aus den einatomigen Radicalen entstehen durch Verlust von H zweiatomige, durch weiteren Austritt von Wasserstoff die dreiatomigen Radicale; andrerseits werden durch Eintritt von Sauerstoff an die Stelle von Wasserstoff in das Radical saure Radicale erzeugt.

Die Gruppe 1 umfaßt die Alkohole und alle Abkömmlinge derselben.

Gruppe 2. Die fetten Säuren.

„  3. Homologe des Elayls, Glycols etc.

„  4. Kohlensäure, Glycolsäure, Milchsäure etc.

„  5. Oxalsäure, Bernsteinsäure etc.

„  6. Chloroform, Glycerin u. s. f. und ferner Allylalkohol etc.

„  7. Acrolein, Acrylsäure etc.

Der Uebergang der Monochloressigsäure in Glycolsäure erfolgt mit ausnehmender Leichtigkeit beim Erhitzen der monochloressigsauren Salze. Krystallisirtes und lufttrockenes monochloressigsaures Kali giebt dabei neben Glycolsäure auch Glycolid, nach dem Schema:

$$\left. \begin{array}{c} C_4H_2ClO_2 \\ K \end{array} \right\} O_2 = KCl + C_4H_2O_2 \cdot O_2$$

aber es entsteht stets Glycolsäure in überwiegender Menge, weil das Kalisalz schon Zersetzung erleidet ehe es sein Krystallwasser verloren hat. Am zweckmäßigsten erhitzt man eine concentrirte wässerige Lösung des monochloressigsauren Kalis in einem verschlossenen Apparat auf etwa 120°, dampft zur Trockene ein und extrahirt mit einem Gemenge von Alkohol und Aether. Beim Verdunsten dieser Lösung bleibt die Glycolsäure als unkrystallisirbare Masse; scheidet man sie dagegen aus dem Silbersalz mit Schwefelwasserstoff oder aus dem Kalksalz mit Schwefelsäure ab, so wird sie mit Leichtigkeit krystallisirt erhalten. Von den Salzen der Glycolsäure wurde das Kalksalz und das Silbersalz der Analyse unterworfen und außerdem das Barytsalz und das Bleisalz dargestellt. Aus den beobachteten Eigenschaften dieser Verbindungen zieht K. den Schluß, daß alle von früheren Beobachtern (Socoloff, Strecker, Cloëz, Dessaignes, Debus, Wurtz) durch andere Reactionen dargestellten Glycolsäuren identisch sind, und daß es nicht, wie von andrer Seite vermuthet wurde, zwei Modificationen dieser Säure giebt.

Das monochloressigsaure Ammoniak zerfällt genau wie das Kalisalz, es liefert Salmiak und Glycolsäure:

$$C_4H_2Cl(H_4N)O_4 + H_2O_2 = C_4H_4O_6 + NH_4Cl$$

während möglicherweise Glycocoll hätte entstehen können:

$$C_4H_2Cl(H_4N)O_4 = C_4H_5NO_4 + HCl.$$

Die aromatischen Säuren scheinen ein abweichendes Verhalten zu zeigen; wenigstens konnte durch Erhitzen von monochlorbenzoesaurem Kali keine Oxybenzoesäure erhalten werden.

# Bildung von Glycolsäure aus Essigsäure;
## von Aug. Kekulé

Liebig's Annalen 105, 286—292 (Heft III, ausgegeben 27. 3. 1858).

R. Hoffmann[1]) bespricht in seiner Untersuchung über die Monochloressigsäure eine eigenthümliche Zersetzung der monochloressigsauren Salze, bei welcher Chlormetall gebildet wird, während die vorher neutrale Flüssigkeit saure Reaction annimmt. Er kam über die Natur der dabei entstehenden Säure nicht zu bestimmten Resultaten, da er aber fand, daß weder Kohlensäure, noch Ameisensäure, noch Essigsäure, noch Oxalsäure gebildet wird, hielt er es für wahrscheinlich: „daß überhaupt nur Chlormetall austritt und der Rest der organischen Gruppe als ein Ganzes, wahrscheinlich unter Wasseraufnahme, vereinigt bleibt und von neuem eine Säure bildet, welche die Zusammensetzung der Glycocollsäure haben und etwa nach der Formel:

$$C_4H_2ClMO_4 + H_2O_2 = C_4H_4O_6 + MCl$$

entstehen könnte."

Der Gegenstand schien mir vom theoretischen Gesichtspunkt aus hinlängliches Interesse zu haben, um ihn weiter zu verfolgen. Die im nachfolgenden beschriebenen Versuche, zu welchen mein Freund Hoffmann mir sämmtliche von seiner Untersuchung herrührende Präparate

---

[1]) Diese Annalen CII, 12.

zur Verfügung stellte, haben diese Vermuthung völlig bestätigt; sie
haben gezeigt, daß in der That aus der Essigsäure Glycolsäure erhalten
werden kann. Es ist dieß, meines Wissens, das erste Beispiel der Bildung
einer *zweiatomigen* Säure aus einer *einatomigen* Säure der Essigsäure-
gruppe; in der Reihe dieser Säuren genau das, was die Bildung des Glycols aus Alkohol in der Reihe der entsprechenden Alkohole ist; und es
bietet diese Reaction für die Theorie noch besonderes Interesse, weil sie
deutlich zeigt, daß durch Eintritt von Chlor und resp. Austritt von
Wasserstoff aus dem *einatomigen* Radical der Essigsäure, das *zweiatomige* Radical der Glycolsäure entsteht, gerade so wie aus dem *einatomigen* Radical des Alkohols das *zweiatomige* Radical des Glycols
erhalten werden kann. Die Glycolsäure steht dieser Bildung nach zur
Essigsäure in der That in derselben Beziehung, wie das Glycol zum
Alkohol:

Alkohol

$$\left.\begin{array}{c} C_4'H_5 \\ H \end{array}\right\} O_2$$

Essigsäure

$$\left.\begin{array}{c} C_4'H_3O_2 \\ H \end{array}\right\} O_2$$

Glycol

$$\left.\begin{array}{c} C_4''H_4 \\ H_2 \end{array}\right\} O_4$$

Glycolsäure

$$\left.\begin{array}{c} C_4''H_2O_2 \\ H_2 \end{array}\right\} O_4,$$

während W u r t z [1]) bereits gezeigt hat, daß sie aus dem Glycol durch
dieselben Reactionen erhalten werden kann, wie die Essigsäure aus Alkohol.

Monochloressigsaures Kali verhält sich beim Erhitzen genau so, wie
es H o f f m a n n angegeben hat: das weiße lufttrockene Salz wird bei
längerem Erhitzen auf 110 bis 120° feucht, färbt sich gelblich und nimmt
saure Reaction an. Bei Behandeln mit kaltem Wasser wird viel Chlorkalium und gleichzeitig Glycolsäure ausgezogen, und es bleibt in verhältnißmäßig geringer Menge ein weißes Pulver ungelöst, welches in
heißem Wasser etwas löslich ist und beim Erkalten zum Theil wieder
ausfällt. Ich habe dieß Pulver immer in relativ geringer Menge und nie
von so reinem Aussehen erhalten, daß ich es der Analyse hätte unterwerfen können; da es indeß bei längerem Kochen mit Wasser zu Glycolsäure wird und beim Kochen mit Kalkwasser glycolsauren Kalk, das am
meisten characteristische Salz der Glycolsäure, liefert, so kann kein

---

[1]) Diese Annalen CIII, 367; Compt. rend. XLIV, 1306.

Zweifel darüber sein, daß es *Glycolid* ist, dessen Bildung nach dem Schema:

$$C_4H_2ClKO_4 = KCl + C_4H_2O_4$$

erfolgt. Daß beim Erhitzen des krystallisirten und lufttrockenen mono-chloressigsauren Kali's nur wenig Glycolid und wesentlich Glycolsäure gebildet wird, erklärt sich daraus, daß dieses Salz Krystallwasser ent-hält, welches ihm nicht entzogen werden kann, ohne daß es selbst Zer-setzung erleidet.

Aus der wässerigen Lösung, welche neben Glycolsäure noch viel Chlorkalium enthält, gewinnt man die Säure leicht, indem man die Lö-sung zur Trockne eindampft und mit einem Gemenge von Alkohol und Aether auszieht. Beim Verdunsten dieser Lösung bleibt die Glycolsäure als schwach gelbgefärbter Syrup zurück. Man kann auch direct aus der das Chlorkalium noch enthaltenden Lösung glycolsauren Kalk darstellen, indem man mit Kalkwasser kocht, den überschüssigen Kalk mit Kohlen-säure entfernt und die einigermaßen concentrirte Lösung erkalten läßt, wobei sich der in kaltem Wasser schwer lösliche glycolsaure Kalk aus-scheidet. Am reinsten und gleich von Anfang völlig farblos erhält man die Glycolsäure, wenn man eine concentrirte wässerige Lösung von monochloressigsaurem Kali lange Zeit kocht, oder besser, wenn man sie in einer verschlossenen Röhre einige Stunden auf 120 bis 140° erhitzt und dann die Glycolsäure in der oben angegebenen Weise von dem Chlorkalium trennt.

Um die Identität der so gebildeten Säure mit Glycolsäure nachzu-weisen, habe ich folgende Versuche angestellt, deren Resultat ich aus-führlich mittheile, weil die Glycolsäure noch verhältnißmäßig wenig ge-kannt [1]) ist und weil über die freie Säure und das Silbersalz namentlich die Angaben der Chemiker differiren.

*Glycolsäure.* — Die direct dargestellte Säure habe ich nicht krystalli-sirt erhalten können; der beim Eindampfen erhaltene zähe Syrup blieb selbst bei längerem Stehen ohne Spur von Krystallisation. Scheidet man die Säure dagegen aus dem Silbersalz mit Schwefelwasserstoff ab und dampft auf dem Wasserbad ein, so erstarrt die anfangs syrupdicke Flüssigkeit bald zu großen strahlig-gruppirten Krystallen, die ausneh-mend zerfließlich sind. Die Säure löst sich leicht in Alkohol und in Aether.

---

[1]) Vgl. Socoloff und Strecker, diese Annalen LXXX. 17; Cloëz, diese Annalen LXXXIV, 282; Dessaignes, diese Annalen LXXXIX, 339, Debus, diese Annalen C, 5 und CII, 27; Wurtz, diese Annalen CIII. 367.

*Glycolsaurer Kalk* wird erhalten, indem man die trockene Säure mit Kalkwasser kocht und den überschüssigen Kalk mit Kohlensäure fällt. Die heiße, nur einigermaßen concentrirte Lösung giebt beim Erkalten sternförmige Gruppen äußerst feiner amianthglänzender Nadeln, welche viel Mutterlauge einschließen, so daß die Lösung zu einer Art Brei erstarrt. Das Salz löst sich wenig in kaltem Wasser, doch so, daß durch Zusatz von Alkohol eine Fällung entsteht. Die Nadeln enthalten Krystallwasser, welches sie bei $100°$ verlieren; das trockene Salz bläht sich beim Erhitzen stark auf, während es zu kohlensaurem Kalk verglimmt.

0,4212 Grm. bei $100°$ getrocknet gaben 0,3902 Grm. $CO_2$ und 0,1242 Grm. HO.

0,2802 Grm. gaben 0,1472 Grm. CaO, $CO_2$.

Die Formel $C_4H_3CaO_6$ verlangt:

|      |    | Theorie |  Versuch |
|------|----|---------|----------|
| $C_4$ | 24 | 25,26  | 25,27    |
| $H_3$ | 3  | 3,16   | 3,28     |
| Ca    | 20 | 21,05  | 21,01    |
| $O_6$ | 48 | 50,53  | —        |
|       | 95 | 100,00. |          |

*Glycolsaurer Baryt*, wie das Kalksalz erhalten, ist weit löslicher wie dieses. Die wässerige Lösung nicht zu weit eingedampft liefert beim Stehen große wasserhelle Krystalle; beim Verdampfen bis zu Syrupconsistenz erhält man Krystallkrusten. Das Salz hat alle von S o c o l o f f und S t r e c k e r angegebenen Eigenschaften [1]. Es schmilzt beim Erhitzen, bläht sich stark auf und verglimmt zu einer kohlenreichen, schwer weiß zu brennenden Asche.

*Glycolsaures Bleioxyd.* — Eine heiße wässerige Lösung von glycolsaurem Kalk mit essigsaurem Bleioxyd versetzt giebt beim Erkalten kleine, zu Warzen vereinigte Nadeln.

*Glycolsaures Silberoxyd.* — Versetzt man eine heiße wässerige Lösung von glycolsaurem Kalk mit salpetersaurem Silberoxyd, so scheiden sich, wenn die Lösung concentrirt war, beim Erkalten Krystallflitter, bei verdünnterer Lösung über eine Linie lange Krystallblättchen aus. Das Salz ist in kaltem Wasser wenig löslich; es löst sich in heißem Was-

---

[1] Die Uebereinstimmung der Eigenschaften dieses Barytsalzes mit dem von S o c o l o f f und S t r e c k e r dargestellten und die offenbare Identität des von mir erhaltenen Kalksalzes mit dem glycolsauren Kalk von D e b u s und von W u r t z , läßt es wahrscheinlich erscheinen, daß alle seither dargestellten Glycolsäuren (und die Homolactinsäure) identisch sind, und nicht etwa, wie W u r t z (a. a. O.) meint, zwei verschiedene Modificationen.

ser, doch findet dabei Zersetzung unter Reduction von Silber statt; es
ist unlöslich in Alkohol; Zusatz von Alkohol scheidet es aus der wässerigen Lösung in Krystallfiltern aus. Die Analyse des bei 100° getrockneten Salzes gab folgende Resultate:

1,1335 Grm. gaben 0,5456 Grm. $CO_2$ und 0,1682 Grm. HO.

0,6512 „     „  0,3844 „  Silber,

woraus sich mit der Theorie vollkommen übereinstimmende Zahlen herleiten:

|        |     | Theorie | Versuch |
|--------|-----|---------|---------|
| $C_4$  | 24  | 13,11   | 13,12   |
| $H_3$  | 3   | 1,64    | 1,65    |
| Ag     | 108 | 59,02   | 59,03   |
| $O_6$  | 48  | 26,23   | --      |
|        | 183 | 100,00. |         |

Das monochloressigsaure Ammoniumoxyd zerfällt beim Erhitzen genau wie das Kalisalz, es liefert Glycolsäure und Salmiak, nach dem
Schema:

$$C_4H_2Cl(H_4N)O_4 + H_2O_2 = C_4H_4O_6 + ClH_4N.$$

Ich habe diesen Versuch deßhalb angestellt, weil möglicherweise die
Zersetzung auch nach anderer Richtung hätte gehen und nach dem
Schema:

$$C_4H_2Cl(H_4N)O_4 = C_4H_5NO_4 + HCl$$

Glycocoll und Salzsäure hätte liefern können.

Es schien mir von Interesse, diese für die Essigsäure beobachtete
Reaction, die aller Wahrscheinlichkeit nach auch bei den Homologen
der Essigsäure eintreten und so die Homologe der Glycolsäure liefern
wird, auch für eine der aromatischen Säuren zu versuchen. Die Monochlorbenzoësäure hätte der Analogie nach Oxybenzoësäure geben sollen:

$$C_{14}H_4ClKO_4 + H_2O_2 = C_{14}H_6O_6 + KCl.$$

Ich stellte daher nach der von Chiozza[1]) gegebenen Vorschrift
durch Einwirkung von Phosphorsuperchlorid auf Salicylsäure Chlorbenzoylchlorid und aus diesem durch Zersetzung mit Wasser Chlorbenzoësäure dar und erhitzte das Kalisalz dieser Säure trocken und in
wässeriger Lösung im Oelbad auf 180 bis 200°; in beiden Fällen trat
Zersetzung ein, die aber nicht das gewünschte Product gab; statt saurer

---

[1]) Diese Annalen LXXXIII, 317 (1852); Ann. chim. phys. [3] XXXVI, 102 (1852).

Reaction zeigte der Röhreninhalt, der noch viel unzersetztes Salz enthielt, alkalische Reaction; ich vermuthe daher, daß Chlorbenzol und kohlensaures Kali gebildet wurde:

$$C_{14}H_4ClKO_4 + H_2O_2 = C_{12}H_5Cl + C_2O_6KH.$$

# Ueber das Chloralid;[1]
## von Aug. Kekulé

L i e b i g ' s Annalen **105**, 293—295 (Heft III, 27. 3. 1858).

Gelegentlich einiger Versuche mit Chloral, deren Resultat ich später mittheilen will, fand ich die von S t ä d e l e r[2] gemachte Beobachtung bestätigt, daß bei Einwirkung von Schwefelsäure auf Chloral stets Zersetzung eintritt, bei welcher unter Entwickelung von Salzsäure Chloralid entsteht. Da die Bildung des Chloralids noch nicht hinlänglich aufgeklärt ist und da die von S t ä d e l e r vorgeschlagene Formel $C_{10}H_2Cl_6O_6$, trotz der Uebereinstimmung der aus der Formel hergeleiteten mit der durch die Analyse gefundenen Zusammensetzung, von vielen Chemikern in Zweifel gezogen, von G m e l i n z. B. in $C_8H_2Cl_6O_5$, von G e r h a r d t in $C_{12}H_3Cl_7O_8$ umgeändert wird, schien es geeignet, den Gegenstand etwas zu verfolgen.

Ich habe nun gefunden, daß das Chloralid in reichlichster Menge erhalten wird wenn man einmal über Schwefelsäure destillirtes Chloral mit etwa dem gleichen Volum rauchender Schwefelsäure mischt und erwärmt. Es entweicht dabei viel Salzsäure und es destillirt etwa $^1/_3$ des angewandten Chlorals ab; unter fortwährender Salzsäureentwickelung entweicht dann in stetigem Strom eine beträchtliche Menge von Kohlenoxydgas, so daß mit Wasser gewaschenes Gas brennbar ist und von Kupferchlorür fast vollständig absorbirt wird. Kohlensäure wird dabei höchst wenig gebildet und auch schweflige Säure tritt erst in späteren Stadien der Zersetzung auf. Läßt man sobald dieß geschieht erkalten, so erstarrt die auf der Schwefelsäure schwimmende Oelschicht zu Krystallen, welche mit Wasser gewaschen und aus Alkohol umkrystallisirt werden. — Die Ausbeute an Chloralid ist so groß, daß kein anderes Product zu entstehen scheint; auch habe ich mich durch besondere Ver-

---

[1]) Verhandl. d. naturhist.-med. Vereins zu Heidelberg. Mittheilung des Hrn. Dr. K e k u l é am 8. Febr. 1858, **1**, 104 (1857—1859).          (A.).

[2]) Diese Annalen LXI, 101.

suche überzeugt, daß die wässerige, die Schwefelsäure enthaltende Flüssigkeit keine gepaarte Schwefelsäure enthält.

Bei der ersten Krystallisation, durch Erkalten der alkoholischen Lösung, erhielt ich das Chloralid vollständig farblos, als schöne Nadeln von mehreren Linien Länge, gänzlich frei von dem öligen Körper, der nach S t ä d e l e r die Reinigung erschwert. Die Mutterlauge lieferte beim Verdunsten deutlich ausgebildete, 5 bis 6 Linien lange Krystalle von der von S t ä d e l e r beschriebenen Form. Ueberhaupt kann ich alles, was S t ä d e l e r über das Chloralid angegeben hat, bestätigen. Es schmilzt beim Erhitzen, erstarrt krystallinisch, sublimirt leicht schon unter dem Siedepunkt, bei längerem Stehen sogar bei gewöhnlicher Temperatur; den Erstarrungspunkt fand ich bei $108^{0}$, den Siedepunkt bei $260^{0}$ (S t ä d e l e r $200^{0}$).

Die Analyse ergab:

I. 0,6102 Grm. gaben 0,4170 $CO_2$ und 0,0394 HO.

  0,7630   „     „   2,0314 AgCl.

II. 0,3268 „     „   0,8742 AgCl.

Die aus diesen Analysen hergeleiteten Zahlen stimmen vollständig überein mit den Analysen von S t ä d e l e r und mit der von ihm vorgeschlagenen Formel, wie die folgende Zusammenstellung zeigt:

|  | Gerhardt's Formel | | | Städeler's Formel | | Städeler I. | II. | Kekulé I. | II. |
|---|---|---|---|---|---|---|---|---|---|
| $C_{12}$ | 72 | 18,58 | $C_{10}$ | 60 | 18,58 | 18,74 | 18,55 | 18,64 | — |
| $H_3$ | 3 | 0,77 | $H_2$ | 2 | 0,62 | 0,79 | 0,75 | 0,72 | — |
| $Cl_7$ | 248,5 | 64,13 | $Cl_6$ | 213 | 65,94 | 66,46 | 65,93 | 65,84 | 66,15 |
| $O_8$ | 64 | 16,52 | $O_6$ | 48 | 14,86 | — | — | — | — |

Nach diesen Ergebnissen der Analyse halte ich die von S t ä d e l e r vorgeschlagene Formel für die richtige, zumal da das beobachtete Auftreten von Kohlenoxyd auch einige Rechenschaft giebt von der Bildung des Chloralids; man hat:

Chloral                Chloralid

$$3\,C_4HCl_3O_2 + H_2O_2 = C_{10}H_2Cl_6O_6 + 3\,HCl + C_2O_2.$$

Ueber die rationelle Formel der Chloralids enthalte ich mich vorerst jeder Vermuthung, da die in der Richtung angestellten Versuche nicht hinlänglich entscheidende Resultate gaben. Ich will nur einstweilen erwähnen, daß das Chloralid beim Kochen mit Natronlauge beträchtliche Mengen von Chlornatrium liefert.

H e i d e l b e r g , 25. December 1857.

# Untersuchungen über organische Säuren in den Jahren 1860—1864 in Gent.

## Note sur l'action du brome sur l'acide succinique et sur la transformation des acides succiniques bromés en acides tartrique et malique [1]

par M. Aug. Kekulé,

Professeur à l'Université de Gand.

Bull. Acad. Roy. Belg. [2] **10**, 63—72 (Séance du 7 juillet 1860)[2]).

Parmi les problèmes qui ont provoqué les recherches des chimistes, dans ce dernier temps, il y en a un qui a surtout attiré l'attention de ceux qui s'occupent de chimie organique: c'est la transformation d'un acide organique en un autre acide d'*atomicité* différente, mais contenant le même nombre d'atomes de carbone et d'hydrogène et ne différant que par la quantité d'oxygène.

J'ai fait connaître, en 1858, le premier fait de ce genre, à savoir, la transformation de l'acide acétique en acide glycolique par l'intermédiaire de l'acide monochloracétique. Peu de temps après, et indépendamment de mes expériences, MM. Perkin et Duppa ont découvert la même transformation en employant l'acide bromacétique au lieu de l'acide chloracétique. La réaction inverse, la réduction d'un acide organique, a été réalisée pour la première fois par Ulrich (1859): c'est la transformation de l'acide lactique[3]) en acide propionique par l'action de l'eau et du zinc sur le produit que M. Wurtz avait obtenu peu de temps avant en

---

(1) Dans cette note et dans la suivante, on s'est servi de la nouvelle notation:
    $H = 1$;    $O = 16$;    $N = 14$;    $C = 12$.

²) Abgedruckt: L'Institut **29**, 29—30 (1860). Auszug: Z. f. Ch. **3**, 643 (1860) von E r l e n m e y e r , der dabei auch K e k u l é ' s Abhandlung: L i e b i g ' s Ann. **117**, 120—129 (1860) benutzte.    (A.)

²) Irrtümlich heißt es dort „tartrique".    (A.)

distillant le lactate de chaux avec le perchlorure de phosphore. En 1860 (février), M. Lautemann fit voir que la même réaction peut s'effectuer d'une manière directe par l'action de l'acide iodhydrique. Le même réactif permit à M. Schmitt (1860, avril) de transformer l'acide tartrique et l'acide malique en acide succinique. Dans ce dernier temps enfin, MM. Perkin et Duppa ont démontré (1860, avril) que l'acide succinique peut se transformer par oxydation indirecte en acide tartrique.

J'avais continué, de mon côté, des expériences de ce genre, et j'avais tenté à différentes reprises d'obtenir les acides succiniques bromés, pour les transformer ensuite en acide tartrique et en acide malique. L'action du brome sur l'acide succinique ne m'ayant pas donné de résultat bien net, j'ai eu recours à d'autres réactions. J'ai essayé, entre autres, de préparer les acides succiniques bromés par l'action du brome sur le succinate d'argent. On sait que M. Péligot a obtenu, par une réaction analogue, l'acide bromobenzoïque. Le brome réagit en effet facilement et à la température ordinaire sur le succinate d'argent, quand on place ces deux corps dans un flacon bouché. Tout l'argent est éliminé sous forme de bromure d'argent, mais il ne se forme pas d'acide bromé. Le produit extrait par l'eau donne, au contraire, de l'acide succinique parfaitement pur (1).

On sait que MM. Perkin et Duppa, pour obtenir l'acide bibromosuccinique, préparent d'abord le chlorure de succinyle; ils le transforment, par l'action du brome, en chlorure de bibromosuccinyle, qui ensuite se dédouble en présence de l'eau en donnant l'acide bibromosuccinique. Cette méthode, très-ingénieuse d'ailleurs, est de longue haleine, et n'a pas permis jusqu'à présent de préparer l'acide monobromosuccinique. La méthode que j'ai employée est beaucoup plus simple, et elle permet de préparer à volonté l'acide monobromo- ou l'acide bibromosuccinique. Elle consiste à faire réagir le brome dans des conditions spéciales sur l'acide succinique.

On sait qu'en général les éléments chlore et brome réagissent par substitution quand il n'y a pas en présence de l'eau qui puisse intervenir dans la réaction; on sait aussi qu'en présence de l'eau, il y a le plus souvent oxydation de la substance organique, avec formation

---

(1) L'analyse de cet acide m'a donné en centièmes:
$$C = 40.2; \qquad H = 5.19$$
L'acide succinique contient $C = 40.6; \qquad H = 5.08.$

d'acide chlorhydrique ou bromhydrique. L'acide succinique fait exception à cette règle: à sec, le brome ne donne pas de réaction nette; en présence de l'eau il y a substitution. Il paraît que la proportion d'eau mise en présence détermine surtout la formation de l'acide succinique bibromé ou celle de l'acide monobromé.

*Acide bibromosuccinique.* — La méthode qui m'a paru la plus avantageuse pour préparer cet acide consiste à chauffer, dans des tubes scellés à la lampe (à 150°—180°) (1), 12 parties d'acide succinique avec 33 parties de brome et 12 parties d'eau. (J'ai employé des tubes contenant 12 gr. d'acide succinique et 11 C. Cm. de brome). Après la réaction, toute la masse est transformée en petits cristaux grisâtres. Quand on ouvre le tube, il s'échappe beaucoup d'acide bromhydrique. Pour purifier le produit, il convient de le laver à l'eau dans le tube même, en ouvrant, d'un côté du tube la pointe effilée seulement, de manière qu'il forme une espèce d'entonnoir. Le produit lavé est ensuite dissous dans l'eau bouillante et traité par le charbon animal. Par le refroidissement, on obtient de grands cristaux parfaitement blancs; les eaux mères en donnent de nouveau par l'évaporation lente ou par le refroidissement des liquides concentrés à chaud.

Dans l'espoir d'obtenir l'acide monobromosuccinique, j'avais chauffé, dans quatre tubes, des mélanges de 20 gr. d'acide succinique avec 11 gr. de brome et 10 gr. d'eau. Une température de 130° avait suffi pour faire disparaître tout le brome. Il y avait dans les tubes deux espèces de cristaux. La partie supérieure contenait de grands cristaux presque blancs, la partie inférieure de petits cristaux d'une couleur brunâtre. Les premiers sont de l'acide succinique ordinaire (2), les autres de l'acide bibromosuccinique. (Voyez *Analyse* n° 3). Je n'ai pas trouvé dans le produit de cette opération de l'acide monobromosuccinique. Il paraît donc que l'action du brome sur l'acide succinique, en présence d'une petite quantité d'eau, donne toujours naissance à l'acide bibromé, même quand on a employé les substances dans des proportions qui correspondent à la formation de l'acide monobromé.

---

(1) La réaction s'accomplit, mais lentement, même à la température de l'ébullition de l'eau.

(2) 0.3436 gr. de cet acide succinique ont donné 0.5074 gr. d'acide carbonique et 0.1616 gr. d'eau. Ce qui donne en centièmes:

|  | | |
|---|---|---|
| Trouvé . . . | C = 40.27; | H = 5.22 |
| Calculé . . . | 40.67; | 5.08. |

Voici les résultats des analyses de l'acide bibromosuccinique:

*a.* 0.6064 gr. ont donné 0.3860 gr. d'acide carbonique et 0.0872 gr. d'eau;

*b.* 0.5018 gr. (d'une autre préparation) ont donné 0.3208 gr. d'acide carbonique et 0.0720 gr. d'eau:

0.4882 gr. ont donné 0.6720 gr. de bromure d'argent;

*c.* 0.5218 gr. (préparés avec un excès d'acide succinique) ont donné 0.3354 gr. d'acide carbonique et 0.0742 gr. d'eau;

0.3848 gr. ont donné 0.5278 gr. de bromure d'argent.

Ces nombres donnent en centièmes:

| | CALCULÉ. | | TROUVÉ. | |
|---|---|---|---|---|
| | | I | II | III |
| $C_4$ — | 48 — 17.39 | 17.36 | 17.43 | 17.53 |
| $H_4$ — | 4 — 1.45 | 1.59 | 1.59 | 1.58 |
| $Br_2$ — | 160 — 57.99 | — | 58.56 | 58.37 |
| $O_4$ — | 64 — 23.17 | — | — | — |
| | 276 | | | |

MM. Perkin et Duppa ayant annoncé qu'ils avaient étudié les propriétés de cet acide et de ses sels, je ne me suis pas arrêté sur ce sujet. J'ai constaté cependant la transformation du sel d'argent en bromure d'argent et en acide tartrique. Ce sel d'argent se précipite comme le succinate ordinaire; mais il se décompose avec une facilité telle, qu'on ne peut pas l'obtenir à l'état de pureté. Une ébullition peu prolongée, avec l'eau, suffit pour le décomposer en grande partie. Pour extraire l'acide tartrique du produit, j'ai suivi la marche suivante: La solution filtrée a été précipitée par l'acide sulfhydrique; filtrée de nouveau et évaporée pour chasser l'excès de ce réactif; on a ensuite neutralisé par l'ammoniaque, et, après avoir chassé l'excès d'ammoniaque par évaporation, on a précipité par le chlorure de barium.

Le tartrate de baryte ainsi obtenu a été décomposé par l'acide sulfurique. Par l'évaporation de la solution, on obtient des cristaux d'acide tartrique. L'acide tartrique ainsi préparé ne paraît pas exercer d'influence sur la lumière polarisée.

*Acide monobromosuccinique.* — Quand on chauffe de l'acide succinique et du brome avec une quantité plus considérable d'eau que celle que je viens d'indiquer pour la préparation de l'acide bibromé on obtient l'acide monobromosuccinique. J'ai, en effet, obtenu cet acide en chauffant à 180° un mélange d'acide succinique et de brome dans les proportions nécessaires pour la formation de l'acide bibromé, mais en présence d'une quantité considérable d'eau. Le tube ne contenait pas de cristaux d'acide bibromosuccinique; il était rempli d'un liquide jaune, et il n'y avait que peu de cristaux bruns groupés en mamelons qui n'étaient que de l'acide monobromosuccinique. Il y avait une forte pression dans le tube, et le gaz qui s'échappait contenait beaucoup d'acide carbonique.

L'acide monobromosuccinique est incolore comme l'acide bibromé, mais il est beaucoup plus soluble dans l'eau, et se dissout même dans l'eau froide en quantité très-considérable. Il cristallise beaucoup moins facilement que l'acide bibromosuccinique, et les cristaux sont beaucoup plus petits.

L'analyse de l'acide monobromosuccinique m'a donné les résultats suivants:

0.4498 gr. ont donné 0.4044 gr. d'acide carbonique et 0.1088 gr. d'eau;

0.2246 gr. ont donné 0.2153 gr. de bromure d'argent.

On en déduit:

| | CALCULÉ. | | TROUVÉ. |
|---|---|---|---|
| $C_4 =$ | 48 — | 24.37 | 24.52 |
| $H_5 =$ | 5 — | 2.54 | 2.68 |
| $Br =$ | 80 — | 40.61 | 40.78 |
| $O_4 =$ | 64 — | 32.48 | — |
| | 197 | | |

L'acide monobromosuccinique précipite le nitrate d'argent. Le sel précipité se décompose avec une facilité extrême, de manière que la solution, filtrée immédiatement après la précipitation, se trouble tout de suite par le bromure d'argent formé. J'ai donc préféré, pour la transformation de cet acide en acide malique, ne pas préparer le sel d'argent par précipitation. J'ai introduit de l'oxyde d'argent dans la solution de l'acide. Cet oxyde se transforme rapidement en un sel blanc, qui se décompose, même à froid, et surtout à la température de l'ébullition, avec formation de bromure d'argent. La solution contient de l'acide malique. Pour l'en extraire, j'ai précipité la solution filtrée par l'acide sulfhydrique, et je l'ai évaporée au bain-marie. Le résidu de cette évaporation était une masse solide imparfaitement cristallisée. Je l'ai redissoute dans l'eau et saturée exactement par l'eau de baryte. Le sel de baryte ainsi préparé a été évaporé par l'ébullition; un sel blanc amorphe, qui n'est autre que le malate neutre et anhydre de baryte, s'est précipité.

0.2330 gr. de ce sel m'ont donné 0.2018 gr. de sulfate de baryte.

Ce qui donne en centièmes . . . $Ba = 50.92$
La formule $C_4 H_4 Ba_2 O_5$ exige . .        50.93

Ce sel est insoluble dans l'eau même à la température de l'ébullition; il se dissout facilement dans l'acide nitrique. Cette solution neutralisée par l'ammoniaque donne (après l'élimination de l'excès d'ammoniaque) les réactions du malate d'ammoniaque. Elle réduit le chlorure d'or, et donne, avec l'acétate de plomb, exactement le même prépité que le malate d'ammoniaque ordinaire.

Les relations mentionnées au commencement de cette note, — transformation des acides tartrique et malique en acide succinique, et transformation inverse de l'acide succinique en acide tartrique et acide malique, et dont la dernière a été réalisée par les expériences que je viens de décrire, — ne laissent pas de doute sur les liens de parenté qui rattachent ces deux acides à l'acide succinique, et, par suite, aux autres corps congénères des alcools. Les acides malique et tartrique trouvent donc maintenant leur place naturelle dans le système que beaucoup de chimistes ont adopté dans les derniers temps, et dont j'ai résumé ailleurs les principes. Ce système est complété dans le tableau suivant, où l'on a placé, à côté des formules générales, les formules de substances connues appartenant à ce groupe:

J'ai ajouté les formules de plusieurs substances encore trop peu étudiées pour qu'on puisse les placer d'une manière certaine; ces substances sont marquées de (?).

Je rappellerai à cette occassion que les substances appartenant au type eau et contenant des radicaux formés par le carbone et l'ydrogène seulement, sont des alcools et ne possèdent pas de caractères acides bien prononcés. Les substances contenant des radiaux oxygénés, au contraire, échangent facilement l'hydrogène du type contre des métaux et sont de véritables acides. Je ferai remarquer, en outre, que les acides contenant *un* atome d'oxygène dans le radical sont *monobasiques*; les acides contenant *deux* atomes d'oxygène dans le radical sont *bibasiques*; et ainsi de suite. De manière que la BASICITÉ d'un acide ne dépend pas du nombre d'atomes d'hydrogène typique que le corps contient, mais du nombre d'atomes d'oxygène contenus dans le radical. La *basicité* d'un acide est donc indépendante de son *atomicité*.

| | ALCOOLS. | ACIDES. | | |
| | | MONOBASIQUES. | BIBASIQUES. | TRIBASIQUES. |
| --- | --- | --- | --- | --- |
| **MONO-ATOMIQUES.** | $\left.{C_nH_{2n+1} \atop H}\right\}O$ | $\left.{C_nH_{2n-1}O \atop H}\right\}O$ | $\left.{C_nH_{2n-3}O_2 \atop H}\right\}O$ | |
| | $\left.{CH_3 \atop H}\right\}O$ Alc. méthylique. | $\left.{CHO \atop H}\right\}O$ Ac. formique. | | |
| | $\left.{C_2H_5 \atop H}\right\}O$ Alc. éthylique. | $\left.{C_2H_3O \atop H}\right\}O$ Ac. acétique. | | |
| | $\left.{C_3H_7 \atop H}\right\}O$ Alc. propylique. | $\left.{C_3H_5O \atop H}\right\}O$ Ac. propionique. | $\left.{C_3H_3O_2 \atop H}\right\}O$ Ac. pyruvique (?) | |
| **BIATOMIQUES.** | $\left.{C_nH_{2n} \atop H_2}\right\}O_2$ | $\left.{C_nH_{2n-2}O \atop H_2}\right\}O_2$ | $\left.{C_nH_{2n-4}O_2 \atop H_2}\right\}O_2$ | |
| | | $\left.{CO \atop K_2}\right\}O_2$ Carbonates. | $\left.{C_2O_2 \atop H_2}\right\}O_2$ Ac. oxalique. | |
| | $\left.{C_2H_4 \atop H_2}\right\}O_2$ Glycol. | $\left.{C_2H_2O \atop H_2}\right\}O_2$ Ac. glycolique. | $\left.{C_3H_2O_2 \atop H_2}\right\}O_2$ Ac. malonique. | |
| | $\left.{C_3H_6 \atop H_2}\right\}O_2$ Glyc. propylique. | $\left.{C_3H_4O \atop H_2}\right\}O_2$ Ac. lactique. | $\left.{C_4H_4O_2 \atop H_2}\right\}O_2$ Ac. succinique. | |
| **TRI-ATOMIQUES.** | $\left.{C_nH_{2n-1} \atop H_3}\right\}O_3$ | $\left.{C_nH_{2n-3}O \atop H_3}\right\}O_3$ | $\left.{C_nH_{2n-5}O_2 \atop H_3}\right\}O_3$ | |
| | | $\left.{C_2HO \atop H_3}\right\}O_3$ Ac. glyoxylique (?) | $\left.{C_3HO_2 \atop H_3}\right\}O_3$ Ac. tartronique. | |
| | $\left.{C_3H_5 \atop H_3}\right\}O_3$ Glycérin. | $\left.{C_3H_3O \atop H_3}\right\}O_3$ Ac. glycérique. | $\left.{C_4H_3O_2 \atop H_3}\right\}O_3$ Ac. malique. | |
| **4 ATOMIQUES.** | $\left.{C_nH_{2n-2} \atop H_4}\right\}O_4$ | $\left.{C_nH_{2n-4}O \atop H_4}\right\}O_4$ | $\left.{C_nH_{2n-6}O_2 \atop H_4}\right\}O_4$ | $\left.{C_nH_{2n-8}O_3 \atop H_4}\right\}O_4$ |
| | | $\left.{C_6H_8O \atop H_4}\right\}O_4$ Mannitane (?) | $\left.{C_4H_2O_2 \atop H_4}\right\}O_4$ Ac. tartrique. | $\left.{C_6H_4O_3 \atop H_4}\right\}O_4$ Ac. citrique (?) |
| **5 ATOMIQUES.** | $\left.{C_nH_{2n-3} \atop H_5}\right\}O_5$ | $\left.{C_nH_{2n-5}O \atop H_5}\right\}O_5$ | $\left.{C_nH_{2n-7}O_2 \atop H_5}\right\}O_5$ | |
| | | $\left.{C_6H_7O \atop H_5}\right\}O_5$ Sucre (?) | | |
| **6 ATOMIQUES.** | $\left.{C_nH_{2n-4} \atop H_6}\right\}O_6$ | $\left.{C_nH_{2n-6}O \atop H_6}\right\}O_6$ | $\left.{C_nH_{2n-8}O_2 \atop H_6}\right\}O_6$ | |
| | $\left.{C_6H_8 \atop H_6}\right\}O_6$ Mannite. | | $\left.{C_6H_4O_2 \atop H_6}\right\}O_6$ Ac. saccharique (?) | |

# Ueber die Bromsubstitutionsproducte der Bernsteinsäure und ihre Umwandlung in Weinsäure und Aepfelsäure;

## von Aug. Kekulé.

A. 117, 120—129 (29. 12. 1860).

(Der Belgischen Academie mitgetheilt den 2. Juli 1860.)[1])

Unter den verschiedenen Problemen, welche in neuester Zeit zu Experimentaluntersuchungen in der organischen Chemie Veranlassung gegeben haben, hat besonders eines die Aufmerksamkeit der Chemiker auf sich gezogen. Es ist dieß die Umwandlung einer organischen Säure in eine andere, die bei sonst gleicher Zusammensetzung eine andere Anzahl von Sauerstoffatomen enthält und deren *Atomigkeit* eine andere ist.

Die erste Thatsache dieser Art ist die Umwandlung der Essigsäure in Glycolsäure, die ich 1858 kennen lehrte[2]). Kurze Zeit nachher und unabhängig von meinen Versuchen hatten P e r k i n und D u p p a[3]) dieselbe Thatsache beobachtet, indem sie statt der Monochloressigsäure die Monobromessigsäure anwandten. Die umgekehrte Reaction, d. h. die Reduction einer organischen Säure, wurde zuerst von U l r i c h[4]) verwirklicht, welcher bekanntlich durch Einwirkung von Wasser und Zink auf das von W u r t z[5]) kurz vorher durch Destillation von milchsaurem Kalk mit Phosphorsuperchlorid erhaltene Chlorid Propionsäure darstellte. Später zeigte L a u t e m a n n[6]), daß dieselbe Reaction der Milchsäure zu Propionsäure auch direct durch Einwirkung von Jodwasserstoffsäure erzielt werden kann. Dasselbe Reagens gestattete S c h m i t[7]), die Weinsäure und die Aepfelsäure in Bernsteinsäure überzuführen. In der letzten Zeit endlich haben P e r k i n und D u p p a[8])

---

[1]) Vgl. die vorhergehende Abhandlung S. 148.   (A.)

[2]) Diese Annalen CV, 286 (1858).

[3]) Daselbst CVIII, 106 (1858).

[4]) Daselbst CIX, 268 (1859).

[5]) Daselbst CVII, 194 (1858).

[6]) Daselbst CXIII, 217 (1860).

[7]) Daselbst CXIV, 106 (1860).

[8]) Chem. News 1860, April, p. 244 (vgl. S. 130 dieses Heftes. *D. R.*).

gefunden, daß die Bernsteinsäure durch indirecte Oxydation in Weinsäure übergehen kann.

Ich hatte meinerseits meine Versuche in dieser Richtung fortgesetzt und zu wiederholten Malen versucht, Bromsubstitutionsproducte der Bernsteinsäure darzustellen, um diese dann in Weinsäure und in Aepfelsäure überzuführen. Da directe Einwirkung von Brom auf Bernsteinsäure anfangs keine netten Resultate gegeben hatte, habe ich unter anderem die Reaction in Anwendung gebracht, nach welcher P e l i g o t die Darstellung der Monobrombenzoësäure gelungen war. Das Resultat entsprach nicht der Erwartung. Das Brom wirkt zwar leicht und schon bei gewöhnlicher Temperatur auf bernsteinsaures Silberoxyd ein; sämmtliches Silber wird in Bromsilber übergeführt, aber es entsteht kein Substitutionsproduct, vielmehr wurde durch Ausziehen mit Wasser wieder reine Bernsteinsäure erhalten[1]). Ich kehrte daher wieder zur directen Einwirkung von Brom auf Bernsteinsäure zurück und fand bald, daß bei geeigneten, aber etwas außergewöhnlichen Bedingungen Substitutionsproducte erhalten werden können.

Es ist bekannt, daß P e r k i n und D u p p a zur Darstellung der Bibrombernsteinsäure zunächst Succinylchlorid darstellen, welches dann bei Einwirkung von Brom das Bibromsuccinylbromid erzeugt, aus dem endlich durch Einwirkung von Wasser Bibrombernsteinsäure entsteht. Diese gewiß ingeniöse Methode ist in der Ausführung langwierig und hat zudem bis jetzt nur die Darstellung der Bibrombernsteinsäure, nicht aber der Monobrombernsteinsäure möglich gemacht. Das von mir in Anwendung gebrachte Verfahren ist in der Ausführung weit einfacher und gestattet außerdem die Darstellung der Monobrombernsteinsäure und der Bibrombernsteinsäure.

Man weiß, daß im Allgemeinen bei Einwirkung von Chlor oder Brom auf organische Substanzen meist nur dann Substitution stattfindet, wenn die Substanzen in trockenem Zustand angewandt werden, während bei Anwesenheit von Wasser entweder keine Reaction oder aber Oxydation eintritt. Die Bernsteinsäure macht eine Ausnahme von dieser Regel. Trockene Bernsteinsäure zeigt mit Brom eine wenig nette Reaction, bei Gegenwart von Wasser dagegen findet Substitution statt. Es scheint zu-

---

[1]) Die so erhaltene Bernsteinsäure gab

|   |   |   |   |   |
|---|---|---|---|---|
|   | C | 40,2; | H | 5,19 |
| die Theorie verlangt | C | 40,6; | H | 5,08. |

dem, nach allen Versuchen, die ich bis jetzt angestellt habe, als ob es von der Menge des zugesetzten Wassers abhängig sei, ob Monobrombernsteinsäure, oder ob Bibrombernsteinsäure gebildet wird.

*Bibrombernsteinsäure.* — Man erhält diese Säure leicht, indem man 1 Mol. Bernsteinsäure mit 2 Mol. Brom ($= 2 Br_2$) und wenig Wasser auf 150 bis 180° erhitzt [1]. Ich habe die folgenden Verhältnisse besonders zweckmäßig gefunden: 12 Th. Bernsteinsäure, 33 Th. Brom und 12 Th. Wasser (jede Röhre enthielt 12 Grm. Bernsteinsäure, 11 CC. Brom u. s. w.). Nach beendigter Reaction ist alles Brom verschwunden und der ganze Röhreninhalt in eine feste, aus grauen Krystallen bestehende Masse verwandelt; beim Oeffnen der Röhre entweicht nur Bromwasserstoff. Zur Reinigung des Productes versetzt man zweckmäßig in der Röhre selbst mit kaltem Wasser, löst dann in siedendem Wasser und entfärbt mit Thierkohle. Beim Erkalten der Lösung erhält man große, völlig weiße Krystalle. Die Mutterlauge liefert bei freiwilligem Verdunsten oder nach der Concentration beim Erkalten dasselbe Product.

In der Hoffnung, Monobrombernsteinsäure zu erhalten, hatte ich vier Röhren mit je 20 Grm. Bernsteinsäure, 11 Grm. Brom und 10 Grm. Wasser beschickt. Eine Temperatur von 130° hatte zur Beendigung der Reaction hingereicht. Der Röhreninhalt bestand aus zweierlei Krystallen. Der obere Theil der Röhre enthielt große, völlig weiße Krystalle, der untere kleine Krystalle von braungrauer Farbe. Die ersteren sind gewöhnliche Bernsteinsäure [2], die zweiten Bibrombernsteinsäure (Analyse Nr. 3). Monobrombernsteinsäure konnte im Product nicht aufgefunden werden. Es scheint demnach, als ob bei Einwirkung von Brom auf Bernsteinsäure, wenn wenig Wasser zugegen ist, nur Bibrombernsteinsäure entsteht, selbst dann, wenn man beide Substanzen in dem zur Bildung der Monobrombernsteinsäure nöthigen Verhältniß anwendet.

Die Analyse der Bibrombernsteinsäure gab die folgenden Resultate:

1) 0.6064 Grm. gaben 0.3860 Grm. Kohlensäure und 0.0872 Grm. Wasser.
2) 0.5018 Grm. (von einer anderen Darstellung) gaben 0.3208 Grm. Kohlensäure und 0.0720 Grm. Wasser.
   0.4882 Grm. gaben 0.6720 Grm. Bromsilber.

[1] Die Reaction beginnt schon beim Siedepunkt des Wassers, verläuft aber bei dieser Temperatur sehr langsam.
[2] Die so erhaltene Bernsteinsäure gab:

|  | C | 40,27; | H | 5,22 |
|---|---|---|---|---|
| berechnet | C | 40,68; | H | 5,08. |

3)   0,5218 Grm. gaben 0,3354 Grm. Kohlensäure und 0,0742 Grm. Wasser.
0,3848 Grm. gaben 0,5278 Grm. Bromsilber.

Daraus berechnet sich:

|  |  | Theorie |  | Versuch |  |
|  |  |  | 1. | 2. | 3. |
| --- | --- | --- | --- | --- | --- |
| $C_4$ | 48 | 17,39 | 17,36 | 17,43 | 17,53 |
| $H_4$ | 4 | 1,45 | 1,59 | 1,59 | 1.58 |
| $Br_2$ | 160 | 57,99 | — | 58.56 | 58.37 |
| $O_4$ | 64 | 23,17 | — | — | — |
|  | 276. |  |  |  |  |

Da P e r k i n und D u p p a angekündigt haben, daß sie mit Untersuchung der Eigenschaften der Bibrombernsteinsäure und ihrer Salze
beschäftigt sind, will ich vorerst über diesen Gegenstand nichts mittheilen. Ich habe mich überzeugt, daß das Silbersalz sich leicht unter Bildung von Weinsäure zersetzt. Man erhält dieses Silbersalz als einen
dem bernsteinsauren Silber sehr ähnlichen Niederschlag, der sich mit
solcher Leichtigkeit zersetzt, daß das Salz nicht rein erhalten werden
kann. Durch längeres Kochen mit Wasser wird die größte Menge des
Salzes zersetzt. Zur Darstellung der Weinsäure wurde die filtrirte
Lösung mit Schwefelwasserstoff gefällt, zur Entfernung des Schwefelwasserstoffs eingedampft, mit Ammoniak neutralisirt, nochmals eingedampft und dann mit Chlorbaryum gefällt. Das so erhaltene Barytsalz
wurde mit Schwefelsäure zersetzt und das Filtrat durch Eindampfen
krystallisirt. Mit einer genaueren Untersuchung der chemischen und
physikalischen Eigenschaften der so erhaltenen Weinsäure bin ich zur
Zeit noch beschäftigt; ich will indeß jetzt schon erwähnen, daß die Säure
die Ebene des polarisirten Lichtes nicht ablenkt [1]).

*Monobrombernsteinsäure.* — Die Monobrombernsteinsäure entsteht,
wenn eine verhältnißmäßig große Menge von Wasser bei der Reaction
zugegen ist, gleichgültig, in welchen Verhältnissen man Brom und Bernsteinsäure anwendet. Ich habe in der That einmal Monobrombernsteinsäure erhalten, als ich Brom und Bernsteinsäure in dem zur Bildung der
Bibrombernsteinsäure nöthigen Verhältniß mit viel Wasser auf 180° erhitzte. Die Röhren enthielten keine Krystalle von Bibrombernsteinsäure;

---

[1]) Vgl. die Anmerkung S. 132 dieses Heftes. *D. R.* Auf Kekulés Abhandlung
folgt unmittelbar Seite 130 die Abhandlung: „Ueber Bibrombernsteinsäure und die
künstliche Bildung von Weinsäure“; von W. H. P e r k i n und B. F. D u p p a, auf
die sich der vorstehende Hinweis D(er R(edaction) bezieht.   (A.)

sie waren mit einer gelben Flüssigkeit erfüllt, aus welcher sich wenige braungefärbte Krystallwarzen abgesetzt hatten. Beim Oeffnen der Röhre entwich neben Bromwasserstoff viel Kohlensäure; der bei der Reaction erzeugte Druck war so groß, daß mehrere Röhren während des Erhitzens sprangen. Die Krystallwarzen sind Monobrombernsteinsäure, die Flüssigkeit enthält dieselbe Säure.

Die Monobrombernsteinsäure ist farblos; sie ist weit löslicher als die Bibrombernsteinsäure und löst sich selbst in kaltem Wasser in reichlicher Menge. Sie krystallisirt weit schwieriger als die Bibrombernsteinsäure und in kleineren Krystallen.

Die Analyse gab die folgenden Zahlen:

0,4498 Grm. gaben 0,4044 Grm. Kohlensäure und 0,1088 Grm. Wasser.
0,2246 „ „ 0,2153 „ Bromsilber.

Daraus berechnet sich:

|  |  | Theorie | Versuch |
|---|---|---|---|
| $C_4$ | 48 | 24,37 | 24,52 |
| $H_5$ | 5 | 2,54 | 2,68 |
| Br | 80 | 40,61 | 40,78 |
| $O_4$ | 64 | 32,48 | — |
|  | 197. |  |  |

Die Monobrombernsteinsäure fällt das salpetersaure Silberoxyd. Das Silbersalz zersetzt sich mit solcher Leichtigkeit, daß die vom Niederschlag abfiltrirte Flüssigkeit sich augenblicklich trübt, unter Abscheidung von Bromsilber. Ich habe daher zur Ueberführung der Säure in Aepfelsäure vorgezogen, das Silbersalz nicht durch Fällung, sondern durch Eintragen von Silberoxyd in die Lösung der Säure darzustellen. Das Silberoxyd verwandelt sich in ein weißes Silbersalz, welches rasch, selbst in der Kälte, gelb wird und beim Kochen sich leicht zersetzt. Zur Darstellung der Aepfelsäure wurde filtrirt, mit Schwefelwasserstoff gefällt und eingedampft. Der Rückstand erstarrte beim Erkalten zu einer unvollständig krystallisirten Masse. Diese wurde in Wasser gelöst, genau mit Barytwasser neutralisirt und die erhaltene Lösung durch Kochen eingeengt. Während des Kochens schied sich ein weißes amorphes Pulver von äpfelsaurem Baryt aus.

0,2330 Grm. dieses Salzes gaben 0,2018 Grm. schwefelsauren Baryt.

Der neutrale äpfelsaure Baryt: $C_4H_4Ba_2O_5$ enthält Baryum:

| Theorie | Versuch |
|---|---|
| 50,93 | 50,92 |

Dieses Barytsalz ist unlöslich in kaltem und in siedendem Wasser; es löst sich leicht in Salpetersäure; die Lösung wird von Ammoniak nicht gefällt. Stellt man aus der Säure des Barytsalzes ein Ammoniaksalz dar, so zeigt dieses alle Reactionen des gewöhnlichen äpfelsauren Ammoniaks. Es reducirt Goldchlorid und fällt Bleizuckerlösung genau in derselben Weise, wie gewöhnliches äpfelsaures Ammoniak.

Ich behalte mir vor, über die so erhaltene Aepfelsäure und namentlich über ihre physikalischen Eigenschaften demnächst weitere Mittheilung zu machen.

Die im Anfang dieser Notiz erwähnte Reduction der Weinsäure und der Aepfelsäure zu Bernsteinsäure und andererseits die Umwandlung der Bernsteinsäure und resp. ihrer Bromsubstitutionsproducte in Aepfelsäure und in Weinsäure, lassen keinen Zweifel über die verwandtschaftlichen Bande, welche diese drei Säuren verknüpfen. Es ist jetzt Thatsache, wie dieß P e r k i n und D u p p a schon vor längerer Zeit vermuthet haben[1]), daß die Aepfelsäure zur Bernsteinsäure in derselben Beziehung steht, wie die Glycolsäure zur Essigsäure u. s. w. — Die Aepfelsäure und die Weinsäure finden also jetzt ihre natürliche Stelle in dem System der organischen Verbindungen, welches in der letzten Zeit von vielen Chemikern angenommen worden ist und von dem ich früher die leitenden Ideen mitgetheilt habe[2]).

In der folgenden Tabelle ist diese Classification nochmals, und zwar in etwas erweiterter Form, mitgetheilt. Die Tabelle enthält, außer den allgemeinen Formeln, noch als Beispiele die Formeln einzelner, den verschiedenen Gruppen zugehörigen Verbindungen. Außer den Substanzen, denen schon jetzt ihre Stellung im System mit Sicherheit angewiesen werden kann, sind noch einzelne andere Körper in die Tabelle aufgenommen, die bis jetzt nicht hinlänglich genau untersucht sind, um mit aller Sicherheit dem System eingereiht werden zu können; sie sind mit (?) bezeichnet.

Ich will bei der Gelegenheit daran erinnern, daß diejenigen dem Wassertypus zugehörigen Substanzen, deren Radicale nur Kohlenstoff und Wasserstoff enthalten, die s. g. Alkohole sind; Substanzen, die keinen bestimmt sauren Character besitzen. Diejenigen dem Wassertypus zu-

---

[1]) Diese Annalen CXII. 25 (1859).
[2]) Diese Annalen CVI. 157 (1858).

| Alkohole. | Säuren | | |
|---|---|---|---|
| | einbasisch | zweibasisch | dreibasisch |
| **ein-atomig** $\left.{C_nH_{2n+1} \atop H}\right\} O$ | $\left.{C_nH_{2n-1}O \atop H}\right\} O$ | $\left.{C_nH_{2n-3}O_2 \atop H}\right\} O$ | |
| $\left.{CH_3 \atop H}\right\} O$ <br> Methylalkohol | $\left.{CHO \atop H}\right\} O$ <br> Ameisensäure | | |
| $\left.{C_2H_5 \atop H}\right\} O$ <br> Aethylalkohol | $\left.{C_2H_3O \atop H}\right\} O$ <br> Essigsäure | | |
| $\left.{C_3H_7 \atop H}\right\} O$ <br> Propylalkohol | $\left.{C_3H_5O \atop H}\right\} O$ <br> Propionsäure | $\left.{C_2H_3O_2 \atop H}\right\} O$ <br> Pyrotraubensäure (?) | |
| **zwei-atomig** $\left.{C_nH_{2n} \atop H_2}\right\} O_2$ | $\left.{C_nH_{2n\cdot2}O \atop H_2}\right\} O_2$ | $\left.{C_nH_{2n-4}O_2 \atop H_2}\right\} O_2$ | |
| | $\left.{CO \atop K_2}\right\} O_2$ <br> kohlensaure Salze | $\left.{C_2O_2 \atop H_2}\right\} O_2$ <br> Oxalsäure | |
| $\left.{C_2H_4 \atop H_2}\right\} O_2$ <br> Glycol | $\left.{C_2H_2O \atop H_2}\right\} O_2$ <br> Glycolsäure | $\left.{C_3H_2O_2 \atop H_2}\right\} O_2$ <br> Malonsäure | |
| $\left.{C_3H_6 \atop H_2}\right\} O_2$ <br> Propylglycol | $\left.{C_3H_4O \atop H_2}\right\} O_2$ <br> Milchsäure | $\left.{C_4H_4O_2 \atop H_2}\right\} O_2$ <br> Bernsteinsäure | |
| **drei-atomig** $\left.{C_nH_{2n-1} \atop H_3}\right\} O_3$ | $\left.{C_nH_{2n-3}O \atop H_3}\right\} O_3$ | $\left.{C_nH_{2n-5}O_2 \atop H_3}\right\} O_3$ | |
| | $\left.{C_2HO \atop H_3}\right\} O_3$ <br> Glyoxylsäure (?) | $\left.{C_3HO_2 \atop H_3}\right\} O_3$ <br> Tartronsäure | |
| $\left.{C_3H_5 \atop H_3}\right\} O_3$ <br> Glycerin | $\left.{C_3H_3O \atop H_3}\right\} O_3$ <br> Glycerinsäure | $\left.{C_4H_3O_2 \atop H_3}\right\} O_3$ <br> Aepfelsäure | |
| **vier-atomig** $\left.{C_nH_{2n-2} \atop H_4}\right\} O_4$ | $\left.{C_nH_{2n-4}O \atop H_4}\right\} O_4$ | $\left.{C_nH_{2n-6}O_2 \atop H_4}\right\} O_4$ | $\left.{C_nH_{2n-8}O_3 \atop H_4}\right\} O_4$ |
| | $\left.{C_6H_8O \atop H_4}\right\} O_4$ <br> Mannitan (?) | $\left.{C_4H_2O_2 \atop H_4}\right\} O_4$ <br> Weinsäure | $\left.{C_6H_4O_3 \atop H_4}\right\} O_4$ <br> Citronensäure (?) |
| **fünf-atomig** $\left.{C_nH_{2n-3} \atop H_5}\right\} O_5$ | $\left.{C_nH_{2n-5}O \atop H_5}\right\} O_5$ | $\left.{C_nH_{2n-7}O_2 \atop H_5}\right\} O_5$ | |
| | $\left.{C_6H_7O \atop H_5}\right\} O_5$ <br> Zucker (?) | | |
| **sechs-atomig** $\left.{C_nH_{2n-4} \atop H_6}\right\} O_6$ | $\left.{C_nH_{2n-6}O \atop H_6}\right\} O_6$ | $\left.{C_nH_{2n-8}O_2 \atop H_6}\right\} O_6$ | |
| $\left.{C_6H_8 \atop H_6}\right\} O_6$ <br> Mannit (?) | | $\left.{C_6H_4O_2 \atop H_6}\right\} O_6$ <br> Schleimsäure (?) | |

gehörigen Substanzen dagegen, deren Radicale Sauerstoff enthalten, sind wohl-characterisirte Säuren, das heißt, sie tauschen leicht allen oder einen Theil ihres typischen Wasserstoffs gegen Metalle aus. Es scheint mir besonderer Beachtung werth, daß diejenigen Säuren, deren Radicale 1 Atom Sauerstoff (= $\Theta$) enthalten, *einbasisch* sind; d. h., daß sie 1 Atom des typischen Wasserstoffs besonders leicht gegen Metalle austauschen (selbst wenn sie 2 oder 3 Atome typischen Wasserstoff enthalten). Diejenigen Säuren dagegen, deren Radicale 2 Atome $\Theta$ enthalten, sind *zweibasisch* und eben so die, deren Radicale 3 Atome $\Theta$ enthalten, *dreibasisch,* vorausgesetzt natürlich, daß die nöthige Anzahl typischer Wasserstoffatome vorhanden ist [1]). *Die Basicität einer Säure ist also unabhängig von der Atomigkeit ihres Radicals und von der Atomigkeit der Säure; sie ist unabhängig von der Gesammtzahl der typischen Wasserstoffatome; aber abhängig von der Anzahl der im Radical enthaltenen Sauerstoffatome.*

---

# Faits pour compléter l'histoire de l'acide salicylique et de l'acide benzoïque [2];

## par M. Aug. Kekulé,
### Professeur à l'Université de Gand [3].

Bull. Acad. Roy. Belg. [2] **10**, 337—350 (Séance du 4 août 1860).

A l'occasion d'une note sur la transformation de l'acide monochloracétique en acide glycolique, j'ai mentionné, il y a quelques années, une expérience que j'avais faite sur l'acide chlorobenzoïque, dans l'espoir de transformer ce corps en acide salicylique. Depuis lors, je me suis occupé à différentes reprises du même sujet. Plusieurs raisons m'ont obligé de donner à mes expériences une étendue beaucoup plus consi-

---

[1]) In welcher Weise man sich von diesem Verhalten Rechenschaft geben kann und warum die mit der *einbasischen* Glycolsäure homologe Kohlensäure *zwei-basisch* ist, habe ich an anderem Orte gezeigt (Lehrbuch der organ. Chemie, S. 175).

(2) H = 1; O = 16; C = 12; N = 14; Cl = 35,5.

(3) Abgedruckt: L'Institut **29**, 121—124 (1861). Auszug: Z. f. Ch. 4, 37—41 (1861). (A.).

dérable que celle que je lui avais d'abord assignée. D'un côté, mes résultats ne s'accordaient pas avec ceux obtenus par divers chimistes; d'un autre côté, je rencontrais des faits tellement imprévus, que je n'osais les publier sans m'être assuré de leur exactitude par des expériences répétées. J'aurais désiré, aujourd'hui encore, compléter mes expériences avant de les faire connaître; mais des chimistes ayant commencé à s'occuper du même sujet, je me vois forcé de les publier, d'autant plus que je n'aurai pas le loisir de les continuer dans un temps prochain.

Avant de parler de mes expériences, qu'il me soit permis de rappeler les résultats obtenus par d'autres chimistes. En distillant l'acide salicylique avec du perchlorure de phosphore, on obtient, d'après M. Chiozza, un chlorure qui, bien que formé dans des circonstances où on aurait pu s'attendre à la formation du chlorure de salicyle (biatomique), se comporte comme l'isomère de ce corps, le chlorure de chlorobenzoyle. En effet, décomposé par l'eau, il ne donne pas de l'acide salicylique, mais de l'acide chlorobenzoïque. Mes recherches mentionnées plus haut, et celles de MM. Limpricht et von Uslar semblaient confirmer cette découverte. Cependant, dans un mémoire postérieur, M. Couper a publié des expériences d'après lesquelles ce produit, au lieu de donner de l'acide chlorobenzoïque, donnerait de l'acide salicylique, et ne serait pas le chlorure de chlorobenzoyle, mais une substance de la composition: $C_7 H_4 Cl_3 PO_3$, qu'il a appelée *trichlorophosphate de salicyle*. Les résultats de ces chimistes sont en contradiction directe; toutefois ils s'accordent tous avec les données théoriques actuelles. La formation du chlorure de chlorobenzoyle [1] serait, en effet, tout à fait analogue à la formation du chlorure de chloropropionyle par l'action du perchlorure de phosphore sur l'acide lactique. La substance préparée par M. Couper pourrait se représenter par la formule:

$$C_7 H''_4 O \mid O \qquad\qquad Type: H_2 \Theta$$
$$P''' O \mid Cl_3 \qquad\qquad 3\,HCl$$

On pourrait l'envisager comme appartenant à un type mixte et contenant le radical de l'acide salicylique, ou bien comme une combinaison du chloroxyde de phosphore avec l'anhydride salicylique.

M. Drion, de son côté, avait obtenu, par l'action du perchlorure de phosphore sur l'essence de *gaultheria*, et sans soumettre le produit à la distillation, une substance qu'il envisage, d'après ses propriétés, comme le véritable chlorure de salicyle (monoatomique). Il croit que ce chlorure

---

[1] Dort steht irrtümlich „benzoyle"     (A.)

se décompose par la chaleur en donnant naissance au chlorure de chloro-benzoyle de M. Chiozza, et il regarde comme parfaitement démontrée l'existence de ce chlorure mise en doute par M. Couper, en rappelant que l'on avait préparé non pas l'acide chlorobenzoïque seulement, mais encore la chlorobenzamide.

Plus tard, MM. Limpricht et von Uslar, ayant préparé un acide chlorobenzoïque par la décomposition du chlorure de sulfobenzoyle et ayant comparé les propriétés de cet acide avec celles de l'acide chloro-benzoïque préparé au moyen de l'acide salicylique, d'après la méthode de M. Chiozza, ces chimistes ont trouvé des différences assez notables dans les propriétés de ces deux acides; de sorte qu'ils les regardent comme isomères, et non comme identiques. Dans ces derniers temps enfin, MM. Kolbe et Lautemann ont annoncé que l'acide chorobenzoïque, préparé à l'aide de l'acide salicylique, donne, par l'action de l'amalgame de sodium, un acide isomère de l'acide benzoïque, mais différent de ce corps par ses propriétés.

C'est cette dernière publication surtout qui me détermine à faire connaître mes expériences, dont je vais résumer en peu de mots les résultats.

I. Quand on distille l'essence de *gaultheria* ou bien l'acide salicylique avec le perchlorure de phosphore, on obtient un chlorure volatil qui possède les propriétés du chlorure de chlorobenzoyle de M. Chiozza. J'ai répété cette expérience plus de vingt fois, en employant, dans quelques opérations, des quantités de matières très-considérables et en variant les proportions des substances. Néanmoins, je n'ai jamais obtenu la substance décrite par M. Couper et qui, d'après ce chimiste, distille à 285° à 295° degrés. J'ai observé, au contraire, que la température des vapeurs qui distillent ne s'élève jamais à plus de 280°, et qu'à cette température le résidu de la distillation se décompose complétement en se boursouflant et en laissant une masse noire-très-poreuse. Je me suis assuré, en outre, qu'une molécule de l'essence ne peut décomposer qu'une molécule de perchlorure, et que l'excès de ce réactif, quand on l'a employé en proportion plus forte, passe dans la distillation sans avoir subi aucune décomposition. J'ai trouvé de plus (contrairement aux asser-tions de M. Couper) qu'il se forme une quantité assez considérable de chloroxyde de phosphore, et j'ai pu préparer, par la rectification du produit obtenu dans quelques opérations, plus de 300 grammes d'un chlo-rure bouillant au-dessous de 115°.

Le produit de cette réaction se comporte comme le *chlorure de chlorobenzoyle*. Il se dédouble par l'eau ou par des solutions alcalines en donnant un *acide benzoïque chloré;* il donne avec l'ammoniaque liquide ou avec le carbonate d'ammoniaque une *amide benzoïque chlorée;* et il produit enfin avec l'alcool un *éther* (l'éther chlorobenzoïque). Il présente donc les caractères indiqués par M. Chiozza, et il est, pour l'acide salicylique, exactement ce que le chlorure de lactyle (chlorure de chloropropionyle) est pour l'acide lactique.

De nombreuses analyses de ce chlorure de chlorobenzoyle m'ont démontré, cependant, qu'il est impossible de l'obtenir à l'état de pureté. Chaque nouvelle rectification, loin de donner un produit plus pur, est accompagnée de la décomposition d'une partie de la substance, et donne un liquide volatil plus riche en chlore. J'ai trouvé de même que l'acide benzoïque chloré, l'éther benzoïque chloré et l'amide benzoïque chlorée, obtenus à l'aide de chlorures provenant de différentes opérations, sont loin de présenter la même composition. Quelquefois la composition de ces corps se rapproche de celle des produits monochlorés, et quelquefois la quantité de chlore est beaucoup plus considérable.

Je me suis assuré enfin que le *chlorure de chlorobenzoyle*, tel qu'on l'obtient comme produit de la première distillation, et tel qu'il se trouve dans ce premier produit mélangé à beaucoup de chloroxyde de phosphore et à une quantité plus ou moins considérable de perchlorure de phosphore, se décompose par chaque distillation et finit par se transformer *en chlorure de bichlorobenzoyle.*

La formation de ce corps, qui n'est autre chose qu'un produit de substitution du chlorure de chlorobenzoyle, est difficile à comprendre. Ce dernier se forme, comme on l'a admis depuis longtemps, par une double décomposition, c'est-à-dire par l'échange de l'oxygène contre le chlore. Mais pour transformer ce chlorure de chlorobenzoyle en chlorure de benzoyle *bichloré*, il faudrait la présence du chlore libre ou d'un corps qui, dans les conditions de l'opération, jouât le rôle du chlore libre. Il faudrait donc qu'une partie de la substance se réduisit et qu'il se formât, ou bien de l'acide salicyleux (ou un dérivé), ou du trichlorure de phosphore. J'ai constaté, en effet, la présence de ce dernier corps en quantité très-considérable dans les chlorures de phosphore que j'avais séparés par rectification et dont il a été question plus haut.

II. Quand il s'agit de préparer les produits *monochlorés*, on doit éviter toute rectification et employer le produit brut de la première distillation. En décomposant ce *chlorure de monochlorobenzoyle* brut par l'eau ou par un alcali, on obtient l'*acide monochlorobenzoïque* pur. Je reviendrai plus tard sur les propriétés de cet acide. Par l'action de l'ammoniaque liquide ou du carbonate d'ammoniaque sur le chlorure, on obtient la *monochlorobenzamide,* substance solide qui cristallise facilement en aiguilles ou sous forme de grands prismes parfaitement blancs et d'un bel éclat soyeux. En faisant réagir le chlorure sur l'alcool, on obtient l'*éther monochlorbenzoïque* sous forme d'un liquide neutre, peu soluble dans l'eau et possédant une odeur aromatique et bouillant à 238°—242°. Cet éther, mis en contact avec de l'ammoniaque aqueuse, se transforme à la longue en monocholorobenzamide, identique avec celle que l'on obtient directement à l'aide du chlorure. Par l'action de l'aniline sur le chlorure, j'ai aussi préparé la *monochlorobenzanilide,* substance qui cristallise avec la même facilité que l'amide.

III. Quand il s'agit, au contraire, de préparer les produits *bichlorés,* on doit soumettre le liquide obtenu dans la première distillation à un nombre assez considérable de rectifications. On obtient ainsi, mais avec perte de la plus grande partie de la substance, un chlorure qui, traité par l'alcool, donne l'*éther bichlorobenzoïque.* Cet éther ressemble beaucoup à l'éther monochlorbenzoïque; son point d'ébullition est cependant un peu plus élevé (245°). Il présente des propiétés extrêmement curieuses. Il n'est pas attaqué par une solution aqueuse de nitrate d'argent; cependant, lorsqu'on ajoute de l'alcool en quantité suffisante pour dissoudre l'éther, il se forme tout de suite un précipité abondant de chlorure d'argent. Il est lentement attaqué pas la potasse; mais quand on le fait bouillir avec une solution aqueuse ou, mieux encore, avec une solution alcoolique de potasse, il se décompose. Une partie du chlore est éliminée sous forme de chlorure de potassium, et on obtient non pas de l'acide bichlorobenzoïque, mais de l'acide *monochlorbenzoïque.* L'ammoniaque liquide réagit d'une manière tout à fait analogue: il se forme du chlorure d'ammonium, ainsi qu'une amide qui présente à peu près la composition de la *monochlorbenzamide,* mais qui contient un petit excès de chlore.

IV. J'ai rappelé plus haut que, d'après les expériences de MM. Limpricht et von Uslar, l'acide chlorobenzoïque obtenu par la décomposition du chlorure de sulfobenzoyle, paraît être différent de l'acide monochlorbenzoïque de M. Chiozza: j'ai cru nécessaire d'étudier avec soin les propriétés de l'acide monochlorbenzoïque que j'avais préparé, et j'ai trouvé qu'il y existe réellement des différences très-notables.

J'ai constaté que le chlorobenzoate de baryte est anhydre, tandis que le même sel, préparé par MM. Limpricht et von Uslar, est hydraté. Je puis confirmer de même que le chlorobenzoate de chaux contient une molécule d'eau de cristallisation ($H_2O$), tandis que le sel de MM. Limpricht et von Uslar en contient 1 ½. Le point de fusion des deux acides est cependant à peu près le même. J'ai trouvé pour mon acide chlorobenzoïque 137°; MM. Limpricht et von Uslar donnent 140° pour l'acide préparé par le chlorure de sulfobenzoyle.

La chlorobenzamide préparée par MM. Limpricht et von Uslar cristallise en paillettes jaunâtres qui so fondent à 122°; ma chlorobenzamide s'obtient toujours, même dans la première préparation, sous forme de longues aiguilles parfaitement blanches qui fondent à 139°.

MM. Limpricht et von Uslar ont trouvé que leur acide chlorobenzoïque se dissout dans l'acide nitrique concentré; que l'on n'obtient pas de précipité quand on ajoute de l'eau après plusieurs jours, mais que la solution dépose à la longue de grandes tables d'un *acide nitrochlorobenzoïque*, fusible à 118° et qui ne cristallise pas par le refroidissement de sa solution aqueuse préparée à chaud. L'acide chlorobenzoïque de l'acide salicylique, se dissout également dans l'acide nitrique concentrée. La solution dépose, du jour au lendemain, de grands cristaux d'*acide nitrochlorobenzoïque*. Elle donne avec l'eau un abondant précipité du même acide. Cet acide nitrochlorobenzoïque commence à se fondre à 150° seulement et se dépose, par le refroidissement de sa solution aqueuse préparée à chaud, sous forme de grandes aiguilles aplaties qui ressemblent beaucoup à l'acide benzoïque ordinaire.

J'ajouterai encore que l'acide chlorobenzoïque préparé par l'acide salicylique, donne un sel de cuivre très-caractéristique. Quand on mélange des solutions chaudes de chlorobenzoate d'ammoniaque et de sulfate de cuivre, on obtient immédiatement un précipité cristallin d'un beau vert. Quand on mélange les deux solutions à froid, il ne se forme pas de précipité d'abord, mais la solution dépose bientôt de grands cristaux d'un vert très-brillant.

V. L'acide chlorobenzoïque se réduit assez facilement par l'amalgame de sodium. L'acide benzoïque, préparé de cette manière, tout en possédant exactement la composition de l'acide benzoïque ordinaire, en diffère cependant par quelques propriétés. Lorsqu'on fait cristalliser ses solutions, on ne l'obtient jamais sous la forme de ces longues aiguilles aplaties qui sont si caractéristiques pour l'acide benzoïque ordinaire.

Par le refroidissement d'une solution aqueuse, on obtient de petites aiguilles microscopiques groupées en mamelons. Par l'évaporation d'une solution aqueuse ou alcoolique, on n'obtient que des aiguilles très-petites groupées en étoiles. Cet acide se volatilise comme l'acide benzoïque, et les cristaux formés par sublimation ressemblent beaucoup à l'acide benzoïque ordinaire. Une détermination du point de fusion m'a montré que cet acide se trouve, à 114°,5, exactement dans le même état de fusion que l'acide benzoïque ordinaire à 120°.

Des réactions comparatives m'ont fait voir, en outre, que les deux acides benzoïques ne se comportent pas tout à fait de la même manière. Je n'ai cependant pas remarqué de différences très-caractéristiques, si ce n'est que le sel ammoniacal de l'acide benzoïque ordinaire donne avec le sulfate de cuivre un precipité bleu cristallin, tandis que le sel ammoniacal de l'acide benzoïque préparé par l'acide salicylique donne un précipité amorphe d'un vert bleuâtre.

VI. L'acide chlorobenzoïque préparé au moyen de l'acide salicylique est capable de régénérer le dernier. Je n'ai pas trouvé de réaction qui permette d'opérer cette transformation d'une manière bien nette.

On peut faire bouillir le chlorobenzoate d'argent avec de l'eau, sans qu'il subisse de décomposition; de plus, quand on chauffe, dans un tube scellé, à la température de 200°, la presque totalité du sel cristallise par le refroidissement, sans avoir subi aucune décomposition. J'ai chauffé l'acide chlorobenzoïque avec une solution aqueuse ou une solution alcoolique de potasse à 200° et avec la potasse solide à 250° sans observer la formation d'acide salicylique. Mais quand on introduit l'acide chlorobenzoïque dans de la potasse fondue, ou quand on chauffe un mélange d'acide chlorobenzoïque et de potasse solide jusqu'à commencement de fusion, il se forme de l'acide salicylique. Mes expérimences ne laissent pas de doute sur la formation de l'acide salicylique dans cette réaction; mais je ne suis point parvenu à l'obtenir en quantité suffisante pour en faire l'analyse.

Si l'on considère la transformation de l'acide salicylique en acide chlorobenzoïque, la réduction de cet acide en acide benzoïque et la transformation de l'acide chlorobenzoïque en acide salicylique; et si, pour le moment, on ne tient pas compte de la différence entre l'acide benzoïque ainsi préparé et l'acide benzoïque ordinaire, différence qui d'ailleurs ne me paraît pas encore parfaitement établie, on pourrait en conclure: que l'acide salicylique est, pour l'acide benzoïque, ce que l'acide lactique est pour l'acide propionique et ce que l'acide glycolique est pour l'acide acétique. On a en effet:

Acide acétique . . $C_2H_3'O \big|_{H} O$;    $C_2H_2''O \big|_{H_2} O_2$ acide glycolique.

Acide propionique. $C_3H_5'O \big|_{H} \Theta$;    $C_3H_4''O \big|_{H_2} O_2$ acide lactique.

Acide benzoïque . $C_7H_5'O \big|_{H} O$;    $C_7H_4''O \big|_{H_2} O_2$ acide salicylique.

L'acide chlorobenzoïque serait, dans cette manière de voir, l'analogue des acides chloropropionique et chloracétique. On pourrait l'envisager comme dérivant de l'acide benzoïque par substitution (ce qui s'accorde avec ses propriétés), ou bien comme une substance appartenant au type: $H_2O + HCl$, et contenant le même radical que l'acide salicylique (ce qui rendrait compte de sa formation et de sa transformation en acide salicylique). On aurait:

*Acide chloracétique.*    *Acide chloropropionique.*    *Acide chlorobenzoïque.*

$C_2H_2\overline{Cl}O \big|_{H} O$    $C_3H_4\overline{Cl}O \big|_{H} O$    $C_7H_4\overline{Cl}O \big|_{H} O$

ou bien:

$C_2H_2''O \Big\{ {Cl \atop O} \atop H} $    $C_3H_4''O \Big\{ {Cl \atop O} \atop H}$    $C_7H_4''O \Big\{ {Cl \atop O} \atop H}$

L'éther chlorobenzoïque pourrait être représenté par des formules analogues; il correspond, en effet, à l'éther chlorolactique de M. Wurtz (éther chloropropionique) et à l'éther chloroxycarbonique (éther chloroformique). On aurait:

*Éther chloroxycarbonique.*    *Éther chlorolactique.*    *Éther chlorobenzoïque.*

$C\overline{Cl}O \big|_{C_2H_5} O$    $C_3H_4\overline{Cl}O \big|_{C_2H_3} O$    $C_7H_4\overline{Cl}O \big|_{C_2H_5} O$

où bien:

$C''O \Big\{ {Cl \atop O} \atop C_2H_5}$    $C_3H_4''O \Big\{ {Cl \atop O} \atop C_2H_5}$    $C_7H_4''O \Big\{ {Cl \atop O} \atop C_2H_5}$

Ces analogies si simples deviennent cependant un peu douteuses par la différence qui existe entre les deux acides chlorobenzoïques; par celle qui paraît exister entre l'acide benzoïque préparé au moyen de l'acide salicylique et l'acide benzoïque ordinaire; et aussi par l'existence de l'acide oxybenzoïque, qui est isomère de l'acide salicylique et par l'existence de deux acides amidés isomères: l'acide oxybenzamique (acide amidobenzoïque) et l'acide salicylamique.

Dans la série des corps gras, on voit que l'acide acétique donne, par substitution, un acide monochloracétique capable de donner le glycocolle et l'acide glycolique; on sait que l'acide glycolique régénère, par l'action du perchlorure de phosphore, l'acide monochloracétique; on sait de même que l'acide lactique se transforme en acide chloropropionique et en acide propionique; mais on ne connaît jusqu'à présent qu'un seul acide monochloracétique, un seul acide glycolique, etc.

Dans la série des corps aromatiques, toutes ces substances paraissent exister deux fois, c'est-à-dire sous forme de deux modifications isomères. On pourrait donc admettre qu'il existe dans le groupe des corps aromatiques deux séries parallèles et isomères, tandis que dans le groupe des corps gras, il n'existe qu'une seule série, comme l'indique le tableau suivant:

| *Acide acétique.* | *Acide benzoïque ordinaire.* | *Acide benzoïque* (de l'acide salicylique). |
|---|---|---|
| $\left. \begin{array}{l} C_2H'_2O \\ H \end{array} \right\} O$ | $\left. \begin{array}{l} C_7H'_5O \\ H \end{array} \right\} O$ | $\left. \begin{array}{l} C_7H'_5O \\ H \end{array} \right\} O$ |
| *Acide chloracétique.* | *Acide chlorobenzoïque* (de MM. L. et v. U.). | *Acide chlorobenzoïque* (de M. Chiozza). |
| $\left. \begin{array}{l} C_2H'_2ClO \\ H \end{array} \right\} O$ | $\left. \begin{array}{l} C_7H'_4ClO \\ H \end{array} \right\} O$ | $\left. \begin{array}{l} C_7H'_4ClO \\ H \end{array} \right\} O$ |
| *Glycocolle.* | *Acide oxybenzamique.* | *Acide salicylamique.* |
| $\left. \begin{array}{l} H \\ H \end{array} \right\} N$  $\left. \begin{array}{l} C_2H''_2O \\ H \end{array} \right\} O$ | $\left. \begin{array}{l} H \\ H \end{array} \right\} N$  $\left. \begin{array}{l} C_7H''_4H \\ H \end{array} \right\} O$ | $\left. \begin{array}{l} H \\ H \end{array} \right\} N$  $\left. \begin{array}{l} C_7H''_4O \\ H \end{array} \right\} O$ |
| *Acide glycolique.* | *Acide oxybenzoïque.* | *Acide salicylique.* |
| $\left. \begin{array}{l} H \\ C_2H''_2O \\ H \end{array} \right\} \begin{array}{l} O \\ O \end{array}$ | $\left. \begin{array}{l} H \\ C_7H''_4O \\ H \end{array} \right\} \begin{array}{l} O \\ O \end{array}$ | $\left. \begin{array}{l} H \\ C_7H''_4O \\ H \end{array} \right\} \begin{array}{l} O \\ O \end{array}$ |

Il est à croire que les mêmes réactions qui permettent de passer d'un terme de la première série à un autre, permettent aussi de réaliser les transformations analogues dans les deux autres séries, de manière que la substance formée appartienne toujours à la même série que la substance qui lui donne naissance. Les réactions connues jusqu'à ce jour et celles que je viens de décrire s'accordent, en effet, avec cette manière de voir. On peut transformer l'acide benzoïque ordinaire en acide chlorobenzoïque (Limpricht et von Uslar), en acide oxybenzamique et en acide oxybenzoïque; et, de plus, on peut transformer l'acide salicylique en acide salicylamique, en acide chlorobenzoïque et en un isomère de l'acide benzoïque.

Je dois cependant signaler un fait qui ne s'accorde pas avec cette séparation si complète de ces deux séries de corps isomères et qui, par conséquent, me paraît mériter toute l'attention des chimistes: c'est que l'acide benzoïque ordinaire est capable de se transformer en acide salicylique. J'ai trouvé, en effet, que l'*acide bromobenzoïque*, préparé, d'après la méthode de M. Peligot, par l'action du brome sur le benzoate d'argent, se comporte exactement comme l'acide chlorobenzoïque préparé par l'acide salicylique. Quand on chauffe un mélange de cet acide avec de l'hydrate de potasse sec et pulvérisé jusqu'à commencement de fusion du mélange, il se forme de l'acide salicylique (1).

En présence de ce fait, dans l'état incomplet de nos connaissances sur l'acide oxybenzoïque et ses dérivés, et alors que le fait même de l'isomérie des deux acides benzoïques n'est pas encore parfaitement établi, il me paraît inutile d'entrer dans l'examen des hypothèses destinées à expliquer l'isomérie de ces deux séries de corps.

Je citerai, en terminant, une expérience que j'ai faite, dans le but de voir si l'acide salicylique se transforme directement en acide benzoïque par l'action de l'acide iodhydrique, et s'il présente ainsi la réaction qui a permis à M. Lautemann de réduire l'acide lactique en acide propionique. J'ai trouvé que cette réduction n'a pas lieu, mais que l'acide salicylique, chauffé avec de l'eau et de l'acide iodhydrique, se décompose à la température de 280°, en se dédoublant en alcool phénique et en acide carbonique.

# Beiträge zur Kenntniß der Salicylsäure und der Benzoësäure;
## von Aug. Kekulé.

A. 117, 145—164 (Heft II, 4. 2. 1861).

(Der Belgischen Academie mitgetheilt den 6. August 1860.)[2]

In meiner Notiz über die Umwandlung der Essigsäure in Glycolsäure[3] habe ich eines Versuches erwähnt, der in der Absicht angestellt

---

(1) Je rappellerai ici un fait connu depuis longtemps, c'est que le benzoate de cuivre, quand on le décompose par la chaleur, donne naissance à une petite quantité d'acide salicylique.

[2] Vgl. die vorhergehende Abhandlung S. 162.   (A.)

[3] Diese Annalen CV, 286 (1858).

war, die aus Salicylsäure erhaltene Monochlorbenzoësäure wieder in Salicylsäure oder in Oxybenzoësäure umzuwandeln. Ich habe mich seit-dem wiederholt mit demselben Gegenstand beschäftigt, bin aber durch verschiedene Gründe genöthigt gewesen, meinen Versuchen eine weit größere Ausdehnung zu geben, als dieß ursprünglich in meiner Absicht lag. Einerseits stimmten die gewonnenen Resultate nicht immer voll-ständig mit den Angaben anderer Chemiker überein; andererseits stieß ich im Lauf der Untersuchung auf so unerwartete Thatsachen, daß ich es nicht wagte, sie der Oeffentlichkeit zu übergeben, ohne mich durch wiederholte Versuche von ihrer Richtigkeit überzeugt zu haben. Ich würde es auch jetzt noch vorziehen, meine Versuche weiter zu vervoll-ständigen, wenn nicht der Umstand, daß andere Chemiker dasselbe Feld zu bearbeiten angefangen haben, mich zur Veröffentlichung der an sich unvollendeten Arbeit nöthigten.

Es ist nöthig, zunächst einige der von anderen Chemikern über den in Rede stehenden Gegenstand veröffentlichten Thatsachen zusammen-zustellen.

Durch Destillation von Salicylsäure mit Phosphorsuperchlorid hatte C h i o z z a [1]) ein Chlorid erhalten, welches, obgleich durch eine Reac-tion dargestellt, nach welcher man die Bildung des zweiatomigen Sali-cylchlorids hätte erwarten sollen, das Verhalten des mit diesem iso-meren Chlorbenzoylchlorids zeigte, in so fern es bei Einwirkung von Wasser Chlorbenzoësäure erzeugt. Meine oben erwähnten Versuche und ebenso die Versuche von L i m p r i c h t und v. U s l a r [2]) schienen diese Angaben zu bestätigen. Bald indeß theilte C o u p e r [3]) eine Untersuchung mit, in welcher er behauptete, daß das erwähnte Destillationsproduct mit Wasser keine Chlorbenzoësäure, sondern vielmehr Salicylsäure gebe, und daß es weder Salicylchlorid noch Chlorbenzoylchlorid sei, sondern vielmehr eine phosphorhaltige Verbindung von der Formel: $C_7H_4Cl_3PO_3$. Diese Resultate sind unter einander in directem Widerspruch, aber sie stimmen beide mit den jetzt herrschenden theoretischen Ansichten. Die Bildung des Chlorbenzoylchlorids aus Salicylsäure, damals vereinzelt, hat in der That seitdem in der Bildung des Chlorpropionylchlorids aus Milchsäure ein Analogon gefunden. Der von C o u p e r beschriebene Körper dagegen kann als eine directe Vereinigung von Phosphoroxy-

---

[1]) Diese Annalen LXXXIII, 317 (1852).
[2]) Daselbst CII, 259 (1857).
[3]) Daselbst CIX, 369 (1859); Compt. rend XLVI, 1107 (1858).

chlorid mit dem Anhydrid der Salicylsäure betrachtet werden, oder auch als eine einem gemischten Typus zugehörige Verbindung der Radicale Salicyl und Phosphoryl, nach der Formel:

$$\left. \begin{array}{c} \overset{''}{C_7}H_4\Theta \\ \overset{'''}{P\Theta} \end{array} \right| \begin{array}{c} Cl_3 \\ \Theta \end{array} ; \qquad \text{Typus:} \quad \begin{array}{c} H_3Cl_3 \\ H_2\Theta \end{array} = H_2\Theta + 3\,HCl.$$

D r i o n ) hatte seinerseits durch Einwirkung von Phosphorsuperchlorid auf Gaultheriaöl ein Chlorid erhalten, welches er in Uebereinstimmung mit G e r h a r d t [2]) als das wirkliche Salicylchlorid (einatomig) ansieht; er sprach die Vermuthung aus, daß aus diesem Chlorid durch die bei der Destillation stattfindende Zersetzung C h i o z z a's Chlorbenzoylchlorid entstehe; und er betrachtet die Existenz dieses letzteren Chlorids, die von C o u p e r in Zweifel gezogen worden war, dadurch als vollständig bewiesen, daß nicht nur Chlorbenzoësäure, sondern auch Chlorbenzamid daraus erhalten werden könne.

Nachdem dann L i m p r i c h t und von U s l a r [3]) durch Zersetzung des Sulfobenzoylchlorids ebenfalls eine Chlorbenzoësäure dargestellt hatten, verglichen sie die Eigenschaften der so erhaltenen mit den Eigenschaften der nach C h i o z z a's Methode bereiteten Chlorbenzoësäure und kamen zu dem Schluß, daß beide Säuren isomer, in ihren Eigenschaften aber wesentlich verschieden seien.

In der letzten Zeit endlich haben K o l b e und L a u t e m a n n angekündigt, daß die aus Salicylsäure erhaltene Chlorbenzoësäure durch Einwirkung von Natrium-Amalgam in eine Säure umgewandelt werden könne, die mit der gewöhnlichen Benzoësäure zwar gleich zusammengesetzt, in ihren Eigenschaften aber verschieden sei. Diese letztere Ankündigung namentlich veranlaßt mich zur Mittheilung meiner Resultate, die ich im Folgenden möglichst kurz zusammendrängen will.

I. Läßt man Phosphorsuperchlorid auf Salicylsäure oder auf Gaultheriaöl einwirken und erhitzt man die flüssig gewordene Masse längere Zeit, zur Verjagung des gebildeten Phosphoroxychlorids und des überschüssigen Phosphorsuperchlorids auf 180 bis 200°, so wird ein Product erhalten, welches die von D r i o n angegebenen Eigenschaften be-

---

[1]) Diese Annalen XCII, 313 (1857); CIX, 373 (1859); Compt. rend. XXXIX, 122 (1854); XLVI, 1228 (1859).
[2]) Daselbst LXXXIX, 360 (1854).
[3]) Daselbst CII, 259 (1857).

sitzt [1]) und beim Zersetzen mit Wasser nur Salicylsäure und keine Monochlorbenzoësäure erzeugt [2]). Wird dieses Product der Destillation unterworfen, so erhält man ein flüchtiges Chlorid, welches alle Eigenschaften
von C h i o z z a ' s Chlorbenzoylchlorid besitzt.

Ich habe diesen Versuch mehr als 20mal wiederholt und dabei mehrmals beträchtliche Mengen der Materialien in sehr wechselnden Verhältnissen in Arbeit genommen. Ich habe niemals den von C o u p e r beschriebenen Körper erhalten, der nach diesem Chemiker bei 285 bis 295°
überdestillirt. Ich habe vielmehr stets beobachtet, daß, sobald die Temperatur der überdestillirenden Dämpfe auf höchstens 280° gestiegen ist,
der Rückstand in der Retorte sich unter heftigem Aufblähen und mit
Hinterlassung einer schwarzen blasigen Masse zersetzt. Ich habe mich
außerdem überzeugt, daß 1 Molecul Methylsalicylsäure nur 1 Molecul
Phosphorsuperchlorid zu zersetzen im Stande ist, und daß alles im
Ueberschuß zugesetzte Phosphorsuperchlorid bei der ersten Destillation
unverändert überdestillirt. Ich habe ferner gefunden, im Widerspruch
mit den Angaben von C o u p e r, daß eine beträchtliche Menge von
Phosphoroxychlorid gebildet wird; und ich bin im Stande gewesen,
durch Rectification von einem Theil der erhaltenen Producte mehr als
300 Grm. eines unter 115° überdestillirenden Phosphorchlorids darzustellen, welches wesentlich Phosphoroxychlorid ist, aber, wie ich gleich
zeigen werde, auch Phosphorchlorür enthält. Ich habe endlich gefunden, daß der Rückstand in der Retorte, man mag die Destillation zu
Ende führen oder in irgend einer Periode unterbrechen, bei Zersetzung
mit Wasser oder Kali wesentlich Salicylsäure liefert, die nur Spuren
von Chlorbenzoësäure enthält.

Das Product dieser ersten Destillation zeigt das Verhalten eines gechlorten Benzoylchlorids. Es zersetzt sich mit Wasser oder mit Alkalien unter Bildung einer gechlorten Benzoësäure [3]). Es giebt mit Ammo-

---

[1]) Vgl. auch: G e r h a r d t, Traité III, 229, 265, 343.

[2]) Dieses nicht destillirte Chlorid gab bei einer Analyse 39 pC. Chlor und
nur 3 pC. Phosphor; C o u p e r 's Verbindung enthält 11,5 pC. Phosphor; das
zweiatomige Salicylchlorid $= C_7H_4OCl_2$ enthält 46 pC., das einatomige Salicylchlorid $= C_7H_5O_2Cl$: 26 pC. Chlor. Nimmt man an, der Phosphor sei in diesem
Product als $PCl_5$ enthalten, so bleiben 21 pC.; nimmt man an er sei als $POCl_3$
beigemengt, so bleiben 28 pC. Chlor in der organischen Verbindung.

[3]) Die letzten kurz vor dem Aufblähen des Retorteninhalts überdestillirenden
Tropfen geben indeß beim Zersetzen mit Wasser neben viel Chlorbenzoësäure auch
etwas Salicylsäure.

niaklösung oder beim Zusammenreiben mit kohlensaurem Ammoniak ein gechlortes Benzamid, und es erzeugt endlich mit Alkohol einen gechlorten Benzoëäther. Es steht also offenbar zur Salicylsäure genau in demselben Verhältniß wie das Chlorpropionylchlorid (Lactylchlorid) zur Milchsäure.

Zahlreiche Analysen des so erhaltenen Chlorids haben gezeigt, daß dieser Körper nicht rein erhalten werden kann. Das Product wird im Gegentheil stets unreiner und namentlich stets reicher an Chlor, je öfter man es durch Rectification zu reinigen sucht[1]). Eben so zeigen die aus Chloriden von verschiedener Darstellung gewonnenen Producte (Säure, Amid und namentlich Aether) eine sehr wechselnde Zusammensetzung. Bisweilen entspricht der Chlorgehalt einer einfach-gechlorten Benzoylverbindung, in anderen Fällen dagegen ist er beträchtlich größer.

Ich habe schließlich gefunden, daß das im ersten Destillationsproduct neben viel Phosphoroxychlorid und einer mehr oder weniger großen Menge von Phosphorsuperchlorid enthaltene Monochlorbenzoylchlorid bei jeder Destillation Zersetzung erleidet. Bei jeder Destillation zersetzt sich gegen Ende der in der Retorte bleibende Theil unter Aufblähen und das Monochlorbenzoylchlorid geht dabei in Bichlorbenzoylchlorid über.

Die Bildung des Bichlorbenzoylchlorids aus dem Monochlorbenzoylchlorid ist schwer verständlich. Man muß annehmen, daß entweder das anwesende Phosphorchlorid oder ein Theil des Chlorbenzoylchlorids selbst Reduction und resp. Zersetzung erleidet, und daß so ein Theil des Chlors auf das Monochlorbenzoylchlorid substitutirend einwirkt. Ich habe in der That aus den oben erwähnten, bei solchen Rectificationen gewonnenen Chloriden des Phosphors eine nicht unbedeutende Menge Phosphorchlorür abdestilliren können.

II. *Monochlorbenzoylverbindungen.* — Zur Darstellung dieser einfach gechlorten Verbindungen muß das bei der ersten Destillation erhaltene Product direct und ohne Rectification verwendet werden. Durch Zersetzung dieses Productes mit Wasser oder Kali erhält man die:

*Monochlorbenzoësäure.* — Ich werde auf die Eigenschaften dieser Säure nachher zurückkommen. Bei der Analyse der reinen Säure wurden folgende Resultate erhalten:

---

[1]) Von den zahlreichen Chlorbestimmungen will ich beispielsweise drei anführen. Es wurde erhalten: 42,16 pC.; 46,46 pC.; 48.19 pC. Chlor. Das Monochlorbenzoylchlorid verlangt: 40.6 pC., das Bichlorbenzoylchlorid: 50.8 pC. Chlor.

0,3668 Grm. gaben 0,7214 Grm. Kohlensäure und 0,1122 Grm. Wasser.
0,4132 Grm. gaben 0,3808 Grm. Chlorsilber.

Daraus berechnet sich:

|  | Theorie | | Versuch |
|---|---|---|---|
| $C_7$ | 84 | 53,67 | 53,64 |
| $H_5$ | 5 | 3,20 | 3,40 |
| Cl | 35,5 | 22,68 | 22,80 |
| $O_2$ | 32 | 20,45 | — |
|  | 156,5 | 100,00. | |

Bei der Analyse einer weniger reinen Säure, die theils aus rectificirten Chloriden, theils aus den nachher zu beschreibenden Chlorbenzoësäureäthern dargestellt war, wurde erhalten:

I.   0,3776 Grm. gaben 0,7342 Grm. Kohlensäure und 0,1122 Grm. Wasser.
     0,2080 Grm. gaben 0,2062 Grm. Chlorsilber.

II.  0,3520 Grm. gaben 0,6720 Grm. Kohlensäure und 0.1034 Grm. Wasser.
     0.2470 Grm. gaben 0,2450 Grm. Chlorsilber.

III. 0,2036 Grm. gaben 0,4044 Grm. Kohlensäure und 0.0672 Grm. Wasser.
     0,3578 Grm. gaben 0,3351 Grm. Chlorsilber.

IV.  0.3962 Grm. gaben 0,7666 Grm. Kohlensäure und 0,1188 Grm. Wasser.

V.   0.2236 Grm. gaben 0,4356 Grm. Kohlensäure und 0.0684 Grm. Wasser.
     0,2112 Grm. gaben 0,2150 Grm. Chlorsilber.

Danach enthalten 100 Theile:

| | berechnet für $C_7H_5ClO_2$ | I. | gefunden II. | III. | IV. | V. | berechnet für $C_7H_4Cl_2O_2$ |
|---|---|---|---|---|---|---|---|
| $C$ | 53,67 | 53.03 | 52,07 | 54,17 | 52,77 | 53,12 | 43,9 |
| H | 3,20 | 3.30 | 3.26 | 3,67 | 3,33 | 3,40 | 2,1 |
| Cl | 22,68 | 24,52 | 24,5 | 23,16 | — | 25,18 | 37,2. |

*Monochlorbenzoësaures Calcium* ist selbst in kaltem Wasser sehr löslich und wird beim Verdunsten in kleinen prismatischen Krystallen erhalten. In siedendem Alkohol löst es sich wenig und scheidet sich beim Erkalten in feinen Nadeln aus.

Das aus Wasser krystallisirte Salz ist wasserhaltig.

0,6244 Grm., im Vacuum getrocknet, verloren bei 120° 0,0560 Grm.; das getrocknete Salz (0,5684 Grm.) gab 0.2238 Grm. schwefelsaures Calcium.

Die Rechnung verlangt:

$C_7H_4ClCaO_2 + H_2O$ enthält  9,29 pC. Wasser; gefunden 8,97 pC.
$C_7H_4ClCaO_2$          „     11,39 „ Calcium;   „     11,58 „

*Monochlorbenzoësaures Baryum* ist ebenfalls in Wasser sehr löslich. Beim freiwilligen Verdunsten werden weiße, aus mikroscopischen Nadeln bestehende Krystalle erhalten. Die bis zur Syrupconsistenz eingedampfte Masse erstarrt beim Erkalten zu strahlig-krystallinischer Masse (Analyse I). Das Salz krystallisirt aus heißer alkoholischer Lösung in weißen Nadeln (Analyse II). Aus der alkoholischen Lösung werden durch Aether weiße Nadeln gefällt.

I. Das aus Wasser krystallisirte Salz ist wasserfrei. 0.4230 Grm. gaben 0,2210 Grm. schwefelsaures Baryum.

II. Das aus Alkohol krystallisirte Salz scheint wasserhaltig. 0,4086 Grm. über Schwefelsäure im Vacuum getrocknet verloren bei 140° 0,0272 Grm.; die bleibenden 0.3814 Grm. gaben 0.1972 Grm. schwefelsaures Baryum.

Die Rechnung verlangt:

$C_7H_4ClBaO_2 + H_2O$ enthält 7.43 pC. Wasser; gefunden 6.65.

|  | I. | II. |
|---|---|---|
| $C_7H_4ClBaO_2$ enthält 30.59 pC. Baryum; gefunden | 30,72 | 30,41. |

*Monochlorbenzoësaures Silber* ist ein völlig weißer Niederschlag, der sich in siedendem Wasser etwas löst und beim Erkalten in großen Krystallschuppen ausfällt.

0,2224 Grm., bei 140° getrocknet, gaben 0,1210 Grm. Chlorsilber. Die Formel $C_7H_4ClAgO_2$ verlangt 40,98 pC. Silber; gefunden 40,95.

*Quecksilber*oxydulsalze geben mit einer Lösung von monochlorbenzoësaurem Ammonium einen weißen Niederschlag. Das *Bleisalz* wird aus einer Lösung von essigsaurem Blei als weißer Niederschlag erhalten, der sich in siedendem Wasser löst und beim Erkalten großkrystallinisch ausscheidet. Das schönste und zugleich ein sehr characteristisches Salz der Monochlorbenzoësäure ist das *Kupfersalz*. Mischt man kalte Lösungen von monochlorbenzoësaurem Ammoniak und schwefelsaurem Kupfer, so entsteht, selbst wenn concentrirte Lösungen angewandt werden, anfangs kein Niederschlag, aber die grüne Flüssigkeit setzt bald (selbst wenn ziemlich verdünnte Lösungen angewandt wurden) große Krystalle von sattgrüner Farbe ab. Werden beide Lösungen heiß gemischt, so entsteht augenblicklich ein blaugrüner amorpher Niederschlag, der sich rasch in ein krystallinisches sattgrünes Krystallpulver umwandelt. Das einmal gebildete Salz ist selbst in siedendem Wasser fast unlöslich.

*Nitrochlorbenzoësäure.* — Wird Monochlorbenzoësäure in reine rauchende Salpetersäure (spec. Gew. 1,5) eingetragen, so löst sich dieselbe rasch auf. Bleibt die Lösung einige Tage sich selbst überlassen, so scheiden sich große rhombische Krystalle aus. Aus der Mutterlauge wird durch Zusatz von Wasser ein weißes Krystallpulver in reichlicher Menge gefällt. Die Säure löst sich, unter theilweisem Schmelzen, in siedendem Wasser und scheidet sich beim Erkalten in langen platten Nadeln aus, die der Benzoësäure sehr ähnlich sind. Die Säure sublimirt theilweise ohne Zersetzung.

0,3042 Grm., bei 100° getrocknet, gaben 0,4634 Grm. Kohlensäure und 0,0604 Grm. Wasser.

Die Formel $\Theta_7H_4Cl(N\Theta_2)\Theta_2$ verlangt:

|   | Theorie | Versuch |
|---|---------|---------|
| $\Theta$ | 41,68 | 41,22 |
| H | 1,98 | 2,20. |

*Monochlorbenzoëäther*, durch Zersetzen des bei Einwirkung von Phosphorsuperchlorid auf Methylsalicylsäure erhaltenen Chlorids mit Alkohol erhalten, ist eine farblose, in Wasser unlösliche Flüssigkeit von angenehm aromatischem Geruch, die bei 238 bis 242° siedet. Bei der Analyse wurde gefunden:

I.  0,2557 Grm. gaben 0,5440 Grm. Kohlensäure und 0,1132 Grm. Wasser.
    0,2524 Grm. gaben 0,1976 Grm. Chlorsilber.
II. 0,2419 Grm. gaben 0,5188 Grm. Kohlensäure und 0,1094 Grm. Wasser.
    0,3060 Grm. gaben 0,2365 Grm. Chlorsilber.

|   | Theorie | | Versuch I. | Versuch II. |
|---|---------|---------|------|------|
| $\Theta_9$ | 108 | 58,54 | 58,02 | 58,49 |
| $H_9$ | 9 | 4,88 | 4,92 | 5,03 |
| Cl | 35,5 | 19,24 | 19,36 | 19,14 |
| $\Theta_2$ | 32 | 17,34 | — | — |
|   | 184,5 | 100,00. | | |

Wird Monochlorbenzoëäther mit wässerigem Ammoniak zusammengestellt, so scheiden sich nach einigen Wochen lange Krystallnadeln von Monochlorbenzamid aus. Durch Zersetzung des Aethers mit Kali wird Monochlorbenzoësäure erhalten (Analyse III und IV, Seite 176).

*Monochlorbenzamid.* — Man erhält dieses Amid durch Zersetzen des rohen Monochlorbenzoylchlorids mit wässerigem Ammoniak, durch Zusammenreiben des Chlorids mit kohlensaurem Ammoniak, oder auch durch Einwirkung von wässerigem Ammoniak auf Monochlorbenzoëäther.

Das Monochlorbenzamid ist in Aether, in Alkohol und in siedendem Wasser leicht, in kaltem Wasser nur sehr wenig löslich. Es krystallisirt beim Erkalten der heißen wässerigen Lösung in langen völlig weißen Nadeln. Durch Verdunsten einer Lösung in Alkohol, in Aether oder in einem Gemenge beider Flüssigkeiten erhält man lange, prachtvoll atlasglänzende Krystalle. Es schmilzt bei 139° und sublimirt unzersetzt.

0,3282 Grm. bei 100° getrocknet gaben 0,6506 Grm. Kohlensäure und 0,1202 Grm. Wasser.

0.2810 Grm. gaben 0.2703 Grm. Chlorsilber.

| | Theorie | | Versuch |
|---|---|---|---|
| $C_7$ | 84 | 54,02 | 54,06 |
| $H_6$ | 6 | 3,86 | 4,07 |
| $Cl$ | 35,5 | 22,83 | 23,80 |
| $O$ | 16 | 10,28 | — |
| $N$ | 14 | 9,01 | — |
| | 155,5 | 100,00. | |

*Chlorbenzoylanilid.* — Läßt man Chlorbenzoylchlorid auf wässeriges Anilin einwirken, so scheidet sich unter Erhitzen ein Oel aus, welches krystallinisch erstarrt. Das Chlorbenzoylanilid ist selbst in siedendem Wasser nur wenig löslich; es krystallisirt beim Erkalten in feinen weißen Nadeln. In heißem Alkohol löst es sich leicht und scheidet sich zum großen Theil beim Erkalten in großen weißen Nadeln aus. Es schmilzt in siedendem Wasser und erstarrt beim Erkalten krystallinisch.

0,4320 Grm. gaben 1.0618 Grm. Kohlensäure und 0.1772 Grm. Wasser.

| | Theorie | | Versuch |
|---|---|---|---|
| $C_{13}$ | 156 | 67.38 | 67,03 |
| $H_{10}$ | 10 | 4,32 | 4,33 |
| $Cl$ | 35.5 | 15.34 | -- |
| $O$ | 16 | 6.91 | — |
| $N$ | 14 | 6,05 | -- |
| | 231,5 | 100,00. | |

III. *Bichlorbenzoylverbindungen.* — Ich habe oben erwähnt, daß das Monochlorbenzoylchlorid bei jeder Rectification Zersetzung erleidet und schließlich in Bichlorbenzoylchlorid übergeht. Es ist mir nicht gelungen, dieses Chlorid in reinem Zustande zu erhalten; aber ich habe mich durch wiederholte Versuche überzeugt, daß man durch oft wiederholte Rectification, freilich unter Verlust der größeren Menge der angewand-

12*

ten Substanz, zulezt ein Chlorid erhält, welches bei Zersetzung mit Alkohol nicht Monochlorbenzoëäther, sondern Bichlorbenzoëäther liefert. Merkwürdigerweise aber giebt dasselbe Chlorid beim Zersetzen mit Kali Monochlorbenzoësäure und eben so beim Zersetzen mit Ammoniak Monochlorbenzamid, welche indeß beide stets etwas Chlor mehr enthalten (2 bis 3 pC.), als die reinen Monochlorbenzoylverbindungen.

*Bichlorbenzoëäther.* — Dieser Aether gleicht in seinen Eigenschaften vollständig dem Monochlorbenzoëäther; sein Siedepunkt liegt nur wenige Grade höher; 245°.

I. 0.4118 Grm. gaben 0.7522 Grm. Kohlensäure und 0.1406 Grm. Wasser.
0,3425 Grm. gaben 0,4490 Grm. Chlorsilber.
II. 0,4873 Grm. gaben 0,6150 Grm. Chlorsilber.

|        |     | Theorie |  Versuch  |       |
|--------|-----|---------|-----------|-------|
|        |     |         | I.        | II.   |
| $C_9$  | 108 | 49,32   | 49,46     | —     |
| $H_8$  | 8   | 3,65    | 3,77      | —     |
| $Cl_2$ | 71  | 32,42   | 32.64     | 31,2  |
| $O_2$  | 32  | 14,61   | —         | —     |
|        | 219 | 100,00. |           |       |

Der Bichlorbenzoëäther zeigt ein höchst merkwürdiges Verhalten. Er wird von einer wässerigen Lösung von salpetersaurem Silberoxyd nicht angegriffen; setzt man aber so viel Alkohol zu, daß sich der Aether löst, so entsteht augenblicklich ein reichlicher Niederschlag von Chlorsilber. Er wird von wässeriger Kalilauge nur langsam zersetzt, alkoholische Kalilösung zersetzt ihn leichter. In beiden Fällen entsteht *Monochlorbenzoësäure* (Analyse V), während gleichzeitig viel Chlorkalium gebildet wird. Stellt man den Bichlorbenzoëäther mit wässerigem Ammoniak zusammen, so wird bald Chlorammonium erzeugt und es scheidet sich allmälig ein krystallisirtes Amid aus, dessen Chlorgehalt nur wenig höher ist als der des Monochlorbenzamids.

IV. Limpricht und v. Uslar haben (in der oben erwähnten Abhandlung) gezeigt, daß die von ihnen aus dem Sulfobenzoylchlorid dargestellte Chlorbenzoësäure in ihren Eigenschaften verschieden ist von der Monochlorbenzoësäure aus Salicylsäure. Meine Versuche bestätigen die Angaben dieser Chemiker und zeigen noch ein paar weitere Verschiedenheiten.

Die Chlorbenzoësäure aus Salicylsäure krystallisirt leicht in großen völlig weißen Nadeln, beim Verdunsten einer ätherischen Lösung sogar in großen Krystallen; sie schmilzt leicht in siedendem Wasser, ihr Schmelzpunkt liegt bei 137°. — Die Säure von L i m p r i c h t und v. U s l a r wurde nie in größeren Nadeln erhalten; ihr Schmelzpunkt liegt bei 140°; es wird von ihr nicht angegeben, daß sie unter Wasser schmelze.

Die Säure aus Salicylsäure giebt ein aus Wasser in wasserfreien Krystallen sich abscheidendes Barytsalz; das Barytsalz der Chlorbenzoësäure von L i m p r i c h t und v. U s l a r enthält Krystallwasser (1 $H_2O$). Das Kalksalz der Chlorbenzoësäure aus Salicylsäure enthält 1 $H_2O$; das entsprechende Salz der aus Sulfobenzoylchlorid erhaltenen Säure $1^1/_2 H_2O$.

Das Chlorbenzoylamid aus Sulfobenzoylchlorid bildet gelbe blätterige Krystalle, die bei 122° schmelzen. Das Chlorbenzoylamid aus Salicylsäure wird stets in weißen Nadeln oder als große atlasglänzende Prismen erhalten; es schmilzt bei 139°.

Die Nitrochlorbenzoësäure von L i m p r i c h t und v. U s l a r wird durch Wasser aus der Salpetersäurelösung nicht gefällt; sie krystallisirt aus der mit Wasser versetzten Lösung bei längerem Stehen; sie schmilzt bei 118° und krystallisirt nicht beim Erkalten der heißen wässerigen Lösung. — Die Nitrochlorbenzoësäure aus Salicylsäure krystallisirt direct aus der Salpetersäurelösung; sie wird aus dieser Lösung von Wasser vollständig gefällt; sie fängt erst bei 150° zu schmelzen an und krystallisirt leicht beim Erkalten der heißen wässerigen Lösung in langen, der Benzoësäure ähnlichen Blättchen.

V. Die Monochlorbenzoësäure aus Salicylsäure wird durch Natriumamalgam ziemlich leicht in eine mit der Benzoësäure gleich zusammengesetzte Säure übergeführt, die indeß in einigen Eigenschaften von der Benzoësäure abweicht. Man erhält diese Säure niemals in Form der für die Benzoësäure so characteristischen platten Nadeln. Beim Erkalten einer heißen wässerigen Lösung scheidet sie sich vielmehr in weißen mikroscopischen, zu Körnern gruppirten Nadeln aus. Selbst beim Verdunsten einer Lösung in verdünntem Alkohol erhält man äußerst kleine Nadeln, die zu Sternen gruppirt sind. Die Säure ist wie die Benzoësäure flüchtig und die durch die Sublimation erhaltenen Krystalle zeigen mit der sublimirten Benzoësäure große Aehnlichkeit. Eine vergleichende Bestimmung des Schmelzpunkts zeigte, daß die aus Salicylsäure erhaltene Benzoësäure bei 114,5° genau in demselben Zustande des Schmelzens ist, wie die gewöhnliche Benzoësäure bei 120°. Sie schmilzt wie die gewöhnliche Benzoësäure leicht in siedendem Wasser [1]). — Auch die Salze der aus Monochlorbenzoësäure erhaltenen Säure scheinen von den gewöhnlichen Benzoësäure-Salzen verschieden zu sein. Ich habe diesen Gegenstand indeß bis jetzt nicht weiter verfolgen können und erwähne nur, daß das Ammoniaksalz der aus Salicylsäure erhaltenen Säure mit schwefelsaurem Kupfer einen blaßblauen amorphen Niederschlag giebt, während das Kupfersalz der gewöhnlichen Benzoësäure sich krystallinisch ausscheidet.

Bei der Analyse der aus Chlorbenzoësäure erhaltenen Säure wurden von 0,2360 Grm. erhalten 0,5926 Grm. Kohlensäure und 0,1080 Grm. Wasser.

|         | Berechnet |      | Gefunden |
| ------- | --------- | ---- | -------- |
| $C_7$   | 84        | 68,8 | 68,52    |
| $H_6$   | 6         | 4,9  | 5,08     |
| $O_2$   | 32        | 26,3 | —        |

VI. Die aus Salicylsäure dargestellte Monochlorbenzoësäure kann wieder in Salicylsäure übergeführt werden. Ich bin indeß nicht im Stande gewesen, eine Reaction aufzufinden, durch welche diese Umwandlung in netter Weise erzielt werden kann.

Man kann das monochlorbenzoësaure Silber mit Wasser kochen und selbst bis auf 200° erhitzen, ohne daß es Zersetzung erleidet. Man kann eben so Monochlorbenzoësäure mit wässeriger oder alkoholischer Kalilösung auf 200°, oder mit trockenem Aetzkali auf 250° erhitzen, ohne daß Salicylsäure gebildet wird. Eben so kann Monochlorbenzoëäther mit alkoholischer Lösung von Alkoholnatrium auf 200° erhitzt werden, ohne daß eine Salicylverbindung entsteht. Wenn man aber Monochlorbenzoësäure in schmelzendes Kalihydrat einträgt, oder zweckmäßiger, wenn man Monochlorbenzoësäure mit gepulvertem Kalihydrat mengt und das Gemenge bis zum beginnenden Schmelzen erhitzt, so wird Salicylsäure gebildet.

Aus den im Vorhergehenden besprochenen Thatsachen — Uebergang der Salicylsäure in Chlorbenzoësäure und eine mit der Benzoësäure gleich zusammengesetzte Säure, und Rückbildung von Salicylsäure aus Chlorbenzoësäure — könnte, namentlich wenn man für den

---

[1]) Ich habe diese Eigenschaft, in siedendem Wasser zu schmelzen, bei allen mir zu Gebote stehenden Proben von Benzoësäure von sehr verschiedener Herkunft gefunden.

Augenblick von der Verschiedenheit der beiden Monochlorbenzoësäuren, von der Verschiedenheit der beiden Benzoësäuren und von der Isomerie der Oxybenzoësäure mit der Salicylsäure absieht, der Schluß gezogen werden: die Salicylsäure stehe zur Benzoësäure in demselben Verhältniß, wie die Milchsäure zur Propionsäure und wie die Glycolsäure zur Essigsäure.

Man hätte:

$$\text{Essigsäure:} \left.\begin{array}{c} \overset{'}{\mathrm{C}}_2\mathrm{H}_3\Theta \\ \mathrm{H} \end{array}\right\}\Theta; \quad \text{Propionsäure:} \left.\begin{array}{c} \overset{'}{\mathrm{C}}_3\mathrm{H}_5\Theta \\ \mathrm{H} \end{array}\right\}\Theta_2; \quad \text{Benzoësäure:} \left.\begin{array}{c} \overset{'}{\mathrm{C}}_7\mathrm{H}_5\Theta \\ \mathrm{H} \end{array}\right\}\Theta.$$

$$\text{Glycolsäure:} \left.\begin{array}{c} \overset{''}{\mathrm{C}}_2\mathrm{H}_2\Theta \\ \mathrm{H}_2 \end{array}\right\}\Theta_2; \quad \text{Milchsäure:} \left.\begin{array}{c} \overset{''}{\mathrm{C}}_3\mathrm{H}_4\Theta \\ \mathrm{H}_2 \end{array}\right\}\Theta_2; \quad \text{Salicylsäure:} \left.\begin{array}{c} \overset{''}{\mathrm{C}}_7\mathrm{H}_4\Theta \\ \mathrm{H}_2 \end{array}\right\}\Theta_2.$$

Die Monochlorbenzoësäure entspräche der Monochloressigsäure oder der Chlorpropionsäure; man könnte sie entweder als Chlorsubstitutionsproduct der Benzoësäure oder aber, um ihre Beziehungen zur Salicylsäure auszudrücken, als eine dem Typus $\mathrm{H}_2\Theta + \mathrm{HCl}$ zugehörige Verbindung des Radicals der Salicylsäure betrachten:

| Chloressigsäure | Chlorpropionsäure | Chlorbenzoësäure |
|---|---|---|

$$\left.\begin{array}{c} \overset{'}{\mathrm{C}}_2\mathrm{H}_2\mathrm{Cl}\Theta \\ \mathrm{H} \end{array}\right\}\Theta \qquad \left.\begin{array}{c} \overset{'}{\mathrm{C}}_3\mathrm{H}_4\mathrm{Cl}\Theta \\ \mathrm{H} \end{array}\right\}\Theta \qquad \left.\begin{array}{c} \overset{'}{\mathrm{C}}_7\mathrm{H}_4\mathrm{Cl}\Theta \\ \mathrm{H} \end{array}\right\}\Theta$$

oder:
$$\left.\begin{array}{c} \overset{''}{\mathrm{C}}_2\mathrm{H}_2\Theta \\ \mathrm{H} \end{array}\right\{\begin{array}{c}\mathrm{Cl} \\ \Theta\end{array} \qquad \left.\begin{array}{c} \overset{''}{\mathrm{C}}_3\mathrm{H}_4\Theta \\ \mathrm{H} \end{array}\right\{\begin{array}{c}\mathrm{Cl} \\ \Theta\end{array} \qquad \left.\begin{array}{c} \overset{''}{\mathrm{C}}_7\mathrm{H}_4\Theta \\ \mathrm{H} \end{array}\right\{\begin{array}{c}\mathrm{Cl} \\ \Theta\end{array}$$

Der Chlorbenzoëäther könnte durch zwei entsprechende Formeln dargestellt werden. Er entspricht in der That dem Chlormilchsäureäther von Wurtz (Chlorpropionsäureäther) und dem Chlorkohlensäureäther von Dumas und Peligot (Chlorameisensäureäther).

| Chlorkohlensäureäther | Chlormilchsäureäther | Chlorbenzoëäther |
|---|---|---|

$$\left.\begin{array}{c} \overset{'}{\mathrm{C}}\mathrm{Cl}\Theta \\ \mathrm{C}_2\mathrm{H}_5 \end{array}\right\}\Theta \qquad \left.\begin{array}{c} \overset{'}{\mathrm{C}}_3\mathrm{H}_4\mathrm{Cl}\Theta \\ \mathrm{C}_2\mathrm{H}_5 \end{array}\right\}\Theta \qquad \left.\begin{array}{c} \overset{'}{\mathrm{C}}_7\mathrm{H}_4\mathrm{Cl}\Theta \\ \mathrm{C}_2\mathrm{H}_5 \end{array}\right\}\Theta$$

oder:
$$\left.\begin{array}{c} \overset{''}{\mathrm{C}}\Theta \\ \mathrm{C}_2\mathrm{H}_5 \end{array}\right\{\begin{array}{c}\mathrm{Cl} \\ \Theta\end{array} \qquad \left.\begin{array}{c} \overset{''}{\mathrm{C}}_3\mathrm{H}_4\Theta \\ \mathrm{C}_2\mathrm{H}_5 \end{array}\right\{\begin{array}{c}\mathrm{Cl} \\ \Theta\end{array} \qquad \left.\begin{array}{c} \overset{''}{\mathrm{C}}_7\mathrm{H}_4\Theta \\ \mathrm{C}_2\mathrm{H}_5 \end{array}\right\{\begin{array}{c}\mathrm{Cl} \\ \Theta\end{array}$$

Diese einfachen Beziehungen werden indeß dadurch einigermaßen zweifelhaft, daß die aus Salicylsäure erhaltene Chlorbenzoësäure von der aus Sulfobenzoylchlorid dargestellten verschieden ist; daß die aus Salicylsäure erhaltene Benzoësäure mit der gewöhnlichen Benzoësäure nicht identisch ist; daß eine der Salicylsäure isomere Oxybenzoësäure existirt.

In der Klasse der *Fettkörper* sehen wir die Essigsäure durch Substitution in Chloressigsäure übergehen, aus welcher Glycolsäure und Glycolaminsäure (Glycocoll) erhalten werden; wir wissen, daß die Glycolsäure durch Einwirkung von Phosphorsuperchlorid wieder Chloressigsäure erzeugt. Wir sehen ebenso die Milchsäure durch Einwirkung von Phosphorsuperchlorid in Chlorpropionsäure und in Propionsäure übergehen. Und wir kennen, bis jetzt wenigstens, nur *eine* Glycolsäure, nur *eine* Monochloressigsäure etc.

In der Klasse der *aromatischen Körper* dagegen scheinen alle diese Körper[1]) *zweimal*, das heißt in zwei isomeren Modificationen zu existiren. Man könnte daher annehmen, es gebe für die aromatischen Körper zwei parallel laufende Reihen isomerer Substanzen, während für die Fettkörper nur *eine* Reihe entsprechender Verbindungen existirt.

| Essigsäure | Benzoësäure (gewöhnliche) | Benzoësäure (aus Salicylsäure) |
|---|---|---|
| $\left.\begin{array}{l}\text{Є}_2\text{H}_3\text{θ}\\\text{H}\end{array}\right\}\text{θ}$ | $\left.\begin{array}{l}\text{Є}_7\text{H}_5\text{θ}\\\text{H}\end{array}\right\}\text{θ}$ | $\left.\begin{array}{l}\text{Є}_7\text{H}_5\text{θ}\\\text{H}\end{array}\right\}\text{θ}$ |
| Clhoressigsäure | Chlorbenzoësäure (von Limpricht u. v. Uslar) | Chlorbenzoësäure (aus Salicylsäure) |
| $\left.\begin{array}{l}\text{Є}_2\text{H}_2\text{Clθ}\\\text{H}\end{array}\right\}\text{θ}$ | $\left.\begin{array}{l}\text{Є}_7\text{H}_4\text{Clθ}\\\text{H}\end{array}\right\}\text{θ}$ | $\left.\begin{array}{l}\text{Є}_7\text{H}_4\text{Clθ}\\\text{H}\end{array}\right\}\text{θ}$ |
| Glycocoll | Oxybenzaminsäure | Salicylaminsäure |
| $\left.\begin{array}{l}\text{H}\\\text{,, H}\end{array}\right\}\text{N}$ $\left.\begin{array}{l}\text{Є}_2\text{H}_2\text{θ}\\\text{H}\end{array}\right\}\text{θ}$ | $\left.\begin{array}{l}\text{H}\\\text{,, H}\end{array}\right\}\text{N}$ $\left.\begin{array}{l}\text{Є}_7\text{H}_4\text{θ}\\\text{H}\end{array}\right\}\text{θ}$ | $\left.\begin{array}{l}\text{H}\\\text{,, H}\end{array}\right\}\text{N}$ $\left.\begin{array}{l}\text{Є}_7\text{H}_4\text{θ}\\\text{H}\end{array}\right\}\text{θ}$ |
| Gloyclsäure | Oxybenzoësäure | Salicylsäure |
| $\left.\begin{array}{l}\text{Є}_2\text{H}_2\text{θ}\\\text{H}_2\end{array}\right\}\text{θ}_2$ | $\left.\begin{array}{l}\text{Є}_7\text{H}_4\text{θ}\\\text{H}_2\end{array}\right\}\text{θ}_2$ | $\left.\begin{array}{l}\text{Є}_7\text{H}_4\text{θ}\\\text{H}_2\end{array}\right\}\text{θ}_2.$ |

Man könnte glauben, daß dieselben Reactionen, welche es gestatten, die Glieder der ersten Reihe in einander überzuführen, ähnliche Uebergänge innerhalb der beiden anderen Reihen ermöglichen; so jedoch, daß stets ein derselben Reihe angehöriges Product erhalten werde. In der That sprechen fast alle bis jetzt bekannte Reactionen zu Gunsten dieser Anschauungsweise. Man kann aus Benzoësäure die Chlorbenzoësäure

---

[1]) Und selbst die Verbindungen sauerstofffreier Radicale, z. B. Kresylalkohol und Benzylalkohol; Benzol und Parabenzol.

von L i m p r i c h t und v. U s l a r darstellen; aus der nitrirten Benzoësäure erhält man Oxybenzaminsäure und Oxybenzoësäure. Andererseits
kann aus Salicylsäure die Salicylaminsäure, die Chlorbenzoësäure und
endlich eine mit der Benzoësäure gleich zusammengesetzte Säure erhalten werden und man kann die Chlorbenzoësäure wieder in Salicylsäure
überführen.

Andere Thatsachen widersetzen sich indeß einer so vollständigen
Trennung der beiden Körpergruppen. Man weiß durch die Versuche von
E t t l i n g [1]), daß bei der Destillation von benzoësaurem Kupfer (also
durch Oxydation der Benzoësäure) Salicylsäure gebildet wird, und ich
habe gefunden, daß diese Umwandlung der gewöhnlichen Benzoësäure
in Salicylsäure auch noch in anderer Weise ausgeführt werden kann.
Stellt man nämlich nach der von P e l i g o t [2]) angegebenen Methode
Monobrombenzoësäure dar und läßt man diese auf schmelzendes Kalihydrat einwirken, oder erhitzt man ein Gemenge von Monobrombenzoësäure mit gepulvertem Kalihydrat bis zum beginnenden Schmelzen, so
wird Salicylsäure gebildet. Die Monobrombenzoësäure aus Benzoësäure
verhält sich also dabei genau wie die Monochlorbenzoësäure aus Salicylsäure.

Im Angesicht dieser Thatsachen und bei dem unvollständigen Zustand unserer Kenntnisse über die Oxybenzoësäure und die aus der Salicylsäure gewonnene Benzoësäure, scheint es mir ungeeignet, jetzt schon
die Ursache der Verschiedenheit dieser isomeren Körpergruppen durch
theoretische Betrachtungen erklären zu wollen.

Ich will zum Schluß noch eines Versuches erwähnen, welchen ich
anstellte, um zu sehen, ob die Salicylsäure durch Einwirkung von Jodwasserstoffsäure direct zu Benzoësäure reducirt werden kann und ob
sie so dieselbe Reaction zeigt, nach welcher es L a u t e m a n n gelang,
die Milchsäure in Propionsäure umzuwandeln. Ich habe mich überzeugt,
daß diese Reduction nicht stattfindet, daß vielmehr die Salicylsäure,
wenn man sie mit wässeriger Jodwasserstoffsäure auf 280° erhitzt, sich
in Kohlensäure und Carbolsäure spaltet. K o l b e wird darin wohl den
experimentellen Beweis sehen, daß die Salicylsäure zur Benzoësäure

---

[1]) Diese Annalen LIII, 88 (1845).
[2]) Diese Annalen XXVIII, 246 (1838).

nicht in demselben Verhältniß steht, wie die Milchsäure zur Propionsäure, daß sie vielmehr wirkliche Phenyloxydkohlensäure ist[1]).

---

Nachdem diese Abhandlung schon geschrieben und der belgischen
Academie mitgetheilt war, kommt mir im Augustheft dieser Annalen
die Abhandlung von K o l b e  und  L a u t e m a n n über die Basicität
und die Constitution der Salicylsäure zu. Nach den von diesen Chemikern mitgetheilten Versuchen kann kein Zweifel darüber sein, daß die
aus Salicylsäure dargestellte Benzoësäure (Salylsäure) von der gewöhnlichen Benzoësäure verschieden ist. Ich halte es indessen selbst jetzt
noch für ungeeignet, auf theoretische Betrachtungen einzugehen, weil
der für solche Betrachtungen nöthige thatsächliche Boden fehlt. Hat
doch selbst K o l b e , der es bis jetzt in der wahren Erkenntniß der wirklichen Lagerung der Atome am weitesten gebracht hat, in der Constitution dieser Körper keinen anderen Unterschied auffinden können, als
daß der eine, neben den Elementen die sonst organische Verbindungen
zusammensetzen, noch ein weiches b, der andere dagegen ein hartes p
enthält.

Was mich aber weiter noch von einer Discussion dieser Frage ab-
hält, ist der Umstand, daß dieselbe nicht wohl gegeben werden könnte,
ohne die theoretischen Ansichten K o l b e ' s (die sich bis jetzt von einer
Abhandlung zur andern stets geändert haben) und gleichzeitig die Art,
wie er gelegentlich der Auffindung und Veröffentlichung seiner Ansichten andere Chemiker behandelt, zu kritisiren; eine Kritik, die ich wenn
thunlich ganz, jedenfalls aber so lange als möglich vermeiden möchte.

---

[1]) Diese Annalen CXIII, 125 (1859).

# Note sur les acides fumarique et maléique et sur leurs relations avec l'acide succinique;

## par M. Aug. Kekulé,

Professeur à l'Université de Gand.

Bull. Acad. Roy. Belg. [2] **11**, 84—95 (Séance du 12 janvier 1861)[1].

On sait que l'acide malique perd de l'eau, sous l'influence de la chaleur, pour se transformer en deux acides isomères, l'acide fumarique et l'acide maléique. Ces deux acides (ou l'un des deux au moins) pourraient donc être envisagés comme ayant avec l'acide malique les mêmes relations que celles qui existent entre l'acide métaphosphorique et l'acide phosphorique ordinaire.

*Acide malique.*

$$\left. \begin{array}{c} \mathrm{C_4\,H_3'''\,\Theta_2} \\ \mathrm{H_3} \end{array} \right\} \Theta_3$$

*Acide fumarique.*

$$\left. \begin{array}{c} \mathrm{C_4\,H_3'''\,\Theta_2} \\ \mathrm{H} \end{array} \right\} \Theta_2$$

*Acide phosphorique.*

$$\left. \begin{array}{c} \mathrm{P'''\,\Theta} \\ \mathrm{H_2} \end{array} \right\} \Theta_2$$

*Acide métaphosphorique.*

$$\left. \begin{array}{c} \mathrm{P'''\,\Theta} \\ \mathrm{H} \end{array} \right\} \Theta_2$$

Cependant, dans cette manière de voir, l'acide fumarique ne pourrait être que monobasique, puisqu'il ne contient qu'un seul atome d'hydrogène typique. Le fait est, au contraire, que cet acide est bibasique. Pour exprimer cette propriété par une formule typique, on est forcé d'admettre qu'il y a au moins deux atomes d'hydrogène dans le type, et l'on est ainsi conduit à penser que l'un des deux atomes d'hydrogène, qui s'éliminent de l'acide malique, provient du radical même de cet acide. L'acide fumarique est alors exprimé par la formule:

$$\left. \begin{array}{c} \mathrm{C_4\,H_2''\,\Theta_2} \\ \mathrm{H_2} \end{array} \right\} \Theta_2$$

L'acide maléique, étant aussi bibasique, doit être représenté par la même formule.

---

[1] Im Anfang gekürzter Abdruck: L'Institut **29**, 286—288 (1861). Auszug: Z. f. Ch. **4**, 257—263 (1861). (A.)

Cette formule est l'expression de la composition des sels et des éthers
de l'acide fumarique (et maléique); elle rend compte encore de la formation du chlorure de fumaryle et de la fumaramide; elle explique de plus,
si on lui applique la loi de la basicité des acides, telle que je l'ai
établie dans une note précédente, pourquoi ces deux atomes d'hydrogène s'échangent avec une facilité égale contre des métaux; mais elle
fait sortir l'acide fumarique du nombre des combinaisons organiques
congénères des alcools, que j'ai réunies dans le tableau joint à cette
note. L'acide fumarique contient, en effet, deux atomes d'hydrogène
de moins qu'il ne devrait en contenir, d'après le principe sur la transformation des radicaux qui sert de base à ce tableau. Il vient se placer
parmi ces corps, assez nombreux d'ailleurs, qui forment un groupe à part,
auquel appartiennent l'alcool acrylique et ses dérivés, l'acide acrylique,
l'acide oléique et leurs homologues, etc., et qui tous se distinguent d'un
corps correspondant, rangé dans le tableau des congénères des alcools,
par deux atomes d'hydrogène qu'ils contiennent en moins.

La substance correspondante à l'acide fumarique dans cette série
parallèle n'est autre que l'acide succinique.

*Acide succinique.*                    *Acide fumarique.*

$$\left. \begin{array}{c} \text{C}_4\text{H}_4''\text{O}_2 \\ \text{H}_2 \end{array} \right\} \text{O}_2 \qquad\qquad \left. \begin{array}{c} \text{C}_4\text{H}_2''\text{O}_2 \\ \text{H}_2 \end{array} \right\} \text{O}_2$$

Les deux acides appartiennent, d'après leurs propriétés chimiques,
au même type (deux molécules d'eau réunies par un radical biatomique);
ils contiennent quatre atomes de carbone et deux atomes d'oxygène dans
le radical, et ne diffèrent que par deux atomes d'hydrogène. Or, comme
on a démontré, dans ces derniers temps, que l'acide succinique est
capable de se transformer en acide malique et en acide tartrique, il m'a
paru intéressant, au point de vue théorique, d'examiner quelques propriétés des acides fumarique et maléique, et de voir, surtout, si ces acides aussi, en donnant des produits de substitution, pourraient servir de
point de départ pour la préparation de deux acides correspondant aux
acides malique et tartrique, mais contenant deux atomes d'hydrogène en
moins.

Les expériences que je vais décrire maintenant ont prouvé que ce
parallélisme de réactions n'a pas lieu, mais que l'acide fumarique se
transforme avec une facilité remarquable en acide succinique ou en un
dérivé de cet acide.

## Acide fumarique.

Quand on fait réagir, en présence de l'eau, le brome sur l'acide fumarique dans les proportions indiquées par l'équation:

$$C_4 H_4 O_4 + Br_2 = C_4 H_4 Br_2 O_4,$$

aucune réaction ne se manifeste à froid, mais il suffit de chauffer dans un
tube scellé, pendant quelques minutes, à la température de l'ébullition de
l'eau, pour que la réaction s'accomplisse. La couleur du brome disparaît
et une substance blanche s'en sépare, sous forme de cristaux parfaitement nets, qui ne sont autres que l'acide bibromo-succinique. C'est à
peine s'il se produit une trace d'acide bromhydrique, ainsi qu'une quantité
minime de bromoforme et d'acide carbonique, produits d'une réaction de
l'excès de brome sur l'acide bibromo-succinique déjà formé. Dans une
note prochaine, je montrerai que l'on obtient toujours ces produits par
l'action du brome sur l'acide bibromo-succinique, ainsi que dans la
préparation de l'acide succinique bibromé. L'acide bibromo-succinique
préparé à l'aide de l'acide fumarique se purifie facilement par une seule
cristallisation dans l'eau bouillante. Voici l'analyse de cet acide:

1º 0.4615 gr. ont donné 0.6318 gr. de bromure d'argent:
2º 0.6768 gr. — 0.4305 gr. d'acide carboniq. et 0.0942 gr. d'eau;
3º 0.6990 gr. — 0.4420 gr. — et 0.0948 gr. —

On en déduit:

| CALCULÉ | | | TROUVÉ. | | |
|---|---|---|---|---|---|
| | | | I | II | III |
| $C_4$ | 48 | 17.39 | — | 17.35 | 17.25 |
| $H_4$ | 4 | 1.45 | — | 1.54 | 1.50 |
| $Br_2$ | 160 | 58.00 | 58.22 | — | — |
| $O_4$ | 64 | 23.16 | — | — | — |
| | 276 | | | | |

L'acide bibromo-succinique, préparé à l'aide de l'acide fumarique,
est identique avec le même acide obtenu par l'action du brome sur l'acide
succinique. J'ai constaté, en outre, que son sel d'argent se décompose,
quand on le fait bouillir avec de l'eau, en donnant de l'acide paratartrique (1). C'est donc là le dernier anneau de cette chaîne de réactions

(1) J'ai constaté depuis que l'acide, que j'avais obtenu par la décomposition de
l'acide bibromo-succinique, est de l'acide paratartrique, comme d'ailleurs le faisait
soupçonner l'absence du pouvoir rotatoire.

qui permettent maintenant de transformer l'un dans l'autre les acides succinique, malique et tartrique.

Mais la transformation de l'acide fumarique en acide bibromo-succinique me paraît encore, à un point de vue différent, mériter un intérêt tout à fait particulier. En général, on obtient par l'action du brome sur les substances organiques, et surtout sur les acides organiques, des produits de substitution; dans le cas de l'acide fumarique, nous voyons le brome se combiner par addition, et le produit présenter les propriétés d'un produit de substitution d'un autre corps. L'acide fumarique est le premier corps dans lequel on a constaté une telle propriété. D'ailleurs le fait même de l'addition directe du brome n'a pas de nombreuses analogies: il n'y a guère que quelques hydrocarbures, les bases phosphorées, etc., et la chloroxéthose qui possèdent cette propriété, mais on ne connaît jusqu'à présent aucune substance oxygénée et acide qui s'additionne directement au brome.

La facilité avec laquelle le brome s'ajoute à l'acide fumarique m'a fait penser que l'acide bromhydrique, et même l'hydrogène, devraient s'y combiner aussi, et que l'on devrait obtenir ainsi l'acide succinique monobromé et l'acide succinique.

L'expérience m'a montré, en effet, que l'acide bromhydrique agit sur l'acide fumarique. L'action est cependant très-lente, et il faut chauffer assez longtemps à la température de 120° pour combiner une quantité appréciable des deux corps. J'ai pu constater que le produit possède quelques propriétés de l'acide monobromo-succinique, mais les difficultés que présente la purification de cet acide et la quantité relativement petite de matière première que j'avais à ma disposition, m'ont forcé de remettre l'étude de cette réaction.

L'action de l'hydrogène sur l'acide fumarique est beaucoup plus nette: non-seulement on réussit facilement à transformer l'acide fumarique en acide succinique en le chauffant dans un tube scellé avec de l'acide iodhydrique concentré; mais encore l'action de l'hydrogène naissant, c'est-à-dire l'action d'un corps capable de dégager de l'hydrogène dans des conditions données (comme l'amalgame de sodium et le zinc), m'a permis de réaliser cette transformation: il suffit de mettre l'acide fumarique dissous en contact de l'amalgame de sodium pendant quelques heures, pour le transformer complétement en acide succinique.

L'analyse de l'acide succinique obtenu à l'aide de l'acide fumarique m'a donné les résultats suivants:

I. (Préparé par la réaction de l'acide iodhydrique). 0.5614 gr. ont donné 0.8344 gr. d'acide carbonique, et 0.2580 gr. d'eau.

II. (Préparé par la réaction de l'amalgame de sodium). 0.4128 gr. ont donné 0.6136 gr. d'acide carbonique et 0.1898 gr. d'eau.

On en déduit:

| | CALCULÉ | | TROUVÉ | |
| --- | --- | --- | --- | --- |
| | | | I | II |
| $C_4$ — | 48 — | 40.68 | 40.53 | 40.54 |
| $H_6$ — | 6 — | 5.08 | 5.10 | 5.11 |
| $O_4$ — | 64 — | 54.24 | — | — |
| | 118 | | | |

Ici encore je ferai remarquer que l'addition directe de l'hydrogène à une substance organique est un fait presque sans analogie. On sait bien que l'hydrogène, et surtout l'hydrogène naissant, réduit quelques substances organiques en leur enlevant de l'oxygène, on sait que les corps nitrés donnent souvent, par l'action de l'hydrogène, des corps amides; on a trouvé encore que la belle réaction, découverte par M. Melsens, peut se réaliser très-souvent, et qu'on peut ainsi remplacer le chlore ou le brome d'un produit de substitution par l'hydrogène, en lui faisant subir une substitution inverse. Mais il n'existe que très-peu de cas d'une substance organique, laquelle, se trouvant en présence de l'hydrogène réputé naissant, se combine par addition à cet hydrogène. C'est tout au plus si l'on pourrait citer la transformation de l'isatine en isathyde, de la quinone en hydroquinone, faits qui se répètent pour les produits de substitution de ces deux corps; la métamorphose de l'indigo bleu en indigo blanc, et enfin, ce fait si remarquable de la transformation de l'acétylène en éthylène, découvert, dans ces derniers temps, par M. Berthelot.

### Acide maléique.

L'acide maléique, l'isomère de l'acide fumarique, se comporte vis-à-vis des réactifs que j'avais mis en usage pour ce dernier, à peu près de la même manière.

Ainsi, se trouvant en présence du brome et de l'eau à la température de 100° pendant quelques minutes seulement, l'acide maléique donne l'acide bibromo-succinique. Il m'a paru cependant que, dans le cas de l'acide maléique, la quantité d'acide bromhydrique formé était beaucoup plus grande qu'elle ne l'est, dans ce cas, pour l'acide fumarique. J'ai trouvé, de plus, qu'il se forme en même temps et à côté de l'acide bibromo-succinique, un autre acide beaucoup plus soluble que celui-ci et dont l'étude m'occupe encore.

Je me suis contenté d'un dosage du brome de l'acide bibromo-succinique préparé de l'acide maléique. 0.3128 gr. ont donné 0.4280 gr. de bromure d'argent, ce qui correspond à 58.25 p. c. de brome; le calcul exige: 58.00. De cet acide bibromo-succinique encore, j'ai pu préparer de l'acide paratartrique.

Sous l'influence de l'hydrogène naissant, c'est-à-dire en se trouvant en contact avec de l'eau et de l'amalgame de sodium, l'acide maléique se transforme en acide succinique avec la même facilité que cela a lieu pour l'acide fumarique. 0.4634 gr. d'acide succinique ainsi préparé ont donné à l'analyse 0.6872 gr. d'acide carbonique et 0.2092 gr. d'eau; ce qui correspond à 40.44 p. c. de carbone et 5.03 p. c. d'hydrogène; le calcul exige 40.68 p. c. de carbone et 5.08 p. c. d'hydrogène.

La réaction est différente par l'action de l'acide iodhydrique. Ce n'est pas que l'on ne puisse transformer l'acide maléique, par l'action de cet agent, en acide succinique; mais avant de se transformer par réduction en cet acide, l'acide maléique passe d'abord, par le contact seul de l'acide iodhydrique, en acide fumarique; de sorte que c'est l'acide fumarique, formé d'abord, qui se réduit ensuite par l'acide iodhydrique. Voici l'analyse de l'acide fumarique préparé de cette manière:

0.3418 gr. ont donné 0.5178 gr. d'acide carbonique et 0.1119 gr. d'eau. On en déduit:

| | CALCULÉ | | | TROUVÉ |
|---|---|---|---|---|
| $C_4$ — | 48 | — | 41.38 | 41.32 |
| $H_4$ — | 4 | — | 3.45 | 3.62 |
| $O_4$ — | 64 | — | 45.17 | — |
| | 116 | | | |

L'acide bromhydrique transforme l'acide maléique en acide fumarique avec la même facilité que le fait l'acide iodhydrique.

L'acide maléique se dissout dans l'acide bromhydrique concentré et distillé. Quand on chauffe jusqu'à l'ébullition, tout l'acide maléique passe à l'état d'acide fumarique, qui se précipite. Si, au lieu d'employer l'acide iodhydrique ou bromhydrique concentré, on prend ces acides plus étendus, la même réaction se présente encore, mais avec plus de lenteur. Or, comme on sait que l'acide maléique, en présence de l'eau seule, se transforme en acide fumarique quand on le chauffe à des températures qui se rapprochent de son point de volatilisation (160°), on ne peut guère s'étonner de voir la même transformation s'accomplir à des températures moins élevées, s'il y a un acide minéral en présence.

Le faits que je viens de décrire n'expliquent, comme on le voit, en rien la différence entre ces deux acides isomères, l'acide fumarique et l'acide maléique, mais ils jettent une lumière inattendue sur les relations que présentent ces deux corps avec l'acide succinique.

Des relations semblables existent, si l'on ne compare que les formules brutes, entre beaucoup d'autres corps, par exemple, pour les suivants:

$$-H_2$$

| | | | |
|---|---|---|---|
| Alcool éthylique | $C_2 H_6 O$ | $C_2 H_4 O$ | Oxy. d'éthylène (et aldéh.) |
| Alcool propylique | $C_3 H_8 O$ | $C_3 H_6 O$ | Alcool allylique. |
| Aldéhyde propyliq. | $C_3 H_6 O$ | $(C_3{}^1) H_4 O$ | Acroléine. |
| Acide propionique | $C_3 H_6 O_2$ | $C_3 H_4 O_2$ | Acide acrylique. |
| Acide stéarique | $C_{18} H_{36} O_2$ | $C_{18} H_{54} O_2$ | Acide oléique. |
| Éthylène | $C_2 H_4$ | $C_2 H_2$ | Acétylène. |
| Acide succinique | $C_4 H_6 O_4$ | $C_4 H_4 O_4$ | Acide fumariq. et maléiq. |

La même relation existe encore entre l'hydrure d'éthyle et l'éthylène.

*Hydrure d'éthyle.* . $C_2 H_6$ $C_2 H_4$ Éthylène.

L'analogie entre l'éthylène et l'acide fumarique (ou maléique) peut être poursuivie encore plus loin. En effet, dans les deux séries suivantes, on a non-seulement des rapports incontestables dans les formules, mais encore, dans la plupart des cas cités, de véritables analogies dans les faits.

| *Alcool.* | *Éthylène.* | *Ac. malique.* | *Ac. fumarique.* |
|---|---|---|---|
| $C_2 H_6 O - H_2 O = C_2 H_4$ | | $C_4 H_6 O_5 - H_2 O = C_4 H_4 O_4$ | |
| | *Bromure d'éthylène.* | | *Ac. bibromo-succin.* |
| $C_2 H_4 + Br_2 = C_2 H_4 Br_2$ | | $C_4 H_4 O_4 + Br_2 = C_4 H_4 Br_2 O_4$ | |
| | *Bromure d'éthyle.* | | *Ac. bromo-succin.* |
| $C_2 H_4 + Br H = C_2 H_5 Br$ | | $C_4 H_4 O_4 + Br H = C_4 H_5 Br O_4$ | |
| | *Glycol.* | | *Ac. tartrique.* |
| $C_2 H_4 + 2 H O = C_2 H_6 O_2$ | | $C_4 H_4 O_4 + 2 H O = C_4 H_6 O_6$ | |

On pourrait dire que l'acide fumarique est pour l'acide malique ce que l'éthylène est pour l'alcool; pour l'acide bibromo-succinique ce que

---

[1]) Irrtümlich steht dort „$C_2$".

194 Kekulé, Note sur les acides fumarique et maléique etc.

l'éthylène est pour son bromure; pour l'acide monobromo-succinique ce que l'éthylène est pour le bromure d'éthyle. L'acide tartrique serait pour l'acide fumarique ce que le glycol est pour l'éthylène. On l'obtient, en effet, en faisant réagir le bromure de l'acide fumarique, c'est-à-dire de l'acide bibromo-succinique, sur l'oxyde d'argent, tout comme on obtient le glycol ou son acétate, en décomposant le bromure d'éthylène par l'acétate d'argent. Dans les propriétés et les fonctions chimiques des substances mises en parallèle, il y a une différence très-notable, ce qui se conçoit aisément par l'absence complète de l'oxygène dans l'une des séries, tandis que les corps de l'autre série en sont très-riches. L'analogie des réactions, cependant, ne peut pas être mise en doute. Ces analogies ne se voient guère quand on se sert de formules rationelles quelconques, mais elles n'en existent pas moins; ce qui prouve, une fois de plus, que les formules rationnelles, même les meilleures, ne montrent pas toutes les analogies à la fois. Toutefois, en écrivant des formules typiques, on aperçoit une certaine analogie entre quelques-unes des substances mentionnées. L'acide fumarique, comme je l'ai déjà fait observer plus haut, présente avec l'acide succinique le même rapport que l'alcool allylique avec l'alcool propylique, que l'acide acrylique avec l'acide propionique, que l'acide oléique avec l'acide stéarique, etc.

On a:

$$\text{Acide succinique.} \quad \left.\begin{array}{l}\text{C}_4\text{H}_4''\Theta_2 \\ \text{H}_2\end{array}\right\}\Theta_2 - \text{H}_2 = \left.\begin{array}{l}\text{C}_4\text{H}_2''\Theta_2 \\ \text{H}\end{array}\right\}\Theta_2 \text{ ac. fumariq.}$$

$$\text{Alcool propylique . .} \quad \left.\begin{array}{l}\text{C}_3'\text{H}_7 \\ \text{H}\end{array}\right\}\Theta - \text{H}_2 = \left.\begin{array}{l}\text{C}_3'\text{H}_5 \\ \text{H}\end{array}\right\}\Theta \text{ alc. allylique.}$$

$$\text{Acide propionique.} \quad \left.\begin{array}{l}\text{C}_3\text{H}_5'\Theta \\ \text{H}\end{array}\right\}\Theta - \text{H}_2 = \left.\begin{array}{l}\text{C}_3\text{H}_3\Theta^1) \\ \text{H}\end{array}\right\}\Theta \text{ ac. acrylique.}$$

$$\text{Acide stéarique .} \quad \left.\begin{array}{l}\text{C}_{18}\text{H}_{35}'\Theta \\ \text{H}\end{array}\right\}\Theta - \text{H}_2 = \left.\begin{array}{l}\text{C}_{18}\text{H}_{33}'\Theta \\ \text{H}\end{array}\right\}\Theta \text{ acide oléique.}$$

Les formules typiques font voir que la différence existe dans les groupes d'atomes qui, sous l'influence de beaucoup de réactifs, ne s'attaquent pas, c'est-à-dire dans les radicaux. Il y a donc lieu d'espérer que les mêmes réactifs qui m'ont permis de passer de l'acide fumarique à l'acide succinique, permettront aussi de transformer l'alcool allylique en alcool propylique, l'acide acrylique en acide propionique, etc. Je suis occupé à vérifier cette hypothèse par l'expérience.

--------

[1]) Irrtümlich steht dort „C".

# Note sur les acides itaconique et pyrotartrique;

## par M. Aug. Kekulé,

Professeur à l'Université de Gand.

Bull. Acad. Roy. Belg. [2] **11**, 662—677 (Séance du 1er Juin (1861) [1]).

Les travaux exécutés dans ces derniers temps par MM. Schmitt, Dessaignes, Perkin et Duppa et ceux que j'ai publiés moi-même, ont fait voir que l'on peut transformer par réduction l'acide tartrique et malique en acide succinique, et que l'on réussit de même à transformer en sens inverse, c'est-à-dire par oxydation, l'acide succinique en acide malique et tartrique. J'ai réussi de plus à rattacher à ces corps, par voie expérimentale, l'acide fumarique et maléique, produits de déshydration de l'acide malique. Tous ces corps trouvent donc maintenant leur place naturelle dans le système des composés organiques.

Il n'en est pas ainsi de l'acide citrique, qui cependant, par son origine et ses propriétés, vient se placer à côté de l'acide tartrique. J'ai pu, à la vérité, en me basant sur des considérations générales, assigner à cet acide une place dans le système, et le représenter par une formule, qui est l'expression typique de ses propriétés fondamentales. Mais cette place que je lui avais donnée, ainsi que la formule qui s'en déduit, n'est qu'une pure hypothèse, car aucun fait ne rattache, jusqu'à présent, l'acide citrique à d'autres substances dont les rapports de parenté nous soient connus. Il m'a paru intéressant de tenter des expériences pour combler cette lacune.

Or, on sait que l'acide citrique se décompose facilement en donnant naissance à l'acide aconitique, itaconique, citraconique et à l'anhydride citraconique. Il était donc à craindre que, par l'emploi des réactifs puissants que l'on avait à mettre en usage pour opérer ces transformations, on n'obtint les dérivés de ces produits de décomposition plutôt que ceux de l'acide citrique lui-même. Ces considérations m'ont conduit à étudier d'abord, et comme question préalable du problème que je m'étais posé, les produits de décomposition de l'acide citrique, sous le rapport de leur parenté.

---

[1] Abgedruckt: L'Institut **29**, 361—364 (1861). Auszug: Z. f. Ch. **4**, 587—589 (1861). (A.)

Parmi ces substances, l'acide itaconique et citraconique ont d'abord
attiré mon attention. Ces acides, comme on le sait, sont isomères èntre
eux, de même que l'acide fumarique et maléique, et, en outre, ils ne
diffèrent de ces derniers que par: $CH_2$, qu'ils contiennent en plus.

Il y avait donc lieu d'espérer que les deux dérivés de l'acide citrique
auraient donné des réactions analogues à celles que j'ai fait connaître
dernièrement pour les produits de déshydration de l'acide malique.

On pouvait s'attendre à voir ces deux acides se combiner directement
à l'hydrogène, pour donner naissance ainsi à un acide homologue de
l'acide succinique; on pouvait présumer également qu'ils se com-
bineraient de même au brome, pour engendrer un produit de substitution
de cet acide. Ce dernier devait, selon toute probabilité, en éliminant son
brome sous l'influence des oxydes métalliques, se transformer en un acide
homologue de l'acide tartrique.

Les expériences dont je vais décrire une partie dans cette note ont
pleinement confirmé ces prévisions.

### Action du brome sur l'acide itaconique.

L'acide itaconique se comporte à l'égard du brome exactement comme
l'acide fumarique; il se combine directement par addition à deux atomes
de cet élément. La réaction s'effectue même avec beaucoup plus de
facilité qu'elle n'a lieu pour l'acide fumarique. Pour ce dernier corps, on
est obligé de chauffer de mélange à 100° pour que la réaction commence;
dans le cas de l'acide itaconique, au contraire, elle s'établit à la température ordinaire et s'accomplit en peu de temps et avec production de
chaleur. La préparation du nouvel acide est donc très-facile: on n'a qu'à
ajouter du brome à de l'acide itaconique, en présence de l'eau, dans les
proportions indiquées par l'équation:

$$C_5 H_6 O_4 + Br_2 = C_5 H_6 Br_2 O_4 .$$

Il importe de ne pas employer l'eau en trop grande quantité, car
l'acide bromé est très-soluble dans ce véhicule. Voici les proportions qui
m'ont paru avantageuses: 200 grammes d'acide itaconique, 250 grammes
de brome et 200—250 grammes d'eau. A peine a-t-on ajouté le brome
que le mélange s'échauffe et que la température monte jusqu'à 60—65°.
Tout l'acide itaconique se dissout, et quelques minutes suffisent pour
faire disparaître le brome. Par le refroidissement, on obtient une grande
quantité de produit sous forme d'une croûte cristalline; les eaux mères

en fournissent de nouveau par l'évaporation. La purification de cet acide est rendue difficile par sa grande solubilité dans l'eau; cependant comme il ne se forme de corps secondaires qu'en quantité extrêmement petite, une seule cristallisation de l'eau donne déjà un produit tout à fait incolore et sensiblement pur.

J'ai dû préparer ce corps à plusieurs reprises, et j'en ai fait un bon nombre d'analyses, pour constater l'identité et la pureté des substances qui devaient servir à mes expériences ultérieures. Voici les résultats de ces analyses.

Les analyses 1 à 5 ont été faites sur un acide purifié par plusieurs cristallisations; les numéros 6 à 8 se rapportent à un produit qui n'a été recristallisé qu'une seule fois:

(1) .... 0.6226 gr. ont donné: 0.4728 gr. d'ac. carb.. 0.1192 gr. d'eau.
(2) .... 0.5164     —      0.3914     —      0.1026   —
(3) .... 0,4700     —      0.6132 gr. de bromure d'argent.
(4) .... 0,4992     —      0.6448     —      —
(5) .... 0,4878     —      0.6333     —      —
(6) .... 0.5284     —      0.3776 gr. d'ac. carb. 0.0960 gr. d'eau.
(7) .... 0.3458     —      0.4532 gr. de bromure d'argent.
(8) .... 0 3848     —      0.5033     —      —

De ces résultats on déduit:

| | CALCULÉ | | TROUVÉ | | | | | | | |
|---|---|---|---|---|---|---|---|---|---|---|
| | | | I. | II. | III. | IV. | V. | VI. | VII. | VIII. |
| $C_5$ — 60 | 20.69 | 20,71 | 20.67 | — | — | — | 19,49 | — | — |
| $H_6$ — 6 | 2.07 | 2.13 | 2 21 | — | — | — | 2,02 | — | — |
| $Br_2$ — 160 | 55.17 | — | — | 55,52 | 54.97 | 55.25 | — | 55.77 | 55.66 |
| $O_4$ — 64 | 22.07 | — | — | — | — | — | — | — | — |
| 290 | 100.00 | | | | | | | | | |

Ainsi que je l'ai déjà mentionné, le nouvel acide est très-soluble dans l'eau, et s'obtient par le refroidissement ou par l'évaporation lente sous forme de cristaux parfaitement blancs et quelquefois bien définis.

Je ne me suis pas arrêté pour le moment à préparer des sels de cet acide. J'ai remarqué seulement que le brome s'élimine avec une telle facilité, que, pour la préparation des sels, on doit éviter toute élévation de température. La solution de l'acide ne précipite pas le nitrate d'argent, mais en peu d'instants on voit se déposer du bromure d'argent, et, quand on porte la solution à l'ébullition, la presque totalité du brome s'élimine rapidement sous forme de bromure. Je reviendrai, dans une prochaine note, sur le produit de cette décomposition, ainsi que sur les corps qui se forment par l'ébullition des sels et par l'action des bases en excès sur l'acide bromé. Je me contente aujourd'hui de dire que ces réactions sont entièrement analogues à celles qui se passent quand on fait réagir les mêmes agents sur l'acide bibromo-succinique, l'homologue du nouvel acide.

Quand on ajoute de l'amalgame de sodium à l'acide bromé, on obtient, par substitution inverse, un acide normal, possédant la composition: $C_5 H_8 O_4$. Ce même acide peut encore se préparer directement de l'acide itaconique.

### Action de l'amalgame de sodium sur l'acide itaconique.

On vient de voir que l'acide itaconique se combine au brome par addition, exactement comme le fait l'acide fumarique. L'analogie de ces deux acides est encore parfaite dans leur action sur l'hydrogène réputé naissant. En effet, au contact de l'amalgame de sodium, l'acide itaconique se transforme rapidement en un acide homologue de l'acide succinique:

$$C_5 H_6 O_4 + H_2 = C_5 H_8 O_4.$$

On cite actuellement deux acides de cette composition: l'acide lipique et l'acide pyrotartrique; l'existence du premier, que la plupart des auteurs prennent pour le véritable homologue de l'acide succinique, n'est cependant pas hors de doute. On verra par ce qui suit que l'acide que j'ai préparé à l'aide de l'acide itaconique est identique avec l'acide pyrotartrique, soit que cet acide ait été obtenu par addition directe de l'hydrogène, soit qu'on l'ait préparé par substitution inverse.

Voici la marche que j'ai suivie pour préparer l'acide pyrotartrique au moyen de l'acide itaconique. On introduit de l'amalgame de sodium dans une solution d'acide itaconique. La transformation est complète aussitôt que la solution est devenue alcaline. On ajoute de l'acide chlorhydrique en excès et on évapore. La masse sèche ou presque sèche est traitée par l'alcool, pour éliminer la plus grande quantité de chlorure de sodium. La solution alcoolique est évaporée de nouveau jusqu'à siccité complète, pour être épuisée ensuite par l'éther. Cette solution éthérée laisse, par l'évaporation, de l'acide pyrotartrique, qu'une simple cristallisation de l'eau donne à l'état de pureté parfaite.

L'acide ainsi préparé se présente le plus souvent sous forme de petits prismes groupés en étoile; quelquefois on obtient des cristaux d'une grandeur assez considérable. Il est extrêmement soluble dans l'eau, l'accol et l'éther.

L'analyse de cet acide a donné les résultats suivants:

Acide préparé par l'action de l'amalgame de sodium sur l'acide itaconique:

(1) .... 0,4373 gr. ont donné: 0.7286 gr. d'acide carb. 0,2438 gr. d'eau.

(2) .... 0.3972 — 0,6614 — 0,2208 —

Acide préparé de l'acide bromé par substitution inverse:

(3) .... 0,3316 — 0,5514 gr. d'acide carb. 0,1836 gr. d'eau.

De ces analyses on déduit:

| | | CALCULÉ. | | TROUVÉ. | |
|---|---|---|---|---|---|
| | | | I. | II. | III. |
| $C_5$ = | 60 | 45,45 | 45,44 | 45,43 | 45,35 |
| $H_8$ = | 8 | 6,06 | 6,19 | 6,18 | 6,15 |
| $O_4$ = | 64 | 48,49 | — | — | — |
| | 132 | 100,00. | | | |

Les trois échantillons soumis à l'analyse ont présenté un point de fusion qui est sensiblement le même que celui que l'on indique pour l'acide pyrotartrique préparé par la distillation de l'acide tartrique (110°). J'ai trouvé pour 1, 112°5; pour 2, 111°,5; pour 3, 110°.

D'après ces propriétés déjà, on ne peut pas douter de l'identité des deux acides; cette identité est confirmée d'ailleurs par les propriétés des sels suivants:

*Pyrotartrate d'ammoniaque.* — Le sel neutre perd de l'ammoniaque même quand on l'évapore dans le vide et se convertit en sel acide. Le sel acide, au contraire, est inaltérable à l'air et cristallise sous forme de beaux prismes parfaitement transparents. Il est très-soluble dans l'eau.

0,4750 gr. de ce sel, desséché dans le vide, ont donné 0,7320 gr. de chloro-platinate d'ammoniaque.

| | CALCULÉ. | | TROUVÉ. |
|---|---|---|---|
| $C_5 H_8 O_4$ = 132 | 88 59 | | — |
| $N H_3$ = 17 | 11,41 | | 11,73 |
| 149 | 100,00. | | |

*Pyrotartrate de baryte.* — Le pyrotartrate neutre de baryte est extrêmement soluble dans l'eau. La solution donne, par l'évaporation dans le vide, de petits prismes parfaitement incolores qui contiennent de l'eau de cristallisation.

Desséché à 100°, ce sel a donné les résultats suivants:

0.4114 gr. ont donné: 0,3358 gr. d'acide carbonique, 0,0904 gr. d'eau.
0.3170        —        0,2754 gr. de sulfate de baryte.

d'où l'on déduit:

|  | CALCULÉ. | | TROUVÉ. |
|---|---|---|---|
| $C_5$ = 60 | 22,45 | | 22,26 |
| $H_6$ = 6 | 2,25 | | 2,44 |
| $Ba_2$ — 137,2 | 51,35 | | 51,11 |
| $O_4$ — 64 | 23,95 | | — |
|  | 267,2 | 100,00. | |

*Pyrotartrate de chaux.* — La solution de l'acide pyrotartrique, et de même la solution du pyrotartrate acide d'ammoniaque, ne donnent pas de précipité avec le chlorure de calcium. Le pyrotartrate neutre d'ammoniaque, de son côté, occasionne, dans le chlorure de calcium, un précipité blanc. Quand les solutions ne sont pas très-concentrées, le sel ne se dépose qu'à la longue, mais les cristaux sont alors plus grands. Ce sel est peu soluble dans l'eau, insoluble dans l'alcool. Il contient deux molécules d'eau de cristallisation ($2 H_2 O$) qu'il ne perd que très-incomplétement à 100°. Desséché à 160° et soumis à l'analyse, il a donné:

0.4552 gr. ont donné: 0.5862 gr. d'acide carbonique, 0.1532 gr. d'eau.
0.3642        —        0,2904 gr. de sulfate de chaux.

On en déduit:

|  | CALCULÉ. | | TROUVÉ. |
|---|---|---|---|
| $C_5$ = 60 | 35.29 | | 35,12 |
| $H_6$ = 6 | 3,53 | | 3,74 |
| $Ca_2$ = 40 | 23,53 | | 23,45 |
| $O_4$ = 64 | 37,65 | | — |
|  | 170 | 100,00. | |

*Pyrotartrate de plomb.* — L'acétate de plomb ne précipite pas la solution de l'acide pyrotartrique ni celle de son sel ammoniacal. Mais, au bout d'une heure ou deux, le sel se sépare sous forme de fines aiguilles groupées en étoile. Il est très-peu soluble dans l'eau froide. L'eau bouillante en dissout une petite quantité, qui, par le refroidissement, se dépose sous forme de petits prismes.

*Pyrotartrate d'argent.* — Précipité blanc qui se dissout un peu dans l'eau bouillante, surtout en présence d'une trace d'ammoniaque, pour cristalliser par le refroidissement sous forme de prismes microscopiqeus.

(1) .... 0,1724 gr. ont donné: 0.1096 gr. d'acide carb., 0.0308 gr. d'eau.
(2) .... 0.2258       --       0.1434       ---       0.0400       --
(3) .... 0.1756       —       0,1092 gr. d'argent métallique.
(4) .... 0 2518       --       0 2074 gr. de chlorure d'argent.

Ce qui donne en centièmes:

| CALCULÉ. | | | TROUVÉ. | | | |
|---|---|---|---|---|---|---|
| $C_5$ = 60 | 17.34 | | 17.34 | 17.32 | -- | -- |
| $H_6$ = 6 | 1.73 | | 1.98 | 1.97 | --- | --- |
| $Ag_2$ = 216 | 62.43 | | -- | -- | 62.19 | 62 00 |
| $O_4$ = 64 | 18.50 | | --- | --- | -- | --- |
| 346 | 100,00. | | | | | |

Les faits qui précèdent établissent: 1° que l'acide itaconique se combine directement au brome, comme le fait l'acide fumarique; 2° qu'il se combine directement à l'hydrogène naissant pour donner un acide homologue de l'acide succinique. Ils démontrent de plus que cet acide est identique avec l'acide pyrotartrique préparé par la distillation de l'acide tartrique. L'acide bromé, obtenu par l'addition du brome à l'acide itaconique, est donc un dérivé de substitution de l'acide pyrotartrique: c'est l'acide pyrotartrique bibromé.

En présence d'une analogie tellement parfaite, il n'y a plus de doute que l'acide itaconique ne soit véritablement l'homologue de l'acide fumarique, et l'acide pyrotartrique l'homologue de l'acide succinique.

Je me suis dispensé, dans la description des corps que je viens d'étudier, d'exprimer leurs relations génériques par des formules typiques. On sait, en effet, que ces formules sont spécialement destinées à représenter le double échange, qui, d'après Gerhardt, était la seule réaction chimique possible. Il ne m'a donc pas paru hors de propos de tirer des faits d'addition que je viens de décrire quelques déductions théoriques sur ces phénomènes.

L'acide fumarique se combine, comme je l'ai montré dans ma note précédente, par additon à l'hydrogène, ou, pour s'exprimer plus correctement, il se combine au sodium pour donner le succinate de soude, qui ensuite échange le métal contre l'hydrogène en produisant de l'acide succinique. L'acide fumarique se comporte donc, dans cette réaction, comme un radical dans le sens de la théorie des hydracides:

| *Acide fumarique.* | *Succinate sodique.* | *Acide succinique.* |
|---|---|---|
| $C_4 H_4 O_4$ | $C_4 H_4 O_4 Na_2$ | $C_4 H_4 O_4 H_2$ |

D'un autre côté, l'acide fumarique se combine directement et par addition au brome. Le produit est identique avec l'acide bibromo-succinique, dérivé par substitution de l'acide succinique. Il se comporte, dans
de certaines limites, comme l'acide normal; mais dans d'autres circonstances, il élimine le brome, en l'échangeant contre le groupe HΘ de
l'eau, et en produisant de l'acide tartrique. Dans ces réactions, l'acide
fumarique joue donc le rôle d'un radical dans le sens de la théorie des
radicaux proprement dits et dans le sens de la théorie des types.

| *Acide fumarique.* | *Acide succinique bibromé.* | *Acide tartrique.* |
|---|---|---|
| $\mathrm{\mathfrak{C}_4\overset{''}{H}_4\Theta_4}$ | $\mathrm{\mathfrak{C}_4\overset{''}{H}_4\Theta_4 . Br_2}$ | $\left.\begin{array}{l}\mathrm{\mathfrak{C}_4\overset{''}{H}_4\Theta_4}\\ \mathrm{H_2}\end{array}\right\}\Theta_2$ |

Les mêmes remarques s'appliquent à l'acide itaconique et à sa transformation en acide pyrotartrique et acide pyrotartrique bibromé.

L'ensemble de ces réactions permet d'établir un parallèle entre
l'acide fumarique et ses dérivés, d'un côté, et les dérivés du gaz oléfiant
de l'autre:

| | | |
|---|---|---|
| Éthylène . . . . | $\mathrm{\mathfrak{C}_2H_4};$ | $\mathrm{\mathfrak{C}_4H_4\Theta_4}$ ac. fumarique. |
| Hydrure d'éthyle . | $\mathrm{\mathfrak{C}_2H_4 . H_2};$ | $\mathrm{\mathfrak{C}_4H_4\Theta_4H_2}$ ac. succinique. |
| Bromure d'éthylène | $\mathrm{\mathfrak{C}_2H_4 . Br_2};$ | $\mathrm{\mathfrak{C}_4H_4\Theta_4Br_2}$ ac. bibromo-succiniq. |
| Glycol . . . . | $\left.\begin{array}{l}\mathrm{\overset{''}{\mathfrak{C}}_2H_4}\\ \mathrm{H_2}\end{array}\right\}\Theta_2;$ | $\left.\begin{array}{l}\mathrm{\overset{''}{\mathfrak{C}}_4H_4\Theta_4}\\ \mathrm{H_4}\end{array}\right\}\Theta_2$ ac. tartrique. |

Mais il existe entre les termes correspondants des deux séries une
différence notable dont les formules ne tiennent aucun compte. Cette
différence se voit déjà pour le premier terme; elle consiste en ce que le
gaz oléfiant se comporte comme un groupe unique d'atomes, tandis que
l'acide fumarique élimine facilement la moitié de son oxygène et de son
hydrogène, de manière que l'on doit le représenter par la formule:

$$\left.\begin{array}{l}\mathrm{\mathfrak{C}_4\overset{''}{H}_2\Theta_2}\\ \mathrm{H_2}\end{array}\right\}\Theta_2$$

Si l'on cherche des formules rationnelles qui permettent de représenter tous les liens de parenté rattachant l'acide fumarique, succinique,
malique et tartrique, on trouve des difficultés considérables. J'ai essayé
de faire ressortir ces liens de parenté dans le tableau suivant:

| | | | | |
|---|---|---|---|---|
| Ac. fumarique . | $\mathrm{\mathfrak{C}_4\overset{''}{H}_4\Theta_4}$ | $\left.\begin{array}{l}\mathrm{\mathfrak{C}_4\overset{''}{H}_2\Theta_2}\\ \mathrm{H_2}\end{array}\right\}\Theta_2$ | $\mathrm{\mathfrak{C}_4H_4\Theta_4}$ | $\left.\begin{array}{l}\mathrm{\mathfrak{C}_4\overset{''}{H}_2\Theta_2}\\ \mathrm{H_2}\end{array}\right\}\Theta_2$ |
| Ac. succinique . | $\mathrm{\mathfrak{C}_4\overset{''}{H}_6\Theta_4}$ | $\left.\begin{array}{l}\mathrm{\mathfrak{C}_4\overset{''}{H}_4\Theta_2}\\ \mathrm{H_2}\end{array}\right\}\Theta_2$ | $\mathrm{\mathfrak{C}_4\overset{''}{H}_4\Theta_4 . H_2}$ | $\left.\begin{array}{l}\mathrm{\mathfrak{C}_4\overset{''}{H}_2\Theta_2}\\ \mathrm{H_2}\end{array}\right\}\begin{array}{l}\mathrm{^{IV}H_2}\\ \Theta_2\end{array}$ |

$$
\begin{array}{lll}
\text{Ac. malique} & . \; \mathrm{C_4H_6\Theta_5} & \mathrm{C_4\overset{'''}{H}_3\Theta_2\Big|}_{\mathrm{H_3}}\Big\}\Theta_3 \quad \mathrm{C_4\overset{''}{H}_4\Theta_4}\Big|\begin{matrix}\mathrm{H}\\\mathrm{H}\end{matrix}\Big|\Theta \quad \mathrm{C_4\overset{IV}{H}_2\Theta_2}\Big|\begin{matrix}\mathrm{H}\\\mathrm{H_3}\end{matrix}\Big|\Theta_3
\end{array}
$$

$$
\begin{array}{lll}
\text{Ac. tartrique} & . \; \mathrm{C_4H_6\Theta_6} & \mathrm{C_4\overset{''''}{H}_2\Theta_2\Big|}_{\mathrm{H_4}}\Big\}\Theta_4 \quad \mathrm{C_4\overset{''}{H}_4\Theta_4}\Big|_{\mathrm{H_2}}\Big\}\Theta_2 \quad \mathrm{C_4\overset{IV}{H}_2\Theta_2}\Big|_{\mathrm{H_4}}\Big\}\Theta_4
\end{array}
$$

Aux formules brutes de la première colonne on a ajouté, dans la deuxième, les formules typiques actuellement en usage. Ces formules, tout en exprimant les fonctions principales des corps qu'elles représentent, donnent encore les relations des trois derniers acides, mais elles placent l'acide fumarique en dehors de la série. Pour exprimer la transformation de cet acide en acide succinique, etc., on devrait représenter les quatre corps par des formules dans le genre de la troisième colonne. Mais, dans ces formules, on devrait introduire encore la formule rationnelle de l'acide fumarique lui-même, et on arriverait ainsi à un système d'emboîtement qui, pour l'acide tartrique, par exemple, conduirait à la formule suivante:

$$
\left[\mathrm{C_4\overset{''}{H}_2\Theta_2}\Big|_{\mathrm{H_2}}\Big]\Theta_2\right]\Big|_{\mathrm{H_2}}\Big\}\Theta_2
$$

Les mêmes relations pourraient encore être exprimées par les formules de la quatrième colonne, qui admettent pour tous ces corps le même radical.

On ne contestera pas que ces formules expriment, dans le langage de la théorie des types, les relations que présentent les corps en question, mais on ne peut pas se dissimuler non plus qu'elles ne possèdent ni la netteté ni la clarté qui caractérisent en général les formules typiques: on en comprend d'ailleurs la raison.

La notation de nos formules est une affaire de convention. La plupart des chimistes sont convenus de se servir de la notation typique, excepté toutefois quelques-uns qui, par des raisons quelconques, préfèrent de représenter les mêmes idées par une forme différente. Quand de nouveaux faits sont découverts, il suffit de leur appliquer les principes de la notation en usage, pour avoir des formules qui résument ces faits. Mais il peut arriver qu'un fait nouveau se trouve en dehors de la limite des cas prévus par le principe théorique qui sert de base à cette notation: c'est alors qu'elle ne s'applique pas d'une manière naturelle aux faits. L'addition de l'hydrogène et du brome à l'acide fumarique et itaconique est dans ce cas.

Certes, on trouvera toujours plus avantageux de résumer les propriétés et les relations des corps par de courtes formules symboliques que de les énumérer par de longues descriptions. Cependant on devrait se rappeler non-seulement que les formules ne font qu'exprimer les idées sans pouvoir y suppléer, mais encore qu'il peut arriver des cas où, par la nature même du principe qui leur sert de base, elles ne sauraient être qu'une expression incomplète des faits qu'elles doivent représenter.

Aussi ne sera-t-il pas hors de propos de résumer encore une fois les idées qui, dans mon opinion, doivent trouver leur expression dans la notation des formules. Quand une substance organique contient de l'oxygène, lié au groupe du carbone par une seule des deux unités d'attraction que possède son atome, cet oxygène se sépare plus facilement de ce groupe que celui qui se trouve combiné au carbone par ses deux affinités. D'autre part, l'hydrogène d'une molécule organique, qui n'est en relation avec le carbone que d'une manière indirecte, se sépare et se remplace plus facilement que les autres atomes d'hydrogène directement combinés au carbone. Du reste, la nature de cet hydrogène combiné médiatement, ou plutôt la nature de la place qu'il occupe, dépend de la nature des éléments qui l'entourent. Il est remplacé facilement par les métaux, quand il se trouve près de deux atomes d'oxygène; il ne possède pas cette propriété quand il n'y a qu'un seul atome d'oxygène dans le voisinage.

Les mêmes idées théoriques sur l'atomicité du carbone et sur la saturation relative et quelquefois incomplète des affinités des atomes qui constituent la molécule, etc., nous expliquent encore pourquoi c'est précisément l'acide fumarique et itaconique, ainsi que d'autres corps de constitution analogue, qui possède la propriété de se combiner par addition.

En terminant cette note, je dois encore attirer l'attention sur un fait d'un ordre différent. On vient de voir que l'acide fumarique et itaconique se combinent au brome par addition et que l'on n'obtient pas de produit de substitution de ces acides. De tels produits se forment cependant, comme j'aurai l'occasion de le montrer dans une prochaine note, par la décomposition de quelques dérivés des acides obtenus par addition. Mais on obtient encore des produits de substitution quand on fait réagir le brome sur les anhydrides qui se forment dans la distillation de l'acide fumarique et itaconique.

C'est ainsi que j'ai préparé l'anhydride citraconique monobromé, en faisant réagir à 140° le brome sur l'anhydride citraconique. Cette substance est volatile vers 225°, solide à la température ordinaire et cristallise de l'éther ou du sulfure de carbone sous forme de grandes paillettes parfaitement incolores. L'analyse m'a donné les résultats suivants:

0.6824 gr. ont donné: 0.7940 gr. d'acide carbonique. 0.1044 gr. d'eau.
0.4516     —     0.4405 gr. de bromure d'argent.

Le calcul exige pour la formule: $C_5H_3BrO_3$:

|  | | CALCULE. | TROUVÉ. |
|---|---|---|---|
| $C_5 =$ | 60 | 31.41 | 31.72 |
| $H_3 =$ | 3 | 1.57 | 1.70 |
| $Br =$ | 80 | 41.89 | 41,51 |
| $O_3 =$ | 48 | 25.13 | — |
|  | 191 | 100.00 | |

# Note sur les dérivés pyrogénés de l'acide malique et de l'acide citrique;

par M. Aug. Kekulé,
Professeur à l'Université de Gand.

Bull. Acad. Roy. Belg. [2] 13, 341 (Séance du 3 avril 1862) [1].

Dans deux notes que j'ai eu l'honneur de présenter à l'Académie, il y a quelque temps, j'ai démontré que l'acide fumarique se combine directement à l'hydrogène pour engendrer de l'acide succinique, et qu'il se combine de même, par addition, au brome en donnant ainsi de l'acide succinique bibromé. J'ai fait voir ensuite que l'acide itaconique, se comporte vis-à-vis de l'hydrogène naissant et du brome exactement comme son homologue l'acide fumarique. Cet acide, en effet, se transforme, sous l'influence de l'amalgame de sodium, en acide pyrotartrique, homologue de l'acide succinique, et il donne, en se combinant par addition au brome, un acide homologue de l'acide bibromo-succinique qui possède la composition de l'acide pyrotartrique bibromé.

Depuis lors j'ai continué mes recherches sur les acides pyrogénés de l'acide malique et de l'acide citrique. J'ai étudié d'abord les décomposi-

---

[1] Abgedruckt: L'Institut 30, 197—204 (1862). (A.)

tions que les acides succinique et pyrotartrique bibromés éprouvent sous
l'influence des bases; j'ai examiné ensuite l'action de l'hydrogène naissant
et du brome sur les acides isomères de l'acide fumarique et de l'acide
itaconique, et j'ai tenté, en outre, quelques expériences avec les anhydrides maléique et citraconique et avec le chlorure fumarique.

Forcé par des circonstances spéciales, j'ai publié ailleurs (1) une partie
de ces expériences. La note que j'ai l'honneur de présenter aujourd'hui
à l'Académie contient les résultats que j'ai obtenus depuis.

Pour faire comprendre ces résultats, qu'il me soit permis de résumer
en quelques mots les principaux faits consignés dans le mémoire allemand que je viens de mentionner, et dont j'ai l'honneur d'adresser un
exemplaire à l'Académie.

L'acide bibromo-succinique se décompose chaque fois que l'on fait
bouillir ses sels avec de l'eau, soit seuls, soit en présence d'un excès de
base. Dans ces décompositions, il se forme toujours du bromure métallique; mais la nature de la substance organique qui prend naissance en
même temps dépend de la nature de la base que l'on a employée pour
opérer la décomposition. Quelquefois il ne s'élimine qu'un seul atome de
brome; dans d'autres cas, on en élimine deux. Ce brome est remplacé,
dans quelques décompositions, par le reste HϴΘ de l'eau; dans d'autres, au
contraire, il prend de l'hydrogène à la substance organique même, pour
s'éliminer sous forme d'acide bromhydrique. On peut exprimer ces
quatre cas possibles par les formules suivantes:

I.   $C_4 H_4 Br_2 \Theta_4 +\ H_2\Theta =\ H Br + C_4 H_5 Br \Theta_5$ Acide bromomalique.
II.  $C_4 H_4 Br_2 \Theta_4\qquad\ \ =\ H Br + C_4 H_3 Br \Theta_4$ Acide bromomaléique.
III. $C_4 H_4 Br_2 \Theta_4 + 2 H_2\Theta = 2 H Br + C_4 H_6 \Theta_6$    Acide tartrique.
IV.  $C_4 H_2 Br_2 \Theta_4\qquad\ \ = 2 H Br + C_4 H_2 \Theta_4$   (Inconnu).

De ces quatre réactions on a réalisé jusqu'à présent les trois premières.

La décomposition exprimée par l'équation III a lieu, comme MM. Perkin et Duppa l'ont trouvé les premiers, quand on fait bouillir le sel
d'argent de l'acide bibromo-succinique avec de l'eau. Elle peut se
réaliser encore par l'ébullition de l'acide bibromo-succinique dissous avec
un léger excès de chaux.

La première décomposition s'effectue par l'ébullition d'une solution
de bibromo-succinate de soude; la seconde par l'ébullition d'une solution

(1) *Annalen der Chemie und Pharmacie*, 1 Suppl. Band., pp. 338—380 (1861).

de bibromo-succinate de baryte. Du brom-maléate acide de baryte on peut extraire facilement l'acide brom-maléique lui-même.

L'acide pyrotartrique bibromé, préparé à l'aide de l'acide itaconique, présente dans ses décompositions une certaine analogie avec son homologue l'acide bibromo-succinique. Il paraît cependant que, pour cet acide, les deux atomes de brome s'éliminent avec une facilité égale; on n'a pas réussi, au moins jusqu'à présent, à réaliser une décomposition par laquelle un seul atome de brome s'élimine pendant que l'autre reste dans le groupe organique. On a donc pour les décompositions de l'acide pyrotartrique bibromé les deux équations suivantes:

I. $C_5 H_6 Br_2 \Theta_4 + 2 H_2 \Theta = 2 H Br + C_5 H_8 \Theta_6$ Acide homotartrique.

II. $C_5 H_6 Br_2 \Theta_4 = 2 H Br + C_5 H_4 \Theta_4$ Acide aconique.

Une décomposition dans le sens de la première équation a lieu quand on fait bouillir avec de l'eau le sel d'argent de l'acide pyrotartrique bibromé. Quand, au contraire, on décompose par l'ébullition une solution d'acide pyrotartrique bibromé en présence de trois équivalents de soude, la décomposition se passe d'après l'équation II, et l'on obtient l'aconate de soude sous forme de gros cristaux parfaitement transparents et très-bien définis.

## Recherches sur les produits pyrogénés de l'acide citrique.

*Action de l'amalgame de sodium sur les acides citraconique et mésaconique.* — Les deux isomères de l'acide itaconique se comportent, à l'égard de l'hydrogène naissant, exactement comme l'acide itaconique lui-même. On n'a qu'à les mettre en contact pendant quelque temps avec de l'amalgame de sodium et de l'eau pour les transformer en acide pyrotartrique. Je me suis assuré par l'analyse (1) que les produits de cette réaction possèdent la composition de l'acide pyrotartrique; j'ai constaté de plus qu'ils en possèdent le point de fusion.

*Action de l'acide iodhydrique sur l'acide citraconique et sur l'acide mésaconique.* — Les résultats que j'avais obtenus antérieurement en faisant réagir l'acide iodhydrique sur les acides résultant de la déshydra-

(1) Je me contenterai, dans cette note, de citer les analyses des corps nouveaux, et je passerai sous silence tous les dosages exécutés seulement pour constater l'identité d'un produit.

tation de l'acide malique m'ont conduit à soumettre les produits pyrogénés de l'acide citrique à l'action du même agent. On se rappelle que
l'acide fumarique se réduit, quand on le chauffe avec de l'acide iodhydrique concentré, et qu'il donne ainsi de l'acide succinique; l'acide maléique,
de son côté, se transforme, avant de subir de réduction, en son isomère
l'acide fumarique.

Les acides pyrogénés de l'acide citrique se comportent à l'égard de
l'acide iodhydrique d'une manière tout à fait analogue. L'acide itaconique, et de même l'acide mésaconique, se réduisent, quand on les chauffe
pendant quelques heures avec de l'acide iodhydrique concentré. Le produit de cette réduction est de l'acide pyrotartrique possédant la composition et le point de fusion de l'acide pyrotartrique obtenu par d'autres
procédés.

L'acide citraconique, lequel, dans le groupe des dérivés de l'acide
citrique, paraît correspondre à l'acide maléique du groupe homologue, lui
ressemble encore par la transformation qu'il subit sous l'influence de
l'acide iodhydrique. Il se transforme, quand on le chauffe pendant quelques heures avec de l'acide iodhydrique à 100°, en son isomère l'acide
mésaconique.

*Action du brome sur l'acide citraconique et sur l'acide mésaconi-
que.* — Les deux acides isomères de l'acide itaconique se combinent,
comme celui-ci, directement au brome. Les produits possèdent la composition de l'acide pyrotartrique bibromé, mais ils ne sont nullement identiques avec l'acide préparé à l'aide de l'acide itaconique. Je vais
désigner ces trois isomères par les noms: *acide ita-bibromo-pyrotartrique,
acide citra-bibromo-pyrotartrique* et *acide mésa-bibromo-pyrotartrique.*

*Acide citraconique.* — En présence de l'eau, cet acide se combine
déjà au brome à la température ordinaire. Le produit est beaucoup plus
soluble que l'acide ita-bibromo-pyrotartrique. Sa solubilité extrême rend
la purification du produit assez difficile et occasionne une perte considérable de matière.

L'acide pur est parfaitement blanc. Sa solution aqueuse ne donne que
rarement des croûtes cristallines formées par des cristaux d'une certaine
grandeur; le plus souvent, elle peut être concentrée par évaporation
spontanée jusqu'à consistance sirupeuse, et elle se solidifie alors en une
masse blanche formée par de petits cristaux groupés en choux-fleurs. Le
nouvel acide est très-soluble dans l'éther; il s'obtient par l'évaporation
de cette solution sous forme de cristaux mieux définis.

L'analyse de l'acide citra-bibromo-pyrotartrique a donné les résultats suivants:

(1) ... 0,7920 gr. ont donné 0.5906 gr. d'ac. carb. et 0.1498 gr. d'eau.

(1) ... 0.4944 gr., décomposés par l'amalgame de sodium, ont donné 0,6430 gr. de bromure d'argent et 0.0034 gr. d'arg.

(2) ... 0,6062 gr., décomposés par l'amalgame de sodium, ont donné 0.7596 gr. de bromure d'argent et 0.0200 gr. d'arg.

On en déduit:

|  | CALCULÉ. | | TROUVÉ. | |
|---|---|---|---|---|
|  |  |  | I. | II. |
| $C_5$ | 60 | 20,69 | 20,33 | — |
| $H_6$ | 6 | 2,07 | 2,10 | — |
| $Br_2$ | 160 | 55,17 | 55,85 | 55,76 |
| $O_4$ | 64 | 22,07 | — | — |
|  | 290 | 100,00 |  |  |

L'acide citra-bibromo-pyrotartrique se décompose avec une grande facilité quand on fait bouillir ses sels avec de l'eau. Les produits de ces décompositions sont entièrement différents de ceux que son isomère, engendré par l'acide itaconique, donne dans les mêmes circonstances.

Quand on neutralise la solution de l'acide par la soude et quand on porte le liquide à l'ébullition, il se dégage une quantité considérable d'acide carbonique, et la solution contient le sel de soude d'un acide possédant la composition de l'acide crotonique monobromé. La décomposition s'explique par l'équation:

$$C_5 H_6 Br_2 O_4 = C_4 H_5 Br O_2 + HBr + CO_2 .$$

On n'a qu'à ajouter un petit excès d'acide sulfurique à la solution du sel de soude, pour précipiter l'acide crotonique monobromé sous forme de petites aiguilles aplaties. On le purifie en le faisant cristalliser d'une solution aqueuse faite à chaud. L'acide qui, dans ces opérations, reste dans les eaux mères peut en être extrait par l'éther.

A l'effet de pouvoir mieux étudier la décomposition des sels de l'acide citra-bibromo-pyrotartrique, je me suis procuré le sel de chaux de cet acide à l'état cristallisé, et je l'ai décomposé ensuite en le faisant bouillir avec de l'eau. Pour préparer ce sel de chaux, j'ai neutralisé la solution de l'acide par l'ammoniaque, et j'ai ajouté à la solution, encore légèrement acide, du chlorure de calcium. Il ne s'est pas formé de précipité dans la solution aqueuse; mais l'addition d'un volume égal d'alcool a occasionné la formation d'un précipité blanc et cristallin. En opérant avec des solutions étendues, j'ai obtenu des cristaux assez bien définis.

L'analyse de ce sel de chaux, desséché à 120°, a donné les résultats suivants:

0,5534 gr. ont donné 0,3628 gr. d'acide carbonique et 0,0746 gr. d'eau.

0,1974 gr., décomposés par l'almagame de sodium, ont donné 0,2210 gr. de bromure d'argent et 0,0034 d'argent.

0,3842 gr. ont donné 0,1568 gr. de sulfate de chaux.

De ces résultats on déduit:

|  |  | CALCULÉ. | TROUVÉ. |
|---|---|---|---|
| $C_5$ | 60 | 18,29 | 17,88 |
| $H_4$ | 4 | 1,22 | 1,49 |
| $Br_2$ | 160 | 48,78 | 48,91 |
| $Ca_2$ | 40 | 12,19 | 12,00 |
| $O_4$ | 64 | 19,25 | — |
|  | 328 |  |  |

Le sel de chaux une fois précipité est peu soluble dans l'eau. Quand on le fait bouillir avec ce véhicule, il se dégage une quantité considérable d'acide carbonique, et il se forme un nouveau sel de chaux qui cristallise de la solution convenablement concentrée sous forme de petits mamelons blancs. La solution de ce dernier sel, ainsi que les eaux mères, donnent, par l'addition de l'acide chlorhydrique, un précipité cristallin d'acide bromo-crotonique. La décomposition du sel de chaux de l'acide citra-bibromo-pyrotartrique a donc lieu d'après l'équation.

$$C_5 H_4 Br_2 Ca_2 O_4 = C_4 H_4 Br Ca O_2 + Ca Br + CO_2 .$$

*Acide bromo-crotonique.* — Cet acide cristallise en de longues aiguilles aplaties qui ressemblent beaucoup à de l'acide benzoïque. Il est légèrement soluble dans l'eau froide; l'eau chaude le dissout beaucoup plus facilement. Son point de fusion est à 65°. Chauffé avec de l'eau en quantité insuffisante pour le dissoudre, il se fond à une température inférieure à 50°. Cette propriété explique aisément le fait qui se présente quand une solution aqueuse préparée à chaud se refroidit. Il se précipite alors, à des températures supérieures à 50°, une huile qui se concrète par le refroi-dissement, et ce n'est qu'à des températures inférieures à 50° que l'acide se précipite directement à l'état cristallisé,

L'analyse de l'acide crotonique monobromé m'a donné les résultats suivants:

(1) ... 0,3324 gr. ont donné 0.3538 gr. d'ac. carb. et 0.0933 gr. d'eau.

(1) ... 0,5358 gr., décomposés par l'amalgame de sodium, ont donné 0.5970 gr. de bromure d'argent et 0,0052 d'argent.

(2) ... 0.4508 gr., décomposés par la chaux (1), ont donné 0,5122 gr. de bromure d'argent et 0,0046 gr. d'argent.

De ces analyses on déduit:

| | CALCULÉ. | | TROUVÉ. | |
|---|---|---|---|---|
| | | | I. | II. |
| $C_4$ | 48 | 29,09 | 29,02 | — |
| $H_5$ | 5 | 3.03 | 3,12 | — |
| $Br$ | 80 | 48,48 | 48,13 | 49.10 |
| $O_2$ | 32 | 19,40 | — | — |
| | 165 | 100.00 | | |

Quand on fait réagir en présence de l'eau l'amalgame de sodium sur l'acide crotonique monobromé, on obtient un sel qui, distillé avec un léger excès d'acide sulfurique, dégage un acide volatil de l'odeur de l'acide butyrique. Le sel d'argent préparé à l'aide de cet acide m'a donné à l'analyse des nombres qui, eu égard à la petite quantité de matière qui m'avait servi à cette expérience, ne laissent pas de doute sur la composition de l'acide:

0 2908 gr. ont donné 0.2570 gr. d'acide carbonique et 0.0944 gr. d'eau.

La formule du butyrate d'argent exige:

| | CALCULÉ. | | TROUVÉ. |
|---|---|---|---|
| $C_4$ | 48 | 24,62 | 24.10 |
| $H_7$ | 7 | 3.58 | 3,61 |
| $Ag^{(2)}$ | 108 | 55,38 | — |
| $O_2$ | 32 | 16,42 | — |
| | 195 | 100,00 | |

La formation de l'acide butyrique s'explique d'ailleurs facilement par l'équation suivante:

$$C_4 H_5 Br O_2 + Na_2 + H_2 = C_4 H_7 Na O_2 + Na Br .$$

On peut admettre qu'il y ait d'abord substitution inverse, et que l'acide crotonique ainsi formé se combine ensuite par addition à deux atomes d'hydrogène. Cette dernière réaction ne présente même rien de

---

(1) On a employé pour le dosage un échantillon de chaux ordinaire par des raisons qui seront indiquées plus loin.

(2) Dort steht irrtümlich „A 9".

surprenant, et elle pourra probablement se réaliser avec l'acide crotonique lui-même.

Je ne puis pas quitter ces dérivés bromés de l'acide citraconique sans
faire mention de deux notes que M. Cahours a publiées sur le même
sujet (1). Si je ne parle de ces deux notes que tout en passant, c'est en
partie parce que le savant français, contrairement à l'usage qui guide la
plupart des chimistes dans des cas pareils, a cru devoir s'occuper de ces
recherches sept mois après que j'eus présenté mon premier mémoire sur
ce sujet à l'Académie, et trois mois après que ce mémoire fut réimprimé
en France. C'est en partie encore parce qu'il m'est difficile, même
maintenant, après la publication de la seconde note de ce savant, de
donner un résumé bien net des résultats auxquels il est arrivé.

En effet, dans la première note, il affirme que l'acide cristallisable,
qui se forme par la décomposition de l'acide bibromo-citraconique, est de
l'acide dibromo-butyrique. «L'analyse lui assigne la composition
$C_4 H_6 Br_2 O_2$;» il ajoute: «Le produit bromé, qui possède la composition
de l'acide bibromo-butyrique, en possède aussi les propriétés, comme j'ai
pu m'en convaincre en préparant ce dernier par l'action du brome en
vases clos à 140° sur l'acide monobromo-butyrique!»

Dans la seconde note, l'acide $C_4 H_6 Br_2 O_2$ s'est transformé en
$C_4 H_5 Br O_2$: «Les différences que j'observai tout d'abord dans l'étude
comparative des propriétés de ce corps et de celles de l'acide bibromo-
butyrique m'ayant laissé des doutes sur sa composition, etc.» «L'erreur
provint de l'emploi d'un échantillon de chaux impure dans le dosage du
brome.» (Une erreur de 16,5 pour cent!) (2).

Il maintient néanmoins l'existence d'un acide $C_4 H_6 Br_2 O_2$; mais cet
acide n'est plus identique, il est seulement isomère de l'acide dibromo-
butyrique.

J'ajouterai encore que l'assertion de M. Cahours: que ces réactions se
reproduisent d'une manière identique lorsqu'on remplace l'acide citraconique par son isomère, l'acide itaconique, est entièrement erronée. Elle
prouve seulement que ce savant n'a fait aucune expérience sur l'acide
itaconique. Je me suis assuré, en effet, par de nouvelles expériences, que
l'acide bromé obtenu de l'acide itaconique ne donné, par la décomposi-

---

(1) *Comptes rendus de l'Académie des sciences de Paris*, t. LIV, pp. 175 et 506
(1862). — A. C a h o u r s entgegnet in einem Brief, den er der Redaction des
L'Institut einsendet: **30**, 219/220 (1862).    (A.)

(2) Comparez la note (1) page 211.

tion de ses sels, aucune trace d'acide bromo-crotonique. Le produit de décomposition de cet acide est l'acide aconique, dont j'ai décrit le sel de soude dans un mémoire antérieur.

*Acide mésaconique.* — Cet acide, isomère de l'acide itaconique et de l'acide citraconique, se combine aussi directement, et par addition au brome. Pour réaliser cette combinaison, on est obligé de chauffer à 60° environ. Le produit est plus soluble dans l'eau que son isomère, formé par l'acide itaconique, beaucoup moins soluble, au contraire, que l'acide engendré par l'acide citraconique. Il cristallise ordinairement, par l'évaporation lente de sa solution, sous forme de gros mamelons translucides. Par l'ébullition de son sel de soude, on n'obtient pas d'aconate de soude; il paraît, au contraire, que ce sel se décompose à peu près comme le sel de l'acide bromé, dérivé de l'acide citraconique. Je n'ai pas encore terminé l'étude de ces produits de décomposition. J'ai remarqué seulement que la solution neutre du sel de soude devient acide par l'ébullition, qu'il se dégage beaucoup d'acide carbonique, qu'il se volatilise avec la vapeur d'eau un acide cristallisable, et qu'il se sépare une huile qui cristallise par le refroidissement. Cette huile, ainsi que l'acide cristallisé, que l'on peut encore précipiter du sel de soude formé en le décomposant par un acide, sont identiques avec l'acide volatilisé et me paraissent identiques avec l'acide bromo-crotonique obtenu par la décomposition de l'acide citrabibromo-pyrotartrique. Les points de fusion de ces acides sont, en effet, les mêmes: 65°.

L'analyse de l'acide mésa-bibromo-pyrotartrique, provenant de deux préparations différentes, m'a donné les résultats suivants:

(1) ... 0.5398 gr. ont donné 0,4092 gr. d'ac. carb. et 0,0992 gr. d'eau.
        0.3422 gr., décomposés par l'amalgame de sodium, ont donné 0.4404 gr. de bromure d'argent et 0,0030 gr. d'arg.

(2) ... 0.5286 gr. ont donné 0.3972 gr. d'ac. carb. et 0.1022 gr. d'eau.
        0,6092 gr., ont donné 0.7740 gr. de bromure d'argent et 0.0082 gr. d'argent.

De ces résultats on déduit:

| | CALCULÉ. | | TROUVÉ. | |
|---|---|---|---|---|
| | | | I. | . II. |
| $C_5$ | 60 | 20,69 | 20,67 | 20,50 |
| $H_6$ | 6 | 2,07 | 2,04 | 2,15 |
| $Br_2$ | 160 | 55,17 | 55,41 | 55,06 |
| $O_4$ | 64 | 22 07 | — | — |
| | 290 | | | |

*Anhydride citraconique.* — J'ai démontré, dans une de mes notes précédentes, que l'anhydride citraconique donne, quand on le chauffe avec du brome dans un tube scellé, un produit de substitution monobromé. J'ai répété cette expérience depuis. Il m'a paru que les deux corps se combinent d'abord par addition, et que le produit ainsi formé se décompose par l'action prolongée de la chaleur ou par la distillation. Je crois, en effet, qu'il se passe deux réactions successives:

$$\text{C}_5\,\text{H}_4\,\Theta_3 + \text{Br}_2 = \text{C}_5\,\text{H}_4\,\text{Br}_2\,\Theta_3$$
$$\text{C}_5\,\text{H}_4\,\text{Br}_2\,\Theta_3 = \text{C}_5\,\text{H}_3\,\text{Br}\,\Theta_3 + \text{HBr}.$$

Je n'ai cependant pas réussi à obtenir le premier produit à l'état de pureté.

L'anhydride citraconique monobromé se dissout lentement dans l'eau froide: la dissolution est facilité par la chaleur. Il se forme ainsi de l'acide citracronique monobromé: $\text{C}_5\,\text{H}_5\text{Br}\,\Theta_4$. Cet acide se décompose avec une facilité extrême en eau et en anhydride. La décomposition s'opère déjà au sein de l'eau même, quand on évapore une solution de l'acide au bain-marie. On voit alors une huile se séparer, qui cristallise par le refroidissement et possède les caractères de l'anhydride monobromé.

L'existence de l'acide bromo-citraconique est établie par l'analyse de son sel d'argent. On obtient ce sel sous forme d'un précipité blanc flaconneux, et qui se transforme rapidement en cristaux quand on ajoute du nitrate d'argent à la solution de l'anhydride dans l'eau, neutralisée par l'ammoniaque.

L'analyse de ce sel d'argent, desséché à 100°, a donné les résultats suivants:

0,3222 gr. ont donné 0,1672 gr. d'acide carbonique et 0,0224 gr. d'eau.
0,3930 gr. ont donné 0,2676 gr. de chlorure d'argent.

De ces dosages on déduit:

|  | CALCULÉ. | | TROUVÉ. |
|---|---|---|---|
| $\text{C}_5$ | 60 | 14,18 | 14,15 |
| $\text{H}_5$ | 3 | 0,71 | 0,78 |
| $Br$ | 80 | 18,91 | — |
| $\text{A}g_2$ | 216 | 51,07 | 51,24 |
| $\Theta_4$ | 64 | 15,13 | — |
|  | 423 | 100,00 | |

J'ai préparé encore les sels de baryte et de chaux de cet acide. On obtient le sel de baryte quand on ajoute du chlorure de barium à la solution de l'anhydride dans l'eau, préalablement neutralisée par l'ammoniaque. Il ne se forme pas de précipité d'abord, mais en peu de temps le sel de dépose à l'état cristallisé. Le chlorure de calcium ne donne pas de précipité dans la solution aqueuse du bromo-citraconate d'ammoniaque; quand on ajoute de l'alcool, il se précipite un sel blanc et cristallin.

------

## Recherches sur les dérivés de l'acide malique.

*Chlorure fumarique.* — Le chlorure fumarique qui m'a servi à mes expériences a été préparé par l'action du perchlorure de phosphore sur l'acide fumarique. On a mélangé 84 grammes d'acide fumarique avec 290 grammes de perchlorure de phosphore; on a chauffé le mélange tant qu'il s'est dégagé de l'acide chlorhydrique; on a enlevé une petite quantité d'acide fumarique non attaqué par filtration, et l'on a distillé le produit en recueillant à part ce qui passait entre $140^\circ$—$170^\circ$. Pour éliminer autant que possible l'oxychlorure de phosphore, on a fait passer pendant plusieurs heures un courant d'air sec à travers le produit, maintenu à la température de $120^\circ$, et on l'a soumis à une nouvelle rectification. La presque totalité a passé à $160^\circ$.

Le chlorure fumarique se combine directement et par addition au brome. Cette combinaison s'effectue quand on mélange le chlorure avec du brome sec, dans les proportions indiquées par l'équation:

$$C_4 H_2 \Theta_2 Cl_2 \; + \; Br_2 \, {}^1) \; = \; C_4 H_2 Br_2 \Theta_2 Cl_2$$

Chlorure fumarique        Chlorure bibromo-succinique

et quand on chauffe le mélange pendant quelques heures à $140^\circ$—$150^\circ$. Le produit de cette addition est identique avec le produit de substitution que MM. Perkin et Duppa ont préparé par l'action du brome sur le chlorure succinique:

$$C_4 H_4 \Theta_2 Cl_2 + Br_2 \, {}^1) = C_4 H_2 Br_2 \Theta_2 Cl_2 \, .$$

Le chlorure bibromo-succinique est un liquide incolore; il bout à $218^\circ$—$220^\circ$. On peut aisément le purifier par distillation, quoiqu'il se décompose toujours en partie.

L'eau de décompose en donnant de l'acide chlorhydrique et de l'acide bibromo-succinique. Cette décomposition est lente par l'action de l'eau froide; elle a lieu rapidement par l'ébullition. L'acide bibromo-succini-

------

[1] Irrtümlich steht dort „$2 Br_2$". (A.)

que, préparé de cette manière, possède tous les caractères de celui que l'on obtient par l'action du brome sur l'acide succinique ou sur l'acide fumarique. J'ai constaté surtout qu'il donne, par l'ébullition avec l'eau de chaux, le tartrate de chaux, et qu'il se transforme, quand on fait bouillir avec de la baryte, en bromo-maléate acide de baryte.

Soumis à l'analyse, cet acide a donné les résultats suivants:

(1) ... 0.4945 gr. ont donné 0,3124 gr. d'ac. carb. et 0,0664 gr. d'eau.

  0,7488 gr., décomposés par l'amalgame de sodium, ont donné 1,0137 gr. de bromure d'argent et 0,0027 gr. d'arg.

(2) ... 0,7584 gr. ont donné 0,4834 gr. d'ac. carb. et 0.1046 gr. d'eau.

De ces analyses on déduit:

| | | CALCULÉ. | TROUVÉ. | |
|---|---|---|---|---|
| | | | I. | II. |
| $\Theta_4$ | 48 | 17,39 | 17,23 | 17,38 |
| $H_4$ | 4 | 1,45 | 1,49 | 1,53 |
| $Br_2$ | 160 | 58,00 | 57,85 | — |
| $\Theta_4$ | 64 | 23,16 | — | — |
| | 276 | 100,00 | | |

J'ai constaté encore que le chlorure bibromo-succinique, en se décomposant par l'alcool, donne de l'éther bibromo-succinique cristallisable, identique avec le même éther que j'avais préparé antérieurement de l'acide bibromo-succinique. Cet éther a montré le point de fusion 55°.

On peut distiller le chlorure bibromo-succinique avec un excès de brome, ou le chauffer pendant longtemps à 180° sans qu'il subisse d'altération.

*Anhydride maléique.* — Cet anhydride bout à 196° (les auteurs indiquent 176°). Il se combine directement et par addition au brome, quand on le chauffe à 100° seulement pendant une demi-heure ou trois quarts d'heure.

$$\Theta_4 H_2 \Theta_3 + Br_2 = \Theta_4 H_2 Br_2 \Theta_3.$$

Il ne se forme alors qu'une trace d'acide bromhydrique. Le produit, liquide d'abord, se solidifie peu à peu.

Après l'avoir pulvérisé et exposé sous une cloche contenant de la chaux vive, on l'a dissous dans le sulfure de carbone, et on a obtenu, par l'évaporation de ce véhicule, des paillettes cristallines, formées par l'anhydride bibromo-succinique sensiblement pur. Un dosage du brome a donné 60,39 p. %; le calcul exige 62,01 p. %.

L'anhydride bibromo-succinique fond au-dessous de 100°. Quand on le chauffe dans un tube scellé à 160°, il se décompose d'après l'équation:

$$C_4 H_2 Br_2 \Theta_3 = C_4 HBr \Theta_3 + HBr .$$

L'action de l'eau sur l'anhydride bibromo-succinique donne des produits différents, d'après la température à laquelle on fait l'opération. L'eau froide le transforme d'abord en une masse solide qui se dissout ensuite. La solution concentrée donne, par l'évaporation spontanée, un acide qui possède la composition de l'acide bibromo-succinique, mais qui en diffère considérablement par ses propriétés. Il y donc addition directe de l'eau à l'anhydride:

$$C_4 H_2 Br_2\,^1) \Theta_3 \quad + \quad H_2 \Theta = C_4 H_4 Br_2 \Theta_4 .$$

*Anhydride bibromo-succinique.*        *Acide iso-bibromo-succinique.*

Quand, au contraire, on fait réagir l'eau bouillante sur l'anhydride, ou quand on évapore à chaud sa solution, il se forme une quantité considérable d'acide bromhydrique, et on obtient un acide qui possède la composition de l'acide bromo-maléique et que je vais désigner par le nom: *d'acide iso-bromo-maléique*. La formation de ces produits s'explique par la décomposition que subit l'acide iso-bibromo-succinique par l'ébullition avec de l'eau. Cet acide se décompose, en effet, en donnant de l'acide bromhydrique et de l'acide iso-bromo-maléique.

$$C_4 H_4 Br_2 \Theta_4 = C_4 H_3 Br \Theta_4 + HBr .$$

*Acide iso-bibromo-succinique.*        *Acide iso-bromomaléique.*

Dans ces décompositions de l'anhydride bibromo-succinique, on obtient toujours une petite quantité d'une poudre blanche peu soluble dans l'eau et que l'on reconnaît aisément comme de l'acide bibromo-succinique ordinaire.

*Acide iso-bibromo-succinique.* — Cet acide, obtenu par l'action de l'eau froide sur l'anhydride bibromo-succinique, cristallise, par l'évaporation spontanée d'une solution concentrée, sous forme de gros cristaux parfaitement transparents et très-bien définis. Il est beaucoup plus soluble dans l'eau que l'acide bibromo-succinique ordinaire. Il fond au-dessous de 160° et il se décompose à 180° environ, en donnant de l'acide bromhydrique et de l'acide iso-bromo-maléique. La même décomposition a lieu quand on le fait bouillir avec de l'eau.

---

$^1$) Irrtümlich steht dort „Br". (A.)

Par toutes ses propriétés, l'acide iso-bibromo-succinique diffère considérablement de l'acide bibromo-succinique ordinaire; les sels d'argent des deux acides se décomposent cependant de la même manière. On obtient le sel d'argent de l'acide iso-bibromo-succinique sous forme d'un précipité blanc, quand on ajoute du nitrate d'argent à la solution de l'acide neutralisée par l'ammoniaque. Le sel d'argent se décompose quand on le fait bouillir avec de l'eau, en donnant du bromure d'argent et une solution acide, qui, après être neutralisée par l'ammoniaque, occasionne dans le chlorure de calcium un précipité blanc possédant les propriétés du tartrate de chaux. Ce sel se dissout dans l'acide chlorhydrique et se précipite de nouveau par l'ammoniaque. Il constitue alors des prismes microscopiques, identiques par la forme au tartrate de chaux que l'acide bibromo-succinique ordinaire donne dans les mêmes circonstances. De nouvelles expériences sont cependant nécessaires pour établir si les deux acides tartriques, engendrés par les deux modifications de l'acide bibromo-succinique, sont identiques dans toutes leurs propriétés.

La décomposition que l'acide iso-bibromo-succinique éprouve quand on le fait bouillir avec de la baryte, paraît différente de celle que l'acide bibromo-succinique ordinaire présente dans les mêmes conditions. Il se forme beaucoup d'acide carbonique, et l'on obtient deux sels différents qui n'ont pas encore été examinés.

L'acide iso-bibromo-succinique, soumis à l'analyse, a donné les résultats suivants:

0,6679 gr. ont donné 0,4300 gr. d'acide carb. et 0,0934 gr. d'eau.

0,5109 gr., décomposés par l'amalgame de sodium, ont donné 0,6876 gr. de bromure d'argent et 0,0028 gr. d'argent.

De ces dosages on déduit:

| | CALCULÉ. | | TROUVÉ. |
|---|---|---|---|
| $C_4$ | 48 | 17,39 | 17,55 |
| $H_4$ | 4 | 1,45 | 1,55 |
| $Br_2$ | 160 | 58,00 | 57,67 |
| $O_4$ | 64 | 23,16 | — |
| | 276 | 100.00. | |

*Acide iso-bromo-maléique.* — Cet acide se forme, comme on vient de le voir, par l'action de la chaleur (180°) sur l'acide iso-bibromo-succinique, ainsi que par l'ébullition de cet acide avec de l'eau. On peut le préparer directement en évaporant à chaud une solution de l'anhydride bibromo-succinique dans l'eau.

L'acide iso-bromo-maléique est extrêmement soluble dans l'eau. La solution concentrée donne de petits cristaux prismatiques groupés en étoile, qui ressemblent beaucoup à l'acide bromo-maléique ordinaire, extrait du sel de baryte que l'on obtient par l'ébullition de l'acide bibromo-succinique ordinaire avec de la baryte.

Il existe cependant entre les deux modifications de l'acide bromo-maléique des différences très-notables. L'acide bromo-maléique ordinaire entre en fusion à 125°, et il se décompose à 150° environ en eau et en anhydride. L'acide iso-bromo-maléique ne fond qu'à des températures supérieures à 160°.

Une autre différence saillante se fait voir dans les sels d'argent. Le sel d'argent de l'acide bromo-maléique ordinaire ne se décompose que d'une manière très-incomplète par l'ébullition avec de l'eau; on peut même le cristalliser de l'eau bouillante.

L'iso-bromo-maléate d'argent, au contraire, se décompose instantanément, quand on le chauffe avec de l'eau.

L'analyse de l'acide iso-bromo-maléique a donné les résultats suivants:

0,7220 gr. ont donné 0.6442 gr. d'ac. carbonique et 0.1030 gr. d'eau.
0,4574 gr. ont donné 0,4416 gr. de bromure d'argent et 0,0035 gr. d'argent.

De ces dosages on déduit:

|      | CALCULÉ. |        | TROUVÉ. |
|------|----------|--------|---------|
| $C_4$  | 48       | 24,62  | 24.33   |
| $H_3$  | 3        | 1.54   | 1.58    |
| $Br$   | 80       | 41,02  | 41.64   |
| $O_4$  | 64       | 32,82  | —       |
|      | 195      | 100,00.|         |

*Acide maléique.* — Dans une de mes notes précédentes, j'ai fait voir que l'acide maléique se combine au brome comme l'acide fumarique, et qu'il se forme ainsi de l'acide bibromo-succinique. J'avais ajouté alors: «Il me paraît cependant que, dans le cas de l'acide maléique, la quantité d'acide bromhydrique formé est beaucoup plus grande qu'elle ne l'est pour l'acide fumarique. J'ai trouvé de plus qu'il se forme en même temps et à côté de l'acide bibromo-succinique un autre acide beaucoup plus soluble que celui-ci.»

J'ai cru utile de reprendre cette expérience, quoiqu'elle trouve déjà son explication dans ce qui vient d'être dit sur l'acide iso-bibromo-succinique et l'acide iso-bromo-maléique. Voici les résultats auxquels je suis arrivé.

Quand on chauffe de l'acide maléique et du brome pendant peu de temps seulement à 100°, il ne se forme qu'une quantité très-petite d'acide bromhydrique. On obtient une certaine quantité d'un produit peu soluble dans l'eau, et qui n'est que de l'acide bibromo-succinique ordinaire. Cet acide dont j'ai communiqué l'analyse dans une note antérieure, donne, en effet, par l'ébullition avec de l'eau de chaux ou de l'eau de baryte, le tartrate de chaux ou le bromo-maléate acide de baryte.

A côté de cet acide bibromo-succinique ordinaire, il se forme un autre acide beaucoup plus soluble et qui n'est autre que l'acide iso-bibromo-succinique. On obtient, par l'évaporation spontanée de la solution, de grands cristaux transparents et bien définis qui possèdent tous les caractères que j'ai mentionnés plus haut pour l'acide iso-bromo-succinique. Quand, au contraire, on évapore par l'ébullition, on n'obtient que les produits de décomposition de cet acide, à savoir: l'acide bromhydrique et l'acide iso-bromo-maléique.

Je crois pouvoir admettre que c'est l'acide iso-bibromo-succinique qui se forme par l'addition directe du brome à l'acide maléique. L'acide bibromo-succinique ordinaire prend naissance, me paraît-il, par l'action du brome sur de l'acide fumarique, qui se forme, pendant la réaction même, par une transformation moléculaire de l'acide maléique. Cette manière de voir est confirmée par l'observation que l'acide maléique se transforme facilement, par le contact avec l'acide bromhydrique, en acide fumarique; fait que j'ai déjà communiqué antérieurement et que j'ai eu l'occasion de confirmer depuis.

L'observation que l'acide mésaconique, que l'on obtient ordinairement par l'action de l'acide nitrique sur l'acide citraconique, se forme aussi quand on chauffe ce dernier acide avec de l'acide iodhydrique, m'avait fait penser que l'acide que j'avais préparé par l'action de l'acide iodhydrique sur l'acide maléique pourrait se trouver un isomère plutôt de l'acide fumarique, que de l'acide fumarique lui-même. Il m'a paru nécessaire, de plus, de soumettre l'acide maléique à l'influence de l'acide nitrique, pour voir s'il ne se forme peut-être pas le même acide isomère. On aurait pu obtenir ainsi le troisième isomère de l'acide fumarique et de l'acide maléique, lequel, dans le groupe des dérivés de l'acide malique, aurait été le terme parallèle de l'acide mésaconique dans le groupe des dérivés citriques. J'ai trouvé, en effet, que l'acide maléique donne, quand on le fait bouillir avec de l'acide nitrique, un acide peu soluble dans l'eau. Mais cet acide, ainsi que celui qui se forme par l'action de l'acide iodhydrique sur l'acide maléique, n'est autre que l'acide fumarique ordinaire.

---------

Qu'il me soit permis, en terminant, de faire ressortir quelques-unes des considérations théoriques qui me paraissent découler des faits consignés dans cette note et dans les mémoires que j'ai publiés antérieurement sur le même sujet. Je me contenterai, d'ailleurs, d'en signaler les points fondamentaux, en laissant chacun libre de les amplifier et de les transcrire dans le langage qui lui paraît le plus rationnel. J'ajouterai que je prends, pour ma part, ces considérations (dans la forme au moins sous laquelle je les communique aujourd'hui), pour une espèce d'image plutôt que pour des vues véritablement théoriques.

Les acides fumarique et maléique, produits de la déshydratation de l'acide malique, sont véritablement homologues des trois acides pyrogénés de l'acide citrique, à savoir: l'acide itaconique, l'acide citraconique et l'acide mésaconique.

DIFFÉRENCE : $CH_2$

| Ac. fumarique . . | $C_4 H_4 O_4$ | $C_5 H_6 O_4$ | Ac. itaconique. |
|---|---|---|---|
| Ac. maléique. . . | — | — | Ac. citraconique. |
| | | — | Ac. mésaconique. |

Or, comme l'un de ces groupes est formé par trois termes, tandis que l'autre n'en contient que deux, il est difficile de décider quels sont les acides des deux séries qui se correspondent réellement. On peut dire cependant que les acides maléique et citraconique se correspondent, en ce qu'ils sont capables de donner des anhydrides et de se régénérer par l'action de l'eau sur ces anhydrides. D'un autre côté, l'acide itaconique paraît le terme correspondant à l'acide fumarique. Resterait l'acide mésaconique, qui, au premier abord, paraît ne pas avoir d'analogue parmi les dérivés maliques. Or on a démontré que l'acide maléique se transforme en acide fumarique sous l'influence des mêmes agents qui font passer l'acide citraconique à l'état d'acide mésaconique: on peut donc dire que l'acide fumarique représente à la fois l'acide itaconique et l'acide mésaconique.

Les deux acides isomères, $\Theta_4 H_4 \Theta_4$, dérivés de l'acide malique, ne diffèrent de l'acide succinique que par deux atomes d'hydrogène qu'ils contiennent en moins; ils possèdent la propriété de se transformer facilement en cet acide en se combinant à deux atomes de cet élément. Les trois acides isomères, $\Theta_5 H_4 \Theta_6$, dérivés de l'acide citrique, présentent, par rapport à l'acide pyrotartrique, la même différence, et ils se combinent par addition à deux atomes d'hydrogène pour engendrer cet acide.

D'un autre côté, les acides fumarique et maléique se combinent directement et par addition à deux atomes de brome, et donnent ainsi *deux* acides isomères que l'on peut envisager comme dérivés de substitution de l'acide succinique. Les trois acides isomères, dérivés de l'acide citrique, possèdent la même propriété: ils se combinent directement et par addition à deux atomes de brome, et forment ainsi *trois* acides isomères qui possèdent la composition d'un produit de substitution de l'acide pyrotartrique.

Ce qui m'a frappé dans l'ensemble des faits que je viens de résumer, c'est tout d'abord la facilité exceptionnelle avec laquelle ces acides se combinent par addition, soit à de l'hydrogène, soit à du brome. C'est ensuite le fait, qu'il n'existe que deux acides isomères de la formule $\Theta_4 H_4 \Theta_4$, tandis que l'on connaît trois isomères de la formule $\Theta_5 H_6 \Theta_4$. C'est encore l'observation que les acides succinique et pyrotartrique, qui s'obtiennent par l'addition directe de l'hydrogène, sont identiquement les mêmes, n'importe duquel des acides isomères on les a préparés. C'est enfin que, par l'action du brome, il se forme autant de modifications d'un acide bromé qu'il existe de modifications isomères de l'acide normal qui leur donne naissance.

Il me paraît que tous ces faits trouvent leur explication dans les considérations suivantes.

Les acides succinique et pyrotartrique, que l'on peut regarder comme les pivots des autres acides en question, contiennent chacun deux atomes d'hydrogène typique, c'est-à-dire deux atomes d'hydrogène qui se remplacent facilement par des radicaux et qui, d'après la théorie de l'atomicité des éléments, se trouvent combinés au carbone d'une manière indirecte seulement, c'est-à-dire par l'intermédiaire de l'oxygène. Si l'on fait déduction de ces deux atomes d'hydrogène, comme le font, d'ailleurs, les formules typiques:

$$\text{Ac. succinique:} \quad \left.\begin{array}{c} \Theta_4 \overset{''}{H}_4 \Theta_2 \\ H_2 \end{array}\right\} \Theta_2, \quad \left.\begin{array}{c} \Theta_5 \overset{''}{H}_6 \Theta_2 \\ H_2 \end{array}\right\} \Theta_2 \quad \text{Ac. pyrotartrique,}$$

on voit qu'il y a encore dans l'acide succinique deux paires d'atomes d'hydrogène, tandis que, dans l'acide pyrotartrique, il en existe encore trois. La théorie de l'atomicité admet que cet hydrogène se trouve combiné directement au carbone, et que ce sont toujours deux atomes d'hydrogène qui sont en combinaison avec le même atome de carbone, comme on le voit plus facilement encore en appliquant à ces substances le système de formules graphiques que j'ai employées ailleurs pour exprimer ces idées.

Que l'on suppose maintenant que, dans l'un ou l'autre de ces acides, deux atomes d'hydrogène viennent à manquer, on aura, d'un côté, les acides fumarique et maléique, d'un autre côté, les acides itaconique, citraconique et mésaconique. Comme il y a dans l'acide succinique *deux* paires d'atomes d'hydrogène, on comprend la possibilité de l'existence de *deux* acides isomères, suivant que c'est l'un ou l'autre de ces deux couples d'hydrogène qui manque. Pour l'acide pyrotartrique, on saisit de même la possibilité de l'existence de *trois* isomères, suivant que l'on enlève à cet acide l'une ou l'autre des *trois* paires d'atomes d'hydrogène qui, dans l'intérieur de la molécule, se trouvent combinées directement au carbone.

Là où les deux atomes d'hydrogène manquent, il y aura deux unités d'affinité du carbone non saturées; il y aura, pour ainsi dire, une lacune. One pourrait s'expliquer ainsi la grande facilité avec laquelle ces acides se combinent à l'hydrogène et au brome: les affinités libres tendent à se saturer et la lacune à se remplir.

Que l'on remplisse ces lacunes par de l'hydrogène, on aura toutes les affinités du carbone, dans l'intérieur de la molécule, saturées par le même élément (l'hydrogène), et on ne voit aucune raison pour l'existence d'un isomère.

Que l'on mette, au contraire, du brome à cette place vide, on aura le carbone saturé en partie par de l'hydrogène, en partie par du brome; et on comprend que les produits doivent posséder des propriétés différentes d'après la place à laquelle se trouve le brome. On comprend encore que chaque modification isomère des acides $C_4H_4O_4$ et $C_5H_6O_4$, forme, en se combinant au brome, un acide bromé différent et qui correspond à l'acide qui lui a donné naissance. On peut prévoir, de plus, que ces acides bromés isomères doivent donner, par substitution inverse, un acide normal identique.

Si je ne poursuis pas plus loin ces spéculations, qui, d'ailleurs, se prêtent à une application assez générale, c'est pour ne pas m'exposer au

reproche de me laisser entrainer par des hypothèses vagues et sans fon-
dement; reproche qui pourrait paraître fondé tant que l'ensemble des
idées fondamentales qui servent de base à la théorie de l'atomicité ne
sera pas connu.

Je me permettrai cependant d'ajouter que l'on peut se rendre compte
de la même manière de l'existence des différentes modifications de l'acide
tartrique, et que l'on arrive même, en poursuivant un peu plus loin ces
idées, à concevoir l'existence de deux modifications isomères, symétri-
ques par rapport aux propriétés chimiques, mais qui cependant possèdent quelque chose de non symétrique dans l'arrangement des atomes;
propriété qui servira peut-être un jour à nous expliquer les phénomèmes
curieux de dyssymétrie moléculaire que plusieurs modifications de
l'acide tartrique possèdent à un degré si prononcé.

# Ueber einige organische Säuren.
## Von Aug. Kekulé.

Vorgetragen in der chemischen Section der 36. Versammlung deutscher Naturforscher und Aerzte am 21. September 1861[1]).
Z. f. Cb. 4, 613—623 (1861).

Die Untersuchungen, deren Resultate ich hier kurz mittheilen will,
sind hauptsächlich in der Absicht angestellt worden, einigen organischen
Säuren, die seither verhältnißmäßig wenig gekannt waren, ihre Stellung im System anzuweisen. Um auch denjenigen Chemikern, welche
die neueren Fortschritte der organischen Chemie nicht specieller verfolgt
haben, die Beziehungen der zu besprechenden Substanzen möglichst klar
zu machen, mag es gestattet sein, an einige analoge Fälle zu erinnern.

Man weiß, daß die mehratomigen Alkohole (Glycole und Glycerine
etc.) sich in höchst einfacher Weise an die einatomigen (gewöhnlichen)
Alkohole anschließen in der Art, daß Oxydationsreihen aufgestellt werden können, deren Anfangsglieder die gewöhnlichen Alkohole sind, aus
welchen sich dann durch Hinzufügen von 1 At. $\Theta$ die Glycole durch
Hinzutreten von 2 At. $\Theta$ die Glycerine ableiten:

$$C_3 H_8 \Theta \quad \text{Propylalkohol}$$
$$C_3 H_8 \Theta_2 \quad \text{Propylglycol}$$
$$C_3 H_8 \Theta_3 \quad \text{Glycerin.}$$

[1]) Auf den Wunsch der Redaction von Prof. K e k u l é zusammengestellt.

Man weiß ferner, daß auch unter den Säuren ähnliche Oxydationsreihen existiren, deren Anfangsglieder die einatomigen Säuren der Fettsäurereihe sind, z. B.:

$C_3 H_6 O_2$   Propionsäure
$C_3 H_6 O_3$   Milchsäure
$C_3 H_6 O_4$   Glycerinsäure.

Es ist endlich in neuerer Zeit gezeigt worden, daß die Aepfelsäure und Weinsäure einer und derselben Oxydationsreihe angehören, deren Anfangsglied die Bernsteinsäure ist.

$C_4 H_6 O_4$   Bernsteinsäure
$C_4 H_6 O_5$   Aepfelsäure
$C_4 H_6 O_6$   Weinsäure.

Wenn man nun ferner — ohne sich zunächst um Thatsachen zu bekümmern — an die Stelle von 1 oder 2 At. H dieser Körper Chlor oder Brom einführt, so erhält man Formeln, die einerseits Substitutionsproducte derjenigen Substanzen ausdrücken, aus deren Formel sie abgeleitet sind; die aber gleichzeitig andererseits Chloride oder Bromide von sauerstoffreicheren Substanzen derselben Oxydationsreihe darstellen. So ist z. B. die Formel des einfach gechlorten Alkohols gleichzeitig die des salzsauren Glycols und ebenso die Formel des zweifach gechlorten Propylalkohols gleichzeitig die des Dichlorhydrins, während ganz in derselben Weise die Formel des einfach gechlorten Propylglycols gleichzeitig auch die Formel des Monochlorhydrins ist:

| | | |
|---|---|---|
| $C_3 H_8 O$ | $C_3 H_6 O_2$ | $C_4 H_6 O_4$ |
| $C_3 H_7 Cl O$ | $C_3 H_5 Cl O_2$ | $C_4 H_5 Br O_4$ |
| $C_3 H_6 Cl_2 O$ | $C_3 H_4 Cl_2 O_2$ | $C_4 H_4 Br_2 O_4$ |
| $C_3 H_8 O_2$ | $C_3 H_6 O_3$ | $C_4 H_6 O_5$ |
| $C_3 H_7 Cl O_2$ | $C_3 H_5 Cl O_3$ | $C_4 H_5 Br O_5$ |
| $C_3 H_8 O_3$ | $C_3 H_6 O_4$ | $C_4 H_6 O_6$ |

Es wäre nur nöthig, an die Stelle des Chlors in den als Substitutionsproducte dargestellten Verbindungen den Wasserrest (HO) einzuführen, um durch Oxydation aus den einatomigen Alkoholen in die mehratomigen überzugehen. Eine solche Oxydation ist, wie bekannt, für die Alkohole bis jetzt nicht ausführbar, weil bis jetzt keine Substitutionsproducte dieser Körper erhalten werden können. Dagegen weiß man, durch die Versuche von Lourenço, daß durch Rückwärtssubstitution aus den als Chloriden dargestellten Verbindungen die sauerstoffärmeren Alkohole der Oxydationsreihe erhalten werden können; daß man also in umgekehrtem Sinne, d. h. durch Reduction in der Oxydationsreihe der Alkohole aufsteigen kann.

Für diejenigen Oxydationsreihen, deren Anfangsglieder die fetten Säuren sind, finden genau dieselben Beziehungen statt; aber man kann hier sowohl Oxydationen als Reductionen thatsächlich verwirklichen, und ich habe gerade in dieser Reihe, durch Umwandlung der Monochloressigsäure in Glycolsäure, diese Beziehungen sauerstoffreicherer Substanzen zu sauerstoffärmeren von sonst gleicher Zusammensetzung, zuerst dargethan.

Für die dritte Oxydationsreihe, deren Anfangsglied die Bernsteinsäure ist, wiederholen sich genau dieselben Beziehungen, wie dieß aus den Versuchen von P e r k i n und D u p p a und denen, die ich selbst schon veröffentlicht habe, hervorgeht. Man kann die Monobrombernsteinsäure in Aepfelsäure und ebenso die Bibrombernsteinsäure in Weinsäure umwandeln.

———

Meine neueren Versuche erstrecken sich zunächst auf die B i b r o m - b e r n s t e i n s ä u r e und ihre Zersetzungsproducte.

Ich habe die Bibrombernsteinsäure nach der früher angegebenen Methode dargestellt, und da seither nur das Silbersalz näher beschrieben war, noch einige andere Salze untersucht. Das n e u t r a l e A m m o - n i a k s a l z wird bei freiwilligem Verdunsten in Form großer durchsichtiger Krystalle erhalten. Das n e u t r a l e N a t r o n s a l z ist in Wasser sehr leicht löslich und bildet beim Verdunsten nur äußerst kleine Krystalle; aus siedendem Alkohol krystallisirt es in schönen perlmutterglänzenden Blättchen: $C_4 H_2 Br_2 Na_2 O_4 + 4 H_2O$. — Das n e u t r a l e K a l k - s a l z scheidet sich in Krystallen aus, wenn die Lösung des Ammoniaksalzes mit Chlorcalciumlösung vermischt wird und einige Zeit sich selbst überlassen bleibt. Es ist: $C_4 H_2 Br_2 Ca O_4 + 2 H_2O$. Es ist mir nicht gelungen, irgend ein s a u r e s Salz der Bibrombernsteinsäure darzustellen.

Der B i b r o m b e r n s t e i n s ä u r e ä t h y l ä t h e r: $C_4 H_2 Br_2 (C_2 H_5)_2 O_4$ kann leicht erhalten werden; er krystallisirt mit großer Leichtigkeit, schmilzt bei 58° und siedet (unter theilweiser Zersetzung und Entwicklung von Bromwasserstoff) bei 140°—150°.

———

Alle bibrombernsteinsauren Salze erleiden beim Kochen Zersetzung unter Bildung von Brommetall; dieselbe Zersetzung tritt natürlich auch ein, wenn Bibrombernsteinsäure mit einem Metalloxyd oder einem kohlensauren Salz gekocht wird. Die Producte dieser Zersetzung sind verschieden, je nach der Natur der Base, die zur Zersetzung angewandt wird.

Man sieht von theoretischem Standpunkt aus die Möglichkeit von 4 verschiedenen Zersetzungen der Bibrombernsteinsäure ein. Es kann entweder ein, oder es können z w e i Atome Brom aus der Säure austreten. Dabei kann entweder das Brom durch den Wasserrest: $H\Theta$ vertreten werden, oder es kann mit der nöthigen Menge Wasserstoff in Form von Bromwasserstoff geradezu austreten. Man hat also:

1) $C_4 H_4 Br_2 \Theta_4 + H_2\Theta - HBr = C_4 H_5 Br \Theta_5$   Monobromäpfelsäure.
2) $C_4 H_4 Br_2 \Theta_4 + 2 H_2\Theta - 2 HBr = C_4 H_6 \Theta_6$   Weinsäure.
3) $C_4 H_4 Br_2 \Theta_4 - HBr \qquad = C_4 H_3 Br \Theta_4$   Monobrommaleïnsäure.
4) $C_4 H_4 Br_2 \Theta_4 - 2 HBr \qquad = C_4 H_2 \Theta_4$   (unbekannt).

Die durch die drei ersten Gleichungen ausgedrückten Zersetzungen lassen sich für die Bibrombernsteinsäure leicht verwirklichen. Die unter Nr. 4 angegebene Zersetzung habe ich bei der Bibrombernsteinsäure bis jetzt nicht beobachtet, sie findet dagegen, wie ich gleich zeigen will, bei einer homologen Säure mit besonderer Leichtigkeit statt.

Die e r s t e der erwähnten Zersetzungen tritt hauptsächlich ein, wenn bibrombernsteinsaures N a t r o n längere Zeit gekocht wird, man erhält dann das in Warzen krystallisirende s a u r e m o n o b r o m ä p f e l - s a u r e N a t r o n: $C_4 H_4 Br Na \Theta_5$. Auch bei der Zersetzung des bibrombernsteinsauren Kalks wird — während die Zersetzung der größten Menge nach der zweiten Gleichung erfolgt — gleichzeitig eine geringe Menge eines Salzes erhalten, welches die Zusammensetzung des m o n o - b r o m ä p f e l s a u r e n K a l k e s zeigt.

Die durch die z w e i t e Gleichung ausgedrückte Zersetzung kann, wie P e r k i n und D u p p a schon gezeigt haben, verwirklicht werden, indem man bibrombernsteinsaures S i l b e r o x y d durch Kochen mit Wasser zersetzt. Sie findet ferner statt, wenn man eine Lösung von bibrombernsteinsaurem K a l k längere Zeit kocht und so lange kohlensauren Kalk oder Kalkwasser zufügt, bis die Lösung nicht mehr sauer wird, sondern eher schwach alkalisch reagirt. Es scheidet sich dann ein krystallinisches Pulver aus, welches, nach vorhergegangener Reinigung, die Zusammensetzung des w e i n s a u r e n K a l k e s zeigt.

Die durch die d r i t t e Gleichung ausgedrückte Zersetzung endlich wird am besten durch Anwendung des Barytsalzes verwirklicht. Wird

15*

nämlich eine Lösung von neutralem bibrombernsteinsaurem Baryt längere Zeit gekocht, so wird die Lösung sauer, und es scheidet sich eine geringe Menge eines unlöslichen Salzes aus, dessen Analyse zur Formel des weinsauren Baryts führte. Die saure Lösung giebt dann beim Eindampfen und Erkalten warzenförmige Krystallisationen von saurem brommaleinsaurem Baryt, aus welchem leicht die Brommaleinsäure selbst erhalten werden kann.

Ich habe die eben erwähnten Versuche einerseits mit der aus Bernsteinsäure durch Substitution und andererseits mit der aus Fumarsäure durch Addition bereiteten Bibrombernsteinsäure angestellt. Beide Säuren zeigen ein völlig gleiches Verhalten.

Von den zahlreichen Versuchen, die mit den nach den eben angegebenen Methoden dargestellten Substanzen ausgeführt wurden, kann ich hier nur diejenigen erwähnen, die zur Begründung der mitgetheilten Ansichten von besonderer Wichtigkeit sind.

Der saure monobrommaleinsaure Baryt, $C_4 H_4 Br Ba O_4$, durch Kochen des bibrombernsteinsauren Baryts erhalten, krystallisirt in weißen Warzen, die aus mikroskopischen Kryställchen bestehen. Durch Zersetzen dieses Barytsalzes mit Schwefelsäure wird die krystallisirbare und in Wasser sehr lösliche Brommaleinsäure erhalten. Diese Säure schmilzt bei 126°, sie zerfällt bei der Destillation in Wasser und ein flüssiges Anhydrid, welches durch Aufnahme von Wasser wieder in die ursprüngliche Säure übergeht, ein Umstand, der mich dazu veranlaßt, diese Säure eher für Brommaleinsäure als für Bromfumarsäure zu halten.

Ich habe noch verschiedene Salze der Brommaleinsäure dargestellt; unter andern auch das Silbersalz; $C_4 H Br Ag_2 O_4$, welches eine bemerkenswerthe Beständigkeit zeigt, insofern es aus heißem Wasser umkrystallisirt werden kann. — Die Brommaleinsäure giebt beim Kochen mit Kalkwasser keine Weinsäure. Durch Natriumamalgam wird sie in Bernsteinsäure übergeführt.

Das saure monobromaepfelsaure Natron, $C_4 H_4 Br Na O_5$, wie oben erwähnt, durch Kochen des bibrombernsteinsauren Natrons erhalten, bildet aus Krystallschuppen bestehende Warzen. Ich glaube mich berechtigt, es für ein Salz der Monobromäpfelsäure und nicht etwa für ein wasserhaltiges brommaleinsaures Salz zu halten, weil es beim Kochen mit Kalkwasser denselben weinsauren Kalk liefert, der auch direct aus Bibrombernsteinsäure erhalten wird; und weil, wie oben erwähnt, aus

Brommaleinsäure kein weinsaurer Kalk erhalten werden kann. Auch das aus diesem Natronsalz erhaltene Bleisalz $C_4H_3BrPb_2O_5$ ist verschieden von dem Bleisalz der Brommaleinsäure. Im Allgemeinen aber scheint die Monobromäpfelsäure sehr leicht in Brommaleinsäure überzugehen; wenigstens stimmen die meisten der neutralen Salze, die ich aus monobromäpfelsaurem Natron dargestellt habe, in ihren Eigenschaften völlig mit den entsprechenden Salzen der Brommaleinsäure überein. — Durch Einwirkung von Natriumamalgam auf bromäpfelsaures Natron entsteht bernsteinsaures Salz. —

Ich muß nun noch einige Versuche erwähnen, die mit der aus Bibrombernsteinsäure erhaltenen Weinsäure ausgeführt wurden. Ich hatte früher schon angegeben, daß diese Weinsäure optisch unwirksam ist, und ich hatte sie später, wesentlich der Krystallform, wegen und weil ihre wasserhaltigen Krystalle verwittern, für identisch mit Traubensäure gehalten, in Uebereinstimmung mit Pasteur, der bekanntlich die von Perkin und Duppa aus Bernsteinsäure dargestellte Säure für Traubensäure erklärt hat. Nach den Versuchen, die ich jetzt angestellt habe, scheint mir diese künstliche Weinsäure nicht identisch zu sein mit natürlicher Traubensäure. Ich habe namentlich gefunden, daß das aus Bibrombernsteinsäure direct dargestellte Kalksalz (und ebenso das Kalksalz, welches aus der durch Zersetzung des bibrombernsteinsauren Silbers erhaltenen Weinsäure dargestellt wurde), wenn man es aus viel heißem Wasser umkrystallisirt, in Krystallen erhalten wird, die constant eine andere Krystallform und einen anderen Wassergehalt zeigen, als der auf dieselbe Art dargestellte traubensaure Kalk. Es ist mir außerdem bis jetzt nicht gelungen die aus Bernsteinsäure dargestellte unwirksame Weinsäure in zwei entgegengesetzt-wirksame Weinsäuren zu zerlegen. Ich lege indeß auf diese mißlungenen Spaltungsversuche vor der Hand wenig Werth, weil zu denselben nur sehr wenig Material verwendet werden konnte.

Ich habe oben erwähnt, daß die durch die vierte Gleichung ausgedrückte Zersetzung der zweifach gebromten Säuren für die Bibrombernsteinsäure selbst bis jetzt nicht verwirklicht worden ist, daß sie aber besonders leicht bei einer mit der Bibrombernsteinsäure homologen Säure eintritt.

Zum besseren Verständnis dieses Theiles meiner Versuche muß ich zunächst an einige Thatsachen erinnern, die ich vor längerer Zeit ver-

öffentlicht habe. Man weiß, daß die F u m a r s ä u r e sich von der Bernsteinsäure nur dadurch unterscheidet, daß sie zwei Atome Wasserstoff
weniger enthält. Ich habe nun gezeigt, daß sich die Fumarsäure bei Einwirkung von Natriumamalgam direct mit zwei Atomen Wasserstoff vereinigt, und daß so Bernsteinsäure entsteht. Ich habe ferner gefunden,
daß sich die Fumarsäure direct zu zwei Atomen Brom addirt, und daß
das so erhaltene Additionsproduct identisch ist mit der aus Bernsteinsäure durch Substitution erhaltenen Bibrombernsteinsäure. —

Es existiren nun zwei miteinander isomere Säuren, die sich von der
Fumarsäure (und der mit ihr isomeren Maleinsäure) nur durch einen
Mehrgehalt von $CH_2$ unterscheiden; es sind dieß die I t a c o n s ä u r e
und die C i t r a c o n s ä u r e. Die für die Fumarsäure beobachteten Thatsachen gaben die Veranlassung mit der Itaconsäure entsprechende Versuche anzustellen. Man konnte hoffen aus der Itaconsäure durch Addition von Wasserstoff eine der Bernsteinsäure homologe Säure zu erhalten; man durfte erwarten, daß sich die Itaconsäure direct zu Brom
addiren werde, um so eine mit der Bibrombernsteinsäure homologe Säure
zu bilden; es war weiter möglich, daß diese bromhaltige Säure bei Einwirkung von Silberoxyd eine der Weinsäure homologe Säure erzeugen
werde. — Die Versuche, die ich mit Itaconsäure angestellt habe, haben
diese Erwartungen bestätigt; und sie haben außerdem zur Entdeckung
einer neuen Säure geführt, die schon durch ihre Zusammensetzung nicht
ohne Interesse ist. —

Die Itaconsäure verbindet sich sehr leicht mit Wasserstoff. Man hat
nur nöthig eine wässerige Lösung der Säure mit Natriumamalgam zu
neutralisiren, um alle Itaconsäure in die wasserstoffreichere Säure überzuführen. Aus dem so erhaltenen Natronsalz wird mit Leichtigkeit eine
Säure gewonnen, die in allen Eigenschaften mit der gewöhnlichen
B r e n z w e i n s ä u r e übereinstimmt, und deren Salze mit den entsprechenden Salzen der Brenzweinsäure identisch sind. Danach muß offenbar die Brenzweinsäure als die eigentliche Homologe der Bernsteinsäure
betrachtet werden, und sie kommt so an die Stelle der (ohnedieß zwei-
felhaften) Lipinsäure, die seither von den meisten Chemikern als mit der
Bernsteinsäure homolog aufgeführt wurde.

Die Itaconsäure addirt sich ferner leicht zu Brom. Diese Vereinigung
erfolgt sogar weit leichter als bei der Fumarsäure. Während bei letzterer
ein Erwärmen bis auf nahezu 100° nöthig ist, erfolgt bei der Itaconsäure
die Einwirkung schon bei gewöhnlicher Temperatur. Wenn man zu Ita-

consäure und Wasser Brom zufügt und einmal umschüttelt, so tritt starke
Erwärmung ein (bis 60°), alles Brom verschwindet und man erhält beim
Erkalten Krystallkrusten der bromhaltigen Säure, die dann durch Um-
krystallisiren aus Wasser leicht rein erhalten wird.

Die Bibrombrenzweinsäure bildet völlig farblose und bisweilen wohlausgebildete Krystalle; sie ist in Wasser weit löslicher als
die homologe Bibrombernsteinsäure. Bei Einwirkung von Natriumamalgam geht sie leicht durch Rückwärtssubstitution in Brenzweinsäure über.

Die Bibrombrenzweinsäure erleidet bei Einwirkung von Basen leicht
Zersetzung. Wie es scheint werden dabei immer die beiden Bromatome
gleichzeitig eliminirt. Bei Anwendung von Natron, Baryt oder Kalk verläuft die Reaction nach der Zersetzungsgleichung, die ich oben gelegentlich der Bibrombernsteinsäure als vierte Möglichkeit angegeben habe. Es
werden also zwei Molecüle Bromwasserstoff eliminirt, und es entsteht so
das Salz einer Säure, die 2 Atome Wasserstoff weniger enthält als die
Itaconsäure:

$$\text{Bibrombrenzweinsäure.} \quad \text{Neue Säure.}$$
$$C_5 H_6 Br_2 O_4 - 2\,H\,Br = C_5 H_4 O_4 .$$

Am glattesten verläuft die Reaction bei Anwendung von Natron.
Wird nämlich Bibrombrenzweinsäure mit Natron neutralisirt und die
Lösung gekocht, so tritt augenblicklich saure Reaction ein. Fügt man
dann noch so lange kohlensaures Natron zu, bis die Flüssigkeit bei fortgesetztem Kochen nicht mehr sauer wird (auf 1 Mol. Bibrombrenzweinsäure im Ganzen 3 Aeq. Natron), so erhält man beim Erkalten der concentrirten Lösung Krystallblättchen des neuen Natronsalzes.

Das so erhaltene Natronsalz wird durch Umkrystallisiren leicht rein
erhalten. Es krystallisirt mit ausnehmender Leichtigkeit, entweder in
glatten Tafeln oder bisweilen in großen wohlausgebildeten und völlig
wasserhellen Krystallen. Diese haben die Zusammensetzung: $C_5 H_3 Na$
$O_4 + 3 H_2 O$, sie verlieren ihr Krystallwasser bei 100°. — Durch Zersetzung dieses Natronsalzes wird leicht die krystallisirbare Säure selbst
erhalten, mit deren Untersuchung ich eben noch beschäftigt bin.

Bei Einwirkung von Silberoxyd scheint die Bibrombrenzweinsäure
eine andere Zersetzung zu erleiden. Man erhält nämlich dann eine Säure,
die bis zur Syrupconsistenz eingedampft werden kann ohne zu krystallisiren, die aber bei längerem Stehen der concentrirten Lösung große
Krystalle bildet. Ich habe diese Säure bis jetzt nicht in zur Analyse ge-

eignetem Zustande erhalten können. Die Analyse des aus ihr dargestellten und bei 150⁰ getrockneten Barytsalzes führt zu der Formel:
$C_5 H_6 Ba_2 O_6$; und es scheint demnach diese Säure mit der Weinsäure
homolog zu sein. —

Man wird bemerkt haben, daß ich mich in dieser Mittheilung aller
sog. rationellen Formeln enthalten und nur völlig empirischer Formeln
bedient habe. Die Beweggründe dazu sind zweierlei Art. Zunächst ist
man heut zu Tage, wo fast jeder Chemiker die sog. rationellen Formeln
in einer ihm eigenthümlichen Weise schreibt, nur dann allgemein verständlich, wenn man sich mit empirischen Formeln begnügt; es ist dabei für jeden leicht durch Anwendung der Principien, nach welchen er
sonst seine Formeln bildet, diese empirischen Formeln in diejenige
Schreibweise zu übertragen, die er gerade für besonders rationell hält.
Der zweite Beweggrund aber ist der: daß es u n m ö g l i c h ist gleichzeitig die Beziehungen und Eigenschaften sämmtlicher in Rede stehenden Substanzen in zugleich einfacher und klarer Weise auszudrücken,
gleichgültig nach welchem der jetzt herrschenden Principien man auch
die rationellen Formeln bilden mag.

Ich will auch, für den Augenblick wenigstens, an die mitgetheilten
Thatsachen keine ausführlicheren theoretischen Betrachtungen an-
knüpfen, ich möchte nur die Aufmerksamkeit der Chemiker auf zwei
Punkte hinlenken.

Zunächst darauf, daß durch die in neuerer Zeit entdeckten Thatsachen der Begriff der S u b s t i t u t i o n s p r o d u c t e sehr an seiner
früheren Schärfe verliert. Während man früher, in Uebereinstimmung
mit den damals bekannten. Thatsachen, die Substitutionsproducte als
eine eigene Klasse von Körpern, scharf von den Chloriden und Bromiden
unterschied, sehen wir jetzt, daß in vielen Fällen die Substitutionsproducte sauerstoffärmerer Körper identisch sind mit den Chloriden und
Bromiden sauerstoffreicherer Substanzen, die derselben Oxydationsreihe
angehören. Das Verhalten der Fumarsäure und der Itaconsäure zu Brom
zeigt uns aber außerdem, daß Substitutionsproducte auch noch auf
anderem Weg erhalten werden können als auf dem der Substitution; es
zeigt, daß durch A d d i t i o n erhaltene Bromide identisch sein können
mit den Substitutionsderivaten anderer Körper.

Der zweite Punkt, der mir einiges Interesse zu verdienen scheint, ist
die Zusammensetzung der neuen aus der Itaconsäure dargestellten

Säure. Diese Säure unterscheidet sich von der Itaconsäure durch einen Mindergehalt von 2 At. Wasserstoff; dieselbe Differenz findet zwischen der Itaconsäure und der Brenzweinsäure statt. Man hat:

| | Diff. $H_2$ | | Diff. $H_2$ | | |
|---|---|---|---|---|---|
| $C_4 H_6 O_4$ | | $C_4 H_4 O_4$ | | — | |
| Bernsteinsäure. | | Fumarsäure. | | | |
| $C_5 H_8 O_4$ | | $C_5 H_6 O_4$ | | $C_5 H_4 O_4$ | |
| Brenzweinsäure. | | Itaconsäure. | | neue Säure. | |

Es existirt nun eine verhältnißmäßig große Anzahl von Substanzen, die sich von den Fettkörpern (d. h. den gewöhnlichen Alkoholen, den fetten Säuren und ihren Verwandten etc.) durch einen Mindergehalt von z w e i Atomen Wasserstoff unterscheiden (z. B. Aethylen[1]), Allylalkohol, Oelsäure etc.); ein Mindergehalt von v i e r Atomen Wasserstoff aber ist bis jetzt nur ausnehmend selten beobachtet worden, und die aus der Itaconsäure dargestellte Säure ist jedenfalls die erste Substanz, die durch Entziehung von Wasserstoff aus einem Körper der andern Reihe erhalten werden konnte.

---

# Untersuchungen über organische Säuren;
## von Aug. Kekulé

A. Suppl. 1, 129—138 (Heft II, 26. 6. 1861) [2]).

## I. Fumarsäure und Maleïnsäure.

Die Aepfelsäure verliert beim Erhitzen Wasser und giebt zwei isomere Säuren, die Fumarsäure und Maleïnsäure. Nach dieser Bildungsweise könnte man vermuthen, beide Säuren, oder wenigstens eine derselben, stünde zur Aepfelsäure in derselben Beziehung, wie die Metaphosphorsäure zur gewöhnlichen Phosphorsäure:

$$\left.\begin{array}{l} \overset{'''}{P}\overset{}{O} \\ H_3 \end{array}\right\} O_3 \qquad\qquad \left.\begin{array}{l} \overset{'''}{P}\overset{}{O} \\ H \end{array}\right\} O_2 {}^{3)}$$

$$\left.\begin{array}{l} C_4 \overset{'''}{H_3} O_2 \\ H_3 \end{array}\right\} O_3 \qquad\qquad \left.\begin{array}{l} C_4 \overset{'''}{H_3} O_2 \\ H \end{array}\right\} O_2$$

$$\text{Aepfelsäure} \qquad\qquad \text{Fumarsäure} \\ \qquad\qquad\qquad\qquad \text{(Maleïnsäure).}$$

---

[1]) Irrtümlich steht dort „Acetylen". (A.)

[2]) Vgl. S. 187: Bull. Acad. Roy. Belg. [7] 11, 84—95 (1861).

[3]) Irrtümlich steht dort „PO". (A.)

Diese Formel ist für beide Säuren unzulässig, weil beide zweibasisch sind. Um diese Thatsache durch eine Formel auszudrücken, muß diese so geschrieben werden, daß sie zwei typische Wasserstoffatome enthält. Man kommt so zu der von G e r h a r d t schon gebrauchten Formel:

$$\left. \begin{array}{c} \overset{''}{C_4 H_2 O_2} \\ H_2 \end{array} \right\} O_2,$$

die in der That ein einfacher Ausdruck aller über beide Säuren bekannten Thatsachen ist, indem sie die Zusammensetzung der Salze und der Aether der Fumarsäure und Maleïnsäure, die Bildung des Fumarylchlorids und des Fumaramids in sich einschließt und außerdem zeigt — wenn man das Gesetz über die Basicität der Säuren auf sie anwendet, welches ich vor Kurzem mitgetheilt habe[1]) und das ich demnächst in einer allgemeinen und von allen s. g. rationellen Formeln unabhängigen Form entwickeln werde —, daß beide typische Wasserstoffatome mit gleicher Leichtigkeit durch Metalle ausgetauscht werden können.

Bei dieser Formel kann aber die Fumarsäure nicht der damals mitgetheilten Tabelle eingeordnet werden. Sie enthält zwei Atome Wasserstoff weniger, als sie nach dem Princip über die Umwandlung der Radicale, das jener Tabelle zur Grundlage dient, enthalten dürfte. Sie reiht sich der übrigens sehr zahlreichen Gruppe wasserstoffärmerer Substanzen an, zu welchen unter anderen der Allylalkohol und seine Abkömmlinge, das Acroleïn, die Acrylsäure, Oelsäure und ihre Homologen u. s. w. gehören. Die Fumarsäure nimmt in dieser Gruppe wasserstoffärmerer Substanzen dieselbe Stelle ein, welche in der Gruppe derjenigen Verwandten der gewöhnlichen Alkohole, welche in jener Tabelle zusammengestellt sind, von der Bernsteinsäure eingenommen wird.

$$\left. \begin{array}{c} \overset{''}{C_4 H_4 O_2} \\ H_2 \end{array} \right\} O_2 \qquad\qquad \left. \begin{array}{c} \overset{''}{C_4 H_2 O_2} \\ H_2 \end{array} \right\} O_2$$

Bernsteinsäure                          Fumarsäure.

Da nun aus Bernsteinsäure, wie die Versuche von P e r k i n und D u p p a [2]) und meine eigenen[3]) gezeigt haben, Aepfelsäure und Weinsäure dargestellt werden können, so schien es mir nicht ohne Interesse, die Fumarsäure und Maleïnsäure in ähnlicher Richtung zu untersuchen, wesentlich um zu sehen, ob eine dieser Säuren den Ausgangspunkt zur Darstellung zweier der Aepfelsäure und der Weinsäure analogen, aber

---

[1]) Diese Annalen CXVII, 129 (1861).
[2]) Daselbst CXVII, 130 (1861).
[3]) Daselbst CXVII, 120 (1861).

um zwei Atome Wasserstoff ärmeren Säuren abgeben könne. Der Versuch hat gezeigt, daß ein solcher Parallelismus der Reaktionen nicht stattfindet, daß vielmehr die Fumarsäure und die Maleïnsäure mit be merkenswerther Leichtigkeit in Bernsteinsäure oder in Abkömmlinge der Bernsteinsäure übergehen.

### *Fumarsäure.*

Wird Fumarsäure bei Gegenwart von Wasser mit Brom zusammengebracht, in dem durch die Gleichung:

$$C_4H_4O_4 + Br_2 = C_4H_4Br_2O_4$$

ausgedrückten Verhältniß, so findet in der Kälte keine Einwirkung statt. Erhitzt man während weniger Minuten im Wasserbad, so verschwindet die Farbe des Broms und man erhält beim Erkalten völlig weiße Krystalle, die durch einmaliges Umkrystallisiren aus Wasser rein erhalten werden. Diese Krystalle sind *Bibrombernsteinsäure*, in allen Eigenschaften identisch mit der aus Bernsteinsäure und Brom entstehenden Säure.

Die Analyse gab:

I.  0,4615 Grm. gaben 0,6318 Grm. Bromsilber.
II.  0,6768 Grm. gaben 0,4305 Grm. Kohlensäure und 0,0942 Grm. Wasser.
III.  0,6990 Grm. gaben 0,4420 Grm. Kohlensäure und 0,0948 Grm. Wasser.

|          | Theorie |         | I.    | II.   | III.  |
|----------|---------|---------|-------|-------|-------|
|          |         |         | I.    | II.   | III.  |
| $C_4$    | 48      | 17,39   | —     | 17,35 | 17,25 |
| $H_4$    | 4       | 1,45    | —     | 1,54  | 1,50  |
| $Br_2$   | 160     | 58,00   | 58,22 | —     | —     |
| $O_4$    | 64      | 23,16   | —     | —     | —     |
|          | 276     | 100,00. |       |       |       |

Ich will für den Augenblick nur mittheilen, daß die aus Fumarsäure dargestellte Bibrombernsteinsäure, genau wie die aus Bernsteinsäure erhaltene, durch Zersetzung ihres Silbersalzes inactive Weinsäure liefert: eine Umwandlung, die den letzten Ring der Kette von Reactionen bildet, durch welche die Bernsteinsäure, Aepfelsäure und Weinsäure in einander übergeführt werden können. Man kann die Weinsäure und Aepfelsäure zu Bernsteinsäure reduciren[1]), und man kann, wie D e s s a i g n e s zeigte, die Reduction der Weinsäure bei Bildung der Aepfelsäure einhalten[2]).

---

[1]) S c h m i t t , diese Annalen CXIV, 106 (1860); D e s s a i g n e s , daselbst CXV, 120 (1860) u. CXVII, 134 (1861).

[2]) Daselbst CXVII, 134 (1861).

Man kann die Bernsteinsäure durch indirecte Oxydation in Aepfelsäure und in Weinsäure überführen; man kann endlich auf dem oben angegebenen Wege die Aepfelsäure in Weinsäure umwandeln.

Aber auch in anderer Hinsicht ist das Verhalten der Fumarsäure zu Brom nicht ohne Interesse. Gewöhnlich entstehen bei Einwirkung von Brom auf organische Substanzen und namentlich auf organische Säuren *Substitutions*producte. Bei der Fumarsäure dagegen verbindet sich das Brom durch *Addition*. Ein solches Verhalten ist bei organischen Säuren bis jetzt nicht beobachtet worden und es ist selbst bei andern Körpern verhältnißmäßig selten. Ohne alle Analogie aber scheint mir die Thatsache, daß das aus Fumarsäure und Brom entstehende Additionsproduct identisch ist mit dem Substitutionsproduct eines anderen Körpers.

Die Leichtigkeit, mit welcher sich das Brom mit Fumarsäure verbindet, ließ es wahrscheinlich erscheinen, daß auch Bromwasserstoff und selbst Wasserstoff sich direct an Fumarsäure anlagern könnten, um so Monobrombernsteinsäure und Bernsteinsäure zu bilden.

Der Versuch hat in der That gezeigt, daß Bromwasserstoffsäure auf Fumarsäure einwirkt. Aber die Wirkung ist sehr langsam. Man muß Tage lang auf mindestens 120° erhitzen, und bemerkbare Mengen der Substanzen in Verbindung zu bringen. Das Product scheint, seinen Eigenschaften nach, Monobrombernsteinsäure zu sein. Bei der Schwierigkeit, die seine Darstellung und mehr noch seine Reinigung darbietet, ist es mir indeß bis jetzt nicht möglich gewesen, dieß völlig festzustellen.

Weit netter ist die Einwirkung des Wasserstoffs. Nicht nur durch Erhitzen mit concentrirter Jodwasserstoffsäure kann die Fumarsäure in Bernsteinsäure übergeführt werden, auch bei Einwirkung von Wasserstoff im s. g. status nascendi, d. h. bei Einwirkung eines Körpers, der in den Bedingungen des Versuches Wasserstoff zu entwickeln im Stande ist, gelingt dieselbe Umwandlung. Man hat nur nöthig zu Fumarsäure und Wasser Natriumamalgam zuzusetzen, um in wenig Stunden die Fumarsäure vollständig in Bernsteinsäure zu verwandeln.

Ich habe mich durch Reactionen und durch Analyse der mittelst Jodwasserstoff sowohl als Natriumamalgam aus Fumarsäure erhaltenen Säure überzeugt, daß dieses Reductionsproduct wirklich Bernsteinsäure ist.

Es mag gestattet sein darauf aufmerksam zu machen, daß die Art der Einwirkung des nascirenden Wasserstoffs auf Fumarsäure, gerade so wie die beschriebene Einwirkung des Broms, fast ohne Analogie dasteht. Man weiß, daß der Wasserstoff, besonders im Entstehungsmoment, organische Substanzen reducirt, indem er Sauerstoff entzieht, daß er Nitrokörper zu Amiden umwandelt, daß er durch umgekehrte Substitution die Darstellung der normalen Substanz aus Chlor- oder Bromproducten ermöglicht. Aber es giebt nur wenige Fälle, bei welchen eine organische Substanz bei Einwirkung von nascirendem Wasserstoff sich durch Addition mit diesem Wasserstoff verbindet. Wenn diese Reaction wenig beobachtet worden ist, so liegt dieß zum Theil daran, daß man nur selten in dieser Richtung Versuche angestellt hat. Ich habe seitdem gefunden, daß andere Säuren, z. B. die Itaconsäure, dasselbe Verhalten zeigen.

## Maleïnsäure.

Die Maleïnsäure verhält sich gegen Brom und Wasserstoff fast vollständig wie die mit ihr isomere Fumarsäure. Erhitzt man Maleïnsäure mit Wasser und Brom nur wenige Minuten auf 100°, so wird *Bibrombernsteinsäure* gebildet. Aber es entsteht gleichzeitig eine beträchtliche Menge von Bromwasserstoff, während bei Anwendung von Fumarsäure kaum Spuren dieser Säure erhalten werden. Neben die Bibrombernsteinsäure wird noch eine in Wasser löslichere Säure gebildet, deren Untersuchung noch nicht beendigt ist.

Ich habe mich mit einer Brombestimmung der aus Maleïnsäure dargestellten Bibrombernsteinsäure begnügt.

0,3128 Grm. gaben 0,4280 Grm. Bromsilber.

|  | berechnet | gefunden |
|---|---|---|
| $C_4H_4Br_2O_4$ | 58,00 | 58,25. |

Ich habe außerdem nachgewiesen, daß durch Zersetzung des Silbersalzes der aus Maleïnsäure dargestellten Bibrombernsteinsäure inactive Weinsäure gebildet wird.

Von Natriumamalgam wird die Maleïnsäure mit derselben Leichtigkeit reducirt, wie die Fumarsäure. Das Product ist nach Analyse und Eigenschaften Bernsteinsäure. Bei Einwirkung von Jodwasserstoffsäure findet eine andere Reaction statt. Man kann zwar durch längeres Erhitzen mit Jodwasserstoff die Maleïnsäure zu Bernsteinsäure reduciren, aber sie geht dabei vorher in Fumarsäure über. Diese Umwandlung erfolgt mit solcher Leichtigkeit, daß bei Anwendung von sehr concentrirter Jodwasserstoffsäure, bei einmaligem Erhitzen bis zum Sieden, alle Maleïnsäure in Fumarsäure verwandelt wird. Bei verdünnterer Jodwasserstoffsäure ist längeres Kochen nöthig.

Dieselbe Umwandlung erfolgt mit gleicher Leichtigkeit bei Anwendung von Bromwasserstoffsäure. Die Maleïnsäure löst sich in concentrirter und destillirter Bromwasserstoffsäure auf, und wenn man einmal bis zum Sieden erhitzt, so krystallisirt Fumarsäure aus.

Die im Vorhergehenden beschriebenen Versuche geben keinerlei Aufschluß über die Ursache der Verschiedenheit der beiden isomeren Säuren: Fumarsäure und Maleïnsäure; aber sie werfen ein unerwartetes Licht auf die Beziehungen beider zur Bernsteinsäure und zur Weinsäure.

Ich habe oben einiger Substanzen jener wasserstoffärmeren Körperklasse erwähnt, die zu anderen Körpern von ähnlichem Character dieselbe Beziehung zeigen, wie diejenige, welche zwischen Fumarsäure und Bernsteinsäure stattfindet:

$$- H_2$$

| | | | |
|---|---|---|---|
| Bernsteinsäure | $C_4H_6O_4$ | $C_4H_4O_4$ | Fumarsäure |
| Propylalkohol | $C_3H_8O$ | $C_3H_6O$ | Allylalkohol |
| Propylaldehyd | $C_3H_6O$ | $C_3H_4O$ | Acroleïn |
| Propionsäure | $C_3H_6O_2$ | $C_3H_4O_2$ | Acrylsäure |
| Stearinsäure | $C_{18}H_{36}O_2$ | $C_{18}H_{34}O_2$ | Oelsäure. |

Dieselbe Beziehung findet sich auch zwischen Aethylwasserstoff und Aethylen:

Aethylwasserstoff  $C_2H_6$        $C_2H_4$   Aethylen.

Die Analogie der Fumarsäure mit dem Aethylen kann sogar noch weiter verfolgt werden. Man kennt in der That die folgenden entsprechenden Reactionen:

| Alkohol | | Aethylen | Aepfelsäure | | Fumarsäure |
|---|---|---|---|---|---|
| $C_2H_6O$ | $-\ H_2O$ | $=\ C_2H_4$ | $C_4H_6O_5$ | $-\ H_2O$ | $=\ C_4H_4O_4$ |

| Aethylen | | Aethylen-bromid | Fumar-säure | | Bibrom-bernsteinsäure |
|---|---|---|---|---|---|
| $C_2H_4$ | $+\ Br_2$ | $=\ C_2H_4.Br_2$ | $C_4H_4O_4$ | $+\ Br_2$ | $=\ C_4H_4O_4Br_2$ |

| | | Aethyl-bromid | | | Monobrom-bernsteinsäure |
|---|---|---|---|---|---|
| $C_2H_4$ | $+\ BrH$ | $=\ C_2H_5Br$ | $C_4H_4O_4$ | $+\ BrH$ | $=\ C_4H_5BrO_4$ |

| | | Aethyl-wasserstoff | | | Bernsteinsäure |
|---|---|---|---|---|---|
| $C_2H_4$ | $+\ H_2$ | $=\ C_2H_6$ | $C_4H_4O_4$ | $+\ H_2$ | $=\ C_4H_6O_4$ |

| | | Glycol | | | Weinsäure |
|---|---|---|---|---|---|
| $C_2H_4$ | $+2\,HO$ | $=\ C_2H_6O_2$[1]) | $C_4H_4O_4$ | $+2HO$ | $=\ C_4H_6O_6.$ |

[1]) Irrtümlich steht dort „$O$“.   (A.)

Man könnte sagen: die Fumarsäure ist für die Aepfelsäure genau was das Aethylen für den Alkohol; sie verhält sich zur Bibrombernsteinsäure wie das Aethylen zu seinem Bromid; sie steht zur Monobrombernsteinsäure in derselben Beziehung wie das Aethylen zum Aethylbromid u. s. f. — Die Weinsäure ist für die Fumarsäure genau was das Glycol für das Aethylen. Und man erhält in der That Weinsäure, wenn man das Bromid der Fumarsäure, das heißt Bibrombernsteinsäure, mit Silberoxyd zersetzt, gerade so wie durch Einwirkung eines Silbersalzes auf das Bromid des Aethylens ein Aether des Glycols dargestellt wird. Mit einem Wort: die Fumarsäure verhält sich wie das Radical der Weinsäure.

In den Eigenschaften und Functionen der in Parallele gesetzten Körper findet freilich ein beträchtlicher Unterschied statt. Er erklärt sich daraus, daß die Substanzen der einen Reihe keinen Sauerstoff enthalten, während die der andern Reihe zugehörigen Körper sehr reich an diesem Elemente sind. Die Analogie der Reactionen kann nicht in Zweifel gezogen werden. Alle diese Analogieen aber sind in keiner Weise ersichtlich, wenn man für die betreffenden Substanzen irgend welche der dermalen gebräuchlichen rationellen Formeln benutzt. Dieß beweist denn wieder einmal, daß die rationellen Formeln, selbst die besten, nicht alle Beziehungen gleichzeitig ausdrücken können.

Statt diese Analogieen in Worten weiter zu verfolgen, will ich sie in Formeln zusammenfassen, die eine leichtere Uebersicht der in Rede stehenden Substanzen und ihrer Beziehungen zu einander ermöglichen:

| Radical: | $\overset{''}{C_2}H_4$ Aethylen. | $\overset{''}{C_4}\overset{''}{H_4}O_4$ Fumarsäure. | $\left.\begin{array}{l}\overset{''}{C_2}H_2O_3\\H_2\end{array}\right\}O_2$ Fumarsäure. |
|---|---|---|---|
| Bromid: | $\overset{''}{C_2}H_4 \cdot Br_2$ Aethylenbromid. | $C_4H_4O_4Br_2$ Bibrombernsteinsäure. | $\overset{IV}{C_4}H_2O_2\left\{\begin{array}{l}Br_2\\ \\H_2\end{array}\right\}O_2$ Bibrombernsteinsäure. |
| Bromhydrat: | $\overset{''}{C_2}H_4\left\{\begin{array}{l}Br\\H\end{array}\right\}O$ Bromwasserstoffsaures Glycol. | $\overset{''}{C_4}\overset{''}{H_4}O_4\left\{\begin{array}{l}Br\\H\end{array}\right\}O$ Monobromäpfelsäure. | $\overset{IV}{C_4}H_2O_2\left\{\begin{array}{l}Br\\H_3\end{array}\right\}O_3$ Monobromäpfelsäure. |
| Hydrat: | $\overset{''}{C_2}H_4\left\{\begin{array}{l}H\\H\end{array}\right\}\begin{array}{l}O\\O\end{array}$ Glycol. | $C_4H_4O_4\left\{\begin{array}{l}H\\H\end{array}\right\}\begin{array}{l}O\\O\end{array}$ Weinsäure. | $\overset{IV}{C_4}H_2O_2\left.\begin{array}{l}H_4\end{array}\right\}O_4$ Weinsäure. |

Man hat nur nöthig, das Brom überall durch Wasserstoff zu ersetzen, um noch den Aethylwasserstoff und die Bernsteinsäure, den Aethylalakohol und die Aepfelsäure in den Kreis der Betrachtung hereinzuziehen.

Das in der zweiten Reihe noch fehlende Glied, die Monobromäpfelsäure, kann, wie ich demnächst ausführlicher mittheilen will, mit Leichtigkeit aus Fumarsäure und auch aus Bernsteinsäure erhalten werden. Ich will jetzt schon erwähnen, daß die Rückwärtssubstitution dieser Säure ein Mittel an die Hand giebt, um aus Bernsteinsäure Aepfelsäure zu erzeugen, und um aus Fumarsäure die Aepfelsäure wieder herzustellen.

In der dritten Columne sind die mit der Fumarsäure verwandten Körper durch Formeln dargestellt, für welche die rationellen Formeln der Fumarsäure und der Weinsäure als Ausgangspunkt dienen. Sie zeigen in dieser Form deutlicher die Beziehungen der Bibrombernsteinsäure und der Monobromäpfelsäure — und wenn man das Brom durch Wasserstoff ersetzt, auch der Bernsteinsäure und der Aepfelsäure — zu Fumarsäure und zu Weinsäure. Setzt man an die Stelle von Brom Wasserstoff, so verhält sich dieser Wasserstoff wie die übrigen in der Verbindung schon enthaltenen Wasserstoffatome; er bleibt bei der in gewöhnlichen Reactionen unveränderlichen Atomgruppe; er gehört zum Radical, dessen Basicität dann für jedes Wasserstoffatom um eine Einheit vermindert wird.

Ich will schließlich noch erwähnen, daß ich mit verschiedenen Verbindungen jener wasserstoffärmeren Körperklasse ähnliche Versuche angestellt habe: unter anderen mit dem Allylalakohol. Ich habe gefunden, daß der Allylalkohol bei gewöhnlicher Temperatur 1 Molecul Brom aufnimmt und daß so eine nahezu farblose syrupdicke Flüssigkeit erhalten wird, die neben anderen Producten Dibromhydrin zu enthalten scheint. Ist dieses der Fall, so ist damit das Mittel gegeben, den Allylalkohol einerseits in Propylalkohol überzuführen und andererseits wieder in Glycerin umzuwandeln.

# Untersuchungen über organische Säuren;

von August Kekulé.[1]

A. Suppl. 1, 338—351 (Heft III, 9. 12. 1861).

## II. Itaconsäure und Brenzweinsäure

Unter den Zersetzungsproducten der Citronensäure sind zwei isomere Säuren: die Itaconsäure und die Citraconsäure. Diese Säuren zeigen in Zusammensetzung und Eigenschaften eine gewisse Analogie mit den untereinander isomeren Abkömmlingen der Aepfelsäure, mit der Fumarsäure und Maleïnsäure. Die Itaconsäure scheint der Fumarsäure, die Citraconsäure der Maleïnsäure zu entsprechen. Gerade so wie aus Fumarsäure und aus Maleïnsäure beim Erhitzen ein Anhydrid erhalten wird, welches durch Wasseraufnahme stets in Maleïnsäure übergeht, so entsteht auch bei Destillation von Itaconsäure und von Citraconsäure ein Anhydrid, welches durch Aufnahme von Wasser stets Citraconsäure erzeugt.

In der Zusammensetzung unterscheiden sich die beiden Zersetzungsproducte der Citronensäure von den beiden Abkömmlingen der Aepfelsäure nur durch $CH_2$, welches die ersteren mehr enthalten. Die beiden Säurepaare sind also, wenigstens der Zusammensetzung nach, homolog:

$C_4H_4O_4$ Fumarsäure und Maleïnsäure
$C_5H_6O_4$ Itaconsäure und Citraconsäure.

Danach schien es wahrscheinlich, daß sich die beiden aus der Citronensäure entstehenden Säuren — oder wenigstens eine derselben — gegen Brom und gegen Natriumamalgam eben so verhalten würden, wie ich dieß vor einiger Zeit für die Fumarsäure und Maleïnsäure beobachtet habe. Man konnte erwarten, daß die Itaconsäure bei Einwirkung von Natriumamalgam eine der Bernsteinsäure homologe Säure erzeugen werde; man durfte hoffen, daß sie sich mit Brom vereinigen werde, um eine der Bibrombernsteinsäure homologe Substanz zu bilden; es war endlich wahrscheinlich, daß diese bromhaltige Säure bei Zersetzung mit Silberoxyd eine mit der Weinsäure homologe Säure liefern werde.

Die Versuche, die ich im Folgenden beschreiben will, haben diese Erwartungen bestätigt und haben außerdem zur Entdeckung einer neuen

---

[1] Vgl. S. 195: Bull. Acad. Roy. Belg. [2] 11, 662 (1861).

Säure geführt, die zwei Atome Wasserstoff weniger enthält, als die Itaconsäure.

### Einwirkung von Brom auf Itaconsäure.

Die Itaconsäure verbindet sich, wie die Fumarsäure, direct mit Brom. Diese Vereinigung erfolgt sogar weit leichter als bei der Fumarsäure. Während bei dieser zur Einleitung der Reaction Erwärmung nöthig ist, findet bei der Itaconsäure die Einwirkung direct statt, unter beträchtlicher Entwickelung von Wärme. Die Darstellung der bromhaltigen Säure ist demnach eine höchst einfache Operation. Man hat nur nöthig, bei Gegenwart von Wasser, Brom und Itaconsäure zusammenzubringen, in den Verhältnissen, die durch die Gleichung:

$$\mathrm{C_5H_6O_4 + Br_2 = C_5H_6Br_2O_4}$$

ausgedrückt sind. Es ist zweckmäßig, das Wasser nicht in zu großer Menge anzuwenden, da die bromhaltige Säure sehr leicht löslich ist.

Die folgenden Verhältnisse haben sich als zweckmäßig bewährt: 200 Grm. Itaconsäure, 250 Grm. Brom und 200 bis 250 Grm. Wasser. Sobald man das Brom zugefügt hat, tritt Erwärmung ein, so daß die Flüssigkeit 60 und selbst 70° warm wird; alle Itaconsäure löst sich auf und nach wenigen Minuten ist das Brom vollständig verschwunden. Beim Erkalten krystallisirt die größte Menge der bromhaltigen Säure als feste Krystallkruste aus; aus der Mutterlauge können durch Abdampfen weitere Krystallisationen erhalten werden. Die Reindarstellung der Säure ist durch ihre große Löslichkeit etwas erschwert; da indessen secundäre Zersetzungsproducte nur in verschwindend kleiner Menge gebildet werden, so giebt einmaliges Umkrystallisiren aus Wasser schon ein ziemlich reines Product.

Ich habe diese bromhaltige Säure mehrmals dargestellt und eine ziemliche Anzahl von Analysen ausgeführt, um die Identität und Reinheit der Producte nachzuweisen, die zu weiteren Versuchen verwendet werden sollten. Ich will alle analytischen Resultate hier mittheilen.

| | | | | |
|---|---|---|---|---|
| I. | 0,6226 Grm. | gaben | 0,4728 Kohlensäure und 0,1192 Wasser |
| II. | 0,5164 „ | „ | 0,3914 „ „ 0,1026 „ |
| III. | 0,4700 „ | „ | 0,6132 Bromsilber. |
| IV. | 0,4992 „ | „ | 0,6448 „ |
| V. | 0,4878 „ | „ | 0,6333 „ |
| VI. | 0,2909 „ | „ | 0,3744 „ |
| VII. | 0,5284 „ | „ | 0,3776 Kohlensäure und 0,0960 Wasser. |
| VIII. | 0,3458 „ | „ | 0,4532 Bromsilber. |
| IX. | 0,3848 „ | „ | 0,5033 „ |

Die Analysen I. bis VI. beziehen sich auf eine durch mehrmaliges Umkrystallisiren gereinigte Säure; VII. bis IX. sind Analysen von nur einmal umkrystallisirtem Product.

Die Brombestimmungen sind meistens durch Verbrennung mit Kalk ausgeführt, mit Ausnahme der Bestimmung Nr. VI, für welche eine Methode angewandt wurde, die ich seitdem sehr oft in Anwendung gebracht habe und die sich durch Einfachheit der Ausführung und Schärfe der Resultate für alle leichter zersetzbaren chlor-, brom- oder jodhaltigen Substanzen, also namentlich für Substitutionsproducte von Säuren u. s. w., besonders empfiehlt. Sie besteht einfach darin, die zu analysirende Substanz durch mehrstündiges Zusammenstellen mit Wasser und Natriumamalgam zu zersetzen, die Flüssigkeit mit Salpetersäure zu neutralisiren und mit Silberlösung zu fällen.

Aus den angeführten Analysen ergeben sich folgende Zahlen:

| | berechnet | | gefunden | | | | | | | | |
|---|---|---|---|---|---|---|---|---|---|---|---|
| | | | I. | II. | III. | IV. | V. | VI. | VII. | VIII. | IX. |
| $C_5$ | 60 | 20,69 | 20,71 | 20,61 | — | — | — | — | 19,49 | — | — |
| $H_6$ | 6 | 2.07 | 2,13 | 2,21 | — | — | — | — | 2,02 | — | — |
| $Br_2$ | 160 | 55,17 | — | — | 55,52 | 54,97 | 55,25 | 55,38 | — | 55,77 | 55.66 |
| $\Theta_4$ | 64 | 22,07 | — | — | — | — | — | — | — | — | — |
| | 290 | 100,00. | | | | | | | | | |

Ich habe oben schon erwähnt, daß die neue Säure in Wasser sehr löslich ist. Beim Erkalten der heiß gesättigten Lösung erhält man meist aus farblosen Krystallen bestehende Krusten; bei langsamem Verdunsten werden bisweilen durchscheinende wohlausgebildete Krystalle erhalten. Die Säure löst sich leicht in Alkohol und in Aether.

Ich habe mich vorerst nicht mit der Darstellung von Salzen dieser Säure aufgehalten; ich habe nur bemerkt, daß das Brom mit solcher Leichtigkeit eliminirt wird, daß bei Darstellung der Salze jedenfalls alle Temperaturerhöhung vermieden werden muß. Sobald man die neutralisirte Säure kocht, oder auch nur erwärmt, tritt Zersetzung ein, auf die ich weiter unten zurückkommen werde.

Wenn man in die wässerige Lösung der bromhaltigen Säure Natriumamalgam einträgt, so entsteht, durch Rückwärtssubstitution, eine normale Säure von der Zusammensetzung $C_5H_8\Theta_4$. Dieselbe Säure kann auch direct aus Itaconsäure dargestellt werden.

*Einwirkung von Natriumamalgam auf Itaconsäure.*

Die Analogie der Itaconsäure und der Fumarsäure zeigt sich nicht nur im Verhalten beider gegen Brom, sie wird durch die Einwirkung des Natriumamalgams auf beide Säuren weiter bestätigt. Die Itaconsäure verbindet sich bei Einwirkung von Natriumamalgam direct mit zwei Atomen Wasserstoff und erzeugt so eine der Bernsteinsäure homologe Säure:

$$C_5H_6O_4 + H_2 = C_5H_8O_4.$$

Es werden nun dermalen zwei Säuren von dieser Zusammensetzung aufgeführt: die *Lipinsäure* und die *Brenzweinsäure*. Die Existenz der ersteren Säure, die im Augenblick von den meisten Autoren als wirkliche Homologe der Bernsteinsäure angesehen wird, ist noch nicht völlig erwiesen, und ist namentlich von A r p p e[1]) in neuerer Zeit wieder in Zweifel gezogen worden. Da die Säure, die ich aus Itaconsäure, sei es durch directe Einwirkung von Natriumamalgam oder durch Rückwärtssubstitution der bromhaltigen Säure, erhalten habe, in allen Eigenschaften mit der Brenzweinsäure übereinstimmt, so kann wohl kein Zweifel darüber sein, daß die Brenzweinsäure als wahre Homologe der Bernsteinsäure angesehen werden muß. Die oben beschriebene bromhaltige Säure ist demnach zweifach-gebromte Brenzweinsäure.

Zur Darstellung der Brenzweinsäure aus Itaconsäure verfährt man in folgender Weise. Man trägt in eine wässerige Lösung von Itaconsäure Natriumamalgam ein. Sobald die Säure neutralisirt ist, ist die Umwandlung beendigt. Man übersättigt mit Salzsäure und dampft ein. Die trokkene oder nahezu trockene Masse wird, zur Entfernung der Hauptmenge von Chlornatrium, mit Alkohol ausgezogen, die alkoholische Lösung völlig zur Trockne eingedampft und mit Aether erschöpft. Der ätherische Auszug giebt beim Verdunsten Brenzweinsäure, die durch einmaliges Umkrystallisiren aus Wasser völlig rein erhalten wird.

Die so dargestellte Brenzweinsäure bildet meist kleine sternförmig gruppirte Prismen; bisweilen erhält man wohlausgebildete Krystalle von ziemlicher Größe. Sie ist in Wasser, Alkohol und Aether sehr löslich.

Bei der Analyse wurden folgende Zahlen erhalten:

A.  Brenzweinsäure aus Itaconsäure durch Einwirkung von Natriumamalgam.
    I.  0,4373 Grm. gaben 0,7286 Kohlensäure und 0,2438 Wasser.
    II. 0,3972   „       „   0,6614       „         „   0,2208   „

---

[1]) Ann. Chem. Pharm. CXV, 148 (1860).

B. Brenzweinsäure durch Rückwärtssubstitution aus Bibrombrenzweinsäure.
III. 0,3316 Grm. gaben 0,5514 Kohlensäure und 0,1836 Wasser.

Diese Zahlen führen zu der Formel $C_5H_8O_4$.

|  | berechnet | | gefunden | | |
|---|---|---|---|---|---|
|  | | | I | II | III |
| $C_5$ | 60 | 45,45 | 45,44 | 45,43 | 45,35 |
| $H_8$ | 8 | 6,06 | 6,19 | 6,18 | 6,15 |
| $O_4$ | 64 | 48,49 | — | — | — |
|  | 132 | 100,00. | | | |

Der Schmelzpunkt der aus Itaconsäure dargestellten Brenzweinsäure stimmt mit demjenigen überein, der für die aus Weinsäure oder Traubensäure durch Destillation bereitete Brenzweinsäure angegeben wird (110°). Für die drei analysirten Präparate wurde gefunden: für I. 112°,5; für II. 111°,5; für III. 110°.

Nach diesen Eigenschaften der freien Säure kann schon kein Zweifel darüber sein, daß die auf verschiedene Weise dargestellten Brenzweinsäuren identisch sind. Diese Identität wird außerdem durch die Eigenschaften der folgenden Salze bestätigt.

*Brenzweinsaures Ammoniak.* — Das neutrale Ammoniaksalz verliert selbst beim Verdunsten im luftleeren Raume die Hälfte seines Ammoniaks und verwandelt sich in saures Salz. Das saure Salz ist luftbeständig; es krystallisirt in schönen, vollständig durchsichtigen Prismen, die in Wasser sehr löslich sind.

0,4750 Grm. dieses Salzes, im luftleeren Raum getrocknet, gaben 0,7320 Platinsalmiak.

|  | berechnet | | gefunden |
|---|---|---|---|
| $C_5H_8O_4$ | 132 | 88,59 | — |
| $NH_3$ | 17 | 11,41 | 11,73 |
|  | 149 | 100,00. | |

*Brenzweinsaurer Baryt.* — Das neutrale Barytsalz ist in Wasser ausnehmend löslich; die Lösung liefert beim Verdunsten im luftleeren Raum kleine farblose Prismen, die Krystallwasser enthalten.

Das bei 100° getrocknete Salz gab bei der Analyse folgende Zahlen:

0,4114 Grm. gaben 0,3358 Kohlensäure u. 0,0904 Wasser.
0,3170 „ „ 0,2754 schwefels. Baryt.

| berechnet | | | gefunden |
|---|---|---|---|
| $C_5$ | 60 | 22,45 | 22.26 |
| $H_6$ | 6 | 2,25 | 2,44 |
| $Ba_2$ | 137,2 | 51,35 | 51,11 |
| $O_4$ | 64 | 23,95 | — |
| | 267.2 | 100,00. | |

*Brenzweinsaurer Kalk.* — Die Lösung der Brenzweinsäure und ebenso die Lösung des sauren brenzweinsauren Ammoniaks geben mit Chlorcalcium keinen Niederschlag. Eine neutrale Lösung von brenzweinsaurem Ammoniak dagegen erzeugt eine weiße Fällung; sind die angewandten Lösungen nicht sehr concentrirt, so setzt sich das Salz erst nach längerer Zeit und dann in größeren Krystallen ab. Das so erhaltene Kalksalz ist in Wasser nur wenig löslich, unlöslich in Alkohol. Es enthält zwei Molecule Krystallwasser $(2\,H_2O)$, die es bei 100° nur unvollständig verliert. Es wurde bei 160° getrocknet und analysirt:

0.4552 Grm. gaben 0,5862 Kohlensäure u. 0,1532 Wasser.
0,3642 Grm. gaben 0,2904 schwefels. Kalk.

| berechnet | | | gefunden |
|---|---|---|---|
| $C_5$ | 60 | 35.29 | 35,12 |
| $H_6$ | 6 | 3,53 | 3,74 |
| $Ca_2$ | 40 | 23,53 | 23,45 |
| $O_4$ | 64 | 37,65 | — |
| | 170 | 100,00. | |

*Brenzweinsaures Blei.* — Essigsaures Blei giebt weder mit der Lösung der Säure noch mit der des Ammoniaksalzes direct einen Niederschlag, aber nach Verlauf einiger Stunden setzen sich kleine zu Sternen gruppirte Prismen des Bleisalzes ab. Es ist in kaltem Wasser fast unlöslich; in siedendem Wasser löst es sich etwas auf und krystallisirt dann beim Erkalten in kleinen Prismen.

*Brenzweinsaures Silber*, weißer Niederschlag, der in siedendem Wasser nur wenig löslich ist. Es löst sich leichter bei Gegenwart von etwas Ammoniak und krystallisirt dann beim Erkalten in Form microscopischer Prismen.

I. 0,1724 Grm. gaben 0,1096 Kohlensäure u. 0,0308 Wasser.
II. 0,2258 „ „ 0,1434 „ „ 0,0400 „
III. 0,1756 „ „ 0,1092 Chlorsilber.
IV. 0,2518 „ „ 0,2074 „

| berechnet | | | gefunden | | | |
|---|---|---|---|---|---|---|
| | | | I. | II. | III. | IV. |
| $C_5$ | 60 | 17,34 | 17,34 | 17,32 | --- | --- |
| $H_6$ | 6 | 1,73 | 1,98 | 1,97 | --- | --- |
| $Ag_2$ | 216 | 62,43 | — | -- | 62,19 | 62,00 |
| $O_4$ | 64 | 18,50 | --- | --- | — | — |
| | 346 | 100,00. | | | | |

### Zersetzungen der Bibrombrenzweinsäure.

Es wurde oben erwähnt, daß die Bibrombrenzweinsäure beim Kochen mit Basen leicht Zersetzung erleidet, indem das Brom als Metallbromid eliminirt wird. Dabei scheinen die beiden Bromatome mit gleicher Leichtigkeit auszutreten; ich habe wenigstens bei keiner der Zersetzungen, die ich bis jetzt näher studirt habe, die Bildung eines bromhaltigen Productes beobachtet. In dieser Hinsicht unterscheidet sich die Bibrombrenzweinsäure wesentlich von der mit ihr homologen Bibrombernsteinsäure, aus welcher, wie ich in einer folgenden Mittheilung zeigen will, bei verschiedenen Zersetzungen nur die Hälfte des Broms eliminirt wird.

Bei den Zersetzungen der Bibrombrenzweinsäure werden entweder, wie dieß gewöhnlich bei diesen Reactionen der Fall ist, die beiden Bromatome durch eine äquivalente Menge des Wasserrestes $HO$ ersetzt:

$$C_5H_6Br_2O_4 + 2\,H_2O = C_5H_8O_6 + 2\,HBr;$$

oder aber, die beiden Atome Brom treten direct, in Verbindung mit zwei Atomen Wasserstoff, in Form von Bromwasserstoffsäure aus:

$$C_5H_6Br_2O_4 = C_5H_4O_4 + 2\,HBr.$$

Die erste dieser beiden Reactionen findet bei Einwirkung von Silberoxyd auf Bibrombrenzweinsäure statt; ich habe indeß das dabei entstehende Product bis jetzt nicht näher untersucht.

Wird eine wässerige Lösung von Bibrombrenzweinsäure mit salpetersaurem Silberoxyd versetzt, so scheidet sich nach wenig Augenblicken Bromsilber aus; erhitzt man die Flüssigkeit zum Sieden, so wird fast alles Brom ausgefällt. — Trägt man frisch gefälltes Silberoxyd in die wässerige Lösung der Bibrombrenzweinsäure ein, so entsteht bald Bromsilber, dessen Bildung durch gelindes Erwärmen unterstützt werden kann. Wenn alles Brom gefällt ist, filtrirt man ab, schlägt das gelöste Silber durch Schwefelwasserstoff nieder und dampft die filtrirte Flüssigkeit ein. Man erhält so einen dicken Syrup, aus dem sich erst bei langem Stehen Krystalle absetzen. Nach Bildung und Eigenschaften muß die so erhaltene Substanz die mit der Weinsäure homologe Säure: $C_5H_8O_6$ sein. Die Analyse eines aus ihr dargestellten und bei 150° getrockneten Barytsalzes gab in der That Zahlen, die nahezu mit den aus der Formel: $C_5H_6Ba_2O_2$ abgeleiteten übereinstimmen. Ich werde demnächst die Untersuchung dieser Säure wieder aufnehmen.

Die zweite der oben mitgetheilten Zersetzungen der Bibrombrenzweinsäure habe ich bis jetzt beim Kochen der Säure mit kohlensaurem Natron oder Kali, mit Baryt und mit Kalk beobachtet. Die Reaction verläuft am glattesten und das Product ist am leichtesten zu reinigen, wenn Natron zur Zersetzung angewandt wird.

Wenn man die wässerige Lösung der Bibrombrenzweinsäure mit Natron neutralisirt und dann kocht, so wird die Flüssigkeit bald sauer. Dampft man jetzt zur Krystallisation ein, so werden neben Bromnatrium nur wenige Krystalle eines organischen Salzes erhalten. Setzt man dagegen während des Kochens noch so viel kohlensaures Natron zu, daß auf 1 Molecul Bibrombrenzweinsäure 3 Aeq. Natron angewandt werden, so erhält man durch Erkalten der hinlänglich concentrirten Flüssigkeit eine ziemliche Menge großer Krystallplättchen, welche das Natronsalz einer neuen Säure sind, die ich *Aconsäure* nennen will. Das so erhaltene Natronsalz wird durch mehrmaliges Umkrystallisiren aus Wasser gereinigt.

Das *aconsaure Natron* ist in Wasser leicht löslich. Man erhält es beim Erkalten der heiß gesättigten Lösung in Form dünner rhombischer Tafeln, die vollständig durchsichtig sind und häufig nach beiden Richtungen mehrere Linien Ausdehnung zeigen. Bei langsamem Verdunsten erhält man große wasserhelle und prachtvoll ausgebildete Krystalle. Die Lösung des Salzes reagirt neutral.

Das krystallisirte Salz enthält drei Molecüle Krystallwasser; es verwittert langsam an trockner Luft.

1,8162 Grm. verloren bei 100° 0,4842. Daraus berechnet sich:

Krystallwasser gefunden . . . . 26.66 pC.

Die Formel $C_5H_3NaO_4 + 3\,H_2O$ verlangt 26,47 pC.

Das bei 100° getrocknete Salz gab bei der Analyse folgende Zahlen:

Erste Darstellung:

I. 0,3519 Grm. gaben 0,5152 Kohlensäure u. 0,0700 Wasser.
II. 0,1976 „     „   0,0936 schwefels. Natron.
III. 0,2302 „     „   0,1098   „       „

Zweite Darstellung:

IV. 0,3875 Grm. gaben 0,5666 Kohlensäure u. 0,0808 Wasser.

V. 0,4376 „ „ 0,2058 schwefels. Natron.

VI. 0,4784 „ „ 0,2268 „ „

Die aus diesen Resultaten abgeleitete procentische Zusammensetzung führt zu der Formel: $C_5H_3Na\Theta_4$.

| | berechnet | | gefunden | | | | | |
|---|---|---|---|---|---|---|---|---|
| | | | I. | II. | III. | IV. | V. | VI. |
| $C_5$ | 60 | 40,00 | 39,93 | — | — | 39,87 | — | — |
| $H_3$ | 3 | 2,00 | 2,21 | — | — | 2,31 | — | — |
| Na | 23 | 15,33 | — | 15,34 | 15,45 | — | 15,24 | 15,36 |
| $\Theta_4$ | 64 | 42,67 | — | — | — | — | — | — |
| | 150 | 100,00. | | | | | | |

*Aconsaurer Baryt.* — Wird Bibrombrenzweinsäure mit Baryt neutralisirt und die Lösung gekocht, so wird sie rasch sauer; setzt man unter fortwährendem Kochen noch kohlensauren Baryt zu bis die Flüssigkeit nicht mehr sauer reagirt und filtrirt man ab, so hat man eine neutrale Lösung, die neben Brombaryum aconsauren Baryt enthält. Setzt man zur concentrirten Lösung Alkohol, so wird ein weißes flockiges Salz gefällt, welches mit Alkohl ausgewaschen werden kann, aber durch Anziehen von Feuchtigkeit sehr leicht zerfließt. Es gelingt nur schwer, das Barytsalz aus heißem verdünntem Alkohol in Form kleiner Krystallnadeln zu erhalten. Diese wurden bei 150° getrocknet und analysirt.

I. 0,2740 Grm. gaben 0,2939 Kohlensäure u. 0,0506 Wasser.

II. 0,4474 „ „ 0,4828 „ „ 0,0760 Wasser.

III. 0,3852 „ „ 0,2296 schwefels. Baryt.

IV. 0,2214 „ „ 0,1310 „ „

Obgleich die analytischen Resultate nicht vollständig mit der Berechnung übereinstimmen, lassen sie doch keinen Zweifel über die Zusammensetzung des Salzes.

| | berechnet | | gefunden | | | |
|---|---|---|---|---|---|---|
| | | | I. | II. | III. | IV. |
| $C_5$ | 60 | 30,67 | 29,25 | 29,43 | — | — |
| $H_3$ | 3 | 1,53 | 2,05 | 1,88 | — | — |
| Ba | 68,6 | 35,07 | — | — | 35,04 | 34,78 |
| $\Theta_4$ | 64 | 32,73 | — | — | — | — |
| | 195,6 | 100,00. | | | | |

*Aconsäure.* — Aus dem Natronsalz kann durch Zersetzung mit Salzsäure leicht die Aconsäure selbst erhalten werden; sie ist krystallisirbar
und in Wasser sehr löslich. Mit ihrer ausführlichen Untersuchung bin
ich im Augenblick noch beschäftigt.

Wenn man die durch die Analyse des Natronsalzes festgestellte Formel der Aconsäure vergleicht mit der Formel der Itaconsäure, aus welcher sie entsteht, so sieht man leicht, daß die Itaconsäure zwei Atome
Wasserstoff verloren hat, um zu Aconsäure zu werden. Aber dieser Austritt von Wasserstoff erfolgt in eigenthümlichen Verhältnissen. Die Itaconsäure addirt sich zunächst zu Brom und erzeugt so Bibrombrenzweinsäure; das angelagerte Brom dient dann gewissermaßen als Handhabe
zur Entziehung des Wasserstoffs, und die Bildung der neuen Säure hat
somit einige Aehnlichkeit mit der Bildung des Acetylens aus Aethylen
und der des Allylens aus Propylen. Da nun die Itaconsäure andererseits die Fähigkeit besitzt, sich mit zwei Atomen Wasserstoff zu verbinden und so Brenzweinsäure zu erzeugen, so hat man drei Säuren, die
bei sonst gleicher Zusammensetzung durch je zwei Wasserstoffatome
verschieden sind:

| | | | |
|---|---|---|---|
| Brenzweinsäure | $C_5H_8O_4$ | $C_4H_6O_4$ | Bernsteinsäure |
| Itaconsäure | $C_5H_6O_4$ | $C_4H_4O_4$ | Fumarsäure |
| Aconsäure | $C_5H_4O_4$ | — | — |

Für die mit der Brenzweinsäure homologe Bernsteinsäure existirt bis
jetzt nur das Eine, um zwei Atome Wasserstoff ärmere Glied, die Fumarsäure; die der Aconsäure entsprechende Substanz ist bis jetzt unbekannt.
Die Aconsäure gehört überhaupt einer Klasse von Körpern zu, die bis
jetzt sehr wenig Repräsentanten zählt. Während es verhältnißmäßig
viel Substanzen giebt, die von den gewöhnlichen Alkoholen und ihren
einfachen Abkömmlingen (Fettkörper) durch einen Mindergehalt von
*zwei* Atomen Wasserstoff verschieden sind, kennt man nur ausnehmend
wenig Körper, die *vier* Atome Wasserstoff weniger enthalten.

Ich will schließlich noch eines Körpers erwähnen, dessen weitere
Untersuchung vielleicht einiges Interesse darbieten wird; es ist dieß ein
Substitutionsproduct des Citraconsäureanhydrids.

Aus den im Vorhergehenden und aus den früher [1] mitgetheilten Thatsachen ergiebt sich, daß bei Einwirkung von Brom auf Fumarsäure, Maleïnsäure und Itaconsäure nicht Substitutionsproducte, sondern vielmehr Additionsproducte erhalten werden. Es schien mir daher von Interesse, zu versuchen, ob solche Substitutionsproducte vielleicht auf indirectem Wege, durch Einwirkung von Brom auf die Chloride oder Anhydride der betreffenden Säuren, gebildet würden. Da nun von diesen Substanzen das Citraconsäureanhydrid am leichtesten zugänglich ist, so habe ich zunächst mit diesem Versuche angestellt und dabei gefunden, daß sehr leicht ein einfach-gebromtes Substitutionsproduct erhalten werden kann.

Man erhält das *Monobromcitraconsäureanhydrid*, wenn man das normale Anhydrid mit trockenem Brom in einer zugeschmolzenen Röhre auf 140° erhitzt. Es siedet bei etwa 225°, ist bei gewöhnlicher Temperatur fest, und kann aus Aether oder besser aus Schwefelkohlenstoff in großen Blättchen krystallisirt erhalten werden. Die Analyse gab die folgenden Resultate:

0,6824 Grm. gaben 0,7940 Kohlensäure u. 0,1044 Wasser.
0,4516 Grm. gaben 0,4405 Bromsilber.

Die Rechnung verlangt für die Formel: $C_5H_3BrO_5$ :

|        |     | Theorie |        | Versuch |
| ------ | --- | ------- | ------ | ------- |
| $C_5$  | 60  | 31,41   |        | 31,72   |
| $H_3$  | 3   | 1.57    |        | 1,70    |
| Br     | 80  | 41,89   |        | 41.51   |
| $O_5$  | 48  | 25,13   |        | —       |
|        | 191 | 100.00. |        |         |

# III. Bibrombernsteinsäure.

Die Bibrombernsteinsäure erleidet, wenn ihr Silbersalz mit Wasser gekocht wird, Zersetzung und erzeugt so eine Säure von der Zusammensetzung der Weinsäure. Diese Zersetzung und die verschiedenen Darstellungsmethoden [2] sind nahezu Alles, was seither von dieser Säure bekannt war.

---

[1] In diesem Supplementband, S. 129. — Vgl. S. 233. (A.)

[2] Ann. Chem. Pharm. CXVII, 123 und (Perkin u. Duppa) CXVII, 130 (1861).

Ich habe es für geeignet gehalten, die Bibrombernsteinsäure etwas
ausführlicher zu untersuchen und namentlich die Zersetzungen zu studiren, welche die Säure bei Einwirkung anderer Basen als Silberoxyd
erleidet. Obgleich die Untersuchung noch nicht völlig abgerundet ist,
will ich doch einstweilen alle bis jetzt gemachten Erfahrungen mittheilen. Eine spätere Fortsetzung wird wohl Manches ergänzend, vielleicht
auch Einiges berichtigend zufügen.

### Darstellung der Bibrombernsteinsäure.

Die zu meinen Versuchen verwendete Bibrombernsteinsäure ist zum
größten Theil aus Bernsteinsäure, zum Theil auch aus Fumarsäure dargestellt. In beiden Fällen wurde genau nach den früher angegebenen
Methoden[1]) gearbeitet. In Betreff der Darstellung aus Bernsteinsäure
mögen einige Erfahrungen hier Platz finden. Die früher angegebenen
Verhältnisse haben sich als zweckmäßig bewährt, und die Erfahrung
hat gelehrt, daß die damals angegebenen Mengen bei der gewöhnlichen
Größe der zugeschmolzenen Glasröhren nicht wohl überschritten werden
können. Jedes Rohr enthielt also: 12 Grm. Bernsteinsäure, 11 CC. Brom
und etwa 12 CC. Wasser. Da größere Mengen der Säure dargestellt werden mußten, habe ich mich mit Vortheil des von B e r t h e l o t angegebenen Ofens bedient. Das größere, genau nach B e r t h e l o t ' s Modell
gearbeitete Oelbad dieses Ofens gestattete das gleichzeitige Erhitzen
von 18 zugeschmolzenen Röhren, die einzeln in zugeschraubte Röhren
von getriebenem Eisen eingesetzt waren. Das Oelbad wurde gewöhnlich
bis gegen 180° erhitzt. Wenn während des Erhitzens eine der Röhren
sprang, so wurden alle anderen aus dem Oelbad herausgenommen und
gewöhnlich in den meisten die Reaction beendigt gefunden.

Die Ausbeute und das Aussehen des Products ist abhängig von der
Qualität der angewandten Bernsteinsäure. Rein weiße und gut krystallisirte Bernsteinsäure giebt die schlechteste Ausbeute. Die geringeren
Qualitäten des Handels sind zur Darstellung der Bibrombernsteinsäure
weit geeigneter. Es scheint, als ob das der schlechteren Bernsteinsäure
anhaftende Oel als Lösungsmittel des Broms wirke und so die Reaction
erleichtere. Das Product ist, wenn reine Bernsteinsäure angewandt
wurde, fast farblos; die zweite Qualität Bernsteinsäure des Handels
(graue fast trockene Kryställchen) liefert, bei reicher Ausbeute, ein

---

[1]) Ann. Chem. Pharm. CXVII, 123 und in diesem Supplementband 129.

schwach graubraun gefärbtes Product; aus der dunkelgefärbten und von anhängendem Oel feuchten Bernsteinsäure wird eine fast schwarze Masse erhalten. In allen Fällen genügt einmaliges Umkrystallisiren aus heißem Wasser und Behandlung der heißen Lösung mit Thierkohle, um beim Erkalten der heiß gesättigten Lösung völlig farblose Krystalle von reiner Bibrombernsteinsäure zu erhalten.

Die Ausbeute bleibt weit hinter der theoretischen Menge zurück. Selbst bei den besten Darstellungen wurde nur etwa $1/3$ der berechneten Menge, also etwa ein der angewandten Bernsteinsäure gleiches Gewicht erhalten. Ich will beispielsweise die Ausbeute einiger Darstellungen anführen:

132 Grm. Bernsteinsäure (erste Qualität) gaben 95 Grm. Bibrombernsteinsäure.

96 Grm. Bernsteinsäure (zweite Qualität) gaben 75 Grm. Bibrombernsteinsäure.

48 Grm. Bernsteinsäure (zweite Qualität) gaben 45 Grm. Bibrombernsteinsäure.

180 Grm. Bernsteinsäure (zweite Qualität) gaben 170 Grm. Bibrombernsteinsäure.

344 Grm. Bernsteinsäure (Gemisch) gaben 150 Grm. Bibrombernsteinsäure.

Neben der Bibrombernsteinsäure und einer reichlichen Menge von Bromwasserstoff wird stets mehr oder weniger Kohlensäure gebildet und eine beträchtliche Menge leicht löslicher Substanzen, die in dem flüssigen Theil des Röhreninhalts enthalten sind und deren Untersuchung noch nicht beendigt ist. Es entsteht außerdem ein flüchtiger, stark zu Thränen reizender Körper und bei den meisten Darstellungen etwas Bromoform. Die Bildung des Bromoforms erklärt sich aus einer weitergehenden Zersetzung der Bibrombernsteinsäure. Ich habe mich durch einen besonderen Versuch überzeugt, daß die Bibrombernsteinsäure beim Erhitzen mit Wasser und überschüssigem Brom in Bromoform, Kohlensäure und Bromwasserstoff zerfällt.

$$C_4H_4Br_2O_4 + 2\,H_2O + 4\,Br_2 = CHBr_3 + 3\,CO_2 + 7\,HBr.$$

In Betreff der Eigenschaften der Bibrombernsteinsäure ist den früheren Angaben Nichts zuzufügen. Einige Analysen, die zur Prüfung der Reinheit des zu den weiteren Versuchen verwendeten Productes ausgeführt wurden, gaben Zahlen, die mit den früher mitgetheilten übereinstimmen.

*Salze der Bibrombernsteinsäure.*

Von den Salzen der Bibrombernsteinsäure ist nur das Silbersalz von P e r k i n und D u p p a analysirt worden. Im Uebrigen geben diese Chemiker noch an [1]):

„Wir haben die Salze nicht weiter eingehend untersucht. — Das Natronsalz ist leicht löslich und scheint Krystallwasser zu enthalten. — Das (saure [2]) Kalisalz ist ein weißes krystallinisches Salz, wenig löslich."

Da ich beobachtet hatte, daß alle bibrombernsteinsauren Salze beim Kochen mit Wasser unter Bildung von Brommetall zersetzt werden, bot die Darstellung einiger reinen Salze besonderes Interesse.

*Neutrales bibrombernsteinsaures Ammoniak* wird bei langsamem Verdunsten in großen durchsichtigen Krystallen erhalten. Sie sind in Wasser sehr löslich und enthalten kein Krystallwasser.

I. 0.5792 Grm. gaben 0,3730 Platin.
II. 0,4208 „    „   0.6076 Platinsalmiak.

| | | berechnet | | gefunden | |
|---|---|---|---|---|---|
| | | | | I. | II. |
| $C_4H_4Br_2O_4$ | 276 | 89,04 | | — | — |
| 2 $NH_3$ | 34 | 10,96 | | 11,07 | 10,99 |
| | 310 | 100,00. | | | |

*Neutrales bibrombernsteinsaures Natron.* — Es ist in Wasser sehr löslich und bildet bei langsamem Verdunsten kleine undeutliche Krystalle. Aus siedendem Alkohol kann es umkrystallisirt werden und stellt dann große schön perlmutterglänzende Blättchen dar, die vier Molecule Krystallwasser enthalten und an trockener Luft allmälig verwittern. Die Analyse ergab:

1.5482 Grm. lufttrockenes Salz verloren bei 100° 0,2888 Grm.

0,5794 Grm. bei 100° getrocknet gaben 0,2592 schwefels. Natron.

0,3402 Grm. bei 100° getrocknet gaben 0.3882 Bromsilber und 0,0052 Silber.

Daraus ergiebt sich:

*lufttrocknes Salz:*

| | berechnet | | gefunden |
|---|---|---|---|
| $C_4H_2Br_2Na_2O_4$ | 320 | 81,63 | — |
| 4 $H_2O$ | 72 | 18,37 | 18.65 |
| | 392 | 100,00 | |

---

[1]) Ann. Chem. Pharm. CXVII, 132 (1861).

[2]) Die Originalabhandlung (Quart. Journ. of Chem. Soc. XIII, 104, (1860)) führt dieses Salz als „saures" auf.

*trockenes Salz:*

| | berechnet | | gefunden |
|---|---|---|---|
| $\mathfrak{C}_4$ | 48 | 15,00 | -- |
| $H_2$ | 2 | 0,62 | -- |
| $Br_2$ | 160 | 50,00 | 49.64 |
| $Na_2$ | 46 | 14 38 | 14,49 |
| $\dot{\Theta}_4$ | 64 | 20,00 | -- |
| | 320 | 100.00. | |

*Neutraler bibrombernsteinsaurer Kalk.* — Die wässerige Lösung des Ammoniaksalzes giebt mit Chlorcalciumlösung anfangs keinen Niederschlag: bald aber setzen sich kleine zu Sternen gruppirte Prismen ab. Aus der Lösung fällt Alkohol dasselbe Salz als weißen krystallinischen Niederschlag.

Das lufttrockene Salz enthält zwei Molecule Krystallwasser, die es bei 100° nicht verliert.

Die Analysen gaben folgende Resultate:

I. Bei 100° getrocknetes Salz:

    1.  0.2146 Grm. gaben 0,0820 schwefels. Kalk.

    2.  0.4474 „    „  0.1742  „    „

    1.  1.1706 „ verloren bei 150° 0,1315 Wasser.

    2.  1,7080 „    „    „    „  0,1890  „

II. Bei 150° getrocknetes Salz:

    1.  0.2434 Grm. gaben 0,1058 schwefels. Kalk.

        0.6196 „ mit Kalk verbrannt gaben 0,7283 Bromsilber und 0 0052 Silber.

    2.  0.4378 Grm. gaben 0 2466 Kohlensäure u. 0,0305 Wasser.

        0,4771 „    „  0,2088 schwefels. Kalk.

        0,5231 Grm., mit Natriumamalgam zersetzt, gaben 0.6052 Bromsilber und 0,0106 Silber.

Daraus berechnen sich folgende Zahlen:

*Für wasserhaltiges Salz (100°):*

| | Theorie | | Versuch | |
|---|---|---|---|---|
| | | | 1. | 2. |
| $\mathfrak{C}_4$ | 48 | 13.71 | — | — |
| $H_2$ | 2 | 0,57 | — | — |
| $Br_2$ | 160 | 45,72 | — | — |
| $Ca_2$ | 40 | 11,43 | 11.24 | 11,45 |
| $\Theta_4$ | 64 | 18.28 | — | — |
| $\overline{2\,H_2\Theta}$ | 36 | 10.29 | 11,23 | 11,07 |
| | 350 | 100,00. | | |

*Für trockenes Salz* (150°):

| | Theorie | | Versuch | |
|---|---|---|---|---|
| | | | 1. | 2. |
| $C_4$ | 48 | 15,29 | — | 15,36 |
| $H_2$ | 2 | 0,64 | — | 0,77 |
| $Br_2$ | 160 | 50,94 | 50,60 | 50,71 |
| $Ca_2$ | 40 | 12,75 | 12,78 | 12,87 |
| $O_4$ | 64 | 20,38 | — | — |
| | 314 | 100,00. | | |

*Bibrombernsteinsaures Silber.* — Weißer Niederschlag.

0,6840 Grm. gaben 0,3866 Chlorsilber und 0,0108 Silber.

| | Theorie | | Versuch |
|---|---|---|---|
| $C_4H_2Br_2O_4$ | 274 | 55,92 | — |
| $Ag_2$ | 216 | 44,08 | 44,12 |
| | 490 | 100,00. | |

*Bibrombernsteinsaures Blei.* — Das Ammoniaksalz fällt Bleizuckerlösung nicht; erst auf Zusatz von Ammoniak entsteht ein weißer körniger Niederschlag.

*Saure Salze.* — Es ist mir bis jetzt nicht gelungen, saure Salze der Bibrombernsteinsäure darzustellen.

Das neutrale Natronsalz und ebenso das neutrale Ammoniaksalz lösen in der Kälte keine weitere Säure auf. Löst man aber durch Erwärmen eine äquivalente Menge Säure in einem der beiden Salze auf, so krystallisirt beim Erkalten dieser Säureüberschuß aus und die Lösung enthält neutrales Salz.

Setzt man zu einer Lösung des neutralen Kalksalzes einen Ueberschuß von Säure zu, indem man durch Erwärmen löst, und versetzt man dann mit Alkohol, so krystallisirt bei längerem Stehen neutrales Kalksalz aus. (Die oben unter Nr. 2 angeführten Bestimmungen des bei 150° getrockneten Kalksalzes und die Wasserbestimmung Nr. 2 beziehen sich auf so dargestelltes Salz.)

*Bibrombernsteinsäure-Aethyläther* : $\left. \begin{array}{c} C_4H_2Br_2O_2 \\ (C_2H_5)_2 \end{array} \right\} O_2$ — Man erhält diesen Aether leicht, wenn man Bibrombernsteinsäure in absolutem Alkohol löst, Salzsäure einleitet und dann mit Wasser fällt. Der Aether scheidet sich anfangs als Flüssigkeit áus, wird aber während des Waschens krystallinisch. Er kann aus Aether und Alkohol umkrystallisirt werden. Erhitzt man den Aether mit Wasser, so schmilzt er und destillirt mit den Wasserdämpfen über, während sich nur wenig auflöst. Durch Erkalten der alkoholischen Lösung erhält man lange weiße Nadeln, durch Verdunsten der ätherischen große durchsichtige Prismen. Er schmilzt bei 58° und siedet unter theilweiser Zersetzung und Entwickelung von viel Bromwasserstoff bei 140 bis 150°.

Bei der Analyse wurde gefunden:

1. 0.2677 Grm. gaben 0,2844 Kohlensäure u. 0,0951 Wasser.
2. 0.2705 „     „   0.2858    „      „ 0,0884  „
3. 0,3829 „     „   0.3988    „      „ 0,1238  „
3. 0,3613 „     „   0.3711    „      „ 0,1185  „
1. 0.2618 Grm., mit Natriumamalgam zersetzt, gaben 0.2864 Bromsilber und 0,0064 Silber.
2. 0.2956 Grm., mit Kalk verbrannt, gaben 0,3290 Bromsilber und 0.0076 Silber.

Daraus berechnet sich:

|          | Theorie |        | gefunden |       |       |       |
|----------|---------|--------|----------|-------|-------|-------|
|          |         |        | 1.       | 2.    | 3.    | 4.    |
| $C_8$    | 96      | 28.92  | 28,97    | 28,80 | 28,41 | 28,01 |
| $H_{12}$ | 12      | 3,61   | 3,94     | 3,63  | 3.59  | 3,64  |
| $Br_2$   | 160     | 48,19  | 48,38    | 49,26 | ---   | ---   |
| $O_4$    | 64      | 19.28  | ---      | ---   | ---   | ---   |
|          | 332     | 100.00.|          |       |       |       |

Wird Bibrombernsteinsäureäther in Alkohol gelöst und Ammoniak eingeleitet, so entsteht eine durch Wasser fällbare Flüssigkeit, die viel Stickstoff aber kein Brom enthält; wie es scheint ein äthylhaltiges Amid der Weinsäure.

## Zersetzungen der Bibrombernsteinsäure.

Es wurde oben erwähnt, daß alle bibrombernsteinsauren Salze beim Kochen ihrer wässerigen Lösung Zersetzung erleiden, indem stets Brommetall[1] gebildet wird. Die Natur der bei diesen Zersetzungen entstehenden Producte ist abhängig von der Natur der zur Zersetzung angewandten Base.

Man sieht von theoretischem Standpunkt aus die Möglichkeit von vier verschiedenen Zersetzungen der Bibrombernsteinsäure ein. Es können entweder beide Bromatome als Brommetall entzogen werden, oder es kann nur Ein Atom Brom austreten, während das andere der organischen Gruppe erhalten bleibt. In beiden Fällen kann das Brom

---

[1]) Irrtümlich steht dort „Chlormetall". (A.)

entweder durch eine äquivalente Menge des Wasserrestes (H$\Theta$) ersetzt werden; oder aber, es kann in Verbindung mit der nöthigen Menge Wasserstoff geradezu als Bromwasserstoff austreten. Diese vier Zersetzungen werden ausgedrückt durch die Gleichungen:

I. $C_4H_4Br_2\Theta_4 + H_2\Theta = HBr + C_4H_5Br\Theta_5$ Monobromäpfelsäure.
II. $C_4H_4Br_2\Theta_4 = HBr + C_4H_3Br\Theta_4$ Monobrommaleïnsäure.
III. $C_4H_4Br_2\Theta_4 + 2 H_2\Theta = 2 HBr + C_4H_6\Theta_6$ Weinsäure.
IV. $C_4H_4Br_2\Theta_4 = 2 HBr + C_4H_2\Theta_4$ (unbekannt.)

Die durch die letzte Zersetzungsgleichung ausgedrückte Reaction habe ich bei der Bibrombernsteinsäure bis jetzt nicht beobachtet. Sie findet, wie in der vorigen Mittheilung gezeigt wurde, bei der mit der Bibrombernsteinsäure homologen Bibrombrenzweinsäure gerade mit besonderer Leichtigkeit statt, und es wurde dort schon erwähnt, daß die der Aconsäure entsprechende Verbindung in der Familie der Bernsteinsäure bis jetzt fehlt.

Die durch die *erste* der vier mitgetheilten Gleichungen ausgedrückte Zersetzung der Bibrombernsteinsäure tritt ein, wenn das Natronsalz dieser Säure mit Wasser gekocht wird. Durch Kochen des Barytsalzes dagegen läßt sich die durch die *zweite* Zersetzungsgleichung ausgedrückte Reaction verwirklichen. Die *dritte* Gleichung endlich drückt die von P e r k i n und D u p p a zuerst beobachtete Zersetzung aus, welche die Bibrombernsteinsäure beim Kochen ihres Silbersalzes mit Wasser erleidet, und ich werde nachher zeigen, daß eine entsprechende Zersetzung auch stattfindet, wenn Bibrombernsteinsäure mit Kalk gekocht wird.

Bei den meisten dieser Zersetzungen der Bibrombernsteinsäure verlaufen übrigens mehrere Reactionen gleichzeitig, und man erhält neben dem nach einer der vier aufgeführten Gleichungen entstandenen Hauptproducte noch ein nach einer der anderen Gleichungen entstandenes Nebenproduct.

*Zersetzung des bibrombernsteinsauren Natrons.* — Wenn Bibrombernsteinsäure in der Kälte mit kohlensaurem Natron neutralisirt und die Lösung dann gekocht wird, so entsteht rasch Bromnatrium[1]) und die Flüssigkeit wird sauer. Man engt die Flüssigkeit durch Kochen ein, bis sie beim Erkalten zu einem Brei feiner Krystalle erstarrt; man preßt die Krystalle aus, wascht mit Alkohol und reinigt durch mehrmaliges Umkrystallisiren.

Das so erhaltene Natronsalz wurde bei 100° getrocknet und analysirt. Die Analyse ergab:

---
[1]) Irrtümlich steht dort „Chlornatrium“. (A.)

I. Natronsalz aus Bernstein-Bibrombernsteinsäure [1]):
1. 0,6585 Grm. gaben 0,4832 Kohlensäure u. 0.1128 Wasser.
2. 0.7835 Grm., mit Kalk verbrannt, gaben 0,6265 Bromsilber.
3. 0,3379 Grm. gaben 0,1047 schwefels. Natron.

II. Natronsalz aus Fumar-Bibrombernsteinsäure:
1. 0.3576 Grm. gaben 0,2704 Kohlensäure u. 0.0632 Wasser.
2. 0,3144 Grm. mit Natriumamalgam zersetzt, gaben 0,2482 Bromsilber und 0,0031 Silber.

Die aus diesen Daten hergeleiteten Procentzahlen führen, wie die folgende Zusammenstellung zeigt, zu der Formel: $C_4H_4BrNaO_5$.

|  |  | berechnet | gefunden. | |
|---|---|---|---|---|
|  |  |  | I. | II. |
| $C_4$ | 48 | 20.42 | 20.01 | 20.62 |
| $H_4$ | 4 | 1.70 | 1.90 | 1,96 |
| Br | 80 | 34.04 | 34 69 | 34 33 |
| Na | 23 | 9.79 | 10 03 | — |
| $O_5$ | 80 | 34.04 | — | — |
|  | 235 | 100,00. |  |  |

Nach den Analysen kann dieses Salz demnach als *saures monobromäpfelsaures Natron* betrachtet werden, und ich glaube, daß es in der That als ein bromhaltiger Abkömmling der Aepfelsäure angesehen werden muß, insofern es, wie gleich gezeigt werden soll, beim Kochen mit Kalk ein Salz liefert von der Zusammensetzung des weinsauren Kalks.

Das *saure monobromäpfelsaure Natron* wird, je nach den Bedingungen, unter welchen es krystallisirt, in sehr verschiedenen Formen erhalten. Bei der ersten Darstellung erhält man gewöhnlich einen aus feinen Nadeln bestehenden Krystallbrei. Beim Umkrystallisiren werden entweder, und zwar beim Erkalten der heiß gesättigten Lösung, aus kleinen Schuppen bestehende Warzen, oder aber, bei langsamem Verdunsten, große durchsichtige strahlig-gruppirte Nadeln erhalten. Es ist sehr löslich in Wasser, wenig löslich in Alkohol.

Wird der Lösung des sauren monobromäpfelsauren Natrons unter fortwährendem Kochen so lange Kalkwasser zugesetzt, bis die Flüssigkeit schwach alkalisch reagirt, so scheidet sich unter Stoßen ein weißes krystallinisches Pulver aus. Dieses wurde mit schwacher Essigsäure gewaschen, in Salzsäure gelöst und durch Zusatz von Ammoniak gefällt.

---

[1]) Die Namen Bernstein-Bibrombernsteinsäure und Fumar-Bibrombernsteinsäure sollen nur daran erinnern, auf welche Weise die zu dem betreffenden Versuch verwendete Bibrombernsteinsäure dargestellt war.

Man erhielt so weiße Kryställchen, genau vom Ansehen des in entsprechender Weise aus Bibrombernsteinsäure direct dargestellten Kalksalzes, von welchem nachher die Rede sein soll. Die Krystalle wurden bei 200° getrocknet und analysirt.

0,3261 Grm. gaben 0.3010 Kohlensäure u. 0.0710 Wasser.

0,4008 Grm. gaben 0.2894 schwefels. Kalk.

Diese Bestimmungen führen zu der Formel des *weinsauren Kalks:* $\Theta_4H_4Ca_2\Theta_6$:

|        |     | berechnet | gefunden |
|--------|-----|-----------|----------|
| $\Theta_4$  | 48  | 25,53     | 25.18    |
| $H_4$  | 4   | 2,13      | 2,41     |
| $Ca_2$ | 40  | 21,28     | 21,23    |
| $\Theta_6$  | 96  | 51,06     | ---      |
|        | 188 | 100,00.   |          |

Läßt man Natriumamalgam auf eine wässerige Lösung des sauren monobromäpfelsauren Natrons einwirken, so entsteht *Bernsteinsäure.* Man übersättigt die alkalische Lösung mit Salzsäure, dampft ein, zieht mit Aether aus und krystallisirt aus Wasser um.

0,2268 Grm. der so dargestellten und bei 100° getrockneten Bernsteinsäure gaben 0,3366 Kohlensäure und 0,1084 Wasser.

|        |     | berechnet | gefunden |
|--------|-----|-----------|----------|
| $\Theta_4$  | 48  | 40,68     | 40,48    |
| $H_6$  | 6   | 5,08      | 5,31     |
| $\Theta_4$  | 64  | 54,24     | ---      |
|        | 118 | 100,00.   |          |

Wird die Lösung des sauren Natronsalzes mit kohlensaurem Natron neutralisirt, so entsteht ein sehr lösliches Salz. Man kann bis zur Syrupconsistenz eindampfen, ohne daß sich Krystalle bilden, und man erhält selbst beim Verdunsten über Schwefelsäure eine fast unkrystallinische Masse. Das Verhalten dieses neutralen Salzes zu Silberlösung macht es wahrscheinlich, daß die im sauren Salz enthaltene Monobromäpfelsäure während des Neutralisirens durch Wasserverlust in Monobrommaleïnsäure übergeht. Derselbe Uebergang scheint stets stattzufinden, wenn das saure Natronsalz durch Neutralisation mit irgend einer Base in neutrales Salz verwandelt wird. Ich will die in dieser Richtung gemachten Beobachtungen nachher gelegentlich mittheilen. Dieser Uebergang erklärt auch, warum durch Einwirkung von Natriumamalgam auf das saure Natronsalz Bernsteinsäure entsteht.

Durch doppelte Zersetzung kann aus dem sauren monobromäpfelsauren Natron ein Bleisalz dargestellt werden, welches die Zusammensetzung des *monobromäpfelsauren Blei's* besitzt und das auch in seinen Eigenschaften von dem aus Brommaleïnsäure dargestellten Bleisalz verschieden zu sein scheint. Wird nämlich die wässerige Lösung des sauren Natronsalzes mit Bleizuckerlösung vermischt, so scheidet sich ein weißes amorphes Pulver aus, das selbst in siedendem Wasser nur wenig löslich ist, aber aus heißer Bleizuckerlösung umkrystallisirt werden kann.

Die Analyse des amorphen und über Schwefelsäure getrockneten Salzes gab folgende Zahlen:

0,3802 Grm. gaben 0,1624 Kohlensäure u. 0,0257 Wasser.

0,2426 Grm. gaben 0,0900 Bromsilber u. 0,0117 Silber.

0,4702 Grm. gaben 0.3413 schwefels. Blei.

Die Analysen sind mit Präparaten von drei verschiedenen Darstellungen angestellt.

Diese Bestimmungen führen zu der Formel des neutralen bromäpfelsauren Blei's.

| | | berechnet | | gefunden |
|---|---|---|---|---|
| $C_4$ | 48 | 11,49 | | 11.64 |
| $H_3$ | 3 | 0,71 | | 0.75 |
| Br | 80 | 19,14 | | 19,36 |
| $Pb_2$ | 207 | 49,28 | | 49.59 |
| $O_5$ | 80 | 19,14 | | -- |
| | 418 | 100,00. | | |

Bei einer anderen Darstellung war ein krystallinisches und wasserhaltiges Salz erhalten worden, welches bei 170° 4,94 pC. Wasser verlor und in diesem getrockneten Zustand 49,72 pC. Blei gab.

0,5620 Grm. lufttrocken verloren bei 170° 0,0278. entsprechend 4 94 pC.

0,5141 Grm. bei 170° getrocknet gaben 0.3742 schwefels. Blei.

Die Formel: $C_4H_3BrPb_2O_5 + H_2O$ verlangt 4,11 pC. Wasser.

Ob die *Monobromäpfelsäure* im freien Zustand darstellbar ist, kann ich noch nicht angeben. Ich habe aus dem sauren Natronsalz durch Salzsäure und aus dem Bleisalz durch Schwefelwasserstoff eine Säure erhalten, die der nachher zu besprechenden Brommaleïnsäure sehr ähnlich sieht; ich habe diese Säure aber bis jetzt nicht näher untersucht.

*Zersetzung des bibrombernsteinsauren Baryts.* — Wenn Bibrombernsteinsäure kalt mit Baryt oder kohlensaurem Baryt neutralisirt und die so erhaltene Lösung des neutralen bibrombernsteinsauren Baryts für sich gekocht wird, so wird die Flüssigkeit bald sauer und es scheidet sich während des Kochens eine geringe Menge eines weißen pulverförmigen Salzes aus. Die hinlänglich eingedampfte Flüssigkeit liefert dann beim Erkalten ein in weißen Warzen krystallisirendes Barytsalz. Dieses Salz ist unlöslich in Alkohol und kann so von Brombaryum befreit werden. Aus den Mutterlaugen fällt Alkohol noch weitere Mengen dieses Barytsalzes, das durch Umkrystallisiren aus Wasser in denselben warzenförmigen Krystallisationen erhalten wird. In den alkoholischen Flüssigkeiten bleibt endlich, neben Chlorbaryum, eine freie Säure, die bis jetzt nicht näher untersucht ist. Sie ist verschieden von Brommaleïnsäure, giebt wenigstens ein anderes in Wasser sehr lösliches Barytsalz, welches beim Verdunsten in Form fester glänzender Krusten erhalten wird, die in Alkohol unlöslich sind.

Das eben erwähnte, während des Kochens sich ausscheidende Pulver hat die Zusammensetzung des *weinsauren Baryts*. Es ist leicht löslich in Mineralsäuren, unlöslich in Essigsäure. Zur Reinigung wurde in Salzsäure gelöst und durch Zusatz von essigsaurem Natron gefällt. Das so erhaltene Barytsalz enthält Ein Molecul Krystallwasser, welches es bei 200° verliert.

1,9742 Grm. bei 100° getrocknet verloren bei 200° 0,1176.

0,6046 Grm. bei 200° getrocknet gaben 0.3700 Kohlensäure u. 0.0834 Wasser.

0,3610 Grm. bei 200° getrocknet gaben 0 2964 schwefels. Baryt.

Diese Bestimmungen führen zu der Formel des *neutralen weinsauren Baryts:* $C_4H_4Ba_2O_6 + H_2O$.

I. Wasserhaltiges Salz:

| | berechnet | | gefunden |
|---|---|---|---|
| $C_4H_4Ba_2O_6$ | 286 | 94,06 | — |
| $H_2O$ | 18 | 5,94 | 5.95 |
| | 303 | 100.00. | |

II. Trockenes Salz:

| | berechnet | | gefunden |
|---|---|---|---|
| $C_4$ | 48 | 16 84 | 16,69 |
| $H_4$ | 4 | 1 40 | 1,53 |
| $Ba_2$ | 137 | 48 07 | 48.27 |
| $O_6$ | 96 | 33,69 | — |
| | 285 | 100.00. | |

Das Hauptproduct der Zersetzung des bibrombernsteinsauren Baryts ist das oben erwähnte weiße warzenförmige Salz. Ich habe dieses Salz öfters dargestellt, häufig analysirt und zu einzelnen Bestimmungen durch mehrmaliges Krystallisiren möglichst gereinigt. Trotzdem gaben alle Analysen nur wenig befriedigende Resultate.

I. Barytsalz aus Bernstein-Bibrombernsteinsäure:

1. 0.7508 Grm. bei 100° getrocknet gaben 0,4730 Kohlensäure und 0,0806 Wasser.
2. 0,7798 Grm. (100°) gaben 0,4802 Kohlensäure u. 0,0842 Wasser.
1. 0,5570 Grm. gaben 0.3818 Bromsilber und 0,0026 Silber.
2. 0.9636 „   „   0,6572   „   „   0,0074   „
3. 1,1162 „   „   0,7586   „   „   0,0046   „
1. 0,6310 „   „   0.2741 schwefels. Baryt.
2. 0,9458 „   „   0,4091   „   „
3. 1.0491 „   „   0,4471   „   „
4. 0.4624 „   „   0.1958   „   „
5. 0,5357 „   „   0,2254   „   „

II. Barytsalz aus Fumar-Bibrombernsteinsäure:

1. 1.0610 Grm. gaben 0,6782 Kohlensäure u. 0,1112 Wasser.
1. 0,6699 „   „   0.4466 Bromsilber u. 0,0106 Silber.
1. 0,6718 Grm. mit Schwefelsäure gefällt gaben 0.2899 schwefelsauren Baryt.
2. 0.2533 Grm. mit Schwefelsäure geglüht gaben 0,1084 schwefelsauren Baryt.
3. 0,5555 Grm. mit Schwefelsäure gefällt gaben 0 2349 schwefelsauren Baryt.
4. 0.5140 Grm. mit Schwefelsäure gefällt gaben 0,2172 schwefelsauren Baryt.

Aus diesen Bestimmungen berechnen sich die folgenden Zahlen:

|     |   |   | I. |   |   |   |   | II. |   |   |
|-----|-------|-------|-------|-------|-------|---|-------|-------|-------|-------|
|     | 1. | 2. | 3. | 4. | 5. |   | 1. | 2. | 3. | 4. |
| G   | 17.18 | 16.79 | — | — | — |   | 17,43 | — | — | — |
| H   | 1.19 | 1,19 | — | — | — |   | 1.16 | — | — | — |
| Br  | 29,51 | 29,59 | 29.22 | — | — |   | 29.53 | — | — | — |
| Ba  | 25,53 | 25,41 | 25.06 | 24,90 | 24.74 |   | 25 38 | 25,17 | 24,85 | 24,84 |
| Θ   | — | — | — | — | — |   | — | — | — | — |

Diese Zahlen stimmen nur wenig mit den aus der Formel des sauren monobrommaleïnsauren Baryts: $\Theta_4H_2BrBa\Theta_4$ berechneten überein, sie nähern sich vielmehr denjenigen, die sich aus der Formel des sauren monobromäpfelsauren Baryts: $\Theta_4H_4BrBa\Theta_5$ herleiten.

| Brommaleïnsaurer Baryt | | | Bromäpfelsaurer Baryt | | |
|---|---|---|---|---|---|
| $C_4$ | 48 | 18.28 | $C_4$ | 48 | 17,11 |
| $H_2$ | 2 | 0,76 | $H_4$ | 4 | 1.42 |
| Br | 80 | 30,48 | Br | 80 | 28,52 |
| Ba | 68,5 | 26,09 | Ba | 68,5 | 24,44 |
| $O_4$ | 64 | 24,39 | $O_5$ | 80 | 28,51 |
| | 262,5 | 100,00 | | 280,5 | 100,00. |

Nichts desto weniger muß das Salz seinen Eigenschaften nach als saures Barytsalz der Monobrommaleïnsäure betrachtet werden, und die geringe Uebereinstimmung der gefundenen Procentzahlen mit den aus der Formel hergeleiteten findet ihre Erklärung in den folgenden Betrachtungen und Thatsachen. Wenn der brommaleïnsaure Baryt Wasser enthält, so zeigt er die Zusammensetzung des bromäpfelsauren Baryts. Das zur Analyse verwendete Salz war bei 100° getrocknet; es entwich fortwährend Wasser, aber gleichzeitig, und zwar schon unter 100° auch etwas Brommaleïnsäure, die im anderen Theil des Trockenrohrs sogar krystallinisch erstarrt. Deßhalb konnte das Salz nicht völlig getrocknet werden, und während einerseits Wasser zurückblieb, erlitt andererseits ein Theil des Salzes Zersetzung unter Freiwerden von Brommaleïnsäure. Dazu kommt noch, daß dem brommaleïnsauren Baryt hartnäckig etwas weinsaurer Baryt anhaftet, der selbst durch wiederholtes Umkrystallisiren nur unvollständig entfernt werden kann.

Der saure monobrommaleïnsaure Baryt wird stets in weißen Warzen erhalten, die selbst unter dem Mikroscop nur krystallinische Structur, aber keine deutlichen Krystalle erkennen lassen. — Der brommaleïnsaure Baryt unterscheidet sich wesentlich von dem Natronsalz, welches oben als monobromäpfelsaures Natron beschrieben wurde. Während aus diesem leicht weinsaurer Kalk erhalten werden kann, giebt das Barytsalz beim Kochen mit überschüssigem Baryt oder Kalk nur neutrale Salze der Brommaleïnsäure, aber keine Weinsäure.

Bei einem quantitativen Versuch waren aus 100 Grm. Bibrombernsteinsäure 60 Grm. saurer brommaleïnsaurer Baryt erhalten worden; der Rechnung nach hätten 95 Grm. erhalten werden sollen.

*Monobrommaleïnsäure.* — Man erhält diese Säure aus dem oben beschriebenen Barytsalz, indem man eine zur völligen Zersetzung nicht ganz hinreichende Menge Schwefelsäure zusetzt, filtrirt, eindampft und den Rückstand mit Aether auszieht. Die Brommaleïnsäure krystallisirt leicht in großen aus prismatischen Krystallen bestehenden Halbkügelchen. Sie ist in Wasser, Alkohol und Aether sehr löslich. Sie schmilzt bei 125 bis 126°, verliert bei etwa 150° Wasser und liefert dann eine bei etwa 212° überdestillirende angenehm riechende Flüssigkeit. Das Destillat besteht anfangs aus zwei Schichten, die sich bei ruhigem Stehen langsam, beim Schütteln rasch mischen; bald bilden sich einzelne Krystallgruppen und allmälig erstarrt die Flüssigkeit krystallinisch. Die Brommaleïnsäure zerfällt demnach bei der Destillation in Wasser und ein Anhydrid, die sich bald wieder vereinigen und von Neuem Brommaleïnsäure mit allen Eigenschaften der ursprünglich angewandten Säure erzeugen. Die Säure verhält sich also genau wie Maleïnsäure und muß offenbar als bromhaltiger Abkömmling der Maleïnsäure und nicht etwa als Derivat der Fumarsäure betrachtet werden. Ganz dieselbe Säure wird auch erhalten, wenn man das saure Barytsalz bei gelinder Hitze destillirt.

Zur Analyse wurde entweder über Schwefelsäure oder bei 100° getrocknete Substanz verwendet.

I. Brommaleïnsäure aus saurem Barytsalz durch Zersetzung mit Schwefelsäure:

1. 0.8069 Grm. gaben 0.7315 Kohlensäure u. 0.1225 Wasser.
2. 0,3895 „ „ 0,3540 „ „ 0.0588 „
1. 0,4514 Grm., mit Natriumamalgam zersetzt, gaben 0,4190 Bromsilber u. 0.0110 Silber.
2. 0,2668 Grm., mit Natriumamalgam zersetzt, gaben 0,2512 Bromsilber u. 0,0046 Silber.
3. 1.0703 Grm., mit Kalk verbrannt, gaben 1.0177 Bromsilber u. 0,0125 Silber.

II. Brommaleïnsäure, destillirt:

1. 0,4098 Grm. gaben 0.3714 Kohlensäure u. 0,0616 Wasser.
1. 0.4006 Grm., mit Natriumamalgam zersetzt, gaben 0,3770 Bromsilber u. 0,0068 Silber.
2. 0.2968 Grm., mit Natriumamalgam zersetzt, gaben 0.2806 Bromsilber u. 0.0046 Silber.

III. Brommaleïnsäure durch Destillation des sauren Barytsalzes:

1. 0.2978 Grm. gaben 0,2661 Kohlensäure u. 0,0481 Wasser.
0,3580 Grm., mit Natriumamalgam zersetzt, gaben 0,3322 Bromsilber u. 0,0060 Silber.

Die aus diesen Analysen hergeleiteten Zahlen führen zu der Formel:
$C_4H_3BrO_4$.

|         | berechnet |        | \multicolumn{3}{c}{gefunden} | | | | | |
|---------|-----------|--------|------|------|------|------|------|------|
|         |           |        | \multicolumn{3}{c}{I.} | | | \multicolumn{2}{c}{II.} | | III. |
|         |           |        | 1.   | 2.   | 3.   | 1.   | 2.   | 1.   |
| $C_4$   | 48        | 24,62  | 24,73| 24,78| —    | 24,72| —    | 24,36|
| $H_3$   | 3         | 1,54   | 1,68 | 1,68 | —    | 1,67 | —    | 1,79 |
| Br      | 80        | 41,02  | 41,27| 41,33| 41,30| 41,37| 41.30| 41,62|
| $O_4$   | 64        | 32,82  | —    | —    | —    | —    | —    | —    |
|         | 195       | 100,00.|      |      |      |      |      |      |

Die Brommaleïnsäure liefert beim Kochen mit Kalk *keine* Weinsäure. Eben so wenig konnte aus irgend einem ihrer Salze weinsaurer Kalk erhalten werden.

Läßt man Natriumamalgam auf Bromaleïnsäure einwirken, so entsteht leicht Bernsteinsäure. Es gelang nicht, die Reduction bei Bildung von Maleïnsäure einzuhalten, was sich leicht daraus erklärt, daß die Maleïnsäure mit ausnehmender Leichtigkeit in Bernsteinsäure übergeht.

0,2831 Grm. der so dargestellten Bernsteinsäure gaben 0,4173 Kohlensäure u. 0,1316 Wasser.

|         |     | Theorie  | Versuch |
|---------|-----|----------|---------|
| $C_4$   | 48  | 40,68    | 40,20   |
| $H_6$   | 6   | 5.08     | 5,16    |
| $O_4$   | 64  | 54,24    | —       |
|         | 118 | 100,00.  |         |

In der Hoffnung *Tribrombernsteinsäure* zu erhalten, habe ich Brom in einer zugeschmolzenen Röhre bei 100° auf Brommaleïnsäure einwirken lassen. Es wurde viel Bromwasserstoff gebildet, etwas Kohlensäure, eine Spur Bromoform und eine bromhaltige sehr zerfließliche Säure, die in kleinen Krystallen erhalten werden konnte.

0,7398 Grm. dieser Säure gaben 0,8992 Bromsilber u. 0.0076 Silber.

Nach dieser Brombestimmung scheint die Säure *Bibromweinsäure* zu sein, wenigstens verlangt die Formel: $C_4H_4Br_2O_6$ :

berechnet:    51,95 pC. Brom
gefunden:     52,47 pC.

Die Bildung der Bibromweinsäure ist denkbar nach der Gleichung:

$$C_4H_3BrO_4 + 2\,Br_2 + 2\,H_2O = C_4H_4Br_2O_6 + 3\,HBr.$$

*Salze der Brommaleïnsäure.* — Es wurde oben erwähnt, daß aus saurem monobromäpfelsaurem Natron bisweilen Salze erhalten werden, die in Eigenschaften und Zusammensetzung mit den entsprechenden aus

Brommaleïnsäure dargestellten Salzen zusammenfallen. Einige dieser Salze sind im Folgenden gleichzeitig mit den aus Brommaleïnsäure dargestellten beschrieben.

*Saures brommaleïnsaures Natron.* — Das aus Brommaleïnsäure dargestellte saure Natronsalz bleibt beim Verdunsten als strahlige Krystallmasse, die dem durch Verdunsten krystallisirten sauren bromäpfelsauren Natron sehr ähnlich ist. Das Salz konnte nicht völlig rein erhalten werden, weil es, ähnlich wie der saure brommaleïnsaure Baryt, hartnäckig Wasser zurückhält. Die Analysen gaben Zahlen, die in der Mitte liegen zwischen den aus der Formel des sauren brommaleïnsauren und den aus der Formel des sauren bromäpfelsauren Natrons hergeleiteten. Es giebt beim Kochen mit Kalk keine Weinsäure.

*Saurer brommaleïnsaurer Baryt.* — Das aus Brommaleïnsäure dargestellte saure Barytsalz ist im Ansehen völlig identisch mit dem aus Bibrombernsteinsäure direct dargestellten Barytsalz.

1. 0,4728 Grm. gaben 0,2998 Kohlensäure u. 0 0520 Wasser.
1. 0.8218 „ „ 0 3532 schwefels. Baryt.
2. 0.8152 „ „ 0.3504 „ „

Die aus diesen Bestimmungen hergeleiteten Zahlen stimmen mit den früheren Analysen überein.

Es wurde gefunden:

| | 1. | 2. |
|---|---|---|
| C | 17.30 | — |
| H | 1.22 | — |
| Ba | 25.27 | 25,27. |

*Neutraler brommaleïnsaurer Baryt.* — Ich habe dieses Salz einerseits aus Brommaleïnsäure und andererseits aus dem aus Bibrombernsteinsäure direct erhaltenen sauren Barytsalz dargestellt. Beide Darstellungen geben genau dasselbe Salz. Es wird beim Erkalten und bei langsamem Verdunsten als weiße, aus kleinen Krystallen bestehende leichte Masse erhalten. Es hält hartnäckig etwas Wasser zurück.

I. *Aus Brommaleïnsäure* (bei 150° getrocknet):

0,4123 Grm. gaben 0 2163 Kohlensäure u. 0,0164 Wasser.
0,3386 Grm., mit Kalk verbrannt, gaben 0.1675 Bromsilber u. 0 0138 Silber.
0,1981 Grm. gaben 0.1399 schwefels. Baryt.

II. *Aus saurem Barytsalz.*

1. Bei 100° getrocknet:
0 3694 Grm. gaben 0.1940 Kohlensäure u. 0 0229 Wasser.
0.4221 „ „ 0,2273 Bromsilber u. 0 0097 Silber.
0.4968 „ „ 0,3477 schwefels. Baryt.

2. Bei 150⁰ getrocknet:

0,6770 Grm. gaben 0,3534 Kohlensäure u. 0,0324 Wasser.

0.5466 „.        „     0,3065 Bromsilber u. 0,0076 Silber.

0,3082 .,        ., 0,2172 schwefels. Baryt.

3. 0.3894 ..       ., 0.2752      „        ,.

Diese Analysen führen zu der Formel: $C_4HBrBa_2O_4$.

| | berechnet | | gefunden | | | |
|---|---|---|---|---|---|---|
| | | | I. | II. 1. | II, 2. | II. 3. |
| $C_4$ | 48 | 14,54 | 14,33 | 14,32 | 14,24 | — |
| H | 1 | 0.30 | 0,44 | 0.69 | 0,53 | —. |
| Br | 80 | 24.24 | 24,06 | 24,14 | 24,85 | —. |
| $Ba_2$ | 137 | 41,52 | 41.53 | 41.14 | 41.43 | 41,55 |
| $O_4$ | 64 | 19,40 | — | — | — | — |
| | 330 | 100,00. | | | | |

*Neutraler brommaleïnsaurer Kalk.* — Das aus Brommaleïnsäure dargestellte neutrale Kalksalz wird in kleinen weißen Warzen erhalten. Das
lufttrockne Salz enthält 2 Molecule Krystallwasser ($2\,H_2O$); es verliert
die Hälfte beim Stehen über Schwefelsäure, bei 150⁰ wird es wasserfrei.
Das trockene und das über Schwefelsäure halb entwässerte Salz ziehen
beim Stehen an der Luft wieder Feuchtigkeit an, bis das Salz wieder
zwei Molecule Wasser enthält.

0,2950 Grm., bei 150⁰ getrocknet, gaben 0,1743 schwefels. Kalk.

Die Formel: $C_4HBrCa_2O_4$ verlangt 17,17 pC. Ca.

gefunden 17.38 pC.

0,9724 Grm. lufttrockenes Salz verloren bei 150⁰ 0,1382 Wasser.

Die Formel: $C_4HBrCa_2O_4 + 2\,H_2O$ verlangt 13.39 pC. Wasser.

gefunden 14.21 pC.

0,3720 Grm. lufttrocken verloren über Schwefelsäure 0,0320 Wasser, entsprechend 8,6 pC.; die Formel verlangt 6,6 pC.

0.2229 Grm. über Schwefelsäure getrocknetes Salz gaben 0,1220 schwefels.
Kalk, entsprechend 16.10 pC. Calcium; die Formel: $C_4HBrCa_2O_4 + H_2O$
verlangt 15,93 pC.

*Brommaleïnsaures Blei.* — Brommaleïnsäure giebt mit Bleizucker
einen schweren weißen Niederschlag, der in heißem Wasser etwas löslich ist, beim Erkalten amorph ausfällt, aber bald krystallinisch wird.
Das Salz enthält in lufttrockenem Zustand ein Molecul Krystallwasser,
hat also die Zusammensetzung des monobromäpfelsauren Blei's, aber es
verliert dieses Wasser bei 170⁰.

0,5872 Grm. lufttrocken gaben 0,4276 schwefels. Bleioxyd, entsprechend 49,75 pC. Blei.

Die Formel: $C_4HBrPb_2\Theta_4 + H_2\Theta$ verlangt 49,28 pC.

0,4946 Grm. lufttrocken verloren bei 170° 0.0200 Wasser, entsprechend 4.04 pC. Wasser.

Die Formel: $C_4HBrPb_2\Theta_4 + H_2\Theta$ verlangt 4.30 pC.

*Brommaleïnsaures Silber.* — Die wässerige Lösung der Brommaleïnsäure fällt salpetersaures Silberoxyd nicht; neutralisirt man erst mit Ammoniak, so entsteht ein weißer käsiger Niederschlag, der in siedendem Wasser löslich ist. Beim Erkalten krystallisirt das Silbersalz in weißen Nadeln. Destillirte Brommaleïnsäure verhält sich ebenso.

Dasselbe Silbersalz entsteht auch aus saurem bromäpfelsaurem Natron. Die wässerige Lösung dieses Salzes fällt Silberlösung nicht; neutralisirt man aber mit Ammoniak, so verhält sich die Lösung genau wie brommaleïnsaures Ammoniak.

Das brommaleïnsaure Silber ist ausgezeichnet durch seine große Beständigkeit. Beim Umkrystallisiren aus siedendem Wasser wird nur wenig Bromsilber gebildet.

1. Silbersalz aus Brommaleïnsäure umkrystallisirt über Schwefelsäure getrocknet:

    0,4895 Grm. gaben 0 2076 Kohlensäure u. 0.0152 Wasser.
    0,2802 „ „ 0,1484 Silber.

2. Silbersalz aus saurem bromäpfelsaurem Natron, umkrystallisirt, bei 100° getrocknet.

    0,6126 Grm. gaben 0,2563 Kohlensäure u. 0,0185 Wasser.
    0,4320 „ „ 0,2928 Chlorsilber u. 0,0054 Silber.

Aus diesen Analysen berechnet sich die Formel:

$$C_4HBrAg_2\Theta_4.$$

|  |  | berechnet | gefunden | |
| --- | --- | --- | --- | --- |
|  |  |  | 1. | 2. |
| $C_4$ | 48 | 11,73 | 11,57 | 11,41 |
| H | 1 | 0,25 | 0,34 | 0,33 |
| Br | 80 | 19,56 | — | — |
| $Ag_2$ | 216 | 52,81 | 52,97 | 52,26 |
| $\Theta_4$ | 64 | 15,65 | — | — |
|  | 409 | 100.00. |  |  |

Die Monobrommaleïnsäure scheint ein saures Silbersalz zu bilden. Wird nämlich das neutrale Salz mit überschüssiger Säure eingedampft und der Säureüberschuß durch Aether entzogen, so bleibt ein in Wasser leicht lösliches Salz, welches durch Verdunsten der Lösung in kleinen Kryställchen erhalten werden kann.

*Doppelsalze der Brommaleïnsäure.* — Durch Neutralisation des aus Brommaleïnsäure dargestellten sauren Natronsalzes mit Kalk und Eindampfen der Lösung wurden kleine weiße Warzen erhalten.

Das lufttrockene Salz verlor bei 200° 12,20 pC. Wasser; das bei 200° getrocknete Salz gab mit Schwefelsäure geglüht 60,2 pC. schwefelsaure Salze und 10,07 pC. Calcium. Diese Bestimmungen genügen, um zu zeigen, daß das Salz ein nach der Formel: $C_4HBrCaNaO_4 + 2H_2O$ zusammengesetztes Doppelsalz ist. Diese Formel verlangt 13,24 pC. Wasser, 59,0 pC. schwefelsaure Salze, 8,48 pC. Calcium.

Doppelsalze von demselben Aussehen werden auch erhalten, wenn saures bromäpfelsaures Natron mit Kalk, wenn saures brommaleïnsaures Natron mit Baryt, oder wenn saurer brommaleïnsaurer Baryt mit Natron neutralisirt wird.

*Zersetzung des bibrombernsteinsauren Kalks.* — Wenn eine neutrale Lösung von bibrombernsteinsaurem Kalk gekocht wird, so wird die Flüssigkeit rasch sauer. Setzt man dann der siedenden Lösung so lange kohlensauren Kalk oder besser Kalkwasser zu, bis sie bei fortgesetztem Kochen nicht mehr sauer wird, so scheidet sich unter Stoßen ein weißes krystallinisches Pulver aus, welches die Zusammensetzung des *weinsauren Kalkes zeigt*. Die Mutterlauge enthält dann noch ein sehr lösliches Kalksalz, welches aus der concentrirten Flüssigkeit in feinen Nadeln krystallisirt. Ich habe mich bis jetzt mit der Untersuchung dieses löslichen Kalksalzes nicht weiter aufgehalten. Die folgenden Bestimmungen zeigen, daß es die Zusammensetzung des *sauren* monobromäpfelsauren Kalkes besitzt, daß also ein Theil der Bibrombernsteinsäure beim Kochen mit Kalk dieselbe Zersetzung erleidet, die durch Einwirkung von Natron oder von Baryt stattfindet. Ob dieses Salz dem sauren monobromäpfelsauren Natron oder vielleicht dem sauren brommaleïnsauren Baryt entspricht, muß vorerst unentschieden bleiben.

1.  0,3534 Grm. gaben 0.2531 Bromsilber u. 0,0071 Silber.
1.  0,2345   „        „     0,0692 schwefels. Kalk.
2.  0.2577   „        „     0,0770        „         „
3.  0,1103   „        „     0,0319        „         „

| | berechnet | | gefunden | | |
|---|---|---|---|---|---|
| | | | 1. | 2. | 3. |
| $C_4$ | 48 | 20,69 | — | .... | .... |
| $H_4$ | 4 | 1,73 | — | ... | — |
| Br | 80 | 34,48 | 31,91 | ... | .... |
| Ca | 20 | 8,62 | 8,68 | 8,78 | 8,50 |
| $O_5$ | 80 | 34,48 | ... | ... | — |
| | 232 | 100,00. | | | |

Die eben besprochene Zersetzung des bibrombernsteinsauren Kalkes macht es leicht, größere Mengen von künstlichem weinsaurem Kalk darzustellen; man erhält indeß nie mehr als etwa $^1/_3$ der aus der Zersetzungsgleichung berechneten Menge.

Die Natur der aus der Bibrombernsteinsäure, sei es durch Zersetzung des Silbersalzes oder durch Kochen mit Kalk, entstehenden Weinsäure hat meine Aufmerksamkeit längere Zeit in Anspruch genommen.

Ich hatte früher schon angegeben [1]), daß die aus dem Silbersalz dargestellte Säure optisch unwirksam ist, und ich hatte sie später [2]), in Uebereinstimmung mit Pasteur [3]), der die von Perkin und Duppa dargestellte Säure untersucht hatte, für Traubensäure gehalten, wesentlich des optischen Verhaltens wegen und weil die freie Säure in wasserhaltigen und etwas verwitternden Prismen krystallisirt, deren Krystallform, so weit dieß ohne Messung beurtheilt werden kann, dieselbe ist, wie die der gewöhnlichen Traubensäure. Nach meinen neueren Versuchen scheint indeß die künstlich aus Bernsteinsäure oder aus Fumarsäure dargestellte Traubensäure mit der natürlichen Traubensäure nicht vollständig identisch zu sein. Sie giebt, wie die gewöhnliche Traubensäure, mit Kalksalzen, selbst mit Gypslösung, einen weißen Niederschlag, der aus viel siedendem Wasser umkrystallisirt werden kann, der sich in Salzsäure leicht löst und durch Ammoniak aus dieser Lösung krystallinisch gefällt wird. Aber der aus siedendem Wasser krystallisirte künstliche traubensaure Kalk hat andere Krystallform und anderen Wassergehalt, als das auf dieselbe Weise dargestellte Kalksalz der natürlichen Traubensäure.

Wird nämlich das aus Bibrombernsteinsäure durch Kochen mit Kalk erhaltene schwerlösliche Kalksalz aus viel siedendem Wasser umkrystal-

[1]) Ann. Chem. Pharm. CXVII. 125 (1860).
[2]) Répertoire de Chimie pure II. 421 (1860).
[3]) Daselbst II. 419 (1860).

lisirt, so erhält man durchsichtige würfelförmige Krystalle, die *drei* Molecule Krystallwasser enthalten. Das Kalksalz der gewöhnlichen Traubensäure krystallisirt aus siedendem Wasser in Form kleiner weißer Prismen, die *vier* Molecule Krystallwasser enthalten.

Aller aus Bibrombernsteinsäure dargestellte und aus siedendem Wasser krystallisirte traubensaure Kalk zeigt dieselbe Krystallform und denselben Wassergehalt. Die aus Bernsteinsäure und die aus Fumarsäure dargestellte Bibrombernsteinsäure verhalten sich völlig gleich. Die Kalksalze sind identisch, gleichgültig, ob Bibrombernsteinsäure direct mit Kalk zersetzt, oder ob saures monobromäpfelsaures Natron mit Kalk gekocht wird, oder endlich, ob die durch Zersetzung des bibrombernsteinsauren Silbers erhaltene Traubensäure durch ein Kalksalz gefällt wird.

Der künstliche traubensaure Kalk verliert wie das Kalksalz der natürlichen Traubensäure sein Krystallwasser bei 180 bis 200°. Die so getrockneten Kalksalze zeigen dieselbe Zusammensetzung.

Wird künstlicher traubensaurer Kalk in Salzsäure gelöst und mit Ammoniak gefällt, so erhält man kleine prismatische Krystalle vom Ansehen des ebenso dargestellten gewöhnlichen traubensauren Kalks und die wie dieser *vier* Molecule Krystallwasser enthalten.

Wenn künstlicher traubensaurer Kalk aus salzsaurer Lösung durch Ammoniak gefällt und ebenso wenn er bei 200° getrocknet war, so behält er dennoch die Eigenschaft bei, aus siedendem Wasser in würfelförmigen Krystallen zu krystallisiren, die nur drei Molecule Krystallwasser enthalten.

Der künstlich dargestellte traubensaure Kalk ist endlich in Wasser etwas löslicher, als das Kalksalz der gewöhnlichen Traubensäure.

Aus 2200 CC. siedender Lösung wurden beim Erkalten 1,7748 Grm. künstlicher traubensaurer Kalk erhalten. 6500 CC. siedender Lösung gaben beim Erkalten 2.2418 Grm. gewöhnlichen traubensauren Kalks.

Wasserbestimmungen des aus siedendem Wasser krystallisirten traubensauren Kalks.

1. Aus Fumar-Bibrombernsteinsäure mit Kalk:
   0,8238 Grm. verloren bei 180° 0,1930 Wasser, entsprechend 23,45 pC.

2. Aus Bernstein-Bibrombernsteinsäure mit Kalk:
   1,5020 Grm. verloren bei 200° 0,3384 Wasser, entsprechend 22,53 pC.

3. Aus der durch Zersetzung des bibrombernsteinsauren Silbers erhaltenen Säure:
   1.7748 Grm. verloren bei 200° 0,4494 Wasser, entsprechend 21,72 pC.

4. Kalksalz der gewöhnlichen Traubensäure:
0,8164 Grm. verloren bei 200° 0,2284 Wasser, entsprechend 27,97 pC.
2,2418 Grm. verloren bei 200° 0,6190 Wasser, entsprechend 27,61 pC.
5. Künstlicher traubensaurer Kalk aus salzsaurer Lösung durch Ammoniak gefällt:
1,1622 Grm. verloren bei 200° 0,3204 Wasser, entsprechend 27,57 pC.

Der Wassergehalt berechnet sich:

$$\text{aus } C_4H_4Ca_2O_6 + 3\,H_2O \;\ldots\; 22{,}31 \text{ pC.};$$
$$\text{aus } C_4H_4Ca_2O_6 + 4\,H_2O \;\ldots\; 27{,}69 \text{ pC.}$$

Bei der Analyse des bei 200° getrockneten traubensauren Kalks wurden gefunden:

1. Aus Fumar-Bibrombernsteinsäure mit Kalk:
0,3356 Grm. gaben 0,3136 Kohlensäure u. 0,0698 Wasser.
0,2470 „ „ 0,1788 schwefels. Kalk:
2. Aus der durch Zersetzung von bibrombernsteinsaurem Silber erhaltenen Säure:
0,6142 Grm. gaben 0,4494 schwefels. Kalk.
3. Aus monobromäpfelsaurem Natron mit Kalk.
Die Resultate der S. 260 mitgetheilten Analysen sind der Vergleichung wegen hier wiederholt.

| | | berechnet | gefunden | | |
|---|---|---|---|---|---|
| | | | 1. | 2. | 3. |
| $C_4$ | 48 | 25,53 | 25,49 | -- | 25,18 |
| $H_4$ | 4 | 2,13 | 2,31 | -- | 2,41 |
| $Ca_2$ | 40 | 21.28 | 21,29 | 21,52 | 21.23 |
| $O_6$ | 96 | 51,06 | -- | -- | -- |
| | 188 | 100,00. | | | |

Ich habe mich bis jetzt vergeblich bemüht, die künstliche Traubensäure in zwei Componenten zu spalten; ich habe dazu das Natron-Ammoniaksalz und das Cinchonicinsalz in Anwendung gebracht.

Ich lege auf diese mißlungenen Spaltungsversuche vorerst nur wenig Werth, weil zu denselben nur verhältnißmäßig kleine Mengen der Säure verwendet wurden. Dagegen bestimmt mich die constante Verschiedenheit, die der aus siedendem Wasser krystallisirte künstliche traubensaure Kalk, in Krystallform und Wassergehalt, von dem ebenso dargestellten gewöhnlichen traubensauren Kalk zeigt, die künstliche Traubensäure, vorerst wenigstens, für von der gewöhnlichen Traubensäure verschieden zu halten.

Schließlich muß ich meinem Assistenten, Hrn. E. Linnemann, meinen Dank ausdrücken für die werthvolle Hülfe, die er mir bei Ausführung der im Vorstehenden beschriebenen Versuche geleistet hat.

# Untersuchungen über organische Säuren;

## von Aug. Kekulé

Liebig's Annalen Suppl. 2, 85—116 (Heft 1. 16. 8. 1862)[1]).

## IV. Fumarylchlorid, Maleïnsäure-Anhydrid, Maleïnsäure

In einem früheren Abschnitt dieser Mittheilungen[2]) habe ich gezeigt, daß sich die Fumarsäure durch directe Addition mit zwei Atomen Wasserstoff oder mit zwei Atomen Brom zu vereinigen vermag, um so Bernsteinsäure oder Bibrombernsteinsäure zu erzeugen. Das Studium der Zersetzungsproducte der so bereiteten Bibrombernsteinsäure hatte ergeben, daß diese Säure identisch ist mit der aus Bernsteinsäure durch Substitution erhaltenen Bibrombernsteinsäure. Für die mit der Fumarsäure isomere Maleïnsäure hatte ich gefunden, daß sie durch Jodwasserstoff in Fumarsäure übergeführt wird, daß sie bei Einwirkung von Natriumamalgam Bernsteinsäure erzeugt, und daß sie bei Behandlung mit Brom, neben löslicheren Producten, ebenfalls Bibrombernsteinsäure liefert.

Ich habe jetzt das Fumarylchlorid und das Maleïnsäureanhydrid in derselben Richtung untersucht, und außerdem mit der Maleïnsäure selbst einige ergänzende Versuche angestellt.

### Fumarylchlorid.

Zur Darstellung des Fumarylchlorids wurden 84 Grm. Fumarsäure mit 290 Grm. Phosphorsuperchlorid zersetzt. Aus dem bei der ersten Destillation zwischen 140 und 170° übergehenden Theil wurde durch Durchleiten von trockener Luft bei 120° das Phosphoroxychlorid möglichst entfernt und dann durch nochmalige Rectification ein Product erhalten, welches fast vollständig bei 160° überdestillirte.

---

[1]) Vgl. S. 215: Bull. Akad. Roy. Belg. [2] 13, 355 (Séance du 5 avril 1862).

[2]) Ann. Chem. Pharm. Suppl. I. 129 und 338 (1861).

Das Fumarylchlorid verbindet sich durch directe Addition mit zwei Atomen Brom und erzeugt so Bibromsuccinylchlorid.

$$C_4H_2O_2 \cdot Cl_2 + Br_2 = C_4H_2Br_2O_2 \cdot Cl_2$$
$$\text{Fumarylchlorid} \qquad\qquad \text{Dibromsuccinylchlorid.}$$

Die Vereinigung erfolgt bei 140 bis 150°. Das Product dieser Addition ist identisch mit dem von Perkin und Duppa[1]) aus Succinylchlorid durch Substitution erzeugten Körper.

Das Bibromsuccinylchlorid ist eine farblose Flüssigkeit, die bei 218 bis 220° siedet. Es kann leicht durch Destillation gereinigt werden, obgleich es dabei stets theilweise Zersetzung erleidet. Durch Wasser wird es in Salzsäure und Bibrombernsteinsäure zerlegt; die Zersetzung erfolgt in der Kälte langsam, rasch beim Kochen. Die so erzeugte Bibrombernsteinsäure ist in allen Eigenschaften identisch mit derjenigen, die man aus Bernsteinsäure durch Substitution oder aus Fumarsäure durch Addition von Brom erhält. Ich habe namentlich festgestellt, daß sie beim Kochen mit Kalkwasser unter Bildung von weinsaurem Kalk zersetzt wird, und daß durch Kochen ihres Barytsalzes saurer brommaleïnsaurer Baryt erhalten wird.

Die Analyse der aus Fumarylchlorid dargestellten Bibrombernsteinsäure gab folgende Resultate:

1) 0,4945 Grm. gaben 0,3124 Grm. Kohlensäure und 0,0664 Grm. Wasser.
   0,7488 Grm. (mit Natriumamamalgam zersetzt) gaben 1,0137 Grm. Bromsilber und 0,0027 Grm. Silber.
2) 0,7584 Grm. gaben 0,4834 Grm. Kohlensäure und 0,1046 Grm. Wasser.

| | Berechnet | | Gefunden | |
|---|---|---|---|---|
| | | | 1) | 2) |
| $C_4$ | 48 | 17,39 | 17,24 | 17,38 |
| $H_4$ | 4 | 1,45 | 1,49 | 1,53 |
| $Br_2$ | 160 | 57,99 | 57,85 | — |
| $O_4$ | 64 | 23,17 | — | — |
| | 276 | 100,00. | | |

Ich habe außerdem noch festgestellt, daß das Bibromsuccinylchlorid von Alkohol leicht zersetzt wird und daß so krystallisirbarer Bibrombernsteinsäureäther entsteht, der in allen Eigenschaften mit demjenigen identisch ist, den ich früher aus Bibrombernsteinsäure dargestellt hatte.

Das Bibromsuccinylchlorid kann mit überschüssigem Brom destillirt,

---

[1]) Ann. Chem. Pharm. CXVII. 130 (1861). — Irrtümlich steht dort „CVII". (A.)

oder auch längere Zeit auf 180° erhitzt werden, ohne daß Zersetzung eintritt.

## Maleïnsäureanhydrid.

Das Maleïnsäureanhydrid siedet bei 196° (P e l o u z e fand früher 176°). Es verbindet sich durch directe Addition mit zwei Atomen Brom und erzeugt so einen Körper von der Zusammensetzung des *Bibrombernsteinsäureanhydrids*:

$$C_4H_2O_3 \quad + \quad Br_2 \quad = \quad C_4H_2Br_2O_3$$
Maleïnsäureanhydrid          Bibrombernsteinsäureanhydrid.

Es ist indeß schwer, dieses Additionsproduct in reinem Zustand zu erhalten, weil es durch Hitze Zersetzung erleidet. Erhitzt man Maleïnsäureanhydrid mit trockenem Brom nur kurze Zeit ($^1/_2$ bis $^3/_4$ Stunden) auf 100°, so wird nur wenig Bromwasserstoffsäure erzeugt und man erhält eine gelbe Flüssigkeit, die allmälig krystallinisch erstarrt. Die anhängende Bromwasserstoffsäure kann dadurch entfernt werden, daß man das Product pulvert und längere Zeit mit gebranntem Kalk unter eine Glasglocke stellt. Das trockene Pulver ist in Schwefelkohlenstoff löslich und krystallisirt beim Verdunsten in farblosen Blättchen. Eine Brombestimmung gab 60,08 pC. Brom; die Formel des Bibrombernsteinsäureanhydrids verlangt 62,01 pC.

Das Bibrombernsteinsäureanhydrid schmilzt unter 100°. Wenn es in einer zugeschmolzenen Röhre auf 180° erhitzt wird, so erleidet es Zersetzung; es entsteht Bromwasserstoffsäure und eine krystallisirbare Substanz von der Zusammensetzung des *Brommaleïnsäureanhydrids*, von der später noch die Rede sein wird.

$$C_4H_2Br_2O_3 \quad = \quad HBr \quad + \quad C_4HBrO_3 \,.$$

Bringt man das durch Einwirkung von Brom auf Maleïnsäureanhydrid erhaltene Bibrombernsteinsäureanhydrid mit kaltem Wasser zusammen, so entsteht anfangs eine feste Masse, die sich in etwas mehr Wasser leicht löst. Die Lösung giebt bei freiwilligem Verdunsten eine krystallisirte Säure, welche die Zusammensetzung der Bibrombernsteinsäure besitzt, die aber in den Eigenschaften von der gewöhnlichen Bibrombernsteinsäure völlig verschieden ist. Diese Säure, die ich *Isobibrombernsteinsäure* nennen will, entsteht aus dem gebromten Anhydrid durch directe Vereinigung mit Wasser, und das sie erzeugende Anhydrid muß demnach für Isobibrombernsteinsäureanhydrid angesehen werden.

$$C_4H_2Br_2O_3 \quad + \quad H_2O \quad = \quad C_4H_4Br_2O_4$$
Isobibrombernsteinsäureanhydrid          Isobibrombernsteinsäure.

Behandelt man das durch Einwirkung von Brom auf Maleïnsäureanhydrid erzeugte bromhaltige Anhydrid mit siedendem Wasser, oder dampft man die Lösung der Isobibrombernsteinsäure durch Wärme ein, so wird unter Entwickelung von Bromwasserstoffsäure eine krystallisirte Säure erhalten, welche die Zusammensetzung der *Brommaleïnsäure* zeigt und die ich *Isobrommaleïnsäure* nennen will. Die Bildung dieser Säure erklärt sich aus der Gleichung:

$$\underset{\text{Isobibrombernsteinsäure}}{C_4H_4Br_2O_4} = HBr + \underset{\text{Isobrommaleïnsäure [1]).}}{C_4H_3BrO_4}$$

Bei Einwirkung von Wasser auf das gebromte Anhydrid wird indessen stets, neben der Isobibrombernsteinsäure oder der Isobrommaleïnsäure, eine geringe Menge gewöhnlicher Bibrombernsteinsäure erhalten.

*Isobibrombernsteinsäure.* Diese Säure entsteht, wie eben erwähnt, wenn Isobibrombernsteinsäureanhydrid in kaltem Wasser gelöst und die Lösung bei gewöhnlicher Temperatur der freiwilligen Verdunstung überlassen wird. Man erhält so große, wohl ausgebildete und völlig durchsichtige Krystalle, die in Wasser weit löslicher sind als gewöhnliche Bibrombernsteinsäure.

Bei der Analyse wurden folgende Zahlen erhalten:

0,6679 Grm. gaben 0,4300 Kohlensäure und 0.0934 Grm. Wasser.

0,5109 Grm. (mit Natriumamalgam zersetzt) gaben 0.6876 Grm. Bromsilber und 0.0028 Grm. Silber.

|  |  | Theorie |  | Versuch. |
|---|---|---|---|---|
| $C_4$ | 48 | 17.39 | | 17,56 |
| $H_4$ | 4 | 1.45 | | 1,55 |
| $Br_2$ | 160 | 57.99 | | 57,66 |
| $O_4$ | 64 | 23.17 | | --- |
|  | 276 | 100,00 | | |

Die Isobibrombernsteinsäure zeigt eine sehr bemerkenswerthe Isomerie mit der gewöhnlichen Bibrombernsteinsäure. Beide Säuren unterscheiden sich wesentlich durch ihre physikalischen Eigenschaften, und sie zeigen auch bei den meisten Zersetzungen ein völlig verschiedenes chemisches Verhalten.

Die Isobibrombernsteinsäure schmilzt bei etwa 160° und erleidet bei etwa 180° Zersetzung, indem sie in Bromwasserstoff und Isobrommaleïn-

---

[1]) Irrtümlich steht dort „Isobibrommaleïnsäure". (A.)

säure zerfällt. Dieselbe Zersetzung findet schon statt, wenn die wässerige Lösung der Isobibrombernsteinsäure gekocht oder auch nur im Wasserbad eingedampft wird. Die gewöhnliche Bibrombernsteinsäure erleidet beim Kochen mit Wasser keine Zersetzung; sie wird, wenn man sie in trockenem Zustand erhitzt, völlig zerstört, ohne vorher zu schmelzen.

Wird Isobibrombernsteinsäure in wässeriger Lösung mit Baryt gekocht, so entsteht ein in Warzen krystallisirendes Barytsalz, welches dem durch gleiche Behandlung aus Bibrombernsteinsäure erzeugten brommaleïnsauren Baryt sehr ähnlich sieht, aus dem aber durch Schwefelsäure die mit der Brommaleïnsäure isomere Isobrommaleïnsäure erhalten wird.

Das Silbersalz der Isobibrombernsteinsäure zerfällt dagegen genau wie das Silbersalz der gewöhnlichen Bibrombernsteinsäure. Man erhält, neben Bromsilber, eine saure Flüssigkeit, die nach Neutralisation mit Ammoniak in Chlorcalciumlösung einen weißen krystallinischen Niederschlag hervorbringt, der die Eigenschaften des weinsauren Kalkes besitzt. Er löst sich in Salzsäure und wird aus dieser Lösung durch Ammoniak wieder krystallinisch gefällt. Die Krystalle haben dasselbe Aussehen wie die durch gleiche Behandlung aus gewöhnlicher Bibrombernsteinsäure erhaltenen. Eine Kalkbestimmung gab:

|                                                          | Berechnet | Gefunden |
|----------------------------------------------------------|-----------|-------------|
| Weinsaurer Kalk: $C_4H_4Ca_2O_6$                         | 21.28     | 21.15 pC. Ca. |

0.3201 Grm.. bei 200° getrocknet, gaben 0.2302 Grm. schwefelsauren Kalk.

*Isobrommaleïnsäure.* — Es wurde oben erwähnt, daß die Isobibrombernsteinsäure[1]) beim Erhitzen auf 180° oder auch beim Kochen oder Eindampfen ihrer wässerigen Lösung in Bromwasserstoff und Isobrommaleïnsäure zerfällt. Man kann daher zur Darstellung der Isobrommaleïnsäure auch Isobibrombernsteinsäureanhydrid[2]) direct in Wasser lösen und die Lösung durch Wärme eindampfen.

Die Isobrommaleïnsäure ist in Wasser ausnehmend löslich. Die concentrirte Lösung giebt bei freiwilligem Verdunsten kleine sternförmig vereinigte Prismen. Die Analyse gab folgende Zahlen:

0,7220 Grm. gaben 0.6442 Grm. Kohlensäure und 0,1030 Grm. Wasser.

0.4574 Grm. (mit Natriumamalgam versetzt) gaben 0,4416 Grm. Bromsilber und 0.0035 Grm. Silber.

---

[1]) Irrtümlich steht dort „Isobrombernsteinsäure". (A.)

[2]) Irrtümlich steht dort ‚Isobrombernsteinsäureanhydrid. (A.)

| | Theorie | | Versuch. |
|---|---|---|---|
| $C_4$ | 48 | 24.62 | 24.33 |
| $H_3$ | 3 | 1.54 | 1.58 |
| $Br$ | 80 | 41,02 | 41.64 |
| $O_4$ | 64 | 32,82 | — |
| | 195 | 100,00 | |

Die Isobrommaleïnsäure gleicht im Ansehen völlig der gewöhnlichen Brommaleïnsäure, die, wie ich früher zeigte, aus dem durch Kochen von gewöhnlicher Bibrombernsteinsäure mit Baryt entstehenden sauren brommaleïnsauren Baryt erhalten werden kann. Beide Säuren unterscheiden sich indeß durch den Schmelzpunkt. Die gewöhnliche Brommaleïnsäure schmilzt bei 125° und zersetzt sich bei etwa 150° in Wasser und ein flüchtiges Anhydrid; die Isobrommaleïnsäure dagegen schmilzt erst bei etwa 160°. Ein weiterer Unterschied beider Säuren liegt im Verhalten der Silbersalze. Das Silbersalz der gewöhnlichen Brommaleïnsäure ist so beständig, daß es aus siedendem Wasser umkrystallisirt werden kann. Das Silbersalz der Isobrommaleïnsäure zersetzt sich mit ausnehmender Leichtigkeit beim Kochen mit Wasser.

## Maleïnsäure.

In einer früheren Mittheilung habe ich gezeigt, daß sich die Maleïnsäure wie die mit ihr isomere Fumarsäure direct mit Brom vereinigt und so Bibrombernsteinsäure erzeugt. Ich hatte damals beigefügt: „Aber es entsteht gleichzeitig eine beträchtliche Menge von Bromwasserstoff, während bei Anwendung von Fumarsäure kaum Spuren dieser Säure erhalten werden. Neben der Bibrombernsteinsäure wird noch eine in Wasser löslichere Säure gebildet, deren Untersuchung noch nicht beendigt ist." Obgleich diese Angaben in dem, was eben über die Isobibrombernsteinsäure und die Isobrommaleïnsäure mitgetheilt wurde, schon ihre Erklärung finden, schien es mir dennoch geeignet, den Versuch wieder aufzunehmen.

Wird Maleïnsäure mit Brom nur kurze Zeit auf 100° erhitzt, so entsteht nur ausnehmend wenig Bromwasserstoffsäure. Behandelt man das Product mit kaltem Wasser, so bleibt ein weißes, wenig lösliches Pulver, welches nichts anderes als gewöhnliche Bibrombernsteinsäure ist. Ich habe die Analyse der so dargestellten Säure früher mitgetheilt, und ich habe mich jetzt davon überzeugt, daß sie beim Kochen mit Kalk weinsauren Kalk und beim Kochen mit Baryt sauren brommaleïnsauren Baryt

erzeugt. Neben der Bibrombernsteinsäure erhält man eine in Wasser sehr
lösliche Säure, die in allen Eigenschaften mit der oben beschriebenen
Isobibrombernsteinsäure übereinstimmt und beim freiwilligen Verdunsten
in großen durchsichtigen und wohlausgebildeten Krystallen erhalten
wird. Ich habe mich mit einer Brombestimmung der so dargestellten
Isobibrombernsteinsäure begnügt. Diese gab:

|  | Berechnet | Gefunden |
|---|---|---|
| für $C_4H_4Br_2O_4$ | 57,99 | 58,15 |

0,4348 Grm. (mit Natriumamalgam zersetzt) gaben 0,5896 Grm. Bromsilber und
0,0026 Grm. Silber.

Wird die wässerige Lösung der so erhaltenen Isobibrombernsteinsäure
durch Wärme eingedampft, so entweicht fortwährend Bromwasserstoff
und man erhält die oben beschriebene Isobrommaleïnsäure.

Ich glaube annehmen zu dürfen, daß die Isobibrombernsteinsäure
durch directe Addition von Brom zu Maleïnsäure erzeugt wird. Die
gleichzeitig auftretende Bibrombernsteinsäure verdankt ihre Entstehung
einer Umwandlung der Maleïnsäure in die isomere Fumarsäure, die sich
dann durch Addition mit Brom vereinigt. Man weiß in der That, daß
diese Umwandlung der Maleïnsäure zu Fumarsäure sehr leicht durch Einwirkung von Jodwasserstoff oder von Bromwasserstoff erfolgt. Ich habe
diese Thatsache früher erwähnt und seitdem durch wiederholte Versuche
bestätigt.

Da, wie ich weiter unten zeigen will, die Citraconsäure bei Behandeln mit Jodwasserstoff nicht in Itaconsäure, sondern in die isomere
Mesaconsäure umgewandelt wird, lag die Vermuthung nahe, die durch
Einwirkung von Jodwasserstoff auf Maleïnsäure entstehende Säure
könne eine dritte, der Fumarsäure isomere und der Mesaconsäure entsprechende Säure sein. Der Versuch hat indeß gezeigt, daß sie mit der
gewöhnlichen Fumarsäure identisch ist.

Es schien mir endlich von Interesse, zu versuchen, ob durch Einwirkung von Salpetersäure auf Maleïnsäure diese der Mesaconsäure entsprechende dritte Säure der Fumarsäuregruppe erhalten werden könne.
Der Versuch lehrte, daß die Maleïnsäure beim Kochen mit verdünnter
Salpetersäure wirklich eine moleculare Umwandlung erleidet, durch
welche eine in Wasser wenig lösliche Säure erzeugt wird. Diese Säure ist
indeß nichts anderes als gewöhnliche Fumarsäure.

# V. Citraconsäure, Mesaconsäure, Citraconsäureanhydrid

Die Itaconsäure vereinigt sich, wie ich früher zeigte, direct mit Wasserstoff oder mit Brom. Sie erzeugt so Brenzweinsäure und Bibrombrenzweinsäure. Die so erhaltene Brenzweinsäure ist identisch mit der bei trockener Destillation der Weinsäure entstehenden Säure. Die Bibrombrenzweinsäure zerfällt beim Kochen ihrer Salze. Durch Zersetzung des Natronsalzes erhält man Aconsäure:

$$\underset{\text{Bibrombrenzweinsäure}}{C_5H_6Br_2O_4} \quad = \quad 2\,HBr \quad + \quad \underset{\text{Aconsäure.}}{C_5H_4O_4}$$

Es schien mir von Interesse, die beiden mit der Itaconsäure isomeren Säuren: die Citraconsäure und die Mesaconsäure, in ähnlicher Richtung zu untersuchen.

## *Citraconsäure.*

Erhitzt man Citraconsäure mit concentrirter Jodwasserstoffsäure einige Zeit auf 100°, so scheidet sich eine in Wasser wenig lösliche Säure aus, die durch mehrmaliges Umkrystallisiren aus siedendem Wasser in kleinen weißen Krystallen erhalten wird, welche alle Eigenschaften der Mesaconsäure besitzen.

0,3010 Grm. gaben 0,5058 Grm. Kohlensäure und 0,1298 Grm. Wasser.

|        |     | Berechnet | Gefunden |
| ------ | --- | --------- | -------- |
| $C_5$  | 60  | 46,15     | 45,82    |
| $H_6$  | 6   | 4,62      | 4,79     |
| $O_4$  | 64  | 49.23     | —        |
|        | 130 | 100,00    |          |

Stellt man Citraconsäure einige Zeit mit Natriumamalgam und Wasser zusammen, so geht sie durch directe Aufnahme von zwei Atomen Wasserstoff in *Brenzweinsäure* über, die aus dem erhaltenen Natronsalz nach der Methode, die ich früher gelegentlich der Itaconsäure angab, leicht dargestellt werden kann. Ich will bei der Gelegenheit erwähnen, daß die Brenzweinsäure mit ausnehmender Leichtigkeit Brenzweinsäureäther erzeugt. Zersetzt man nämlich das durch Einwirkung von Natriumamalgam erhaltene Natronsalz mit überschüssiger Salzsäure und fügt man zur concentrirten Lösung Alkohol, ehe alle Salzsäure verdampft ist, so wird Brenzweinsäureäthyläther erzeugt.

Die aus Citraconsäure dargestellte Brenzweinsäure schmolz bei 114°; sie gab bei der Analyse folgende Zahlen:

1)   0,1791 Grm. gaben 0,2966 Grm. Kohlensäure und 0,0966 Grm. Wasser.
2)   0.4020 Grm. gaben 0.6656 Grm. Kohlensäure und 0,2227 Grm. Wasser.

| | | Berechnet | Gefunden | |
|---|---|---|---|---|
| | | | 1) | 2) |
| $C_5$ | 60 | 45,45 | 45,16 | 45,15 |
| $H_8$ | 8 | 6,06 | 6,00 | 6,15 |
| $O_4$ | 64 | 48,49 | — | — |
| | 132 | 100,00 | | |

Da beide Bestimmungen den Kohlenstoff etwas zu niedrig ergaben, habe ich noch das Kalksalz der so dargestellten Brenzweinsäure analysirt.

0.3518 Grm. gaben 0.4498 Grm. Kohlensäure und 0.1178 Grm. Wasser.
0.3018 Grm. gaben 0.2395 Grm. schwefelsauren Kalk.

| | | Berechnet | Gefunden |
|---|---|---|---|
| $C_5$ | 60 | 35,29 | 34.86 |
| $H_6$ | 6 | 3,53 | 3.72 |
| $Ca_2$ | 40 | 23,53 | 23,34 |
| $O_4$ | 64 | 37,65 | — |
| | 170 | 100,00 | |

Auch bei dieser Bestimmung wurde der Kohlenstoff etwas zu niedrig gefunden. Es scheint demnach, als ob der aus Citraconsäureanhydrid dargestellten Citraconsäure eine wasserstoffärmere Verunreinigung so hartnäckig anhafte, daß sowohl die durch Jodwasserstoff erzeugte Mesaconsäure, als die durch Natriumamalgam gebildete Brenzweinsäure nicht völlig rein erhalten werden.

Die Citraconsäure vereinigt sich, wie die mit ihr isomere Itaconsäure, direct mit zwei Atomen Brom. Das Product hat die Zusammensetzung der zweifach-gebromten Brenzweinsäure; aber es unterscheidet sich durch alle seine Eigenschaften wesentlich von der gleich zusammengesetzten Säure, die aus Itaconsäure erhalten wird. Ich will diese beiden Modificationen der gebromten Brenzweinsäure, um an ihre Abstammung aus Itaconsäure und Citraconsäure zu erinnern, *Itabibrombrenzweinsäure* und *Citrabibrombrenzweinsäure* nennen.

Die Vereinigung der Citraconsäure mit Brom erfolgt schon bei gewöhnlicher Temperatur und unter Freiwerden von Wärme. Hat man nur wenig Wasser zugefügt, so entsteht ein dicker Syrup, der allmälig zu einem Brei feiner Krystalle erstarrt. Da das Product in Wasser ausnehmend löslich ist, so ist seine Reindarstellung mit großem Verlust verbunden.

Die reine Citrabibrombrenzweinsäure ist völlig weiß; sie ist weit löslicher als die Itabibrombrenzweinsäure. Ich habe sie aus wässeriger Lösung niemals in deutlichen Krystallen erhalten können. Einmal erhielt ich krystallinische Krusten. Gewöhnlich kann die Lösung, selbst durch freiwilliges Verdunsten, bis zur Syrupconsistenz concentrirt werden, ohne zu krystallisiren; und sie verwandelt sich dann allmälig in blumenkohlartige Massen, die aus mikroscopischen Krystallen bestehen. Auch in Aether und Alkohol ist die Säure ausnehmend löslich.

Bei der Analyse wurden folgende Zahlen erhalten:

1) 0.7920 Grm. gaben 0.5906 Grm. Kohlensäure und 0,1498 Grm. Wasser.
   0.4944 Grm. (mit Natriumamalgam zersetzt) gaben 0,6430 Grm. Bromsilber und 0.0034 Grm. Silber.
2) 0,6062 Grm. gaben 0,7956 Grm. Bromsilber und 0 0200 Grm. Silber.

|         |     | Berechnet |       | Gefunden |
|---------|-----|-----------|-------|----------|
|         |     |           | 1)    | 2)       |
| $C_5$   | 60  | 20,69     | 20,33 | --       |
| $H_6$   | 6   | 2.07      | 2,10  | ...      |
| $Br_2$  | 160 | 55,17     | 55.85 | 55,76    |
| $O_4$   | 64  | 22,07     | —     | --       |
|         | 290 | 100,00    |       |          |

Bei Destillation der Citrabibrombrenzweinsäure entweicht viel Bromwasserstoffsäure und es entsteht *Monobromcitraconsäureanhydrid*, welches im Retortenhals krystallinisch erstarrt. Die Zersetzung erfolgt nach der Gleichung:

$$C_5H_6Br_2O_4 \quad = \quad HBr + C_5H_3BrO_3 + H_2O$$

Citrabibrombrenzweinsäure    Monobromcitracon-
                             säureanhydrid.

Ich werde später auf das so erzeugte Anhydrid zurückkommen; will aber hier darauf aufmerksam machen, daß diese Zersetzung der Citrabibrombrenzweinsäure völlig der oben für die homologe Isobibrombernsteinsäure angegebenen analog ist: nur wurde dort, weil das Product nicht der Destillation unterworfen wurde, statt des Anhydrids das zugehörige Hydrat erhalten:

$$C_4H_4Br_2O_4 \quad = \quad HBr \quad + \quad C_4H_3BrO_4$$

Isobibrombernsteinsäure    Isobrommaleïnsäure

Die Citrabibrombrenzweinsäure zersetzt sich leicht, wenn ihre wässerige Lösung bei Gegenwart einer Base gekocht wird. Die entstehenden Zersetzungsproducte sind völlig von denjenigen verschieden, welche die Itabibrombrenzweinsäure bei gleicher Behandlung liefert. Es wird nämlich nur *ein* Atom Brom in Form von Bromwasserstoff eliminirt; gleichzeitig entweicht Kohlensäure und es entsteht eine krystallisirbare Säure von der Zusammensetzung der einfach gebromten *Crotonsäure*.

$$C_5H_6Br_2O_4 \quad = \quad HBr \quad + \quad CO_2 \quad + \quad C_4H_5BrO_2$$

Citrabibrombrenzweinsäure    Bromcrotonsäure.

Es ist für diese Zersetzung völlig gleichgültig, ob auf *ein* Molecul Citrabibrombrenzweinsäure *ein* Aequivalent oder *zwei* Aeq. Base angewandt werden, oder ob man die Base im Ueberschuß einwirken läßt. Die Zersetzung ist nur insofern verschieden, als entweder freie Bromcrotonsäure, oder ein Salz dieser Säure erhalten wird.

Um diese Zersetzung besser verfolgen zu können, habe ich das Kalksalz der Citrabibrombrenzweinsäure dargestellt. Man erhält dieses Salz leicht, wenn man die wässerige Lösung der Säure mit Ammoniak nahezu neutralisirt, zu der noch schwach sauren Lösung eine concentrirte Lösung von Chlorcalcium zufügt und dann Alkohol zusetzt. Bei Anwendung concentrirter Lösungen erhält man ein weißes Krystallpulver; aus verdünnten Lösungen scheiden sich allmälig deutliche Krystalle ab. Das einmal gefällte Kalksalz ist in Wasser nur wenig löslich.

Die Analyse des bei 120° getrockneten Salzes gab folgende Zahlen:

0,5534 Grm. gaben 0,3628 Grm. Kohlensäure und 0,0746 Grm. Wasser.

0,1974 Grm. (mit Natriumamalgam zersetzt) gaben 0.2210 Grm. Bromsilber und 0,0034 Grm. Silber.

0,3842 Grm. gaben 0,1568 Grm. schwefelsauren Kalk.

|  |  | Berechnet | Gefunden |
|---|---|---|---|
| $C_5$ | 60 | 18,29 | 17.88 |
| $H_4$ | 4 | 1,22 | 1.50 |
| $Br_2$ | 160 | 48,78 | 48,90 |
| $Ca_2$ | 40 | 12,19 | 12,00 |
| $O_4$ | 64 | 19.52 | -- |
|  | 328 | 100,00 | |

Wird dieses Kalksalz mit Wasser gekocht, so entweicht viel Kohlensäure und man erhält beim Erkalten der eingedampften Flüssigkeit weiße

Krystallwarzen. Die Lösung dieses Kalksalzes in Wasser, und auch die Mutterlauge, scheiden bei Zusatz von Salzsäure krystallinische Bromcrotonsäure aus. Der citrabibrombrenzweinsaure Kalk zerfällt also nach der Gleichung:

$$\text{C}_5\text{H}_4\text{Br}_2\text{Ca}_2\text{O}_4 \quad = \quad \text{C}_4\text{H}_4\text{BrCaO}_2 \quad + \quad \text{CaBr} \quad + \quad \text{CO}_2$$

Citrabibrombrenzweins. Kalk    Bromcrotonsäure.

Zur Darstellung der Bromcrotonsäure kann man auch die wässerige Lösung der Citrabibrombrenzweinsäure kochen und so lange kohlensaures Natron zufügen, als die Lösung noch sauer reagirt. Aus der concentrirten Flüssigkeit wird dann die Bromcrotonsäure durch Zusatz einer Mineralsäure gefällt und durch Umkrystallisiren aus siedendem Wasser gereinigt.

Die *Bromcrotonsäure* krystallisirt in langen platten Nadeln, die der Benzoësäure sehr ähnlich sehen. Sie schmilzt bei 65° und löst sich leicht in heißem, schwerer in kaltem Wasser. Wird sie mit einer zur Lösung unzureichenden Menge Wasser erhitzt, so schmilzt sie schon unter 50°. Die heiß gesättigte Lösung scheidet während des Erkaltens bei Temperaturen, die höher liegen als 50°, ölförmige Säure aus, die erst allmälig und bisweilen sehr langsam krystallinisch erstarrt. Die Säure besitzt einen eigenthümlichen, an Buttersäure erinnernden Geruch und ist ohne Zersetzung flüchtig.

Die Analyse der Bromcrotonsäure gab folgende Zahlen:

1) 0,3324 Grm. gaben 0,3538 Grm. Kohlensäure und 0,0933 Grm. Wasser.
   0,5358 Grm. (mit Natriumamalgam zersetzt) gaben 0,5970 Grm. Bromsilber und 0,0052 Grm. Silber.
2) 0,4508 Grm. [mit Kalk verbrannt [1])] gaben 0,5122 Grm. Bromsilber und 0,0046 Grm. Silber.

|  | Berechnet | | Gefunden | |
|---|---|---|---|---|
|  |  |  | 1) | 2) |
| $\text{C}_4$ | 48 | 29 09 | 29,02 | — |
| $\text{H}_5$ | 5 | 3,03 | 3,12 | — |
| Br | 80 | 48 48 | 48,13 | 49,10 |
| $\text{O}_2$ | 32 | 19 40 | — | — |
|  | 165 | 100,00 | | |

Läßt man bei Gegenwart von Wasser Natriumamalgam auf Bromcrotonsäure einwirken, so entsteht ein Natronsalz, aus welchem durch

---

[1]) Zu dieser Bestimmung wurde, aus Gründen, die durch das Nachfolgende verständlich werden, gewöhnlicher Aetzkalk angewandt. (Vgl. S. 291 f.)

Destillation mit Schwefelsäure eine flüchtige Säure vom Geruch der Buttersäure erhalten werden kann. Die Analyse des aus dieser Säure dargestellten Silbersalzes zeigt, daß sie auch die Zusammensetzung der Buttersäure besitzt. Die Bildung der Buttersäure bei Einwirkung von Natriumamalgam auf Bromcrotonsäure erklärt sich aus der Gleichung:

$$\text{C}_4\text{H}_5\text{Br}\text{O}_2 \;+\; \text{Na}_2 \;+\; \text{H}_2 \;=\; \text{C}_4\text{H}_7\text{Na}\text{O}_2 \;+\; \text{NaBr}$$

Bromcrotonsäure          Buttersaures Natron.

Man kann annehmen, daß zunächst durch Rückwärtssubstitution Crotonsäure erzeugt wird, und daß diese sich dann additionel mit 2 At. Wasserstoff vereinigt. Diese Umwandlung der Crotonsäure zu Buttersäure hat nichts Ueberraschendes; es ist vielmehr wahrscheinlich, wie ich dieß früher schon andeutete, daß die Crotonsäure und ebenso die mit ihr homologen Säuren, z. B. die Acrylsäure, Angelicasäure u. s. w., die Fähigkeit besitzen, sich durch Addition mit zwei Atomen Wasserstoff zu vereinigen.

### *Mesaconsäure.*

Die Mesaconsäure verhält sich gegen Jodwasserstoff, Natriumamalgam und gegen Brom ganz ähnlich wie die beiden mit ihr isomeren Säuren: Itaconsäure und Citraconsäure.

Wird Mesaconsäure in einer zugeschmolzenen Röhre längere Zeit mit concentrirter Jodwasserstoffsäure auf 140° bis 160° erhitzt, so scheidet sich Jod[1]) ab und es entsteht Brenzweinsäure. Die so erhaltene Brenzweinsäure ist identisch mit gewöhnlicher Brenzweinsäure. Sie schmolz bei 112°,5. Bei der Analyse wurde gefunden:

---

[1]) Diese und ähnliche Reductionsversuche mit Jodwasserstoff gaben Gelegenheit zur Beobachtung eines eigenthümlichen Verhaltens des Quecksilberjodids gegen Schwefelwasserstoff und des Quecksilbersulfids gegen Jodwasserstoff, welches ich nirgends erwähnt finde. Ich hatte nämlich öfters versucht, die überschüssige Jodwasserstoffsäure dadurch zu zerstören, daß ich die Flüssigkeit längere Zeit der Luft aussetzte oder in einer offenen Schale eindampfte. Das freigewordene Jod wurde dann durch Schütteln mit überschüssigem Quecksilber entfernt. Bei geringen Mengen von Jodwasserstoff gab dieß Verfahren das gewünschte Resultat. Bei größeren Mengen aber blieb ein Theil des Jodwasserstoffs unzersetzt, und das durch Wirkung des Quecksilbers auf das freie Jod entstehende Quecksilberjodid löste sich ganz oder theilweise in der noch vorhandenen Jodwasserstoffsäure auf. Als ich dann zur Entfernung des gelösten Quecksilbers Schwefelwasserstoff einleitete, fand ich, daß aus solchen Lösungen kein Schwefelquecksilber gefällt wird.

Versuche, die ich zur Erklärung dieses Verhaltens anstellte, zeigten, daß eine Lösung von Quecksilberjodid in Jodwasserstoff durch Schwefelwasserstoff nur dann

|  | Berechnet |  | Gefunden |
|---|---|---|---|
| $C_5$ | 60 | 45.45 | 45.01 |
| $H_8$ | 8 | 6,06 | 6,06 |
| $O_4$ | 64 | 48.49 | -- |
|  | 132 | 100.00. |  |

0,3662 Grm. gaben 0,6044 Grm. Kohlensäure und 0,1998 Grm. Wasser.

Behandelt man Mesaconsäure bei Gegenwart von Wasser mit Natrium-amalgam, so entsteht *Brenzweinsäure*. Die so dargestellte Brenzwein-säure schmolz bei 114°. Die Analyse gab:

|  | Berechnet |  | Gefunden |
|---|---|---|---|
| $C_5$ | 60 | 45.45 | 45.66 |
| $H_8$ | 8 | 6,06 | 6.10 |
| $O_4$ | 64 | 48,49 | -- |
|  | 132 | 100.00. |  |

0,2210 Grm. gaben 0.3701 Grm. Kohlensäure und 0.1214 Grm. Wasser.

Brom wirkt bei gewöhnlicher Temperatur nicht auf Mesaconsäure ein. Erhitzt man aber auf etwa 60 bis 80°, so findet Addition statt und man erhält eine Säure, die die Zusammensetzung der zweifach-gebromten Brenzweinsäure besitzt. Die aus der Mesaconsäure dargestellte Säure ist verschieden von den zwei isomeren Säuren, die durch gleiche Behand-lung aus Itaconsäure oder Citraconsäure erhalten werden. Ich will sie, um an ihre Bildung aus Mesaconsäure zu erinnern, als *Mesabibrombrenz-weinsäure* bezeichnen.

Die Mesabibrombrenzweinsäure ist in Wasser weit weniger löslich als die Citrabibrombrenzweinsäure; sie ist dagegen löslicher als die Itabi-brombrenzweinsäure. Ich habe sie nie in deutlichen Krystallen erhalten. Durch freiwilliges Verdunsten der Lösung entstehen meist große, halb-durchsichtige harte Warzen.

---

gefällt wird, wenn sie sehr verdünnt ist. In einigermaßen concentrirten Lösungen bewirkt Schwefelwasserstoff keine Fällung. Verdünnt man aber die mit Schwefel-wasserstoff gesättigte Flüssigkeit mit viel Wasser, so scheidet sich Jodquecksilber-Schwefelquecksilber oder Schwefelquecksilber aus.

Umgekehrt wird Quecksilbersulfid von Jodwasserstoffsäure unter Entwicklung von Schwefelwasserstoff gelöst. Diese Zersetzung erfolgt bei sehr concentrirter Jodwasserstoffsäure schon in der Kälte, bei verdünnterer erst beim Erwärmen. Selbst krystallisirtes Quecksilbersulfid wird von Jodwasserstoff in dieser Weise zersetzt.

Bei der Analyse der von zwei verschiedenen Darstellungen herrührenden Säure wurden folgende Resultate erhalten:

1) 0,5398 Grm. gaben 0,4092 Grm. Kohlensäure und 0,0992 Grm. Wasser.
0,3422 Grm. (mit Natriumamalgam zersetzt) gaben 0,4404 Grm. Bromsilber
und 0,0030 Grm. Silber.

2) 0,5286 Grm. gaben 0,3972 Grm. Kohlensäure und 0,1022 Grm. Wasser.
0,6092 Grm. gaben 0,7740 Grm. Bromsilber und 0,0082 Grm. Silber.

| Berechnet | | | Gefunden | |
|---|---|---|---|---|
| | | | 1) | 2) |
| $C_5$ | 60 | 20,69 | 20,67 | 20,49 |
| $H_6$ | 6 | 2,07 | 2.04 | 2.15 |
| $Br_2$ | 160 | 55,17 | 55,42 | 55,07 |
| $O_4$ | 64 | 22,07 | — | — |
| | 290 | 100,00 | | |

Die Mesabibrombrenzweinsäure erleidet beim Kochen ihrer Salze
Zersetzung. Sie zerfällt dabei ähnlich wie die Citrabibrombrenzweinsäure. Es entsteht keine Aconsäure; man erhält vielmehr eine flüchtige
krystallisirbare Säure, die mit der aus Citrabibrombrenzweinsäure dargestellten Bromcrotonsäure identisch zu sein scheint. Die so dargestellte
Bromcrotonsäure schmolz bei 63 bis 64°; eine Brombestimmung gab:

|  | berechnet | gefunden |
|---|---|---|
| $C_4H_5BrO_2$ | 48,48 | 48,77 pC. Br. |

0,2638 Grm. (mit Natriumamalgam zersetzt) gaben 0,2940 Grm. Bromsilber und
0,0048 Grm. Silber.

### Citraconsäureanhydrid.

Ich habe in einer früheren Mittheilung gezeigt, daß aus Citraconsäureanhydrid durch Erhitzen mit Brom in einer zugeschmolzenen Röhre ein
einfach-gebromtes Substitutionsproduct erhalten werden kann. Es schien
mir damals schon, als entstehe zunächst ein Additionsproduct von der
Zusammensetzung des zweifach-gebromten Brenzweinsäureanhydrids,
welches dann bei fortgesetztem Erhitzen oder bei Destillation in Bromwasserstoff und Bromcitraconsäureanhydrid zerfällt. Wiederholte Versuche haben mich in dieser Vermuthung bestärkt; es ist mir indeß nicht
gelungen, das anfangs entstehende Additionsproduct in reinem Zustand
darzustellen.

Das *Bromcitraconsäureanhydrid* zeigt gegen Wasser ein höchst eigenthümliches Verhalten. Es löst sich in kaltem Wasser langsam, in warmem

Wasser rasch auf und erzeugt so *Monobromcitraconsäure*. Es kann indeß
aus siedendem Wasser umkrystallisirt werden, und scheidet sich dann
entweder als krystallinisch erstarrendes Oel, oder, bei verdünnteren
Lösungen, in Form glänzender Blättchen aus.

Die Bromcitraconsäure zerfällt mit ausnehmender Leichtigkeit in
Wasser und Bromcitraconsäureanhydrid. Diese Zersetzung erfolgt schon
beim Eindampfen im Wasserbad, sie findet sogar bei freiwilligem Verdunsten in trockener Luft statt. Dampft man nämlich die wässerige
Lösung der Bromcitraconsäure im Wasserbad ein, so scheidet sich allmälig eine ölartige Flüssigkeit aus, die beim Erkalten krystallinisch erstarrt und alle Eigenschaften des Bromcitraconsäureanhydrids besitzt.
Stellt man eine wässerige Lösung der Bromcitraconsäure unter eine
Glocke über Schwefelsäure, so entsteht eine weiße Krystallmasse, die
nach längerem Stehen alle Eigenschaften des gebromten Anhydrids zeigt.
Sie schmilzt wie dieses bei etwa 95°, besitzt den characteristischen Geruch und ist in kaltem Wasser nur langsam löslich. Die Analyse der so
dargestellten Substanz gab folgende Resultate:

0,6752 Grm. gaben 0,7638 Grm. Kohlensäure und 0,1064 Grm. Wasser.
0,4356 Grm. gaben 0,4220 Grm. Bromsilber und 0,0034 Grm. Silber.

Vergleicht man die aus diesen Bestimmungen hergeleiteten Procentzahlen mit den für Bromcitraconsäure und Bromcitraconsäureanhydrid
berechneten, so bleibt kein Zweifel, daß die Bromcitraconsäure schon
bei gewöhnlicher Temperatur durch Verlust von Wasser in Anhydrid
überzugehen im Stande ist. Man hat nämlich:

|  | Bromcitraconsäure | | | Bromcitraconsäure-anhydrid | | | gefunden |
|---|---|---|---|---|---|---|---|
| $C_5$ | 60 | 28,71 | $C_5$ | 60 | 31,41 | | 30,85 |
| $H_5$ | 5 | 2,39 | $H_3$ | 3 | 1,57 | | 1,75 |
| Br | 80 | 38,28 | Br | 80 | 41,89 | | 41,78 |
| $O_4$ | 64 | 30,62 | $O_3$ | 48 | 25,13 | | — |
|  | 209 | 100,00 | | 191 | 100,00. | | |

Die Existenz der *Bromcitraconsäure* habe ich durch Darstellung
einiger Salze und namentlich durch die Analyse des Silbersalzes festgestellt. Man erhält dieses Silbersalz als weißen, flockigen, rasch krystallinisch werdenden Niederschlag, wenn man die Lösung des Bromcitraconsäureanhydrids zunächst mit Ammoniak neutralisirt und dann salpeter-

saures Silberoxyd zufügt. Die Analyse des bei 100° getrockneten Silbersalzes gab folgende Zahlen:

0,3222 Grm. gaben 0,1672 Grm. Kohlensäure und 0,0224 Grm. Wasser.
0,3930 Grm. gaben 0,2676 Grm. Chlorsilber.

|        |     | berechnet | gefunden |
|--------|-----|-----------|----------|
| $C_5$  | 60  | 14,18     | 14,15    |
| $H_3$  | 3   | 0,71      | 0,78     |
| Br     | 80  | 18,91     | —        |
| $Ag_2$ | 216 | 51,07     | 51,24    |
| $O_4$  | 64  | 15,13     | —        |
|        | 423 | 100,00.   |          |

Ich habe außerdem das Baryt- und das Kalksalz der Bromcitraconsäure dargestellt. Fügt man zu der mit Ammoniak neutralisirten Lösung
des Bromcitraconsäureanhydrids in Wasser Chlorbaryum, so entsteht
anfangs kein Niederschlag, beim Stehen der Flüssigkeit setzen sich aber
allmälig deutliche Krystalle des Barytsalzes ab. Auch Chlorcalciumlösung giebt mit bromcitraconsaurem Ammoniak keinen Niederschlag;
durch Zusatz von Alkohol erhält man ein weißes krystallinisches Kalksalz.

Es wurde oben erwähnt, daß bei Destillation von Citrabibrombrenz-
weinsäure Bromcitraconsäureanhydrid gebildet wird. Man erhält bei
dieser Destillation anfangs ein wässeriges, stark zu Thränen reizendes
Destillat, in welchem sich nach und nach Krystallfilter ansammeln; gegen
Ende der Destillation geht ein krystallinisch erstarrendes Oel über.
Dieses und die erwähnten Krystallfilter sind, nach Schmelzpunkt und
Bromgehalt, Bromcitraconsäureanhydrid.

Ich kann die Aufzählung der Versuche, die ich über die aus der
Citronensäure sich herleitenden Säuren angestellt habe, nicht schließen,
ohne zweier Mittheilungen wenigstens zu erwähnen, die C a h o u r s vor
Kurzem über denselben Gegenstand veröffentlicht hat[1]). Einzelne der
von C a h o u r s angegebenen Thatsachen stimmen vollständig mit den
von mir erhaltenen Resultaten überein; andere stehen mit meinen Versuchen in directem Widerspruch.

Wenn ich diese beiden Mittheilungen nur im Vorübergehen erwähne,
so geschieht dieß einerseits deßhalb, weil es C a h o u r s , im Wider-

---

[1]) Compt. rend. LIV, 175; LIV, 506 (1862) (vgl. S. 74 u. 79 dieses Heftes. *D. R.*)

spruch mit den Grundsätzen, welche die meisten Chemiker in ähnlichen Fällen leiten, für geeignet gehalten hat, über diesen Gegenstand zu arbeiten, sieben Monate nachdem ich meine erste Abhandlung der belgischen Academie mitgetheilt hatte, und drei Monate, nachdem dieselbe durch das Institut in Frankreich bekannt geworden war. Es geschieht außerdem, weil die beiden Mittheilungen von Cahours so wenig in Uebereinstimmung stehen, daß ich nicht im Stande bin, mir eine Ansicht darüber zu bilden, welche Angaben dieses Chemikers wirklich auf durch den Versuch festgestellten Thatsachen beruhen.

So versichert z. B. Cahours in seiner ersten Mittheilung, die krystallisirbare Säure, die durch Zersetzung der Citrabibrombrenzweinsäure (Ac. bibromo-citraconique) entsteht, sei Bibrombuttersäure. Er sagt: „die Analyse weist ihr die Zusammensetzung: $C_4H_6Br_2O_2$ an“; er fügt bei: „dieses gebromte Product besitzt nicht nur die Zusammensetzung, sondern auch die Eigenschaften der Bibrombuttersäure, wie ich mich dadurch überzeugen konnte, daß ich diese Säure durch Einwirkung von Brom auf Monobrombuttersäure darstellte“.

In Cahours' zweiter Mittheilung hat sich die Säure $C_4H_6Br_2O_2$ in $C_4H_5BrO_2$[1]) verwandelt. Es heißt jetzt: „da mir die Verschiedenheiten, die ich gleich von Anfang durch vergleichendes Studium der Eigenschaften dieses Körpers und der Bibrombuttersäure beobachtete, Zweifel über seine Zusammensetzung gelassen hatte u. s. w.“. „Der Irrthum rührte davon her, daß unreiner Kalk zur Brombestimmung verwendet worden war“. — Ein Irrthum von 16,5 pC.![2])

Nichts destoweniger wird die Existenz einer Säure von der Zusammensetzung $C_4H_6Br_2O_2$ aufrecht erhalten; aber diese Säure ist nicht identisch, sie ist nur isomer mit Bibrombuttersäure.

Wenn Cahours ferner angiebt, diese Reactionen wiederholten sich in derselben Weise, wenn statt der Citraconsäure die mit ihr isomere Itaconsäure angewandt werde, so ist dieß vollständig irrig. Diese Angabe zeigt nur, daß der französische Chemiker die Versuche, von denen er spricht, nicht ausgeführt hat[3]).

---

[1]) Cahours, dem, wie es scheint, die Existenz der von Schlippe 1858 entdeckten Crotonsäure unbekannt ist, nennt diese Säure: ac. propyllylique monobromé.

[2]) Vgl. die Brombestimmung S. 285, Nr. 2.

[3]) Nachdem Cahours seine erste Mittheilung veröffentlicht hatte, habe ich der Pariser Academie eine Note eingeschickt, in der ich zunächst die Form von

# VI. Wasserstoffaddition durch Zink

Im ersten Abschnitt dieser Mittheilungen[1]) hatte ich darauf aufmerksam gemacht, daß directe Wasserstoffaddition durch Einwirkung von nascirendem Wasserstoff eine verhältnißmäßig selten beobachtete Reaction sei. In der That waren damals nur wenige Fälle der Art bekannt und es waren meistens complicirt zusammengesetzte Körper, deren Beziehungen zu einfacheren Substanzen noch jetzt nicht ermittelt sind, für welche man diese Reaction beobachtet hatte. Als bekannte Fälle hatte ich damals aufgeführt: die Umwandlung von Indigblau in Indigweiß, die Verwandlung von Isatin in Isathyd, von Chinon in Hydrochinon, die entsprechenden Reductionen der Substitutionsproducte dieser Körper, und endlich die von Berthelot beobachtete Ueberführung des Acetylens in Aethylen. Ich hätte diesen Beispielen noch einige andere beifügen können, z. B. die Reduction von Alloxan zu Alloxantin und Dialursäure, die Verwandlung der Parabansäure in Oxalantin u. s. w. Ich halte es für geeignet, jetzt beizufügen, daß die von Zinin[2]) beobachtete Umwandlung des Benzils in Benzoïn in deutschen Journalen zu jener Zeit noch nicht veröffentlicht, in Rußland aber bereits bekannt war. Dagegen glaube ich andererseits die Vermuthung aussprechen zu dürfen, daß Kolbe[3]) seine „neue Versuchsreihe über directe Einführung von Wasserstoff in organische Verbindungen" damals noch nicht begonnen hatte.

Bei allen früheren Wasserstoffadditionen war als Wasserstoffquelle Zink, in den meisten Fällen bei Gegenwart einer verdünnten Mineralsäure, in Anwendung gebracht worden; nur Kolbe hatte sich, wie ich, des Natriumamalgams bedient. Dieses letztere Reagens ist seitdem von vielen Chemikern mit Erfolg zu entsprechenden Reactionen verwandt

Cahours' Mittheilung rügte und dann zeigte, daß dem französischen Chemiker meine Arbeit bekannt war, obgleich er sie nicht erwähnt hatte. Die Academie hat es für geeignet gehalten, diese Note nicht in ihre Comptes rendus aufzunehmen, sondern einfach, und zwar als „Prioritätsreclamation" anzukündigen. Eine Erwiderung von Cahours wurde dann in vollem Umfange abgedruckt. Eine zweite Note von mir, in welcher ich die Widersprüche in Cahours' beiden Mittheilungen darlegte, hatte das Schicksal der ersten.
Ich führe dieß Verfahren an, ohne eine Bemerkung beizufügen.
[1]) Ann. Chem. Pharm. Suppl. I, 129 (1861); vgl. auch Zeitschr. f. Chem. u. Pharm. 1861, 260; Bulletin de l'Acad. belge 12. Jan. 1861. — Vgl. S. 187.   (A.)
[2]) Ann. Chem. Pharm. CXIX, 179 (1861).
[3]) Ebendaselbst CXVIII, 122 (1861).

worden. So hat F o s t e r[1]) aus Piperinsäure die Hydropiperinsäure dargestellt; W u r t z[2]) hat Aethylenoxyd und den mit diesem isomeren Aldehyd in Alkohol umgewandelt; F r i e d e l[3]) hat Bittermandelöl in Benzylalkohol übergeführt; er hat ferner Baldrianaldehyd und Aceton in gleicher Weise behandelt und aus letzterem Propylalkohol gewonnen;
E r l e n m e y e r und A l e x e j e f f[4]) haben aus Zimmtsäure eine wasserstoffreichere Säure dargestellt; und endlich hat L i n n e m a n n gezeigt,
daß einzelne Zuckerarten durch Wasserstoffaufnahme Mannit bilden.

Nachdem ich an der Fumarsäure und Maleïnsäure, an der Itaconsäure, Citraconsäure und Mesaconsäure die directe Wasserstoffaddition
durch Einwirkung von Natriumamalgam beobachtet hatte, habe ich verschiedene andere Substanzen der Einwirkung desselben Reagens ausgesetzt. Ich werde die gewonnenen Resultate später mittheilen, will nur
jetzt schon bemerken, daß ich mit Aconitsäure und mit einigen Allylverbindungen Versuche angestellt habe.

Ich habe weiter versucht, das Natriumamalgam durch andere Substanzen, namentlich durch Zink zu ersetzen. Diese letzteren Versuche
haben gezeigt, daß bei directer Einwirkung von Zink auf die aus der
Aepfelsäure oder der Citronensäure sich herleitenden Säuren keine Wasserstoffaddition stattfindet. So löst z. B. die Fumarsäure Zink unter
Wasserstoffentwickelung auf, um fumarsaures Zink zu erzeugen. Da indeß bei diesen Versuchen der nascirende Wasserstoff unter völlig verschiedenen Bedingungen zur Wirkung kommt, insofern die Lösung bei
Einwirkung von Zink sauer, bei Einwirkung von Natriumamalgam dagegen alkalisch ist, so habe ich den Versuch in der Weise umgeändert,
daß ich Fumarsäure mit überschüssiger Kalilauge unter gelindem Erwärmen auf Zink einwirken ließ. Nach kurzer Zeit war das fumarsaure
Salz in bernsteinsaures Salz übergegangen.

Es scheint demnach, als fände, bei diesen Säuren wenigstens, die
Wasserstoffaddition in saurer Lösung nicht statt, aber als erfolge sie in
alkalischer Lösung stets, gleichgültig durch welches Metall der Wasserstoff in Freiheit gesetzt wird. Dasselbe Verhalten hat B e r t h e l o t bekanntlich auch für das Acetylen beobachtet.

[1]) Journal of the Chem. Soc. XV, 17 (Jan. 1862).
[2]) Compt. rend. LIV, 277, 915 (1862) (Ann. Chem. Pharm. CXXII, 358 (1862) u.
CXXIII. 140 (1862)).
[3]) Bulletin Soc. Chim. 1862, S. 18 u. 42.
[4]) Ann. Chem. Pharm. CXXI, 375 (1862).

Diese Versuche werfen einiges Licht auf den Vorgang bei solchen Wasserstoffadditionen. Man kann sich nämlich die Reaction in zweierlei Weise erklären. Man kann entweder annehmen, die wasserstoffärmere Säure addire sich direct zu Metall, um so das Salz der wasserstoffreicheren Säure zu erzeugen; oder man kann annehmen, der Wasserstoff trete, anstatt frei zu werden, in das Salz der wasserstoffärmeren Säure ein. Die Versuche sprechen zu Gunsten der letzteren Auffassung.

---

## VII. Betrachtungen über einige Fälle von Isomerie.[1])

Die Verschiedenheit procentisch gleich zusammengesetzter Substanzen kann entweder darauf beruhen, daß die qualitativ gleich zusammengesetzten Molecule eine verschiedene Anzahl von Atomen enthalten; oder auch darauf, daß innerhalb der durch gleichviel Atome gebildeten Molecule eine andere Anordnung der Atome stattfindet. In der That finden die meisten Fälle von *Isomerie* und besonders die Isomerieen der genauer erforschten Substanzen ihre Erklärung in *Polymerie* oder in *Metamerie*.

Zu den Fällen von Isomerie, über deren Ursache man sich seither keine Rechenschaft zu geben im Stande war, gehören unter anderen auch die Isomerie der Fumarsäure mit der Maleïnsäure und ebenso die Isomerie der Itaconsäure, Citraconsäure und Mesaconsäure. Es scheint mir nun, als könne aus den Versuchen, die im thatsächlichen Theil dieser Abhandlung zusammengestellt sind, eine Ansicht hergeleitet werden, die von der Ursache der Isomerie dieser Säuren, und ebenso einer Anzahl ähnlich zusammengesetzter Substanzen, eine ziemlich befriedigende Vorstellung giebt.

Zur Erleichterung des Verständnisses dieser Ansichten mag es gestattet sein, zunächst einige der hierauf bezüglichen Thatsachen zusammenzustellen. Von der Aepfelsäure leiten sich durch Wasserverlust *zwei* isomere Säuren her, die durch die gemeinschaftliche Formel $\Theta_4H_4\Theta_4$ ausgedrückt werden. Die homologe Formel $\Theta_5H_6\Theta_4$ drückt die Zusammensetzung der *drei* isomeren Säuren aus, die durch Zersetzung der Citronensäure erhalten werden können. Man hat:

---

[1]) Vgl. S. 221: Bull. Acad. Roy. Belg. [2] 13, 363—368 (Séance du 5 avril 1862).

Fumarsäure $C_4H_4O_4$     $C_5H_6O_4$ Itaconsäure
Maleïnsäure    „       „    Citraconsäure
                                  „    Mesaconsäure.

Es muß dabei zunächst auffallen, daß die erste isomere Gruppe nur aus *zwei*, die mit ihr homologe Säuregruppe dagegen aus *drei* isomeren Gliedern gebildet ist; und es wird gerade deßhalb schwer zu entscheiden sein, welche Glieder dieser homologen Säuregruppen sich eigentlich entsprechen. Die Citraconsäure kann mit Sicherheit als das der Maleïnsäure entsprechende Glied angesehen werden; beide sind fähig Anhydride zu bilden, die durch Wasseraufnahme wieder in dieselbe Säure übergehen. Die Itaconsäure scheint in mancher Hinsicht der Fumarsäure analog. Die Fumarsäure repräsentirt aber gleichzeitig auch die Mesaconsäure; sie entsteht aus der Maleïnsäure durch Einfluß derselben Reagentien, durch welche die Citraconsäure in Mesaconsäure übergeführt wird.

Die *zwei* isomeren Säuren $C_4H_4O_4$ unterscheiden sich von der Bernsteinsäure nur durch zwei Atome Wasserstoff, die sie weniger enthalten. Die *drei* isomeren Abkömmlinge der Citronensäure $C_5H_6O_4$ stehen in derselben Beziehung zu der mit der Bernsteinsäure homologen Brenzweinsäure.

Die isomeren Säuren $C_4H_4O_4$ und ebenso die Säuren $C_5H_6O_4$ zeigen die characteristische Eigenschaft, sich ausnehmend leicht, durch directe Addition, mit zwei Atomen Wasserstoff zu vereinigen. Die ersteren erzeugen so Bernsteinsäure, die letzteren Brenzweinsäure; und es ist besonders bemerkenswerth, daß die *zwei* Modificationen der Säure $C_4H_4O_4$ dieselbe Bernsteinsäure erzeugen, und daß aus den *drei* isomeren Säuren $C_5H_6O_4$ dieselbe Brenzweinsäure erhalten wird.

Ebenso wie mit Wasserstoff verbinden sich die in Rede stehenden Säuren auch direct durch einfache Addition mit Brom. Aber während die durch Wasserstoffaddition erzeugten Substanzen identisch sind, gleichgültig aus welcher isomeren Modification sie erhalten wurden, finden im Gegentheil für die durch Bromaddition entstandenen Producte characteristische Verschiedenheiten statt. Jede der *zwei* isomeren Säuren $C_4H_4O_4$ und jede der *drei* isomeren Säuren $C_5H_6O_4$ erzeugt eine eigenthümliche, ihr entsprechende bromhaltige Säure. Man hat nämlich:

Fumarsäure   $C_4H_4O_4$ giebt $C_4H_4Br_2O_4$ Bibrombernsteinsäure
Maleïnsäure    „      „      „       Isobibrombernsteinsäure
Itaconsäure   $C_5H_6O_4$    „   $C_5H_6Br_2O_4$ Itabibrombrenzweinsäure
Citraconsäure    „      „      „       Citrabibrombrenzweinsäure
Mesaconsäure    „      „      „       Mesabibrombrenzweinsäure.

Alle diese Thatsachen finden, wie mir scheint, bis zu einem gewissen Grad ihre Erklärung in den folgenden Betrachtungen.

Die Bernsteinsäure und die mit ihr homologe Brenzweinsäure können nach den Ansichten über die Atomigkeit der Elemente, die ich vor längerer Zeit mitgetheilt habe, als geschlossene Molecule betrachtet werden; das heißt alle Verwandtschaftseinheiten der das Molecul zusammensetzenden Atome sind durch andere Atome gesättigt. Beide Säuren enthalten zwei Atome durch Radicale vertretbaren Wasserstoffs, weil zwei Atome Wasserstoff nur durch Vermittlung des Sauerstoffs mit der Kohlenstoffgruppe vereinigt sind. Diese beiden durch Radicale vertretbaren (typischen) Wasserstoffatome werden leicht durch Metalle ersetzt, weil außer den zwei Atomen typischen, d. h. nur durch die eine seiner zwei Verwandtschaftseinheiten mit dem Kohlenstoff verbundenen, Sauerstoffs noch zwei weitere Atome Sauerstoff vorhanden sind, die durch beide Verwandtschaftseinheiten an den Kohlenstoff gebunden sind, die also in der Ausdrucksweise der Typentheorie dem Radical angehören.

Wenn man diese beiden Wasserstoffatome in Abzug bringt, wie dieß die typischen Formeln

$$\left.\begin{array}{c} \mathrm{C_4H_4O_2} \\ \mathrm{H_2} \end{array}\right\} O_2 \qquad \left.\begin{array}{c} \mathrm{C_5H_6O_2} \\ \mathrm{H_2} \end{array}\right\} O_2$$

Bernsteinsäure          Brenzweinsäure

schon thun, und wie es deutlicher noch aus der graphischen Darstellung hervorgeht, der ich mich an einem anderen Ort mehrfach bedient habe: so sieht man leicht, daß in der Bernsteinsäure noch *vier*, in der Brenzweinsäure noch *sechs* Atome Wasserstoff vorhanden sind. Dieser in der Ausdrucksweise der Typentheorie dem Radical angehörige Wasserstoff ist nach der Theorie der Atomigkeit der Elemente direct mit dem Kohlenstoff verbunden, und zwar so, daß stets zwei Atome Wasserstoff an dasselbe Kohlenstoffatom angelagert sind.

Nimmt man nun an, daß in der einen oder anderen dieser beiden normalen Säuren zwei solche Wasserstoffatome fehlen, so hat man einerseits die Zusammensetzung der Fumarsäure und der Maleïnsäure, andererseits die Formel der Itaconsäure, Citraconsäure und Mesaconsäure. Da nun in der Bernsteinsäure *zwei* Paare solcher an den Kohlenstoff gebundenen Wasserstoffatome vorhanden sind, so sieht man die Möglichkeit der Existenz *zweier* wasserstoffärmeren Säuren ein, je nachdem das eine oder das andere dieser Wasserstoffpaare fehlt. Für die Brenzweinsäure versteht man ebenso die Existenz von *drei* isomeren wasserstoffärmeren Säuren, je nachdem das eine oder das andere der *drei* Paare von Wasserstoffatomen, die in dem Molecul der normalen Substanz direct an den Kohlenstoff gebunden sind, nicht vorhanden ist.

An der Stelle des Moleculs, wo die beiden Wasserstoffatome fehlen, sind zwei Verwandtschaftseinheiten des Kohlenstoffs nicht gesättigt; es ist an der Stelle gewissermaßen eine Lücke[1]). Daraus erklärt sich die ausnehmende Leichtigkeit, mit welcher solche gewissermaßen lückenhafte Substanzen sich durch Addition mit Wasserstoff oder mit Brom vereinigen. Die freien Verwandtschaftseinheiten des Kohlenstoffs haben ein Bestreben sich zu sättigen und so die Lücke auszufüllen.

Bringt man an diese freien Stellen Wasserstoff, so sind alle Kohlenstoffatome im Inneren des Moleculs an dasselbe Element, an Wasserstoff, gebunden; man sieht keinerlei Grund für die Existenz verschiedener Modificationen der so erhaltenen normalen Substanzen ein. In der That kennt man bis jetzt nur Eine Bernsteinsäure und nur Eine Brenzweinsäure.

Setzt man dagegen an dieselben freien Stellen Brom, so ist der Kohlenstoff im Inneren des Moleculs zum Theil an Wasserstoff, zum Theil an Brom gebunden; und es ist dann leicht einzusehen, daß verschiedene Modificationen solcher bromhaltigen Säuren existiren müssen, je nachdem sich das Brom an der einen oder anderen Stelle befindet. Man sieht weiter leicht, daß aus jeder Modification einer wasserstoffärmeren Säure sich durch Bromaddition eine ihr entsprechende Modification der bromhaltigen Säure erzeugen muß. Man kann ferner voraussagen, daß aus den verschiedenen Modificationen einer bromhaltigen Säure durch Rückwärtssubstitution dieselbe normale Säure entstehen wird.

Ich habe es aus mehrfachen Gründen, namentlich um allgemein verständlich zu sein, vorgezogen, bei diesen Betrachtungen alle s. g. rationellen Formeln zu vermeiden. Es ist an sich einleuchtend, daß diese und ähnliche Ansichten, die sich aus der Theorie der Atomigkeit der Elemente herleiten, in der mannigfaltigsten Weise durch Formeln ausgedrückt werden können, wie dieß in ähnlichen Fällen in neuerer Zeit von vielen Chemikern, wie mir scheint nicht gerade zur Erleichterung des Verständnisses, gethan worden ist. Ich halte es sogar für geeignet,

---

[1]) Man kann natürlich eben so gut annehmen, die Kohlenstoffatome seien an der Stelle gewissermaßen zusammengeschoben, so daß zwei Kohlenstoffatome sich durch je zwei Verwandtschaftseinheiten binden. Es ist dieß nur eine andere Form für denselben Gedanken.

diese Betrachtungen, obgleich sie einer ziemlich allgemeinen Anwendung fähig sind, für den Augenblick nicht weiter auszudehnen, weil ich mir nicht den Vorwurf zuziehen möchte, ich lasse mich allzuweit durch grundlose Hypothesen hinreißen; ein Vorwurf, der so lange für begründet gehalten werden könnte, als die Theorie der Atomigkeit nicht im Zusammenhang dargelegt worden ist.

Ich will indeß jetzt schon beifügen, daß dieselben Ansichten auch von der Existenz der verschiedenen Modificationen der Weinsäure eine gewisse Rechenschaft geben; und daß man bei etwas weiterem Ausdehnen dieser Ansichten sogar die Möglichkeit isomerer Modificationen einsieht, bei welchen die Stellung der Atome im Molecul so weit gleich ist, daß die chemischen Eigenschaften dieselben sein müssen, bei denen aber dennoch eine gewisse Verschiedenheit der Anordnung der Atome stattfindet, aus welcher sich vielleicht später jene merkwürdigen Erscheinungen der Moleculardissymetrie werden erklären lassen, die gerade die Weinsäure in so auffallendem Maße zeigt.

Ich kann diese Abhandlung nicht schließen, ohne meinem Assistenten, Herrn E. L i n n e m a n n , für die werthvolle Hülfe zu danken, die er mir bei Ausführung der beschriebenen Versuche geleistet hat.

## Untersuchungen über organische Säuren;
### von Aug. Kekulé.

A. 130, 1—30 (Heft I, ausgegeb. 27. 4. 1864).

## VIII. Nebenproducte der Einwirkung von Brom auf Bernsteinsäure.

Bei der Darstellung der Bibrombernsteinsäure durch Erhitzen von Bernsteinsäure mit Brom und Wasser wird, wie ich in einem früheren Abschnitt dieser Mittheilungen erwähnte[1]), eine beträchtliche Menge von Nebenproducten erhalten, die alle in Wasser weit löslicher sind, als die Bibrombernsteinsäure. Unter diesen Nebenproducten habe ich verschiedene wohlcharacterisirte Säuren aufgefunden, von welchen ich hier zunächst drei beschreiben will. Die eine hat die Zusammensetzung der zweifach-gebromten Maleïnsäure und mag *Bibrommaleïnsäure* genannt

---

[1]) Diese Annalen Supplementbd. I, 354 (1861).

werden. Die beiden anderen haben die Formel der einfach-gebromten Maleïnsäure, sie sind isomer mit den zwei Säuren, die ich früher als Monobrommaleïnsäure und als Isobrommaleïnsäure beschrieben habe; ich will sie vorläufig als *Metabrommaleïnsäure* und *Parabrommaleïnsäure* bezeichnen.

In Betreff der Darstellung dieser Säuren beschränke ich mich auf wenige Angaben, da mir eine ausführliche Beschreibung der systematischen Krystallisationen, durch welche jene Nebenproducte getrennt wurden, nicht geeignet erscheint.

Bei der Bereitung der Bibrombernsteinsäure hatte ich den halbfesten Röhreninhalt mit Wasser zerrieben und die feste Bibrombernsteinsäure von dem flüssigen Theil getrennt. Die so erhaltene Flüssigkeit wurde dann zur Hälfte eingedampft, die beim Erkalten ausfallenden Krystalle wurden weggenommen, die Mutterlauge wieder zur Hälfte eingedampf, u. s. f. Jede der so erhaltenen Krystallisationen wurde wieder in siedendem Wasser gelöst und durch allmäliges Eindampfen und wiederholtes Erkaltenlassen in verschiedene Fractionen zerlegt, die dann nochmals einer fractionirenden Krystallisation unterworfen wurden, u. s. w. In welchen Krystallisationen die zu beschreibenden Säuren enthalten waren, wird wohl am Einfachsten verständlich, wenn ich die Bezeichnungen angebe, deren ich mich während der Versuche bediente: die Metabrommaleïnsäure findet sich wesentlich in der Krystallisation A. IV. b; die Parabrommaleïnsäure in den Krystallen A. III. c. β.

Während des Eindampfens dieser Flüssigkeiten entweicht, namentlich wenn dieselben einigermaßen concentrirt geworden sind, viel Bromwasserstoffsäure und außerdem Bibrommaleïnsäure, die mit den Wasserdämpfen flüchtig ist. Ich habe daher die Concentration der letzten Mutterlauge in einer Retorte vorgenommen und die überdestillirende Flüssigkeit auf Bibrommaleïnsäure verarbeitet.

### Bibrommaleïnsäure.

Die Bibrommaleïnsäure findet sich, wie oben erwähnt, neben viel Bromwasserstoffsäure, in der bei der Concentration der letzten Mutterlaugen überdestillirenden Flüssigkeit. Da dieses Destillat außer der Bibrommaleïnsäure keinen anderen festen Körper enthält, so kann die Säure durch freiwilliges Verdunsten daraus gewonnen werden. Die größte Menge der zu meinen Versuchen verwendeten Säure war auf diese Weise dargestellt. Ich hatte die Flüssigkeit über gebrannten Kalk und Schwefelsäure unter eine Glasglocke gestellt und mehrere Monate sich selbst überlassen. Nach vollständigem Verdunsten fanden sich feine, zu großen Halbkugeln vereinigte Nadeln von reiner Bibrommaleïnsäure. Da die Säure in Aether sehr löslich ist, so kann man auch das wässerige Destillat mit Aether schütteln, die Aetherlösung abheben und verdunsten; man erhält so dieselben Krystalle.

Die Bibrommaleïnsäure bildet weiße, zu Warzen vereinigte, etwas biegsame Nadeln. Sie ist in Wasser, Alkohol und Aether ausnehmend löslich. Sie schmilzt bei 112° und destillirt bei stärkerer Hitze, wie es scheint ohne Zersetzung zu erleiden. Mit Wasserdämpfen ist sie leicht flüchtig.

Die Analyse gab folgende Zahlen:

1) 0,4830 Grm. gaben 0,3054 Grm. Kohlensäure und 0,0394 Grm. Wasser.
   0,4052 Grm., mit Natriumamalgam zersetzt, gaben 0,5566 Grm. Bromsilber und 0,0030 Grm. Silber.
2) 0,3756 Grm. gaben 0,2363 Grm. Kohlensäure und 0,0302 Grm. Wasser.
   0,3768 Grm. gaben 0,5176 Grm. Bromsilber und 0.0032 Grm. Silber.

|         | berechnet |         | gefunden |        |
|---------|-----------|---------|----------|--------|
|         |           |         | 1)       | 2)     |
| $C_4$   | 48        | 17,52   | 17,24    | 17,15  |
| $H_2$   | 2         | 0,73    | 0,90     | 0,89   |
| $Br_2$  | 160       | 58,39   | 58,98    | 59,08  |
| $O_4$   | 64        | 23,36   | —        | —      |
|         | 274       | 100,00. |          |        |

Von den Salzen der Bibrommaleïnsäure habe ich bis jetzt nur das Silbersalz und das Bleisalz untersucht; alle übrigen Salze scheinen in Wasser leicht löslich zu sein.

*Bibrommaleïnsaures Silber.* — Die wässerige Lösung der Bibrommaleïnsäure erzeugt mit salpetersaurem Silberoxyd einen weißen körnigkrystallinischen Niederschlag. Werden verdünnte Lösungen angewandt, so entsteht die Fällung erst allmälig und das Salz setzt sich in feinen glänzenden Nadeln ab. Es ist selbst in siedendem Wasser wenig löslich, löst sich aber in überschüssiger Bibrommaleïnsäure und kann aus der bei seiner Fällung entstehenden Mutterlauge durch Erhitzen und Erkaltenlassen umkrystallisirt werden, ohne daß Bromsilber entsteht.

1) 0,5476 Grm. gaben 0,1990 Grm. Kohlensäure und 0,0060 Grm. Wasser.
   0,4290 Grm., mit Bromwasserstoff gefällt, gaben 0,3163 Grm. Bromsilber und 0,0089 Grm. Silber.
2) 0,1862 Grm. gaben 0,1344 Grm. Bromsilber und 0,0050 Grm. Silber.

| berechnet | | | gefunden | |
|---|---|---|---|---|
| | | | 1) | 2) |
| $C_4$ | 48 | 9,84 | 9,91 | — |
| $Br_2$ | 160 | 32,78 | -- | .. |
| $Ag_2$ | 216 | 44,27 | 44,41 | 44.14 |
| $\Theta_4$ | 64 | 13,11 | -- | — |
| $H_0$ | -- | -- | 0,12 | -- |
| | 488 | 100,00. | | |

Das bibrommaleïnsaure Silber besitzt eine Eigenschaft, die mir nicht ohne Interesse scheint und die, so weit ich weiß, bei stickstofffreien Substanzen nur höchst ausnahmsweise beobachtet worden ist; es explodirt nämlich beim Erhitzen mit starkem Knall und es detonirt beim Schlag mit derselben Heftigkeit wie Knallsilber. Diese Eigenschaft findet bis zu einem gewissen Grad ihre Erklärung in der Zusammensetzung des Salzes; es enthält nämlich geradeauf die Elemente von Bromsilber plus Kohlenoxyd:

$$C_4Br_2Ag_2\Theta_4 = 2\,AgBr + 4\,C\Theta\,.$$

*Bibrommaleïnsaures Blei.* — Bleizucker bringt in wässeriger Bibrommaleïnsäure einen weißen Niederschlag hervor, der sich in überschüssiger Bibrommaleïnsäure und bei Gegenwart von viel Wasser auch in überschüssigem Bleizucker löst. Diese Lösungen werden von Alkohol krystallinisch gefällt. Das Salz löst sich etwas in siedendem Alkohol und scheidet sich beim Erkalten in mikroscopischen Nadeln aus.

1,6882 Grm. des lufttrockenen Salzes verloren bei 100° 0,0736 Grm., es entspricht dieß:                                                             4,36 pC.
Die Formel: $C_4Br_2Pb_2\Theta_4$, $H_2\Theta$ verlangt                          3,62 pC.

Für $1^1/_2$ $H_2\Theta$ berechnen sich 5,33 pC.; das Bleisalz enthält daher wohl 1 Mol. Krystallwasser.

0,3120 Grm. des bei 100° getrockneten Salzes gaben 0,1974 Grm. schwefelsaures Bleioxyd; woraus:
gefunden                                                                43,23 pC. Blei.
Die Formel $C_4Br_2Pb_2\Theta_4$ verlangt                              43,22 pC. Blei.

Das bibrommaleïnsaure Blei explodirt beim Erhitzen: beim Schlag dagegen brennt es ohne Geräusch ab.

Die Bildung der Bibrommaleïnsäure bleibt vorerst unerklärt. Sie kann entweder durch Substitution aus vorher erzeugter Monobrommaleïnsäure entstehen; oder sie kann, was mir wahrscheinlicher scheint,

neben Bromwasserstoffsäure, durch Zersetzung von Tribrombernsteinsäure gebildet werden:

$$C_4H_3Br_3O_4 = HBr + C_4H_2Br_2O_4.$$

### Metabrommaleïnsäure.

Die Darstellung dieser Säure aus den Nebenproducten der Einwirkung von Brom auf Bernsteinsäure wurde oben angedeutet. Sie bildet
völlig farblose und durchsichtige, große, wohlausgebildete Krystalle, die
dem rhombischen System anzugehören scheinen und im Habitus mit den
gewöhnlichen Formen des Schwerspaths einige Aehnlichkeit zeigen. Die
Metabrommaleïnsäure schmilzt bei 126 bis 127°; sie verflüchtigt sich
langsam schon bei 100°; sie ist in Wasser, Alkohol und Aether sehr löslich.

  1)   0,2990 Grm. (über Schwefelsäure getrocknet) gaben 0,2678 Grm. Kohlen-
      säure und 0,0424 Grm. Wasser.

      0.3814 Grm. gaben 0,3604 Grm. Bromsilber und 0,0068 Grm. Silber.

  2)   0,4048 Grm. (bei 100° getrocknet) gaben 0,3624 Grm. Kohlensäure und
      0,0584 Grm. Wasser.

| | berechnet | | gefunden | |
|---|---|---|---|---|
| | | | 1) | 2) |
| $C_4$ | 48 | 24.62 | 24,42 | 24,41 |
| $H_3$ | 3 | 1,54 | 1,57 | 1,60 |
| Br | 80 | 41,02 | 41,52 | — |
| $O_4$ | 64 | 32,82 | — | — |
| | 195 | 100,00. | | |

### Metabrommaleïnsaures Silber.
— Die wässerige Lösung der Meta-
brommaleïnsäure wird von salpetersaurem Silberoxyd nicht gefällt; bei
Zusatz von etwas Ammoniak entsteht ein weißer käsiger Niederschlag,
der sich beim Erhitzen etwas löst, ohne Bromsilber abzuscheiden. Beim
Erkalten fällt nur wenig Salz in undeutlichen Krystallen aus.

  0,5240 Grm. dieses Silbersalzes, mit Bromwasserstoffsäure gefällt, gaben
    0,4660 Grm. Bromsilber und 0,0080 Grm. Silber.

| | berechnet | | gefunden |
|---|---|---|---|
| $C_4$ | 48 | 11,73 | — |
| H | 1 | 0,25 | — |
| Br | 80 | 19,56 | — |
| $Ag_2$ | 216 | 52,81 | 52,62 |
| $O_4$ | 64 | 15,65 | — |
| | 409 | 100,00. | |

*Metabrommaleïnsaures Blei.* — Setzt man zu einer wässerigen Lösung von Metabrommaleïnsäure Bleizucker, so entsteht sogleich ein weißer Niederschlag, der in überschüssiger Säure nicht löslich und schon bei Zusatz des ersten Tropfens der Bleizuckerlösung beständig ist. Wird, ehe überschüssiger Bleizucker zugegen ist, gekocht, so löst sich der Niederschlag nicht auf, aber er wird körniger. Setzt man dagegen überschüssigen Bleizucker zu und kocht dann, so entsteht eine klare Lösung und es scheiden sich beim Erkalten deutliche, meist zu Sternen vereinigte Krystalle ab. In viel überschüssigem Bleizucker ist das Salz selbst in der Kälte löslich.

2,7272 Grm. des lufttrockenen Salzes verloren bei 110° 0,0532 Grm., entsprechend 1,9 pC. Es scheint mir danach wahrscheinlich, daß das Salz kein Krystallwasser enthält; die Formel: $C_4HBrPb_2O_4$, $^1/_2 H_2O$ verlangt 2,2 pC. Wasser.

Die Analyse des bei 110° getrockneten Bleisalzes gab folgende Resultate:

1) 0,6482 Grm. gaben 0,2838 Grm. Kohlensäure und 0,0238 Grm. Wasser.
0,6594 Grm., mit Natriumamalgam zersetzt, gaben 0.3022 Grm. Bromsilber und 0.0054 Grm. Silber.
0,4494 Grm. gaben 0,3398 Grm. schwefelsaures Bleioxyd.
2) 0,4934 Grm. gaben 0,2152 Grm. Kohlensäure und 0,0192 Grm. Wasser.

| | berechnet | | gefunden | |
|---|---|---|---|---|
| | | | 1) | 2) |
| $C_4$ | 48 | 12,00 | 11.94 | 11,90 |
| H | 1 | 0,25 | 0.41 | 0,43 |
| Br | 80 | 20,00 | 20,10 | — |
| $Pb_2$ | 207 | 51.75 | 51.66 | — |
| $O_4$ | 64 | 16,00 | — | — |
| | 400 | 100,00. | | |

### Parabrommaleïnsäure.

Die in oben angegebener Weise erhaltene Parabrommaleïnsäure bildete große, schwach gelb gefärbte Krystalle, die wie es scheint dem triklinometrischen System angehören. Durch nochmaliges Umkrystallisiren wurden kleinere farblose Krystalle erhalten.

Die Parabrommaleïnsäure schmilzt bei 172°; sie ist in Wasser, Alkohol und Aether sehr löslich.

Die Analyse gab folgende Resultate:

0,3866 Grm. gaben 0,3488 Grm. Kohlensäure und 0,0576 Grm. Wasser.
0,4476 Grm. gaben 0.4264 Grm. Bromsilber und 0.0036 Grm. Silber.

| berechnet | | | gefunden |
|---|---|---|---|
| $C_4$ | 48 | 24,62 | 24,60 |
| $H_3$ | 3 | 1,54 | 1,65 |
| Br | 80 | 41,02 | 41,14 |
| $O_4$ | 64 | 32,82 | — |
| | 195 | 100,00. | |

*Parabrommaleïnsaures Silber.* — Die wässerige Lösung der Parabrommaleïnsäure giebt mit salpetersaurem Silberoxyd direct einen
schweren körnig-krystallinischen Niederschlag, der sich in siedendem
Wasser etwas löst. Er ist in verdünnter Salpetersäure leicht löslich; die
Lösung kann gekocht werden ohne Bromsilber abzuscheiden.

0,6082 Grm. gaben 0,2596 Grm. Kohlensäure und 0,0176 Grm. Wasser.

0,4730 Grm., mit Bromwasserstoffsäure gefällt, gaben 0,4180 Grm. Bromsilber
und 0,0080 Grm. Silber.

| berechnet | | | gefunden |
|---|---|---|---|
| $C_4$ | 48 | 11,73 | 11,64 |
| H | 1 | 0,25 | 0,32 |
| Br | 80 | 19,56 | — |
| $Ag_2$ | 216 | 52,81 | 52,45 |
| $O_4$ | 64 | 15,65 | — |
| | 409 | 100,00. | |

*Parabrommaleïnsaures Blei.* — Setzt man zu einer wässerigen Lösung
von Parabrommaleïnsäure Bleizucker, so entsteht ein beim Umschütteln
verschwindender Niederschlag; das Bleisalz ist also in überschüssiger
Säure löslich. Wird sobald der Niederschlag beständig zu werden an-
fängt erwärmt, so entsteht eine klare Lösung, aus welcher beim Erkalten ein körniges nicht krystallinisches Salz ausfällt. Durch überschüssigen Bleizucker wird das Salz selbst in der Kälte leicht gelöst; Alkohol
erzeugt in dieser Lösung einen flockigen Niederschlag, der bald schwer
und krystallinisch wird.

Bleiessig fällt aus der wässerigen Lösung der Parabrommaleïnsäure
weiße Flocken, die beim Kochen harzartig zusammenballen und gelb
werden, während sich ein geringer Theil löst.

1,1392 Grm. des durch Alkohol gefällten krystallinischen Salzes verloren bei
110° 0,0946 Grm. Das Salz enthält demnach zwei Molecüle Krystallwasser.

|  | gefunden |
|---|---|
| | 8,30 pC. |
| berechnet aus: $C_4HBrPb_2O_4$, $2 H_2O$ | 8,26 pC. |

0,2938 Grm. des bei 110° getrockneten Salzes gaben 0,2226 Grm. schwefelsaures
Bleioxyd.

| | berechnet | | gefunden |
|---|---|---|---|
| $C_4$ | 48 | 12,00 | — |
| H | 1 | 0,25 | — |
| Br | 80 | 20,00 | — |
| $Pb_2$ | 207 | 51,75 | 51,78 |
| $O_4$ | 64 | 16,00 | — |
| | 400 | 100,00. | |

Die im Vorhergehenden über die *Metabrommaleïnsäure* und die *Parabrommaleïnsäure* zusammengestellten Beobachtungen zeigen, daß beide Säuren dieselbe Zusammensetzung besitzen, daß sie aber durch ihre Eigenschaften sich wesentlich von einander unterscheiden. Beide Säuren sind ferner isomer mit den zwei Körpern, die ich früher als *Monobrommaleïnsäure* [1]) und als *Isobrommaleïnsäure* [2]) beschrieben habe.

Die Metabrommaleïnsäure hat zwar nahezu denselben Schmelzpunkt wie die Monobrommaleïnsäure, aber beide Säuren unterscheiden sich nicht nur durch die Krystallform, sondern, wie ich mich durch vergleichende Versuche speciell überzeugt habe, auch durch das Verhalten ihrer Silber- und Bleisalze. Das Silbersalz der aus Bibrombernsteinsäure dargestellten Monobrommaleïnsäure löst sich nämlich leicht in siedendem Wasser und bildet beim Erkalten wohlausgebildete Krystalle. Die wässerige Lösung der Monobrommaleïnsäure giebt mit Bleizucker einen anfangs verschwindenden, also in überschüssiger Säure löslichen Niederschlag. Wird wenn der Niederschlag beständig geworden ist gekocht, so löst er sich leicht auf und es scheidet sich beim Erkalten ein körniges, nicht krystallinisches Pulver aus. Von viel Bleizucker wird das Salz auch in der Kälte leicht gelöst. Alkohol erzeugt in dieser Lösung einen amorphen, auch beim Stehen nicht krystallinisch werdenden Niederschlag.

Die aus Isobibrombernsteinsäure dargestellte Isobrommaleïnsäure unterscheidet sich von den drei anderen isomeren Modificationen zunächst durch ihren Schmelzpunkt und dann wesentlich dadurch, daß ihr Silbersalz sich beim Kochen sehr leicht unter Abscheidung von Bromsilber zersetzt.

Man kennt demnach vier isomere Säuren von der Zusammensetzung der einfach-gebromten Maleïnsäure. Drei derselben erzeugen sehr be-

---

[1]) Diese Annalen Suppl. I, 368 (1861).
[2]) Daselbst Suppl. II. 91 (1862).

ständige Silbersalze und nur die vierte, die Isobrommaleïnsäure, liefert
ein Silbersalz, welches leicht unter Bildung von Bromsilber zersetzt wird.
Ich halte es für ungeeignet, jetzt schon die Hypothesen mitzutheilen,
durch welche man sich die Isomerie dieser vier Säuren erklären kann.
Die Betrachtungen, welche ich früher über die Isomerie der Fumarsäure
und Maleïnsäure, so wie der aus beiden entstehenden Bromadditionspro-
ducte veröffentlicht habe, deuten den Weg an, der zur Erklärung dieser
neuen Isomerieen führt.

In Betreff der Bildung dieser isomeren Säuren will ich noch Folgendes erwähnen.

Die Monobrommaleïnsäure entsteht aus der der Fumarsäure entsprechenden Bibrombernsteinsäure durch Austritt von Bromwasserstoff; die
Isobrommaleïnsäure wird in derselben Weise aus der der Maleïnsäure
entsprechenden Isobibrombernsteinsäure erzeugt.

Die in dieser Mittheilung beschriebenen Modificationen der Brommaleïnsäure entstehen vermuthlich aus vorher gebildeter Monobromäpfelsäure durch Austritt von Wasser:

$$C_4H_5BrO_5 = H_2O + C_4H_3BrO_4.$$

Die Monobromäpfelsäure selbst erzeugt sich wahrscheinlich durch
Einwirkung von Wasser auf Bibrombernsteinsäure:

$$C_4H_4Br_2O_4 + H_2O = C_4H_5BrO_5 + HBr$$

und ich hoffe sie aus den bei der Bereitung der Bibrombernsteinsäure
erhaltenen Nebenproducten abscheiden zu können.

---

# IX. Einwirkung von Bromwasserstoff auf mehratomige Säuren.

Vor einigen Jahren habe ich die Aufmerksamkeit der Chemiker auf
die Thatsache gelenkt, daß in der Glycolsäure und der mit ihr homologen Milchsäure die zwei typischen Wasserstoffatome nicht völlig gleichwerthig sind, insofern das eine leicht durch Metalle vertretbar ist, das
andere dagegen nicht[1]). Diese Ansicht ist seitdem von allen Chemikern,
welche über diesen Gegenstand gearbeitet oder geschrieben haben, ange-

---

[1]) Vgl. Verhandlungen des naturh.-medic. Vereins zu Heidelberg, 8. Februar
1858; Chem. Centralbl. 1858. 292 und diese Annalen CV, 286 (1858).

nommen worden, und wenn sie häufig als von W u r t z[1]) herrührend hingestellt wird, so thut dieß der Ansicht selbst keinen Abtrag; ebensowenig
wie sie dadurch eine wesentliche Veränderung erfährt, daß andere Chemiker dieselben Ideen in anderer Weise durch rationelle Formeln darstellen, als ich selbst es gethan hatte; und ebensowenig wie die Ansichten, die ich im Allgemeinen über die Verbindungsweise der die Molecüle zusammensetzenden Atome ausgesprochen habe, dadurch wesentlich geändert werden, daß man von „chemischer Structur" oder von
„topographischer Lagerung der Aequivalente" spricht.

In der Milchsäure und der Glycolsäure sind also zwei Atome typischen, d. h. nur durch Vermittelung des Sauerstoffs mit dem Kohlenstoff
gebundenen Wasserstoffs vorhanden. Das eine derselben zeigt, veranlaßt durch den im Radical befindlichen, d. h. vollständig an Kohlenstoff
gebundenen Sauerstoff, genau das Verhalten wie der typische Wasserstoff der Essigsäure, das andere dagegen verhält sich wie der typische
Wasserstoff der Alkohole. Mit anderen Worten, die eine Seite des Milch-
säuremolecüls verhält sich wie eine Säure, die andere Seite dagegen wie
ein Alkohol. Alle über die Glycolsäure und Milchsäure bekannten Thatsachen stehen, wie ich an einem anderen Orte ausführlich gezeigt habe[2]),
mit dieser Anschauung in Uebereinstimmung; es schien mir indessen geeignet, für dieselbe noch eine weitere Stütze beizubringen.

Man weiß, daß einer der am meisten characteristischen Unterschiede
der Alkohole und der Säuren darin bestehen, daß die Alkohole bei Einwirkung von Chlorwasserstoffsäure oder Bromwasserstoffsäure, unter
Austritt von Wasser, Chloride oder Bromide erzeugen, z. B.:

$$C_2H_6O + HBr = H_2O + C_2H_5Br,$$

während bei den Säuren dieselbe Reaction genau in umgekehrtem Sinn

---

[1]) Alle Abhandlungen von W u r t z, in welchen derselbe eine Ansicht über
die Formel und die Basicität der Milchsäure ausspricht, sind neuer als die eben
citirte Mittheilung (vgl. bes. Compt. rend. XLVI, 1228, Juni 1858; Ann. chim. phys.
[3] LV, 466 (1859); [3] LIX, 161, 1860). Die Bemerkungen von W u r t z „über die
Basicität der Säuren" (Ann. chim. phys. [3] LVI, 342, 1859) sind zudem später
veröffentlicht als die erste Lieferung meines Lehrbuchs. Sie enthalten überdieß
kaum etwas mehr als meine erste Mittheilung über diesen Gegenstand; sie constatiren nur die Thatsache, ohne für dieselbe eine Erklärung zu versuchen. In
einer späteren Abhandlung (Ann. chim. phys. [3] LXVII, 105, 1863) giebt dann
W u r t z dieselbe Erklärung, die von mir schon in der ersten Lieferung meines
Lehrbuchs (Mai 1859) mitgetheilt worden war (vgl. bes. S. 130, 131 u. 174).

[2]) Lehrbuch der organischen Chemie I, S. 731 ff.

verläuft, so nämlich, daß das Chlorid oder Bromid durch Wasser zersetzt werden, indem die zugehörige Säure gebildet wird, z. B.:

$$C_2H_3O \cdot Br + H_2O = HBr + C_2H_4O_2.$$

Wenn nun für die Glycolsäure und die Milchsäure die eine Seite des Molecüls sich wie ein Alkohol verhält, so müßten diese Säuren bei Einwirkung von Bromwasserstoffsäure dasselbe Verhalten zeigen wie die Alkohole; sie müßten also, unter Verlust von Wasser, die zugehörigen Bromide liefern. Diese Bromide sind aber bekanntlich identisch mit den Bromsubstitutionsproducten der Essigsäure und der Propionsäure. Dieselben Körper, die man seither als Substitutionsproducte aus Essigsäure erhalten hat, mußten also als Aetherarten aus Glycolsäure und Milchsäure darstellbar sein:

Glycolsäure: $C_2H_4O_3 + HBr = H_2O + C_2H_3BrO_2 =$ Bromessigsäure
Milchsäure : $C_3H_6O_3 + HBr = H_2O + C_3H_5BrO_2 =$ Brompropionsäure.

Dieselben Betrachtungen sind natürlich auf alle der Milchsäure und der Glycolsäure ähnlich constituirten Säuren anwendbar; also auf alle diejenigen mehratomigen Säuren, deren Basicität geringer ist als ihre Atomigkeit.

Für die zweibasisch-dreiatomige Aepfelsäure z. B. war die Bildung der Monobrombernsteinsäure zu erwarten:

Aepfelsäure: $C_4H_6O_5 + HBr = H_2O + C_4H_5BrO_4 =$ Monobrombernsteinsäure

In ähnlicher Weise hätte aus der zweibasisch-vieratomigen Weinsäure, in welcher zwei alkoholische Wasserstoffatome enthalten sind, Bibrombernsteinsäure gebildet werden können:

Weinsäure: $C_4H_6O_6 + 2\,HBr = 2\,H_2O + C_4H_4Br_2O_4 =$ Bibrombernsteinsäure.

Die Versuche, die ich bis jetzt angestellt habe, haben die eben ausgesprochene Vermuthung für die Glycolsäure, die Milchsäure und die Aepfelsäure bestätigt. Aus der Weinsäure dagegen habe ich nicht Bibrombernsteinsäure, sondern vielmehr Monobrombernsteinsäure erhalten. Ich lasse diese letztere Reaction für den Augenblick unerklärt, werde aber in einer nächstfolgenden Mittheilung, in welcher die Einwirkung von Jodwasserstoffsäure auf organische Säuren besprochen werden soll, zeigen, daß die Bildung der Monobrombernsteinsäure aus Weinsäure völlig der Bildung der Monojodpropionsäure aus Glycerinsäure analog ist.

Ich habe mich seither vorzugsweise und fast ausschließlich der Bromwasserstoffsäure bedient, aber ich habe wenigstens qualitativ nachgewiesen, daß die Chlorwasserstoffsäure eine ganz entsprechende Reaction zeigt.

## 1) *Darstellung von Bromwasserstoffsäure.*

Zur Ausführung meiner Versuche habe ich eine kalt gesättigte Lösung von völlig reiner Bromwasserstoffsäure benutzt. Wenn die Versuche überhaupt beweisend sein sollten, so mußte namentlich eine Verunreinigung mit Bromphosphor aufs Sorgfältigste vermieden werden. Ich fand nun bald, daß alle zur Darstellung der Bromwasserstoffsäure empfohlenen Methoden entweder eine zu verdünnte Säure oder ein unreines Präparat liefern, und ich habe daher zur folgenden Methode meine Zuflucht genommen, die zwar in der Ausführung etwas langwierig ist, nach welcher aber immerhin mit verhältnißmäßig geringer Mühe beliebig große Mengen völlig reiner Bromwasserstoffsäure dargestellt werden können.

Man bereitet sich zunächst reines Phosphorbromür, zersetzt dasselbe durch Wasser und fängt das entweichende Bromwasserstoffsäuregas in Wasser oder in wässeriger Bromwasserstoffsäure auf, so daß eine kalt gesättigte Lösung entsteht. Die so dargestellte Säure enthält noch viel Bromphosphor; sie wird daher erhitzt und das entweichende Gas in Wasser oder reiner destillirter Bromwasserstoffsäure aufgefangen. Die rückständige Lösung dient zu einer neuen Darstellung; entweder, direct, zur Absorption des aus Bromphosphor dargestellten Gases, oder, nach Destillation, zur Bereitung der reinen gesättigten Lösung.

Da der Apparat, dessen ich mich bediente, bei allen ähnlichen Operationen zweckmäßige Verwendung findet, so will ich ihn etwas näher beschreiben. Er ist aus Fig. 1 auf Tafel I leicht verständlich. Ein bei *a* eingeschobenes Stückchen Glasstab dient als Ventil und ermöglicht tropfenweises Zufließen des Wassers. Die in die W o u l f e ' schen Flaschen eintauchenden Pipetten versehen den Dienst von Sicherheitsröhren; sie sind durch Caoutchoucstopfbüchsen verschiebbar und werden so gestellt, daß sie eben die Oberfläche der Flüssigkeit berühren[1].

Das Phosphorbromür erhält man leicht, indem man beide Elemente

---

[1] Bei allen Operationen, bei welchen Salzsäure oder sonst lästige und leicht absorbirbare Gase entweichen, bediene ich mich seit längerer Zeit eines ähnlichen Apparates, der leicht in wenig Augenblicken improvisirt werden kann. Statt der Pipetten dient eine weitbauchige Retorte, deren Hals geradezu in einen Tubulus einer W o u l f e ' schen Flasche eingesteckt wird (Fig. 2).

in trockenem Schwefelkohlenstoff löst, die Bromlösung langsam in die
Phosphorlösung einfließen läßt und dann destillirt. Bei verschiedenen
Darstellungen wurde, je nach der Form des Apparats, der Siedepunkt zu
169 bis 172° gefunden. Diese verschiedenen beobachteten Siedepunkte
entsprechen nahezu dem corrigirten Siedepunkt 175°.

### 2) *Einwirkung von Bromwasserstoffsäure auf Milchsäure.*

Wird Milchsäure in einem Strom von gasförmiger Bromwasserstoffsäure erhitzt, zuletzt bis 180 bis 200°, so destillirt etwas Brompropionsäure über. Weit vortheilhafter ist es, Milchsäure mit etwas mehr als
dem gleichen Volum kalt gesättigter Bromwasserstoffsäure in zugeschmolzenen Röhren zwei bis drei Tage im Wasserbad zu erhitzen.
Das Product wird dann zweckmäßig mit alkoholfreiem Aether geschüttelt, die Aetherlösung abgehoben und nach Verdunsten des Aethers
destillirt. Bei Rectification des über 180° übergehenden Antheils erhält
man bei 202 bis 204° reine Brompropionsäure. Die niedriger siedenden
Theile enthalten schon viel Brompropionsäure, die durch nochmalige
Rectification zum Theil gewonnen werden kann. (In dem bei 197 bis
200° siedenden Theil wurden bei verschiedenen Bestimmungen 50,8 pC.
Brom gefunden.)

Beim Oeffnen der Röhren bemerkt man bisweilen einen starken
Druck; das entweichende Gas ist reines Kohlenoxyd, ohne Beimengung
von Kohlensäure. Wird der Röhreninhalt direct destillirt, so gehen mit
den Wasserdämpfen einige Tropfen einer bromhaltigen, angenehm riechenden Flüssigkeit über, deren Natur nicht mit Sicherheit festgestellt
werden konnte. Vielleicht zerfällt ein Theil der Milchsäure nach der
Gleichung:

$$C_3H_6O_3 + 2\,HBr = C_2H_4Br_2 + CO + 2\,H_2O.$$

Wendet man zum Ausziehen des Productes käuflichen, also alkohol-
haltigen Aether an, so erhält man bei der Destillation viel Brompropion-
säureäther und fast keine Säure; offenbar weil die Brompropionsäure
bei Gegenwart von Bromwasserstoffsäure sehr leicht ätherificirt wird.

*Brompropionsäure.* — Die aus Milchsäure dargestellte Brompropionsäure siedet bei 202° (corrigirt 205°,5); sie erstarrt in einem Kältegemisch (— 17°) zu einer strahlig-krystallinischen Masse.

Bei der Analyse wurde gefunden:

0,4268 Grm. gaben 0,3704 Grm. Kohlensäure und 0,1324 Grm. Wasser.
0,4377 Grm. gaben 0,5112 Grm. Bromsilber und 0,0140 Grm. Silber.

(Zu dieser Bestimmung wurde die Substanz in einem dünnwandigen Kügelchen gewogen, dieses in einem Stöpselglas, welches mit reiner, aus Natriumamalgam dargestellter Natronlauge gefüllt war, zerbrochen und nachher Natriumamalgam eingetragen.)

|  |  | berechnet | gefunden |
|---|---|---|---|
| $C_3$ | 36 | 23,53 | 23,67 |
| $H_5$ | 5 | 3,27 | 3,45 |
| Br | 80 | 52,29 | 52,07 |
| $O_2$ | 32 | 20,91 | — |
|  | 153 | 100,00. | |

Die Monobrompropionsäure liefert mit Natriumamalgam leicht *Propionsäure*. Das Silbersalz dieser gab folgende analytische Resultate:

0,4340 Grm. gaben 0,3136 Grm. Kohlensäure und 0,1098 Grm. Wasser.
0,4140 Grm. gaben 0,3242 Grm. Chlorsilber und 0,0032 Grm. Silber.

|  |  | berechnet | gefunden |
|---|---|---|---|
| $C_3$ | 36 | 19,89 | 19,71 |
| $H_5$ | 5 | 2,76 | 2,81 |
| Ag | 108 | 59,67 | 59,74 |
| $O_2$ | 32 | 17,68 | — |
|  | 181 | 100,00. | |

Wird die Monobrompropionsäure mit Zinkoxyd gekocht und die filtrirte Flüssigkeit eingedampft, so krystallisirt beim Erkalten *milchsaures* Zinkoxyd.

1,2828 Grm. dieses Zinksalzes verloren bei 100° 0,2330 Grm.

Das Salz enthält demnach, wie das Zinksalz der gewöhnlichen Milchsäure, 1½ Molecüle Krystallwasser.

Gefunden 18,16
Berechnet aus: $C_3H_5ZnO_3$, $1\frac{1}{2}$ $H_2O$ 18,18.

0,6002 Grm. des bei 100° getrockneten Zinksalzes gaben 0,1998 Grm. Zinkoxyd.

|  |  | berechnet | gefunden |
|---|---|---|---|
| $C_3$ | 36 | 29,61 | — |
| $H_5$ | 5 | 4,11 | — |
| Zn | 32,6 | 26,81 | 26,75 |
| $O_3$ | 48 | 39,47 | — |
|  | 121,6 | 100,00. | |

Bringt man Monobrompropionsäure mit einer alkoholischen Ammoniaklösung zusammen und erwärmt einige Zeit im Wasserbad, so schei-

den sich neben Bromammonium lange weiße Nadeln von *Alanin* aus. Da
das Alanin an seinen Eigenschaften leicht kenntlich ist, so habe ich mich
mit einer Stickstoffbestimmung begnügt.

0,1798 Grm. gaben 0,2022 Grm. Platin.

Daraus berechnen sich          15,94 pC. Stickstoff.
Das Alanin enthält             15,73 pC.       .,

### 3) *Einwirkung von Bromwasserstoffsäure auf Glycolsäure.*

Die Glycolsäure erzeugt bei Einwirkung von Bromwasserstoff leicht
Monobromessigsäure. Da die Bromessigsäure hinlänglich bekannt und
die Glycolsäure eine verhältnißmäßig kostbare Substanz ist, habe ich
den Versuch nur in kleinem Maßstab angestellt.

Krystallisirte, aus Alkohol dargestellte Glycolsäure wurde mit kalt
gesättigter Bromwasserstoffsäure zwei Tage lang im Wasserbad erhitzt.
Der Röhreninhalt wurde mit Aether ausgezogen, der Aether verdunstet
und der Rückstand destillirt. Bei 205 bis 208° ging reine, schon im Kühlrohr krystallinisch erstarrende Monobromessigsäure über.

Ich habe die so dargestellte Bromessigsäure nicht analysirt, aber ich
habe nachgewiesen, daß sie bei Behandlung mit Natriumamalgam Essigsäure erzeugt, daß sie beim Kochen mit Aetzkalk glycolsauren Kalk liefert und daß sie bei Einwirkung von alkoholischer Ammoniaklösung
leicht Glycocoll bildet.

In Betreff der Glycolsäure kann ich die Bemerkung nicht unterdrük-
ken, daß ich nach den bis jetzt bekannten Thatsachen die Annahme, die
aus Alkohol dargestellte Glycolsäure sei verschieden von der aus Chloressigsäure bereiteten, nicht für berechtigt halte[1]). Dabei will ich aber
die *Möglichkeit* der Existenz isomerer Glycolsäuren durchaus nicht in
Abrede stellen, und wenn die Thatsache einmal festgestellt ist, so wird
es zur Aufgabe der Wissenschaft, für sie eine Erklärung zu suchen, wo
möglich auf dem Wege des Experiments, wie es Wislicenus mit so
schönem Erfolg für die Milchsäuren gethan hat.

Die Ansicht, daß beide Glycolsäuren verschieden seien, stützt
Drechsel[2]) einerseits auf seine eigenen Beobachtungen über die aus
Alkohol dargestellte Säure, andererseits aber auf die Angaben anderer
Chemiker. Er sagt: „Die Glycolsäure aus Alkohol bildet bei freiwilligem

---

[1]) Vgl. Kolbe, diese Annalen CXXVII, 159 (1863).
[2]) Diese Annalen CXXVII, 150 (1863).

Verdunsten regelmäßige schöne Krystalle. Die krystallisirte Säure hält
sich an trockener oder nicht zu feuchter Luft unverändert; an sehr feuchter Luft zerfließt sie. Man konnte sie bei trockener Witterung mehrere
Tage an offener Luft stehen lassen, ohne daß sie zerfloß, höchstens
wurde sie oberflächlich feucht." Er fügt bei: „Kekulé beschreibt die
aus der Monochloressigsäure abgeleitete, durch Verdampfen im Wasserbad concentrirte Glycolsäure als eine in großen, strahlig-gruppirten
Krystallen anschießende, ausnehmend zerfließliche Verbindung."

Man wird diese Unterschiede wohl kaum für hinlänglich halten können, um beide Glycolsäuren für verschieden zu erklären. Die aus Chloressigsäure dargestellte Säure wird auch nicht direct flüssig, sondern
zunächst feucht; und wenn eine Substanz, wie die Glycolsäure aus
Alkohol, die Eigenschaft besitzt, in einigen Tagen, selbst bei trockener
Witterung. feucht zu werden, so nennt man das gewöhnlich zerfließlich.
Ich habe beide Glycolsäuren mehrfach nebeneinander gesehen und bis
jetzt keinen Unterschied wahrnehmen können. Die Säure aus Alkohol
bildet, wenn man sie im Wasserbad eindampft, eine strahlig-krystalli-
nische Masse, die von der aus Chloressigsäure dargestellten Glycolsäure
nicht zu unterscheiden ist. Ob beide Säuren dennoch verschieden sind,
kann nur durch sorgfältige vergleichende Versuche nachgewiesen werden.

Wie nöthig es ist, bei allen Fragen nach der Identität oder Verschiedenheit gleich zusammengesetzter Substanzen vergleichende Versuche
anzustellen, statt sich auf die Angaben Anderer zu berufen, zeigen wohl
hinlänglich die folgenden Citate. „Der furfurinsaure (pyroschleimsaure)
Baryt krystallisirt aus der heißen wässerigen Lösung beim Erkalten in
kleinen Nadeln; er ist in kaltem Wasser schwer löslich, in Alkohol unlöslich" (Kolbe, Lehrbuch II, 372). „Pyroschleimsaures Baryum; in
Weingeist und Wasser leicht lösliche kleine Krystalle" (Limpricht,
Lehrbuch S. 529). Und doch sind beide Angaben richtig, d. h. sind ohne
Irrthum aus den Originalabhandlungen entnommen, aber sie rühren von
verschiedenen Beobachtern her.

### 4) Einwirkung von Bromwasserstoff auf Aepfelsäure.

Für die Darstellung der Monobrombernsteinsäure aus Aepfelsäure
ist es zweckmäßig, nicht zu viel Bromwasserstoffsäure anzuwenden.
Wird nämlich Aepfelsäure mit einer größeren Menge rauchender Bromwasserstoffsäure erhitzt, so geht sie schon bei $100^{0}$ vollständig in Fumarsäure über. Die Einwirkung der Bromwasserstoffsäure auf Aepfelsäure

erfolgt leicht bei 100°; sie ist bei Anwendung größerer Mengen in drei
bis vier Tagen beendigt. Wird das Gemenge auf 110 oder 120° erhitzt,
so tritt tiefergehende Zersetzung ein, wodurch viel Kohlenoxyd und
Kohlensäure gebildet und die Röhren häufig zerschmettert werden. Ob
bei dieser Zersetzung ein organisches Bromid entsteht, konnte ich nicht
nachweisen. Ich erhielt bei allen Versuchen etwas Aethylbromid, welches aus Aepfelsäureäthyläther herrührt, der offenbar durch die Darstellung der käuflichen Aepfelsäure beigemischt ist. Aus demselben Grunde
wurde auch bei Destillation dieser Aepfelsäure neben Fumarsäure und
Maleïnsäure im Destillat stets etwas Fumarsäureäthyläther erhalten.

Die besten Verhältnisse zur Darstellung der Monobrombernsteinsäure
aus Aepfelsäure sind folgende. Möglichst trockene Aepfelsäure wird mit
dem gleichen Volum kalt gesättigter Bromwasserstoffsäure drei bis vier
Tage im Wasserbad erhitzt. Nach beendigter Reaction findet man die
Röhren mit grauen, zu Warzen vereinigten Krystallen erfüllt. Man
trennt diese Krystalle von dem flüssigen Theil und krystallisirt aus heißem Wasser, zweckmäßig unter Zusatz von etwas Thierkohle, um. Aus
den Mutterlaugen kann durch alkoholfreien Aether noch etwas Monobrombernsteinsäure ausgezogen werden. Man kann auch den Röhreninhalt direct mit Aether behandeln und die beim Verdunsten sich abscheidenden Krystalle aus Wasser umkrystallisiren.

Die aus Aepfelsäure dargestellte Monobrombernsteinsäure bildet
kleine Krystalle, die zu Warzen oder bei größeren Mengen zu harten
Krusten vereinigt sind. Ich muß es vor der Hand unentschieden lassen,
ob sie mit der Monobrombernsteinsäure, die ich früher aus Bernsteinsäure dargestellt habe[1]), identisch ist, oder nicht. Sie ist in Wasser,
Alkohol und Aether sehr löslich. 1 Theil Säure löst sich bei 15°,5 in 5,2
Theilen Wasser (zur Löslichkeitsbestimmung wurden 5,2600 Grm. einer
bei 15°,5 gesättigten Lösung mit Natriumamalgam zersetzt; man erhielt
0,7904 Grm. Bromsilber und 0,0060 Grm. Silber).

Die Monobrombernsteinsäure schmilzt bei 159 bis 160°. Sie entwik-
kelt bei dieser Temperatur langsam, bei stärkerer Hitze rasch, Bromwasserstoffsäure und geht in Fumarsäure über. Sie zersetzt sich also
ganz ähnlich wie die Aepfelsäure, aus welcher sie erhalten wurde; aber
während die Aepfelsäure Wasser verliert, entwickelt die Brombernsteinsäure Bromwasserstoff.

---

[1]) Diese Annalen CXVII, 125 (1860).

Aepfelsäure $\quad\quad \text{C}_4\text{H}_6\text{O}_5 \; = \text{H}_2\text{O} + \text{C}_4\text{H}_4\text{O}_4 = \text{Fumarsäure.}$
Monobrombernsteinsäure $\text{C}_4\text{H}_5\text{BrO}_4 = \text{HBr} + \text{C}_4\text{H}_4\text{O}_4 \;\; \text{"} \quad\quad \text{"}$

Auch bei dieser Zersetzung verhält sich also die Monobrombernsteinsäure wie der Bromwasserstoffäther der Aepfelsäure und das Entstehen
von Fumarsäure kann mit der Bildung von Aethylen aus Alkohol und
aus Aethylbromid verglichen werden:

Alkohol $\quad\quad \text{C}_2\text{H}_6\text{O} = \text{H}_2\text{O} + \text{C}_2\text{H}_4 = \text{Aethylen.}$
Aethylbromid $\text{C}_2\text{H}_5\text{Br} = \text{HBr} + \text{C}_2\text{H}_4 \;\; \text{"} \quad\quad \text{"}$

Die krystallisirte Monobrombernsteinsäure enthält kein Krystallwasser. Die Analyse gab folgende Resultate:

1) 0,3144 Grm. (bei 100° getrocknet) gaben 0,2794 Grm. Kohlensäure und
0,0776 Grm. Wasser.
0,4204 Grm. gaben 0,3760 Grm. Bromsilber und 0,0140 Grm. Silber.
2) 0,3848 Grm. gaben 0,3476 Grm. Kohlensäure und 0,0928 Grm. Wasser.
0,2854 Grm. gaben 0,2552 Grm. Bromsilber und 0,0052 Grm. Silber.

|  |  | berechnet | gefunden 1) | 2) |
|---|---|---|---|---|
| $\text{C}_4$ | 48 | 24,37 | 24,24 | 24,63 |
| $\text{H}_5$ | 5 | 2,54 | 2,74 | 2,68 |
| Br | 80 | 40,61 | 40,53 | 39,42 |
| $\text{O}_4$ | 64 | 32,48 | — | — |
|  | 197 | 100,00. |  |  |

Durch Einwirkung von Natriumamalgam geht die Monobrombernsteinsäure leicht in Bernsteinsäure über. Die so erhaltene Bernsteinsäure scheint mit der gewöhnlichen Bernsteinsäure identisch zu sein. Sie
hat dasselbe Ansehen, dieselbe Löslichkeit und denselben Schmelzpunkt.
(Bei beiden beginnt das Schmelzen bei 176° und ist bei 180° vollständig.)

0,4510 Grm. gaben 0,6712 Grm. Kohlensäure und 0,2112 Grm. Wasser.

|  |  | berechnet | gefunden |
|---|---|---|---|
| $\text{C}_4$ | 48 | 40,68 | 40,59 |
| $\text{H}_6$ | 6 | 5,08 | 5,20 |
| $\text{O}_4$ | 64 | 54,24 | — |
|  | 118 | 100,00. |  |

Die aus Aepfelsäure dargestellte Monobrombernsteinsäure wird
durch Silberoxyd mit derselben Leichtigkeit zersetzt, wie die Monobrombernsteinsäure aus Bernsteinsäure. Trägt man in die wässerige Lösung
frisch gefälltes Silberoxyd ein, so entsteht schon in der Kälte augen-

blicklich Bromsilber; wird viel Silberoxyd angewandt und zuletzt erhitzt, so krystallisirt aus der filtrirten Flüssigkeit äpfelsaures Silber. Die
aus diesem Filtrat dargestellte Aepfelsäure hat viel Aehnlichkeit mit der
gewöhnlichen inactiven Aepfelsäure. Sie krystallisirt leichter wie gewöhnliche Aepfelsäure, ist in Wasser weniger löslich und nicht zerfließlich. Sie schmilzt nicht bei 100°. Bei verschiedenen Bestimmungen fand
ich den Schmelzpunkt 112 bis 115°, während P a s t e u r den Schmelzpunkt der inactiven Aepfelsäure zu 133° angiebt. Ich halte diese Verschiedenheit indeß nicht für hinlänglich festgestellt, um beide Säuren bestimmt für verschieden zu erklären, um so mehr, da ich auch
für Aepfelsäure, die aus inactiver Asparaginsäure dargestellt war,
den Schmelzpunkt niedriger fand als 133°. Ich habe diesen Gegenstand,
als nicht in den Plan vorliegender Untersuchung gehörig, bis jetzt nicht
weiter verfolgt, beabsichtige aber, die auf verschiedene Weise dargestellten Monobrombernsteinsäuren und die aus ihnen entstehenden
Aepfelsäuren später sorgfältig zu vergleichen. Das Bleisalz der neuen
Aepfelsäure verhält sich wie das der inactiven Säure; es ballt beim Erhitzten mit Wasser, oder wenigstens mit der überschüssigen Bleizucker
enthaltenden Mutterlauge, harzartig zusammen, u. s. w.

Wird Monobrombernsteinsäure mit wässerigem oder alkoholischem
Ammoniak behandelt, so entstehen amidartige Verbindungen, von welchen eine mit Asparaginsäure identisch zu sein scheint; ich werde über
diese Reaction später ausführlichere Mittheilung machen.

Ich muß schließlich noch erwähnen, daß die aus optisch wirksamer
Aepfelsäure dargestellte Monobrombernsteinsäure und die aus ihr regenerirte Aepfelsäure optisch unwirksam sind. Da die Monobromberstein-
säure aus der Aepfelsäure durch eine einfache Reaction und bei niedriger
Temperatur erzeugt wird, da sie ihrer Bildung nach als Bromwasserstoffäther der Aepfelsäure angesehen werden muß, so durfte man hoffen, in
ihr das Drehungsvermögen der Aepfelsäure wiederzufinden. Eben so
hatte die Erwartung, daß die aus ihr regenerirte Aepfelsäure mit der
ursprünglich angewandten Säure identisch, also optisch wirksam sein
werde, eine gewisse Wahrscheinlichkeit. Ich hatte mich sogar der Hoffnung hingegeben, aus ihr die optisch wirksame Modification der Bernsteinsäure zu erhalten, deren Existenz P a s t e u r vor einiger Zeit für
wahrscheinlich erklärt hat. Der Versuch hat leider meinen Erwartungen nicht entsprochen. Für die Monobrombernsteinsäure und die aus ihr
dargestellte Aepfelsäure konnte keine Ablenkung des polarisirten Lich-

tes beobachtet werden, obgleich für beide eine 200 Millimeter lange
Schicht einer 15procentigen Lösung angewandt wurde.

5) Die im Vorhergehenden beschriebenen Versuche, zusammengenommen mit den schon früher bekannten Thatsachen, lassen wohl darüber
keinen Zweifel, daß die Monobromessigsäure zur Glycolsäure, die Brompropionsäure zur Milchsäure und die Monobrombernsteinsäure zur
Aepfelsäure genau in derselben Beziehung stehen, wie das einfach-brom-
wasserstoffsaure Glycol zum Glycol, wie das Monobromhydrin zum Glycerin und wie das Aethylbromid zum Alkohol. Dieselben Thatsachen
zeigen, daß die Beziehungen zwischen Glycolsäure und Essigsäure, zwischen Milchsäure und Propionsäure und zwischen Aepfelsäure und Bernsteinsäure genau dieselben sind, wie diejenigen, welche das Glycerin
mit dem Propylglycol oder das Glycol mit dem Alkohol verknüpfen. Sie
zeigen endlich, daß das Glycocoll für die Glycolsäure, das Alanin für die
Milchsäure und die Asparaginsäure für die Aepfelsäure genau dasselbe
sind, was das Aethylamin für den Alkohol. Wenn man also, wie dieß
von manchen Chemikern geschieht, die Glycolsäure als Oxyessigsäure,
die Milchsäure als Oxypropionsäure und die Aepfelsäure als Oxybernsteinsäure ansehen, wenn man das Glycocoll als Amidoessigsäure,
das Alanin als Amidopropionsäure und die Asparaginsäure als Amidobernsteinsäure betrachten will: so muß auch das Glycol für Oxyäthyl-
alkohol und der Alkohol selbst für Oxyäthylwasserstoff gehalten werden
und man muß eben so das Aethylamin als Amidoäthylwasserstoff betrachten.

Um verständlicher zu werden will ich diese verschiedenen Betrach-
tungsweisen für einzelne Beispiele durch Formeln ausdrücken.

Man kann, wie ich früher zeigte und wie es jetzt wohl von den meisten Chemikern geschieht, die Alkohole und die von ihnen sich ableitenden Säuren etwa in folgender Weise nach Oxydationsreihen ordnen:

$C_3H_8$
Propylwasserstoff.

| | | |
|---|---|---|
| $C_3H_8O$ | $C_3H_6O_2$ | |
| Propylalkohol | Propionsäure. | |
| $C_3H_8O_2$ | $C_3H_6O_3$ | $C_4H_6O_4$ |
| Propylglycol | Milchsäure | Bernsteinsäure. |
| $C_3H_8O_3$ | $C_3H_6O_4$ | $C_4H_6O_5$; u. s. w. |
| Glycerin | Glycerinsäure | Aepfelsäure. |

Will man diese Körper durch *typische* Formeln darstellen, die gleichzeitig ihre Beziehungen und bis zu einem gewissen Grad ihr Verhalten
ausdrücken, so kommt man etwa zu folgenden Formeln, in welchen der
alkoholische Wasserstoff über das Radical, der durch Metalle vertretbare Wasserstoff der Säuren unter das Radical gesetzt ist:

$$\mathrm{C_3H_7 \cdot H}$$
Propylwasserstoff.

$$\left.\begin{array}{c}\mathrm{H} \\ \mathrm{C_3H_7}\end{array}\right\}\Theta$$
Propylalkohol

$$\left.\begin{array}{c}\mathrm{C_3H_5\Theta} \\ \mathrm{H}\end{array}\right\}\Theta$$
Propionsäure.

$$\left.\begin{array}{c}\mathrm{H_2} \\ \mathrm{C_3H_6}\end{array}\right\}\Theta_2$$
Propylglycol

$$\left.\begin{array}{c}\mathrm{H} \\ \mathrm{C_3H_4\Theta} \\ \mathrm{H}\end{array}\right\}\begin{array}{l}\Theta \\ \\ \Theta\end{array}$$
Milchsäure

$$\left.\begin{array}{c}\mathrm{C_4H_4\Theta_2} \\ \mathrm{H_2}\end{array}\right\}\Theta_2$$
Bernsteinsäure.

$$\left.\begin{array}{c}\mathrm{H_3} \\ \mathrm{C_3H_5}\end{array}\right\}\Theta_3$$
Glycerin

$$\left.\begin{array}{c}\mathrm{H_2} \\ \mathrm{C_3H_3\Theta} \\ \mathrm{H}\end{array}\right\}\begin{array}{l}\Theta_2 \\ \\ \Theta\end{array}$$
Glycerinsäure

$$\left.\begin{array}{c}\mathrm{H} \\ \mathrm{C_4H_3\Theta_2} \\ \mathrm{H_2}\end{array}\right\}\begin{array}{l}\Theta \\ \\ \Theta_2\end{array}$$
Aepfelsäure.

Für diejenigen amidartigen Verbindungen, bei deren Bildung der
alkoholische Wasserstoff, oder, besser ausgedrückt, der alkoholische
Wasserrest $\mathrm{H\Theta}$, eine Rolle spielt, führt dasselbe Princip beispielsweise
zu folgenden Formeln:

$$\left.\begin{array}{c}\mathrm{H} \\ \mathrm{H} \\ \mathrm{C_3H_7}\end{array}\right\}\mathrm{N}$$
Propylamin

$$\left.\begin{array}{c}\mathrm{H} \\ \mathrm{H} \\ \mathrm{C_3H_4\Theta} \\ \mathrm{H}\end{array}\right\}\begin{array}{l}\mathrm{N} \\ \\ \Theta\end{array}$$
Alanin

$$\left.\begin{array}{c}\mathrm{H} \\ \mathrm{H} \\ \mathrm{C_4H_3\Theta_2} \\ \mathrm{H_2}\end{array}\right\}\begin{array}{l}\mathrm{N} \\ \\ \Theta_2\end{array}$$
Asparaginsäure.

Man kann nun die sauerstoffreicheren Säuren auch durch eine Art
von Substitution aus den an Sauerstoff ärmeren Säuren herleiten; man
kann sie als *Oxysäuren* betrachten. Der Wasserrest $\mathrm{H\Theta}$ wird dann nicht
typisch geschrieben, er tritt vielmehr, als Radical, substituirend in das
Radical derjenigen Säure ein, die als Ausgangspunkt des Vergleichs
dient. Man hat z. B.:

$$\left.\begin{array}{c}\mathrm{C_3H_5\Theta} \\ \mathrm{H}\end{array}\right\}\Theta$$
Propionsäure

$$\left.\begin{array}{c}\mathrm{C_4H_4\Theta_2} \\ \mathrm{H_2}\end{array}\right\}\Theta_2$$
Bernsteinsäure

$$\left.\begin{array}{c}\mathrm{C_3H_4(H\Theta)\Theta} \\ \mathrm{H}\end{array}\right\}\Theta$$
Oxypropionsäure
(Milchsäure)

$$\left.\begin{array}{c}\mathrm{C_4H_3(H\Theta)\Theta_2} \\ \mathrm{H_2}\end{array}\right\}\Theta_2$$
Oxybernsteinsäure
(Aepfelsäure).

In derselben Weise können die oben erwähnten amidartigen Verbindungen als Amidosubstitutionsproducte (Amidosäuren) betrachtet werden. Etwa:

$$\left.\begin{array}{c} C_3H_4(H_2N)O \\ H \end{array}\right\}\Theta \qquad \left.\begin{array}{c} C_4H_3(H_2N)O_2 \\ H_2 \end{array}\right\}O_2$$

Amidopropionsäure $\qquad$ Amidobernsteinsäure
(Alanin) $\qquad\qquad$ (Asparaginsäure).

Man kann diese Formeln natürlich in den mannigfachsten Formen schreiben, ohne daß der Gedanke, um welchen es sich hier handelt, geändert wird. Das Wesentliche ist nämlich nur, daß man den Wasserrest $H\Theta$ und den Ammoniakrest $H_2N$ nicht so darstellt, wie man es bei den Formeln anderer Körper thut, daß man sie vielmehr substituirend in andere Radicale einführt.

Eine solche Betrachtungsweise ist nun an sich vollständig berechtigt. Es ist Sache des Geschmacks und der Uebereinkunft, ob man den Wasserrest oder den Ammoniakrest in typischer oder in sonst welcher Weise darstellen will. Wenn man aber für gewisse Fälle sich eines gewissen Princips bedient, so muß für alle analogen Fälle dasselbe Princip in Anwendung gebracht werden. Will man die Milchsäure als Oxypropionsäure, die Glycerinsäure als Dioxypropionsäure und die Aepfelsäure als Oxybernsteinsäure ansehen, u. s. w.: so muß, aus denselben Gründen, das Propylglycol als Oxypropylalkohol und das Glycerin als Dioxypropylalkohol angesehen werden:

Propylalkohol $\qquad\qquad \left.\begin{array}{c} C_3H_7 \\ H \end{array}\right\}\Theta$

Oxypropylalkohol $\quad \left.\begin{array}{c} C_3H_6(H\Theta) \\ H \end{array}\right\}\Theta$
(Propylglycol)

Dioxypropylalkohol $\; \left.\begin{array}{c} C_3H_5(H\Theta)_2 \\ H \end{array}\right\}\Theta.$
(Glycerin)

Bei vollständig consequenter Durchführung desselben Princips muß sogar der Propylalkohol selbst als Oxypropylwasserstoff angesehen werden und das Propylglycol und Glycerin werden zu Dioxy- und Trioxypropylwasserstoff:

Propylwasserstoff $\qquad\qquad\quad C_3H_8$

Oxypropylwasserstoff $\qquad\quad C_3H_7(H\Theta)$
(Propylalkohol)

Dioxypropylwasserstoff $\qquad C_3H_6(H\Theta)_2$
(Propylglycol)

Trioxypropylwasserstoff. $\quad C_3H_5(H\Theta)_3.$
(Glycerin)

Ganz in derselben Weise muß die Ansicht, das Alanin sei Amidopropionsäure, die Asparaginsäure Amidobernsteinsäure, u. s. w., bei
consequenter Anwendung des ihr zu Grunde liegenden Princips dazu
führen, das Propylamin als Amidopropylwasserstoff anzusehen:

Amidopropylwasserstoff        $C_3H_7(H_2N)$.
(Propylamin)

Ob man beim Schreiben der chemischen Formeln sich des einen oder
des anderen Princips bedienen will, ob man typische oder Substitutions-
formeln schreiben will, dieß ist Sache des Geschmacks und der Uebereinkunft, dabei aber auch der Zweckmäßigkeit; abwechselnd aber bald
das eine, bald das andere Princip in Anwendung zu bringen, wo es sich
um thatsächlich analoge Fälle handelt, ist nach den Grundsätzen der
Logik unzulässig. Eine Behandlung der Chemie nach solchen wechselnden Principien läßt sich einem geographischen Atlas vergleichen, in
welchem alle Blätter richtig, aber nach verschiedenem Maßstab und verschiedenen Projectionen gezeichnet sind, so daß sie nebeneinander gelegt kein zusammenhängendes Ganze bilden.

Ich wiederhole, was ich früher gelegentlich der Sulfosäuren sagte[1]):
„In welcher Weise man thatsächliche Analogieen in Formeln ausdrückt,
ist schließlich von wenig Bedeutung; nöthig aber ist es, daß man nicht
da Gegensätze zu sehen vermeint, wo Analogieen stattfinden, und deßhalb halte ich es für unzulässig, für einzelne Körpergruppen ausschließlich die eine, für andere ausschließlich die andere Schreibweise zu gebrauchen und so offenbare Analogieen in verschiedener Weise auszudrücken."

6) *Einwirkung von Bromwasserstoffsäure auf Weinsäure.*

Ich habe oben schon erwähnt, daß bei Einwirkung von Bromwasserstoffsäure auf Weinsäure nicht, wie man wohl hätte erwarten dürfen,
Bibrombernsteinsäure, sondern vielmehr Monobrombernsteinsäure erhalten wird. Ich hatte Weinsäure mit kalt gesättigter Bromwasserstoffsäure anfangs im Wasserbad, später auf 110 und 120° erhitzt. Beim
Oeffnen der Röhren zeigte sich starker Druck; durch Aether konnte
eine geringe Menge einer krystallisirbaren Säure ausgezogen werden,
die sich in ihren Eigenschaften, so weit dieß bei wenig Substanz beur-

---

[1]) Diese Annalen CIV, 149 (1857).

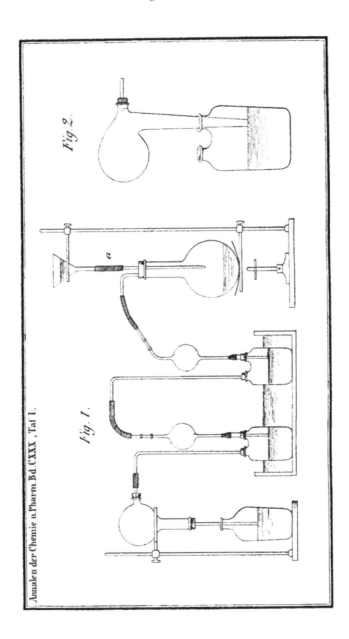

theilt werden kann, nicht von der aus Aepfelsäure dargestellten Mono-brombernsteinsäure unterscheidet.

0,3083 Grm. gaben 0,2764 Grm. Kohlensäure und 0,0732 Grm. Wasser.
0,1780 Grm. gaben 0,1614 Grm. Bromsilber und 0,0056 Grm. Silber.

| berechnet | | | gefunden |
|---|---|---|---|
| $C_4$ | 48 | 24,37 | 24,44 |
| $H_5$ | 5 | 2,54 | 2,63 |
| Br | 80 | 40,61 | 40,90 |
| $O_4$ | 64 | 32,48 | — |
| | 197 | 100,00. | |

Traubensäure verhält sich gegen Bromwasserstoffsäure wie Wein-säure; es wird ebenfalls eine kleine Menge einer in Aether löslichen Säure erzeugt, die nach einer Brombestimmung Monobrombernstein-säure ist.

Ich lasse die Bildung der Monobrombernsteinsäure aus Weinsäure und Traubensäure vorerst unerklärt, werde aber demnächst auf diesen Gegenstand zurückkommen.

# Untersuchungen über organische Säuren;
## von Aug. Kekulé.

A. 131, 79—88 (Heft I, ausgegeb. 15. 7. 1864).

## X. Electrolyse zweibasischer Säuren

Nachdem ich beobachtet hatte, daß der durch Natriumamalgam und der durch Zink in alkalischer Lösung entwickelte Wasserstoff die Fähig-keit besitze, sich durch directe Addition mit vielen organischen Sub-stanzen zu vereinigen, schien es mir von Interesse, zu versuchen, ob dem durch den galvanischen Strom in Freiheit gesetzten Wasserstoff dieselbe Eigenschaft zukomme. Ich glaubte zwar im Voraus des Resul-tates sicher sein zu dürfen, aber ich entschloß mich doch zur Ausfüh-rung einiger electrolytischer Versuche, weil es schon seit längerer Zeit meine Absicht war, durch das Experiment eine Ansicht zu prüfen, die ich mir über die Zersetzung organischer Säuren durch den Strom gebil-det hatte. Ich will beifügen, daß diese Versuche mich noch deßhalb besonders reizten, weil einige der von anderen Chemikern veröffentlichten Beobachtungen mit meinen theoretischen Ansichten im Widerspruch stehen.

Ich will zunächst in möglichster Kürze die Betrachtungen mittheilen, nach welchen ich die Producte der Zersetzung organischer Säuren durch den galvanischen Strom glaubte voraussehen zu können. Ich beschränke mich darauf, den chemischen Theil dieser Betrachtungen mitzutheilen, indem ich vorerst meine Ansichten über die Natur des electrischen Stromes selbst, der eine sich zersetzende Flüssigkeit durchstreicht, unberücksichtigt lasse.

Wenn der galvanische Strom auf die wässerige Lösung des Salzes einer organischen Säure einwirkt, so wird zunächst, wie bei nahezu allen metallhaltigen Verbindungen, am negativen Pol das Metall in Freiheit gesetzt. Kann dieses das Wasser zersetzen, so wird Wasserstoff abgeschieden und es findet gleichzeitig an der Hydrode (— Pol) Anhäufung von Base statt. Der Rest des organischen Salzes wird durch die moleculären Zersetzungen, welche den Strom ausmachen, fortwährend nach dem positiven Pol hingeschoben und kann sich dort in zweierlei Weise verhalten. Er kann entweder, wenn das organische Molecul unmittelbar mit der Electrode in Berührung steht, direct in einfachere Bestandtheile zerfallen; er kann andererseits, wenn das organische Salz durch Wasser von der Electrode getrennt ist, zersetzend auf dieses einwirken; dadurch wird Sauerstoff in Freiheit gesetzt und gleichzeitig die organische Säure regenerirt, die sich deßhalb an der Oxode (+ Pol) anhäuft.

Die Zersetzung der organischen Säure kann dabei immer als secundäre Reaction angesehen werden. Man kann annehmen, sie werde durch den Sauerstoff hervorgerufen, der sich als Gas entwickelt haben würde, wenn keine oxydirbare Substanz zugegen gewesen wäre. Die Producte dieser Zersetzung lassen sich daher mit einer gewissen Wahrscheinlichkeit aus folgenden Betrachtungen voraussehen.

Der am + Pol verwendbar werdende Sauerstoff muß dem Wasserstoff äquivalent sein, der am — Pol in Freiheit gesetzt wird; er muß also auch äquivalent sein der Menge Metall, die im organischen Salz enthalten ist; und er wird mithin direct durch die Basicität der Säure angezeigt. Da ferner ein Molecul Wasser die zur Oxydation von zwei Aequivalenten Metall nöthige Menge Sauerstoff liefern kann, so sieht man leicht, daß bei *zwei*basischen Säuren die Reaction zwischen *einem* Molecul Wasser stattfinden kann; daß bei *ein*basischen Säuren dagegen *zwei* Molecule des organischen Salzes mit *einem* Molecul Wasser in Wirkung treten müssen; u. s. w.

Die Basicität einer Säure wird nun außerdem ausgedrückt durch die Anzahl derjenigen Sauerstoffatome, die direct und vollständig an Kohlenstoff gebunden, nach der Ausdrucksweise der Typentheorie im Radical enthalten sind. Man hat also in der Anzahl der so gebundenen Sauerstoffatome, oder, wenn man will, in der Anzahl der Carbonylradicale, einen zweiten Maßstab für den Grad der Oxydation. Man weiß ferner, daß der durch zwei seiner Verwandtschaftseinheiten an Sauerstoff gebundene Kohlenstoff (Radical Carbonyl) sich bei vielen Reactionen von der organischen Gruppe loslöst; daß er bei Oxydationen z. B. als Kohlensäure austritt. Man kann daher mit ziemlicher Wahrscheinlichkeit erwarten, daß er auch bei electrolytischen Oxydationen als Kohlensäure abgeschieden wird, indem er den zur völligen Oxydation nöthigen Sauerstoff der organischen Gruppe selbst entzieht.

Man sieht aus diesen Betrachtungen, daß aus der Basicität allein die folgenden Werthe abgeleitet werden können:

1) Die Anzahl der Molecule des organischen Salzes, die auf ein Molecul Wasser in Wirkung treten; 2) die Menge des am — Pol frei werdenden Wasserstoffs; 3) die Menge der durch die Zersetzung entstehenden Kohlensäure. Daraus läßt sich dann die wahrscheinliche Zusammensetzung des Hauptproductes herleiten.

Man könnte diese Betrachtungen durch die folgende allgemeine Formel ausdrücken, in welcher n die Basicität der Säure bezeichnet:

$$C_{m+n}H_oM_nO_{p+n} + \frac{n}{2} H_2O = C_mH_oO_{p--n} + nCO_2 + \frac{n}{2} M_2O + \frac{n}{2} H_2.$$

Diese Formel ist direct anwendbar, wenn die Säure zweibasisch (oder überhaupt paar-basisch) ist; alle Glieder müssen mit 2 multiplicirt werden, wenn die Säure einbasisch (oder überhaupt unpaar-basisch) ist. Man hat dann:

$$2C_{m+n}H_oM_nO_{p+n} + n H_2O = 2C_mH_oO_{p--n} + 2nCO_2 + nM_2O + nH_2.$$

Ich lege diesen Formeln nicht mehr Werth bei als sie verdienen, und ich will für den Augenblick nur darauf aufmerksam machen, daß sie direct andeuten, daß alle Säuren, deren Basicität eben so groß ist als ihre Atomigkeit, bei Zersetzung durch den galvanischen Strom Kohlenwasserstoffe erzeugen müssen.

Man könnte die Producte der Zersetzung solcher organischer Säuren durch den Strom auch direct aus den rationellen Formeln ableiten, z. B.:

| zweiatomig-zweibasische Säuren | einatomig-einbasische Säuren | |
|---|---|---|
| $\dfrac{\overset{''}{\mathrm{C}}_n \mathrm{H}_{2n}}{(\mathrm{CO})_2 \cdot \Theta_2}$ | $\dfrac{\overset{'}{\mathrm{C}}_n \mathrm{H}_{2n+1}}{\mathrm{CO} \cdot \Theta}$ | $\dfrac{\mathrm{C}_n \overset{'}{\mathrm{H}}_{2n+1}}{\mathrm{CO} \cdot \Theta}$ |
| $M_2$ | $M$ | $M$ |

Es ist einleuchtend, daß diese Formeln nur dann die Zersetzung aus-drücken, wenn diese in voller Reinheit verläuft. Man sieht aber leicht ein, daß die Reaction durch die mannigfachsten Umstände gestört, oder gewissermaßen getrübt werden kann. Es ist zunächst denkbar, daß die Oxydation ganz aufhört, obgleich der Strom die Flüssigkeit durch-streicht. Es findet dieß dann statt, wenn die Lösung allzu verdünnt ist, und zwar für zweibasische Säuren auch dann, wenn die Lösung am posi-tiven Pol stark sauer geworden ist. Es ist weiter möglich, daß die Oxy-dation auf halbem Weg einhält, oder mit anderen Worten, daß der Rest des organischen Salzes sich nicht in die kleinst-möglichen Gruppen spal-tet, sondern daß Producte einer weniger weit gehenden Zerstörung ge-bildet werden, die der angewandten Substanz noch näher stehen. Es kann endlich vorkommen, daß das nach den oben mitgetheilten Glei-chungen entstehende Product sehr leicht zersetzbar oder oxydirbar ist; man kann dann die Bildung secundärer Zersetzungsproducte erwarten.

Was schließlich den am — Pol in Freiheit gesetzten Wasserstoff an-geht, so kann derselbe sich entweder als Gas entwickeln, oder er kann chemisch auf die angewandte Substanz einwirken; der letztere Fall wird dann eintreten, wenn die organische Säure die Eigenschaft besitzt sich additionell mit Wasserstoff vereinigen zu können, oder wenn sie, wie die meisten Nitrokörper oder einige andere Substanzen, durch nasciren-den Wasserstoff reducirt werden kann.

Ich will nun die wichtigsten der Versuche, die ich bis jetzt ausge-führt habe, zusammenstellen.

*Bernsteinsäure.* — Nach den oben mitgetheilten Ansichten scheint für die Bernsteinsäure die folgende Zersetzung wahrscheinlich:

$$\mathrm{C}_4 \mathrm{H}_4 \mathrm{Na}_2 \Theta_4 + \mathrm{H}_2\Theta = \mathrm{C}_2 \mathrm{H}_4 + 2\,\mathrm{CO}_2 + \mathrm{Na}_2\Theta + \mathrm{H}_2$$
Bernsteins.        Aethylen.
Natron

Man könnte sich die Zersetzung in folgender Weise erklären:

vor der Reaction . . . . . . $\overset{''}{\mathrm{C}}_2 \mathrm{H}_4 \begin{cases} \mathrm{CO} \cdot \Theta \cdot \mathrm{Na} \\ \mathrm{CO} \cdot \Theta \cdot \mathrm{Na} \end{cases} + \Theta \mathrm{H}_2$

nach der Reaction . . . (+ Pol) $\overset{''}{\mathrm{C}}_2 \mathrm{H}_4 + 2\,\mathrm{CO}_2 + \mathrm{Na}_2\Theta + \mathrm{H}_2$ (− Pol).

Der Versuch hat meine Voraussicht bestätigt. Als ich eine concentrirte wässerige Lösung von bernsteinsaurem Natron in einem aus einer porösen Zelle gebildeten Apparat der Einwirkung des galvanischen Stromes aussetzte, erhielt ich am — Pol Wasserstoff, am + Pol ein Gemenge von Kohlensäure und Aethylen. Ich fand indeß, daß die Menge des gebildeten Aethylens rasch abnimmt, so daß bald ein Gemenge von Aethylen und Sauerstoff und zuletzt reiner Sauerstoff entweicht. Das Product brennt daher nur ganz zu Anfang der Operation mit leuchtender Flamme. Ich habe dann die poröse Zelle unterdrückt und die beiden Electroden in dasselbe Gefäß eintauchen lassen. Die entweichenden Gase wurden dann zunächst durch Kalilauge gewaschen und durchströmten dann eine mit Brom gefüllte Röhre. Ich habe so, bei Anwendung von vier B u n s e n ' schen Elementen (von D e l e u i l in Paris), in drei Tagen Zeit über 30 Gramm reines Aethylenbromid darstellen können. Es kochte bei $129^0,5$, erstarrte beim Abkühlen krystallinisch und zeigte überhaupt alle Eigenschaften des gewöhnlichen Aethylenbromids.

Ich kann demnach die Angabe von K o l b e [1]), es entstünde bei Electrolyse des bernsteinsauren Natrons Methyläther, nicht bestätigen [2]).

*Fumarsäure.* — Bei der Fumarsäure war gleichzeitig am + Pol Oxydation und am — Pol Reduction zu erwarten. Durch Oxydation mußte Acetylen, durch Reduction Bernsteinsäure erzeugt werden:

$$C_4H_2Na_2O_4 + H_2O = C_2H_2 + 2CO_2 + Na_2O + H_2$$
Fumarsaures          Acetylen.
Natron

$$C_4H_2Na_2O_4 + H_2 = C_4H_4Na_2O_4$$
Fumarsaures          bernsteinsaures
Natron                Natron.

---

[1]) Diese Annalen CXIII, 244 (1860).

[2]) Wenn K o l b e angiebt, das bei der Electrolyse des bernsteinsauren Natrons auftretende brennbare Gase habe sich durch die *eudiometrische Analyse* als reines Methyloxyd erwiesen, so ist hierbei zu bemerken, daß die eudiometrische Analyse nicht entscheiden kann, ob ein Gas Methyloxyd oder Aethylen ist. Man sieht in der That leicht ein, daß beide Gase sich bei der Verpuffungsanalyse genau in derselben Weise verhalten; beide verbrauchen gleich viel Sauerstoff und erzeugen gleich viel Kohlensäure.

Es ist vielleicht nicht ungeeignet, bei der Gelegenheit nochmals daran zu erinnern, daß die eudiometrische Analyse eine ausgezeichnete quantitative Methode ist, daß sie aber nur in den wenigsten Fällen dazu dienen kann, die Natur eines Gases festzustellen, und daß sie vielmehr, als quantitative Methode, die Kenntniß der Natur der Körper voraussetzt, deren Mengenverhältniß man bestimmen will.

Man könnte den Vorgang durch folgende Formeln darstellen:

vorher
$$\overset{''}{C_2}H_2\begin{cases} CO.O.Na \\ CO.O.Na \end{cases} + OH_2 + C_2H_2\begin{cases} CO.O.Na \\ CO.O.Na \end{cases}$$

nachher $(+)\ \overset{''}{C_2}H_2 + 2\,CO_2 + Na_2O + \overset{''}{C_2}H_4\begin{cases} CO.O.Na \\ CO.O.Na \end{cases} (-).$

Auch hier hat der Versuch meine Erwartungen bestätigt.

Ich habe mich anfangs eines Zersetzungsapparates mit poröser Zelle bedient, um die an den beiden Electroden entstehenden Gase getrennt auffangen zu können. Das am + Pol entweichende Gas bestand, nach dem Waschen mit Kalilauge, zu Anfang der Operation aus fast reinem Acetylen. Für die Fumarsäure wird aber noch leichter wie für die Bernsteinsäure die Zersetzung unvollständig, sobald die Flüssigkeit am + Pol sauer zu werden beginnt. Dem Acetylen mengt sich dann Sauerstoff bei und zuletzt entweicht reiner Sauerstoff. Nur aus höchst concentrirten Lösungen von fumarsaurem Natron, und auch dann nur anfangs, erhält man annähernd reines Acetylen. Das Product wird etwas reiner, wenn man der Lösung einen Ueberschuß von Alkali zufügt. Ich habe es vorgezogen, auch hier die poröse Zelle zu unterdrücken und beide Electroden in dasselbe Gefäß eintauchen zu lassen. Die Gase wurden erst durch Kalilauge gewaschen und dann in eine ammoniakalische Lösung von Kupferchlorür oder von schwefligsaurem Kupferoxydul eingeleitet. Es entstand ein reichlicher Niederschlag von Acetylen-Kupfer. Aus einer ammoniakalischen Silberlösung wurde Acetylen-Silber gefällt. Ich begnüge mich für den Augenblick mit diesen Angaben; die Kupferverbindung und die Silberverbindung des Acetylens haben so characteristische Eigenschaften, daß durch ihre Bildung die Natur des aus der Fumarsäure entstehenden Gases als völlig nachgewiesen angesehen werden kann.

Die am — Pol gebildete Bernsteinsäure stimmt in Ansehen, Löslichkeit und Schmelzpunkt mit der gewöhnlichen Bernsteinsäure überein.

0,4626 Grm. gaben 0,6886 Grm. Kohlensäure und 0,2138 Grm. Wasser.

|  |  | berechnet | gefunden |
|---|---|---|---|
| $C_4$ | 48 | 40,68 | 40.60 |
| $H_6$ | 6 | 5,08 | 5.14 |
| $O_4$ | 64 | 54,24 | — |
|  | 118 | 100,00. | |

Ich muß übrigens bemerken, daß die Umwandlung der Fumarsäure in Bernsteinsäure sehr langsam erfolgt und daß während der ganzen Dauer des Versuchs beträchtliche Mengen von Wasserstoff entweichen.

*Maleïnsäure.* — Die Maleïnsäure verhält sich unter dem Einfluß des galvanischen Stromes genau wie die mit ihr isomere Fumarsäure. Aus dem durch Zersetzung der Maleïnsäure gebildeten Acetylen habe ich die rothe verpuffende Kupferverbindung und eine explodirbare Silberverbindung darstellen können. Ich will indeß nicht behaupten, daß aus Fumarsäure und aus Maleïnsäure genau dasselbe Acetylen erhalten werde. Ich glaube im Gegentheil geringe Verschiedenheiten beobachtet zu haben, aber ich wage nicht mich bestimmt über diesen Gegenstand auszusprechen, da ich aus Mangel an Material die Versuche nicht wiederholen konnte. Ich beabsichtige, diesen Gegenstand wieder aufzunehmen, sobald mir größere Mengen von Maleïnsäure zur Verfügung stehen.

Ich will noch beifügen, daß aus der Maleïnsäure neben Bernsteinsäure eine sehr geringe Menge von Fumarsäure gebildet wird, selbst wenn die angewandte Maleïnsäure völlig rein war.

*Brommaleïnsäure.* — Es schien mir von Interesse, die Electrolyse der Monobrommaleïnsäure zu versuchen, die ich früher durch Zersetzung der Bibrombernsteinsäure dargestellt habe. Den oben mitgetheilten Betrachtungen nach hätte die Bildung von Bromacetylen erwartet werden können:

$$C_4HBrNa_2O_4 + H_2O = C_2HBr + 2 CO_2 + Na_2O + H_2.$$

Leider standen mir nur sehr geringe Mengen dieses kostbaren Materials zur Verfügung; das Resultat scheint mir indeß hinlänglich beweisend.

Die an den beiden Electroden entstehenden Gase genau untersuchen zu können, habe ich mich einer porösen Zelle bedient.

Die geringe Menge der angewandten Substanz machte es unmöglich, die im Apparat enthaltene Luft vollständig durch die gebildeten Gase zu vertreiben. Das am + Pol entweichende Gas enthielt nur sehr wenig Kohlensäure; es bestand wesentlich aus Kohlenoxyd. Es brannte mit blauer Flamme und wurde von Kupferchlorür fast vollständig absorbirt.

Die Bildung des Kohlenoxyds kann, wie mir scheint, aus der leichten Oxydirbarkeit des Bromacetylens erklärt werden. Man kann annehmen, das Bromacetylen verbrauche im Moment seiner Entstehung den Sauerstoff, der zur Bildung von Kohlensäure hätte verwendet werden sollen.

Statt $C_2HBr + 2 CO_2$ erhält man $HBr + 4 CO$;

und die Zersetzung des brommaleïnsauren Natrons könnte durch folgende Gleichung ausgedrückt werden:

$$C_4HBrNa_2O_2 + H_2O = HBr + 4 CO + Na_2O + H_2.$$

Ich beabsichtige, diese electrolytischen Versuche weiter fortzusetzen und ich habe schon einige Versuche mit Itaconsäure, Aepfelsäure, Weinsäure, Milchsäure und Aconitsäure angestellt. Die Resultate sind noch nicht so abgerundet, daß ich sie jetzt schon mittheilen möchte; ich will indessen einstweilen Folgendes angeben. Aus der mit der Fumarsäure homologen Itaconsäure habe ich bis jetzt kein dem Acetylen ähnliches Gas (Allylen) erhalten können. Aus Weinsäure wird unter gewissen Bedingungen Essigsäure erhalten, wie dieß die Theorie andeutet, aber es entstehen gleichzeitig andere Producte, unter welchen sich eine Substanz befindet, die ich bis jetzt nicht isoliren konnte, und welche die Eigenschaft besitzt, aus Kupferoxydsalzen in alkalischer Lösung Kupferoxydul zu reduciren, genau wie dieß die Zuckerarten thun.

---

## Untersuchungen über organische Säuren;

### von Aug. Kekulé.

A. **131**, 221—238 (Heft II, ausgegeb. 3. 8. 1864).

## XI. Einwirkung von Jodwasserstoff auf Jodsubstitutionsproducte.

Das Jod, obgleich in seinem chemischen Verhalten im Allgemeinen dem Brom und dem Chlor sehr ähnlich, zeigt doch einige bemerkenswerthe Unterschiede. Es wirkt in fast allen Fällen weit weniger energisch und es erzeugt z. B. bei Einwirkung auf organische Substanzen niemals Substitutionsproducte. Viele Jodverbindungen besitzen im Gegentheil die Eigenschaft, sich mit Leichtigkeit unter Freiwerden von Jod zu zersetzen.

Diese Verschiedenheit des Jods einerseits und des Chlors und Broms andererseits zeigt sich schon bei den einfachsten Verbindungen, z. B.

bei den Verbindungen mit Wasserstoff. Das Chlor vereinigt sich mit
Wasserstoff und erzeugt Salzsäure; die Jodwasserstoffsäure dagegen zerfällt leicht in Jod und Wasserstoff. Beide Reactionen können durch dieselbe allgemeine Gleichung ausgedrückt werden:

$$HD + HD = H_2 + D_2 ;$$

aber die Zersetzung erfolgt bei Chlor in dem einen, bei Jod dagegen im
umgekehrten Sinn. Man könnte sagen, beide Elemente besäßen bei derartigen Reactionen zwar analoge Eigenschaften, aber diese seien von
umgekehrtem Zeichen.

Es schien mir von theoretischem Standpunkt aus wahrscheinlich, daß
diese Eigenthümlichkeit des Jods sich bei allen seinen Verbindungen
wiederfinden werde, und ich glaubte erwarten zu dürfen, daß in allen,
oder wenigstens fast allen Fällen, in welchen für das Chlor eine bestimmte Reaction stattfindet, für das Jod gerade die umgekehrte Reaction eintreten werde. Es schien mir unter Anderem wahrscheinlich, daß
Jodsubstitutionsproducte bei Einwirkung von Jodwasserstoff zersetzt
werden würden, um unter Abscheidung von Jod und durch Rückwärtssubstitution die normalen Substanzen zu erzeugen.

Die Versuche, die ich bis jetzt in dieser Richtung angestellt habe,
haben diese Erwartung bestätigt. Ich beschränke mich für den Augenblick darauf die Versuche anzugeben, die ich über Jodsubstitutionsproducte organischer Säuren ausgeführt habe.

*Jodessigsäure.* — Die Säure war nach der von P e r k i n und
D u p p a [1]) angegebenen Methode dargestellt, nur war statt der Monobromessigsäure die leichter darzustellende Monochloressigsäure als Ausgangspunkt benutzt worden.

Bringt man Jodessigsäure mit einer concentrirten wässerigen Lösung
von Jodwasserstoffsäure zusammen, so findet schon in der Kälte Einwirkung statt; es wird Jod frei und es entsteht Essigsäure.

$$\begin{matrix} C_2H_3JO_2 & + & HJ & = & C_2H_4O_2 & + & J_2 \\ \text{Jodessigsäure} & & & & \text{Essigsäure.} & & \end{matrix}$$

Ein aus dem Product dargestelltes Silbersalz gab bei der Analyse
folgende Zahlen:

0,5700 Grm. gaben 0,3000 Kohlensäure und 0,0942 Wasser.
0,6354 Grm. gaben 0,5396 Chlorsilber und 0,0040 Silber.

---

[1]) A. **112**, 125 (1859); C. r. **49**, 93 (1859).   (A.)

| berechnet | | | gefunden |
|---|---|---|---|
| $C_2$ | 24 | 14,37 | 14,35 |
| $H_3$ | 3 | 1,80 | 1,83 |
| Ag | 108 | 64,67 | 64,54 |
| $O_2$ | 32 | 19,16 | — |
| | 167 | 100,00. | |

*Jodpropionsäure.* — Die nach Beilstein's Methode[1]) durch Einwirkung von Zweifach-Jodphosphor auf Glycerinsäure dargestellte Jodpropionsäure wird ebenfalls von Jodwasserstoff angegriffen, aber die Einwirkung findet weit weniger leicht statt, als bei der Jodessigsäure. Man kann die Jodpropionsäure selbst mit rauchender Jodwasserstoffsäure auf 120 bis 150° erhitzen, ohne daß Zersetzung eintritt; erst bei 180° wird Jod frei und es entsteht eine Säure von der Zusammensetzung der Propionsäure:

$$C_3H_5JO_2 \ + \ HJ \ = \ C_3H_6O_2 \ + \ J_2$$
Jodpropionsäure. Propionsäure.

Die folgenden Analysen eines aus dem Product dargestellten Silbersalzes lassen über die Zusammensetzung der entstandenen Säure keinen Zweifel.

1. 0,3118 Grm. gaben 0,2278 Kohlensäure und 0,0808 Wasser.
2. 0.3644 Grm. gaben 0.2814 Chlorsilber und 0.0040 Silber.
3. 0.1776 Grm. gaben 0.1358 Chlorsilber und 0,0034 Silber.

| berechnet | | | gefunden | | |
|---|---|---|---|---|---|
| | | | 1. | 2. | 3. |
| $C_3$ | 36 | 19,89 | 19,92 | — | — |
| $H_5$ | 5 | 2,76 | 2,88 | — | — |
| Ag | 108 | 59,67 | — | 59,21 | 59,45 |
| $O_2$ | 32 | 17,68 | — | — | — |
| | 181 | 100,00. | | | |

*Jodsalicylsäure.* — Wenn die Einwirkung der Jodwasserstoffsäure auf Jodsubstitutionsproducte organischer Säuren sich als eine allgemeine Reaction ausweist, wie mir dieß aus theoretischen Gründen wahrscheinlich erscheint, so ist es einleuchtend, daß bei directer Einwirkung von Jod auf organische Säuren niemals Jodsubstitutionsproducte entstehen können. Man erinnert sich nun, daß nach Versuchen von Kolbe

---

[1]) A. **120**, 226 (1861); **122**, 366 (1862). (A.)

und L a u t e m a n n [1]), die später von L a u t e m a n n [2]) allein weiter verfolgt wurden, beim Erhitzen von Jod mit Salicylsäure direct Substitionsproducte dieser Säure erhalten werden. Eine derartige Bildung von Jodsubstitutionsproducten ist mit der Ansicht, die ich oben ausgesprochen habe, geradezu im Widerspruch und es schien mir daher von ganz besonderem Interesse, die so dargestellten Jodsalicylsäuren der Einwirkung von Jodwasserstoffsäure auszusetzen.

Ich werde gleich die Beobachtungen mittheilen, welche ich über die Bildung der Jodsalicylsäuren gemacht habe; für den Augenblick genügt die Angabe, daß die von L a u t e m a n n vorgeschriebene Methode, wenn man sich streng an die Vorschrift hält, genau die Producte liefert, welche L a u t e m a n n beschrieben hat.

Ich habe mich zunächst damit begnügt, die Einwirkung der Jodwasserstoffsäure auf *Monojodsalicylsäure* zu versuchen. Die angewandte Jodsalicylsäure gab beim Zersetzen mit Natriumamalgam u. s. w. folgenden Jodgehalt:

0,3328 Grm. gaben 0,2836 Jodsilber und 0,0055 Silber.

Daraus berechnen sich      48,14 pC. Jod ;

Die Formel $C_7H_5JO_3$ verlangt 48,11 pC. Jod.

Die Monojodsalicylsäure wird von einer concentrirten wässerigen Lösung von Jodwasserstoffsäure schon unter 100° angegriffen; die Reaction verläuft rasch bei 100°. Die gebildete jodfreie Säure hat alle Eigenschaften der Salicylsäure. Bei der Analyse wurde gefunden:

1. 0,4653 Grm. gaben 1.0306 Kohlensäure und 0,1862 Wasser.
2. 0,3666 Grm. gaben 0.8120 Kohlensäure und 0,1472 Wasser.

Daraus berechnet sich:

|  | berechnet | | gefunden | |
|---|---|---|---|---|
|  |  |  | 1 | 2. |
| $C_7$ | 84 | 60,87 | 60,41 | 60,40 |
| $H_6$ | 6 | 4,35 | 4,45 | 4,46 |
| $O_3$ | 48 | 34,78 | — | — |
|  | 138 | 100,00. |  |  |

Auch bei der Jodsalicylsäure findet also Rückwärtssubstitution statt, nach folgender Gleichung:

---

[1]) Diese Annalen CXV. 157 (1860).
[2]) Daselbst CXX, 300 (1861).

$$\underset{\text{Jodsalicylsäure}}{C_7H_5JO_3} + HJ = \underset{\text{Salicylsäure.}}{C_7H_6O_3} + J_2$$

Durch diese Beobachtung ist es wohl bewiesen, daß die Jodsalicyl-säuren nicht durch directe Einwirkung von Jod auf Salicylsäure gebildet werden; denn es ist selbstverständlich, daß eine Reaction nur dann eintritt, wenn sie in den Bedingungen des Versuchs nicht in umgekehrtem Sinn verlaufen kann. Diese Erfahrung mußte mich natürlich darauf führen, für die Bildung der Jodsalicylsäuren eine andere Erklärung zu suchen und die Beobachtungen weiter zu ergänzen, die ich schon gelegentlich der Darstellung gemacht hatte.

Ich kann nach meinen Erfahrungen Alles bestätigen, was L a u t e - m a n n über die Eigenschaften der Jodsalicylsäuren und der Jodphenyl-säuren angiebt, aber ich habe andererseits die Ueberzeugung gewonnen, daß diese Säuren in anderer Weise gebildet werden als man seither an-nahm.. Ich finde sogar unter den von K o l b e und L a u t e m a n n ge-machten Beobachtungen einige, welche schon darauf hinweisen, daß die Erklärung, welche man seither für die Bildung dieser jodhaltigen Säuren gab, nicht richtig ist. Man hatte z. B. gefunden, daß beim Behandeln von Salicylsäure mit Jod keine Jodwasserstoffsäure gebildet wird, und man hatte sich vergeblich bemüht nachzuweisen, wohin der Wasserstoff kommt, den die Salicylsäure nothwendig verlieren muß. Man hatte wei-ter beobachtet, daß das beim Erhitzen von Salicylsäure mit Jod ent-stehende Product noch viel freies Jod enthält; man sättigt mit kohlen-saurem Natron und fällt dann die jodhaltigen Säuren durch Salzsäure: dabei hätte offenbar — wenn nicht eine andere Reaction stattfände — alles Jod, welches vor dem Zusatz des kohlensauren Natrons als freies Jod vorhanden war, jetzt wieder als solches ausfallen müssen.

Es lag für den Augenblick nicht in meiner Absicht, die Einwirkung des Jods auf Salicylsäure einer ausführlichen Untersuchung zu unter-werfen, und es ist mir aus Mangel an Material sogar unmöglich gewesen, diesen Gegenstand so weit zu verfolgen, als ich es gewünscht hätte. Ich halte es nichtsdestoweniger für geeignet, die seither gemachten Beob-achtungen einstweilen mitzutheilen.

Beim Schmelzen von Salicylsäure mit Jod oder beim Kochen von Salicylsäure, Jod und Alkohol, findet gar keine Einwirkung statt, und es erklärt sich so, warum der Wasserstoff nirgends gefunden werden konnte. Die Jodsalicylsäuren und die Jodphenylsäuren entstehen erst bei dem Verfahren, welches L a u t e m a n n einschlug, um die Körper, die er schon gebildet glaubte, zu trennen. Dabei sind nun zwei Stadien zu unterscheiden, die beide, wie ich gleich zeigen werde, die Bildung jodhaltiger Producte zur Folge haben.

Uebergießt man zunächst das Gemenge von Salicylsäure und Jod (gleichgültig ob es vorher erhitzt war oder nicht) mit kohlensaurem Natron oder mit Aetznatron, so entsteht salicylsaures Natron, jodsaures Natron und Jodnatrium; gleichzeitig aber werden durch Einwirkung des Jods auf die alkalische Lösung der Salicylsäure jodhaltige Producte gebildet. Wird die alkalische Flüssigkeit dann mit Salzsäure versetzt, so wird an den Stellen, an welchen die Salzsäure einwirkt, durch gegenseitige Zersetzung der Jodwasserstoffsäure und der Jodsäure Jod in Freiheit gesetzt. So lange die Flüssigkeit noch alkalisch ist, kann dieses Jod noch weiter in der oben angedeuteten Weise einwirken. In der sauren Flüssigkeit findet eine andere Reaction statt; das Jod wirkt nämlich durch Vermittelung der noch vorhandenen Jodsäure und es entstehen nochmals jodhaltige Producte.

Ich habe mich zunächst durch wiederholte Versuche davon überzeugt, daß man alle von Lautemann beschriebenen Substanzen, selbst den rothen Körper, erhält, wenn man Jod und Salicylsäure direct in Natronlauge löst und dann Salzsäure zusetzt. Ich habe weiter festgestellt, daß die Resultate ganz dieselben bleiben, wenn man statt der Salicylsäure ein salicylsaures Salz in Anwendung bringt.

Bei diesen Versuchen bleibt es unentschieden, ob die jodhaltigen Säuren durch die erste oder die zweite der oben angedeuteten Reactionen gebildet werden. Der rothe Körper entsteht in der alkalischen Flüssigkeit. Erwärmt man z. B. eine schwach alkalische Lösung von salicylsaurem Natron mit Krystallen von Jod, so scheidet er sich in der Nähe des Jods in reichlicher Menge aus. Er bildet sich also unter ähnlichen Bedingungen wie das Jodoform aus Alkohol oder Essigsäure. Seine Entstehung wird vielleicht, wenn anders die ihm beigelegte Formel richtig ist, durch folgende Gleichung ausgedrückt, welche seine Analogie mit dem Jodoform deutlich hervortreten ließen:

$$C_7H_6O_3 + 3\,J_2 + 4\,KHO = C_6H_2J_2O + CO_2 + 4\,H_2O + 4\,KJ$$
Salicylsäure            rother Körper.

$$C_2H_4O_2 + 3\,J_2 + 3\,KHO = CHJ_3 + CO_2 + 3\,H_2O + 3\,KJ$$
Essigsäure            Jodoform.

Es schien mir von theoretischem Gesichtspunkt aus nicht unmöglich, daß bei dieser Einwirkung des Jods auf eine alkalische Lösung von

Salicylsäure direct Jodsubstitutionsproducte der Salicylsäure, oder durch deren Zersetzung jodhaltige Phenylsäuren entstehen könnten. Man sieht nämlich leicht, daß durch die Anwesenheit des Alkali's die Bildung der Jodwasserstoffsäure verhindert und so die Ursache entfernt wird, welche die substituirende Einwirkung des Jods unmöglich macht. Man könnte die Bildung der so entstehenden jodhaltigen Säuren beispielsweise durch folgende Gleichungen erklären:

$$C_7H_6\Theta_3 \; + \; J_2 \; + \; KH\Theta \; = \; C_7H_5J\Theta_3 \; + \qquad KJ \; + \; H_2\Theta$$

Salicylsäure      Monojodsalicylsäure.

$$C_7H_6\Theta_3 \; + \; 2\,J_2 \; + \; 2\,KH\Theta \; = \; C_7H_4J_2\Theta_3 \; + \qquad 2\,KJ \; + \; 2\,H_2\Theta$$

Salicylsäure      Dijodsalicylsäure.

$$C_7H_6\Theta_3 \; + \; 3\,J_2 \; + \; 3\,KH\Theta \; = \; C_6H_3J_3\Theta \; + \; C\Theta_2 \; + \; 3\,KJ \; + \; 3\,H_2\Theta$$

Salicylsäure      Trijodphenylsäure.

Ob in diesen Bedingungen wirklich jodhaltige Säuren entstehen, kann nur dadurch festgestellt werden, daß man die Anwesenheit der Salze dieser Säuren in dem direct entstandenen Product darthut. Kolbe's und Lautemann's[1]) Versuche geben darüber keinen bestimmten Aufschluß. Nach den Versuchen dieser Chemiker erhält man durch Eintragen von Jodtinctur in eine kalte Lösung von baryumsalicylsaurem Baryt ein Gemenge der verschiedenen Jodsalicylsäuren (Mono-, Di- und Trijodsalicylsäure), und zwar größtentheils an Baryt gebunden; durch Zusatz von Salzsäure werden dann die Jodsalicylsäuren ausgefällt. Nichts beweist, daß die jodhaltigen Säuren schon in der alkalischen Flüssigkeit enthalten sind; es ist ebensowohl denkbar, daß sie erst während des Zufügens der Salzsäure durch die zweite der oben angedeuteten Reactionen erzeugt werden. Es ist weiter schwer verständlich, wie der dijodsalicylsaure Baryt in Lösung sein soll, da dieses Salz nach Lautemann's Angaben außerordentlich schwer löslich in Wasser ist.

Aus den Versuchen, die ich gleich beschreiben will, ergiebt sich indessen, daß diese Beobachtung und ihre Interpretation richtig sind und daß die alkalische Flüssigkeit schon Jodsubstitutionsproducte der Salicylsäure enthält.

Aus dieser Thatsache kann indessen kein Beweis für die Richtigkeit der Ansichten hergeleitet werden, welche Kolbe und Lautemann über die Constitution und die Basicität der Salicylsäure mitgetheilt haben. Man erinnert sich, daß diese Chemiker die Salicylsäure für abso-

---

[1]) Diese Annalen CXV, 175. 198 (1860).

lut einbasisch erklären, und daß nach ihrer Ansicht das Barytsalz mit
2 Aeq. Baryum baryumsalicylsaurer Baryt ist. Sie sagen: „wir glaubten
nämlich bestimmt erwarten zu dürfen, daß das im Radical befindliche
Baryumatom durch Jod unter Bildung von Jodbaryum leicht substituir-
bar sei, und daß man so aus dem baryumsalicylsauren Baryt jodsalicyl-
sauren Baryt erhalten werde.“ Eine solche Argumentation könnte für beweisend gehalten werden, wenn nur Monojodsalicylsäure entstünde; sie
verliert aber stark an Beweiskraft durch die Beobachtung, daß gleichzeitig Bijodsalicylsäure und Trijodsalicylsäure gebildet werden, die
offenbar nicht aus dibaryumsalicylsaurem Baryt und tribaryumsalicyl-
saurem Baryt entstehen.

Daß bei Einwirkung von Jod auf alkalische Lösungen von Salicylsäure direct Jodsubstitutionsproducte der Salicylsäure gebildet werden,
ergiebt sich aus folgenden Beobachtungen.

Gießt man in eine heiße Lösung von Salicylsäure in überschüssigem
Barythydrat Jodtinctur, so verschwindet rasch die Farbe des Jods und
es scheidet sich aus der alkalischen Flüssigkeit ein jodhaltiges Barytsalz
als weißes Pulver aus. Fügt man so viel Jod zu, daß die Flüssigkeit
schwach sauer reagirt, so werden freie Jodsalicylsäuren gefällt. Die Flüssigkeit scheidet auf Zusatz einer Säure kein Jod aus, sie enthält also
keine Jodsäure; der weiße Niederschlag besteht aus Salicylsäure und
Jodsalicylsäuren. Wird aus der noch alkalischen Flüssigkeit der überschüssige Baryt durch Kohlensäure entfernt und die Lösung dann eingedampft, so erhält man Krystallwarzen, die aus den Barytsalzen jodhaltiger Salicylsäuren bestehen.

Man erhält genau dieselben Producte, wenn man statt der Jodtinctur
gepulvertes Jod anwendet. Wird die Lösung bis nahe zum Sieden erhitzt, so entsteht eine geringe Menge des mehrfach erwähnten rothen
Körpers.

Die Reaction ist ferner genau dieselbe, wenn eine mit Aetzkali ver-
setzte Lösung von salicylsaurem Kali mit Jod erwärmt wird. Man erhält
zunächst den rothen Körper. Aus der filtrirten Flüssigkeit fällen Säuren
ein Gemenge von Salicylsäure und Jodsalicylsäuren, aber kein Jod. Wird
die direct erhaltene Lösung eingedampft, so bilden sich Krystalle, die
aus den Kalisalzen jodhaltiger Salicylsäuren bestehen. Setzt man zur
direct dargestellten Lösung der Kalisalze eine Lösung von Chlorbaryum,
so scheidet sich ein weißes krystallinisches Pulver von jodsalicylsaurem
Baryt aus.

Bei dieser Einwirkung des Jods auf alkalische Lösungen von Salicylsäure entstehen, wie es scheint, wesentlich Jodsubstitutionsproducte der
Salicylsäure und nur geringe Mengen von Jodphenylsäuren.

Aus diesen Beobachtungen ergiebt sich, daß schon beim Auflösen
eines Gemenges von Jod und Salicylsäure in Aetznatron (oder kohlensaurem Natron) Jodsalicylsäuren gebildet werden. Ein Theil des Jods
wirkt indessen, wenigstens wenn rasch operirt wird, mit Uebergehung der
Salicylsäure direct auf das Natron und erzeugt neben Jodnatrium jodsaures Natron. Fügt man dann Salzsäure zu, so scheidet sich vorübergehend Jod aus, aber dieses Jod verschwindet bald, indem es in die
organische Substanz eintritt. Die jetzt stattfindende Reaction erklärt sich
in folgender Weise.

Wenn Jod bei Gegenwart von Jodsäure auf Salicylsäure einwirkt, so
findet Substitution statt. Der Wasserstoff der Salicylsäure tritt nicht an
Jod um Jodwasserstoff zu erzeugen, er wird vielmehr von dem Sauerstoff der Jodsäure weggenommen und bildet Wasser. Man umgeht
wiederum die Bedingungen, welche es verhindern, daß bei Einwirkung
von Jod allein Substitutionsproducte gebildet werden.

Erhitzt man z. B. Salicylsäure mit Jod, Jodsäure und Wasser zum
Sieden, so entsteht eine braune geschmolzene Masse, die beim Erkalten
krystallinisch erstarrt. Dasselbe Product wird erhalten, wenn man Salicylsäure mit Jodsäure und Wasser erhitzt und dann Jodwasserstoffsäure
eingießt. Wird das Product wiederholt mit Wasser ausgekocht, so liefern die ersten Auszüge wesentlich Jodphenylsäuren; das Umgelöste wird
stets schwerer schmelzbar; es löst sich zuletzt ausnehmend wenig
in siedendem Wasser und besteht dann wesentlich aus Jodsalicylsäuren.

Bei diesem Verfahren entstehen die Jodphenylsäuren in überwiegender Menge und bisweilen wird fast keine Jodsalicylsäure erhalten. Es erklärt sich dieß daraus, daß die Jodsalicylsäuren bei Anwesenheit von
Jodsäure leicht in Kohlensäure und Jodphenylsäuren zerfallen. Ich habe
in der That gefunden, daß die Salicylsäure und ihre Jodsubstitutionsproducte sich rasch in Kohlensäure und Phenylsäure (resp. Jodphenylsäuren) spalten, wenn man sie mit Wasser und Jodsäure bis gegen 100°
erhitzt. Man erhält, wie es scheint, mehr Jodsalicylsäuren und weniger
Jodphenylsäuren, wenn man die Einwirkung bei gewöhnlicher Temperatur oder in gelinder Wärme vor sich gehen läßt, oder wenn man überschüssige Jodsäure vermeidet.

Die Bildung der Jodsalicylsäuren und der Jodphenylsäuren in den Bedingungen der zuletzt beschriebenen Versuche kann beispielsweise durch folgende Gleichungen ausgedrückt werden:

$$5\,\mathrm{C_7H_6O_3} \;+\; 2\,\mathrm{J_2} \;+\; \mathrm{JO_3H} \;=\; 5\,\mathrm{C_7H_5JO_3} \;+\; 3\,\mathrm{H_2O}$$
Salicylsäure                          Monojodsalicylsäure

$$5\,\mathrm{C_7H_6O_3} \;+\; 6\,\mathrm{J_2} \;+\; 3\,\mathrm{JO_3H} \;=\; 5\,\mathrm{C_6H_3J_3O} \;+\; 5\,\mathrm{CO_2} \;+\; 9\,\mathrm{H_2O}$$
Salicylsäure                          Trijodphenylsäure.

Ich will endlich noch eines Versuches erwähnen, bei welchem, ähnlich wie bei der von L a u t e m a n n angegebenen Methode, die verschiedenen im Vorhergehenden besprochenen Reactionen zur Bildung der Producte mitwirken. Wenn man salicylsaures Natron, jodsaures Natron und Jodkalium in Wasser löst und die heiße Lösung mit Salzsäure versetzt, so scheidet sich direct ein Gemenge von Jodsalicylsäuren und Jodphenylsäuren aus.

Die im Vorhergehenden mitgetheilten Versuche zeigen wohl zur Genüge, daß die aus der Salicylsäure entstehenden jodhaltigen Säuren ihre Bildung eigenthümlichen Reactionen verdanken, die ich für den Augenblick nicht weiter verfolgt habe, die mir aber der Aufmerksamkeit der Chemiker in hohem Grade würdig erscheinen. Ich halte es für wahrscheinlich, daß diese Reactionen die Darstellung auch anderer Jodsubstitutionsproducte ermöglichen werden; ich kann aber dabei nicht verschweigen, daß einzelne Versuche, die ich in dieser Richtung angestellt habe, bis jetzt nicht das gewünschte Resultat gaben.

Ich will schließlich noch bemerken, daß mir die am Anfang dieser Mittheilung angeführte typische Reaction:

$$\mathrm{HJ + HJ = H_2 + J_2},$$

die sich allgemeiner in folgender Form ausdrücken läßt,

$$\mathrm{RJ + R'J = RR' + J_2},$$

nach verschiedenen Richtungen hin einer weiteren Ausdehnung fähig scheint. Bei dem hohen Interesse, welches ich diesen Reactionen beilege, mag es gestattet sein, hier schon einige der Versuche anzudeuten, mit deren Ausführung ich eben beschäftigt bin.

Man kann zunächst Jodwasserstoff auf jodhaltige Körper einwirken lassen, die keinen Sauerstoff enthalten. Man hätte so Rückwärtssubstitutionen wie die folgenden:

Jodoform    $\mathrm{CHJ_3} \;+\; \mathrm{HJ} = \mathrm{J_2} + \mathrm{C_2H_2J_2}$ . . Methylenjodid
Aethylenjodid $\mathrm{C_2H_4J_2} \;+\; \mathrm{HJ} = \mathrm{J_2} + \mathrm{C_2H_5J}$ . . Aethyljodid u. s. w.

Man kann weiter statt der Jodwasserstoffsäure ein organisches Jodid anwenden, und man kann so vielleicht Synthesen verwirklichen ähnlich den folgenden:

$C_2H_4J_2$ $+$ $CH_3J$ $=$ $J_2$ $+$ $C_2H_4(CH_3)J$ $=$ $C_3H_7J$
Aethylenjodid   Methyljodid                                     Propyljodid.

$C_2H_3J\Theta_2$ $+$ $CH_3J$ $=$ $J_2$ $+$ $C_2H_3(CH_3)\Theta_2$ $=$ $C_3H_6\Theta_2$
Jodessigsäure   Methyljodid                                       Propionsäure.

$C_2H_3J\Theta_2$ $+$ $C_2H_3\Theta J$ $=$ $J_2$ $+$ $C_2H_3(C_2H_3\Theta)\Theta_2$ $=$ $C_4H_6\Theta_3$
Jodessigsäure   Acetyljodid.

---

# XII. Einwirkung von Jodwasserstoff auf mehratomige Säuren

Man weiß, daß die schöne von L a u t e m a n n aufgefundene Reaction es möglich gemacht hat, mehratomige Säuren durch Erhitzen mit Jodwasserstoff in sauerstoffärmere Säuren von sonst gleicher Zusammensetzung überzuführen. Man hat so die Glycolsäure in Essigsäure, die Milchsäure in Propionsäure, die Weinsäure in Aepfelsäure, die Weinsäure und Aepfelsäure in Bernsteinsäure umgewandelt u. s. w. Die Theorie dieser Reductionen ergiebt sich aus dem, was ich in früheren Abschnitten dieser Untersuchungen (Nr. IX und XI) über die Einwirkung der Bromwasserstoffe auf mehratomige Säuren und über die Einwirkung der Jodwasserstoffsäure auf Jodsubstitutionsproducte mitgetheilt habe.

Die Reaction erfolgt in zwei Stadien. Im ersten wirkt die Jodwasserstoffsäure ähnlich, wie ich dieß für die Bromwasserstoffsäure gezeigt habe; sie erzeugt also, unter Austritt von Wasser, eine Aetherart, d. h. ein Jodsubstitutionsproduct der nächst-sauerstoffärmeren Säure. Im zweiten Stadium wird dieses Jodsubstitutionsproduct von Jodwasserstoffsäure durch Rückwärtssubstitution in die normale Substanz übergeführt Man hat z. B.:

I.  $C_2H_4\Theta_3$ $+$ $HJ$ $=$ $C_2H_3J\Theta_2$ $+$ $H_2\Theta$
    Glycolsäure                Jodessigsäure.

II.  $C_2H_3J\Theta_2$ $+$ $HJ$ $=$ $C_2H_4\Theta_2$ $+$ $J_2$
    Jodessigsäure               Glycolsäure.

Berücksichtigt man dabei, daß die Jodessigsäure selbst von ziemlich verdünnter Jodwasserstoffsäure schon in der Kälte angegriffen wird, während die Einwirkung der Jodwasserstoffsäure auf Glycolsäure offenbar erst in ähnlichen Bedingungen erfolgt wie die der Bromwasserstoffsäure (also bei Anwendung concentrirter Säure und beim Erwärmen), so sieht man leicht, daß die als Zwischenproduct entstehende Jodessigsäure nicht aufgefunden werden kann. Es ist nämlich klar, daß bei allen derartigen Reactionen, gleichgültig in welchen Mengenverhältnissen die betreffenden Substanzen angewandt werden, die Zwischenproducte nur dann nachweisbar sind, wenn sie in den Bedingungen des Versuchs von dem angewandten Reagens weniger leicht angegriffen werden als die ursprüngliche Substanz. Werden sie leichter angegriffen, so wird das ephemere Zwischenproduct im Moment seines Entstehens weiter zerlegt.

Es ist ferner verständlich, warum nur diejenigen mehratomigen Säuren, deren Basicität geringer ist als ihre Atomigkeit, durch Jodwasserstoff reducirbar sind. Die Reduction setzt die Bildung eines Jodwasserstoffäthers (Jodsubstitutionsproductes) voraus; sie kann also nur für Substanzen eintreten, welche alkoholischen Wasserstoff enthalten.

Besondere Berücksichtigung verdient die Jodpropionsäure. Ich habe oben erwähnt, daß die aus Glycerinsäure dargestellte Jodpropionsäure von Jodwasserstoff verhältnißmäßig schwer angegriffen wird, in so fern die Zersetzung erst bei etwa 180° erfolgt. Es wird dadurch wahrscheinlich, daß die aus Glycerinsäure dargestellte Jodpropionsäure ein anomales Substitutionsproduct ist.

Erwärmt man Milchsäure mit rauchender Jodwasserstoffsäure auf 100°, oder selbst auf Temperaturen, die niedriger sind als der Siedepunkt des Wassers, so wird rasch Jod frei und es entsteht Propionsäure. Dabei wird offenbar zunächst eine Monojodpropionsäure erzeugt, die erst bei weiterer Einwirkung von Jodwasserstoff zu normaler Propionsäure wird. Es ist aber klar, daß die vorübergehend gebildete Jodpropionsäure von der aus der Glycerinsäure dargestellten Jodpropionsäure verschieden sein muß; sie wird, wie die Jodessigsäure, von Jodwasserstoffsäure leicht zersetzt.

Versucht man es, sich von der Bildung der aus Glycerinsäure entstehenden Jodpropionsäure Rechenschaft zu geben, so kommt man zu folgender Ansicht, die mit einiger Wahrscheinlichkeit die Ursache der Verschiedenheit beider Jodpropionsäuren und die Ursache der Beständigkeit der aus der Glycerinsäure dargestellten Säure andeutet.

$C_3H_6O_2$
Propionsäure

$C_3H_6O_3$
Milchsäure

$C_3H_6O_4$
Glycerinsäure

$C_3H_5JO_2$
Monojodpropionsäure

$C_3H_5JO_3$
Monojodmilchsäure

$C_3H_4J_2O_2$
Dijodpropionsäure.

Man sieht aus den mitgetheilten Formeln, daß die Glycerinsäure in zweierlei Weise zu Propionsäure reducirt werden kann. Sie wird zunächst bei Einwirkung von Jodwasserstoffsäure Monojodmilchsäure erzeugen; diese könnte durch Rückwärtssubstitution Milchsäure bilden, aus welcher dann, durch Wiederholung derselben Reactionen, Monojodpropionsäure und zuletzt Propionsäure entstehen würden. In diesem Sinne verläuft die bis jetzt für die Weinsäure beobachtete Reaction. Man weiß in der That, daß bei Reduction der Weinsäure durch Jodwasserstoff zunächst Aepfelsäure erzeugt wird, die durch weitere Reduction in Bernsteinsäure übergeht. Die Beständigkeit der von B e i l s t e i n aus der Glycerinsäure dargestellten Jodpropionsäure, zusammen genommen mit dem oben angegebenen Versuch über die Einwirkung rauchender Jodwasserstoffsäure auf Milchsäure, läßt es wahrscheinlich erscheinen, daß bei der für die Glycerinsäure bis jetzt untersuchten Zersetzung die Reactionen in anderer Reihenfolge stattfinden. Es scheint als werde zunächst Monojodmilchsäure und aus dieser Bijodpropionsäure erzeugt; diese tauscht bei Einwirkung von Jodwasserstoff zunächst nur 1 Atom Jod gegen Wasserstoff aus und erzeugt so eine Säure von der Zusammensetzung der Monojodpropionsäure:

$$C_3H_4J_2O_2 \ + \ HJ \ = \ C_3H_5JO_2 \ + \ J_2$$
Bijodpropionsäure       Monojodpropionsäure.

Die so erzeugte anomale Jodpropionsäure ist verschieden von der normalen Monojodpropionsäure, aber sie kann doch bei Einwirkung von Jodwasserstoff (oder Natriumamalgam)[1] in Propionsäure übergehen.

Von der Glycerinsäure führen also zwei Wege zur Propionsäure. Der eine über Monojodmilchsäure, Milchsäure und normale Jodpropionsäure, der andere über Monojodmilchsäure, Dijodpropionsäure und anomale Jodpropionsäure, und es ist möglich, daß durch geringe Modificationen der Versuchsbedingungen willkürlich der eine oder der andere Gang der Reactionen hervorgerufen werden kann.

---

[1] M o l d e n h a u e r. Vgl. A. **131**, 323 (1864).

Daß die aus Glycerinsäure und wahrscheinlich aus Dijodpropionsäure entstehende Monojodpropionsäure verschieden sein kann von der normalen Monojodpropionsäure, die durch indirecte Substitution aus Propionsäure wird dargestellt werden können und die offenbar bei der Reduction der Milchsäure als ephemeres Zwischenproduct gebildet wird, ergiebt sich aus folgenden Betrachtungen.

Wenn durch die substituirende Einwirkung des Chlors oder des Broms auf eine organische Substanz ein Substitutionsproduct entsteht, so tritt das Chlor oder das Brom offenbar zunächst an die am Leichtesten zugängliche Stelle; es verdrängt ein bestimmtes Wasserstoffatom. Bei weiterer Einwirkung wird dann ein zweites Wasserstoffatom entzogen und das Chlor oder Brom tritt jetzt an die nächst-zugänglichste Stelle. Aus den so dargestellten Monochlor- und Dichlorsubstitutionsproducten können dann entsprechende Jodsubstitutionsproducte erzeugt werden (z. B. Monojodessigsäure und Dijodessigsäure), und es unterliegt keinem Zweifel, daß so auch eine Dijodpropionsäure wird dargestellt werden können.

Wenn nun diese Dijodpropionsäure der Einwirkung von Jodwasserstoff ausgesetzt wird, so wird, aller Wahrscheinlichkeit nach, dasjenige Jodatom zuerst gegen Wasserstoff ausgetauscht, welches sich an der am Leichtesten zugänglichen Stelle befindet. Die so gebildete anomale Jodpropionsäure unterscheidet sich dann von dem gleich zusammengesetzten normalen Substitutionsproduct dadurch, daß das Jod an einer anderen Stelle und zwar an einer weniger angreifbaren Stelle enthalten ist. Man könnte die Isomerie beider Säuren etwa durch folgende Formeln ausdrücken:

$$\text{normale Monojodpropionsäure} \ . \ . \ . \ . \ C_3JH_5O_2$$
$$\text{anomale Monojodpropionsäure} \ . \ . \ . \ . \ C_3HJH_4O_2 .$$

Ich bin damit beschäftigt, diese Hypothese durch den Versuch zu prüfen.

# Verschiedene meist kritische Abhandlungen aus den Jahren 1861—1863 in Gent.

## Einwirkung von Chloral auf Natriumalkoholat; von Aug. Kekulé.

A. 119, 187—189 (Heft II. 3. 8. 1861).

Vor einiger Zeit habe ich die Vorstellung, welche man sich gewöhnlich über den Vorgang bei chemischen Reactionen machte (doppelter Austausch), durch eine allgemeinere ersetzt[1]. Ich hatte damals einige Zersetzungen aufgeführt, die nicht wohl als doppelter Austausch betrachtet werden können. Ich hatte unter anderem gezeigt, daß eine große Anzahl von Metamorphosen der fetten Säuren und ihrer Abkömmlinge ausgedrückt werden können durch das allgemeine Schema:

$$\mathrm{C_nH_{2n\pm1} \quad\underline{\hspace{2cm}}\quad \left.\begin{array}{c} R \\ M \end{array}\right\}\Theta.}$$
$$\left.\begin{array}{c}\mathrm{C\Theta} \\ \mathrm{H}\end{array}\right\}[\Theta]$$

Ist n = 1 und R = H, so hat man die Bildung von Methylwasserstoff bei Erhitzen eines essigsauren Salzes mit Kalihydrat. Bei Bildung der Acetone und der gemischten Acetone ist R das Radical einer fetten Säure; die Bildung der Aldehyde, bei Destillation von ameisensaurem Salz mit dem Salz einer fetten Säure, ist derjenige specielle Fall der Acetonbildung, für welchen n = 0 ist. Bei Einwirkung von Chloral oder Trichloressigsäure auf Kali entsteht Chloroform; in beiden Fällen ist n = 1, H durch Chlor vertreten und R = H; für den Fall des Chlorals ist der eingeklammerte Sauerstoff [Θ] nicht vorhanden u. s. w. In diesem Falle, wenn [Θ] nicht vorhanden ist, entsteht dabei ameisensaures Salz, während sonst (wenn [Θ] vorhanden) kohlensaures Salz gebildet wird.

Ich hatte bei der Gelegenheit mitgetheilt, daß bei Einwirkung von Salpetersäure (R = $N\Theta_2$) auf Chloral Chlorpikrin erhalten wird, nach dem Schema:

$$\mathrm{C Cl_3 \quad\underline{\hspace{2cm}}\quad \left.\begin{array}{c} N\Theta_2 \\ H \end{array}\right\}\Theta.}$$
$$\left.\begin{array}{c}\mathrm{C\Theta} \\ \mathrm{H}\end{array}\right\}$$

---

[1] Diese Annalen CVI. 140 (1858).

Ich hatte damals schon diesen Versuch in der Weise umgeändert, daß
ich statt Kalihydrat oder Salpetersäure Alkoholnatrium auf Chloral einwirken ließ; ich gab mich der Hoffnung hin, so äthylirtes Chloroform,
d. h. die Substanz: $\mathrm{C_3H_5Cl_3}$ zu erhalten, die nach dem Schema:

$$\left.\frac{\mathrm{CCl_3} \qquad\qquad \mathrm{C_2H_5}}{\genfrac{}{}{0pt}{}{\mathrm{CO}}{\mathrm{H}} \qquad\qquad \mathrm{Na}}\right\} \mathrm{O}$$

hätte entstehen können. Dieser Versuch, den ich vor einiger Zeit wieder aufgenommen habe, gab nicht das gewünschte Resultat. Ich will
nichts destoweniger das Resultat mittheilen, einerseits um andere Chemiker von Anstellung desselben Versuches abzuhalten, dann aber auch,
weil die Zersetzung zwar in anderem Sinne, aber doch nach derselben
allgemeinen Zersetzungsgleichung verläuft.

Bringt man Chloral mit einer alkoholischen Lösung von Alkoholnatrium zusammen, so findet starke Erwärmung statt und es entstehen
als Hauptproducte: Chloroform und Ameisensäure-Aethyläther. Das
Alkoholnatrium spielt demnach bei der Zersetzung nur eine untergeord-
nete Rolle, es dient als Vermittler der Reaction. Diese erfolgt nach dem
Schema:

$$\left.\frac{\mathrm{CCl_3} \qquad\qquad \mathrm{H}}{\genfrac{}{}{0pt}{}{\mathrm{CO}}{\mathrm{H}} \qquad\qquad \mathrm{C_2H_5}}\right\} \mathrm{O}.$$

Alkohol allein bringt diese Zersetzung nicht hervor, obgleich beim
Mischen beider Körper starke Erhitzung stattfindet; alkoholische Kalilösung wirkt nahezu wie die Lösung des Alkoholnatriums. Stets wird
neben den Hauptproducten noch etwas Chlornatrium, ameisensaures
Natron, Aethyläther und eine geringe Menge einer höher siedenden Flüssigkeit erhalten, die wahrscheinlich Triäthylformoglycerin (K a y ' s drei-
basischer Ameisensäureäther) ist.

Aus dem Product kann entweder direct, oder nach vorhergegangener
Destillation, durch Wasser eine farblose Flüssigkeit gefällt werden, die
wie Chloroform riecht und trotz wiederholtem Waschen und Trocknen
über Chlorcalcium bei 61 bis 62° siedet.

Ich habe mich längere Zeit mit vergeblichen Reinigungsversuchen
und mit nicht übereinstimmenden Analysen des so erhaltenen Körpers
abgeplagt, bis ich fand, daß er ein Gemenge von Chloroform und Ameisenäther war. Auffallender Weise gaben die Analysen des Productes von
zwei Darstellungen dieselben Resultate und diese Resultate stimmen fast
vollständig mit einer ziemlich einfachen Formel:

|        | berechnet |       | gefunden |       |       |
|--------|-----------|-------|----------|-------|-------|
|        |           |       | I.       | II.   | III.  |
| $C_3$  | 36        | 18,18 | 18,48    | 18.48 | 18.59 |
| $H_4$  | 4         | 2,02  | 2.25     | 2.48  | 2 38  |
| $Cl_4$ | 142       | 71,72 | 71.67    | 71.99 | 72,06 |
| $\Theta$ | 16      | 8,08  | —        | —     | —     |

Ich führe diese Zahlen an, um darauf hinzuweisen, daß die Elementaranalyse allein, selbst bei Körpern von anscheinend constantem Siedepunkt, Nichts beweist.

Setzt man zu diesem Product Schwefelsäure, so scheidet sich das Chloroform aus, während der Ameisenäther sich zersetzt, gerade wie es der reine Aether auch thut, in entweichendes Kohlenoxyd und in Aethylschwefelsäure:

Das so erhaltene Chloroform war:

Versuch:   $C$ pC. $= 10.17$; H pC. $= 0,90$; Cl pC. $= 89.34$
Theorie:      10,05      0,8      89,1.

Der äthylschwefelsaure Baryt gab:

Versuch:   $C$ pC. $= 12,46$; H pC. $= 2,75$; Ba pC. $= 35,31$
Theorie:      12,43      $= 2,59$      $= 35,23$.

# Ueber die Zusammensetzung der Stannäthyle;
## von Aug. Kekulé.

A. **119**, 190—193 (Heft II. 3. 8. 1861).

Die von Löwig[1] vor längerer Zeit beschriebenen Stannäthyle sind bekanntlich zum Theil bei den neueren Untersuchungen anderer Chemiker nicht wieder beobachtet worden und man hat deßhalb ihre Existenz mehrfach in Zweifel gezogen[2]. Dieß mag es entschuldigen, wenn ich im Folgenden eine Interpretation sämmtlicher Aethylverbindungen des Zinns mittheile, nach welcher selbst die complicirtesten und deßhalb für unwahrscheinlich gehaltenen Zinnbasen Löwig's durch die chemische Natur des Zinns eine einfache Deutung erhalten. Diese Anschauung bietet außerdem den Vortheil, daß sie bis zu einem gewissen Grade wenigstens zeigt, warum die Löwig'schen Basen bei den nach modificirten Methoden angestellten neueren Versuchen nicht wieder erhalten worden

---

[1] Diese Annalen LXXXIV, 308 (1853).

[2] vgl. z. B.: Strecker, diese Annalen CV, 310 (1858); Gerhardt, Traité II, 382: Wurtz, Répertoire 1861, 62.

sind, und weil sie gleichzeitig die Wege andeutet, auf welchen sie vielleicht erhalten werden können.

Ich würde es unter anderen Umständen vorgezogen haben, diese Ansicht vor der Veröffentlichung durch Experimente zu prüfen; da ich indessen weiß, daß Herr Professor L ö w i g selbst den Gegenstand wieder aufgenommen hat, so habe ich es für ungeeignet gehalten, meinerseits in dieser Richtung Versuche anzustellen.

Das Zinn, als vieratomiges Element (Sn = 118), bildet die folgenden Aethylverbindungen, die alle als Zinnjodid betrachtet werden können, in welchem Jod durch Aethyl vertreten ist:

$SnJ_4$      $= SnJ.J.J.J$            Zinnjodid
$SnAe_3J$    $= Sn(C_2H_5)J.J.J$       Stannmonäthyljodid (unbekannt)
$SnAe_2J_2$ $= Sn(C_2H_5)(C_2H_5)J.J$   Stanndiäthyljodid (gewöhnlich: Stannäthyljodid)
$SnAe_3J$    $= Sn(C_2H_5)(C_2H_5)(C_2H_5)J$    Stanntriäthyljodid (Stannsesquiäthyljodid)
$SnAe_4$     $= Sn(C_2H_5)(C_2H_5)(C_2H_5)(C_2H_5)$   Stannteträthyl (Stanndiäthyl)

Die letzte ist der neutrale Aether des Zinns; die beiden anderen verhalten sich wie Jodide von Radicalen, deren Basicität ausgedrückt ist durch die Anzahl der Jodatome. Dieselben Verbindungen können andererseits als Stannteträthyl betrachtet werden, in welchem Aethyl durch Jod ersetzt ist.

Die Radicale von 2 und 3 sind isolirbar. Sie haben als isolirte Molecüle eine verdoppelte Molecularformel. Man hat also bis dahin drei isolirte Stannäthyle:

   1) *Stannteträthyl*     2) *Stanntriäthyl*     3) *Stanndiäthyl*
       $SnAe_4$            $Sn_2Ae_6$          $Sn_2Ae_4$.

Gerade so, wie durch Vertretung des Aethyls im Stannteträthyl die Jodide des Stanntriäthyls und des Stanndiäthyls erhalten werden, so entstehen, wenn Jod das Aethyl im Stanntriäthyl und Stanndiäthyl ersetzt, neue Jodide. Man hat demnach zwei neben der Normalreihe herlaufende Reihen, deren Anfangsglieder die isolirten Radicale der Jodide der Normalreihe sind.

   1)   $SnAe_4$      2)    $Sn_2Ae_6$      3)    $Sn_2Ae_4$
   2)   $SnAe_3J$     2 a)   $Sn_2Ae_5J$     3 a)   $Sn_2Ae_3J$
   3)   $SnAe_2J_2$    2 b)   $Sn_2Ae_4J_2$.

Von diesen ist nun:

2 a : $Sn_2Ae_5J$ = alt $Sn_4Ae_5J$        Löwig's Aethstannäthyljodid
2 b : $Sn_2Ae_4J_2$ = alt $Sn_4Ae_4J_2$ = $Sn_2Ae_2J$ Löwig's Methylenstannäthyljodid
3 a : $Sn_2Ae_3J$ = alt $Sn_4Ae_3J$         Löwig's Acetstannäthyljodid.

Wenn die Radicale dieser Jodide in isolirtem Zustande existiren, wie dieß L ö w i g für das Aethstannäthyl beobachtet hat, so haben sie eine verdoppelte Molecularformel. Man hat:

$$4)\quad Sn_4Ae_{10}\quad \text{(Aethstannäthyl.)}$$

In diesem kann wieder Aethyl durch Jod ersetzt werden, man erhält so:

$$4\,a: Sn_4Ae_8J_2 = \text{alt}: Sn_8Ae_8J_2 = Sn_4Ae_4J\ \text{Löwig's Elaylstannäthyljodid.}$$

Die Zinnäthyle lassen sich demnach, wenn man annimmt, daß alle von L ö w i g beschriebenen Verbindungen wirklich existiren, in folgender Weise zusammenstellen:

| | | | |
|---|---|---|---|
| 1) $SnAe_4$ | 2) $Sn_2Ae_8$ | 3) $Sn_2Ae_4$ | 4) $Sn_4Ae_{10}$ |
| 2) $SnAe_3J$ | 2 a) $Sn_2Ae_5J$ | 3 a) $Sn_2Ae_3J$ | — |
| 3) $SnAe_2J_2$ | 2 b) $Sn_2Ae_4J_2$ | — | 4 a) $Sn_4Ae_8J_2$. |

Man sieht, daß das Aethstannäthyljodid und das Methylenstannäthyljodid zum isolirten Stanntriäthyl genau in derselben Beziehung stehen, wie das Stanntriäthyljodid und das Stanndiäthyljodid zum Stannteträthyl. Das Acetstannäthyljodid verhält sich zum isolirten Stanndiäthyl wie das Stanntriäthyljodid zum Stannteträthyl. Das Elaylstannäthyljodid leitet sich aus dem isolirten Aethstannäthyl in derselben Weise ab, wie das Stanndiäthyljodid aus dem Stannteträthyl.

Daß diese Beziehungen nicht einfach Formelspielereien sind, zeigt unter anderem die von F r a n k l a n d gemachte Beobachtung[1], daß bei Einwirkung von Jod auf Stanndimethyldiäthyl das Methylenstannäthyljodid (Joddistannäthyl, F r a n k l a n d) gebildet wird.

Die Bildung der Jodide der complicirteren Zinnäthyle erscheint also möglich, einmal durch Einwirkung von Jod auf die isolirten Radicale; die Möglichkeit einer anderen Bildung ist ausgedrückt durch die folgenden Gleichungen:

$$Sn_2Ae_4 + AeJ = Sn_2Ae_5J$$
$$Sn_2Ae_3J + AeJ = Sn_2Ae_4J_2$$
$$Sn_2Ae_4 + 2\,SnAe_3J = 2\,Sn_2Ae_5J$$
$$Sn_2Ae_4 + 2\,SnAe_2J_2 = 2\,Sn_2Ae_4J_2$$
$$Sn_2Ae_4 + Sn_2Ae_4J_2 = Sn_4Ae_8J_2.$$

Andererseits zeigen die Gleichungen:

$$Sn_2Ae_5J + AeJ = 2\,SnAe_3J$$
$$Sn_2Ae_4J_2 + AeJ = SnAe_3J + SnAe_2J_2$$
$$Sn_4Ae_8J_2 + AeJ = Sn_2Ae_4J_2 + Sn_2Ae_5J.$$

---

[1] Diese Annalen CXI, 53 (1859).

daß die Jodide der complicirteren Stannäthyle bei Einwirkung von Jodäthyl in die Jodide einfacherer Zinnbasen zerfallen können, und daraus
erklärt sich vielleicht, warum bei neueren Versuchen, bei welchen das
Product der ersten Einwirkung längere Zeit mit überschüssigem Jodäthyl erhitzt wurde, nur die einfacheren Zinnbasen erhalten wurden.

Ich kann mich nicht enthalten, bei der Gelegenheit die Aufmerksamkeit der Chemiker von Neuem auf die Analogie hinzulenken, welche diese
Zinnverbindungen mit einzelnen Kohlenstoffverbindungen zeigen; eine
Analogie, die bekanntlich L ö w i g schon zu der von ihm gebrauchten
Nomenklatur veranlaßte und die, wie mir scheint, an Interesse gewonnen hat, seitdem das Zinn und der Kohlenstoff als vieratomig erkannt
worden sind.

---

# Zwei Berichtigungen zu K o l b e's Abhandlung:
## „Ueber die chemische Constitution der Mellithsäure, des Paramids u. s. w."[1];

### von Aug. Kekulé.

A. 125, 375—376 (Heft III, ausgegeben den 11. März 1863).

Die im Februarheft dieser Annalen veröffentlichte Abhandlung von
K o l b e enthält zwei Irrthümer, die nicht mit Stillschweigen übergangen
werden können.

*Erster Irrthum.* — K o l b e berechnet (S. 202 u. 203) aus einer von
W ö h l e r 1841 veröffentlichten Analyse der Silberverbindung des Para-
mids die procentische Zusammensetzung; er sagt in einer Anmerkung:
„In der Originalabhandlung W ö h l e r ' s sind irrthümlich 51,22 pC. Koh-
lenstoff (statt 22,7 pC.) und 1,81 pC. Wasserstoff (statt 0,8 pC.) aus den
Daten der Analyse berechnet."

Ein Irrthum von Seiten W ö h l e r ' s wäre schwer verständlich; bei
einem gründlichen Studium des vorhandenen Materials würde aber
K o l b e in W ö h l e r ' s Abhandlung die folgende Stelle gefunden
haben[2]:

---

[1]) Diese Annalen CXXV, 201 (1863).
[2]) Diese Annalen XXXVII, 273 (1841).

„0,571 dieser Verbindung gaben 0,476 Kohlensäure und 0,042 Wasser, d. h. **der an das Silberoxyd gebundene Körper** enthielt 51,22 pC.
Kohlenstoff und 1,81 Wasserstoff."

Diese Stelle ist wohl bei oberflächlicher Lectüre schon so verständlich, daß weitere Bemerkungen nicht nöthig sind.

*Zweiter Irrthum.* — K o l b e hat eine wunderbare Analogie des Para-
mids mit dem Oxamid entdeckt. Er sagt (S. 202):

„Das Paramid ist das eigentliche Amid der Mellithsäure und steht zu
dieser in gleicher Beziehung, wie das Oxamid zur Oxalsäure":

$$2\,HO \cdot [C_4 O_4]\,O_2 \qquad\qquad 2\,HO\,[C_8 O_4]\,O_2$$
$$\text{Oxalsäure} \qquad\qquad\qquad \text{Mellithsäure}$$

$$\left.\begin{array}{l}(C_4 O_4)'' \\ (C_4 O_4)'' \\ H_2\end{array}\right\}N_2 \qquad\qquad \left.\begin{array}{l}(C_8 O_4) \\ (C_8 O_4) \\ H_2\end{array}\right\}N_2$$

$$\text{Oxamid} \qquad\qquad\qquad \text{Paramid}$$

Die Analogie ist auffallend, aber leider ist die Formel des Oxamids
unrichtig. Es heißt dann weiter:

„Beim Erhitzen mit Wasser verwandelt sich das Paramid bekanntlich
in saures mellithsaures Ammoniak, gerade so wie das Oxamid saures
oxalsaures Ammoniak liefert":

$$\left.\begin{array}{l}(C_4 O_4)'' \\ (C_4 O_4)'' \\ H_2\end{array}\right\}N_2 + 8\,HO = 2\left(\left.\begin{array}{l}H_4\,NO \\ HO\end{array}\right\} \cdot (C_4 O_4)\,O_2\right)$$

$$\text{Oxamid} \qquad\qquad\qquad \text{saures oxals. Ammoniak.}$$

Hier verdient zwar die Consequenz der Argumentation Anerkennung,
aber das Oxamid wird sich dadurch wohl schwerlich veranlaßt finden,
sein seitheriges Verhalten abzuändern.

Daß bei der richtigen Formel des Oxamids die von K o l b e am Schluß
seiner Abhandlung ausgesprochene Vermuthung nicht viel Wahrscheinlichkeit hat, versteht sich wohl von selbst.

Es mag bei der Gelegenheit noch bemerkt werden, daß die von
K o l b e bei der Euchronsäure vorgeschlagene Formel sich nur durch die
Form von den Formeln unterscheidet, welche W e l t z i e n und L i m p -
r i c h t[1]) für denselben Körper gebracht haben.

G e n t , den 14. Februar 1863.

---

1) Vgl. W e l t z i e n. System. Zusammenstellung. S. 198. — L i m p r i c h t ,
Lehrb. der org. Chemie. S. 1096.

# Atomtheoretische Abhandlungen aus den Jahren 1864—1867.

## Chimie — *Sur l'atomicé des éléments.*

### Note de M. Aug. Kekulé,

présentée par M. H. Sainte-Claire Deville.

Compt. rend. **58**, 510—514. Séance du lundi 14 Mars 1864.[1])

„Plusieurs Mémoires publiés récemment, et entre autres une Note que M. Naquet a présentée à l'Académie dans une de ces dernières séances, tendent, me paraît-il, à jeter une certaine confusion dans la théorie de l'atomicité des éléments. Je crois de mon devoir d'intrevenir dans le débat, d'autant plus que c'est moi, si je ne me trompe, qui ai introduit en chimie la notion de l'atomicité des éléments. J'exposerai donc, avec le plus de concision possible, quelques-unes des idées fondamentales de cette théorie, et surtout celles qui me paraissent propres à éclairer les points en litige.

„On sait depuis longtemps que les corps élémentaires se combinent d'après la loi des proportions constantes et la loi des proportions multiplies. La première de ces lois trouve une explication parfaite dans la théorie atomique de Dalton; la seconde ne s'explique par la même théorie que d'une manière générale et assez vague. Ce que la théorie de Dalton n'explique pas, c'est la question de savoir pourquoi les atomes des différents éléments se combinent dans certains rapports plutôt que dans d'autres. J'ai cru expliquer l'ensemble de ces faits par ce que j'ai appelé *l'atomicité des éléments.*

„La théorie de l'atomicité est donc une modification que j'ai cru pouvoir apporter à la théorie atomique de Dalton, et l'on comprend ainsi que, dans ma manière de voir, l'atomicité est une propriété fondamentale de l'atome, propriété qui doit être constante et invariable comme le poid de l'atome lui-même.

„Vouloir admettre que l'atomicité puisse varier, et qu'un seul et même corps puisse fonctionner, tantôt avec une atomicité, tantôt avec une autre, c'est se servir du mot dans un sens tout à fait différent de

---

[1]) Ins Deutsche übersetzt: Z. f. Ch. **7**, 689 (1864). (A.)

celui que je lui avais donné en le proposant; c'est confondre la notion
de l'atomicité avec celle de l'équivalence. Personne ne met plus en
doute qu'un seul et même corps, même élémentaire, soit capable de fonc-
.tionner avec des équivalents différents. L'équivalent peut varier, mais
non l'atomicité. Les variations de l'équivalent doivent s'expliquer, au
contraire, par l'atomicité.

„Une seconde confusion provient de la définition que l'on a voulu
donner de l'atomicité. Au lieu de choisir, parmi les différentes valeurs
possibles, celle qui explique le mieux, c'est-à-dire de la manière la plus
simple et la plus complète, l'ensemble des combinaisons, on a cru pouvoir définir l'atomicité: *l'equivalent maximum ou la capacité de saturation maxima.*

„Il en est résulté qu'on a dû regarder comme pentaatomique les éléments que j'avais envisagés comme triatomiques, tels que: N, P, As, Sb,
Bi. Une conséquence de la même idée a amené M. N a q u e t à considérer
comme tétraatomique les éléments $\Theta$, S, Se, Te, qui jusqu'à présent
avaient été pris pour biatomiques. La même idée doit conduire encore
à regarder comme triatomique l'iode, et par suite les autres éléments
que l'on prend maintenant pour monoatomiques, tels que le chlore et
le brome.

„En effet, si l'existence des combinaisons: $NH^4Cl$, $PCl^5$, etc., démontre que l'azote et le phosphore [1]) sont pentaatomique; si les substances citées par M. N a q u e t [$SCl^4$, $SeCl^4$, $TeCl^4$, $TeBr^4$, $TeJ^4$] établissent
que le soufre, le sélénium et le tellure sont tetraatomiques, on doit conclure de même (personne ne niera la conséquence) que l'existence de la
combinaison $JCl^3$ nous démontre que l'iode est triatomique.

„Un raisonnement de ce genre ne se combat pas par des arguments,
il se réduit lui-même à l'absurde. En effet, la triatomicité de l'iode étant
*établie*, il suffit de regarder les combinaisons: $PI^3$ et $TeJ^4$ pour se convaincre que le phosphore est nonaatomique, et que l'atomicité du tellure
est égale à 12. De plus, le chlore étant évidemment de la même atomicité que l'iode, c'est-à-dire triatomique, l'existence de la combinaison
$ICl^3$ démontre que l'iode n'est plus triatomique, mais nonaatomique, et
ainsi de suite.

„On voit par ce qui vient d'être exposé que le chimiste qui, en criti-
quant mon Traité, n'a pas craint de dire que c'était probablement pour

---

[1]) Im Original heißt es irrtümlich „phosphate". (A.)

ne pas devoir modifier dans la suite de l'ouvrage une hypothèse exposée au commencement, que j'avais conservé l'idée arriérée de la triatomicité de l'azote, m'a jugé un peu trop cavalièrement. C'est un argument plus sérieux qui m'avait fait rester fidèle à ma première manière de voir qui, j'ose l'espérer, finira par l'emporter sur les modifications qu'on a proposées depuis.

„Voici d'ailleurs l'explication que j'avais donnée dès le début, pour quelques catégories de combinaisons qui mettent beaucoup de chimistes dans l'embarras. Je l'exposerai en résumant quelques points fondamentaux de la théorie de l'atomicité.

„Les éléments se combinent entre eux par une attraction spéciale, qui se soustrait à nos investigations actuelles et dont nous ne pouvons qu'étudier les effets.

„L'étude des rapports numériques d'après lesquels les atomes se combinent nous conduit à admettre qu'il existe des atomes possédant, pour ainsi dire, plusieurs centres d'attraction, ou plusieurs unités d'affinité. Nous pouvons donc diviser les éléments en éléments monoatomiques, biatomiques, triatomiques et tetraatomiques. Peut-être trouvera-t-on un jour la nécessité d'admettre l'existence d'éléments pentaatomiques, etc.

„Dans toutes ces combinaisons atomiques les unités d'affinité d'un atome se saturent en totalité ou en partie par un nombre égal d'affinités d'un ou de plusieurs autres atomes.

„Les atomes de nature identique peuvent tout aussi bien se combiner entre eux que les atomes de nature différente.

„C'est ainsi que l'on s'explique pourquoi beaucoup d'éléments fonctionnent avec plusieurs équivalents. Que l'on suppose, par exemple que 2 atomes de mercure ($Hg = 200$, biatomique) se combinent entre eux par une affinité, on aura le groupe biatomique $Hg^2$, c'est-à-dire le mercurosum, dans lequel Hg est équivalent à 1 at. H., tandis que $\overline{Hg}$ du mercuricum est équivalent à 2 at. H., etc.

„Les combinaisons dans lesquelles tous les éléments sont tenus ensemble par les affinités des atomes qui se saturent mutuellement pourraient être nommées *combinaisons atomiques.* Ce sont les véritables molécules chimiques, et les seules qui puissent exister à l'état de vapeur.

„A côté de ces combinaisons atomiques nous devons distinguer une seconde catégorie de combinaisons que je désignerai par le nom:

*combinaisons moléculaires.* L'existence et la formation de ces combinaisons s'expliquent par les considérations suivantes.

„L'attraction doit se faire sentir même entre des atomes qui se trouvent appartenir à des molécules différentes. Cette attraction provoque le rapprochement et la juxtaposition des molécules, phénomène qui précède toujours les véritables décompositions chimiques. Or, il peut arriver (surtout dans les cas où la double décomposition devient impossible par la nature même des atomes) que la réaction s'arrête à ce rapprochement; que les deux molécules se collent pour ainsi dire ensemble, formant ainsi un groupe doué d'une certaine stabilité, toujours moins grande cependant que celle des combinaisons atomiques. Ceci nous explique pourquoi ces combinaisons moléculaires ne forment pas de vapeurs, mais se décomposent par l'action de la chaleur en régénérant les molécules qui leur ont donné naissance.

„Parmi les combinaisons de ce genre je citerai les suivantes:

„Éléments triatomiques: $PCl^3$, $Cl^2$; $NH^3$, $HCl$, etc.

„Éléments biatomiques: $Se\,Cl^2$, $Cl^2$; $Te\,Br^2\,Br^2$ [1]); et les autres corps cités par M. N a q u e t, etc.;

„Éléments monoatomiques: $I\,Cl$, $Cl^2$, etc.

„Il serait aisé de citer un grand nombre de combinaisons organiques analogues, c'est-à-dire de substances contenant des radicaux composés à la place de l'hydrogène ou du chlore. Je me contenterai de rappeler l'iodure de tétréthylammonium, analogue en tout point au chlorure d'ammonium, le chlorure de triéthylphosphine, etc. Je ferai remarquer qu'ici encore l'analogie peut se poursuivre pour les combinaisons contenant un élément biatomique. On sait, en effet, que les tellurures de méthyle et d'éthyle, et de même les séléniures correspondants, se combinent directement à une molécule de chlore, de brome et d'iode: on a observé que le sulfure d'éthyle lui-même possède des propriétés analogues, en ce qu'il peut s'unir à quelques chlorures métalliques, etc.

„J'ajouterai que le pouvoir attractif des molécules ne s'arrête pas à ces limites. Non-seulement l'eau et des substances appartenant au type de l'eau peuvent s'ajouter ainsi en formant des combinaisons moléculaires (par exemple, hydrate de tétréthylammonium, etc.); mais encore il existe des substances formées par une combinaison moléculaire à laquelle se sont ajoutées encore d'autres molécules. Parmi ces combi-

---

[1]) Im Original steht irrtümlich „$Te\,Br^2$, $Br$". (A.)

naisons moléculaires de second et de troisième degré, je citerai les corps curieux décrits par M. Weltzien, à savoir les triiodures et les penta-iodures de tétréthylammonium, etc.

„Je ferai remarquer enfin qu'un grand nombre de substances, tant organiques qu'inorganiques, et qui pour la plupart n'existent qu'à l'état de molécules cristallines, appartiennent évidemment à cette catégorie de combinaisons moléculaires."

---

# Chimie générale — *Sur la théorie atomique et la théorie de l'atomicité.*

## Note de M. Aug. Kekulé,

présentée par M. H. Sainte-Claire Deville.

Comptes Rendus 60, 174—177; Séance du lundi 25 Janvier 1865[1]).

„La divergence d'opinions qui s'est fait sentir dernièrement par rapport à la théorie de l'atomicité des éléments m'engage à exposer à l'Académie, aussi sommairement que possible, quelques-unes des idées théoriques sur lesquelles je m'appuie.

„Je ferai remarquer tout d'abord que, en principe, je regarde comme important de distinguer l'atome et la molécule chimique des particules ou molécules physiques, et que, par conséquent, je suis d'avis que l'on doit déterminer les poids relatifs des atomes et des molécules chimiques par un raisonnement chimique basé sur l'étude de la composition et des métamorphoses. Peut-être ces unités chimiques se trouveront-elles identiques avec les particules de matière qui dans l'un ou l'autre phénomène physique se comportent comme unités; rien cependant ne démontre la nécessité d'une telle identité, et on ne peut donc pas l'admettre *à priori.* L'identité une fois établie pour un certain nombre de corps, on pourra, avec quelque probabilité, l'admettre même sans preuve spéciale pour tous les cas analogues, avec les réserves cependant que les principes de la logique indiquent pour toutes les conclusions par analogie.

„On voit par là que je regarde comme inadmissible la prétention de déduire directement les poids moléculaires des densités des vapeurs, ou

---

[1]) Ins Deutsche übersetzt und in der Einleitung gekürzt: Z. f. Ch. N. F. 1, 155—157 (1865). (A.)

les poids atomiques des chaleurs spécifiques, comme beaucoup de chimistes le font, ou plutôt supposent le faire. (On s'aperçoit aisément que, même pour eux, c'est toujours un raisonnement chimique qui décide en dernière instance.)

„Loin de ma pensée de vouloir nier l'importance de ces propriétés physiques pour la philosophie chimique. Ce que je veux dire est seulement qu'on ne peut pas établir en principe que l'on doive s'en servir comme base unique pour établir la grandeur des unités chimiques.

„Je me bornerai aujourd'hui à quelques observations sur les chaleurs spécifiques.

„Ne pouvant dans cette Note ni citer ni critiquer les opinions émises par les savants qui se sont occupés de ce sujet, je dirai une fois pour toutes que les considérations qui vont suivre n'ont pas la prétention d'une originalité parfaite. Je crois cependant qu'on trouvera à côté de quelques conclusions qui me paraissent nouvelles, la forme du raisonnement un peu différente, et peut-être les idées mêmes l'égèrement modifiées.

„La chaleur spécifique se compose de deux parties, c'est-à-dire que le mouvement calorifique en agissant sur la matière [si on ne considère que les cas où il n'y a ni changement de l'état physique, ni phénomène chimique (changement de la composition atomique des molécules)] produit deux effets différents. Une partie augmente la force vive du mouvement des molécules comme telles; une autre produit un travail dans l'intérieur des molécules, elle augmente la force vive des mouvements atomiques qui ont lieu dans l'intérieur des systèmes atomiques (molécules). La première partie produit les phénomènes physiques [température, tension, dilatation, etc. (1)]; la seconde disparait pour l'observation physique, elle augmente le véritable mouvement chimique, et elle provoque dans de certaines limites les phénomènes chimiques.

„De certaines considérations générales nous sommes conduits à conclure que, pour les gaz, la partie de la chaleur spécifique employée à accélérer le mouvement moléculaire est indépendante de la nature et du poids des molécules, et par suite identique pour toutes les molécules gazeuses. On peut admettre de même (jusqu'à preuve du contraire) que l'autre partie, celle qui sert à accélérer les mouvements atomiques, est indépendante des poids atomiques et identique pour tous les atomes, elle

---

(1) Il n'y a donc pas, à proprement parler. de chaleur latente de dilatation.

sera donc en rapport direct avec le nombre des atomes qui constituent
la molécule, et on pourra exprimer la chaleur moléculaire des gaz par

$$\text{ch. m.} = M + n A .$$

n étant le nombre des atomes, M la quantité de force vive absorbée par
la molécule, A la chaleur absorbée par chaque atome; M est la constante
connue 0,41; A se déduit des expériences $= 0{,}5$ ou à peu près.

„Cette équation indique la chaleur moléculaire (chaleurs spécifiques
de volumes égaux) à pression constante; pour les chaleurs spécifiques à
volume constant, on élimine la valeur de M, et l'équation devient.

$$\text{ch. m.} = n A.$$

C'est, quant à la forme, la même loi que celle que MM Clausius et Buff
ont déjà indiquée, et le tableau donné par le premier de ces savants
montre clairement jusqu'à quel point les chiffres calculés s'accordent
avec ceux que M. Regnault a déterminés par ses expériences classiques.

„Le même raisonnement et par suite la même formule doivent s'appliquer aux corps liquides et aux corps solides; seulement la valeur de M
nous est inconnue jusqu'à présent, et nous ne savons pas même si elle
est constante ou si elle varie avec la température, si elle dépend des
poids des molécules, de leur composition atomique, etc. Aucune conclusion rationnelle ne peut être tirée des chaleurs spécifiques des éléments
seuls; mais si l'on voit que la plupart des corps composés solides possèdent des chaleurs moléculaires (chaleur spécifique multipliée par le poids
moléculaire) telles, qu'en les divisant par le nombre des atomes contenus
dans la molécule on arrive toujours sensiblement au même chiffre, on
peut en conclure que pour les solides M se rapproche de zéro, ce qui
revient à dire que la partie du mouvement calorifique employée à augmenter la force vive des mouvements moléculaires est très-petite (non
pas infiniment petite) par rapport à l'autre partie qui augmente la force
vive des mouvements atomiques.

„En appliquant le principe ainsi acquis aux éléments, on voit que la
loi de Dulong et Petit, qui sans ce raisonnement n'est qu'une loi empirique, doit être approximativement vraie. On voit encore que les chaleurs
spécifiques ne conduisent pas aux poids moléculaires, qu'elles n'indiquent
pas le nombre des atomes contenus dans la molécule, et qu'elles ne prou-
vent pas même que les molécules des différents éléments soient formées
par le même nombre d'atomes. De plus, rien ne paraît de prime d'abord

s'opposer à l'hypothèse qu'il y ait des molécules formées par un atome seulement, comme presque tous les chimistes, en se basant sur les densités des vapeurs, l'admettent actuellement pour le mercure, le cadmium etc. Cependant si on se rappelle ce que c'est que la chaleur spécifique, on doit admettre que ces corps ainsi contiennent, à l'état solide au moins, plusieurs atomes dans la molécule.

„C'est donc au passage à l'état gazeux seulement que les atomes de ces corps se séparent pour jouer le rôle de molécules; et de ce point de vue il parait d'un grand intérêt de déterminer par l'expérience les chaleurs spécifiques de ces éléments à l'état de vapeur. Si les hypothèses données plus haut sont exactes, les chaleurs spécifiques de ces gaz doivent être égales à 0,41 (à peu près), ce qui reviendrait à dire que la chaleur spécifique à volume constant serait égale à zéro (1).

„Quant au carbone, on serrait, en admettant le raisonnement que je viens d'exposer, forcé de faire l'hypothèse qu'il y ait dans la molécule des groupes, formés chacun de trois atomes chimiques, soudés ensemble d'une manière tellement intime, que le groupe comme tel se comporte vis-à-vis du mouvement calorifique comme atome physique (2)."

--------

# Considérations

présentées par M. Kekulé a l'occasion d'un mémoire de
M. Stas:

## Sur les lois des proportions chimiques.

Bull. Acad. Roy. Belg. [2] **19**, 411—420 (Séance du 1er avril 1865).

Les recherches de M. Stas ont pour but principal de décider par l'expérience la question suivante: Y a t-il un commun diviseur entre les poids atomiques; en d'autres termes, l'hypothèse de Prout est-elle fondée en fait?

La réponse est on ne peut plus catégorique: Non, il n'y a pas de commun diviseur; les poids atomiques ne sont pas des multiples de celui de l'hydrogène, ni de la moitié, ni du quart, et pas même du huitième de

--------

(1) Et que ces gaz seraient parfaitement diathermanes.
(2) Cf. A. W u r t z *Leçons de philosophie chimique*, p. 48.

cet élément; ce sont, pour la plupart du moins, des chiffres non commensurables; l'hypothèse de Prout n'est donc pas fondée. Tout juge impartial doit regarder maintenant cette question comme définitivement vidée, autant qu'elle peut l'être par l'expérience, et conformément à l'esprit des sciences exactes.

L'hypothèse de Prout, on le sait, implique l'idée d'une matière première unique. Je ne discuterai pas, pour le moment, le plus ou moins de probabilité de cette idée philosophique; qu'il me soit permis, cependant, de faire une observation sur l'hypothèse elle-même.

Prout et ses partisans parlent de rapport simple entre les poids atomiques en général, et ils trouvent cette simplicité dans le fait, que les poids atomiques sont des multiples d'une seule et même unité. Admettons, pour le moment, que l'hydrogène étant 1, les poids atomiques soient tous des nombres entiers; peut on parler de rapport simple entre 1 et 23 ou entre 19 et 127?

Pour ma part, je n'y vois pas de rapport *numérique* simple, et je crois qu'en musique nul ne trouvera un tel rapport bien consonnant. Mais au lieu de s'arrêter à ces rapports *numériques,* qui n'offrent rien de simple, les partisans quand même de l'hypothèse de Prout auraient pu y chercher, me paraît-il, une relation géométrique.

J'avoue que je ne suis pas partisan de l'hypothèse de Prout, et cependant je me suis occupé quelquefois, dans mes heures le loisir, de cet ordre de spéculations. Je ne suis arrivé à aucun résultat, mais je crois devoir indiquer une considération de ce genre, pour montrer la voie que l'on pourrait suivre. Que l'on suppose les atomes de la matière première répartis dans l'espace d'après de certaines lois de symétrie; que l'on considère des portions régulières de l'espace, circonscrivant un certain nombre de ces atomes, on pourrait arriver, en employant des formes qui présentent un rapport simple, à circonscrire des atomes dont les nombres soient en rapport simple aussi.

Un octaèdre régulier renfermerait sept atomes; on pourrait y voir le rapport de l'hydrogène au lithium. Doublez les axes de l'octaèdre, et vous circonscrirez vingt-cinq atomes, mais le poids atomique du sodium n'est que vingt-trois. On pourrait se tirer d'affaire en admettant des troncatures, mais ce serait ouvrir la porte à l'arbitraire.

Si, du point de vue des sciences exactes, la question de l'hypothèse de Prout est définitivement résolue, il n'en est pas moins vrai que les partisans de cette hypothèse peuvent toujours prétendre que la question philosophique reste intacte; ils peuvent toujours dire qu'il n'est pas impossible qu'une loi simple échappe à nos investigations, par suite de *causes perturbatrices* encore inconnues.

C'est à ce point de vue que s'est placé M. Marignac, quand il dit: « Il ne m'est pas absolument démontré que bien des corps composés ne »renferment pas constamment et normalement un excès très-faible, sans » doute, mais sensible dans des expériences très-délicates, de l'un de » leurs éléments!» L'objection se trouve réfutée par les expériences de M. Stas, qui démontrent que cette cause d'erreur, si elle existe, n'est pas sensible dans les expériences. Toutefois, l'idée même peut être maintenue, si l'on se renferme dans des limites d'autant plus étroites que les méthodes se perfectionnent davantage. On pourrait même, d'un point de vue général, regarder cette idée comme éminemment probable. Des considérations sur les forces on pourrait déduire qu'une combinaison $ab$ doit toujours renfermer un certain nombre, quelque minime qu'il soit, de molécules $aa$, et un autre nombre de molécules $bb$. On aurait quelque chose de semblable à ce que veut la loi de Berthollet. Ceux notamment qui acceptent l'hypothèse de Williamson, d'après laquelle les atomes dans les combinaisons sont en mouvement continuel, ne nieront point la probabilité de cette hypothèse.

On pourrait aller beaucoup plus loin encore dans ces spéculations, toutefois, en ne perdant pas de vue qu'elles n'ont rien à faire avec les principes, les méthodes et les exigences des sciences exactes et qu'elles appartiennent tout entières au domaine de la philosophie purement spéculative.

On pourrait contester, par exemple, que les atomes d'un seul et même élément aient tous exactement la même grandeur ou le même poids; on pourrait les regarder comme ayant des poids légèrement différents, variant entre des limites excessivement étroites. Les atomes de chaque élément seraient entre eux comme les graines d'une certaine espèce de céréale, ou les œufs d'une espèce d'oiseau; mais ils différeraient de ceux d'un autre élément; comme les graines de deux espèces de céréales ou comme les œufs de deux espèces d'oiseaux diffèrent entre eux.

On pourrait dire encore: si les atomes d'un élément donné ne sont pas de grandeur identique, il se pourrait bien que dans une réaction quelconque, dans laquelle une partie de ces atomes entrent dans une combinaison, une autre partie dans une autre: il se pourrait bien, dis-je, que les grands atomes se trouvent de préférence dans l'un, les petits au contraire dans l'autre produit. On pourrait admettre que, dans des réactions de ce genre, il y ait pour ainsi dire un tamisage des atomes.

Je n'ai parlé, jusqu'à présent, que de l'hypothèse d'une matière première unique et de la loi de Prout, qui en est l'expression; mais depuis longtemps déjà les savants ont envisagé les rapports des poids atomiques à un point de vue différent.

Je citerai en premier lieu Gmelin qui, en s'occupant de ce sujet dans son traité de 1842, dit à peu près ceci: « Les poids atomiques des élé-
» ments appartenant à un groupe naturel présentent souvent certaines
» régularités. Quelquefois ils sont égaux, quelquefois ils sont des multi-
» ples les uns des autres, quelquefois encore ils augmentent d'après une
» progression arithmétique, quelquefois enfin, le poids d'un des trois élé-
» ments, qui forment une triade, est la moyenne des poids atomiques des
» deux autres. »

Des idées analogues se trouvent exprimées dans le *Traité de chimie* de Regnault (édition de 1847). Il dit: « Il est possible qu'il n'y ait qu'un
» groupe de corps simples dont les équivalents soient des multiples de
» celui de l'hydrogène, et que, pour tous les autres, leurs équivalents
» soient des multiples d'un autre corps simple, ou même qu'ils soient
» représentés par une somme dont l'un des termes soit un multiple de
» l'équivalent de l'hydrogène, et dont les autres termes soient des multi-
» ples d'un ou de plusieurs autres corps simples. »

Ces idées, assez négligées pendant quelque temps, ont servi à M. Pettenkofer de point de départ pour des spéculations d'un ordre encore différent. Dans un mémoire présenté à l'Académie de Munich, le 12 janvier 1850 (et qui a été réimprimé depuis dans les *Annalen* de Liebig, en 1858), ce savant insiste sur ce que, « en comparant les poids
» atomiques, surtout des éléments qui forment un groupe naturel, on
» observe souvent une différence constante; » il ajoute que « les mêmes
» différences se rencontrent trop souvent, pour admettre que ce soit un
» simple jeu du hasard; »il fait observer ensuite que« le même fait se
» présente pour les radicaux composés, qui appartiennent à une groupe
» naturel. »

Ces spéculations, et beaucoup d'autres encore, que je crois pouvoir négliger ici, peuvent être regardées comme les précurseurs des idées que M. Dumas a publiées sur ce sujet.

Dans un discours prononcé en 1851, à une réunion de l'Association britannique pour le progrès des sciences, le célèbre chimiste français fit voir d'abord que les éléments analogues forment souvent des triades, et que le poids atomique du terme moyen est alors le plus souvent la moyenne arithmétique entre les poids atomiques des deux autres éléments du groupe; il démontra ensuite que le même fait s'observe pour des radicaux organiques qui appartiennent à une série homologue.

Il poussa plus loin ces spéculations dans son célèbre mémoire: *Sur les équivalents des corps simples*, publié en 1857 et 1858. Il se pose successivement quatre questions, remarquables dans l'histoire de la science et trop connues pour devoir les citer ici. A la quatrième, qui nous intéresse surtout en ce moment, il fait la réponse suivante:

« En rapprochant les résultats obtenus à l'égard des corps simples » de ceux que donne la comparaison de quelques séries naturelles de » radicaux organiques, on trouve qu'il existe entre eux la plus profonde » analogie.

» Cette analogie éveille naturellement tant de doutes sur la nature » des éléments, et justifierait tant d'appréciations hasardées sur le plus » ou moins de probabilité de leur décomposition, qu'on est certainement » autorisé à se demander si les premiers comme les seconds ne sont pas » des corps composés. »

Pour faire ressortir cette analogie, il montre que les poids atomiques des éléments qui forment un groupe naturel, peuvent être représentés par des algorithmes tels que:

$$a + nd \, ;$$

ou bien:

$$a + nd + nd' \, ;$$

ou encore:

$$a + nd + nd' + nd''.$$

Il ajoute: « que les propriétés des éléments qui forment un groupe » naturel sont telles, qu'en appelant $a$ le premier terme de la progression » et $d$ sa raison, on pourrait dire que c'est $a$ qui donne le caractère » chimique fondamental et qui fixe le genre, tandis que $nd$ détermine » seulement le rang dans la progression et fixe l'espèce. »

L'idée philosophique qui sert de base à toutes ces spéculations est évidemment celle-ci: si l'on ne peut admettre une seule matière première, comme le fait l'hypothèse de Prout, on peut au moins faire l'hypothèse de l'existence de plusieurs matières premières, qui, en se combinant d'après de certaines lois, forment les éléments actuels.

Ajoutons que M. Dumas et la plupart des partisans de ses vues

admettent en même temps le principe de l'hypothèse de Prout, à savoir
l'existence d'un commun diviseur pour tous les poids atomiques.
M. Dumas lui-même se prononce nettement à ce sujet:

« Les éléments des corps simples semblent être tous des multiples
» d'une certaine unité qui serait égale à 0,5 ou 0,25 du poids de l'équiva-
» lent de l'hydrogène. »

Or, comme nous l'avons fait remarquer plus haut, les expériences de
M. Stas démontrent, à ne plus en douter, qu'il n'y a pas de commun
diviseur. En résulte-t-il que les spéculations que nous venons de citer
soient erronées dans leur fond même? Il ne me paraît pas. En effet, si
l'on admet l'existence de plusieurs matières premières, on peut admettre
que les particules de ces matières possèdent des poids exprimés par des
chiffres absolument incommensurables. Il en résulterait que les poids
atomiques des corps, que l'on regarde maintenant comme éléments, seraient, eux aussi, exprimés par des chiffres non commensurables. En
d'autres mots, les considérations de M. Dumas peuvent être vraies, même
quand l'hypothèse de Prout est reconnue comme parfaitement erronée.

Examinons maintenant si, parmi les corps dont M. Stas a déterminé
les poids atomiques, il s'en trouve auxquels on puisse appliquer les considérations de M. Dumas. Nous rencontrons dabord le Li, Na et K, trois
éléments appartenant à un groupe naturel; nous trouvons ensuite le Cl,
le Br et l'J, qui, avec de *Fluor*, forment une autre famille naturelle.

Pour le Li, Na et K, on a:

[O = 16]

$$
\left.
\begin{array}{l}
\text{Li} \; - \; 7.022 \\
\text{Na} \; - \; 23.043 \\
\text{K} \; - \; 39.137
\end{array}
\right\}
\begin{array}{l}
\text{diff. : 16.021} \\
\text{diff. : 16.094}
\end{array}
\left.\right\}
\text{diff. : 0.073. (moitié : 0.0365.)}
$$

Il faudrait donc admettre une erreur d'observation égale en moyenne
à 0.0365, tandis que les chiffres trouvés par M. Stas, dans ses différentes
déterminations, ne diffèrent que de:

$$
\begin{array}{llll}
\text{Pour le Li} & - \text{ de } 7.020 \text{ à } 7.024 \ldots & = 0,004 \text{ ou } \frac{1}{9} \text{ de } 0.036 \\
\text{Na} & - \text{ de } 23.042 \text{ à } 23.045 \ldots & = 0,003 \text{ ou } \frac{1}{12} & .. \\
\text{K} & - \text{ de } 39.130 \text{ à } 39.135 \ldots & = 0,005 \text{ ou } \frac{1}{7} & ..
\end{array}
$$

Il faut en conclure que la formule $a + nd$, proposé pour ce groupe,
n'est pas l'expression des faits.

Pour le $Cl$, $Br$ et J, on a:

$[O = 16]$

$$
\left.\begin{array}{l}
Cl \;-\; 35.457 \\
Br \;-\; 79.952 \\
J \;\;-\; 126.850
\end{array}\right\}
\begin{array}{l}
\text{diff.}: 44.495 \\
\text{diff.}: 46.898
\end{array}
\Big\} \text{ diff.}: 2.403
$$

Ici l'écart est tellement considérable, que personne ne pensera à admettre la formule simple: $a + nd$; aussi M. Dumas propose-t-il:

$$
\begin{array}{lll}
Fl - a \dots\dots\dots\dots & = 19 \dots\dots & = 19 \\
Cl - a + d \dots\dots & = 19 + 16.5 \dots & = 36.5 \\
Br - a + 2d + d' \dots & = 19 + 33 + 28 & = 80 \\
J - 2a + 2d + 2d' \dots & = 38 + 33 + 56 & = 127.
\end{array}
$$

Il est évident que les poids atomiques du $Cl$, $Br$ et J étant déterminés par l'expérience, on peut calculer des trois dernières équations des valeurs pour $a$, $d$ et $d'$, qui conduisent de nouveau à ces mêmes poids atomiques. On trouve:

$$
\begin{array}{l}
a \;-\; 18.930 \\
d \;-\; 16.527 \\
d' \;-\; 27.968.
\end{array}
$$

Mais il est évident encore que ce calcul ne prouve absolument rien. On pourrait en déduire tout au plus que le *Fluor* doit être 18.93 au lieu de 19.00, comme M. Dumas l'a trouvé lui-même (1).

A cette occasion, je me permettrai l'observation suivante; si, en partant de l'hypothèse de plusieurs matières premières, on veut expliquer les poids atomiques des éléments et les rapports que présentent entre eux les poids atomiques des éléments qui forment un groupe naturel, on doit au moins chercher à représenter chaque groupe par une formule générale qui exprime une certaine loi de progression. La formule $a + nd$, appliquée, mais non applicable, comme nous venons de le voir, au $Li$, $Na$ et K, satisfait à cette exigence. Il n'en est pas de même des formules pour le $Br$ et l'J; à les regarder, on s'attendrait à trouver entre ces deux éléments une différence profonde, bien plutôt qu'une si grande analogie.

---

(1) Dans son mémoire publié dans les *Annales de chimie et de physique* (série III, vol. LV, p. 171), M. Dumas donne pour l'iode:

$$a + 2d + 2d' + d''.$$

On aurait pour quatre éléments quatre formules et quatre inconnus, qui peuvent naturellement se calculer pour mettre les formules en accord avec les chiffres déterminés par l'expérience.

On conçoit, d'après ce que je viens de dire, que des expériences de
M. Stas on ne peut rien déduire en faveur de la nouvelle hypothèse de
M. Dumas; elles tendent plutôt à en démontrer l'inexactitude.

---

## Original Communications.
## On some points of chemical philosophy.
### by Aug. Kekulé,

Professor of Chemistry at the University of Ghent.

The Laboratory Vol. I, July 27, 1867.

### I. *Introduction.*

SCARCELY any chemist at the present day speaks of Radicals or of
Types; and yet the type-theory, like its forerunner, the dualistic view,
had its good points. It would, I think, be wise, not wholly to lose sight
of these several theories, which, after all, are based upon a considerable
number of facts.

All chemists, or at least the greater number of them, are at present
adherents of the socalled *theory of atomicity.* Many declare their adherence to it without hesitation; others, for reasons peculiar to themselves, have hesitated to adopt the theory immediately, or at least to
proclaim a decided adherence to it; nevertheless they have adopted some
of its most important ideas, and have thus, unconsciously perhaps,
become adherents of this theory, or at least are not far from becoming so.

Hence it might appear as if the time were at length arrived in which
all chemists, or at least the majority of them, would be of one mind in
respect to theory. But on closer examination we may easily convince
ourselves that this is not the case, but rather that the views of the
several adherents of the theory of atomicity exhibit very essential points
of difference. For while some invent hypotheses with the view of ob-
taining the most satisfactory and consistent explanations of experimen-
tally established facts, others develop the principles thus established to
a greater extent, and thus construct a chemistry of formulæ which runs
side by side with the chemistry of facts, as something to a certain extent
independent of it. Others, again, though availing themselves of the same
principles, keep to the form rather than to the idea, and seem to think
that the chemical constitution of a body is explained as soon as it is

represented by a formula constructed according to the principles now in vogue.

But it is not only in the application of principles that differences are found to exist; the views themselves, and even the fundamental ideas of atomicity entertained by different chemists, likewise exhibit wide diversity. Some regard atomicity as a fundamental property of matter, and therefore as fixed and unalterable, like the weight of the atoms, whereas others define it as the maximum of saturating capacity; others again — and this last-mentioned view appears at present to have the greatest number of adherents—assume a varying atomicity, regarding the same element as monatomic, biatomic, triatomic, or even pentatomic, etc., according to circumstances. The most consistent have naturally gone so far as to divide all elements into two groups, exhibiting respectively odd and even atomicity, the elements of the first group having, according to circumstances, the atomicity $1, 3, 5, 7 \ldots n$; those of the second the atomicity $2, 4, 6 \ldots n$.

We cannot say with certainty whether the theory of atomicity has gained in clearness and scientific value by these developments; but we must confess that to us the contrary appears to be the case, and that the contempt with which mathematicians and physicists regard the present direction of theoretical chemistry may, perhaps, be attributed to these lawless extensions of the atomic hypothesis.

As an adherent of the theory of atomicity, I feel myself under an obligation to consider a few disputed points relating to it from my own point of view. Perhaps I may succeed in bringing back this theory, which appears, in many instances, to have deviated from the right course, to a direction in which it may be of real use to science. I do not intend to develop my views in systematic order, or to submit the several questions to an exhaustive discussion, but shall rather allow individual, and often independent, considerations to follow one another in unconnected order; it will afterwards be easy to unite the results thus obtained into a systematic whole.

I must here also make a remark of a different kind. My object being merely to bring to light the greater or less probability of the theories under consideration, and not to write a history of the development of our theoretical views, I shall not, except in particular cases, give the names of authors, or the references to their memoirs, with regard either to the views which I attack, or to those which I defend.

## II. *On the Existence of Chemical Atoms.*

The question whether atoms exist or not has but little significance in a chemical point of view: its discussion belongs rather to metaphysics. In chemistry we have only to decide whether the assumption of atoms is an hypothesis adapted to the explanation of chemical phenomena. More especially have we to consider the question, whether a further development of the atomic hypothesis promises to advance our knowledge of the mechanism of chemical phenomena.

I have no hesitation in saying that, from a philosophical point of view, I do not believe in the actual existence of atoms, taking the word in its literal signification of indivisible particles of matter. I rather expect that we shall some day find, for what we now call atoms, a mathematico-mechanical explanation, which will render an account of atomic weight, of atomicity, and of numerous other properties of the so-called atoms. As a chemist, however, I regard the assumption of atoms, not only as advisable, but as absolutely necessary in chemistry. I will even go further, and declare my belief that *chemical atoms exist,* provided the term be understood to denote those particles of matter which undergo no further division in chemical metamorphoses. Should the progress of science lead to a theory of the constitution of chemical atoms— important as such a knowledge might be for the general philosophy of matter—it would make but little alteration in chemistry itself. The chemical atom will always remain the chemical unit; and for specially chemical considerations we may always start from the constitution of atoms, and avail ourselves of the simplified expression thus obtained, that is to say, of the atomic hypothesis. We may, in fact, adopt the view of Dumas and of Faraday, "that whether matter be atomic or not, thus much is certain, that, granting it to be atomic, it would appear as it now does."

After these remarks, it is scarcely necessary to say that I set but small value on most of the attacks recently made against the atomic hypothesis. In many of them I see merely words and phrases, not ideas. It is, however, quite otherwise with the endeavours of those who seek to discover chemical laws independently of the atomic hypothesis. All endeavours of this kind possess great merit; and if they lead to actual results, the laws thus discovered independently of the atomic hypothesis, will be reducible to that hypothesis, and will follow as consequences from it, always supposing that the atomic hypothesis itself is true.

Brodie's 'Calculus of Chemical Operations' is an attempt of this kind. But the talented author of these speculations evidently goes too far, when he declares "that Dalton's theory is inadequate for present purposes, and that it could no longer be advantageously used to elucidate the work carried on by chemists;" and when he adds "that chemistry had got on the wrong tack—off the rails, in fact."

A final verdict on these speculations cannot at present be pronounced, seeing that we have before us merely the method of drawing conclusions, and the application of this method to the construction of formulae for the elements and for particular compounds. The author promises, indeed, that his method will present numerous and important advantages, and he hopes, further, "to be able to express, by formulæ, dynamical facts;" but all these points are reserved for future communications. We may, however, even now assert that the published results, and especially the formulæ given for the elements and compounds, possess no advantage whatever over the views now universally received. They contain, like those hitherto in use, only statics, and no dynamics, and although we are assured "that they express, by symbols, the exact facts of chemistry," it is impossible not to perceive that these symbols involve an almost unlimited number of hypotheses for which there is no proof whatever.

For the elements, Brodie, as is well known, comes to the conclusion that there exist three groups, expressible by the symbols—

$$x \qquad y^2 \qquad x + y^2.$$

All elements belonging to the third group (chlorine, bromine, iodine, nitrogen, etc.) are regarded as compounds. They are not, indeed, supposed to contain two kinds of matter at present unknown in the separate state; but the much less admissible hypothesis is made that they consist of a constituent hitherto unknown in the isolated state, combined with *hydrogen*.

Such an assumption is so directly at variance, not only with all views hitherto received, but with the entire range of known facts, that it requires to be tested with all possible circumspection.

Even admitting at the outset that Brodie's speculation is founded "on a very fair amount of hypothesis," we cannot avoid seeing at the first glance that it leads to hypotheses of most astounding character, and on closer examination we are inevitably led to the conclusion that the entire speculation is based on pure caprice. Its foundation involves especially the three following hypotheses:

(1) Hydrogen must be assumed as the starting-point.

(2) Hydrogen is an element.

(3) Hydrogen is the result of a single operation, therefore $= a$.

With regard to the first, it must, at all events, be admitted that, instead of hydrogen, any other element ought to be admissible as the starting-point of the system. But if chlorine $(= \chi)$ or nitrogen $(= \nu)$ had been selected for this purpose, no calculation could have led to the conclusion that these bodies contain hydrogen. Now, it is clear that a system of symbols cannot be admitted as a true representation of actual facts, unless its results are independent of the particular member of the system which has been taken as a starting-point for the construction of the whole.

The second hypothesis, that hydrogen is an element, might have been admitted without remark by every chemist who regards as elements all bodies not hitherto decomposed; but the author of the speculations now under consideration is under an obligation to show grounds for such an assumption, inasmuch as he comes to the conclusion that others of the so-called elements are compounds.

The third point, and perhaps the most important in connection with results, is no less hypothetical. Why is hydrogen regarded as the result of a single operation, and not as the result of two, seeing that oxygen, sulphur, etc., are supposed to result from two operations? We are assured, "There were strong reasons for preferring the use of the system in which $a$ was employed to present the standard amount of matter;" but these reasons are not yet made known, and therefore their value cannot be appreciated. So much, however, is certain, that, if instead of $a$, the expression $a^2$ had been chosen for the purpose just mentioned, Brodie's own form of reasoning would have led to formulæ identical in every particular with those now in use. All bodies which we now regard as elements would, or, at least, might have been found to be such; and for all compounds, the system in question would have led to the very formulæ which have long been used by the adherents of the atomic molecular theory.

The hypothesis, hydrogen $= a$, is said to be the simplest that could be adopted; but it may be laid down as a general rule that, in selecting from a number of different hypotheses the one which is most probable on the ground of simplicity, it is necessary to look, not only to the relative simplicity of the hypothesis itself, but to the more or less simple character of the consequences which follow from it.

Had the author of the "Calculus of Chemical Operations" merely expressed an opinion that the formulæ which he has constructed for elements and compounds are "one of the different expressions" which, according to the principle of prime factors, are deducible from the known facts connected with relations of volume, everybody would have agreed with him. We should have perceived (though, perhaps, with some surprise) that our existing hypotheses are not the only ones capable of accounting for these relations of volume; and we should have been strengthened in the conviction that the correctness of our present theories and formulæ does not depend for its proof on volume-relations alone. But the author of this new mode of representation goes further. Among other things he plainly puts forward the view that many of the substances now regarded as elements contain hydrogen; and suggests that, even if the elements which are combined with hydrogen in these compounds do not exist in the free state on our earth, they may possibly exist in that state in other parts of the universe.

No one will maintain that the bodies which we now call elements are necessarily and absosolutely undecomposible. But if, on the other hand, it be asserted that our existing elements are actually of compound nature, the establishment of such a proposition will certainly require more than the simple observation, that a result of the kind may possibly be deduced from a kind of reasoning founded upon hypothesis. We shall, at least, require proof that such an assumption is calculated to lead to useful results, and that it presents decided advantages over our present views. If it be maintained that many of the substances now regarded as elementary contain a substance at present unknown in the free state, combined with another body—hydrogen, for example—which we do not know in that state, we may, certainly, require the assertion to be proved by the actual separation of hydrogen from these substances. In default, however, of further knowledge, we may hold fast by the principle announced by Dalton, "that a substance, till it is decomposed, must be regarded, according to the just logic of chemistry, as an elementary substance."

When we consider the great services which the atomic theory has rendered to science, and the simple manner in which it explains and co-ordinates so large a number of chemical and physical phenomena we cannot but believe that a systematic development of this hypothesis will open out a wide prospect of advancement in our knowledge of chemical laws.

Such a development of the atomic hypothesis is, in fact, the introduction of what is now known as the *theory of atomicity.*

In its old form, as it has been admitted into chemistry since the time of Dalton, the atomic hypothesis has served to account for a variety of phenomena. It explained the constancy of chemical combining proportions, the law of multiples, etc.; and afterwards, when the ideas of atom and molecule were more sharply distinguished one from the other, an explanation was afforded of a new and by no means inconsiderable class of facts. But we were still quite unable to explain why the atoms of individual elements unite in the actually observed proportions, and not in others.

To explain this last-mentioned class of chemical phenomena, the theory of atomicity has been devised; and this theory—as indeed we may already perceive—can be regarded as justified, and as possessing scientific value, only on the condition that it explains actually, or at least as far as possible, the facts for which it is intended to account.

The next communication will contain—

III. *On the Constancy of Atomicity.*
IV. *On Graphic and Glyptic Formulæ.*

# Über die Konstitution und Untersuchung aromatischer Substanzen.

## Sur la constitution des substances aromatiques,
### par M. Aug. Kekulé.

Bull. soc. chim. Nouvelle série 3, 98—110 (Séance du 27 janvier 1865).

La théorie de l'atomicité des éléments, et surtout la notion de la tétratomicité du carbone, ont permis d'expliquer d'une manière assez satisfaissante la constitution d'un grand nombre de substances organiques, de toutes celles que j'ai désignées sous le nom de *„substances grasses“*. On n'a pas encore tenté, que je sache, d'appliquer les mêmes vues théoretiques aux substances aromatiques. J'avais bien fait entrevoir, lorsque j'ai publié, il y a sept ans, la théorie de la tétratomicité du carbone que j'avais une idée toute formée à cet égard (1) mais je n'avais pas jugé à propos de la développer en détail. La plupart des chimistes, que depuis lors ont écrit sur des questions de théorie, n'ont pas touché à ce sujèt; quelques-uns se sont franchement déclarés incompétents, d'autres ont admis l'existence d'un groupe hexatomique, formé de 6 atomes de carbone, sans toutefois se préoccuper du mode de combinaison de ces atomes, et sans pouvoir expliquer pourquoi ce groupe se combine à 6 atomes mono-atomiques.

Il me paraît opportun maintenant de publier les principes fondamentaux d'une theorie que j'ai conçue, il y a assez longtemps déjà, sur la constitution des substances aromatiques, et qui se base uniquement sur des hypothèses que presque tous les chimistes admettent maintenant, à savoir: l'atomicité des éléments en général, et la tétratomicité du carbone en particulier. Ce qui me décide à publier ces vues théoriques au moment où les investigations sont dirigées plus que jamais vers ce chapitre de la chimie organique, c'est d'abord l'idée que les conséquences de ces principes pourraient peut-être guider quelques chimistes dans leurs recherches; c'est ensuite l'espoir de voir cette théorie rapidement

---

(1) Annalen der Chemie und Pharmacie; t CVI p. 156 (1858).

confirmée ou réfutée par les nombreuses expériences qui sont en voie
d'exécution.

On trouvera certainement l'exposé qui va suivre très-incomplet sous
beaucoup de rapports; je crois néanmoins, pour ne pas trop fatiguer
le lecteur, devoir me contenter d'indiquer les principes fondamentaux
de cette théorie, en laissant à d'autres le soin de les appliquer aux cas
qui les intéressent specialement. Qu'il me soit permis cependant de faire
remarquer qu'étant occupé à rédiger le chapitre des substances aromatiques pour mon traité, j'ai dû étendre ma matière de voir à toutes les
combinaisons appartenant à ce groupe.

Lorsqu'on essaye de se former une idée sur la constitution atomique
des substances aromatiques on doit tenir compte surtout des faits suivants:

1° Les substances aromatiques, même les plus simples, sont toujours
relativement plus riches en carbone que les substances grasses analogues; 2° il existe dans le groupe aromatique des substances homologues,
c'est-à-dire des corps qui diffèrent entre eux par $n\text{CH}^2$; 3° les corps les
plus simples appartenant au groupe aromatique contiennent six atomes
de carbone au moins. De plus, sous l'influence des réactifs énergiques,
on dérive toujours, même des matières relativement compliquées, des
substances qui ne renferment que six atomes de carbone (benzine, alcool phénique, acide picrique, acide oxyphénique, aniline, quinone,
chloranile etc.).

L'ensemble de ces faits doit évidemment conduire à admettre qu'il
y a dans toutes les substances aromatiques un groupe commun, une
espèce de noyau formé de six atomes de carbone. Dans l'intérieur de ce
noyau le carbone se trouve, qu'on me permette l'expression, sous une
forme plus condensée que dans les substances grasses. À ce noyau
viennent s'ajouter ensuite d'autres atomes de carbone, et cela de la
même manière, ou sous la même forme, qu'à l'égard des substances
grasses.

On doit donc, avant tout, tâcher de se rendre compte de la constitution de ce noyau. L'hypothèse la plus simple que l'on puisse faire à
ce sujet, est la suivante. Elle découle d'une manière si naturelle de la
notion de la tétratomicité du carbone, qu'il ne sera pas nécessaire d'y
insister longuement.

Lorsque plusieurs atomes de carbone se combinent entre eux, ils
peuvent se réunir de manière qu'*une* des quatre affinités de chaque

atome se sature toujours par *une* affinité de l'atome voisin. C'est ainsi que j'ai expliqué l'homologie, et en général la constitution des substances grasses.

Or, on peut admettre de même que plusieurs atomes de carbone se réunissent en se combinant par *deux* affinités contre *deux*. On peut admettre encore qu'ils se combinent alternativement par *une* et par *deux* affinités.

On pourrait exprimer ces deux modes de combinaisons par les périodes:

$$1/_1; \quad 1/_1; \quad 1/_1; \quad 1/_1; \quad \text{etc.}$$
$$1/_1; \quad 2/_2; \quad 1/_1; \quad 2/_2; \quad \text{etc. (1)}.$$

Si le premier mode explique la composition des substances grasses, le second rend compte de la constitutions des substances aromatiques, ou au moins du noyau qui leur est commun à toutes.

En effet, six atomes de carbone en se combinant d'après cette loi de symétrie donneront un groupe, lequel, considéré comme *une chaîne ouverte*, aura encore *huit* affinités non saturées. (Fig. 1.) Si l'on admet, au contraire, que les deux atomes qui terminent cette chaîne se combinent entre eux, on aura une *chaîne fermée* (2) possédant encore *six* affinités non saturées (3). (Fig. 2.)

C'est de cette chaîne fermée que dérivent les matières que l'on désigne ordinairement sous le nom de „substances aromatiques". La

---

(1) Je dirai en passant si l'on admettait une espèce d'homologie d'après cette loi de symétrie, on arriverait à une série comprenant des substances qui diffèrent entre elles par $nC^2H^2$. On aurait

$$C^2 H^2 \quad \text{Acetyléne.}$$
$$C^4 H^4 \quad \text{Inconnu.}$$
$$C^6 H^6 \quad \text{Benzine.}$$
$$C^8 H^8 \quad \text{Styrol.}$$

Je donne ces rapprochement sans y attacher trop d'importance.

(2) Je ferai remarquer à cette occasion que l'on peut considérer comme *chaînes fermées*, dans le groupe des substances grasses, les hydrocarbures de la série de l'éthylène. On s'explique ainsi que l'éthylène soit le premier terme de cette série et que l'hydrocarbure $C^2H$ (méthylène) n'existe pas. En effet, on ne comprend guère que deux affinités appartenant au même atome de carbone puissent se combiner entre elles.

(3) Pour plus de clarté je présente à la fin de cette note un tableau donnant des formules graphiques pour la plupart des substances mentionnées. L'idée que ces formules sont destinées à exprimer est assez connue maintenant; il ne sera donc pas nécessaire d'insister. Je conserve la forme que j'avais adoptée en 1859, en exprimant pour la première fois mes vues sur la constitution atomique des

chaîne ouverte peut être admise dans la quinone, la chloranile et les quelques combinaisons qui dérivent de ces corps.

J'admettrai donc dans toutes les substances aromatiques (proprement dites) un noyau commun, formé par la chaîne fermée: $C^6A^6$. (A représentant une affinité non saturée.)

Les six affinités de ce noyau peuvent être saturées par six atomes mono-atomiques; ou toujours, en partie au moins, par une affinité appartenant à des éléments bi, tri ou tétratomiques. Dans ce dernier cas, les éléments polyatomiques entraîneront nécessairement d'autres atomes, et produiront ainsi une ou plusieurs *chaînes latérales*, plus ou moins longues.

Examinons successivement ces différents cas.

I. *Eléments mono-atomiques.* — Les six affinités du noyau étant saturées par l'hydrogène, on aura la benzine. Dans celle-ci on peut remplacer l'hydrogène en partie ou en totalité par le chlore, le brome ou l'iode.

La théorie indique qu'il ne peut exister qu'une modification de la benzine monochlorée et pentachlorée, mais plusieurs modifications isomériques (probablement trois) pour les benzines bi, tri et tétra-chlorées (Fig. 3, 4 et 5).

Dans ces produits de substitution le chlore se trouve en combinaison intime avec le carbone; il est pour ainsi dire entouré de carbone; ce qui explique la stabilité remarquable de ces substances. On sait, en effet, que si le chlore s'élimine facilement par voie de double échange lorsqu'il est en combinaison indirecte avec le carbone, il n'en est plus de même lorsqu'il est directement combiné à cet élément. Dans ce cas l'élimination se fait encore assez facilement si c'est une affinité qui termine la chaîne des atomes de carbone par laquelle le chlore se trouve attiré, comme c'est le cas pour les chlorures des radicaux alcooliques; elle se fait beaucoup plus difficilement si l'affinité qui sature le chlore se trouve pour ainsi dire dans l'intérieur de la chaîne.

---

molécules. Cette forme est d'ailleurs presque identique avec celle dont M. W u r t z s'est servi dans ses belles leçons de philosophie chimique. Elle me parait préférable aux modifications proposées par MM. L o s c h m i d t et C r u m - B r o w n.

Je dois faire remarquer seulement que, pour la chaîne fermée $C^6A^6$, j'ai préféré conserver la ligne horizontale, et que j'ai représenté par des flèches les affinités (terminantes) qui sont censées se saturer mutuellement. Les points des deux premières formules indiquent les affinités non satturées.

II. *Eléments biatomiques.* — L'oxygène en saturant une ou plusieurs affinités du groupe $\text{C}^6$, se combine au carbone par une des deux affinités que possède l'atome. Il entraîne donc nécessairement d'autres atomes, dans le cas le plus simple, de l'hydrogène. Les produits ainsi formés, peuvent être considérés comme contenant le groupe: $\Theta\,H$ à la place de l'hydrogène de la benzine. Ce sont (Fig. 6, 7 et 8):

$\text{C}^6\,\text{H}^5\,(\Theta\,\text{H})$      $\text{C}^6\,\text{H}^4\,(\Theta\,\text{H})^2$      $\text{C}^6\,\text{H}^3\,(\Theta\,\text{H})^3$

Alcool phénique     Acide oxyphénique     Acide pyrogallique.

On pourrait, à la vérité, regarder ces corps comme appartenant au type de l'eau. On voit cependant qu'il doit exister entre eux et les alcools du groupe des substances grasses la même différence que celle qui a été mentionnée pour les corps chlorés correspondants. On ne peut donc pas s'étonner de ne pas retrouver dans ces prétendus „alcools aromatiques" toutes les proprietés qui caractérisent les alcools ordinaires.

Par l'influence des réactifs appropriés, on remplace le groupe $\Theta H$ par du chlore; de l'alcool phénique on dérive ainsi un soi-disant chlorure, identique au produit de substitution de la benzine.

Comme dans la benzine même, on peut, dans ces substances oxygénées, remplacer par du chlore l'hydrogène qui s'y trouve en combinaison directe avec le carbone. Les produits de substitution ainsi formés possèdent la même stabilité caractéristique que nous avons mentionnée pour les dérivés chlorés de la benzine.

III. *Éléments tri-atomiques.* — L'azote, étant tri-atomique, se combine par l'une de ses trois affinités au groupe $\text{C}^6$. Chaque atome d'azote doit donc entraîner deux atomes mono-atomiques. On aura (Fig. 9, 10 et 11):

$\text{C}^6\,\text{H}^5\,(\text{Az}\,\text{H}^2)$      $\text{C}^6\,\text{H}^4\,(\text{Az}\,\text{H}^2)^2$      $\text{C}^6\,\text{H}^3\,(\text{Az}\,\text{H}^2)^3$

Amido-benzine     Diamido-benzine     Triamido-benzine.

(Aniline)

On voit de suite que ces bases sont à l'éthylamine et a l'éthylènediamine exactement ce que les produits de substitution de la benzine sont aux chlorures des radicaux alcooliques. Il serait donc plus conforme aux analogies de regarder ces bases comme des substances amidées (analogues aux produits de substitution chlorés ou nitrés), que de les envisager comme appartenant au type de l'ammoniaque; c'est, d'ailleurs, ce qui a été proposé il y a assez longtemps déjà par M. G r i e ß. Je n'insisterai pas pour le moment sur les avantages que présente cette manière de voir; elle explique, comme je me propose de le montrer à une autre occasion, beaucoup de propriétés de l'aniline qu'on n'a pas pu observer jusqu'à présent pour l'éthylamine et ses congénères.

Quant aux *dérivés nitrés* de la benzine, on pourrait les envisager de deux manières. On peut admettre que le groupe $Az\,\Theta^2$ se trouve combiné au carbone par une affinité appartenant à l'oxygène; on pourrait admettre encore que la combinaison se fait par l'une des trois affinités de l'azote. La première de ces manières de voir est plus conforme aux idées actuelles; la seconde offre cependant beaucoup d'avantages, et j'avoue que, pour le moment, elle me paraît préférable. Je n'entrerai pas ici dans des détails qui entraîneraient des développements trop longs sur la constitution des oxydes de l'azote; je dirai seulement que l'on conçoit l'existence d'un groupe uniéquivalent $Az\,\Theta^2$ possédant une affinité de l'azote non saturée, en admettant que les deux atomes d'oxygène se combinent à l'azote chacun par l'une des deux affinités que possède l'atome, tandis que les autres affinités des deux atomes d'oxygène se combinent entre elles (1).

IV. *Eléments tétratomiques.* — Les dérivés de la benzine, ou plutôt du noyau $\Theta^6$, dans lesquels une ou plusieurs affinités se trouvent combinées au carbone, méritent un examen plus approfondi.

1° *Homologues de la benzine.* — Chaque atome de carbone qui s'ajoute au noyau $\Theta^6$ entraîne 3 atomes d'hydrogène. On aura des corps que l'on pourrait regarder comme les dérivés méthylés de la benzine. Ce sont les homologues connus depuis longtemps; à savoir (fig. 12, 13 et 14):

$$\Theta^6\ H^6\ =\Theta^6\,H^6 \qquad\qquad \text{Benzine}$$
$$\Theta^7\ H^8\ =\Theta^6\,H^5\,(\Theta\,H^3) \qquad \text{Méthyle-benzine} \qquad =\text{Toluol}$$
$$\Theta^8\ H^{10}=\Theta^6\,H^4\,(\Theta\,H^3)^2 \quad \text{Diméthyle-benzine} \quad =\text{Xylol}$$
$$\Theta^9\ H^{12}=\Theta^6\,H^3\,(\Theta\,H^3)^3 \quad \text{Triméthyle-benzine} \quad =\text{Cumol}$$
$$\Theta^{10}\,H^{14}=\Theta^6\,H^2\,(\Theta\,H^3)^4 \ \text{Tétraméthyle-benzine} =\text{Cymol}.$$

Le travail remarquable de MM. F i t t i g et T o l l e n s a bien démontré que c'est là la veritable constitution de ces hydrocarbures.

Pour trois de ces substances (xylol, cumol, cymol), on conçoit au point de vue théorique l'existence de plusieurs modifications isomériques exactement comme c'est le cas pour les dérivés chlorés de la ben-

---

(1) Les figures 31 et 32 du tableau rendent peut-être mieux encore cette pensée. Dans la figure 32 on a indiqué par les traits (—) les affinités qui sont censées être en combinaison. Les points indiquent, comme toujours, les affinités encore disponibles.

zine. L'isomérie aura pour cause la différence dans la position relative des chaînes latérales (méthyle).

Une seconde catégorie de modifications isomériques se trouve indiquée aussi par la théorie. La chaîne latérale peut s'allonger; au premier atome de carbone, qui la constitue, peut s'ajouter un second, ou même plusieurs. Je citerai comme exemple l'éthyle-benzine, préparée par MM. F i t t i g et T o l l e n s, qui est isomérique avec la diméthyle-benzine (xylol):

$$C^8 H^{10} = C^6 H^5 (C^2 H^5) \quad \text{Éthyle-benzine (fig. 15).}$$
$$C^8 H^{10} = C^6 H^4 (C H^3)^2 \quad \text{Diméthyle-benzine (xylol).}$$

On voit facilement que la diméthyl-benzine est à l'éthylbenzine à peu près ce que la diméthylamine est à l'éthylamine, et on ne peut donc pas s'étonner de voir que ces substances diffèrent même par leurs propriétés physiques (points d'ébullition etc.) (1).

2° *Dérivés chlorés.* — En considérant d'un point de vue général les métamorphoses des substances aromatiques, on arrive à la conclusion que pour les corps qui contiennent un ou plusieurs atomes de carbone qui se sont ajoutés au noyau principal, la plupart des métamorphoses se

---

(1) Qu'il me soit permis de faire ici une observation sur l'isomérie des alcools et sur la constitution probable des différentes espèces de pseudo-alcools qui ont attiré l'attention dans ces derniers temps.

Pour les alcools normaux on ne peut guère parler de l'existence d'un radical alcoolique dans l'autre. L'alcool propylique, par exemple, n'est ni l'alcool méthylo-éthylique, ni l'alcool éthylo-méthylique, ni l'alcool diméthylo-méthylique. On a autant de droit de le regarder comme l'un que de l'envisager comme l'autre; c'est l'alcool à trois atomes de carbone, l'alcool tritylique.

On conçoit cependant au point de vue de la théorie de l'atomicité l'existence d'une catégorie d'alcools dont la constitution devra être exprimée par les noms que je viens de citer. C'est cette catégorie d'alcools dont la sagacité de M. K o l b e a prévu l'existence. La différence entre ces alcools et l'alcool propylique normal est assez clairement rendue par les figures 27 et 28.

Il ne faut cependant pas confondre avec ce genre d'alcools isomériques les pseudo-alcools, qui résultent de la réduction des acétones et qui se rattachent évidemment aux acétones mêmes (Fig. 29 et 30).

In ne faut pas confondre non plus les pseudo-alcools additionnels, que M. W u r t z a dérivés des hydrocarbures; c'est une isomérie d'un ordre tout à fait différent. Je les envisage, avec M. W u r t z, comme formés par l'addition de deux systèmes atomiques, lesquels, tout en se réunissant pour former un système plus compliqué, ont conservé leur individualité, de sorte que les atomes dans la molécule complexe ne se trouvent pas dans leur état d'équilibre véritable, comme c'est le cas pour les alcools normaux.

font de préférence dans cette chaîne latérale. Les substitutions, cependant, ont lieu souvent dans la chaîne principale, et les substitutions par le groupe Az $\Theta^2$ paraissent même de préférence se faire dans ce noyau.

Je me contenterai de quelques observations sur les dérivés chlorés, et je choisirai comme exemple les dérivés chlorés du toluol.

Pour le toluol monochloré on conçoit tout de suite l'existence de deux isomères. Que l'on suppose, d'un côté, 1 atome de chlore combiné au carbone du noyau $\Theta^6$; que l'on admette, d'un autre côté, un corps isomère contenant le chlore en combinaison avec le carbone de la chaîne latérale (méthyle): on aura, dans le premier cas, une substance douée de la stabilité qui caractérise les produits de substitution de la benzine; dans le second, au contraire, un corps qui échangera le chlore avec la même facilité que le font les dérivés chlorés des hydrocarbures du groupe des substances grasses.

On comprend dès lors l'existence d'un toluol monochloré stable comme la benzine monochloré, et d'une substance isomérique donnant des doubles échanges comme le chlorure de méthyle.

$$\Theta^6 \, H^4 \, Cl \, (\Theta \, H^3) \qquad\qquad \Theta^6 \, H^5 \, (\Theta \, H^2 \, Cl).$$

Cette dernière modification doit évidemment se former par une métamorphose appropriée de l'alcool benzylique [1]); elle peut encore prendre naissance dans l'action directe du chlore sur le toluol. La première modification (stable) peut également s'obtenir quand le chlore réagit sur le toluol; elle doit pouvoir se préparer encore par l'action du chlorure de phosphore sur l'alcool cresylique.

L'une de ces modifications, celle qui contient le chlore dans la chaîne latérale, se comportera comme un chlorure de méthyle phénylé, et on sait, en effet, qu'en réagissant sur l'ammoniaque elle engendre trois bases, dont la première est isomérique avec la toluidine. L'isomérie de ces bases s'explique aisément; dans la toluidine l'azote se trouve en combinaison avec le carbone du noyau; dans la benzylamine, au contraire, il est combiné au carbone de la chaîne latérale.

Ajoutons que la théorie indique, à côté de ces deux isomères, un nombre assez considérable d'autres modifications également isomériques. Disons, de plus, que pour ces substances, comme pour beaucoup de cas analogues, il peut y avoir, pendant les expériences auxquelles on les soumet, transposition des atomes dans la molécule, de sorte qu'un corps

---

[1]) Irrtümlich heißt es dort: „benzilique". (A.)

donné se comporte dans de certaines réactions comme le ferait son isomère.

3° *Homologues de l'alcool phényque.* — Il ne sera guère nécessaire
d'insister sur ces homologies; elles sont du même ordre que l'homologie
des hydrocarbures $C^n H^{2n-6}$. Ainsi, l'alcool cresylique est à l'alcool
phénique ce que le toluol est à la benzine. On peut le regarder comme
l'alcool méthyle-phénique.

La créosote, le gaïacol, etc., ont probablement une constitution analogue. L'isomérie de l'alcool cresylique et de l'alcool benzylique se
comprend aisément, comme on le verra par la suite.

4° *Groupe benzoïque.* — L'homologie du toluol et de la benzine
s'explique par l'hypothèse que le carbone qui s'ajoute au noyau $C^6$ se
trouve saturé par trois atomes d'hydrogène. Or, on peut admettre de
même que les affinités de la chaîne latérale se trouvent saturées:

(a) Par les atomes $O$ et H (ou $O$ et Cl);

(b) Par deux atomes d'hydrogène et par une affinité appartenant à
un atome d'oxygène, lequel entraînera alors nécessairement encore de
l'hydrogène;

(c) Par un atome d'oxygène et par une affinité d'un second atome du
même élément, qui devra entraîner encore un atome d'hydrogène ou, en
général, un atome d'un élément monoatomique.

On aura ainsi:

(a)  $C^6 H^5$, $CO$ H  — Hydrure de benzoyle (fig. 20);

  $C^6 H^5$, $CO$ Cl  — Chlorure de benzoyle;

(b)  $C^6 H^5$, $CH^2 OH$  — Alcool benzylique (fig. 18);

(c)  $C^6 H^5$, $COO$ H  — Acide benzoïque (fig. 19);

On voit maintenant en quoi consiste l'isomérie entre l'alcool cresylique et l'alcool benzylique. Dans le premier, le groupe $OH$ se trouve dans
la chaîne principale, et il y a donc deux chaînes latérales: $O$ H et $C$ H³;
dans le second, il n'y a qu'une seule chaîne latérale, et le groupe $O$ H se
trouve dans celle-ci.

Ajoutons que, d'après la théorie, il ne peut pas exister, un acide
homologue de l'acide benzoïque, ou un alcool réellement homologue de
l'alcool benzylique contenant moins de 7 atomes de carbone dans la
molécule.

5° *Acides oxybenzoïques, etc.* — A l'acide benzoïque se rattache un
certain nombre d'acides qui n'en diffèrent que par un, deux ou trois
atomes d'oxygène qu'ils contiennent en plus. On s'explique leur consti-

tution en admettant qu'il y ait un, deux ou trois atomes d'hydrogène du noyau remplacé par le groupe $\Theta H$. Ces acides sont donc à l'acide benzoïque ce que l'alcool phénique, l'acide oxyphénique et l'acide pyrogallique sont à la benzine.

(Fig. 19) Ac. benzoïque      $C^6H^5$, $CO^2H$;      $C^6H^5$, H   Benzine
(Fig. 21) Ac. oxybenzoïque   $C^6H^4$, $(\Theta H)$, $CO^2H$; $\Theta^6H^5\Theta H$   Alc. phénique
(Fig. 22) Ac. protocatéchique $C^6H^3$, $(\Theta H)^2$, $CO^2H$; $C^6H^4(\Theta H)^2$ Ac. oxyphénique
(Fig. 23) Ac. gallique       $C^6H^2$, $(\Theta H)^3$, $CO^2H$; $C^6H^3(\Theta H)^3$ Ac. pyrogallique.

La décomposition des acides de la première série en corps de la seconde s'explique facilment; la chaîne latérale $CO^2$ H se détache avec élimination d'acide carbonique; elle se trouve donc renplacée par de l'hydrogène.

Quant aux isomères de l'acide oxybenzoïque (ac. para-oxybenzoïque, ac. salicylique), on conçoit leur existence. C'est la différence de la position qu'occupe le groupe $\Theta$ H par rapport au groupe $CO^2$ H, qui en est la cause. L'isomérie de l'acide paraoxybenzoïque et de l'acide oxybenzoïque est d'ailleurs analogue à celle qui existe entre l'acide nitrodracylique et l'acide nitrobenzoïque ordinaire, etc.

6° *Homologues de l'acide benzoïque.* — Si je parle des homologues de l'acide benzoïque, c'est seulement pour mentionner l'isomérie assez curieuse qui existe entre l'acide toluique et l'acide alphatoluique. Le premier est au toluol ce que l'acide benzoïque est à la benzine; il contient deux chaînes latérales: $CO^2$ H et $CH^3$. Dans le second, le radical $CH^3$ est entré dans la chaîne latérale, qui s'est allongée pour devenir $CH^2$, $CO$, $\Theta H$. On pourrait dire que l'acide toluique est de l'acide méthyle-phényle-formique; l'acide alphatoluique, au contraire, de l'acide phényle-acétique.

$C^6 H^4$, $CH^3$, $CO^2$ H            $C^6 H^5$, $CH^2$, $CO^2$ H
Acide toluïque (Fig. 24)       Acide alphatoluique (Fig. 25)

L'acide alphatoluique est l'homologue de l'acide benzoïque, dans le même sens que l'acide acétique est l'homologue de l'acide formique. L'homologie entre l'acide toluique et l'acide benzoïque est d'un ordre tout différent; ces corps sont homologues comme le toluol et la benzine.

7° *Acides phtalique et téréphtalique.* — Lorsque la chaîne latérale de l'acide benzoïque ($CO^2$ H) se trouve deux fois en combinaison avec le noyau $C^6$, on a la formule des acides phtalique et téréphtalique.

$$C^6 H^4 \begin{cases} CO^2 H \\ CO^2 H \end{cases} = \text{Acide téréphtalique (fig. 26)}$$

L'isomérie des deux acides s'explique peut-être par l'hypothèse que les deux chaînes latérales se trouvent dans des positions relatives différentes.

La théorie indique qu'il ne peut pas y avoir un acide homologue de l'acide téréphtalique contenant moins de huit atomes de carbone.

8° *Produits d'oxydation.* — J'ai fait remarquer plus haut que les métamorphoses des substances aromatiques se font souvent de préférence dans la chaîne latérale ou dans les chaînes latérales quand il y en a plusieurs. Quelques phénomènes d'oxydation, que je vais mentionner en terminant, sont surtout curieux sous ce rapport.

La méthyle-benzine (toluol) est de même l'éthyle-benzine de M. F i t - t i g, qui toutes deux ne contiennent qu'une chaîne latérale, donnent, par l'oxydation, de l'acide benzoïque, qui également ne contient qu'une chaîne latérale. La diméthyle-benzine (xylol), dans laquelle la chaîne latérale. méthyle, se trouve deux fois, donne naissance à de l'acide téréphtalique qui, lui aussi, contient deux fois la chaîne latérale $CO^2H$. Peut-être pourrait-on obtenir, en oxydant la triméthyle-benzine (cumol), un acide tribasique, $C^9H^6O^6$, contenant trois fois la chaîne latérale $CO^2H$.

On a constaté encore que l'acide alphatoluique, dans lequel nous avons admis une chaîne latérale seulement, s'oxyde facilement en donnant de l'acide benzoïque. Son isomère, l'acide toluique, donnera probablement, comme l'a déjà fait remarquer M. F i t t i g, de l'acide téréphtalique.

Je m'arrête ici, pour ne pas pousser trop loin ces spéculations. Les exemples que je viens de citer suffiront, j'espère, pour faire comprendre l'idée fondamentale; ils permettront d'appliquer facilement les mêmes principes aux autres substances aromatiques. Peut-être trouvera-t-on avec moi que ces idées expliquent les métamorphoses des corps en question, et les nombreux cas d'isomérie que l'on a déjà observés pour les substances aromatiques; peut-être l'application de ces principes per- mettra-t-elle de prévoir de nouvelles métamorphoses et de nouveaux cas d'isomérie.

Qu'il me soit permis, en terminant, de faire une observation sur les formules rationelles par lesquelles on pourrait représenter la composition des substances aromatiques et sur la nomenclature qu'il conviendrait de leur appliquer.

Il est vrai que les substances aromatiques présentent sous plusieurs rapports une grande analogie avec les substances grasses, mais on ne

peut pas manquer d'être frappé du fait que sous beaucoup d'autres
rapports elles en diffèrent notablement. Jusqu'à présent, les chimistes
ont insisté surtout sur ces analogies; ce sont elles qu'on s'est efforcé
d'exprimer par les noms et par les formules rationnelles. La théorie que
je viens d'exposer insiste plutôt sur les différences, sans toutefois
négliger les analogies qu'elle fait découler, au contraire, là où elles existent réellement, du principe même.

Peut-être serait-il bon d'appliquer les mêmes principes à la notation
des formules, et, quand on a de nouveaux noms à créer, aux principes de
la nomenclature.

Dans les formules on pourrait écrire, comme substitution, toutes les
métamorphoses qui se font dans la chaîne principale (noyau); on pourrait
se servir du principe de la notation typique pour les métamorphoses qui
se font dans la chaîne latérale, lorsque celle-ci contient du carbone.
C'est ce que l'on a tenté dans ce Mémoire pour plusieurs formules, en
supprimant toutefois des formules typiques la forme triangulaire que la
pluspart des chimistes ont acceptée en suivant l'exemple de G e r h a r d t ,
et que l'on ferait bien, selon moi, d'abandonner complétement à cause
des nombreux inconvénients qu'elle entraîne.

Je ne dirai rien sur les principes que l'on pourrait suivre en formant
des noms. Il est toujours aisé de trouver des noms qui expriment une
idée donnée, mais tant qu'on n'est pas d'accord sur les idées, il serait
prématuré d'insister sur les noms.

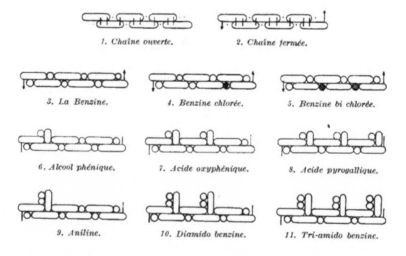

1. Chaîne ouverte.          2. Chaîne fermée.

3. La Benzine.          4. Benzine chlorée.          5. Benzine bi chlorée.

6. Alcool phénique.          7. Acide oxyphénique.          8. Acide pyrogallique.

9. Aniline.          10. Diamido benzine.          11. Tri-amido benzine.

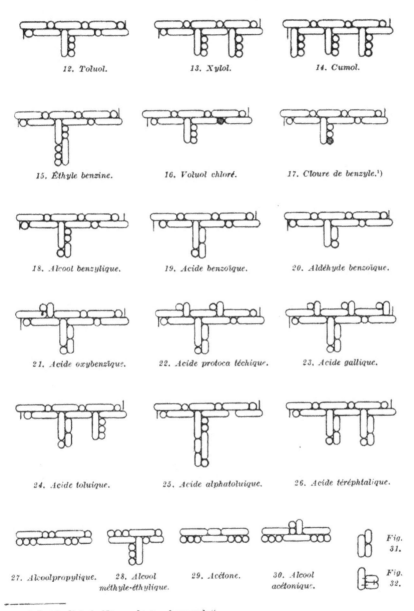

12. *Toluol.*

13. *Xylol.*

14. *Cumol.*

15. *Éthyle benzine.*

16. *Voluol chloré.*

17. *Cloure de benzyle.[1]*

18. *Alcool benzylique.*

19. *Acide benzoïque.*

20. *Aldéhyde benzoïque.*

21. *Acide oxybenzïque.*

22. *Acide protoca téchique.*

23. *Acide gallique.*

24. *Acide toluique.*

25. *Acide alphatoluique.*

26. *Acide téréphtalique.*

27. *Alcoolpropylique.*

28. *Alcool méthyle-éthylique.*

29. *Acétone.*

30. *Alcool acétonique.*

*Fig. 31.*

*Fig. 32.*

[1] Irrtümlich heißt es dort: „benzoyle".

# Ergänzende Bemerkungen zur Notiz
## „Ueber die Konstitution der aromatischen Verbindungen"[1]).

### Von Aug. Kekulé.

(Aus einem Brief an H.[2]) 12. April 1865.)

Z. f. Ch. N. F. 1, 277—280 (1865).

Ich erhalte soeben das 6te Heft Ihrer Zeitschrift und sehe, daß Sie
darin meine „Betrachtungen über die Constitution der aromatischen
Verbindungen" im Auszug wiedergeben. Zwei Anmerkungen der Redaktion (F.)[3]) veranlassten mich, Ihnen einige ergänzende Bemerkungen zu-
zusenden, und ich darf Sie wohl bitten, dieselben in Ihre Zeitschrift aufzunehmen, damit ich nicht von wenig erfahrenen Lesern allzugrober
Unkenntnis beschuldigt werde.

Wenn ich sagte: „dies sind die seit lange bekannten Homologen des
Benzols", so hatte ich dabei wesentlich die Kohlenwasserstoffe im Auge,
die man seit lange aus den Produkten der trocknen Destillation verschie-
denartiger Materien (Harz, Holz, Steinkohlen) abgeschieden hatte; und
ich kann leicht zeigen, dass meine Aeusserung nicht so unrichtig ist, als
sie nach der beigefügten Anmerkung scheinen könnte.

Das *Toluol* wurde bekanntlich 1837 von P e l l e t i e r und W a l t e r
entdeckt und seitdem vielfach untersucht.

Das *Xylol*, obgleich erst in neuerer Zeit von D e l a R u e und M ü l -
l e r und nachher von B e i l s t e i n rein dargestellt, ist doch mindestens
seit 1848 bekannt. M a n s f i e l d nannte zwar den bei 143°—145° siedenden Theil des Steinkohlentheeröls Cumol, aber es wird jetzt wohl
Niemand mehr daran zweifeln, dass er fast reines Xylol unter den Händen hatte. Auch der von C a h o u r s 1846 aus rohem Holzgeist abgeschiedene, ebenfalls als Cumol beschriebene Kohlenwasserstoff (Siedep.
145°—148°), und ebenso das bei 150° siedende Retinyl von P e l l e t i e r
und W a l t e r (1837) waren offenbar annähernd reines Xylol.

Aehnlich verhält es sich mit dem *Cumol*. Was M a n s f i e l d 1848
als Cymol beschrieb (Siedep. 170°—172°) war offenbar wesentlich Cumol. Dasselbe gilt von dem bei 164°—168° siedenden Kohlenwasser-

---

[1]) C = 12; O = 16.
[2]) H. = H ü b n e r , damals geschäftsführender Redakteur der „Zeitschrift
für Chemie". (A.)
[3]) F = Fittig. (A.)

stoff, den C a h o u r s aus rohem Holzgeist abschied und von dem, als Methol bezeichneten Kohlenwasserstoff, welchen V ö l k e l aus Holztheer darstellte.

Von den (methylirten) Homologen des Benzols sind also wenigstens das Toluol, Xylol und Cumol schon seit lange bekannt; die beiden letzteren wurden freilich bis auf die neueste Zeit von vielen Chemikern (zu denen ich mich übrigens schon seit einigen Jahren nicht mehr zählen kann) in irriger Weise interpretirt.

In Betreff des Cumols aus Cuminsäure und des Cymols aus römisch-Kümmelöls bin ich ganz derselben Ansicht wie F i t t i g, und es ist dies schon aus meiner früheren Mittheilung ersichtlich. Ich halte das erstere für Propyl-Benzol, das zweite für Propyl-Methyl-Benzol; und ich stütze mich dabei wesentlich auf folgende Betrachtungen.

Das Cumol liefert bei Oxydation Benzoësäure; es enthält also, wie diese, nur eine Seitenkette und ist mithin Propyl-Benzol. Das Cymol erzeugt bei Einwirkung oxydirender Reagentien entweder Toluylsäure oder Terephtalsäure; es enthält also zwei Seitenketten. Berücksichtigt man dann weiter, dass es leicht aus Cuminaldehyd erhalten wird, und dass in diesem, wie in der Cuminsäure, schon wegen des Zerfallens in Kohlensäure und Cumol, zwei Seitenketten anzunehmen sind, von welchen die eine Propyl ist, so kommt man zu der Ansicht, das Cymol sei Propyl-Methyl-Benzol.

Diese Auffassung findet eine weitere Stütze in den Siedepunkten, aus welchen wenigstens mit ziemlicher Sicherheit hervorgeht, dass die betreffenden beiden Kohlenwasserstoffe nicht poly-methylirte Benzole sind.

Für die Siedepunkte der mit dem Benzol in verschiedener Weise homologen Kohlenwasserstoffe scheint nämlich, so weit sich dies nach den wenigen Bestimmungen, die für sicher gehalten werden können, beurtheilen lässt, ein eigenthümliches Gesetz stattzufinden, welches leicht durch folgende Tabelle (S. 386) verständlich wird.

Diese Siedepunktsregelmässigkeiten lassen sich, wenn sie anders durch weitere Versuche bestätigt werden, in folgender Weise ausdrücken:

1. Jedes in das Benzol eintretende Methyl erhöht den Siedepunkt um etwa 29°.

2. Verlängerung der Seitenkette um $CH_2$ bewirkt, wie bei vielen homologen Verbindungen aus der Klasse der Fettkörper, eine Siedepunktserhöhung von annähernd 19°—20°.

| Geschlossene Kette | 1 Atom Wasserstoff ersetzt | 2 Atome Wasserstoff ersetzt | 3 Atome Wasserstoff ersetzt |
|---|---|---|---|
| $C_6H_6$ . . . . . . : 82° <br> Benzol | $C_6H_5(CH_3)$ . . : 111° <br> Toluol | $C_6H_4(CH_3)_2$ . . : 139° <br> Xylol | $C_6H_5(CH_3)_3$ . . : 168° <br> Cumol (aus Theer) |
| | $C_6H_5(C_2H_5)$ . . : 133° <br> Äthylbenzol (synth.) | $C_6H_4(CH_3)(C_2H_5)$ . . : <br> 159° <br> Äthyl - methyl - ben- <br> zol (synth.) | |
| | $C_6H_5(C_3H_7)$ . . : 154° <br> Cumol (aus Cumins.) | $C_6H_5(CH_3)(C_3H_7)$ . . : <br> 179° <br> Cymol (aus R. K. öl.) | |
| | $C_6H_5(C_5H_{11})$ . . : 195° <br> Amylbenzol (synth.) | | |

Die niedrigen Siedepunkte des Cumols aus Cuminsäure und des Cymols aus Römisch-Kümmelöl erklären gewiss zum Theil, warum man die Kohlenwasserstoffe des Steinkohlentheeröls und anderer Destillationsprodukte vielfach so irrig interpretirt hat.

Sollte der Steinkohlentheer gleichzeitig verschiedene Modifikationen von Xylol und von Cumol enthalten, so fänden fast alle, selbst noch so widersprechenden älteren Angaben ihre Erklärung.

Nimmt man nämlich an, im Steinkohlentheer seien alle für das Xylol, Cumol und Cymol der Theorie nach möglichen isomeren Modifikationen enthalten, so hätte man folgende Reihe:

| | | | |
|---|---|---|---|
| $C_6H_6$ | = Benzol; eine Modifikation: | Benzol | 82° |
| $C_7H_8$ | = Toluol; eine Modifikation: | Methylbenzol | 111° |
| $C_8H_{10}$ | = Xylol; zwei Modifikationen: | 1) Aethyl-Benzol | 133° |
| | | 2) Dimethyl-Benzol | 139° |
| $C_9H_{12}$ | = Cumol; drei Modifikationen: | 1) Propyl-Benzol | 154° |
| | | 2) Aethyl-Methyl-Benzol | 159° |
| | | 3) Trimethyl-Benzol | 168° |
| $C_{10}H_{14}$ | = Cymol; fünf Modifikationen: | 1) Butylbenzol | 174° |
| | | 2) Propyl-Methyl-Benzol | 179° |
| | | 3) Diaethyl-Benzol | 179° |
| | | 4) Aethyl-Dimethyl-Benzol | 188° |
| | | 5) Tetramethyl-Benzol | 197° |
| $C_{11}H_{16}$ | = | Amyl-Benzol | 195° |

Aus den beigefügten Siedepunkten, die übrigens, wie oben erwähnt, noch durchaus nicht als festgestellt, sondern nur als annähernd betrachtet werden können; ersieht man leicht, dass schon für das Xylol durch fraktionirte Destillation kaum eine Trennung der beiden Modifikationen erwartet werden kann. Für die drei Modifikationen des Cumols scheint die Möglichkeit der Trennung durch Destillation allein noch problematischer; für die fünf Modifikationen des Cymols wäre eine derartige Trennung jedenfalls möglich. Sollten im Steinkohlentheer gar die Kohlenwasserstoffe von der Formel $C_{11}H_{16}$ enthalten sein, so wäre die Verwirrung noch grösser; umsomehr, da der leichtflüssigste dieser Kohlenwasserstoffe, das Amyl-Benzol, voraussichtlich niedriger siedet als der schwerflüchtigste der Kohlenwasserstoffe von der Formel: $C_{10}H_{14}$.

Nun scheint es mir zwar nach verschiedenen theoretischen Betrachtungen nicht grade wahrscheinlich, dass im Steinkohlentheer und überhaupt den Produkten der trocknen Destillation andre als Methyl-Derivate des Benzols enthalten sind; aber ich halte es immerhin nicht für unmöglich, und ich bin schon seit längerer Zeit damit beschäftigt, diese Frage durch den Versuch zu entscheiden. Eine Untersuchung der Art wird voraussichtlich einige Zeit beanspruchen und ich nehme daher keinen Anstand vor ihrer Vollendung davon zu sprechen, um so weniger, da ich mir nun einmal in den Kopf gesetzt habe, das pro oder contra experimentell festzustellen.

Ein Wort über die zweite Anmerkung in Betreff der Säure: $C_6H_4O_2$. Es ist mir sehr wohl bekannt, dass F r ö h d e und C h u r c h diese Säure dargestellt zu haben glaubten, und ich kenne ausserdem auch noch eine Angabe von D e l a R u e und M ü l l e r über denselben Gegenstand. Nichtsdestoweniger glaube ich nicht recht an die Existenz dieser Säure; ich bin vielmehr geneigt, die untersuchten Produkte für unreine Benzoësäure zu halten, und ich glaube, dass auch D e l a R u e und M ü l l e r jetzt derselben Ansicht sind.

## Note sur quelques produits de substitution de la benzine; par M. Aug. Kekulé[1]), associé de l'Académie.

Bull. Acad. Roy. Belg. [2] **19**, 551—563 (Séance du 11 mai 1865).

D'après des vues théoriques que j'ai publiées, il y a quelque temps, sur la constitution des substances aromatiques, la benzine peut être regardée comme une chaîne fermée contenant six atomes de carbone, qui se sont combinés entre eux en se saturant alternativement par une et par deux des quatre affinités que possède l'atome de cet élément tétra-atomique.

Dans cette manière de voir il se présente de suite, non seulement au point de vue de la benzine elle-même, mais encore pour les substances aromatiques en général, qui ne sont après tout que des dérivés de la benzine, une question du plus haut intérêt, celle de savoir si les six atomes d'hydrogène de la benzine jouent tous le même rôle, ou s'ils sont de valeur différente. On saisit aisément toute l'importance de cette question. En effet, si ces six atomes d'hydrogène sont identiques entre eux, la différence d'un grand nombre de substances isomériques doit être cherchée dans la différence de position relative des éléments ou des chaînes latérales qui remplacent l'hydrogène du noyau; si, au contraire, les six atomes d'hydrogène sont de valeur différente, ces isoméries peuvent s'expliquer, en partie du moins, par la position absolue des éléments ou des chaînes latérales; de plus, on conçoit alors l'existence d'un nombre beaucoup plus considérable de substances isomériques.

Qu'on me permette d'abord de développer les deux hypothèses qui, d'après les vues théoriques exposées plus haut, offrent le plus de probabilité.

*Première hypothèse.* — Les six atomes de carbone étant combinés entre eux d'une manière tout à fait symétrique, comme le fait voir la formule graphique ci-contre,

on pourrait s'arrêter à l'hypothèse la ·plus simple, et l'on pourrait regarder les six atomes d'hydrogène comme étant de même valeur. La benzine serait représentée alors par un hexagone, dont les six atomes d'hydrogène occuperaient les angles.

Pour les produits de substitution bromés, par exemple, on concevrait alors les modifications isomérique suivantes:

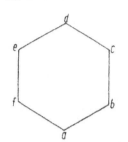

1° Benzine monobromée. Une seule modification;

2° Benzine bibromée. Trois modifications: *ab*, *ac*, *ad*;

3° Benzine tribromée. Trois modifications: *abc*, *abd*, *ace*;

4° Benzine tétrabromée (comme pour le n° 2);

5°  —  pentabromée. Une seule modification;

6°  —  hexabromée  —

Pour les produits de substitution contenant deux éléments ou deux radicaux différents, le nombre des modifications sera le même tant qu'il n'y aura qu'un ou deux atomes d'hydrogène de remplacés; il deviendra plus considérable pour les produits d'une substitution plus avancée. Si l'on prend la benzine bibromonitrée pour exemple, c'est-à-dire la substance de la formule empirique: $C_6 H_3 Br_2 (NO_2)$, on aura pour chacun des trois cas indiqués plus haut deux modifications différentes, l'une contenant les trois radicaux dans l'ordre: $Br$, $Br$, $NO_2$, l'autre les renfermant dans l'ordre: $Br$, $NO_2$, $Br$.

*Seconde hypothèse.* — Les six atomes de carbone qui constituent la benzine peuvent être regardés comme trois groupes, formés chacun de deux atomes, combinés entre eux par deux unités d'attraction, les trois groupes se trouvant réunis par une affinité seulement. Dans ce cas la benzine serait plutôt un triangle qu'un hexagone, et les six atomes d'hydrogène seraient de deux natures. Trois se trouveraient à l'extérieur, trois autres à l'intérieur; ou bien, trois de ces atomes occuperaient les angles, les trois autres le milieu des arêtes:

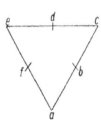

On pourrait faire valoir en faveur de cette manière de voir l'observation que la benzine se combine par addition à une, deux ou trois, mais non à un nombre plus considérable de molécules de chlore ou de brome; et l'on pourrait prétendre que ce sont les atomes d'hydrogène placés aux angles seulement qui possèdent la propriété de provoquer ces additions.

Dans cette manière de voir on prévoit un nombre plus considérable de cas d'isomérie parmi les dérivés, comme on le comprendra facilement par les exemples suivants:

$1^0$ Benzine monobromée. Deux modifications: $a$ et $b$;

$2^0$   —    bibromée. Quatre modifications $ab$, $ac$, $bd$, $ad$;

$3^0$   —    tribromée. Six modifications $abc$, $bcd$, $abd$, $abe$, $ace$, $bdf$, etc.

Un problème de ce genre pourrait paraître tout à fait inabordable de prime abord; je crois néanmoins qu'on doit pouvoir le résoudre par l'expérience. On n'aurait qu'a préparer, en variant autant que possible les méthodes, un nombre considérable de produits de substitution de la benzine; à les examiner surtout au point de vue de l'isomérie; à compter et surtout à raisonner les isomères que l'on aura obtenus, et on arrivera certainement à une solution satisfaisante.

Les produits de substitution de la benzine connus jusqu'à présent, tout en étant très-nombreux déjà, ne sont ni en nombre assez considérable, ni assez bien étudiés, pour que l'on puisse en tirer des conclusions. Je me suis donc décidé à en préparer d'autres encore, et quoique je sois loin d'avoir assez de faits à ma disposition pour pouvoir les discuter dès maintenant, j'ai voulu néanmoins publier les résultats auxquels je suis arrivé, attendu que plusieurs d'entre eux ne me paraissent pas dénués d'intérêt.

*Dérivés iodés de la benzine.* — M. Schützenberger a décrit deux dérivés iodés de la benzine qu'il a obtenus en attaquant le benzoate de soude par le chlorure d'iode. On n'a pas réussi jusqu'à présent à préparer ces corps en introduisant de l'iode directement dans la benzine.

Les expériences que j'ai publiées, il y a quelque temps, sur l'action de l'acide iodhydrique sur les corps iodés et sur la formation des produits de substitution iodés, faisaient prévoir que l'on ne pouvait pas obtenir de produits de substitution en faisant réagir l'iode seul sur la benzine; elles rendaient la formation de ces produits probable par l'action simultanée de l'iode et de l'acide iodique. On verra en effet que dans ces conditions la substitution s'effectue avec beaucoup de facilité.

J'ai jugé à propos de préparer ces dérivés iodés pour en étudier les propriétés moins du point de vue de l'isomérie que du point de vue de la stabilité qu'ils possèdent. On sait que les chimistes ont essayé à plusieurs reprises de remplacer le chlore de la benzine monochlorée (identique avec le chlorure de phényle) par le reste HΘ de l'eau, pour la transformer ainsi en phénol. Ces expériences ont toujours donné des résultats négatifs, ce qu'on a trouvé exceptionnel, habitué que l'on était à comparer le chlorure de phényle (benzine monochlorée) aux chlorures des radicaux alcooliques. Mes théories montrent, *a priori*, cette stabilité; mais il m'a paru important néanmoins d'expérimenter sur la benzine iodée, qui aurait pu mieux se prêter à ces doubles échanges que ne le fait le corps chloré correspondant. On verra par la suite qu'elle est tout aussi stable que la benzine monochlorée.

*Benzine monoiodée:* $C_6 H_5 J$. Quand on chauffe la benzine avec de l'eau, de l'iode et de l'acide iodique, il se produit déjà à la température de l'ébullition une petite quantité de benzine monoiodée, mais la réaction est excessivement lente. J'ai donc préféré opérer dans des tubes scellés à la lampe et j'ai élevé la température jusqu'à $230^0$—$240^0$. J'ai employé les quantités suivantes: benzine: 20 grammes; acide iodique: 10 grammes; iode: 15 grammes. Ces proportions, tout en s'éloignant considérablement des quantités calculées d'après la formule:

$$5 C_6 H_6 + HIO_3 + 2 I_2 = 5 C_6 H_5 I + 3 H_2 O,$$

m'ont paru donner le résultat le plus satisfaisant.

La réaction terminée, on laisse échapper l'anhydride carbonique, qui se forme ordinairement en quantité très-considérable, et on distille le produit. Ce qui passe entre $180^0$ et $190^0$ est de la benzine monoiodée sensiblement pure; le résidu est riche en benzine biiodée, il contient souvent de la benzine triiodée.

*La monoiodobenzine:* $C_6H_5J$, purifiée par plusieurs distillations, est un liquide presque incolore, qui prend rapidement une teinte rose; il bout à $185^0$ (observation directe, ce qui donne, d'après la règle de M. Kopp, le point d'ébullition corrigé: $188^0,2$); sa densité est 1,833 à $15^0$. Le produit ainsi préparé est évidemment identique avec la monoiodobenzine de M. Schützenberger qui indique le point d'ébullition $185^0$, et la densité 1,69. On peut la refroidir à — $18^0$, sans qu'elle se solidifie.

L'amalgame de sodium réagissant sur la monoiodobenzine, en présence de l'eau ou de l'alcool, échange facilement l'iode contre de l'hydrogène et régénère ainsi de la benzine.

L'acide iodhydrique en solution aqueuse (densité: 1,9), ne réagit pas à $100^0$; à $250^0$, il s'élimine de l'iode et il se forme de la benzine.

J'ai chauffé la monoiodobenzine pendant une journée entière avec une solution alcoolique de potasse à $100^0$: je l'ai chauffée pendant plusieurs jours à $250^0$ avec l'hydrate de potasse solide, et je l'ai introduite dans de la potasse caustique en fusion; il ne s'est pas formé de trace de phénol. Je l'ai fait réagir encore sur une solution alcoolique d'ammoniaque, en chauffant pendant trois jours à 200°—250°, et je n'ai pas pu constater de formation d'aniline.

*Benzines biiodée et triiodée.* Pour la préparation de ces corps, on se sert avantageusement de la monoiodobenzine, ou au moins d'un mélange de benzine et de benzine monoiodée.

On chauffe avec de l'eau, de l'acide iodique et de l'iode dans un tube scellé, on traite le produit par la soude caustique et on distille. Le liquide qui passe en dernier lieu se prend par le refroidissement en une masse cristalline, qui pour la majeure partie est formée par la biiodobenzine, mais qui contient en outre une certaine quantité de triiodobenzine. La solubilité de ces deux corps étant à peu près la même, on ne réussit que difficilement à les séparer en cristallisant à plusieurs reprises de l'alcool.

*La biiodobenzine:* $C_6H_4J_2$ forme des paillettes blanches qui ressemblent à la naphtaline; tant que la solution contient de la monoiodobenzine, elles sont d'une grandeur très-considérable; elles sont d'autant plus petites que la matière est devenue plus pure.

La biiodobenzine fond à 127°, elle bout sans altération à 277° (corrigé d'après la règle de Kopp: 285°), elle se sublime à des températures relativement basses.

La biiodobenzine préparée d'après la méthode que je viens d'indiquer, est évidemment identique avec le corps décrit par M. Schützenberger. Ce chimiste indique le point de fusion: 122°, et le point d'ébullition: 250°; la différence provient probablement de ce que la biiodobenzine de M. Schützenberger contenait encore une petite quantité de monoiodobenzine.

*La triiodobenzine:* $C_6H_3J_3$, forme de petites aiguilles blanches, elle fond à 76° et se sublime sans altération.

*Dérivés bromo-nitrés de la benzine.* — On connaît déjà plusieurs corps de ce genre, à savoir: deux modifications de la monobromobenzine-mononitrée et une modification de la bibromobenzine-mononitrée J'ai cru devoir en reprendre la préparation, pour mieux établir leurs propriétés et afin de pouvoir les comparer avec d'autres modifications que je me propose d'étudier plus tard. J'ai préparé en outre la monobromobenzine-binitrée.

*Monobromobenzine-mononitrée:* $C_6H_4(NO_2)Br$. Ce corps a déjà été décrit par M. Couper. On l'obtient facilement en traitant la monobromobenzine par l'acide nitrique concentré. Il est assez soluble dans l'alcool, très-peu soluble dans l'eau bouillante. Il cristallise en aiguilles blanches. Son point de fusion a été trouvé à 125°.

La même modification de la monobromobenzine-mononitrée a été obtenue par M. Griess par la décomposition du bromoplatinate de l'α diazonitrobenzine (préparée de l'α nitro-aniline, de la dinitrobenzine). M. Griess indique le point de fusion: 126°. Une modification différente s'obtient, d'après M. Griess, par la décomposition du bromoplatinate de la β diazonitrobenzine (préparée de la β nitroaniline, qui s'obtient des anilides nitrés). Cette modification fond à 56° et cristallise en prismes.

Sans entrer dans plus de détails, je ferai remarquer dès maintenant que la différence de ces deux modifications s'explique assez facilement. La première peut être représentée par la formule: $C_6 H_4 (NO_2) Br$; la seconde par la formule: $C_6 H_3 (NO_2) H. Br$.

*Monobromobenzine-binitrée:* $C_6 H_3 (NO_2)_2 Br$. J'ai préparé cette substance en chauffant la monobromobenzine avec un mélange d'acide nitrique monohydraté et d'acide sulfurique fumant. La solution acide précipite par l'eau une huile jaune qui se solidifie lentement. On lave à l'eau et on fait cristalliser de l'alcool.

La monobromobenzine-binitrée forme de gros cristaux jaunes, transparents et parfaitement définis. Elle fond à 72°, et se dissout facilement dans l'alcool chaud.

*Bibromobenzine-mononitrée:* $C_6 H_3 (NO_2) Br_2$. Ce corps s'obtient aisément, comme MM. Riche et Bérard l'ont déjà indiqué, par l'action de l'acide nitrique sur la bibromobenzine. Il cristallise en paillettes ou en aiguilles aplaties; son point de fusion se trouve à 84°.

*Dérivés iodonitrés de la benzine.* — Je n'ai préparé jusqu'a présent qu'une seule combinaison de ce genre, la *Monoiodobenzine-mononitrée:* $C_6 H_4 (NO_2) J$. On l'obtient facilement en traitant la monoiodobenzine par l'acide nitrique. Elle forme de belles aiguilles jaunâtres, qui fondent à 171°,5 et qui se subliment sans décomposition, comme d'ailleurs les dérivés bromo-nitrés le font aussi.

La monoiodobenzine-mononitrée que je viens de décrire me paraît différente d'un corps de la même composition que M. Schützenberger a préparé en faisant réagir le chlorure d'iode sur le nitrobenzoate de soude; au moins ce chimiste décrit-il le produit de cette réaction comme une substance liquide bouillant vers 290°.

*Action du brome sur les dérivés nitrés de la benzine.* — Les dérivés bromonitrés de la benzine présentent un intérêt spécial au point de vue

de l'isomérie; on pourrait les préparer par un grand nombre de méthodes, sont plusieurs peuvent être variées encore en employant comme
matières premières des substances isomériques. Qu'on me permette de
citer ici les principales de ces méthodes:

1° Action de l'acide nitrique sur les benzines bromées;

2° Action du brome sur les benzines nitrées;

3° Action du bromure de phosphore sur les dérivés nitrés du phénol;

4° Décomposition des perbromures ou des bromoplatinates des di-
azotobenzines;

5° Décomposition des produits de substitution de l'acide benzoïque, etc.

La première de ces méthodes a déjà été employée par plusieurs chimistes; j'ai mentionné plus haut les produits que l'on a ainsi obtenus.
Aucun dérivé de la benzine n'a été préparé jusqu'à présent par la seconde des méthodes que je viens d'énumérer, et on admet généralement
que le brome n'exerce aucune action sur la nitrobenzine. Je crois devoir
mentionner cependant que, d'après une communication publiée par
M. Griess, M. H. Müller, en faisant réagir le chlore, en présence de l'iode,
sur la nitrobenzine, croit avoir obtenu une nitrobenzine chlorée, qu'il
regarde comme différente de la chlorobenzine nitrée.

J'ai trouvé, de mon côté, que le brome n'attaque pas la nitrobenzine
à froid, et que l'on doit chauffer à des températures assez élevées pour
que la réaction se produise.

Il m'à été impossible de découvrir un dérivé bromé de la nitrobenzine
parmi les produits, ils sont formés exclusivement par des dérivés bromés de la benzine. De plus, il ne se forme aucune trace d'acide bromhydrique, mais il y a par contre, une grande quantité d'azote mise en
liberté. Il est donc évident que le brome ne réagit pas comme à l'ordinaire, qu'il ne remplace pas l'hydrogène de la nitrobenzine. La réaction
se passe probablement de la manière suivante: le brome remplace
d'abord le groupe $N\Theta_2$, qui s'élimine sous forme de $(N\Theta_2)_2$ ou $N\Theta_2 Br$.
L'excès de brome agit alors par substitution sur la monobromobenzine
formée dans la première phase; des dérivés bromés d'une substitution
plus avancée prennent naissance, tandis que l'hydrogène éliminé se
transforme en eau, en réduisant le groupe $N\Theta_2$. On pourrait représenter la réaction par l'équation suivante:

$$2\,\mathfrak{C}_6\,H_5\,N\Theta_2 + 5\,Br_2 = 2\,\mathfrak{C}_6\,H\,Br_5 + 4\,H_2\,\Theta.$$

Le groupe $N\Theta_2$ du corps nitré réagit donc à peu près comme l'acide iodique dans la méthode d'ioduration que j'ai indiquée, il y a quelque temps, et qui m'a servi à préparer les benzines iodées, décrites plus haut.

D'après l'équation que je viens de donner, on aurait pu s'attendre à obtenir surtout la benzine pentabromée. L'expérience m'a démontré que ce corps ne se forme qu'en quantité relativement petite, et que le produit principal est toujours la benzine tétrabromée, peu importe dans quelles proportions on emploie les matières premières. Je dois faire remarquer cependant que j'ai toujours chauffé jusqu'à 250° à peu près, et il se pourrait bien que la composition du produit dépendît bien plutôt de la température que de la quantité de brome qui se trouve en contact avec la nitrobenzine.

Je ne dirai rien, pour le moment, des propriétés de la tétrabromobenzine ainsi préparée, je me propose de revenir bientôt sur ce sujet. Quant à la *pentabromobenzine,* qui n'a pas encore été décrite jusqu'à présent, elle possède les propriétés suivantes:

Elle est presque insoluble dans l'alcool à froid, et peu soluble dans l'alcool bouillant; elle se dissout aisément dans la benzine ou dans un mélange d'alcool et de benzine. Elle cristallise en belles aiguilles soyeuses, fusibles et volatiles sans décomposition. Le point de fusion n'a pas encore été déterminé, il est plus élevé que 240°.

J'ai remplacé la nitrobenzine par la binitrobenzine dans l'espoir d'obtenir la benzine perbromée ($C_6 Br_6$) ou au moins une quantité plus considérable de pentabromobenzine. Les résultats ont été les mêmes que pour la nitrobenzine; à côté d'une grande quantité tétrabromobenzine il s'était formé peu de pentabromobenzine.

J'ai chauffé encore la nitrobenzine avec de l'iode, mais je n'ai observé aucune réaction. J'ai employé enfin un mélange d'iode et d'acide iodique; cette fois la matière organique a été détruite complétement.

Qu'il me soit permis en terminant d'attirer l'attention sur un fait qui me paraît assez curieux; c'est que les produits de substitution, qui dérivent de la benzine par le remplacement de trois atomes d'hydrogène, sont en général beaucoup plus fusibles que ceux qui se sont formés par le remplacement de deux atomes.

Je ne m'arrêterai pas à la trichlorobenzine qui est liquide, daprès les observations de MM. Mitscherlich et Laurent, tandis que la bichlorobenzine fond à 53°. Je ne dirai rien de la tribromobenzine dont le point de fusion n'est pas encore déterminé; mais je ferai remarquer que la triiodobenzine fond à 76°, tandis que la biiodobenzine fond à 127°.

Le même fait s'observe pour les trois benzines bromonitrées que j'ai décrites plus haut. La nitrobromobenzine fond à 126°; la binitrobromo-benzine et la nitro-bibromobenzine qui en diffèrent, la première par $N\Theta_2$, la seconde par $Br$ qu'elles contiennent en plus, fondent l'une à 72°, l'autre à 84°.

------

## Note sur une nouvelle synthèse des acides aromatiques;
par M. Aug. Kekulé, associé de l'Academie.

Bull. Acad. Roy. Belg. [2] **19**, 563—568 (Séance du 11 mai 1865).

Les acides de la série benzoïque, comme d'ailleurs toutes les sub-stances aromatiques, peuvent être rattachés à la benzine, qui en est le noyau commun.

L'acide benzoïque lui-même n'est que ce noyau dans lequel un atome d'hydrogène se trouve remplacé par la chaîne latérale $\Theta\Theta_2 H$.

Pour l'acide $\Theta_8 H_8 \Theta_2$, homologue de l'acide benzoïque, on conçoit, d'après les mêmes idées théoriques, l'existence de deux modifications isomères, dont l'une contiendrait indépendamment de la chaîne latérale $\Theta\Theta_2 H$, une seconde chaîne $\Theta H_3$, et dont l'autre n'aurait qu'une chaîne latérale qui serait $\Theta_2 H_2 \Theta_2 H$, c'est-à-dire $\Theta\Theta_2 H$ prolongé d'un atome de carbone, accompagné nécessairement de deux atomes d'hydrogène. La première de ces modifications correspondrait à l'acide toluique; la se-conde à l'acide $\alpha$ toluique.

Le nombre des modifications isomériques possibles, d'après la théo-rie, devient d'autant plus considérable, que l'on s'élève davantage dans la série homologue. C'est ainsi que l'on prévoit quatre modifications de l'acide $\Theta_9 H_{10} \Theta_2$, qui vient se placer immédiatement après l'acide tolui-que. On pourrait exprimer les différentes modifications de ces acides par les formules et les noms suivants:

| FORMULE empirique. | FORMULE rationnelle. | |
|---|---|---|
| $\Theta_7 H_6 \Theta_2$ . | $\Theta_6 H_5 . \Theta\Theta_2 H$ | = Ac. phényl-formique. (Acide benzoïque.) |
| $\Theta_8 H_8 \Theta_3$ . 1. | $\Theta_6 H_4 (\Theta H_3). \Theta\Theta_2 H$ | = Ac. méthyl-phényl-formique. (Ac. toluique.) |
| » . . 2. | $\Theta_6 H_5 . \Theta_2 H_2 \Theta_2 H$ | = Ac. phényl-acétique. (Ac. atoluique.) |
| $\Theta_9 H_{10} \Theta_2$ . 1. | $\Theta_6 H_3 (\Theta H_3)_2. \Theta\Theta_2 H$ | = Ac. diméthyl-phényl-formique. |
| 2. | $\Theta_6 H_4 (C_2 H_5). \Theta\Theta_2 H$ | = Ac. éthyl-phényl-formique. |
| 3. | $\Theta_6 H_4 (\Theta H_3).\Theta_2 H_2 \Theta_2 H$ | = Ac. méthyl-phényl-acétique. |
| 4. | $\Theta_6 H_5 . \Theta_3 H_4 \Theta_2 H$ | = Ac. phényl-propionique.(Ac. homocuminique.) |

Il m'a paru intéressant de chercher une réaction qui permît de préparer synthétiquement tous ces corps, tant pour constater l'exactitude de ces idées, que pour établir définitivement la constitution des acides $C_n H_{2-8} O_2$, connus jusqu'à présent. La question était ramenée à additionner l'anhydride carbonique aux hydrocarbures de la série $C_n H_{2n-6}$.

On sait que des synthèses, basées sur le même principe, ont été réalisées dans différents cas, dépuis que M. Wanklyn, en voulant distiller le sodium-éthyle dans un courant d'acide carbonique, constata le premier la formation de l'acide propionique. Je me contenterai re rappeler ici la belle synthèse de l'acide salicylique, exécutée par MM. Kolbe et Lautemann, et la synthèse de l'acide benzoïque décrite dans ces derniers temps par M. Harnitz-Harnitzky. Mais aucune des méthodes suivies par ces chimistes ne pouvait servir pour le but que je m'étais proposé. Car si MM. Kolbe et Lautemann avaient pu combiner l'anhydride carbonique au phénol, par l'intervention du sodium, on ne pouvait guère s'attendre à une réaction analogue, si on remplaçait le phénol par des corps aussi indifférents que le sont les hydrocarbures de la série du benzol. M. Harnitz-Harnitzky avait constaté que le chloure de carbonyle (gaz phosgène), en réagissant sur la benzine, produit de l'acide chlorhydrique et donne naissance à du chlorure de benzoyle. Ici se sont bien les mêmes hydrocarbures qui servent de point de départ, mais rien n'indique à quelle place de l'hydrocarbure vient se fixer la chaîne latérale.

Ce qui m'importait sourtout, c'était de déterminer cette place; et j'ai cru pouvoir y parvenir en remplaçant l'hydrogène d'abord par le brome et en soumettant l'hydrocarbure bromé à l'action simultanée du sodium et de l'anhydride carbonique. Le brome devait servir de point d'attaque aux affinités trop faibles de l'acide carbonique, il devait lui assigner, en outre, la place à occuper.

L'expérience a pleinement confirmé mes prévisions, et quoique je n'aie réalisé jusqu'ici que deux synthèses de ce genre, je crois néanmoins devoir les publier dès maintenant, en me réservant de compléter mes communications au fur et à mesure que j'avancerai dans mes expériences.

*Synthèse de l'acide benzoïque.* — Cette synthèse s'opère d'après l'équation suivante:

$$C_6 H_5 Br + Na_2 + C O_2 = C_6 H_5 \cdot C O_2 Na + Na Br.$$

On mélange la bromobenzine avec de l'éther parfaitement sec; on ajoute peu à peu du sodium et on fait arriver un courant d'acide carbonique. La réaction a lieu lentement et sans qu'on ait besoin de chauffer; elle produit au contraire une élévation de température. On peut l'accélérer en chauffant légèrement; il faut éviter cependant que la température ne monte trop, ce qui provoquerait une décomposition de la bromobenzine par le sodium seul, par laquelle il se formerait l'hydrocarbure que M. Fittig a décrit sous le nom *phényle* (phénylo-benzine).

J'ai dissous le produit de la réaction dans de l'eau et j'ai éliminé la partie insoluble dans ce liquide. Elle contient de la bromobenzine non attaquée, l'hydrocarbure phényle, et, on outre, des produits moins volatils, parmi lesquels je soupçonne la présence du benzoate de phényle et de la benzophénone. Je ne me suis pas arrêté jusqu'à présent à l'examen de ces produits secondaires; j'ai précipité la solution aqueuse par l'acide chlorhydrique et j'ai purifié l'acide benzoïque en le cristallisant à plusieurs reprises de l'eau bouillante.

L'acide benzoïque, ainsi préparé, cristallise sous forme de petites aiguilles, comme cet acide le fait chaque fois qu'il contient les moindres traces de substances huileuses (propriété qui a fait admettre, pendant quelque temps, l'existence de l'acide salylique, isomère de l'acide benzoïque); il se sublime facilement et se présente alors sous forme de ces aiguilles aplaties qui caractérisent l'acide benzoïque sublimé. Son odeur rappelle celle de l'acide benzoïque préparé de l'urine. Le point de fusion de l'acide sublimé a été trouvé à 120°; l'acide cristallisé de l'eau est entré en fusion à 119°. Je me suis assuré de plus, par l'analyse, que l'acide que j'avais sous main possédait la composition de l'acide benzoïque.

*Synthèse de l'acide toluique.* — J'ai opéré exactement, comme pour la synthèse de l'acide benzoïque, en remplaçant la bromobenzine par le toluol monobromé.

L'acide toluique, préparé d'après ce procédé, est moins soluble dans l'eau que l'acide benzoïque, une solution bouillante le dépose sous forme de petites aiguilles blanches. Il se dissout facilement dans l'alcool et l'éther. Il fond vers 175° et se sublime aisément sous forme de petits cristaux compactes et brillants. J'ai constaté, par l'analyse, qu'il possède réellement la composition de l'acide toluique.

N'ayant pas de l'acide toluique ordinaire à ma disposition, je n'ai pas pu le comparer à la substance que j'avais préparée par synthèse; je crois cependant pouvoir admettre que l'acide préparé par synthèse est identique avec l'acide toluique que l'on obtient par l'oxydation du cymol (méthyle-propyle-benzine) et que MM. Beilstein[1]) et Yssel de Schepper ont préparé tout récemment, en oxydant le xylol du goudron (di-méthyle-benzine). Le point de fusion de l'acide toluique n'a pas encore été déterminé, à ce que je sache, on indique seulement qu'il est supérieur à $100^0$. L'acide $\alpha$-toluique fond à $75^0,5$.

Je suis occupé de soumettre au même traitement le bromure de benzyle, isomère du toluol bromé; je compte obtenir ainsi l'acide $\alpha$-toluique. Le dérivé monobromé de la diméthyle-benzine (xylol du goudron) doit donner naissance à de l'acide xylylique, homologue de l'acide homocuminique (hydro-cinnamique), que je regarde comme de l'acide phényl-propionique. Une troisième modification de l'acide $\mathrm{C_9H_{10}O_2}$ doit pouvoir s'obtenir au moyen de l'éthyle-benzine, etc.

J'ai fait réagir, en outre, le sodium et l'anhydride carbonique sur la bibromobenzine; j'espère obtenir ainsi l'acide térephtalique:

$$\mathrm{C_6H_4Br_2 + 2Na_2 + 2CO_2 = C_6H_4} \begin{cases} \mathrm{CO_2Na} \\ \mathrm{CO_2Na} \end{cases} + 2NaBr$$

Ici la réaction pourrait se passer en deux phases, comme l'indiquent les équations suivantes:

1. $\quad \mathrm{C_6H_4Br_2 + Na_2 + CO_2}^2) = \mathrm{C_6H_4Br \cdot CO_2}^3)Na + NaBr$

2. $\quad \mathrm{C_6H_4Br \cdot CO_2Na + Na_2 + CO_2 = C_6H_4} \begin{cases} \mathrm{CO_2Na} \\ \mathrm{CO_2Na} \end{cases} + NaBr.$

La dernière de ces équations montre que des synthèse analogues pourraient avoir lieu pour les dérivés bromés des acides, ce que je me propose également d'examiner. J'ai l'intention, enfin, d'essayer de synthèses du même ordre, pour des matières appartenant au groupe des substances grasses.

## Note sur un nouvel acide aromatique préparé par voie de synthèse; par M. Aug. Kekulé, associé de l'Académie.

(Bull. Acad. Roy. Belg. [2] 20, 241—244 (Séance du 1er juillet 1865).

J'ai fait connaître dans une note publiée récemment une méthode générale qui permet de préparer, par voie de synthèse, les acides de la

---

1) Dort steht irrtümlich „Bilstein". (A.)

2) Dort fehlt „$\mathrm{CO_2}$". (A.)

3) Dort steht irrtümlich „$\mathrm{CONa}$". (A.)

série aromatique homologue de l'acide benzoïque. Elle consiste à faire réagir en présence du sodium l'anhydride carbonique sur les dérivés bromés de la benzine et de ses homologues. J'avais préparé de cette manière l'acide benzoïque et l'acide toluique. En poursuivant ces expériences, je suis arrivé à la préparation du troisième terme de cette série homologue, auquel je propose de donner le nom d'acide xylylique, pour rappeler les rapports qui le rattachent au xylol. Cet acide a pour formule $C_9 H_{10} O_2$, ou en formules rationnelles $C_6 H_3 (CH_3)_2 C O_2 H$: on pourrait donc l'appeler acide xylyl-formique, ou mieux encore, acide diméthyl-phényl-formique. Ses rapports avec l'acide benzoïque pourraient se résumer dans la dénomination d'acide diméthyl-benzoïque.

Le xylol, qui a servi à mes expériences, a été extrait d'un hydrocarbure provenant de la distillation du goudron de houille, et que je dois à l'obligeance de mon ami et collègue, M. Donny. Pour le purifier, j'ai employé la méthode recommandée par M. Beilstein, laquelle, tout en entraînant des pertes considérables, me paraît la seule qui donne un produit réellement pur.

Le xylol monobromé, qui n'a pas été décrit jusqu'à présent, s'obtient par l'action directe du brome sur le xylol. La réaction est aussi vive que pour le toluol: elle s'accomplit en peu de temps, avec dégagement de torrents d'acide bromhydrique. Il se produit, en outre, néanmoins des produits d'addition directe, qui se volatilisent en partie sans décomposition quand on distille le produit: il est donc nécessaire de distiller le produit brut sur de la potasse caustique en solution aqueuse, ou mieux encore en solution alcoolique.

Le xylol monobromé est un liquide tout à fait incolore: il bout à $207^\circ,5$ ses vapeurs irritent vivement les yeux et provoquent le larmoiement, comme le font d'ailleurs tous les dérivés bromés des hydrocarbures de la série aromatique.

La synthèse de l'acide xylylique a été effectuée en faisant passer un courant d'anhydride carbonique dans un mélange de sodium, de xylol monobromé et de toluol impur chauffé au bain marie. La masse saline ainsi obtenue contient le sel de soude du nouvel acide: en précipitant la solution aqueuse par l'acide chlorhydrique, on obtient l'acide xylylique, qui se purifie facilement par des cristallisations répétées de l'eau bouillante.

L'acide xylylique est insoluble dans l'eau froide: il se dissout dans l'eau bouillante, mais en quantité beaucoup moindre que l'acide toluique, son homologue. Il cristallise en longues aiguilles blanches, qui fondent à 122°, et qui se subliment déjà au-dessous de 100°.

Comme je l'ai fait voir dans une note précédente, la théorie fait concevoir l'existence possible de quatre acides isomères de la formule $C_9H_{10}O_2$. L'acide dont je viens d'indiquer la synthèse est celui que j'ai désigné sous le nom d'acide diméthyl-phényl-formique: il diffère par toutes ses propriétés d'un autre acide de la même composition, que MM. Erlenmeyer et Schmidt ont décrit sous le nom d'acide homocuminique (hydrocinnamique), et que je crois pouvoir appeler acide phényl-propionique. La synthèse de l'acide éthyl-phényl-formique est tout indiquée; elle m'occupe en ce moment. Quant à celle de l'acide méthyl-phényl-acétique, je me propose de la tenter dans la suite.

Je m'occupe également de l'étude des produits d'oxydation de l'acide xylylique. D'après la théorie on doit pouvoir obtenir successivement deux acides, qui présenteront avec lui les rapports suivants:

$$C_9H_{10}O_2 = C_6H_3 \begin{cases} CH_3 \\ CH_3 \\ CO_2H \end{cases} \textit{acide xylylique.}$$

$$C_9H_8O_4 = C_6H_3 \begin{cases} CH_3 \\ CO_2H \\ CO_2H \end{cases} \textit{acide homologue de l'acide phtalique.}$$

$$C_9H_6O_6 = C_6H_3 \begin{cases} CO_2H \\ CO_2H \\ CO_2H \end{cases} \textit{acide tricarbonique de la série aromatique.}$$

Ces trois acides doivent pouvoir s'obtenir encore par l'oxydation de la triméthyl-benzine, c'est-à-dire du cumol du goudron.

---

# Untersuchungen über aromatische Verbindungen;
## von Aug. Kekulé.
### (Hierzu Tafel II.)

A. 137, 129—196 (Heft II, ausgegeben den 8. Februar 1866).

# I. Ueber die Constitution der aromatischen Verbindungen.

Vor einiger Zeit habe ich, an einem anderen Ort [1]), eine auf die Atomigkeit der Elemente begründete Hypothese über die Constitution der

---

[1]) Société chimique de Paris. 27. Jan. 1865. (Bulletin de la soc. chim 1865, III, 98). — Vgl. S. 371. (A.)

aromatischen Verbindungen mitgetheilt. Seitdem haben sowohl eigene
Versuche, als Untersuchungen Anderer, diese Hypothese insoweit bestätigt, daß ihr jetzt eine gewisse Wahrscheinlichkeit wohl nicht mehr
abgesprochen werden kann, und ich halte es daher für geeignet, sie hier
nochmals ihrem Hauptinhalte nach zusammenzustellen. Es scheint mir
dieß außerdem noch deßhalb zweckmäßig, weil alle Versuche, die mich
in der letzten Zeit beschäftigt haben und von welchen ich einige in den
nachfolgenden Abschnitten mittheilen will, durch diese theoretischen Ansichten veranlaßt und zum Zweck der experimentellen Prüfung dieser
Ansichten ausgeführt worden sind.

　　Die Theorie der Atomigkeit der Elemente und ganz besonders die Erkenntniß des Kohlenstoffs als vieratomiges Element haben es in den letzten Jahren möglich gemacht, die atomistische Constitution sehr vieler
Kohlenstoffverbindungen, und namentlich aller derjenigen, die ich als
„Fettkörper" bezeichnet habe, in ziemlich befriedigender Weise zu erklären. Man hat es bis jetzt, so weit ich weiß, nicht versucht, dieselben
Ansichten auf die aromatischen Verbindungen anzuwenden. Ich hatte
zwar schon früher, als ich vor jetzt sieben Jahren meine Ansichten über
die vieratomige Natur des Kohlenstoffs ausführlicher entwickelte, in
einer Anmerkung[1]) angedeutet, daß ich mir schon damals eine Ansicht
über diesen Gegenstand gebildet hatte, aber ich hatte es nicht für geeignet gehalten, diese Ansicht ausführlicher zu entwickeln. Die meisten
Chemiker, die seitdem über theoretische Fragen geschrieben haben, lassen diesen Gegenstand unberührt; einige erklären geradezu, die Zusammensetzung der aromatischen Verbindungen könne nicht aus der
Theorie der Atomigkeit hergeleitet werden; andere nehmen die Existenz
einer, aus sechs Atomen Kohlenstoff gebildeten, sechsatomigen Gruppe
an, aber sie suchen weder von der Verbindungsweise dieser Kohlenstoffatome, noch von dem Umstand Rechenschaft zu geben, daß diese Gruppe
sechs einatomige Atome zu binden vermag[2]).

---

　　[1]) Diese Annalen CVI, 156 (1858).

　　[2]) Einzelne Chemiker scheinen der Ansicht zuzuneigen, das Benzol und die
mit ihm homologen Kohlenwasserstoffe leiteten sich aus den in die Klasse der
Fettkörper gehörigen Kohlenwasserstoffen durch einfachen Austritt von Wasserstoff und dadurch veranlaßtes Zusammenschieben der Kohlenstoffatome her. Ich
kann diese Ansicht nicht theilen; ich glaube vielmehr, daß ein Kohlenwasserstoff
von der Formel $C_6H_6$, der sich vielleicht aus $C_6H_{12}$ durch Wasserstoffentziehung
wird darstellen lassen, oder der vielleicht durch die unter Austritt von Wasserstoff
erfolgende Vereinigung von 2 Moleculen $C_3H_6$ oder $C_3H_4$ wird dargestellt werden

Ich will die Gründe hier nicht erörtern, die mich bisher davon ab-
hielten, meine Ansichten der Oeffentlichkeit zu übergeben; was mich
jetzt zur Veröffentlichung antreibt, ist der Umstand, daß sich in letzter
Zeit viele Chemiker der Untersuchung aromatischer Substanzen zugewandt haben. Vielleicht können meine Ansichten und die aus ihnen sich
herleitenden Consequenzen bei manchen Untersuchungen zweckmäßige
Fingerzeige abgeben; jedenfalls muß das Zusammenwirken Vieler bald
zeigen, ob sie thatsächlich begründet sind oder nicht, und ich setze die
Wissenschaft nicht mehr, wie dieß bei vorzeitiger Veröffentlichung hätte
der Fall sein können, der Gefahr aus, eine Hypothese in sie einzuführen,
die sich ihrer eleganten Form wegen vielleicht Eingang verschafft hätte
und die sich länger hätte erhalten können, als sie ihrem inneren Werth
nach verdient.

Man wird die im Folgenden gegebene Zusammenstellung jedenfalls
in mancher Beziehung unvollständig finden, ich glaube indeß, im Interesse des Lesers, mich darauf beschränken zu müssen, nur die Grundzüge
dieser Theorie hier mitzutheilen, und ich werde namentlich in Aufzählung von Beispielen möglichst kurz sein. Ich überlasse es also gerne
Anderen, diese Ansichten auf alle die Fälle anzuwenden, welche für sie
gerade specielles Interesse haben; aber ich darf mir wohl die Bemerkung
erlauben, daß ich, gelegentlich der Ausarbeitung des betreffenden Capi-
tels für mein Lehrbuch, diese Ansichten bereits auf alle aromatischen
Substanzen angewandt habe.

Wenn man sich von der atomistischen Constitution der aromatischen
Verbindungen Rechenschaft geben will, so muß man zunächst wesentlich
den folgenden Thatsachen Rechnung tragen:

können, mit dem Benzol nur isomer, aber nicht identisch sein wird. Ich will zwar
die Möglichkeit einer solchen Bildung aromatischer Kohlenwasserstoffe aus in die
Klasse der Fettkörper gehörigen Verbindungen nicht bestreiten, aber ich glaube,
es wird ein eigenthümliches Zusammentreffen von Umständen, oder eine ganz besonders scharfsinnig gewählte Reaction dazu nöthig sein, wenn gerade die Ver-
dichtung der Kohlenstoffatome hervorgebracht werden soll, welche die aromatischen
Verbindungen oder den ihnen gemeinsamen Kern characterisirt.

Ich erinnere hier daran, daß das mit dem Cumol isomere Mesitylen bei Oxydation keine aromatische Verbindung liefert, wie dieß die Versuche von F i t t i g
von Neuem bestätigt haben.

1) Alle aromatische Verbindungen, selbst die einfachsten, sind an Kohlenstoff verhältnißmäßig reicher, als analoge Verbindungen aus der Klasse der Fettkörper.

2) Unter den aromatischen Verbindungen giebt es, ebenso wie unter den Fettkörpern, zahlreiche homologe Substanzen; d. h. solche, deren Zusammensetzungsdifferenz ausgedrückt werden kann durch: $n \cdot CH_2$.

3) Die einfachsten aromatischen Verbindungen enthalten mindestens sechs Atome Kohlenstoff.

4) Alle Umwandlungsproducte aromatischer Substanzen zeigen eine gewisse Familienähnlichkeit, sie gehören sämmtlich der Gruppe der „aromatischen Verbindungen", an. Bei tiefer eingreifenden Reactionen wird zwar häufig ein Theil des Kohlenstoffs eliminirt, aber das Hauptproduct enthält mindestens sechs Atome Kohlenstoff (Benzol, Chinon, Chloranil, Carbolsäure, Oxyphensäure, Pikrinsäure u. s. w.). Die Zersetzung hält bei Bildung dieser Producte ein, wenn nicht vollständige Zerstörung der organischen Gruppe eintritt.

Diese Thatsachen berechtigen offenbar zu dem Schluß, daß in allen aromatischen Substanzen eine und dieselbe Atomgruppe, oder, wenn man will, ein gemeinschaftlicher Kern enthalten ist, der aus sechs Kohlenstoffatomen besteht. Innerhalb dieses Kerns sind die Kohlenstoffatome gewissermaßen in engerer Verbindung oder in dichterer Aneinanderlagerung. An diesen Kern können sich dann weitere Kohlenstoffatome anlagern, und zwar in derselben Weise und nach denselben Gesetzen, wie dieß bei den Fettkörpern der Fall ist.

Man muß sich also zunächst von der atomistischen Constitution dieses Kernes Rechenschaft geben. Dies gelingt nun sehr leicht durch folgende Hypothese, die sich in so einfacher Weise aus der jetzt allgemein angenommenen Ansicht, der Kohlenstoff sei vieratomig, herleitet, daß eine ausführlichere Entwickelung kaum nöthig ist.

Wenn sich mehrere Kohlenstoffatome mit einander verbinden, so kann dieß zunächst so geschehen, daß sich je *eine* Verwandtschaftseinheit des einen Atoms gegen *eine* Verwandtschaftseinheit des benachbarten Atoms bindet. So erklärt sich, wie ich früher gezeigt habe, die Homologie und überhaupt die Constitution aller Fettkörper.

Man kann nun weiter annehmen, daß sich mehrere Kohlenstoffatome so aneinanderreihen, daß sie sich stets durch je zwei Verwandtschaftseinheiten binden; man kann ferner annehmen, die Bindung erfolge *abwechselnd* durch je *eine* und durch je *zwei* Verwandtschaftseinheiten.

Die erste und die letzte der erwähnten Ansichten könnten etwa durch die folgenden Perioden ausgedrückt werden:

$$\begin{array}{cccc} {}^{1}/_{1}, & {}^{1}/_{1}, & {}^{1}/_{1}, & {}^{1}/_{1} \text{ u. s. w.} \\ {}^{1}/_{1}, & {}^{2}/_{2}, & {}^{1}/_{1}, & {}^{2}/_{2} \text{ u. s. w.} \end{array}$$

Das erste Symmetriegesetz der Aneinanderreihung der Kohlenstoffatome erklärt, wie eben erwähnt, die Constitution der Fettkörper; das zweite führt zur Erklärung der Constitution der aromatischen Substanzen, oder wenigstens des Kernes, der allen diesen Substanzen gemeinsam ist.

Nimmt man nämlich an: *sechs* Kohlenstoffatome seien nach diesem Symmetriegesetz aneinandergereiht, so erhält man eine Gruppe, die, wenn man sie als *offene Kette* betrachtet, noch *acht* nicht gesättigte Verwandtschaftseinheiten enthält (Tafel II, Fig. 1). Macht man dann die weitere Annahme, die zwei Kohlenstoffatome, welche die Kette schließen, seien untereinander durch je eine Verwandtschaftseinheit gebunden, so hat man eine *geschlossene Kette*[1]) (einen symmetrischen Ring), die noch *sechs* freie Verwandtschaftseinheiten enthält (Tafel II, Fig. 2)[2]).

Von dieser *geschlossenen Kette* nun leiten sich alle die Substanzen ab, die man gewöhnlich als „aromatische Verbindungen" bezeichnet. Die

---

[1]) In der Gruppe der Fettkörper könnte man die Kohlenwasserstoffe der Aethylenreihe als geschlossene Ketten betrachten. Es würde so verständlich, daß das Aethylen das Anfangsglied dieser Reihe ist und daß der Kohlenwasserstoff $CH_2$ (Methylen) nicht existirt; denn es läßt sich nicht verstehen, daß zwei Affinitäten, die demselben Kohlenstoffatom angehören, sich miteinander sollten verbinden können.

[2]) Um die hier entwickelten Ansichten verständlicher zu machen, als es durch Worte allein geschehen kann, habe ich für viele der hier erwähnten Substanzen „graphische Formeln" auf Tafel II zusammengestellt. Die Ideen, welche durch diese Formeln ausgedrückt werden sollen, sind jetzt so weit bekannt, daß ich sie nicht nochmals zu erörtern brauche. Ich habe dieselbe Form graphischer Formeln beibehalten, deren ich mich 1859 bediente, als ich zum erstenmal meine Ansichten über die atomistische Constitution der Molecule ausführlicher entwickelte. Diese Form ist mit kaum bemerkenswerthen Veränderungen von W u r t z angenommen worden (Leçons de philosophie chimique); sie scheint mir vor den neuerdings von L o s c h m i d t und von C r u m B r o w n vorgeschlagenen Modificationen gewisse Vorzüge darzubieten. Zum Verständniß der Tabelle muß ich nur bemerken, daß ich die geschlossene Kette $C_6A_6$ in horizontaler Linie, also offen, dargestellt habe; die an den Endaffinitäten gezeichneten Striche deuten die Verwandtschaftseinheiten an, welche in gegenseitiger Bindung anzunehmen sind. Die Punkte der Formeln 1, 2 und 31, 32 bezeichnen noch ungesättigte Verwandtschaftseinheiten.

*offene Kette* findet sich im Chinon, im Chloranil und den wenigen Substanzen, die zu beiden in naher Beziehung stehen. Ich lasse diese Körper hier ohne weitere Berücksichtigung; sie sind verhältnißmäßig leicht zu deuten. Man sieht, daß sie zu den aromatischen Substanzen in naher Beziehung stehen, daß sie aber doch nicht eigentlich der Gruppe der aromatischen Substanzen zugezählt werden können.

In allen aromatischen Substanzen kann also ein gemeinschaftlicher Kern angenommen werden; es ist dieß die geschlossene Kette: $C_6A_6$ (worin A eine nicht gesättigte Affinität oder Verwandtschaftseinheit bezeichnet).

Die sechs Verwandtschaftseinheiten dieses Kerns können durch sechs einatomige Elemente gesättigt werden. Sie können sich ferner, alle oder wenigstens zum Theil, durch je eine Affinität mehratomiger Elemente sättigen; diese letzteren müssen aber dann nothwendigerweise andere Atome mit in die Verbindung einführen, und so eine oder mehrere *Seitenketten* erzeugen, welche sich ihrerseits durch Anlagerung anderer Atome noch verlängern können.

Ein Sättigen zweier Verwandtschaftseinheiten des Kerns durch ein Atom eines zweiatomigen Elements, oder ein Sättigen dreier Verwandtschaftseinheiten durch ein Atom eines dreiatomigen Elements ist der Theorie nach nicht möglich. Verbindungen von der Molecularformel: $C_6H_4O$, $C_6H_4S$, $C_6H_3N$ sind also nicht denkbar; wenn Körper von dieser Zusammensetzung existiren, und wenn die Theorie richtig ist, so müssen die Formeln der beiden ersten verdoppelt, die der dritten verdreifacht werden [1]).

Die Constitution sämmtlicher aromatischen Substanzen ergiebt sich nun leicht, wenn man die verschiedenen Arten der Sättigung der sechs Verwandtschaftseinheiten des Kerns $C_6A_6$ näher ins Auge faßt.

---

[1]) Ich erinnere übrigens an die Verbindung: $C_6H_4O$, welche L i m p r i c h t neben Phenol bei trockener Destillation des Salicylsäureanhydrids erhielt. Die Molecularformel dieser Substanz ist offenbar:

$$C_{12}H_8O_2 = \left. \begin{matrix} C_6H_4 \\ C_6H_4 \end{matrix} \right\} OO.$$

Ihre Bildung erklärt sich wohl durch die Gleichung:
$$2\, C_{14}H_{10}O_5 = C_{12}H_8O_2 + 2\, C_6H_6O + 2\, CO_2 + 2\, CO.$$

## I. *Einatomige Elemente.*

Wenn die sechs Verwandtschaftseinheiten des Kerns durch Wasserstoff gesättigt sind, so hat man das Benzol. In ihm kann der Wasserstoff ganz oder theilweise durch Chlor, Brom oder Jod vertreten werden (Taf. II, Fig. 3, 4 u. 5).

Nimmt man vorläufig an, die sechs Wasserstoffatome des Benzols, oder die Plätze des Kerns $\mathrm{C_6A_6}$, welche im Benzol durch Wasserstoff eingenommen werden, seien gleichwerthig[1]) (eine Annahme, die im folgenden Abschnitt dieser Mittheilungen näher besprochen werden soll), so ist, der Theorie nach, für das Monochlorbenzol und für das Pentachlorbenzol nur *eine* Modification möglich; das Bi-, Tri- und Tetrachlorbenzol dagegen können in verschiedenen (in drei) isomeren Modificationen existiren.

In diesen Substitutionsproducten befindet sich das Chlor in sehr inniger Verbindung mit dem Kohlenstoff, es ist so zu sagen von Kohlenstoff umgeben; dieß erklärt die bemerkenswerthe Beständigkeit dieser Verbindungen, die durch neue, im zweiten Abschnitt dieser Mittheilungen besprochene Versuche über Jodbenzol nochmals bestätigt worden ist.

## II. *Zweiatomige Elemente.*

Wenn sich Sauerstoff (oder ein anderes zweiatomiges Element) an den Kohlenstoffkern $\mathrm{C_6}$ anlagert, so wird jedes Sauerstoffatom nur durch eine seiner beiden Verwandtschaftseinheiten gebunden, es muß also mindestens noch ein einatomiges Element, z. B. Wasserstoff, mit in die Verbindung einführen. Man hat so: (Tafel II, Fig. 6, 7 u. 8):

$$\mathrm{C_6H_5(\Theta H)} \qquad \mathrm{C_6H_4(\Theta H)_2} \qquad \mathrm{C_6H_3(\Theta H)_3}$$
$$\text{Phenol} \qquad\quad \text{Oxyphensäure} \qquad \text{Pyrogallussäure.}$$

Diese Substanzen können also als Substitutionsproducte des Benzols angesehen werden; als Benzol, in welchem Wasserstoff durch Hydroxyl ersetzt ist. Man könnte sie andererseits dem einfachen, verdoppelten und verdreifachten Wassertyp zurechnen und durch typische Formeln darstellen:

$$\left.\begin{array}{c}\mathrm{C_6H_5}\\ \mathrm{H}\end{array}\right\}\Theta \qquad \left.\begin{array}{c}\overset{''}{\mathrm{C}}_6\mathrm{H_4}\\ \mathrm{H_2}\end{array}\right\}\Theta_2 \qquad \left.\begin{array}{c}\overset{'''}{\mathrm{C}}_6\mathrm{H_3}\\ \mathrm{H_3}\end{array}\right\}\Theta_3$$

Man sieht indessen leicht, daß zwischen diesen Substanzen und den wahren Alkoholen aus der Klasse der Fettkörper genau derselbe Unterschied stattfinden muß, wie zwischen den Chlor- oder Bromsubstitutions-

---

[1]) Dieselbe Annahme ist der Einfachheit wegen bei allen folgenden Betrachtungen beibehalten.

producten des Benzols und den Chloriden oder Bromiden der Alkoholradicale[1]); und man kann sich kaum darüber wundern, daß die „Phenole" (und ihre Aetherarten) eine weit größere Beständigkeit zeigen, als
die wahren Alkohole.

Durch Einwirkung geeigneter Reagentien ($PCl_5$, $PBr_5$) kann die
Gruppe ΘH durch Chlor oder Brom ersetzt werden; aus dem Phenol erhält man Körper, welche bei typischer Betrachtung als Phenylchlorid
und Phenylbromid angesehen werden können; sie sind identisch mit den
aus Benzol durch Substitution entstehenden Derivaten: Monochlorbenzol
und Monobrombenzol.

Wie in dem Benzol selbst, so kann auch in seinem Hydroxylderivat,
dem Phenol, der direct an Kohlenstoff gebundene Wasserstoff durch
Chlor, Brom oder Jod vertreten werden. Diese Substitutionsproducte
zeigen noch bis zu einem gewissen Grade die für die Substitutionsproducte des Benzols characteristische Beständigkeit; das Monobromphenol
und das Monojodphenol können indeß, wie Dr. K ö r n e r[2]) gefunden
hat, in Oxyphensäure übergeführt werden[3]). Behandelt man die Brom-

---

[1]) Vgl. auch die Anmerkung [3]).

[2]) Vgl. Dr. K ö r n e r ' s Abhandlung in diesem Hefte der Annalen.

[3]) Die mehr oder weniger große Beständigkeit der chlor- oder bromhaltigen
Kohlenstoffverbindungen wird wesentlich, aber nicht ausschließlich, bedingt durch
die Stellung, welche das Chlor in Bezug auf die Kohlenstoffatome einnimmt. Ist
das Chlor nur indirect an Kohlenstoff gebunden, so ist die Verbindung ausnehmend
zersetzbar (essigsaures Chlor u. s. w.); steht es dagegen mit dem Kohlenstoff in
directer Verbindung, so ist die Substanz beständiger. Sie zeigt dann verhältnißmäßig leicht doppelte Zersetzung, wenn das Chlor durch eine die Kohlenstoffkette
abschließende Affinität gebunden wird, wie dieß in den wahren Chloriden der Fall
ist. Die Chloride der Alkoholradicale sind beständiger wie die der Säureradicale,
weil in den ersteren der Wasserstoff die Anziehung der dem Chlor benachbarten
Kohlenstoffatome unterstützt, während der Sauerstoff der Säureradicale diese Anziehung im Gegentheil abschwächt.

Befindet sich das Chlor so zu sagen im Inneren einer Kohlenstoffkette, also
unter dem Einfluß mehrerer Kohlenstoffatome (Substitutionsproducte), so gewinnt
die Verbindung an Beständigkeit, und diese Beständigkeit wird ungemein groß,
wenn sich das Chlor, wie dieß bei den Substitutionsproducten der aromatischen
Substanzen und namentlich des Benzols der Fall ist, in der Anziehungssphäre einer
verhältnißmäßig großen Anzahl von Kohlenstoffatomen befindet. Bei Substanzen
der Art muß sich aber der Einfluß etwa vorhandenen Sauerstoffs immer noch geltend machen, und daher kommt es wohl, daß das Monobromphenol und das Monojodphenol in Bedingungen zersetzt werden, unter welchen das Monobrombenzol
und das Monojodbenzol noch unverändert bleiben.

substitutionsproducte des Phenols mit Bromphosphor, so entstehen Bromsubstitutionsproducte des Benzols (Dr. K ö r n e r ; Dr. M a y e r) [1]).

## III. *Dreiatomige Elemente.*

Die Constitution der vom Benzol sich ableitenden Stickstoffbasen ist leicht verständlich. Jedes an den Kohlenstoffkern sich anlagernde Stickstoffatom wird nur durch eine seiner drei Verwandtschaftseinheiten gebunden, und muß also noch zwei Wasserstoffatome in die Verbindung einführen. Man hat (Tafel II, Fig. 9, 10 und 11):

| $C_6H_5(NH_2)$ | $C_6H_4(NH_2)_2$ | $C_6H_3(NH_2)_3$ |
|---|---|---|
| Amidobenzol | Diamidobenzol | Triamidobenzol. |
| (Anilin) | | |

Man sieht leicht, daß diese Basen zum Aethylamin und Aethylendiamin in ganz derselben Beziehung stehen, wie die Chlorsubstitutionsproducte des Benzols zu den Chloriden der Alkoholradicale; und es wäre daher den Analogieen vielleicht angemessener, diese Basen nicht dem Ammoniaktypus zuzuzählen, sondern sie vielmehr als Amidosubstitutionsderivate des Benzols zu betrachten, wie dieß G r i e ß schon vor längerer Zeit vorgeschlagen hat. Es ist hier nicht am Platz, die Vortheile dieser Auffassung näher zu entwickeln; ich will nur erwähnen, daß sie gewisse Eigenschaften des Anilins, die für das Aethylamin und verwandte Basen bis jetzt nicht beobachtet werden konnten, in verhältnißmäßig einfacher Weise deutet, wie ich dieß bei einer anderen Gelegenheit zeigen werde.

Die Nitroderivate des Benzols bieten der Erklärung eine gewisse Schwierigkeit. Man kann offenbar nicht annehmen, die Gruppe $NO_2$ sei durch eine dem Sauerstoff angehörige Verwandtschaft an den Kohlenstoff gebunden; die Umwandlung der Nitroderivate in Amidoderivate widersetzt sich dieser Auffassung. Wenn man nun außerdem nicht annehmen will, der Stickstoff sei fünfatomig, wie dieß zwar von vielen Chemikern in neuerer Zeit geschieht, wozu ich mich aber trotzdem (gestützt auf zahlreiche Argumente, die ich gelegentlich zusammenzustellen beabsichtige) bis jetzt nicht entschließen kann, so muß man sich außerdem noch von der Constitution der Gruppe $NO_2$ Rechenschaft geben. Ich mache mir davon folgende Vorstellung: wenn zwei Sauerstoffatome sich durch je eine Verwandtschaftseinheit mit dem dreiatomigen Stickstoff vereinigen, während die beiden noch übrigen Verwandtschaftseinheiten

---

[1]) Vgl. die Abhandlungen dieser Chemiker im vorliegenden Hefte der Annalen.

der zwei Sauerstoffatome sich unter einander binden, so entsteht eine
einäquivalente Gruppe, in welcher noch eine der drei Verwandtschaftseinheiten des dreiatomigen Stickstoffs ungesättigt ist[1]). Dieselbe Betrachtung kann natürlich auch auf einige unorganische Stickstoffver-
bindungen angewandt werden, und ich leugne nicht, sie scheint mir für
den Augenblick gewisse Vorzüge darzubieten.

IV. *Vieratomige Elemente.*

Diejenigen Benzolderivate, in welchen eine oder mehrere Verwandtschaftseinheiten des Kerns $\mathrm{C}_6$ durch Kohlenstoff gesättigt sind, verdienen eine ausführlichere Betrachtung.

1) *Homologe des Benzols.* — Jedes Kohlenstoffatom, welches sich an
den Kern $\mathrm{C}_6$ anlagert, bringt drei Wasserstoffatome mit in die Verbindung. Die so entstehenden Substanzen können als Methylderivate des
Benzols angesehen werden. Es sind dieß die schon seit lange aus dem
Steinkohlentheer oder aus anderen Producten der trockenen Destillation
abgeschiedenen Kohlenwasserstoffe: Toluol, Xylol und Cumol (Tafel II,
Fig. 12, 13, 14).

$$\begin{array}{lll}
\mathrm{C}_6\mathrm{H}_6 & = \mathrm{C}_6\mathrm{H}_6 & \text{Benzol} \\
\mathrm{C}_7\mathrm{H}_8 & = \mathrm{C}_6\mathrm{H}_5(\mathrm{CH}_3) & \text{Methylbenzol} = \text{Toluol} \\
\mathrm{C}_8\mathrm{H}_{10} & = \mathrm{C}_6\mathrm{H}_4(\mathrm{CH}_3)_2 & \text{Dimethylbenzol} = \text{Xylol} \\
\mathrm{C}_9\mathrm{H}_{12} & = \mathrm{C}_6\mathrm{H}_3(\mathrm{CH}_3)_3 & \text{Trimethylbenzol} = \text{Cumol} \\
\mathrm{C}_{10}\mathrm{H}_{14} & = \mathrm{C}_6\mathrm{H}_2(\mathrm{CH}_3)_4 & \text{Tetramethylbenzol.}
\end{array}$$

Die schönen Untersuchungen von F i t t i g lassen keinen Zweifel mehr
über die Constitution dieser Kohlenwasserstoffe.

Es ist einleuchtend, daß für diese Methylderivate des Benzols dieselben Betrachtungen gültig sind, die weiter oben für die Chlorsubstitutionsproducte mitgetheilt wurden. Der Theorie nach ist nur Ein Benzol
und nur Eine Modification des Methylbenzols möglich; für die drei folgenden Glieder dagegen sind je drei isomere Modificationen denkbar,
deren Verschiedenheit durch die relative Stellung der Seitenketten veranlaßt wird.

Eine zweite Categorie isomerer Modificationen ergiebt sich ebenfalls
aus der Theorie. Es kann vorkommen, daß die Seitenkette (Methyl) sich
verlängert, indem sich an das erste Kohlenstoffatom ein zweites oder
selbst mehrere anlagern. Hierher gehört z. B. das von F i t t i g und

---

[1]) Die graphischen Formeln auf Tafel II, Fig. 31 und 32 drücken diese Darstellung vielleicht noch deutlicher aus. In Fig. 32 sind durch Linien (—) diejenigen
Affinitäten angedeutet, die in gegenseitiger Bindung anzunehmen sind.

T o l l e n s [1]) synthetisch dargestellte Aethylbenzol; es ist isomer mit dem Dimethylbenzol (Xylol aus Steinkohlentheer):

$$\text{C}_8\text{H}_{10} = \text{C}_6\text{H}_5(\text{C}_2\text{H}_5) \qquad \text{Aethylbenzol (Tafel II. Fig. 15)}$$
$$\text{,,} \quad = \text{C}_6\text{H}_4(\text{CH}_3)_2 \qquad \text{Dimethylbenzol.}$$

Hierher gehören außerdem das Cumol aus Cuminsäure und das Cymol aus Römisch-Kümmelöl. Das erstere muß als Propylbenzol, das zweite als Propylmethylbenzol angesehen werden[2]); das erstere ist mit Trimethylbenzol, das zweite mit Tetramethylbenzol isomer:

---

[1]) A. **131**, 310 (1864). (A.)

[2]) Es ergiebt sich dieß wesentlich aus folgenden Betrachtungen. Das Cumol liefert bei Oxydation Benzoësäure, es enthält also wie diese nur eine Seitenkette (vgl. Nr. 8 Oxydationsproducte, S. 419); das Cymol erzeugt bei Einwirkung oxydirender Reagentien entweder Toluylsäure oder Terephtalsäure, es enthält also zwei Seitenketten. Berücksichtigt man dann weiter, daß es leicht aus Cuminaldehyd erhalten wird, und daß in diesem, wie in der Cuminsäure, schon des Zerfallens in Kohlensäure und Cumol wegen, zwei Seitenketten anzunehmen sind, von welchen die eine Propyl ist, so kommt man zu der Ansicht, daß Cymol sei Propylmethylbenzol.

Diese Ansicht findet eine weitere Stütze in den Siedepunkten, aus welchen wenigstens mit ziemlicher Sicherheit hervorgeht, daß die betreffenden beiden Kohlenwasserstoffe nicht polymethylirte Benzole sind. Für die Siedepunkte der mit dem Benzol in verschiedener Weise homologen Kohlenwasserstoffe scheint nämlich, so weit sich dieß nach den wenigen Bestimmungen, die für sicher gehalten werden können, beurtheilen läßt, ein eigenthümliches Gesetz stattzufinden, welches leicht durch folgende Tabelle verständlich wird:

| Geschlossene Kette | 1 Atom Wasserstoff ersetzt | 2 Atome Wasserstoff ersetzt | 3 Atome Wasserstoff ersetzt |
|---|---|---|---|
| $\text{C}_6\text{H}_6$ .... 82⁰ Benzol | $\text{C}_6\text{H}_5(\text{CH}_3)$  111⁰ Toluol | $\text{C}_6\text{H}_4(\text{CH}_3)_2$ ... 139⁰ Xylol | $\text{C}_6\text{H}_3(\text{CH}_3)_3$  166⁰ Cumol (aus Theer) |
| | $\text{C}_6\text{H}_5(\text{C}_2\text{H}_5)$  133⁰ Aethylbenzol (synth.) | $\text{C}_6\text{H}_4(\text{CH}_3)(\text{C}_2\text{H}_5)$  159⁰ Aethylmethylbenzol (synth.) | |
| | $\text{C}_6\text{H}_5(\text{C}_3\text{H}_7)$  154⁰ Cumol (aus Cuminsäure) | $\text{C}_6\text{H}_4(\text{CH}_3)(\text{C}_3\text{H}_7)$  177⁰ Cymol (aus Römisch-Kümmelöl) | |
| | $\text{C}_6\text{H}_5(\text{C}_5\text{H}_{11})$  195⁰ Amylbenzol (synth.) | | |

$$\mathrm{C_9H_{12}} = \mathrm{C_6H_5(C_3H_7)}$$    Propylbenzol (Cumol aus Cuminsäure)
„      $= \mathrm{C_6H_3(CH_3)_3}$    Trimethylbenzol (Cumol aus Theer)
$\mathrm{C_{10}H_{14}} = \mathrm{C_6H_4(C_3H_7)(CH_3)}$    Propylmethylbenzol (Cymol)
„      $= \mathrm{C_6H_2(CH_3)_4}$    Tetramethylbenzol.

Man sieht leicht, daß das Dimethylbenzol zum Aethylbenzol in ähnlicher Beziehung steht, wie das Dimethylamin zum Aethylamin, und man kann sich daher nicht darüber wundern, daß beide Körper selbst in ihren physikalischen Eigenschaften, z. B. den Siedepunkten, verschieden sind.

Man sieht außerdem, daß die Kohlenwasserstoffe der Reihe $\mathrm{C_nH_{2n-6}}$ [oder rationeller: $\mathrm{C_6H_{6-m}(C_nH_{2n+1})_m}$] in zweierlei Weise mit dem Benzol homolog sein können. Die Homologie kann entweder auf Vermehrung der Seitenketten, oder auf Verlängerung einer gleichbleibenden Anzahl von Seitenketten beruhen. Ob man nun aber die durch Vermehrung der Seitenketten oder die durch Verlängerung einer Seitenkette entstehenden Derivate als die „wahren" oder „eigentlichen" Homologe des Benzols bezeichnen soll, scheint mir eine müssige Frage; sicher scheint mir nur, daß in Bezug auf atomistische Constitution die durch Verlängerung einer Seitenkette entstehenden Kohlenwasserstoffe unter einander in derselben Beziehung stehen, wie diejenigen Substanzen aus der Klasse der Fettkörper, die man gewöhnlich als homolog bezeichnet [1]).

---

Diese Siedepunktsregelmäßigkeiten lassen sich, wenn sie anders durch weitere Versuche bestätigt werden, in folgender Weise ausdrücken:

1)  Jedes in das Benzol eintretende Methyl erhöht den Siedepunkt um etwa 28 bis 29⁰.

2)  Verlängerung der Seitenkette um $\mathrm{CH_2}$ bewirkt, wie bei vielen homologen Verbindungen aus der Klasse der Fettkörper, eine Siedepunktserhöhung von annähernd 19⁰.

[1]) Es mag gestattet sein hier ein paar Bemerkungen über die Isomerie der Alkohole und über die wahrscheinliche Constitution der verschiedenen Arten von Pseudoalkoholen anzuknüpfen, die in der letzten Zeit die Aufmerksamkeit der Chemiker in so hohem Grade in Anspruch genommen haben.

Für die normalen Alkohole kann man wohl kaum von der Existenz eines Alkoholradicales im anderen sprechen. Der Propylalkohol z. B. ist weder methylirter Aethylalkohol, noch äthylirter Methylalkohol, noch dimethylirter Methylalkohol. Die eine dieser Auffassungen hat genau eben so viel Berechtigung wie die andere, es ist eben der normale Alkohol von 3 Atom Kohlenstoff, d. h. Tritylalkohol.

Die Theorie der Atomigkeit deutet übrigens eine Categorie von Alkoholen an, deren Constitution durch die eben benutzten Namen ausgedrückt werden könnte; es sind dieß gerade die Pseudoalkohole, deren Existenz K o l b e ' s Scharfsinn schon vor längerer Zeit vorausgesehen hat. Die Verschiedenheit, die zwischen der

2) *Chlorsubstitutionsproducte* der mit dem Benzol homologen Kohlen-

---

Constitution dieser Pseudoalkohole und der der normalen Alkohole stattfindet, ist wohl aus Tafel II, Fig. 27 und 28 hinlänglich verständlich.

Mit diesen Pseudoalkoholen darf übrigens eine andere Categorie isomerer Alkohole nicht verwechselt werden; die nämlich, die bei Reduction der Acetone gebildet werden und die offenbar zu den Acetonen selbst in naher Beziehung stehen (Tafel II, Fig. 29, 30).

Von beiden Arten von Pseudoalkoholen sind außerdem die additionellen Alkohole von W u r t z zu unterscheiden. Sie gehören einer ganz anderen Gattung von Isomerie an. Ich betrachte sie, mit W u r t z , als Aneinanderlagerungen zweier Atomsysteme, die sich zwar zu einem complicirteren System vereinigen, aber dabei immer noch eine gewisse Individualität beibehalten; so, daß die Atome im complicirteren Molecul sich nicht in ihrer wahren Gleichgewichtslage befinden, wie dieß bei den normalen Alkoholen der Fall ist.

Ganz ähnliche Isomerieen sind natürlich auch für die fetten Säuren denkbar, und es gehören hierher offenbar jene Säuren, deren merkwürdige synthetische Bildung F r a n k l a n d und D u p p a vor Kurzem kennen gelehrt haben.

Die Isomerie der gewöhnlichen Alkohole mit den von K o l b e angedeuteten Pseudoalkoholen, für die man gewissermaßen eine Ineinanderschachtelung der Radicale annehmen kann, hat eine große Aehnlichkeit mit der Isomerie der höheren Homologen des Benzols. In der homologen Reihe der gewöhnlichen Alkohole verlängert sich die Hauptkette, bei den Pseudoalkoholen dagegen legen sich andere Alkoholradicale als Seitenketten an.

Daß auch in der Klasse der Fettkörper nicht nur der Kohlenstoff, sondern auch andere mehratomige Elemente, z. B. der Sauerstoff, solche Seitenketten zu erzeugen im Stande sind, zeigen einzelne schon jetzt bekannte Substanzen von ausnahmsweiser Constitution und ausnahmsweisem Verhalten. Hierher gehört z. B. der dreibasische Ameisensäureäther. Die ihm entsprechende, in isolirtem Zustand unbekannte Säure hat die Zusammensetzung des Methylglycerins, aber sie ist nicht mit dem Glycerin wahrhaft homolog; ein dreiatomiger Alkohol von 1 At. Kohlenstoff ist nicht möglich. Man muß in ihr zwei Seitenketten von der Zusammensetzung $\Theta H$ annehmen, und man könnte sie als ein Hydroxylderivat des Methylalkohols ansehen:

$$\left.\begin{array}{c}\Theta H_3\\H\end{array}\right\}\Theta \qquad\qquad \left.\begin{array}{c}\Theta H(\Theta H)_2\\H\end{array}\right\}\Theta$$

Methylalkohol             Dreibasische Ameisensäure.

Die folgenden Formeln drücken vielleicht in klarer Weise diese Beziehungen aus, die übrigens noch deutlicher bei graphischen Formeln hervortreten:

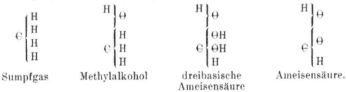

Sumpfgas          Methylalkohol          dreibasische          Ameisensäure.
                                        Ameisensäure

wasserstoffe [1]). Wenn man die Umwandlungen der aromatischen Substanzen von allgemeinem Gesichtspunkt aus zusammenfaßt, so kommt
man zu dem Schluß; daß bei allen Körpern, welche kohlenstoffhaltige
Seitenketten enthalten, die meisten Metamorphosen vorzugsweise in diesen Seitenketten stattfinden. Nur die Substitutionen finden häufig in
der Hauptkette statt, und die Nitrosubstitutionen scheinen sogar vorzugsweise in diesem Kern zu erfolgen.

Ich begnüge mich hier mit wenigen Bemerkungen über die Chlor-
derivate, und ich wähle als Beispiel die chlorhaltigen Abkömmlinge des
Toluols.

Für das einfach-gechlorte Toluol zeigt die Theorie leicht die Existenz von zwei isomeren Modificationen. Man kann einerseits annehmen, das Chlor sei direct an den Kohlenstoff des Kerns $C_6$ gebunden;
man kann sich andererseits denken, es stehe mit dem Kohlenstoff der
Seitenkette (Methyl) in directer Verbindung. Im ersten Fall hätte man
eine Substanz, welche nothwendig die characteristische Beständigkeit
zeigen muß, die sich bei den Chlorsubstitutionsproducten des Benzols
findet; die zweite Annahme dagegen führt zu einer Substanz, welche ihr
Chlor mit derselben Leichtigkeit auszutauschen im Stande sein muß, wie
dieß die Chloride der gewöhnlichen Alkoholradicale thun. Man begreift
also die Existenz zweier Körper von der Zusammensetzung $C_7H_7Cl$. Der
eine ist das Monochlortoluol; es ist beständig wie das Monochlorbenzol;
die andere isomere Modification zeigt leicht doppelten Austausch, genau
wie das Methylchlorid:

$$C_6H_4Cl(CH_3) \qquad\qquad C_6H_5(CH_2Cl)$$

Chlortoluol                Benzylchlorid.

Die letztere Modification muß sich natürlich bei geeigneten Metamorphosen des Benzylalkohols erzeugen; sie kann möglicherweise auch
durch Einwirkung von Chlor auf Toluol entstehen. Die erste beständige
Modification kann ebenfalls durch substituirende Einwirkung von Chlor
auf Toluol gebildet werden; sie wird sich außerdem aus Cressol durch
Behandlung mit Phosphorsuperchlorid darstellen lassen.

---

Auch der von C a r i u s vor Kurzem beschriebene Propylphycit gehört offenbar in dieselbe Categorie von Verbindungen.

[1]) Ich gebe dieses Kapitel genau in derselben Form, in der ich es früher veröffentlichte. Die im vierten Abschnitt dieser Mittheilungen beschriebenen Versuche
zeigen, in wie weit sich diese Betrachtungen, die lange vor Anstellung jener Versuche ausgesprochen waren, bestätigt haben.

Das Benzylchlorid muß sich, weil es das Chlor in der Seitenkette enthält, wie phenylirtes Methylchlorid verhalten, und es erzeugt in der That bei Einwirkung von Ammoniak drei Basen, von welchen die erste, das Benzylamin, isomer ist mit dem Toluidin. Die Isomerie dieser beiden Basen ist leicht verständlich: in dem Toluidin (Amidotoluol, Methylamidobenzol) befindet sich der Stickstoff in directer Verbindung mit dem Kohlenstoff des Kerns; im Benzylamin (Phenylmethylamin) dagegen steht er mit dem Kohlenstoff der Seitenkette in Verbindung.

Ich will noch erwähnen, daß die Theorie außerdem noch die Existenz anderer isomerer Modificationen des einfach-gechlorten Toluols andeutet (das Chlor kann entweder in der Seitenkette an anderer Stelle, oder es kann in Bezug auf die Seitenkette anders gestellt sein). Ich muß außerdem beifügen, daß die beiden erwähnten Modificationen des einfach-gechlorten Toluols, wie überhaupt alle ähnliche Körper, während der Reaction eine Umlagerung der Atome innerhalb des Moleculs erleiden können, so daß sich also eine gegebene Substanz in gewissen Reactionsbedingungen genau so verhalten kann, wie es ein mit ihr isomerer Körper thun würde.

3) *Homologe des Phenols u. s. w.* — Es ist kaum nöthig diese Homologieen hier näher zu erörtern, sie sind genau derselben Ordnung wie die Homologieen der Kohlenwasserstoffe $C_nH_{2n-6}$. Das Cressol z. B. steht zum Phenol genau in derselben Beziehung wie das Toluol zum Benzol; es ist Methylphenol:

| | | | |
|---|---|---|---|
| $C_6H_6$ | Benzol; | $C_6H_5(OH)$ | Phenol |
| $C_6H_5(CH_3)$ | Methylbenzol (Toluol; | $C_6H_4(CH_3)(OH)$ | Methylphenol (Cressol). |

Für das nächstfolgende Glied aus der homologen Reihe der Phenole sind verschiedene Modificationen möglich. Die Theorie deutet die Existenz eines Aethylphenols und eines mit ihm isomeren Dimethylphenols an:

$$C_6H_4(C_2H_5)(OH) \qquad\qquad C_6H_3(CH_3)_2(OH);$$

für beide sind außerdem (wie für das Methylphenol selbst) noch weitere Isomerieen denkbar, deren Verschiedenheit durch die relative Stellung der Seitenketten veranlaßt wird.

Daß auch für die Oxyphensäure homologe Substanzen denkbar sind, bedarf kaum der Erwähnung. Das Kreosot, das Guajacol u. s. w. haben offenbar eine ähnliche Constitution. Die Verschiedenheit des Cressols und des mit ihm isomeren Benzylalkohols wird aus den nachfolgenden Betrachtungen leicht verständlich.

4) *Benzoëgruppe.* — Die Benzyl- und die Benzoylverbindungen stehen zum Toluol in naher Beziehung; sie enthalten wie dieses ein Atom Kohlenstoff, welches sich als Seitenkette an den Kern $\Theta_6$ angelagert hat; aber während die drei Verwandtschaftseinheiten dieses Kohlenstoffatoms im Toluol durch Wasserstoff gesättigt sind, werden sie in den Benzyl- und Benzoylverbindungen ganz oder theilweise durch andere Elemente gebunden. In den Benzylverbindungen sind noch zwei dieser Affinitäten an Wasserstoff gebunden, in den Benzoylverbindungen sind diese Wasserstoffatome durch Sauerstoff ersetzt. Man hat (Tafel II, Fig. 18, 19, 20):

| | |
|---|---|
| $\Theta_6H_5 \cdot \Theta H_3$ | Toluol |
| $\Theta_6H_5 \cdot \Theta H_2Cl$ | Benzylchlorid |
| $\Theta_6H_5 \cdot \Theta H_2\Theta H$ | Benzylalkohol |
| $\Theta_6H_5 \cdot \Theta\Theta H$ | Benzoylhydrür |
| $\Theta_6H_5 \cdot \Theta\Theta Cl$ | Benzoylchlorid |
| $\Theta_6H_5 \cdot \Theta\Theta\Theta H$ | Benzoësäure. |

Man sieht jetzt leicht, warum das Cressol und der Benzylalkohol verschieden sind; im ersteren ist die Gruppe $\Theta H$ an die Hauptkette angelagert und die Verbindung hat also zwei Seitenketten: $\Theta H$ und $\Theta H_3$; der Benzylalkohol dagegen hat nur eine Seitenkette und die Gruppe $\Theta H$ befindet sich in dieser. Daß alle Benzyl- und Benzoylverbindungen leicht doppelten Austausch zeigen, ist ebenfalls leicht verständlich; die Umwandlungen erfolgen stets in der Seitenkette, die der Natur der Sache nach genau dasselbe Verhalten zeigt, wie die Methyl- und die Formylverbindungen.

Ich darf nicht unerwähnt lassen, daß, der Theorie nach, eine mit der Benzoësäure homologe Säure, die weniger als 7 At. Kohlenstoff enthält, nicht denkbar ist [1]).

5) *Oxybenzoësäure u. s. w.* — An die Benzoësäure schließen sich drei Säuren an, die sich von ihr nur durch den Mehrgehalt von 1, 2 oder

---

[1]) Es ist bekannt, daß F r ö h d e [2]) und C h u r c h [3]) eine Säure von dieser Zusammensetzung dargestellt zu haben glaubten, und man erinnert sich außerdem einer Angabe von D e l a R u e und M ü l l e r [4]) über denselben Gegenstand. Ich bekenne, und ich denke, daß viele Fachgenossen derselben Ansicht sind, daß ich nicht recht an die Existenz dieser Säure glaube, daß ich vielmehr geneigt bin, die untersuchten Producte für unreine Benzoësäure zu halten.

[2]) J. pr. Ch. **79**, 303 [1860]; **80**, 344 (1860). (A.)

[3]) A. **120**, 336 (1861). (A.)

[4]) A. **120**, 339 [1861]. (A.)

3 Sauerstoffatomen unterscheiden. Sie müssen offenbar als Benzoësäure betrachtet werden, in welcher 1, 2 oder 3 Wasserstoffatome des Kerns durch die Gruppe $\Theta$H ersetzt sind, und sie stehen demnach zur Benzoësäure genau in derselben Beziehung wie das Phenol, die Oxyphensäure und die Pyrogallussäure zum Benzol. Diese drei Säuren sind: Oxybenzoësäure, Protocatechusäure und Gallussäure (Taf. II, Fig. 21, 22, 23):

| | | | |
|---|---|---|---|
| Benzoësäure | $C_6H_5 \cdot C\Theta_2H$ | $C_6H_5 \cdot H$ | Benzol |
| Oxybenzoësäure | $C_6H_4 \cdot \Theta H \cdot C\Theta_2H$ | $C_6H_5 \cdot \Theta H$ | Phenol |
| Protocatechusäure | $C_6H_3 \cdot (\Theta H)_2 \cdot C\Theta_2H$ | $C_6H_4 \cdot (\Theta H)_2$ | Oxyphensäure |
| Gallussäure | $C_6H_2 \cdot (\Theta H)_3 \cdot C\Theta_2H$ | $C_6H_3 \cdot (\Theta H)_3$ | Pyrogallussäure. |

Die Zersetzung der in der ersten Reihe zusammengestellten Säuren unter Bildung von Substanzen der zweiten Reihe ist leicht verständlich: die Seitenkette $C\Theta_2H$ löst sich unter Freiwerden von Kohlensäureanhydrid los; das Product enthält an ihrer Stelle Wasserstoff.

Für die oben als Oxybenzoësäure bezeichnete Säure kennt man drei isomere Modificationen: die Oxybenzoësäure, die Paraoxybenzoësäure und die Salicylsäure. Die Ursache der Verschiedenheit dieser drei Substanzen liegt offenbar in der Verschiedenheit der Stellung, welche die Gruppe $\Theta$H in Bezug auf die Gruppe $C\Theta_2H$ einnimmt. Man könnte sie etwa durch die folgenden Formeln ausdrücken:

$$C_6H_4 \cdot \Theta H \cdot C\Theta_2H$$
$$C_6H_3 \cdot \Theta H \cdot H \cdot C\Theta_2H$$
$$C_6H_2 \cdot \Theta H \cdot H_2 \cdot C\Theta_2H.$$

Jeder dieser drei Säuren entsprechen schon jetzt Chlor- oder Nitro-substitutionsproducte der Benzoësäure u. s. w., z. B. die folgenden:

| Oxybenzoësäure | Paraoxybenzoësäure | Salicylsäure. |
|---|---|---|
| Chlorbenzoësäure | Chlordracylsäure | Chlorsalylsäure. |
| Nitrobenzoësäure | Paranitrobenzoësäure. | |
| u. s. w. | | |

6) *Homologe der Benzoësäure.* — Für die mit der Benzoësäure homologen Säuren können geradezu die Betrachtungen benutzt werden, die oben für die Homologe des Phenols (Nr. 3) und für die Homologe des Benzols (Nr. 1) mitgetheilt wurden. Die Homologie kann entweder dadurch veranlaßt werden, daß sich die Anzahl der Seitenketten vermehrt, oder dadurch, daß bei gleichbleibender Anzahl sich eine der Seitenketten verlängert. Vorkommende Fälle von Isomerie erklären sich leicht; ich begnüge mich hier mit einigen Bemerkungen über die beiden Toluylsäuren.

Die Toluylsäure steht zum Toluol in derselben Beziehung wie die Benzoësäure zum Benzol; sie enthält also zwei Seitenketten: $CH_3$ und $CO_2H$. Die Alphatoluolsäure dagegen enthält eine verlängerte Seitenkette; die Gruppe $CO_2H$ hat sich an den Kohlenstoff der Seitenkette $CH_3$ angelagert:

$$[C_6H_4 \cdot CH_3] \cdot CO_2H \qquad\qquad [C_6H_5] \cdot CH_2 \cdot CO_2H$$

Toluylsäure (Tafel II, Fig. 24)          Alphatoluylsäure (Taf. II, Fig. 25).

Man könnte die Toluylsäure als Methylphenylameisensäure, die Alphatoluylsäure dagegen als Phenylessigsäure bezeichnen. Daß die Cuminsäure als Propylphenylameisensäure angesehen werden kann, wurde oben schon erwähnt; von anderen homologen Säuren wird im dritten Abschnitt dieser Mittheilungen noch specieller die Rede sein, und ich will hier nur noch die Formeln der bis jetzt bekannten Säuren dieser Reihe zusammenstellen:

empirisch    rationell

| empirisch | rationell | | |
|---|---|---|---|
| $C_7H_6O_2$ | $[C_6H_5] \cdot CO_2H$ | Phenylameisensäure | = Benzoësäure |
| $C_8H_8O_2$ | $[C_6H_4(CH_3)] \cdot CO_2H$ | Methylphenylameisensäure | = Toluylsäure |
| „ | $[C_6H_5] \cdot CH_2 \cdot CO_2H$ | Phenylessigsäure | = $\alpha$ Toluylsäure |
| $C_9H_{10}O_2$ | $[C_6H_3(CH_3)_2] \cdot CO_2H$ | Dimethylphenylameisensäure | = Xylylsäure |
| „ | $[C_6H_5] \cdot C_2H_4 \cdot CO_2H$ | Phenylpropionsäure | = Hydrozimmtsäure Homotoluylsäure |
| $C_{10}H_{12}O_2$ | $[C_6H_4(C_3H_7)] \cdot CO_2H$ | Propylphenylameisensäure | = Cuminsäure |
| $C_{12}H_{14}O_2$ | $[C_6H_4(C_3H_7)] \cdot CH_2 \cdot CO_2H$ | Propylphenylessigsäure | = Homocuminsäure. |

Ich will noch erwähnen, daß die Alphatoluylsäure mit der Benzoësäure in demselben Sinn homolog ist, wie die Essigsäure mit der Ameisensäure. Die Homologie der Toluylsäure und der Benzoësäure ist anderer Ordnung; beide Substanzen sind homolog wie Toluol und Benzol.

7) *Phtalsäure, Terephtalsäure u. s. w.* — Die Benzoësäure kann, wie erwähnt, als Benzol angesehen werden, in welchem 1 At. H durch die Seitenkette $CO_2H$ vertreten ist; denkt man sich nun, daß dieselbe Seitenkette zweimal in den Kern $C_6$ eintritt, so hat man die Formel der Phtalsäure und der mit ihr isomeren Terephtalsäure (deren Isomerie sich offenbar wieder durch die Verschiedenheit der relativen Stellung der beiden Seitenketten erklärt). Die Phtalsäure liefert, genau wie die Benzoësäure (vgl. Nr. 5), Benzol, und in geeigneten Bedingungen läßt sich die Zersetzung auf selbem Weg bei der Bildung der Benzoësäure einhalten:

$$C_6H_4\begin{cases} CO_2H \\ CO_2H \end{cases} \qquad C_6H_4\begin{cases} CO_2H \\ H \end{cases} \qquad C_6H_4\begin{cases} H \\ H \end{cases}$$

Phtalsäure (Taf. II, Fig. 26)          Benzoësäure          Benzol.

Die Theorie zeigt, daß eine mit der Phtalsäure homologe Säure, die weniger als acht Atome Kohlenstoff enthält, nicht möglich ist; dagegen deutet sie die Existenz von mit der Phtalsäure homologen Säuren von höherem Kohlenstoffgehalt an, und ferner die Existenz einer vom Benzol sich ableitenden Tricarbonsäure u. s. w.:

$$C_6H_3(CH_3)\begin{cases}CO_2H\\CO_2H\end{cases} \qquad C_6H_3\begin{cases}CO_2H\\CO_2H\\CO_2H\end{cases}$$

unbekannt (homolog mit Phtalsäure)     unbekannt (Tricarbonsäure).

8) *Oxydationsproducte* der aromatischen Substanzen. — Es wurde oben schon erwähnt, daß bei vielen Metamorphosen der aromatischen Substanzen nur die Seitenkette, oder die Seitenketten, wenn deren mehrere vorhanden sind, Veränderung erleidet, und daß der Kern unangegriffen bleibt. Die Oxydationsproducte sind in dieser Hinsicht besonders interessant.

Man kann im Allgemeinen sagen, daß die an den Kern $C_6$ als Seitenketten angelagerten Alkoholradicale (Methyl, Aethyl u. s. w.) bei hinlänglich energischer Oxydation in die Gruppe $CO_2H$ umgewandelt werden. Die Oxydationsproducte enthalten also stets eben so viel Seitenketten, wie die Körper, aus welchen sie erzeugt werden.

Aus dem Methylbenzol (Toluol) und dem von Fittig synthetisch dargestellten Aethylbenzol, die beide Eine Seitenkette enthalten, entsteht bei Oxydation Benzoësäure, in welcher die Seitenkette $CO_2H$ ebenfalls nur einmal vorhanden ist. Da das Cumol aus Cuminsäure ebenfalls Benzoësäure liefert, so kann geschlossen werden, daß es nur Eine Seitenkette enthält; es ist demnach als Propylbenzol zu betrachten:

| | | | | |
|---|---|---|---|---|
| Methylbenzol | $C_6H_5 \cdot CH_3$ | giebt $C_6H_5 \cdot CO_2H$ Benzoësäure. |
| Aethylbenzol | $C_6H_5 \cdot C_2H_5$ | „ | „ | „ |
| Propylbenzol | $C_6H_5 \cdot C_3H_7$ | „ | „ | „ |

Das Dimethylbenzol (Xylol), in welchem die Seitenkette $CH_3$ zweimal vorhanden ist, erzeugt bei Oxydation Terephtalsäure, welche ebenfalls die Kette $CO_2H$ zweimal enthält. Auch das Aethylmethylbenzol liefert Terephtalsäure; dieselbe Säure entsteht ferner aus dem Cymol des Römisch-Kamillenöls, und es müssen also in diesen zwei Seitenketten angenommen werden (von welchen der Bildung des Cumols aus Cuminsäure wegen (Nr. 1, Anmerk.) die eine Propyl ist):

27*

Dimethylbenzol $\quad C_6H_4 \begin{cases} CH_3 \\ CH_3 \end{cases}$ giebt $C_6H_4 \begin{cases} CO_2H \\ CO_2H \end{cases}$ Terephtalsäure.

Aethylmethylbenzol $\quad C_6H_4 \begin{cases} C_2H_5 \\ CH_3 \end{cases}$ „ „ „

Propylmethylbenzol $\quad C_6H_4 \begin{cases} C_3H_7 \\ CH_3 \end{cases}$ „ „ „

Bei gemäßigteren Reactionen gelingt es bei denjenigen Abkömmlingen des Benzols, welche zwei oder mehr Alkoholradicale enthalten, die Oxydation bei Bildung von Zwischengliedern einzuhalten; es wird nämlich zunächst nur ein Alkoholradical oxydirt, während das andere unverändert bleibt. So liefert das Dimethylbenzol (Xylol) Toluylsäure und dieselbe Säure entsteht auch aus Cymol (Propylmethylbenzol); sie muß außerdem bei Oxydation des synthetisch dargestellten Aethylmethylbenzols gebildet werden.

Dimethylbenzol $\quad C_6H_4 \begin{cases} CH_3 \\ CH_3 \end{cases}$ giebt $C_6H_4 \begin{cases} CH_3 \\ CO_2H \end{cases}$ Toluylsäure.

Propylmethylbenzol $\quad C_6H_4 \begin{cases} CH_3 \\ C_3H_7 \end{cases}$ „ „ „

Bei stärkerer Oxydation wird dann die Toluylsäure in Terephtalsäure umgewandelt, denn auf die Homologen der Benzoësäure ist dasselbe Gesetz der Oxydation anwendbar.

Die Länge der Seitenketten scheint bei diesen Oxydationen von keinem Einfluß zu sein; bei allen bis jetzt bekannten Oxydationen wenigstens wird die Seitenkette, wenn sie mehr als 1 Atom Kohlenstoff enthält, so weit zerstört, daß nur ein Kohlenstoffatom als $CO_2H$ übrig bleibt: z. B.:

Cumol (Propylbenzol) . . . . $C_6H_5 . C_3H_7$ giebt $C_6H_5 . CO_2H$ Benzoësäure

Cuminsäure (Propylbenzoësäure) $C_6H_4 \begin{cases} C_3H_7 \\ CO_2H \end{cases}$ „ $C_6H_4 \begin{cases} CO_2H \\ CO_2H \end{cases}$ Terephtalsäure.

Es wäre indessen nicht unmöglich, daß bei sehr gemäßigter Oxydation eine aus mehreren Kohlenstoffatomen gebildete Seitenkette nur verhältnißmäßig wenig und ohne Zerstörung oxydirt werden könnte. Vielleicht gelingt es z. B., aus dem Aethylbenzol eine mit der Toluylsäure isomere Säure darzustellen:

Aethylbenzol $C_6H_5 . C_2H_5$ giebt $C_6H_5 . [CH_2 . CO_2H]$ Phenylessigsäure.

Vielleicht widersetzt sich indessen solchen Oxydationen die leichte Zerstörbarkeit solcher sauerstoffhaltigen Seitenketten; man weiß in der That, daß die Alphatoluylsäure, die gerade als die eben erwähnte Phenylessigsäure angesehen werden muß, bei Oxydation mit Leichtigkeit Benzoësäure liefert:

Phenylessigsäure $C_6H_5 . [CH_2 . CO_2H]$ giebt $C_6H_5 . CO_2H$ Benzoësäure.

Das eben erwähnte Oxydationsgesetz kann übersichtlich in folgender Tabelle ausgedrückt werden, aus welcher sich zugleich ergiebt, daß das Trimethylbenzol bei der Oxydation drei neue Säuren erzeugen muß, u. s. w. (vgl. Xylylsäure im dritten Abschnitt dieser Mittheilungen):

| Kohlenwasser-stoffe | Säuren | | |
|---|---|---|---|
| | Monocarbon-säuren (einbasisch) | Dicarbonsäuren (zweibasisch) | Tricarbon-säuren (dreibasisch) |
| $C_6H_6$ Benzol | — | — | — |
| $C_6H_5 . CH_3$ Methylbenzol | $C_6H_5 . CO_2H$ Benzoësäure | — | — |
| $C_6H_4 \begin{cases} CH_3 \\ CH_3 \end{cases}$ Dimethylbenzol | $C_6H_4 \begin{cases} CH_3 \\ CO_2H \end{cases}$ Toluylsäure | $C_6H_4 \begin{cases} CO_2H \\ CO_2H \end{cases}$ Terephtalsäure | — |
| $C_6H_3 \begin{cases} CH_3 \\ CH_3 \\ CH_3 \end{cases}$ Trimethylbenzol | $C_6H_3 \begin{cases} CH_3 \\ CH_3 \\ CO_2H \end{cases}$ Xylilsäure | $C_6H_3 \begin{cases} CH_3 \\ CO_2H \\ CO_2H \end{cases}$ unbekannt | $C_6H_3 \begin{cases} CO_2H \\ CO_2H \\ CO_2H \end{cases}$ unbekannt |
| u. s. w. | u. s. w. | u. s. w. | u. s. w. | u. s. w. |

Ich breche hier ab, um diese Betrachtungen nicht allzuweit fortzu-setzen. Die mitgetheilten Beispiele genügen, wie ich hoffe, um die Grund-ideen meiner Ansicht verständlich zu machen, und ich denke es wird Niemand schwer sein, die gegebenen Principien auch auf andere aroma-tische Substanzen anzuwenden. Vielleicht ist man mit mir der Ansicht, daß diese Ideen von den Metamorphosen der aromatischen Verbindun-gen und von den zahlreichen Isomerieen, die man gerade in dieser Kör-pergruppe beobachtet hat, in verhältnißmäßig einfacher Weise Rechen-schaft geben: vielleicht macht es die Anwendung dieser Principien mög-lich, neue Metamorphosen und neue Isomerieen vorauszusehen.

Möge es mir schließlich gestattet sein, einige Bemerkungen anzuknüpfen über die rationellen Formeln, durch welche man die aromatischen Substanzen darstellen, und über die rationellen Namen, mit welchen man sie bezeichnen könnte.

Es kann gewiß nicht geleugnet werden, daß viele aromatische Substanzen mit entsprechenden Verbindungen aus der Klasse der Fettkörper eine ungemeine Analogie zeigen, aber man kann andererseits kaum
übersehen, daß sie in vieler Hinsicht von diesen Verbindungen beträchtlich abweichen. Seither hat man wesentlich auf diese Analogieen Gewicht gelegt, und man hat in Formeln und in Namen einzig diese Analogieen hervorzuheben sich bemüht. Die Theorie, die ich im Vorstehenden
entwickelt habe, legt mehr Gewicht auf die Verschiedenheiten, aber sie
vernachlässigt dabei in keiner Weise die wirklich festgestellten Analogieen, sie schließt dieselben vielmehr als nothwendige Consequenz in
das Princip mit ein.

Vielleicht wäre es zweckmäßig, dieselben Principien auch auf die
Schreibweise der Formeln anzuwenden und sie auch dann in Anwendung
zu bringen, wenn es sich um Schaffen neuer Namen handelt.

Bei der Schreibweise der Formeln könnte man alle diejenigen Modificationen, die in der Hauptkette vor sich gehen, als *Substitution* darstellen; man könnte sich des Princips der *typischen* Schreibweise für alle
diejenigen Metamorphosen bedienen, bei welchen eine kohlenstoffhaltige Seitenkette Veränderung erleidet. Diese Grundsätze habe ich im
Vorhergehenden für einzelne Formeln beispielsweise in Anwendung zu
bringen mich bemüht; aber ich habe dabei (wie ich dieß schon öfter und
schon seit lange gethan) jene Dreiecksform der typischen Formeln unterdrückt, die wesentlich von G e r h a r d t in die Wissenschaft eingeführt
und von den meisten Chemikern angenommen worden ist. Ich bin mit
vielen Fachgenossen der Ansicht, daß man diese Form typischer Formeln völlig verlassen sollte, der zahlreichen Unklarheiten und Nachtheile
wegen, die sie mit sich führt. Uebrigens möchte ich bei der Gelegenheit eine Erklärung, die ich schon öfter abgegeben, nochmals wiederholen, die nämlich, daß ich auf die Form der rationellen Formeln verhältnißmäßig wenig Werth lege. Ich halte alle rationellen Formeln für
berechtigt, wenn sie die Ideen, die sie[1]) auszudrücken bestimmt sind,
klar und unzweideutig wiedergeben; ich halte verschieden aussehende

---

[1]) Irrtümlich steht dort „sich". (A.)

Formeln für gleichwerthig, wenn sie dieselben Ideen in veränderter Form ausdrücken; ich halte sie aber nur dann für richtig, wenn die Ideen selbst richtig sind, d. h. eine große Summe von Wahrscheinlichkeit für sich haben. Es will mir scheinen, als streite man in neuerer Zeit vielfach allzusehr um die Form und als vernachlässige man dabei bisweilen den Inhalt, und ich glaube, daß diese Verwechselung von Form und Inhalt mir manche Vorwürfe zugezogen hat, die ich gewiß nicht verdiene. Für viele derselben könnte ich leicht nachweisen, daß sie auf Mißverständnissen beruhen; ich halte dieß indessen nicht für der Mühe werth, weil der Wissenschaft daraus kein Vortheil erwachsen kann.

Ich sage Nichts über die Principien, die man bei Bildung rationeller Namen befolgen könnte. Es ist stets leicht, einen Namen zu finden, der eine gegebene Idee ausdrückt; aber so lange man sich nicht über die Ideen verständigt hat, ist es nutzlos, auf Namen allzugroßes Gewicht zu legen und sich um Worte zu streiten. Ein gut erfundenes Wort ist gewiß ein zweckmäßiges Hülfsmittel der Sprache, aber nur durch neue Ideen schreitet die Wissenschaft voran.

## II. Substitutionsproducte des Benzols.

Wenn man, wie dieß in den oben mitgetheilten Betrachtungen geschah, das Benzol als eine geschlossene Kette betrachtet, die aus sechs Kohlenstoffatomen besteht, welche sich abwechselnd durch je eine und je zwei Verwandtschaftseinheiten vereinigt haben; so wirft sich sofort eine weitere Frage auf, die nicht nur für das Benzol selbst, sondern für alle aromatische Verbindungen, die ja im Grund genommen Nichts Anderes sind als nähere oder entferntere Abkömmlinge des Benzols, von der größten Wichtigkeit ist. Diese Frage ist die folgende: sind die sechs Wasserstoffatome des Benzols gleichwerthig, oder spielen sie vielleicht, veranlaßt durch ihre Stellung, ungleiche Rollen?

Man versteht leicht die große Tragweite dieser Frage. Wenn die sechs Wasserstoffatome des Benzols, oder die von ihnen eingenommenen Plätze, völlig gleichwerthig sind, so kann die Ursache der Verschiedenheit aller isomeren Modificationen, die man für viele Substitutionsderivate des Benzols beobachtet hat und noch beobachten wird, nur in der Verschiedenheit der *relativen* Stellung gesucht werden, welche die Elemente oder Seitenketten einnehmen, die den Wasserstoff des Benzols er-

setzen. Sind die sechs Wasserstoffatome des Benzols dagegen nicht
gleichwerthig, so finden diese Isomerieen zum Theil vielleicht ihre Erklärung in der Verschiedenheit der *absoluten* Stellung jener den Wasserstoff ersetzenden Elemente oder Seitenketten; und man versteht überdieß die Möglichkeit der Existenz einer weit größeren Anzahl isomerer
Modificationen.

Ich will zunächst die zwei Hypothesen, welche den Grundideen der
oben entwickelten Theorie nach die größte Wahrscheinlichkeit darbieten, etwas ausführlicher entwickeln.

*Erste Hypothese.* — Die sechs Kohlenstoffatome des Benzols sind
unter einander in völlig symmetrischer Weise verbunden, man kann also
annehmen, sie bilden einen völlig symmetrischen Ring; die sechs Wasserstoffatome sind dann nicht nur in Bezug auf den Kohlenstoff völlig
symmetrisch gestellt, sondern sie nehmen auch im Atomsystem (Molecul) völlig analoge Plätze ein; sie sind also gleichwerthig. Man könnte
dann das Benzol durch ein Sechseck darstellen, dessen sechs Ecken
durch Wasserstoffatome gebildet sind:

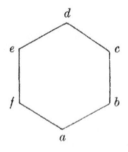

Man sieht dann leicht ein, daß für die durch stets fortschreitende
Substitution entstehenden Derivate die folgenden isomeren Modificationen möglich sind. Man hat z. B. für die Bromsubstitutionsproducte:

1) Monobrombenzol : eine Modification.
2) Bibrombenzol    : drei Modificationen : *ab, ac, ad.*
3) Tribrombenzol   : drei Modificationen : *abc, abd, ace.*
4) Tetrabrombenzol : drei Modificationen (wie für 2).
5) Pentabrombenzol : eine Modification.
6) Hexabrombenzol  : eine Modification.

Betrachtet man dann diejenigen Substitutionsderivate, welche zwei
verschiedene Elemente oder Seitenketten enthalten, so hat man Folgen-

des. Wenn nur zwei Wasserstoffatome ersetzt sind, so wird die Anzahl der möglichen Modificationen nicht größer, denn das Umkehren der Ordnung (*ab* oder *ba*) hat keinen Einfluß. Sind dagegen drei Wasserstoffatome ersetzt, so wird die Anzahl der möglichen Modificationen größer, denn für die zwei oben zuerst aufgeführten Modificationen ist die Reihenfolge der ersetzenden Atome oder Gruppen von Einfluß. Für das Bibromnitrobenzol z. B. hätte man die folgenden Fälle:

1) für *abc* : $C_6H_3BrBr(NO_2)$
   $C_6H_3BrNO_2Br$
2) für *abd* : $C_6H_2(NO_2)HBr_2$
   $C_6H_2BrH(NO_2)Br$
   $C_6H_2BrHBr(NO_2)$
3) für *ace* : $C_6HBrHBrHNO_2$.

*Zweite Hypothese.* — Die sechs Wasserstoffatome des Benzols bilden drei Atomgruppen, von welchen jede aus zwei durch je zwei Verwandtschaftseinheiten vereinigten Kohlenstoffatomen besteht. Die Gruppe erscheint schon danach als Dreieck und man kann sich zudem die sie bildenden Kohlenstoffatome so gestellt denken, daß sich drei Wasserstoffatome im Innern, drei andere dagegen an der äußeren Seite des Dreiecks befinden. Die sechs Wasserstoffatome sind dann, und zwar abwechselnd, ungleichwerthig; und man könnte das Benzol durch ein Dreieck darstellen. Drei der sechs Wasserstoffatome befinden sich an den Ecken, sie sind leichter zugänglich; drei andere stehen in der Mitte der Kanten, gewissermaßen im Innern des Moleculs:

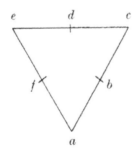

Man könnte zu Gunsten dieser Ansicht vielleicht die Beobachtung anführen, daß sich das Benzol mit Leichtigkeit mit 1, 2 oder 3 Moleculen Chlor oder Brom, aber nicht mit einer größeren Anzahl, zu vereinigen vermag; man könnte behaupten, nur die leichter zugänglichen

Wasserstoffatome seien im Stande, eine solche Anlagerung hervorzurufen.

Bei dieser Auffassung sieht man die Möglichkeit der Existenz einer weit größeren Anzahl isomerer Modificationen voraus, wie dieß leicht die folgenden Beispiele zeigen:

1) Monobrombenzol : zwei Modificationen  : *a* und *b*.
2) Bibrombenzol   : vier Modificationen  : *ab, ac, bd, ad.*
3) Tribrombenzol  : sechs Modificationen : *abc, bcd, abd, abe, ace, bdf.*
   u. s. w.

Ein Problem der Art könnte auf den ersten Blick völlig unlösbar erscheinen; ich glaube indessen doch, daß seine Lösung durch das Experiment gegeben werden kann. Man muß nur, nach so viel wie möglich abgeänderten Methoden, eine möglichst große Anzahl von Substitutionsproducten des Benzols darstellen, sie sorgfältigst in Bezug auf Isomerie vergleichen, die beobachteten Modificationen zählen, und namentlich die Ursache der Verschiedenheit aus der Art der Bildung herzuleiten suchen, und man wird sicher das Problem zu lösen im Stande sein.

Nun kennt man zwar schon jetzt eine nicht unbedeutende Anzahl von Substitutionsproducten des Benzols, aber die Anzahl dieser Körper ist nicht groß genug und einige derselben sind überdieß zu unvollständig untersucht, als daß man auf die vorliegenden Angaben sichere Schlüsse bauen könnte. Ich habe es also für nöthig gehalten, noch weitere Substitutionsproducte des Benzols darzustellen, und obgleich die Thatsachen, die ich dermalen zur Verfügung habe, es noch kaum gestatten, die oben aufgeworfene Frage zu discutiren, so will ich doch die bis jetzt gewonnenen Erfahrungen vorläufig mittheilen, weil mir einige derselben, auch einzeln genommen, nicht ohne Interesse zu sein scheinen.

### Jodsubstitutionsproducte des Benzols.

Ueber die Jodsubstitutionsproducte des Benzols liegen bis jetzt nur äußerst dürftige Angaben vor. S c h ü t z e n b e r g e r [1]) erhielt zwei derselben, das Monojodbenzol und das Bijodbenzol, neben zahlreichen anderen Producten, bei Einwirkung von Chlorjod auf benzoësaures Natron. Aus dem Benzol selbst hat man bis jetzt kein Jodsubstitutionsproduct darzustellen vermocht, und die Bildung dieser Körper bei directer Einwirkung von Jod auf Benzol konnte auch kaum erwartet werden, da alle

---

[1]) Jahresbericht f. Chem. u. s. w. f. 1862, 251.

Jodsubstitutionsproducte, wie ich vor Kurzem gezeigt habe[1]), durch
Jodwasserstoff unter Rückwärtssubstitution zersetzt werden. Meine früheren Versuche ließen es dagegen wahrscheinlich erscheinen, daß bei
gleichzeitiger Einwirkung von Jod und Jodsäure Substitution erfolgen
würde, und der Versuch hat in der That gezeigt, daß durch diese Reaction leicht Jodderivate des Benzols erhalten werden können.

Das Studium der Jodsubstitutionsproducte des Benzols schien mir
nicht nur etwaiger Isomerieen wegen von Interesse; ich hielt es außerdem für wichtig, gerade diese Jodderivate in Bezug auf ihre Beständigkeit zu untersuchen. Man weiß, daß verschiedene Chemiker schon seit
längerer Zeit versucht haben, das Chlor in dem mit Phenylchlorid iden-
tischen Monochlorbenzol auf dem Wege des doppelten Austausches
durch den Wasserrest $\Theta$H oder durch andere analoge Gruppen zu ersetzen, um so das Benzol in Phenol überzuführen. Alle diese Versuche
haben negative Resultate gegeben, und man hat darin stets einen Aus-
nahmsfall zu sehen vermeint, weil man gewohnt war, das Phenylchlorid
(Monochlorbenzol) mit den Chloriden der wahren Alkoholradicale zu
vergleichen. Für das mit Phenylbromid identische Monobrombenzol
hatte man dieselbe „ausnahmsweise" Beständigkeit beobachtet. Nach
den oben entwickelten theoretischen Beobachtungen hat diese Beständigkeit durchaus Nichts Ueberraschendes, man hätte sie vielmehr aprio-
ristisch aus der Theorie herleiten können; gerade deßhalb aber war es
von Wichtigkeit, die Jodderivate in Bezug auf ihre Beständigkeit zu
untersuchen, weil sie sich vielleicht leichter durch doppelten Austausch
hätten zersetzen können, als dieß für die Chlor- oder Bromsubstitutionsproducte der Fall ist. Der Versuch hat gezeigt, daß sich auch bei ihnen
dieselbe Beständigkeit wiederfindet.

*Monojodbenzol,* $\Theta_6H_5J$. Wenn man Benzol mit Wasser, Jod und Jodsäure erhitzt, so wird schon bei 100° eine geringe Menge von Jodbenzol gebildet, aber die Reaction ist ungemein langsam. Ich habe es daher
vorgezogen, die Einwirkung in zugeschmolzenen Röhren vor sich gehen
zu lassen, und ich habe stets auf 200 bis 240° erhitzt. Die Beschickung
der Röhren war folgende: Benzol 20 Grm., Jod 15 Grm., Jodsäure
10 Grm. Diese Mengen weichen zwar beträchtlich von den aus der Theorie
sich herleitenden Verhältnissen ab:

$$5\,\Theta_6H_6 + HJ\Theta_3 + 2\,J_2 = 5\,\Theta_6H_5J + 3\,H_2\Theta,$$

aber sie schienen mir die beste Ausbeute zu geben. Da durch secundäre

---

[1]) Diese Annalen **131**, 221 [1864].

Einwirkung beträchtliche Mengen von Kohlensäure erzeugt werden, so ist es zweckmäßig, die Röhren von Zeit zu Zeit zu öffnen, um allzuhäufige Explosionen möglichst zu vermeiden. Das Product wird entweder direct destillirt, oder erst mit Wasser und Alkali gewaschen und dann der Destillation unterworfen. Was bei 180 bis 190° übergeht, ist annähernd reines Monojodbenzol; der Rückstand enthält viel Bijodbenzol, bisweilen auch Trijodbenzol.

Das Monojodbenzol kann leicht durch wiederholte Rectification gereinigt werden; es ist eine nahezu farblose Flüssigkeit, die rasch eine schwachrothe Färbung annimmt. Der Siedepunkt wurde bei 185° beobachtet (dabei war n = 135°, t = 30°, der corrigirte Siedepunkt also 188°,2); das spec. Gewicht wurde bei 15° gefunden = 1,833. Die Substanz kann auf — 18° abgekühlt werden, ohne zu erstarren.

Das so dargestellte Monojodbenzol ist offenbar identisch mit dem von S c h ü t z e n b e r g e r beschriebenen Product, für welches der Siedepunkt 185°, das spec. Gewicht 1,69 gefunden wurden.

Läßt man Natriumamalgam bei Gegenwart von Wasser oder Alkohol auf Monojodbenzol einwirken, so wird das Jod leicht durch Wasserstoff ersetzt und Benzol regenerirt. Wässerige Jodwasserstoffsäure (von 1,9 spec. Gew.) wirkt bei 100° nicht ein; bei 250° scheidet sich Jod aus und es entsteht Benzol.

Ich habe das Monojodbenzol einen Tag lang mit einer alkoholischen Kalilösung auf 100°, ich habe es mehrere Tage lang mit festem Kalihydrat auf 250° erhitzt, und ich habe es in schmelzendes Kalihydrat eingetragen; aber ich war nicht im Stande, die Bildung von Phenol nachzuweisen. Ich habe es weiter drei Tage lang mit einer alkoholischen Lösung von Ammoniak einer Temperatur von 200 bis 250° ausgesetzt; es hatte sich keine Spur von Anilin gebildet.

*Bijodbenzol und Trijodbenzol.* Zur Darstellung der jodreicheren Derivate des Benzols erhitzt man zweckmäßig Monojodbenzol oder rohes Jodbenzol (d. h. ein Gemenge von Monojodbenzol mit jodreicheren Producten, wie es bei der Darstellung des Monojodbenzols erhalten wird) von Neuem bei Gegenwart von Wasser mit Jod und Jodsäure. Man wascht das Product mit Aetzkali und unterwirft es der Destillation. Anfangs destillirt flüssiges Monojodbenzol über; das später überdestillirende Product erstarrt krystallinisch, es besteht wesentlich aus Bijodbenzol, enthält aber meist etwas Trijodbenzol; war das Product durch lange anhaltendes Erhitzen mit Jod und Jodsäure dargestellt, so ist die

Menge des Trijodbenzols bedeutender. Da das Bijodbenzol und das Trijodbenzol in Alkohol fast dieselbe Löslichkeit zeigen, so gelingt es nur schwer, beide Körper durch wiederholtes Umkrystallisiren völlig zu trennen.

Das *Bijodbenzol*, $C_6H_4J_2$, bildet weiße perlmutterglänzende Plättchen, die dem Naphtalin sehr ähnlich sind; so lange die alkoholische Lösung noch Monojodbenzol enthält, besitzen diese Plättchen eine beträchtliche Größe und sind häufig sehr gut ausgebildet; sie werden um so kleiner, je reiner die Lösung ist.

Das Bijodbenzol schmilzt bei 127°, es siedet ohne Zersetzung bei 277° (aus diesem direct beobachteten Siedepunkt ergiebt sich, da n = 267°, t = 30°, der corrigirte Siedepunkt 285°), es sublimirt schon bei verhältnißmäßig niederen Temperaturen.

Das oben beschriebene Bijodbenzol ist offenbar identisch mit der von Schützenberger erwähnten Substanz. Derselbe fand den Schmelzpunkt zu 122°, den Siedepunkt bei 250°; der von ihm untersuchte Körper enthielt offenbar noch etwas Monojodbenzol.

Eine mit Natriumamalgam ausgeführte Jodbestimmung gab folgende Resultate:

0,2930 Grm. gaben 0,4100 Jodsilber und 0,0028 Silber.

Daraus berechnet sich:

|        |     | berechnet | gefunden |
|--------|-----|-----------|----------|
| $C_6$  | 72  | 21,82     | —        |
| $H_4$  | 4   | 1,21      | --       |
| $J_2$  | 254 | 76,97     | 76,70    |
|        | 330 | 100,00.   |          |

Das *Trijodbenzol*, $C_6H_3J_3$, bildet kleine Nadeln; es schmilzt bei 76° und sublimirt unverändert. Die folgende Jodbestimmung beweist wohl hinlänglich, daß das untersuchte Product wirklich Trijodbenzol war.

0,1752 Grm.. mit Natriumamalgam zersetzt [1]), gaben 0,2609 Jodsilber und 0,0031 Silber.

|        |     | berechnet | gefunden |
|--------|-----|-----------|----------|
| $C_6$  | 72  | 15,79     | --       |
| $H_3$  | 3   | 0,66      | —        |
| $J_3$  | 381 | 83,55     | 82,56    |
|        | 456 | 100,00.   |          |

---

[1]) Ich will bei der Gelegenheit erwähnen, daß die Methode der Zersetzung mit Natriumamalgam wohl für die Analyse der Jodderivate, nicht aber für Analyse der Bromderivate des Benzols anwendbar ist, da diese letzteren nur sehr langsam und unvollständig zersetzt werden.

## Nitrobromderivate des Benzols.

Die Nitrobromderivate des Benzols sind in Bezug auf Isomerie von besonderem Interesse, weil für diese Körper eine große Anzahl von Bildungsweisen denkbar sind, die dadurch noch vermehrt werden können, daß man isomere Substanzen als Material verwendet. Die wichtigsten dieser von der Theorie angedeuteten Bildungsweisen sind folgende:

1) Einwirkung von Salpetersäure auf Bromsubstitutionsproducte.

2) Einwirkung von Brom auf Nitrosubstitutionsproducte.

3) Einwirkung von Bromphosphor auf Nitroderivate des Phenols u. s. w.

4) Zersetzung der Perbromide oder der Bromplatinsalze der Diazobenzole.

5) Zersetzung der Substitutionsproducte der Benzoësäure u. s. w.

Die erste der angeführten Methoden ist schon öfter in Anwendung gekommen und die nach ihr dargestellten Producte sind oben zusammengestellt. Die Anwendung der zweiten Methode ist bis jetzt, meines Wissens, nicht versucht und man nimmt gewöhnlich an, das Brom und das Chlor üben keine Wirkung auf Nitrobenzol aus.

Ich will zunächst Einiges über die durch Nitrirung der gebromten Benzole entstehenden Substanzen angeben. Drei Verbindungen der Art sind schon seit längerer Zeit bekannt, nämlich zwei Modificationen des einfach-nitrirten Monobrombenzols, und eine Modification des einfach-nitrirten Bibrombenzols. Ich habe es für geeignet gehalten, diese Substanzen nochmals darzustellen, um ihre Eigenschaften aus eigener Anschauung zu kennen und um sie mit anderen Körpern von gleicher Zusammensetzung, deren Darstellung ich beabsichtigte, vergleichen zu können. Ich habe außerdem das zweifach-nitrirte Monobrombenzol dargestellt.

*Einfach - nitrirtes Monobrombenzol*, Mononitro - Monobrombenzol, $C_6H_4(NO_2)Br$. — Diese von C o u p e r [1]) schon beschriebene Verbindung entsteht leicht bei Einwirkung von Salpetersäure auf Monobrombenzol. Sie ist in siedendem Wasser sehr wenig, in heißem Alkohol sehr leicht und selbst in kaltem Alkohol ziemlich löslich. Sie bildet weiße Nadeln, die bei 125° schmelzen.

Dieselbe Modification des Mononitro - Monobrombenzols erhielt G r i e ß [2]) beim Erhitzen der Platinbromverbindung des α Diazonitro-

[1]) Diese Annalen **104**, 225 [1857].

[2]) Jahresbericht f. Chem. u. s. w. f. 1863, 423.

benzols (aus α Nitroanilin aus nitrirten Aniliden); er fand den Schmelzpunkt bei 126°. Eine verschiedene Modification dagegen erhielt G r i e ß
aus der Platinbromidverbindung des β Diazonitrobenzols (aus β Nitroanilin aus Dinitrobenzol); sie schmilzt bei 56° und krystallisirt in rhombischen Prismen.

*Binitro-Monobrombenzol*, $C_6H_3(NO_2)_2Br$. — Man erhält diese Verbindung leicht, wenn man Monobrombenzol mit einem Gemisch von Salpeter-
säure-Monohydrat und rauchender Schwefelsäure erwärmt[1]). Wasser
fällt dann ein gelbes Oel, welches langsam erstarrt; man wascht mit
Wasser und krystallisirt aus Alkohol um.

Das Binitro-Monobrombenzol bildet große durchsichtige und wohl
ausgebildete Krystalle von gelber Farbe. Sie schmelzen bei 72° und lösen
sich reichlich in heißem Alkohol.

Eine Brombestimmung nach der von C a r i u s angegebenen Methode[2])
ergab folgenden Bromgehalt:

0,3429 Grm. gaben 0,2475 AgBr und 0,0077 Silber, entsprechend
Br pC.                  32,37.
Die Formel $C_6H_3(NO_2)_2Br$ verlangt 32,39.

*Mononitro-Bibrombenzol*, $C_6H_3(NO_2)Br_2$ ; entsteht leicht, wie R i c h e
und B é r a r d schon fanden[3]), bei Einwirkung von Salpetersäure auf Bibrombenzol. Es bildet weiße Plättchen oder abgeplattete Nadeln, die bei
84° schmelzen.

Die Brombestimmung ergab folgendes:

0,3035 Grm. (nach C a r i u s) gaben 0,3986 Bromsilber und 0,0038 Silber.
Daraus berechnen sich          56,80 pC. Brom.
Die Formel $C_6H_3(NO_2)Br_2$ verlangt 56,94 pC. Brom.

Ich will bei der Gelegenheit erwähnen, daß auch die Jodderivate des
Benzols der Nitrirung fähig sind. Ich habe bis jetzt nur eine Verbindung
der Art dargestellt, das:

---

[1]) Ich will hier erwähnen, daß auch das Binitrobenzol durch Behandeln mit
einem Gemisch von Salpetersäure und rauchender Schwefelsäure weiter nitrirt
wird. Ich werde über die Eigenschaften und die Abkömmlinge des entstehenden
Trinitrobenzols demnächst Näheres mittheilen.

[2]) Bei diesen Analysen ist, der Schwerverbrennlichkeit der Benzolsubstitutions-
producte wegen, Zusatz einer verhältnißmäßig großen Menge von chromsaurem Kali
nöthig.

[3]) Diese Annalen 133, 52 [1864]

*Mononitro-Monojodbenzol,* $C_6H_5(NO_2)J$. — Es entsteht leicht bei Einwirkung von concentrirter Salpetersäure auf Monojodbenzol. Es bildet schöne schwachgelbe Nadeln, die bei $171^0,5$ schmelzen und ohne Zersetzung sublimirt werden können, wie dieß auch die oben beschriebenen Bromnitroderivate des Benzols thun.

0,3617 Grm. (mit chromsaurem Blei und vorgelegtem Kupfer verbrannt) gaben 0,3838 Kohlensäure und 0,0620 Wasser.

|          |     | berechnet | gefunden |
|----------|-----|-----------|----------|
| $C_6$    | 72  | 28,92     | 28,94    |
| $H_4$    | 4   | 1,61      | 1,90     |
| $NO_2$   | 46  | 18,48     | —        |
| J        | 127 | 50,99     | —        |
|          | 249 | 100,00.   |          |

Das eben beschriebene Mononitro-Monojodbenzol scheint von einer gleichzusammengesetzten Substanz, die Schützenberger bei Einwirkung von Chlorjod auf nitrobenzoësaures Natron erhielt, verschieden zu sein; wenigstens beschreibt Schützenberger sein Jodnitrobenzol als ein bei $290^0$ siedendes Oel.

*Einwirkung von Brom auf Nitrobenzol und Binitrobenzol.*

Man nimmt dermalen gewöhnlich an, das Brom und das Chlor seien auf Nitrobenzol durchaus ohne Wirkung; nur H. Müller glaubt, wie Grieß[1]) angiebt, beobachtet zu haben, daß das Chlor bei Anwesenheit von Jod auf Nitrobenzol einwirke, und daß ein vom nitrirten Chlorbenzol verschiedenes Chlornitrobenzol entstehe. Diese Angabe ließ mich hoffen, durch Einwirkung von Brom auf Nitrobenzol und Binitrobenzol Producte zu erhalten, deren Studium für die Isomerie der Bromnitroderivate des Benzols von großer Wichtigkeit hätte sein können. Die so dargestellten Körper konnten nämlich verschieden oder identisch sein mit den durch Einwirkung von Salpetersäure auf die Brombenzole entstehenden Producten. Z. B.:

| Einwirkung von | Salpetersäure auf Brombenzole. | Brom auf Nitrobenzole. |
|----------------|-------------------------------|------------------------|
| | Mononitro-Monobrombenzol — | Monobrom-Nitrobenzol. |
| | Mononitro-Bibrombenzol — | Bibrom-Nitrobenzol. |
| | Binitro-Monobrombenzol — | Brom-Binitrobenzol. |

---

[1]) Zeitschrift für Chemie u. Pharm. **6**, 483 [1863].

Der Versuch hat leider gezeigt, daß auf diesem Wege gar keine Brom-
nitrobenzole erhalten werden können. Das Brom wirkt nämlich bei gewöhnlicher Temperatur auf Nitrobenzol nicht ein, und selbst wenn man
das Gemisch einen Monat lang dem stärksten Sonnenlicht aussetzt, ist
keine Wirkung bemerkbar. Werden beide Substanzen dagegen in einer
zugeschmolzenen Röhre einer höheren Temperatur ausgesetzt, so erfolgt
Einwirkung, aber auch dann werden keine Bromsubstitutionsproducte
des Nitrobenzols gebildet, es entstehen vielmehr nur Bromsubstitutionsproducte des Benzols. Bei dieser Einwirkung wird außerdem keine Spur
Bromwasserstoffsäure erzeugt, aber es wird eine große Menge Stickstoff
in Freiheit gesetzt. Es ist danach einleuchtend, daß das Brom auf das
Nitrobenzol nicht in gewöhnlicher Weise einwirkt, daß es nicht den
Wasserstoff zu substituiren vermag. Die Reaction verläuft vielmehr aller
Wahrscheinlichkeit nach in folgender Weise: Das Brom ersetzt zunächst
die Nitrogruppe und erzeugt so Monobrombenzol, während die Nitrogruppe als $(N\Theta_2)_2$ oder als $(N\Theta_2)Br$ austritt. Das überschüssige Brom
wirkt dann auf das anfangs gebildete Monobrombenzol substituirend
ein, es erzeugt bromreichere Substitutionsproducte, während der austretende Wasserstoff von der Nitrogruppe zu Wasser verbrannt wird. Man
könnte die Reaction demnach durch folgende Gleichung deuten:

$$2\,\Theta_6H_5(N\Theta_2) + 5\,Br_2 = 2\,\Theta_6HBr_5 + 4\,H_2\Theta + N_2.$$

Die Nitrogruppe der Nitrosubstitutionsproducte scheint also in ähnlicher Weise zu wirken, wie die Jodsäure bei der Jodirungsmethode, die
ich früher angegeben habe, und nach welcher die oben beschriebenen Jod-
benzole dargestellt worden sind.

Nach der eben mitgetheilten Gleichung hätte man erwarten dürfen,
wesentlich Pentabrombenzol zu erhalten. Der Versuch hat indessen gezeigt, daß dieser Körper nur in geringer Menge gebildet wird und daß
das Product fast ausschließlich aus Tetrabrombenzol besteht. Ich muß
übrigens bemerken, daß ich stets auf etwa 250° erhitzt habe, und es kann
sehr wohl sein, daß die Zusammensetzung des Productes wesentlich von
der Temperatur abhängig ist, wie dieß auch bei der Einwirkung von
Brom auf das Benzol selbst der Fall zu sein scheint. Ein Theil der austretenden Nitrogruppe wird übrigens offenbar vom Benzol selbst zerstört, wie dieß die gebildete Kohlensäure beweist, die stets in geringer
Menge dem Stickstoff beigemischt ist.

In Betreff der Eigenschaften der gebildeten Brombenzole begnüge
ich mich mit wenigen Angaben. Die mit 17 Grm. Nitrobenzol und 55 Grm.

Brom beschickten Röhren waren nach längerem Erhitzen auf 250° mit einer braunen Krystallmasse erfüllt, sie enthielten wenig Oel (unangegriffenes Nitrobenzol) und eine bemerkbare Menge Wasser. Die Krystalle wurden zunächst mit Alkali gewaschen, wiederholt mit kaltem Alkohol ausgezogen und dann systematisch mit Alkohol ausgekocht. Der kalte Alkoholauszug gab beim Verdunsten nur wenig Krystalle; die sechs siedenden Abkochungen dagegen lieferten beim Erkalten beträchtliche Mengen weißer Nadeln. Zuletzt blieb eine verhältnißmäßig geringe Menge eines weißen, selbst in siedendem Alkohol nur sehr wenig löslichen Pulvers; es wurde aus einem heißen Gemisch von Benzol und Alkohol umkrystallisirt.

Die nach der Methode von C a r i u s ausgeführten Brombestimmungen gaben folgende Zahlen:

I. Krystalle aus dem kalten Alkoholauszug. 0,1136 Grm. gaben 0,2364 Bromsilber und 0,0046 Silber.

II. Krystalle aus dem ersten heißen Alkoholauszug. 0.2122 Grm. gaben 0,3973 Bromsilber und 0,0050 Silber.

III. Dieselben mehrmals umkrystallisirt. 0,1335 Grm. gaben 0,2502 Bromsilber und 0,0031 Silber.

IV. In derselben Weise gereinigte Krystalle einer anderen Darstellung. 0,2332 Grm. gaben 0,4302 Bromsilber und 0,0092 Silber.

V. Krystalle aus dem sechsten heißen Alkoholauszug. 0,0989 Grm. gaben 0,1869 Bromsilber und 0,0027 Silber.

VI. In siedendem Alkohol unlöslicher Theil, aus einem Gemisch von Benzol und Alkohol krystallisirt. 0,1260 Grm. gaben 0,2459 Bromsilber und 0,0032 Silber.

Die aus diesen Analysen hergeleiteten Procentzahlen zeigen deutlich, daß das Product der Einwirkung von Brom auf Nitrobenzol wesentlich aus Tetrabrombenzol bestand, welchem wenig löslicheres Tribrombenzol und unlöslicheres Pentabrombenzol beigemischt waren. Man hat nämlich:

| Gefunden aus | I. | II. | III. | IV. | V. | VI. |
|---|---|---|---|---|---|---|
| Br pC. | 77.30 | 81,42 | 81,37 | 81,46 | 82,43 | 84,93. |

Die drei Substitutionsproducte des Benzols verlangen:

| Tribrombenzol, | $C_6H_3Br_3$ | 76,19 pC. Br. |
|---|---|---|
| Tetrabrombenzol, | $C_6H_2Br_4$ | 81,21 pC. Br. |
| Pentabrombenzol, | $C_6HBr_5$ | 84,57 pC. Br. |

Das *Tetrabrombenzol* ist wenig löslich in kaltem, leicht löslich in siedendem Alkohol. Es krystallisirt beim Erkalten der heißen Lösung in langen, atlasglänzenden, völlig weißen Nadeln. Der Schmelzpunkt wurde gefunden für Nr. II $= 140°$; für Nr. III $= 137°$ [1]).

Das *Pentabrombenzol* ist in kaltem Alkohol so gut wie unlöslich, es löst sich wenig in siedendem Alkohol, von Benzol wird es reichlich gelöst. Es krystallisirt am Schönsten aus einem heißen Gemisch von Benzol und Alkohol; man erhält dann schöne seidenglänzende Nadeln, die ohne Zersetzung sublimirbar sind. Den Schmelzpunkt habe ich bis jetzt nicht bestimmt, er liegt jedenfalls höher als $240°$.

In der Hoffnung, größere Mengen von Pentabrombenzol zu erhalten, habe ich Binitrobenzol mit Brom erhitzt, aber auch hier wurde wesentlich Tetrabrombenzol und nur wenig Pentabrombenzol gebildet. Ich habe ferner Nitrobenzol mit Jod der Einwirkung höherer Temperaturen ausgesetzt, aber ohne eine Einwirkung beobachten zu können. Ich habe endlich Jod und Jodsäure in Anwendung gebracht; dießmal wurde bei starker Hitze die organische Substanz vollständig zerstört.

Schließlich möchte ich die Aufmerksamkeit der Chemiker noch auf eine Beobachtung hinlenken, die mir nicht ohne Interesse zu sein scheint; es ist dieß die folgende: nach allen bis jetzt bekannten Thatsachen scheinen diejenigen Substitutionsderivate des Benzols, in welchen drei Wasserstoffatome vertreten sind, leichter schmelzbar zu sein, als diejenigen, die sich durch Vertretung nur zweier Wasserstoffatome aus dem Benzol herleiten.

Das Trichlorbenzol wird als flüssig beschrieben, das Bichlorbenzol schmilzt bei $53°$.

Das Tribrombenzol erhielt M i t s c h e r l i c h nur flüssig; L a s s a i g n e und ebenso R i c h e und B é r a r d konnten es krystallisiren; sein Schmelzpunkt ist bis jetzt nicht bestimmt, liegt aber jedenfalls sehr niedrig [2]). Das Bibrombenzol schmilzt bei $89°$.

Das oben beschriebene Trijodbenzol hat den Schmelzpunkt $76°$, während das Bijodbenzol erst bei $127°$ schmilzt.

---

[1]) Für einzelne Präparate, deren Brombestimmung zu hohe Zahlen lieferte, wurde annähernd der von R i c h e und B é r a r d angegebene Schmelzpunkt beobachtet, nämlich ungefähr $160°$.

[2]) M a y e r fand (vgl. dessen Abhandlung im vorliegenden Hefte der Annalen) für das aus Bibromphenol dargestellte Tribrombenzol den Schmelzpunkt $44°$. Das so gewonnene Product scheint nach noch nicht völlig beendigten Versuchen identisch mit dem aus Benzol dargestellten Tribrombenzol.

Dieselbe Thatsache findet sich bei den drei Nitro-Brombenzolen, die ich oben beschrieben habe. Das Mononitro-Monobrombenzol schmilzt bei 126°; das Binitro-Monobrombenzol und das Mononitro-Bibrombenzol, die sich von ihm das eine durch $N\Theta_2$, das andere durch Brom unterscheiden, schmelzen niedriger; das erstere bei 72°, das zweite bei 84°.

Ich habe oben schon angegeben, daß es mir unmöglich scheint, aus den bis jetzt über die Substitutionsproducte des Benzols bekannten Thatsachen bestimmte Schlüsse über die Gleichwerthigkeit oder Verschiedenheit der sechs Wasserstoffatome des Benzols herzuleiten. Ich bin im Augenblick mit Versuchen beschäftigt, welche diese Frage wohl ihrer Lösung näher bringen werden. Vorerst bin ich geneigt, die sechs Wasserstoffatome des Benzols für gleichwerthig zu halten, und ich will nur noch zeigen, daß die wenigen Fälle von Isomerie, die bis jetzt unter den Substitutionsproducten des Benzols beobachtet worden sind, leicht aus der Verschiedenheit der relativen Stellung der den Wasserstoff ersetzenden Atome oder Radicale hergeleitet werden können, und daß sie nicht zu der Annahme nöthigen, die sechs Orte, die im Benzol von Wasserstoff eingenommen sind, seien absolut ungleichwerthig.

Versucht man zunächst die chemischen Orte zu bestimmen, welche die Bromatome in dem aus dem Benzol durch directe Substitution sich herleitenden Bromderivaten einnehmen, so kommt man zu folgendem Resultat:

Die sechs Wasserstoffatome des Benzols, resp. die Orte, welche sie einnehmen, sind gleichwerthig; das Benzol kann also, wie dieß oben geschah, durch ein Sechseck ausgedrückt werden. Das erste eintretende Bromatom tritt an irgend einen der sechs gleichwerthigen Orte; die entstehenden Producte können nur Einer Art sein, und man kann also sagen, das Brom befinde sich an dem Ort a. Für das Bibrombenzol wirft sich nun die Frage auf: an welchen Ort tritt das zweite Bromatom. Diese Frage wird, wie mir scheint, mit ziemlicher Sicherheit durch folgende Betrachtung entschieden. Die Atome innerhalb eines Moleculs machen ihre chemische Anziehung auf eine gewisse Entfernung hin geltend; daß ein gewisser Ort leicht von Brom eingenommen werden kann, hat seinen Grund eben darin, daß die in einer gewissen Sphäre um ihn liegenden Atome eine überwiegende Anziehung auf Brom ausüben. Ist ein bestimmter Ort innerhalb eines Moleculs von Brom eingenommen, so sind dadurch

alle innerhalb der Anziehungssphäre dieses Bromatoms liegenden anderen
Atome in Bezug auf ihre Anziehung zu Brom gesättigt, oder diese Anziehung ist wenigstens geschwächt. Ein zweites in das Monobromderivat
eintretendes Bromatom wird also die Nähe des schon vorhandenen Broms
möglichst vermeiden; es wird einen möglichst entfernten Ort aufsuchen,
weil dort die Summe der noch wirksamen Anziehungen eine möglichst
große ist. Das aus dem Monobrombenzol (a) durch directe Substitution
entstehende Bibrombenzol wird also die beiden Bromatome an den Orten
a und d enthalten.

In diesem Bibrombenzol (a, d) sind die vier noch von Wasserstoff eingenommenen Orte gleichwerthig; bei Bildung des Tribrombenzols wird
das neu eintretende Bromatom also irgend einen der vier Orte b, c, e, f einnehmen; die entstehenden Producte aber können nur Einer Art sein; sie
enthalten zwei Bromatome benachbart, das dritte dem einen dieser beiden entgegengesetzt gestellt. Das Tribrombenzol kann also als a, b, d bezeichnet werden.

Dieselben Betrachtungen zeigen, daß ein weiteres in das Tribrombenzol eintretende Bromatom nothwendig an den Ort e treten muß; das
Tetrabrombenzol ist also a, b, d, e u. s. w.

Bromderivate des Benzols können nun außerdem aus Phenol und
dessen Bromsubstitutionsproducten erhalten werden. Für die so erzeugten Substanzen führt die Bestimmung des chemischen Orts zu folgendem
Schluß.

Nimmt man in dem Phenol den Wasserrest HΘ bei a an [1]), so enthält
das aus ihm entstehende Monobrombenzol sein Brom ebenfalls bei a. Bei
Bildung des einfach-gebromten Phenols muß nach ganz denselben Betrachtungen, die oben für das Bibrombenzol angestellt [2]) wurden, das
eintretende Brom einen von dem Wasserrest HΘ möglichst entfernten
Ort aufsuchen; es tritt also an d und das aus dem Monobromphenol entstehende [3]) Bibrombenzol ist demnach a, d.

Wirkt auf das Monobromphenol, in welchem die Gruppe HΘ bei a, das
Brom bei d befindlich ist, von Neuem Brom ein, so wird das eintretende
Bromatom das stark saure Brom mehr vermeiden, als das weniger saure
Hydroxyl; es muß also an b oder an f treten, und das aus diesem Bibrom-
phenol erzeugbare Tribrombenzol ist daher a, b, d.

---

[1]) „an" ist ausgelassen. (A.)

[2]) Irrtümlich steht dort „dargestellt". (A.)

[3]) Irrtümlich steht dort „ausstehende". (A.)

Stellt man durch Einwirkung von Brom auf Bibromphenol das Tribromphenol dar, so wird das neu eintretende Brom wesentlich die beiden vorhandenen Bromatome vermeiden, es ist also auf den Platz f angewiesen, und das aus Tribromphenol durch Phosphorbromid darstellbare Tetrabrombenzol muß demnach a, b, d, f sein u. s. w.

Diese Betrachtungen zeigen, daß die aus dem Benzol einerseits und aus dem Phenol andererseits darstellbaren Bromderivate des Benzols zum Theil identisch, daß aber die durch beide Reactionen erzeugbaren Tetrabrombenzole verschieden sein müssen. Man hat nämlich:

|  | aus Benzol | aus Phenol |
|---|---|---|
| Monobrombenzol | a | a |
| Bibrombenzol | a, d | a, d |
| Tribrombenzol | a, b, d | a, b, d |
| Tetrabrombenzol | a, b, d, e | a, b, d, f |
| u. s. w. | | |

Die von M a y e r angestellten Versuche[1]) haben in der That gezeigt, daß das durch Einwirkung von Phosphorbromid auf Tribromphenol entstehende Tetrabrombenzol verschieden ist von dem Tetrabrombenzol, welches aus Benzol oder Nitrobenzol durch substituirende Einwirkung von Brom erhalten wird.

Sollten sich diese Betrachtungen durch Bearbeitung anderer analoger Fälle bestätigen, so könnte man sich für die Bromderivate des Benzols der folgenden Formeln bedienen:

| Benzol | $\mathrm{C_6H^fH^cH^dH^cH^bH^a}$ |
|---|---|
| Monobrombenzol . . . . . | $\mathrm{C_6H_5Br}$ |
| Bibrombenzol . . . . . . | $\mathrm{C_6H_2BrH_2Br}$ |
| Tribrombenzol . . . . . . | $\mathrm{C_6H_2BrHBr_2}$ |
| Tetrabrombenzol (aus Benzol) | $\mathrm{C_6HBr_2HBr_2}$ |
| „ (aus Phenol) | $\mathrm{C_6BrHBrHBr_2}$ oder : $\mathrm{C_6HBrHBr_3}$. |

Ganz ähnliche Betrachtungen erklären die Isomerie der zwei für das Mononitromonobrombenzol bekannten Modificationen, von welchen oben die Rede war.

Ich lege diesen Betrachtungen nicht mehr Werth bei als sie verdienen, und ich glaube, daß noch viel Arbeitskraft aufgewendet werden muß, bis derartige Speculationen für Etwas Anderes gehalten werden können, als für mehr oder weniger elegante Hypothesen; aber ich glaube

---

[1]) Vgl. dessen Abhandlung im vorliegenden Heft dieser Annalen.

doch, daß wenigstens versuchsweise Betrachtungen der Art in die Chemie eingeführt werden müssen. Obgleich wir dermalen einer wirklich mechanischen Auffassung in der Chemie noch entbehren, so scheint es mir doch, als müsse und als könne bei dem jetzigen Stand unserer Wissenschaft eine mechanische Betrachtungsweise wenigstens angestrebt werden.

## III. Synthese aromatischer Säuren. Benzoësäure, Toluylsäure, Xylylsäure.

Die Synthese organischer Säuren durch Addition von Kohlensäure, oder, bestimmter ausgedrückt, durch Addition des Ameisensäurerestes $CO_2H$, an Kohlenwasserstoffradicale hat schon seit lange und mit Recht in ganz besonderem Grade das Interesse der Chemiker erregt. F r a n k - l a n d und K o l b e ' s [1]) epochemachende Entdeckung der Bildung der fetten Säuren aus den Cyaniden der Alkoholradicale gab das Princip Einer Methode der Art; und wir wissen jetzt durch die Versuche von C a n n i z z a r o [2]) und von R o s s i [3]), daß dasselbe Princip auch die Darstellung aromatischer Säuren aus entsprechenden kohlenstoffärmeren Alkoholen gestattet, während andererseits S i m p s o n [4]) gelehrt hat, daß auch die Dicyanide zweiatomiger und die Tricyanide dreiatomiger Kohlenwasserstoffradicale in entsprechender Weise in zweibasische und in dreibasische Säuren umgewandelt werden können.

Ein zweiter Weg der Synthese der fetten Säuren ergab sich aus der merkwürdigen, von W a n k l y n [5]) gemachten Beobachtung, daß die Verbindungen der Alkalimetalle mit Alkoholradicalen sich direct mit Kohlensäure vereinigen. Die schöne Synthese von K o l b e und L a u t e - m a n n [6]) beruht im Wesentlichen auf demselben Princip; und auch die elegante Methode, nach welcher H a r n i t z - H a r n i t z k y [7]) in neuerer Zeit die fetten und die aromatischen Säuren aus den nächstkohlenstoff-

[1]) A. **65**, 288 [1848]. (A.)

[2]) A. **96**, 246 [1855]: **119**, 253 [1861]. (A.)

[3]) A. Suppl. **1**, 139 [1861]. (A.)

[4]) A. **118**, 373 [1861]: **121**, 153 [1862]: **128**, 351 [1863]: **136**, 272 [1865]. (A.)

[5]) A. **107**, 125 [1858]: **108**, 67 [1858]. (A.)

[6]) A. **113**, 125 [1859]. (A.)

[7]) A. **132**, 72 [1864]: **136**, 121 [1865]. (A.)

ärmeren Kohlenwasserstoffen darzustellen gelehrt hat, gehört in dieselbe Gruppe synthetischer Reactionen.

In dieselbe Gruppe gehört auch die im Nachfolgenden beschriebene Methode der Synthese aromatischer Säuren. Sie ist im Wesentlichen eine Umkehrung der Methode von Harnitz-Harnitzky, aber sie hat, wie ich gleich zeigen werde, vor dieser einen für die Theorie nicht unwesentlichen Vorzug.

Ich will zunächst das Princip der Methode andeuten, indem ich den Gedankengang hierhersetze, der ihre Auffindung veranlaßt hat. Es ist kaum zu erwarten, daß ein so indifferenter Körper, wie die Kohlensäure, selbst bei Anwesenheit von Natrium, auf so beständige Substanzen, wie die Kohlenwasserstoffe der Benzolreihe, eine Einwirkung ausüben werde. Wenn man aber in diesen Kohlenwasserstoffen zunächst ein Atom Wasserstoff durch Brom ersetzt und die so dargestellten Substitutionsproducte dann der gleichzeitigen Einwirkung des Natriums und der Kohlensäure aussetzt, so wird das Brom gewissermaßen einen Angriffspunkt für die chemischen Anziehungen darbieten, es wird also zunächst die Verbindung hervorrufen und es wird außerdem der Kohlensäure den Ort bezeichnen, an welchen sie nothwendig eintreten muß.

Man versteht jetzt den Vorzug meiner Methode vor der von Harnitz-Harnitzky angegebenen. Harnitz verwendet statt des Kohlensäureanhydrids das wirksamere Carbonylchlorid, er hat so Einwirkung auf die Kohlenwasserstoffe selbst, aber die Seitenkette $CO_2H$ wählt sich selbst ihren Ort; man kann diesen Ort weder vor noch nach der Reaction bestimmen und das Product ist demnach nicht mit verwandten Stoffen vergleichbar. Bei der von mir angewandten Methode bestimmt das Brom den Ort, an welchen die Seitenkette eintritt, und man kann also die gebildete Säure in Bezug auf Molecularconstitution mit anderen verwandten Substanzen vergleichen.

Ein Beispiel wird deutlicher zeigen, was ich meine. Man stellt aus Benzol durch Substitution Brombenzol dar; man findet andererseits, daß das Phenol bei Einwirkung von Phosphorbromid die Gruppe $OH$ gegen Brom austauscht, um dasselbe Brombenzol zu erzeugen. Wenn dann weiter das Brombenzol bei Behandlung mit Natrium und Kohlensäure Benzoësäure bildet, so ist damit der Beweis geliefert, daß in der Benzoësäure die Seitenkette $CO_2H$ genau an demselben Orte steht, der im Phenol von der Gruppe $OH$ und im Brombenzol von Brom eingenommen wird.

Beide Methoden müssen übrigens gestatten, aus jedem Kohlenwasserstoff der Benzolreihe eine aromatische Säure darzustellen, welche die Gruppe $CO_2H$ in Verbindung mit dem Kohlenstoff des Kernes $C_6$ enthält. Sollten für die einfach-gebromten wahren Substitutionsproducte mehrere Modificationen existiren, so würde die von mir angegebene Methode voraussichtlich die Darstellung einer eben so großen Anzahl isomerer Säuren ermöglichen.

Die Synthese aromatischer Säuren, in welchen die Gruppe $CO_2H$ als Verlängerung einer schon vorhandenen Seitenkette enthalten ist, scheint nach der angegebenen Methode nicht ausführbar; wenigstens ist es mir bis jetzt nicht gelungen, das Benzylbromür durch Behandlung mit Natrium und Kohlensäure in Alphatoluylsäure überzuführen. Jedenfalls bleibt, wenn die Synthese aller der Theorie nach denkbaren aromatischen Säuren möglich sein soll, immer noch eine Reaction aufzufinden, welche die Synthese dieser Säuren dann ermöglicht, wenn die entsprechenden, um 1 At. $C$ ärmeren Alkohole nicht bekannt sind.

*Synthese der Benzoësäure.* — Da diese und alle ähnlichen Synthesen verhältnißmäßig langsam verlaufen und demnach eine beträchtliche Menge von Kohlensäure erfordern, so war zunächst die Aufstellung eines Apparates nöthig, der mit Leichtigkeit fast unbeschränkte Mengen von Kohlensäure zu liefern vermag. Der Apparat, dessen ich mich bediente, ist auch ohne Zeichnung leicht verständlich; er besteht aus zwei großen Glasfässern von etwa 15 Litern Inhalt, und er liefert leicht einen während 24 und selbst 48 Stunden andauernden Kohlensäurestrom, der durch eine Klemmschraube regulirt werden kann. Die Kohlensäure wird zunächst gewaschen und wenn nöthig durch Schwefelsäure getrocknet. Die Reaction verläuft in einem langhalsigen Ballon; ein aufsteigendes Kühlrohr ist dazu bestimmt, die vom Gasstrom weggerissenen Flüssigkeiten wenigstens theilweise zurückzuhalten.

Zur Synthese der Benzoësäure habe ich das Brombenzol Anfangs mit reinem Aether verdünnt; ich habe später die Anwendung von (bei etwa 92° siedendem) Benzol zweckmäßiger gefunden. Man trägt gleich von Anfang etwas mehr als die der Theorie nach nöthige Menge Natrium in kleinen Stückchen ein und erwärmt im Wasserbad. Das Natrium bedeckt sich bald mit einer blauen Kruste und zerfällt allmälig zu einem blauen Schlamm. Wenn die Reaction beendigt ist, löst man in Wasser, entfernt die ölartigen Nebenproducte durch Filtration und fällt die Lösung durch Salzsäure. Das in Wasser unlösliche Oel enthält neben Benzol und un-

zersetztem Brombenzol auch Diphenyl und wie es scheint benzoësaures
Phenyl und Benzophenon.

Da die Ausbeute verschiedener Operationen sehr ungleich war, habe
ich, um den Mechanismus der Reaction genauer verfolgen zu können,
einerseits mit völlig trockenen Materialien gearbeitet und andererseits
feuchte Kohlensäure in Anwendung gebracht. Die Ausbeute war bei Anwesenheit von Feuchtigkeit entschieden größer, und obgleich die Reaction durch folgende Gleichung ausgedrückt werden kann:

$$C_6H_5Br + Na_2 + CO_2 = C_6H_5\ CO_2Na + NaBr,$$

so scheint doch anwesendes Wasser als Vermittler der Reaction die Bildung der Benzoësäure zu erleichtern.

Die synthetisch dargestellte Benzoësäure krystallisirt aus heißer wässeriger Lösung in sehr kleinen Nadeln; eine Thatsache, die häufig bei nicht
völlig reiner Säure beobachtet wurde und die die Chemiker längere Zeit
dazu veranlaßt hat, die Existenz einer mit der gewöhnlichen Benzoësäure
isomeren Säure, der Salylsäure, anzunehmen. Bei Sublimation erhält man
jene glatten Nadeln, welche die gewöhnliche Benzoësäure characterisi-
ren, und die durch Sublimation gereinigte Säure krystallisirt dann auch
aus Wasser wie gewöhnliche Benzoësäure.

Ich habe mich durch die Analyse davon überzeugt, daß die synthetisch dargestellte Säure wirklich die Zusammensetzung der Benzoësäure
besitzt. Der Schmelzpunkt wurde für die sublimirte Säure bei 120°, für
die aus Wasser krystallisirte bei 119° gefunden. Die synthetische Benzoësäure riecht ähnlich wie die aus Harn dargestellte.

Ich habe, bis jetzt freilich ohne Resultat, auch das Bibrombenzol der
gleichzeitigen Einwirkung von Natrium und Kohlensäure ausgesetzt. Es
könnte so eine Säure von der Zusammensetzung der Terephtalsäure erzeugt werden:

$$C_6H_4Br_2 + 2\,Na_2 + 2\,CO_2 = C_6H_4 \begin{cases} CO_2Na \\ CO_2Na \end{cases} + 2\,NaBr.$$

Vielleicht verläuft die Reaction in zwei Phasen; oder sie hält möglicherweise bei der ersten ein:

1) $\qquad C_6H_4Br_2 + Na_2 + CO_2 = C_6H_4Br . CO_2Na + NaBr.$

2) $C_6H_4Br . CO_2Na + Na_2 + CO_2 = C_6H_4 \begin{cases} CO_2Na \\ CO_2Na \end{cases} + NaBr.$

Die zweite Gleichung zeigt jedenfalls, daß auch die Substitutionsproducte aromatischer Säuren (oder wahrscheinlicher ihre Aether) einer
ähnlichen Synthese fähig sein können.

*Synthese der Toluylsäure.* — Das zu meinen Versuchen angewandte Toluol war aus Steinkohlentheeröl dargestellt; und zwar aus einer Flüssigkeit, die mein Freund D o n n y bei fabrikmäßiger Darstellung zwischen 100° und 120° aufgefangen hatte. Durch öftere Rectification wurde der bei 108 bis 115° siedende Theil abgeschieden; er wurde in Toluolschwefelsäure übergeführt und diese durch trockene Destillation zersetzt. Nach vielfachen Versuchen habe ich dieser von B e i l s t e i n [1]) für das Xylol vorgeschlagenen Reinigungsmethode den Vorzug gegeben; sie ist mit beträchtlichem Verlust verbunden, aber sie scheint mir die einzige, die wirklich reines Toluol liefert. Ich will noch erwähnen, daß das (rohe) Toluol selbst durch englische Schwefelsäure in Toluolschwefelsäure übergeführt werden kann, aber die Einwirkung ist verhältnißmäßig langsam und erfolgt erst beim Erwärmen mit Leichtigkeit. Verwendet man ein Gemenge von englischer Schwefelsäure mit etwa $^1/_3$ rauchender, so erfolgt die Verbindung rasch und unter starker Erwärmung. Die Toluolschwefelsäure krystallisirt ausnehmend leicht; hat man englische Schwefelsäure angewandt, so erstarrt häufig die ganze Masse krystallinisch: bei Anwendung von rauchender Schwefelsäure bilden sich die Krystalle erst bei Anziehung von Wasser. Die rohe Toluylschwefelsäure wird dann mit Wasser verdünnt, das aufschwimmende Oel abgehoben und durch Destillation in einem Strom von Wasserdampf das in der Flüssigkeit gelöste Oel entfernt. Nach dem Eindampfen destillirt dann, neben Wasser, Toluol, das mit Alkali gewaschen, durch Chlorcalcium getrocknet und durch mehrmalige Rectification gereinigt wird. Für das reine Toluol fand ich den Siedepunkt 111°,5 bis 112° (dabei war n = 92, t = 26; der corrigirte Siedepunkt demnach 112°,7 bis 113°,2).

Das *Bromtoluol* ist, wie F i t t i g und G l i n z e r schon angeben [2]), sehr leicht darzustellen; es bildet sich rasch und unter reichlicher Entwickelung von Bromwasserstoffsäure, wenn man Brom in Toluol einfließen läßt. (Um bei dieser und ähnlichen Darstellungen nicht von der Bromwasserstoffsäure belästigt zu werden, und um dieselbe nicht zu verlieren, habe ich mich mit Vortheil der früher beschriebenen [3]) Absorptionsflasche bedient.) Man wascht mit kaltem Alkali, destillirt über eine concentrirte Lösung von Aetzkali oder Aetznatron, trocknet mit Chlorcalcium und rectificirt. Für das reine Bromtoluol wurde bei verschiede-

[1]) A. **133**, 36 [1864]. (A.)

[2]) A. **133**, 47 [1864].

[3]) A. **130**, 15. Anmerk. (1864). — Vgl. Seite 309. (A.)

nen Darstellungen der Siedepunkt zu 182°,5 und 183° beobachtet. (Dabei war : n $=$ 120°, t $=$ 45°; die corrigirten Siedepunkte sind also : 185° und 185°,5.)

Die Synthese der Toluylsäure wurde in derselben Weise ausgeführt, wie dieß oben bei der Benzoësäure angegeben ist. Die synthetisch dargestellte Toluylsäure ist in kaltem und in siedendem Wasser weniger löslich als die Benzoësäure. Sie krystallisirt beim Erkalten der heißen wässerigen Lösung in kleinen weißen Nadeln, die sich leicht in Alkohol und in Aether lösen; durch Verdunsten dieser Lösungen erhält man größere Krystalle. Sie sublimirt leicht, und zwar bei rascher Sublimation in feinen Nadeln, bei langsamer Sublimation in glänzenden Prismen. Der Schmelzpunkt der sublimirten sowohl, wie der aus Wasser krystallisirten Säure wurde bei 175 bis 175°,5 gefunden.

Die folgende Analyse zeigt, daß die synthetisch dargestellte Säure wirklich die Zusammensetzung der Toluylsäure besitzt.

0,1350 Grm. gaben 0.3487 Kohlensäure und 0,0721 Wasser.

| | | Theorie | Versuch |
|---|---|---|---|
| $C_8$ | 96 | 70,58 | 70,44 |
| $H_8$ | 8 | 5,89 | 5,93 |
| $O_2$ | 32 | 23,53 | — |
| | 136 | 100,00. | |

Ich habe die synthetisch dargestellte Toluylsäure bis jetzt nicht mit der gewöhnlichen Toluylsäure vergleichen können; ich vermuthe indeß, daß sie identisch ist mit der Säure, welche N o a d [1]) schon 1847 aus Cymol (Propylmethylbenzol) gewann, und die B e i l s t e i n und Y s s e l d e S c h e p p e r [2]) neuerdings aus Xylol (Dimethylbenzol) erhielten. Der Schmelzpunkt dieser Säuren ist bis jetzt nicht sicher festgestellt; N o a d giebt nur an, daß seine Säure erst über 100° schmelze. Die Alphatoluylsäure ist entschieden von der synthetisch dargestellten Säure verschieden, sie schmilzt bei etwa 76°.

Die beiden synthetisch dargestellten Toluylsäuren müssen übrigens ihrer Bildung nach nothwendig verschieden sein. C a n n i z z a r o ' s Alphatoluylsäure [3]) enthält, da sie aus dem Benzylalkohol gewonnen wird, die Gruppe $CO_2H$ offenbar als Verlängerung der schon vorhandenen Sei-

---

[1]) Diese Annalen **63**, 287 [1847].
[2]) Z. f. Ch. N. F. **1**, 212 [1865].
[3]) A. **119**, 254 [1861]. (A.)

tenkette; bei der von mir dargestellten Säure ist die Gruppe $CO_2H$ an die Stelle des Broms getreten, welches im Bromtoluol ein Atom Wasserstoff der Hauptkette ersetzt, und die Säure enthält daher offenbar zwei Seitenketten:

$C_6H_5 \cdot CH_2CO_2H$            $C_6H_4(CH_3) \cdot CO_2H$

Alphatoluylsäure            Toluylsäure.

*Synthese der Xylylsäure.* — Das zu meinen Versuchen angewandte Xylol war aus Steinkohlentheer, und zwar aus einem von D o n n y bei fabrikmäßiger Darstellung aufgefangenen Kohlenwasserstoff dargestellt; es wurde genau nach der bei Toluol angegebenen Methode gereinigt. Für das reine Xylol fand ich den Siedepunkt $140^0,5$ (der ganze Quecksilberfaden im Dampf; B e i l s t e i n und W a h l f o r ß[1]) geben den Siedepunkt zu $139^0$ an).

Das von B e i l s t e i n und W a h l f o r ß schon beschriebene Bromxylol ist sehr leicht darzustellen; sein Siedepunkt wurde zu $207^0,5$ gefunden ($t = 45^0$, $n = 150^0$, also corrigirt $211^0,2$; B e i l s t e i n und W a h l f o r ß fanden $212^0$)[2]).

Für die Synthese der Xylylsäure verfuhr ich genau nach der bei Benzoësäure und Toluylsäure beschriebenen Methode, nur wurde das Bromxylol mit einem bei etwa $120^0$ siedenden Kohlenwasserstoff aus Steinkohlentheeröl verdünnt, weil mir bei höheren Temperaturen die Einwirkung energischer zu sein schien; es ist mir indessen bis jetzt nicht gelungen, die Bedingungen aufzufinden, in welchen eine auch nur annähernd quantitative Umwandlung des Bromxylols in die entsprechende Säure stattfindet. Aus der wässerigen Lösung des Productes fällt Salzsäure direct weiße, aus feinen Nadeln bestehende Flocken. Durch Umkrystallisiren aus heißem Wasser erhält man die Säure rein.

Die Xylylsäure ist in kaltem Wasser fast unlöslich, und auch in siedendem Wasser löst sie sich weit weniger als Benzoësäure; sie ist leicht löslich in Aether und Alkohol. Aus siedendem Wasser scheidet sie sich beim Erkalten in weißen Nadeln aus. Sie sublimirt leicht in Nadeln. Die sublimirte und die aus Wasser krystallisirte Säure schmolzen beide bei $122^0$. Ich habe mich durch die Analyse überzeugt, daß der Säure wirklich die Zusammensetzung $C_9H_{10}O_2$ zukommt; ich will indeß die specielleren Angaben auf eine spätere Mittheilung verschieben, in welcher ich

---

[1]) A. **133**, 37 [1864]. (A.)

[2]) A. **133**, 46 [1864]. (A.)

einige Salze der Xylylsäure zu beschreiben und die Säure selbst mit isomeren Substanzen zu vergleichen beabsichtige.

Ich habe die aus Bromxylol synthetisch dargestellte Säure als Xylylsäure bezeichnet, um daran zu erinnern, daß sie zum Xylol in derselben
Beziehung steht wie die Toluylsäure zum Toluol und wie die Benzoësäure
zum Benzol.

Der Theorie nach müssen, wie im ersten Theil dieser Mittheilungen
schon erwähnt wurde, vier isomere Säuren von der Formel $C_9H_{10}O_2$ existiren. Es sind:

$C_9H_{10}O_2 = C_6H_3(CH_3)_2 \cdot CO_2H$ 　　= Dimethylphenylameisensäure
　　　　　　　　　　　　　　　　　　　　　　　　　　　　　(Xylylsäure).

., 　　$= C_6H_4(C_2H_5) \cdot CO_2H$ 　　= Aethylphenylameisensäure
　　　　　　　　　　　　　　　　　　　　　　　　　　　　　(unbekannt).

„　　$= C_6H_4(CH_3) \cdot CH_2 \cdot CO_2H$ = Methylphenylessigsäure (unbekannt).

., 　　$= C_6H_5 \cdot C_2H_4 \cdot CO_2H$ 　　= Phenylpropionsäure (Homotoluylsäure
　　　　　　　　　　　　　　　　　　　　　　　　　　　　　oder Hydrozimmtsäure).

Die eben beschriebene Xylylsäure ist offenbar die erste Modification;
es ist Dimethylphenylameisensäure; sie ist mit der Toluylsäure und der
Benzoësäure in demselben Sinne homolog wie das Xylol mit Toluol und
Benzol. Ich bin eben damit beschäftigt, aus dem synthetisch dargestellten Aethylbenzol die zweite Modification, die Aethylphenylameisensäure,
darzustellen; und ich werde dann eine Methode aufsuchen, nach welcher
die Darstellung der Methylphenylessigsäure (Methyl-α Toluylsäure) möglich wird. Die vierte der oben angeführten Modificationen ist bereits bekannt, sie ist die aus Zimmtsäure dargestellte Homotoluylsäure (Hydrozimmtsäure).

Besonderes Interesse bieten noch die Oxydationsproducte der Xylylsäure, mit deren Untersuchung ich eben beschäftigt bin. Der Theorie
nach sollten zwei neue Säuren erhalten werden, von welchen die eine mit
Terephtalsäure homolog ist, während die andere einer neuen Gruppe von
Säuren, den aromatischen Tricarbonsäuren, zugehört. Dieselben Producte, und vielleicht die Xylylsäure selbst, werden B e i l s t e i n und
K ö g l e r voraussichtlich bei der Oxydation des aus Steinkohlentheer
dargestellten Cumols (Trimethylbenzol, Pseudocumol von d e  l a  R u e
und M ü l l e r [1]) erhalten, mit deren Untersuchung sie, einer vorläufigen
Mittheilung nach [2]), dermalen beschäftigt sind. Man hat:

---

[1]) A. **120**, 339 [1861]. (A.)
[2]) Z. f. Ch. N. F. **1**, 277 [1865].

$$C_6H_3\begin{cases}CH_3\\CH_3\\CH_3\end{cases}\qquad C_6H_3\begin{cases}CH_3\\CH_3\\CO_2H\end{cases}\qquad C_6H_3\begin{cases}CH_3\\CO_2H\\CO_2H\end{cases}\qquad C_6H_3\begin{cases}CO_2H\\CO_2H\\CO_2H\end{cases}$$

Trimethylbenzol       Xylylsäure       Homoterephtal-       Benzotricarbon-
                                            säure                 säure.

## IV. Bromtoluol und Benzylbromid.

Die im Folgenden beschriebenen Versuche haben an sich nur untergeordneten Werth; sie gewinnen ihre Bedeutung dadurch, daß sie einen Fundamentalversuch zur Kritik der im ersten Abschnitt dieser Mittheilungen zusammengestellten theoretischen Ansichten abgeben.

Die schönen Versuche, welche Fittig[1]) zur Synthese der mit dem Benzol homologen Kohlenwasserstoffe geführt haben, sind noch frisch im Gedächtniß der Chemiker. In der Absicht, gemischte Radicale darzustellen, gebildet einerseits aus den Radicalen der gewöhnlichen Alkohole, andererseits aus den Radicalen der Phenole oder der aromatischen Alkohole, hatte Fittig ein Gemenge zweier Bromide oder Jodide mit Natrium behandelt, ähnlich wie dieß Wurtz[2]) früher für die intermediären Alkoholradicale aus der Klasse der Fettkörper gethan hatte. Er hatte in Gemeinschaft mit Tollens das Methylphenyl und das Aethylphenyl dargestellt; das erstere zeigte sich identisch mit Toluol, das zweite dagegen wurde als verschieden von Xylol erkannt, und sie sprachen daher die Vermuthung aus, daß das gleich zusammengesetzte Methyl-*Benzyl* von dem Aethyl*phenyl* verschieden, aber mit dem Xylol identisch sein werde. Er sagt dann[3]): „ich habe seitdem in Gemeinschaft mit Herrn Glinzer durch Zersetzung eines Gemisches von *Bromtoluol* und Jodmethyl das Methyl*benzyl* dargestellt und in der That gefunden, daß es verschieden von Aethylphenyl, aber identisch mit Xylol ist." Die von Fittig gebrauchten Namen schließen, wie mir scheint, den folgenden Ideengang ein: Da nach den Versuchen von Cannizzaro das Chlortoluol identisch ist mit Benzylchlorid, so wird auch das Bromtoluol identisch sein mit Benzylbromid, und man kann also das leichter zugängliche Bromtoluol statt des Benzylbromids zur Darstellung von Benzylverbindungen verwenden.

---

[1]) Tollens und Fittig: A. **129**, 369 [1864]; **131**, 303 [1864]. (A.)
[2]) A. **96**, 364 [1855]. (A.)
[3]) A. **133**, 47 [1864].

Niemand wird diesen Schluß unlogisch finden, und wenn das Resultat nicht mit meinen Theorieen im Widerspruch stünde, so würde auch ich mich nicht dazu entschlossen haben, das Experiment zu Rathe zu ziehen; denn nur der Versuch konnte zeigen, daß jener Schluß falsch ist, obgleich er logisch scheint. Die Thatsachen heißen nämlich so: obgleich das Chlortoluol, nach C a n n i z z a r o, identisch ist mit Benzylchlorid, so ist dennoch das Bromtoluol vom Benzylbromid verschieden, und man kann daher das erstere nicht statt des letzteren anwenden, man kann aus Bromtoluol keine Benzylverbindungen darstellen.

Man versteht leicht die fundamentale Wichtigkeit dieser Verschiedenheit für meine Theorie. Wäre das Bromtoluol identisch mit Benzylbromid, so könnte das Xylol, da es F i t t i g als identisch mit dem von ihm dargestellten Methylbenzyl erkannt hat, nicht als Dimethylbenzol angesehen werden, wie dieß die oben entwickelte Theorie der Eigenschaften und der Abkömmlinge des Xylols wegen thut. Im Benzylbromid nämlich muß das Brom nothwendig in der Seitenkette angenommen werden: das Benzylbromid ist Phenylomethylbromid. Wird es mit Methyljodid und Natrium behandelt, so muß sich, wenn überhaupt Reaction eintritt, das Methyl an die Stelle des Broms, also an die Seitenkette anlagern; das entstehende Radical Methyl-Benzyl ist also Phenylomethylmethyl, es ist wahrscheinlich identisch mit Aethyl-Benzol; aber es kann, weil es *eine* Seitenkette enthält, sicher nicht identisch sein mit Xylol, in dem jedenfalls *zwei* Seitenketten angenommen werden müssen.

Daß das Bromtoluol bei Behandlung mit Methyljodid und Natrium Xylol liefert, hat Nichts Auffallendes. Das Bromtoluol ist ein Substitutionsproduct des Methylbenzols; es enthält das Brom in der Hauptkette; das Methyl tritt also ebenfalls in diese und es entsteht so Dimethylbenzol (Xylol).

Nach diesen einleitenden Bemerkungen kann ich in Beschreibung der Versuche kurz sein.

A. *Benzylbromid.* — Man erhält das Benzylbromid leicht durch directe Einwirkung von Bromwasserstoff auf Benzylalkohol. Da es mir wesentlich darauf ankam, ein reines Product unter den Händen zu haben, so habe ich zunächst aus völlig gereinigtem Bittermandelöl reinen Benzylalkohol dargestellt. Dieser wurde dann mit einer kalt gesättigten Lösung von Bromwasserstoff vermischt, wobei lebhafte Erwärmung eintrat. Nach einiger Zeit wurde die Flüssigkeit, um allen Benzylalkohol in Bromid umzuwandeln, nochmals mit Bromwasserstoffgas gesättigt, und unter öfterem Umschütteln mehrere Tage sich selbst überlassen. Dann wurde die untere Schicht, die aus rauchender Bromwasserstoffsäure bestand, abgezogen, die obere mit Wasser und Alkali gewaschen, über Chlorcalcium getrocknet und rectificirt. Schon bei der ersten Destillation ging Alles, mit Ausnahme eines höchst unbedeutenden Rückstandes, zwischen 197 und 199°,5 über; das Sieden begann bei 197° und das Thermometer stieg sehr rasch auf 198°,5. Der bei 199° überdestillirte Antheil, etwa $^2/_3$ des Ganzen, wurde nochmals mit Chlorcalcium geschüttelt und von Neuem rectificirt. Das Sieden begann wieder bei 197° und die ganze Flüssigkeit destillirte zwischen 197 und 199°,5 über. Ich glaube danach den Siedepunkt des Benzylbromids bei 198 bis 199° annehmen zu können (oder corrigirt 201°,5 bis 202°,5). Ich muß übrigens noch erwähnen, daß bei jeder neuen Destillation des Benzylbromids etwas Bromwasserstoffsäure entweicht und daß die Substanz selbst an der Luft etwas raucht.

Das Benzylbromid ist eine farblose Flüssigkeit; es besitzt im ersten Moment einen angenehm aromatischen Geruch, der anfangs an Kresse und bald an Senföl erinnert; seine Dämpfe reizen dann in furchtbarer Weise zu Thränen. Das spec. Gewicht wurde gefunden: 1,4380 bei 22° (bezogen auf Wasser von 0°).

Das Benzylbromid zeigt ausnehmend leicht doppelte Zersetzung. Bringt man es in alkoholischer Lösung mit essigsaurem Silber zusammen, so entsteht schon in der Kälte rasch Bromsilber und bei gelindem Erwärmen ist die Reaction in wenig Augenblicken beendet. Genau eben so verhält sich die alkoholische Lösung des Benzylbromids gegen Alkoholnatrium oder alkoholische Kalilösung, gegen essigsaures Kali, Cyankalium, Schwefelkalium u. s. w. In allen Fällen tritt schon in der Kälte Wirkung ein und bei gelindem Erwärmen verläuft die Reaction sehr rasch.

Am Auffallendsten ist die Einwirkung des Ammoniaks. Vermischt man Benzylbromid mit dem doppelten oder dreifachen Volum einer kalt gesättigten Lösung von Ammoniak in Alkohol, so tritt rasch Erwärmung ein und nach wenigen Minuten erstarrt die ganze Masse zu einem Krystallbrei von Tribenzylamin. Da dieser schöne, von Cannizzaro ausführlich untersuchte Körper sehr leicht zu erkennen ist, so habe ich vorgezogen, diese werthvollen Präparate (Benzylamin, salzsaures Salz, Platinsalz) aufzubewahren, statt sie überflüssigen Analysen zu opfern.

B. *Bromtoluol.* — Die Darstellung des Bromtoluols ist oben gelegentlich der Synthese der Toluylsäure beschrieben worden. Es ist eine farb-

lose Flüssigkeit, die schwach aromatisch, dem Toluol etwas ähnlich
riecht; seine Dämpfe reizen zwar etwas, aber sehr unbedeutend zu Thränen. Es siedet bei 182°,5 bis 183° (corrigirt 185 bis 185°,5). Das spec.
Gewicht wurde gefunden: 1,4109 bei 22° (bezogen auf Wasser von 0°).

Während das Benzylbromid sehr leicht doppelte Zersetzung zeigt, ist
das Bromtoluol im Gegentheil sehr beständig. Man kann es mit einer gesättigten alkoholischen Ammoniaklösung auf 100° erhitzen, ohne daß
Zersetzung eintritt. Es kann ebenso, bei Anwesenheit von Alkohol, mit
Alkoholnatrium, essigsaurem Kali, essigsaurem Silber und Cyankalium
längere Zeit auf 100 bis 120° erhitzt werden, ohne daß Brommetall entsteht. Erhitzt man endlich mehrere Stunden lang auf 250°, so werden
zwar nachweisbare Mengen von Bromiden gebildet, aber es findet immer
noch keine eigentliche Zersetzung statt. Ob eine solche bei lang anhaltendem Erhitzen auf höhere Temperaturen hervorgerufen werden kann,
müssen weitere Versuche lehren; jedenfalls ist die Verschiedenheit des
Bromtoluols vom Benzylbromid hinlänglich festgestellt, und wenn das
Bromtoluol überhaupt doppelte Zersetzung zu zeigen im Stande ist, so
werden die aus ihm erhaltenen Producte wohl eher Kressolderivate, als
Benzylverbindungen sein.

Nachdem jetzt das Bromtoluol als verschieden von dem Benzylbromid
erkannt worden ist, verdient, wie es scheint, das Chlortoluol eine neue
Untersuchung. Man kann gewiß nach den Versuchen von Cannizzaro
kaum daran zweifeln, daß das aus Toluol durch Substitution dargestellte
Chlortoluol in höherer Temperatur dieselben Abkömmlinge zu erzeugen
im Stande ist, wie das aus Benzylalkohol dargestellte Benzylchlorid. Die
absolute Identität beider Körper ist aber dadurch nicht nachgewiesen;
es wäre nämlich nicht gerade undenkbar, daß das Chlortoluol bei den in
höherer Temperatur ausgeführten Reactionen durch Umlagerung der
Atome in Benzylchlorid übergeht. Diese Annahme scheint zwar deßhalb
nicht gerade wahrscheinlich, weil Cannizzaro's Versuche bei verhältnißmäßig niederen Temperaturen ausgeführt wurden, aber man kann
andererseits kaum annehmen, daß das von Cannizzaro verwendete
Chlortoluol, weil in der Hitze dargestellt, gleich von Anfang von dem
Product verschieden gewesen sei, welches Deville früher bereitet
hatte, indem er Toluol im Dunkeln und in der Kälte mit Chlor sättigte.
Diese Hypothese ist namentlich deßhalb nicht zulässig, weil Beilstein

bestimmt angiebt [1]), die Producte seien genau dieselben, gleichgültig, ob das Chlor in der Hitze oder in der Kälte auf Toluol einwirke. Jedenfalls verdient der Gegenstand Aufklärung, und ich werde, sobald mir das Material zur Verfügung steht, diese Untersuchung aufnehmen. Der Theorie nach muß eigentlich das Chlortoluol verschieden sein von dem Benzylchlorid:

$$C_6H_4Cl \cdot CH_3 \qquad\qquad C_6H_5 \cdot CH_2Cl$$
$$\text{Chlortoluol} \qquad\qquad \text{Benzylchlorid.}$$

Geht man nun einen Schritt weiter und betrachtet man die Substanzen von der Formel: $C_7H_6Cl_2$, so begegnet man wiederum Körpern, deren Identität oder Isomerie noch zweifelhaft ist. Die Theorie deutet die Existenz dreier verschiedener Verbindungen an. Das aus Toluol durch Substitution dargestellte Bichlortoluol sollte, den Analogieen nach, die beiden Chloratome in der Hauptkette enthalten. Im einfach-gechlorten Benzylchlorid ist ein Chlor in der Seitenkette, das andere, in so fern es durch Substitution eingeführt wird, aller Wahrscheinlichkeit nach in der Hauptkette.

Im Chlorobenzol [2]) endlich befinden sich beide Chloratome in der Seitenkette und zwar offenbar an dem Platze, den der Sauerstoff des Bittermandelöls (Benzoylhydrürs) einnimmt. Man hat:

$$C_6H_3Cl_2 \cdot CH_3 \qquad C_6H_4Cl \cdot CH_2Cl \qquad C_6H_5 \cdot CCl_2H$$
$$\text{Bichlortoluol} \qquad \text{Chlorbenzylchlorid} \qquad \text{Chlorobenzol.}$$

Das gechlorte Benzylchlorid ist als solches noch nicht dargestellt; wenn aber das Monochlortoluol wirklich mit Benzylchlorid identisch ist, so muß auch das Bichlortoluol mit Chlorbenzylchlorid identisch sein. Die Frage nach der Identität oder Verschiedenheit des Bichlortoluols und des Chlorobenzols[3]) ist mehrfach Gegenstand der Untersuchung gewesen. B e i l s t e i n [4]) hatte beide Körper bestimmt für identisch erklärt; neuere Versuche von C a h o u r s [5]) und N a q u e t [6]) lassen wohl darüber keinen Zweifel, daß sie nur isomer, aber nicht identisch sind.

Betrachtet man endlich die Verbindungen von der Formel $C_7H_5Cl_3$, so wird die Anzahl der Körper, deren Identität oder Verschiedenheit durch

---

[1]) A. **116**, 338, Anmerk. (1860).
[2]) Irrtümlich steht dort „Chlorbenzol". (A.)
[3]) Irrtümlich steht dort „Chlorbenzol". (A.)
[4]) Diese Annalen CXVI, 336 (1860).
[5]) Diese Annalen II. Supplementbd. 253, 306 (1863).
[6]) Daselbst II. Supplementbd. 249, 258 (1863).

den Versuch festgestellt werden muß, noch um einen größer. Man hat
jetzt die folgenden vier durch ihre Bildungsweise wenigstens verschiedenen Substanzen:

1)  Trichlortoluol, durch Substitution aus Toluol.
2)  Bichlorbenzylchlorid, als Substitutionsproduct von Benzylchlorid.
3)  Monochlorchlorobenzol, als Substitutionsproduct von Chloro-
    benzol.
4)  Benzoësäuretrichlorid, durch Einwirkung von $PCl_5$ auf Benzoyl-
    chlorid.

Das Trichlortoluol sollte, der Darstellung nach, seine drei Chloratome in der Hauptkette enthalten; während im Bichlorbenzylchlorid ein
Atom Chlor in der Seitenkette, die beiden anderen in der Hauptkette
enthalten sind. Wenn das Chlortoluol wirklich mit dem Benzylchlorid
identisch ist, so ist die Identität der beiden Trichloride an sich nachgewiesen.

Das Benzoësäuretrichlorid enthält offenbar seine drei Chloratome in
der Seitenkette; es entsteht aus Benzoylchlorid ($C_6H_5 \cdot COCl$) durch Vertretung des Sauerstoffs durch Chlor, genau wie das Chlorobenzol aus
Bittermandelöl. Was nun das gechlorte Chlorobenzol angeht, so könnte
es auf den ersten Blick zweifelhaft erscheinen, ob das Chlor in den Kern
oder in die Seitenkette eintritt. Bedenkt man dann aber, daß das Bittermandelöl (Benzoylhydrür) bei Einwirkung von Chlor nicht gechlortes
Bittermandelöl (Chlorbenzoylhydrür), sondern vielmehr Benzoylchlorür
liefert, so wird es wahrscheinlicher, daß das dem Bittermandelöl analoge
Chlorobenzol (Benzochlorylhydrür) eine entsprechende Reaction zeigt,
d. h., daß es ebenfalls den noch vorhandenen Wasserstoff der Seitenkette
gegen Chlor austauscht. Das gechlorte Chlorobenzol und das Trichlorid
der Benzoësäure müssen also identisch sein. Man hat demnach:

$$C_6H_2Cl_3 \cdot CH_3 \qquad C_6H_3Cl_2 \cdot CH_2Cl \qquad C_6H_5 \cdot CCl_2Cl$$

Trichlortoluol       Bichlorbenzylchlorid    Benzoësäuretrichlorid
                                          u. gechlortes Chlorobenzol.

Mit diesen aus der Theorie hergeleiteten Ansichten stimmen in der
That die bis jetzt vorliegenden Beobachtungen überein. Nach neueren
Versuchen von L i m p r i c h t[1]) ist das gechlorte Chlorobenzol identisch
mit dem Trichlorid der Benzoësäure. Das Trichlortoluol dagegen besitzt
nach N a q u e t's Angaben, welchen L i m p r i c h t beistimmt, abwei-

---

[1]) Diese Annalen CXXXV. 80 (1865).

Annalen der Chemie u. Pharm. Bd. CXXXVII. Taf. II.

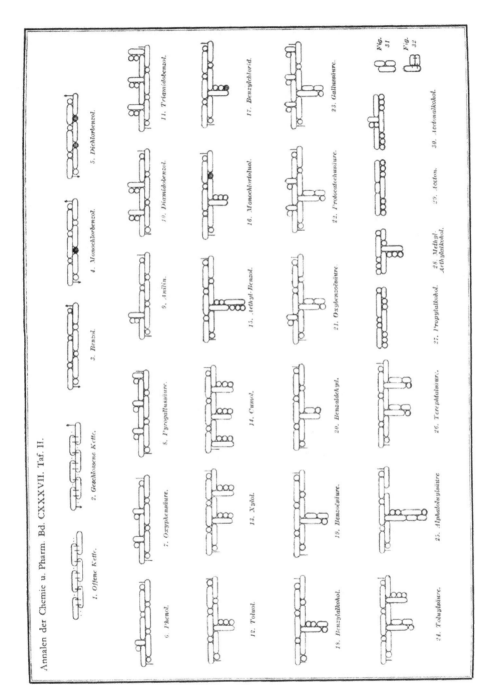

1. Offene Kette.

2. Geschlossene Kette.

3. Benzol.

4. Monochlorbenzol.

5. Dichlorbenzol.

6. Phenol.

7. Oxyphensäure.

8. Pyrogallussäure.

9. Anilin.

10. Diamidobenzol.

11. Triamidobenzol.

12. Toluol.

13. Xylol.

14. Cumol.

15. Aethyl-Benzol.

16. Monochlortoluol.

17. Benzylchlorid.

18. Benzylalkohol.

19. Benzoësäure.

20. Benzaldehyd.

21. Oxybenzoësäure.

22. Protocatechusäure.

23. Gallussäure.

24. Toluylsäure.

25. Alphatoluylsäure.

26. Terephtalsäure.

27. Propylalkohol.

28. Methyl-
Aethylalkohol.

29. Aceton.

30. Acetonalkohol.

Fig. 31

Fig. 32

chende Eigenschaften. Ein zweifach-gechlortes Benzylchlorid ist als solches bis jetzt nicht dargestellt.

Sollte das Monochlortoluol mit dem Benzylchlorid wirklich identisch
sein, so fallen die an Chlor reicheren Abkömmlinge beider zusammen,
und es wäre dann von Interesse, die entsprechenden Bromderivate zu
untersuchen, da nach den oben mitgetheilten Beobachtungen das Mono-
bromtoluol von dem Benzylbromid bestimmt verschieden ist.

Ich kann diese Mittheilungen nicht schließen, ohne meinem Assistenten, Herrn Dr. G l a s e r , für die werthvolle Hülfe zu danken, die er mir
bei Ausführung der beschriebenen Versuche geleistet hat.

# Einwirkung von Brom auf Anilin.

## Von Aug. Kekulé.

Z, f. Ch.. N. F. 2, 687—689 (1866).

Bei Einwirkung von Jod auf Anilin entsteht bekanntlich leicht Monojodanilin; durch Behandeln von Anilin mit Chlor oder Brom hatte man
dagegen seither nur Trichloranilin und Tribromanilin erhalten, und es
geht sogar wie ein Dogma durch die chemische Literatur, daß bei diesen
Reactionen einzig und direct die dreifach-substituirten Derivate des
Anilins erzeugt würden.

Das Monochloranilin und das Monobromanilin waren ursprünglich
durch Zersetzung der entsprechenden Substitutionsproducte des Isatins
dargestellt worden; später lernte man sie dadurch bereiten, daß man erst
Substitutionsproducte von Aniliden darstellte und diese dann durch Alkalien zerlegte; man fand dann weiter, daß die Nitroderivate des Chlor-
benzols und des Brombenzols dieselben Modificationen des Chloranilins
und des Bromanilins zu liefern im Stande sind.

Da zudem das Monochloranilin und das Monobromanilin leicht in
Octaëdern krystallisiren, · während das Monojodanilin niemals in
Octaëdern erhalten wird, so waren manche Chemiker geneigt, dem letz-
teren eine ganz andere Constitution zuzuschreiben, als dem Chlor- oder
Bromanilin (vergl. H o f m a n n , diese Zeitschr. 1864, 283).

Es schien mir von Wichtigkeit nachzuweisen, nicht nur, daß das Jodanilin ein wahres Substitutionsproduct, sondern auch, daß es das dem

gewöhnlichen Monochloranilin und Monobromanilin entsprechende Substitutionsderivat des Anilins ist.

Ich habe deshalb zunächst das durch Einwirkung von Jod und Jodsäure auf Benzol entstehende Jodbenzol nitrirt und das so erhaltene Jodnitrobenzol [1]) in Jodanilin übergeführt. Das so dargestellte Jodanilin ist
identisch mit dem durch substituirende Einwirkung von Jod auf Anilin
entstehenden Product; es schmilzt bei 60°. Diese Thatsache ergänzt eine
Angabe von G r i e ß (diese Zeitschr. N. F. **2**, 217), die mir erst bekannt
wurde, nachdem die erwähnten Versuche bereits angestellt waren, und
nach welcher das aus nitrirten Aniliden dargestellte Nitroanilin (wenn
man es erst in Diazonitrobenzol überführt, dieses durch Jodwasserstoff zersetzt und das gebildete Jodnitrobenzol, welches G r i e ß als identisch mit
dem von mir dargestellten Jodnitrobenzol [2]) erkannte, dann reducirt) ein
Jodanilin zu erzeugen im Stande ist, welches mit dem durch Einwirkung
von Jod auf Anilin bereiteten Jodanilin identisch ist [3]).

Ich habe es weiter für nöthig gehalten durch Einwirkung von Brom
auf Anilin selbst Monobromanilin darzustellen, um die Identität des so
dargestellten Productes mit dem seither nur indirect gewonnenen, gewöhnlichen Monobromanilin nachzuweisen. Der Versuch hatte für mich auch
deshalb Interesse, weil es mir darauf ankam nachzuweisen, daß das in
Amidobenzol (Anilin) eintretende Brom denselben Ort aufsucht, den es
dann einnimmt, wenn es in Anilide eintritt, und auch denselben relativen Ort, den die Nitrogruppe erfüllt, wenn sie in Brombenzol eintritt.

Der einfachste Versuch zeigt leicht, daß das Tribromanilin nicht das
directe Product der Einwirkung von Brom auf Anilin ist; aber es ist
nichtsdestoweniger schwer die anfangs erzeugten, an Brom ärmeren
Substitutionsderivate des Anilins abzuscheiden.

Ich glaube eine genauere Beschreibung der Versuche hier unterlassen
zu dürfen und will nur erwähnen, daß ich das Brom entweder in Dampfform und mit Luft gemengt auf reines Anilin einwirken ließ, oder daß ich
einer Lösung von Anilin in reinem Benzol (welches bekanntlich von Brom

---

[1]) Irrtümlich steht dort „Jodbenzol". (A.)

[2]) Irrtümlich steht dort „Nitrobenzol". (A.)

[3]) Ich will bei der Gelegenheit erwähnen, daß aus gewöhnlichem Jodanilin.
wenn man es zunächst in salpetersaures Diazojodbenzol überführt und dieses dann
durch Jodwasserstoffsäure zersetzt, ein Bijodbenzol erhalten wird, das identisch ist
mit dem Bijodbenzol. welches ich früher durch Einwirkung von Jod und Jodsäure
auf Benzol erhalten hatte. Schmelzpunkt 128°.

nur langsam angegriffen wird) eine Lösung von Brom in Benzol allmälig zufügte. In beiden Fällen entsteht, neben bromwasserstoffsaurem Anilin, ein Gemenge von *Monobromanilin*, *Bibromanilin* und *Tribromanilin*.

Das so gebildete Monobromanilin ist identisch mit dem gewöhnlichen Monobromanilin; es krystallisirt in Octaëdern und schmilzt bei 57,5°. Das Bibromanilin ist ebenfalls identisch mit dem aus Bibromisatin oder aus nitrirtem Bibrombenzol entstehenden Bibromanilin; es schmilzt bei 79,5°. Ueber das Tribromanilin sind keine weitern Angaben nöthig, da dieser Körper schon seit lange auf diesem Wege erhalten worden ist.

Ich will hier noch einer Erfahrung Erwähnung thun, die ich bis jetzt nicht weiter verfolgt habe. Wird dem Producte der Einwirkung von Bromdampf auf Anilin (einer breiigen braunvioletten Masse) zunächst durch Wasser das meiste bromwasserstoffsaure Anilin entzogen und das Ungelöste dann in der Kälte mit Salzsäure von 1,1 spec. Gew. behandelt, so erhält man eine tiefrothe Lösung, aus welcher Ammoniak ein Oel abscheidet, welches wesentlich aus Anilin und Monobromanilin besteht. Destillirt man dieses Gemenge in einem Strom von Wasserdampf, so geht anfangs reines Anilin über, die späteren Antheile enthalten Monobromanilin und selbst Bibromanilin, die letzten Destillate erstarren krystallinisch. Nimmt man die Destillation ohne Wasserdampf vor, so destillirt anfangs ebenfalls Anilin ab, dann tritt plötzlich heftiges Schäumen ein und der Retorteninhalt verwandelt sich in eine tiefblaue harzartige Masse. Dieselbe Erscheinung zeigt sich, wenn das mit Wasserdampf abdestillirte Gemenge von Anilin und Bromanilin einer nochmaligen Destillation unterworfen wird. Die so erzeugte blaue Masse enthält einen wahren Farbstoff, den ich indessen bis jetzt nicht in einer Form abscheiden konnte, die zu weiterer Untersuchung aufgemuntert hätte. Ich habe mich noch durch besondere Versuche davon überzeugt, daß auch beim Erhitzen eines Gemenges von Anilin mit reinem Bromanilin oder Jodanilin zuletzt ein tiefblau gefärbtes Harz gebildet wird.

Die Bromderivate des Benzols sind übrigens nicht die einzigen Producte, die bei der Behandlung von Anilin mit dampfförmigem Brom auftreten. Kocht man nämlich den oben erwähnten, in Salzsäure von 1,1 sp. Gew. unlöslichen Rückstand wiederholt mit verdünnter Salzsäure aus, so setzen die ersten Abkochungen, die stets tiefroth gefärbt sind, beim Erkalten schwach gefärbte Krystallisationen ab, die wesentlich aus salzsaurem Bibromanilin bestehen. Die späteren Auszüge liefern kleine tiefblaue Nadeln, die aus viel siedendem Wasser umkrystallisirt werden können und dann prachtvoll stahlblaue Nadeln darstellen. Diese Krystalle sind nichts Anderes als das salzsaure Salz derselben gelben Base, die G r i e ß und M a r t i u s (d. Zeitschr. N. F. **2**, 132) vor Kurzem beschrieben und als *Amidodiphenylimid* $C_{12}H_{11}N_3$ bezeichnet haben. Was die Constitution dieser Base angeht, so werde ich darauf in einer der folgenden Mittheilungen näher eingehen; ich bezeichne sie einstweilen als *Amido-azobenzol*.

Es ist schwer sich von der Bildung des Amido-azobenzols bei Einwirkung von Brom auf Anilin Rechenschaft zu geben. Ich vermuthe, daß zunächst, vielleicht unter Mitwirkung von Wasser, eine Diazoverbindung erzeugt wird, die dann in den Bedingungen des Versuchs nothwendig in Amido-azobenzol übergehen muß.

---

# Ueber Reduction von Nitrokörpern durch Zinn und Salzsäure.

## Von Aug. Kekulé.

Zeitschr. f. Chemie, N. F. **2**, 695—696 (1866).

Bekanntlich hat R o u s s i n (Jahresb. 1861, 637 u. 643) zuerst ein Gemenge von Zinn und Salzsäure zur Reduction von Nitrokörpern in Anwendung gebracht. Er führte auf diese Weise das Nitronaphtalin in Naphtalidin über, und er zeigte außerdem, daß die Pikrinsäure bei Behandlung mit demselben Reductionsgemische eine tief eingreifende Reduction erfährt. Bald nachher wandte S c h e u r e r - K e s t n e r (Jahresb. 1862, 694) dasselbe Reductionsverfahren zur Darstellung von Anilin an. In neuerer Zeit hat B e i l s t e i n (Ann. Ch. Pharm. **130,** 242) wiederholt auf die Vortheile dieser Reductionsmethode aufmerksam gemacht und dabei besonders hervorgehoben, „daß ein Gemenge von Zinn und Salzsäure stets in der Weise einwirkt, daß sämmtliches $NO_2$ durch die äquivalente Menge $NH_2$ vertreten wird".

Da ich in der letzten Zeit häufig Gelegenheit hatte diese Methode der Reduction in Anwendung zu bringen, so will ich hier einige Erfahrungen und Versuchsresultate mittheilen. Ich habe dabei nicht die Absicht practische Vorschriften zur Reduction dieses oder jenes Nitrokörpers zu geben — (die Wahl des zur Reduction jedes einzelnen Nitrokörpers geeignetsten Reductionsverfahrens bleibt zweckmäßig der Erfahrung und Geschicklichkeit des Einzelnen überlassen) — es kommt mir einzig darauf an, einzelne Punkte aufzuklären, die mir für die Theorie der Reduction durch Zinn und Salzsäure von Wichtigkeit scheinen.

Die von Beilstein gegebenen Vorschriften wenden stets eine solche Menge von Zinn an, daß bei vollständiger Reduction des angewandten Nitrokörpers Zinnchlorür gebildet werden kann. Nun ist zwar ein Ueberschuß von Zinn entschieden zweckmäßig, namentlich wenn die zu reducirende Substanz allmälig in das Reductionsgemisch eingetragen wird; aber es ist für die Theorie der Methode gewiß wichtig zu wissen, daß die Reaction bis zur Bildung von Zinnchlorid gehen kann, und daß selbst fertig gebildetes Zinnchlorür, bei Anwesenheit von Salzsäure, auf viele Nitrokörper reducirend einwirkt. Fügt man z. B. zu Nitrobenzol eine salzsaure Lösung von Zinnchlorür, so tritt nach wenigen Augenblicken heftige Reaction ein, und das Nitrobenzol wird unter starker Erhitzung zu Anilin reducirt.

Was nun weiter die Frage angeht, auf die Beilstein besonders Gewicht legt, die nämlich, daß stets sämmtliches $NO_2$ durch die äquivalente Menge $NH_2$ ersetzt werde, so ist dabei wesentlich die Natur des angewandten Lösungsmittels, und die Löslichkeit oder Unlöslichkeit des zu reducirenden Nitrokörpers und des bei unvollständiger Reduction entstehenden Zwischenproductes zu berücksichtigen. Wird Zinn und wäßrige Salzsäure angewandt, und ist der zu reducirende Körper in wäßriger Salzsäure unlöslich, das bei halber Reduction entstehende Zwischenproduct dagegen löslich, so wird ein Theil des angewandten Nitrokörpers in das letztmögliche Reductionsproduct umgewandelt, während der etwa überschüssig angewandte Nitrokörper unangegriffen bleibt. Bringt man z. B. Binitrobenzol mit wäßriger Salzsäure und wenig Zinn zusammen, so entsteht, neben Zinnchlorid, nur Diamidobenzol (Phenylendiamin), und es bleibt viel Binitrobenzol unangegriffen. Es hat dies seinen Grund, wie schon erwähnt, darin, daß das Binitrobenzol in wäßriger Salzsäure unlöslich ist, während das durch halbe Reduction entstehende Zwischenproduct gelöst wird; das letztere wird dann, weil in Lösung, leichter angegriffen als der ungelöste Binitrokörper weiter reducirt.

Bringt man Binitrobenzol, Zinn und wäßrige Salzsäure in den Verhältnissen zusammen, daß geradeauf Zinnchlorür und Paranitroanilin entstehen könnte, so wird Zinnchlorid und Paraphenylendiamin gebildet. Fehlt es an Zinn, so entsteht doch nur Paraphenylendiamin, und das Product enthält kein Para-nitranilin.

Wird dagegen statt wäßriger Salzsäure eine alkoholische Lösung von
Salzsäure angewandt; löst man z. B. Binitrobenzol in Alkohol, setzt man
die zur halben Reduction und für Bildung von Zinnchlorid berechnete
Menge von Zinn zu und leitet man dann Salzsäuregas ein, so entsteht
Para-nitroanilin. In diesen Bedingungen kann also, weil das zu redu-
cirende Material in Lösung ist, das durch halbe Reduction entstehende
Zwischenproduct erhalten werden.

Zahlreiche, in meinem Laboratorium ausgeführte Versuche haben gezeigt, daß das Verfahren der Reduction mit Zinn und wäßriger Salzsäure
zur Darstellung der letzten Reductionsproducte ungemein geeignet ist.
Ob dasselbe Verfahren, bei geeigneter Wahl des Lösungsmittels, zur Darstellung von Producten unvollständiger Reduction zweckmäßig ist, müssen weitere Erfahrungen lehren. Der Theorie nach sollte es in manchen
Fällen besondere Vorzüge darbieten, insofern es ein genaues Abwiegen
des Reductionsmittels möglich macht.

# Ueber das Nitrotoluol.

## Von Aug. Kekulé.

Z. f. Ch., N. F. 3, 225—228 (1867).

J a w o r s k y (diese Zeitschrift N. F. **1**, 222) hat vor einiger Zeit
festes und krystallisirbares Nitrotoluol beschrieben. Er erhielt es als
Destillationsrückstand bei der Darstellung des gewöhnlichen Nitrotoluols, oder auch dadurch, daß er Nitrotoluol in rauchender Schwefelsäure löste und mit Wasser fällte. Er sagt: „entweder hat sich also das
flüchtige Nitrotoluol durch Berührung mit rauchender Schwefelsäure in
eine isomere Modification verwandelt, oder — und das scheint mir wahrscheinlicher — durch die rauchende Schwefelsäure sind kleine Bei-
mengungen aus dem Nitrotoluol entfernt worden, welche das Krystallisiren desselben verhindern." Seitdem hat A l e x e y e f f (diese Zeitschrift
N. F. **2**, 269) aus diesem krystallisirten Nitrotoluol durch Behandlung
mit Natriumamalgam ein Azotoluid erhalten, welches dieselben äußeren
Eigenschaften und denselben Schmelzpunkt besaß wie das Azotoluid,
welches J a w o r s k y und W e r i g o aus gewöhnlichem Nitrotoluol dargestellt hatten.

Nach diesen Angaben hatte die Ansicht, das feste Nitrotoluol sei
nichts Anderes als das gewöhnliche in reinerem Zustande, eine gewisse
Wahrscheinlichkeit (Kekulé, Lehrb. d. org. Chem. 2, 568). Da man
indeß schon mehrfach, und namentlich in neuerer Zeit, bei Darstellung
von Substitutionsproducten das gleichzeitige Auftreten zweier isomerer
Modificationen beobachtet hat, so hätte man annehmen können, dasselbe
fände auch bei Einwirkung von Salpetersäure auf Toluol statt. Die feste
Modification konnte schwerer flüchtig sein und von Schwefelsäure weniger leicht angegriffen werden als die flüchtige. Die Existenz einer mit
dem gewöhnlichen Nitrotoluol isomeren Modification wäre für die Theorie von nicht geringem Interesse gewesen. Man hätte aus ihr eine mit
dem gewöhnlichen Toluidin isomere Base, und aus dieser, durch Zersetzung der entsprechenden Diazoverbindung, ein isomeres Monojodtoluol und ein isomeres Kresol u. s. w. müssen darstellen können.

Meine Versuche haben gezeigt, daß das feste Nitrotoluol nichts
Anderes ist als reines Nitrotoluol, und daß das flüchtige Nitrotoluol eine
unreine Substanz ist, wie dies Jaworsky schon vermuthete. Ich will
die Beobachtungen, die ich über diesen Gegenstand gemacht habe, hier
kurz zusammenstellen.

Wird gewöhnliches Nitrotoluol, von dem weiter unten noch die Rede
sein wird, der Destillation unterworfen, so geht bei weitem die größte
Menge zwischen 220—225° über. Dann steigt das Thermometer allmälig.
Was über 233° überdestillirt, erstarrt bald krystallinisch und auch die
vorher aufgefangenen Antheile setzen häufig Krystalle ab. Bei jeder
neuen Rectification wiederholt sich dasselbe Verhalten und es gelingt
leicht sich genügende Mengen des festen Nitrotoluols darzustellen. Durch
wiederholte Rectification, durch Auspressen, Krystallisiren aus Alkohol
oder aus Aether erhält man die Substanz leicht rein.

Das so dargestellte Nitrotoluol siedet bei 237°; es krystallisirt mit
ausnehmender Leichtigkeit und bildet namentlich beim freiwilligen Verdunsten der ätherischen Lösung große und wohlausgebildete Krystalle.
Bei längerem Erwärmen mit Salpeterschwefelsäure geht es leicht in
Binitrotoluol über, welches mit dem gewöhnlichen Binitrotoluol identisch ist. Wird festes Nitrotoluol mit reducirenden Gemischen behandelt,
so entsteht gewöhnliches Toluidin. Nimmt man die Reduction mit Zinn
und Salzsäure vor und engt man die vom Zinn befreite Lösung ein, so
scheiden sich Krystalle von salzsaurem Toluidin aus. Uebersättigt man
die salzsaure Lösung mit Natronlauge, so bilden sich Oeltropfen, die

bald krystallinisch erstarren, und beim Erkalten setzen sich noch Krystallblätter von Toluidin ab. Wird das so gefällte Toluidin der Destillation unterworfen, so geht die ganze Menge genau beim Siedepunkte des Toluidins über und schon der erste Tropfen erstarrt krystallinisch. Das so erhaltene Toluidin zeigt genau den Schmelzpunkt der aus gewöhnlichem Toluidin nach den bekannten Methoden dargestellten reinen Base.

Oxydirt man festes Nitrotoluol mittelst chromsauren Kalis und Schwefelsäure, so entsteht Paranitrobenzoësäure (Nitrodracylsäure). Die Oxydation erfolgt leichter als bei gewöhnlichem Nitrotoluol, die Ausbeute ist größer und das Product weit reiner.

Nach diesen Thatsachen kann zunächst kein Zweifel darüber sein, daß das feste Nitrotoluol dem gewöhnlichen Toluidin und der Paranitrobenzoësäure entspricht. Die Annahme, das flüssige Nitrotoluol enthielte eine mit dem festen isomere Modification, ist nicht wohl zulässig. Man hätte gewiß neben dem gewöhnlichen Toluidin schon eine isomere Modification dieser Base beobachtet, und man hätte sicher bei der Oxydation neben der Paranitrobenzoësäure eine isomere Modification, etwa die Nitrobenzoësäure, erhalten. Statt dessen wird aus flüchtigem Nitrotoluol gewöhnliches Toluidin und Paranitrobenzoësäure erhalten, aber beide Producte entstehen in unreinerem Zustande, als aus dem reinen und festen Nitrotoluol.

Die Annahme, das flüchtige Nitrotoluol sei ein Gemisch verschiedener Körper, findet eine weitere Stütze in folgenden Beobachtungen. Wendet man zur Darstellung des Nitrotoluols ein durch häufige Rectification direct aus Steinkohlentheeröl abgeschiedenes Toluol an, so geht, wie schon erwähnt, bei der ersten Destillation bei weitem die größte Menge zwischen 220—225° über, und das Thermometer bleibt bei etwa 223° in auffallender Weise constant. Bei einer zweiten und dritten Rectification wiederholen sich dieselben Erscheinungen und wenn man sich mit wenig Destillationen begnügt, so könnte man zu der Ansicht verleitet werden, man habe eine reine Substanz unter den Händen, deren wahrer Siedepunkt bei 223° liege. Setzt man die Destillation länger fort, so verschwindet der scheinbar constante Siedepunkt; es destilliren stets beträchtliche Quantitäten bei niedrigeren und bei höheren Temperaturen über.

Verwendet man aus Toluolsulfosäure dargestelltes Toluol, und nitrirt man mit Vorsicht, indem man zu starke Erhitzung vermeidet, so wird gleich von Anfang keine Neigung zu constantem Siedepunkt beobachtet.

Es gelingt kaum ein paar Tropfen abzuscheiden, die nach wiederholter Rectification bei etwa 223° übergehen. Man erhält dagegen schon bei der ersten Destillation viel festes Nitrotoluol und jede neue Rectification liefert weitere Mengen.

Die Frage nun, welche Substanz dem Nitrotoluol beigemengt sei und den niedrigen Siedepunkt veranlasse, ist schwer zu entscheiden. Ich habe zunächst flüssiges, bei 223° siedendes Nitrotoluol mit Zinn und Salzsäure in einem Destillirapparate reducirt. Die ganze Menge wird reducirt und es destillirt mit den Wasserdämpfen kein Kohlenwasserstoff über. Ich habe weiter beobachtet, daß die aus demselben Nitrotoluol dargestellte Base, die in nicht erstarrenden Oeltropfen ausfällt, neben Toluidin auch Anilin enthält. Ich habe endlich reines Nitrotoluol und reines Nitrobenzol in äquivalenten Mengen gemischt und das Gemisch der Destillation unterworfen. Das Thermometer stieg direct auf 220°, blieb lange bei etwa 223° und die bei weitem größte Menge destillirte unter 227°. Nur die geringen Antheile, die über 230° übergingen, erstarrten krystallinisch. Ein derartiges Gemenge verhält sich also ganz ähnlich wie das gewöhnliche Nitrotoluol.

Es wird durch diese Versuche zum mindesten sehr wahrscheinlich, daß der Körper, den man seither für Nitrotoluol ansah, nichts Anderes ist, als ein Gemenge von Nitrotoluol mit Nitrobenzol. Der Siedepunkt des sogenannten Nitrotoluols liegt zudem sehr nahe in der Mitte zwischen dem Siedepunkt des Nitrobenzols (205°) und dem des reinen Nitrotoluols (237—238°).

Es ist gewiß auffallend, daß man ein Gemisch zweier Körper, oder jedenfalls ein unreines Product, so lange für eine reine Substanz ansah, und daß selbst neuere Beobachter einen constanten Siedepunkt bei 222—223° angeben. Jedenfalls lehren die bei der Destillation des flüssigen Nitrotoluols auftretenden Erscheinungen von Neuem, daß die Trennung chemisch nahestehender Körper durch Destillation allein ganz illusorisch werden kann, daß man bei derartigen Trennungen und Reinigungen mit mehr Umsicht verfahren und scheinbar constante Siedepunkte mit mehr Mißtrauen aufnehmen muß, als dies seither häufig geschehen ist.

Wenn man annehmen will, das flüssige Nitrotoluol enthalte Nitrobenzol, so wirft sich endlich die Frage auf, wie entsteht dieses Nitrobenzol. Für das aus gewöhnlichem Toluol dargestellte Nitrotoluol könnte man annehmen, das Nitrobenzol entstehe aus beigemischtem Benzol.

Man könnte zur Noth für das Nitrotoluol, welches Tollens und Fittig aus synthetisch dargestelltem Methylbenzol erhalten haben, derselben Vermuthung Raum geben. Die Bildung des Nitrobenzols läßt sich indessen vielleicht auch in anderer Weise erklären. Vielleicht wird bei Einwirkung von Salpetersäure auf Toluol (Methylbenzol) und namentlich wenn während der Einwirkung beträchtliche Temperaturerhöhung stattfindet, die Methylseitenkette durch Oxydation entfernt und durch den Rest der Salpetersäure ersetzt. Aus Toluol entsteht also vielleicht Nitrobenzol. Ich bin leider im Augenblicke nicht in der Lage diese Frage durch den Versuch zu entscheiden, da mir kein völlig reines Toluol zur Verfügung steht. Ich hatte gehofft, durch Zersetzung der aus reinem Toluidin dargestellten Diazoverbindung mit Alkohol reines Toluol zu erhalten. Der Versuch gab nicht das gewünschte Resultat. Man erhält verhältnißmäßig wenig Toluol, und neben diesem eine beträchtliche Menge eines höher siedenden Kohlenwasserstoffs, dessen Untersuchung ich auf später verschieben muß.

Ich will bei der Gelegenheit noch mittheilen, daß auch das Monojodtoluol fest und krystallisirbar ist. Körner hat diesen Körper, zum Zweck weiterer Untersuchung, vor Kurzem aus Toluidin, resp. der aus Toluidin entstehenden Diazoverbindung dargestellt; er hat ihn in Parajodbenzoësäure umgewandelt u. s. w.

Gent, März 1867.

# Beziehung zwischen den Diazoverbindungen und den Azoverbindungen, und Umwandlung des Diazoamidobenzols in Amido-azobenzol.

## Von Aug. Kekulé.

Z. f. Ch. N. F. 2, 689—693 (1866).

Meine Ansichten über die Constitution des Azobenzols und verwandter Körper sind vor einiger Zeit schon von meinem Assistenten Herrn Dr. Glaser (diese Zeitschr. N. F. 2, 308) veröffentlicht worden, und es ist daher unnöthig hier ausführlicher auf diesen Gegenstand einzugehen. Vergleicht man die rationelle Formel des Azobenzols mit der

im vorhergehenden Abschnitt [1]) mitgetheilten Formel des Diazobenzol-
bromids oder entsprechender Verbindungen:

Azobenzol . . . . . $(C_6H_5) - N = N - (C_6H_5)$
Diazobenzol-bromid . . $(C_6H_5) - N = N - Br$;

so sieht man leicht, daß beide Formeln einen gemeinschaftlichen Theil
enthalten, nämlich: $C_6H_5 - N = N -$.

Das Azobenzol könnte als die Phenolverbindung derselben Gruppe
angesehen werden, deren Bromid das Diazobenzol-bromid ist und vielleicht werden schon begonnene Versuche es möglich machen aus dem
Diazobenzol-bromid, oder aus entsprechenden Verbindungen, in das
Azobenzol überzugehen, oder umgekehrt.

Das Diazo-amidobenzol ist isomer mit der von G r i e ß und M a r -
t i u s untersuchten und als Amido-diphenylimid bezeichneten Base, von
der ich in einem der vorhergehenden Abschnitte (S. 456) zeigte, daß sie
auch durch Einwirkung von Brom auf Anilin gebildet wird. Diese gelbe
Base kann, ihrem ganzen Verhalten nach als ein Mon-amidoderivat des
Azobenzols angesehen werden, eine Ansicht, die G r i e ß und M a r t i u s
bereits ausgesprochen haben [2]). Ihre Beziehung zum Diazo-amidobenzol
erhellt dann aus folgenden Formeln:

Diazo-amidobenzol $C_6H_5 - N = N - NH(C_6H_5)$
Amido-azobenzol $C_6H_5 - N = N - C_6H_4(NH_2)$

In beiden Körpern ist die den Diazoderivaten und den Azoderivaten
gemeinsame Gruppe: $C_6H_5 - N = N -$ mit einem Rest von gleicher
Zusammensetzung vereinigt $(C_6H_6N)$, aber im Amido-azobenzol steht
die Stickstoffgruppe $N_2$ mit diesem Rest durch eine Kohlenstoffverwandt-
schaft in Verbindung, während in dem Diazo-amidobenzol der Zusammenhang durch ein drittes Stickstoffatom vermittelt wird.

Man wird bemerken, daß die Formel, die ich für das Amidoazobenzol

---

[1]) Offenbar bezieht sich dieser Hinweis auf die in der Zeitschr. f. Ch. **2**, 700–703
— also im nachstehenden Abschnitt — „Ueber die Constitution der Diazoverbindungen" S. 468 gegebene Formel für Diazobenzolbromid $C_6H_5 - N = N - Br$. (A.)

[2]) Daß ich den Namen Amido-diphenylimid durch Amido-azobenzol ersetze,
hat seinen Grund darin, daß ich das Azobenzol nicht für ein Diphenylderivat, für
Diphenylimid, ansehen kann, wie G r i e ß und M a r t i u s es thun. Das Azobenzol
enthält entschieden zwei selbständige und nur durch Stickstoff zusammengehaltene
Kohlenstoffgruppen; im Diphenylimid dagegen müßte, wie im Diphenyl selbst, eine
complicirtere Kohlenstoffgruppe enthalten sein, welche aus zwei Benzolresten entstanden ist, die durch Kohlenstoffaffinitäten zusammengehalten werden.

gebrauche, mit der Ansicht zusammenfällt, die F i t t i g (Ann. Ch. Pharm.
**124,** 248) und später E r l e n m e y e r (d. Zeitschr. 1863, 680) über die
Constitution der Diazo-amidoverbindungen ausgesprochen hatten. Daß
diese Formel mit dem Gesammtverhalten der Diazoamidoverbindungen
im Widerspruch steht, hat G r i e ß (Ann. Ch. Pharm. **131,** 99) bereits gezeigt; sie kommt in der That nicht dem Diazo-amidobenzol sondern dem
mit ihm isomeren Amido-azobenzol zu.

Die eben entwickelten Ansichten ließen es wahrscheinlich erscheinen,
daß das Diazo-amidobenzol in geeigneten Bedingungen in Amido-azobenzol würde übergehen können, und ich habe denn auch gefunden, daß
diese Umwandlung leicht und vollständig erfolgt, wenn man Diazo-
amidobenzol in alkoholischer Lösung mit salzsaurem Anilin einige Zeit
sich selbst überläßt. Die Reaction kann durch folgende Formelgleichung
ausgedrückt werden:

$$\underset{\text{Diazo-amidobenzol}}{C_{12}H_{11}N_3} + C_6H_7N \cdot HCl = \underset{\text{Amido-azobenzol}}{C_{12}H_{11}N_3} + C_6H_7N \cdot HCl$$

Diese Gleichung scheint freilich auf den ersten Blick sehr wenig zu
sagen, um so weniger, da auf beiden Seiten salzsaures Anilin fungirt;
sie giebt über den Mechanismus der Umwandlung keinerlei Aufschluß,
aber sie ist nichtsdestoweniger ein wahrer Ausdruck der Thatsache, und
sie zeigt gerade deshalb, daß empirische Zersetzungsgleichungen, die
nur die entstehenden Producte mit den angewandten Materialien in
Gleichung setzen, verhältnißmäßig wenig Werth haben.

Der Mechanismus dieser Metamorphose, die zur Noth als moleculare
Umlagerung aufgefaßt werden könnte — (eine Reaction, die nach meiner
Ansicht so gut wie nie vorkommt, insofern fast alle sogenannte moleculare Umlagerungen auf doppelte Zersetzung zurückgeführt werden
können) — ist offenbar folgender. Der im Diazoamidobenzol durch Vermittlung des Stickstoffs gebundene Anilinrest: $NH \cdot C_6H_5$ wird durch
das einwirkende Anilinsalz verdrängt; ein gleich zusammengesetzter
Anilinrest tritt jetzt durch Vermittlung des Kohlenstoffs, mit den zwei
Stickstoffatomen in Bindung:

Diazo-amidobenzol $C_6H_5{-}N = N - NH \cdot C_6H_5 + C_6H_5 \cdot NH_2 \cdot HCl$
giebt:
Amido-azobenzol $C_6H_5{-}N = N - C_6H_4 \cdot NH_2 + C_6H_5 \cdot NH_2 \cdot HCl$.

Da bei der Umwandlung des Diazo-amidobenzols in Amido-azobenzol
stets eine dem verbrauchten Anilinsalz gleich große Menge von Anilin-

salz wieder in Freiheit gesetzt wird, so ist es einleuchtend, daß eine verhältnißmäßig kleine Menge von salzsaurem Anilin eine große Menge von
Diazo-amidobenzol in Amido-azobenzol umzuwandeln im Stande ist, was
denn auch durch den Versuch Bestätigung findet. Das Anilinsalz wirkt
gewissermaßen, wenn man sich dieses Ausdruckes bedienen will, als
Ferment.

Wird reines Diazo-amidobenzol mit salzsaurem Anilin in alkoholischer
Lösung sich selbst überlassen, so ist die Umwandlung meist in zwei
Tagen beendigt. Andere Anilinsalze wirken wie das salzsaure Salz, aber
die Reaction ist weniger rein; auch freies Anilin bringt die Umwandlung
hervor, aber langsamer und mit gleichzeitiger Bildung harzartiger Producte. Da nun bei allen Zersetzungen des Diazo-amidobenzols Anilin in
Freiheit gesetzt wird, so erklärt es sich leicht, daß stets mehr oder
weniger Amido-azobenzol auftritt. Auch die von G r i e ß und M a r t i u s
angewandte Darstellungsmethode läßt sich offenbar auf dieselbe Reaction
zurückführen. Die etwas höhere Temperatur ist es nicht, welche die Bildung des Amido-azobenzols statt des Diazo-amidobenzols veranlaßt; die
gelbe Base entsteht durch Einwirkung von schon gebildetem Diazo-amidobenzol auf das noch vorhandene, oder auf das durch Zersetzung des
Diazo-amidobenzols entstehende Anilin, und man erhält in der That
wenig Amido-azobenzol, wenn man die nach G r i e ß und M a r t i u s
dargestellte alkoholische Lösung direct mit Salzsäure versetzt und weiter
verarbeitet; man erhält bessere Ausbeute, wenn man vor der Verarbeitung bis zum folgenden oder nächstfolgenden Tage wartet. Das von
G r i e ß und M a r t i u s als Nebenproduct beobachtete Phenol dagegen
entsteht durch die, grade bei höherer Temperatur rascher verlaufende
Zersetzung des Diazo-amidobenzols.

Die Umwandlung des Diazo-amidobenzols in das isomere Amidoazobenzol erfolgt so leicht, daß bei jeder Darstellung von Diazo-amidobenzol
etwas Amido-azobenzol gebildet wird.

Ich bin im Augenblicke damit beschäftigt mit dem Amido-azobenzol
homologe Basen darzustellen. Man sieht nämlich leicht, daß die im Vorhergehenden angegebene Bildungsweise des Amido-azobenzols zahlreiche
entsprechende, und so zu sagen demselben Typus zugehörige Basen wahrscheinlich erscheinen läßt. Man kann in einer Diazo-amidoverbindung
den einen oder den andern Bestandtheil nach Willkür wechseln und dann
durch Einwirkung eines entsprechenden Amidoderivats eine dem Amido-
azobenzol ähnliche Verbindung darstellen.

Aus der eben beschriebenen Umwandlung des Diazo-amidobenzols in Amido-azobenzol kann mit Sicherheit geschlossen werden, daß zwischen beiden Verbindungen eine einfache Beziehung stattfindet. Der Zusammenhang der Diazoverbindungen mit den Azoverbindungen ist nichtsdestoweniger noch immer nicht bestimmt dargetan. Obgleich nämlich der als Amido-azobenzol beschriebene Körper, seinem ganzen Verhalten nach, als Amidoderivat des Azobenzols angesehen werden kann, so ist immerhin nicht mit Sicherheit festgestellt, daß ihm wirklich diese Constitution zukommt. Es könnte dies auf zweierlei Weise bewiesen werden.

Man könnte zunächst aus dem Azobenzol das Mononitro-azobenzol darstellen, und dieses durch Reductionsmittel in Monoamido-azobenzol umwandeln, wie dies G r i e ß und M a r t i u s bereits angedeutet haben. Ich habe in dieser Richtung Versuche angestellt, bin aber bis jetzt nicht zu befriedigenden Resultaten gelangt. Der ganze Weg der Beweisführung hat übrigens etwas Unsicheres, insofern das aus Azobenzol darstellbare Amido-azobenzol möglicherweise mit der oben als Amido-azobenzol bezeichneten gelben Base nur isomer aber nicht identisch ist.

Ein zweiter Weg scheint mir entscheidender. Wenn es nämlich gelingt das Amido-azobenzol durch geeignete Behandlung in das ihm entsprechende Azobenzol überzuführen, so ist keine Complication durch etwaige Bildung einer isomeren Substanz zu befürchten. Ich habe nun bereits gefunden, daß das Amido-azobenzol, wenn es in alkoholischer Lösung mit salpetriger Säure behandelt wird, eine (oder vielleicht zwei) Diazoverbindung erzeugt, die beim Kochen mit absolutem Alkohol Zersetzung erleidet. Das entstehende Zersetzungsproduct sollte Azobenzol sein; und ich habe in der That aus diesem Zersetzungsproduct einen Körper abscheiden können, der mit dem Azobenzol große Aehnlichkeit zeigt, und mit dessen Reindarstellung ich im Augenblick beschäftigt bin.

---

# Ueber die Constitution der Diazoverbindungen.

## Von Aug. Kekulé.

Z. f. Ch. N. F. 2, 700—703 (1866).

Seit langer Zeit wohl haben neue Körperklassen die Aufmerksamkeit der Chemiker nicht in so hohem Maaße und so mit Recht in Anspruch genommen, wie die von G r i e ß entdeckten Diazoverbindungen. Ueber die Constitution dieser merkwürdigen Substanzen sind mehrfach Vermuthungen ausgesprochen worden; es will mir indessen scheinen, als schließe sich keine derselben den Thatsachen in hinlänglich befriedigender Weise an.

Grieß selbst hat in allen seinen Abhandlungen, theoretische Betrachtungen, wie er selbst sagt, fast vollständig vermieden. Er macht darauf aufmerksam, daß man die Diazoverbindungen entweder mit den Amidoderivaten, aus welchen sie entstehen, oder auch mit den Substanzen, aus welchen diese Amidoderivate erhalten werden, vergleichen kann. Man kann dann entweder sagen: *drei* Atome Wasserstoff des Amidoderivats seien durch *ein* Atom Stickstoff vertreten, oder zwei Atome Wasserstoff der normalen Substanz, seien durch die ihnen äquivalente Gruppe $N_2$ ersetzt. Z. B.:

$$\mathfrak{C}_6\,H_4\,H_3\,N \qquad\qquad \mathfrak{C}_6\,H_4\,N_2$$

Anilin              Diazobenzol

$$\mathfrak{C}_6\,H_6 \qquad\qquad\qquad \mathfrak{C}_6\,H_4\,\overset{''}{N}_2$$

Benzol              Diazobenzol.

Die Constitution dieser zweiwerthigen Gruppe $\overset{''}{N}_2$ kann leicht aus den Grundprincipien der Theorie der Atomigkeit hergeleitet werden, worauf Erlenmeyer und Butlerow speciell aufmerksam gemacht haben (Erlenmeyer, diese Zeitschr. 1861, 176 u. 1863, 678; Butlerow, ebenda 1863, 511; vergl. ferner Handwörterbuch **8**, 698 (1863) $(-N=N-)$.

Wenn man die Ansichten annehmen will, die ich früher über die Constitution der aromatischen Verbindungen im Allgemeinen und des Benzols insbesondere veröffentlicht habe, so ist es schwer einzusehen, wie zwei Wasserstoffatome des Benzols durch die Gruppe $N_2$ ersetzt werden sollen. Die Wasserstoffatome nehmen nämlich im Benzol *nichtbenachbarte* Orte ein, und ein Vertreten zweier nichtbenachbarten Wasserstoffatome durch ein zweiwerthiges Atom oder eine zweiwerthige Gruppe ist mindestens unwahrscheinlich. Ich vermuthe daher, daß die zweiwerthige Gruppe $\overset{''}{N}_2$ nur an einer Stelle mit dem Kohlenstoff des Benzols (oder für complicirtere Diazoverbindungen mit dem Kohlenstoff des Benzolkerns) in Verbindung steht, und daß also in allen Diazoderivaten des Benzols noch fünf vom Benzol herrührende Wasserstoffatome vorhanden sind.

Die einfachsten Verbindungen des Diazobenzols, z. B., können dann durch folgende Formeln ausgedrückt werden:

Diazobenzolbromid . . . $(\mathrm{C_6H_5})^- \mathrm{N} = \mathrm{N}^-.\mathrm{Br}$

Diazobenzolnitrat . . . . $(\mathrm{C_6H_5})^- \mathrm{N} = \mathrm{N}^-.\mathrm{NO_3}$

Diazobenzolsulfat . . . . $(\mathrm{C_6H_5})^- \mathrm{N} = \mathrm{N}^-.\mathrm{SO_4H}$

Diazobenzolkali . . . . . $(\mathrm{C_6H_5})^- \mathrm{N} = \mathrm{N}^-.\Theta\mathrm{K}$

Diazobenzolsilberoxyd . $(\mathrm{C_6H_5})^- \mathrm{N} = \mathrm{N}^-.\Theta\mathrm{Ag}$

Diazobenzolamidobenzol $(\mathrm{C_6H_5})^- \mathrm{N} = \mathrm{N}^- \mathrm{NH}\ (\mathrm{C_6\,H_5})$.

Das freie Diazobenzol, dessen Existenz von Grieß angenommen wird, das aber weder in reinem Zustande dargestellt, noch analysirt werden konnte (dasselbe gilt von seinen Chlor-, Brom-, Jod- und Nitroderivaten), bietet der Erklärung einige Schwierigkeit. Man könnte zwar immerhin annehmen, die nach einer Seite hin mit dem Kohlenstoffskelett des Benzols schon verbundene Stickstoffgruppe $\mathrm{N_2}$ trete auch nach der anderen Seite mit dieser Kohlenstoffgruppe in Bindung; aber diese Auffassung hat, wie sich aus dem Studium der Zersetzungsproducte der Diazobenzolverbindungen ergiebt, wenig Wahrscheinlichkeit. Vielleicht werden die Analysen des freien Diazobenzols und seiner Substitutionsproducte zeigen, daß diese Körper der Kali- und der Silberverbindung analoge Hydrate sind:

$$\text{Diazobenzolhydrat } (\mathrm{C_6\,H_5})^- \mathrm{N} = \mathrm{N}^-.\Theta\,\mathrm{H}$$

Auch die Silberoxydverbindung des Diazobenzols spricht schon zu Gunsten dieser Ansicht; sie erscheint als salzartige Verbindung, und muß nicht als Anlagerung des für sich unbekannten Silberoxydhydrats zu freiem Diazobenzol angesehen werden.

Die Bildung des salpetersauren Diazobenzols und des Diazoamidobenzols erklären sich leicht nach dieser Ansicht. In beiden Fällen werden drei Atome Wasserstoff durch ein Atom Stickstoff ersetzt, der von der salpetrigen Säure herrührt. In beiden Fällen werden zunächst zwei Atome Wasserstoff verwendet, die einem Molecül Amidobenzol zugehören; bei Bildung des salpetersauren Diazobenzols kommt das dritte Wasserstoffatom aus der Salpetersäure; bei Erzeugung des Diazoamidobenzols dagegen aus einem zweiten Molecül Anilin:

Salpetersaures Anilin: $\left.\begin{array}{c}\mathrm{C_6H_5.NH_2}\\ \mathrm{NO_3H}\end{array}\right\}$ giebt $\left.\begin{array}{c}\mathrm{C_6H_5.N}\\ \mathrm{NO_3}\end{array}\right\}\mathrm{N}\ldots$ salpeters. Diazobenzol.

Anilin: $\left.\begin{array}{c}\mathrm{C_6H_5.NH_2}\\ \mathrm{C_6H_5.NHH}\end{array}\right\}$ giebt $\left.\begin{array}{c}\mathrm{C_6H_5N}\\ \mathrm{C_6H_5.NH}\end{array}\right\}\mathrm{N}\ldots$ Diazoamidobenzol.

Zu Gunsten der hier mitgetheilten Ansicht über die Constitution der Diazoverbindungen scheinen mir noch wesentlich alle Metamorphosen zu sprechen, die diese merkwürdigen Körper unter dem Einflusse der ver-

schiedenartigsten Reagentien erleiden. Bei allen Zersetzungen der Diazoverbindungen, z. B., entstehen Producte, die mindestens fünf mit dem
Kohlenstoffkern $C_6$ direct verbundene Wasserstoffatome enthalten;
vorausgesetzt, daß nicht secundäre Reactionen eintreten, durch welche
die anfangs gebildeten Körper weitere Umwandlung erleiden.

Wird z. B. ein Salz des Diazobenzols durch Wasser oder einen Körper zersetzt, der Wasser zu liefern im Stande ist, so entsteht Phenol; ist
ein reducirendes Agens zugegen, so wirkt statt des Wassers Wasserstoff
ein und es entsteht Benzol. Man hat:

| vor der Zersetzung | nach der Zersetzung |
|---|---|
| $C_6 H_5 . N_2 . HSO_4$ | $C_6 H_6 \mid N_2 \mid HSO_4$ |
| $O \quad H \quad H$ | $OH \mid \quad \mid H$ |

| vor der Zersetzung | nach der Zersetzung |
|---|---|
| $C_6 H_5 . N_2 . HSO_4$ | $C_6 H_5 \mid N_2 \mid HSO_4$ |
| $H \quad H$ | $H \mid \quad \mid H$ |

Fast alle Zersetzungen der Diazobenzolverbindungen lassen sich auf
diesen Zersetzungstypus zurückführen. Bei Einwirkung von Jodwasserstoff entsteht z. B. Jodbenzol nach folgendem Schema:

| vor der Zersetzung | nach der Zersetzung |
|---|---|
| $C_6 H_5 N_2 . HSO_4$ | $C_6 H_5 \mid N_2 \mid HSO_4$ |
| $J \quad H$ | $J \mid \quad \mid H$ |

Wirkt statt des Jodwasserstoffs Methyljodid oder Aethyljodid ein, so
verläuft die Reaction ganz ähnlich, z. B.:

| | |
|---|---|
| $C_6 H_5 . N_2 . HSO_4$ | $C_6 H_5 \mid N_2 \mid HSO_4$ |
| $J \quad CH_3$ | $J \mid \quad \mid CH_3$ |

Ich habe in der That gefunden, daß bei diesen Zersetzungen ebenfalls
Jodbenzol gebildet wird, während gleichzeitig Methylschwefelsäure oder
Aethylschwefelsäure erzeugt werden.

Verliefe die Einwirkung von Jodwasserstoff so, wie G r i e ß meint,
so hätte bei Anwendung von Methyljodid offenbar die Bildung von Jod-
methylbenzol erwartet werden sollen:

$$C_6 H_4 N_2 + HJ \quad = C_6 H_5 J \quad + N_2$$
$$C_6 H_4 N_2 + CH_3 J = C_6 H_4 (CH_3) J + N_2 .$$

Daß bei Einwirkung von Salpetersäure auf salpetersaures Diazobenzol
Nitroderivate des Benzols auftreten, kann nicht Wunder nehmen; sie
sind das Product einer secundären Reaction.

Auch die Wirkung concentrirter Schwefelsäure auf schwefelsaures Diazobenzol erklärt sich in dieser Weise; man hat:

$$\text{vor der Zersetzung} \qquad\qquad \text{nach der Zersetzung}$$

$$\text{Erstes Stadium} \quad \frac{C_6\,H_5\,.\,N_2\,.\,HSO_4}{OH \quad H \quad SO_3} \qquad \frac{C_6\,H_5 \;\big|\; N_2 \;\big|\; HSO_4 \;\big|\; SO_3}{OH \qquad\quad\; \big|\; H \;\;\big|}$$

$$\text{Zweites Stadium} \quad C_6\,H_5\,.\,OH + H_2\,SO_4\,.\,SO_3 = C_6\,H_3 \begin{cases} OH \\ SO_3\,H + H_2\,O^{1)} \\ SO_3\,H \end{cases}$$

Die entstehende Säure, die G r i e ß Disulfophenylensäure nennt, ist, wie ich (S. 693)[2]) gezeigt habe, nichts Anderes als ein Disulfoderivat des Phenols.

Die Zersetzungen des Platindoppelchlorids, des Golddoppelchlorids und des Platindoppelbromids, und ebenso die Zersetzung des Diazobenzolperbromids scheinen mir besonders beweisend. Wären im Diazobenzol nur noch vier vom Benzol herrührende Wasserstoffatome vorhanden, wie dies die Formel von G r i e ß annimmt, so hätte bei diesen Zersetzungen wenigstens die Bildung von Bichlorbenzol und resp. Bibrombenzol erwartet werden dürfen, während auch hier nur Monochlorbenzol und Monobrombenzol erzeugt werden.

Ich habe oben schon erwähnt, daß ich geneigt bin das freie Diazobenzol und ebenso seine chlor-, brom-, jod- und nitrohaltigen Derivate für ein der Kaliverbindung entsprechendes Hydrat zu halten, daß mir also die Existenz eines freien Diazobenzols von der Formel $C_6\,H_4\,N_2$ unwahrscheinlich erscheint. Für andere Diazoverbindungen ist die Existenz in freiem Zustande mit Sicherheit nachgewiesen; z. B. für das Diazonitrophenol, das Diazodinitrophenol, die Diazosalicylsäure, die Diazobenzolsulfosäure u. s. w. Für alle diese Verbindungen kann angenommen werden, die durch eine Verwandtschaftseinheit mit dem Kohlenstoff des Benzolkerns in Verbindung stehende Stickstoffgruppe $N_2$ trete durch eine zweite Verwandtschaftseinheit mit dem Sauerstoff des Phenols oder überhaupt mit irgend einer sauerstoffhaltigen Seitenkette in Bindung.

Diese Auffassung findet weitere Stützen zunächst in der Beobachtung, daß das Anisol, welches als Methyläther des Phenols angesehen werden kann, sich in Bezug auf Diazoderivate nicht dem Phenol, sondern vielmehr dem Benzol ähnlich verhält. Es spricht ferner zu Gunsten

---

[1]) Dort steht irrtümlich „$2\,H_2\,O$“.

[2]) Dort steht die Abhandlung: „Ueber Phenoldisulfosäure.“ Von A u g. K e - k u l é. Vgl. hier S. 472.    (A.)

dieser Ansicht, daß für frei existirende Diazoverbindungen im Allgemeinen weder Verbindungen mit Säuren, noch mit Basen, noch auch Diazoamidoverbindungen bekannt sind; während man umgekehrt für alle Diazoverbindungen, die nach meiner Ansicht in freiem Zustande nicht existiren, Verbindungen mit Säuren, mit Basen und mit Amidoderivaten kennt.

In wie weit bei Bildung von Diazoderivaten und namentlich von freien Diazoderivaten der Umstand von Einfluß ist, ob die verschiedenen Seitenketten ($N_2$ und $\Theta H$ z. B.) benachbart gestellt sind oder nicht, kann für den Augenblick nicht ausführlicher erörtert werden; man wird jedenfalls freie Diazoverbindungen dann für wahrscheinlicher halten müssen, wenn die beiden Seitenketten benachbarte Orte einnehmen.

Wenn ein Amidoderivat zwei Mal die Amidogruppe ($NH_2$) enthält, wie dies z. B. bei dem Phenylendiamin (Diamidobenzol) der Fall ist, so erscheint, und zwar namentlich dann, wenn beide Amidogruppen benachbart gestellt sind, die Bildung eigenthümlicher, in sich selbst geschlossener [1]) Diazoamidoderivate möglich. Während bei Bildung des Diazoamidobenzols zwei Amidgruppen in Anspruch genommen werden, die zwei verschiedenen Anilinmolecülen angehören, so können bei Diamidobenzol (Phenylendiamin) die beiden in *einem* Molecül enthaltenen Amidgruppen sich an der Reaction betheiligen. Die eine liefert zwei, die andere nur ein Atom Stickstoff. Aus dem Phenylendiamin wird sich wahrscheinlich ein derartiges Diazoderivat erhalten lassen, als dessen Nitrosubstitutionsproduct der Körper angesehen werden kann, den Hofmann [2]) erhielt, indem er Nitrophenylendiamin mit salpetriger Säure behandelte:

$$\mathrm{C_6\,H_4}\left\{\begin{matrix}N\\NH\end{matrix}\right\}N \qquad\qquad \mathrm{C_6\,H_3\,(N\Theta_2)}\left\{\begin{matrix}N\\NH\end{matrix}\right\}N$$

Diazodiamidobenzol.  Nitrodiazodiamidobenzol.

Die Analogie derartiger Diazoamidoderivate mit den aus Monamidoderivaten entstehenden Diazoamidoverbindungen tritt in folgenden Formeln deutlich hervor:

$$\left.\begin{matrix}\mathrm{C_6\,H_5\,.\,N}\\\mathrm{C_6\,H_5\,.\,NH}\end{matrix}\right\}N \qquad\qquad \mathrm{C_6\,H_4}\left\{\begin{matrix}N\\NH\end{matrix}\right\}N$$

Diazoamidobenzol.  Diazodiamidobenzol.

---

[1]) Dort steht irrtümlich „verschlossener". (A.)
[2]) A. 115, 249 (1860).

# Ueber Phenol-disulfosäure.

## von Aug. Kekulé.

Z. f. Ch. N. F. **2**, 693—695 (1866).

In seinen bewundernswürdigen Untersuchungen über die Diazo-verbindungen beschreibt G r i e ß (Ann. Ch. Pharm. **137,** 69[1]) ein durch Einwirkung von Schwefelsäure auf schwefelsaures Diazobenzol entste-hendes Zersetzungsproduct, die Disulfophenylensäure. Aus den Analysen eines prachtvoll krystallisirenden Barytsalzes leitet er die Formel ab:

$$C_6 H_6 Ba_2 S_2 O_8 + 3^1/_2 H_2 O.$$

Die Analyse des Silbersalzes führt zu der Formel:

$$C_6 H_4 Ag_2 S_2 O_7.$$

Er meint, die Disulfophenylensäure könne als Vereinigung des hypotheti-schen Kohlenwasserstoffs, Phenylen ($C_6 H_4$), mit 2 Molecülen Schwefel-säure betrachtet werden:

$$C_6 H_4 S_2 H_4 O_8.$$

Er fügt bei, die Säure zeige die seltene Eigenschaft in verschiedenen Basicitätszuständen auftreten zu können, ähnlich wie die Phosphorsäure und die Terebinsäure; das Silbersalz entspreche einer zweibasischen Säure: $C_6 H_4 \cdot S_2 H_2 O_7$, die verschiedenen Baryum- und Bleisalze dagegen einer vierbasischen Säure: $C_6 H_4 \cdot S_2 H_4 O_8$.

Die Existenz einer Säure von der Zusammensetzung der G r i e ß'-schen Formeln schien mir von theoretischem Gesichtspunkte aus zwei-felhaft. Meine Ansichten über die Constitution der Diazoverbindungen führten mich zu der Vermuthung, daß bei Einwirkung von Schwefel-säure auf Diazobenzol ein Sulfoderivat des Phenols entstehen müsse. Da nun die von G r i e ß analysirte Silberverbindung die Zusammensetzung des Silbersalzes der Phenoldisulfosäure besitzt, so glaubte ich die Disulfo-phenylensäure als das Disulfoderivat des Phenols, als Phenol-disulfo-säure, ansehen zu dürfen.

Zur experimentellen Prüfung dieser Ansicht habe ich zunächst, in Gemeinschaft mit Herrn L e v e r k u s, durch die Einwirkung von rau-chender Schwefelsäure, auf Phenol die Phenoldisulfosäure dargestellt. Ich habe die so dargestellte Säure dann mit dem Körper verglichen, welcher, nach der von G r i e ß angegebenen Methode, durch Einwirkung

---

[1] Dort steht irrtümlich „**127**". (A.)

von Schwefelsäure auf schwefelsaures Diazobenzol gebildet wird. Beide Sulfosäuren haben sich als vollständig identisch erwiesen.

Das phenol-disulfosaure Baryum bildet große, prachtvoll ausgebildete Prismen, die ihr Krystallwasser bei 160° verlieren. Zahlreiche Analysen des aus Phenol und des aus Diazobenzol dargestellten Salzes führen genau zu der Formel: $C_6 H_4 \overset{''}{Ba} S_2 O_7 + 4 H_2 O$. Für das Silbersalz bestätigte sich die von G r i e ß aufgestellte Formel: $C_6 H_4 Ag_2 S_2 O_7$. Das prachtvoll krystallisirte Kalisalz hat die Formel: $C_6 H_4 K_2 S_2 O_7 + H_2 O$.

Ich habe mich mit einer genaueren Untersuchung der Salze der Phenoldisulfosäure für den Augenblick nicht aufhalten wollen, um so weniger, da G r i e ß , über einige derselben genauere Angaben in Aussicht gestellt hat.

Die Phenol-disulfosäure steht zur Phenol-monosulfosäure in derselben Beziehung, wie das Monobromphenol zum Bibromphenol u. s. w. Beide Sulfosäuren können durch folgende rationelle Formeln ausgedrückt werden:

$$C_6 H_4 \begin{cases} SO_3 H \\ OH \end{cases} \qquad\qquad C_6 H_3 \begin{cases} SO_3 H \\ SO_3 H \\ OH \end{cases}$$

Phenol-sulfosäure       Phenol-disulfosäure.

Als Phenol-sulfosäure ist unstreitig der Körper aufzufassen, den man jetzt gewöhnlich als Phenylschwefelsäure bezeichnet, und den man für den sauren Schwefelsäureäther des Phenylalkohols ansieht. Daß die Sulfogruppe ($SO_3 H$) nicht den Wasserstoff des Wasserrestes ($OH$) ersetzt, daß sie vielmehr in den Kohlenstoffkern $C_6 H_5$ eingetreten ist, ergiebt sich, wie ich später zeigen werde, aus verschiedenen Reactionen der Phenolsulfosäure. Es ergiebt sich auch schon aus der Existenz der Phenol-disulfosäure, die offenbar aus vorher erzeugter Phenolmonosulfosäure gebildet wird, und die entschieden nicht als Sulfophenylschwefelsäure angesehen werden kann, insofern, wie Z e r w a s (Ann. Ch. Pharm. **103**, 342) gezeigt hat, aus Anisol eine Disulfosäure erhalten wird, die zur Phenol-disulfosäure genau in derselben Beziehung steht, wie das Anisol selbst zum Phenol.

In ganz ähnlicher Weise muß auch der bei Einwirkung von Schwefelsäure auf Anilin entstehende Körper, den man jetzt als Sulfanilidsäure bezeichnet, und für die, den Amidsäuren analoge Anilidsäure der Schwefelsäure hält, als Sulfoderivat des Anilins, d. h. als Anilin-sulfo-

säure oder Amido-benzol-sulfosäure aufgefaßt werden u. s. w. Die wahre
Sulfanilidsäure ist bis jetzt nicht bekannt, wenn nicht vielleicht der
Thiobenzolsäure und der ihr analogen Thiotoluolsäure diese Constitu-
tion zukommt. (H i l k e n k a m p , Ann. Ch. Pharm. **95,** 86).

Wenn die Ansichten, die ich früher über die Constitution der aromatischen Substanzen veröffentlicht habe, richtig sind, so müssten sechs
verschiedene Modificationen der Phenol-disulfosäure existiren. Eine
derselben ist wohl die Substanz, welche D u p p a (Ann. Ch. Pharm. **103,**
346) durch Einwirkung von Schwefelsäure auf Salicylsäure dargestellt
hat.

---

# Note sur les sulfacides du phénol,

## par M. Aug. Kekulé.

Bull. Acad. Roy. Belg. [2] **23,** 238—244 (Séance du 2 mars 1867).

Le produit formé par l'action de l'acide sulfurique sur le phénol a
été étudié par plusieurs chimistes; on en a préparé et analysé jusqu'aux
sels de cobalt et de nickel. Ce corps, d'ailleurs, est regardé par tous les
chimistes comme étant analogue à l'acide éthylsulfurique; il est envisagé, par suite, comme le sulfate acide de phényle; c'est une combinaison analogue aux sels, d'une constitution on ne peut plus simple.

A ce double point de vue, de nouvelles expériences sur ce corps pou-
vaient paraître inutiles. Si, néanmoins, j'ai cru devoir reprendre ce
sujet, c'est que je ne partage pas l'opinion généralement adoptée maintenant. Je ne regarde pas l'acide phénylsulfurique comme un éther
acide du phénol, ainsi que le nom qu'on lui donne maintenant l'indique.
Je crois, au contraire, que ce corps est analogue aux produits de substitution, et qu'il contient un reste d'acide sulfurique, tout comme les produits nitrés contiennent un reste d'acide nitrique; je crois, en un mot,
que c'est un sulfodérivé du phénol.

Les vues théoriques que j'ai exposées à plusieurs reprises sur la constitution des substances aromatiques feront mieux comprendre la différence de ces deux manières de voir. L'ancienne théorie, en regardant
le produit en question comme un éther acide du phénol, admet que c'est
l'hydrogène provenant du type eau qui se trouve remplacé par le reste:

$$SO_3H \text{ ou } \left. \begin{matrix} S''O_2 \\ H \end{matrix} \right| O$$

de l'acide sulfurique. Je crois, de mon côté, que cet hydrogène ne joue aucun rôle dans la réaction; qu'il se retrouve, au contraire, dans le produit. Je crois que le reste $SO_3H$ entre dans le radical phényle, ou, pour me servir d'une expression plus usitée maintenant, qu'il remplace un atome d'hydrogène appartenant au noyau $C_6H_5$. On a:

| | D'après la théorie des types. | D'après la théorie des subst. aromatiques. |
|---|---|---|
| Ancienne manière de voir. | $\left. \begin{array}{c} C_6H_5 \\ SO_3H \end{array} \right\} \Theta$ ou $\left. \begin{array}{c} C_6H_5 \\ S''\Theta_2 \\ H \end{array} \right\} \begin{array}{c} \Theta \\ \Theta \end{array}$ | $C_6H_5 . \Theta . SO_3H$ |
| Nouvelle manière de voir. | $\left. \begin{array}{c} C_6H_4(SO_3H) \\ H \end{array} \right\} \Theta$ | $C_6H_4 \left| \begin{array}{c} \Theta H \\ SO_3H. \end{array} \right.$ |

J'ai cru devoir m'adresser à l'expérience pour chercher une confirmation de mes vues; et je viens présenter à la classe une première démonstration de l'exactitude de mon opinion. J'espère être à même sous peu d'en fournir de nouvelles preuves.

Je dois dire, dès maintenant, que mes expériences ont pris un développement beaucoup plus considérable que je ne l'avais pensé d'abord. C'est que j'ai trouvé, dès le début, que les observations consignées, tant dans les livres que dans les mémoires, sont inexactes sous un autre rapport encore. L'acide sulfurique, en réagissant sur le phénol, ne donne pas, comme on l'indique partout aujourd'hui, un acide unique, mais bien deux acides isomères. Aucun des deux, comme on le verra par la suite, n'est l'acide phénylsulfurique; tous deux sont des sulfodérivés du phénol.

## I. — Sulfacides du phénol.

Je viens de dire que l'acide sulfurique, en réagissant sur le phénol, engendre deux acides isomères. Le fait est aisé à constater, et la séparation des deux acides ne présente pas de difficulté.

Je vais désigner, dès maintenant, par des raisons que l'on comprendra plus tard, ces deux acides isomères par les noms: acide paraphénolsulfurique[1]) et acide métaphénolsulfurique.

On mélange le phénol avec de l'acide sulfurique, en employant pour 10 parties de phénol 9 parties d'acide sulfurique monohydraté, ou 10 parties d'acide sulfurique du commerce. Le mélange s'échauffe, le phénol se liquéfie et se dissout, et le produit se transforme en peu de jours

---

[1]) Irrtümlich steht dort „paraphénosulfurique". (A.)

en une masse cristalline. On peut accélérer la réaction en chauffant au bain marie. Il importe de ne pas employer l'acide sulfurique en proportion trop considérable, et de ne pas chauffer trop longtemps. Autrement, il se formerait de l'acide phénoldisulfurique, substance que j'ai décrite il y a quelque temps, et dont la présence rendrait la séparation des deux acides phénolmonosulfuriques plus difficile. On dissout dans l'eau; on enlève par le carbonate de baryte ou de plomb l'acide sulfurique non altéré, et l'on transforme le mélange des deux acides phénolsulfuriques en sels.

La purification des paraphénolsulfates réussit aisément pour la plupart des sels; l'acide métaphénolsulfurique se purifie le plus facilement· par le sel de potasse, ou par un sel basique de plomb légèrement soluble dans l'eau bouillante. On me permettra de ne pas décrire ici toutes les expériences que j'ai faites, et de ne pas entrer dans les détails de la description des sels. Je me contenterai de quelques indications sommaires.

Un mélange des sels de potasse laisse déposer d'abord des cristaux de paraphénolsulfate. Ces cristaux sont anhydres et présentent la forme de tables hexagonales allongées, ayant toujours des formes excessivement régulières. Les eaux-mères fournissent une cristallisation mixte. A côté du paraphénolsulfate, toujours un peu coloré, même quand il se dépose d'une solution presque incolore, on distingue des aiguilles ou des prismes pointus et mal définis, toujours incolores, même quand la solution était fortement colorée. Les dernières eaux-mères ne donnent que des aiguilles de métaphénolsulfate. Une cristallisation lente fournit ce sel sous forme de grands prismes, nettement définis, et qui contiennent deux molécules d'eau de cristallisation.

La cristallisation des sels de soude donne facilement le paraphénolsulfate à l'état de pureté. On l'obtient sous forme de beaux prismes incolores, qui contiennent deux molécules d'eau de cristallisation. Le métaphénolsulfate reste dans les eaux-mères et ne se purifie que difficilement.

Pour les sels de plomb, c'est encore le paraphénolsulfate qui cristallise le premier. Il forme de fines aiguilles soyeuses, groupées en mamelon. Le métaphénolsulfate est tellement soluble qu'il ne se dépose que d'une solution syrupeuse. Les sels de baryte, tout en différant essentiellement par la forme et la solubilité, ne se prêtent guère à une séparation.

J'ajouterai que les solutions aqueuses des paraphénolsulfates et des métaphénolsulfates, additionnées de sousacétate de plomb, donnent un précipité formé par un sel basique de plomb. Il est donc aisé de régénérer les acides libres, de passer d'un sel à l'autre, et de voir ainsi quels sont les sels à base différente qui se correspondent. Je dois remettre à plus tard une description détaillée de ces deux espèces de sels. On comprendra déjà par ce que je viens de dire que la plupart des phénolsulfates décrits antérieurement appartiennent très-probablement à l'acide paraphénolsulfurique.

Je me permettrai encore d'attirer l'attention sur l'analogie qui existe entre l'action de l'acide sulfurique et celle de l'acide nitrique sur le phénol. On sait depuis longtemps que l'acide nitrique donne naissance à deux acides nitrés isomères; je viens de démontrer qu'il en est de même pour l'acide sulfurique. Je rappellerai encore que M. Körner, en attaquant le phénol par l'iode et l'acide iodique, a constaté la formation de deux modifications isomères du phénol monoiodé.

## II. — *Ethers des acides phénolsulfuriques.*

Les deux acides, dont je viens d'indiquer la préparation, contiennent encore, comme le phénol, qui leur a donné naissance, le reste $\Theta H$ provenant de l'eau. Le groupe $S\Theta_3H$, de l'acide sulfurique, est entré dans la molécule à côté de ce reste, et en le laissant intact. S'il en est ainsi, on doit pouvoir remplacer l'hydrogène du reste $\Theta H$ par des radicaux alcooliques, et l'acide doit conserver son caractère de sulfacide. En introduisant le radical méthyle, on aura des sulfacides du méthylphénol ou méthoxylebenzol, et qui présenteront par suite la composition du sulfacide ou des sulfacides auxquels l'anisol doit donner naissance.

J'ai préparé des deux acides phénolsulfuriques les dérivés contenant le radical éthyle. On les obtient en chauffant, dans les tubes scellés, les phénolsulfates avec de la potasse caustique, de l'iodure d'éthyle et de l'alcool, par une réaction tout analogue à celle que M. Ladenburg a employée dans mon laboratoire pour transformer l'acide paraoxybenzoique en acide éthyl-paraoxybenzoique et en acide anisique. Pour purifier les produits je les ai cristallisés deux fois de l'alcool bouillant, j'ai enlevé l'iode par le carbonate d'argent, et j'ai cristallisé de nouveau de l'alcool.

Les dérivés éthylés de l'acide paraphénolsulfurique et de l'acide métaphénolsulfurique, ou plutôt leurs sels de potasse que j'ai examinés, se ressemblent beaucoup. L'éthyl-métaphénolsulfate cependant est beaucoup plus soluble dans l'alcool que son isomère l'éthyl-paraphénolsulfate. Les deux sels, très-solubles dans l'eau, cristallisent de ce véhicule sous formes de longues aiguilles parfaitement incolores. Une solution dans l'alcool bouillant dépose par le refroidissement l'éthyl-paraphénolsulfate sous forme d'aiguilles aplaties, l'éthyl-métaphénolsulfate sous forme de paillettes.

Je me suis assuré par l'analyse de la pureté des produits dont je viens de parler. J'ai préparé, en outre, les dérivés méthylés correspondants; ils sont beaucoup plus solubles dans l'alcool que les substances que je viens de décrire.

J'ai fait réagir, enfin, l'acide sulfurique sur l'anisol. Le mélange s'échauffe et cristallise après quelque temps. Le sel de potasse de l'acide anisolsulfurique (ac-méthylphénolsulfurique), dont j'ai fait l'analyse, présente la plus grande ressemblance avec les substances de même composition que j'avais préparées par voie de synthèse de l'acide paraphénolsulfurique et de l'acide métaphénolsulfurique. Je ne saurais dire s'il correspond à l'une ou à l'autre, le méthylparaphénolsulfate et le méthyl-métaphénolsulfate étant tellement semblables qu'on ne peut guère les distinguer. Je crois cependant que l'action de l'acide sulfurique sur l'anisol donne aussi naissance à deux acides isomères, et j'ai cru observer deux formes légèrement différentes pour le sel de potasse de l'acide anisolsulfurique.

Je mentionnerai, en terminant, que les produits de substitution du phénol, même le nitrophénol, donnent aussi des sulfacides. Je reviendrai sur ce sujet plus tard.

---

## Deuxième note sur les sulfacides du phénol;
### par M. Aug. Kekulé.

Bull. Acad. Roy. Belg. [2] 24, 118—129 (Séance du 3 août 1867).

J'ai eu l'honneur de communiquer à l'Académie les premiers résultats d'une suite d'expériences que j'ai entreprises pour éclaircir la constitution des sulfacides. J'ai montré que le phénol, soumis à l'influence de l'acide sulfurique ordinaire, engendre deux sulfacides isomériques; j'ai démontré, en outre, que ces deux sulfacides peuvent échanger un atome d'hydrogène contre un radical alcoolique sans perdre leur caractère acide. Cette propriété m'avait fourni un argument en faveur de ma manière d'envisager les sulfacides; elle prouve, en effet, que l'hydrogène, qui dans le phénol même peut s'échanger contre des radicaux, a été conservé dans la formation des sulfacides. Le reste SO₂H provenant de l'acide sulfurique n'a pas remplacé l'hydrogène du groupe OH; il est entré, au contraire, dans le radical même, c'est-à-dire dans le reste C₆H₅ provenant de la benzine.

Je suis à même aujourd'hui de donner deux nouvelles preuves de l'exactitude de mon hypothèse sur la constitution des sulfacides. La première est fournie par les propriétés que possède le sulfacide du nitrophénol; la seconde se trouve dans l'action que la potasse fondue exerce sur les sulfacides du phénol.

### Acide nitrophénolsulfurique.

La modification volatile du phénol mononitré n'est que difficilement attaquée par l'acide sulfurique ordinaire. L'acide sulfurique fumant réagit déjà à froid. Pour préparer le sulfacide on mélange le nitrophénol avec un léger excès d'acide sulfurique fumant; on abandonne le mélange à lui-même pendant vingt-quatre heures; et l'on chauffe ensuite, à différentes reprises, à une température qui ne dépasse pas 80°. Il importe de ne chauffer ni trop tôt ni trop brusquement, afin d'empêcher la destruction complète de la matière organique. Le produit constitue une masse cristalline, formée principalement par le nouveau sulfacide, mais contenant toujours du nitrophénol non altéré. On dissout dans de l'eau chaude, et on filtre après refroidissement. On élimine ainsi la plus grande partie du nitrophénol; le reste se volatilise pendant les opérations subséquentes. Les sels de baryte et de plomb du nouveau sulfacide étant très-peu solubles dans l'eau, même à la température de l'ébullition, il ne convient pas de saturer la solution acide par le carbonate de baryte ou de plomb. On procède donc de la manière suivante: on ajoute à la solution bouillante du carbonate de baryte ou de plomb jusqu'au moment où tout l'acide sulfurique se trouve précipité, ou bien encore jusqu'au moment où la solution, qui est d'une couleur jaune pâle d'abord, prend une couleur orangée. Ce changement de couleur indique, comme on le comprendra par la suite, que le nouveau sulfacide est saturé à moitié. On filtre, on précipite la baryte ou le plomb par l'acide sulfurique ou l'acide sulfhydrique, on filtre de nouveau, et on sature par le carbonate de soude. Le nitrophénol-sulfate de soude, quoique très-soluble dans l'eau, cristallise avec une facilité telle, qu'il se prête parfaitement à la purification.

L'acide nitrophénolsulfurique lui-même s'obtient par la décomposition du sel de baryte par l'acide sulfurique. Il est très-soluble dans l'eau et dans l'alcool, assez soluble dans l'éther. On peut cependant le cristalliser facilement tant par le refroidissement d'une solution aqueuse saturée à chaud, que par l'évaporation. Il constitue des aiguilles ou de grands prismes aplatis, d'une couleur jaune pâle. Ces cristaux contiennent trois molécules d'eau de cristallisation:

$$\text{C}_6 \text{H}_3 (\text{NO}_2) \cdot \text{OH} \cdot \text{SO}_3 \text{H} + 3 \text{H}_2\text{O} .$$

Ils fondent à $51^\circ,5$; ils s'effleurissent déjà a la température ordinaire. L'acide sec ne fond qu'à $122^\circ$.

L'acide nitrophénolsulfurique est bibasique; il donne deux séries de sels.

Le nitrophénolsulfate bisodique est très-soluble dans l'eau, assez soluble dans l'alcool. On l'obtient aisément sous forme de grands prismes, parfaitement définis, d'une belle couleur orangée et de beaucoup d'éclat. La formule des cristaux est:

$$\text{C}_6 \text{H}_3 (\text{NO}_2) \cdot \text{ONa} \cdot \text{SO}_3 \text{Na} + 3 \text{H}_2\text{O} .$$

Quand à la solution de ce sel bisodique on ajoute de l'acide acétique, il se précipite un sel cristallin d'une couleur jaune pâle, qui n'est autre que le nitrophénolsulfate monosodique. Ce sel, beaucoup moins soluble que le précédent, formé aussi de gros cristaux bien définis, qui contiennent trois molécules d'eau de cristallisation:

$$\text{C}_6 \text{H}_3 (\text{NO}_2) \cdot \text{OH} \cdot \text{SO}_3 \text{Na} + 3 \text{H}_2\text{O} .$$

L'acide chlorhydrique et l'acide sulfurique réagissent sur la solution du sel bimétallique exactement comme l'acide acétique. Même employés en excès, ces acides précipitent le sel monosodique.

Les sels de potasse de l'acide nitrophénolsulfurique cristallisent avec la même facilité que les sels de soude, mais ne forment jamais de grands cristaux. Le sel bipotassique forme des aiguilles orangées, qui renferment une molécule d'eau de cristallisation:

$$\text{C}_6 \text{H}_3 (\text{NO}_2) \cdot \text{OK} \cdot \text{SO}_3 \text{K} + \text{H}_2\text{O} .$$

Le sel monopotassique, beaucoup moins soluble que le sel neutre, cristallise également en aiguilles. Il est d'une couleur jaune pâle, possède un bel éclat soyeux et ne contient pas d'eau de cristallisation:

$$\mathrm{C_6\,H_3\,(N\Theta_2)\cdot\Theta H\cdot S\Theta_3\,K}\,.$$

Les nitrophénolsulfates neutres de baryte et de plomb sont peu solubles dans l'eau, ainsi qu'il a déjà été mentionné. En opérant à froid on les obtient sous forme de précipités jaunes et cristallins; les solutions chaudes déposent par le refroidissement de petits cristaux d'une couleur jaune brique. Les sels monométalliques de baryte et de plomb sont relativement solubles dans l'eau, surtout à chaud. Leurs solutions sont jaunes. Le sel monobarytique cristallisé contient:

$$\mathrm{[C_6\,H_3\,(N\Theta_2)\cdot\Theta H\cdot S\Theta_3]_2\ Ba'' + H_2\Theta}\,.$$

La composition des sels de l'acide nitrophénolsulfurique démontre clairement que cet acide est bibasique. Il échange non-seulement l'hydrogène du reste $\mathrm{S\Theta_3 H}$, mais encore l'hydrogène du groupe $\Theta H$ contre des métaux. Sa constitution peut être exprimée par la formule:

$$\mathrm{C_6\,H_3(N\,\Theta_2)}\begin{cases}\Theta\,H\\ S\,\Theta_3\,H.\end{cases}$$

Il est analogue en tout point aux acides phénolsulfuriques que j'ai décrits dans une note antérieure, et il doit être regardé comme le dérivé nitré de l'un d'eux. Mais tandis que dans les deux acides phénolsulfuriques normaux l'hydrogène du groupe $\Theta H$ ne se remplace facilement que par des radicaux alcooliques, comme dans le phénol lui-même, l'acide nitrophénolsulfurique, au contraire, échange ce même hydrogène avec facilité contre des métaux. C'est que l'influence du groupe $\mathrm{N\Theta_2}$, qui provoque le caractère nettement acide du nitrophénol, s'est conservée dans le sulfacide qui en dérive.

Je mentionnerai, en passant, que l'orthonitrophénol, lui aussi, donne naissance à un sulfacide.

### Action de la potasse fondue sur les sulfacides du phénol.

J'ai démontré, il y a quelque temps, que l'acide benzolsulfurique (acide sulfobenzolique) se transforme en phénol quand on le chauffe jusqu'à fusion avec l'hydrate de potasse. La réaction a lieu d'après l'équation suivante:

$$\mathrm{C_6\,H_5\cdot S\,\Theta_3\,K + KH\Theta = C_6\,H_5\cdot\Theta H + S\Theta_3 K_2}$$
*Phénolsulfate de potasse.*     *Phénol.*  *Sulfite de potasse.*

Elle ne peut guère s'interpréter que de la manière suivante. Le reste $SO_3H$, qui, pour la transformation du sulfacide, remplace un atome d'hydrogène de la benzine, s'élimine, en s'échangeant contre le reste $OH$ de l'hydrate de potasse. La réaction rend visible, pour ainsi dire, que le phénol dérive de la benzine par le remplacement d'un atome d'hydrogène par le reste $OH$ provenant de l'eau.

J'ai appliqué la même réaction aux sulfacides du phénol. L'expérience m'a fait voir que l'une des deux modifications de l'acide phénolsulfurique, celle que j'ai désignée par le nom d'acide phénolmétasulfurique, engendre la pyrocatéchine; l'autre modification, l'acide phénolparasulfurique, donne naissance à la résorcine.

La pyrocatéchine s'obtient aisément d'après ce procédé, et sa purification ne présente pas de difficulté.

Il n'en est pas de même de la résorcine. Non-seulement la décomposition des phénolparasulfates paraît moins nette que celle des phénolmétasulfates; mais encore les propriétés de la résorcine rendent sa purification excessivement difficile. Je n'ai pas réussi jusqu'ici à préparer ce corps en quantité suffisante pour l'analyse, mais les propriétés ne laissent guère de doute sur la nature du produit.

Cette décomposition des acides phénol-monosulfuriques fournit une nouvelle preuve en faveur de ma manière d'envisager les sulfacides. On a prouvé d'abord que la benzine peut se transformer en acide benzolsulfurique, et que celui-ci fondu avec la potasse donne le phénol. On a donc remplacé un atome d'hydrogène de la benzine par le reste $SO_3H$, et on a échangé ce reste contre le groupe $OH$ provenant de l'eau. Pour les acides phénolsulfuriques les mêmes réactions se répètent. Les sulfacides contiennent le reste $SO_3H$ à côté du groupe $OH$; ils échangent ce reste de l'acide sulfurique contre un nouveau groupe $OH$ et les produits contiennent ce groupe deux fois. On a:

$$C_6H_4 \begin{vmatrix} OH \\ SO_3K \end{vmatrix} + KHO = C_6H_4 \begin{vmatrix} OH \\ OH \end{vmatrix} + SO_3K_2$$

| Phénolsulfate de potasse. | Pyrocatéchine et résorcine. | Sulfite de potasse. |

Il est évident que l'un des groupes $OH$ provient du phénol, tandis que l'autre est un produit de transformation du reste $SO_3H$, lequel, dans la formation de ces sulfacides, ainsi que dans celle de l'acide benzolsulfurique, a remplacé un atome d'hydrogène qui était en combinaison avec le carbone.

La décomposition que je viens d'indiquer pour les deux modifications de l'acide phénolsulfurique est intéressante à un autre point de vue encore. Elle permet de ranger ces sulfacides dans deux des trois séries des bidérivés de la benzine. Elle montre, en effet, que l'acide phénolparasulfurique correspond à la résorcine, et que l'acide phénolmétasulfurique contient ses chaînes latérales à la place des deux atomes d'hydrogène qui, dans la pyrocatéchine, sont remplacés par les deux hydroxyles. Ce sont ces relations qui m'ont conduit à désigner les deux modifications de l'acide phénolsulfurique par les noms que j'ai déjà employés dans ma note précédente.

La découverte de la décomposition, que les sulfacides subissent sous l'influence de la potasse fondue, donne lieu à une observation générale, qui ne me paraît pas sans intérêt.

Cette réaction a été trouvée simultanément par M. Wurtz et par moi-même; et c'est de commun accord que nous avons choisi le même jour pour présenter des notes sur ce sujet à l'Académie de Paris (8 août). Dans la séance suivante du même corps savant, M. Dusart a demandé l'ouverture d'une lettre cachetée, qu'il avait déposée le 20 mars 1864. Ce pli, ouvert en séance par M. le secrétaire perpétuel, s'est trouvé contenir une note sur un procédé de préparation des phénols; l'auteur y exposait, entre autres, la formation du phénol ordinaire par l'action de la potasse fondue sur l'acide benzolsulfurique.

En parlant de ces détails historiques, je n'ai nullement l'intention de soulever une question de priorité; loin de là. Il est de toute évidence que les trois auteurs sont arrivés simultanément, ou au moins indépendamment l'un de l'autre, au même résultat, et pour l'observation que nous allons présenter c'est là le seul point important.

Trois chimistes trouvent la même réaction, non pas par hasard, mais en se basant sur des spéculations théoriques. Le résultat est identique; les considérations théoriques l'ont-elles été aussi? On verra facilement que non.

J'avais, de mon côté, comparé les sulfacides aux produits de substitution. Je croyais, par suite, pouvoir m'attendre à voir le reste $SO_3H$ se comporter, dans certains cas, comme le font le chlore, le brome ou l'iode dans les vrais produits de substitution. L'expérience m'a confirmé dans cette manière de voir; j'ai pu constater, en effet, que le reste $SO_3H$ peut s'échanger contre le groupe $OH$, exactement comme les corps halogènes s'échangent souvent contre le même groupe.

31*

M. Wurtz désigne l'acide benzolsulfurique par le nom d'*acide phényl-sulfureux;* nom qui a souvent été donné à cette substance, sans raison aucune, selon moi. Il est conduit ainsi à l'hypothèse que cet acide, qu'il regarde comme un éther de l'acide sulfureux, doit se saponifier comme le font les éthers, et donner naissance à ses générateurs: le phénol et l'acide sulfureux. L'expérience démontre que l'acide phénylsulfureux est doué d'une stabilité remarquable, mais que la saponification réussit néanmoins quand, au lieu de faire bouillir avec une solution aqueuse de potasse, on chauffe avec la potasse sèche jusqu'à fusion.

Pour ce qui concerne M. Dusart, il représente l'acide benzolsulfuri-que (acide sulfobenzidique) par la formule:

$$\Theta_{12}\,H_5 \cdot S\Theta_2 \cdot S\Theta_3 \cdot H\Theta;$$

il trouve que, pendant la réaction, il se fait un dégagement d'hydrogène, et, qu'à côté du phénol, on obtient du sulfite et du sulfate de potasse.

On voit aisément que les formules par lesquelles les trois auteurs représentent le sulfacide employé ne diffèrent pas seulement par la forme, mais qu'elles expriment des idées essentiellement différentes. Évidemment, deux des trois manières de voir, au moins, doivent être erronées; nous ne discuterons pas lesquelles. Toujours est-il que trois hypothèses différentes, dont deux, au moins, sont nécessairement erro-nées, ont conduit à la découverte d'un fait.

On a souvent prétendu qu'une hypothèse est légitime et bonne quand elle mène à des découvertes. L'exemple que je viens de citer, et il sera difficile, je pense, d'en trouver un meilleur, fait voir, dans tous les cas, qu'une hypothèse peut très-bien remplir cette condition sans être vraie.

### Sulfacides des substances grasses.

Dans un mémoire que j'ai publié, il y a plus de neuf ans déjà, j'ai fait voir que l'acide sulfurique, en réagissant sur les substances organi-ques, peut, de deux manières différentes, engendrer des acides, qu'à cette époque on nommait *copulés.* En réagissant sur un corps qui appartient au type de l'eau, il peut attaquer le côté typique de la molécule, pour mettre un reste de l'acide sulfurique à la place de l'hydrogène qui n'est combiné au carbone que par l'intermédiaire de l'oxygène. Les produits d'une telle réaction renferment un reste de l'acide sulfurique qui n'est attaché qu'indirectement, et par l'oxygène, au groupe hydrocarboné, que l'on considère comme radical.

Il peut arriver, d'un autre côté, que l'acide sulfurique, en réagissant sur un corps oxygéné ou non oxygéné, attaque la molécule du côté du carbone. Ce n'est pas l'hydrogène typique, mais l'hydrogène du radical, c'est-à-dire de l'hydrogène qui est combiné directement au carbone qui s'échange contre un reste de l'acide sulfurique.

Les acides formés d'après le premier mécanisme peuvent être regardés comme des éthers de l'acide sulfurique; ils se dédoublent avec une certaine facilité. Les acides de la seconde catégorie, au contraire, sont doués d'une stabilité remarquable. Ils correspondent entièrement à ces dérivés des substances aromatiques que je désigne actuellement par le nom de *sulfacides*.

Inutile d'énumérer ici les acides auxquels cette dernière manière de voir doit être appliquée; rappelons seulement l'acide sulfo-acétique, découvert, en 1842, par notre savant confrère, M. Melsens, et l'acide sulfosuccinique de M. Fehling (1841). Qu'on me permette, cependant, d'insister sur les acides iséthionique et éthionique, qui présentent un intérêt particulier.

Le premier de ces acides, on le sait, est isomérique avec l'acide éthylsulfurique. La différence s'explique aisément. L'acide éthylsulfurique est le vrai éther acide de l'acide sulfurique; l'acide iséthionique, au contraire, est le sulfo-acide de l'alcool; il est analogue aux acides phénolsulfuriques.

$$\left.\begin{array}{c} C_2 H_5 \\ S''O_2 \\ H \end{array}\right\}\begin{array}{c}\Theta \\ \\ \Theta\end{array} = \left.\begin{array}{c} C_2 H_5 \\ S O_3 H \end{array}\right\}\Theta; \qquad \left.\begin{array}{c} C_2 H_4 (S O_3 H) \\ H \end{array}\right\}\Theta$$

*Acide éthylsulfurique.*      *Acide iséthionique.*

Quant à l'acide éthionique, il réunit la nature des deux. C'est le sulfodérivé de l'acide éthyl-sulfurique; ou, ce qui revient au même, l'éther sulfurique du sulfo-alcool (acide iséthionique):

$$\left.\begin{array}{c} C_2 H_5 \\ S O_3 H \end{array}\right\}\Theta \qquad \left.\begin{array}{c} C_2 H_4 (S O_3 H) \\ H \end{array}\right\}\Theta \qquad \left.\begin{array}{c} C_2 H_4 (S O_3 H) \\ S O_3 H \end{array}\right\}\Theta$$

*Ac. éthylsulfurique.*      *Ac. iséthionique.*      *Ac. éthionique.*

Quoique je ne doute guère de l'exactitude de cette manière de voir, j'ai néanmoins entrepris quelques expériences pour accumuler des preuves en sa faveur.

Pour ce qui concerne l'acide qui se forme par l'oxydation du sulfure d'éthyle, etc., et que l'on désigne improprement par le nom d'acide éthylsulfureux, il correspond entièrement à l'acide benzolsulfurique; c'est le vrai sulfacide de l'hydrocarbure saturé $C_2H_6$; et je ne doute pas que l'on obtienne un jour les acides de cette catégorie, en attaquant les hydrocarbures saturés par l'acide sulfurique fumant.

L'acide disulfométholique, et les acides analogues sont les disulfacides des hydrocarbures saturés; ils correspondent à l'acide benzoldisulfurique.

On voit facilement que les vues théoriques que je viens d'indiquer ne sont que le développement des idées que j'ai avancées antérieurement. Mais nos connaissances ont fait des progrès depuis, et l'on peut maintenant préciser davantage. On peut affirmer, par exemple, que l'acide iséthionique, que l'on peut toujours représenter par la formule que je lui ai assignée alors, n'est pas un dérivé de l'éthylène, mais qu'il correspond à l'éthylidène. Il n'appartient pas au groupe du glycol et du chlorure d'éthylène, mais à celui de l'aldéhyde, de l'acétal et du chlorure d'éthylidène. En d'autres termes, les groupes $\Theta H$ et $S\Theta_3H$ ne sont pas en combinaison avec deux atomes de carbone différents, ils se trouvent, au contraire, combinés à un seul et même atome de carbone.

---

# Ueber die Sulfosäuren des Phenols.

## Von Aug. Kekulé.

Z. f. Ch. N. F. 3, 197—202 (1867).[1]

Das Product der Einwirkung von Schwefelsäure auf Phenol ist mehrfach Gegenstand chemischer Untersuchung gewesen, und man hat sogar die Kobalt- und Nickelsalze dieser Säure dargestellt und analysirt. Man ist außerdem stets der Ansicht gewesen, die so entstehende Substanz sei der Aethylschwefelsäure völlig analog; man betrachtete sie allgemein als den sauren Schwefelsäureäther des Phenylalkohols, als Phenylschwefelsäure; man legte ihr eine so einfache Constitution bei, daß sie kaum Aufmerksamkeit zu verdienen schien, und daß jedenfalls eine nochmalige Untersuchung fast überflüssig erscheinen könnte.

Wenn ich nichtsdestoweniger diesen Körper einer neuen Untersuchung unterwerfen zu müssen geglaubt habe, so geschah dies, weil ich die Ansichten, die man sich allgemein über seine Constitution macht,

---

[1] Bull. Acad. Roy. Belg. [2] 23, 238. — Vgl. S. 474.    (A.)

nicht theilte. Ich halte die sogenannte Phenylschwefelsäure nicht für einen der Aethylschwefelsäure vergleichbaren sauren Phenyläther der Schwefelsäure; ich glaube vielmehr, daß sie als ein Substitutionsderivat des Phenols aufgefaßt werden muß, und daß in ihr ein Rest der Schwefelsäure in ganz ähnlicher Weise enthalten ist wie in den Nitroderivaten ein Rest der Salpetersäure.

Der Unterschied meiner Auffassungsweise von der älteren Ansicht wird wohl aus folgenden Formeln und Betrachtungen noch besser verständlich.

Die ältere Ansicht nimmt an, das Radical Phenyl ersetze 1 At. Wasserstoff der zweibasischen Schwefelsäure, oder, was dasselbe ist, der Rest:

$$\Theta_3 H = \left.{\overset{''}{S\Theta_2} \atop H}\right\}\Theta \quad \text{der Schwefelsäure ersetze den typischen Wasserstoff des}$$

Phenylalkohols.

$$\left.{C_6H_5 \atop H}\right\}\Theta \qquad \left.{C_6H_5 \atop S\Theta_3 H}\right\}\Theta \quad \text{oder} \quad \left.{{C_6H_5 \atop \overset{''}{S\Theta_2}} \atop H}\right\}{\Theta \atop \Theta}$$

$$\text{Phenylalkohol} \qquad\qquad \text{Phenylschwefelsäure.}$$

Ich glaube, meinerseits, daß der typische Wasserstoff und überhaupt die Hydroxylgruppe: $\Theta H$ des Phenols bei der Bildung der sogenannten Phenylschwefelsäure durchaus keine Rolle spielt. Der Wasserrest $\Theta H$ findet sich in dem gebildeten Producte unverändert wieder. Der Schwefelsäurerest $S\Theta_3 H$ ist nicht *in* diesen Wasserrest eingetreten; er hat vielmehr *neben* ihm, und unabhängig von ihm, 1 At. Wasserstoff des Benzolkerns: $C_6H_5$ ersetzt:

$$C_6H_5\,\Theta H \qquad C_6H_4\left\{{\Theta H \atop S\Theta_3 H}\right. \quad \text{oder} \quad C_6H_4\left\{{{\Theta H \atop \overset{''}{S\Theta_2}} \atop H}\right\}\Theta$$

$$\text{Phenol} \qquad\qquad \text{Phenolsulfosäure.}$$

Der Schwefelsäurerest steht also nicht durch Vermittlung von Sauerstoff mit der Kohlenstoffgruppe in Verbindung; er ist vielmehr direct an den Kohlenstoff des Benzolkerns gebunden. Mit Einem Worte, die sogenannte Phenylschwefelsäure ist keine Aethersäure, sie ist vielmehr ein Substitutionsderivat des Phenols, eine Sulfosäure.

Ich habe geglaubt, dem Experiment die Entscheidung zwischen beiden Ansichten überlassen zu müssen, und ich will im Nachfolgenden den ersten thatsächlichen Beweis für die Richtigkeit meiner Auffassung

mittheilen, indem ich mir vorbehalte, weitere Beweise demnächst folgen
zu lassen.

Ich muß gleich von Anfang bemerken, daß meine Versuche eine
weit größere Ausdehnung genommen haben, als ich ihnen ursprünglich
zu geben beabsichtigte. Der Grund davon liegt darin, daß die Angaben
über das bei Einwirkung von Schwefelsäure auf Phenol entstehende
Product noch in anderer Hinsicht irrig sind. Es entsteht nämlich bei
dieser Einwirkung nicht *Eine* Säure; es werden vielmehr *zwei* isomere
Säuren gebildet. Keine derselben ist die wahre Phenylschwefelsäure;
beide sind Sulfosäuren des Phenols.

I. *Sulfosäuren des Phenols.* Ich habe erwähnt, daß bei Einwirkung
von Schwefelsäure auf Phenol zwei isomere Modificationen der Phenol-
Monosulfosäure gebildet werden; ich will diese beiden Substanzen aus
Gründen, die in einer spätern Mittheilung ihre Erklärung finden werden,
schon jetzt als Phenol-Parasulfosäure und Phenol-Metasulfosäure unterscheiden.

Wenn man Phenol mit etwa dem gleichen Gewicht concentrirter
Schwefelsäure mischt (auf 10 Th. Phenol 9 Th. Schwefelsäure-Mono-
hydrat oder 10 Th. käufliche Schwefelsäure), so tritt Erwärmung ein,
das Phenol wird flüssig, es löst sich rasch auf, und nach einigen Tagen
erstarrt das Product zu einer festen Krystallmasse. Man kann die Reaction durch zeitweises Erhitzen auf dem Wasserbade beschleunigen.
Wendet man einen Ueberschuß von Schwefelsäure an und erhitzt man
etwas stark oder lange, so wird leicht Phenol-Disulfosäure gebildet,
deren Anwesenheit die Trennung und Reinigung der beiden Phenol-
Monosulfosäuren sehr erschwert. Man löst das Product in Wasser, sättigt
die unzersetzt gebliebene Schwefelsäure durch kohlensaures Blei, zersetzt die geringe Menge gebildeten Bleisalzes durch Schwefelwasserstoff und stellt aus dem wasserhellen Filtrate Salze dar.

Man überzeugt sich leicht, daß das Product zwei verschiedene Säuren
enthält, und es ist schwer verständlich, wie diese Thatsache seither hat
übersehen werden können. Auch die Trennung der beiden Sulfosäuren
bietet keine besondere Schwierigkeit.

Die Salze der Phenol-Parasulfosäure werden bei Anwendung sehr
verschiedener Basen mit Leichtigkeit rein erhalten. Die Phenol-Metasulfosäure erhält man am leichtesten rein durch Darstellung des Kalisalzes, oder durch Bereitung eines basischen Bleisalzes, welches in siedendem Wasser etwas löslich ist und beim Erkalten krystallinisch aus-

fällt. Ich will eine ausführliche Beschreibung der Salze der zwei Phenol-Monosulfosäuren einer späteren Abhandlung vorbehalten, und ich begnüge mich hier mit einigen kurzen Angaben.

Eine Lösung der Kalisalze scheidet zunächst Krystalle von phenol-parasulfosaurem Kali aus, in Form sechsseitiger, langer Blättchen, die stets wohlausgebildete Flächen zeigen. Die Mutterlauge liefert eine gemischte Krystallisation. Neben dem phenol-parasulfosauren Salze, welches stets etwas gefärbt ist, selbst wenn die Flüssigkeit nahezu farblos war, unterscheidet man leicht Nadeln, Spieße oder zugespitzte und meist schlecht ausgebildete Prismen von phenol-metasulfosaurem Salze, die stets völlig farblos sind, selbst wenn sie sich aus einer stark gefärbten Flüssigkeit absetzen. Die letzten Mutterlaugen liefern nur, oder fast nur Nadeln des phenol-metasulfosauren Salzes. Durch wiederholtes Umkrystallisiren erhält man das phenol-parasulfosaure Kali in Form großer und wohlausgebildeter, sechsseitiger Platten, das phenol-metasulfosaure Kali in Form großer, wohlausgebildeter Prismen. Das erstere Salz ist wasserfrei, das letztere enthält 2 Mol. Krystallwasser. Beide krystallisiren aus heißer alkoholischer Lösung in platten Nadeln.

Auch bei Darstellung der Natronsalze krystallisirt das phenolparasulfosaure Natron zuerst. Es bildet große, farblose Prismen, die 2 Mol. Krystallwasser enthalten. Das phenol-metasulfosaure Salz bleibt in den Mutterlaugen; es krystallisirt schwer und kann auf diesem Weg nicht rein erhalten werden.

Für die Bleisalze ist es ebenfalls das Salz der Phenol-Parasulfosäure, welches zuerst auskrystallisirt. Es bildet lange, feine Nadeln von hohem Atlasglanze, die meist zu großen Warzen vereinigt sind. Das neutrale Bleisalz der Phenol-Metasulfosäure ist in Wasser ausnehmend löslich; es scheidet sich erst bei längerem Stehen einer syrupdicken Lösung in kleinen Nadeln aus.

Die Barytsalze der zwei Phenol-Monosulfosäuren unterscheiden sich zwar wesentlich in Löslichkeit und in Krystallform; eine Trennung beider Salze kann aber durch Krystallisation nicht erreicht werden.

Ich will noch erwähnen, daß die wäßrigen Lösungen der phenolparasulfosauren und der phenol-metasulfosauren Salze mit basischessigsaurem Bleioxyd Niederschläge von basischen Bleisalzen erzeugen. Man kann also aus jedem Salze leicht die freie Säure abscheiden und so von einem Salze zum andern übergehen.

Aus dem Mitgetheilten ergiebt sich wohl zur Genüge, daß die mei-

sten, wenn nicht alle Salze der Phenylschwefelsäure, die früher dargestellt und beschrieben worden sind, offenbar der Phenol-Parasulfosäure
zugehören. Da Freund indeß zwei Kupfersalze beschrieben hat, so
muß ich jetzt schon angeben, daß schon das phenol-parasulfosaure
Kupfer, je nach den Bedingungen der Krystallisation, zwei Arten von
Krystallen bildet, die sich in Form, in Wassergehalt und in Farbe
unterscheiden.

II. *Aether der Phenol-Monosulfosäuren.* Wenn in den Phenolsulfosäuren, wie ich dies oben behauptet habe, die Hydroxylgruppe noch unverändert enthalten ist, so muß sich der Wasserstoff dieser Gruppe durch
einatomige Alkoholradicale vertreten lassen, und die Producte müssen
den Character der Sulfosäuren beibehalten. Durch Einführung von
Methyl müssen zwei Sulfosäuren entstehen, welche dieselbe Zusammensetzung besitzen, wie die Säure (oder die Säuren), welche sich durch
Einwirkung von Schwefelsäure auf Anisol (Methylphenol, Methoxylbenzol) wird darstellen lassen.

Der Versuch hat gezeigt, daß beide Phenol-Monosulfosäuren derartige Abkömmlinge zu liefern im Stande sind. Man erhält diese Aether-
salze leicht, indem man ein Salz der Phenol-Parasulfosäure oder der
Phenol-Metasulfosäure mit Aetzkali, Alkohol und dem Jodid des betreffenden Alkoholradicals in zugeschmolzenen Röhren erhitzt. Man
bedient sich also derselben Methode, nach der Ladenburg vor einiger
Zeit die Paraoxybenzoësäure in Anissäure und in Aethyl-Paraoxybenzoë-
säure umgewandelt hat. Zur Reinigung habe ich die Producte zweimal
aus Alkohol umkrystallisirt, in wäßriger Lösung mit kohlensaurem Silber behandelt und nochmals aus Alkohol krystallisirt.

Die Kalisalze der Aethyl-Phenolparasulfosäure und der Aethyl-
Phenolmetasulfosäure sind einander sehr ähnlich. Beide sind in Wasser
sehr löslich und krystallisiren aus wäßriger Lösung in farblosen, wasserhaltigen Nadeln. Aus siedendem Alkohol scheidet sich das äthyl-para-
phenolsulfosaure Kali in langen, platten Nadeln, das äthyl-metaphenol-
sulfosaure Kali in Blättchen aus; das letztere Salz ist in Alkohol weit
löslicher als das erste. Die entsprechenden Methylverbindungen werden
in derselben Weise erhalten; sie sind in Alkohol weit löslicher als die
äthylhaltigen Salze.

Um die so dargestellten methylhaltigen Salze mit den Salzen der aus
Anisol bereiteten Sulfosäure vergleichen zu können, habe ich Anisol mit
Schwefelsäure behandelt. Das Gemisch erwärmt sich, und erstarrt nach

einiger Zeit zu einer krystallinischen Masse. Das Kalisalz der Anisol-
sulfosäure hat dieselbe Zusammensetzung und gleicht in allen Eigenschaften den zwei Kalisalzen, die ich durch Einführen von Methyl in
Phenol-Parasulfosäure und Phenol-Metasulfosäure dargestellt habe. Ich
kann nicht angeben, ob es der einen oder der andern zugehört, da die
Kalisalze der beiden synthetisch dargestellten Säuren sich so ähnlich
sehen, daß man sie nicht unterscheiden kann. Ich vermuthe, daß bei
Einwirkung von Schwefelsäure auf Anisol ebenfalls zwei isomere Säuren
gebildet werden, und ich glaube beim Eindampfen des anisolsulfosauren
Kalis zwei verschieden krystallisirte Salze beobachtet zu haben, deren
Trennung indeß nicht gelang.

Die Versuche, deren wesentliche Resultate ich im Vorhergehenden
kurz zusammengestellt habe, zeigen deutlich, daß bei Einwirkung von
Schwefelsäure auf Phenol zwei isomere Sulfosäuren gebildet werden.
Sie beweisen hinlänglich, daß keine dieser Säuren die der Aethylschwefelsäure analoge Phenylschwefelsäure ist.

Daß gleichzeitig zwei isomere Modificationen der Phenol-Monosulfosäure erhalten werden, kann nicht Wunder nehmen, wenn man sich
daran erinnert, daß auch bei Einwirkung von Salpetersäure auf Phenol
zwei Modificationen des Mononitrophenols entstehen, und daß, nach
Körner's Versuchen, auch beim Behandeln von Phenol mit Jod und
Jodsäure zwei Modificationen des Monojodphenols gebildet werden. Die
Phenolsulfosäuren (die sogenannte Phenylschwefelsäure) stehen zum
Phenol genau in derselben Beziehung wie die Benzolsulfosäure zum Benzol; und wenn man die aromatischen Carbonsäuren mit den Sulfosäuren
vergleichen, also die Benzoësäure als Benzolcarbonsäure ansehen will,
so erscheinen die Phenolsulfosäuren völlig analog der Paraoxybenzoësäure, Oxybenzoësäure und Salicylsäure.

| $C_6 H_6$ | $C_6 H_5 . CO_2 H$ | $C_6 H_5 . SO_3 H$ |
|---|---|---|
| Benzol | Benzolcarbonsäure | Benzolsulfosäure |
|  | (Benzoësäure) | (Sulfobenzolsäure). |

| $C_6 H_5 . OH$ | $C_6 H_4 \begin{cases} OH \\ CO_2 H \end{cases}$ | $C_6 H_4 \begin{cases} OH \\ SO_3 H \end{cases}$ |
|---|---|---|
| Oxybenzol | Oxybenzolcarbonsäure | Oxybenzolsulfosäure |
| (Phenol) | (oder Phenolcarbonsäure, | (oder Phenolsulfosäuren). |
|  | z. B. Paraoxybenzoësäure) |  |

$$\mathrm{C_6\,H_5\,.\,\Theta\,(CH_3)}$$

Methoxylbenzol
(Anisol)

$$\mathrm{C_6\,H_4} \begin{cases} \Theta\,(CH_3) \\ C\Theta_2\,H \end{cases}$$

Methoxylbenzolcarbon-
säure (Anissäure)

$$\mathrm{C_6\,H_4} \begin{cases} \Theta\,(CH_3) \\ S\Theta_3\,H \end{cases}$$

Methoxylbenzolsulfosäure
(Methylphenolsulfosäure).

Man kann es schon jetzt als nachgewiesen betrachten, daß die Einwir-
kung der Schwefelsäure auf aromatische Substanzen fast stets in dieser
Weise erfolgt; die Producte sind den Substitutionsderivaten analoge
Sulfosäuren. Für die aus Anilin entstehende Sulfanilinsäure ist diese An-
sicht schon dadurch als bewiesen anzusehen, daß diese Säure, wie
S c h m i t t gezeigt hat, ein Diazoderivat zu liefern im Stande ist. Für
die aus Benzoësäure, aus Salicylsäure und aus zahlreichen ähnlichen
Körpern entstehenden Sulfosäuren ist schon die Basicität beweisend.

Eine derartige Einwirkung der Schwefelsäure findet indeß, in einzelnen Fällen wenigstens, auch bei Substanzen aus der Klasse der Fettkörper statt. Nicht nur bei Einwirkung von Schwefelsäure auf Aethylen u. s. w., sondern auch bei Behandlung von Essigsäure u. s. f. mit
Schwefelsäure wird an Kohlenstoff gebundener Wasserstoff durch den
Schwefelsäurerest $S\Theta_3\,H$ vertreten, worauf ich vor jetzt 9 Jahren bereits
aufmerksam gemacht habe (Ann. Ch. Pharm. **106,** 146).

Gent, März 1867.

# Sur quelques dérivés de la benzine;

## Par M. A. Kekulé.

Compt. rend. **64,** 752 (8. 4. 1867).

«Les produits engendrés par l'action de l'acide sulfurique sur la benzine et sur le phénol sont envisagés ordinairement, le premier comme de
l'acide phénylsulfureux, le second comme acide phénylsulfurique. En
appliquant à ces corps les théories que j'ai publiées, il y a quelque temps,
sur la constitution des substances aromatiques, j'ai été conduit à leur
attribuer une constitution tout autre. Je les regarde, ainsi que toutes
les substances de formation analogue, comme correspondant entièrement
aux produits de substitution. Ils renferment un reste de l'acide sulfurique, tout comme les corps nitrés contiennent un reste de l'acide nitrique.
Le reste $S\Theta^3\,H$ renfermant de l'hydrogène basique, les substances qui le
contiennent doivent être de vrais acides. J'ai cru devoir chercher dans
l'expérience la confirmation de mes vues.

»Un mot d'abord sur l'acide benzolsulfurique (phénylsulfureux) et ses dérivés. On sait que MM. Gerhardt et Chancel, en attaquant les benzolsulfates par l'oxychlorure de phosphore, ont obtenu le chlorure de sulfophényle. Ce chlorure a été transformé, par M. Kalle [1]), en acide benzolsulfureux: M. Vogt en a préparé le sulfhydrate de phényle, lequel, en s'oxydant, donne naissance au bisulfure de phényle. D'un autre côté, M. Stenhouse a démontré que les benzolsulfates, en se décomposant par l'action de la chaleur, fournissent le sulfure de phényle. L'oxydation de celui-ci a donné au même savant une substance qui, tout en possédant la composition de la sulfobenzide, en diffère tant par ses propriétés chimiques que physiques, et qui a reçu le nom de sulfobenzolène.

»On voit de suite que le sulfhydrate de phényle correspond entièrement au phénol. C'est du phénol dans lequel l'oxygène se trouve remplacé par le soufre:

$$C^6 H^5 . OH, \qquad C^6 H^5 . SH.$$

»Les expériences exécutées en collaboration avec un de mes élèves, M. Szuch, m'ont démontré qu'on réalise aisément ce remplacement en soumettant le phénol à l'action du sulfure de phosphore. Le produit principal de cette réaction est identique au sulfhydrate de phényle, préparé d'après le procédé de M. Vogt; il donne les mêmes combinaisons métalliques, et il se transforme facilement en bisulfure de phényle. La même réaction donne naissance au sulfure de phényle, identique avec la substance de même composition préparée d'après la méthode de M. Stenhouse. Le même sulfure de phényle s'obtient encore quand on soumet à la distillation sèche le phénylsulfure de plomb. Quant au sulfobenzolène, qui se forme par l'oxydation de ce sulfure, il est identique avec la sulfobenzide.

»On voit, par ce qui précède, que tous les corps sulfurés, qui jusqu'à présent n'ont été préparés que le la benzine, peuvent tout aussi bien s'obtenir à l'aide du phénol. De plus, le sulfhydrate de phényle pouvant se former tant par la réduction de l'acide benzolsulfurique que par le remplacement de l'oxygène du phénol contre du soufre, on est conduit à penser que l'acide benzolsulfurique doit pouvoir se transformer directement en phénol. Il suffit, en effet, de remplacer le reste $SO^3 H$, provenant de l'acide sulfurique, par le reste $OH$ provenant de l'eau.

»Je suis parvenu à réaliser cette transformation en soumettant les

---

[1]) Irrtümlich heißt es dort: „Kelle".

benzolsulfates à l'action de la potasse fondue. Il se forme du phénol et
du sulfite de potasse:

$$C^6 H^5 . SO^3 K + \Theta HK = C^6 H^5 . \Theta H + SO^3 K^2.$$

»La réaction est excessivement nette; le phénol s'obtient aisément à
l'état de pureté parfaite; la quantité du produit se rapproche sensiblement
de celle indiquée par la théorie, et on peut donc transformer ainsi la benzine en phénol.

»Pour ce qui concerne l'acide engendré par l'action de l'acide sulfurique sur le phénol, tout le monde le compare maintenant à l'acide éthylsulfurique, en le regardant comme un éther acide de l'alcool phénique.
Cependant, la constitution de ce corps est tout autre. L'hydrogène typique du phénol ne joue aucun rôle dans sa formation; il se retrouve, au
contraire, dans le produit; le reste $SO^3 H$, loin de remplacer cet hydrogène, prend plutôt la place d'un atome d'hydrogène provenant de la benzine, ou, si l'on veut, du radical phényle. Le produit, analogue aux
dérivés par substitution, est un sulfodérivé du phénol. Il est aisé de
démontrer par l'expérience que c'est là la vraie constitution de cet
acide:

$$C^6 H^4 \begin{cases} \Theta H \\ SO^3 H. \end{cases}$$

»Je dois mentionner tout d'abord que l'acide sulfurique, en réagissant
sur le phénol, ne donne pas, comme on l'indique partout maintenant, un
acide unique, mais bien deux acides isomères. Aucun des deux n'est
l'acide phénylsulfurique, les deux sont de vrais sulfacides. L'isomérie
s'explique facilement, et la formation de ces deux modifications de l'acide
phénol-monosulfurique n'a rien d'étonnant, elle est analogue à celle des
deux modifications du phénol mononitré, etc.

»La séparation de ces deux acides ne présente pas de difficulté. Leurs
sels diffèrent par la forme, la solubilité et par l'eau de cristallisation qu'ils
renferment; plusieurs d'entre eux cristallisent avec une facilité remarquable.

»Parmi les faits que démontrent que l'idée que j'ai avancée sur la constitution de ces acides est exacte, je citerai en premier lieu le suivant: en
traitant le sel de potasse de l'un ou de l'autre des acides phénolsulfuriques, en présence de la potasse caustique et de l'alcool, par l'iodure d'un
radical alcoolique, on remplace l'hydrogène appartenant au groupe $\Theta H$
par ce radical, et l'on obtient ainsi les éthylphénolsulfates et les méthyl-

phénolsulfates. Chaque modification de l'acide phénolmonosulfurique engendre ainsi son éther correspondant:

$$C^6 H^4 \begin{cases} \Theta (CH^3) \\ S\Theta^3 K \end{cases}, \qquad C^6 H^4 \begin{cases} \Theta (C^2 H^5)^1) \\ S\Theta^3 K \end{cases}.$$

»Une seconde preuve de l'exactitude de ma manière de voir est fournie par l'action de l'acide sulfurique sur le phénol mononitré. Ce corps, jouant lui-même le rôle d'un acide, donne naissance à un sulfacide bibasique. L'acide lui-même est cristallisable, et plusieurs de ses sels forment des cristaux d'une grande beauté.

»Une troisième preuve, enfin, se trouve dans l'action que la potasse fondue exerce sur les acides phénolsulfuriques. J'ai démontré plus haut que l'acide benzolsulfurique, chauffé jusqu'à fusion avec l'hydrate de potasse, échange le groupe $S\Theta^3 H$ contre le reste $\Theta H$ de l'eau, et donne ainsi du phénol. Les sulfacides du phénol, soumis au même traitement, présentent la même réaction. Seulement, la matière employée contenant déjà le reste $\Theta H$, le produit renferme deux fois ce même reste, et c'est par suite un dérivé bihydroxylé de la benzine qui se forme. L'une des deux modifications de l'acide phénolmonosulfurique donne naissance à la pyrocatéchine, l'autre engendre la résorcine:

$$C^6 H^4 \begin{cases} \Theta H \\ S\Theta^3 H \end{cases}, \qquad C^6 H^4 \begin{cases} \Theta H \\ \Theta H \end{cases}.$$

»Les deux modifications de l'acide phénolmonosulfurique viennent ainsi se placer dans deux des trois séries des *bidérivés* de la benzine, que M. Körner a caractérisées il y a quelque temps, et l'on doit, par suite, les désigner par les noms: *acide phénolparasulfurique* et *acide phénolmétasulfurique*.

»Je poursuis mes recherches dans cette direction, et je crois que la réaction que je viens d'indiquer ne conduira pas seulement au classement d'un grand nombre de sulfacides; je pense qu'elle permettra, en outre, de préparer par voie de synthèse certains dérivés de la benzine qui n'ont pas été obtenus encore. L'acide benzolbisulfurique donnera une des trois modifications de la benzine bihydroxylée, probablement la résorcine. L'acide phénoldisulfurique, de son côté, doit donner naissance à une benzine trihydroxylée, à savoir la phloroglucine on un isomère, etc.

---

[1]) Dort steht irrtümlich „$C_2H_3$". (A.)

»L'étude des sulfacides correspondant à l'hydroquinone sera surtout intéressante. L'acide hydroquinone-bisulfurique (préparé de l'acide quinique) doit donner naissance à un dérivé tétrahydroxylé:

$$\mathrm{C^6\,H^2} \begin{cases} \mathrm{(\Theta\,H)^2} \\ \mathrm{2\,S\,\Theta^3\,H} \end{cases}, \qquad \mathrm{C^6\,H^2} \begin{cases} \mathrm{(\Theta\,H)^2} \\ \mathrm{(\Theta\,H)^2} \end{cases}.$$

»Les acides thiochronique et euthiochronique doivent engendrer le hexahydroxylbenzol:

$$\mathrm{C^6} \begin{cases} \mathrm{2\,\Theta H} \\ \mathrm{2\,S\Theta^3\,H} \\ \mathrm{2\,S\Theta^3\,H} \end{cases} \qquad \mathrm{C^6} \begin{cases} \mathrm{2\,\Theta H} \\ \mathrm{2\,\Theta H} \\ \mathrm{2\,S\Theta^3\,H} \end{cases} \qquad \mathrm{C^6} \begin{cases} \mathrm{2\,\Theta H} \\ \mathrm{2\,\Theta H} \\ \mathrm{2\,\Theta H} \end{cases}$$

| Acide thiochronique. | Acide euthiochronique. | Hexahydroxylbenzol. |
|---|---|---|

»Quant à ce dernier produit, je m'attends à le trouver identique avec le corps que M. Carius a décrit récemment sous le nom *d'acide phénaconique.*»                                          (8 avril 1867.)

---

# Bildung von Thiacetsäure aus Essigsäure-Phenol.

## Von Aug. Kekulé.

Z. f. Ch. N. F. 3, 196—197 (1867).

Das Phenol ist bekanntlich bis auf die neueste Zeit für den einatomigen Alkoholen völlig analog angesehen worden. Man hat deshalb erwartet, das Radical Phenyl müsse des doppelten Austausches fähig sein, und man hat häufig geglaubt Reactionen der Art beobachtet zu haben.

Einzelne dieser Angaben sind als entschieden irrig erkannt worden; und man kann jetzt wohl als nachgewiesen betrachten, daß die dem Phenol entsprechenden und aus ihm darstellbaren Chlor-, Brom- und Jodverbindungen, die man früher für Phenylchlorid u. s. w. ansah, mit den gleichzusammengesetzten Substitutionsproducten des Benzols identisch, und daß sie des doppelten Austausches nicht fähig sind.

Wenn Phosphorsäure-Phenyläther mit essigsaurem Natron, oder mit entsprechenden Salzen, doppelte Zersetzung zeigt, so beweist dies nicht, daß das Radical Phenyl von einer Verbindung in die andere transportirt werde; man kann ebenso gut annehmen, es bleibe mit dem sogenannten typischen Sauerstoff [1]) verbunden und es seien die mit diesem Sauerstoff vereinigten Säurereste, welche sich gegen andere Reste austauschen.

---

[1]) Dort steht irrthümlich „Wasserstoff“.    (A.)

Ein wirklicher Transport des Radicals Phenyl wäre dagegen anzunehmen, wenn bei Einwirkung von Jodkalium oder Cyankalium auf eine Verbindung von Phenol mit einer Sauerstoffsäure wirklich Phenyljodid (Monojodbenzol) oder Phenylcyanid (Benzonitril) gebildet würde. Man müßte dann zugeben, die Gruppe $C_6 H_5$ trenne sich von dem typischen Sauerstoff, sie werde also gegen Kalium ausgetauscht. Ich muß bekennen, daß mir Scrugham's Angaben über derartige Zersetzungen, nach eigenen Versuchen, sehr zweifelhaft geworden sind.

Von Interesse scheint mir die Zersetzung des Essigsäure-Phenols durch Schwefelwasserstoffkalium. Man hätte dabei, vom Standpunkte der älteren Ansicht aus, die Bildung von essigsaurem Kali und von Thiophenol (Phenylsulfhydrat) erwarten sollen:

$$\left.\begin{array}{c} C_6 H_5 \\ C_2 H_3 \Theta \end{array}\right\} \Theta + \left.\begin{array}{c} K \\ H \end{array}\right\} S = \left.\begin{array}{c} C_6 H_5 \\ H \end{array}\right\} S + \left.\begin{array}{c} C_2 H_3 \Theta \\ K \end{array}\right\} \Theta$$

Die Reaction verläuft indeß in anderer Weise; es entsteht Phenol und thiacetsaures Kali:

$$\left.\begin{array}{c} C_6 H_5 \\ C_2 H_3 \Theta \end{array}\right\} \Theta + \left.\begin{array}{c} \acute{K} \\ H \end{array}\right\} S = \left.\begin{array}{c} C_5 H_5 \\ H \end{array}\right\} \Theta + \left.\begin{array}{c} C_2 H_3 \Theta \\ K \end{array}\right\} S$$

Die Zersetzung erfolgt mit ausnehmender Leichtigkeit. Bringt man Essigsäure-Phenol mit einer alkoholischen Lösung von Schwefelwasserstoffkalium zusammen, so tritt Erwärmung ein. Die Flüssigkeit scheidet auf Zusatz von Wasser Phenol aus und die wäßrige Lösung enthält thiacetsaures Kali, aus welchem leicht das characteristische Bleisalz und die Thiacetsäure selbst erhalten werden können.

Der doppelte Austausch findet also nicht zwischen dem Metall des Schwefelwasserstoffkaliums und dem Radical Phenyl statt, wie es die ältere Ansicht hätte erwarten sollen; es ist vielmehr das Radical Acetyl, welches gegen Wasserstoff ausgetauscht wird. Das Essigsäure-Phenol verhält sich also nicht wie essigsaures Phenyl, sondern vielmehr wie phenylsaures Acetyl. Die Reaction zeigt deutlich, daß der Sauerstoff des Phenols mit dem Benzolrest $C_6 H_5$ in Verbindung bleibt; sie beweist von Neuem, daß in den aromatischen Substanzen der Sauerstoff des Wasserrests $\Theta H$ mit dem Kohlenstoff viel fester zusammenhängt, als bei den mehr oder weniger entsprechenden Verbindungen aus der Klasse der Fettkörper.

Gent, März 1867.

# Note sur l'action de l'iode sur quelques sulfures organiques;
## par MM. Aug. Kekulé et E. Linnemann.

Bull. Acad. Roy. Belg. [2] **13**, 156—168 (Séance du 1er février 1862) [1]).

Les quelques expériences, que nous avons l'honneur de soumettre à l'Académie, ont été instituées dans le but de voir jusqu'à quel point une hypothèse que nous avions faite sur l'action de l'iode sur quelques sulfures, était exacte. Qu'il nous soit permis de rappeler les réactions de ce genre que nous avons en vue.

Les acides éthyl-sulfocarbonique et éthyl-bisulfocarbonique (xanthique) engendrent, quand on traite les sels de ces acides par de l'iode, deux substances que Gerhardt désigne par les noms:

Persulfure éthyl-sulfocarbonique . .    $C_6 H_{10} O_4 S_2 = \begin{array}{l} C O_2 \{ C_2 H_5 S \\ C O_2 \{ C_2 H_5 S \end{array}$
(Bicarbonate de bisulfure d'éthyle.)

Persulfure éthyl-disulfocarbonique .    $C_6 H_{10} O_2 S_4 = \begin{array}{l} C O_2 \{ C_2 H_5 S \\ C S_2 \{ C_2 H_5 S \end{array}$
(Bioxysulfocarbonate d'éthyle.)

Ces corps n'entrent pas d'une manière nette dans la théorie des types, comme Gerhardt l'avait conçu, et les partisans de cette théorie n'ont pas mieux réussi que Gerhardt lui-même à trouver la clef de ces combinaisons un peu exceptionnelles. C'est ainsi que M. Limpricht, en parlant de ces substances, dit, dans son *Traité de chimie organique:* «Nous sommes obligés d'avouer que la constitution du composé $C_6 H_{10} O_2 S_4$, que Debus appelle le bioxy-sulfocarbonate d'éthyle, nous est encore inconnue et qu'il nous manque, par conséquent, un nom propre à le désigner,» et plus loin: «Nous n'osons pas donner une formule rationnelle à la substance $C_6 H_{10} O_4 S_2$.»

La formation de ces deux corps s'explique cependant d'une manière très-simple. L'iode en agissant sur deux molécules d'un sel de l'un ou de l'autre de ces deux acides en élimine le métal, en formant ainsi deux molécules d'un iodure métallique; les restes des deux molécules organiques se réunissent, jouant chacun pour ainsi dire le rôle de radical monoatomique, et formant ainsi une substance de la composition du radical dans le sens de la théorie des hydracides.

Si l'on représente les acides éthyl-sulfocarbonique et éthyl-bisulfo-carbonique par des formules typiques, en les faisant dériver du type acide sulfhydrique, on a:

---

[1]) Abgedruckt: L'Institut **30**, 149—152 (1862).

$$\left.\begin{array}{c}\text{Ꮪ}_3\text{H}_5\Theta_2\\\text{H}\end{array}\right\}\text{S} \qquad\qquad \left.\begin{array}{c}\text{Ꮪ}_3\text{H}_5\Theta\text{S}\\\text{H}\end{array}\right\}\text{S}$$

*Acide éthyl-sulfocarbonique.*      *Acide éthyl-bisulfocarbonique.*

et pour les persulfures formés par l'action de l'iode:

$$\left.\begin{array}{c}\text{Ꮪ}_3\text{H}_5\Theta_2\\\text{Ꮪ}_3\text{H}_5\Theta_2\end{array}\right\}\text{S}_2 \qquad\qquad \left.\begin{array}{c}\text{Ꮪ}_3\text{H}_5\Theta\text{S}\\\text{Ꮪ}_3\text{H}_5\Theta\text{S}\end{array}\right\}\text{S}_2$$

*Persulfure éthyl- sulfocarbonique.*    *Persulfure éthyl-bisulfocarbonique.*

En adoptant ces formules on saisit facilement le caractère de bisulfure; on voit en effet que ces corps sont aux acides correspondants exactement ce que le bisulfure d'éthyle est au mercaptan.

Cependant, pour rattacher ces deux acides au sulfure de carbone, qui leur donne naissance et surtout pour montrer l'analogie qu'ils possèdent avec les éthers de l'acide carbonique, on est obligé de les représenter par les formules suivantes, qui les font dériver du type intermédiaire: $\text{H}_2\Theta + \text{H}_2\text{S}$:

$$\left.\begin{array}{c}\text{Ꮪ}_2\text{H}_5\\\text{Ꮪ}''\Theta\\\text{H}\end{array}\right\}\begin{array}{c}\Theta\\\text{S}\end{array} \qquad\qquad \left.\begin{array}{c}\text{Ꮪ}_2\text{H}_5\\\text{Ꮪ}''\text{S}\\\text{H}\end{array}\right\}\begin{array}{c}\Theta\\\text{S}\end{array}$$

*Acide éthyl-sulfocarbonique.*     *Acide éthyl-bisulfocarbonique.*

Cette manière de voir fait saisir tout de suite une analogie parfaite entre ces deux acides et l'acide hyposulfureux, lequel, dans la nouvelle théorie des types, est représenté par la formule suivante, proposée par M. Odling:

$$\left.\begin{array}{c}\text{H}\\\text{S}''\Theta_2\\\text{H}\end{array}\right\}\begin{array}{c}\Theta\\\text{S}\end{array}$$

*Acide hyposulfureux.*

Or on sait que cet acide, ou plutôt ses sels, perdent, sous l'influence de l'iode, un atome de métal pour donner ainsi un *tétrathionate;* et on a donc pour cette substance minérale exactement la même réaction que celle que présentent les deux acides organiques mentionnés.

Les trois persulfures, formés par l'action de l'iode, se rattachent donc par les formules suivantes aux acides qui leur donnent naissance:

$$\left.\begin{array}{c}\text{Ꮪ}_2\text{H}_5\\\text{Ꮪ}''\Theta\\\text{H}\end{array}\right\}\begin{array}{c}\Theta\\\text{S}\end{array} \qquad \left.\begin{array}{c}\text{Ꮪ}_2\text{H}_5\\\text{Ꮪ}''\text{S}\\\text{H}\end{array}\right\}\begin{array}{c}\Theta\\\text{S}\end{array} \qquad \left.\begin{array}{c}\text{H}\\\text{S}''\Theta_2\\\text{H}\end{array}\right\}\begin{array}{c}\Theta\\\text{S}\end{array}$$

*Ac. éthyl-sulfocarbonique.*   *Ac. éthyl-disulfocarbonique.*   *Ac. hyposulfureux.*

$$\left.\begin{array}{c}\text{Ꮪ}_2\text{H}_5\\\text{Ꮪ}''\Theta\\\text{Ꮪ}''\Theta\\\text{Ꮪ}_2\text{H}_5\end{array}\right\}\begin{array}{c}\Theta\\\text{S}_2\\\Theta\end{array} \qquad \left.\begin{array}{c}\text{Ꮪ}_2\text{H}_5\\\text{Ꮪ}''\text{S}\\\text{Ꮪ}''\text{S}\\\text{Ꮪ}_2\text{H}_5\end{array}\right\}\begin{array}{c}\Theta\\\text{S}_2\\\Theta\end{array} \qquad \left.\begin{array}{c}\text{H}\\\text{S}\Theta_2\\\text{S}\Theta_2\\\text{H}\end{array}\right\}\begin{array}{c}\Theta\\\text{S}_2\\\Theta\end{array}$$

*Persulfure éthyl-sulfocar-*   *Persulfure éthyl-disulfocar-*   *Ac. tétrathionique.*
*bonique.*          *bonique.*

De ces réactions, lesquelles, si nous ne nous trompons, n'ont pas d'autres analogues, nous avons conclu que l'iode en réagissant sur un sulfhydrate présente en général une réaction de ce genre. Malheureusement les substances que l'on a examinées jusqu'à présent sous ce rapport possèdent une composition trop compliquée pour démontrer clairement l'exactitude de notre manière de voir. Elles appartiennent, non pas au type acide sulfhydrique, mais au type intermédiaire de l'acide sulfhydrique et l'eau; de manière que l'on doit admettre que pour eux l'action de l'iode s'exerce seulement du côté de la molécule où se trouve le soufre.

Il nous a donc paru nécessaire d'essayer l'action de l'iode sur d'autres sulfures d'une composition moins compliquée; et nous avons choisi en premier lieu les sulfhydrates les plus simples de la chimie organique, à savoir: le sulfhydrate d'éthyle et l'acide thiacétique.

### Action de l'iode sur l'éthyl-sulfure de sodium.

Nous avons préparé l'éthyl-sulfure de sodium par l'action du sodium métallique sur le mercaptan; nous avons dissous une quantité pesée de ce sulfure dans de l'eau et nous avons ajouté de l'iode. Aussitôt il s'est manifesté une vive réaction, avec dégagement de beaucoup de chaleur, et il s'est séparé une couche d'un liquide huileux qui s'est rassemblée à la surface. Nous avons ajouté ainsi une quantité d'iode égale aux deux tiers, à peu près, de la quantité indiquée par la théorie, et nous avons préféré de ne pas aller plus loin, pour pouvoir mieux purifier le produit. On a séparé ensuite la couche huileuse à l'aide d'un siphon, et, après l'avoir lavée avec de l'eau, on l'a desséchée sur du chlorure de calcium et on l'a distillée. La presque totalité du liquide a passé à la température de 151°—152°; le point d'ébullition du bisulfure d'éthyle est à 151°.

Un dosage du soufre nous a donné le résultat suivant:

$0^{gr},2658$ ont donné: $1^{gr},0129$ de sulfate de baryte; correspondant à 52,26 p. c. de soufre; le bisulfure d'éthyle contient 52,45 p. c.

### Action de l'iode sur les thiacétates.

L'acide thiacétique a été préparé par la réaction indiquée par l'un de nous. Nous avons trouvé avantageux d'opérer de la manière suivante: on introduit dans une cornue 300 grammes de persulfure de phosphore (1) et 108 grammes d'acide acétique monohydraté,

_____

(1) Pour préparer ce sulfure de phosphore à l'aide du phosphore rouge et du soufre, il est avantageux d'employer du soufre pulvérisé au lieu des fleurs de

en employant une cornue assez spacieuse pour que le mélange en occupe aussi exactement que possible la moitié. On chauffe jusqu'à ce que la réaction commence à se produire et on laisse ensuite celle-ci s'accomplir d'elle-même. Nous avons obtenu ainsi, en opérant sur 1800 grammes de persulfure de phosphore et 650 grammes d'acide acétique, et en soumettant le produit à une seule rectification, 240 grammes d'acide thiacétique parfaitement pur et incolore, bouillant à 92°—95°, et, en outre, la même quantité à peu près d'un acide moins pur, bouillant entre 95°—110°.

Nous avons fait réagir l'iode sur les sels de soude, de potasse et de baryte de l'acide thiacétique. La réaction est la même pour ces trois sels; il se forme un iodure métallique et du bisulfure d'acétyle.

$$2 \left. \begin{matrix} C_2H_3\Theta \\ K \end{matrix} \right| S + J_2 = 2\,K\,J + \left. \begin{matrix} C_2H_3\Theta \\ C_2H_3\Theta \end{matrix} \right| S_2$$

Pour la préparation du bisulfure d'acétyle, on prend une solution légèrement acide d'un thiacétate, et l'on y introduit de l'iode pulvérisé par petites parties à la fois, en agitant le liquide. L'iode disparaît rapidement et il se dépose un liquide huileux. On peut sans inconvénient introduire de l'iode jusqu'au moment où la couleur brune commence à devenir persistante; on n'a qu'à ajouter ensuite une petite quantité encore de thiacétate, pour enlever cet excès d'iode. Le liquide jaune, qui se trouve au fond du vase, est du bisulfure d'acétyle impur.

La purification de ce corps est rendue difficile parce qu'il contient toujours en dissolution du soufre, qui s'est formé par sa décomposition sous l'influence de l'eau, et parce que l'on ne peut pas le soumettre à une distillation, sans qu'il se décompose entièrement. Voici la marche qui nous a paru la plus avantageuse pour la purification du produit. On lave à l'eau froide, on dessèche sur du chlorure de calcium et on filtre. On obtient ainsi un liquide jaune, qui se solidifie peu à peu, si la température n'est pas trop élevée. On peut encore, pour ne pas perdre trop de matière, ajouter de l'éther ou du sulfure de carbone à la substance qui se trouve sur le chlorure de calcium et chasser ensuite le dissolvant en plaçant le liquide filtré dans le vide. Le bisulfure d'acétyle ainsi préparé est toujours coloré en jaune et contient un excès de soufre. Il est liquide à des températures supérieures à 20°, et il se solidifie entièrement a 0°.

---

soufre; la réaction est moins violente et on peut, sans inconvénient, préparer de très-grandes quantités à la fois.

Quand on le maintient pendant quelque temps à la température de $15^0$—$17^0$, il se solidifie en partie. On sépare alors des cristaux la partie liquide, qui est toujours plus colorée que la matière employée. Les cristaux donnent après fusion un liquide moins coloré, que l'on soumet au même traitement. En répétant cette opération plusieurs fois, on obtient à la fin une substance sensiblement pure, mais qui reste toujours légèrement colorée en jaune. Une purification complète ne réussit que de la mainère suivante: on dissout les parties les moins fusibles dans une très-petite quantité de sulfure de carbone et on expose la solution au froid. Ordinairement il ne se forme pas de cristaux; mais quand on introduit un petit fragment de bisulfure solide, on voit se produire de gros cristaux, parfaitement transparents et incolores, d'une forme cristalline très-bien définie, et qui ont quelquefois jusqu'à deux centimètres de longueur pour un demi-centimètre d'épaisseur.

Le bisulfure d'acétyle pur fond à la température de $20^0$; il possède une odeur piquante un peu sulfurée; il est insoluble dans l'eau, mais il se dissout facilement dans l'alcool, l'éther et le sulfure de carbone. L'eau le décompose à la longue déjà à froid, et plus rapidement par l'ébullition; du soufre est mis en liberté et la solution contient de l'acide thiacétique, que l'on peut facilement reconnaître en le transformant en son sel de plomb caractéristique. Les alcalis et leurs carbonates le décomposent rapidement. L'acide nitrique concentré le détruit instantanément avec une sorte de détonation. Sous l'influence de l'acide nitrique étendu, on obtient de l'acide sulfurique, ainsi que de l'acide acétique; nous n'avons pas observé la formation d'une sulfacide organique.

Le bisulfure d'acétyle se décompose par la chaleur. La distillation commence à $93^0$ et le thermomètre monte continuellement jusqu'à $160^0$. Les premières parties du produit sont incolores; ce qui passe ensuite devient de plus en plus jaune et il reste, dans la cornue, une matière charbonneuse. Aucune partie de ce produit distillé ne cristallise par le refroidissement; les premières nous paraissent contenir de l'acide thiacétique. Ce produit distillé ressemble d'ailleurs beaucoup au résidu que l'on obtient dans la rectification de l'acide thiacétique lui-même. Comme celui-ci, il provoque fortement le larmoiement; propriété qui nous paraît due à la présence d'une substance particulière, qui se forme encore par d'autres décompositions de l'acide thiacétique et de son bisulfure, et dont nous avons remarqué la formation dans la distillation sèche du thiacétate de plomb et encore par l'action du mercure sur le bisulfure d'acétyle.

Le bisulfure d'acétyle pur a donné, à l'analyse, les résultats suivants:

1º. . . 0,2572 gr. ont donné: 0,8022 gr. de sulfate de baryte;

2º. . . 0,2838 gr. — 0,8882 gr. — —

On en déduit:

pour la formule: $\begin{matrix} C_2H_3O \\ C_2H_3O \end{matrix} \Big\} S_2$

| CALCULÉ. | TROUVÉ. | |
|---|---|---|
| | I | II |
| $S = 42,66$ | 42,78 | 42,91 |

Ayant eu à notre disposition, une quantité assez considérable d'acide thiacétique impur, c'est-à-dire contenant une petite quantité d'acide acétique, nous avons cru devoir l'employer pour faire une réaction qui nous a paru ne pas être sans intérêt.

On sait que les partisans de la nouvelle théorie des types prétendent généralement que les acides monobasiques, dérivant d'une molécule d'eau comme type, ne peuvent pas engendrer l'anhydride correspondant en perdant simplement de l'eau. On regarde une telle réaction comme impossible, parce qu'il n'y a pas de l'eau dans la molécule de l'acide hydraté. On conçoit aisément qu'un argument de ce genre n'a pas beaucoup de valeur. Il pourrait, en effet, très-bien arriver, que, dans un cas donné, deux molécules d'un acide hydraté se décomposent mutuellement en donnant ainsi de l'eau et l'anhydride.

$$\begin{matrix} C_2H_3O \\ H \end{matrix}\Big\}O + \begin{matrix} C_2H_3O \\ H \end{matrix}\Big\}O = \begin{matrix} C_2H_3O \\ C_2H_3O \end{matrix}\Big\}O + \begin{matrix} H \\ H \end{matrix}\Big\}O$$

*Ac. acétique.*   *Ac. acétique.*   *Anhydride acétique.*

et on admet en effet des réactions analogues dans un grand nombre de cas.

Si, pour les acides, la réaction ne se passe pas en ce sens, cela tient évidemment à ce que, sous l'influence des affinités en jeu, il y a une réaction exactement en sens inverse; c'est-à-dire que l'anhydride se dédouble par l'action de l'eau en deux molécules d'acide hydraté. Or, on comprend que, tout en restant dans la même équation typique, mais en modifiant les éléments et, par suite, les affinités, on doit pouvoir arriver à une limite où le sens de la réaction se retourne. Si l'on remplace, par exemple, dans l'équation que nous venons de donner, l'oxygène typique par du soufre, et l'hydrogène par du plomb, on aura:

$$\left.\begin{array}{c}\Theta_2 H_3 \Theta \\ Pb\end{array}\right| S \; + \; \left.\begin{array}{c}\Theta_2 H_3 \Theta \\ Pb\end{array}\right| S \; = \; \left.\begin{array}{c}\Theta_2 H_3 \Theta \\ \Theta_2 H_3 \Theta\end{array}\right| S \; + \; \left.\begin{array}{c}Pb \\ Pb\end{array}\right| S$$

*Thiacétate de plomb.*      *Thiacétate de plomb.*      *Anhydride thia-cétique.*      *Sulfure de plomb.*

Dans ce cas, il est certainement peu probable de voir l'anhydride thiacétique se dédoubler sous l'influence du sulfure de plomb, pour donner ainsi deux molécules de thiacétate de plomb; on doit s'attendre, au contraire, à ce que les deux molécules de thiacétate se décomposent mutuellement, pour donner le sulfure de plomb et l'anhydride thiacétique.

L'expérience nous a fait voir que la réaction se passe en effet dans ce sens; cependant la décomposition du thiacétate de plomb n'est pas bien nette. Quand on chauffe ce sel à l'état sec, il se décompose à 150° environ. Il se forme du sulfure de plomb et un liquide volatil, qui se sépare par distillation. Ce produit ne possède pas de point d'ébullition constant. La partie bouillante à 120°, point d'ébullition indiqué pour l'anhydride thiacétique, possède les propriétés de ce corps et sensiblement la même composition. C'est une huile légèrement jaunâtre, elle possède l'odeur caractéristique, elle est insoluble dans l'eau, mais elle se transforme, quand on la chauffe avec ce véhicule, en acide thiacétique. Un dosage du soufre nous a donné 14,78%; l'anhydride thiacétique contient 15,68%.

Nous ne voulons cependant pas tirer trop de conséquences théoriques de cette décomposition du thiacétate de plomb; on pourrait, peut-être, nous reprocher que le sel que nous avons employé n'était pas bien choisi; que, le plomb étant un élément au moins biatomique, on doit doubler la formule de son thiacétate; et que, par suite, ce sel contient du sulfure de plomb et de l'anhydride thiacétique, et qu'il peut ainsi se dédoubler comme le font les acides bibasiques.

$$\left.\begin{array}{c}\Theta_2 H_3 \Theta \\ \Theta_2 H_3 \Theta \\ (Pb''_2)\end{array}\right| S_2 \; = \; \left.\begin{array}{c}\Theta_2 H_3 \Theta \\ \Theta_2 H_3 \Theta\end{array}\right| S \; + \; (Pb''_2) S$$

*Thiacétate de plomb.*      *Anhydride thia-cétique.*

Le thiacétate d'argent, que l'on aurait pu employer encore pour cette réaction, possède malheureusement des propriétés telles, qu'on ne peut pas le préparer en quantité suffisante pour une expérience de ce genre. Le thiacétate de potasse, de son côté, résiste à une température assez élevée; il ne se décompose qu'à 200° en se transformant en une masse noire, sans donner de produit volatil.

La formation du bisulfure d'acétyle par l'action de l'iode sur les thiacétates, et la formation du bisulfure d'éthyle par une réaction analogue, nous paraissent démontrer que notre manière d'envisager l'action de l'iode sur les trois substances mentionnées dans le commencement de cette note est exacte. On peut donc représenter maintenant l'acide tétrathionique par une formule typique qui le rattache d'une manière assez simple à l'acide hyposulfureux, qui lui donne naissance; et qui montre en même temps les rapports qu'il présente avec les autres acides du soufre dans lesquels la théorie des types admet le radical sulfuryl: $S''\Theta_2$.

Qu'il nous soit permis de réunir ici les formules par lesquelles dans la théorie des types on peut représenter ces acides du soufre. En donnant ces formules nous croyons cependant devoir faire une réserve; c'est que, dans notre opinion, la théorie des types, appliquée à la chimie minérale, ne présente aucun avantage saillant: qu'il convient, au contraire, ou bien de s'arrêter, comme le fait M. Odling, à des formules purement empiriques, écrites de manière à montrer les analogies et les relations; ou bien, que l'on doit, si l'on veut se rendre compte de la cause des phénomènes, adopter les principes de la théorie de l'atomicité des éléments, comme l'un de nous l'a proposé depuis longtemps.

Ce n'est que dans quelques cas, et surtout pour les acides du soufre que les formules typiques représentent d'une manière simple les relations. On en jugera d'après le tableau suivant:

| TYPE. | $H_2$. | $H_2\Theta$. | $H_2 S$. |
|---|---|---|---|
| | $S''\Theta_2$ <br> Anhydride sulfureux. | $S''\Theta_2 . \Theta$ <br> Anhydride sulfurique. | $S''\Theta_2 . S$ [1] |
| $+ H_2\Theta$ | $\begin{matrix} H \\ S''\Theta_2 \\ H \end{matrix} \Big\} \Theta$ <br> Acide sulfureux. | $\begin{matrix} H \\ S\Theta_2 \\ H \end{matrix} \begin{matrix} \Theta \\ \Theta \end{matrix}$ <br> Acide sulfurique. | $\begin{matrix} H \\ S''\Theta_2 \\ H \end{matrix} \begin{matrix} \Theta \\ S \end{matrix}$ <br> Acide hyposulfureux. |
| $+ 2H_2\Theta$ | $\begin{matrix} H \\ S''\Theta_2 \\ S''\Theta_2 \\ H \end{matrix} \begin{matrix} \Theta \\ \Theta \end{matrix}$ <br> Acide hyposulfurique. <br> (Dithionique.) | $\begin{matrix} H \\ S''\Theta_2 \\ S''\Theta_2 \\ H \end{matrix} \begin{matrix} \Theta \\ \Theta \end{matrix}$ <br> Acide sulfurique de <br> Nordhausen. | $\begin{matrix} H \\ S''\Theta_2 \\ S''\Theta_2 \\ H \end{matrix} \begin{matrix} \Theta \\ \Theta \\ S \end{matrix}$ <br> Acide trithionique. |

[1] Acide pentathionique?

On voit facilement que l'acide sulfureux est pour l'acide sulfurique ce que l'hydrogène est pour l'eau. L'acide hyposulfurique est, pour ainsi dire, l'acide sulfureux de l'acide sulfurique de Nordhausen. L'acide trithionique présente avec l'acide sulfurique de Nordhausen les mêmes relations que celles qui existent entre l'acide hyposulfureux et l'acide sulfurique ordinaire, etc.

A ces corps se rattache encore l'acide tétrathionique, qui, comme nous l'avons démontré plus haut, doit être envisagé comme le bisulfure correspondant à l'acide hyposulfureux.

L'acide trithionique dérivant d'un type intermédiaire, formé par l'eau et l'acide sulfhydrique, pourrait, si cette manière de l'envisager est exacte, éliminer de l'hydrogène sous l'influence de l'iode, et engendrer ainsi un nouvel acide du soufre: $S_6 \Theta_{12} H_2$, lequel, dans la théorie dualistique, serait représenté par la formule: $S_6 O_{11}$, HO.

Nous sommes occupés à vérifier cette hypothèse par l'expérience, et nous nous proposons, en outre, de faire réagir l'iode sur l'acide thiobenzoïque et sur quelques sulfhydrates organiques d'une composition plus compliquée.

---

# Ueber die Einwirkung von Jod auf einige organische Schwefelverbindungen;

## von Aug. Kekulé und E. Linnemann.

L i e b i g ' s Annalen **123**, 273—286 (16. 8. 1862).[1]

Die Versuche, die wir im Folgenden mittheilen wollen, sind durch eine Vorstellung veranlaßt worden, die wir uns über die Art der Entstehung und über die Constitution einiger organischer Schwefelverbindungen gebildet hatten.

Man erinnert sich der eigenthümlichen Körper, die schon D e s a i n s durch Einwirkung von Jod auf die Salze der Xanthogensäure und auf die analogen Methyl- und Amylverbindungen erhalten hat, und die D e b u s später ausführlicher untersuchte. Man weiß, daß von dem letztgenannten Forscher eine entsprechende Verbindung auch aus den

---

[1]) Auszug: Z. f. Ch. **5**, 520—522 (1862).

Salzen der Aethylmonosulfocarbonsäure erhalten wurde. Die so dargestellten Körper, obgleich offenbar durch ausnehmend einfache Reactionen erzeugt, haben seither allen theoretischen Betrachtungen eigenthümliche Schwierigkeiten entgegengesetzt. So sagt D e b u s [1]) gelegentlich seiner ausführlichen Untersuchung über diesen Gegenstand: „die
D e s a i n s ' sche Verbindung würde sich ansehen lassen als:

$$AeO_2, \; 2\,CS_2 \quad \text{oder} \quad AeO, \; C_2 \begin{cases} S_4 \\ O \end{cases};$$

nach der von B e r z e l i u s aufgestellten Theorie könnte man diesen
Körper als eine Verbindung von kohlensaurem Aethylbioxyd mit Aethyl-
bisulfocarbonat, nach der Formel:

$$AeO_2, \; 2\,CO_2 + 2\,AeS_2, \; 2\,CS_2$$

betrachten." Die aus äthylmonosulfocarbonsauren Salzen dargestellte
Verbindung läßt natürlich dieselbe Interpretation zu. D e b u s führt in
einer zweiten Abhandlung [2]) beide Substanzen auf als:

$AeO_2, \; 2\,CS_2$    saures schwefelkohlensaures Aethylbioxyd (Aethyl-Bioxy-
       sulfocarbonat).

$AeS_2, \; 2\,CO_2$    saures kohlensaures Aethyl-Bisulfuret.

Diese Auffassung, obgleich sie mit den Grundsätzen der dualistischen
Anschauung im Widerspruch steht, insofern sie ein Bioxyd oder ein
Bisulfid als die Rolle der Basis spielend annimmt, wurde seitdem von
den meisten Chemikern beibehalten; aber man hat doch bisweilen auf
das Unwahrscheinliche dieser Vorstellung aufmerksam gemacht [3]).
    Die G e r h a r d t ' sche Typentheorie war in Erklärung dieser Ver-
bindungen nicht glücklicher; und die von G e r h a r d t selbst gebrauchten Formeln [4]):

Persulfure éthyl-sulfocarbonique   . . . . $C_2O_4 \begin{cases} C_4H_5S_2 \\ C_4H_5S_2 \end{cases}$
(bicarbonate de bisulfure d'éthyle)   . . .
Persulfure éthyl-disulfocarbonique   . . . $C_2O_4 \begin{cases} C_4H_5S_2 \\ C_4H_5S_2 \end{cases}$
(bioxysulfocarbonate d'éthyle)   . . . . . $C_2S_4 \begin{cases} C_4H_5S_2 \\ C_4H_5S_2 \end{cases}$

weichen von den früher benutzten im Grund nur darin ab, daß sie die
Moleculargröße verdoppeln.

[1]) Diese Annalen LXXII. 23 (1849).
[2]) Diese Annalen LXXV. 145 (1850).
[3]) K o l b e , Lehrbuch der org. Chemie I, 218 bis 219.
[4]) G e r h a r d t , Traité de Chim. org. I, 171.

Auch den späteren Anhängern der neueren Typentheorie scheint die wahre Natur dieser Verbindungen entgangen zu sein. So sagt z. B. L i m p r i c h t in seinem trefflichen Lehrbuch [1]): „Wir müssen gestehen, daß uns die Constitution der Verbindung: $C_6H_{10}O_2S_4$, von D e b u s Aethylbioxysulfocarbonat genannt, noch unbekannt ist und daß es daher auch an einem passenden Namen für dieselbe fehlt"; und später: „für die Verbindung: $C_6H_{10}O_4S_2$ wagen wir noch nicht eine rationelle Formel aufzustellen".

Es schien uns nun, als ob aus der Bildungsweise der betreffenden Verbindungen eine höchst einfache Ansicht über ihre chemische Natur abgeleitet werden könne [2]). Die Bildung dieser Körper erklärt sich nämlich in folgender Weise. Wenn Jod auf ein äthylmonosulfocarbonsaures oder ein äthyldisulfocarbonsaures Salz einwirkt, so entzieht ein Molecul Jod zwei Moleculen des angewandten Salzes die zwei Atome Metall, um zwei Molecule Metalljodid zu erzeugen. Die Reste der beiden organischen Molecule vereinigen sich, indem jeder gewissermaßen die Rolle eines einatomigen Radicals spielt, und es entsteht so eine Substanz, die, im Sinn der Wasserstoffsäuretheorie, die Zusammensetzung des Radicals der angewandten Säure zeigt:

Aethylmonosulfocarbonsäure $C_3H_5O_2S$, H[3]) giebt: $\left. \begin{array}{c} C_3H_5O_2S \\ C_3H_5O_2S \end{array} \right\}$ Aethylmonosulfo-carbonsulfid.

Aethyldisulfocarbonsäure $\quad C_3H_5OS_2$, H $\quad$ giebt: $\left. \begin{array}{c} C_3H_5OS_2 \\ C_3H_5OS_2 \end{array} \right\}$ Aethyldisulfocar-bonsulfid.

Drückt man die angewandten Säuren durch typische Formeln aus, welche die Säuren, als einbasisch, vom einfachen Wassertypus herleiten, so hat man:

$$\left. \begin{array}{c} C_3H_5O_2 \\ H \end{array} \right\} S \qquad\qquad \left. \begin{array}{c} C_3H_5OS \\ H \end{array} \right\} S$$

Aethylmonosulfocarbonsäure $\qquad\qquad$ Aethyldisulfocarbonsäure

und für die durch Einwirkung von Jod entstehenden Substanzen:

$$\left. \begin{array}{c} C_3H_5O_2 \\ C_3H_5O_2 \end{array} \right\} S_2 \qquad\qquad \left. \begin{array}{c} C_3H_5OS \\ C_3H_5OS \end{array} \right\} S_2$$

Aethylmonosulfocarbonsulfid $\qquad$ Aethyldisulfocarbonsulfid.

So geschriebene Formeln zeigen deutlich, daß die durch Einwirkung

---

[1]) L i m p r i c h t, Lehrbuch der org. Chemie I, 368 u. 370.

[2]) Vgl. auch K e k u l é, Lehrb. d. org. Chemie I, 720 u. 723.

[3]) In dieser und den sieben folgenden Formeln steht dort irrtümlich „$C_5$". (A.)

des Jods entstehenden Producte Bisulfide sind. Man sieht leicht, daß sie sich zu den entsprechenden Säuren genau eben so verhalten, wie das Aethylbisulfid zum Mercaptan.

Diese einfache Analogie wird wieder einigermaßen verhüllt, wenn man die betreffenden Säuren durch weiterauflösende rationelle Formeln ausdrückt; das heißt, durch Formeln, welche an die Entstehung dieser Körper aus Schwefelkohlenstoff und an ihre Beziehungen zu den Aethern der Kohlensäure erinnern.

Man hat dann für die Säuren selbst die folgenden Formeln:

| Typus | Aethylmonosulfo-<br>carbonsäure | Aethyldisulfo-<br>carbonsäure |
|---|---|---|
| $\left.\begin{array}{l}H \\ H \\ H \\ H\end{array}\right\}$ $\begin{array}{l}\Theta \\ S\end{array}$ | $\left.\begin{array}{l}\Theta_2H_5 \\ \overset{\prime\prime}{\Theta}\Theta \\ H\end{array}\right\}$ $\begin{array}{l}\Theta \\ S\end{array}$ | $\left.\begin{array}{l}\Theta_2H_5 \\ \overset{\prime\prime}{\Theta}S \\ H\end{array}\right\}$ $\begin{array}{l}\Theta \\ S\end{array}$ |

und für die durch Einwirkung von Jod entstehenden Bisulfide:

| Typus | Aethylmonosulfo-<br>carbonsulfid | Aethyldisulfo-<br>carbonsulfid |
|---|---|---|
| $\left.\begin{array}{l}H \\ H \\ H \\ H \\ H \\ H\end{array}\right\}$ $\begin{array}{l}\Theta \\ S_2 \\ \Theta\end{array}$ | $\left.\begin{array}{l}\Theta_2H_5 \\ \overset{\prime\prime}{\Theta}\Theta \\ \overset{\prime\prime}{\Theta}\Theta \\ \Theta_2H_5\end{array}\right\}$ $\begin{array}{l}\Theta \\ S_2 \\ \Theta\end{array}$ | $\left.\begin{array}{l}\Theta_2H_5 \\ \overset{\prime\prime}{\Theta}S \\ \overset{\prime\prime}{\Theta}S \\ \Theta_2H_5\end{array}\right\}$ $\begin{array}{l}\Theta \\ S_2 \\ \Theta\end{array}$ |

Bei dieser Schreibweise der Formeln tritt nun eine vollständige Analogie der beiden Aethylsulfocarbonsäuren mit der unterschwefligen Säure hervor, die bekanntlich, nach Odling's Vorschlag, von der neuen Typentheorie ebenfalls dem intermediären Typus: $H_2\Theta + H_2S$ zugezählt wird. Die aus der unterschwefligen Säure, oder vielmehr aus ihren Salzen, durch Einwirkung von Jod entstehende Tetrathionsäure erscheint dann den erwähnten Aethylsulfocarbonsulfiden vollständig analog:

| Typus | Unterschweflige<br>Säure | Typus | Tetrathion-<br>säure |
|---|---|---|---|
| $\left.\begin{array}{l}H \\ H \\ H \\ H\end{array}\right\}$ $\begin{array}{l}\Theta \\ S\end{array}$ | $\left.\begin{array}{l}{}^{\prime\prime}H \\ S\Theta_2 \\ H\end{array}\right\}$ $\begin{array}{l}\Theta \\ S\end{array}$ | $\left.\begin{array}{l}H \\ H \\ H \\ H \\ H \\ H\end{array}\right\}$ $\begin{array}{l}\Theta \\ S_2 \\ \Theta\end{array}$ | $\left.\begin{array}{l}{}^{\prime\prime}H \\ S\Theta_2 \\ \overset{\prime\prime}{S}\Theta_2 \\ H\end{array}\right\}$ $\begin{array}{l}\Theta \\ S_2 \\ \Theta\end{array}$ |

Aus den angeführten Beispielen haben wir durch Verallgemeinerung den Schluß ziehen zu können geglaubt, daß bei Einwirkung von Jod auf metallhaltige Schwefelverbindungen in all den Fällen, in welchen der Schwefel dem Typus zugehört (also bei Kohlenstoffverbindungen dann, wenn der Schwefel nur durch die Hälfte seiner Affinität direct mit dem Kohlenstoff verbunden ist), eine Reaction in der Weise eintritt, daß zwei Molecule der Schwefelverbindung sich unter Austritt von zwei Atomen Metall zu einem Molecul eines Bisulfids vereinigen. Die bis jetzt bekannten Reactionen der Art schienen uns aber deßhalb nicht vollständig beweisend, weil die untersuchten Körper nicht hinlänglich einfach zusammengesetzt sind. Sie gehören nicht dem einfachen Wassertypus (Typus: $H_2S$), sondern dem intermediären Typus: $H_2\Theta + H_2S$ an; und man muß daher annehmen, daß für sie die Einwirkung des Jods sich nur auf diejenige Seite des Moleculs erstreckt, in welcher der Schwefel enthalten ist. Es schien uns daher nöthig, die Einwirkung des Jods auf einfachere Schwefelverbindungen zu untersuchen, und wir haben dazu zunächst die einfachsten Sulfhydrate der organischen Chemie, das Aethylsulfhydrat (Mercaptan) und das Acetylsulfhydrat (Thiacetsäure) gewählt.

*Einwirkung von Jod auf Natriummercaptid.* — Trägt man in eine wässerige Lösung von Natriummercaptid allmälig Jod ein, so findet unter Wärmeentwickelung eine lebhafte Reaction statt. Die Farbe des Jods verschwindet und es scheidet sich eine ölartige, auf der Salzlösung schwimmende Flüssigkeit aus, die alle Eigenschaften des *Aethylbisulfids* besitzt. Wendet man etwas weniger Jod an, als zur vollständigen Zersetzung nöthig ist, so ist die Reinigung des Productes ausnehmend leicht. Das mit Wasser gewaschene und mit Chlorcalcium getrocknete Oel geht fast vollständig bei 151 bis 152° über; der Siedepunkt des Aethylbisulfids ist 151°.

Bei einer Schwefelbestimmung gaben 0,2658 Grm. 1,0129 Grm. schwefelsauren Baryt, wonach die Substanz 52,26 pC. Schwefel enthält. Das Aethylbisulfid enthält 52,45 pC.

*Einwirkung von Jod auf thiacetsaure Salze.* — Zur Darstellung der Thiacetsäure haben wir uns der Methode bedient, die der eine von uns vor längerer Zeit angegeben hat [1]). Nach mehrfachen Versuchen haben wir es zweckmäßig gefunden, in der folgenden Weise zu verfahren.

---

[1]) Diese Annalen XC, 309 (1854).

Man bringt 300 Grm. Fünffach-Schwefelphosphor[1]) und 108 Grm. Essig-
säurehydrat in eine Retorte, die so gewählt ist, daß das Gemisch möglichst genau die Hälfte der Retorte erfüllt. Man erhitzt dann bis die
Reaction eintritt, nimmt die Lampe weg und fängt nur den Theil des
Productes auf, der durch die bei der Reaction selbst erzeugte Wärme
überdestillirt. Wir haben so aus 650 Grm. Essigsäure und 1800 Grm.
Schwefelphosphor, bei einmaliger Rectification des Productes, 240 Grm.
reine und völlig farblose, bei 92 bis 95° siedende Thiacetsäure erhalten
und außerdem etwa die gleiche Menge einer weniger reinen, bei 95 bis
110° siedenden Säure[2]).

Wir haben die Einwirkung des Jods auf das Natron-, das Kali- und
das Barytsalz der Thiacetsäure versucht. Die Reaction ist bei den drei
Salzen dieselbe; es entsteht Metalljodid und Acetylbisulfid:

$$2 \left. \begin{array}{c} \mathrm{C_2H_3O} \\ \mathrm{M} \end{array} \right| S + J_2 = \left. \begin{array}{c} \mathrm{C_2H_3O} \\ \mathrm{C_2H_3O} \end{array} \right| S_2 + 2\,\mathrm{MJ}.$$

Zur Darstellung des Acetylbisulfids trägt man in die schwach saure
Lösung eines thiacetsauren Salzes unter Umschütteln allmälig Jod ein.
Man kann ohne Nachtheil so lange Jod zufügen, bis die braune Farbe an-
fängt beständig zu werden; man hat dann nur nöthig, durch Zusatz von
etwas thiacetsaurem Salz das überschüssige Jod wieder wegzunehmen.
Während der Einwirkung scheidet sich am Boden des Gefäßes eine
gelbe Flüssigkeit aus, die unreines Acetylbisulfid ist. Dieses Rohproduct
enthält freien Schwefel, der durch Einwirkung des Wassers auf das
Acetylbisulfid entsteht. Seine Reinigung wird dadurch besonders erschwert, daß es bei der Destillation vollständige Zersetzung erleidet
und daß es bei Einwirkung von Wasser allmälig zersetzt wird.

Die Reinigung des Acetylbisulfids gelingt am besten auf folgende

---

[1]) Zur Darstellung des Phosphorpentasulfids aus amorphem Phosphor und
Schwefel ist es vortheilhaft, statt der Schwefelblumen gepulverten Stangenschwe-
fel anzuwenden; die Reaction ist dann weit weniger lebhaft und man kann ohne
Nachtheil sehr große Mengen auf einmal darstellen.

[2]) Es ist nach unseren Erfahrungen bei Darstellung der Thiacetsäure durchaus
ungeeignet, das Gemenge von Schwefelphosphor und Essigsäure längere Zeit mit
aufsteigendem Kühlrohr zu erhitzen, wie dieß U l r i c h vorschreibt (diese Annalen
CIX, 273). Die Thiacetsäure erleidet schon bei jeder Rectification eine geringe
Zersetzung; sie zersetzt sich leicht, wenn man sie mit Schwefelphosphor oder den
bei ihrer Darstellung entstehenden phosphorhaltigen Producten erhitzt. In der
That erhielt auch U l r i c h nur etwa den fünften Theil vom Gewicht der angewandten Essigsäure.

Weise. Man wascht das Rohproduct mit kaltem Wasser, trocknet über Chlorcalcium und filtrirt ab. Man erhält so eine gelbe Flüssigkeit, die bei Winterkälte allmälig krystallinisch erstarrt. Das dem Chlorcalcium anhaftende Product kann man in Aether oder in Schwefelkohlenstoff lösen; oder man kann auch vor dem Trocknen Aether oder Schwefelkohlenstoff zusetzen. Das angewandte Lösungsmittel wird dann durch Verdunsten im luftleeren Raum entfernt. Das so erhaltene Acetylbisulfid ist immer noch gelb gefärbt und enthält noch überschüssigen Schwefel. Es ist flüssig über $20^{0}$ und erstarrt vollständig bei etwa $0^{0}$. Setzt man es längere Zeit einer Temperatur von 15 bis $17^{0}$ aus, so krystallisirt es zum Theil. Man gießt dann die Flüssigkeit von den Krystallen ab und wiederholt dieselbe Operation mehrmals mit dem flüssig gebliebenen Theil und mit den durch Wärme geschmolzenen Krystallen. Die Krystalle sind jedesmal weniger gefärbt und weniger durch freien Schwefel verunreinigt, als der flüssig gebliebene Theil; aber eine vollständige Reinigung kann so nicht erzielt werden. Diese gelingt nur in folgender Weise. Man löst die durch Krystallisation gereinigte Substanz in möglichst wenig Schwefelkohlenstoff und setzt die Lösung der Kälte aus. Man erhält so direct keine Krystalle; wenn man aber in die abgekühlte Lösung ein kleines Stück von festem Acetylbisulfid einbringt, so entstehen allmälig große farblose und völlig durchsichtige Krystalle, die meist sehr schön ausgebildet und bisweilen 2 Centimeter lang und $^{1}/_{2}$ Centimeter dick sind.

Das reine Acetylbisulfid schmilzt bei $20^{0}$; es besitzt einen eigenthümlichen, wenig hepatischen Geruch. Es ist unlöslich in Wasser, löst sich aber leicht in Alkohol, Aether und Schwefelkohlenstoff. Von Wasser wird es schon in der Kälte allmälig zersetzt; die Zersetzung erfolgt rasch beim Kochen; es scheidet sich freier Schwefel aus, während die Lösung Thiacetsäure enthält, die leicht an ihrem charakteristischen Bleisalz erkannt wird. Alkalien und kohlensaure Alkalien zersetzen es rasch. Von concentrirter Salpetersäure wird es augenblicklich mit explosionsartiger Zersetzung zerstört. Durch Einwirkung von verdünnter Salpetersäure entsteht Schwefelsäure und Essigsäure; eine organische Sulfosäure konnte unter den Oxydationsproducten nicht aufgefunden werden. Auch durch Hitze erleidet das Acetylbisulfid Zersetzung. Unterwirft man es der Destillation, so geht bei $93^{0}$ Thiacetsäure über; das Thermometer steigt dann fortwährend, bis $160^{0}$, die Destillate werden immer dunkler gefärbt und in der Retorte bleibt eine mit freiem Schwefel gemischte Kohle. Die höher siedenden Antheile dieses Destillats zeigen eine große

Aehnlichkeit mit dem Rückstand, der bei der Rectification der Thiacetsäure selbst zuletzt übergeht. Sie geben wie dieser Rückstand stark
riechende und heftig zu Thränen reizende Dämpfe, und scheinen einen
eigenthümlichen Körper zu enthalten, der, wie es scheint, auch noch
bei anderen Zersetzungen der Thiacetsäure, z. B. bei trockener Destillation des thiacetsauren Blei's oder bei Einwirkung von Quecksilber auf
Acetylbisulfid entsteht.

Den zuletzt erwähnten Versuch, Einwirkung von Quecksilber auf
Acetylbisulfid, hatten wir in der Hoffnung angestellt, dem Acetylbisulfid
den Schwefel entziehen zu können, um so das Radical Acetyl zu isoliren.
Wir fanden, daß sich schon bei Temperaturen, die weit niedriger sind als
der Siedepunkt des Wassers, leicht Schwefelmetall bildet; aber es gelang nicht, ein schwefelfreies Product zu erhalten.

Zwei mit reinem Acetylbisulfid ausgeführte Schwefelbestimmungen
gaben folgende Resultate:

1) 0.2572 Grm. gaben 0.8022 Grm. schwefelsauren Baryt.
2) 0.2838 „ „ 0,8882 „ „ „

Die Formel $\left.\begin{array}{c} C_2H_3O \\ C_2H_3O \end{array}\right\} S_2$ verlangt:

| | Theorie | Versuch | |
|---|---|---|---|
| | | 1) | 2) |
| S | 42,66 | 42,78 | 42,91. |

Da wir von der Darstellung der Thiacetsäure noch eine beträchtliche
Menge annähernd reiner Säure zur Verfügung hatten, haben wir es für
geeignet gehalten, noch einen weiteren Versuch anzustellen, der uns,
von theoretischem Gesichtspunkt aus, nicht ganz ohne Interesse schien.

Man weiß, daß von den strengen Anhängern der neuen Typentheorie
öfter behauptet wurde, eine einbasische Säure, die sich vom einfachen
Wassertypus ableitet, sei nicht fähig durch directen Wasserverlust das
zugehörige Anhydrid zu erzeugen. Man hielt eine solche Reaction für
unmöglich, weil das Molecul des Säurehydrats kein fertig gebildetes
Wasser enthält. Man sieht nun leicht ein, daß ein Argument der Art
nur wenig Werth besitzt, denn es könnte in gewissen Fällen vorkommen,
daß zwei Molecule des Säurehydrats durch wechselseitige Zersetzung in
Wasser und Anhydrid zerfallen:

$$\left.\begin{array}{c} C_2H_3O \\ H \end{array}\right\}O \;+\; \left.\begin{array}{c} C_2H_3O \\ H \end{array}\right\}O \;=\; \left.\begin{array}{c} C_2H_3O \\ C_2H_3O \end{array}\right\}O \;+\; \left.\begin{array}{c} H \\ H \end{array}\right\}O.$$

Zersetzungen dieser Art sind in der That für viele Fälle beobachtet worden, und wenn sie bei den fetten Säuren nicht stattfinden, so hat dieß offenbar seinen Grund nur darin, daß durch die im betreffenden Fall herrschenden Affinitäten eher eine Zersetzung in umgekehrtem Sinn stattfindet; d. h., daß das Anhydrid mit Wasser doppelte Zersetzung zeigt, um so zwei Molecule des Hydrats zu erzeugen. Man kann vom allgemeinen Standpunkt aus vorhersagen, daß es durch Modification der in den Verbindungen enthaltenen Elemente gelingen muß, die Affinitäten so umzuändern, daß dieselbe typische Zersetzung im umgekehrten Sinn verläuft. Wenn man z. B. in der oben gegebenen Gleichung den typischen Sauerstoff durch Schwefel und den Wasserstoff durch Blei ersetzt, so hat man:

$$\left.\begin{array}{c} \text{\Large C}_2H_3\Theta \\ Pb \end{array}\right\}S \; + \; \left.\begin{array}{c} \text{\Large C}_2H_3\Theta \\ Pb \end{array}\right\}S \; = \; \left.\begin{array}{c} \text{\Large C}_2H_3\Theta \\ \text{\Large C}_2H_3\Theta \end{array}\right\}S \; + \; \left.\begin{array}{c} Pb \\ Pb \end{array}\right\}S$$

Thiacets. Blei     Thiacets. Blei     Thiacet-<br>säureanhydrid

und man wird es in diesem Fall gewiß für wahrscheinlicher halten, daß das thiacetsaure Blei in Schwefelblei und Thiacetsäureanhydrid zerfällt, als daß sich umgekehrt Schwefelblei mit Thiacetsäureanhydrid zu thiacetsaurem Blei vereinigt.

Der Versuch hat gezeigt, daß die Reaction wirklich in diesem Sinne erfolgt, aber die Zersetzung des thiacetsauren Blei's ist nicht so einfach, als es hätte erwartet werden dürfen; vielleicht nur weil das Thiacetsäureanhydrid selbst beim Erhitzen Zersetzung erleidet. Erhitzt man nämlich trockenes thiacetsaures Blei, so tritt bei 150° Zersetzung ein; es entsteht Schwefelblei und eine überdestillirende Flüssigkeit, die indeß bei der Rectification keinen constanten Siedepunkt zeigt. Der bei 120° siedende Theil (Siedepunkt des Thiacetsäureanhydrids) besitzt die Eigenschaften und annähernd auch die Zusammensetzung des Thiacetsäureanhydrids. Es ist ein gelbgefärbtes Oel von dem characteristischen Geruch des Thiacetsäureanhydrids. Es ist unlöslich in Wasser und zerfällt in Berührung mit Wasser in der Kälte langsam, rasch beim Kochen, unter Bildung von Thiacetsäure. Eine Schwefelbestimmung gab 14,78 pC. Schwefel; das Thiacetsäureanhydrid enthält 15,68 pC.

Bei Erwähnung dieses Versuches glauben wir noch darauf aufmerksam machen zu müssen, daß er nicht gerade als absolut beweisend für die Frage, zu deren Lösung er angestellt wurde, angesehen werden kann. Da nämlich das Blei selbst mindestens für zweiatomig gehalten werden muß, so könnte man es für nöthig erachten, die Formel des thiacetsauren Blei's zu verdoppeln; und man könnte für sein Zerfallen darin eine Erklärung finden, daß das Molecul neben Schwefelblei Thiacetsäureanhydrid enthält, und daß es somit, gerade so wie die Hydrate der zweibasischen Säuren, sich durch Spaltung zersetzen kann:

$$\left.\begin{array}{l} C_2H_3\Theta \\ C_2H_3\Theta \\ \overset{''}{Pb} \end{array}\right\} S_2 \; = \; \left.\begin{array}{l} C_2H_3\Theta \\ C_2H_3\Theta \end{array}\right\} S \; + \; \overset{''}{Pb}S.$$

Das thiacetsaure Silber, welches man zu demselben Versuch hätte verwenden können, zersetzt sich leider mit solcher Leichtigkeit, daß es nicht wohl in größeren Mengen erhalten werden kann. Das thiacetsaure Kali aber widersteht sehr hohen Temperaturen; es kann bis etwa $200^0$ erhitzt werden ohne sich zu zersetzen und es verwandelt sich dann in eine schwarze Masse, ohne flüchtige Producte zu erzeugen.

Die Bildung des Acetylbisulfids durch Einwirkung von Jod auf thiacetsaure Salze und die entsprechende Bildung des Aethylbisulfids aus Mercaptan scheinen uns hinlänglich beweisend für die Richtigkeit der Ansicht, die wir oben über die Art der Einwirkung des Jods auf eine gewisse Klasse von Schwefelverbindungen ausgesprochen haben.

Man kann daher jetzt mit ziemlicher Sicherheit behaupten, daß die Aethylmonosulfocarbonsäure dem Typus: $H_2\Theta + H_2S$ zugezählt, und daß in ihr das Radical Carbonyl angenommen werden muß; mit anderen Worten, daß sie durch die erste der folgenden zwei Formeln augedrückt werden muß:

$$\left.\begin{array}{l} C_2H_5 \\ \overset{''}{C}\Theta \\ H \end{array}\right| \begin{array}{l} \Theta \\ \\ S \end{array} \qquad \text{statt} \qquad \left.\begin{array}{l} C_2H_5 \\ \overset{''}{C}S \\ H \end{array}\right| \begin{array}{l} \Theta \\ \\ \Theta \end{array}$$

Man kann ferner die Tetrathionsäure durch eine typische Formel darstellen, welche in einfacher Weise ihre Beziehungen zur unterschwefligen Säure ausdrückt, und welche ferner an ihre Beziehungen zu den übrigen Säuren des Schwefels erinnert, in denen die Typentheorie das Radical Sulfuryl: $\overset{''}{S}\Theta_2$ annimmt.

Wir halten es für geeignet, bei der Gelegenheit typische Formeln mitzutheilen, durch welche die neuere Typentheorie die verschiedenen Sauerstoffsäuren des Schwefels ausdrücken kann. Wir glauben aber

33*

dabei die Erklärung abgeben zu müssen, daß unserer Ansicht nach die
Typentheorie in ihrer Anwendung auf Mineralchemie, in den meisten
Fällen wenigstens, keine wesentlichen Vortheile darbietet; daß es vielmehr geeignet ist, sich, wie dieß Odling thut, mit rein empirischen
Formeln zu begnügen, die dann aber synoptisch, d. h. so geschrieben
werden müssen, daß sie Analogieen und Beziehungen klar hervortreten
lassen, oder aber, daß man, wenn man in der Erklärung der chemischen
Phänomene weiter gehen will, die Principien der Theorie der Atomigkeit
der Elemente annehmen muß, wie dieß der eine von uns schon vor
längerer Zeit vorgeschlagen hat.

In der Mineralchemie bietet, wie erwähnt, die typische Anschauung
nur selten besondere Vorzüge dar; unter diesen wenigen Beispielen befinden sich aber gerade die Säuren des Schwefels, wie man aus folgender Zusammenstellung sieht.

| Typus | $H_2$ | $H_2\Theta$ | $H_2S$ |
|---|---|---|---|
| | $\overset{''}{S}O_2$ <br> Schwefligsäure-anhydrid | $\overset{''}{S}O_2, \Theta$ <br> Schwefelsäure-anhydrid | $\overset{''}{S}O_2, S$[1]) |
| $+ H_2\Theta$ | $\left. \begin{array}{l} H \\ \overset{''}{S}O_2 \\ H \end{array} \right\} \Theta$ <br> Schwefligsäure-hydrat | $\left. \begin{array}{l} H \\ \overset{''}{S}O_2 \\ H \end{array} \right\} \begin{array}{l}\Theta\\\Theta\end{array}$ <br> Schwefelsäure-hydrat | $\left. \begin{array}{l} H \\ \overset{''}{S}O_2 \\ H \end{array} \right\} \begin{array}{l}\Theta\\S\end{array}$ <br> Unterschweflige Säure |
| $+ 2\,H_2\Theta$ | $\left. \begin{array}{l} H \\ \overset{''}{S}O_2 \\ \overset{''}{S}O_2 \\ H \end{array} \right\} \begin{array}{l}\Theta\\\Theta\end{array}$ <br> Dithionsäure <br> (Unterschwefelsäure) | $\left. \begin{array}{l} H \\ \overset{''}{S}O_2 \\ \overset{''}{S}O_2 \\ H \end{array} \right\} \begin{array}{l}\Theta\\\Theta\\\Theta\end{array}$ <br> Nordhäuser Vitriolöl | $\left. \begin{array}{l} H \\ \overset{''}{S}O_2 \\ \overset{''}{S}O_2 \\ H \end{array} \right\} \begin{array}{l}\Theta\\\Theta\\S\end{array}$ <br> Trithionsäure |

Man sieht leicht, daß die schweflige Säure sich zur Schwefelsäure
genau verhält wie der Wasserstoff zum Wasser. Die Unterschwefelsäure
ist, so zu sagen, die schweflige Säure des Nordhäuser Vitriolöls. Die
Trithionsäure steht zum Nordhäuser Vitriolöl in derselben Beziehung,
wie die unterschweflige Säure zum gewöhnlichen Schwefelsäurehydrat
u. s. w.

---

[1]) Pentathionsäure?

An diese Körper reiht sich dann weiter die Tetrathionsäure an, die, wie oben gezeigt wurde, als ein der unterschwefligen Säure entsprechendes Bisulfid betrachtet werden kann.

Da die Trithionsäure von einem intermediären Typus: $2\,H_2\Theta + H_2S$ abgeleitet werden kann, so könnte sie vielleicht bei Einwirkung von Jod, ähnlich wie die unterschweflige Säure, Wasserstoff eliminiren und so eine neue Sauerstoffsäure des Schwefels erzeugen, welche die Zusammensetzung $S_6\Theta_{12}H_2$ zeigen muß und die von der älteren dualistischen Anschauungsweise durch die Formel $S_6O_{11}$, HO ausgedrückt werden müßte.

Wir sind damit beschäftigt, diese Hypothese durch den Versuch zu prüfen und wir haben außerdem die Absicht, Jod auf Thiobenzoësäure und auf einige andere organische Sulfhydrate von complicirterer Zusammensetzung einwirken zu lassen.

---

# Note sur les dérivés sulfurés du phénol;
## par M. Aug. Kekulé,

Associé de l'Académie Royale de Belgique.

Bull. Acad. Roy. Belg. [2] **23**, 232—238 (Séance du 2. mars 1867).

Par l'action de l'acide sulfurique sur la benzine, M. Mitscherlich avait préparé, en 1834, la sulfobenzide et l'acide benzolsulfurique[1]. La dernière de ces substances a servi depuis à la préparation d'un grand nombre de dérivés de la benzine, et qui tous contiennent du soufre.

Gerhardt et Chancel[2], en attaquant les benzolsulfates par l'oxychlorure de phosphore, avaient obtenu le chlorure de sulfophényle. Kalle[3] avait transformé celui-ci en acide phénylsulfureux; Vogt[4] en sulfhydrate de phényle. En oxydant ce sulfhydrate, le même chimiste avait obtenu le bisulfure de phényle. D'un autre côté, Freund[5] avait observé que l'acide benzolsulfurique, soumis à la distillation sèche, régénère

---

[1] Pogg. A. **31**, 625 (1834); A. **12**, 308 (1834). (A.)

[2] J. 1852, 433; C. r. **35**, 690 (1852). (A.)

[3] A. **119**, 153 (1861). (A.)

[4] A. **119**, 142 (1861). (A.)

[5] A. **120**, 80 (1861). (A.)

la benzine, et donne en même temps une petite quantité de sulfobenzide. Tout récemment enfin, M. Stenhouse [1]) a démontré que les benzolsulfates, en se décomposant par l'action de la chaleur, fournissent le sulfure de phényle. L'oxydation de celui-ci lui avait donné un corps qui possède la composition de la sulfobenzide, mais qui en diffère, tant par ses propriétés physiques que chimiques; ce corps a reçu le nom de sulfobenzolène.

On connaît donc actuellement les corps sulfurés suivants, qui tous ont été préparés à l'aide de la benzine:

$$Benzine. \quad . \quad . \quad C_6\,H_6$$

| | |
|---|---|
| Sulfhydrate de phényle . . . . . . | $C_6\,H_5 \cdot SH$ |
| Acide phénylsulfureux . . . . . . | $C_6\,H_5 \cdot SO_2\,H$ |
| Chlorure de sulfophényle . . . . . | $C_6\,H_5 \cdot SO_2\,Cl$ |
| Acide benzolsulfurique . . . . . . | $C_6\,H_5 \cdot SO_3\,H$ |
| Sulfure de phényle . . . . . . . | $(C_6\,H_5)_2 \cdot S$ |
| Bisulfure de phényle . . . . . . | $(C_6\,H_5)_2 \cdot S_2$ |
| Sulfobenzide . . . . . . . . . . | $(C_6\,H_5)_2 \cdot SO_2$ |

Il m'a paru intéressant de rattacher entre elles, plus qu'on ne l'a fait jusqu'à présent, ces différentes substances; j'ai voulu surtout les rattacher au phénol, qui lui-même n'est qu'un dérivé oxygéné de la benzine, en tout point analogue au sulfhydrate de phényle que je viens de mentionner.

| | |
|---|---|
| Phénol . . . . . . . . . . . . . | $C_6\,H_5 \cdot OH$ |
| Sulfhydrate de phényle . . . . . . | $C_6\,H_5 \cdot SH.$ |

Ce sont les premiers résultats des expériences entreprises dans cette direction, et exécutées en collaboration avec un de mes élèves, M. Szuch, que je demande la permission de communiquer à la classe.

### I. — *Action du sulfure de phosphore sur le phénol.*

J'ai démontré, il y a une dizaine d'années, que le sulfure de phosphore, en réagissant sur les substances organiques appartenant au type de l'eau, peut remplacer l'oxygène par du soufre, et former ainsi des sulfures analogues aux oxydes employés. J'avais transformé l'alcool en mercaptan, l'acide acétique en acide thiacétique, etc. Je m'attendais

---

([1]    A. **140**, 284 (1867).   (A.)

par suite à voir le phénol, sous l'influence du même réactif, échanger son oxygène contre du soufre, pour donner ainsi le thiophénol ou le sulfhydrate de phényle. L'expérience a pleinement confirmé ces prévisions.

Le phénol et le sulfure de phosphore sont chauffés dans une cornue. Une réaction assez énergique se produit, et le sulfure de phosphore disparaît. On distille, et l'on sépare les produits volatils par rectification.

On obtient, en premier lieu, une quantité assez considérable de benzine, qui se purifie aisément et qui cristallise avec facilité.

Le produit principal de la réaction est le thiophénol, identique en tout point, — comme une comparaison minutieuse nous l'a démontré, — avec le sulfhydrate de phényle préparé d'après le procédé de M. Vogt. Nous l'avons transformé en sel de plomb et en sel de mercure; nous avons préparé sa combinaison avec le chlorure de mercure; de plus, nous en avons pu obtenir du bisulfure de phényle, soit en l'oxydant par l'acide nitrique, ou par un mélange de bichromate et d'acide sulfurique, soit en exposant à l'air sa solution dans l'ammoniaque alcoolique.

Le troisième produit de l'action du sulfure de phosphore sur le phénol n'est autre que le sulfure de phényle de M. Stenhouse. Quand tout le sulfhydrate a distillé, le thermomètre monte rapidement, pour s'arrêter à 290°, à peu près; il passe alors une quantité assez notable de sulfure de phényle. Cette substance encore, nous avons cru devoir la comparer avec le sulfure de phényle préparé d'après la méthode de M. Stenhouse, à savoir par la distillation du benzolsulfate de soude. Nous nous sommes assurés de l'identité complète des deux corps.

L'action du sulfure de phosphore donne naissance à d'autres produits encore. La première rectification fournit une quantité très-notable d'un liquide bouillant à des températures supérieures à 300°. Ces liqueurs, et surtout les parties les moins volatiles, sont épaisses et visqueuses; elles renferment du soufre et du phosphore, et constituent probablement des éthers phénylsulfophosphoriques analogues à l'éther phénylphosphorique, que l'on obtient en attaquant le phénol par l'oxychlorure de phosphore. C'est même la décomposition de ces sulfophosphates qui paraît donner naissance au sulfure de phényle. Nous avons remarqué, au moins, qu'à chaque rectification des fractions peu volatiles, il distille une nouvelle quantité de ce sulfure, tandis qu'une matière poisseuse reste dans la cornue. Nous avons observé de plus que l'on peut augmenter le rendement en sulfure, si l'on chauffe ces liquides pendant quelque temps dans un appareil à reflux, et si l'on distille seulement après ce traitement.

Nous devons mentionner enfin que les parties qui distillent au delà
de 300° déposent à la longue des cristaux, qui paraissent être le bisulfure
de phényle.

## II. — *Décomposition du benzolsulfate de soude par distillation sèche.*

Nous avons répété les expériences de M. Stenhouse, d'abord pour
pouvoir comparer le sulfure de phényle ainsi préparé au sulfure, que
nous avions obtenu par l'action du sulfure de phosphore sur le phénol,
et ensuite pour nous assurer par nous-mêmes si le produit d'oxydation
de ce sulfure, le sulfobenzolène, est réellement différent de la sulfobenzide. Voici les résultats de nos observations:

La distillation sèche du benzolsulfate de soude donne naissance à
une petite quantité de benzine. Elle fournit ensuite du sulfhydrate de
phényle, identique avec le thiophénol que nous avions obtenu à l'aide
du sulfure de phosphore, et identique avec le sulfhydrate de phényle
préparé d'après la méthode de M. Vogt. Elle donne enfin, comme M. Stenhouse l'indique, le sulfure de phényle, lequel, comme il a été dit plus
haut, est identique avec le sulfure que nous avait fourni l'action du sulfure de phosphore.

Quant au sulfobenzolène, les propriétés indiquées par M. Stenhouse
ne laissent guère de doute sur l'identité de ce corps avec la sulfobenzide
ordinaire, malgré l'avis contraire du savant anglais. Nous avons préparé
le sulfobenzolène en oxydant le sulfure de phényle de M. Stenhouse et
le nôtre. Les deux préparations nous ont donné un produit identique à
la sulfobenzide. Mêmes points d'ébullition, mêmes formes cristallines;
de plus, les trois substances, chauffées avec de l'acide sulfurique fumant,
engendrent de l'acide benzolsulfurique.

## III. — *Transformation du sulfhydrate en sulfure de phényle.*

Pour rattacher entre elles les différentes substances mentionnées
dans cette note, nous avons cru devoir transformer encore le thiophénol,
ou sulfhydrate de phényle, en sulfure. Nous y sommes parvenu en
décomposant par la chaleur le phénylsulfure de plomb. Ce sel, comme
M. Vogt l'a déjà observé, supporte une assez haute température sans se
décomposer. Il fond à 230°, à peu près, pour cristalliser par le refroidissement. Chauffé à des températures plus élevées il se décompose, en
donnant du sulfure de phényle, et en laissant un résidu de sulfure de
plomb.

Je crois pouvoir annoncer dès maintenant que le thiophénol peut échanger son soufre contre de l'oxygène pour donner ainsi du phénol; que l'on peut, d'un autre côté, lui enlever le soufre pour le transformer en benzine. Ces expériences ne sont cependant pas terminées encore, et je me réserve d'en communiquer les résultats plus tard.

Je vais faire mention, en terminant, d'une réaction qui ne me paraît pas sans intérêt. On aurait pu supposer, surtout en adoptant l'ancienne manière d'envisager le phénol et ses dérivés, que l'acétate de phénol, en réagissant sur le sulfhydrate de potassium, produirait par double décomposition, de l'acétate de potasse et du thiophénol. Ce résultat eût été en contradiction avec mes vues théoriques. L'expérience m'a démontré que l'acétate de phénol est vivement attaqué par une solution alcoolique de sulfhydrate de potassium. Il se forme du phénol et de l'acide thiacétique. Le double échange n'a donc pas lieu entre le métal et le radical phényle de l'ancienne théorie; c'est au contraire le groupe acétyle qui s'échange contre le potassium. Loin de se décomposer comme devrait le faire un acétate du phényle, la substance que l'on désigne par ce nom se comporte donc comme le phénylate d'acétyle, et la réaction démontre de nouveau que l'oxygène du phénol est en combinaison beaucoup plus intime avec le carbone, qu'il ne l'est dans les substances appartenant à la famille des matières grasses.

---

# Ueber einige schwefelhaltige Abkömmlinge des Benzols und des Phenols.

## Von Aug. Kekulé.

(Belg. Akad. z. März, 1867.)

Z. f. Ch. N. F. 3, 193—196 (1867).

V o g t[1]) hat vor einigen Jahren durch Behandlung des Benzolsulfochlorids mit Zink und Schwefelsäure eine Substanz dargestellt, die er als Benzylmercaptan bezeichnet. Er kündigt an, daß er mit Versuchen beschäftigt sei, dieses Benzylsulfhydrat in den betreffenden Alkohol, in Benzyloxyhydrat umzuwandeln. Er glaubte also offenbar, das Benzyl-

---

[1]) A. **119**, 142 (1861), Ueber Benzylmercaptan und Zweifach-Schwefelbenzyl: von Dr. C a r l V o g t. Die Versuche veranlaßte H. K o l b e. (A.)

mercaptan stehe zum Phenol in keiner näheren Beziehung, es werde sich
vielmehr aus ihm eine mit dem Phenol isomere Verbindung darstellen
lassen. Seitdem ist dieses Reductionsproduct von vielen Chemikern für
die dem Phenol entsprechende Schwefelverbindung angesehen worden;
ein experimenteller Beweis dieser Ansicht lag indeß nicht vor.

Es schien mir nicht zweifelhaft, daß das sogenannte Benzylmercaptan
aus Phenol durch Vertretung des Sauerstoffs durch Schwefel werde dargestellt werden können, und ich habe daher, in Gemeinschaft mit Herrn
Szuch, einige Versuche in dieser Beziehung angestellt. Wir haben
unsere Versuche auch auf einige andere schwefelhaltige Derivate des
Benzols ausgedehnt; einerseits weil es mir darauf ankam, die verschiedenen Substanzen der Art besser unter einander zu verknüpfen, als es
bis jetzt geschehen ist; andrerseits, weil ich die Ueberzeugung hatte, das
vor Kurzem von Stenhouse beschriebene Sulfobenzolen sei nichts
Anderes als Sulfobenzid.

Ich stelle zunächst die verschiedenen schwefelhaltigen Derivate, die
man bis jetzt aus Benzol, aber auch nur aus dem Benzol dargestellt hat,
zusammen:

$C_6H_6$        Benzol.
—

$C_6H_5 . SH$        Benzolsulfhydrat (Benzylmercaptan).
$C_6H_5 . SO_2H$        Benzolschwefligsäure
$C_6H_5 . SO_2Cl$        Benzolsulfochlorid (Sulfobenzolchlorid)
$C_6H_5 . SO_3H$        Benzolsulfosäure (Sulfobenzolsäure)
—

$(C_6H_5)_2 . S$        Benzolsulfid (Phenylsulfid).
$(C_6H_5)_2 . SO_2$        Benzolsulfoxyd (Sulfobenzid).
$(C_6H_5)_2 . S_2$        Benzolbisulfid (Phenylbisulfid).
—

$C_6H_4 . 2 SO_3H$        Benzoldisulfosäure (Disulfobenzolsäure).

Das Sulfobenzid und die Benzolsulfosäure sind bekanntlich 1834 von
Mitscherlich entdeckt worden. Aus letzterer haben Gerhardt und
Chancel 1852 das Benzolsulfochlorid erhalten. Dieses führte Kalle
1861 in Benzolschwefligsäure über; Vogt reducirte es zu Benzolsulfhydrat und zeigte, daß daraus bei Oxydation Benzolbisulfid und schließlich Benzolsulfosäure erzeugt werden. Andererseits fand Freund, daß
die Benzolsulfosäure bei trockener Destillation Benzol regenerirt, und
das gleichzeitig etwas Sulfobenzid gebildet wird. In neuerer Zeit endlich
hat Stenhouse angegeben, daß bei trockner Destillation von benzol-

sulfosauren Salzen Benzolsulfid erhalten werde, und daß aus diesem durch Oxydation ein Körper entsteht, der, seinen chemischen und physikalischen Eigenschaften nach, von dem gleichzusammengesetzten Sulfobenzid wesentlich verschieden sei, und den er als Sulfobenzolen bezeichnet.

I. *Einwirkung von Phosphorsulfid auf Phenol.* Wenn es gelingt den Sauerstoff des Phenols durch Schwefel zu ersetzen, so muß Thiophenol erhalten werden, identisch mit dem von V o g t entdeckten Benzylmercaptan:

$$C_6 H_5 . OH \qquad\qquad C_6 H_5 . SH$$
$$\text{Phenol.} \qquad\qquad \text{Thiophenol.}$$

Wird Phenol mit gepulvertem Phosphorsulfid in einer Retorte erhitzt, so tritt bald eine lebhafte Reaction ein. Es destillirt dabei viel ausnehmend reines Phenol über, welches zweckmäßig zurückgegossen wird. Man destillirt dann ab, und trennt die Producte durch Rectification.

Man erhält zunächst eine nicht unbedeutende Menge *Benzol*, welches leicht rein erhalten wird und rasch krystallisirt.

Das Hauptproduct ist *Thiophenol* oder Benzylmercaptan; es ist, wie wir uns durch vergleichende Versuche überzeugt haben, identisch mit der nach V o g t ' s Methode dargestellten Substanz. Wir haben das Blei- und das Quecksilbersalz, und außerdem die Doppelverbindung mit Quecksilberchlorid dargestellt. Wir haben es durch Oxydation mit Salpetersäure, mit chromsaurem Kali und Schwefelsäure, und auch dadurch, daß wir seine Lösung in ammoniakhaltigem Alkohol der Verdunstung überließen, in Benzolbisulfid umgewandelt.

Das dritte Product der Einwirkung von Schwefelphosphor auf Phenol ist *Benzolsulfid*. Wenn alles Benzolsulfhydrat abdestillirt ist, so steigt das Thermometer rasch bis etwa 290⁰ und es destilliren dann beträchtliche Mengen eines Körpers, aus dem man durch wiederholte Rectification leicht reines Benzolsulfid abscheiden kann. Wir haben das so gewonnene Benzolsulfid mit dem nach S t e n h o u s e ' s Vorschrift, also durch Destillation von benzolsulfosaurem Natron, dargestellten Körper verglichen und beide völlig identisch gefunden.

Die Einwirkung des Schwefelphosphors auf Phenol erzeugt übrigens noch andere Producte. Bei der ersten Destillation erhält man reichliche Mengen einer über 300⁰ siedenden Flüssigkeit. Die weniger flüchtigen Antheile sind zäh und dickflüssig; sie enthalten Schwefel und Phosphor; sie bestehen wahrscheinlich aus Sulfophosphorsäure—Phenyläthern, die

dem Phosphorsäure – Phenyläther analog sind, der bei Einwirkung von
Phosphoroxychlorid auf Phenol gebildet wird. Es scheint sogar, als sei
das Benzolsulfid nur ein Zersetzungsproduct dieser schwefelhaltigen
Aether. Wir haben wenigstens beobachtet, daß bei jeder neuen Rectification wieder Benzolsulfid erhalten wird, und daß eine theerartige
Materie als Rückstand bleibt; wir haben weiter gefunden, daß die Ausbeute an Benzolsulfid größer wird, wenn man diese höher siedenden Producte einige Zeit mit aufwärts gerichtetem Kühlrohr kocht und dann
erst abdestillirt.

Aus einzelnen Antheilen dieser höher siedenden Producte setzen sich
beim Stehen Krystalle ab, die, wie es scheint, zum Theil aus Benzolbisulfid bestehen, die aber jedenfalls noch einen andern Körper enthalten,
dessen Untersuchung noch nicht beendet ist.

II. *Zersetzung des benzolsulfosauren Natrons durch trockene Destillation.* Wir waren genöthigt, die Versuche von Stenhouse zu wiederholen, um das so entstehende Benzolsulfid mit dem Körper vergleichen
zu können, der bei Einwirkung von Schwefelphosphor auf Phenol gebildet wird. Wir haben bei der Gelegenheit folgende Beobachtungen
gemacht.

Bei Destillation von trockenem benzolsulfosaurem [1]) Natron entsteht
zunächst etwas Benzol. Man erhält dann, und zwar in nicht unbeträcht-
licher Menge, Benzolsulfhydrat, welches mit dem aus Phenol dargestellten und mit dem nach Vogt's Methode bereiteten völlig identisch ist.
Man erhält endlich, wie dies Stenhouse angiebt, Benzolsulfid.

Was nun das von Stenhouse beschriebene Sulfobenzolen angeht,
so lassen schon die Versuche des englischen Chemikers, obgleich sie ihn
zur entgegengesetzten Ansicht geführt haben, kaum darüber in Zweifel,
daß dieser Körper mit dem gewöhnlichen Sulfobenzid identisch ist. Wir
haben das nach Stenhouse's Vorschrift und das aus Phenol dargestellte Benzolsulfid durch Oxydation in Sulfobenzolen übergeführt.
Beide Darstellungen gaben mit Sulfobenzid völlig identische Producte.
Krystallform, Siedepunkt und Löslichkeitsverhältnisse sind dieselben.
Das Sulfobenzolen verhält sich gegen rauchende Schwefelsäure genau
wie das Sulfobenzid; es erzeugt beim Erwärmen Benzolsulfosäure. Das
Sulfobenzid krystallisirt aus Benzol mit derselben Leichtigkeit wie das
Sulfobenzolen und in Krystallen von derselben Form, aber meist mit

---

[1]) Irrtümlich ist dort „benzolsulfosaurem" weggeblieben.   (A.)

weniger Flächen. Ich bin noch keinem Körper begegnet, der eine solche
Neigung zeigte, isolirte und wohlausgebildete Krystalle zu bilden wie das
Sulfobenzid.

III. *Umwandlung von Benzolsulfhydrat in Benzolsulfid.* Es schien uns
von Interesse, das Benzolsulfhydrat in Benzolsulfid umzuwandeln und
wir glaubten diese Umwandlung durch trockne Destillation einer Metall-
verbindung des Sulfhydrats erreichen zu können:

$$2\,\mathrm{C_6\,H_5 \cdot SM} = \mathrm{(C_6\,H_5)_2 \cdot S} + \mathrm{M_2\,S}.$$

Wir haben daher die Bleiverbindung des Benzolsulfhydrats der trocknen
Destillation unterworfen. Dieses Salz schmilzt, wie V o g t schon angiebt,
bei etwa 230° ohne Zersetzung und erstarrt beim Erkalten krystallinisch.
Bei stärkerer Hitze tritt Zersetzung ein; es destillirt Benzolsulfid und es
bleibt ein Rückstand von Schwefelblei.

Ich glaube jetzt schon ankündigen zu können, daß das Benzolsulfhydrat (Thiophenol) seinen Schwefel gegen Sauerstoff austauschen kann,
um so Phenol zu erzeugen; und daß es andererseits, durch Verlust von
Schwefel, Benzol zu liefern im Stande ist. Die Versuche darüber sind
indeß noch nicht abgeschlossen und ich werde darauf später zurückkommen.

Die mitgetheilten Versuche setzen es außer Zweifel, daß das
sogenannte Benzylmercaptan das wahre Thiophenol, d. h. die dem Phenol entsprechende Schwefelverbindung ist; sie zeigen außerdem, daß alle
schwefelhaltigen Substanzen, die man seither aus Benzol dargestellt hat,
auch aus Phenol erhalten werden können.

G e n t , März 1867.

---

# Ueber die Constitution des Mesitylens.

## Von Aug. Kekulé.

Z. f. Ch., N. F. 3, 214—218 (1867).

F i t t i g ' s schöne Untersuchungen über das Mesitylen haben auf
die Constitution dieses Körpers ein neues Licht geworfen, und es ist
jetzt möglich, die Bildung und das Verhalten dieser Substanz vom
Standpuncte der Theorie aus zu deuten, die ich vor einiger Zeit über die
Constitution der aromatischen Verbindungen ausgesprochen habe.

Da F i t t i g ' s ausführliche Mittheilung über diesen Gegenstand
(Ann. Ch. Pharm. 141, 129) keinerlei Betrachtung der Art, da sie vielmehr einige Sätze enthält, nach welchen es scheinen könnte, als stünden die neu beobachteten Thatsachen mit meinen Theorien im Widerspruch, so halte ich es für geeignet, meine Ansichten über die Bildung
und Constitution des Mesitylens und verwandter Körper kurz mitzutheilen. Diese Ansichten fallen zwar vollständig mit denjenigen zusammen, welche B a e y e r (Ann. Ch. Pharm. 140, 306) bereits angewendet
hat; aber die Form, in welcher ich sie mittheilen will, wird dieser Auffassungsweise vielleicht mehr Eingang verschaffen, als sie seither gefunden hat.

Zunächst muß ich bemerken, daß F i t t i g meine Theorie über Constitution der aromatischen Verbindungen in mehrfacher Hinsicht falsch
verstanden zu haben scheint.

Er sagt (S. 156): „einstweilen will ich nur daran erinnern, daß
E r l e n m e y e r bereits darauf aufmerksam gemacht hat, daß die Definition der aromatischen Verbindungen, wie sie K e k u l é ausgesprochen
hat, wahrscheinlich zu eng gefaßt sei." Man wird sich nun wohl darüber
nicht täuschen können, daß es mir nie eingefallen ist, eine *Definition*
der aromatischen Verbindungen zu geben; ich würde dies, jetzt wie
früher, für eine leidlich müßige Beschäftigung halten. Meine Absicht
war, die Constitution der Verbindungen aufzuklären, die man schon seit
länger als aromatisch bezeichnet. Und wenn man jetzt nachträglich den
Namen aromatisch auch für andere Substanzen gebrauchen will, weil in
ihnen dieselbe Bindungsweise der Kohlenstoffatome angenommen werden kann, so thut dies den von mir mitgetheilten Ansichten gewiß keinen
Eintrag.

F i t t i g bespricht dann die Verschiedenheit der Mesitylensäure von
der Xylylsäure und der Homotoluylsäure. Er sagt (S. 157): „es braucht
ferner wohl kaum erwähnt zu werden, daß die Mesitylensäure, wenn
man die Xylylsäure mit K e k u l é für Dimethylphenylameisensäure
hält, überhaupt keine von den vier nach K e k u l é und E r l e n m e y e r
*theoretisch* möglichen Säuren $C_9H_{10}O_2$ ist. Trotzdem aber glaube ich,
daß man nicht berechtigt ist, einer wie mir scheint auf sehr künstlicher
Basis ruhenden Theorie und Definition zu lieb, einer Säure, welche von
der Benzoësäure im Aeußeren nicht zu unterscheiden ist und welche
vollständig das Verhalten der Homologen der Benzoësäure zeigt, ihren
Platz unter den aromatischen Verbindungen streitig zu machen."

Fittig übersieht dabei, daß ich in derselben Abhandlung, auf die er sich bezieht, ausführlich erörtert habe, daß für alle Benzolderivate, bei deren Erzeugung mehr als 1 At. Wasserstoff vertreten wurde, verschiedene Modificationen möglich sind, deren Isomerie durch die relativ verschiedene Stellung der den Wasserstoff ersetzenden Elemente oder Gruppen veranlaßt ist. Für die Dimethylphenylameisensäure sind, wie ich dort an der allgemeinen Form: $C_6H_3AAB$ und für das ganz analoge Beispiel des Nitrobibrombenzols erörtert habe, sechs derartige Modificationen möglich (Ann. Ch. Pharm. 137, 159). Wenn also die Xylylsäure, die eine Modification der Dimethylphenylameisensäure ist, so kann die Mesitylensäure sehr gut eine der fünf anderen *theoretisch* möglichen Modificationen sein.

Ich will jetzt versuchen die Bildung des Mesitylens aus Aceton, und überhaupt die Bildung der verschiedenen Substanzen, welche B a e y e r als Condensationsproducte des Acetons bezeichnet hat, zu deuten. Ich bediene mich dazu graphischer Formeln, die wohl ohne besondere Erklärung verständlich sind.

Fig. 1.  Fig. 2.

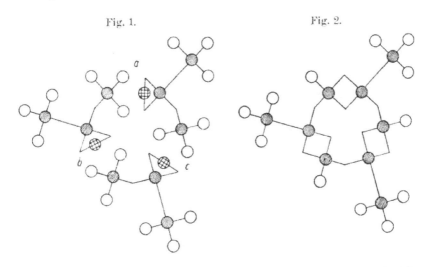

Wenn drei Molecüle Aceton (Fig. 1) sich unter Verlust von drei Molecülen Wasser (die bei *a*, *b* und *c* austreten) vereinigen, so entsteht Mesitylen (Fig. 2). Das Mesitylen ist also diejenige Modification des Trimethylbenzols, bei welcher die drei Methylseitenketten durch je ein

Atom Wasserstoff getrennt sind; es ist, wie B a e y e r sich ausdrückt, symmetrisches Trimethylbenzol. Man könnte es durch die folgende Formel darstellen:

$$\Theta_6H(\Theta H_3)H(\Theta H_3)H(\Theta H_3).$$

Die Mesitylensäure ist dann natürlich als die einzige diesem Trimethylbenzol entsprechende Dimethylcarbonsäure (Dimethylphenylameisensäure) aufzufassen. Sie ist isomer mit der Xylylsäure, in welcher, wie in dem ihr entsprechenden Trimethylbenzol (Pseudocumol) zwei Methylseitenketten entweder benachbart oder gegenüberstehend angenommen werden müßten.

---

In ähnlicher Weise erklären sich alle Condensationsproducte des Acetons.

Wenn 1 Mol. Aceton 1 Mol. $H_2\Theta$ verliert, so tritt der Sauerstoff (bei $a$) mit zwei Atomen Wasserstoff einer Methylgruppe (etwa bei $b$) aus; es entsteht ein Kohlenwasserstoff von der Formel: $\Theta_3H_4$.

$$\Theta_3H_6\Theta - H_2\Theta = \Theta_3H_4 . .$$
Allylen.

Treten 2 Mol. Aceton, unter Verlust von 2 Mol. $H_2\Theta$, zu einer geschlossenen Kette zusammen (indem 1 Mol. $H_2\Theta$) bei $a$ austritt, während der Sauerstoff des zweiten bei $c$, der Wasserstoff bei $b$ entnommen wird), so entsteht ein Kohlenwasserstoff: $\Theta_6H_8$.

$$2\,\Theta_3H_6\Theta - 2\,H_2\Theta = \Theta_6H_8.$$

3 Mol. Aceton, die sich unter Verlust von 3 Mol. Wasser zu einer geschlossenen Kette vereinigen, erzeugen, wie schon erwähnt, Mesitylen:

$$3\,\Theta_3H_6\Theta - 3\,H_2\Theta = \Theta_9H_{12} . .$$
Mesitylen.

Ich glaube indessen nicht, wie dies F i t t i g anzunehmen scheint, daß das Mesitylen durch Vereinigung dreier Allylenmolecüle entsteht, ich halte es vielmehr für wahrscheinlicher, daß es direct aus Aceton gebildet wird.

Wenn ferner zwei Acetonmolecüle sich so vereinigen, daß nur Ein Molecül Wasser austritt (bei $a$), und daß folglich eine offene Kette bleibt, so hat man das Mesityloxyd (Mesitäther):

$$2\,\Theta_3H_6\Theta - H_2\Theta = \Theta_6H_{10}\Theta \; . . \; \text{Mesityloxyd.}$$

Treten 3 Mol. Aceton in derselben Weise zusammen, so also, daß (bei $a$ und $c$) 2 Mol. Wasser austreten, so bleibt ebenfalls eine offene Kette, das Phoron:

$$3 \; \mathrm{C_3H_6O} - 2 \; \mathrm{H_2O} = \mathrm{C_9H_{14}O} \; . \; . \; \text{Phoron.}$$

4 Acetonmolecüle endlich, die sich in derselben Weise, durch Austritt von nur 3 Mol. Wasser zu einer offenen Kette vereinigen, würden die Verbindung $\mathrm{C_{12}H_{18}O}$ erzeugen; dies ist die Formel des Xylitöls:

$$4 \; \mathrm{C_3H_6O} - 3 \; \mathrm{H_2O} = \mathrm{C_{12}H_{18}O} \; . \; . \; \text{Xylitöl.}$$

Was nun den aus Phoron entstehenden, mit dem Cumol, Pseudo-cumol und Mesitylen isomeren Kohlenwasserstoff angeht, so erklärt sich seine Bildung wohl so, daß der am Einen Ende der Kette befindliche Sauerstoff sich nicht mit dem Wasserstoff des am andern Ende stehen-den Methyls vereinigt, wodurch Mesitylen entstehen würde; er nimmt vielmehr, ähnlich wie dies bei Bildung von Allylen aus Aceton der Fall ist, zwei Wasserstoffatome eines benachbarten und von demselben Aceton herrührenden Methyls. Die weitere Untersuchung dieses Kohlen-wasserstoffs wird lehren, ob diese Ansicht begründet ist.

Die Constitution des Phorons führt direct zu einer Ansicht über die etwaige Constitution der Camphersäure und des Camphers und folglich auch des Borneens und der isomeren Kohlenwasserstoffe (Terpentinöl). Ich will indeß späteren Versuchen nicht allzusehr vorgreifen, umsomehr, da nur neue Thatsachen zu Gunsten der einen oder der anderen der jetzt möglichen Hypothesen entscheiden können.

Ich darf wohl bei der Gelegenheit ein paar Worte über graphische Formeln und atomistische Modelle beifügen, zumal derartige Hilfsmittel der Darstellung schon jetzt sehr allgemein angewandt werden.

Die oben gebrauchten Formeln enthalten ein Princip, dessen man sich, wie ich glaube, seither nicht bedient hat; und sie bieten, wie mir scheint, vor ähnlichen bisher benutzten graphischen Formeln einige Vor-züge. Sie sind auch als Modell ausführbar, und sie sind sogar nach einem Modell gezeichnet.

Als ich vor einigen Jahren meine Ansichten über die atomistische Constitution der chemischen Verbindungen durch graphische Formeln zu erläutern mich bemühte, bediente ich mich einer Methode, nach wel-cher die Atome von verschiedener Valenz verschieden groß dargestellt

waren. Die verschiedene Größe sollte die Idee ausdrücken, daß mehrwerthige Atome, in Bezug auf chemischen Werth, gewissermaßen als
Vereinigung mehrerer einwerthiger Atome angesehen werden können.
Nach mehrfachen Versuchen hatte ich dieser Form den Vorzug gegeben,
weil sie nahezu alle nur denkbaren Verbindungsverhältnisse auszudrük-
ken gestattet; einige Mängel waren mir gleich von Anfang nicht entgangen. Diese Art der Darstellung ist seitdem von W ü r t z, von
N a q u e t u. A., mit unwesentlichen Modificationen der Form, angenommen worden; und ich habe in Händen vieler Fachgenossen nach diesem
Principe angefertigte Modelle gefunden.

Seitdem haben sich C r u m - B r o w n, F r a n k l a n d, H o f m a n n
u. A. in Zeichnung und in Modell, einer andern Art der Darstellung bedient. Die Atome werden als Kreise oder als Kugeln, die Affinitäten als
von ihnen auslaufende Linien oder Stäbe dargestellt. Man wird sich
leicht überzeugen, daß diese Methode schon als Zeichnung weniger vollkommen ist als die von mir benutzte. Zahlreiche Verbindungsverhältnisse können nicht wiedergegeben werden; es sei denn, daß man die
Linien, welche die Verwandtschaftseinheiten ausdrücken, je nach Bedürfniß willkürlich stellt oder umbiegt. Als Modell hat die Methode noch
einen andern Nachtheil. Sie bewegt sich nur scheinbar im Raume, während in der That Alles in Einer Ebene vorgeht. Das Modell leistet also
nichts mehr wie die Zeichnung.

Diese Unvollkommenheiten können, in Zeichnung und in Modell, bis
zu einem gewissen Grade vermieden werden, und man kann eine größere Anzahl von Verbindungsverhältnissen ausdrücken, wenn man sich
des Princips bedient, welches in den oben gezeichneten Formeln in Anwendung gekommen ist. Man wählt die Längen der die Verwandtschaften
ausdrückenden Linien so, daß die Endpuncte dieser Linien stets gleich
weit von einander entfernt sind. So daß also: $ab = cd = ef$.

Fig. 3.

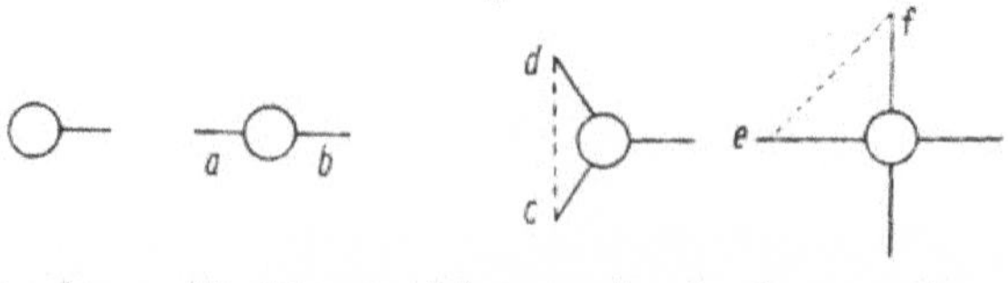

Man kann dann alle Atome nicht nur durch eine, sondern auch durch
je zwei Verwandtschaftseinheiten mit einander binden (Fig. 4). Die
Darstellungsweise ist demnach für die am häufigsten vorkommenden

Fälle genügend; sie ist aber immer noch sehr unvollständig. Sie gestattet nicht, drei Kohlenstoffaffinitäten gegen drei Verwandtschaftseinheiten zu binden, die einem andern Kohlenstoffatome oder einem Atome Stickstoff zugehören.

Fig. 4.

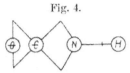

Auch diese Unvollkommenheit läßt sich, im Modell wenigstens, vermeiden, wenn man die vier Verwandtschaftseinheiten des Kohlenstoffs, statt sie in eine Ebene zu legen, in der Richtung hexaedrischer Axen so von der Atomkugel auslaufen läßt, daß sie in Tetraederebnen endigen. Dabei werden die Längen der Drähte, welche die Verwandtschaftseinheiten ausdrücken, ebenfalls so gewählt, daß die Abstände der Enden stets gleich groß sind. Eine einfache Vorrichtung, deren Besprechung hier zu weit führen würde, macht es möglich, die Drähte je nach Bedürfniß gradlinig oder in jedem beliebigen Winkel zu verbinden.

Ein derartiges Modell gestattet das Binden von 1, 2 und von 3 Verwandtschaftseinheiten; und es leistet, wie mir scheint, Alles, was ein Modell überhaupt zu leisten im Stande ist.

G e n t , März 1867.

# Untersuchungen über aromatische Verbindungen in den Jahren 1870—1873 in Bonn.

## W. Dittmar und Aug. Kekulé:
### Ueber eine aromatische Glycolsäure

(Mittheilung aus dem chem. Institut der Universität Bonn; eingegangen am 12. Novbr.; verl. in der Sitzung von Hrn. Wichelhaus).

B. 3, 894—896 (1870).

Auf der vorjährigen Versammlung deutscher Naturforscher und Aerzte hat der eine von uns darauf hingewiesen, daß die Existenz aromatischer Substanzen, die den Glycolen, den Säuren der Milchsäurereihe u. s. w. analog sind, von der Theorie als naheliegende Analogie angedeutet wird. Er konnte damals schon über Versuche berichten, die Herr Dr. Czumpelik in dieser Richtung angestellt hatte, und durch welche die Existenz einer von der Cuminsäure sich ableitenden einbasisch-zweiwertigen Säure nachgewiesen wurde, die seitdem näher beschrieben worden ist. Gleichzeitig hatten wir es unternommen, das erste Glied dieser Säurereihe, also die Oxymethyl-phenyl-ameisensäure darzustellen, aber unsere Versuche haben etwas längere Zeit in Anspruch genommen, weil das Untersuchungsmaterial verhältnißmäßig schwer zu beschaffen ist, und die Veröffentlichung der Resultate ist dann, veranlaßt durch die Zeitverhältnisse, noch weiter verzögert worden.

Die Oxymethyl-phenyl-ameisensäure steht zur Methyl-phenyl-ameisensäure (Toluylsäure) genau in derselben Beziehung, wie die Glycolsäure zur Essigsäure, oder wie die Milchsäure zur Propionsäure. Sie kann aus der Toluylsäure dadurch dargestellt werden, daß man in das Methyl dieser Säure zunächst Chlor oder Brom einführt und das Haloid dann durch den Wasserrest ersetzt.

$$C_6H_4 \begin{cases} CH_3 \\ CO \cdot OH \end{cases} \qquad C_6H_4 \begin{cases} CH_2Cl \\ CO \cdot OH \end{cases} \qquad C_6H_4 \begin{cases} CH_2 \cdot OH \\ CO \cdot OH \end{cases}$$

Methyl-phenyl-ameisen-      Chlormethyl-phenyl-      Oxymethyl-phenyl-
säure (Toluylsäure)          ameisensäure             ameisensäure

Da es nun drei Modificationen der Toluylsäure giebt, so müssen auch drei verschiedene Oxymethyl-phenyl-ameisensäuren existiren. Wir haben zunächst nur die Darstellung der einen dieser drei Modificationen ver-

sucht, und zwar derjenigen, welche in Bezug auf die Stellung der Seitenketten der Terephtalsäure entspricht. Zur Bereitung dieser Säure diente
die der Terephtalsäure entsprechende Modification der Toluylsäure,
welche wohl am leichtesten aus Cymol in reinem Zustand erhalten wird.
Dieser Kohlenwasserstoff kann bekanntlich mit Leichtigkeit aus dem
Kampher in großen Mengen dargestellt werden. Er liefert bei gemäßigter Oxydation nur eine Modification der Toluylsäure, und bei stärkerer
Oxydation nur Terephtalsäure. Die Darstellung des reinen Tere-xylols,
des synthetischen Dimethylbenzols aus festem Bromtoluol, ist offenbar
schwieriger. Das Xylol des Steinkohlentheers aber ist bekanntlich ein
Gemenge von Tere-xylol mit viel Iso-xylol; es liefert bei der Oxydation
neben wenig Tere-toluylsäure viel Isotoluylsäure, und wenn auch die
letztere ohne allzugroße Schwierigkeiten rein abgeschieden werden
kann, so ist doch die Reindarstellung größerer Mengen der ersteren, aus
dem uns zugänglichen Material wenigstens, kaum auszuführen.

Das Kampher-Cymol haben wir mittelst Schwefelphosphor, also nach
der von Hrn. Dr. Pott[1]) angegebenen Methode dargestellt, über welche
der Gesellschaft vor einiger Zeit berichtet worden ist. Aus ihm wurde
die Toluylsäure durch längeres Kochen mit verdünnter Salpetersäure
bereitet. Bei dieser Oxydation wird fast immer, neben Toluylsäure und
etwas Nitrotoluylsäure auch Terephtalsäure gebildet, deren Auftreten
bei derartigen Oxydationen mittelst Salpetersäure bis jetzt übersehen
oder wenigstens nicht hinlänglich berücksichtigt worden ist. Gleichzeitig
entsteht auch eine beträchtliche Menge von Essigsäure, woraus wir mit
ziemlicher Sicherheit den Schluß ziehen zu können glauben, daß das
Cymol normales Propyl und nicht Isopropyl enthält. Die Trennung der
Toluylsäure von der Terephtalsäure bietet keine Schwierigkeit; sie gelingt am besten, indem man die Toluylsäure mit Aether auszieht, die
ätherische Lösung verdunstet und die Säure dann mit Wasserdampf
überdestillirt.

Nachdem verschiedene Versuche zur Darstellung der Chlormethyl-
phenyl-ameisensäure unbefriedigende Resultate gegeben hatten, haben
wir der entsprechenden Bromverbindung den Vorzug gegeben. Einige
Vorversuche lehrten, daß diese am besten in folgender Weise erhalten
wird. Man erhitzt die Toluylsäure in einem langhalsigen Kolben auf
160° bis 170° und saugt mittelst eines Wasseraspirators etwas mehr als

---

[1]) Z. f. Ch. N. F. 5, 200 (1869). (A.)

die theoretische Brommenge im langsamen Strom durch den Apparat. Da die Reinigung der bromhaltigen Säure Schwierigkeiten darzubieten scheint, so haben wir vorläufig auf ihre nähere Untersuchung Verzicht geleistet. Das Verhalten des Rohproductes zeigt, daß die Säure schon beim Kochen mit Alkalien oder mit Barytwasser ihr Brom gegen den Wasserrest austauscht. Wir haben uns zur Umwandlung der gebromten Säure in die Oxysäure des Barytwassers bedient. Die Oxysäure ist in Wasser verhältnißmäßig löslich; eine Eigenschaft, die bei der Darstellung berücksichtigt werden muß und die auch bei der weiteren Reinigung treffliche Dienste leistet.

Die Oxymethyl-phenyl-ameisensäure stellt weiße Plättchen oder platte Nadeln dar. Sie ist in heißem Wasser sehr löslich und auch in kaltem Wasser weit löslicher als die Toluylsäure. Auch von Aether wird sie gelöst. Ihr Schmelzpunkt liegt etwas höher wie der der Toluylsäure. Sie sublimirt in federartig gruppirten Nadeln.

Mehrere Analysen der freien Säure führen zu der Formel:

$$C_8H_8O_3 = C_6H_4 \begin{cases} CH_2 \cdot OH \\ CO \cdot OH, \end{cases}$$

und diese Formel wird durch die Analysen eines durch Fällung dargestellten Silbersalzes bestätigt.

---

## Ueber eine aromatische Glycolsäure;
### von W. Dittmar und Aug. Kekulé.

(Mittheilung aus dem chemischen Institut der Universität Bonn.)
(Eingelaufen den 14. März 1872.)
Liebig's Annalen 162, 337—343 (25. 4. 1872).

Daß es in der aromatischen Gruppe Substanzen geben müsse, die den Glycolen und den Säuren der Milchsäurereihe analog sind, wird von der Theorie als nahe liegende Analogie angedeutet, und es kann sogar auffallen, daß derartige Körper noch so wenig untersucht und erst in neuerer Zeit dargestellt worden sind.

Versuche, aus dem Xylol des Steinkohlentheeröls das Chlorid eines zweiwerthigen Alkohols zu bereiten, sind schon 1865 in dem Laboratorium des einen von uns von Körner angestellt, aber nicht zu Ende geführt worden[1]). Dieses Chlorid wurde dann 1867 von Lauth und

---

[1]) Kekulé, Lehrbuch 2, 563.

Grimaux beschrieben, und der letztere zeigte später[1]), daß aus ihm ein aromatisches Glycol erhalten werden kann. Inzwischen waren im hiesigen Laboratorium Versuche in ähnlicher Richtung angestellt worden, und der eine von uns konnte schon vor mehr als zwei Jahren der Naturforscherversammlung in Innsbruck mittheilen[2]), daß es Herrn Czumpelik gelungen sei, aus der Cuminsäure eine der Milchsäure analoge einbasisch-zweiwerthige Säure darzustellen, die seitdem etwas näher beschrieben worden ist[3]). Gleichzeitig hatten wir es unternommen, das erste Glied dieser Säurereihe, die Oxymethylphenylameisensäure, darzustellen:

$$C_6H_4 \begin{cases} CH_3 \\ CO_2H \end{cases} \qquad C_6H_4 \begin{cases} CH_2Cl \\ CO_2H \end{cases} \qquad C_6H_4 \begin{cases} CH_2OH \\ CO_2H \end{cases}$$

Methylphenylameisensäure     Chlormethylphenyl-     Oxymethylphenyl-
(Toluylsäure)     ameisensäure     ameisensäure.

Unsere Versuche haben durch die Schwierigkeit der Beschaffung des Untersuchungsmaterials etwas längere Zeit in Anspruch genommen und die Veröffentlichung der Resultate ist durch mancherlei Umstände noch weiter verzögert worden.

Als Ausgangspunkt für die Darstellung der aromatischen Glycolsäure mußte Toluylsäure verwendet werden. Da es nun drei Modificationen der Toluylsäure giebt, und da das am leichtesten zugängliche Material zur Darstellung dieser Säuren, das Xylol des Steinkohlentheers, ein Gemenge zweier Xylole ist, so daß es bei der Oxydation zwei verschiedene Toluylsäuren liefert, für deren Trennung bis jetzt keine sichere Methode bekannt ist; so haben wir es vorgezogen, die Toluylsäure aus Cymol darzustellen. Das Cymol selbst wurde nach der von Pott[4]) aufgefundenen Methode, durch Einwirkung von Schwefelphosphor auf Campher dargestellt. Wir haben uns zunächst davon überzeugt, daß das Camphercymol bei gemäßigter Oxydation nur eine Modification der Toluylsäure und bei stärkerer Oxydation nur Terephtalsäure liefert, und weiter davon, daß die von uns verarbeitete Toluylsäure bei weiterer Oxydation nur Terephtalsäure erzeugt. Die von uns dargestellte aromatische Glycolsäure entspricht also der Terephtalsäure und wird auch durch weitere Oxydation in Terephtalsäure übergeführt.

---

1) Zeitschrift für Chemie, 1870, N. F. 6, 394.
2) Berichte der deutschen chemischen Gesellschaft, 2, 613 (1869).
3) Daselbst 3, 476 (1870).
4) Berichte der deutschen chemischen Gesellschaft 2, 121 (1869).

Ueber die Darstellung des Cymols und der Toluylsäure haben wir nur wenig zu sagen. Wir haben im Ganzen 6 Kilogrm. oder genauer 5820 Grm. Campher verarbeitet und daraus 4738 Grm. rohes Destillationsproduct erhalten. Das Rohproduct wurde zunächst, zur Entfernung der in reichlicher Menge gebildeten phenolartigen Körper, wiederholt mit Natronlauge geschüttelt, das Oel dann fractionirt, der zwischen 150 bis 200° siedende Antheil längere Zeit mit Natrium gekocht und wiederholt rectificirt. Schließlich wurden die zwischen 170 und 180° überdestillirenden Producte nochmals mit Natrium gekocht und fractionirt. So wurden über 1100 Grm. reinen, bei 172 bis 176° siedenden Cymols gewonnen. Der Siedepunkt des völlig reinen Cymols scheint bei 174 bis 175° zu liegen. Neben dem Cymol werden bei der Behandlung des Camphers mit Schwefelphosphor, so wie dieß Fittig, Köbrich und Jilke[1]) bei Einwirkung von Chlorzink beobachtet haben, noch andere Kohlenwasserstoffe der Benzolreihe gebildet. Benzol und Toluol entstehen in verhältnißmäßig geringer Menge, konnten aber mit Sicherheit nachgewiesen werden. Die höher siedenden Kohlenwasserstoffe und auch die in Alkalien löslichen phenolartigen Körper sollen gelegentlich eingehender untersucht werden.

Zur Darstellung der Toluylsäure wurde das Cymol in Quantitäten von je 60 Grm. mit verdünnter Salpetersäure (1 Vol. Salpetersäure von 1,38 auf 4 Vol. Wasser) einen oder mehrere Tage am Rückflußkühler gekocht. Die nach dem Erkalten ausgeschiedene Säure wurde zunächst, zur Entfernung des nicht oxydirten Kohlenwasserstoffs, in Natronlauge gelöst und wieder ausgefällt, dann durch Behandeln mit Zinn und Salzsäure von einer geringen Menge von Nitrosäure befreit. Die so gereinigte Säure enthielt noch beträchtliche Mengen von Terephtalsäure[2]). Die Trennung dieser beiden Säuren bietet keine besonderen Schwierigkeiten; wir halten es indessen für geeignet, die in dieser Hinsicht gemachten Erfahrungen hier mitzutheilen. Bei kleineren Mengen kann die Toluylsäure durch Kochen mit Wasser ausgezogen werden; da sie jedoch in siedendem Wasser nur sehr wenig löslich ist, so ist diese Methode bei

---

[1]) A. 145, 129 (13. 2. 1868). — Irrtümlich steht dort „Tilke". (A.)

[2]) Das Auftreten von Terephtalsäure bei der Oxydation des Cymols und auch des Xylols mit Salpetersäure ist seither wenn nicht übersehen, so doch nicht hinlänglich berücksichtigt worden; wahrscheinlich weil die meisten Beobachter die einbasischen Säuren, deren Darstellung sie beabsichtigten, mit Wasserdampf abzudestilliren pflegten. So hat sich bei Manchen die Meinung festgesetzt, durch Salpetersäure würden nur die Monocarbonsäuren, durch chromsaures Kali und

größeren Quantitäten kaum ausführbar. Die Destillation der trockenen Säuren ist, selbst wenn im luftverdünnten Raum destillirt wird, mit großen Verlusten verbunden. Destillation mit Wasserdampf führt nur schlecht zum Ziel, weil die Toluylsäure, sobald einigermaßen beträchtliche Mengen von Terephtalsäure zugegen sind, nur sehr langsam abdestillirt. Sehr leicht gelingt die Trennung durch Darstellung der Kalksalze, da der toluylsaure Kalk in Wasser ziemlich löslich, der terephtalsaure Kalk dagegen, besonders bei Anwesenheit eines geringen Kalküberschusses, fast unlöslich ist. Noch zweckmäßiger ist die folgende Methode. Man behandelt das Säuregemisch mit Aether, wodurch fast nur Toluylsäure in Lösung geht, während die Terephtalsäure zurückbleibt. Man destillirt dann die Toluylsäure mit Wasserdampf über, um geringe Mengen von Terephtalsäure zu entfernen, die in die ätherische Lösung mit übergegangen waren. Jetzt, wo nur wenig Terephtalsäure zugegen ist, geht die Toluylsäure mit den Wasserdämpfen ziemlich rasch über. Verschiedene Präparate von Toluylsäure, die wir unter den Händen hatten, schmolzen zwischen 177 und 179°. Der Schmelzpunkt der am sorgfältigsten gereinigten Säure wurde bei 178° gefunden.

Gelegentlich dieser Darstellung von Toluylsäure haben wir uns von Neuem davon überzeugt, daß bei der Oxydation des Cymols durch Salpetersäure reichliche Mengen von Essigsäure entstehen. Dadurch gewinnt, wie wir glauben, die Ansicht beträchtlich an Wahrscheinlichkeit, welche das Cymol als Propylmethylbenzol ansieht. Die Bildung der Essigsäure erklärt sich nämlich leicht, wenn man in dem Cymol normales Propyl annimmt; sie ist kaum zu deuten, wenn statt dessen Isopropyl angenommen werden soll.

Zur Umwandlung der Toluylsäure in Oxymethylphenylameisensäure mußte zunächst in das Methyl der Toluylsäure Chlor oder Brom eingeführt und das Haloïd dann durch den Wasserrest ersetzt werden. Nachdem verschiedene Versuche zur Darstellung der Chlormethylphenyl-

---

Schwefelsäure dagegen nur die Dicarbonsäuren gebildet. Diese Ansicht ist nach beiden Richtungen hin irrig. Versuche im hiesigen Laboratorium haben wiederholt gezeigt, daß durch Salpetersäure aus Cymol, neben der gewöhnlichen Toluylsäure auch Terephtalsäure, und aus Theerxylol, neben Toluylsäure und Isotoluylsäure auch Terephtalsäure und Isophtalsäure gebildet werden. Andererseits ist hier wiederholt beobachtet worden, daß das Xylol des Steinkohlentheers bei Oxydation mit chromsaurem Kali und Schwefelsäure, neben Terephtalsäure und Isophtalsäure, auch Toluylsäure und Isotoluylsäure liefert.

ameisensäure unbefriedigende Resultate geliefert hatten, versuchten wir
die Darstellung der entsprechenden Bromverbindung. Einige Vorversuche lehrten, daß am Zweckmäßigsten in folgender Weise verfahren
wird. Man erhitzt die Toluylsäure in einem langhalsigen Kolben auf 160
bis 170° und saugt vermittelst eines Wasseraspirators etwas mehr als die
theoretische Menge von Brom in Dampfform langsam durch den Apparat. Die Reinigung der bromhaltigen Säure scheint Schwierigkeiten darzubieten und wir haben daher vorläufig darauf Verzicht geleistet diese
Substanz näher zu untersuchen. Das Verhalten des Rohproductes zeigt,
daß die Brommethylphenylameisensäure von kaltem Wasser nicht oder
doch nur sehr langsam zersetzt wird, während sie beim Kochen mit
Wasser und noch leichter beim Kochen mit Alkalien oder mit Barytwasser ihr Brom als Bromwasserstoff eliminirt.

Zur Darstellung der Oxysäure haben wir die bromhaltige Säure mit
Barytwasser gekocht. Da die Oxysäure in Wasser sehr löslich ist, so
würde man durch einfaches Ausfällen und Sammeln des Niederschlags
beträchtlichen Verlust erleiden. Man entzieht daher besser der mit Salzsäure übersättigten Flüssigkeit, oder wenigstens dem Filtrat, die Säure
durch Aether. Zur weiteren Reinigung krystallisirt man dann wiederholt aus Wasser um, und da die Oxysäure, wie schon erwähnt, in Wasser
verhältnißmäßig löslich ist, so verwirft man mehrmals die zuerst ausfallenden Krystalle.

Die Oxymethylphenylameisensäure bildet kleine Blättchen oder platte
Nadeln. Ihr Schmelzpunkt liegt nur wenig höher als der der Toluylsäure.
Sie sublimirt in federartig gruppirten Nadeln.

Bei der Analyse wurden folgende Zahlen gefunden:

1. 0,2213 Grm. gaben 0,5190 Kohlensäure und 0,1020 Wasser.
2. 0,1463 Grm. gaben 0,3395 Kohlensäure und 0,0700 Wasser.
3. 0.2464 Grm. gaben 0,5778 Kohlensäure und 0,1160 Wasser.
4. 0.2345 Grm. gaben 0,5450 Kohlensäure und 0,1122 Wasser.

Daraus berechnet sich:

|  | Theorie | | Versuch | | | |
|  |  |  | 1. | 2. | 3. | 4. |
| $C_8$ | 96 | 63,15 | 63,96 | 63,29 | 63,95 | 63,38 |
| $H_8$ | 8 | 5,26 | 5,12 | 5,32 | 5,23 | 5,31 |
| $O_3$ | 48 | 31,59 | — | — | — | — |
|  | 152. | | | | | |

Die zu den Analysen 1 und 3 verwendete Säure war nur zweimal aus Wasser umkrystallisirt. Die Analysen 2 und 4 sind mit Präparaten ausgeführt, die durch mehrfach wiederholtes Umkrystallisiren aus wenig Wasser vollständiger gereinigt waren.

In einem durch Fällung dargestellten Silbersalz wurde gefunden:

1. 0.1095 Grm. gaben 0.1477 Kohlensäure, 0,0270 Wasser und 0,0459 Silber.
2. 0,1583 Grm. gaben 0,2130 Kohlensäure, 0,0383 Wasser und 0,0662 Silber.
3. 0.1037 Grm. gaben 0,0433 Silber.

|         | Theorie |        | Versuch 1. | 2. | 3. |
|---------|---------|--------|-----------|-------|-------|
| $C_8$   | 96      | 37.06  | 36,80     | 36,69 | —     |
| $H_7$   | 7       | 2,70   | 2,74      | 2,69  | —     |
| Ag      | 108     | 41,70  | 41,92     | 41,82 | 41,75 |
| $O_2$   | 48      | 18,54  | —         | —     | —     |
|         | 259     | 100,00.|           |       |       |

Andere Salze haben wir bis jetzt nicht dargestellt. Auch das aus der bromhaltigen Säure bei Einwirkung von Alkoholnatrium entstehende Product und der durch Ammoniak gebildete Körper, der wahrscheinlich dem Glycocoll entspricht, sind noch nicht näher untersucht worden.

T. E. Thorpe und A. Kekulé:

# Ueber die Aethylbenzoësäure.

(Mittheilung IX aus dem chemischen Institut der Universität Bonn.)

B. **2**, 421—422 (1869).[1]

Der Eine von uns hatte schon vor 4 Jahren nach derselben synthetischen Methode, nach welcher er damals Benzoësäure, Toluylsäure und Xylylsäure erhalten hatte, aus dem Aethylbenzol die Aethylbenzoësäure dargestellt, aber zu jener Zeit nicht genauer untersucht. Später hat Fittig durch Oxydation von Diaethylbenzol mittelst Salpetersäure ebenfalls Aethylbenzoësäure bereitet. Beide Säuren müssen nothwendig identisch sein, da für beide das gebromte Aethylbenzol als Ausgangspunkt dient. Auch Fittig hält diese Identität für wahrscheinlich, obgleich er an dem Gelingen des synthetischen Versuches einigermaßen zu zweifeln scheint.

---

[1] Sitzgsb. d. Niederrhein. Ges. f. Natur- u. Heilkunde. Sitzg. v. 24. 7. 1869, p. 165—166.

Wir haben es für geeignet gehalten, die Identität experimentell festzustellen und wir haben daher ein von früher herrührendes Präparat
näher untersucht und gleichzeitig die Säure nochmals nach der früher
angegebenen Methode, also durch gleichzeitige Einwirkung von Kohlensäure und Natrium auf gebromtes Aethylbenzol dargestellt.

Die so dargestellte Säure ist mit der von Fittig beschriebenen
Aethylbenzoësäure in jeder Hinsicht identisch. Sie krystallisirt aus sie-
dendem Wasser in kleinen Blättchen, ihre Löslichkeit ist geringer als
die der Benzoësäure. Die reine Säure schmilzt bei 110°—111° (110—111
Fittig) und erstarrt beim Erkalten zu einer strahlig-krystallinischen
Masse. Sie sublimirt schon unter dem Schmelzpunkt und schmilzt beim
Erhitzen mit einer zur Lösung unzureichenden Menge von Wasser. In
Alkohol und Aether ist sie leicht löslich. Die nur durch Umkrystalli-
siren aus Alkohol gereinigte Säure schmolz stets 3°—4° niedriger als
die aus Wasser krystallisirte.

Das Barytsalz ist schwer krystallisirbar; es bildet dünne Blättchen.
Es löst sich in etwa 45 Theilen kalten Wassers, weit leichter in der Hitze.
Sein Krystallwasser entweicht schon über Schwefelsäure.

0,5637 Gr. des lufttrocknen Salzes verloren bei 120° 0,0430 Gr.
Wasser und gaben 0,2633 Gr. schwefelsaures Baryt:

|  | berechnet: | gefunden: |
|---|---|---|
| $2(C_9H_9O_2)$ — 298 — | 63.28 | — |
| Ba — 137 — | 29.10 | 29.4 |
| $2 H_2O$ — 36 — | 7.62 | 7.63. |

Das Kupfersalz wird als ein blau-grüner amorpher Niederschlag erhalten, wenn eine Lösung von aethylbenzoësaurem Natron mit einer
Lösung von Kupfervitriol versetzt wird.

0,2218 Gr. des bei 130° getrockneten Salzes gaben: 0,4827 Gr. Kohlensäure, 0,1004 Gr. Wasser und 0,0489 Gr. Kupferoxyd.

|  | berechnet: | gefunden: |
|---|---|---|
| $C_{18}$ — 216 — | 59,75 | 59,34 |
| $H_{18}$ — 18 — | 5,00 | 5,02 |
| Cu — 63,5 — | 17,57 | 17,61 |
| $O_4$ — 64 — | 17,68. | — |

Nach diesen Versuchen kann kein Zweifel darüber sein, daß die von
Fittig aus Diaethylbenzol dargestellte Aethylbenzoësäure mit der
synthetisch aus Aethylbenzol bereiteten Säure identisch ist.

# On ethylbenzoic acid.

## By A. Kekulé und T. E. Thorpe.

J. ch. soc. [2] **7**, 366 (1869).

Ethylbenzoïc acid, $C_6H_4 \begin{cases} CO_2H \\ C_2H_5 \end{cases}$, was first synthetically obtained by one of us about four years ago, from ethylbenzol, according to the method by which he then prepared benzoic, toluylic, and xylylic acids[1]; this acid, however, was not at the time more accurately investigated. Subsequently Fittig and König[2] have also obtained ethylbenzoic acid by the oxidation of diethylbenzol by means of nitric acid. The two acids must necessarily be identical, since the monobromethylbenzol served as the starting point in each case. Indeed Fittig and König were disposed to regard the two acids as identical, although it appears that they entertained some degree of doubt concerning the success of the synthetical experiments.

We considered it necessary, however, to submit this question of identity to experimental proof, and accordingly we have more closely investigated a quantity of the acid obtained from the former preparation, and at the same time we have prepared a fresh amount, according to the method above referred to, that is, by allowing carbonic acid and sodium to act simultaneously upon monobromethylbenzol.

A quantity (about 20 grms.) of the bromide, $C_6H_4BrC_2H_5$, is placed in a comparatively large flask, and diluted with six or seven times its volume of perfectly anhydrous ether, so that the mixture covers the bottom of the flask to a depth of about half an inch; the theoretical quantity of sodium cut into slices as thin as possible is next added, and a slow continuous current of carbonic acid is then sent through the liquid; the apparatus is attached to a condenser in such a manner that the condensed portion may return to the flask, and if necessary the action is regulated by immersing the flask from time to time in cold water. In about 24 hours the process is completely finished. The dark green slimy mass is next repeatedly treated with ether, the excess of sodium carefully removed, the salt dissolved in a small quantity of water, and the solution filtered. The acid is then precipitated by the

[1] Kekulé, Ann. Chem. u. Pharm. **137**, 178 (1866).

[2] Fittig u. König, Ann. Chem. u. Pharm., **144**, 288 (1867).

addition of a slight excess of hydrochloric acid, separated by filtration, and washed slightly with a small quantity of cold water. In order to purify it, the mass is next dissolved in warm baryta-water, the excess of baryta removed by a current of carbonic acid gas, the solution filtered, and the acid again precipitated from the warm solution by hydrochloric acid. The acid is once more dissolved in baryta-water, and the above process repeated; on the third precipitation by hydrochloric acid, the substance is obtained perfectly pure.

The reaction which occurs in the synthesis of ethylbenzoic acid may be represented as follows: —

$$C_6H_4Br.C_2H_5 + Na_2 + CO_2 = C_6H_4 \cdot C_2H_5CO_2Na + NaBr.$$

Practically, however, the reaction appears to be far more complicated than is represented by the above equation. Although in all cases the same amounts of the bromide of sodium and of ether were employed, still the quantity of acid obtained in successive operations varied very considerably. We have not studied the conditions under which the acid is formed, with the accuracy necessary to enable us to state the causes of these differences; it would appear, however, that the presence of a small quantity of moisture favours in some unknown manner the production of the sodium salt.

The acid thus prepared is identical in every particular with the ethylbenzoic acid described by Fittig and König. It crystallises from boiling water in small leaflets, which possess a considerable degree of resemblance to benzoic acid. Its solubility in cold water is considerably less, however, than that of the latter acid. The pure acid melts at 110°—111° (Fittig and König, 110°—111°), and on cooling solidifies to a confused crystalline mass. It begins to sublime a few degrees below its melting point, and when heated with a quantity of water insufficient for its complete solution, melts to a heavy, colourless oil. The acid is easily soluble in alcohol and ether. The acid prepared by repeated crystallisation from alcohol invariably melted 3°—4° lower than that purified by recrystallisation from water.

The barium salt $Ba(C_9H_9O_2)_2 + 2H_2O$, prepared by neutralzing the acid with barium carbonate, crystallises with difficulty in plates. It dissolves in about 45 parts of cold water, but far more easily in hot water. It loses its water of crystallisation when placed over sulphuric acid.

0·5637 grm. of the air-dried salt, lost on drying at 120°, 0·0430 grm. water, and gave 0·2633 grm. barium sulphate.

|  | Calculated. |  | Found. |
|---|---|---|---|
| $2(C_9H_9O_2)$ . . . . . . . . | 298 | 63·28 | — |
| Ba . . . . . . . . . . . . | 137 | 29·10 | 29·4 |
| $2 H_2O$ . . . . . . . . . . . | 36 | 7·62 | 7·63 |

The copper salt $Cu(C_9H_9O_2)_2$ is a bluish green amorphous powder, nearly insoluble in water, obtained by adding copper sulphate to a dilute solution of sodium ethylbenzoate.

0·2218 grm. of the salt, dried at 130°, gave —

> 0·4827 grm. carbonic acid,
> 0·1004 grm. water, and
> 0·0489 grm. copper oxide.

|  | Calculated. |  | Found. |
|---|---|---|---|
| $C_{18}$ . . . . . . . . . . . . | 216 | 59·75 | 59·34 |
| $H_{18}$ . . . . . . . . . . . . | 18 | 5·00 | 5·02 |
| Cu . . . . . . . . . . . | 63·5 | 17·57 | 17·61 |
| $O_4$ . . . . . . . . . . . | 64 | 17·68 | — |

The above experiments conclusively prove that the acid obtained synthetically from ethylbenzol is identical with that obtained by F i t t i g and K ö n i g by the oxidation of diethylbenzol.

---

## A. Kekulé:

# Ueber eine Verbindung des Aethylens mit Salpetersäure.

(Mittheilung IV. aus dem chemischen Institut der Universität Bonn.)

B. **2**, 329—330 (1869).[1]

Nach allen bis jetzt vorliegenden Beobachtungen scheinen nur aromatische Substanzen die Fähigkeit zu besitzen, bei Einwirkung von Salpetersäure Nitroderivate zu erzeugen, und es scheint demnach, als setze das Entstehen derartiger Abkömmlinge eine dichtere Bindung der Kohlenstoffatome voraus. Da nun in allen wasserstoffärmeren Substanzen aus der Klasse der Fettkörper ebenfalls dichter gebundener Kohlen-

---

[1] Sitzgsber. d. Niederrhein. Ges. f. Natur- u. Heilkunde. Sitzg. v. 12. 6. 1869, p. 86—87.

stoff angenommen werden muß, so schien es mir nicht ohne Interesse, das Verhalten derartiger Körper gegen starke Salpetersäure zu untersuchen. Am ersten konnte substituirende Einwirkung noch bei dem Aethylen erwartet werden, weil in ihm nur doppeltgebundener Kohlenstoff enthalten ist. Ich habe daher Aethylen zunächst auf reines Salpetersäurehydrat und dann auf ein Gemenge von Salpetersäure und Schwefelsäure einwirken lassen.

Im ersteren Fall wurde stets eine beträchtliche Menge des Aethylens durch Oxydation zerstört; bei guter Abkühlung entging jedoch ein Theil des Kohlenwasserstoffs der Oxydation und bei Verdünnen mit Wasser schied sich ein ölförmiger Körper aus. Als ich dann durch ein mit Wasser kalt gehaltenes Gemenge von Salpetersäure und Schwefelsäure längere Zeit Aethylen streichen ließ, sammelte sich an der Oberfläche ein gelb oder braungelb gefärbtes Oel in reichlichen Mengen. Das Oel wurde abgehoben, mit Wasser und kohlensaurem Natron gewaschen, mit Wasserdampf destillirt und mit Chlorcalcium getrocknet. Reductionsversuche zeigten bald, daß kein Amidoäthylen (Vinylamin) und überhaupt keine kohlenstoffhaltige Base gebildet wird; daß vielmehr der Stickstoff in Form von Ammoniak austritt. Dies allein beweist, daß die Verbindung kein Nitroderivat, sondern vielmehr eine Aetherart ist, daß der Stickstoff also nur durch Vermittlung von Sauerstoff mit dem Kohlenstoff in Bindung steht. Die Analyse zeigte dann, daß die Substanz neben Aethylen die Elemente des Salpetersäureanhydrids enthält, so daß sie durch die empirische Formel $C_2H_4N_2O_5$[1]) ausgedrückt werden muß.

Die Verbindung ist ein farbloses Oel von 1,472 sp. Gew., sie riecht anfangs geistig, dann stechend; ihre Dämpfe greifen die Augen heftig an und erzeugen ein unangenehmes, aber rasch vorübergehendes Kopfweh. In trocknem Zustand ist die Verbindung nicht flüchtig, sie stößt vielmehr schon weit unter dem Siedepunkt rothe Dämpfe aus. Mit Wasserdämpfen kann sie destillirt werden, aber ein großer Theil wird dabei zersetzt, indem unter Entweichen von salpetriger Säure und Stickoxyd Oxalsäure, Glycolsäure und etwas Glyoxylsäure gebildet werden. Eine ähnliche Zersetzung findet beim Kochen mit Basen statt, nur ist die Oxydation weniger energisch und es wird viel Glycolsäure gebildet. Um nun bei der Verseifung die Oxydation zu vermeiden und so den

---

[1]) Irrtümlich steht dort „$C_2H_4O_5$".

Alkohol zu gewinnen, von dem sich die Verbindung herleitet, wurde ein Theil der Substanz mit Natronlauge und Natriumamalgam zusammengestellt, ein anderer mit wässeriger Jodwasserstoffsäure zersetzt. Im ersteren Fall trat der Stickstoff als Ammoniak aus, im zweiten wurde wesentlich Stickoxyd gebildet; beide Zersetzungen lieferten Glycol.

Die Verbindung muß demnach als ein Aether des Glycols betrachtet werden, und man kann sie auffassen als salpeter-salpetrig-saures Glycol:

$$\left.\begin{array}{c} NO \\ II \\ C_2H_4 \\ NO_2 \end{array}\right| \begin{array}{l} O \\ \\ O. \end{array}$$

Man könnte sie auch mit dem Chlorhydrin vergleichen und als Salpetersäureäther des dem Chlorhydrin entsprechenden Nitrohydrins ansehen; sie könnte dann als salpetersaures Nitrohydrin bezeichnet werden:

$$\left.\begin{array}{c} II \\ C_2H_4 \\ H \end{array}\right| \begin{array}{l} Cl \\ \\ O \end{array} \qquad\qquad \left.\begin{array}{c} II \\ C_2H_4 \\ NO_2 \end{array}\right| \begin{array}{l} NO_2 \\ \\ O. \end{array}$$

Die erstere Auffassung scheint mir vorläufig den Vorzug zu verdienen, insofern der zweiten leicht der Gedanke unterlegt werden könnte, als stände die mit dem Chlor des Chlorhydrins (Monochloräthylalkohol) verglichene $NO_2$-Gruppe durch Stickstoff mit dem Kohlenstoff in Bindung (Salpetersäure-Nitroäthyläther), was, wie mir scheint, nicht angenommen werden kann.

---

## Anhang, zugesetzt von R. Anschütz.

In der Abh.: „Ueber einen neuen Gasofen zur Elementaranalyse"; von C a r l  G l a s e r A. Suppl. 7, 213 (1870) findet sich S. 217 als Beispiel 2

Analyse des salpetersauren Nitrohydrins $C_2H_4N_2O_5$

|      | berechnet | gefunden | |
|------|-----------|----------|-------|
| $C_2$ | 17,64 | 17,88 | 17,66 |
| $H_4$ | 2,94 | 3,21 | 3,02 |
| $N_2$ | 20,58 | — | — |
| $O_5$ | 58,84 | — | — |
|      | 100,00. | | |

Die Gewichtsmengen der verbrannten Substanz sind nicht angegeben.

In Kekulés hinterlassenen wissenschaftlichen Aufzeichnungen fand ich ein Blatt, das facsimilirt in einer Abhandlung von Richard Anschütz und Alfred Hilbert: „*Ueber die Einwirkung von Salpetersäure auf a, a-Diphenyläthan und a, a-Diphenyl-äthylen* [1]) wiedergegeben ist und zeigt, daß Kekulé seiner Verbindung später die zweite Formel zuschrieb. Es heißt dort:

*„Meine Verbindung*                                 27. 1. 77.

$$CH_2 . NO_2$$
$$|$$
$$CH_2 . O . NO_2$$

$$\left[ \begin{array}{l} \textit{analog der} \\ CH_2 . SO_3H \\ | \\ CH_2O . SO_3H \end{array} \right]$$

*sollte bei Reduktion u. Verseifung geben*

$$CH_2 . NH_2$$
$$|$$
$$CH_2 . OH$$

*identisch mit Wurtz's Aethylenhydramin od. Oxaethylamin*

*Daraus durch Jodmethyl*

$$CH_2 . NMe_3OH$$
$$|$$
$$CH_2 . OH$$

*Natürlich auch die mono- u. dimethylirte Base.*

*Mit salpetriger Säure Glycol:*

*Vielleicht auch direkt verseifbar zu*

$$CH_2 . NO_2$$
$$|$$
$$CH_2 . OH$$

*vgl. Henry*

*oder mit* HCl *zu*

$$CH_2 . NO_2$$
$$|$$
$$CH_2 . Cl$$

*vgl. Henry*

*Auch Reduktion von*

$$CH_2 . NO_2 \qquad\qquad CH_2 . NH_2$$
$$| \qquad\qquad zu \qquad\qquad |$$
$$CH_2 . NO_2 \qquad\qquad CH_2 . NH_2$$

*zu versuchen.*"

---

[1]) B. **54**, 1859 (1921).

## Aug. Kekulé und Coloman Hidegh:
# Beiträge zur Kenntniß der Azoverbindungen.

(Mittheilung aus dem chemischen Institut der Universität Bonn, eingegangen am
14. März, verlesen in der Sitzung von Hrn. W i c h e l h a u s.)

B. 3, 233—234 (1872).

Das Diazomidobenzol besitzt bekanntlich die Eigenschaft, sich bei
Einwirkung selbst geringer Mengen reinen Anilinsalzes in das isomere
Amidoazobenzol umzuwandeln.

$$\text{Diazoamidobenzol} = C_6H_5 \text{---} N \equiv N \text{---} NH \cdot C_6H_5$$
$$\text{Amidoazobenzol} \;\; = C_6H_5 \text{---} N \equiv N \text{---} C_6H_4 \cdot NH_2 \,.$$

Dabei löst sich das mit der Diazogruppe durch $\frac{N}{N}$-Bindung vereinigte
Amidobenzol (Anilin) los, während das einwirkende Anilin durch $\frac{C}{N}$-Bin-
dung sich mit der Diazogruppe vereinigt. Schon vor vier Jahren, als der
Eine von uns diese Umwandlung beobachtete, hatte er versucht, die
Amidogruppe des so erzeugten Amidoazobenzols durch Wasserstoff zu er-
setzen, um auf diese Weise von den Diazoverbindungen zu normalen
Azoverbindungen zu gelangen. Er hatte weiter einige Versuche in der
Absicht angestellt, diesen Amidoverbindungen analoge Oxyderivate dar-
zustellen.

Durch Einwirkung von Phenol auf Diazobenzol sollte ein dem Diazo-
amidobenzol analoges Diazooxybenzol entstehen; dieses könnte sich
durch eine Art molecularer Umlagerung in das isomere Oxyazobenzol
verwandeln.

$$\text{Diazoxybenzol} = C_6H_5 \text{---} N \equiv N \text{--} O\,C_6H_5$$
$$\text{Oxyazobenzol} \;\; = C_6H_5 \text{---} N \equiv N \text{---} C_6H_4 \cdot OH \,.$$

Diese letztere Verbindung sollte durch Einführung von Cl an die
Stelle von OH ein Chlorazobenzol liefern, welches durch Rückwärtssubstitution normales Azobenzol erzeugen müßte.

Die damals begonnenen Versuche sind äußerer Verhältnisse wegen
nicht fortgesetzt worden. Wir haben den Gegenstand jetzt wieder aufgegriffen und obgleich unsere Untersuchung noch nicht zum Abschluß
gekommen ist, so wollen wir die bis jetzt gewonnenen Resultate doch
einstweilen mittheilen, da Hr. C l e m m [1]) angiebt, daß er Hrn. H o f m e i -

---

[1]) B. 3, 128 (1870). — Irrtümlich steht dort „Klemm". (A.)

s t e r veranlaßt habe, die Einwirkung von Phenol auf schwefelsaures Diazobenzol zu studiren. Hr. H o f m e i s t e r könnte nämlich auf den Gedanken kommen, das Phenol durch Phenolkali zu ersetzen und er würde so eine von den Substanzen erhalten, die von uns bereits untersucht sind.

Eine einfache Betrachtung zeigt, daß eine glatte Reaction in dem von uns gewünschten Sinn nur erwartet werden kann, wenn man statt des Phenols ein Phenolsalz auf eine Säureverbindung des Diazobenzol's einwirken läßt.

Trägt man reines salpetersaures Diazobenzol in eine wässerige Lösung von reinem Phenolkali, so scheidet sich allmählich und ohne Gasentwickelung ein braunes Harz aus, welches bald krystallinisch erstarrt. Die so gebildete Substanz stimmt in allen Eigenschaften mit dem Körper überein, welchen G r i e s s als Phenoldiazobenzol bezeichnet und den er neben Phenolbidiazobenzol erhielt, als er auf eine wässerige Lösung von salpetersaurem Diazobenzol kohlensauren Baryt einwirken ließ. Man sieht in der That leicht, daß das von G r i e s s beobachtete Product durch dieselbe Reaction erzeugt wurde, welche wir darauf in Anwendung brachten. Die Analyse gab C = 71,92. H = 5,48. N = 14,00; die Formel $C_{12} H_{10} N_2 O$ verlangt C = 72,72. H = 5,05. N = 14,14. Die Beständigkeit und die Eigenschaften der Verbindung machen es wahrscheinlich, daß sie nicht das dem Diazoamidobenzol analoge Diazooxybenzol, sondern vielmehr das durch schon stattgefundene Umwandlung erzeugte Oxyazobenzol ist.

Bringt man das Oxyazobenzol mit fünffach Chlorphosphor zusammen, so findet in der Kälte keine Einwirkung statt; bei etwa 100° entweicht unter Aufschäumen Salzsäure und es bildet sich ein rothbraunes Oel, welches beim Erkalten krystallinisch erstarrt. Das Product wurde mit Wasser behandelt und dann aus siedendem Alkohol umkrystallisirt. Man erhielt so lange orangegelbe Nadeln, die sich im Wasser kaum und selbst in siedendem Alkohol wenig lösen.

Die so dargestellte Substanz enthält kein Chlor; die Analyse führt zu der Formel: $C_{12} H_{10} N_2 O_2$. (Gefunden: C = 67,70, H = 4,61, N = 13,63; berechnet C = 67,28, H = 4,67, N = 13,08). Es erscheint auf den ersten Blick schwer, sich von der Constitution und Bildung dieses Körpers Rechenschaft zu geben, wir glauben ihn als Oxyazoxybenzol ansehen zu sollen.

$$\text{Oxy-azoxybenzol: } C_6 H_5 \cdots \overset{\displaystyle O}{N} \cdots N \cdots C_6 H_4 \cdot OH .$$

Die Natur des Zwischenproductes, welches die Umwandlung des
Oxyazobenzols in Oxy-azoxybenzols vermittelt, haben wir noch nicht
festgestellt.

Wir sind mit der Fortsetzung dieser Versuche beschäftigt und wollen
nur noch erwähnen, daß wir durch Einwirkung von Natriumamalgam auf
Oxy-azoxybenzol einen in gelblichen Nadeln krystallisirenden Körper
erhalten haben, der aller Wahrscheinlichkeit nach Oxyhydrazobenzol ist.

# A. Kekulé:
# Ueber Phenolsulfosäure und Nitrophenolsulfosäure.

(Mittheilung V. aus dem chemischen Institut der Universität Bonn.)

B. **2**, 330—332 (1869) [1].)

Vor etwa zwei Jahren habe ich nachgewiesen, daß bei Einwirkung
von Schwefelsäure auf Phenol zwei isomere Sulfosäuren erzeugt werden, die ich als Phenolparasulfosäure und Phenolmetasulfosäure unterschied. Einige Monate später erschien eine Untersuchung über denselben Gegenstand, die M e n z n e r [1]) in K o l b e ' s Laboratorium ausgeführt hatte; noch später die Arbeit von S t ä d e l e r [3]). Beiden Beobachtern war die Bildung der Phenolmetasulfosäure entgangen. Die
Existenz der beiden Modifikationen ist seitdem von mehreren Chemikern bestätigt worden und zwar zunächst von E n g e l h a r d t und L a t -
s c h i n o f f [4]). Diese Gelehrten wollen indeß die Metasäure als eine der
Aetherschwefelsäure analoge Verbindung angesehen wissen; eine Ansicht, die schon im Voraus durch die Beobachtung widerlegt war, daß
grade die Metasäure beim Schmelzen mit Kali Brenzcatechin erzeugt.

Da nun die Metasäure von zwei Beobachtern übersehen worden war,
und da ich selbst bei verschiedenen Darstellungen sehr verschiedene
Mengen dieser Modifikation erhalten hatte, so habe ich es für geeignet
gehalten, die Bedingungen festzustellen, unter welchen die eine oder
die andere Modifikation erzeugt wird. Die Versuche haben nun gelehrt,

---

[1]) Sitzungsber. d. Niederrhein. Ges. f. Natur- u. Heilkunde. Sitzg. v. 26. 6. 1869.
p. 97—99.

[2]) A. **143**, 175 (1867).    (A.)

[3]) A. **144**, 295 (1867).    (A.)

[4]) Zeitschr. f. Ch. N. F. **4**, 75 (1868).    (A.)

daß ein Gemisch von Phenol mit Schwefelsäure, wenn es bei gewöhnlicher Temperatur sich selbst überlassen bleibt, anfangs fast ausschließlich, und selbst nach Wochen vorzugsweise Metasäure enthält. Wird
das Gemenge erwärmt, so nimmt die Parasäure stets zu, und wenn man
längere Zeit auf 100°—110° erhitzt, so ist schließlich nur Parasäure
vorhanden. Daraus folgt zunächst, daß die beiden Modifikationen nicht
eigentlich in verschiedenen Bedingungen erzeugt werden, sondern daß
die anfangs vorhandene Metasäure sich in Parasäure umwandelt. Weitere Versuche haben dann gezeigt, daß reine, aus Salzen abgeschiedene
Metasäure schon beim Eindampfen im Wasserbade zum Theil, bei längerem Erhitzen vollständig in Parasäure übergeht. Man wird dies wohl
eine moleculare Umlagerung nennen; ich bekenne[1] indeß, daß mir in
diesem wie in ähnlichen Fällen eine moleculare Umlagerung im wahren
Sinne des Wortes unwahrscheinlich erscheint. Ich glaube vielmehr, daß
auch hier eine Reaction zwischen einer größeren Anzahl von Molecülen
wahrscheinlich ist; so zwar, daß jedes einzelne Molecül seinen Schwefelsäurerest an ein benachbartes Molecül abgiebt, indem grade diejenige
Modifikation gebildet wird, die in den gegebenen Bedingungen am meisten Beständigkeit zeigt.

Bei allen Versuchen habe ich mich noch besonders bemüht, die dritte
Modifikation der Phenolsulfosäure aufzufinden, deren Existenz die
Theorie andeutet. Es ist mir dies, mit Sicherheit wenigstens, bis jetzt
nicht gelungen. Ich habe zwar mehrfach eigenthümlich krystallisirte
Kalisalze und bisweilen auch Salze von eigenthümlichem Wassergehalt
beobachtet; aber diese Salze gingen entweder schon beim Umkrystallisiren in die bekannten Formen der Meta- oder der Parasalze über, oder
sie lieferten wenigstens beim Schmelzen mit Kali Brenzcatechin, während die dritte Modifikation, der Theorie nach, Hydrochinon geben
sollte. In neuester Zeit hat nun S o l o m m a n o f f [2] auf E n g e l h a r d t
und L a t s c h i n o f f's Veranlassung über denselben Gegenstand gearbeitet, und er glaubt die dritte Modifikation beobachtet zu haben. Ich
kann diese Angabe natürlich nicht bestreiten, und es ist sogar möglich,
daß ich selbst diese Modifikation unter den Händen hatte. Da nämlich
die Metasäure sich beim Erhitzen in Parasäure umwandelt, so ist es
denkbar, daß die dritte Modifikation beim Schmelzen mit Kali zunächst

---

[1]) Irrtümlich heißt es dort: „erkenne". (A.)
[2]) Z. f. Ch. N. F. 5, 294 (1869). (A.)

in Metasäure übergeht, um erst nachher weitere Zersetzung zu erleiden; ein sicherer Nachweis der Existenz jener dritten Modifikation scheint mir indeß in den von Solommanoff bis jetzt veröffentlichten Beobachtungen nicht enthalten zu sein. Daß ich selbst, nachdem Andere von dieser dritten Modifikation der Phenolsulfosäure Besitz ergriffen haben, über diesen Gegenstand nicht weiter arbeiten werde, versteht sich von selbst; aber es will mir scheinen, als hätten die HH. Engelhardt, Latschinoff und Solommanoff der Wissenschaft gegenüber die Verpflichtung übernommen, die Existenz und Bildung dieser dritten Modifikation endgültig festzustellen.

Auch über die Nitrophenolsulfosäure habe ich einige ergänzende Versuche anstellen zu müssen geglaubt. Man erinnert sich, daß ich diese Säure durch Einwirkung von Schwefelsäure auf die flüchtige Modifikation des Nitrophenols bereitet hatte. Später wurde eine Säure von derselben Zusammensetzung von Kolbe und Gauhe[1] auf umgekehrtem Wege erhalten, nämlich durch Einwirkung von Salpetersäure auf Phenolsulfosäure[2], und zwar Parasäure. Ob diese beiden auf verschiedenem Wege dargestellten Säuren identisch oder nur isomer sind, kann aus den veröffentlichten Beobachtungen nicht hergeleitet werden, da zufällig von beiden Seiten Salze mit verschiedenen Basen dargestellt oder wenigstens beschrieben worden sind. Einzelne der von Kolbe und Gauhe veröffentlichten Angaben stimmten mit meinen Beobachtungen nicht vollständig überein; die Identität beider Säuren schien[3] mir indeß vom theoretischen Gesichtspunkt aus, höchst wahrscheinlich. Ich habe daher die Säure nach beiden Methoden nochmals dargestellt und die Ueberzeugung gewonnen, daß nach beiden Methoden genau dieselbe Nitrophenolsulfosäure erhalten wird.

---

[1] A. **147**, 71 (1868); Z. f. Ch. N. F. **5**, 231 (1869). (A.)

[2] Irrtümlich heißt es dort: „Phenolsulfosäure". (A.)

[3] Irrtümlich heißt es dort: „schienen". (A.)

G. A. Barbaglia und Aug. Kekulé:

# Ueber die Einwirkung von Phosphorsuperchlorid auf Sulfonsäuren.

(Mittheilung aus dem chemischen Institut der Universität Bonn; eingegangen am 4. November.)

B. 5, 875—878 (1872).

Die von Barbaglia bei seinen Untersuchungen über die Benzylsulfonsäure gemachten Erfahrungen riefen zunächst eine Angabe von Carius[1]) ins Gedächtniß zurück, nach welcher alle Sulfonsäuren von Phosphorsuperchlorid so zersetzt werden, wie es bei der Benzylsulfonsäure beobachtet worden war. Sie erinnerten weiter an eine bisher nicht veröffentliche Beobachtung, welche Kekulé gelegentlich seiner Untersuchung über die Phenolsulfonsäuren gemacht hatte. Es war damals schon beobachtet worden, daß die Phenolparasulfonsäure bei Behandlung ihres Kalisalzes mit Phosphorsuperchlorid schweflige Säure entweichen läßt, und daß bei Anwendung von viel Phosphorchlorid Bichlorbenzol gebildet wird. Die jetzt gemachten Beobachtungen sind folgende.

Wenn benzolsulfonsaures Kali mit gleichviel Phosphorsuperchlorid der Destillation unterworfen wird (also nahezu 1 Mol. Phosphorchlorid auf 1 Mol. des benzolsulfonsauren Salzes), so wird neben Phosphoroxychlorid fast nur Benzolsulfochlorid gebildet; es entsteht nur sehr wenig Thionylchlorid und wenig Monochlorbenzol. Vermehrt man die Menge des Phosphorsuperchlorids auf das Doppelte oder $2\frac{1}{2}$-fache, so wird doch noch Benzolsulfochlorid in überwiegender Menge erzeugt, aber jetzt werden beträchtliche Quantitäten von Thionylchlorid und von Monochlorbenzol gebildet, die durch fractionirte Destillation leicht in nahezu reinem Zustand erhalten werden können. Schon aus diesen Versuchen ergiebt sich, daß das Chlorid der Sulfonsäure von Phosphorsuperchlorid unter Bildung von Monochlorbenzol, Thionylchlorid und Phosphoroxychlorid zerlegt wird. Erhitzt man Benzolsulfochlorid mit der berechneten Menge von Phosphorsuperchlorid in einer zugeschmolzenen Röhre, so findet bei 160° noch keine bemerkbare Einwirkung statt, aber nach mehrstündigem Erhitzen auf 200° bis 210° ist alles Phosphorsuperchlorid

---

[1]) Ann. Chem. Pharm. **114**, 145 (1860).

verschwunden, beim Oeffnen der Röhre zeigt sich kein Druck, und bei der Destillation wird nur Thionylchlorid, Phosphoroxychlorid und Monochlorbenzol erhalten. Das Benzolsulfochlorid wird also von Phosphorsuperchlorid glatt auf nach der Gleichung zersetzt:

$$C_9H_5 \cdot SO_2Cl + PCl_5 = C_6H_5Cl + SOCl_2 + POCl_3.$$

Die mit phenolparasulfonsaurem Kali angestellten Versuche sind noch nicht völlig beendigt, haben aber doch schon zu interessanten Resultaten geführt. Bei 5 Operationen wurden auf je 100 Gr. Phenolparasulfat zweimal je 90 Gr., einmal 200 Gr. und zweimal je 300 Gr. Phosphorsuperchlorid angewandt. Bei der Destillation entwich jedesmal, namentlich gegen Ende der Operation, viel schweflige Säure. Aus den flüchtigeren Theilen des Destillats konnte leicht Thionylchlorid und Phosphoroxychlorid abgeschieden werden. Die nächstfolgenden Antheile gaben bei Zersetzung mit Wasser, neben den Umwandlungsprodukten dieser beiden noch vorhandenen Chloride, einen festen Körper, der nach dem Umkrystallisiren als Bichlorbenzol erkannt wurde. Wir erwähnen im Vorübergehen, daß dieses Bichlorbenzol mit dem gewöhnlichen Bichlorbenzol (Schmelzp. 53°—54°) identisch ist, und daß die von uns beobachtete Bildung die Phenolparasulfonsäure direct mit den bi-substituirten Benzolen verknüpft. Aus den höher siedenden Antheilen des Destillats konnte durch wiederholte Rectification eine bei 264°—266° siedende, ölige Flüssigkeit gewonnen werden, die in verschlossenen Gefäßen flüssig blieb, dagegen krystallinisch erstarrte, wenn sie in kleineren Mengen der Luft ausgesetzt wurde. Löst man dieses Oel in Wasser, und dampft die Lösung ein, so bleibt ein krystallinisch erstarrender Syrup. Die zwischen Papier ausgepreßten Krystalle riechen phenolartig; sie schmelzen bei 80°—81° und sind in Wasser, Alkohol und Aether leicht löslich. Die wässrige Lösung besitzt stark saure Reaction und erzeugt krystallisirbare Salze. Der ölartige Körper ist bis jetzt nicht analysirt worden; die daraus gewonnenen Krystalle und die aus der wässerigen Lösung bereiteten Salze enthalten keinen Schwefel, dagegen Chlor und Phosphorsäure. Obgleich die zur Analyse verwendete Substanz nicht völlig rein war, so läßt doch die Bestimmung aller Bestandtheile keinen Zweifel darüber, daß den Krystallen die Formel: $PO_4(C_6H_4Cl)H_2$ zukommt. Diese Formel wird überdies durch eine Baryumbestimmung des krystallisirten Barytsalzes bestätigt:

$$PO_4(C_6H_4Cl)\overset{''}{Ba}.$$

Aus diesen Bestimmungen ergiebt sich, daß auch die Sulfogruppe der Phenolsulfonsäure durch Phosphorsuperchlorid unter Bildung von Thionylchlorid zerlegt wird, und daß Chlor an ihre Stelle tritt. Einigermaßen auffallend ist die Bildung des sauren Phosphorsäureäthers des Monochlorphenol. Es ergiebt sich daraus, daß aus der Phenolsulfosäure:

$$C_6 H_4 \begin{cases} S\,O_3\,H \\ O\,H \end{cases}$$

zunächst das Sulfochlorid gebildet wird:

$$C_6 H_4 \begin{cases} S\,O_2\,Cl \\ O\,H \end{cases}$$

daß aber dann nicht etwa, wie man wohl hätte erwarten können, das Hydroxyl durch Chlor ersetzt wird, wodurch Monochlorbenzolsulfochlorid entstanden wäre:

$$C_6 H_4 \begin{cases} SO_2\,Cl \\ Cl \end{cases}$$

sondern daß vielmehr in erster Linie die Sulfochlorid-Gruppe Zersetzung erleidet. So entsteht Monochlorphenol:

$$C_6 H_4 \begin{cases} Cl \\ O\,H \end{cases}$$

von welchem ein Theil durch Phosphorsuperchlorid dann Bichlorbenzol erzeugt:

$$C_6 H_4 \begin{cases} Cl \\ Cl \end{cases}$$

während ein anderer von dem Phosphoroxychlorid angegriffen wird, und so den sauren Phosphorsäureäther des Monochlorphenols liefert:

$$C_6 H_4 \begin{cases} Cl \\ O.PO.(OH)_2. \end{cases}$$

Schwer zu deuten bleibt immer noch die Zersetzung der Sulfochloride durch Phosphorsuperchlorid. Wenn aus einer Sulfonsäure bei Einwirkung von Phosphorsuperchlorid ein Sulfochlorid entsteht, so wird dabei, wie bei allen ähnlichen Reactionen, der an Wasserstoff gebundene Sauerstoff gegen Chlor ausgetauscht, es löst sich Salzsäure los und es entsteht Phosphoroxychlorid, z. B.:

$$C_6 H_5 - S - O - O - O - H \qquad \text{mit } P\,Cl_2\,Cl_3$$

liefert: $\quad C_6 H_5 - S - O - O - Cl \mid Cl - H$ und $P\,O\,Cl_3$.

Da aus dem Chlorid der Sulfonsäure bei weiterer Einwirkung von Phosphorchlorid, unter Loslösen des offenbar an Kohlenstoff gebundenen

Schwefels, ein Chlorsubstitutionsproduct gebildet wird, so muß man annehmen, es werde jetzt der Schwefel gegen zwei Chloratome ausgetauscht:

$$C_6H_5 - S - O - O - Cl \text{ mit } PCl_2Cl_3$$

giebt:  $C_6H_5 - Cl \mid Cl - O - O - Cl \text{ und } PSCl_3$ .

Dabei müßte, neben dem Chlorsubstitutionsproduct, Phosphorsulfochlorid und das noch unbekannte Chloroxyd: $O_2Cl_2$ gebildet werden, die sich dann weiter in Thionylchlorid: $SOCl_2$ und Phosphoroxychlorid umsetzen müßten.

------

## Aug. Kekulé:
# Ueber die Einwirkung von Phosphorsuperchlorid auf Phenolparasulfonsäure.

(Mittheilung aus dem chemischen Institut der Universität Bonn.)

(Eingegangen am 14. Juli; verl. in der Sitzung von Hrn. O p p e n h e i m.)

B. **6**, 943—945 (1873).

Vor einiger Zeit habe ich in Gemeinschaft mit B a r b a g l i a [1]) die Einwirkung von Phosphorsuperchlorid auf phenolparasulfonsaures Kali zu untersuchen begonnen. Ich habe es für geeignet gehalten, diesen Gegenstand etwas weiter zu verfolgen; zunächst weil es mir von Interesse schien, die Zusammensetzung des bei Einwirkung von Phosphorsuperchlorid auf das Parasulfat direct entstehenden Productes, aus welchem die Chlorphenolphosphorsäure entstanden war, zu ermitteln; dann aber auch, weil ich es für wichtig hielt, die Identität des bei dieser Reaktion entstehenden Bichlorbenzols mit dem gewöhnlichen Bichlorbenzol endgültig festzustellen; und endlich weil ich hoffte durch Zersetzung der Chlorphenolphosphorsäure ein Monochlorphenol zu erhalten, dessen Vergleich mit den jetzt bekannten Monochlorphenolen für die in neuerer Zeit vielfach discutirte Ortsfrage nicht ohne Bedeutung ist.

Die Resultate der in Gemeinschaft mit D. G i b e r t i n i angestellten Versuche sind folgende. Wir haben in verschiedenen Operationen je 125 Gr. Phenolparasulfat mit 250 Gr. Phosphorsuperchlorid zunächst am Rückflußkühler einige Zeit erhitzt und dann abdestillirt. Die bei der Rektification zwischen 60—120° übergehenden Antheile bestehen nur

------

[1]) Diese Berichte **5**, 875 (1872).

aus Thionylchlorid und Phosphoroxychlorid! aus den hochsiedenden Destillaten läßt sich durch Rektification das schon früher erwähnte bei etwa
265—267° siedende Oel abscheiden. Die Zwischenproducte liefern bei der
Zersetzung mit Wasser viel Bichlorbenzol, während neben Phosphorsäure
und Salzsäure Monochlorphenolphosphorsäure in Lösung auftritt[1]).

Das Bichlorbenzol wurde in solcher Menge erhalten, daß es durch
Destillation gereinigt werden konnte. Der Siedepunkt wurde bei
173—174°, der Schmelzpunkt bei 53—54° gefunden; bei der Sublimation
erhielten wir große einseitige Tafeln. Es kann also wohl kein Zweifel
darüber sein, daß dieses Bichlorbenzol mit dem gewöhnlichen identisch ist.

Das hochsiedende Product der Einwirkung des Phosphorchlorids auf
Phenolsulfat geht nach wiederholter Rectification zum größten Theil bei
265° über. Es ist eine farblose stark lichtbrechende Flüssigkeit, die den
Geruch der meisten Säurechloride besitzt. Die Analyse führte zu der
Formel:

$$C_6 H_4 Cl_3 PO_2 = PO Cl_2 . O (C_6 H_4 Cl) = PO \begin{cases} O . C_6 H_4 Cl. \\ Cl \\ Cl \end{cases}$$

Die Verbindung entspricht also dem Chlorphosphorsäureäthyläther
(Aethylphosphorsäurechlorid), welchen W i c h e l h a u s[2]) vor einigen
Jahren beschrieben hat. Die Substanz zieht aus der Luft begierig Feuchtigkeit an und geht so in die krystallisirte früher beschriebene Chlorphenylphosphorsäure über. In Wasser löst sie sich unter Zersetzung
auf und erzeugt ebenfalls Chlorphenylphosphorsäure.

Die Chlorphenylphosphorsäure ist schwer im reinen Zustand zu erhalten, weil sie von Wasser leicht in gleich zu beschreibender Weise
zersetzt wird. Die früher und jetzt ausgeführten Analysen lassen indessen keinen Zweifel, daß sie nach der Formel:

$$C_6 H_6 Cl P O_4 = P O (OH)_2 (O C_6 H_4 Cl)) = PO \begin{cases} O . C_6 H_4 Cl \\ OH \\ OH \end{cases}$$

zusammengesetzt ist.

Wird Chlorphenylphosphorsäure mit Phosphorsuperchlorid zusammengebracht, so findet eine lebhafte Reaction statt; es entsteht Phosphoroxychlorid und Chlorphenylphosphorsäurechlorid, aber es wird

---

[1]) Irrtümlich fehlt „tritt“.   (A.)
[2]) Ann. Chem. Pharm. Suppl. VI, 257 (1868).

gleichzeitig viel Bichlorbenzol gebildet; auf Chlorphenylphosphorsäurechlorid wirkt Phosphorsuperchlorid bei gewöhnlicher Temperatur nicht
ein, erhitzt man aber längere Zeit, so wird Phosphoroxychlorid und Bichlorbenzol gebildet.

Dem in der früheren Mittheilung über den Mechanismus der Einwirkung des Phosphorchlorids auf das Phenolparasulfat Mitgetheilten muß
also jetzt ergänzend Folgendes beigefügt werden. Wenn erst, unter Abspaltung von Thionylchlorid Chlorphenol erzeugt worden ist, so kann ein
Theil dieses Chlorphenols mit Phosphorsuperchlorid direkt Bichlorbenzol
liefern:

$$C_6 H_4 Cl \cdot O H + P Cl_5 = C_6 H_4 Cl_2 + P O Cl_3 + H Cl .$$

Die Hauptmenge wird indeß von dem vorhandenen Phosphoroxychlorid
so angegriffen, daß Chlorphenylphosphorsäurechlorid entsteht:

$$C_6 H_4 Cl \cdot O H + P O Cl_3 = P O Cl_2 (O \cdot C_6 H_4 Cl) + H Cl ;$$

aus diesem kann dann durch Einwirkung von Phosphorsuperchlorid wieder Bichlorbenzol entstehen:

$$P O Cl_2 (O \cdot C_6 H_4 Cl) + P Cl_5 = 2 P O Cl_3 + C_6 H_4 Cl_2 .$$

Daß die Chlorphenylphosphorsäure bei Einwirkung von Wasser sehr
leicht Zersetzung erfährt, ist oben schon erwähnt worden; dabei wird
Phosphorsäure und Monochlorphenol gebildet, und es ist dieser leichten
Zersetzbarkeit zuzuschreiben, daß die Chlorphenolphosphorsäure stets
einen phenolartigen Geruch besitzt. Durch Erhitzen von Chlorphenylphosphorsäure mit Wasser in zugeschmolzenen Röhren konnten leicht größere Mengen dieses Monochlorphenols erhalten werden. Es zeigte den
Siedepunkt 217° und schmolz bei 88,5°—89°, ist also offenbar identisch
mit dem direct aus Phenol darstellbaren gewöhnlichen Monochlorphenol,
aus welchem P e t e r s e n [1]) durch Schmelzen mit Kalihydrat Hydrochinon dargestellt hat. Diese Beobachtung ist im Widerspruch mit der
von mir früher gemachten, nach welcher beim Schmelzen von Phenolparasulfat mit Kali Resorcin gebildet wird. Ich muß übrigens bekennen,
daß mir meine frühere Beobachtung schon seit lange zweifelhaft erscheint, und daß diese Zweifel mich veranlaßt haben, die früheren Versuche wieder aufzunehmen.

---

[1]) B. **6**, 375 (1873); vgl. R. B ä h r - P r e d a r i : B. **2**, 693 (1869).    (A.)

# Ueber einige Apparate, Bonn 1869—1888

## A. Kekulé:

# Ein Vorlesungsapparat für Verbrennungserscheinungen.

(Mittheilung VIII aus dem Chem. Institut der Universität Bonn.)

B. **2**, 418—421 (1869) [1].

In No. 10 der Berichte theilt unser verehrter Präsident, Herr Prof.
H o f m a n n, eine Anzahl von Vorlesungsversuchen mit, für deren Veröffentlichung ihm alle Lehrer der Chemie zu großem Dank verpflichtet
sind. Sie reihen sich in würdiger Weise den von H o f m a n n früher beschriebenen Versuchen zur Demonstration der Volumgesetze an, die bekanntlich in kürzester Zeit in alle experimentellen Vorlesungen aufgenommen worden sind. Obgleich nun die Veröffentlichung so eleganter
und in sich abgerundeter Versuche Andre zur Mittheilung ihrer didak-
tischen Erfahrungen nicht gerade besonders ermuthigen kann, so will ich
doch H o f m a n n's Aufforderung Folge leisten und im Nachfolgenden
einen Apparat beschreiben, den ich in meinen Vorträgen zur Demonstration einiger Verbrennungserscheinungen anwende.

Der Apparat ist in allen den Fällen anwendbar, in welchen ein Gas
in einer anderen Atmosphäre als Luft verbrannt werden soll. Er eignet
sich also zur Verbrennung von Wasserstoff, Leuchtgas, Ammoniak etc. in
Sauerstoff; zur Verbrennung von Chlor in Wasserstoff u. s. w.; er gestattet natürlich auch die Demonstration der „umgekehrten Flammen",
also die Verbrenung von Sauerstoff in Wasserstoff oder Leuchtgas.

Die Disposition des Apparates ist leicht verständlich. Ein großer
Glasballon (Fig. I) mit zweit seitlichen Tubulaturen wird mit dem Hals
nach unten in ein Stativ gehängt. Der den Hals verschließende Stopfen
ist doppelt durchbohrt. Die mittlere Oeffnung trägt ein kurzes Glasrohr,
durch welches, festgehalten durch eine Kautschukstopfbüchse, ein

---

[1] Sitzber. d. Niederrh. Ges. f. Natur- u. Heilkunde. Sitzg. v. 24. 7. 1869,
p. 166—167.

engeres Glasrohr (a) geleitet[1]), in welches oben ein Specksteinbrenner
eingekittet ist. Die zweite, seitliche Oeffnung trägt ein kurzes, etwas ge-
bogenes Röhrenstück (b). Die beiden Tubulaturen des Ballons sind ebenfalls durch Stopfen verschlossen: der eine derselben trägt ein kurzes
Glasrohr (c); durch den anderen gleitet ein „Funkenzünder" (d) von
möglichst einfacher Einrichtung. Zwei Platindrähte (s. Fig. II) sind fast
ihrer ganzen Länge nach in dünne Glasröhren von etwas ungleicher
Länge eingeschmolzen; beide Röhren sind durch eine weitere Glasröhre
durchgeschoben und in sie festgekittet; diese weitere Röhre gleitet durch
ein im Stopfen sitzendes, noch weiteres Röhrenstück und ist an das-

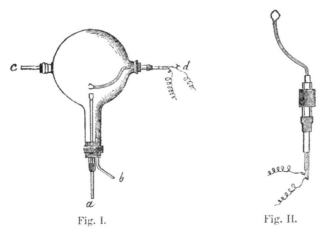

Fig. I.                    Fig. II.

selbe mittelst einer Kautschukstopfbüchse befestigt. Die dünnen Glasröhren mit den Platindrähten sind, so weit sie in den Ballon zu stehen
kommen, viertelkreisförmig gebogen; die Platindrähte bilden innen eine
kleine Zange, sie enden außerhalb des Apparats in Ringen, die der un-
gleichen Länge der Glasröhren wegen etwas von einander entfernt stehen
und in welche die Drähte des R ü h m k o r f f 'schen Apparats eingehängt werden. Bei einer solchen Disposition ist der Funkenzünder zunächst drehbar und dann horizontal verschiebbar; der Brenner seinerseits kann gesenkt oder gehoben werden, und es gelingt also leicht beide
so zu stellen, daß der Funken genau über der Brenneröffnung über-
springt.

---

[1]) Irrtümlich heißt es dort: „geleitet".

Auch die Handhabung des Apparats ist leicht verständlich. Das Gas, in welchem verbrannt werden soll, strömt durch die im Hals befindliche, seitliche Röhre (b) ein und durch die Glasröhre (c) der einen Tubulatur aus (oder umgekehrt). Wenn alle Luft verdrängt, also die künstliche Atmosphäre erzeugt ist, läßt man den Funken überspringen; erst dann kann das zu verbrennende Gas zugeleitet werden. Sobald die Flamme stetig brennt, wird der Zünder gedreht und so die Platindrähte aus der Flamme entfernt; gleichzeitig wird der Rühmkorff'sche Apparat unterbrochen. Dabei ist es noch von Wichtigkeit, daß das zu verbrennende Gas bei Beginn des Versuchs grade in der nöthigen Menge und in reinem Zustand in den Brenner gelange. Man erreicht dies leicht dadurch, daß man zwischen den Gasbehälter oder den Entwicklungsapparat und die Brennröhre ein T-Rohr einschaltet. Man läßt den Gasstrom anfangs an der mit einem Quetschhahn abgesperrten Brennröhre vorbeigehen und öffnet den Quetschhahn erst, wenn das Gas hinlänglich rein und der Gasstrom nach Bedürfniß regulirt ist.

Die im Tubulus des Ballons befindliche Röhre macht es möglich, vor Beginn des Versuchs die Natur des Gases, aus dem die künstliche Atmosphäre besteht, zu zeigen. Sie gestattet in manchen Fällen die Untersuchung der Verbrennungsproducte und sie bietet auch noch den Vortheil dar, daß man mit Hülfe einer angehängten und in eine Flüssigkeit tauchenden Röhre die Menge des in den Ballon einströmenden Gases controlliren kann. Der Zünder ist gebogen und drehbar, damit die Drähte aus der Flamme entfernt werden können, nicht nur um das Abschmelzen der Drähte zu vermeiden, sondern auch damit die Farbe der Flamme möglichst rein auftrete. Die Specksteinbrenner leiden allmählich Noth, das Material verglast und wird brüchig, so daß man die Brenner von Zeit zu Zeit erneuern muß.

Für manche Verbrennungen sind einfache Lochbrenner, für andre Flachbrenner geeigneter. Ammoniakgas z. B. giebt beim Verbrennen in Sauerstoff mittelst eines Flachbrenners eine sehr schöne Flamme. Bei Verbrennung von Chlor in Wasserstoff fällt es auf, daß selbst bei starkem Chlorstrom, der raschen Verbrennung wegen, nur eine sehr kleine Flamme sichtbar ist; die gebildete Salzsäure entweicht in Strömen durch die Röhren der Tubulatur. Stellt man zwei gleiche Apparate neben einander und verbrennt man in dem einen Leuchtgas (oder Wasserstoff) in Sauerstoff, im anderen Sauerstoff in Leuchtgas (oder Wasserstoff), so kann wohl Niemandem über die Natur der Flamme ein Zweifel bleiben.

Ich erwähne noch, daß ich mit Luft in Leuchtgas keine Flamme erhalten konnte; daß dagegen Bromdämpfe in Wasserstoff mit Flamme brennen, und daß die Verbrennung sogar bei Unterbrechung der Funken fortfährt, wenn es auch schwer ist, sie längere Zeit zu unterhalten.

Daß diese Mittheilung nichts wesentlich Neues enthält, versteht sich von selbst. Ich weiß sehr wohl, daß alle diese Verbrennungen sehr gewöhnlich als Vorlesungsversuche ausgeführt werden, aber ich weiß auch aus eigener Erfahrung, daß alle Verbrennungen in künstlichen Atmosphären, so wie man sie seither ausführte, sehr rasch vorübergehende Erscheinungen sind, die gerade durch diesen ephemeren Character an Beweiskraft verlieren.

------

# Ueber einige zweckmäßige Apparate;

## von Richard Anschütz und Aug. Kekulé.

(Mittheilung aus dem chemischen Institut der Universität Bonn.)

(Hierzu Tafel nach Seite 566.)

A. **228**, 301—308 (18. 5. 1885).

1) *Ueber einen modificirten G l a s e r'schen Gasofen zur Elementaranalyse.*

Seitdem G l a s e r[1]) den nach ihm benannten Verbrennungsofen beschrieben hat, ist dieser Apparat, neben Verbrennungsöfen von anderer Construction, für Elementaranalysen nach der älteren Methode im hiesigen Laboratorium stets in Gebrauch gewesen und von vielen Analytikern bevorzugt worden. In den letzten Jahren wird sehr häufig, und wir können sagen mit Vorliebe, die von K o p f e r vorgeschlagene und kurz nach ihrer Veröffentlichung[2]) von ihm selbst hier eingeführte Methode der Verbrennung mittelst Platinschwarz in Anwendung gebracht. Die Erfahrung zeigte allmählich, daß der etwas allzu einfache Ofen, dessen sich K o p f e r bediente, bei schwer verbrennlichen Substanzen keine Garantie einer vollständigen Verbrennung bietet. So wurden wir veranlaßt, den G l a s e r'schen Ofen für Verbrennungen nach der K l o p f e r'schen Methode in Anwendung zu bringen. Bei dieser Verwendung trat

------

[1]) Diese Annalen Suppl. **7**, 213 (1870).

[2]) Zeitschr. f. anal. Chem. **17**, 1 (1878).

aber eine Unvollkommenheit des Glaser'schen Ofens in besonders
störender Weise zu Tage, die darin besteht, daß die Flammen nur sehr
wenig sichtbar und deshalb schwer zu reguliren sind. Um diesem Uebelstand abzuhelfen haben wir einen Glaser'schen Gasofen construiren
lassen, dessen Seitenwände theilweise aus verschiebbaren Glimmerplatten bestehen.

Fig. 1 zeigt eine Gesammtansicht, Fig. 2 einen Durchschnitt des
neuen Ofens; beide Figuren bedürfen kaum einer Erläuterung. Unverändert beibehalten wurden die von Donny herrührenden Eisenkerne
und die von dem einen von uns vorgeschlagene Form der Thondeckel,
obgleich die Erfahrung gelehrt hat, daß nur ausnehmend selten ein Bedürfniß vorliegt, diese Deckel umgekehrt aufzulegen, wodurch, bei der
für die Kacheln gewählten Form, ein Verschließen der oberen Oeffnungen der Eisenkerne ermöglicht werden sollte. Weggelassen wurden die
frei stehenden Drähte an beiden Seiten des Ofens, die auch bei dem alten
Glaser'schen Ofen sich als überflüssig erwiesen haben. Glaser hat
über den Zweck dieser Drähte keine Angaben gemacht. Sie sollten es
ermöglichen, nach weggenommener Deckkachel die seitliche Thonplatte
vorzuziehen, um so einen oder mehrere Eisenkerne eliminiren zu können.

Bei unserem neuen Ofen sind die seitlichen Thonplatten, auf welchen
die Eisenkerne und die Deckkacheln ruhen, beträchtlich niedriger, wie
bei dem Glaser'schen Ofen, werden aber, wie dort, von einem flachen
Eisenstab getragen und oben von einem Draht gehalten. Unter diesen
seitlichen Thonplatten befinden sich, in Falzen eingeschoben, Glimmerplatten von 5,4 cm Breite und 10,8 cm Länge.

Der Brenner des neuen Ofens ist in einer Rinne verschiebbar und
kann auch ganz aus dem Ofen herausgezogen werden. Dadurch werden
nicht nur alle Reparaturen wesentlich erleichtert, sondern es wird auch
die Möglichkeit geboten, durch Verschieben des Brenners jeden Theil
des Verbrennungsrohres, ohne letzteres zu bewegen, der vollen Flam-
menwirkung aussetzen zu können.

Verbrennt man in dem neuen Ofen nach Kopfer, so entfernt man
die Eisenkerne größtentheils, läßt nur vier bis fünf vorn, einen in der
Mitte und zwei Eisenkerne am Ende des Ofens liegen. Dabei ist es zweckmäßig, das Rohr zur Schonung mit Drahtnetz zu umwickeln, in der Art
wie Kopfer es vorschreibt.

Es sei schließlich noch bemerkt, daß diese Verbrennungsöfen mit
Glimmerplatten und verschiebbarer Brennervorrichtung in solider Aus-

führung von W i l h e l m  H e i n e n jr., Bonn a. Rh., Sternthorbrücke 12, hergestellt werden.

2) *Luftbäder zum Trocknen im Luftstrom.*

In seiner berühmten Abhandlung über die Analyse organischer Körper hat L i e b i g vor nahezu 50 Jahren unter den vorbereitenden Operationen zur Elementaranalyse einen Apparat zum Trocknen der zu analysirenden Substanzen beschrieben, von dem er sagt, daß er volle Sicherheit gewähre. Trotz ihrer unbestreitbaren Vorzüge wird diese Methode des Trocknens im L i e b i g 'schen *Trockenrohr* dermalen bei weitem nicht so häufig in Anwendung gebracht, als sie verdient. Sowohl für das Trocknen der zu analysirenden Substanzen, als auch für Krystallwasserbestimmungen begnügt man sich vielfach damit, kleine Mengen von Substanz, im Uhrglas oder im Tiegel, in einem gewöhnlichen Trockenschrank zu erhitzen.

Wer derartige Operationen jemals mit Kritik ausgeführt hat, weiß aus eigener Erfahrung, daß ein solches Trocknen namentlich bei Krystallwasserbestimmungen sehr wenig zuverlässige und oft geradezu illusorische Resultate giebt.

Die allgemeine Benutzung des L i e b i g 'schen Trockenrohrs wird wesentlich durch zwei Umstände erschwert. Zunächst bietet die Herstellung eines lang andauernden, langsamen und leicht regulirbaren Luftstroms einige Schwierigkeit. Andererseits aber macht das Einsenken des Trockenrohrs in gleichgültig welches Flüssigkeitsbad ein mühevolles Reinigen nöthig, welches namentlich dann peinlich und ausnehmend zeitraubend wird, wenn während eines tage- oder sogar wochenlangen Trocknens zahlreiche Wägungen erforderlich sind[1]). Wasser ist als Heizflüssigkeit unbedingt zu vermeiden, weil es bei einigermaßen lang dauernden Operationen das Gewicht der Trockenröhre in sehr bemerkbarer Weise verändert.

Der erste Uebelstand kann leicht durch Anwendung des in der vierten dieser Mittheilungen beschriebenen *Tropfaspirators* gehoben werden. Zur Vermeidung des zweiten haben wir seit längeren Jahren eigens construirte Luftbäder im Gebrauch, die wir den Fachgenossen empfehlen zu können glauben.

Wir haben zwei derartige Luftbäder für Trockenröhren anfertigen lassen. Ein trockenes Luftbad mit directer Heizung und ein mit Wasser-

---

[1]) Vgl. diese Annalen **221**, 230 (1883).

dampf geheiztes Bad von ähnlicher Construction wie die gewöhnlichen Wasserbadtrockenschränke. Taf. Fig. 3, stellt das mit Wasser geheizte Luftbad, Fig. 4 das trockene Luftbad dar; aus Fig. 5 ist die Art des Einhängens der Trockenröhre ersichtlich.

Das trockene Luftbad hat nur auf den Breitseiten doppelte Wandung, und es befindet sich oben auf jeder Seite eine Reihe von Oeffnungen zum Austritt der Verbrennungsgase. Das Wasserbad ist auf allen Seiten doppelwandig. Es ist, wie alle Wasserbadtrockenschränke, mit einer Tubulatur für Austritt der Wasserdämpfe versehen und außerdem mit der bekannten Vorrichtung zur Herstellung eines constanten Niveaus, die der eine von uns schon seit vielen Jahren an allen Wasserbädern und Wasserbadtrockenschränken hat anbringen lassen. Bei beiden Bädern wird wenn das Trockenrohr eingehängt ist, ein einfacher Blechdeckel mit stark übergreifenden Enden aufgelegt, der mit zwei Tubulatoren versehen ist, so daß ein Thermometer und ein Thermoregulator eingeführt werden können.

Das eben beschriebene, in der Regel mit Wasserdampf geheizte Luftbad, und ebenso die gewöhnlichen Wasserbadtrockenschränke, kann man auch — und es hat sich dies in einzelnen Fällen sehr zweckmäßig erwiesen — in der Art verwenden, daß man es, statt mit Wasser, mit irgend einer leicht zu beschaffenden Flüssigkeit beschickt, deren Auswahl, je nach der Temperatur, die man constant erhalten will, keine Schwierigkeit bietet. Man verschließt dann die Oeffnungen des Niveauregulators und setzt in die für den Austritt der Dämpfe bestimmte Tubulatur einen Rückflußkühler.

### 3) *Vacuumexsiccator mit Heizvorrichtung* (von R. *Anschütz*).

Seit einigen Jahren finden im Bonner chemischen Institut hier construierte Vacuumexsiccatoren verschiedener Form, mit aufgesetztem und mit eingeschaltetem Manometer, eine immer ausgedehntere Anwendung bei präparativen und analytischen Arbeiten. Wenn auch die Verflüchtigung der Lösungsmittel in diesen Exsiccatoren bei starker Luftverdünnung sehr viel rascher vor sich geht, so brauchen doch z. B. wässerige Lösungen selbst unter diesen Bedingungen zur Verdunstung ziemlich lange Zeit. Da es mir unausführbar schien, unsere gebräuchlichen Vacuumexsiccatoren zur Beschleunigung der Verdunstung direct zu erhitzen, so versah ich dieselben mit einer Vorrichtung, die dazu dient, eine im Vacuumexsiccator befindliche Flüssigkeit zu erwärmen, ohne daß der luftdichte Verschluß leidet. Die Heizvorrichtung besteht aus einem dünnen Bleirohr, welches zu verschiedenen anderen Kühl- und Heizzwecken vor kurzem empfohlen worden ist. Bei dem in der Taf., Fig. 6 abgebildeten sehr einfachen Exsiccator ist das Bleirohr mit beiden Enden luftdicht durch den die Exsiccatorglocke schließenden, dreifach durchbohrten Stopfen geschoben. Durch die dritte Bohrung geht die zum Manometer und zur Pumpe führende Glasröhre. Das Bleirohr ist spiralförmig zusammengerollt und diese Spirale ist auf beiden Seiten mit Nickeldrahtnetz überzogen, so daß eine tragfähige Unterlage entsteht. Das Bleirohr hat, wie die Fig. 6 zeigt, die Form eines Steigbügels. Die zu verdunstende Lösung wird in einem passenden Gefäß auf den zur Seite geschobenen Bügel gestellt, dann der Bügel in die Mitte der Glocke geschoben und die Glocke luftdicht auf die als Unterlage dienende Glasplatte aufgesetzt. Sobald das Manometer zeigt, daß die Verdünnungsgrenze erreicht ist, läßt man die Heizflüssigkeit in dem Bleirohr circuliren.

### 4) *Ein Vorlesungsversuch zur Theorie der Flamme* (von *Aug. Kekulé*).

Ich will bei der Gelegenheit in Kürze einen Apparat beschreiben, dessen ich mich seit langen Jahren in meinen Vorträgen gelegentlich bediene, um die bekannte Thatsache zu erläutern, daß auch bei flüssigen Leuchtmaterialien die Flamme durch das Verbrennen von Gasen erzeugt wird.

Die Aufstellung des Apparats ist aus Fig. 7 der Tafel ersichtlich. Von einer gewöhnlichen Oellampe, einer sogenannten Studierlampe, wird das unter der Dochtröhre befindliche Oelgefäß weggenommen und in die frei werdende Oeffnung wird mittelst eines Korks eine Glasröhre eingesetzt. Von dieser führt ein Gummischlauch zunächst zu einer kleinen Waschflasche und dann zu einem Tropfaspirator, auf welchen ich nachher zurückkommen werde. Von hier fließen Wasser und mitgesaugtes Gas nach einem aus Glas hergestellten Windkessel. Das Wasser fließt durch die untere Röhre ab, während das Gas durch die obere ausströmt. Durch Reguliren des Wasserzuflusses gelingt es leicht eine Flamme herzustellen, die stundenlang continuirlich brennt.

Zum Saugen dient zweckmäßig der Tropfaspirator, dessen ich mich schon 1857 in Heidelberg bediente und den ich seitdem zum Trocknen

und zu Krystallwasserbestimmungen stets gebraucht und im Privatver-
kehr vielfach empfohlen habe. Dieser Apparat ist schon 1857 von
S t a m m e r [1]) und dann 1871 von D i t t m a r [2]) beschrieben worden.
S t a m m e r sagt, die Einrichtung sei ihm von Dr. S c h e i b l e r als eine
schon länger bekannte mitgetheilt worden. D i t t m a r sagt, daß der
Tropfaspirator zuerst von S t a m m e r als von einem „unbekannten
Autor" herrührend beschrieben sei. Ich muß mich nachträglich, wenn
auch sehr verspätet, als Autor dieses kleinen Apparats bekennen, der
für Herstellung langsamer Luftströme zum Zweck des Trocknens u. s. w.
(nicht zum Evacuiren) beträchtlich zweckmäßiger ist als alle seitdem
in Anwendung gebrachten Wasserstrahlaspiratoren. Bei Einrichtung des
Bonner Laboratoriums (1867) sind an allen Arbeitstischen hohe Eisen-
stangen zur Befestigung dieses Aspirators angebracht worden. Hier hat
ihn auch der Autor des erwähnten Artikels im Handwörterbuch kennen
gelernt und hier sind im Lauf der Zeit zahlreiche, das Princip nicht
ändernde Modificationen ersonnen worden [3]).

Die Zeichnung stellt diesen Tropfaspirator in seiner ursprünglichen
Form dar. Sie bedarf keiner weiteren Erläuterung, nur mag auf die
Verengung im obersten Theil der Wasserabflußröhre aufmerksam gemacht werden, durch welche eine volle Sicherheit der Tropfenbildung
erzielt wird.

Daß man sich, wenn gerade kein eigens zu dem Zweck aus Glas
geblasener Apparat zur Verfügung steht, mit einer weiteren ⊢-Röhre,
oder besser mit einer Chlorcalciumröhre, an welche ein seitliches Rohr
angelöthet ist, oder in welche man einen doppelt durchbohrten Kork
einsetzt (wie es S t a m m e r abbildet), helfen kann, bedarf keiner besonderen Erwähnung. Wir haben uns häufig in dieser Art geholfen,
ohne die Wirkung des Apparats zu beeinträchtigen.

---

[1]) Zeitschr. f. anal. Chemie 2, 359.
[2]) Neues Handwörterbuch der Chemie 1, 831.
[3]) Vgl. z. B. D e  K o n i n c k , Ber. d. deutsch. chem. Ges. 3, 286.

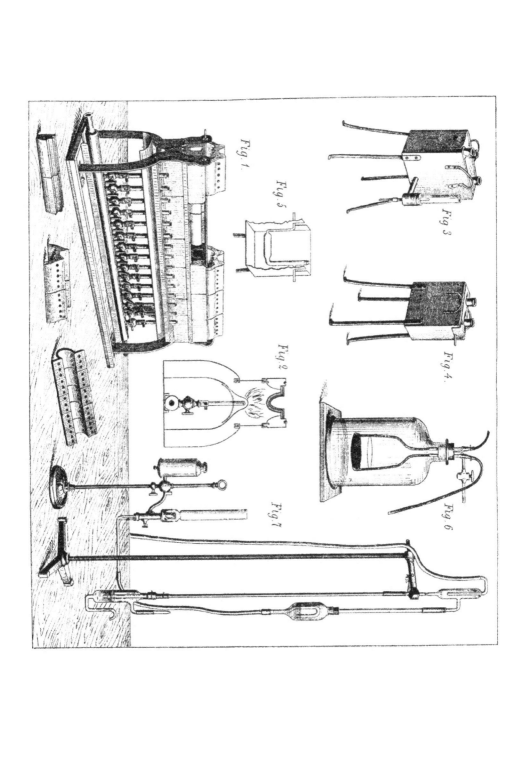

Fig. 1.

Fig. 5.

Fig. 3

Fig. 4.

Fig. 2.

Fig. 6

Fig. 7

## Ozonisationsrohr.

### von Aug. Kekulé.

Sitzungsber. d. Niederrhein. Ges. für Natur- und Heilkunde zu Bonn; Chemische Abteilung, 1911, Seite 14.

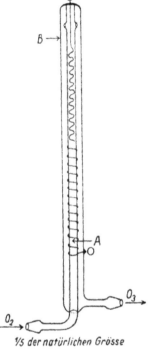

R. A n s c h ü t z zeigte die Bildung von Ozon mittels eines von A u g u s t K e k u l é erfundenen, aber nicht veröffentlichten Ozonisationsrohres vor. Wie die nebenstehende schematische Zeichnung veranschaulicht, besteht der Apparat aus zwei ineinander geschmolzenen Glasröhren, von denen die innere mit der äußeren durch mehrere am oberen Ende angebrachte Oeffnungen in Verbindung steht. Durch die innere Röhre tritt der Sauerstoff in den Apparat ein, den der ozonisierte Sauerstoff durch das äußere Rohr verläßt. In das innere Rohr ist von oben her eine Aluminiumdrahtspirale eingeführt, die frei bei A endigt. Durch das äußere Rohr geht eine das innere Rohr umgebende zweite Aluminiumdrahtspirale, die frei bei B endigt. Des leichteren Verständnisses halber sind die beiden Spiralen nur *zur Hälfte* eingezeichnet, damit sie sich in der Zeichnung nicht decken.

⅕ *der natürlichen Grösse*

---

# Eine chemische Wage für Wägungen bei constanter Belastung;

## von Aug. Kekulé (mitgeteilt von R. Anschütz).

In der Zeitschrift für analytische Chemie hat Herr A. G a w a l o w s k i eine chemische Wage für Wägungen bei constanter Belastung beschrieben[1]), deren Bau im wesentlichen mit dem einer Wage übereinstimmt, die A u g. K e k u l é im Anfang der achtziger Jahre des vorigen Jahrhunderts von der Firma H o s c h in Gießen nach seinen Angaben bauen ließ.

---

[1]) **40**, 775 (1901).

Wie die nach einer Photographie der dem Gehäuse entnommenen
Wage hergestellte Zeichnung veranschaulicht, ist K e k u l é ' s Wage da-
dadurch von der G a w a l o w s k i ' schen unterschieden, daß sie für z w e i
Maximalbelastungen, für 50 g und für 100 g, eingerichtet ist. Das Laufgewicht an der linken Seite des Wagebalkens ist verschiebbar und kann
durch eine Schraube festgestellt werden.  Auf der Zeichnung befindet

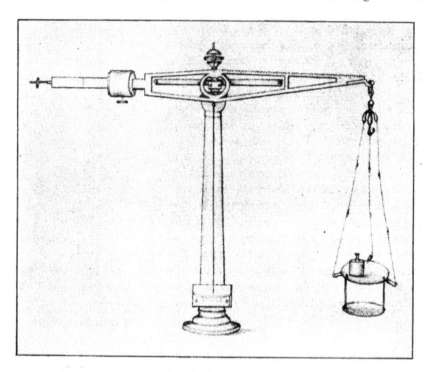

sich das Laufgewicht an der Marke für 50 g Belastung, wird es nach
links fast an das Ende des Wagebalkens verschoben, so hält es einem
Gewicht von 100 g das Gleichgewicht. Die am linken Ende des Wagebalkens befindliche Schraube dient zur scharfen Einstellung. Die beiden
übereinander liegenden Wageschalen sind fest miteinander verbunden.
    Die Wage wurde in der physikalisch-chemischen Abteilung des chemi-
schen Instituts der Universität Bonn häufig zu Wägungen verwendet.

# Verschiedene meist kritische Abhandlungen aus den Jahren 1869 bis 1882 in Bonn.

## Aug. Kekulé:

## Ueber die Constitution des Isatins, der Isatinsäure und des Indols.

B. **2**, 748—749 (1869) [1].

B a e y e r und E m m e r l i n g haben vor Kurzem der Gesellschaft angekündigt [2]), daß es ihnen gelungen sei, das Indol synthetisch darzustellen. Diese interessante Beobachtung und die Betrachtungen, welche B a e y e r und E m m e r l i n g bei der Gelegenheit anstellen, veranlassen mich, auch hier eine Hypothese mitzutheilen, die ich unlängst (11. December 1869) in einer Sitzung der Niederrheinischen Gesellschaft zu Bonn ausführlicher dargelegt habe.

Da aus Isatin und Isatinsäure leicht Anthranilsäure und Salicylsäure erhalten werden können, so kann mit großer Wahrscheinlichkeit angenommen werden, die in Rede stehenden Körper der Indigogruppe seien der Metareihe zugehörige Biderivate des Benzols.

Die von B a e y e r vor einigen Jahren ausgesprochene Ansicht, die Isatinsäure sei Trioxy-indol, hat wenig Wahrscheinlichkeit; da zur schrittweisen Reduction der Isatinsäure drei verschiedene Reductionsmittel angewandt werden müssen, so liegt die Vermuthung nahe, die Isatinsäure enthalte drei in verschiedener Weise verbundene Sauerstoffatome. Denkt man sich nun in der $\alpha$-Toluylsäure (Phenyl-essigsäure) die beiden Wasserstoffatome der Seitenkette durch Sauerstoff ersetzt, so hat man die Säure: $C_6H_5 \cdot CO \cdot COOH$; ein Amidoderivat dieser Säure hätte die Zusammensetzung der Isatinsäure.

Die normale Säure $C_6H_5 \cdot CO \cdot COOH$ stünde zur Oxalsäure genau in derselben Beziehung wie die Benzoësäure zur Kohlensäure; die Existenz

---

[1]) Sitzgsber. d. Niederrhein. Ges. f. Natur- u. Heilkunde. Sitzg. v. 11. 12. 1869. p. 211—214.

[2]) B. **2**, 679 (1869).    (A.)

einer solchen Säure kann also nicht unwahrscheinlich erscheinen, wenn der Körper auch sehr unbeständig sein mag. Daß ein Amidoderivat dieser Säure bei Oxydation leicht Amidobenzoësäure (Anthranilsäure) erzeugt, kann nicht auffallen; auch die Bildung von Anilin bei weitergehender Spaltung erklärt sich leicht.

Wenn der Isatinsäure wirklich diese Formel zukommt, so muß das Isatin als ein Amid aufgefaßt werden. Ein Molecül der Säure genügt zur Bildung dieses Amids, insofern der Oxalsäurerest $CO \cdot COOH$ sich mit dem in demselben Säuremolecül befindlichen Ammoniakrest $NH_2$ unter Wasseraustritt vereinigt:

$$C_6H_4 \begin{cases} CO - CO.OH \\ NH_2 \end{cases} \qquad\qquad C_6H_4 \begin{cases} CO - CO^1) \\ NH \end{cases}$$
$$\text{Isatinsäure.} \qquad\qquad\qquad\qquad \text{Isatin.}$$

Das Isatin wäre demnach dem Carbostyryl, dem Hydrocarbostyryl etc. vergleichbar; seine Umwandlung in Isatinsäure und seine Rückbildung aus dieser wäre leicht verständlich.

Die bei der Reduction der Isatinsäure zuerst entstehenden Producte: Dioxindol und Oxindol lassen verschiedene Deutung zu. Der erstere Körper ist vielleicht ein Aldehyd; beim Oxindol hat wohl schon directere Bindung des Kohlenstoffs stattgefunden. Wird endlich Indol erzeugt, so geht die Kohlenstoffbindung noch weiter; die beiden Kohlenstoffatome der Seitenkette sind in dreifacher Bindung anzunehmen; das Indol erscheint daher als Amidoderivat des von G l a s e r entdeckten Acetenylbenzols, und zwar als Metaamidoacetenylbenzol:

$$C_6H_4 \begin{cases} C \equiv CH \\ NH_2 \end{cases}$$
$$\text{Indol.}$$

Ob diese Formeln wirklich die Constitution der in Rede stehenden Körper ausdrücken, kann natürlich nur durch neue Versuche festgestellt werden, aber es ist einleuchtend, daß diese theoretische Frage von verschiedenen Seiten her experimentell angegriffen werden kann, und es steht daher zu erwarten, daß das Experiment die Lösung ermöglichen wird.

Versuche, die ich vor längerer Zeit in Gemeinschaft mit Dr. G l a s e r begonnen habe, sind vorläufig ohne Erfolg geblieben. Es ist bis jetzt

---

1) Irrtümlich steht dort: „$C_6H_4 \begin{cases} CO = CO \\ NH \end{cases}$"    (A.)

nicht gelungen, aus Indol das Phenylacetylen darzustellen, oder aus
Isatinsäure die normale Säure $C_6H_5 \cdot CO \cdot CO_2H$, oder ihr Oxyderivat zu
gewinnen. Ich habe jetzt die Frage von ganz anderer Seite her in Angriff genommen und hoffe auf besseren Erfolg. Ich bin nämlich im Begriff, aus Toluol dargestellte $\alpha$-Toluylsäure zunächst in Brom und dann
in Nitro-brom-$\alpha$-Toluylsäure umzuwandeln. Durch Reduction dieser wird
voraussichtlich Metamido-$\alpha$-Toluylsäure und gleichzeitig ein dem Carbostyryl entsprechender Körper entstehen. Gelingt es dann, diese so zu
oxydiren, daß der Wasserstoff der Seitenkette durch Sauerstoff ersetzt
wird, so sollten Isatinsäure und Isatin gebildet werden.

### Nachschrift.

Baeyer's neue Versuche enthalten Nichts, was mit diesen Hypothesen in Widerspruch stände. Die Bildung des Indols aus Nitrozimmt-
säure scheint mir sogar mit meiner Indolformel leichter zu deuten als
mit der von Baeyer vorgeschlagenen. Ich werde also meine Versuche
in Ruhe zu Ende führen; in experimentellen Wissenschaften haben nur
die Thatsachen entscheidende Stimme.

---

### Aug. Kekulé:
# Ueber die Einwirkung von Sulfocyanaten auf Benzoësäure.

(Mittheilung aus dem chemischen Institut der Universität Bonn.)

(Eingegangen am 14. Februar.)

B. 6, 110—114 (1873).

Unter dem bescheidenen Titel „Ueber neue organische Verbindungen
und neue Wege zur Darstellung derselben" hat Pfankuch[1]) vor Kurzem in Kolbe's Journal für praktische Chemie eine Reihe von Angaben gemacht, die neben einzelnen bekannten Thatsachen auch manche
neue Beobachtungen enthalten, von welchen indessen einige vorläufig
wesentlich durch ihre Unwahrscheinlichkeit Interesse erregen. In besonders hohem Maße gilt dies von der Benzacrylsäure: $C_6H_5CCOOH$,
welche zur Benzoësäure in derselben Beziehung stehen soll, wie die
Acrylsäure zur Essigsäure. Auf die große Unwahrscheinlichkeit der
Existenz dieser Säure braucht kaum aufmerksam gemacht zu werden;

---

1) J. pr. Chem. (N. F.) VI. 97 (1873).

es ist einleuchtend, daß eine doppelte Kohlenstoffbindung, wie sie bei
der Acrylsäure jetzt allgemein angenommen wird, bei einer solchen
aromatischen Säure nicht wohl gedacht werden kann. Die absolute Unmöglichkeit der Existenz einer so zusammengesetzten Säure kann freilich nicht behauptet werden, aber es wird jedenfalls zugegeben werden
müssen, daß Beobachtungen, die mit den leitenden Grundideen der
Theorie, — das heißt mit anderen Worten, mit der Gesammtsumme der
jetzt bekannten Thatsachen — in direktem Widerspruch stehen, in ganz
anderer Weise festgestellt werden müssen, als dies von P f a n k u c h in
Betreff der Benzacrylsäure geschehen ist.

Durch Destillation von benzoësaurem Baryt mit Rhodanbarium will
P f a n k u c h neben Benzonitril noch Tolan und „fremden Cyankohlen-
wasserstoff" erhalten haben, welcher letztere wieder ein Gemenge von
einem flüssigen und einem festen Körper war, die nicht von einander
getrennt werden konnten. Das Gemenge dieser beiden Nitrile, also das
nach dem Benzonitril überdestillirende Produkt lieferte durch Kochen
mit Kali die Benzacrylsäure.

Dabei ist nun zunächst noch zu bemerken, daß fast gleichzeitig mit
den Angaben von P f a n k u c h [1]) Versuche von L e t t s [2]) veröffentlicht
wurden, nach welchen durch Destillation von Benzoësäure mit Schwefel-
cyankalium reichliche Mengen von Benzonitril entstehen. L e t t s hat
dabei die „fremden Cyankohlenwasserstoffe" nicht beobachtet, obgleich
er speciell angiebt, er habe die Destillation so weit als möglich fortgesetzt. Freilich hat L e t t s Kaliumsulfocyanat in Anwendung gebracht,
während sich P f a n k u c h aus nicht ersichtlichen Gründen der weit
weniger leicht zugänglichen Baryumsalze bediente.

Hr. W i l l i a m s hat nun zunächst den Versuch von L e t t s wiederholt und dabei dessen Angaben vollständig bestätigt gefunden, wenn
gleich die Ausbeute an Benzonitril etwas hinter den Angaben zurückblieb. Er hat dann, nach P f a n k u c h ' s Vorschrift, trocknen benzoë-
sauren Baryt mit trocknem Schwefelcyanbaryum der Destillation unterworfen, und zwar 190 Gr. des ersteren Salzes mit 200 Gr. Sulfocyanat. Während der Destillation, die so weit als möglich fortgesetzt wurde,
trat Schwefelwasserstoff auf, Blausäure oder Cyan konnten mit Sicherheit nicht beobachtet werden. Das Rohprodukt wurde zunächst im luft-

---

[1]) Irrtümlich steht dort „K a c h l e r".   (A.)
[2]) Diese Berichte V. 669 (1872).

verdünnten Raum destillirt. Dabei ging bei weitem der größte Theil bei constanter Temperatur über, und es blieb nur ein geringer Rückstand; bei nochmaliger Destillation unter gewöhnlichem Druck destillirte fast Alles bei 191°, dem Siedepunkt des Benzonitrils. Der Rückstand dieser Rektifikation wurde mit dem Rückstand der Destillation im luftverdünnten Raum vereinigt und weiter destillirt. Da sich keine Neigung zu constantem Siedepunkt zeigte, und die Menge dieser hochsiedenden Produkte nur eine sehr kleine war, wurde auf weitere Rektifikation Verzicht geleistet und das Produkt in zwei Antheilen aufgefangen. Der erste bei 200—245° siedende Theil war flüssig; die zweite zwischen 245—247° übergegangene Portion war zähe und enthielt gelbe Krystalle; auch in der Kühlröhre hatte sich eine gelbe krystallinische Masse abgesetzt, auf welche nachher noch zurückgekommen werden soll.

Die beiden Antheile des hochsiedenden Destillats wurden dann mit Kali verseift und die gebildeten Säuren aus der mit Schwefelsäure angesäuerten Flüssigkeit durch Aether ausgezogen. Der bei 200—245° übergegangene Antheil lieferte eine Säure, welche, in der Form, in welcher sie direkt aus der Aetherlösung hinterblieb, bei 85° schmolz. Durch einmaliges Wiederauflösen in Aether erhöhte sich der Schmelzpunkt der jetzt weiß gewordenen Säure auf 110°; als sie in Ammoniak gelöst und aus dieser Lösung wieder abgeschieden wurde, stieg der Schmelzpunkt auf 120°; auch die sublimirte Säure schmolz bei 120°. Die aus dem anderen, bei 245—275° übergegangenen Antheil des hochsiedenden Destillats dargestellte Säure zeigte genau dasselbe Verhalten; sie konnte in derselben Weise, wenn gleich etwas schwieriger, gereinigt werden und erwies sich ebenfalls als B e n z o ë s ä u r e .

Bei der Reinigung dieser Säuren mittelst Ammoniak blieb eine gelbe Substanz ungelöst, welche alle Eigenschaften des oben erwähnten Körpers zeigte, der sich gegen Ende der Destillation in der Kühlröhre abgesetzt hatte. Dieses Produkt scheint ein Gemenge verschiedener Kohlenwasserstoffe zu sein. Es schmolz in rohem Zustand bei 40°; durch Krystallisation aus Aether wurden bei 59° schmelzende Krystalle erhalten; wiederholtes Umkrystallisiren aus Aether lieferte Krystalle, die bei 143° schmolzen; eine sublimirte Probe zeigte den Schmelzpunkt 96°. Die bei 59° schmelzenden Krystalle mögen vielleicht Tolan gewesen sein; der bei 143° schmelzende Körper war wohl nichts Anderes als der Kohlenwasserstoff, dessen Bildung K e k u l é und F r a n c h i m o n t vor einiger Zeit bei Destillation von benzoësaurem Kalk beobachtet haben, und der, nach neueren Angaben von B e h r [1]), auch bei Destillation von benzoësaurem Baryt erhalten wird.

————

Gleichzeitig mit diesen Versuchen hat Hr. P u r p e r die Einwirkung
von Benzoësäure auf Ammoniumsulfocyanat untersucht. Es war nämlich
denkbar, daß dabei ein complicirteres Amid, etwa benzoylirter Sulfoharnstoff gebildet werden würde. Die Versuche haben Folgendes ergeben: Erhitzt man Benzoësäure mit trocknem Ammoniumsulfocyanat
in dem Verhältniß der Molekulargewichte, so beginnt die Einwirkung
bei 150° und vollendet sich leicht bei 170°. Es entweicht wesentlich Kohlenoxysulfid, neben Ammoniak, Schwefelwasserstoff und Kohlensäure.
Der Rückstand giebt an Ammoniak etwas Benzoësäure ab, besteht aber
der Hauptmenge nach aus Benzamid, welches durch Umkrystallisiren
leicht rein erhalten werden kann. 50 Gr. Benzoësäure geben (neben
8 Gr. unveränderter Benzoësäure) 41 Gr. Benzamid, so daß diese Reaktion sich wohl gelegentlich als Methode der Darstellung des Benzamids empfehlen dürfte. Vermehrt man die Menge der Benzoësäure, so
wird die Ausbeute an Benzamid nicht erhöht. 100 Gr. Benzoësäure
lieferten, als sie ebenfalls mit 31 Gr. Ammoniumsulfocyanat erhitzt wurden, 38 Gr. Benzamid, während 64 Gr. Benzoësäure wiedergewonnen
werden konnten.

Man erinnert sich nun, daß L e t t s durch Einwirkung von Kaliumsulfocyanat auf Essigsäure und andre Säuren derselben homologen Reihe
wesentlich Säureamide erhielt; daß dagegen Benzoësäure und Cuminsäure statt der Amide fast ausschließlich die Nitrile lieferten. Da werfen
sich also folgende Fragen auf: Warum zeigen die Säuren der Fettsäurereihe gegen Kaliumsulfocyanat ein anderes Verhalten wie die aromatischen Säuren, und warum liefern diese letzteren mit dem Kaliumsalz
der Sulfocyansäure andere Produkte als mit dem Ammoniumsalz? Da
das Kaliumsalz im Allgemeinen dieselbe Reaktion zeigt, wie das Ammoniumsalz, so ist zunächst einleuchtend, daß der Stickstoff der gebildeten
Amide oder Nitrile aus der Sulfocyansäure herrührt, oder wenigstens
herrühren kann. Das erste Molekül der einwirkenden Säure erzeugt aus
dem Sulfocyanat Sulfocyansäure; diese wirkt dann sofort auf ein zweites Molekül der einwirkenden Säure oder, wenn Ammoniumsulfocyanat
angewandt wurde, auf das aus dem ersten Säuremolekül entstandene

————

[1]) Diese Berichte V. 970 (1872).

Ammoniumsalz so ein, daß durch Doppelzersetzung das Säureamid und Kohlenoxysulfid entstehen. Da, wie oben gezeigt wurde, ein Mol. Ammoniumsulfocyanat nur ein Mol. Benzoësäure in Benzamid umzuwandeln vermag, so ergiebt sich, daß das Kohlenoxysulfid wenigstens unter diesen Bedingungen auf benzoësaures Ammoniak nicht Wasser entziehend und Amid bildend einwirkt. Wenn, wie L e t t s fand, bei Destillation von Kaliumsulfocyanat mit zwei Mol. Benzoësäure Benzonitril entsteht, so kann dies nur daher rühren, daß das benzoësaure Kali dem Benzamid Wasser entzieht und so Nitril erzeugt. Ein besonderer Versuch zeigte, daß dies in der That der Fall ist. 12 Gr. Benzamid lieferten bei Destillation mit 17 Gr. benzoësaurem Kali 8 Gr. Benzonitril. Damit steht auch eine von Hrn. M ü l l e r gemachte Erfahrung in Uebereinstimmung, nach welcher bei dem Verfahren von L e t t s vorzugsweise Benzamid erhalten wird, wenn man rasch abdestillirt, dagegen fast nur Benzonitril, wenn längere Zeit erhitzt wird. Das benzoësaure Ammoniak erzeugt beim Erhitzen mit Benzamid kein Benzonitril; und aus den Versuchen von L e t t s scheint sich zu ergeben, daß die Amide der fetten Säuren schwerer als die der aromatischen Säuren von den zugehörigen Kalisalzen in Nitrile umgewandelt werden.

## Brief von August Kekulé an Hermann Kolbe.

„Offene Antwort auf das vertrauliche Schreiben an Professor Kolbe."

Journal f. prakt. Chemie. Neue Folge. 17, 157 (1878).

B o n n , 5. Februar 1878.

### Geehrtester Herr College!

Beiliegende „offene Antwort" an den Verfasser des „vertraulichen Schreibens" sind Sie wohl so gefällig, an diesen Ihren Correspondenten, dessen Adresse Ihnen ja wohl bekannt ist, befördern zu wollen. Ehe Sie das Schreiben aus der Hand geben, bitte ich jedoch es, mit diesem Briefe, in Ihrem geschätzten Journal zum Abdruck zu bringen, so wie Sie dies für jenes vertrauliche Schreiben taten. Ich leiste indessen auf Discretion Verzicht; bitte sogar, meinen Namen darunter zu setzen, denn ich bin immer der Ansicht gewesen, daß Jeder, der sich selbst achtet, auch den Muth haben muß, die Verantwortung seiner Taten und Worte zu übernehmen.

Sollten Sie, woran ich jedoch bei Ihrer Rechtlichkeit nicht glauben kann, Bedenken tragen, beide Schreiben zum Druck zu bringen, so bitte ich mir dies baldigst mittheilen zu wollen.

Mit vorzüglicher Hochachtung
und collegialischem Gruß

A u g. K e k u l é.

Herrn Prof. Dr. H. K o l b e
Hochwohlgeboren


Offene Antwort auf das vertrauliche Schreiben an Professor Kolbe.

Herrn Dr. R.

Wohlgeboren in B.

Ihr so „lehrreiches" [1]) Schreiben an Herrn Professor K o l b e veranlaßt mich einige Bemerkungen Ihrer geneigten Erwägung zu unterbreiten. Ihnen gegenüber kommen nämlich alle die Motive nicht in Betracht, die mich bisher veranlaßt haben [2]) und auch in Zukunft veranlassen werden, offene oder indirecte Angriffe des Herrn Prof. K o l b e ohne Antwort zu lassen.

Sollten meine Bemerkungen Sie irgend unangenehm berühren, so wollen Sie sich darüber mit Ihrem Freund K o l b e verständigen, der es für geeignet gehalten hat, Ihr vertrauliches Schreiben der Oeffentlichkeit zu übergeben, statt es, in richtiger Würdigung seines Inhalts und in Uebereinstimmung mit der durch die Bezeichnung „vertraulich" ausgesprochenen Absicht des Autors, in wirklich diskreter Weise zu verwenden.

Zwei Sätze sind es wesentlich, die Sie, mit Ihrem Freund K o l b e , bekritteln zu müssen glauben. Es will Ihnen nicht recht einleuchten, daß die Atome innerhalb der Molekeln sich in steter Bewegung befinden sollen, und es ist Ihnen immer noch nicht recht klar, was viele Gelehrte zu der Annahme einer intramolecularen Atombewegung führt, die, nach Ihrer Kenntnis, von keiner Thatsache gefordert wird und keine Erscheinung erklärt. Sie gestatten mir wohl, sei es auch nur der Kürze wegen, Ihnen einfach zu raten sich mit Physikern in Betreff dieser Frage in Verbindung zu setzen, oder auch nur die darauf bezüglichen Ausein-

---

[1]) Vgl. K o l b e , Journ. f. pr. Chemie **16**, 472 (1877).
[2]) „ Ann. Chem. Pharm. **117**, 164 (1861).

andersetzungen von C l a u s i u s , O. E. M e y e r und Anderen zu lesen,
die bis jetzt Ihrer Aufmerksamkeit entgangen zu sein scheinen.

Ihren Freund K o l b e würden Sie vielleicht zu Dank verpflichten,
wenn Sie sich bemühen wollten ihm klar zu machen, daß seine Bemerkung „man kann sich so schön Nichts dabei denken" keine besondere
Beweiskraft besitzt und nicht einmal einen klaren Gedanken ausdrückt.
In solchen Fällen kommt es viel weniger darauf an, daß Jemand, der
überhaupt nicht denken kann, oder der grade Nichts denken will, es
fertig bringt sich Nichts zu denken, als darauf, ob Leute, die gezeigt
haben, daß sie denken können, trotz gutem Willens, sich in der Unmöglichkeit befinden etwas dabei zu denken. Die Bemerkung wäre, wenn
auch nicht gerechtfertigt, so doch verständlich gewesen, wenn etwa auf
das „so schön" Verzicht geleistet, oder statt des „Nichts" ein „Alles"
gesetzt worden wäre.

Der zweite von Ihnen bekrittelte Satz betrifft die schraubenförmige
Anordnung von vier verschiedenen Dingen am asymetrischen Kohlenstoffatom. Sie setzen freilich, und nicht etwa in Folge eines Druckfehlers
sondern aus einem Mißverständniß, wie es Leuten, die sich mit ober-
flächlichem Lesen begnügen zu können glauben, leicht vorkommen kann,
i m asymmetrischen Kohlenstoffatom statt a m asymmetrischen Kohlenstoffatom. Ich lege auf diese geringfügige Verwechselung keinen weiteren
Wert, muß aber, nachdem ich darauf aufmerksam gemacht habe, fragen,
ob es Ihnen wirklich so unverständlich ist, daß durch Anlagerung von
vier untereinander verschiedenen Dingen an die vier Ecken eines
Tetraeders, je nach der Reihenfolge, nach welcher man diese vier Dinge
sich angefügt denkt, zwei verschiedene, und sich nicht deckende Formen entstehen, von welchen die eine mit einer rechtsgedrehten, die
andere mit einer linksgedrehten Schraube verglichen werden kann.

Wenn Sie sagen, Sie hielten die Anwendung derartiger Betrachtungen auf chemische Dinge für eine nutzlose Hypothese und Sie billigten diese Hypothese nicht, so wird man, vorausgesetzt, daß Sie Gründe
für Ihre Ansicht beibringen, jedenfalls zugeben müssen, daß Sie sich auf
wissenschaftlichem Boden bewegen. Sollten Sie aber auch jetzt noch
„beichten", daß Sie mit dem eben entwickelten Grundgedanken der
L e B e l - v a n t ' H o f f 'schen Hypothese keinen rechten Begriff zu verbinden wissen, so würde, nach der vertraulich mitgetheilten Meinung
eines Freundes, dessen Namen ich aus Discretion verschweige, kaum
etwas Anderes übrig bleiben als Ihr Begriffsvermögen zu bedauern.

Ich freue mich übrigens aufrichtig, daß ich mit Ihnen wenigstens in Einem Punkt übereinstimme. Ich kann mir natürlich auch nicht denken, daß die Lehre von der Verkettung der Atome in der nächsten Zeit verlassen werden wird. Ich glaube vielmehr, daß der Fortschritt der Wissenschaft durch diese Theorie der sogenannten Atomverkettung hindurchgehen wird, genau so wie es bei der Typentheorie der Fall war, die ja bekanntlich nicht etwa verlassen wurde, weil man sie als irrig erkannte, die vielmehr nur deßhalb nicht mehr im Vordergrund steht, weil die Wissenschaft inzwischen weiter fortgeschritten ist.

Bonn, Januar 1878.                    Hochachtungsvoll

Aug. Kekulé.

Aug. Kekulé und Hugo Schrötter:

# Umwandlung von Propylbromid in Isopropylbromid.

(Mittheilung aus dem chemischen Institut der Universität Bonn.)

(Eingegangen am 3. December; verlesen in der Sitzung von Hrn. A. Pinner.)

B. 12, 2279 (1879).

In Verfolg seiner schönen Untersuchungen über Bromirung durch mit Brom gesättigtes Aluminiumbromid hat Gustavson[1]) die interessante Beobachtung gemacht, daß Normalpropylbromid und Isopropylbromid, wenn sie bei Anwesenheit von Bromaluminium auf Benzol einwirken, dasselbe Propylbenzol erzeugen. Er hat also nachgewiesen, daß jedenfalls bei der einen oder bei der anderen Synthese eine Umlagerung stattfindet.

Der Gedanke lag nahe, daß das Aluminiumbromid, auch ohne Anwesenheit von Benzol, die Umwandlung der einen Modification des Propylbromids in die andere bewirken könne, und es mußte, weil bei zahlreichen, ähnlichen Reactionen stets diejenigen Derivate die größere Beständigkeit zeigen, welche das Haloid an einem mittelständigen Kohlenstoffatom enthalten, von vornherein wahrscheinlicher erscheinen, daß sich das Propylbromid in Isopropylbromid umwandeln werde, als umgekehrt. Eine derartige, an sich schon interessante Umwandlung würde um so wichtiger erscheinen, weil sie die viel discutirte Frage nach der

---

[1]) Diese Berichte XI, 1251 (1878).

Constitution des Cumols ihrer Lösung wesentlich näher brächte. Zur Ergänzung einiger Versuche, die dermalen im hiesigen Laboratorium über die Constitution einzelner Körper der Cumingruppe ausgeführt werden, haben wir es für geeignet gehalten, die erwähnte Frage auch von dieser Seite anzugreifen, und wir haben geglaubt, die oben ausgesprochene Vermuthung durch den Versuch prüfen zu können, ohne in das Arbeitsgebiet des Herrn G u s t a v s o n oder des Herrn F r i e d e l einzugreifen.

Normalpropylbromid, von K a h l b a u m bezogen und durch Rectification gereinigt, Siedepunkt 71°, wurde mit krystallisirtem Aluminiumbromid, von welchem das überschüssige Brom abgedunstet worden war, einige Zeit am Rückflußkühler erhitzt und dann abdestillirt. Abgesehen von einer kleinen Menge hochsiedender Producte, ging Alles zwischen 59° und 64° über und erwies sich nach der Reinigung als Isopropylbromid vom Siedepunkt 60—63°.

Danach ist es verständlich, daß G u s t a v s o n aus Propylbromid und aus Isopropylbromid dasselbe Cumol erhalten hat, und es ist wohl unzweifelhaft, daß das mittelst Bromaluminium dargestellte Cumol Isopropyl enthält.

Die Beobachtung G u s t a v s o n 's [1]), daß bei Behandeln von Cymol mit Brom und Bromaluminium Isopropylbromid gebildet wird, findet jetzt ebenfalls ihre Erklärung. Das Cymol, in welchem offenbar Normalpropyl enthalten ist, spaltet zunächst Propylbromid ab, dieses geht aber direct, durch Vermittlung des Bromaluminiums in Isopropylbromid über.

Von dem Vorgang derartiger durch Aluminiumbromid veranlaßter Umwandlungen kann man sich, in einer bis zu einem gewissen Grad befriedigenden Weise, schon durch die Annahme Rechenschaft geben, daß das Propylbromid durch Vermittlung des Aluminiumbromids zunächst Bromwasserstoff abspalte, und daß das gebildete Propylen direct Bromwasserstoff in umgekehrter Stellung wieder addire. Vielleicht spielt indeß das Bromaluminium auch dadurch die Rolle eines Vermittlers, daß es selbst, wenn auch nur vorübergehend, mit doppeltgebundenen Kohlenstoffatomen eine additionelle Verbindung eingeht. Wir sind mit Versuchen beschäftigt, welche den Mechanismus dieser Reaction vielleicht aufklären werden und wir werden gleichzeitig prüfen, ob Aluminiumchlorid und Aluminiumjodid in derselben Weise wirken und ob, wie dies

---

[1]) Diese Berichte **10**, 1101 (1877).

wahrscheinlich erscheint, Isobutylbromid und Gährungsamylbromid in
die Bromide des Trimethylcarbinols und des Methylisopropylcarbinols
oder gar des Dimethyläthylcarbinols übergehen.

<hr />

# Aug. Kekulé:

## Synthese der Citronensäure.

### Vorläufige Mittheilung.

(Eingegangen am 15. August.)

B. **13**, 1686—1687 (1880).

Vor Kurzem haben G r i m a u x und A d a m eine interessante Synthese der Citronensäure veröffentlicht (Bull. soc. chim. **22**, 546). Sie
gehen von dem symmetrischen Dichloraceton aus, führen drei Cyan-
gruppen ein und wandeln diese in Carboxylgruppen um, so daß man
sagen kann, die Citronensäure sei als Tricarboxylderivat des Isopropyl-
alkohols dargestellt worden. Schon ehe diese Beobachtungen bekannt
gemacht worden waren, hatte ich, unter Mitwirkung meines Assistenten
Dr. A n s c h ü t z, Versuche begonnen, die, unter Anderem, auch die
Synthese der Citronensäure bezwecken. Der von mir eingeschlagene Weg
war von dem von G r i m a u x und A d a m befolgten so verschieden, daß
mir eine vorläufige Veröffentlichung nicht nöthig schien. Im letzten Heft
dieser Berichte hat nun aber G. A n d r e o n i die Mittheilung [1] gemacht,
daß auch er mit Versuchen zur Synthese der Citronensäure beschäftigt
sei. Er behandelt den Triäthyläther der Aepfelsäure mit Natrium und
läßt auf das Produkt Bromessigsäureäther einwirken. Diese Reaktion
hat mit der von mir angewandten so viel Aehnlichkeit, daß ich es für
nöthig halten muß, über meine Versuche zu berichten, um mir so das
Recht zu wahren auf dem betretenen Wege weiter zu gehen.

Mein Gedankengang war in Kürze folgender: Die an Kohlenstoff gebundenen Wasserstoffatome in organischen Säuren, resp. deren Aethern,
sind, allen Erfahrungen nach, um so leichter durch Natrium vertretbar,
je mehr Carboxyl- oder Carbonylgruppen sich in ihrer Nähe befinden.
Es liegt also eine gewisse Wahrscheinlichkeit dafür vor, daß an Kohlenstoff gebundene Wasserstoffatome von Oxysäuren durch Natrium ersetzbar werden, wenn vorher an die Stelle von Wasserstoff der alkoholischen

<hr />

[1] B. **13**, 1394 (1880).

Hydroxylgruppen ein Säureradical, etwa Acetyl, gebracht wird. Zeigen die Natriumderivate der Aether solcher acetylirter Oxysäuren dann das Verhalten des Natriumacetessigäthers resp. des Natriummalonsäureäthers, so muß sich aus Glycolsäure Aepfelsäure, aus Aepfelsäure Citronensäure darstellen lassen u. s. w.; und man muß durch geeignete Variation der Materialien zahlreiche, den Fruchtsäuren ähnliche organische, Säuren künstlich darstellen können.

Zur experimentellen Prüfung dieser Gedanken haben wir zunächst den Diäthyläther der Acetyläpfelsäure dargestellt, in ätherischer Lösung mit Natrium behandelt und auf das Product Bromessigsäureäther einwirken lassen. Wir haben den neben Bromnatrium gebildeten Aether bis jetzt nicht rein abgeschieden, sondern das Product direct mit alkoholischem Kali verseift, aus den gebildeten, in Alkohol unlöslichen Salzen ein Bleisalz dargestellt und dieses durch Schwefelwasserstoff zerlegt. Auch die so erzeugte Säure ist bis jetzt nicht rein erhalten worden, aber sie zeigt die Kalksalzreactionen der Citronensäure, so daß ich es für wahrscheinlich halten muß, daß Citronensäure gebildet worden ist.

---

Aug. Kekulé und R. Anschütz:

# Über Tanatar's Bioxyfumarsäure.

(Mittheilung aus dem chemischen Institut der Universität Bonn.)

(Vorgetragen in der Sitzung von A. W. H o f m a n n.)

B. 13, 2150 (1880).

Unter dem Namen Bioxyfumarsäure hat T a n a t a r[1]) vor einiger Zeit eine bemerkenswerthe Säure beschrieben, die er durch Oxydation von Fumarsäure mit Kaliumpermanganat erhalten hatte. Die Säure ist gut krystallisirbar und in Wasser etwas weniger löslich als Oxalsäure. Sie bildet ein krystallinisches Kalksalz, welches so wenig löslich in Wasser ist, daß sogar Gypslösung von der freien Säure gefällt wird. Selbst in starker Essigsäure ist dieses Kalksalz wenig löslich. Das Blei- und Silbersalz sind unlöslich. Das in kaltem Wasser wenig lösliche, gut krystallisirende Nickelsalz wird zur Reinigung der Säure empfohlen. Ein saures

---

1) Diese Berichte 1879, XII. 2293 und 1880, XIII, 159.

Kalisalz, krystallisirbar und in kaltem Wasser wenig löslich, zeigt, daß die Bioxyfumarsäure zweibasisch ist. Die freie Säure, das saure Kalisalz, das Kalksalz und das Silbersalz sind analysirt, von dem Nikelsalz heißt es, die Analyse gab „vorzüglich stimmende Resultate". Aus allen diesen Analysen leitet Tanatar die Formel $C_4H_4O_6$ ab und er betrachtet das Oxydationsproduct der Fumarsäure deßhalb als Bioxyfumarsäure.

Die Arbeit scheint experimentell gut durchgeführt; sie macht auch sonst, wenigstens bei flüchtiger Lectüre, einen günstigen Eindruck. Ich zweifle daher nicht daran, daß die meisten Fachgenossen der sicheren Meinung waren, die Wissenschaft sei um eine sehr interessante Säure reicher geworden. Mir hatten sich gleich von Anfang an gewisse Bedenken aufgedrängt. Wenn nämlich neue Veröffentlichungen mit meinen theoretischen Ansichten, oder, wie Kolbe sich ausdrückt, mit meinen „Dogmen" in Widerspruch stehen; so kommen mir Zweifel, die sich bald nach der einen, bald nach der andern Seite wenden. Diesmal blieben, nach längerer Ueberlegung, die Zweifel auf den Angaben Tanatar's haften. Die Möglichkeit der Existenz einer Bioxyfumarsäure schien mir zwar kaum zweifelhaft, aber ich mußte es für sehr wenig wahrscheinlich halten, daß eine solche Säure bei directer Oxydation der Fumarsäure entstehen würde. So entschloß ich mich, in Gemeinschaft mit Dr. Anschütz, die Bioxyfumarsäure genau nach Tanatar's Vorschrift darzustellen, um sie und ihre Salze durch eigene Anschauung kennen zu lernen. Wir bemerken zunächst, daß wir Tanatar's Angaben, soweit sie die Resultate präparativer Operationen betreffen, in jeder Hinsicht bestätigt fanden. Nichtsdestoweniger blieben uns Zweifel in Betreff der Constitution der Bioxyfumarsäure.

Da nun die Formel $C_4H_4O_6$ durch Halbirung zu der Formel der Glyoxylsäure führt, so hatten wir zunächst den Gedanken, die Bioxyfumarsäure könne vielleicht Glyoxylsäure sein, deren Bildung aus Fumarsäure sehr wohl gedacht werden kann. Freilich stimmen schon Tanatar's Angaben über die Bioxyfumarsäure und ihre Salze durchaus nicht mit dem, was wir über die Glyoxylsäure wissen, und die eigene Anschauung ließ auch sofort die Meinung, die Bioxyfumarsäure bei Glyoxylsäure, als grundlos erscheinen. Gerade diese eigene Anschauung führte dann bald zu der Vermuthung, die Bioxyfumarsäure sei vielleicht identisch mit Traubensäure, deren Bildung aus Fumarsäure ebenfalls ohne Schwierigkeit gedacht werden kann.

Das was T a n a t a r über die Eigenschaften der Bioxyfumarsäure und ihrer Salze angiebt, stimmt im Wesentlichen mit dem überein, was über die Traubensäure bekannt ist. Ein schärferes Vergleichen ist deshalb nicht möglich, weil T a n a t a r niemals das Krystallwasser bestimmt, sondern sowohl die Säure, als ihre Salze nur in getrocknetem Zustand der Analyse unterworfen hat. Wir haben daher zunächst einige Wasserbestimmungen für nöthig gehalten. Die freie Säure verlor bei längerem Stehen im Exsiccator 10,88 pCt.; eine andere Menge zeigte beim Erhitzen auf 120—130° einen Gewichtsverlust von 11,34 pCt. Die Traubensäure enthält 1 Mol. Wasser, entsprechend 10,71 pCt. In einer schon etwas verwitterten Probe des bioxyfumarsauren Kalks wurden durch Trocknen bei 150° 27,22 pCt. Wasser gefunden, während der traubenaure Kalk: $C_4H_4O_6Ca + 4H_2O$ 27,7 pCt. Wasser enthält. Dasselbe Kalksalz gab 15,68 pCt. Calcium, während die Formel $C_4H_4O_6 + 4H_2O$ 15,49 pCt. verlangt. Das getrocknete Kalksalz der Bioxyfumarsäure gab 21,46 pCt. Calcium statt 21,28 pCt.

Man sieht, der Krystallwassergehalt der freien Säure und des Kalksalzes sprechen für die Identität von Bioxyfumarsäure und Traubensäure. Aber die Traubensäure enthält anderthalbmal soviel Wasserstoff, ihre neutralen Salze enthalten sogar doppelt soviel Wasserstoff wie die Bioxyfumarsäure und deren Salze. Nun sind T a n a t a r ' s Wasserstoffbestimmungen zwar sämtlich zu hoch für Bioxyfumarsäure, aber doch beträchtlich zu niedrig für Traubensäure, so daß wir, wohl oder übel, uns auch zu einigen Verbrennungen entschließen mußten. Die Analyse der bei 120° getrockneten Säure gab 32,12 pCt. Kohlenstoff und 4,43 pCt. Wasserstoff; eine andere Verbrennung, im K o p f e r schen Ofen, ergab 4,18 pCt. Wasserstoff. Traubensäure verlangt 32,0 pCt. und 4,0 pCt. H; Bioxyfumarsäure 32,43 pCt. C und 2,70 pCt. H. T a n a t a r fand: 32,06 und 32,12 pCt. C und 3,25 resp. 3,12 pCt. H.

Das bei 150° getrocknete Kalksalz gab uns: 2,41 pCt. Wasserstoff; traubensaurer Kalk verlangt 2,13 pCt.; bioxyfumarsaurer Kalk 1,07 pCt. T a n a t a r fand 1,75 pCt.

Das saure Kalisalz, bei 100° getrocknet, gab 2,85 pCt. Wasserstoff Das saure traubensaure Kali enthält 2,16 pCt., das saure bioxyfumarsaure 1,61 pCt. T a n a t a r fand 1,95 pCt.

Sollten diese analytischen Daten, zusammengenommen mit der äußeren Aehnlichkeit der beiden Säuren und ihrer Salze, noch Zweifel an der Identität der Bioxyfumarsäure mit der Traubensäure lassen, so werden jedenfalls die folgenden krystallographischen Bestimmungen, welche Hr. Dr. B o d e w i g auf unseren Wunsch auszuführen so gefällig war, als vollständiger Beweis für diese Identität angesehen werden müssen.

Hr. Dr. B o d e w i g theilt uns Folgendes mit:

„Die gemessenen Krystalle der sog. Bioxyfumarsäure“ zeigen folgende Formen:

$$p' = \infty, \; 'P = 1\bar{1}0; \; b' = \infty P \breve{\infty} = 0\bar{1}0;$$
$$q' = 'P, \; \breve{\infty} = 0\bar{1}1; \; r' = 'P' \breve{\infty} = 101.$$

Winkeltabelle:

| Normal-Winkel | sog. Bioxyfumar-säure (Bodewig) | Traubensäure[1] (de la Trov.) | (Rammelsberg). |
|---|---|---|---|
| $b':p'$ | 69° 17′ | 69° 15 | 69° 14 |
| $b':q'$ | 51 35 | — | 51° 30 |
| $p':q'$ | 72 27 | 72° 32 | — |
| $q':r$ | 51 44 | — | — |
| $r:b$ | 84 19 | 84° 17 | 84° 30 |
| | | (berechnet.) | |

Die Krystalle zeigen, wie die der gewöhnlichen Traubensäure, keine Spaltbarkeit. Im convergenten, polarisirten Lichte bemerkt man durch die Fläche $p'$ eine optische Axe ziemlich normal zu dieser Fläche, was mit den Angaben G r o t h s [2] in Bezug auf gewöhnliche Traubensäure übereinstimmt.

Die untersuchten Krystalle der sog. Bioxyfumarsäure sind mithin mit der gewöhnlichen Traubensäure identisch.“

Somit wird die Bioxyfumarsäure vorläufig aus der Liste der bekannten Körper gestrichen werden müssen. Dafür aber bleibt die gewiß nicht uninteressante Thatsache, daß die aus der aktiven Aepfelsäure entstehende Fumarsäure bei der Oxydation inaktive aber offenbar spaltbare Traubensäure liefert.

---

[1] R a m m e l s b e r g , Krist. Chem. 322 (1855) und Suppl. 156.
[2] Pogg. Ann. 1868, CXXXV, 648.

Aug. Kekulé und R. Anschütz:

# Über Tanatar's Trioxymaleïnsäure.

(Mittheilung aus dem chemischen Institut der Universität Bonn.)

(Vorgetragen in der Sitzung von Hrn. T i e m a n n.)

B. **14**, 713—717 (1882).

In einer früheren Mittheilung[1]) haben wir gezeigt, daß die bei der Oxydation der Fumarsäure mit Kaliumpermanganat entstehende Bioxyfumarsäure T a n a t a r 's nichts anderes als Traubensäure ist. Diese Erfahrung mußte uns selbstverständlich veranlassen, auch das Oxydationsprodukt der mit der Fumarsäure isomeren Maleïnsäure, von welchem T a n a t a r behauptet[2]), es sei Trioxymaleïnsäure, $COOH \cdot C(OH)_2 \cdot CO \cdot COOH$, näher zu untersuchen.

Wenn uns schon die Bildung einer Bioxyfumarsäure bei der Oxydation der Fumarsäure mit Permanganat unwahrscheinlich genug erschienen war, um zu einer Wiederholung des Versuches anzuregen, so mußten wir das Entstehen einer Trioxymaleïnsäure noch für weit zweifelhafter halten, denn eine Säure von der Constitution, wie sie T a n a t a r seiner Trioxymaleïnsäure zuschreibt, mußte nach allen Analogen, wenn überhaupt existenzfähig, ein sehr unbeständiger Körper sein. Die zahlreichen, von T a n a t a r ausgeführten Analysen der Salze und Aether der Trioxymaleïnsäure konnten unsere Zweifel nicht heben, seitdem unsere Untersuchung der Bioxyfumarsäure und ihres Kalk- und Kalisalzes uns gezeigt hatte, daß T a n a t a r 's Analysen keine Beweiskraft besitzen. Das Studium des trioxymaleïnsauren Calciums ergab denn auch sehr bald, daß dasselbe identisch ist mit inactivem, weinsauren Calcium, daß also die Maleïnsäure bei der Oxydation in inactive Weinsäure übergeht.

Eine Vergleichung dessen, was T a n a t a r über die Trioxymaleïnsäure, ihre Kaliumsalze und ihr Calciumsalz mittheilt, mit dem, was in Betreff der inactiven Weinsäure bekannt ist, zeigt direct, daß vielfach Uebereinstimmung stattfindet und nirgends eigentliche Widersprüche vorhanden sind.

Die Trioxymaleïnsäure ist nach T a n a t a r in Wasser, selbst nach

---

[1]) Diese Berichte XIII, 2150 (1881).

[2]) Diese Berichte XIII, 1383 (1881).

dem Trocknen bei 110°, ausnehmend leicht löslich, dagegen schwer löslich in Alkohol und kaum löslich in Aether. Beim Verdunsten ihrer
wässrigen Lösung auf dem Wasserbade bleibt die Trioxymaleïnsäure
als farblose, dickflüssige, sehr saure Flüssigkeit zurück, die unter dem
Exsiccator nach einigen Tagen theilweise erstarrt, aber nicht vollständig fest wird. Sie bildet kein in kaltem Wasser schwer lösliches saures
Kaliumsalz, sondern das saure, sowie das neutrale Kaliumsalz der Trioxymaleïnsäure, sind sehr leicht in Wasser löslich und bleiben beim Abdampfen ihrer Lösung als gummöse Masse zurück. Das Calciumsalz krystallisirt in rhombischen Prismen und enthält bei 100° noch zwei Aequivalente Krystallwasser, die erst bei 170° entweichen; es ist selbst in siedendem Wasser schwer löslich. Die Angaben T a n a t a r ' s über andere
Salze und einige Aether der Trioxymaleïnsäure können vorläufig nicht
in Betracht kommen, da die entsprechenden Abkömmlinge der inactiven
Weinsäure noch nicht dargestellt sind.

Wir haben genau nach den Angaben T a n a t a r ' s das Calciumsalz
der Trioxymaleïnsäure bereitet und aus Maleïnsäure, die aus 20 g
reinem Maleïnsäureanhydrid dargestellt worden war, 8,5 g reines
trioxymaleïnsaures Calcium gewonnen. Dieses Salz ist durch seine geringe Löslichkeit ausgezeichnet, in 1500 ccm Wasser lösen sich in der
Siedehitze etwa 2,5 g. Aus der wässrigen Lösung scheidet sich das
Salz beim Erkalten sehr allmählich, aber fast völlig ab; erst nach einigen
Tagen ist die Krystallisation beendigt. Man erhält es meist in kleinen,
compakten Krystallen, die unter dem Mikroskop dem Quadrat sich
nähernde rhombische Flächen zeigen, oder auch unter nicht genau festgestellten Bedingungen in kleinen, durch Pyramidenflächen abgestumpften, vierseitigen Säulen, die beim Umkrystallisiren wieder jene compakten Krystalle liefern. In Essigsäure ist das Salz unlöslich, von Salzsäure
dagegen wird es aufgenommen und durch Ammoniak aus concentrirter
Lösung flockig gefällt; der flockige Niederschlag wird bald krystallinisch. Am schönsten erhält man den sog. trioxymaleïnsauren Kalk, wenn
man die salzsaure Lösung desselben soweit verdünnt, daß durch Ammoniakzusatz keine Fällung hervorgebracht wird; das Salz scheidet sich
dann in 12—16 Stunden in stark glänzenden, kleinen, würfelähnlichen
Krystallen aus, und zwar fast vollständig. Die Analysen dieser ungemein charakteristischen Verbindung zeigen unzweideutig, daß ein weinsaures Calcium vorliegt. Zunächst führen die Analysen des bei 170° getrockneten Salzes genau zu der Formel des weinsauren Kalks:

| Berechnet für | | Gefunden | |
| --- | --- | --- | --- |
| $C_4H_4O_6Ca$ | | 1 | 2 |
| C | 25.54 | 25,41 | 25,60 |
| H | 2,13 | 2,47 | 2,40 |
| Ca | 21,28 | 21,55 | 21,75. |

Zu den Analysen 1) diente ein Kalksalz, das aus der mit Essigsäure angesäuerten Oxydationsflüssigkeit mit essigsaurem Calcium abgeschieden war, zu den Analysen 2) ein aus Wasser umkrystallisirtes Kalksalz. T a n a t a r fand für das bei 170° getrocknete Calciumsalz der sog. Trioxymaleïnsäure Folgendes:

| Berechnet für | | | | | Tanatar | |
| --- | --- | --- | --- | --- | --- | --- |
| $C_4H_4O_7Ca$ | | | | | | |
| C | 23.76 | — | — | — | 23.90 | 23,69 |
| H | 0,99 | — | — | — | 1,42 | 1,37 |
| Ca | 19,80 | 19,71 | 20.00 | 20,06 | — | — |

Unsre Analysen des wasserfreien Salzes stimmen durchaus nicht für trioxymaleïnsaures, sondern für ein weinsaures Calcium. Die Annahme, daß T a n a t a r ein anderes Salz analysirt habe als wir, dürfte ausgeschlossen sein, da wir genau nach seinen Vorschriften arbeiteten und das von uns gewonnene Kalksalz in seinen Eigenschaften mit dem von T a n a t a r beschriebenen völlig übereinstimmt.

Die Angabe T a n a t a r's, daß das trioxymaleïnsaure Calcium bei 100° 2 Moleküle Krystallwasser zurückhält, die es erst bei 170° verliert, können wir nicht bestätigen. Nach unseren Erfahrungen enthält dasselbe 3 Moleküle, von denen eines im Exsiccator, etwa ein zweites im Wasserbad und das dritte von 100—170° weggeht:

| Berechnet für | für | Gefunden | | |
| --- | --- | --- | --- | --- |
| $C_4 H_4 O_6 Ca + 4$ aq. | $C_4 H_4 O_6 Ca + 3$ aq. | 1 | 2 | 3 |
| aq. 27,69 | 22,31 | 23,79 | 22,63 | 23,71 pCt. |

Auch hier bezieht sich 1) auf durch essigsaures Calcium gefälltes Kalksalz, 2) auf aus siedendem Wasser krystallisirtes Salz, während zu Bestimmung 3) aus verdünnter salzsaurer Lösung durch Ammoniakzusatz allmählich abgeschiedenes Salz verwandt wurde. Eine Kalkanalyse des lufttrocknen Salzes 2) bestätigt die Krystallwasserbestimmungen:

| Berechnet für | für | Gefunden |
|---|---|---|
| $C_4 H_4 O_6$ Ca + 4 aq. | $C_4 H_4 O_6$ Ca + 3 aq. | |
| Ca    15,38 | 16,53 | 16,87 pCt. |

Um zu constatiren, daß das Calciumsalz der i n a c t i v e n Weinsäure
vorlag, wurden 2 g Calciumsalz mit der berechneten Menge Pot-
asche gekocht, filtrirt und die neutrale Lösung zur Trockne eingedampft.
Es hinterblieb das neutrale Kaliumsalz als farblose, gummöse, in Wasser sehr leicht lösliche Masse. Die wässrige Lösung wurde auf 13 ccm
verdünnt und im Polarisationsapparat ihre völlige Inactivität constatirt.

Mit unseren oben angeführten Analysen des trioxymaleïnsauren Calciums stimmen die, von dem einen von uns vor Jahren[1]) publicirten
Analysen der durch Kochen mit Kalk aus gewöhnlicher Bibrombernsteinsäure erhaltenen und aus viel siedendem Wasser (2200 ccm Lösung
lieferten beim Erkalten 1,7748 g Salz) umkrystallisirten, damals als
„künstlicher traubensaurer Kalk" bezeichneten Verbindung. Diese Verbindung krystallisirte aus siedendem Wasser beim Erkalten mit 3 aq
in Krystallen, die als würfelförmig bezeichnet wurden und nichts anderes als inactives weinsaures Calcium waren. Traubensaures Calcium ist
in siedendem Wasser noch viel schwerer löslich als das inactive weinsaure Calcium und krystallisirt immer mit 4 aq. Unter nicht genauer
festgestellten Umständen scheint der inactive weinsaure Kalk gleichfalls mit 4 aq. auftreten zu können, wenigstens fand der eine von uns
früher in dem von ihm als „künstlicher traubensaurer Kalk" bezeichneten Salz, das in Salzsäure gelöst und mit Ammoniak gefällt „kleine
prismatische Krystalle" geliefert hatte, 4 aq. Der ebenso behandelte
trioxymaleïnsaure Kalk lieferte compacte, würfelähnliche Krystalle mit
3 aq. Vielleicht lag in den oben erwähnten, einmal beobachteten, prismatischen, mit Pyramidenflächen abgestumpften Krystallen, die beim
Umkrystallisiren gleichfalls in jener würfelähnlichen Form auftraten,
das inactive weinsaure Calcium mit 4 aq. vor.

Obgleich wir nach dem Mitgetheilten die Identität der sog. Trioxymaleïnsäure mit inactiver Weinsäure für nachgewiesen halten durften,
so schien es uns dennoch nothwendig, das Kalksalz der sog. Trioxymaleïnsäure mit dem Kalksalz der aus Rechtsweinsäure dargestellten

---

[1]) Ann. Chem. (1861) Suppl. 1, 378 (1861).

inactiven Weinsäure zu vergleichen. Nach den Angaben von J u n g -
f i e i s c h [1]) dargestellte inactive Weinsäure lieferte ein sehr leicht in
Wasser lösliches, saures Kaliumsalz, dessen Lösung ohne Einwirkung auf
das polarisirte Licht war.

Das aus dem Kaliumsalz mit essigsaurem Calcium dargestellte Kalksalz stimmte in Löslichkeit und Aussehen vollständig mit dem sog.
trioxymaleïnsauren Kalk überein. Es löste sich sehr schwer selbst in
heißem Wasser, aus dem es sich allmählich in kleinen, compacten, würfelähnlichen Kryställchen absetzt. Gegen Salzsäure und Ammoniak
zeigte es genau das gleiche Verhalten wie sog. trioxymaleïnsaures Calcium. Eine Analyse bewies, daß die charakteristischen würfelähnlichen
Krystalle des inactiven weinsauren Calciums ebenfalls 3 aq. enthielten:

| Berechnet für $C_4 H_4 O_6 Ca + 3\,aq.$ | Gefunden |
|---|---|
| aq.       22,31 | 22,95 pCt. |

Somit darf wohl die Identität des sog. trioxymaleïnsauren Calciums
mit dem inactiven weinsauren Calcium für hinlänglich bewiesen erachtet werden.

Aus unseren Versuchen ergiebt sich also, daß bei der Oxydation der
Fumarsäure die Traubensäure und bei der Oxydation der Maleïnsäure
die inactive Weinsäure gebildet wird. Selbstverständlich werden hiermit alle Schlüsse über die Constitution der Fumarsäure und der Maleïnsäure, welche T a n a t a r aus seinen Oxydationsversuchen herleitet,
hinfällig. Dagegen drängt sich der Gedanke auf, es könne vielleicht
die Ursache der Isomerie der Fumarsäure und der Maleïnsäure derselben Art sein, wie die der Traubensäure und inactiven Weinsäure. Dann
sollten außer der inactiven noch zwei active Modificationen der Maleïnsäure existiren, die durch Spaltung der Fumarsäure müßten erhalten
werden können. Unsre in dieser Richtung unternommenen Versuche sind
freilich bis jetzt resultatlos geblieben, sollen aber fortgesetzt werden.

Ueber die Oxydationsprodukte der Itaconsäure, Citraconsäure und
Mesaconsäure werden wir berichten, sobald unsre Versuche weiter fortgeschritten sind.

Bonn, 26. März 1881.

---

[1]) Bl. [2] **19**, 101 (1873).   (A.)

# Aug. Kekulé und A. Franchimont:
## Ueber das Triphenylmethan.

(Mittheilungen aus dem chemischen Institut der Universität Bonn.)

(Eingegangen am 10. Novbr., verlesen in der Sitzung von Hrn. Wichelhaus.)

B. **5**, 906—908 (1872).

Die Kohlenwasserstoffe der Benzolreihe werden dermalen allgemein und fast ausschließlich als Derivate des Benzols angesehen; also als Benzol in welchem Wasserstoffatome durch einwerthige Alkoholradikale ersetzt sind. Die großen Vortheile dieser Anschauung sind allgemein bekannt und brauchen daher nicht mehr erörtert zu werden. Es dürfte jetzt eher an der Zeit sein vor allzugroßer Einseitigkeit zu warnen und daran zu erinnern, daß alle aromatischen Substanzen auch noch in anderer Weise aufgefaßt werden können, so nämlich, daß man sie auf Substanzen aus der Klasse der Fettkörper bezieht, indem man in diesen eine gewisse Anzahl von Wasserstoffatomen sich durch Reste des Benzols ersetzt denkt. Für die Alkohole, die Aldehyde und die Säuren der aromatischen Gruppe ist diese Auffassung schon seit lange geläufig; auf die aromatischen Kohlenwasserstoffe ist sie bisher nur in vereinzelten Fällen und niemals mit systematischer Durchführung angewandt worden. Eine systematische Anwendung dieses Princips führt, wenn man zunächst von dem einfachsten Kohlenwasserstoff aus der Klasse der Fettkörper, dem Methan ausgeht, zu folgender Reihe:

$$CH_3 \cdot C_6H_5 \qquad \text{Phenylmethan}$$
$$CH_2 \cdot (C_6H_5)_2 \qquad \text{Diphenylmethan}$$
$$CH \cdot (C_6H_5)_3 \qquad \text{Triphenylmethan}$$
$$C \cdot (C_6H_5)_4 \qquad \text{Tetraphenylmethan.}$$

Der erste Kohlenwasserstoff dieser Reihe ist nichts Anderes als das Toluol, welches jetzt gewöhnlich als Methylbenzol aufgefaßt wird. Der zweite Körper der Reihe ist der von Jena[1] schon beobachtete und von Zincke[2] genauer untersuchte Kohlenwasserstoff, welchen der letztere auch als Benzylbenzol bezeichnet hat. Ueber den dritten Kohlenwasserstoff der Reihe, des Triphenylmethan soll jetzt berichtet werden.

---

[1] A. **155**, 86 (1870).   (A.)
[2] B. **4**, 298 (1871).   (A.)

Als Material zur Darstellung dieses Körpers wurde einerseits das
von O t t o [1]) entdeckte Quecksilberdiphenyl verwendet, mit Hülfe dessen schon O t t o , wenngleich vergeblich, die Darstellung des Diphenyl-
äthylens versucht hatte; andrerseits das aus dem Bittermandelöl sich
herleitende Benzylenchlorid: $C_6H_5 \cdot CHCl_2$. Da das Quecksilberdiphenyl
erfahrungsmäßig nur einen seiner beiden Benzolreste eliminirt, um ihn
beispielsweise gegen Chlor auszutauschen und so Quecksilberphenyl-
chlorid zu erzeugen, wurden auf ein Mol. Benzylenchlorid zwei Mol.
Quecksilberdiphenyl in Anwendung gebracht. Die Substanzen wurden
in zugeschmolzenen Röhren auf 150—155° erhitzt und der gebildete
Kohlenwasserstoff dann mit Aether ausgezogen. Die gleichzeitig in geringer Menge gelösten Quecksilberphenylverbindungen wurden durch
Erwärmen mit Salzsäure und mit Natronlauge zerstört und der Kohlenwasserstoff schließlich durch wiederholtes Umkrystallisiren aus heißem
Alkohol oder besser aus heißem Benzol gereinigt.

Das Triphenylmethan ist ein fester, schön krystallisirender Körper.
Er schmilzt bei 92°,5 und scheint bei etwa 355° zu sieden. Es ist unlöslich in Wasser, leicht löslich in Aether, in siedendem Alkohol, heißem
Benzol, etc. Aus der alkoholischen Lösung scheidet es sich sowohl beim
Erkalten als beim Verdunsten in wohlausgebildeten, stark glänzenden
und luftbeständigen Krystallen aus. Eine Lösung in heißem, reinem
Benzol setzt beim Erkalten große wasserhelle Krystalle von völlig verschiedener Form ab, die beim Liegen an der Luft weiß und undurch-
sichtig werden und sich dann leicht zu Pulver zerreiben lassen. Ein solches Verwittern eines aus Benzol krystallisirten Kohlenwasserstoffs ist
bis jetzt wohl nicht beobachtet worden und schien Anfangs schwer zu
deuten. Der Versuch lehrte bald, daß diese Krystalle eine Verbindung
von Triphenylmethan und Benzol sind, und daß sie auf 1 Mol. Triphenylmethan genau 1 Mol. Benzol enthalten. Die Verbindung schmilzt bei
76°, verliert dabei allmälig das Benzol und schmilzt schließlich wie das
aus Alkohol krystallisirte Triphenylmethan bei 92°,5. Werden die Krystalle der Luft ausgesetzt, so lassen sie unter allen Erscheinungen des
Verwitterns Benzol entweichen; die nach einigen Stunden gebildeten
Verwitterungs-Pseudomorphosen lassen sich leicht zu Pulver zerreiben;
sie sind reines Triphenylmethan von dem Schmelzpunkt 92°,5. Aus
Toluol krystallisirt auffallender Weise nur Triphenylmethan aus; eine

---

[1]) A. **154**, 93 (1870).   (A.)

Verbindung beider Kohlenwasserstoffe konnte nicht erhalten werden. Zahlreiche Analysen des Triphenylmethans stimmen genau mit der Formel: $C_{19} H_{16} = CH (C_6 H_5)_3$ überein.

Von gewöhnlicher Schwefelsäure wird das Triphenylmethan selbst beim Erhitzen nur äußerst langsam angegriffen. Rauchende Schwefelsäure erzeugt schon in der Kälte langsam, rascher beim Erhitzen eine Sulfosäure, welcher nach einer Analyse des Barytsalzes die Formel: CH $(C_6 H_4 \cdot SO_3 H)_3$ zukommt. Das in Wasser lösliche, aber durch Alkohol fällbare Barytsalz bildet feine weiße Nadeln. Andere Salze konnten nicht krystallisirt erhalten werden, aber die aus dem Bleisalz durch Schwefelwasserstoff dargestellte Säure erstarrte nach dem Eindampfen bei längerem Stehen zu einer krystallinischen Masse. Die Nitroderivate des Triphenylmethan's scheinen wenig erquickliche Eigenschaften zu besitzen und sind bis jetzt nicht näher untersucht worden. In Betreff anderer Substitutionsprodukte haben wir uns vorläufig mit der Beobachtung begnügt, daß Brom substituirend einwirkt.

---

Aug. Kekulé und A. Franchimont:

# Ueber das Benzophenonchlorid und die Bildung von Anthrachinon bei der Darstellung von Benzophenon.

(Mittheilung aus dem chemischen Institut der Universität Bonn.)

(Eingegangen am 10. Nov.; verl. in der Sitzung von Hrn. Wichelhaus.)

B. 5, 908—910 (1872).

Das in der vorhergehenden Notiz erwähnte Tetraphenylmethan sollte, nach den in Betreff des Triphenylmethans gemachten Erfahrungen, durch Einwirkung von Quecksilberdiphenyl auf das Chlorid des Benzophenos dargestellt werden können. Dies veranlaßte uns, die Reindarstellung des Benzophenonchlorids zu versuchen, obgleich dieser Körper, nach Behr's Angaben[1]), sich bei der Destillation zersetzt und deshalb nicht in reinem Zustand erhalten werden kann. Wir fanden bald, daß das Benzophenonchlorid mit ausnehmender Leichtigkeit in völlig reinem Zustand erhalten werden kann, und daß es fast ohne Zerset-

---

[1]) Diese Berichte 1870, 3, 752.

zung und bei auffallend constantem Siedepunkt überdestillirt, wenn man die Destillation bei stark vermindertem Luftdruck und in einem schwachen Luftstrom vornimmt. Wird Benzophenon mit Phosphorsuperchlorid 1 bis 2 Stunden am Rückflußkühler auf 140° bis 160° erhitzt und das Produkt in einem Apparat der Destillation unterworfen, in welchem mittelst einer Bunsen'schen Wasserluftpumpe ein luftverdünnter Raum erhalten wird, während gleichzeitig eine durch den Tubulus des Siedegefäßes eingeführte und mit einer feinen Spitze in die siedende Flüssigkeit eingeführte Röhre einen schwachen Luftstrom vermittelt, so geht anfangs nur Phosphoroxychlorid über; später destillirt fast reines Benzophenonchlorid und es bleibt nur ein sehr geringer verkohlender Rückstand. Durch einmalige Rectification in demselben Apparat wird das Benzophenonchlorid völlig rein erhalten. Bei einem Druck von 671$^{mm}$ war der Siedepunkt sehr constant 220°.

Das Benzophenonchlorid ist eine wasserhelle, stark lichtbrechende Flüssigkeit; sp. Gew. 1,235 bei 18,5°. Es siedet bei gewöhnlichem Luftdruck unter geringer Zersetzung bei 298°—300°, oder, wenn sich der ganze Quecksilberfaden im Dampf befindet, bei 305°. Es ist fast geruchlos und nimmt erst durch Anziehen von Feuchtigkeit den Geruch von Benzophenon und Salzsäure an. Von Wasser wird es in der Kälte nur sehr langsam, in der Hitze rasch zersetzt; dabei wird Benzophenon regenerirt. Wir haben u. a. die Einwirkung von Natriumaethylat, von essigsaurem Silber und von benzoesaurem Silber auf Benzophenonchlorid versucht, sind aber bis jetzt zu keinen bestimmten Resultaten gekommen. Die Untersuchung der bei Einwirkung von Quecksilberdiphenyl entstehenden Produkte ist noch nicht beendigt.

Bei dieser Gelegenheit wollen wir noch erwähnen, daß wir bei der Darstellung des Benzophenons das Auftreten einer geringen Menge von Anthrachinon beobachtet haben. Dabei müssen wir zunächst bemerken, daß das Benzophenon durch Destillation von benzoesaurem Kalk ohne Zusatz von Aetzkalk dargestellt worden war. Als das durch Destillation schon einigermaßen gereinigte Benzophenon aus Aether umkrystallisirt wurde, zeigten sich auf den voluminösen Benzophenonkrystallen feine, gelbe, in Aether verhältnißmäßig schwer lösliche Nadeln. Die höher siedenden Antheile des Benzophenons lieferten größere Mengen dieser Substanz und auch aus dem bei etwa 340° überdestillirten nicht mehr erstarrenden Antheil setzten sich nach Zusatz von Aether dieselben Nadeln ab. Nach wiederholtem Umkrystallisiren aus heißem Benzol zeigten die Krystalle genau die Zusammensetzung und auch alle Eigenschaften des Anthrachinons. Sie schmolzen bei 275°, sublimirten schon unter dem Schmelzpunkt, gaben beim Erwärmen mit Zinkstaub und Kalilauge die charakteristische violettrothe Lösung, lieferten beim Erhitzen mit Zinkstaub Anthracen, etc.

Diese Bildung des Anthrachinons scheint uns nicht ohne Interesse. Sie kann nicht wohl einer Verunreinigung der Benzoesäure zugeschrieben werden; dazu war die Menge des gebildeten Anthrachinons zu beträchtlich. Man muß vielmehr annehmen, das Anthrachinon entstehe durch eine eigenthümliche Condensation der Benzoesäure. Diese Annahme dürfte sogar einigermaßen wahrscheinlich erscheinen, wenn man bedenkt, daß das Anthrachinon die Zusammensetzung eines zweiten An-hydrids der Benzoesäure besitzt. Man hat nämlich:

$$2\,C_7\,H_6\,O_2 - H_2\,O = C_{14}\,H_{10}\,O_3 \text{ Benzoyl-Anhydrid.}$$
$$C_{14}\,H_{10}\,O_3 - H_2\,O = C_{14}\,H_8\,O_2 \text{ Anthrachinon.}$$

In welcher Weise diese Condensation gedacht werden kann, wollen wir für den Augenblick nicht eingehender erörtern; wir bemerken nur, daß unter den verschiedenen Vorstellungen, die man sich bilden kann, eine ist, welche zu der jetzt gebräuchlichen Anthrachinonformel führt, dabei aber den beiden Sauerstoffatomen ihren Platz an den mittleren Kohlenstoffatomen des Anthracens anweist.

Ein andres Nebenprodukt bei der Darstellung des Benzophenons trat in so geringer Menge auf, daß es bis jetzt nicht näher untersucht werden konnte. Aus den am höchsten siedenden Produkten von der Rectification des rohen Benzophenons schieden sich nämlich bei Zusatz von Aether feine Krystalle aus, die sich schwer in Aether, noch schwerer in Alkohol, dagegen leicht in Benzol lösten und durch Umkrystallisiren in Form glänzender Prismen erhalten wurden. Der Schmelzpunkt wurde bei 145° gefunden. Eine, freilich nur mit sehr wenig Substanz ausgeführte Verbrennung führte zu Zahlen, welche am besten mit der Formel: $C_{14}\,H_{10}$ übereinstimmen.

# Arbeiten über Terpentinoel und Kampher in den Jahren 1873—1874 in Bonn.

## Aug. Kekulé:
## Neue Umwandlung des Terpentinöls in Cymol.

(Mittheilung aus dem chemischen Institut der Universität Bonn.)
(Eingegangen am 5. April.)
B. **6**, 437—439 (1873).

Das Terpentinöl ist schon seit lange mit den aromatischen Kohlen-wasserstoffen in Beziehung gebracht worden. Man stützte diese Ansicht früher wesentlich auf die von C a i l l o t 1847 gemachte Angabe, bei Oxydation von Terpentinöl entstehe neben anderen Produkten auch Terephtalsäure [1]). Da indessen diese Säure weder von S v a n b e r g und E k m a n n [2]) unter den Oxydationsprodukten des Terpentinöls aufgefun-den, noch auch von Hrn. W i l l i a m s , der sich seit längerer Zeit im hiesigen Laboratorium mit dem Studium der Oxydationsprodukte des Terpentinöls beschäftigt, beobachtet wurde, so erscheint C a i l l o t ' s Angabe etwas verdächtig, und der Gedanke liegt nahe, er möge ver-fälschtes Terpentinöl unter den Händen gehabt haben.

In neuerer Zeit haben nun B a r b i e r [3]) und O p p e n h e i m [4]) ge-zeigt, daß das Terpentinöl in Cymol übergeführt werden kann, und der letztere hält es dadurch für bewiesen, daß das Terpentinöl Cymolhydrür ist. Beide Chemiker stellten anfangs aus Terpin ein Bibromid des Ter-pentinöls dar; O p p e n h e i m erhielt dieselbe Verbindung später aus dem Terpentinöl selbst. B a r b i e r zerlegt das Bromid durch Destilla-tion für sich; O p p e n h e i m erhitzt es in zugeschmolzenen Röhren mit Anilin. Es schien mir nun, daß das Jod einfacher und kräftiger Wasser-stoff- entziehend auf Terpentinöl einwirken müsse als das Brom; wäh-rend O p p e n h e i m bei Anwendung von Brom zwei Operationen aus-

---

[1]) A. **64**, 376 (1848).   (A.)
[2]) Journ. f. pr. Ch. LXVI. 219 (1855).
[3]) Diese Berichte V, 215 (1872).
[4]) ibid. 94 u. 628.

zuführen genöthigt ist, hoffte ich bei Benutzung von Jod die Umwandlung in einer Operation hervorbringen zu können. Versuche, die ich in Gemeinschaft mit Hrn. B r u y l a n t s ausgeführt habe, haben diese Vermuthung bestätigt.

Man weiß seit lange, daß Jod auf Terpentinöl sehr energisch einwirkt, und daß größere Mengen von Jod sogar Entflammung veranlassen können. Wir haben daher das Jod stets in kleinen Mengen in das Terpentinöl eingetragen und jedesmal durch Erhitzen die Reaction nahezu zu Ende geführt, ehe wir neues Jod zufügten. Dann wurde längere Zeit am Rückflußkühler erhitzt, wiederholt destillirt und schließlich der flüssigere Theil des Produktes mit Kali gewaschen und rektifizirt. Wir erhielten so nicht unbeträchtliche Mengen eines Kohlenwasserstoffs, der den Siedepunkt und Geruch des Cymols besaß und bei der Oxydation mit Salpetersäure, die bei 176° schmelzende Toluylsäure, bei Oxydation mit Chromsäure Terephtalsäure lieferte. Bei einem Versuch waren in 50 Gr. Terpentinöl 23 Gr. Jod eingetragen und 10 Gr. Cymol erhalten worden. Außer dem Cymol werden noch beträchtliche Mengen eines hochsiedenden Kohlenwasserstoffs gebildet, der Colophen zu sein scheint.

Wir machen uns von der Einwirkung des Jods auf Terpentinöl vorläufig folgendes Bild. Zunächst addirt sich 1 Mol. Jod zu einem Mol. Terpentinöl, aber das gebildete Bijodid zersetzt sich sofort in Jodwasserstoff und jodirtes Terpentinöl, dessen nähere Untersuchung C l e r m o n t und S c h ü t z e n b e r g e r [1] versprochen haben. Bei längerem Erhitzen tritt nochmals Jodwasserstoff aus, und es wird Cymol erzeugt. Der freiwerdende Jodwasserstoff scheint sich dabei vorübergehend mit Terpentinöl zu vereinigen und eine Verbindung zu erzeugen, durch deren Zersetzung dann der hochsiedende Kohlenwasserstoff (Colophen?) gebildet wird.

Nach den mit Jod gemachten Erfahrungen haben wir auch einen Versuch mit Brom angestellt, aber die Ueberzeugung gewonnen, daß das Brom die gewünschte Umwandlung in Cymol jedenfalls bei weitem nicht mit der Leichtigkeit hervorbringt wie das Jod. Dampfförmiges Brom wurde mittelst eines Luftstromes in erhitztes Terpentinöl eingeführt; bei der Destillation wurde eine Bromwasserstoffverbindung des Terpentinöls erhalten, neben hochsiedenden Kohlenwasserstoffen; Cymol wurde

---

[1] Bulletin de la société chimique. 1870. II. 3.

nicht oder wenigstens nur in so kleiner Menge gebildet, daß es nicht einmal mit völliger Sicherheit nachgewiesen werden konnte.

Die von B a r b i e r , von O p p e n h e i m und von uns festgestellte Umwandlung des Terpentinöls in Cymol wirft ein eigenthümliches Licht auf die Constitution des Terpentinöls. Es darf jetzt wohl als nach-gewiesen angesehen werden, daß in dem Terpentinöl sechs Kohlen-stoffatome in ähnlicher Weise gebunden sind wie in dem Benzol. An zwei dieser ringförmig gebundenen Kohlenstoffatome ist dann an das eine Methyl, an das andere Propyl (oder Isopropyl) angelagert; beide offenbar in derselben relativen Stellung wie in dem gewöhnlichen Cy-mol. Da das Terpentinöl zwei Wasserstoffatome mehr enthält wie das Cymol, so muß weiter angenommen werden, eine doppelte Kohlenstoff-bindung komme bei ihm nur zweimal vor, während sie in dem aus sechs Kohlenstoffatomen bestehenden Kern der eigentlich aromatischen Sub-stanzen dreimal vorhanden ist. Fraglich bleibt also nur die relative Stellung dieser beiden doppelten Bindungen. Wollte man das Terpen-tinöl für ein Hydrocymol im wahren Sinne des Wortes halten, so müß-ten die doppelten Bindungen in folgender Stellung angenommen werden:

Dann wäre eine durch einfache Reactionen erfolgende Umwandlung in Cymol schwerer zu deuten; denn wenn ein Haloid eine der doppelten Bin-dungen sprengt und das entstandene Additionsprodukt dann zwei Mole-küle Wasserstoffsäure verliert, so würden entweder zwei Kohlenstoff-atome in dreifache Bindung treten, oder es kämen zwei doppelte Bin-dungen auf dasselbe Kohlenstoffatom. Es erscheint daher wahrschein-licher, daß der Kohlenstoffkern des Terpentinöls die folgende Struktur besitzt:

Wenn sich jetzt beispielsweise Jod addirt und dann zwei Mol. Jod-wasserstoff austreten, so kommen drei doppelte Bindungen genau in die relative Stellung, wie dies bei dem Benzol und allen aromatischen Kohlenstoffen angenommen wird.

- - - - - - -

Aug. Kekulé:

## Ueber einige Körper der Camphergruppe.
## Constitution des Camphers.

(Mittheilung aus dem chemischen Institut der Universität Bonn.)

(Eingegangen am 14. Juli; verl. in der Sitzung von Hrn. O p p e n h e i m.)

B. **6**, 929—934 (1873).

Die Constitution des Camphers ist schon häufig Gegenstand der Betrachtung gewesen. Dabei hat man bis vor wenigen Jahren sich damit begnügt die Frage zu erörtern, ob der Campher die Function eines Alkohols, eines Aldehyds, eines Ketons oder eines Phenols besitze, und die meisten Chemiker haben wohl schließlich der Meinung zugeneigt, der Campher stehe in seinem Verhalten den Ketonen mit am nächsten. In den letzten Jahren sind wiederholt auch Structurformeln für den Campher mitgetheilt worden, aber wenn man alle in Betreff der Körper der Camphergruppe dermalen bekannten Thatsachen überblickt, so wird man wohl auch jetzt der von H l a s i w e t z vor einiger Zeit ausgesprochenen Meinung sein müssen[1]), daß noch keine der über die fraglichen Verbindungen vorgetragenen Ansichten zu einer befriedigenden Erklärung ausreiche.

V. M e y e r[2]) betrachtete den Campher als:

--------------

[1]) Diese Berichte IV, 384, Anmerk. (1871).
[2]) Diese Berichte III, 121 (1870).

Er nahm also noch nicht die geschlossene Kohlenstoffkette des Benzols an und hob besonders hervor, daß die Bildung des Cymols sich aus dieser Formel sehr leicht erkläre.

Hlasiwetz[1]) legte grade der Cymolbildung weniger Werth bei; er ließ sich vielmehr' leiten „von der schönen Synthese eines Terpen's, die uns Bauer kennen gelehrt hat", und er gelangte so zu folgender Campherformel:

$$H_2C\text{---}\text{---}CH_2$$
$$C$$
$$H_2C \qquad CH_2$$
$$H_2C \qquad CH_2$$
$$C$$
$$H_2C\text{---}O\text{---}CH_2$$

Kachler[2]) seinerseits glaubt, daß alle Verhältnisse des Camphers und seiner Abkömmlinge sich durch folgende ketonähnliche Formel erklären lassen:

$$CH_2$$
$$H_2C \qquad C.C_3H_7$$
$$\qquad\qquad CO$$
$$H_2C \qquad CH$$
$$C$$
$$H_2$$

Wreden[3]) endlich hält es durch seine Studien über den aus Camphersäure entstehenden Kohlenwasserstoff $C_8H_{14}$ für endgültig entschieden, daß die Camphersäure Tetrahydroisoxylolbicarbonsäure sei; er kann also in dem Campher, über dessen Constitution er sich nicht ausspricht, wohl kaum Propyl oder Isopropyl annehmen, scheint sich vielmehr vier Gruppen von nur je einem Kohlenstoffatom mit einem aufgelösten Benzolkern in Bindung zu denken.

Man wird wohl zugeben müssen, daß alle diese Betrachtungen gleich

---

[1]) Diese Berichte III, 539 (1870).
[2]) Ann. Chem. Pharm. **164**, 92 (1872).
[3]) Diese Berichte V, 1106 (1872).

von Anfang einzelnen Thatsachen allzuviel Werth beilegten, während sie andre vernachlässigten. Jede derselben genügt deshalb mehr oder weniger grade für die Thatsachen, die ihr als Grundlage dienen, aber sie läßt für die größere Anzahl der übrigen völlig im Stich. Die Schwierigkeit der Interpretation der Körper der Camphergruppe ist inzwischen durch die in neuester Zeit bekannt gewordenen Resultate eher vermehrt als vermindert worden und der einzige Weg, um endlich zu einer Aufklärung dieser Substanzen zu gelangen, scheint jetzt folgender zu sein. Man muß aus der Gesammtsumme des jetzt Bekannten sich eine Vorstellung zunächst über die Constitution des Camphers selbst und dann über die seiner Abkömmlinge herleiten, und man muß dann diese Vorstellung, ihre Consequenzen und ihre Varianten durch neue Versuche prüfen.

Durch diese Betrachtung bin ich veranlaßt worden, unter Mitwirkung verschiedener Fachgenossen, den Campher selbst und einige seiner Abkömmlinge von Neuem in Arbeit zu nehmen. Ich beabsichtige die Resultate dieser Versuche bruchstückweise und in dem Maaße, in dem sie gewonnen werden, zu veröffentlichen, aber ich halte es für geboten, zunächst denjenigen Theil meiner Vorstellungen über die Körper der Camphergruppe mitzutheilen, der sich auf den Campher selbst und seine nächsten Abkömmlinge bezieht. Ich bemerke dabei ausdrücklich, daß diese Betrachtungen bereits auf alle Umwandlungs- und Zersetzungsprodukte des Camphers ausgedehnt worden sind; aber ich ziehe es vor, und man wird dies wohl gerechtfertigt finden, vorläufig grade nur denjenigen Theil meiner Vorstellungen mitzutheilen, der zu den zunächst zu besprechenden Versuchsresultaten in directester Beziehung steht.

Bei Aufstellung einer Ansicht über die Constitution des Camphers muß offenbar zunächst die eigenthümlich indifferente Natur dieses Körpers berücksichtigt werden; dann seine Umwandlung in das als Alkohol fungirende Borneol; weiter die bei Einwirkung von Alkalien erfolgende Bildung der einbasischen Campholsäure; und endlich die durch wahre Oxydationsmittel stattfindende Umwandlung in die zweibasische Camphersäure. Es ist außerdem, und zwar ebenfalls in erster Linie, darauf Werth zu legen, daß der Campher mit Leichtigkeit in Cymol übergeführt werden kann, also in einen Kohlenwasserstoff, der den Kohlenstoffkern des Benzols und an ihn angelagert Methyl und Propyl (oder Isopropyl) enthält.

Diese Betrachtungsgrundlagen führen zu folgender Campherformel:

$$C_3H_7$$
$$\dot{C}H$$
$$H_2\dot{C} \quad \dot{C}H_2$$
$$H\dot{C} \quad \dot{C}O$$
$$\dot{C}$$
$$\dot{C}H_3$$

Diese Formel faßt den Campher zunächst als ein Keton auf, insofern sie in ihm die nach beiden Seiten mit Kohlenstoff gebundene Gruppe C O annimmt; sie bringt ihn weiter mit den aromatischen Substanzen und speciell mit dem Cymol in Beziehung, indem sie sechs ringförmig gebundene Kohlenstoffatome annimmt, die jedoch in weniger dichter Bindung gedacht werden als in den wahren aromatischen Substanzen. In Betreff dieser Formel muß jedoch, um Mißverständnissen vorzubeugen, besonders hervorgehoben werden, daß in ihr zwar die relative Stellung des Methyl und des Propyl (oder Isopropyl) als bestimmt angenommen wird, daß dagegen für den Sauerstoff und die doppelte Bindung die relative Stellung sowohl zu einander als auch in Bezug auf diese beiden Seitenketten vorläufig unentschieden bleibt. Hier sind Varianten zulässig, die sich nur mit Berücksichtigung anderer als der oben aufgeführten Campherderivate discutiren lassen, und zwischen welchen wahrscheinlich erst durch neue Versuche eine bestimmte Wahl getroffen werden kann.

Wenn man von dieser Campherformel ausgeht, so erhalten das Borneol, die Campholsäure und die Camphersäure die folgenden Formeln:

| Borneol. | Campholsäure. | Camphersäure. |
|---|---|---|

Das Borneol entsteht in ähnlicher Weise, wenn gleich unter etwas anderen Bedingungen, wie die secundären Alkohole aus den Ketonen. Bei Bildung der Campholsäure und der Camphersäure findet eine Trennung zweier vorher gebundenen Kohlenstoffatome statt, und zwar nach ähnlichen Gesetzen, wie diejenigen, welche für die Spaltung der Ketone ermittelt worden sind. Der schon mit Sauerstoff gebundene Kohlenstoff wird in Carboxyl übergeführt und löst sich deshalb von einem anderen Kohlenstoffatom los, während dieses, zahlreichen Analogien entsprechend, bei Einwirkung von Alkalien Wasserstoff aufnimmt, bei der Spaltung durch wahre Oxydationsmittel dagegen ebenfalls zu Carboxyl wird. Der Uebergang des Camphers in Cymol ist eine Umwandlung complicirterer Art; er setzt Zwischenprodukte voraus, die je nach der Natur des einwirkenden Reagens verschieden sind, und soll deshalb für den Augenblick nicht eingehender erörtert werden. Bei der Cymolbildung durch Schwefelphosphor, deren Mechanismus ich demnächst besprechen werde, ist das von F l e s c h vor Kurzem beschriebene Thiocymol als solches Zwischenprodukt anzusehen, und die Bildung dieses Körpers zeigt deutlich, daß der Campher zu dem Cymol in nächster Beziehung steht. Sie läßt die neue Campherformel offenbar wahrscheinlicher erscheinen als die von V. M e y e r vorgeschlagene, welche sonst von allen bis jetzt vorgeschlagenen Formeln den oben zusammengestellten Grundbedingungen noch am besten genügt.

Als nächste und jedenfalls auch als gewichtige Stütze der vorgeschlagenen Campherformel würde es wohl angesehen werden können, wenn es gelänge den Campher direct in einen sauerstoffhaltigen, dem Thiocymol in Zusammensetzung und Eigenschaften ähnlichen Körper umzuwandeln. Ein solches Oxycymol könnte identisch oder nur isomer sein mit dem von P o t t und gleichzeitig von H. M ü l l e r aus Cymolsulfosäure dargestellten Cymophenol; vielleicht auch mit dem als Carvacrol bezeichneten, noch nicht näher untersuchten Umwandlungsprodukt des Carvols. Da das Carvacrol mit dem Carvol isomer ist, so liegt der Gedanke nahe, das Letztere sei dem Campher ähnlich constituirt, besäße nur eine dichtere Bindung mehr:

$$
\begin{array}{cc}
\begin{array}{c}
C_3H_7 \\
| \\
C \\
HC\quad CH_2 \\
HC\quad CO \\
C \\
| \\
CH_3 \\
\text{Carvol.}
\end{array}
&
\begin{array}{c}
C_3H_7 \\
| \\
C \\
HC\quad CH \\
HC\quad C.OH \\
C \\
| \\
CH_3 \\
\text{Carvacrol. (Oxycymol.)}
\end{array}
\end{array}
$$

Gewisse Eigenschaften des Carvols lassen es indessen wahrscheinlicher erscheinen, daß ihm eine dem Aethylenoxyd ähnliche Constitution zukommt:

$$C_3H_7$$

HC   CH
HC   CH   $\rangle$O

$$CH_3^{1)}$$
Carvol.

Somit ist auch das Kümmelöl gleich von Anfang in den Kreis der
Untersuchung zu ziehen; dann, neben den Umwandlungs- und Zerset-
zungsprodukten des Camphers, zahlreiche, namentlich in ätherischen
Oelen vorkommende Körper mit 10 Kohlenstoffatomen im Molekül.

---

A. Fleischer und A. Kekulé:

## Oxycymol aus Campher.

(Eingegangen am 14. Juli.)

B. **6**, 934—936 (1873).

Um thatsächliche Belege für die im Vorhergehenden skizzirte Theorie
des Camphers und seiner Derivate zu gewinnen, haben wir es für geeignet gehalten zunächst die Einwirkung des Jods auf den Campher zu
untersuchen. Wir dachten uns, das Jod werde zunächst dem erweiter-
ten Benzolring Wasserstoff entziehen und so ein zweites Kohlenstoffpaar in dichtere Bindung bringen; dann könnte, unter Mitwirkung der
Jodwasserstoffsäure der doppelt gebundene Sauerstoff sich aufrichten
und gleichzeitig ein drittes Kohlenstoffpaar in dichtere Bindung treten,
damit wäre der Campher in Oxycymol umgewandelt:

---

[1]) Dort steht irrtümlich „$C_2$" statt „C". (A.)

$$C_3H_7$$
$$CH$$
$$H_2{}^{1)}C \quad CH_2$$
$$HC \quad C == O$$
$$C$$
$$CH_3$$

Campher.

$$C_3H_7$$
$$C$$
$$HC \quad CH$$
$$HC \quad C.OH$$
$$C$$
$$CH_3{}^{2)}$$

Oxycymol.

Als Zwischenprodukt hätte vielleicht ein Körper von der empirischen Zusammensetzung des Carvols entstehen können, aber es schien von vornherein zweifelhaft, daß ein solches Zwischenprodukt sich werde feststellen lassen.

Bei Durchsicht der einschlagenden Literatur fanden wir, daß die Einwirkung des Jods auf Campher schon 1842 von Claus [3]) (in Kasan) studirt worden ist. Er erhielt neben Camphin, Colophen und Camphoretin eine kleine Menge eines gelben in Alkali löslichen Oeles von dem Kreosot ähnlichen Geruch, welches er deshalb als Camphokreosot bezeichnete. Er so wenig wie Schweizer [4]), der bald nachher den Versuch wiederholte, konnte das Camphokreosot in einer zur Analyse hinreichenden Menge gewinnen.

Wir haben es für nöthig gehalten zunächst den Versuch von Claus genau nach seinen Vorschriften zu wiederholen. Obgleich wir wiederholt sehr beträchtliche Mengen von Campher in der vorgeschriebenen Weise behandelten, erhielten wir doch nur minimale Mengen eines Körpers von den beschriebenen Eigenschaften. Durch Modification des Verfahrens gelang es uns endlich die Ausbeute sehr beträchtlich zu erhöhen. Die besten Resultate wurden erzielt, als wir in folgender Weise verfuhren. Campher wurde mit etwa $^1/_5$ seines Gewichtes Jod längere Zeit am Rückflußkühler erhitzt; dann wurde abdestillirt, bis ein in die Dämpfe eingesenktes Thermometer etwa 170° zeigte; jetzt wurde der Destillationsrückstand mit starker Natronlauge behandelt, die alkalische, von einer harzartigen Materie getrennte Flüssigkeit wiederholt mit Aether ausgeschüttelt und nachher das in dem Alkali gelöste Phe-

---

[1]) Dort steht irrtümlich „$C_2$“ statt „$H_2$“.
[2]) Dort steht irrtümlich „$H_2$“ statt „$H_3$“.
[3]) Journ. f. pr. Chemie XXV. 264 (1842).
[4]) Journ. f. pr. Chemie XXVI. 118 (1842).

nol durch Uebersättigen mit Salzsäure abgeschieden. Durch Destillation wurde ein farbloses etwas dickflüssiges Oel erhalten, welches selbst
bei —25° nicht erstarrte, sondern nur dickflüssiger wurde und bei
231°—232° überdestillirte. Der Körper besitzt einen phenolartigen Geruch, ist in Alkalien löslich und wird durch Säuren aus diesen Lösungen
wieder abgeschieden; beim Erhitzen stößt er höchst stechend riechende
Dämpfe aus. Die Analyse führte zu der Formel $C_{10}H_{14}O$.

Obgleich kaum daran gezweifelt werden konnte, daß die Substanz
ein dem Cymol entsprechendes Phenol sei, so haben wir es doch für
nöthig gehalten, dies vollständig festzustellen. Wir haben daher eine gewisse Menge in der bekannten Weise mit fünffach-Schwefelphosphor behandelt und das Destillat durch Schütteln mit Natronlauge in einen Kohlenwasserstoff und ein geschwefeltes Phenol geschieden. Der Kohlenwasserstoff erwies sich als Cymol; er destillirte bei 174°—175° und gab
bei der Oxydation mit Salpetersäure eine Säure von dem Ansehen und
dem Schmelzpunkt der gewöhnlichen Toluylsäure, aus welcher durch
weitere Oxydation mittelst chromsauren Kalis und Schwefelsäure
Terephtalsäure erhalten werden konnte. Der in Natron lösliche Theil
des Produktes wurde mittelst Salzsäure abgeschieden und durch Destillation gereinigt. Er konnte leicht als identisch mit dem aus Campher bei
Einwirkung von Schwefelphosphor direct entstehenden und von
Flesch[1]) vor Kurzem beschriebenen Thiophenol erkannt werden. Er
kochte bei 234°—235°, und gab mit Quecksilberoxyd, mit Quecksilberchlorid und mit Silbernitrat, wie wir uns durch vergleichende Studien
überzeugen konnten, genau dieselben charakteristischen Metallverbindungen. Dem von Flesch in Betreff dieser Verbindungen Angegebenen
wollen wir ergänzend beifügen, daß das mit überschüssigem Silbernitrat
entstehende Doppelsalz sich als weißer gelatinöser Niederschlag ausscheidet, das sich bald in glänzende Blättchen umwandelt.

Die Bildung dieses Thiocymols zeigt, daß das aus Campher durch
Jod entstehende Oxycymol die Hydroxylgruppe an demselben Ort enthält, welchen in dem aus Campher durch Schwefelphosphor dargestellten Thiocymol der Schwefelwasserstoffrest einnimmt. Andrerseits schien
es schon den äußeren Eigenschaften nach wahrscheinlich, daß unser
Oxycymol mit dem von Pott[2]) und von H. Müller[3]) aus Cymolsulfo-

---

1) Diese Berichte 6, 478 (1873).
2) Diese Berichte 2, 121 (1869).
3) ibid. 2, 130 (1869).

säure dargestellten Cymolphenol identisch sei, und die von Roder-
burg[1]) vor Kurzem mitgetheilten Versuche haben diese Vermuthung
bestätigt. Daß auch das aus Kümmelöl darstellbare Carvacrol nichts
Anderes ist als dasselbe Oxycymol, werden wir in einer folgenden Mittheilung ausführlicher erörtern.

Wir wollen schließlich noch erwähnen, daß wir als Nebenprodukt der
Einwirkung von Jod auf Campher u. a. auch ein Additionsprodukt des
Camphers mit Jodwasserstoffsäure beobachtet haben. Wird nämlich das
Rohprodukt der Einwirkung von Jod auf Campher, wie oben angegeben,
der Destillation unterworfen, so destillirt eine reichliche Menge eines
Kohlenwasserstoffs ab (Camphin von Claus), den wir bis jetzt nicht
näher untersucht haben, gleichzeitig entweicht viel Jodwasserstoff.
Ueber Nacht erstarrte dieses Destillat zu einem Krystallbrei. Die Kry-
stalle rauchen stark an der Luft und sind ausnehmend zerfließlich. Die
Analyse der durch Abpressen möglichst gereinigten Substanz zeigte,
daß sie ein Additionsprodukt von 1 Mol. Campher mit 1 Mol. Jodwasserstoff ist.

Aug. Kekulé und A. Fleischer:

# Untersuchungen über einige Körper der Camphergruppe. — Carvol und Carvacrol.

(Mittheilung aus dem chemischen Institut der Universität Bonn.)

(Eingegangen am 7. August.)

B. **6**, 1087—1092 (1873).

Aus dem sauerstoffhaltigen Bestandtheil des Kümmelöls (*carum
carvi*) hat Schweizer[2]) schon 1841 durch verschiedene Agentien
eine Substanz dargestellt, die er als Carvacrol bezeichnete und durch
die Formel: $C_{40}H_{56}O_3$ (alt) ausdrückte. Nachdem dann Claus das in
unserer vorigen Mittheilung erwähnte Camphokreosot beschrieben hatte,
ohne jedoch seine Zusammensetzung festzustellen, sprach Schwei-

---

[1]) Diese Berichte **6**, 669 (1873).
[2]) Journ. f. pr. Chem. XXIV, 257 (1841).

z e r[1]) in einem an E r d m a n n gerichteten Briefe, freilich nur der Aehnlichkeit des Geruches wegen und ohne eine Analyse auszuführen, die
Ueberzeugung aus, das Carvacrol und das Camphokreosot seien derselbe
Körper. Der sauerstoffhaltige Bestandtheil des Kümmelöls, aus welchem
das Carvacrol gebildet wird, war damals noch nicht isolirt worden.
V ö l c k e l[2]) stellte denselben zuerst durch fraktionirte Destillation dar,
nannte ihn Carvol und legte ihm die Formel $C_{30}H_{21}O_3$ (alt) bei; dem daraus
entstehenden Carvacrol gab er die Formel $C_{30}H_{20}O_2$. Inzwischen hatte
V a r r e n t r a p p[3]) das Carvol durch Zersetzung seiner krystallisirten
Verbindung mit Schwefelwasserstoff in reinem Zustand gewonnen und
seine Zusammensetzung: $C_{10}H_{14}O$ (neu) festgestellt. Nachdem dann G e r -
h a r d t[4]) die Vermuthung ausgesprochen hatte, das Carvacrol sei wohl
nur isomer mit Carvol, wurde von allen späteren Autoren, ohne daß
weiter über diese Substanzen gearbeitet worden wäre, dem Carvol und
dem Carvacrol die empirische Formel: $C_{10}H_{14}O$ beigelegt und das Camphokreosot für identisch mit Carvacrol erklärt. In neuerer Zeit ist, abgesehen von einer vorläufigen Notiz von A r n d t[5]), so weit wir wissen,
über diese Körper nichts veröffentlicht worden.

In einer früheren Mittheilung[6]) haben wir gezeigt, daß das Camphokreosot in der That ein dem Cymol entsprechendes Phenol und daß es
identisch mit dem aus Cymolsulfosäure entstehenden Oxycymol ist. Inzwischen haben wir auch das Carvol und namentlich das Carvacrol einer
eingehenden Untersuchung unterworfen.

Das Carvol kann allerdings durch fraktionirte Destillation des
Kümmelöls fast völlig rein erhalten werden; es siedet bei 224°.5 bis 225°;
man erhält es jedoch leichter in reinem Zustand, wenn man, nach
V a r r e n t r a p p 's Vorschrift, die krystallinische Schwefelwasserstoff-
verbindung darstellt und diese durch alkoholische Kalilösung zerlegt.
Wenn man dabei der Vorsicht gebraucht, die alkoholische Kalilösung nur
bei gewöhnlicher Temperatur und nur kurze Zeit einwirken zu lassen,
bevor man mit Wasser fällt, so destillirt nahezu die Gesammtmenge des
abgeschiedenen Carvols zwischen 224° und 225° über.

[1]) Journ. f. pr. Chem. XXVI, 118 (1842).
[2]) Ann. Chem. Pharm. LXXXV, 246 (1853).
[3]) Handwörterbuch. 2. Aufl. II, 2. 813 (1854).
[4]) *Traité III*, 615 (1854).
[5]) Diese Berichte I, 203 (1868).
[6]) Diese Berichte VI, 934 (1873).

Zur Umwandlung des Carvols in Carvacrol haben wir uns der krystallisirten Orthophosphorsäure bedient, welche jetzt aus der Fabrik von S c h e r i n g bezogen werden kann. Da wir von dem Gedanken ausgingen, die Phosphorsäure müsse eine fermentartige Wirkung ausüben, indem sie unter intramolekularer Umlagerung einen leicht zersetzbaren und sofort wieder zerfallenden Aether erzeuge, so haben wir stets nur kleine· Mengen von Phosphorsäure in Anwendung gebracht. Als wir 50 Gr. Carvol mit 10 Gr. Phosphorsäure erwärmten, trat bald ein knisterndes und dann prasselndes Geräusch ein, die Masse gerieth in stürmisches Sieden und ein beträchtlicher Theil wurde durch den Rückflußkühler herausgeschleudert. Wir verminderten daher zunächst die Menge des Phosphorsäure. Bei Anwendung von 5 Gr. auf 50 war, obgleich die Flamme bei Beginn der Reaction entfernt wurde, die Einwirkung so lebhaft, daß der Kolben unter heftiger Explosion zersprang; ein Beweis, daß bei dieser Reaction die im Endresultat als molekulare Umlagerung erscheint, eine ungemein große Menge von Wärme in Freiheit gesetzt wird. Bei späteren Operationen haben wir dann das Carvol mit Carven verdünnt, oder geradezu Kümmelöl in Anwendung gebracht. Das gebildete Carvacrol wurde stets durch Auflösen in Kali, Fällen mit Säure und Destillation gereinigt.

Das Carvacrol siedet bei 232—232°.5 (bei 236.5—237°, wenn der ganze Quecksilberfaden im Dampf). Es ist in allen Eigenschaften mit dem früher beschriebenen Oxycymol (und Camphokreosot) identisch. Mit Dreifach- und mit Fünffach-Schwefelphosphor erzeugt es Cymol und Thiocymol. Bei Anwendung von Dreifach-Schwefelphosphor wird fast nur Cymol, bei Einwirkung von Fünffach-Schwefelphosphor etwas mehr Thiocymol erhalten. Auch das Carvol wird von Schwefelphosphor leicht angegriffen; die Reaction ist sogar ungemein lebhaft. Dreifach-Schwefelphosphor liefert fast nur Cymol; Fünffach-Schwefelphosphor erzeugt auffallender Weise fast nur Thiocymol. Das Cymol aus Carvol und aus Carvacrol giebt bei der Oxydation gewöhnliche Toluylsäure (Schmelzp. 175—176°) und bei weiterer Oxydation Terephtalsäure. Das Thiocymol aus beiden Substanzen wurde sorgfältig mit dem aus Campher dargestellten verglichen; es giebt dieselben charakteristischen Metallverbindungen: das in Nadeln krystallisirende und in kaltem Alkohol schwer lösliche Quecksilbersalz schmolz in allen Fällen bei 108.5—109°. An der Identität des Carvacrols mit dem früher beschriebenen Oxycymol kann also nicht gezweifelt werden.

Das Oxycymol (Carvacrol) ist nun isomer mit dem Thymol. Da beide sich von demselben Cymol herleiten [1]), so repräsentiren sie die zwei nach der Theorie möglichen Modificationen des Oxycymols. In welchem der beiden Körper sich der Wasserrest in der Nähe des Propyls, in welchem er sich in der Nähe des Methyls befindet, kann vorläufig nicht entschieden werden.

Da das Thymol nach E n g e l h a r d t' s und L a t s c h i n o f f' s Versuchen beim Erhitzen mit Phosphorsäureanhydrid Propylen abspaltet und γ-Kresol erzeugt, so haben wir das Carvacrol zunächst mit Phosphorsäureanhydrid erhitzt. Auch hier tritt, wenn auch erst bei höherer Temperatur, Zersetzung ein; es entweicht reines Propylen, aus dem ein Bromid erhalten wurde, welches vollständig bei 142° überdestillirte; der Rückstand liefert nach Behandlung mit schmelzendem Kali ein bis jetzt nicht näher untersuchtes Kresol.

Das Thymol giebt bei Behandlung mit Natrium und Kohlensäure die bei 120° schmelzende Thymotinsäure; aus dem Carvacrol wird durch dieselbe Reaction eine isomere Oxycymolcarbonsäure erhalten: $C_6 H_2 \cdot CH_3 \cdot C_3 H_7 \cdot O H \cdot C O_2 H$, welche nach dem für synthetisch dargestellte Oxysäuren gebräuchlichen Nomenklaturprincip als Carvacrotinsäure bezeichnet werden könnte. Sie ist in kaltem Wasser wenig löslich, krystallisirt aus heißer Lösung in langen glatten Nadeln, sublimirt unverändert und schmilzt bei 133—134°. Mit Eisenchlorid giebt sie, wie die Salicylsäure und alle nach K o l b e' s Reaction dargestellten Oxysäuren, eine blaue Farbreaction.

Durch oxydirende Agentien haben wir bis jetzt, außer Oxalsäure, weder aus Carvol noch aus Carvacrol wohlcharakterisirte Produkte erhalten können. Wird das Carvacrol (Oxycymol) anhaltend mit Kalihydrat geschmolzen, so entstehen zwei Säuren, die stark an die beiden Säuren erinnern, welche F l e s c h [2]) durch Schmelzen der bei Oxydation des Thiocymols entstehenden Sulfotoluylsäure mit Kali erhielt; die Bildung einer Oxytoluylsäure und einer Oxyterephtalsäure könnte in der That durch normale Reactionen erfolgen.

Von Phosphorsuperchlorid wird das Oxycymol (Carvavrol) in derselben Weise angegriffen wie die einfacheren Phenole; aus einem Mol. wird Chlorcymol erzeugt, während drei weitere Moleküle mit dem gebil-

---

[1]) Vgl. F i t t i c a. diese Berichte VI. 938 (1873).
[2]) Diese Berichte VI, 481 (1873).

deten Phosphoroxychlorid einen bei hoher Temperatur unter theilweiser Zersetzung flüchtigen, festen und krystallisirbaren Phosphorsäureäther erzeugen. Bei Ausführung dieser Reaction haben wir selbstverständlich auf 4 Mol. Oxycymol nur 1 Mol. Phosphorsuperchlorid verwendet und auch die Anwendung von Phosphoroxychlorid als Verdünnungsmittel vermieden und wohl deßhalb glattere Resultate erzielt als diejenigen, zu welchen Carstanjen[1]) bei entsprechender Behandlung des isomeren Thymols gelangt war. Das Chlorcymol siedet bei 214°; es liefert bei der Oxydation eine bei 184—186° schmelzende Monochlortoluylsäure. Ein weiteres Studium dieser und der entsprechenden bromhaltigen Säure und ein Vergleichen mit den in anderer Weise dargestellten substituirten Toluylsäuren verspricht, ebenso wie ein näheres Studium der verschiedenen Kresole, über die Stellung der Hydroxyle in dem Thymol und dem isomeren Carvacrol Aufschluß zu geben.

Die Sulfosäure des Oxycymols (Carvacrols) ist fest und krystallisirbar; auch ihre Salze können, und zum Theil schön krystallisirt erhalten werden. Wird diese Sulfosäure mit Braunstein (oder Kaliumchromat) und verdünnter Schwefelsäure erhitzt, so destilliren mit den Wasserdämpfen reichliche Mengen von Thymoil über. Das so entstehende Thymochinon ist identisch mit dem aus Thymol dargestellten, es schmilzt bei 46°, liefert ein bei 139—140° schmelzendes Hydrochinon u. s. w. Diese Identität der aus den beiden isomeren Oxycymolen: Thymol und Carvacrol entstehenden Chinone könnte auf den ersten Blick auffallend erscheinen; sie erklärt sich indessen leicht und war sogar im Voraus erwartet worden. Die beiden von demselben Cymol sich herleitenden Oxycymole können durch folgende Formeln ausgedrückt werden:

Die aus ihnen entstehenden Sulfosäuren sind, aller Wahrscheinlichkeit nach, wenigstens in der Hauptmenge so zusammengesetzt:

---

[1]) Journ. f. pr. Chemie CXI, 64 (1871).

$$\begin{array}{ccc}
& CH_3 & \\
& | & \\
& C & \\
& \diagup \diagdown & \\
HC & & C.OH \\
| & & | \\
HC & & C.SO_3H \\
& \diagdown \diagup & \\
& C & \\
& | & \\
& C_3H_7 &
\end{array}
\qquad
\begin{array}{ccc}
& CH_3 & \\
& | & \\
& C & \\
& \diagup \diagdown & \\
HC & & C.SO_3H \\
| & & | \\
HC & & C.OH \\
& \diagdown \diagup & \\
& C & \\
& | & \\
& C_3H_7 &
\end{array}$$

Wenn jetzt durch Oxydation an die Stelle des Schwefelsäurerestes Sauerstoff gebracht wird, so muß aus beiden dasselbe Chinon entstehen [1]).

Die Bildung desselben Cymochinons aus den beiden isomeren Oxycymolen gestattet nun weiter nicht uninteressante Schlüsse auf die Constitution des Cymochinons und wohl aller Chinone. Wenn man nämlich zunächst von der jetzt gebräuchlichen Benzolformel und dann weiter von der Ansicht ausgeht, die Terephtalsäure und die gewöhnliche Toluylsäure seien 1, 4, so ergiebt sich, daß im Cymochinon und dem Hydrocymochinon die beiden Sauerstoffatome sich sicher nicht in der 1, 3-Stellung befinden, denn so könnte nie eine Identität der Cymochinone von verschiedener Herkunft erreicht werden. Will man also allen Chinonen eine ähnliche Constitution zuschreiben, so folgt, daß auch für das gewöhnliche Chinon und Hydrochinon die 1, 3-Stellung, welche dermalen von vielen Chemikern, die über die Ortsfrage geschrieben haben, für die wahrscheinlichste gehalten wird, ausgeschlossen ist. Es bliebe also für die Chinone noch die Wahl zwischen den Stellungen 1, 2 und 1, 4. Soll endlich, gewisser Bildungsweisen wegen, so wie es jetzt von den meisten Chemikern geschieht, dem Resorcin die Stellung 1, 4 zugeschrieben werden, was jedoch mit Sicherheit nicht nachgewiesen ist, so müßte für das Hydrochinon die Stellung 1, 2 angenommen werden.

Ueber weitere Versuche, die wir mit dem Carvol und auch mit dem Carven angestellt haben, werden wir später berichten. Sollte das Carvol, nach der in einer früheren Mittheilung schon ausgesprochenen Ver-

---

[1]) Es mag bei dieser Gelegenheit darauf aufmerksam gemacht werden, daß die Bildung geringer Mengen von Chinon bei der Oxydation des Phenols nicht grade besonders auffallend ist; man darf annehmen, daß durch die Schwefelsäure zunächst Phenolsulfosäure erzeugt wird, die dann zur Bildung des Chinons Veranlassung giebt. Dadurch erscheint es jedoch wahrscheinlich, daß wenigstens kleine Mengen der in die Hydrochinonreihe gehörigen Sulfonsäure gebildet werden. In ähnlicher Weise läßt sich wohl auch das Auftreten von Chinon bei Oxydation von manchen Benzolderivaten erklären, welche nicht in die Chinonreihe gehören.

muthung, dem Aethylenoxyd ähnlich constituirt sein, so stünde es gewissermaaßen in der Mitte zwischen dem Carvacrol und dem Thymol; es wäre Hoffnung vorhanden, es auch in Thymol umzuwandeln und die beiden isomeren Oxycymole in einander überzuführen.

Aug. Kekulé:

# Ueber das Orthokresol und einige andere Körper der Orthoreihe.

(Mittheilung aus dem chemischen Institut der Universität Bonn.)

(Eingegangen am 15. Juli.)

B. **7**, 1006—1007 (1874).

In einer Mittheilung, die ich vor einiger Zeit in Gemeinschaft mit Prof. Fleischer veröffentlicht habe, wurde angegeben, daß das mit dem Thymol isomere Carvacrol bei Einwirkung von Phosphorsäureanhydrid ebenfalls Propylen abspaltet und einen phenolartigen Körper erzeugt, den wir damals schon für Kresol hielten. Obgleich mit Sicherheit erwartet werden konnte, das Carvacrol werde, da in ihm die Seitenketten sich in Parastellung befinden, und da das isomere Thymol Metakresol erzeugt, diejenige Art von Kresol liefern, die nach der jetzt gebräuchlichen Nomenklatur als Orthokresol bezeichnet wird, so habe ich es doch für nöthig gehalten, diesen Gegenstand weiter zu verfolgen.

Schon bei dem ersten Versuch erhielt ich ein festes Kresol, während das Orthokresol als flüssig beschrieben wird; die nach Kolbe's Methode dargestellte Kresotinsäure schmolz bei etwa 161°, während Engelhardt und Latschinoff den Schmelzpunkt der aus Orthokresol entstehenden Kresotinsäure zu 114° angeben. Die Benzoylverbindung meines Kresols war flüssig, und bei anhaltendem Schmelzen mit Kalihydrat wurde Salicylsäure erhalten. So war ich veranlaßt, das Orthokresol aus Orthotoluidin darzustellen. Ich bereitete dieses in völlig reinem Zustande nach der von Schad angegebenen Methode aus einem Rohmaterial, welches ich der Freigebigkeit des Hrn. Weiler in Cöln verdanke. Meine Versuche ergaben, daß die seitherigen Angaben über die physikalischen Eigenschaften des Orthokresols und seiner Abkömmlinge in wesentlichen Punkten unrichtig sind. Das Orthokresol selbst, welches seither nicht fest erhalten worden ist, erstarrt leicht und schmilzt

erst bei 31—31°.5; sein Siedepunkt liegt bei 185—186°, während E n g e l -
h a r d t und L a t s c h i n o f f 188—190° angeben. Zu seiner Reinigung
habe ich mich mit großem Vortheil des C a r m i c h a e l' schen Saugappa-
rates bedient. Die Benzoylverbindung bleibt selbst bei starker Abkühlung flüssig. Die Orthokresotinsäure schmilzt nicht bei 114°, sondern bei
163—164°.

Da ich zur Anstellung der eben erwähnten Versuche doch einmal
reines Orthotoluidin dargestellt hatte, so habe ich es für geeignet gehalten, das Orthojodtoluol von Neuem darzustellen und der Oxydation
zu unterwerfen. Man erinnert sich, daß K ö r n e r aus einem flüssigen
Toluidin, welches er durch Reduction des aus festem Bromtoluol entstehenden Nitroderivats erhalten hatte, und welches er für identisch mit
R o s e n s t i e h l' s Pseudotoluidin (Orthotoluidin) hielt, ein Jodtoluol
darstellte, welches bei Oxydation mit chromsaurem Kali eine bei 172°.5
schmelzende Jodbenzoësäure lieferte, die durch Schmelzen mit Kali in
die zur Metareihe gehörige Oxybenzoësäure umgewandelt werden konnte.
W r o b l e v s k y zeigte später, daß beim Nitriren des Bromtoluols zwei
isomere Nitroderivate entstehen; er erhielt durch Reduction zwei isomere Bromtoluidine, führte aber seine Versuche nicht bis zur Darstellung
der isomeren Toluidine selbst durch. Dabei erklärte er es für wahrscheinlich, daß K ö r n e r mit einem Gemenge von zwei isomeren Körpern gearbeitet habe. Andererseits geben B e i l s t e i n und K u h l b e r g an, aus
flüssigem Toluidin (Orthotoluidin) entstehe ein bei 204° siedendes Jodtoluol, welches bei Oxydation mit chromsaurem Kali keine Säure liefere,
sondern größtentheils verbrannt werde.

Meine Versuche ergaben Folgendes. Aus Orthotoluidin kann mit großer Leichtigkeit ein Jodtoluol erhalten werden, welches bei 205—205°.5
siedet (211°, wenn der ganze Quecksilberfaden im Dampf). Bei Oxydation
mit Salpetersäure (die ich statt des chromsauren Kalis anwandte, weil
sie in derartigen Fällen meistens nettere Resultate liefert) entsteht, die
bei 156—157° schmelzende Orthojodbenzoësäure, die beim Schmelzen mit
Kali Salicylsäure erzeugt. Aus demselben Jodtoluol kann zwar nicht,
oder wenigstens nicht vortheilhaft, durch die von mir angegebene synthetische Methode, aber doch nach der Methode von W u r t z eine Toluylsäure erhalten werden, die bei 102°.5 schmilzt, also Orthotoluylsäure ist.

Alle Uebergänge verlaufen völlig glatt, und die Zusammengehörigkeit aller erwähnten Körper unterliegt offenbar keinem Zweifel.

# Arbeiten zur experimentellen Lösung des Benzolproblems in den Jahren 1869—1884.

## A. Kekulé:

## Ueber die Constitution des Benzols.

(Mittheilung VI. aus dem chemischen Institut der Universität Bonn.)

B. 2, 362—365 (1869) [1]).

Die Constitution des Benzols ist in der letzten Zeit mehrfach Gegenstand der Besprechung gewesen. D e w a r , C l a u s , S t ä d e l e r , C a - r i u s , K o l b e , L a d e n b u r g , W i c h e l h a u s u. A. haben ihre Ansichten über diesen Gegenstand mitgetheilt. Ich hatte meinerseits nicht die Absicht, mich an der Diskussion zu betheiligen, und wenn ich es jetzt doch thue, so geschieht dies, weil ich von verschiedenen Seiten darauf aufmerksam gemacht werde, daß meinem Schweigen andere Gründe untergelegt werden könnten, als diejenigen, die es hatte.

Die Ansichten, die ich 1865 über die aromatischen Substanzen veröffentlichte, enthielten, wenn sie auch damals nicht so detaillirt und bestimmt gefaßt waren, wesentlich folgende Sätze:

$1^0$. In allen aromatischen Substanzen kann eine gemeinschaftliche Gruppe, ein K e r n , angenommen werden, der aus 6 Kohlenstoffatomen besteht.

$2^0$. Diese 6 Kohlenstoffatome sind so gebunden, daß noch 6 Verwandtschaftseinheiten ungesättigt bleiben.

$3^0$. Durch Bindung dieser 6 noch verwendbaren Verwandtschaften mit anderen Elementen, die wieder weitere Elemente in die Verbindung einführen können, entstehen alle aromatischen Substanzen.

$4^0$. Die Verschiedenheit gewisser Klassen isomerer Benzolderivate

---

[1]) Sitzgsber. d. Niederrhein. Ges. f. Natur- u. Heilkunde. Sitzg. v. 10. 7. 1869, p. 132—134.

erklärt sich durch die relativ verschiedene Stellung der die verwendbaren Affinitäten des Kohlenstoffkerns bindenden Atome.

5°. Die Art der Bindung der 6 Kohlenstoffatome in dem sechswerthigen
Kern, also die Struktur dieses Kerns, kann man sich so vorstellen, daß
man annimmt, die 6 Kohlenstoffatome seien abwechselnd durch je eine
und durch je zwei Verwandtschaften zu einer ringförmig geschlossenen
Kette vereinigt.

Die vier ersteren Sätze sind schon seit lange von fast allen Chemikern
angenommen; sie schlossen sich zur Zeit ihrer Aufstellung den damals
bekannten Thatsachen direct an und fanden in allen seitdem gemachten
Beobachtungen weitere Stützen. Der fünfte Satz ist hypothetischerer
Natur als die andern; er scheint einer directen Prüfung durch das Experiment kaum fähig; während längerer Zeit stillschweigend angenommen, ist er seit einigen Monaten Gegenstand der Diskussion geworden.
Ich habe wohl kaum nöthig zu versichern, daß ich selbst die Hypothese
niemals für bewiesen gehalten habe, und daß ich mir namentlich seit
lange darüber klar bin, daß in einer aus sechs Kohlenstoffatomen bestehenden sechswerthigen Gruppe die Atome auch in andrer Weise gebunden angenommen werden können.

Daß der Kern sechs und nicht weniger als sechs Kohlenstoffatome
enthalte, ist wohl jetzt (seit die Benzensäure aus der Wissenschaft verschwunden ist) nicht mehr zu bezweifeln. Die große Beständigkeit des
aromatischen Kerns spricht dann weiter für möglichste Gleichgewichtslage der Atome, also für möglichst enggeschlossene und möglichst symmetrische Bindung. Wenn man, an diesen Principien festhaltend, von
den in fast unbegrenzter Anzahl möglichen Hypothesen über die Art der
Bindung der Atome in der Gruppe $C_6A_6$ zunächst nur diejenigen berücksichtigt, in welchen alle sechs Atome einen geschlossenen Ring bilden,
und wenn man dabei weiter von Vereinigung durch je drei Verwandtschaften absieht, so bleiben immer noch einige vierzig Hypothesen übrig.
Drei derselben müssen durch ihre Symmetrie zunächst auffallen:

No. 1.                    No. 2.                    No. 3.

Durch veränderte Stellung derselben Bindungsarten, oder durch Combination mehrerer dieser drei Bindungsprincipien entstehen dann die übrigen Hypothesen, von welchen die zwei folgenden:

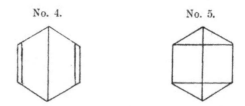

No. 4.            No. 5.

die nächst symmetrischsten sind. Der Hypothes 1 hatte ich den Vorzug gegeben; C l a u s hatte No. 3 und 5 discutirt, entschied sich aber für No. 3; No. 5 wurde dann von L a d e n b u r g nochmals vorgeschlagen; W i c h e l h a u s dagegen empfahl No. 4, wie es S t a e d e l e r vor ihm gethan hatte. Die von C a r i u s für das Benzol mitgetheilte Formel nähert sich dem Schema No. 5; während die Formel von K o l b e zu No. 3 wird, wenn man ihr eine Vorstellung über die Art der Bindung der Kohlenstoffatome unterschiebt, die sie sicher nicht enthalten soll.

Ich bekenne nun zunächst, daß auch mir längere Zeit No. 3 besonders eingeleuchtet hat, und daß ich später, wenn auch von anderem Gesichtspunkt aus als L a d e n b u r g , in No. 5 viel Schönes fand. Dabei muß ich aber gleich weiter erklären, daß mir vorläufig die Hypothese 1 immer noch die wahrscheinlichste scheint. Sie erklärt ebenso einfach wie eine der anderen und, wie mir scheint, eleganter und symmetrischer die Bildung des Benzols aus Acetylen und die Synthese des Mesitylens aus Aceton; sie zeigt mindestens ebenso schön, wenn nicht schöner wie andre, die Beziehungen zwischen Benzol, Naphtalin und Anthracen; und sie scheint mir namentlich die Bildung der aus dem Benzol entstehenden Additionsproducte in befriedigenderer Weise zu deuten, als eine der anderen. Da nämlich das Aethylen in derselben Weise wie das Benzol sich zu Chlor oder Brom addirt, und da in dem Aethylen doch wohl doppelt gebundene Kohlenstoffatome angenommen werden müssen, so wird man bis auf Weiteres den Vorgang solcher Additionen sich wohl so vorstellen, daß man annimmt, doppelt gebundene Kohlenstoffatome lösen sich theilweise von einander los und an die so verwendbar werdenden Kohlenstoffverwandtschaften trete das sich addirende Haloid. Alle andern Benzolformeln müssen zu der Annahme führen, daß einfach ge-

bundene Kohlenstoffatome sich durch derartige Reactionen zu lösen im
Stande seien, wofür bis jetzt kein Beispiel bekannt ist. Bei der Formel 4
müßte sogar die Annahme gemacht werden, daß doppelt gebundene und
einfach gebundene Kohlenstoffatome sich in gleicher Weise und mit derselben Leichtigkeit zu lösen vermögen, was gewiß nicht wahrscheinlich ist.

Die Gründe aber, die gegen die Hypothese 1 vorgebracht worden
sind, scheinen mir vorläufig nicht allzu gewichtig. Zunächst will es mir
scheinen, als sei die Existenz einer zweiten Modification des Pentachlorbenzols noch nicht völlig festgestellt. Dann glaube ich, daß L a d e n -
b u r g auf die mögliche oder wahrscheinliche Verschiedenheit der Modificationen 1, 2 und 1, 6 zu viel Werth legt; es würde indessen zu weit
führen, auf diesen Gegenstand hier näher einzugehen. Endlich bin ich
der Ansicht, daß man auf die schönen Untersuchungen von C a r i u s Betrachtungen baut, die dermalen noch nicht auf sie begründet werden
können. Die merkwürdigen Resultate, zu welchen C a r i u s gelangt ist,
lassen mancherlei Deutung zu, und wenn ich nicht fürchten müßte, allzu
ausführlich zu werden, so würde ich leicht zeigen können, daß die
Phenakonsäure durch eine Formel gedeutet werden kann, die meiner
Benzolformel sehr nahe steht, und aus welcher sich das ganze Verhalten
der Phenakonsäure und auch ihre Umwandlung in Bernsteinsäure erklären läßt.

Ich breche hier ab; aber ich kann die Gelegenheit nicht vorübergehen
lassen, ohne eine Art von Glaubensbekenntniss abzulegen, um die Haltung
zu bezeichnen, die ich seit längerer Zeit in der Entwicklung der chemischen Theorie und speciell der Atomigkeitstheorie eingenommen habe.
Für so wichtig und fruchtbringend ich die Aufstellung neuer Hypothesen
halte, so wenig fördernd scheinen mir lange Diskussionen theoretischer
Ansichten. Einmal aufgestellte Hypothesen entwickeln sich durch die
Fortschritte der Wissenschaft von selbst; neu entdeckte Thatsachen dienen ihnen als Stützen, oder nöthigen zu Modificationen. In experimentellen Wissenschaften entscheidet in letzter Instanz der Versuch; und der
Versuch wird auch nachweisen müssen, welche der verschiedenen Benzolformeln die richtige ist.

## A. Kekulé:

# Condensationsproducte des Aldehyds; — Crotonaldehyd.

### (Mittheilung VII. aus dem chemischen Institut der Universität Bonn.)

### B. 2, 365—368 (1869) [1]).

Die Versuche, deren erste Resultate im Nachfolgenden mitgetheilt werden sollen, sind unternommen worden, um durch das Experiment die Art der Bindung der Kohlenstoffatome im Benzol festzustellen. Ob es gelingen wird auf dem betretenen Weg die Frage zu lösen, kann mit Sicherheit noch nicht angegeben werden; die unbestreitbare Wichtigkeit des Problems läßt es zweckmäßig erscheinen, zunächst den Gedankengang anzudeuten, der bei den Versuchen leitend gewesen ist.

Die Structur des Benzols ist definitiv festgestellt, wenn es gelingt das Benzol synthetisch so darzustellen, daß die Art der Synthese über die Art der Bindung der Kohlenstoffatome keinen Zweifel läßt. Wenn also z. B. drei Molecüle Aldehyd sich unter Verlust von nur einem Molecül Wasser condensiren können, und wenn die so erzeugte Verbindung: $C_6H_{10}O_2$, deren Bildung Baeyer beobachtet zu haben glaubt, dann schließlich Benzol zu erzeugen im Stande ist, so ist jedenfalls die von mir bevorzugte Hypothese (No. 1 der vorigen Mittheilung) unzulässig und die Hypothese 3 wird am wahrscheinlichsten. Wenn nämlich 3 Mol. Aldehyd sich zu dem Körper $C_6H_{10}O_2$ condensiren, so kann dies nur so geschehen, daß der Sauerstoff des einen Aldehydmolecüls mit 2 Wasserstoffatomen, die zwei verschiedenen Aldehydmolecülen angehört haben, als Wasser austritt. Dadurch bindet sich dann derjenige Kohlenstoff, welcher den Sauerstoff verloren hat, durch je eine Verwandtschaft mit den zwei Kohlenstoffatomen, von welchen sich der Wasserstoff loslöste; denn die Bindung der Kohlenstoffatome muß stets durch diejenigen Verwandtschaftseinheiten erfolgen, welche durch die austretenden Elemente disponibel werden.

Wenn man also in den Formeln die austretenden Atome in Klammern einschaltet, so hätte man:

$$H_2(H)C - COH \qquad H_2C - COH$$
$$H (O) \quad C - CH_3 \quad \text{giebt} \quad H \overset{|}{C} - CH_3$$
$$H_2(H)^2)C - COH \qquad H_2C - COH .$$

---

[1]) Sitzgsber. d. Niederrhein. Ges. f. Natur- u. Heilkunde. Sitzg. v. 10. 7. 1869, p. 134—139. (A.)     [2]) Irrtümlich steht dort „(O)". (A.)

Erfolgt die Condensation des Aldehyds in andrer Weise und wird doch schließlich Benzol gebildet, so muß, vorausgesetzt, daß sich die Reactionen schrittweise verfolgen lassen, die Structur des Benzols aus der Art der Bildung erschlossen werden können.

Ich habe mich also zunächst bemüht, durch Einwirkung von Salzsäure auf Aldehyd die Verbindung $C_6H_{10}O_2$ darzustellen. Bei wiederholten Versuchen wurde stets eine gewisse Menge eines Körpers erhalten, der den Geruch und annähernd den Siedepunkt des sogenannten Acraldehyds besaß; gleichzeitig wurde ein krystallisirbares Product beobachtet, welches auf 4 Kohlenstoffatome nur 1 Atom Chlor enthielt. Danach konnte angenommen werden, daß sich zunächst nur 2 Aldehydmolecüle condensiren, und es erschien daher zweckmäßig, den sogenannten Acraldehyd und den von L i e b e n durch Einwirkung „schwacher Affinitäten" auf Aldehyd erhaltenen Aldehydäther: $C_4H_6O$ näher zu untersuchen. Da bei Einwirkung größerer Mengen von Chlorzink auf Aldehyd wohl der Geruch des Acraldehyds auftrat, aber die Masse fast vollständig verharzte, wurde die Menge des Chlorzinks vermindert, und es ergab sich, daß bei längerem Erhitzen von Aldehyd mit wenig Chlorzink und etwas Wasser auf 100° reichliche Mengen eines Productes entstehen, welches alle Eigenschaften besitzt, die B a u e r dem Acraldehyd zuschreibt. Eine Wiederholung der von L i e b e n beschriebenen Versuche führte im Wesentlichen zu einer Bestätigung von L i e b e n 's Angaben; nur zeigten die durch Destillation gereinigten flüchtigeren Theile des Productes durchaus nicht die Unbeständigkeit und Verharzbarkeit, von der L i e b e n spricht. Beide Operationen liefern übrigens genau dasselbe Product und derselbe Körper entsteht auch bei gemäßigter Einwirkung von Salzsäure auf Aldehyd. In reinem Zustand ist die Verbindung eine farblose, höchst stechend riechende Flüssigkeit, die bei 103° bis 105° siedet. Sie besitzt die von L i e b e n angegebene Zusammensetzung, aber sie ist kein Aether des Aldehyds, sondern vielmehr der Aldehyd der Crotonsäure. Schon durch freiwillige Oxydation an der Luft geht sie in feste, bei 73° schmelzende Crotonsäure über; Silberoxyd erzeugt crotonsaures Silber, aus welchem ebenfalls bei 73° schmelzende Crotonsäure abgeschieden werden kann.

Die Bildung des Crotonaldehyds erklärt sich leicht durch folgendes Schema:

$$\begin{array}{c} H(O)C - CH_3 \\ H(H_2)C - COH \end{array} \quad \text{giebt} \quad \begin{array}{c} HC - CH_3 \\ \| \\ HC - COH \end{array} = H_3C - CH = CH - COH \,.$$

Sie läßt über die Structur der festen Crotonsäure keinen Zweifel, während die vor Kurzem von S t a c e w i c z ausgeführte Synthese die Constitution der flüssigen Crotonsäure feststellt:

$$H_3C - CH = CH - CO_2H \qquad\qquad H_2C = CH - CH_2 - CO_2H\,^1)$$
feste Crotonsäure  flüssige Crotonsäure

Daß auch B e r t a g n i n i ' s Synthese des Zimmtaldehyds nach demselben Schema erfolgt, bedarf kaum der Erwähnung; bei der Synthese der Zimmtsäure aus Bittermandelöl und Acetylchlorid wird offenbar zunächst Zimmtsäurechlorid gebildet, welches sich dann durch das bei der Condensation austretende Wasser in Säure umwandelt.

Auch die Constitution des Mesitäthers kann jetzt mit ziemlicher Sicherheit angegeben werden; man hat:

$$\left. \begin{array}{l} CH_3 - C(O) - CH_3 \\[4pt] C(H_2)H - CO - CH_3 \end{array} \right. = \begin{array}{l} CH_3 \\ \\ CH_3 \end{array} \!\! > C = CH - CO - CH_3 \,.$$

Wird Crotonaldehyd mit Phosphorsuperchlorid behandelt, so entsteht ein flüssiges, ätherartig riechendes Bichlorid: $C_4H_6Cl_2$. Es siedet bei 125° bis 127°, und besitzt das spec. Gew. 1,131. Alkoholische Kalilösung eliminirt einen Theil des Chlors und erzeugt eine Flüssigkeit, die leichter ist als Wasser und den Geruch der gechlorten Kohlenwasserstoffe besitzt. Die Untersuchung dieses Körpers ist noch nicht beendigt; er hat offenbar die Zusammensetzung $C_4H_5Cl$. Bei seiner Bildung tritt jedenfalls nochmals Kohlenstoffbindung ein und ich gebe mich der Hoffnung hin, aus diesem Chlorid durch nochmaligen Austritt von Chlorwasserstoff das vielgesuchte Diacetylen zu gewinnen:

$$\begin{array}{cc} H\,C = CH & HC = CH \\ |\quad\ \ | & |\quad\ | \\ H_2C - CHCl & HC = CH \end{array}$$
neues Chlorid  Diacetylen

Wenn Crotonaldehyd mit Salzsäuregas gesättigt wird, so scheiden sich bald weiße Krystalle aus, die durch directe Addition der Salzsäure entstehen. Bei ihrer Bildung lösen sich die doppelt gebundenen Kohlenstoffe und es entsteht durch Eintritt von Chlor und Wasserstoff Chlorbuttersäurealdehyd: $C_4H_7ClO$; eine in weißen Nadeln krystallisirende Verbindung, unlöslich in Wasser, schwer löslich in Alkohol. Sie schmilzt bei 96° bis 97° und ist mit Wasserdämpfen kaum flüchtig. Bei geeigneter Oxydation wird der Aldehyd voraussichtlich $\beta$-Chlorbuttersäure liefern;

---

$^1)$ Irrtümlich steht dort „$CO_2O$". (A.)

Versuche mit Chromsäure gaben neben einer chlorhaltigen Säure viel
Essigsäure; es scheint also, als sei das Molecül, veranlaßt durch das
Chlor, so wie die Acetone durch den Sauerstoff, an einer Stelle, ich
möchte sagen „brüchig".

Derselbe Chlorbuttersäurealdehyd wird auch, wie oben schon angedeutet, bei Einwirkung von Salzsäure auf Aldehyd gebildet. Dabei entsteht indeß, oder entstand wenigstens bei manchen Operationen, eine
andre chlorhaltige Verbindung, die mit Wasserdämpfen leicht flüchtig
ist und große wohlausgebildete Krystalle darstellt. Von der Constitution
dieser Verbindung kann ich mir vorläufig keine Rechenschaft geben;
die Analysen zeigen, daß sie nach folgender Gleichung gebildet wird:

$$5\,C_2H_4O + 2\,HCl - 2\,H_2O = C_{10}H_{18}O_3Cl_2.$$

Ich bin im Begriff, mit andern Substanzen ähnliche Condensationen
zu versuchen; und ich werde, sobald es die Jahreszeit erlaubt, die Arbeit
mit Aldehyd wieder aufnehmen. Wenn nämlich der Crotonaldehyd sich
mit gewöhnlichem Aldehyd in derselben Weise condensirt, wie es zwei
Aldehydmolecüle thun, so muß dies nach folgendem Schema geschehen:

$$H_3C - CH = CH - C(O)H$$
$$H\,(H_2)\,C - COH$$
$$H_3C - CH = CH - CH = CH - COH$$

Gelingt es dann, dem so erzeugten Aldehyd gradezu Wasser zu entziehen, oder können aus dem entsprechenden Chlorid zwei Chlorwasserstoff weggenommen werden, so wird wohl Benzol entstehen, und das
Benzol ist dann nothwendig so constituirt, wie es die von mir vorgeschlagene Hypothese annimmt.

Was mich in der Hoffnung bestärkt, diese Reactionen sich verwirk-
lichen zu sehen, ist der Umstand, daß durch Condensation von 3 Mol.
Aceton, also wahrscheinlich durch Condensation von Mesitäther mit
Aceton, Phoron gebildet wird. Eine Reaction, die wohl nach folgendem
Schema verläuft:

$$H_3C - C(O) - CH_3 \qquad\qquad H_3C - C - CH_3$$
$$C(H_2)H - C(O) - CH_3 \qquad = \qquad CH - C - CH_3$$
$$C(H_2)H - CO - CH_3 \qquad\qquad CH - CO - CH_3$$

so daß das Phoron durch folgende Formel ausgedrückt werden könnte:

$$CH_3 - C = CH - C = CH - CO - CH_3$$
$$CH_3 \qquad\quad CH_3$$

## A. Kekulé und Th. Zincke:
## Ueber das sogenannte Chloraceten.

(Mittheilung aus dem Chem. Institut der Universität Bonn; eingegang. am 21. Februar.)

B. 3, 129—135 (1870).

Vor jetzt elf Jahren hat H a r n i t z - H a r n i t z k y einen Körper unter dem Namen „Chloraceten" beschrieben, welchen er durch Einwirkung von Chlorkohlenoxyd auf Aldehyddampf erhalten hatte. Er giebt an, die Substanz komme bei 45⁰ ins Sieden, schmelze bei etwa 0⁰ und zerfalle mit Wasser in Aldehyd und Salzsäure. Drei Verbrennungen, drei Chlorbestimmungen und eine Bestimmung der Dampfdichte führten zu der Formel $C_2 H_3 Cl$. Sechs Jahre später wurde dieselbe Verbindung von F r i e d e l unter Mitwirkung des Entdeckers wiederum dargestellt. Die gegen 50⁰ überdestillirten Antheile des Produktes erstarrten beim Abkühlen mit Eis. F r i e d e l giebt noch an, bei der Destillation bleibe etwas Paraldehyd als Rückstand und das Chloraceten erleide von einem Tage zum andern spontane Zersetzung. Im Jahre 1868 bereitete K r a u t von Neuem Chloraceten, er fand alle Angaben von H.-H. bestätigt, das Produkt erstarrte bei 0⁰ krystallinisch und kochte bei 45⁰. Neue Analysen hielten beide Chemiker nicht für nöthig, da die Formel hinlänglich festgestellt schien. In neuester Zeit endlich hat S t a c e w i t z wieder mit Chloraceten gearbeitet, ohne über die Eigenschaften dieses Körpers Angaben zu machen.

H.-H. hatte behauptet, bei Einwirkung von Chloraceten auf benzoesauren Baryt entstehe Zimmtsäure; K r a u t konnte diese Angabe nicht bestätigen. F r i e d e l zeigte, daß durch Zusammenbringen von Chloraceten und Natriummethylat synthetisch Aceton gebildet wird. S t a c e w i t z endlich gewann Crotonsäure, indem er Silber auf Chloraceten und Monochloressigsäure einwirken ließ.

Die Zusammensetzung des Chloracetens und seine Isomerie mit dem Vinylchlorid (Monochloraethylen) waren gleich von Anfang auffällig erschienen.

Als man dann später, vom Standpunkte der Werthigkeit aus, die Ursache dieser Isomerie zu erklären sich bemühte, kam man zu der Ansicht, das Vinylchlorid enthalte jedenfalls doppeltgebundenen Kohlenstoff, folglich könne das Chloraceten nur so constituirt sein, daß es neben einem 4 werthigen Kohlenstoff einen 2 werthigen Kohlenstoff enthalte, oder was dasselbe sagt, einen Kohlenstoff mit 2 ungesättigten Verwandtschaften:

$$H_2 C == C H Cl \qquad\qquad H_3 C --- C Cl$$

Vinylchlorid               Chloraceten,

vorausgesetzt natürlich, daß man nicht etwa 3 werthigen Kohlenstoff annehmen will.

Eine derartige Auffassung ist seither vielfach als Grundlage theoretischer Betrachtungen benutzt worden und erst in allerneuester Zeit hat P a t e r n o lange Speculationen über die Constitution der Crotonsäuren mitgetheilt, in denen das Chloraceten keine geringe Rolle spielt. Die Existenz einer mit dem Vinylchlorid isomeren Verbindung erscheint in der That für die Theorie von hoher Bedeutung; denn wenn ein so einfacher Fall nothwendig zur Annahme zweiwerthigen Kohlenstoffs führt, so ist dieselbe Annahme auch in complicirteren Fällen zum mindesten zulässig.

Uns schien nun — von dem theoretischen Standpunkte aus, den wir gegenwärtig einnehmen — die Existenz einer so constituirten Verbindung nicht gerade wahrscheinlich. Schon die Bildungsweise und das Zerfallen mit Wasser wollte uns nicht einleuchten; und nun gar spontane Zersetzung über Nacht. Soll dann weiter bei der Synthese des Acetons angenommen werden, der an C gebundene Sauerstoff des Methylalkohols löse sich los, um neben das Methyl in den Chloracetenrest einzutreten u. s. w.?

Bei dieser Sachlage glaubten wir die persönliche Bekanntschaft des Chloracetens machen zu sollen. Vier Möglichkeiten schwebten uns vor Augen:

1) Das Chloraceten ist wirklich, bei gleicher Moleculargröße, mit dem Vinylchlorid isomer.

2) Beide Verbindungen sind vielleicht polymer und das Chloraceten bildet durch Spaltung seines Molecüls einen leichtern Dampf.

3) Vielleicht ist das Vinylchlorid noch nicht völlig rein dargestellt und fällt in reinem Zustande mit dem Chloraceten zusammen.

4) Vielleicht auch beruhen alle Angaben über das Chloraceten auf Irrthum und manche davon sogar auf Schwindel.

Als wir unsere Versuche begannen, konnte uns die zuerst ausgesprochene Vermuthung natürlich wenig wahrscheinlich erscheinen; die dritte war kaum zulässig, weil das Vinylchlorid von R e g n a u l t untersucht worden ist, und wir wollen gleich beifügen, daß wir für reines Vinyl-

chlorid den Siedepunkt — 18° bis — 17° bebobachtet haben. Wir glaubten also die zweite Vermuthung für die wahrscheinlichste halten zu
müssen. Jetzt, wo wir unsere Versuche abschließen, zweifeln wir kaum
daran, daß die sub 4 ausgesprochene Ansicht die richtige sei.

Wir haben zuächst nach H.-H.'s Vorschrift chemisch reinen Aldehyd
mit Chlorokohlenoxyd behandelt, welches stets von Chlor befreit·und
bisweilen sogar aus vorher verflüssigtem entwickelt worden war. Da
wir in unsere Geschicklichkeit Mißtrauen setzten, haben wir den Versuch mehrfach wiederholt und die Bedingungen möglichst abgeändert.
Das Chlorkohlenoxyd wurde in Aldehyd eingeleitet; es strömte in den
Dampf von siedendem Aldehyd; es trat gleichzeitig mit Aldehyddampf
in einen im Dampfbade erwärmten Kolben etc.: einmal haben wir auch
flüssiges Chlorkohlenoxyd mit Aldehyd gemischt. Alle Operationen
gaben dasselbe Resultat. Das Produkt erstarrte bisweilen schon in der
abgekühlten Vorlage; bei der Rectification konnte der größte Theil bei
etwa 45° überdestillirt werden, das Destillat erstarrte bei 0° oder doch
bei etwas niedrigern Temperaturen. Schon bei der ersten Operation
fiel uns auf, daß aus wenig Chlorkohlenoxyd unverhältnißmäßig viel
Chloraceten erhalten wurde; daß Salzsäure und Kohlensäure in irgend
beträchtlicher Menge nicht auftraten. Bei der Destillation entwich fortwährend Kohlenoxychlorid; das Destillat war, trotz guter Kühlung,
heiß; es zeigte 35°, 38° und selbst 41°; es gerieth bisweilen sogar von
selbst ins Sieden. Bei jeder Rectification wiederholten sich dieselben
Erscheinungen; jetzt zeigten sich weitere Eigenthümlichkeiten; das
Thermometer, statt langsam zu steigen, fiel während einiger Zeit, so daß
die Fractionen sich beispielsweise so folgten: 1) 55—51°, 2) 51—47°,
3) 47—44°, 4) 44—45°, 5) 45—50°. Wurde in offne Vorlagen destillirt,
so ging etwa die Hälfte des Produktes verloren und neben dem Geruch
des Kohlenoxychlorids trat der des Aldehyds deutlich hervor. Auch die
Destillationsrückstände zeigten ein merkwürdiges Verhalten. Wurde die
Destillation direct weitergeführt, so gingen Produkte von hohen Siedepunkten über, selbst 100—120°. Hatte dagegen der Rückstand einige
Zeit gestanden, so lieferte er bei der Destillation wieder viel niedrig
siedendes Destillat mit allen angegebenen Eigenschaften.

Sehen wir von diesen eigenthümlichen Wärmeerscheinungen ab, so
können wir sagen, daß auch wir die Angaben von H.-H. bestätigt gefunden haben. Auch die von F r i e d e l beobachtete freiwillige Zersetzung zeigte sich bei unserm Präparat; in verschlossenen Gefäßen

aufbewahrt setzte das frisch dargestellte Produkt eine schwerere Flüssigkeit ab und beim Oeffnen des Gefäßes entwich viel Gas. Gegen Wasser verhielt es sich genau wie H.-H. angiebt, aber die Menge der gebildeten Salzsäure ist wechselnd und wenn auch bisweilen nicht unbedeutend, so doch jedenfalls zu gering, als daß an einen Chlorgehalt von $57\frac{0}{0}$ gedacht werden könnte.

Alle diese Erfahrungen brachten uns auf die Vermuthung, das $COCl_2$ trete mit dem Aldehyd nicht nach irgend welchen einfachen Molecularverhältnissen in Wechselwirkung; es wirke vielmehr ähnlich wie ein Ferment. Wir ließen deshalb minimale Mengen von $COCl_2$ auf Aldehyd einwirken, meistens so, daß der aus einer mit flüssigem Kohlenoxychlorid gefüllten Flasche ausfließende Dampf in den den Aldehyd enthaltenden Kolben eintrat. Dabei schied sich in der Kälte stets eine geringe Menge von Metaldehyd aus, der bei längerem Stehen wieder verschwand. Bei mittlerer Temperatur trat rasch Erwärmung des Aldehyds ein, die häufig bis 40°, einmal sogar (in $\frac{3}{4}$ Stunden) bis 47° stieg. Beim Destilliren und Rectificiren verhielten sich derartige Produkte genau wie das nach H.-H. dargestellte Präparat.

Die oben erwähnten merkwürdigen Wärmeerscheinungen, die sich bei jeder Destillation wiederholten, führten uns zu der Ansicht, der Körper erleide eine Art von Dissociation; es destillire Aldehyd über, welcher in der Vorlage durch das gleichzeitig übergegangene $COCl_2$ von Neuem verändert werde. Wir richteten jetzt den Destillirapparat so ein, daß das Thermometer im Kochgefäß sowohl in die siedende Flüssigkeit als auch in den Dampf gestellt werden konnte; und daß die Dämpfe zunächst ein aufsteigendes, 1 Meter langes Rohr passiren mußten, in welchem sich oben wieder ein Thermometer befand. Dann folgte eine mit Eiswasser gekühlte Glasspirale von etwa 0,75 Meter Länge und die Vorlage mit einem dritten Thermometer. Bei allen solchen Destillationen zeigte sich, daß das Thermometer oben im Dampf verhältnißmäßig niedrig stand, meist nur wenige Grade höher als der Siedepunkt des Aldehyds. Im Destillat trat stets Erhitzung ein, oft bis 38° und selbst bis 42° gehend. Wir wollen beispielsweise die bei einer derartigen Destillation von 5 zu 5 Minuten beobachteten Temperaturen mittheilen:

| a | 62 | 62 | 61 | 62 | 73 | 79 | 85 | 90 | 97 |
|---|----|----|----|----|----|----|----|----|----|
| a′ | 45 | 45 | 45,5 | 47 | 46,4 | 44 | 42 | 41 | 41 |
| b | 37 | 39 | 38,5 | 38 | 34 | 26.5 | 24,5 | 24 | 23 |
| c | — | 28 | 31 | 33 | 36 | 36 | 36 | 36 | 35. |

a ist die Temperatur der siedenden Flüssigkeit, a′ die Temperatur des
Dampfes im Kochgefäß, b die Temperatur des Dampfes oben in der langen Röhre und c die Temperatur des Destillats.

Bei allen Destillationen und Rectificationen blieb, wie bereits erwähnt, ein bei höherer Temperatur siedender Rückstand. Wurde derselbe sofort weiter destillirt, so konnte durch mehrmaliges Rectificiren
leicht reiner Paraldehyd gewonnen werden; war aber die Operation
unterbrochen worden, so begann das Sieden bei niederer Temperatur
und es wurde von Neuem viel niedrig siedendes und sich erwärmendes
Product erhalten. Dies führte auf die Vermuthung, daß auch der Paraldehyd durch Kohlenoxychlorid verändert werde. Bringt man Paraldehyd mit wenig Kohlenoxychlorid zusammen und destillirt gleich, so
geht unveränderter Paraldehyd über; läßt man dagegen einige Zeit
stehen, etwa über Nacht, so verhält sich das Product bei der Destillation genau, als ob Aldehyd angewandt worden wäre.

Alle diese Beobachtungen werden am einfachsten durch folgende Annahme gedeutet: Der Aldehyd geht bei Anwesenheit von Kohlenoxychlorid unter Erwärmung zum Theil in Paraldehyd über; der Paraldehyd wird bei längerer Einwirkung desselben Körpers theilweise in
Aldehyd verwandelt, ohne daß hierbei Erwärmung stattfindet. Ein aus
Aldehyd oder aus Paraldehyd mit Kohlenoxychlorid gewonnenes Product ist also ein Gemenge der beiden Aldehydmodificationen, in welchen
sich je nach den Bedingungen, namentlich der Menge des Fermentes
und der Temperatur, ein Gleichgewichtszustand herstellt. Wird durch
Erwärmen Aldehyddampf aus diesem Gemenge ausgetrieben, so kann
die Hauptmasse desselben als Aldehyd abdestillirt werden; setzt man
dasselbe Gemenge einer starken Kälte aus, so krystallisiren reichliche
Mengen von Paraldehyd. Wird einem solchen Producte, etwa durch
Schütteln mit Bleicarbonat das Ferment entzogen, so erhält man ein
dem gerade stattfindenden Gleichgewichtszustande entsprechendes Gemisch von Aldehyd und Paraldehyd, die durch fractionirte Destillation
getrennt werden können. Jetzt tritt im Destillate keine Erwärmung
mehr ein, weil kein Körper mit übergeht, der eine neue Umwandlung
des Aldehyds hervorbringen könnte.

Dasselbe Resultat wird bei der Destillation des kohlenoxychlorid-
haltigen Productes erhalten, wenn man die Dämpfe desselben über
schwach erwärmten Aetzkalk leitet.

Wir müssen jetzt erwähnen, daß das Chlorkohlenoxyd sich in wiederholt destillirten Producten, zwar mehrere Tage, aber doch nicht auf die Dauer erhielt. Statt dessen findet sich schließlich Salzsäure darin, ohne daß dadurch die Präparate ihre Eigenschaften wesentlich geändert hätten. In der That ist auch Salzsäure selbst in sehr geringen Mengen im Stande, sowohl den Aldehyd als auch den Paraldehyd in das schon mehrfach erwähnte Gemenge überzuführen; ja es scheint sogar, als wirke die Salzsäure energischer als das Chlorkohlenoxyd.

Auch die Schwefelsäure wirkt ganz in derselben Weise. Aldehyd erhitzt sich schon mit einem Tropfen dieser Säure bis zum Sieden und das erkaltete Product besteht zum größten Theil aus Paraldehyd. Umgekehrt wird auch Paraldehyd von Schwefelsäure verändert; dieses zeigt die beträchtliche Veränderung des spec. Gew. der Flüssigkeit. Wird das aus Aldehyd oder aus Paraldehyd mittelst Schwefelsäure erhaltene Product der Destillation unterworfen, so destillirt fast die ganze Menge als reiner Aldehyd über, der natürlich in der Vorlage als solcher verbleibt, da die Schwefelsäure als nicht flüchtiges Ferment nicht mit überdestillirt.

Bei diesen Destillationen zeigt ein in die siedende Flüssigkeit tauchendes Thermometer constant 44—45°, offenbar weil bei dieser Temperatur aus dem Gemenge von Paraldehyd und Aldehyd der letztere abdestillirt. Der Aldehyddampf ist anfangs überhitzt, zeigt aber, wenn die Destillation in dem früher beschriebenen Apparat ausgeführt wird, an dem obern Thermometer den richtigen Siedepunkt. Ist auf diese Weise Aldehyd entfernt worden, so stellte sich von Neuem Gleichgewicht her und der Paraldehyd geht schließlich ganz in Aldehyd über. In derselben Weise erklären sich auch die bei Anwendung anderer Fermente ($CO_2$, $COCl_2$) beobachteten Temperaturerscheinungen, und wenn dabei häufig die siedende Flüssigkeit höhere Temperatur zeigt als 45°, so beruht dieses offenbar darauf, daß in ihr nur wenig Aldehyd enthalten ist und daß schwächer wirkende Fermente oder zu geringe Mengen derselben den entwichenen Aldehyd nicht rasch genug durch neugebildeten zu ersetzen vermögen.

Schließlich muß noch hervorgehoben werden, daß die so oft schon beobachtete Condensation des Aldehyds zu Crotonaldehyd auch in dem mit Chlorkohlenoxyd beladenen Aldehyd sowohl beim Stehen als bei der Destillation eintritt. So wird Wasser gebildet, welches das Chlorkohlenoxyd zerlegt und Salzsäure erzeugt, die ihrerseits von Neuem Condensation hervorrufen kann.

Fassen wir alle unsere Beobachtungen zusammen, so bleibt für uns
kein Zweifel, daß wir denselben Körper unter Händen gehabt haben,
welchen H.-H. als Chloraceten beschrieben hat. Wir wenigstens können
dem Gedanken nicht Raum geben, daß es außer dem Aldehydgemisch,
dessen Verhalten wir beschrieben haben, noch eine andere auf dieselbe
Weise darstellbare Substanz von denselben Eigenschaften giebt, die
nach der Formel $C_2 H_3 Cl$ zusammengesetzt ist. Alle Eigenschaften, die
von dem Chloraceten angegeben werden, finden sich bei unserm Product und erklären sich leicht aus dessen Natur — mit Ausschluß natürlich der 57 pCt. Chlor. Die von Friedel beobachtete spontane Zersetzung ist oben erklärt worden.

Wenn nun aber das vermeintliche Chloraceten nur ein mit Chlorkohlenoxyd oder vielleicht mit Salzsäure beladenes Gemenge von Paraldehyd und Aldehyd ist, wie erklären sich dann die mit ihm ausgeführten
Reactionen? Die von H.-H. behauptete Synthese der Zimmtsäure bietet
hier keine Schwierigkeit, da sie von Kraut nicht bestätigt wurde.
Wenn Stacewitz in der oben angegebenen Weise Crotonsäure erhielt, so ist dieselbe wohl ohne Mitwirkung des Silbers und der Chloressigsäure entstanden. Ueber die von Friedel ausgeführte Synthese
des Acetons sind wir noch nicht völlig im Klaren, das Eine aber können
wir jetzt schon mittheilen, daß nämlich das Aceton dem Kaliumhyper-
manganat gegenüber durchaus nicht so beständig ist, als man nach den
Angaben von Péan de St. Gilles glauben könnte und wie es Friedel anzunehmen scheint. Das Aceton wird schon durch eine verdünnte
Lösung von übermangansaurem Kali (1 Th. Salz und 20 Th. Wasser)
beim Erwärmen im Dampfbade vollständig und leicht zu Essigsäure und
Kohlensäure verbrannt.

## A. Kekulé:
## Ueber die Condensation der Aldehyde.

(Mittheilung aus dem chemischen Institut der Universität Bonn.)
(Eingegangen am 21. Februar.)
B. 3, 135—137 (1870).

Bei jeder chemischen Arbeit setzt man sich, und heut zu Tage weit
mehr als früher, der Gefahr aus, daß dieselben Versuche gleichzeitig
und selbständig an anderen Orten und von anderen Chemikern aus-

geführt werden. Dabei ist natürlich von der in bedauerlicher Weise um sich greifenden Sitte nicht die Rede, davon nämlich, daß Manche es für geeignet halten angefangene und durch vorläufige Mittheilungen bereits bekannt gewordene Untersuchungen Anderer aufzugreifen und weiter fortzuführen.

Als ich vor einiger Zeit den Nachweis lieferte, daß durch Condensation von Aldehyd Crotonaldehyd gebildet wird, hatte ich auch mit Baldrianaldehyd einige Versuche angestellt. Ich hatte einen etwas über 190° siedenden Aldehyd gewonnen, aus welchem durch Oxydation eine Säure erhalten werden konnte, welcher nach der Analyse des Silbersalzes die Formel $C_{10}H_{18}O_2$ zukommt. Vor Kurzem haben nun R i b a n und B o r o d i n e gleichzeitig angegeben, daß sie über denselben Gegenstand zu arbeiten angefangen haben, und ich werde also die Versuche mit Baldrianaldehyd vorläufig nicht weiter fortsetzen. Durch Behandeln eines Gemenges von Aldehyd und Valeral hatte ich ein gemischtes Condensationsproduct erhalten, welches indessen bis jetzt nicht näher untersucht wurde.

Kurz nachdem meine Mittheilung über die Bidung von Crotonaldehyd veröffentlicht worden war, kündigten P a t e r n o und A m a t o an, daß sie durch Erhitzen von Aethylidenchlorid mit Aldehyd ebenfalls Crotonaldehyd erhalten hätten. Da ich, nach meinen sonstigen Erfahrungen eine derartige Reaction für unwahrscheinlich halten mußte, hatte ich den Versuch wiederholt und gefunden, daß reines Aethylidenchlorid auf Aldehyd keine Wirkung ausübt, daß aber Condensation stattfindet, wenn das Aethylidenchlorid Spuren von Salzsäure enthält. Dann kann das angewandte Aethylidenchlorid durch Destillation fast vollständig wiedergewonnen werden; die Condensation erfolgt nur durch die Salzsäure, denn Spuren von Salzsäure wirken beim Erhitzen auf Aldehyd ganz ebenso ein wie Chlorzink. Auch dieser kritische Versuch[1] hatte das oben angedeutete Schicksal, er ist in der Zwischenzeit von K r ä - m e r und P i n n e r[2] mit demselben Resultat angestellt worden, zu dem auch ich gekommen war. Vermuthlich haben auch P a t e r n o und A m a t o bereits Gelegenheit gehabt, dieselbe Erfahrung zu machen, wenigstens wenn sie ihre Versuche in der früher angedeuteten Weise fortgeführt haben.

---

[1] Mitgetheilt der Niederrheinischen Gesellschaft am 12. Februar. — Vgl. Sitzgsber. 1870. Seite 37. (A.)

[2] B. 3, 76 (1870). (A.)

Auch eine andere hierher gehörige Arbeit muß kurz besprochen werden. Stacewitz giebt an, er habe durch Erhitzen eines Gemenges von Chloraceten, Monochloressigsäure und Silber eine flüssige Modification der Crotonsäure erhalten. Nun besitzt aber das Chloraceten, wie ich in Gemeinschaft mit Dr. Zincke gezeigt habe, neben anderen merkwürdigen Eigenschaften auch noch die der Nichtexistenz, und es ist daher jedenfalls klar, daß die Crotonsäure, deren Silbersalz analysirt wurde, nicht nach der von Stacewitz angegebenen Bildungsgleichung entstanden sein kann. Ich vermuthe, daß weder die Monochloressigsäure noch das Silber eine Rolle gespielt haben, daß vielmehr Aldehyd durch Salzsäure zu Crotonaldehyd condensirt wurde. Da Stacewitz eine Säure erwartet hatte, so mag er den leicht oxydirbaren und deshalb sauer reagirenden Crotonaldehyd für flüssige Crotonsäure angesehen haben. Aus dem Aldehyd stellte er das Silbersalz dar; hätte er aus diesem die Säure wieder abgeschieden, so würde er wohl feste Crotonsäure erhalten haben.

Die zahlreichen in neuerer Zeit angestellten Versuche über Synthese des Crotonaldehyds und der Crotonsäure (Hr. Geuther wird die einmal gebräuchlichen Namen wohl vorläufig noch gestatten müssen, selbst wenn es sich bestätigen sollte, daß im Crotonöl niemals Crotonsäure enthalten ist) haben nun zu noch zahlreicheren theoretischen Speculationen Veranlassung gegeben, von welchen sich die von Paterno und von Lwow zwar durch Ausführlichkeit, aber nicht gerade durch Schärfe auszeichnen. Daß alle auf die Constitution des vermeintlichen Chloracetens basirten Schlüsse nicht sehr beweiskräftig sind, bedarf jetzt nicht mehr des Nachweises. Eine kritische Beleuchtung der übrigen Argumente scheint mir dermalen nicht geboten, ich will nur bemerken, daß ich das „Gesetz der Spaltung" vorläufig für nicht mehr und nicht weniger bewiesen erachte als das „Gesetz der Condensation", und ich kann weiter die Bemerkung nicht unterdrücken, daß mir alle Betrachtungen, welche die Allylverbindungen als Grundlage bnutzen, auf nicht ganz sicherem Boden zu stehen scheinen, weil in der Geschichte der Allylverbindungen gewisse Widersprüche vorhanden sind, die erst durch neue Versuche beseitigt oder aufgeklärt werden müssen.

Ich halte es für geeignet, bei dieser Gelegenheit die Vorstellung mitzutheilen, die ich mir über die Wirkungsweise des Chlorzinks, und zahlreicher andrer Substanzen, bei der Aldehydcondensation und bei vielen anderen Reactionen gebildet habe. Das Endresultat solcher Condensationen ist Wasserentziehung und dadurch veranlaßte Kohlenstoffbindung; aber der Wasseraustritt wird durch sehr geringe Mengen der einwirkenden Agentien hervorgebracht, er erfolgt selbst, wenn sehr beträchtliche Mengen von Wasser zugegen sind. Der jetzige Stand unserer Kenntnisse berechtigt nun zu der Annahme, daß in einer wässrigen Lösung von Chlorzink neben einer großen Anzahl wasserhaltiger auch eine gewisse Anzahl wasserfreier Chlorzinkmolecüle enthalten sei. Dabei findet eine fortwährende Bewegung statt, durch welche wasserfreie Molecüle Wasser aufnehmen, während wasserhaltige ihr Wasser verlieren, so jedoch, daß der mittlere Gleichgewichtszustand stets derselbe bleibt. Sind nun Körper zugegen, welchen Wasser entzogen werden kann, so wird eine gewisse Anzahl der wasserfreien Molecüle, welche gerade Wasser aufzunehmen im Begriff sind, dieses Wasser den anwesenden Substanzen entnehmen, während andere, und wohl die größere Zahl, das vorhandene Wasser benutzen. So wird, unter Mitwirkung der Zeit, von sehr geringen Mengen eines anwesenden Agens eine sehr beträchtliche Arbeit vollbracht. Man könnte sogar noch weiter gehen und die Wirkung des Chlorzinks auf die der Salzsäure zurückführen; denn daß eine wässrige Lösung von Chlorzink stets freie Salzsäure und freies Zinkoxyd enthält, wird jetzt wohl nicht mehr bezweifelt werden.

Dieselbe Vorstellung giebt von sehr zahlreichen Vorgängen Rechenschaft und ich zweifle nicht daran, daß derartige Reactionen bei der chemischen Tätigkeit des Pflanzenlebens eine wichtige Rolle spielen. Daß bei der vegetabilischen Synthese der Ameisenaldehyd häufig als Baumaterial dient, kann wohl kaum bezweifelt werden, und ich habe diese Vermuthung, ebenso wie andere hierher gehörige Ansichten wiederholt gegen Freunde und Fachgenossen ausgesprochen. Eine Veröffentlichung meiner Ansichten über den Chemismus der Pflanzentätigkeit scheint mir noch jetzt verfrüht, weil unsere tatsächlichen Kenntnisse zu unvollkommen sind, und weil ich es für nutzlos halte, auf an sich nicht hinlänglich festgestellte Beobachtungen ganze Systeme von Hypothesen aufzubauen. Zur Erklärung der Pflanzenthätigkeit müssen die in der Pflanze stattfindenden Reactionen experimentell auf ihre Principien zurückgeführt und der Aufbau der complicirten Verbindungen durch den Versuch schrittweise verfolgt werden.

## A. Kekulé und Th. Zincke:
# Ueber die polymeren Modificationen des Aldehyds.

(Mittheilung aus dem chemischen Institut der Universität Bonn. Eingegangen am
18. Mai, verlesen in der Sitzung von Hrn. Wichelhaus.)

B. **3**, 468—472 (1870).

Gelegentlich unserer Untersuchung über das sogenannte Chloraceten
und gelegentlich der Versuche, welche der Eine von uns über die Bildung
von Crotonaldehyd aus Aldehyd angestellt hat, hatten wir wiederholt
Gelegenheit, Beobachtungen über die polymeren Aldehydmodificationen
zu sammeln und wir haben es für geeignet gehalten, dieselben durch
specielle Versuche noch weiter zu ergänzen.

Die älteren Angaben über diese polymeren Modificationen des Aldehyds zeigen so wenig Uebereinstimmung, daß ausführliche Werke neben
dem gewöhnlichen Aldehyd bis zu 5 Modificationen anzuführen genötigt
waren: 1) Eine flüssige bei 81° siedende Modification, die Liebig durch
Zufall erhalten hat (Chem. Briefe). 2) Den bei $+2°$ schmelzenden und
bei 94° siedenden Elaldehyd, welchen Fehling zufällig erhielt, als er
Aldehyd der Winterkälte aussetzte[1], 3) Eine flüssige, bei 125° siedende
Modification, die Weidenbusch[2] durch Einwirkung sehr verdünnter Schwefelsäure oder Salpetersäure auf Aldehyd darstellte und für
welche Gerhardt den Namen Paraldehyd vorgeschlagen hat. 4) Den
nicht schmelzbaren aber sublimirbaren Metaldehyd, von Liebig entdeckt und von Fehling und Weidenbusch wieder beobachtet.
5) Den bei Einwirkung von Chlorzink auf Glycol oder Aldehyd entstehenden Acraldehyd, dessen Bildung Wurtz beobachtete und den
Bauer näher untersuchte.

Der Acraldehyd ist vor Kurzem von dem Einen von uns als wasserhaltiger Crotonaldehyd erkannt worden. Ueber die andere Modification liegen neuere Untersuchungen von Geuther und Cartmell[3])
und von Lieben[4]) vor. Die Ersteren gewannen durch Sättigen von
Aldehyd mit $SO_2$ eine bei 124° siedende und bei $+10°$ schmelzende Modi-

---

[1]) Annal. **27**, 319 (1838).
[2]) Annal. **66**, 152 (1848).
[3]) Annal. **112**, 116 (1859).
[4]) Annal. Suppl. **1**, 114 (1861).

fication, welche sie Elaldehyd nannten; der Letztere erhielt durch Erhitzen von Jodaethyl mit Aldehyd und durch Einwirkung von Cyan auf Aldehyd eine bei 123—124° siedende Modification, welche in dem einen Fall bei + 12°, im andern bei + 4° schmolz. Die genannten Chemiker sind der Ansicht, die von Fehling und Weidenbusch erhaltenen Körper seien unter sich und mit den von ihnen dargestellten Substanzen identisch; unsere Versuche führen mit Sicherheit zu dem Resultat, daß es in der That außer dem gewöhnlichen Aldehyd bis jetzt nur zwei aus demselben entstehende Modificationen giebt: 1) den schmelzbaren und destillirbaren Paraldehyd und 2) den unschmelzbaren sublimirbaren Metaldehyd.

In Uebereinstimmung mit Geuther und Cartmell haben auch wir beobachtet, daß sorgfältig gereinigter Aldehyd weder bei längerem Erhitzen noch bei anhaltendem Abkühlen, noch auch bei langem Aufbewahren für sich Aenderung erleidet. Polymere Umwandlung ist immer an die Gegenwart gewisser Substanzen geknüpft, die eine fermentartige Wirkung auszuüben scheinen. In den meisten Fällen werden beide Modificationen gebildet. Der Metaldehyd entsteht vorzugsweise in der Kälte, der Paraldehyd namentlich bei mittlerer und höherer Temperatur. Wenn ein rein dargestellter Aldehyd, ohne daß ihm absichtlich eine fremde Substanz zugesetzt wäre, dennoch spontane Umwandlung erleidet, wie auch wir öfter zu beobachten Gelegenheit hatten, so muß nach unserer Erfahrung angenommen werden, daß trotzdem ein fermentartiger Körper zugegen gewesen sei.

I. Paraldehyd. Sehr viele Substanzen haben, wie wir schon in unserer Abhandlung über das Chloraceten erörtert haben, die Eigenschaft, den Aldehyd zum größten Theil in Paraldehyd umzuwandeln. Spuren von $COCl_2$, HCl oder $SO_2$ bewirken diese Umwandlung in kurzer Zeit und unter starker Erwärmung. Ein Tropfen concentrirter Schwefelsäure wirkt noch energischer; bei verdünnter Säure ist dagegen die Einwirkung langsamer. Chlorzink wirkt ähnlich wie Salzsäuregas. Mit Chlorcalcium, Kaliumacetat u. s. w. haben wir keine Paraldehyde erhalten, bei Essigsäure überhaupt keine Wirkung beobachten können.

Daß die erwähnten Körper eine ziemlich vollständige Umwandlung des Aldehyds in Paraldehyd hervorbringen, zeigt daß specifische Gewicht der Rohproducte, welches sich stets dem des reinen Paraldehyds sehr näherte. Die Reindarstellung des Paraldehyds gelingt nicht durch ein-

fache Rectification, weil dabei stets Rückbildung von Aldehyds stattfindet. Man muß also entweder mit Wasser schütteln und das obenauf
schwimmende Oel destilliren, oder man läßt zweckmäßiger den Paraldehyd ausfrieren und reinigt ihn durch Rectification. Wir haben uns
durch besondere Versuche davon überzeugt, daß der nach Weidenbusch's Vorschrift dargestellte Paraldehyd mit dem durch die angegebenen Reactionen erzeugten Producte völlig identisch ist. Auch der
durch spontane Umwandlung aus Aldehyd entstehende Körper, den wir
öfter und in größeren Mengen unter Händen hatten, hat genau dieselben Eigenschaften.

Der Paraldehyd hat bei $+ 15^\circ$ das spec. Gewicht 0,998; er erstarrt bei
Temperaturen unter $+ 10^\circ$, schmilzt bei $10,5^\circ$ und siedet bei $124^\circ$. Siedepunkt sowohl als Schmelzpunkt werden durch geringe Beimengen von
Wasser oder Aldehyd stark verändert; Wassergehalt erniedrigt wesentlich den Schmelzpunkt, Aldehydgehalt den Siedepunkt. So erklärt sich
manche der älteren Angaben. Der Paraldehyd ist auffallender Weise in
warmem Wasser weniger löslich als in kaltem, so daß die kalt bereitete
Lösung beim Erhitzen etwa die Hälfte der gelösten Substanz wieder ausscheidet. Die älteren Angaben über die Dampfdichte können wir nach
Versuchen, die im Hofmann'schen Apparat angestellt wurden, bestätigen.

In Uebereinstimmung mit Weidenbusch haben auch wir gefunden, daß der Paraldehyd bei der Destillation mit wenig Schwefelsäure
sich vollständig in Aldehyd verwandelt. Ganz ähnlich wirken HCl,
$COCl_2$ und $ZnCl_2$, wie wir dies früher bereits angegeben haben. Auch
Geuther's Angabe, bei Einwirkung von $PCl_5$ entstehe Aethylidenchlorid[1]), haben wir bestätigt gefunden. Durch Behandeln mit HCl erhielten wir dasselbe Aethylidenoxychlorid, welches Lieben aus gewöhnlichem Aldehyd dargestellt hat.

II. Der Metaldehyd ist bisher nur durch Zufall erhalten worden.
Er entsteht nach unseren Erfahrungen immer, wenn wenig HCl, $COCl_2$,
$SO_2$ oder verdünnte Schwefelsäure zu Aldehyd kommt und dann einige
Zeit unter $0^\circ$ abgekühlt wird. Auch kleine Mengen von $CaCl_2$ und $ZnCl_2$
bewirken die Bildung von Metaldehyd, beide sogar bei mittlerer Temperatur. Stets wird nur ein kleiner Theil des Aldehyds in Metaldehyd
umgewandelt und die Menge desselben nimmt bei längerem Stehen

---

[1]) Zeitschrift f. Chem. 1865, N. F. 1, 32.

nicht zu. Schon erzeugter Metaldehyd kann sogar verschwinden, wenn Temperaturerhöhung eintritt. Aus diesen Angaben ergiebt sich leicht eine Methode zur Darstellung des Metaldehyds. In fast allen Fällen scheidet sich der Metaldehyd in Form feiner weißer Nadeln aus; nur auf Chlorcalcium entstehen, wie schon F e h l i n g fand, größere durchsichtige und wohl ausgebildete Prismen.

Der Metaldehyd ist unlöslich in Wasser; auch in Alkohol, Aether, Chloroform, Benzol, Schwefelkohlenstoff löst er sich in der Kälte wenig, leichter beim Erhitzen. Heiße Lösungen scheiden ihn beim Erkalten in Form feiner aber bisweilen sehr langer Nadeln aus. Bei raschem Erhitzen sublimirt der Metaldehyd plötzlich in Form feiner, weißer, zu verworrenen Flocken vereinigter Nadeln. Bei 112—115° findet diese Sublimation noch deutlich, wenn auch langsam statt; sie erfolgt sehr allmählich sogar schon bei 100°. Hierbei wird stets neben dem sublimirenden Metaldehyd gewöhnlicher Aldehyd erzeugt. Nimmt man das Erhitzen in zugeschmolzenen Röhren vor, so entsteht natürlich nur Aldehyd; bei 112—115° ist die Umwandlung in wenigen Stunden beendet[1]).

Eine Dampfdichtebestimmung konnte bei diesem Verhalten zu keinem Resultate führen.

Bemerkenswerth ist, daß auch der Metaldehyd bei der Destillation mit wenig Schwefelsäure in gewöhnlichen Aldehyd übergeht, und daß er bei Einwirkung von $COCl_2$ oder HCl jenes Gemenge von Aldehyd und Paraldehyd giebt, dessen eigenthümliches Verhalten wir früher beschrieben haben. $PCl_5$ erzeugt auch mit Metaldehyd Aethylidenchlorid.

---

Da die Dampfdichte des Metaldehyds nicht bestimmt, und die Moleculargröße überhaupt aus keiner bis jetzt bekannten Thatsache hergeleitet werden kann, so läßt sich über seine Constitution nichts Bestimmtes sagen. Die Bildung von Aethylidenchlorid und die leichte Rückverwandlung in Aldehyd lassen es wahrscheinlich erscheinen. daß mehrere Aldehydmolecüle (vielleicht zwei) durch Sauerstoffbindung zu einem complizirten Molecül vereinigt sind.

Dem Paraldehyd kommt ohne Zweifel die Molecularformel $C_6H_{12}O_3$ zu. Aus seinem Verhalten zu $PCl_5$, zu Essigsäureanhydrid [2]), zu HCl, zu Schwefelsäure und zu den fermentartigen Substanzen, die ihm leicht in

---

[1]) G e u t h e r beobachtete dieselbe bei 180°. Annal. **106**, 252 (1858).

[2]) G e u t h e r, Zeitschrift f. Chem. 1865, 32.

Aldehyd verwandeln, kann mit Sicherheit geschlossen werden, daß in ihm drei Aldehydmolecüle durch Sauerstoffbindung ringförmig verkettet sind, wie dies von verschiedenen Chemikern schon seit längerer Zeit angenommen wird.

Die von Lieben ausgesprochene Ansicht, der Paraldehyd sei wohl eine dem Acetal entsprechende Verbindung, also ein Acetyl-Aethyläther des Aethylidenglycols wird durch die Thatsachen widerlegt. Ein so constituirter Körper müßte mit Essigsäureanhydrid neben dem von Geuther beobachteten Diacetat Essigsäure-Aethyläther, er müßte mit PCl₅ neben Aethylidenchlorid Aethylchlorid und Acethylchlorid geben.

$PCl_5$

---

# Aug. Kekulé:
## Beiträge zur Kenntniß der Crotonsäuren.

(Mittheilung aus dem chemischen Institut der Universität Bonn; eingegangen am 13. Juni, verlesen von Hrn. Wichelhaus.)

B. 3, 604—609 (1870).

Vor einiger Zeit habe ich gezeigt, daß das unter Wasseraustritt entstehende Product der Condensation zweier Aldehydmolecüle (Bauer's Acraldehyd, Lieben's Aldehydäther) ein neuer Aldehyd ist, der durchaus nicht so leicht verharzt, wie man nach späteren Angaben von Baeyer[1] glauben könnte, sondern sich durch Oxydation mit ausnehmender Leichtigkeit in eine feste Crotonsäure umwandeln läßt. Einige Betrachtungen, die ich in dieser wesentlich thatsächlichen Mittheilung nicht umgehen konnte, haben zu mancherlei Bemerkungen und selbst zu Prioritätsreclamationen Veranlassung gegeben, so daß ich heute, gegen meinen Willen, genöthigt bin, etwas ausführlich zu werden.

In der Bildung des Crotonaldehyds aus Aldehyd glaubte ich eine mit der seit lange bekannten und schon mehrfach interpretirten Synthese der Zimmtsäure analoge Reaction zu erblicken, — eine Analogie, die von Lwow[2] nicht berücksichtigt wird — und ich gelangte so zu dem Bildungsschema:

$$\left. \begin{array}{l} CH_3 - C(O)H \\ COH - C(H_2)H \end{array} \right\} = CH_3 - CH = CH - COH.$$

---

[1] Ann. Chem. Pharm. Suppl. V. 81 (1867).
[2] Diese Berichte, 1870, 3, 96 und Zeitschr. f. Ch. 1870, N. F. 6, 245.

Ich glaubte also diejenige Vorstellung über den Mechanismus der Condensationen, welche B a e y e r [1]) in seiner ersten Abhandlung über diesen Gegenstand ausführlich entwickelt, verwerfen und dafür die andre Auffassung, welche derselbe Chemiker in der Nachschrift zu dieser Abhandlung andeutet, und die er später vorzugsweise benutzt, für den vorliegenden Fall adoptiren zu müssen, obgleich ich im Allgemeinen der Ansicht bin, daß derartige Condensationen bald nach dem einen, bald nach dem anderen Gesetz, und vielleicht auch nach noch anderen Gesetzen erfolgen können.

Die so hergeleitete Formel des Crotonaldehyds schien mir nun außerdem noch deshalb wahrscheinlich, weil ich glaubte von vornherein, und selbst ohne Versuch, die Ueberzeugung haben zu dürfen, daß die durch Vereinigung zweier Essigsäurereste entstehende Crotonsäure sich auch wieder in zwei Essigsäuremolecüle spalten werde. Ich war und bin noch der Ansicht, daß der in der Arithmetik unbestreitbar richtige Satz: $2 + 2 = 3 + 1$, in chemischen Dingen nur zulässig ist, wenn für jeden einzelnen Fall der besondere Beweis seiner Richtigkeit geliefert wird.

Wenn ich weiter in meiner früheren Mittheilung die Ansicht aussprach, die von S t a c e w i c z beschriebene flüssige Crotonsäure sei wohl: $CH_2 = CH - CH_2 - CO_2H$, so muß ich allerdings bekennen, daß ich mich darin zu voreiligen Schlüssen habe hinreißen lassen; aber man wird wohl berücksichtigen müssen, daß ich zu jener Zeit die Mittheilungen Andrer noch nicht mit dem Mißtrauen aufnehmen konnte, welches sich mir in der Zwischenzeit aufgedrängt hat. Ich dachte damals, das Chloraceten existire, und S t a c e w i c z habe aus ihm und Chloressigsäure eine C r o t o n s ä u r e dargestellt. Da ich die Formel: $CH_3$ $- CCl^2$[2]), durch welche man das Chloraceten ausdrückte, für unwahrscheinlich hielt, so vermuthete ich, es sei polymer mit Vinylchlorid und wirke bei gewissen Reactionen als solches. Seitdem ich aber mit Dr. Z i n c k e die Nichtexistenz des Chloracetens nachgewiesen habe, ist es mir und wohl auch Andern klar geworden, daß S t a c e w i c z unreinen C r o t o n a l d e h y d für eine flüssige Modification der Crotonsäure angesehen hat. Daß durch Schmelzen dieses Productes mit Kali nur Essigsäure entsteht, worauf P a t e r n o viel Werth zu legen scheint, will ich gerne glauben, aber ich finde in S t a c e w i c z's Mittheilung[3]) keine Angabe darüber, daß er diesen Versuch wirklich angestellt hat.

---

[1]) Ann. Chem. Pharm. CXL. 306 (1867) und Suppl. V. 79 (1867).
[2]) Dort steht irrtümlich „H". (A.)   [3]) Zeitschr. f. Ch. 1869, N. F. 5, 321.

Seit Veröffentlichung meiner früheren Notiz hat sich zunächst L w o w gegen meine Ansicht über die Constitution der aus Aldehyd entstehenden Crotonsäure ausgesprochen. C l a u s [1]) erklärte dann für die aus künstlichem Cyanallyl gebildete Crotonsäure die Formel

$$CH_2 = CH - CH_2 - COH$$

für unzweifelhaft, und meint, wenn die von mir dargestellte Säure mit der von ihm untersuchten identisch sei, so müsse L w o w' s Interpretation als die richtige angenommen werden. E r l e n m e y e r [2]) geht etwas weiter; er setzt geradezu die Identität der beiden Crotonsäuren voraus und ist damit einverstanden, daß die von mir gebrauchte Constitutionsformel verworfen werde. Dabei hält er es jedoch immer noch für geeignet, darauf hinzuweisen, daß diese Formel, die er für irrig hält, zuerst von ihm gegeben worden sei. Mir war es, nach der Art wie E r l e n - m e y e r diese Formel in seinem Lehrbuch giebt, so vorgekommen, als habe er für dieselbe keine besonderen Gründe und als lege er der einfacheren von den zwei Formeln, die er nebeneinander stellt, den geringeren Werth bei. Ich bin inzwischen in dieser Ansicht sogar bestärkt worden, weil E r l e n m e y e r diese Formel gerade jetzt fallen läßt, wo sie durch Thatsachen gestützt werden kann. Jedenfalls hat E r l e n - m e y e r übersehen, daß ein Körper von der Formel, die er schrieb, nothwendig das Verhalten eines Aldehyds zeigen muß; während es L i e b e n , andrerseits, entgangen war, daß der von ihm dargestellte Aldehydäther sich thatsächlich wie ein Aldehyd verhält.

Statt alle die zahlreichen Betrachtungen, die über die Constitution der verschiedenen Crotonsäuren veröffentlicht worden sind, ausführlich zu discutiren, will ich im Nachfolgenden die Thatsachen reden lassen.

Der aus Aldehyd bereitete Crotonaldehyd liefert mit Silberoxyd crotonsaures Silber; er geht außerdem durch directe Oxydation, sowohl bei Einwirkung von Sauerstoff als von Luft, leicht in Crotonsäure über. Die so dargestellte Crotonsäure ist fest und krystallisirbar; sie schmilzt bei 71°—72° [3]). Der Siedepunkt wurde im Destillirkölbchen zu 180°—181°

---

[1]) Diese Berichte 1870, 3, 181.

[2]) ibid. 1870, 3, 370 und Lehrbuch S. 312.

[3]) Zu allen Temperaturbeobachtungen wurde ein Thermometer verwendet, welches bei der Siedetemperatur des Wassers 1° zu hoch zeigte. Demgemäß, und mit der Annahme, der Fehler sei constant, sind in der vorliegenden Mittheilung alle direct beobachteten Temperaturen um 1° erniedrigt worden. Die Differenz von 1° ist die geringste, welche die besten Thermometer, die wir uns hier verschaffen können, nach längerem Gebrauch zu zeigen pflegen.

gefunden; bei einer Destillation nach K o p p ' s Angaben zu 182° (corrigirt: 184°,7); als der ganze Quecksilberfaden im Dampf stand zu 189°. Die Säure sublimirt in Gefäßen, die der Sonne ausgesetzt sind, in großen, rhombischen Tafeln; sie löst sich bei 19° in 12,47 Th. Wasser, und kann durch Verdunsten der wäßrigen Lösung in wohlausgebildeten Krystallen erhalten werden. Hr. Prof. v o m R a t h ist so gefällig gewesen, die Form dieser Krystalle zu bestimmen und hat mir darüber Folgendes mitgetheilt.

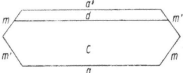

Die Krystalle gehören dem monoklinen Systeme an; sie bilden unsymmetrische Prismen durch Vorherrschen der Flächen $c$ und $d$; zuweilen ist die Gestalt tafelartig durch Ausdehnung der Fläche $c$. Das verticale Prisma $m\,m'$ ist stets nur niedrig; die Querfläche $a$ ist nur sehr schmal, häufig fehlend. Beobachtete Flächen:

$$m = a: \quad b : \infty c$$
$$a = a : \infty b : \infty c$$
$$c = c : \infty a : \infty b$$
$$d = a' : \quad c : \infty b.$$

Fundamentalwinkel: $m : c \; = 112° 50'$
$$m : m' = 107° 30' \text{ (seitlich)}$$
$$c : d \; = 125° 30'.$$

Axenverhältniß: $a : b : c = 1,8065 : 1 : 1,5125$.

Axenschiefe (Verticalaxe zur Klinodiagonale): 131° 0'.

$m : d = 97° 56'$ ber.; 97° 40' gemessen.

(anliegend)

Spaltbarkeit parallel $c$ und $a$. (Die Winkelmessungen sind, in Folge der mangelhaften Flächenbeschaffenheit, nur annähernd.)

Beim Schmelzen mit Kali erzeugt die aus Aldehyd dargestellte Crotonsäure nur Essigsäure. Bei diesem Versuch wurde die durch einmalige Destillation des mit Schwefelsäure angesäuerten Productes gewonnene Säure zur Hälfte neutralisirt und durch nochmalige Destillation in 2 Theile getheilt. Das als Destillationsrückstand bleibende Salz lieferte ein Silbersalz, welches ganz das charakteristische Ansehen des essigsauren Silbers zeigte; aus der überdestillirten Säure wurde ein Silbersalz erhalten, welches selbst nach dem Umkrystallisiren kleine undeutliche

Kryställchen bildete, eine Erscheinung, die ich öfter bei unreiner Essigsäure beobachtet habe und die sich willkürlich hervorbringen läßt, wenn man der Essigsäure Spuren andrer Säuren, u. a. auch Crotonsäure zufügt. Die Silbersalze aus dem Destillat gaben: 64,14 pCt., 64,17 pCt. Ag; die aus dem rückständigen Salz: 64,5 pCt., 64,54 pCt. und 64,6 pCt. Ag. Das essigsaure Silber verlangt: 64,6 pCt.; das propionsaure 59,7 pCt. Ag. — Aus 5 Gramm Crotonsäure wurden, bei einer Operation, die ursprünglich nicht quantitativ ausgeführt werden sollte, 6 Gr. Essigsäure erhalten (durch Titration bestimmt), während 7 Gr. hätten gebildet werden können.

Ueber die Crotonsäure aus dem Cyanallyl des Senföls liegen folgende Angaben vor. Will und Körner [1] fanden den Schmelzpunkt bei 72°. Nach Bulk [2] liegt der Schmelzpunkt bei 72°, der Siedepunkt constant 183°,8 (corrigirt 187°). Bulk findet, daß sich die Säure bei 15° in 12,07 Th. Wasser löst; er theilt Messungen von A. Knop mit, nach welchen die Krystalle dem monoklinen System angehören. Die Winkelangaben von Knop, so wie sie Ann. Chem. Pharm. 139, 62 gegeben werden, sind nun zwar offenbar mit gewissen Irrthümern behaftet, aber 4 von den 6 Winkeln, die Knop gemessen hat, stimmen mit den oben nach vom Rath's Messungen angegebenen sehr nahe überein: 113° (ungefähr); 107° (ungefähr); 126° 30′ (ungefähr); 96° (ungefähr). — Bei einer solchen Uebereinstimmung der physikalischen Eigenschaften kann an der Identität der beiden Crotonsäuren wohl kaum gezweifelt werden, und es darf also, selbst ohne Versuch, als sicher betrachtet werden, daß die Crotonsäure aus Senföl-cyanallyl beim Schmelzen mit Kali nur Essigsäure liefern wird.

Dasselbe kann wohl auch von der Crotonsäure angenommen werden, welche Wislicenus [3] aus β-Oxybuttersäure dargestellt hat, — Schmelzpunkt: 71°—72°; Siedepunkt 180°—182° (corr.) — obgleich Wislicenus diese Säure später als Allylameisensäure bezeichnet.

Was nun endlich die Crotonsäure aus synthetischem Cyanallyl angeht, so hat Claus [4] wiederholt die Ansicht ausgesprochen, sie sei mit der aus Senföl-cyanallyl dargestellten identisch, und auch Bulk [5] sagt,

---

[1] Ann. Chem. Pharm. CXXV, 273, (1863). Dort steht irrtümlich: „CV, 12“.
[2] Ann. Chem. Pharm. CXXXIX, 62 (1866).
[3] Ann. Chem. Pharm. CXLIX, 214 (1869) und Zeitschr. f. Ch. 1869, N. F. 5, 326.
[4] Ann. Chem. Pharm. CXXXI, 58 (1864).
[5] Ann. Chem. Pharm. CXXXIX, 68 (1866).

er habe sich überzeugt, daß die aus synthetischem Cyanallyl dargestellte Crotonsäure im Wesentlichen dieselben Eigenschaften habe, wie die Säure aus dem Cyanallyl des Senföls. Andrerseits versichert C l a u s [1]), die aus künstlichem Cyanallyl dargestellte feste Crotonsäure gebe beim Schmelzen mit Kali k e i n e S p u r von E s s i g s ä u r e, sie zerfalle vielmehr in P r o p i o n s ä u r e und K o h l e n s ä u r e, woraus sich unzweifelhaft die Structurformel:

$$C H_2 = C H - C H_2 - C O_2 H$$

herleite, wie sie ja auch, nach der bis jetzt für die Allylverbindungen wohl allgemein gültigen Auffasung, *a priori* zu erwarten war.

Daß beide Angaben nicht gleichzeitig richtig sein können, liegt auf der Hand und es fragt sich nur, welche von beiden mit einem Irrthum behaftet ist. Ist etwa das synthetische Cyanallyl verschieden von dem im Senföl vorkommenden? Entstehen aus Allylverbindungen, außer L i e c k e's Allylcyanid, zwei isomere Modificationen des Nitrils der Crotonsäuren? Oder hat vielleicht C l a u s aus einem an Propyljodid reichen Allyljodid ein Gemenge von Buttersäure und Crotonsäure dargestellt, so daß er beim Schmelzen mit Kali ein Gemisch von Buttersäure und Essigsäure erhielt, durch dessen weitere Verarbeitung er ein Silbersalz gewann, welches zufällig die Zusammensetzung des propionsauren Silbers zeigte? Hat er dabei Kohlensäure, die aus dem angewandten Kali herrührte, oder die aus einer Verunreinigung entstanden war, für ein wesentliches Spaltungsproduct gehalten? Es ist klar, daß diese Fragen nur durch eine sorgfältige Wiederholung der C l a u s'schen Versuche beantwortet werden können.

Für heute begnüge ich mich mit folgenden Angaben. Ich habe genau nach der von C l a u s gegebenen Vorschrift Allyljodid dargestellt, dieses in Allylcyanid umgewandelt, und das Product ohne weitere Reinigung verarbeitet, weil auch C l a u s auf Reindarstellung des Cyanids Verzicht geleistet zu haben scheint. Aus der mit Wasser überdestillirten Säure, welche Claus direct zur Darstellung der von ihm beschriebenen crotonsauren Salze verwendet zu haben scheint, wurde die Säure mit Aether ausgeschüttelt und dann destillirt. Die Säure ging, ohne daß sich ein constanter Siedepunkt markirte, zwischen 170° und 195° über; in dem zwischen 180° und 195° übergegangenen Antheil bildeten sich beim Abkühlen unter 0° einzelne Krystalle, wie dies auch C l a u s angiebt. Da

---

[1]) Diese Berichte, III, 181 (1870).

nun ein solches theilweises Erstarren, ebenso wie das fortwährende Steigen des Siedepunkts, nicht grade als Kriterium einer reinen Substanz
angesehen werden kann, so habe ich das schwer lösliche Silbersalz dargestellt und aus diesem die Säure wieder abgeschieden. Die ätherische
Lösung gab jetzt beim Verdunsten direct Krystalle; ein beträchtlicher
Theil destillirte bei 180°—185° über und erstarrte sofort krystallinisch;
dabei markirte sich der Siedepunkt bei 182°; eine gewisse Menge höher
siedender Producte blieb beim Erkalten flüssig. Die zwischen Papier
ausgepreßten Krystalle schmolzen bei 72°.

Ein Schmelzversuch mit Kali wurde genau ausgeführt wie bei der
Crotonsäure aus Aldehyd. Die mit Wasser überdestillirte Säure wurde
zur Hälfte neutralisirt und nochmals destillirt. Der Destillationsrückstand gab ein Silbersalz, welches die charakteristische Form des essigsauren Silbers besaß und 64,1 pCt. Ag lieferte; aus der überdestillirten
Säure wurde, genau wie früher, ein klein krystallisirendes Silbersalz erzeugt, von 64,2 pCt. Ag. Dabei waren aus 0,36 Gr. Crotonsäure 0,38 Gr.
Essigsäure erhalten worden, während 0,49 Gr. hätten gebildet werden
können.

Man wird jetzt wohl zugeben, daß die Formel, durch welche ich die
Constitution der festen Crotonsäure ausdrücken zu können glaubte, nicht
so ganz unberechtigt gewesen ist; und weiter, daß ich nicht ohne Grund
die Ansicht aussprach, daß mir alle theoretischen Betrachtungen, welche
die Allylverbindungen als Grundlage benutzen, auf nicht ganz sicherem
Boden zu stehen scheinen.

Aug. Kekulé:

# Weitere Erfahrungen über den sogenannten „Vorlauf" der Spiritusfabrikation.

(Mittheilung aus dem chemischen Institut in Bonn; eingegangen am 27. Juli.)

B. 4, 718—720 (1871).

Daß der bei der Bereitung von Alkohol aus Runkelrübenmelasse
aufgesammelte Vorlauf Aldehyd enthält, ist schon seit längerer Zeit bekannt. Von wem diese Beobachtung zuerst gemacht worden ist, vermag
ich nicht anzugeben; sie wird u. a. in O t t o ' s Bierbrauerei und Branntweinbrennerei, S. 566 (B o l l e y ' s Chemische Technologie, IV, 1.) ange

führt. Eine eingehendere Untersuchung dieses Vorlaufs ist in den letzten zwei Jahren in dies. Ber. von den HH. K r ä m e r und P i n n e r veröffentlicht worden. Sie fanden eine reichliche Menge von Aldehyd und geben weiter an, daß der Vorlauf viel A c e t a l enthalte.

Vor etwa einem Jahre erhielt ich nun ein Schreiben von Hrn. J u l i u s W e i n z i e r l, Chemiker der Pommerschen Provinzial-Zuckersiederei, Stettin d. d. 5. Juli 1870. Hr. W e i n z i e r l theilt darin mit, daß er schon im Jahre 1866 sich mit der Untersuchung des Vorlaufs einer Spiritus-Raffinerie beschäftigt und damals die Beobachtung gemacht habe, daß bei der Rektifikation des flüchtigeren, wesentlich aus Aldehyd bestehenden Antheils das bei $50^0$—$70^0$ übergehende Produkt bei etwa — $8^0$ weiße Krystallnadeln absetzte, und daß bei einer zweiten Rektifikation dieselbe Erscheinung in der bei $40^0$—$50^0$ übergehenden Fraktion eintrat. Die Untersuchung mußte wegen Ortswechsel unterbrochen werden und wurde erst später, nachdem die erste Mittheilung von den HH. K r ä m e r u. P i n n e r erschienen war, wieder aufgenommen, weil diese Chemiker der Bildung von Krystallen im Destillat nicht Erwähnung thun. Inzwischen waren auch die Untersuchungen bekannt geworden, die Dr. Z i n c k e und ich über das sogenannte Chloraceten und über die polymeren Modifikationen des Aldehyds angestellt hatten. Bei diesen seinen[1]) Untersuchungen beobachtete Hr. W e i n z i e r l zunächst wieder die Bildung weißer Krystallnadeln in den abgekühlten Destillaten, aber er fand weiter, daß manche Destillate sich in der Vorlage wieder erwärmten und sogar in Sieden geriethen, genau so wie Dr. Z i n c k e und ich in unserer Mittheilung über das sogenannte Chloraceten angegeben haben. Hr. W e i n z i e r l ist mit Recht der Ansicht gewesen, seine Beobachtungen seien nicht ohne Interesse und er hat die Freundlichkeit gehabt, mir mit seinem Schreiben auch einige Präparate einzusenden und zur weiteren Untersuchung zur Verfügung zu stellen.

Einige Versuche, die schon vor mehreren Monaten ausgeführt worden sind, ergaben, daß die weißen Krystallnadeln, wie Hr. W e i n z i e r l schon vermuthet hatte, nichts anderes sind als Metaldehyd. Die flüssigen Produkte bestanden wesentlich aus Aldehyd. Bei neuen Rektifikationen wurde eine Erhitzung des Destillates nicht wieder beobachtet; dagegen konnte aus den Antheilen, die Hr. W e i n z i e r l bei $40^0$—$60^0$ aufgesammelt hatte, eine beträchtliche Menge von Paraldehyd gewonnen werden.

---

[1]) Dort steht irrtümlich „meinen“. (A.)

Alle diese Beobachtungen führen mit ziemlicher Sicherheit zu dem Schluß, daß in dem frisch bereiteten Vorlauf, neben dem Aldehyd, eine flüchtige Substanz enthalten war, welche in ähnlicher Weise, wie dies für Salzsäure, Kohlenoxychlorid etc. nachgewiesen worden ist, auf den Aldehyd modificirend eingewirkt hatte. Das Vorhandensein eines flüchtigen, fermentartig wirkenden Körpers hatte bei den von Hrn. W e i n - z i e r l ausgeführten Destillationen bei starker Abkühlung des Destillats die Bildung des krystallisirten Metaldehyds veranlaßt, es hatte bei schwächerer Kühlung des schon Uebergeganenen die spontane Erwärmung der Destillate hervorgebracht. Daß die Produkte nach längerer Aufbewahrung keine sich erhitzenden Destillate, sondern neben Aldehyd Paraldehyd lieferten, läßt vermuthen, daß die fermentartig wirkende Substanz durch Verflüchtigung oder vielleicht durch chemische Umwandlung verschwunden war.

Die Natur der im frischen Vorlauf vorhandenen fermentartig wirkenden Substanz konnte durch direkte Versuche nicht ermittelt werden. Die Vermuthung lag nahe, daß in diesem Falle irgend welche Oxyde des Stickstoffs eine Rolle gespielt haben möchten, und es konnte in der That durch besondere Versuche festgestellt werden, daß Salpetersäure, Untersalpetersäure und auch salpetrige Säure, selbst wenn sie nur in Spuren vorhanden sind, auf Aldehyd in ähnlicher Weise modificirend einwirken, wie dies früher für Salzsäure, für Kohlenoxychlorid etc. nachgewiesen worden ist.

Das Vorhandensein von Paraldehyd in den aufbewahrten Produkten läßt es wahrscheinlich erscheinen, daß der Körper, den die HH. K r ä - m e r und P i n n e r für Acetal ansahen, ebenfalls nichts anderes war als Paraldehyd. Es könnte zwar immerhin durch direkte Einwirkung von Aldehyd auf Alkohol, selbst bei gewöhnlicher Temperatur, Acetal gebildet werden; aber wenn man diese Annahme nicht machen will, so ist es schwer einzusehen, wie das erst über 100⁰ siedende Acetal in den niedrig siedenden Vorlauf gelangen sollte, der bei der Rektifikation des Rohspiritus vor so beträchtlichen Mengen von Alkohol aufgesammelt wird.

Die mitgetheilten Beobachtungen scheinen weiter ein neues Licht auf die Bildung des im Rohspiritus enthaltenen Aldehyd zu werfen. Die HH. K r ä m e r u. P i n n e r nehmen an, daß der Aldehyd auf den Kohlenfiltern durch Oxydation des Alkohols gebildet werde; man wird vielleicht mit größerer Wahrscheinlichkeit annehmen dürfen, daß er schon bei der Gährung entstehe. Denn wenn auch die Fabrikanten von Melasse-

Spiritus die sogenannte salpetrige Gährung jetzt möglichst zu vermeiden
sich bemühen, so daß nur selten salpetrige Dämpfe beobachtet werden,
so ist doch wahrscheinlich, daß die salpetrige Gährung, wenn nicht
immer, so doch wenigstens häufig in geringem und deßhalb wenig auffallendem Maße eintritt, wenn die der Alkoholgährung unterworfenen
Flüssigkeiten reich an salpetersauren Salzen sind. Bei der salpetrigen
Gährung aber rühren die braunen Dämpfe, wie dies S c h l o e s i n g und
D u b r u n f a u t , den Ansichten von R e i s e t u. A. gegenüber, schon angenommen haben, offenbar von der Reduktion der Salpetersäure her, und
es ist einleuchtend, daß der so leicht oxydirbare Alkohol von der sich
zersetzenden Salpetersäure zum Theil in Aldehyd umgewandelt werden
muß.

---

Aug. Kekulé:

# Butylenylycol, ein neues Condensationsproduct des Aldehyd.

(Mittheilung aus dem chemischen Institut der Universität Bonn, eingegangen
am 3. Februar.)

B. 5, 56—59 (1872) [1]).

Der Benzaldid erzeugt bei gewissen Reactionen unter Aufnahme
von Wasserstoff und gleichzeitiger Verdoppelung des Moleküls ein eigenthümliches Condensationsproduct, das Hydrobenzoïn: $C_{14}H_{14}O_2$. Ein
ähnlicher Abkömmling ist bis jetzt aus dem Aldehyd der Essigsäure
nicht erhalten worden. Seine Darstellung bot in mehrfacher Hinsicht
Interesse. Ein Körper, der zum Acetaldid in derselben Beziehung steht
wie das Hydrobenzoïn zum Benzaldid, müßte nämlich ein zweiwerthiger
Alkohol, ein Butylenglycol sein: $C_4H_{10}O_2$. Man durfte hoffen durch das
Studium seiner Umwandlungsproducte seine Constitution aufklären zu
können, und namentlich festzustellen, an welche Kohlenstoffatome die
beiden Wasserreste (OH) angelagert sind. Die am Glycol der Fettgruppe
gemachten Erfahrungen waren dann vielleicht auf den in entsprechen-

---

[1]) Sitzgsber. d. Niederrhein. Ges. f. Nat. u. Heilkunde. Allgemeine Sitzung vom
8. Jan. 1872, S. 3—6.   (A.)

der Weise entstehenden zweiwerthigen Alkohol der aromatischen Reihe anwendbar, und so konnte ein Beitrag zur Kenntniss des Hydrobenzoïns geliefert werden, dessen Constitution immer noch nicht mit Sicherheit festgestellt ist.

Auf beträchtliche experimentelle Schwierigkeiten mußte man bei der Untersuchung gefaßt sein, denn gerade diejenigen Agentien, welche aus Benzaldid eine reichliche Ausbeute an Hydrobenzoïn liefern, konnten bei dem so leicht veränderlichen Aldehyd der Essigsäure nicht in Anwendung gebracht werden. Am meisten Aussicht auf Erfolg bot die Behandlung des stark mit Wasser verdünnten Aldehyd mit Natriumamalgam in einer durch zeitweiligen Säurezusatz stets schwach sauer gehaltenen Lösung. Dies sind nun gerade die Bedingungen, durch welche Wurtz den Aldehyd zu Aethylalkohol reducirt hat. Da jedoch Wurtz seine Versuche in der Absicht angestellt hat, diese Reducirbarkeit des Aldehyds zu Alkohol darzuthun, so durfte angenommen werden, daß das gleichzeitig und vielleicht nur in geringer Menge entstehende Butylenglycol seiner Aufmerksamkeit entgangen war.

Der Versuch hat diese Vermuthung bestätigt, aber er hat auch gezeigt, daß selbst in den günstigsten Bedingungen nur sehr kleine Mengen von Butylenglycol gebildet werden, so daß sehr beträchtliche Quantitäten von Aldehyd verarbeitet werden mußten, um die zu einer auch nur halb erschöpfenden Untersuchung nöthige Menge des Condensationsproductes darzustellen.

Auf die Details der Versuche will ich hier nicht eingehen. Die Gewinnung und Reinigung des Productes wurde auf die Eigenschaften begründet, welche von dem gesuchten Körper nach Zusammensetzung und Analogie erwartet werden durften. Die vom Quecksilber abgegossene und filtrirte Flüssigkeit wurde also zunächst neutralisirt und destillirt, um den gebildeten Alkohol zu gewinnen; dann wurden noch nicht näher untersuchte Nebenproducte durch Ausschütteln mit Aether entfernt, die wäßrige Flüssigkeit bis fast zur Trockne eingedampft, mit Alkohol versetzt, von dem ausgeschiedenen Chlornatrium abfiltrirt und destillirt. Aus den höher siedenden Antheilen des Destillats konnte das Butylenglycol durch mehrmalige Rectification rein erhalten werden.

Das aus Aldehyd entstehende Butylenglycol siedet bei 203,5°—204°. Es ist eine wasserhelle, dickflüssige, dem Glycol ähnliche Flüssigkeit, von süßem, schwach stechendem Geschmack. In Wasser und Alkohol ist es leicht, in Aether nicht löslich; mit Wasserdämpfen ist es nur wenig

flüchtig. Die Analyse führt zu der Formel: $C_4H_{10}O_2$. Ich halte es kaum
für zweifelhaft, daß der Körper wirklich ein Glycol ist, daß er also zweimal den Wasserrest OH enthält, durch besondere Versuche habe ich indeß die Alkoholnatur bis jetzt nicht festgestellt.

Wichtiger schien mir vorerst das Studium der Oxydationsproducte,
weil ich hoffte auf diesem Weg die Constitution des Körpers mit Sicherheit ermitteln zu können.

Von den zahlreichen, der Theorie nach denkbaren Modificationen
eines Glycols von der Formel $C_4H_{10}O_2$, kommen nun hier, da es sich um
ein durch Condensation von zwei Aldehydmolekülen entstandenes Product handelt, nur drei in Betracht, welche durch folgende Formeln ausgedrückt werden:

1)  $CH_2(OH)$ ————— $CH_2$ ————— $CH_2$ ————— $CH_2(OH)$
2)  $CH_2(OH)$ ————— $CH_2$ ————— $CH(OH)$ ——— $CH_3$
3)  $CH_2$ ————— $CH(OH)$ ——— $CH(OH)$ ——— $CH_3$.

Ein Körper von der ersten Formel kann bei der Oxydation zunächst Oxybuttersäure, er muß als Endproduct Bernsteinsäure liefern. Auch aus
dem zweiten Glycol könnte in erster Linie eine Oxybuttersäure entstehen;
eine zweibasische Säure kann bei weiterer Oxydation nicht gebildet werden, es ist vielmehr Spaltung in Essigsäure und Oxalsäure resp. deren
Zersetzungsproducte zu erwarten. Das dritte Glycol endlich kann bei
der Oxydation überhaupt keine Säure von vier Kohlenstoffatomen liefern; es muß direct in zwei Essigsäuremoleküle zerfallen.

Die Resultate verschiedener sowohl mit Salpetersäure als mit einer
wässrigen Lösung von Chromsäure ausgeführten Oxydationsversuche
sind folgende. Mit Salpetersäure liefert das aus Aldehyd dargestellte
Butylenglycol, neben etwas Kohlensäure, viel Essigsäure, aus dem Rückstand konnten reichliche Mengen von Oxalsäure in Substanz dargestellt
werden. Bernsteinsäure war nicht zu finden, überhaupt keine andere organische Säure. Auch bei Oxydation mit Chromsäure wurde neben Kohlensäure viel Essigsäure erhalten, die durch das angewandte Oxydationsmittel so leicht zersetzbare Oxalsäure war zerstört worden. Bei Anwendung beider Oxydationsmittel machte sich Crotonaldehyd durch seinen
charakteristischen Geruch bemerkbar; bei beiden wurden geringe
Mengen von gewöhnlichem Aldehyd mit Sicherheit nachgewiesen.

Die Hauptproducte dieser Oxydationen stellen es wohl außer Zweifel,
daß das untersuchte Butylenglycol durch folgende Formel ausgedrückt
werden muß:

$$CH_3 \cdots CH(OH) \cdots CH_2 \cdots CH_2(OH)$$

der Mechanismus seiner Bildung erscheint dann demjenigen ganz ähnlich, durch welchen zwei Aldehydmoleküle sich unter Austritt von Wasser zu Crotonaldehyd vereinigen.

Das Auftreten von Crotonaldehyd bei der Oxydation des Butylenglycols macht es wahrscheinlich, daß die Reaction durch Austritt von Wasser beginnt. So entsteht vielleicht Crotonalkohol:

$$CH_3 \cdots CH = CH \cdots CH_2(OH),$$

der direkt zu Crotonaldehyd oxydirt wird. Ich habe mich in der That durch besondere Versuche davon überzeugt, daß der Crotonaldehyd, sowohl mit Salpetersäure als auch mit wässriger Chromsäure genau dieselben Oxydationsprodukte liefert, wie das Butylenglycol. Da auch hier Aldehyd beobachtet wurde, so mußte weiter geschlossen werden, daß saure Oxydationsmittel, wie Salpetersäure und Chromsäure, die doppelte Kohlenstoffbindung durch Sauerstoffeintritt sprengen. So entsteht einerseits der Aldehyd der Essigsäure, andrerseits ein Aldehyd der Oxalsäure; beide werden dann weiter oxydirt. Dies führte dazu, auch die Crotonsäure selbst der Oxydation zu unterwerfen. Der Versuch zeigte, daß auch sie bei Oxydation mit Salpetersäure Oxalsäure liefert, während bei Oxydation mit chromsaurem Kali und Schwefelsäure Aldehyd nachgewiesen werden konnte.

Salpetersäure und Chromsäure wirken also auf Substanzen mit doppelter Kohlenstoffbindung in ganz anderer Weise spaltend, als schmelzendes Kalihydrat. Sie lösen die dichtere Kohlenstoffbindung durch Zufuhr von Sauerstoff. Das schmelzende Kalihydrat ist kein wahres Oxydationsmittel; es wirkt vielmehr Säure bildend, aber gleichzeitig hydrogenisirend. Indem es die doppelte Kohlenstoffbindung sprengt, wandelt es das eine Kohlenstoffatom in die Säure-Gruppe $\cdots CO_2H$ um, und führt gleichzeitig dem anderen Kohlenstoffatom Wasserstoff zu. Deßhalb liefert der Crotonaldehyd bei Oxydation mit Salpetersäure Essigsäure und Oxalsäure, während die Crotonsäure beim Schmelzen mit Kalihydrat zwei Moleküle Essigsäure bildet.

Ob die in Betreff der Constitution des Butylenglycols gemachten Erfahrungen auf das Hydrobenzoïn anwendbar sind oder nicht, will ich für den Augenblick nicht entscheiden. Will man, gestützt auf die Aehnlichkeit der Bildung, beide Körper für analog constituirt ansehen, so muß das Hydrobenzoïn durch folgende Formel ausgedrückt werden:

$$C_6H_5 \cdots CH(OH) \cdots C_6H_4 \cdots CH_2(OH)$$

Es erschiene dann als ein Abkömmling des von Z i n c k e vor Kurzem
entdeckten Benzyltoluols, oder vielleicht eines mit diesem interessanten
Kohlenwasserstoff nur durch die relativ verschiedene Stellung der an
die Gruppe $C_6H_4$ angelagerten Reste verschiedenen Körpers[1]).

---

# Ueber einige Condensationsproducte des Aldehyds[2]);
## von Aug. Kekulé.

(Mittheilung aus dem chemischen Institut der Universität Bonn.)

(Eingelaufen den 14. Februar 1872.)

A. **162,** 77—123 (26. 3. 1872).

I. *Theoretische Betrachtungen und historische Notizen über die*
*Constitution des Benzols.*

Die Versuche, über welche ich im Nachfolgenden berichten will, wurden durch gewisse Betrachtungen über die Constitution des Benzols veranlaßt, und ich halte es um so mehr für geeignet, wenigstens einige Andeutungen über diesen Gegenstand hier zu geben, als es mir vielleicht
möglich sein wird, die Geschichte der Entwickelung unserer Ansichten
über das Benzol durch Mittheilung einzelner wenig bekannter Momente
zu ergänzen und meine eigenen Ansichten vollständiger darzulegen, als
ich es seither für zweckmäßig gefunden habe.

Als ich im Jahre 1865 meine Ansichten über die Constitution der
aromatischen Verbindungen zuerst veröffentlichte[3]), stellte ich im
Wesentlichen folgende Sätze auf, die freilich damals, der Natur der
Sache nach, nicht so bestimmt gefaßt waren, als wir sie jetzt auszudrücken gewohnt sind.

1) In allen aromatischen Substanzen kann eine gemeinschaftliche
Gruppe, ein *Kern,* angenommen werden, der aus sechs Kohlenstoffatomen besteht.

2) **Diese sechs Kohlenstoffatome sind so gebunden, daß noch sechs**
**Kohlenstoffverwandtschaften verwendbar bleiben.**

---

[1]) Vgl. Z i n c k e , Diese Berichte IV. 838 (1871).

[2]) Vgl. die vorl. Mittheilungen: Berichte d. deutsch. chem. Gesellschaft **2,**
362, 365 (1869); **3,** 135, 604 (1870).

[3]) Diese Annalen **137,** 158 (1866).

3) Durch Bindung dieser sechs Verwandtschaften mit anderen Elementen, welche ihrerseits weitere Elemente in die Verbindung einführen können, entstehen alle aromatischen Substanzen.

4) Zahlreiche Fälle von Isomerie unter den Benzolderivaten erklären sich durch die relativ verschiedene Stellung der die verwendbaren Verwandtschaften des Kohlenstoffkerns bindenden Atome.

5) Die Art der Bindung der sechs Kohlenstoffatome in dem sechswerthigen Benzolkern, also die Structur dieses Kerns, kann man sich so vorstellen, daß man annimmt, die sechs Kohlenstoffatome seien abwechselnd durch je eine und durch je zwei Verwandtschaften zu einer ringförmig geschlossenen Kette vereinigt.

Es kommt mir nicht zu, die Frage zu erörtern, ob die Veröffentlichung dieser Hypothese für die weitere Entwickelung der Wissenschaft förderlich gewesen ist oder nicht; aber ich glaube nicht zu irren, wenn ich sage, daß die vier ersten Sätze zur Zeit ihrer Aufstellung sich den damals bekannten Thatsachen direct anschlossen und daß sie in nahezu allen seither gemachten Beobachtungen weitere Stützen fanden.

Der fünfte Satz ist an sich mehr hypothetischer Natur als die anderen, und ich habe wohl kaum nöthig, zu versichern, daß ich die in ihm ausgesprochene Ansicht niemals für etwas Anderes gehalten habe als für eine Hypothese. Obgleich im Allgemeinen stillschweigend angenommen, ist er doch wiederholt Gegenstand der Discussion gewesen. In der That ergiebt sich direct aus den Principien der Werthigkeit, daß über die Art der Bindung der sechs Kohlenstoffatome verschiedene Hypothesen aufgestellt werden können, und der in meiner ersten Mittheilung vorkommende Satz: „die einfachste Hypothese, welche man sich über diesen Gegenstand bilden kann" u. s. w., zeigt wohl deutlich, daß ich damals schon unter verschiedenen Hypothesen eine Auswahl traf.

Wenn man bei der Discussion der über die Art der Bindung der sechs Kohlenstoffatome möglichen Hypothesen nur die Fälle berücksichtigt, bei welchen diese sechs Atome einen geschlossenen Ring oder überhaupt eine einheitliche Gruppe bilden, so ist immer eine sehr beträchtliche Anzahl von Fällen in Rücksicht zu ziehen. Wenn dann aus der großen Beständigkeit des aromatischen Kerns auf eine möglichste Gleichgewichtslage oder auf möglichst eng gedrängte und symmetrische Bindung geschlossen werden soll, so vermindert sich die Anzahl der noch zulässigen Hypothesen beträchtlich. Will man weiter aus dem Gesammtverhalten der aromatischen Substanzen den Schluß ziehen, die

sechs verwendbaren Verwandtschaften seien auf die sechs Kohlenstoffatome einigermaßen gleichmäßig vertheilt und sie seien zudem gleichwerthig, so bleibt nur eine verhältnißmäßig geringe Zahl von Hypothesen
als zulässig übrig.

Stellt man nach dem schon oft benutzten Schema, und um von vornherein den Gedanken einer ringförmigen Bindung auszudrücken, die
Kohlenstoffatome in ein Sechseck, und verbindet man diejenigen Kohlenstoffpaare, die man sich in nochmaliger Bindung denkt, durch weitere
Striche, so gelangt man zu Figuren, von welchen sich die folgenden drei
durch besondere Symmetrie auszeichnen:

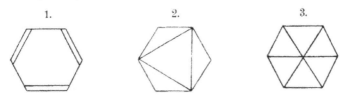

In jeder dieser drei schematischen Formeln ist eine gewisse Art der
dichteren Bindung dreimal in Anwendung gebracht. In den Formeln 1
und 3 behält jedes Kohlenstoffatom noch Eine Verwandtschaft; in 2 dagegen können drei Kohlenstoffatome durch je zwei Verwandtschaften
thätig sein. Wenn man aus dem Verhalten der aromatischen Substanzen
— wofür freilich zwingende Gründe nicht vorliegen — den Schluß zieht,
die sechs verwendbaren Verwandtschaften des aromatischen Kerns seien
gleichmäßig auf die sechs Kohlenstoffatome vertheilt, so verdienen nur
die Schemata 1 und 3 noch weitere Berücksichtigung.

Nächst den mitgetheilten Formeln zeichnen sich noch die folgenden
beiden durch Symmetrie aus:

Auch sie drücken den Gedanken aus, daß jedes der sechs Kohlenstoffatome noch durch Eine Verwandtschaft thätig sein kann.

Alle sonst noch denkbaren Gruppirungen, gleichgiltig ob die durch
1, 2 und 3 ausgedrückten Bindungsweisen in andere Stellung gebracht,

oder ob mehrere derselben anders combinirt werden, als dieß in 4 und 5
geschehen ist, führen zu so großen Unwahrscheinlichkeiten, daß von
ihnen nicht weiter die Rede zu sein braucht.

Das Schema 1 drückt nun die Hypothese aus, die ich ursprünglich
mitgetheilt habe. Eine etwas modificirte Auffassung, auf die ich hier
nicht näher eingehen will, gab bald nachher H a v r e z [1]. Dann machte
D e w a r [2] darauf aufmerksam, daß über die Bindung der sechs Kohlenstoffatome mancherlei Hypothesen aufgestellt werden können, unter welchen er auch die durch das Schema 4 ausgedrückte aufführt. Später gab
C l a u s [3] ausführliche Betrachtungen über einzelne dieser Hypothesen;
er discutirte wesentlich diejenigen, die durch die Schemata 3 und 5 ausgedrückt sind, und entschied sich dann zu Gunsten von Nr. 3, wie ihm
denn überhaupt „Kerne mit centraler und kreuzweiser Bindung besonders wahrscheinlich" erschienen. Die durch Schema 4 ausgedrückte Ansicht wurde von S t ä d e l e r [4] 1868 ausgesprochen und begründet. Das
von K o l b e [5] als rationeller Ausdruck für die chemische Constitution
des Benzols mitgetheilte Symbol:

$$\left.\begin{array}{l} CH \\ CH \\ CH \\ H_3 \end{array}\right| C_3$$

fällt mit dem Schema 3 zusammen; vorausgesetzt, daß man eine Ansicht
über die Art der Bindung der Kohlenstoffatome hineinliest, die der Autor
gewiß nicht durch sein Symbol hat ausdrücken wollen. Die von C a -
r i u s [6] gebrauchte Formel:

$$C_H^{CH} \underline{\qquad} C_H^{CH} \underline{\qquad} C_H^{CH}$$

ist an sich nicht ganz deutlich. Man weiß nicht, ob die kleiner geschriebenen Kohlenstoffatome zweiwerthig, oder ob und wie sie gebunden gedacht werden sollen. Soll sich oben dieselbe Bindung wiederholen wie

---

[1] Principes de la chimie unitaire par P. H a v r e z , 1866; vgl. K e k u l é ,
Lehrb. der org. Chem. II, 515.

[2] Proceedings of the Royal Society of Edinburgh, Session 1866 bis 1867, 82.

[3] Theoretische Betrachtungen und deren Anwendung zur Systematik der organischen Chemie von A. C l a u s. Freiburg 1867, 207.

[4] Journal für praktische Chemie 103, 106 (1868).

[5] Ueber die chemische Constitution der org. Kohlenwasserstoffe, von
H. K o l b e , Braunschweig 1869, 11.

[6] Diese Annalen 149, 287 (1869).

unten, so fällt diese Auffassung mit der des Schema's 5 zusammen. In neuerer Zeit hat endlich Ladenburg[1]) für die Formel 5 eine Lanze gebrochen, während Wichelhaus[2]) meint, die Auffassung 4 sei wohl geeignet, den verschiedenen Anforderungen Genüge zu leisten.

Es würde zu weit führen, wenn ich alle die Gründe zusammenstellen und discutiren wollte, die für und wider diese verschiedenen Ansichten beigebracht werden können und beigebracht worden sind; ich darf also wohl auf das verweisen, was von den genannten und anderen Fachgenossen über diesen Gegenstand mitgetheilt worden ist[3]).

Ich muß jetzt bemerken, daß auch mir die durch die Schemata 3 und 5 ausgedrückten Ansichten längere Zeit eine besondere Wahrscheinlichkeit zu haben schienen; und zwar wesentlich aus folgenden Gründen. Es muß angenommen werden, daß die Atome eines polyatomen Moleculs räumlich so angeordnet sind, daß sie allen Anziehungskräften möglichst genügen können. Die Anordnung vieler Atome in einer Ebene wird zwar dadurch nicht ausgeschlossen, aber sie scheint auf den ersten Blick wenig wahrscheinlich zu sein. So könnte man veranlaßt werden, denjenigen Anschauungen über das Benzol eine größere Wahrscheinlichkeit zuzuschreiben, aus welchen sich eine regelmäßige Anordnung der sechs Kohlenstoffatome im Raume herleitet. Der durch das Schema 1 ausgedrückte Gedanke entspricht nun schon in der Betrachtung einer ebenen Anordnung, und auch das Modell, welches ich zur Versinnlichung unserer Vorstellungen über die Verkettung der Atome vor längerer Zeit empfohlen habe[4]), führt zu einer Figur, in welcher alle Atome in einer und derselben Ebene stehen. Die Schemata 3 und 5 lassen sich durch das Modell in je zwei Weisen ausdrücken; die eine Form des Schema's 5 ist ein dreiseitiges Prisma mit den sechs Kohlenstoffatomen in den sechs Ecken; die schönere Form des Schema's 3 hat Aehnlichkeit mit einem auf einer Dreiecksfläche aufliegenden, etwas platt ausgebildeten Octaëder. Die von Wichelhaus empfohlene, durch das Schema 4 ausgedrückte Ansicht führt im Modell zu einer unsymmetrischen Figur.

Solche Betrachtungen und die Form derartiger Modellfiguren hatten mich Anfangs bestochen und während längerer Zeit geneigt gemacht,

[1]) Berichte d. deutschen chem. Gesellsch. 1869, 2, 140 u. 172.
[2]) Berichte d. deutschen chem. Gesellsch. 1869, 2, 197.
[3]) Vgl. V. Meyer, diese Annalen 156, 295 (1870) und 159, 24 (1871); Hübner das. 158, 33 (1871) und Berichte d. deutsch. chem. Ges. 1871, 4, 611.
[4]) Zeitschrift für Chemie 1867, N. F. 3, 218.

den durch die Schemata 3 und 5 ausgedrückten Ansichten eine besondere Wahrscheinlichkeit zuzuschreiben. Durch chemische Erwägungen bin ich dann wieder dazu geführt worden, meiner ursprünglichen Ansicht den Vorzug zu geben. Da zahlreiche Gründe zu Gunsten dieser Ansicht in letzter Zeit von anderer Seite vorgebracht worden sind, so kann ich mich hier auf wenige Andeutungen beschränken.

Die Bildung des Benzols aus Acetylen und die Synthese des Mesitylens aus Aceton erklären sich bei dieser Auffassung eben so leicht wie bei irgend einer anderen, und jedenfalls symmetrischer und deshalb eleganter, wie bei den durch die Schemata 4 und 5 ausgedrückten Ansichten. Die Beziehungen des Naphtalins und auch des Anthracens zu Benzol, so wie wir dieselben — freilich ohne zwingenden Grund — jetzt auffassen, lassen sich klar und deutlich ausdrücken, was bei Schema 3 und 5 nicht der Fall ist. Am meisten Werth glaube ich auf die Additionsfähigkeit des Benzols legen zu müssen. Da nämlich das Aethylen in derselben Weise wie das Benzol sich zu Chlor oder Brom zu addiren vermag, und da in dem Aethylen doch wohl doppelt gebundene Kohlenstoffatome angenommen werden müssen, so scheint die Annahme berechtigt oder wenigstens wahrscheinlich, eine solche Additionsfähigkeit werde durch doppelte Kohlenstoffbindung hervorgebracht; die doppelte Bindung wird zur Hälfte gelöst und an die so verwendbar werdenden Kohlenstoffverwandtschaften tritt das sich addirende Haloïd. Im Aethylen ist die doppelte Bindung einmal vorhanden; es werden zwei Chloratome addirt. Im Benzol nimmt das Schema 1 drei doppelte Bindungen an, und dem entsprechend addiren sich auch drei Molecule oder sechs Atome. Wollte man den durch die Schemata 3 oder 5 ausgedrückten Ansichten den Vorzug geben, so müßte man annehmen, daß auch Kohlenstoffatome, die nur in einfacher Bindung stehen, durch derartige Reactionen gelöst werden können, wofür unter den einfacheren Kohlenstoffverbindungen kein Beispiel bekannt ist. Bei der durch das Schema 4 ausgedrückten Ansicht müßte sogar die Annahme gemacht werden, daß einfach gebundene und doppelt gebundene Kohlenstoffatome sich in gleicher Weise und mit gleicher Leichtigkeit zu lösen vermögen, was gewiß nicht wahrscheinlich ist. Zudem bringen alle diese Formeln (3, 4 und 5) in Betreff der Anzahl der Additionsproducte völlig in Verwirrung.

Zwei Bedenken, welche gegen meine Benzolformel vorgebracht worden sind, müssen jetzt berührt und das eine derselben etwas eingehender besprochen werden.

Nach der durch das Schema 1 ausgedrückten Ansicht sind die sechs Wasserstoffatome des Benzols absolut gleichwerthig. Es kann also nur Eine Art von Pentachlorbenzol geben. Die Existenz eines zweiten Pentachlorbenzols ist mit dieser Ansicht völlig unverträglich. Ich will die über die beiden Pentachlorbenzole vorliegenden Angaben nicht der Kritik unterziehen, aber ich glaube, man darf dem auf ihre Existenz begründeten Einwand kein allzu großes Gewicht beilegen. Die Erfahrungen der neueren Zeit, und namentlich diejenigen, welche Beobachtungen betreffen, die mit der Benzoltheorie im Widerspruch zu sein schienen, rechtfertigen gewiß einigermaßen die Vermuthung, daß das eine der beiden Pentachlorbenzole durch genauere Untersuchung verschwinden werde.

Andererseits kann zu Gunsten dieser Benzolformel, und besonders der jetzt in Rede stehenden, aus ihr sich herleitenden Consequenz, angeführt werden, daß sonst kein Fall von Isomerie bei Monoderivaten des Benzols beobachtet worden ist, und daß specielle, auf Darstellung derartiger Isomerieen gerichtete Versuche, deren auch ich manche angestellt habe, stets negative Resultate geliefert haben.

Gewichtiger erscheint, wenigstens auf den ersten Blick, ein zweiter Einwand gegen die durch das Schema 1 ausgedrückte Benzolformel. Man sagt, und mit scheinbarem Recht, die Kohlenstoffpaare des Benzols seien zweierlei Art, doppelt gebundene und einfach gebundene. Für Biderivate mit benachbarter Stellung müsse es also, der Theorie nach, stets zwei Modificationen geben, je nachdem die Vertretung an $C = C$ oder an $C - C$ stattgefunden habe. So werde die Zahl isomerer Biderivate zu 4, während thatsächlich nie mehr als drei bekannt seien. Einzelne Chemiker haben daher die Benzolformel 1 verlassen und sich einer der durch 3 oder 5 ausgedrückten Ansichten zugewandt. Andere meinen, eine solche Verschiedenheit sei zwar ideell vorhanden, aber ein so feiner Unterschied der Structur übe keinen merklichen Einfluß auf die Eigenschaften aus, er bedinge Unterschiede, für deren Erkennung wir noch keine Mittel besitzen[1]. Ob die Schwierigkeit durch solche Hypothesen gehoben wird, lasse ich dahingestellt; ich meinerseits würde die von mir herrührende Benzolformel fallen lassen, wenn ich sie nur durch derartige Annahmen noch retten könnte. Daß Ladenburg und mit ihm Andere auf die mögliche Verschiedenheit der Biderivate 1,

---

[1] V. Meyer. diese Annalen 156, 295 (1870).

2 und 1, 6 (C = C, und C — C) wohl allzuviel Werth legen, habe ich
mehrfach zu äußern Gelegenheit genommen. Ich bin schon seit lange
der Meinung, diese Ansicht leite sich mehr aus der Form ab, deren wir
uns bedienen, als aus dem Gedanken, welchen diese Form in etwas unvollkommener Weise ausdrückt.

Ich halte es jetzt für geeignet, meine Ansichten über diesen Gegenstand etwas ausführlicher darzulegen. Dieß nöthigt mich freilich dazu,
eine Hypothese mitzutheilen, die ich mir schon seit Jahren über die Art
der Bewegung der Atome im Molecul gebildet habe, und deren Veröffentlichung ich auch jetzt noch zurückgehalten hätte, wenn ihre Anwendung auf das Benzol nicht zu Schlüssen führte, die mir für die Theorie
des Benzols von Wichtigkeit zu sein scheinen. Dabei muß ich zunächst
bemerken, daß ich für den Augenblick von dieser Hypothese nur diejenigen Punkte berühren werde, die mit dem in Rede stehenden Gegenstand in engster Beziehung stehen; zahlreiche andere Details meiner allgemeinen Anschauung bleiben also vorläufig unerörtert.

Die Atome müssen in den Systemen, die wir Molecule nennen, in
fortwährender Bewegung angenommen werden. Diese Ansicht ist von
Physikern und Chemikern schon häufig ausgesprochen und schon im
ersten Theil meines Lehrbuchs wiederholt erörtert worden. Ueber die
Form der intramolecularen Atombewegungen hat meines Wissens noch
Niemand sich geäußert. Die Chemie wird nun jedenfalls die Anforderung stellen müssen, daß eine solche mechanische Hypothese dem von
ihr erkannten Gesetz der Verkettung der Atome Rechnung trage. Eine
planetarische Bewegung der Atome ist also nicht zulässig; die Bewegung muß jedenfalls der Art sein, daß alle Atome des Systems in derselben relativen Anordnung verharren, also stets zu einer mittleren
Gleichgewichtslage zurückkehren. Wenn man nun unter den zahlreichen Vorstellungen, die man sich etwa bilden könnte, diejenige aus-
wählt, welche am Vollständigsten den chemischen Anforderungen Rechnung trägt und sich am engsten an die Vorstellung anschließt, welche
die heutige Physik sich über die Art der Bewegung der Molecule gebildet hat, so wird man die folgende Annahme wohl für die wahrscheinlichste halten dürfen.

Die einzelnen Atome des Systems prallen in einer im Wesentlichen
geradlinigen Bewegung an einander an, um sich, als elastische Körper,
wieder von einander zu entfernen. Was man in der Chemie durch Werthigkeit (oder Atomigkeit) bezeichnet, gewinnt jetzt eine mehr mecha-

nische Bedeutung: die Werthigkeit ist die relative Anzahl der Stöße, welche ein Atom in der Zeiteinheit durch andere Atome erfährt. In derselben Zeit, in welcher die einwerthigen Atome eines biatomen Moleculs einmal aneinander prallen, kommen, bei gleicher Temperatur, zweiwerthige Atome eines ebenfalls biatomen Moleculs zweimal zum Stoß. Unter denselben Bedingungen ist in der Zeiteinheit bei einem aus zwei einwerthigen und einem zweiwerthigen Atome bestehenden Molecul die Anzahl der Stöße für das zweiwerthige Atom $= 2$, für jedes der einwerthigen $= 1$.

Zwei Atome des vierwerthigen Kohlenstoffs prallen, wenn sie, wie wir jetzt sagen, durch Eine Verwandtschaft gebunden sind, in der Zeiteinheit — also in der Zeit, in welcher der einwerthige Wasserstoff seine Bahn einmal zurücklegt —, einmal aneinander; sie stoßen in derselben Zeiteinheit noch mit drei anderen Atomen zusammen. Kohlenstoffatome, die wir jetzt doppelt gebunden nennen, prallen in der Zeiteinheit zweimal aneinander und erleiden in derselben Zeiteinheit nur zwei Stöße durch andere Atome[1]) u. s. w.

Ueberträgt man diese Anschauung auf das Benzol, so erscheint die von mir vorgeschlagene Benzolformel als ein Ausdruck der folgenden Vorstellung. Jedes Kohlenstoffatom prallt in der Zeiteinheit dreimal an andere Kohlenstoffe und zwar an zwei andere Kohlenstoffatome an; einmal an das eine, zweimal an das andere. In derselben Zeiteinheit trifft es auch einmal mit dem Wasserstoff zusammen, welcher während derselben Zeit seine Bahn einmal zurücklegt.

Stellt man nun das Benzol durch die bekannte Sechseckformel dar, und berücksichtigt man irgend eins der sechs Kohlenstoffatome, z. B. das mit 1 bezeichnete:

so kann man die Stöße, welche es in der ersten Zeiteinheit erfährt, ausdrücken durch:

$$1. \quad 2, 6, \text{h}, 2,$$

worin h den Wasserstoff bedeutet. In der zweiten Zeiteinheit wendet

---

[1]) Diese Vorstellung über die Bewegung der Atome im Molecul läßt sich durch phenakistoscopische Bilder sehr schön anschaulich machen.

sich dasselbe Kohlenstoffatom, welches gerade von 2 kommt, zunächst
zu dem Kohlenstoff 6. Seine Stöße während der zweiten Zeiteinheit sind:

2.    6, 2, h, 6.

Während die Stöße der ersten Zeiteinheit durch die oben geschriebene Formel ausgedrückt werden, finden die der zweiten ihren Ausdruck in der folgenden Formel:

$$\begin{array}{c}
{}^{H}C \underset{4}{\;} \overset{}{-} \underset{3}{\;} C^{H} \\
H\,C^{5} \qquad {}^{2}C\,H \\
H\,\underset{6}{C} = \underset{1}{C}\,H
\end{array}$$

Dasselbe Kohlenstoffatom ist also in der ersten Zeiteinheit mit einem
der beiden benachbarten, in der zweiten dagegen mit dem anderen der
benachbarten Kohlenstoffatome in doppelter Bindung.

Das einfachste Mittel aller Stöße eines Kohlenstoffatoms ergiebt sich
aus der Summe der Stöße der beiden ersten Zeiteinheiten, die sich dann
periodisch wiederholen. Dieses Mittel ist also:

2, 6, h, 2, 6, 2, h, 6;

und man sieht daher, daß jedes Kohlenstoffatom mit den beiden anderen, mit welchen es zusammenstößt, gleich oft zusammenprallt, also zu
seinen beiden Nachbarn genau in derselben Beziehung steht. Die gewöhnliche Benzolformel drückt natürlich nur die in Einer Zeiteinheit er-
folgenden Stöße, also die eine Phase, aus, und so ist man zu der Ansicht verleitet worden, Biderivate mit den Stellungen 1, 2 und 1, 6
müßten nothwendig verschieden sein. Wenn die eben mitgetheilte Vorstellung oder eine ihr ähnliche für richtig gehalten werden darf, so folgt
daraus, daß diese Verschiedenheit nur eine scheinbare, aber keine wirkliche ist.

So wahrscheinlich nach allen diesen Betrachtungen die von mir ursprünglich vorgeschlagene Benzolformel auch erscheinen mag, so kann
doch nicht verkannt werden, daß eine endgültige Lösung der Frage nach
der inneren Constitution des Benzols kaum anders als auf dem Weg des
Experiments erwartet werden kann. Es könnte nun freilich bei oberflächlicher Betrachtung scheinen, als sei eine derartige Frage dem Experiment überhaupt nicht zugänglich; bei genauerer Erwägung zeigt
sich indeß, daß an der Lösung doch nicht verzweifelt werden darf.

Die Structur des Benzols ist nämlich offenbar endgültig festgestellt, sobald es gelingt, diesen Kohlenwasserstoff synthetisch so darzustellen, daß die Art der Synthese über die Art der Bindung der Kohlenstoffatome keinen Zweifel läßt. Da nun aus Aceton das mit dem Benzol homologe Mesitylen erhalten werden kann, so schien mir zunächst der Aldehyd als Ausgangspunkt zu einer etwaigen Synthese des Benzols berücksichtigt werden zu müssen. Drei Molecule Aldehyd minus drei Moleculen Wasser enthalten die Elemente des Benzols.

Man erinnert sich nun, daß L i e b e n[1]) schon vor längerer Zeit einen Körper dargestellt hat, der, wie er sich ausdrückt, durch den Einfluß schwacher Affinitäten entsteht, und bei dessen Bildung sich zwei Aldehydmolecule unter Austritt von Wasser vereinigen. L i e b e n sah diese Substanz für den Aether des Aldehyds an und gab ihr die Formel $\begin{matrix} C_2H_3 \\ C_2H_3 \end{matrix} \Big\} O$. Man weiß weiter, daß B a e y e r[2]) über die Condensation des Aldehyds einige Versuche angestellt hat, die jedoch zu keinen bestimmten Resultaten führten. Man wird zugeben müssen, daß B a e y e r ' s Angaben von einer neuen Untersuchung eher abschrecken, als dazu aufmuntern mußten, und wenn ich mich dennoch entschlöß, in dieser Richtung neue Versuche anzustellen, so geschah dieß, weil mir das Problem der Benzolsynthese von ganz besonderer Wichtigkeit zu sein schien, und weil ich zudem die von B a e y e r ausgesprochene Ansicht über die Condensation dreier Aldehydmolecule nicht gerade für besonders wahrscheinlich hielt.

Der Aldehyd konnte sich, so schien mir, in verschiedener Weise condensiren. Es war denkbar, daß drei Aldehydmolecule sich unter Austritt von nur einem Molecul Wasser zu der Verbindung $C_6H_{10}O_2$ vereinigen; also zu der Substanz, deren Bildung B a e y e r voraussetzt, und aus welcher, seiner Ansicht nach, das nach Terpentinöl riechende, chlorhaltige Product $C_6H_{10}Cl_4$ entstanden war. Dann hätte der Vorgang durch folgende Formeln ausgedrückt werden können, in welchen die während der Condensation austretenden Atome eingeklammert sind:

$$H_2(H)C - COH \qquad\qquad H_2C - COH$$
$$H(O)C - CH_3 \quad \text{giebt} \quad HC - CH_3 \ .$$
$$H_2(H)C - COH \qquad\qquad H_2C - COH$$

---

[1]) Diese Annalen **106**, 336 (1858).
[2]) Diese Annalen Suppl. **5**, 79 bis 81 (1867).

Würde sich aus dem gebildeten Condensationsproduct (einem zweiwerthigen Aldehyd), durch Elimination von Wasser, oder würde sich
aus dem ihm entsprechenden Chlorid $C_6H_{10}Cl_4$ durch Entziehen von Salzsäure Benzol darstellen lassen, so wäre jedenfalls die von mir bevorzugte Benzolformel nicht mehr zulässig, und man würde wohl derjenigen Hypothese den Vorzug geben müssen, welche oben durch das
Schema 3 ausgedrückt wurde.

Wahrscheinlicher als diese Art der Condensation schien mir, nach
bekannten Analogieen, die folgende. Zwei Aldehydmolecule treten unter
Elimination von einem Molecul Wasser zu einer Substanz von der Formel $C_4H_6O$ zusammen. Dann muß die Condensation nach folgendem
Schema erfolgen:

$$\begin{array}{c} CH_3 - C(O)H \\ H(H_2)C - COH \end{array} = \begin{array}{c} CH_3 - CH \\ \parallel \\ CH - COH \end{array} = CH_3 - CH = CH - COH$$

und das Product muß das Verhalten eines einwerthigen Aldehyds zeigen. Kann dieses Product mit einem weiteren Aldehydmolecul in derselben Weise nochmals Condensation erfahren, so muß ein Körper von
der empirischen Formel $C_6H_8O$ entstehen, dessen Bildung sich durch folgendes Schema ausdrücken läßt:

$$\begin{array}{c} CH_3 - CH = CH - C(O)H \\ C(H_2)H - COH \end{array} = CH_3 - CH = CH - CH = CH - COH .$$

Läßt sich diesem Product dann Wasser entziehen oder kann das ihm
entsprechende Chlorid $C_6H_8Cl_2$ zwei Salzsäuremolecule eliminiren, so
muß Benzol oder wenigstens ein Kohlenwasserstoff von der Formel des
Benzols erhalten werden. Ist dieser Kohlenwasserstoff wirklich Benzol,
so ist die von mir vorgeschlagene Benzolformel zwar nicht absolut bewiesen, aber doch wenigstens sehr wahrscheinlich.

Ich muß nun gleich weiter bemerken, daß es mir bis jetzt nicht gelungen ist, aus dem Aldehyd Benzol oder auch nur einen Kohlenwasserstoff von der Zusammensetzung des Benzols darzustellen. Meine Versuche beweisen, daß die Condensation des Aldehyds nach den Gesetzen
erfolgt, welche ich in zweiter Linie erörtert habe; aber die Gewinnung
des zweiten Condensationsproductes ($C_6H_8O$) ist mit so großen Schwierigkeiten und so großen Verlusten verbunden, daß es mir bis jetzt nicht
gelungen ist, die Condensation weiter fortzuführen.

## II. *Condensation von Aldehyd unter Wasseraustritt.*

Ich habe zunächst die Condensation des Aldehyds mittelst Salzsäure versucht und mich dabei bei einzelnen Operationen möglichst den
von B a e y e r gegebenen Vorschriften angeschlossen. Die Einwirkung
verläuft etwa so wie es B a e y e r angiebt, je nach der Menge der Salzsäure und je nach der Temperatur bald rascher, bald langsamer. Statt
das Product mit Phosphorsuperchlorid zu behandeln, habe ich es zunächst mit Wasserdampf und dann für sich der Destillation unterworfen. Dabei wurde stets ein Körper erhalten, der vollständig den Geruch
und annähernd den Siedepunkt des sogenannten Acraldehyds besaß.
Gleichzeitig wurde ein krystallinisches Product beobachtet, dessen Analyse zu der Formel $C_4H_7ClO$ führte, und von dessen Natur ich mir Anfangs keine Rechenschaft zu geben vermochte. Bei einzelnen Operationen wurde außerdem ein mit Wasserdämpfen flüchtiger und schön
krystallisirender Körper erhalten, dessen Analyse zu der Formel
$C_{10}H_{18}Cl_2O_3$ führt.

Diese Beobachtungen ließen es wahrscheinlich erscheinen, daß sich
zunächst nur zwei Aldehydmolecule condensiren Sie ließen es wünschenswerth erscheinen, zunächst den sogenannten Acraldehyd einer genauen Untersuchung zu unterwerfen und gleichzeitig die von L i e b e n [1]
als Aldehydäther bezeichnete Verbindung von Neuem darzustellen.

Der Versuch zeigte bald, daß der Aldehyd bei Einwirkung größerer
Mengen von Chlorzink fast vollständig verharzt und sogar verkohlt.
Die Menge des Chlorzinks wurde dann schrittweise gemindert, und es
ergab sich, daß der Aldehyd, wenn er mit wenig Chlorzink, zweckmäßig
sogar bei Anwesenheit von etwas Wasser, längere Zeit auf 100° erhitzt
wird, reichliche Mengen eines Körpers liefert, der alle Eigenschaften
besitzt, welche B a u e r [2] für den Acraldehyd angiebt. Eine genauere
Untersuchung lehrte, daß diese Substanz nur schwer in völlig trockenem
Zustand erhalten werden kann, und daß sie, nach vollständiger Reinigung, nach der Formel $C_4H_6O$ zusammengesetzt ist, nicht aber nach der
Formel $C_4H_8O_2$, welche B a u e r dem Acraldehyd zuschreibt.

Eine Wiederholung der Versuche von L i e b e n [3] führte, so weit es

[1] Diese Annalen Suppl. **1**, 120 (1861).   (A.)
[2] Vgl. W u r t z, diese Annalen **108**, 84 (1858); B a u e r, daselbst **117**, 141 (1860).
[3] Diese Annalen **106**, 336 (1858).

den Verlauf der Reaction, die Eigenschaften und die Zusammensetzung des gebildeten Productes angeht, im Wesentlichen zu einer Bestätigung von Lieben's Angaben. Das nach Lieben's Vorschriften dargestellte Product erwies sich als völlig identisch mit dem vermittelst Chlorzink dargestellten Körper. Beide wurden als identisch mit der Substanz erkannt, die ich durch Einwirkung von Salzsäure auf Aldehyd erhalten hatte und von welcher oben die Rede war.

Ich will weiter unten auf die Darstellung und die Eigenschaften des so erhaltenen Körpers näher eingehen, und zunächst über seine chemische Natur und seine innere Constitution Einiges bemerken. Die Substanz zeigt in reinem Zustand durchaus nicht die leichte Verharzbarkeit, oder die außerordentliche Veränderlichkeit, von welcher Lieben und Baeyer sprechen. Sie kann in verschlossenen Gefäßen unverändert aufbewahrt werden und wird nur durch anhaftende Salzsäure oder sonstige Verunreinigungen zu weiterer Condensation geneigt. Durch Oxydation, und zwar schon durch freiwillige Oxydation an der Luft, geht sie mit ausnehmender Leichtigkeit in eine krystallisirbare Säure über, die nichts anderes als Crotonsäure ist. Das Condensationsproduct des Aldehyds muß also, wie dieß aus den oben mitgetheilten Betrachtungen vorhergesehen werden konnte, als Crotonaldehyd angesehen werden.

Schon die Bildung dieses Crotonaldehyds läßt kaum einen Zweifel darüber, daß er die beiden mittleren Kohlenstoffatome in dichterer Bindung enthält, und daß er nach dem oben schon mitgetheilten Schema entstanden ist:

$$
\begin{array}{ccc}
CH_3 - C(O)H & CH_3 - CH & \\
& \| & = CH_3 - CH = CH - COH. \\
C(H_2)H - COH & CH - COH &
\end{array}
$$

Wollte man nämlich annehmen, bei der Condensation sei nur eines der austretenden Wasserstoffatome aus einer $CH_3$-Gruppe, das andere dagegen aus einer COH-Gruppe entnommen worden, so würde das Product nicht mehr die aldehydbildende Gruppe COH enthalten und es könnte also auch die Eigenschaften eines Aldehyds nicht zeigen. Daß aber die beiden Wasserstoffatome aus einer und derselben Methylgruppe herrühren und nicht etwa aus beiden, — eine Annahme, welche für den aus Aldehyd entstehenden Crotonaldehyd zu der Formel $CH_2 = CH - CH_2 - COH$ führen würde, — kann wohl mit ziemlicher Sicherheit aus der offenbar analogen, von B e r t a g n i n i [1]) entdeckten und schon öfter interpretirten Synthese der Zimmtsäure geschlossen werden:

$$C_6H_5 - C(O)H \atop C(H_2)H - COCl \quad = \quad {C_6H_5 - CH \atop \|\atop CH - COCl} \quad = C_6H_5 - CH = CH - COCl.$$

In diesem Fall ist die Constitution des Productes mit ziemlicher Sicherheit festgestellt und man kann auch kaum annehmen, daß der mit dem aromatischen Kern schon verbundene Kohlenstoff nochmals in diese aromatische Gruppe eingreife. Dieselbe Condensation wird aber dann für die Bildung des Crotonaldehyds aus Aldehyd zum Mindesten sehr wahrscheinlich.

Man sieht also, daß für die Condensation des Aldehyds offenbar dasjenige Gesetz der Condensation angenommen werden muß, welches B a e y e r in der Nachschrift zu seiner ausführlichen Abhandlung über die Condensationsproducte des Acetons andeutet[2]). Die in dieser Nachschrift und in der Abhandlung selbst mitgetheilten Ansichten, und B a e y e r ' s spätere Betrachtungen über die Condensation des Aldehyds[3]) zeigen, daß man sich im Allgemeinen über den Mechanismus solcher Condensationen sehr verschiedene Vorstellungen bilden kann, und daß ein sicheres und in allen Fällen zutreffendes Gesetz der Condensation noch nicht ermittelt ist. Wenn man die gewiß wahrscheinliche Annahme machen will, das dem Aldehyd in vieler Hinsicht ähnliche Aceton condensire sich in derselben Art, so wird man der Auffassung, welche B a e y e r in der oben schon erwähnten Nachschrift andeutet, den Vorzug vor den in der Abhandlung selbst entwickelten Ansichten geben müssen, und man wird daher den Mesitäther als ein Aceton ansprechen und durch folgende Formel ausdrücken dürfen:

$$\begin{array}{c} CH_3 \\ CH_3 \end{array}\!\!\!>\!C = CH - CO - CH_3.$$

*Crotonaldehyd.* — Der Aldehyd erleidet bei Einwirkung sehr vieler Substanzen Condensation unter Bildung von Crotonaldehyd. Spuren von Salzsäure oder Schwefelsäure, Chlorzink, die von L i e b e n schon angewandten und zahlreiche andere Salze wirken in dieser Weise. Die Condensation findet selbst bei gewöhnlicher Temperatur statt, aber sie erfolgt dann meistens sehr langsam; durch Erhitzen wird sie wesentlich beschleunigt.

---

[1]) Diese Ann. **100**, 125 (1856). (A.)
[2]) Daselbst **140**, 303 (1867) und Suppl. **5**, 81 (1867).
[3]) Diese Annalen **140**, 306 (1867).

Die beste Ausbeute an Crotonaldehyd wurde nach folgendem Verfahren erhalten. Man setzt zu reinem Aldehyd sehr wenig Chlorzink und einige Tropfen Wasser, und erhitzt, zweckmäßig in Sodawasserflaschen, ein oder zwei Tage auf 100°. Man destillirt im Wasserbad den unveränderten Aldehyd ab und setzt die Destillation in einem Strom von Wasserdampf fort. Im Rückstand bleiben höhere Condensationsproducte, von welchen weiter unten die Rede sein soll. Mit den Wasserdämpfen destillirt der Crotonaldehyd über, neben einer geringen Menge höherer Condensationsproducte. Wenn der unverändert gebliebene Aldehyd, mit welchem stets etwas Crotonaldehyd abdestillirt, von Neuem mit Chlorzink erhitzt werden soll, so ist es zweckmäßig, die erste Erhitzung nicht allzulange, höchstens 24 Stunden, dauern zu lassen; man vermeidet so, wenigstens theilweise, die Bildung höherer Condensationsproducte. Der mit dem Wasser überdestillirte Crotonaldehyd schwimmt nur zum Theil als leichtere Schicht auf dem Wasser; eine beträchtliche Menge ist in dem Wasser gelöst. Unterwirft man diese Lösung der Destillation, so geht der Crotonaldehyd mit dem zuerst abdestillirenden Wasser über, und man kann also, indem man nach jeder Destillation den aufschwimmenden Aldehyd abhebt und die wässerige Lösung so lange und so oft destillirt als sie noch stark stechend riecht, fast allen Crotonaldehyd gewinnen. Aus der letzten wässerigen Flüssigkeit wird der Crotonaldehyd durch Chlorcalcium abgeschieden. Schließlich trocknet man mit Chlorcalcium und rectificirt, wobei der Crotonaldehyd zwischen 103 und 105° überdestillirt, während wieder geringe Mengen höher siedender und complicirter zusammengesetzter Destillationsproducte erhalten werden.

Ueber die Gewinnung des Crotonaldehyds aus den bei Einwirkung von Salzsäure auf Aldehyd entstehenden Producten soll weiter unten, gelegentlich des Körpers $C_{10}H_{18}Cl_2O_3$ Näheres mitgetheilt werden.

Der Crotonaldehyd hält hartnäckig Wasser zurück, und es gelingt, wie es scheint, nur sehr schwer, ihn in völlig trockenem Zustand darzustellen. Wiederholt mit Chlorcalcium behandelte Producte zeigten doch noch einen etwas zu niedrigen Kohlenstoff- und einen zu hohen Wasserstoffgehalt.

Bei der Analyse wurden folgende Zahlen gefunden:

1. 0,1797 Grm. gaben 0,4450 Kohlensäure und 0,1480 Wasser.
2. 0,1810 Grm. gaben 0,4463 Kohlensäure und 0,1470 Wasser.
3. 0,2095 Grm. gaben 0,5190 Kohlensäure und 0,1688 Wasser.
4. 0,2120 Grm. gaben 0,5186 Kohlensäure und 0,1732 Wasser.

Die Formel $C_4H_6O$ verlangt:

|  | Theorie | | 1. | 2. | 3. | 4. |
|---|---|---|---|---|---|---|
| $C_4$ | 48 | 68,57 | 67,54 | 67,25 | 67,56 | 66,71 |
| $H_6$ | 6 | 8,57 | 9,15 | 9,02 | 8,95 | 9,08 |
| O | 16 | 22,86 | — | — | — | — |
|  | 70 | 100,00. | | | | |

Aehnliche Schwierigkeiten in Betreff der Reindarstellung scheint auch L i e b e n beobachtet zu haben.

Der Crotonaldehyd ist eine farblose Flüssigkeit, die sich beim Aufbewahren etwas gelb färbt. Er siedet bei 104 bis 105°, riecht Anfangs angenehm obstartig, dann höchst stechend, dem Acroleïn ähnlich. In Wasser ist er ziemlich löslich, mit Wasserdämpfen leicht flüchtig. Er zieht aus der Luft Sauerstoff an und bildet direct krystallisirte Crotonsäure; auch von Silberoxyd wird er leicht zu Crotonsäure oxydirt. Die Einwirkung energischer Oxydationsmittel wird in einem späteren Theil dieser Mittheilung besprochen werden. Mit Salzsäure verbindet sich der Crotonaldehyd direct zu Monochlorbuttersäurealdehyd, mit Phosphorsuperchlorid erzeugt er Crotonylenchlorid.

*Crotonylenchlorid.* — Behandelt man Crotonaldehyd mit Phosphorsuperchlorid, so entsteht als Hauptproduct das dem Aldehyd entsprechende Chlorid $C_4H_6Cl_2$, welches ich vorläufig Crotonylenchlorid nennen will. Zu seiner Darstellung läßt man am Zweckmäßigsten den Crotonaldehyd langsam zu Phosphorsuperchlorid fließen, zersetzt nach beendigter Oxydation das gebildete Phosphoroxychlorid mit kaltem Wasser, trocknet das schwere Oel über Chlorcalcium und rectifizirt.

Das Crotonylenchlorid ist eine farblose Flüssigkeit von 1,131 spec. Gewicht bei 20°; es siedet bei 125 bis 127° und besitzt einen eigenthümlichen, schwach ätherartigen Geruch.

Die Analyse gab folgende Resultate:

1. 0,2313 Grm. gaben 0.3230 Kohlensäure und 0,1056 Wasser.
   0,2350 Grm. gaben 0,5370 Chlorsilber.
2. 0,2755 Grm. gaben 0,3851 Kohlensäure und 0,1220 Wasser.
   0,2574 Grm. gaben 0,5872 Chlorsilber.

|  | Theorie | | Versuch | |
|---|---|---|---|---|
|  | | | 1. | 2. |
| $C_4$ | 48 | 38,40 | 38,09 | 38,12 |
| $H_6$ | 6 | 4,80 | 5,07 | 4,92 |
| $Cl_2$ | 71 | 56,80 | 56,53 | 56,44 |
|  | | 100,00. | | |

Bringt man das Crotonylenchlorid mit alkoholischer Kalilösung zusammen, so scheidet sich schon in der Kälte und noch rascher beim Erhitzen Chlorkalium aus. Der Gedanke lag nahe, daß dabei unter Austritt von Salzsäure das Chlorid $C_4H_5Cl$ gebildet werde, und ich gab mich sogar der Hoffnung hin, aus diesem durch weitere Wegnahme von Salzsäure das vielgesuchte Diacetylen gewinnen zu können.

|  Neues Chlorid  |  Diacetylen  |
|:---:|:---:|
| HC = CH | HC = CH |
| H₂C – CHCl | HC = CH |

Leider ist mir dieß bis jetzt nicht gelungen. Meine Versuche machen es zwar sehr wahrscheinlich, daß die Reaction, wenigstens für einen Theil des Crotonylenchlorids, in dieser Richtung verläuft, aber obgleich ich über ein Pfund Crotonaldehyd für diese Versuche geopfert habe, so ist es mir doch nicht gelungen, weder das Chlorid $C_4H_5Cl$, noch das Diacetylen rein darzustellen.

Das Crotonylenchlorid wurde mit wechselnden Mengen von alkoholischem Kali längere Zeit gekocht; dann wurde zunächst für sich und nachher mit Wasserdampf abdestillirt; die in Wasser unlöslichen Oele wurden getrocknet und rectificirt. Die Ausbeute war stets eine sehr geringe; eine beträchtliche Menge des Bichlorids war unverändert geblieben, eine andere hatte sich in harzartige nicht destillirbare Producte verwandelt. Nur sehr geringe Mengen destillirten bei verhältnißmäßig niederen Temperaturen über, und es war gleichzeitig ein Körper entstanden, dessen Siedepunkt nicht viel höher liegt, als der des angewandten Crotonylenchlorids.

Da ich bei wiederholter Rectification des niedriger siedenden Productes bei 64 bis 65° Neigung zu constantem Siedepunkt zu beobachten glaubte, so habe ich die bei dieser Temperatur übergehenden Antheile der Analyse unterworfen. Ich fand einmal 38,1 pC., dann 33,16 pC., 33,03 pC., 31,1 pC. und 30,5 pC. Chlor. Eine Verbrennung der Substanz, in welcher 33,16 pC. Chlor gefunden worden war, gab 61,21 pC. Kohlenstoff und 7,11 pC. Wasserstoff. Das Chlorid $C_4H_5Cl$ verlangt 49,1 pC. Chlor, 54,2 pC. Kohlenstoff und 5,6 pC. Wasserstoff. Berücksichtigt man den niedrigen Siedepunkt, so wird man wohl annehmen dürfen, daß das Product wesentlich aus dem Chlorid $C_4H_5Cl$ bestand, dem indessen schon ein durch weitere Zersetzung gebildeter Kohlenwasserstoff beigemengt war. Auch die äußeren Eigenschaften sprechen für diese Vermuthung; die Substanz war leichter als Wasser und besaß den Geruch der gechlorten Kohlenwasserstoffe.

Das oben erwähnte schwerer flüchtige Product siedet bei 133 bis 135°. Seine Analyse gab folgende Zahlen:

1. 0,2947 Grm. gaben 0,5754 Kohlensäure und 0,2210 Wasser.
   0,2648 Grm. gaben 0,2994 Chlorsilber.
2. 0,2864 Grm. gaben 0,5540 Kohlensäure und 0,2175 Wasser.
   0,2264 Grm. gaben 0,2600 Chlorsilber.
3. 0,1615 Grm. gaben 0,1953 Chlorsilber.
4. 0,3115 Grm. gaben 0,3175 Chlorsilber.

Die aus diesen Daten sich herleitenden Zahlen stimmen annähernd mit der Formel $C_6H_{11}ClO$ überein.

|          |      |        | 1.    | 2.    | 3.    | 4.    |
|----------|------|--------|-------|-------|-------|-------|
| $C_6$    | 72   | 53,53  | 53,25 | 52,75 | —     | —     |
| $H_{11}$ | 11   | 8,18   | 8,33  | 8,44  | —     | —     |
| Cl       | 35,5 | 26,39  | 27,97 | 28,41 | 29,92 | 24,74 |
| O        | 16   | 11,90  | —     | —     | —     | —     |
|          | 134,5. |      |       |       |       |       |

Man darf daher wohl annehmen, daß ein Theil des Crotonylenchlorids unter Mitwirkung des Alkohols so zersetzt werde, daß der Alkoholrest $OC_2H_5$ an die Stelle des einen Chloratoms tritt, um so die ätherartige Verbindung $C_4H_6 \begin{cases} O.C_2H_5 \\ Cl \end{cases}$ zu erzeugen.

*Chlorbuttersäurealdehyd.* — Der Crotonaldehyd verbindet sich, wie oben schon erwähnt wurde, direct mit Salzsäure und erzeugt so eine krystallisirbare Verbindung von der Zusammensetzung des Chlorbuttersäurealdehyds. Zur Darstellung dieses Körpers sättigt man Crotonaldehyd, zweckmäßig unter Abkühlen, mit Salzsäuregas und läßt einige Zeit stehen. Meistens erstarrt das Product direct krystallinisch; bisweilen bleibt es flüssig. Man wascht mit Wasser, löst in Alkohol, kocht unter Zusatz von Marmor und setzt dann Wasser zu. Man gewinnt so ein dickflüssiges Oel, welches beim Erkalten fast vollständig erstarrt. Durch Auspressen und Umkrystallisiren aus verdünntem Alkohol wird die Substanz leicht rein erhalten.

Daß auch bei Einwirkung von Salzsäure auf den Aldehyd der Essigsäure Chlorbuttersäurealdehyd gebildet wird, ist oben bereits angedeutet worden, einige Details über diese Bildung sollen nachher noch mitgetheilt werden.

Der Chlorbuttersäurealdehyd bildet weiße dicke Nadeln, die bei

96 bis 97° schmelzen. Er ist in Wasser unlöslich; von Alkohol wird er in der Hitze leicht, in der Kälte nur wenig gelöst. Mit Wasserdämpfen ist er nur sehr wenig flüchtig.

Die Analyse führte zu Zahlen, die mit der Formel $C_4H_7ClO$ hinlänglich übereinstimmen.

### A. Aus Crotonaldehyd.

1. 0,2490 Grm. gaben 0,4101 Kohlensäure und 0,1535 Wasser.
   0,2616 Grm. gaben 0,3525 Chlorsilber.
2. 0,2241 Grm. gaben 0,3680 Kohlensäure und 0,1420 Wasser.
3. 0,2432 Grm. gaben 0,4044 Kohlensäure und 0,1550 Wasser.

### B. Aus Aldehyd.

4. 0,2095 Grm. gaben 0.3476 Kohlensäure und 0,1355 Wasser.
   0,2705 Grm. gaben 0,3623 Chlorsilber.
5. 0,3470 Grm. gaben 0,4565 Chlorsilber.
6. 0,3756 Grm. gaben 0,4910 Chlorsilber.

Daraus berechnet sich:

|        | Theorie |        | 1.    | 2.    | 3.    | 4.    | 5.    | 6.    |
|--------|---------|--------|-------|-------|-------|-------|-------|-------|
|        |         |        |       |       |       | Gefunden |    |       |
| $C_4$  | 48      | 45,07  | 44,92 | 44,89 | 45,35 | 45,25 | —     | —     |
| $H_7$  | 7       | 6,57   | 6,85  | 7,04  | 7,08  | 7,19  | —     | —     |
| Cl     | 35,5    | 33,33  | 33,34 | —     | —     | 33,13 | 32,55 | 32,34 |
| O      | 16      | 15,03  | —     | —     | —     | —     | —     | —     |
|        | 106,5.  |        |       |       |       |       |       |       |

Es ist mir bis jetzt nicht gelungen, den Chlorbuttersäurealdehyd durch Oxydation in die entsprechende Chlorbuttersäure zu verwandeln. Bei einem Oxydationsversuch mittelst Chromsäure wurde, neben einer geringen Menge einer chlorhaltigen Säure, viel Essigsäure erhalten, und es scheint daher, als bewirke das Chlor eine Spaltung des Moleculs, in ähnlicher Weise, wie es in anderen Fällen der Sauerstoff thut. Die Bildung der Essigsäure läßt außerdem für das Chloratom die folgende Stellung wahrscheinlich erscheinen:

$$CH_3 - CHCl - CH_2 - COH.$$

Durch Kochen des Chlorbuttersäurealdehyds mit Wasser und Silberoxyd wurde ein krystallisirbares Silbersalz erhalten, welches nach einer Silberbestimmung oxybuttersaures Silber zu sein scheint. Ob die so dargestellte Oxysäure mit der $\beta$-Oxybuttersäure von W i s l i c e n u s identisch ist, muß durch weitere Versuche entschieden werden. Kocht man den Chlorbuttersäurealdehyd mit Schwefelsäure, so wird Crotonaldehyd regenerirt.

Die Beobachtung, daß der Crotonaldehyd durch Vereinigung mit Salzsäure Chlorbuttersäurealdehyd erzeugt, läßt es wahrscheinlich erscheinen, daß die von Geuther und Cartmell als salzsaures Acroleïn beschriebene Verbindung, welche durch Einwirkung von Salzsäure auf das mit dem Crotonaldehyd homologe Acroleïn dargestellt worden war, nichts anderes ist als Chlorpropionsäurealdehyd.

*Chlorhaltige Verbindung* $C_{10}H_{18}Cl_2O_3$. — Bei der Einwirkung von Salzsäure auf Aldehyd entsteht, wie weiter oben schon angegeben wurde, neben Crotonaldehyd, Chlorbuttersäurealdehyd und höheren Condensationsproducten noch eine chlorhaltige Verbindung von complicirter Zusammensetzung. Um die Bedingungen verständlich zu machen, in welchen diese Substanz erhalten wurde, muß ich Einiges über die Versuche mittheilen, die ich über die Einwirkung von Salzsäure auf Aldehyd angestellt habe. Wird Aldehyd unter Abkühlen mit Salzsäure gesättigt und dann sich selbst überlassen, so bilden sich schon nach zwei Tagen zwei Schichten, von welchen die untere wesentlich aus wässeriger Salzsäure besteht. Läßt man längere Zeit stehen, so wird die obere Schicht dunkler und dickflüssiger. Wird die obere Schicht abgehoben und direct destillirt, so entweichen Ströme von Salzsäure und es geht ein stechend riechendes, in Wasser untersinkendes Oel über, während ein großer Theil als nicht flüchtige zähe Masse zurückbleibt. Wird die obere Schicht zuerst mit Wasser gewaschen und dann der Destillation unterworfen, so ist das Verhalten im Allgemeinen dasselbe, aber die Menge des zähen Rückstandes geringer. Noch günstigere Resultate werden erzielt, wenn man das gewaschene Oel in einem Strom von Wasserdampf destillirt und dabei Marmor zusetzt, um die freie Säure zu binden. Behandlung des rohen Oeles mit alkoholischer Kalilösung scheint keine besondere Veränderung hervorzubringen; es wurden wenigstens bei der Destillation der so erhaltenen Oele im Wesentlichen dieselben Producte erhalten.

Durch Rectification kann aus allen Destillaten leicht Crotonaldehyd erhalten werden. Seine Menge ist indessen verhältnißmäßig gering; um so geringer, je länger der mit Salzsäure gesättigte Aldehyd gestanden hatte. Mit der Abnahme des Crotonaldehyds vermehrt sich die Menge der höher siedenden Condensationsproducte. Hat man die rohen Oele mit Wasser gewaschen, so kann man durch Aufkochen dieses Wassers noch beträchtliche Mengen von ziemlich reinem Crotonaldehyd abdestilliren.

Wird die Destillation des mit Wasser gewaschenen oder auch des mit Alkali behandelten Oels mittels Wasserdampf ausgeführt, so setzen sich aus dem zähen Destillationsrückstand bisweilen nadelförmige Krystalle ab. Fügt man Alkohol zu und läßt einige Tage stehen, so vermehrt sich die Menge dieser Krystalle. Die so aus den Destillationsrückständen dargestellte krystallisirte Substanz ist nichts anderes als Chlorbuttersäurealdehyd und es sind oben einige Analysen des in dieser Weise bereiteten Chlorbuttersäurealdehyds mitgetheilt worden.

Wechselt man bei den Destillationen mit Wasserdampf bisweilen die Vorlage, so enthalten die ersten Destillate wesentlich Crotonaldehyd, die späteren dagegen ein in Wasser untersinkendes Oel. Aus dem Oel der letzten Destillate setzen sich bisweilen direct, bisweilen erst nach einigen Tagen blätterige Krystalle ab.

Diese aus den Destillaten dargestellten blätterigen Krystalle sind die chlorhaltige Verbindung $C_{10}H_{18}Cl_2O_3$. Da diese Verbindung stets nur in sehr geringer Menge erhalten wurde, so habe ich auf eine genauere Untersuchung vorläufig Verzicht leisten müssen. Die Analysen führen zu Zahlen, aus welchen ich nur die Formel $C_{10}H_{18}Cl_2O_3$ herleiten kann; aber da diese Formel sich nicht gerade durch besondere Einfachheit auszeichnet, so will ich alle ausgeführten Analysen mittheilen:

1.  0,2345 Grm. gaben 0,3984 Kohlensäure und 0.1470 Wasser.
2.  0,2770 Grm. gaben 0,4680 Kohlensäure und 0,1764 Wasser.
3.  0,2239 Grm. gaben 0,3781 Kohlensäure und 0,1450 Wasser.
4.  0,2513 Grm. gaben 0,4262 Kohlensäure und 0,1680 Wasser.
5.  0,2530 Grm. gaben 0,4330 Kohlensäure und 0,1700 Wasser.
6.  0,3156 Grm. gaben 0,5345 Kohlensäure und 0,2132 Wasser.

1.  0,2664 Grm. gaben 0,2980 Chlorsilber.
2.  0,3734 Grm. gaben 0,4203 Chlorsilber.
3.  0,4024 Grm. gaben 0,4605 Chlorsilber.
5.  0,2612 Grm. gaben 0,2885 Chlorsilber.

Die Verbrennungen 5. und 6., und die Chlorbestimmung 5. sind mit einer Substanz ausgeführt, die geschmolzen und längere Zeit auf 100° erhitzt war.

Daraus berechnet sich:

|  | Theorie | | Gefunden | | | | | |
|---|---|---|---|---|---|---|---|---|
|  |  |  | 1. | 2. | 3. | 4. | 5. | 6. |
| $C_{10}$ | 120 | 46,69 | 46,33 | 46,08 | 46,05 | 46,25 | 46,68 | 46,19 |
| $H_{18}$ | 18 | 7,00 | 6,97 | 7,08 | 7,36 | 7.43 | 7,46 | 7.51 |
| $Cl_2$ | 71 | 27,62 | 27,67 | 27,85 | 28,31 | -- | 27,32 | -- |
| $O_3$ | 48 | 18,68 | -- | -- | -- | -- | -- | -- |
|  | 257. | | | | | | | |

Die Verbindung bildet breite perlmutterglänzende rhombische Plättchen oder Tafeln, bisweilen größere wohlausgebildete Krystalle. Sie
schmilzt bei 98°. Mit Wasserdämpfen ist sie leicht flüchtig. Von Wasser
wird sie nicht, von kaltem Alkohol nur wenig gelöst; in heißem Alkohol
und in Aether ist sie leicht löslich.

Von der Constitution dieser Verbindung kann ich mir vorläufig keine
Rechenschaft geben. Ihre empirische Beziehung zum Aldehyd wird durch
folgende Gleichung ausgedrückt:

$$5 \, C_2H_4O + 2 \, HCl - 2 \, H_2O = C_{10}H_{18}Cl_2O_3 \, .$$

*Höhere Condensationsproducte.* — Der leitende Gedanke dieser
Untersuchung veranlaßte die Darstellung des durch schrittweise Condensation dreier Aldehydmolecule entstehenden Condensationsproductes $C_6H_8O$ zu versuchen, und ich habe daher etwa 300 Grm. reinen Crotonaldehyd auf dieses höhere Condensationsproduct verarbeitet. Anfangs wurde der Crotonaldehyd mit etwa dem gleichen Gewicht Aldehyd und etwas Chlorzink 24 Stunden auf 100° erhitzt; es war fast nur
Crotonaldehyd vorhanden und nur geringe Mengen von höher siedenden Producten entstanden. Dann wurde der Crotonaldehyd mit etwa
dem doppelten Gewicht Aldehyd 96 Stunden auf 100° erhitzt; jetzt
waren beträchtliche Mengen höher siedender Producte erzeugt worden.
Genau dieselben Producte finden sich natürlich auch in den höher siedenden Antheilen von der Darstellung des Crotonaldehyds aus Aldehyd.
Werden diese höher siedenden Substanzen Anfangs mit Wasserdampf
destillirt und dann wiederholt für sich rectificirt, so bleibt stets ein
sehr schwer flüchtiger und sogar ein nicht mehr flüchtiger Rückstand.
Aus den zwischen 150 und 190° überdestillirenden Antheilen läßt sich
durch wiederholtes Fractioniren eine nicht ganz unbedeutende Menge
eines Oeles abdestilliren, dessen Siedepunkt bei etwa 172° zu liegen
scheint. Die Analyse dieses Oeles gab Zahlen, die sich der Formel $C_6H_8O$
nähern. Beim Aufbewahren wird das Oel dickflüssig und nimmt eine
saure Reaction an. Setzt man kleine Mengen längere Zeit der Luft aus,
so bilden sich kleine nadelförmige Krystalle. Kocht man das Oel mit
Wasser und Silberoxyd, so bildet sich ein krystallisirbares, in kaltem
Wasser sehr schwer lösliches Silbersalz, dessen Silbergehalt annähernd
der Formel $C_6H_7AgO_2$ entspricht.

Diese Versuche machen es wahrscheinlich, daß ich das dreifache
Condensationsproduct des Aldehyds unter den Händen hatte; aber es
ist mir bis jetzt nicht möglich gewesen, mir die Verbindung in reinem

Zustand und in einer zu einer eingehenden Untersuchung hinreichenden Menge zu verschaffen. Alle Versuche, aus diesem Oel durch Wasserentziehung Benzol zu gewinnen, blieben ohne Erfolg.

Aus den höher siedenden Producten der Condensation wurde durch wiederholte Rectification ein noch höher siedendes Oel von annähernd constantem Siedepunkt abgeschieden. Die Analyse gab Zahlen, welche einigermaßen mit der Formel $C_8H_{10}O$ übereinstimmen; ich lasse es indessen dahingestellt, ob dieser Körper wirklich der vierfach-condensirte Aldehyd, oder, was auf dasselbe hinauskommt, das erste Condensationsproduct des Crotonaldehyds ist.

Von dem dreifach-condensirten Aldehyd, welcher zu dem Aldehyd in derselben Beziehung steht, wie das Phoron zum Aceton, leitet sich wohl die von B a e y e r untersuchte Chlorverbindung $C_6H_{10}Cl_4$ ab, von welcher oben die Rede war. Wird nämlich bei Einwirkung von Salzsäure auf Aldehyd durch weitgehende Condensation dieser dreifachcondensirte Aldehyd gebildet, so kann sich derselbe nachher mit Chlorwasserstoff vereinigen, genau so wie es bei meinen Versuchen das dem Aldehyd näher stehende Condensationsproduct, der Crotonaldehyd, that. Da aber in dem Körper $C_6H_8O$ zwei doppelt gebundene Kohlenstoffpaare angenommen werden müssen:

$$CH_3 - CH = CH - CH = CH - COH,$$

so erscheint eine Addition von zwei Salzsäuremoleculen wahrscheinlich. Die so gebildete Substanz, ein Bichlorcapronsäurealdehyd, könnte dann bei Einwirkung von Phosphorchlorid ihr Sauerstoffatom gegen zwei Chloratome austauschen und so die Chlorverbindung $C_6H_{10}Cl_4$ erzeugen.

*Versuche mit anderen Aldehyden.* Ich hatte es für geeignet gehalten, auch mit anderen Aldehyden aus der Klasse der Fettkörper einige Versuche anzustellen. Aus Valeraldid hatte ich durch Erhitzen mit Chlorzink einen bei etwa 190° siedenden Aldehyd erhalten, aus welchem durch Oxydation mit Silberoxyd eine Säure dargestellt werden konnte, welcher nach der Analyse des Silbersalzes die Formel $C_{10}H_{18}O_2$ zukommt. Inzwischen hat R i b a n [1]) und fast gleichzeitig mit ihm B o r o d i n e [2]) angezeigt, daß sie über denselben Gegenstand zu arbeiten angefangen haben, und ich habe daher meine Versuche in dieser Richtung nicht weiter fortgesetzt. Dieß hat mich weiter veranlaßt, auch ein gemisch-

[1]) Zeitschrift für Chemie 1870, N. F. **6**, 251.
[2]) Berichte der deutschen chemischen Gesellschaft 1870, **3**, 423.

tes, aus Valeraldid und Acetaldid dargestelltes Condensationsproduct
vorläufig nicht weiter zu untersuchen.

------

Es mag gestattet sein bei dieser Gelegenheit die Vorstellung mitzutheilen, die ich mir über die Wirkungsweise des Chlorzinks und zahlreicher anderer Substanzen bei der Aldehydcondensation und bei vielen
anderen Reactionen gebildet habe. Das Endresultat solcher Condensationen ist stes Wasserentziehung und dadurch veranlaßte Kohlenstoffbindung; aber der Wasseraustritt wird durch sehr geringe Mengen der
einwirkenden Agentien hervorgebracht; er erfolgt selbst wenn sehr
beträchtliche Mengen von Wasser zugegen sind, und er kann auch durch
Substanzen hervorgerufen werden, welche nicht gerade ein besonderes
Bestreben zur Wasseraufnahme zeigen. Der jetzige Stand unserer Kenntnisse berechtigt nun zu der Annahme, daß in einer wässerigen Lösung
von Chlorzink neben einer großen Anzahl mit Wasser verbundener
Chlorzinkmolecule auch eine gewisse Anzahl wasserfreier Chlorzinkmolecule enthalten sei. Dabei findet eine fortwährende Bewegung, ein
fortwährender Austausch statt, durch welchen wasserhaltige Molecule
ihr Wasser verlieren, während wasserfreie Molecule Wasser aufnehmen;
so jedoch, daß der mittlere Gleichgewichtszustand stets derselbe bleibt.
Sind nun Körper zugegen, welchen Wasser entzogen werden kann, so
wird eine gewisse, wenn auch kleine Anzahl der wasserfreien Molecule,
welche gerade im Begriff sind Wasser aufzunehmen, dieß Wasser den
anwesenden Substanzen entnehmen, während andere das vorhandene
Wasser benutzen. So wird, unter Mitwirkung der Zeit, von einer sehr
geringen Menge eines anwesenden Agens eine sehr beträchtliche Arbeit
vollbracht. Daß auch Substanzen von geringer Begierde zur Wasseraufnahme solche Reactionen hervorzurufen im Stande sind, kann bei
dieser Auffassung nicht befremden. Man sieht ferner leicht ein, daß Erhitzung zur Hervorbringung solcher Reactionen nicht gerade nöthig ist,
daß aber erhöhte Temperatur auf den Verlauf der Umwandlung be-
schleunigend einwirken muß. Ich habe mich in der That davon überzeugt, daß mit Chlorzink versetzter Aldehyd bei Sommertemperatur in
einigen Wochen, bei Herbst- und Frühlingstemperatur in einigen Monaten genau dieselbe Veränderung erleidet, welche durch mehrstündiges
Erhitzen auf 100° hervorgebracht wird. Auch die Menge der fermentartig wirkenden Substanz ist nicht auf das Endresultat, sondern nur auf
die Zeit, in welcher die Umwandlung erfolgt, von Einfluß.

Für das Chlorzink und ähnliche Körper könnte man vielleicht noch weiter gehen. Man könnte die Wirkung solcher Salze auf die der Salzsäure zurückführen; denn daß eine wässerige Lösung von Chlorzink stets freie Salzsäure und freies Zinkoxyd enthält, wird jetzt wohl nicht mehr bezweifelt werden.

Eine ganz ähnliche Betrachtung ist natürlich auch auf die Fälle anwendbar, wo complicirtere Verbindungen durch Anwesenheit nur kleiner Mengen gewisser Substanzen unter Wasseraufnahme Spaltung erleiden. Das Zerfallen der Glucoside und ähnlicher Körper durch Spuren von Schwefelsäure oder von analog wirkenden Substanzen kann vielleicht auf eine derartige. Reaction zurückgeführt werden.

Ich möchte weiter darauf aufmerksam machen, daß derartige, der Aldehydcondensation ähnliche Reactionen wohl unzweifelhaft bei der chemischen Thätigkeit des Pflanzenlebens eine wichtige Rolle spielen. Wenn man sich nämlich von der chemischen Pflanzenthätigkeit auch nur in allgemeinen Zügen Rechenschaft geben will, so wird man nothwendig zu der Ansicht geführt, daß nur durch die Aufeinanderfolge und das Ineinandergreifen principiell verschiedener Reactionen der allmälige Aufbau zusammengesetzterer Substanzen aus einfacheren und in letzter Instanz aus den unorganischen Nährstoffen zu Stande kommen kann.

Zwei Categorieen von Reactionen sind schon seit lange in dem Chemismus der Pflanze angenommen, aber, so weit ich weiß, bis jetzt nicht auf einfache und experimentell nachweisbare Principien zurückgeführt worden.

Das Wesentlichste der Pflanzenthätigkeit besteht, der allgemeinen Ansicht nach, in einer Reduction. Als Träger derselben wird das Chlorophyll angesehen, aber die Art seiner Wirkung ist nicht bekannt.

Neben der Reduction ist zunächst ein synthetisches Schaffen zu berücksichtigen, also die Bildung complicirterer Molecule durch Verkittung von einfacheren. Hierher gehört zunächst die unter Austritt von Wasser stattfindende Bildung ätherartiger Verbindungen und dann die für die Pflanze noch weit characteristischere Condensation, d. h. Verkittung durch Kohlenstoffbindung. Auch sie findet meistens unter Austritt von Wasser statt.

Alle derartigen pflanzlichen Synthesen können nun, wie ich glaube, in derselben Weise gedeutet werden wie dieß oben für die Condensation des Aldehyds geschehen ist. Salze, welche erfahrungsgemäß eine dem Chlorzink ähnliche Wirkung auszuüben vermögen, sind in allen Pflanzentheilen enthalten. Nach den beim Aldehyd gemachten Erfahrungen können minimale Mengen selbst bei Anwesenheit von Wasser und auch bei gewöhnlicher Temperatur wasserentziehend und condensirend wirken, und man wird daher die Hypothese, daß derartige Reactionen im Pflanzenorganismus stattfinden, wohl kaum als eine gewagte bezeichnen können.

Da nun die reducirende Thätigkeit mit der synthetischen und condensirenden Hand in Hand geht, so werden die durch Condensation erzeugten Producte sich in der Regel wieder mit Wasserstoff sättigen, und man giebt sich so von manchen Phasen des pflanzlichen Aufbaues schon einigermaßen Rechenschaft.

Dabei ist nun weiter zu berücksichtigen, daß in der Pflanze neben der reducirenden Thätigkeit auch eine oxydirende statthat, die in der Dunkelheit sogar ausschließlich stattfindet oder wenigstens das Uebergewicht gewinnt. Durch sie werden Oxydationsproducte gebildet, die in manchen Fällen bestehen bleiben, in anderen dagegen aus Stoffen, welche einer weiteren Condensation nicht mehr fähig waren, Substanzen erzeugen, die ihrerseits weitere Condensation erfahren können. In dieser Weise ist also ein Oxydationsproceß als Hülfsreaction eines synthetischen Vorgangs thätig.

*Crotonsäure.* — Durch Oxydation des aus Aldehyd dargestellten Crotonaldehyds entsteht, wie schon erwähnt, leicht Crotonsäure. Setzt man geringe Mengen von Crotonaldehyd etwa auf einem Uhrglas der Luft aus, so überzieht sich die Flüssigkeit bald mit einer farblosen Haut und erstarrt in einigen Tagen zu einer durchsichtigen Krystallmasse. Vielleicht ist es diese Umwandlung, die von früheren Beobachtern für ein Verharzen gehalten worden ist. Diese directe Oxydation nimmt bei größeren Mengen viel Zeit in Anspruch; sie erfolgt natürlich in Sauerstoff rascher als in Luft. Operirt man in offenen Gefäßen, so erleidet man durch Verdunstung beträchtlichen Verlust. In verschlossenen Gefäßen, etwa unter einer mit einem Sauerstoffreservoir in Verbindung stehenden Glocke, verdichtet sich ein großer Theil der gebildeten Crotonsäure an der Gefäßwand, und zwar wenn das Gefäß der Sonne ausgesetzt wird in großen, vollständig durchsichtigen rhombischen Tafeln. Rascher, wenngleich ebenfalls nicht ohne Verlust, gelingt die Oxydation des Crotonaldehyds mit Silberoxyd. Man erwärmt den Crotonaldehyd mit viel Wasser auf nahezu 100°, trägt allmälig die berechnete Menge von Silberoxyd ein und erhitzt noch einige Zeit zum Sieden. Durch

wiederholtes Auskochen mit Wasser und Erkaltenlassen der heiß filtrirten Lösung kann dann krystallisirtes crotonsaures Silber erhalten
werden. Aus dem Silbersalz und auch aus den wässerigen Lösungen
gewinnt man die Crotonsäure, indem man mit Salzsäure übersättigt,
mit Aether ausschüttelt, den Aether abdestillirt und die rückständige
Säure rectificirt.

Die so dargestellte Säure ist fest und krystallisirbar; sie schmilzt
bei 72°. Der Siedepunkt wurde im Destillirkölbchen zu 180 bis 181° gefunden, bei einer Destillation nach K o p p ' s Angaben zu 182° (corrigirt 184°,7), als der ganze Quecksilberfaden im Dampf stand zu 189°.
Die Säure löst sich bei 19° in 12,47 Theilen Wasser; durch freiwilliges
Verdunsten der wässerigen Lösung werden wohlausgebildete Krystalle
erhalten.

Herr Prof. v o m R a t h ist so gefällig gewesen, die Form dieser Krystalle zu messen und hat mir darüber Folgendes mitgetheilt:

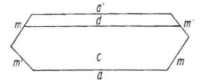

Die Krystalle gehören dem monoklinen System an; sie bilden unsymmetrische Prismen durch Vorherrschen der Flächen c und d; zuweilen ist die Gestalt tafelartig durch Ausdehnung der Flächen c. Das
verticale Prisma mm' ist stets nur niedrig; die Fläche a ist nur sehr
schmal, häufig fehlend.

Beobachtete Flächen:

$$m = a : \quad b : \infty c$$
$$a = a : \infty b : \infty c$$
$$c = c : \infty a : \infty b$$
$$d = a' : \quad c : \infty b.$$

Fundamentalwinkel:

$$m : c \quad = 112° 50'$$
$$m : m' = 107° 30' \text{ (seitlich)}$$
$$c \; : d \quad = 125° 30'.$$

Axenverhältniß:

$$a : b : c = 1,8065 : 1 : 1,5125.$$

Axenschiefe (Verticalaxe zur Klinodiagonale) : 131°.

$$m : d = 97° 56' \text{ berechnet}$$
$$= 97° 40' \text{ gemessen (anliegend)}.$$

Spaltbarkeit parallel c und a. (Die Winkelmessungen sind in Folge mangelhafter Flächenbeschaffenheit nur annähernd.)

Bei der Analyse wurden folgende Zahlen gefunden:

1. 0.1380 Grm. gaben 0,2834 Kohlensäure und 0.0917 Wasser.
2. 0.1353 Grm. gaben 0.2764 Kohlensäure und 0,0880 Wasser.

|  | Berechnet | | Gefunden | |
|---|---|---|---|---|
| $C_4$ | 48 | 55,81 | 55.99 | 55,71 |
| $H_6$ | 6 | 6.98 | 7.38 | 7,23 |
| $O_2$ | 32 | 37,21 | — | — |

Das *crotonsaure Silber* ist in kaltem Wasser nur sehr schwer löslich, von siedendem Wasser wird es weit weniger gelöst als das essigsaure Silber. Es bildet kleine, meist zu Warzen oder Körnern vereinigte Kryställchen.

1. 0,1674 Grm. gaben 0.1506 Kohlensäure und 0,0460 Wasser.
2. 0,2639 Grm. gaben 0.2414 Kohlensäure und 0.0680 Wasser.
3. 0.2352 Grm. gaben 0.2097 Kohlensäure und 0,0593 Wasser.

1. 0.2423 Grm. gaben 0,1343 Silber.
2. 0,2438 Grm. gaben 0,1784 Chlorsilber.
3. 0.2307 Grm. gaben 0,1708 Chlorsilber.
4. 0,1685 Grm. gaben 0,1245 Chlorsilber.

|  | Berechnet | | Gefunden | | | |
|---|---|---|---|---|---|---|
|  |  |  | 1. | 2. | 3. | 4. |
| $C_4$ | 48 | 24.87 | 24.54 | 24.95 | 24,32 | —· |
| $H_5$ | 5 | 2.59 | 3,05 | 2.86 | 2,80 | — |
| $Ag$ | 108 | 55.96 | 55.45 | 55.07 | 55,72 | 55,61 |
| $O_2$ | 32 | 16.58 | — | — | — | — |
|  | 193 | 100.00. | | | | |

Mit einer eingehenderen Untersuchung anderer Salze dieser Crotonsäure habe ich mich vorläufig nicht aufgehalten; das Studium der bei Einwirkung von Brom entstehenden Producte ist noch nicht beendigt; von der Einwirkung oxydirender Agentien soll später die Rede sein.

Besonders wichtig schien mir das Verhalten der Crotonsäure zu schmelzenden Kalihydrat. Ich war zwar von vornherein davon überzeugt, daß eine Säure, welche durch einfache Oxydation aus einem Aldehyd gebildet worden war, der seine Entstehung der Vereinigung zweier Essigsäurereste verdankte, beim Schmelzen mit Kalihydrat zwei Essigsäuremolecule erzeugen würde; da man aber auf die Spaltung der in die Acrylsäurereihe gehörigen Säuren mit Recht besonderen Werth legt, so habe ich diesen Schmelzversuch mit aller Sorgfalt ausgeführt.

Crotonsaures Kali wurde mit überschüssigem Kalihydrat so lange geschmolzen, bis keine Gasentwickelung mehr stattfand. Das Product wurde mit Schwefelsäure übersättigt und mit Wasserdampf destillirt. Die Hälfte des Destillats wurde mit Kali genau neutralisirt, die andere Hälfte zugefügt und wieder destillirt. Aus der destillirten Säure und aus dem als Destillationsrückstand bleibenden Kalisalz wurden dann Silbersalze dargestellt und diese analysirt. Das Silbersalz aus dem Rückstand zeigte genau das charakteristische Aussehen des essigsauren Silbers; es gab 64,5, 64,54 und 64,6 pC. Silber; das essigsaure Silber verlangt 64,67 pC. Aus dem Destillat wurde ein Salz erhalten mit 64,14 und 64,17 pC. Silber. Dieses Silbersalz bildete kleine zu Warzen vereinigte Krystalle; eine Form, die ich öfter bei unreinem essigsaurem Silber beobachtet habe und die sich willkürlich hervorbringen läßt, indem man der Essigsäure Spuren anderer Säuren, u. a. auch Crotonsäure zufügt.

Obgleich dieser Schmelzversuch ursprünglich nicht quantitativ ausgeführt werden sollte, also geringe Verluste nicht vermieden wurden, zeigte die mit einer titrirten Kalilösung ausgeführte Neutralisation der Hälfte der überdestillirten Säure, daß aus 5 Grm. Crotonsäure 6 Grm. Essigsäure erhalten worden waren. Wenn 1 Mol. Crotonsäure 2 Essigsäuremolecule liefert, so hätten 7 Grm. Essigsäure gebildet werden können. Bei der Destillation der zur Hälfte neutralisirten Säure waren sehr nahe 3 Grm. Essigsäure übergegangen, und ich führe dieß Resultat deshalb an, weil der alte Irrthum, als bliebe bei solchen Destillationen mit fractionirter Neutralisation saures essigsaures Kali im Rückstand, sich selbst in neueren Büchern und Abhandlungen noch vorfindet.

Man wird aus diesem Zerfallen der aus Aldehyd dargestellten Crotonsäure wohl einen weiteren Beweis für die Structurformel herleiten dürfen, die ich oben aus der Bildung des Crotonaldehyds abgeleitet habe. Wenn nämlich auch das von verschiedenen Chemikern aufgestellte „Gesetz der Spaltung", nach welchem die Säuren der Acrylsäurereihe gerade da zerfallen wo die dichtere Kohlenstoffbindung stattfindet, seither des stricten experimentellen Beweises ermangelt hat, so wird man ihm doch eine große Wahrscheinlichkeit nicht absprechen können. Ich glaube sogar, man darf dieses Gesetz jetzt für experimentell bewiesen ansehen; denn die Bildung des Crotonaldehyds aus Aldehyd läßt, wie ich oben gezeigt habe, kaum einen Zweifel darüber, daß bei dieser Crotonsäure die beiden mittleren Kohlenstoffatome in dichterer Bindung stehen.

Gegen diese Ansicht über die Constitution der aus Aldehyd entstehenden festen Crotonsäure ist indessen trotzdem, seitdem dieselbe durch eine vorläufige Mittheilung bekannt geworden ist, von verschiedenen Seiten Widerspruch erhoben worden.

Zunächst hat L w o w [1]) erklärt, die feste Crotonsäure müsse, weil sie aus Cyanallyl erhalten werden kann, nothwendig durch die Formel:

$$CH_2 = CH — CH_2 — CO_2H$$

ausgedrückt werden. Das Irrthümliche meiner Ansicht ergebe sich u. a. auch daraus, daß P a t e r n o und A m a t o durch eine der von mir angewendeten ganz analoge Reaction eine feste Crotonsäure erhalten, die sie für identisch mit der von W i l l und K ö r n e r aus Cyanallyl dargestellten Säure ansehen. Auch die Resultate von P a t e r n o und A m a t o müßten anders gedeutet werden, als es von diesen Chemikern geschehe.

Einige Zeit nach der Veröffentlichung meiner vorläufigen Notiz über den Crotonaldehyd hatten nämlich P a t e r n o und A m a t o [2]) angegeben, sie hätten durch Erhitzen von Aethylidenchlorid mit Aldehyd einen über 90° siedenden Aldehyd erhalten, der bei der Oxydation eine feste Crotonsäure liefere, die in allen Eigenschaften mit der von W i l l und K ö r n e r als Allylcyanid dargestellten Crotonsäure übereinstimme. Sie hatten diese und die von mir dargestellte Crotonsäure durch dieselbe Formel ausgedrückt, wie ich. In Betreff des Thatsächlichen dieser Mittheilung glaube ich mich auf die Angabe beschränken zu können, daß ich mich durch wiederholte Versuche überzeugt habe, daß reines Aethylidenchlorid auf Aldehyd überhaupt nicht einwirkt, daß aber natürlich Condensation des Aldehyds eintritt, sobald das Aethylidenchlorid auch nur Spuren von Salzsäure enthält [3]).

P a t e r n o, welcher Anfangs dieselbe Formel benutzt hatte, wie ich, wurde indessen bald anderer Ansicht. In ausführlichen Betrachtungen über die Constitution der Säuren aus der Acrylsäurereihe [4]), deren eingehende Besprechung hier zu weit führen würde, kommt auch er jetzt

---

[1]) Berichte der deutschen chemischen Gesellschaft 1870, 3, 96 und Zeitschrift für Chemie 1870, N. F. 6, 245.

[2]) Giornale di scienze naturali ed economiche. Palermo. 6, (1870).

[3]) Vgl. auch K r ä m e r und P i n n e r, Berichte der deutschen chemischen Gesellschaft 1870, 3, 76 und 390. B. 3, 93 (1870).

[4]) Giornale di scienze etc. Palermo 6 (1870).

zu der Ansicht, die von mir und dann auch von ihm in Gemeinschaft
mit A m a t o dargestellte Crotonsäure sei identisch mit der aus Allylcyanid bereiteten, und sie müsse, wesentlich dieser Bildung wegen, nothwendig durch die Formel $CH_2 = CH - CH_2 - CO_2H$ ausgedrückt
werden.

Auch C l a u s [1]) erklärte dann diese Formel für die aus Allylcyanid
dargestellte Crotonsäure für unzweifelhaft; er meint, wenn die von mir
dargestellte Crotonsäure mit der von ihm untersuchten identisch sei,
so müsse sie nothwendig durch dieselbe Formel ausgedrückt, und es
müsse weiter die von L w o w für die Aldehydcondensation gegebene
Interpretation als die richtige angenommen werden. E r l e n m e y e r [2])
geht noch etwas weiter. Er setzt die Identität beider Crotonsäuren voraus, und ist damit einverstanden, daß meine Formel für den aus Aldehyd
entstehenden Crotonaldehyd aufgegeben werde. Dabei hält er es jedoch
immer noch für geeignet hervorzuheben, daß diese Formel für das Alde-
hydcondensationsproduct (L i e b e n ' s Aldehydäther) zuerst (neben
einer anderen) von ihm gegeben worden sei [3]).

Endlich hat T o l l e n s [4]), gestützt auf seine Untersuchungen über
die Allylverbindungen, die Ansicht ausgesprochen, die Crotonsäure sei
$CH_2 = CH - CH_2 - CO_2H$; für meinen Schmelzversuch mit Kali, wobei
Essigsäure entsteht, fehle die Erklärung; bei solchen in hohen Temperaturen ausgeführten Schmelzungen könne indeß eine innere Umsetzung
stattfinden.

Man sieht leicht, daß alle diese Behauptungen von der Grundlage
ausgehen, die aus Allylcyanid dargestellte Crotonsäure müsse *nothwendig* durch die Formel:

$$CH_2 = CH - CH_2 - CO_2H$$

ausgedrückt werden; und daß sie weiter annehmen, die aus Aldehyd
dargestellte Crotonsäure sei mit der aus Allylcyanid bereiteten identisch.

An dieser Identität der festen Crotonsäure von verschiedener Herkunft ist nun freilich nicht zu zweifeln. Sie wird durch die Versuche,
über welche ich weiter unten berichten will, endgültig festgestellt.
Wollte man ausschließlich die physikalischen Eigenschaften berücksich-

---

[1]) Berichte der deutschen chemischen Gesellschaft 1870, **3**, 181.
[2]) Berichte der deutschen chemischen Gesellschaft 1870, **3**, 340. — Dort steht
irrtümlich „370“.   (A.)
[3]) E r l e n m e y e r , Lehrb. der org. Chemie 312.
[4]) Zeitschrift für Chemie 1871, N. F. **7**, 253.

tigen und den von Claus mit Crotonsäure und Allylcyanid angestellten Schmelzversuch vernachlässigen, so könnte diese Identität schon
aus einem Vergleich dessen, was ich oben über die Crotonsäure aus
Aldehyd angegeben habe, mit den von anderen Beobachtern über die
Crotonsäure aus Allylcyanid gemachten Angaben hergeleitet werden.

Ueber die Crotonsäure aus Allylcyanid liegen nämlich die folgenden
Angaben vor. Will und Körner[1] fanden den Schmelzpunkt der aus
dem Cyanallyl des Senföls dargestellten Crotonsäure bei 72°. Nach
Bulk[2] liegt der Schmelzpunkt bei 72°, der Siedepunkt constant bei
183°,8 (corrigirt 187°). Bulk findet, daß sich die Säure bei 15° in
12,07 Th. Wasser löst; er theilt Messungen von A. Knop mit, nach welchen die Krystalle dem monoklinen System angehören. Die Winkelangaben von Knop, so wie sie in diesen Annalen[3] mitgetheilt werden, sind nun zwar offenbar mit gewissen Irrthümern behaftet, aber vier
von den sechs Winkeln, welche Knop gemessen hat, stimmen mit vom
Rath's Messungen. die oben angegeben wurden, sehr nahe überein.

Was dann weiter die Crotonsäure aus synthetischem Allylcyanid
angeht, so hat Claus[4] wiederholt die Ansicht ausgesprochen, sie sei
mit der aus Senfölcyanallyl bereiteten identisch. Körner[5] hat Crotonsäure, die zum Theil aus Myronsäurecyanallyl, zum Theil aus synthetischem Allylcyanid bereitet war, zusammen verarbeitet, war also
offenbar von der Identität beider überzeugt. Bulk[6] sagt, er habe sich
davon überzeugt, daß die aus synthetischem Allylcyanid dargestellte
Crotonsäure im Wesentlichen dieselben Eigenschaften habe, wie die
Säure aus dem Cyanallyl des Senföls. Endlich fanden Tollens und
Rinne[7], daß der aus Glycerin mit Oxalsäure dargestellte Allylalkohol ein Allylcyanid liefert. welches denselben Siedepunkt zeigt, wie das
Cyanallyl aus Senföl, und daß die daraus bereitete Crotonsäure große
Tafeln bildet, die bei 72° schmelzen.

So weit also stimmen alle Eigenschaften für die in verschiedener
Weise bereiteten festen Crotonsäuren überein.

---

[1] Diese Annalen **125**, 273 (1863). Dort steht irrtümlich „**105**. 12". (A.)

[2] Daselbst **139**, 62 (1866).

[3] Daselbst **139**, 62 (1866).

[4] Daselbst **131**, 58 (1864).

[5] Daselbst **137**, 233 (1866).

[6] Daselbst **139**, 68 (1866).

[7] Diese Annalen **159**, 105 (1871).

Ueber das Zerfallen der aus Cyanallyl entstehenden Crotonsäure lagen bis vor Kurzem nur ältere Angaben von C l a u s [1]) vor. Er sagt, die Säure gehöre unzweifelhaft in die Reihe der Oelsäure; denn neben der charakteristischen Eigenschaft, schon beim Concentriren mit über- schüssigem Kalihydrat wenigstens zum Theil in Essigsäure überzugehen, u. s. w. Später hat indeß C l a u s [2]) diese Angabe als irrthümlich zurück- genommen. Er versichert jetzt, die aus Cyanallyl dargestellte Croton- säure liefere beim Schmelzen mit Kalihydrat *keine Spur* von Essigsäure, sie zerfalle vielmehr genau wie die von F r a n k l a n d und D u p p a dar- gestellte Methacrylsäure in Propionsäure und Kohlensäure. Dieß führe unzweifelhaft zu der Structurformel:

$$CH_2 = CH - CH_2 - CO_2H,$$

wie sie ja auch nach der bis jetzt für die Allylverbindungen wohl all- gemein gültigen Auffassung a priori zu erwarten war.

Man sieht, daß diese Angaben Widersprüche einschließen, die wohl geeignet sind in Verlegenheit zu bringen. Nach den physikalischen Eigenschaften ist die aus Aldehyd dargestellte Crotonsäure identisch mit der aus Allylcyanid bereiteten; aber beim Schmelzen mit Kali lie- fert die erstere nur Essigsäure, die zweite dagegen Propionsäure neben Kohlensäure.

Soll man danach annehmen, daß es zwei chemisch verschiedene Cro- tonsäuren gebe, die sich zufällig in ihren physikalischen Eigenschaften bis zum Verwechseln ähnlich sehen? Soll den Allylverbindungen zu Liebe die Condensation des Aldehyds anders interpretirt werden, als dieß oben geschehen ist, trotz aller Gründe, die sich zu Gunsten dieser Interpretation aufführen lassen und die oben zusammengestellt sind. Soll man mit T o l l e n s annehmen, beim Schmelzen mit Kali fände innere Umsetzung statt, dieß sei bei meinem Versuche der Fall gewesen, bei dem von C l a u s aber nicht? Oder darf man vielleicht andererseits der Vermuthung Raum geben, C l a u s habe aus einem an Propyljodid reichen Allyljodid ein Gemenge von Buttersäure und Crotonsäure dar- gestellt, so daß er beim Schmelzen mit Kali ein Gemisch von Butter- säure und Essigsäure erhielt, durch dessen weitere Verarbeitung er dann ein Silbersalz gewann, welches zufällig die Zusammensetzung des propionsauren Silbers zeigte? War sein propionsaures Silber vielleicht

---

[1]) Daselbst **131**, 66 (1864).
[2]) Berichte der deutschen chemischen Gesellschaft 1870. **3**, 180.

ein gemischtes Salz, welches neben Essigsäure noch Crotonsäure enthielt, die der Zersetzung entgangen war, und hat er dabei Kohlensäure, die aus dem Kali oder aus Verunreinigungen stammte, für ein wesentliches Spaltungsproduct gehalten?

Es ist einleuchtend, daß diese Fragen nur durch eine sorgfältige Wiederholung der Claus'schen Versuche beantwortet werden können; zu meiner persönlichen Ueberzeugung habe ich einstweilen folgenden Versuch angestellt.

Ich habe genau nach der von Claus gegebenen Vorschrift Allyljodid dargestellt, dieses in Allylcyanid umgewandelt und das Product ohne weitere Reinigung verarbeitet, weil auch Claus auf die Reindarstellung des Cyanids Verzicht geleistet zu haben scheint. Aus der mit Wasser überdestillirten Säure, welche Claus, wie es scheint, direct zur Darstellung der von ihm beschriebenen Salze verwendet hat, wurde die Säure mit Aether ausgeschüttelt und destillirt. Sie ging, ohne daß sich dabei ein constanter Siedepunkt markirte, zwischen 170 und 195° über. In dem zwischen 180 und 195° übergegangenen Antheil bildeten sich beim Abkühlen unter 0° einzelne Krystalle, wie dieß auch Claus angiebt. Da nun ein solches theilweises Erstarren, eben so wie das stetige Steigen des Siedepunkts, nicht gerade als Kriterien einer reinen Substanz gelten können, so habe ich das schwerlösliche Silbersalz dargestellt und aus diesem die Säure wieder abgeschieden. Die ätherische Lösung gab jetzt beim Verdunsten direct Krystalle. Ein beträchtlicher Theil destillirte bei 180 bis 185° über und erstarrte sofort krystallinisch; dabei markirte sich der Siedepunkt bei 182°. Eine geringe Menge höher siedender Producte blieb beim Erkalten flüssig. Die zwischen Papier ausgepreßten Krystalle schmolzen bei 71°,5.

Ein Schmelzversuch mit Kali wurde genau ausgeführt wie bei der Crotonsäure aus Aldehyd. Die mit Wasser überdestillirte Säure wurde zur Hälfte neutralisirt und nochmals destillirt. Der Destillationsrückstand gab ein Silbersalz, welches ganz die charakteristische Form des essigsauren Silbers besaß und 64,1 pC. Silber lieferte. Aus der überdestillirten Säure wurde, genau wie früher, ein klein krystallisirendes Silbersalz erhalten von 64,2 pC. Silber. Dabei waren aus 0,36 Grm. Crotonsäure 0,38 Grm. Essigsäure erhalten worden, während 0,49 Grm. hätten gebildet werden können.

Ich will nur die sachlichen Schlüsse mittheilen, die, nach meinem Dafürhalten, aus diesen Resultaten gezogen werden können. Es sind die folgenden. Die Crotonsäure aus Allylcyanid ist absolut identisch mit der aus Aldehyd dargestellten. Aus dem Verhalten beider gegen schmelzendes Kalihydrat und aus der synthetischen Bildung des Crotonaldehyds aus Aldehyd leitet sich für die feste Crotonsäure die Formel:

$$CH_3 - CH = CH - CO_2H$$

her. Die noch zu behebende Schwierigkeit liegt also in der Bildung der Crotonsäure aus Allylverbindungen. Auf diese Frage soll in dem folgenden Theil dieser Mittheilungen näher eingegangen werden.

Schließlich mag es gestattet sein über Crotonsäuren von anderer Herkunft einige Bemerkungen hier anzuschließen, die man als Ergänzung der oben über die Crotonsäure zusammengestellten Erfahrungen vielleicht willkommen finden wird.

Die von W i s l i c e n u s [1]) aus $\beta$-Oxybuttersäure dargestellte Crotonsäure, für welche der Schmelzpunkt bei 71 bis 72°, der Siedepunkt bei 180 bis 182° (corrigirt) gefunden wurde, ist offenbar mit der Crotonsäure aus Aldehyd und aus Allylcyanid identisch.

Was dann weiter die flüssige Crotonsäure angeht, welche S t a c e w i c z [2]) durch Erhitzen eines Gemenges von Chloraceten, Chloressigsäure und Silber erhalten haben will, so bedarf dieselbe wohl kaum der Erwähnung. Seitdem ich in Gemeinschaft mit Dr. Z i n c k e [3]) nachgewiesen habe, daß das Chloraceten nicht existirt, wird man kaum daran zweifeln können, daß bei dem Versuch von S t a c e w i c z weder die Chloressigsäure noch das Silber eine Rolle gespielt haben; man wird vielmehr annehmen müssen, die in dem sogenannten Chloraceten enthaltene Salzsäure habe condensirend auf Aldehyd eingewirkt und so Crotonaldehyd erzeugt. Da S t a c e w i c z die Bildung einer Säure erwartet hatte, so mag er sauer reagirenden Crotonaldehyd für eine flüssige Crotonsäure angesehen haben; hätte er aus dem analysirten Silbersalz die Säure wieder abgeschieden, so würde er wohl feste Crotonsäure erhalten haben.

Eine andere flüssige Crotonsäure ist schon 1858 von S c h l i p p e [4]) beschrieben worden. Sie soll im Crotonöl vorkommen und beim Schmelzen mit Kali nur Essigsäure liefern. G e u t h e r und F r o e l i c h [5])

---

[1]) Diese Annalen **149**, 214 (1869); und Zeitschr. f. Chemie 1869, N. F. **5**, 326.
[2]) Zeitschrift für Chemie 1869, N. F. **5**, 321.
[3]) Siehe die folgende Mittheilung.
[4]) Diese Annalen **105**, 21 (1857).
[5]) Zeitschrift für Chemie 1870, N. F. **6**, 26 und 549.

haben bei einer neueren Untersuchung des Crotonöls keine Säure von der Zusammensetzung $C_4H_6O_2$ erhalten können. Man muß nun freilich zugeben, daß S c h l i p p e ' s Angaben nicht völlig den Anforderungen genügen, die man jetzt zu stellen gewohnt ist; aber man kann andererseits nicht leugnen, daß zwei Analysen des Silbersalzes zu Zahlen führten, welche sehr gut mit der Formel des crotonsauren Silbers übereinstimmen, während sie die von G e u t h e r und F r o e l i c h gegebene Interpretation kaum zulassen. Daß alle Essigsäure, welche S c h l i p p e bei seinem Schmelzversuch erhielt, schon in der angewandten Säure enthalten war, ist ebenfalls schwer anzunehmen, weil dann die angewandte Säure schon vor dem Schmelzen reine Essigsäure hätte sein müssen. Ich bin ganz damit einverstanden, daß man S c h l i p p e ' s Crotonsäure vorläufig für verdächtig ansieht, aber ich bin immerhin der Meinung, die Untersuchung Eines Crotonöls berechtige noch nicht die Behauptung, in keiner Sorte Crotonöl sei jemals Crotonsäure enthalten.

Eine weitere flüssige Säure von der Formel $C_4H_6O_2$ ist von G e u -t h e r [1]) dargestellt und als Quartenylsäure bezeichnet worden. Sie soll durch Rückwärtssubstitution aus einer der beiden chlorhaltigen Säuren $C_4H_5ClO_2$ entstehen, welche aus Aethyldiacetsäure durch Einwirkung von Phosphorchlorid und nachheriges Behandeln mit Wasser gebildet werden. G e u t h e r war früher der Ansicht, diese Säure sei identisch mit S c h l i p p e ' s Crotonsäure, an deren Existenz er jetzt nicht mehr glaubt. Diese Quartenylsäure liefert nach G e u t h e r beim Schmelzen mit Kalihydrat nur Essigsäure. Wenn man diesem Schmelzversuch Zutrauen schenken will, so ist die Quartenylsäure schwer zu deuten; aber es ist zu bedauern, daß G e u t h e r die Säure nicht aus dem Silbersalz wieder abgeschieden hat. Die andere aus der Aethyldiacetsäure entstehende chlorhaltige Säure liefert bei der Rückwärtssubstitution gewöhnliche Crotonsäure, für welche G e u t h e r den Namen Tetracrylsäure vorschlägt.

F r a n k l a n d und D u p p a ' s Methacrylsäure ist mit der Crotonsäure isomer; sie wird wohl mit Recht durch die Formel ausgedrückt, die man ihr jetzt beilegt.

---

[1]) Zeitschrift für Chemie 1869, N. F. **5**, 270; 1870, N. F. **6**, 27; und Journ. f. pr. Chemie 1871, 441.

(Fortsetzung folgt.)

# Ueber das sogenannte Chloraceten und die polymeren Modificationen des Aldehyds[1];

### von Aug. Kekulé und Th. Zincke.

(Mittheilung aus dem chemischen Institut der Universität Bonn.)

(Eingelaufen den 14. Februar 1872.)

A. **162**, 125—150 (26. 3. 1872).

Unter den theoretischen Detailfragen, welche in den letzten Jahren die Aufmerksamkeit der Chemiker in hohem Grade in Anspruch genommen haben, ist eine der interessantesten wohl die folgende: „Sind in allen organischen Verbindungen, selbst in den an Wasserstoff verhältnißmäßig armen, alle Kohlenstoffatome als gesättigt anzusehen, oder giebt es auch Körper, in welchen freie Verwandtschaften, also sogenannte Lücken, angenommen werden müssen?"

Noch vor wenig Jahren haben viele Chemiker der letzteren dieser beiden Ansichten den Vorzug gegeben; in der neueren Zeit wird ziemlich allgemein die erstere für die wahrscheinlichere gehalten. Die Zusammensetzung und die Eigenschaften fast aller organischen Verbindungen, in welchen man früher freie Kohlenstoffaffinitäten oder Lücken annahm, glaubt man jetzt besser durch die Annahme dichterer Kohlenstoffbindung deuten zu können. Während man früher die leichte Additionsfähigkeit vieler Verbindungen auf das Vorhandensein von Lücken zurückführte, hält man es jetzt für wahrscheinlicher, daß bei derartigen Additionen die dichtere Kohlenstoffbindung sich theilweise löse. Man stellt jetzt nahezu alle solche Körper durch Formeln dar, welche wie die des Aethylens $H_2C = CH_2$ oder Acetylens $HC \equiv CH$ doppelt- oder dreifachgebundene Kohlenstoffatome enthalten.

Nun sind aber einzelne Substanzen beschrieben worden, deren Existenz nur erklärt werden kann, wenn man ungesättigte Kohlenstoffaffinitäten in ihnen annimmt. Unter diesen nimmt das Chloraceten eine der ersten Stellen ein.

Das Chloraceten hat dieselbe empirische Zusammensetzung und nach der Dampfdichte auch dasselbe Moleculargewicht wie das Monochlor-

---

[1] Vorläufige Mittheilungen vgl. Berichte der deutschen chemischen Gesellschaft 1870, **3**, 129 und 468.

äthylen (Vinylchlorid). Wenn nun diesem, sowie es allgemein und auch wohl mit Recht geschieht, die Constitutionsformel $H_2C = CHCl$ zugeschrieben wird, so müssen in dem isomeren Chloraceten nothwendig zwei unbefriedigte Kohlenstoffverwandtschaften angenommen werden, und man kann es also durch eine der folgenden Formeln darstellen: $H_2\overset{'}{C} - \overset{'}{C}HCl$ oder $H_3C - \overset{''}{C}Cl$. Die erstere Formel und andere ihr ähnliche sind schon wiederholt für unwahrscheinlich erklärt worden. Je eine unbefriedigte Verwandtschaft an zwei benachbarten und sonst zusammenhängenden Kohlenstoffatomen, dieß ist, so sagt man, mit doppelter Bindung gleichbedeutend. Die durch die zweite Formel ausgedrückte Ansicht ist nicht nur wiederholt benutzt, sie ist sogar die Grundlage weitgehender theoretischer Speculationen geworden [1].

Uns scheint nun, obgleich wir die Möglichkeit der Existenz ungesättigter Kohlenstoffatome keineswegs in Abrede stellen wollen, als habe die Annahme derartiger freier Verwandtschaften in gewöhnlichen Fällen etwas wenig Wahrscheinliches; bei Moleculen mit nur zwei Kohlenstoffatomen will sie uns am Wenigsten einleuchten. Die Idee nicht befriedigter Verwandtschaften involvirt, wie wir meinen, Etwas wie nicht vorhandenes Gleichgewicht. Ein Molecul von der Constitution, welche man dem Chloraceten zuschreibt, scheint uns kaum existenzfähig; seine Kohlenstoffatome müssen dem Bestreben Folge leisten, in Bezug auf Bindung der einzelnen Atome eine vollständige Gleichgewichtslage anzunehmen. — Auf die Annahme eines zweiwerthigen Kohlenstoffatoms im Chloraceten, wenn darunter etwas Anderes verstanden werden soll als Kohlenstoff mit zwei freien Affinitäten, wollen wir hier nicht näher eingehen.

Diese Betrachtungen veranlaßten uns zu einer erneuten Untersuchung des Chloracetens, die denn auch in der That unsere theoretischen Voraussetzungen bestätigt hat.

————

Wir halten es für geeignet, unseren Versuchen zunächst eine Zusammenstellung der über das Chloraceten vorliegenden thatsächlichen Angaben vorauszuschicken.

Mit dem Namen *Chloraceten* hat H a r n i t z - H a r n i t z k y [2] „vor-

————

[1] P a t e r n o, Giorn. di scienze nat. ed econ. Vol. **6**, Palermo 1870.
[2] Diese Annalen **111**, 192 (1859).

läufig" einen Körper bezeichnet, welchen er durch Einwirkung von
Chlorkohlenoxyd auf Aldehyddampf erhalten hatte. Drei Analysen:

| Kohlenstoff | 37,92 | 37,85 | 37,87 |
| Wasserstoff | 4,82 | 4,79 | 4,95 |
| Chlor | 57,25 | 57,12 | 57,09 |

führen zu der Formel $C_2H_3Cl$ und diese Formel wird bestätigt durch die
bei $100^0$ bestimmte Dampfdichte; gefunden 2,1887, berechnet 2,1596.
Die Bildung wird durch folgende Gleichung ausgedrückt:

$$C_2H_4O + COCl_2 = C_2H_3Cl + HCl + CO_2.$$

Chlorwasserstoff entweicht in Menge, auch die Kohlensäure ist nachgewiesen worden. Das Chloraceten verdichtet sich in den Vorlagen zu
länglichen Blättern, die bei etwa $0^0$ schmelzen und bei $45^0$ ins Sieden
kommen. Eigenthümlich ist sein Verhalten gegen Wasser; es sinkt zu
Boden, nimmt Butterconsistenz an und löst sich endlich bei gelindem
Erwärmen unter Zersetzung. Dabei entsteht Salzsäure und Aldehyd.

Sechs Jahre später hat F r i e d e l [1]) unter „gefälliger Mitwirkung des
Entdeckers" die „penibele und delicate" Darstellung des Chloracetens
wiederholt. In einer neueren Abhandlung [2]) theilt er einige Details der
Bereitung mit; er giebt weiter an, bei der Rectification bleibe Paraldehyd im Rückstand, das gegen $50^0$ übergegangene Chloraceten erstarre
beim Abkühlen mit Eis, es müsse direct verarbeitet werden, weil es von
einem Tage zum anderen spontane Zersetzung erleide.

Im Jahre 1868 hat K r a u t [3]) von Neuem Chloraceten bereitet. Er
fand alle Angaben von H a r n i t z - H a r n i t z k y über Darstellung und
Eigenschaften vollkommen richtig und konnte aus mehreren Kilogrammen
Aldehydammoniak mehr als 50 Grm. Chloraceten gewinnen, welches bei
$0^0$ krystallinisch erstarrte und bei $45^0$ kochte.

Weder F r i e d e l noch K r a u t haben neue Analysen des Chloracetens für nothwendig gehalten, da die Zusammensetzung desselben
durch die Angaben H a r n i t z - H a r n i t z k y ' s hinlänglich festgestellt
schien.

S t a c e w i c z [4]), der in der neuesten Zeit wieder mit Chloraceten gearbeitet hat, macht weder über Darstellung noch Eigenschaften nähere
Angaben.

---

[1]) Compt. rend. **60**, 930 (1865).
[2]) Ann. chim. phys. [4] **16**, 403 (1869).
[3]) Diese Annalen **147**, 107 (1868).
[4]) Zeitschrift für Chemie 1869, N. F. **5**, 321.

Harnitz-Harnitzky behauptet, beim Erhitzen von Chloraceten mit benzoësaurem Baryt werde Zimmtsäure gebildet; er giebt sogar eine sehr befriedigende Analyse des Silbersalzes der so dargestellten Säure. Kraut wiederholte den Versuch, konnte aber keine Zimmtsäure gewinnen. Friedel giebt an, daß durch Einwirkung von Chloraceten auf Natriummethylat Aceton gebildet werde; er hat das so gebildete Aceton analysirt und genauer untersucht. Stacewicz endlich will Crotonsäure erhalten haben, indem er Chloraceten und Monochloressigsäure mit metallischem Silber erhitzte.

Alle diese Angaben sind so bestimmt, daß es auf den ersten Blick scheinen muß als könne die Existenz des Chloracetens gar nicht in Zweifel gezogen werden. Trotzdem waren es gerade diese Angaben, die uns in dem Zweifel noch bestärkten, zu welchem uns die oben angedeuteten theoretischen Gründe schon geführt hatten.

Es schien uns zunächst unwahrscheinlich, daß ein gechlorter Kohlenwasserstoff von so niedrigem Moleculargewicht bei $0^0$ erstarren und bei $45^0$ sieden solle, während das isomere Chloräthylen bei gewöhnlicher Temperatur gasförmig ist und sich erst weit unter $0^0$ zu einer Flüssigkeit verdichtet. Eine spontane Zersetzung kam uns geradezu undenkbar vor, was sollte dabei entstehen? Die Zersetzbarkeit durch Wasser bot neue Schwierigkeiten; denn die Annahme, der Sauerstoff und ein Wasserstoffatom des Wassers würden gegen Chlor und zwei Lücken ausgetauscht, genügt für sich allein nicht; es bleibt noch zu erklären, warum Wasserstoff und Sauerstoff, die vorher gebunden waren, sich lösen, um sich jetzt beide an Kohlenstoff zu binden. Wenn überhaupt Zersetzung eintritt, hätte noch am ersten die Bildung eines Vinylalkohols erwartet werden dürfen, der dann nur durch sogenannte Umlagerung der Atome sich in den isomeren Aldehyd verwandeln könnte.

Aehnlich verhielt es sich mit der Synthese des Acetons. Hier hätte vielleicht der mit dem Aceton isomere Methyläther des Vinylalkohols entstehen können, durch weitere Umlagerung erst Aceton.

Die Synthese der Zimmtsäure kommt weniger in Betracht, da die negativen Resultate Kraut's schon einen Schatten auf Harnitz-Harnitzky's Angaben werfen. Die Bildung eines Vinyläthers der Benzoësäure wäre zur Noth denkbar, aber die Umwandlung dieses Aethers in Zimmtsäure kaum erklärlich.

Alle diese Zweifel trugen natürlich dazu bei, das Chloraceten einer erneuten Untersuchung zu unterziehen.

Bei Beginn unserer Versuche glaubten wir indessen dem, was von anderer Seite als Thatsache veröffentlicht worden war, Rechnung tragen zu müssen, und wir gestatteten uns daher nicht, unsere Zweifel bis auf die Existenz des Chloracetens auszudehnen. Wir dachten, das Chloraceten sei mit dem Chloräthylen vielleicht nicht isomer, sondern polymer; es zerfalle bei gewissen Reactionen und trete dann als Chloräthylen in Wirkung. Wir hielten sogar die Annahme für zulässig, es erleide schon beim Erhitzen eine solche Spaltung des Moleculs und erzeuge deshalb einen leichteren Dampf. Dem anderen Gedanken, das Chloraceten sei mit dem Chloräthylen identisch, das letztere aber in reinem Zustande noch nicht dargestellt, glaubten wir nicht Raum geben zu dürfen, schon weil die Angaben über das Chloräthylen von R e g n a u l t herrühren. Wir haben uns trotzdem veranlaßt gefunden, diesen Körper von Neuem darzustellen. Daß wir R e g n a u l t ' s Angaben richtig und den Siedepunkt bei — 18° bis — 17° fanden, war uns nicht überraschend. Wir haben uns dann mit der Darstellung des Chloracetens beschäftigt und dabei so sonderbare Erscheinungen beobachtet, daß uns eine etwas ausführlichere Beschreibung unserer Versuche zweckmäßig zu sein scheint.

Zu unseren Versuchen diente völlig reiner Aldehyd, den wir zum großen Theil selbst dargestellt hatten. Das Kohlenoxychlorid war stets von Chlor befreit, bisweilen sogar zur Flüssigkeit verdichtet worden. Die Versuche selbst wurden in mannigfacher Weise abgeändert. Das Chlorkohlenoxyd trat, wie H a r n i t z - H a r n i t z k y es vorschreibt, in einen mit Aldehyddampf gefüllten Ballon; es strömte nach F r i e d e l ' s Vorschrift gleichzeitig mit Aldehyddampf in einen schwach erwärmten Ballon; es wurde gasförmig in den Aldehyd eingeleitet u. s. w.; mehrmals haben wir auch flüssiges Chlorkohlenoxyd mit Aldehyd gemischt und das Gemenge bisweilen auch erhitzt. Alle Reactionen gaben im Wesentlichen dasselbe Resultat. Eine energische Reaction war niemals wahrzunehmen, das Product verdichtete sich zum größten Theil erst in den stark gekühlten Vorlagen und erstarrte hier bisweilen direct zu einer krystallinischen Masse. Bei der Rectification destillirte der größte Theil bei etwa 45° und das Product erstarrte bei 0° oder wenigstens bei etwas niedrigerer Temperatur.

Wenn wir uns damit hätten begnügen wollen, so würden auch wir nur sagen können, daß wir die früheren Angaben völlig richtig gefunden hätten. Unser Product zeigte außerdem gegen Wasser genau das von H a r n i t z k y angegebene Verhalten. Es erlitt auch, ähnlich wie dieß

Friedel angiebt, wenngleich nicht von einem Tage zum andern, eine spontane Zersetzung, auf die wir später zurückkommen werden. Eine Eigenschaft dagegen fanden wir nicht bestätigt, wir meinen die Zusammensetzung und besonders den hohen Chlorgehalt. Das Product verschiedener Darstellungen enthielt bald mehr, bald weniger Chlor, niemals aber auch nur annähernd 57 pC.

Schon bei der ersten Darstellung war uns aufgefallen, daß geringe Mengen von Chlorkohlenoxyd eine verhältnißmäßig große Ausbeute an Chloraceten liefern. Wir fanden später, daß aus einem Gemisch von Chlorkohlenoxyd und Aldehyd das erstere fast vollständig abdestillirt werden kann und doch der Rückstand die Eigenschaften und das Verhalten des Chloracetens zeigt. Sorgfältige Versuche lehrten, daß niemals Kohlensäure und Salzsäure in irgend erheblicher Menge auftraten.

Bei der Rectification zeigten sich dann höchst eigenthümliche Erscheinungen. Es entwich fortwährend Chlorkohlenoxyd; trotz guter Kühlung war das Destillat in der Vorlage stets heiß; es zeigte 35°, 38° und selbst 41°; es gerieth bisweilen sogar von selbst ins Sieden. Dieselben Erscheinungen wiederholten sich bei jeder Rectification. Dabei traten noch weitere Eigenthümlichkeiten auf. Das Thermometer, anstatt langsam zu steigen, fiel gewöhnlich während der Destillation, so daß sich beispielsweise die Fractionen so folgten:

| I. Operation | | II. Operation | |
|---|---|---|---|
| Thermometer in | | Thermometer in | |
| Flüssigkeit | Dampf | Flüssigkeit | Dampf |
| 65 | 55 | 44 | 40 |
| 56 | 51 | 45 | 40 |
| 49 | 47 | 49 | 41 |
| 46 | 44 | 53 | 42 |
| 47 | 45 | 52 | 44 |
| 60 | 55 | 50 | 43 |
| | | 48 | 41 |
| | | 47 | 40 |
| | | 47 | 40. |

Die Siedepunkte sind von 5 zu 5 Minuten abgelesen.

Bei jeder Destillation wurden aus Fractionen, welche vorher unter 50° überdestillirt waren, gewisse Mengen weit höher siedender Producte erhalten. Ließ man die Destillationen rasch aufeinander folgen, so ging schließlich viel bei etwa 120° über, blieben dagegen die über 50° siedenden Antheile einige Zeit stehen, so destillirte wieder viel unter 50°.

Alle diese Erscheinungen führten uns zunächst auf die Vermuthung, daß das Chlorkohlenoxyd nicht nach irgend welchem einfachen Molecularverhältniß auf den Aldehyd einwirke, daß es vielmehr eine den Fermenten ähnliche Wirkung ausübe. Dieß veranlaßte uns, minimale Mengen von Chlorkohlenoxyd mit Aldehyd zusammenzubringen. Wir verfuhren dabei meistens so, daß die von flüssigem Chlorkohlenoxyd ausgehauchten Dämpfe in einen zur Hälfte mit Aldehyd angefüllten Ballon eingegossen wurden. Blieb das Gefäß dann einige Zeit bei niederer Temperatur (0° und weniger) stehen, so schieden sich stets Krystalle von *Metaldehyd* aus, die indessen bei längerem Stehen wieder verschwanden. Wurde der mit Chlorkohlenoxyd zusammengebrachte Aldehyd bei mittlerer Temperatur sich selbst überlassen, so trat nach kurzer Zeit Erwärmung ein, die meistens bis 40°, einmal in etwa $^3/_4$ Stunden bis 47° stieg. Alle in dieser Weise dargestellten Producte verhielten sich bei der Destillation genau wie die nach H a r n i t z k y ' s Methode bereiteten Präparate. Sie zeigten dieselben Siedepunkte, dasselbe Erhitzen im Destillat u. s. w.

Die spontane Erhitzung der Destillate ließ uns dann weiter vermuthen, daß der unter dem Einfluß des Chlorkohlenoxyds aus Aldehyd entstehende Körper bei der Destillation eine Art von Dissociation erleide; daß Aldehyd überdestillire, welcher in der Vorlage durch das gleichzeitig mit übergegangene Chlorkohlenoxyd von Neuem verändert werde. War diese Ansicht richtig, so mußte der Dampf in genügender Entfernung vom Destillationsgefäße annähernd die Siedetemperatur des Aldehyds zeigen. Das Siedegefäß wurde deshalb so eingerichtet, daß durch Verschieben des Thermometers sowohl die Temperatur des Dampfes als auch der Flüssigkeit bestimmt werden konnte, und daß der Dampf zunächst eine aufsteigende, 1 Meter lange Röhre passiren mußte, in welcher sich oben wieder ein Thermometer befand. Dann folgte eine mit Eiswasser gekühlte Glasspirale und die Vorlage, welche ebenfalls mit einem Thermometer versehen war. Bei allen Destillationen, welche mit den verschiedensten Präparaten ausgeführt wurden, zeigte das oben im Dampf befindliche Thermometer in der That nahezu die Siedetemperatur des Aldehyds. Im Destillat trat wie früher stets Erhitzung ein. Von den zahlreichen Beobachtungen, die mit diesem Apparat gemacht wurden, mögen beispielsweise die folgenden hier Platz finden.

Zu 150 Grm. Aldehyd von + 2° wurde etwas Chlorkohlenoxyd gebracht und das Gemenge bei einer Lufttemperatur von + 2° sich selbst überlassen. Es hatte sich langsam bis zu 15° erwärmt und zeigte zuletzt 13°. Jetzt wurde von dem gebildeten Metaldehyd abfiltrirt und die Flüssigkeit in ein Zimmer von 15° Lufttemperatur gebracht. In wenig Minuten trat Erwärmung ein, die bis 38° stieg. Bei der nun ausgeführten Destillation wurden die folgenden Temperaturen beobachtet, wo a die Temperatur der siedenden Flüssigkeit, a′ die Temperatur des Dampfes im Siedegefäße, b die Temperatur bei 1 Meter Entfernung und c endlich diejenige der Vorlage bedeutet.

| a  | 45 | 45   | 45   | 46 | 46 | 46   | 46   | 46   | 48   | 48.5 | 51  |
|----|----|------|------|----|----|------|------|------|------|------|-----|
| a′ | 25 | 31   | 30   | 31 | 30 | 31   | 30,5 | 29   | 29   | 30,5 | 38  |
| b  | 22 | 26,5 | 27   | 27 | 26 | 26,5 | 26   | 26   | 25   | 26   | 26  |
| c  | 19 | 28   | 31,5 | 32 | 34 | 34   | 34   | 34,5 | 38   | 41   | 43. |

Die Temperaturen wurden bei diesen und allen folgenden Destillationen von 5 zu 5 Minuten abgelesen.

Bei einer am anderen Tage ausgeführten zweiten Destillation wurden die folgenden Thermometerstände beobachtet:

| a  | 48 | 58 | 60   | 61,5 | 68 | 77   | 84 | 96  |
|----|----|----|------|------|----|------|----|-----|
| a′ | 41 | 39 | 40   | 45   | 47 | 50   | 50 | 54  |
| b  | 27 | 24 | 33   | 31,5 | 31 | 30,5 | 29 | 28  |
| c  | 27 | 31 | 32,5 | 34   | 37 | 37   | 37 | 35. |

Bei einer dritten direct nachher ausgeführten Destillation wurde gefunden:

| a  | 62 | 62 | 61   | 62 | 73   | 79   | 85   | 90 | 97  |
|----|----|----|------|----|------|------|------|----|-----|
| a′ | 45 | 45 | 45,5 | 47 | 46,5 | 44   | 42   | 41 | 41  |
| b  | 37 | 39 | 38,5 | 38 | 34,5 | 26,5 | 24,5 | 24 | 23  |
| c  | —  | 28 | 31   | 33 | 36   | 36   | 36   | 36 | 35. |

Jetzt wurde mit abwärts gerichtetem Kühler nochmals destillirt und dabei die Siedepunkte beobachtet, die weiter oben (I. Operation) angegeben sind.

Ein Präparat von einer anderen Darstellung, bei dessen Bereitung nach F r i e d e l ' s Vorschrift verfahren worden war, zeigte bei der zweiten Destillation folgende Temperaturgrade:

| a  | 52 | 53 | 52 | 51   | 51 | 50,5 | 52,5 | 55  |
|----|----|----|----|------|----|------|------|-----|
| a′ | 43 | 45 | 48 | 48   | 48 | 49   | 51   | 54  |
| b  | 25 | 38 | 38 | 35   | 32 | 30   | 29   | 29,5|
| c  | —  | 26 | 31 | 31,5 | 32 | 31,5 | 30   | 34. |

Es wurde oben erwähnt, daß bei allen Rectificationen gewisse Mengen eines höher siedenden Productes gewonnen wurden, und daß bei rasch aufeinander folgenden Destillationen beträchtliche Mengen dieses höher siedenden Körpers abgeschieden werden konnten. Bei genauer Untersuchung wurde dieses Product mit Leichtigkeit als Paraldehyd erkannt. Daraus mußte zunächst geschlossen werden, daß Chlorkohlenoxyd aus Aldehyd Paraldehyd zu erzeugen vermag. Berücksichtigt man dann weiter die früher mitgetheilte Erfahrung, nach welcher hoch siedende Antheile wieder niedrig siedende und sich erhitzende Producte liefern, wenn sie zunächst längere Zeit gestanden und erst dann der Destillation unterworfen wurden; so kommt man zu der weiteren Ansicht, daß auch der Paraldehyd bei längerer Einwirkung von Chlorkohlenoxyd wieder Veränderung erleiden muß. Directe Versuche haben diese Ansicht bestätigt. Reiner Paraldehyd mit etwas Chlorkohlenoxyd versetzt und sofort der Destillation unterworfen, geht unverändert über. Hat das Gemenge einige Zeit (etwa über Nacht) gestanden, so giebt es bei der Destillation niedrig siedende und sich erhitzende Producte.

Auch hier wollen wir wenigstens die Beobachtungen mittheilen, welche bei einer in dem oben beschriebenen Apparate ausgeführten Destillation gemacht wurden. Paraldehyd, der zwei Tage mit etwas Chlorkohlenoxyd gestanden hatte, gab beim Destilliren folgende Temperaturen:

| a | 73 | 75 | 75 | 76 | 81 | 85 | 83 | 83,5 | 85 |
|---|----|----|----|----|----|----|----|------|----|
| a′ | 52 | 51 | 52 | 52 | 51 | 60 | 57 | 58 | 60 |
| b | 29 | 27 | 26 | 24 | 24 | 25 | 24 | 23 | 23 |
| c | — | 35 | 36 | 35 | 37 | 37 | 36 | 35 | 32. |

Paraldehyd und gewöhnlicher Aldehyd verhalten sich also gegen Chlorkohlenoxyd im Wesentlichen gleich; beide liefern dasselbe Product. Die einfachste Erklärung, welche für diese Erscheinungen gegeben werden kann, ist folgende: Der Aldehyd geht bei Anwesenheit von Chlorkohlenoxyd unter starker Erhitzung theilweise in Paraldehyd über, der Paraldehyd verwandelt sich bei längerer Einwirkung von Chlorkohlenoxyd ohne Erwärmung zum Theil in gewöhnlichen Aldehyd. Dafür sprechen auch die folgenden, mit der M o h r ' schen Wage ermittelten specifischen Gewichte:

Aldehyd (durch Chlorkohlenoxyd verändert) = 0,985
Paraldehyd „          „          „     = 0,987
Aldehyd  rein                        = 0,805
Paraldehyd „                         = 0,998.

Ein aus Aldehyd oder aus Paraldehyd mit Chlorkohlenoxyd gewonnenes Product ist also nichts anderes als ein Gemenge der beiden Aldehydmodificationen mit mehr oder weniger Chlorkohlenoxyd. Die Mengenverhältnisse der beiden Aldehydmodificationen sind wohl je nach den

Bedingungen des Versuches, namentlich der Menge des Ferments und der Temperatur, verschieden. Wird durch Erwärmen Aldehyd ausgetrieben, so stellt sich das durch die Temperatur u. s. w. bedingte Gleichgewicht wieder her; es wird also neuer Aldehyd gebildet, der wieder in Dampfform entweicht, und es gelingt bei langsamer Destillation, annähernd die ganze Menge als gewöhnlichen Aldehyd überzudestilliren. Wird dasselbe Gemenge stark abgekühlt, so krystallisirt Paraldehyd aus; in der abgegossenen Flüssigkeit bildet sich, wenn dieselbe wieder auf die ursprüngliche Temperatur gebracht wird, von Neuem Paraldehyd, der durch Abkühlen ausgeschieden werden kann u. s. w. Entfernt man aus einem solchen Gemenge das als modificirendes Ferment wirkende Chlorkohlenoxyd, etwa durch Digestion mit Bleicarbonat, so erhält man ein dem gerade stattfindenden Gleichgewichtszustande entsprechendes Gemisch von Paraldehyd und Aldehyd. Jetzt können die beiden Aldehydmodificationen durch fractionirte Destillation getrennt werden; im Destillat tritt natürlich keine Erhitzung ein, weil kein Körper vorhanden ist, welcher eine neue Umwandlung des Aldehyds hervorbringen könnte.

Unterwirft man ein aus beiden Aldehydmodificationen und aus Chlorkohlenoxyd bestehendes Gemenge der Destillation und läßt die entweichenden Dämpfe (Aldehyd und Chlorkohlenoxyd) über erwärmten Aetzkalk streichen, so destillirt reiner Aldehyd über, der sich in der Vorlage weder erwärmt, noch verändert. Bisweilen gelingt es, nahezu das ganze Gemenge auf diesem Wege in gewöhnlichen Aldehyd umzuwandeln.

Wir müssen jetzt erwähnen, daß das Chlorkohlenoxyd selbst bei oft wiederholter Destillation sich in solchen Aldehydgemengen erhält, und daß es auch beim Aufbewahren einige Tage als solches vorhanden bleibt. Nach längerem Stehen findet sich statt seiner Salzsäure, ohne daß die Präparate dadurch ihre eigenthümlichen Eigenschaften verlieren; sie verhalten sich bei der Destillation genau wie vorher. Dieß erklärt sich dadurch, daß auch die Salzsäure, sogar in sehr kleinen Mengen, fähig ist, sowohl den Aldehyd als auch den Paraldehyd in das wiederholt beschriebene Gemisch der beiden Aldehydmodificationen (sogenanntes Chloraceten) umzuwandeln. Beim Zusammenbringen von Aldehyd mit Spuren von Salzsäure treten dieselben Erscheinungen auf, wie bei Anwendung von Chlorkohlenoxyd. In der Kälte wird Metaldehyd gebildet; bei mittlerer Temperatur tritt starke Erhitzung ein, die Destillate er-

wärmen sich u. s.w. Es scheint sogar, als wirke die Salzsäure noch energischer als das Chlorkohlenoxyd.

Der Vollständigkeit wegen soll auch hier ein Versuch näher beschrieben werden.

100 Grm. Aldehyd wurden mit etwas Salzsäuregas zusammengebracht und bei — 1° sich selbst überlassen; die Temperatur stieg in einer
Stunde bis auf 34°. Bei längerem Stehen in der Kälte erstarrte das Product fast vollständig zu Paraldehyd. Bei der Destillation wurden folgende Temperaturen beobachtet:

| a  | 65 | 70   | 78 | 85 | 95 | 100 | 110 |
|----|----|------|----|----|----|-----|-----|
| a′ | 54 | 51,5 | 54 | 54 | 70 | 78  | 95  |
| b  | 32 | 34   | 35 | 33 | 31 | 31  | 33  |
| c  | 25 | 31   | 33 | 35 | 32 | 34  | 35. |

Bei einer am folgenden Tage ausgeführten Rectification mit abwärts
gerichtetem Kühler zeigte die Flüssigkeit beim Beginn des Siedens 60°,
das Thermometer im Dampf 44°; das letztere schwankte dann von 46°
auf 42° und wieder auf 45°.

Daß auch der Paraldehyd von Salzsäure in derselben Weise wie von
Chlorkohlenstoff verändert wird, zeigt folgende Destillation:

| a  | 46 | 45 | 45,5 | 46   | 46 | 58   | 62 | 65 | 66   | 70  |
|----|----|----|------|------|----|------|----|----|------|-----|
| a′ | 39 | 40 | 39   | 39   | 40 | 41   | 44 | 43 | 44,5 | 48  |
| b  | 37 | 36 | 34   | 33,5 | 34 | 33,5 | 32 | 31 | 30   | 29. |

Das Destillat erhitzte sich dabei bis zu 30°.

Aehnlich verhält sich auch die Schwefelsäure. Die vermittelst dieser
Säure dargestellten Aldehydgemische geben indessen bei der Destillation selbstverständlich nur gewöhnlichen Aldehyd, weil die Schwefelsäure als nicht flüchtiges Ferment im Rückstand bleibt.

Erwähnung verdient vielleicht noch Folgendes: Bei langsamer Destillation des mit Schwefelsäure bereiteten Aldehydgemisches zeigt ein
in der siedenden Flüssigkeit befindliches Thermometer fast constant 44
bis 45°; offenbar weil bei dieser Temperatur der Aldehyd aus dem Gemenge abdestillirt, während gleichzeitig die zurückbleibende Schwefelsäure neuen Aldehyd erzeugt. Der entweichende Aldehyddampf ist in
der Nähe der siedenden Flüssigkeit überhitzt, zeigt aber in einiger Entfernung vom Siedegefäß genau den richtigen Siedepunkt (21 bis 22°).
Eben so zeigt auch der durch Aetzkalk vom Chlorkohlenoxyd befreite
Aldehyddampf den richtigen Siedepunkt des reinen Aldehyds. Wenn
bei allen Destillationen der mittelst Salzsäure oder Chlorkohlenoxyd

dargestellten Aldehydgemische weniger constante Temperaturen beobachtet wurden, so ist dieß leicht erklärlich. Die flüchtigen Fermente entweichen während der Destillation; im Rückstand häuft sich also der Paraldehyd an und die Siedetemperatur muß steigen. Andererseits bewirken aber die flüchtigen Fermente schon im Kühlrohr eine theilweise Umwandlung des Aldehyds im Paraldehyd, und die Dämpfe besitzen daher eine Temperatur, die höher ist als der Siedepunkt des Aldehyds.

Schließlich müssen wir noch hervorheben, daß auch das Chlorkohlenoxyd, ähnlich wie andere Körper, den Aldehyd zu Crotonaldehyd zu condensiren vermag. Diese Condensation findet schon in der Kälte statt und kann bei größerem Gehalte an Chlorkohlenoxyd sehr weit gehen. Dabei wird Wasser ausgeschieden, welches etwa noch vorhandenes Chlorkohlenoxyd in Kohlensäure und Salzsäure zerlegt, die ihrerseits von Neuem Condensation hervorrufen kann. Auf diesem Verhalten des Aldehyds beruht die von F r i e d e l beobachtete spontane Zersetzung seines Chloracetens beim Aufbewahren.

————————

Die hier mitgetheilten Beobachtungen lassen bei uns keinen Zweifel darüber, daß wir den von H a r n i t z - H a r n i t z k y als Chloraceten beschriebenen Körper unter Händen gehabt haben. Uns scheint es wenigstens nicht wahrscheinlich, daß es außer dem beschriebenen Aldehydgemisch noch eine zweite, aus Chlorkohlenoxyd und Aldehyd darstellbare Substanz von gleichen Eigenschaften geben sollte, welche der Formel $C_2H_3Cl$ entspräche.

Wenn nun aber das Chloraceten nicht existirt, wie erklären sich dann die mit ihm ausgeführten Synthesen?

Die von H a r n i t z - H a r n i t z k y als Thatsache behauptete Synthese der Zimmtsäure aus Chloraceten und Benzoësäure kommt dabei wohl kaum in Betracht, zunächst weil K r a u t diese Synthese nicht bestätigen konnte, und dann auch, weil so ziemlich alle Angaben von H a r n i t z - H a r n i t z k y jetzt als irrig erkannt worden sind.

F r i e d e l's Synthese des Acetons hat unser Nachdenken längere Zeit in Anspruch genommen und uns zu verschiedenen erfolglosen Versuchen veranlaßt. Wir dachten, der Aldehyd oder der Paraldehyd könne vielleicht mit Natriummethylat, möglicherweise durch Vermittelung von Salzsäure und Chlorkohlenoxyd, Aceton erzeugen; wir hielten es weiter für denkbar, daß die CO-Gruppe des Acetons von dem Chlorkohlenoxyd geliefert werde u. s. w. Jetzt neigen wir zu der Ansicht, daß das von

F r i e d e l untersuchte Aceton in dem angewandten Methylalkohol schon
enthalten war. F r i e d e l sagt zwar, er habe den Holzgeist aus dem
Oxalsäureäther dargestellt, aber wenn dieser Aether nicht sorgfältig von
den flüssigen Destillationsproducten befreit wurde, so kann wohl Aceton
in den gereinigten Methylalkohol übergegangen sein.

Die von S t a c e w i c z angegebene Synthese der Crotonsäure ist in
der vorhergehenden Abhandlung ausführlicher besprochen. Die Crotonsäure ist offenbar ohne Mitwirkung des Silbers und der Chloressigsäure
durch Condensation des Aldehyds entstanden.

## Polymere Modificationen des Aldehyds.

Die im Vorhergehenden mitgetheilten Erfahrungen über das sogenannte Chloraceten haben uns wiederholt Gelegenheit gegeben, Beobachtungen über die polymeren Modificationen des Aldehyds zu sammeln,
und wir haben es für geeignet gehalten, dieselben durch specielle Versuche noch weiter zu ergänzen.

Die älteren Angaben über Aldehydmodificationen zeigen so wenig
Uebereinstimmung, daß ausführliche Werke neben dem gewöhnlichen
Aldehyd bis zu fünf Modificationen aufzuführen genöthigt waren: 1) Eine
flüssige, bei 81⁰ siedende Modification, welche L i e b i g [1]) durch Zufall
erhalten hat. 2) Den bei $+2^0$ schmelzenden und bei 94⁰ siedenden Elaldehyd, welchen F e h l i n g zufällig erhielt, als er Aldehyd der Winterkälte aussetzte [2]). 3) Eine flüssige, bei 125⁰ siedende Modification, die
W e i d e n b u s c h [3]) durch Einwirkung von sehr verdünnter Schwefelsäure oder Salpetersäure aus gewöhnlichem Aldehyd darstellte, und für
welche G e r h a r d t den Namen Paraldehyd vorschlug. 4) Den festen,
nicht schmelzbaren, aber sublimirbaren Metaldehyd, von L i e b i g entdeckt [4]) und von F e h l i n g und W e i d e n b u s c h wieder beobachtet.
5) Den bei Einwirkung von Chlorzink auf Glycol oder Aldehyd entstehenden Acraldehyd, dessen Bildung W u r t z beobachtet [5]) und den
B a u e r näher untersucht hat [6]).

Der Acraldehyd ist, wie in den vorhergehenden Blättern mitgetheilt

[1]) L i e b i g , chemische Briefe.
[2]) Diese Annalen **27**, 319 (1838).
[3]) Daselbst **66**, 152 (1848).
[4]) Daselbst **14**, 141 (1835).
[5]) Daselbst **108**, 84 (1858).
[6]) Daselbst **117**, 141 (1861).

wurde, von dem Einen von uns als wasserhaltiger Crotonaldehyd erkannt worden. Ueber die anderen Modificationen liegen neuere Untersuchungen von G e u t h e r und C a r t m e l l[1]) und von L i e b e n[2]) vor.
Die Ersteren gewannen durch Einwirkung von schwefliger Säure auf Aldehyd eine bei 124° siedende und bei + 10° schmelzende Modification,
welche sie Elaldehyd nannten; der Letztere erhielt durch Erhitzen von
Jodäthyl mit Aldehyd und durch Einwirkung von Cyan auf Aldehyd
eine bei 123 bis 124° siedende Modification, welche in dem einen Falle bei
+ 12°, im andern bei + 4° schmolz. Die genannten Chemiker sind der
Ansicht, die von F e h l i n g und von W e i d e n b u s c h erhaltenen Körper seien unter sich und mit den von ihnen dargestellten Substanzen
identisch; unsere Versuche führen mit Sicherheit zu dem Resultate, daß
es in der That außer dem gewöhnlichen Aldehyd bis jetzt nur zwei aus
demselben entstehende Modificationen giebt: 1) den schmelzbaren und
destillirbaren Paraldehyd und 2) den nicht schmelzbaren und destillirbaren Metaldehyd.

In Uebereinstimmung mit G e u t h e r und C a r t m e l l haben auch
wir beobachtet, daß sorgfältig gereinigter Aldehyd weder bei längerem
Erhitzen, noch bei anhaltendem Abkühlen, noch auch bei längerem Aufbewahren für sich Aenderung erleidet. Polymere Umwandlung ist immer
an die Gegenwart gewisser Substanzen geknüpft, die eine fermentartige
Wirkung auszuüben scheinen. In den meisten Fällen werden beide Aldehydmodificationen gleichzeitig gebildet; der Metaldehyd entsteht vorzugsweise in der Kälte, der Paraldehyd namentlich bei mittlerer oder
höherer Temperatur. Wenn in einem als rein dargestellten Aldehyd,
ohne daß ihm absichtlich eine fremde Substanz zugesetzt wäre, eine
polymere Umwandlung eintritt, wie auch wir es öfter zu beobachten Gelegenheit hatten, so muß nach unseren Erfahrungen angenommen werden, daß dennoch ein fremdartiger Körper zugegen gewesen sei.

I. *Paraldehyd.* — Sehr viele Substanzen besitzen, wie wir bei den
Versuchen über das Chloraceten erörtert haben, die Eigenschaft, den
Aldehyd unter Erhitzung theilweise in Paraldehyd zu verwandeln. Wir
haben erwähnt, daß wenn Salzsäure, Chlorkohlenoxyd oder schweflige
Säure auf Aldehyd einwirken, selbst bei minimalen Mengen derselben,
sehr bald Erhitzung des Aldehyds eintritt, die bis 38 oder 40° gehen
kann; in offenen Gefäßen geht hierbei natürlich viel Aldehyd verloren,

---

[1]) Diese Annalen **112**, 16 (1859).
[2]) Diese Annalen Suppl.-Bd. **1**, 114 (1861).

und man ist daher genöthigt, die Reaction in starken, gut verschlossenen
Flaschen verlaufen zu lassen. Ein ähnliches Resultat erhält man bei Anwendung von Schwefelsäure; wird zu Aldehyd ein Tropfen concentrirte
Schwefelsäure gesetzt, so findet explosionsartiges Aufkochen statt, durch
welches ein großer Theil des Aldehyds verloren geht, während der Rest
sich in Paraldehyd verwandelt; weniger energisch wirkt eine verdünnte
Säure. Bei allen diesen Reactionen findet eine fast vollständige Umwandlung in Paraldehyd statt, wie man mit Leichtigkeit aus dem spec.
Gew. der Rohproducte ersieht; wir fanden beispielsweise bei 15° folgende
spec. Gew.: 0,9825; 0,985; 0,988; 0,987 u. s. w.

Ganz ähnlich wie Salzsäuregas, Chlorkohlenoxyd u. s. w. wirkt auch
Chlorzink, eine geringe Menge dieser Substanz führt den Aldehyd unter
Erhitzung in Paraldehyd über. Bei Anwendung von Chlorcalcium,
Kaliumacetat oder von Essigsäure haben wir keinen Paraldehyd erhal-
ten, bei Essigsäure überhaupt keine Einwirkung beobachtet.

Die Reindarstellung des Paraldehyds aus dem auf angegebene Weise
dargestellten Rohproduct gelingt nicht durch einfache Rectification, weil
bei der Destillation Aldehyd regenerirt wird. Man muß entweder den
rohen Paraldehyd mit Wasser schütteln und das von der wässerigen
Lösung abgehobene und mit Chlorcalcium entwässerte Oel der Destillation unterwerfen, oder man setzt zweckmäßiger und um allzugroße Verluste zu vermeiden das Rohproduct längere Zeit Temperaturen unter 0°
aus, läßt den herauskrystallisirten Paraldehyd gut abtropfen, oder preßt
ihn in der Kälte aus und reinigt ihn schließlich durch Destillation. Der
flüssig gebliebene Antheil, von Neuem unter 0° abgekühlt, giebt in der
Regel eine zweite Krystallisation, welche wie die erste behandelt wird.

Wir haben es auch für nöthig gehalten, den Paraldehyd nach der
Methode von W e i d e n b u s c h , also durch Zusammenbringen von Aldehyd und Wasser mit etwas Schwefelsäure, darzustellen. Der so gebildete Körper ist mit den durch die anderen Reactionen erzeugten Producten völlig identisch; die Methode giebt indessen eine verhältnißmäßig
geringe Ausbeute, weil der Paraldehyd in nicht unerheblicher Menge in
Wasser löslich ist und weil selbst bei monatlangem Stehen ein großer
Theil des Aldehyds unverändert bleibt. Auch der durch spontane Umwandlung aus als rein dargestelltem Aldehyd entstehende Paraldehyd,
den wir in größerer Menge und zu wiederholten Malen unter Händen
hatten, stimmt mit dem absichtlich dargestellten in allen Eigenschaften
überein.

Der Paraldehyd ist eine wasserhelle Flüssigkeit von eigenthümlichem, dem Acetal ähnlichen Geruche, welche unter dem auf 0° reducirten Barometerstande von 759,8 MM. bei 124° kocht (Thermometer ganz im Dampf) und bei 15° C. 0,998 spec. Gew. besitzt. Er erstarrt in Temperaturen unter + 10° zu einer eisähnlichen Masse und bildet bisweilen große durchsichtige Prismen, die bei + 10,5° schmelzen. Verunreinigungen des Paraldehyds mit kleinen Mengen von Aldehyd oder Wasser erniedrigen den Siedepunkt und Schmelzpunkt in auffälliger Weise. Durch Aldehydgehalt wird wesentlich der Siedepunkt, durch Wassergehalt der Schmelzpunkt beeinträchtigt. Die Dampfdichte ist schon von F e h l i n g und von W e i d e n b u s c h bestimmt, sie ist dreimal so groß, wie die des gewöhnlichen Aldehyds und auch unsere im H o f m a n n ' schen Apparat ausgeführten Bestimmungen ergaben dasselbe Resultat. In kaltem Wasser ist der Paraldehyd leichter löslich als in heißem; 100 Vol. Wasser lösen bei 13° etwa 12 Vol. Paraldehyd, die Lösung trübt sich schon bei 30° und scheidet beim Erhitzen auf 100° etwa die Hälfte des gelösten Paraldehyds als oben aufschwimmende Oelschicht aus. Daß eine solche wässerige Lösung eine eigenthümliche Säure enthalte, oder beim Stehen an der Luft eine solche bilde, wie dieß W e i d e n b u s c h angibt, haben wir nicht beobachten können.

W e i d e n b u s c h hat schon gefunden, daß Paraldehyd mit wenig Schwefelsäure destillirt in gewöhnlichen Aldehyd verwandelt wird; zahlreiche Versuche, die zum Theil bereits oben bei dem Chloraceten erwähnt worden sind, haben uns gezeigt, daß dieses in der That der Fall ist, daß aber auch andere Substanzen, wie Salzsäure, Chlorkohlenoxyd, Chlorzink u. s. w. dieselbe Rückbildung hervorbringen.

Auch die von G e u t h e r [1]) gemachte Beobachtung, daß Paraldehyd mit Phosphorpentachlorid Aethylidenchlorid erzeugt, können wir bestätigen. Wir haben weiter gefunden, daß durch Einwirkung von Salzsäuregas auf Paraldehyd dasselbe Aethylidenoxychlorid entsteht, welches L i e b e n durch Einleiten von Salzsäure in gewöhnlichen Aldehyd erhielt [2]).

II. *Metaldehyd.* — Diese Modification ist bislang nur durch Zufall von den oben erwähnten Chemikern erhalten worden; die Bedingungen ihrer Bildung sind nicht festgestellt, eine eigentliche Darstellungsmethode

---

[1]) Zeitschrift für Chemie 1865. N. F. **1**, 32.
[2]) Diese Annalen **106**, 336 (1858).

ist nicht bekannt geworden. Unseren Versuchen zufolge ist die Entstehung des Metaldehyds aus Aldehyd ähnlich der des Paraldehyds an die Gegenwart gewisser Substanzen gebunden; aber während die Bildung des Paraldehyds bei mittlerer oder höherer Temperatur stattfindet, erfolgt die Bildung von Metaldehyd in der Regel nur bei niederer Temperatur.

Fügt man zu reinem Aldehyd kleine Mengen von Salzsäuregas, Chlorkohlenoxyd, schwefliger Säure oder verdünnter Schwefelsäure und kühlt dann sofort, am besten mit einer Kältemischung ab, so scheiden sich feine lange Nadeln von Metaldehyd ab, die bisweilen die ganze Flüssigkeit wie ein feines Netzwerk durchziehen. Stets wird nur ein kleiner Theil des Aldehyds in Metaldehyd verwandelt und die Menge des letzteren nimmt bei längerem Stehen nicht zu; sie kann sich vielmehr vermindern und der Metaldehyd kann ganz verschwinden, namentlich wenn ein energischer wirkendes Ferment in einigermaßen beträchtlicher Menge zugegen ist und wenn die Temperatur nicht niedrig genug gehalten wird. Neben Metaldehyd entsteht immer Paraldehyd in mehr oder minder großer Menge.

Aus diesen Thatsachen und dem was oben über den Paraldehyd mitgetheilt wurde, ergiebt sich mit Leichtigkeit ein rationelles Verfahren, um aus möglichst wenig Aldehyd viel Metaldehyd zu gewinnen. Man bringt zu reinem Aldehyd einige Blasen Salzsäure oder schweflige Säure und kühlt durch Eis oder besser durch ein Kältegemisch ab. Nach 1 bis 2 Stunden entfernt man den Metaldehyd durch Filtration, setzt dem Filtrat etwas Schwefelsäure zu und destillirt in einem mit langem aufsteigendem Rohr versehenen Destillirapparat, indem man den schon Ferment enthaltenden Aldehyd in einer durch ein Kältegemisch abgekühlten Vorlage auffängt. Im Destillate bilden sich wieder Krystalle von Metaldehyd, die nach einiger Zeit abfiltrirt werden u. s. w. Bei sehr oft wiederholter Destillation ist es bisweilen zweckmäßig, dem Destillat von Neuem etwas Ferment zuzusetzen oder dann und wann bis fast zur Trockne zu destilliren. Im letzteren Falle entsteht durch geringe Verkohlung des Rückstandes so viel schweflige Säure, als zur Umwandlung des Aldehyds erforderlich ist.

In Uebereinstimmung mit F e h l i n g haben auch wir gefunden, daß reiner Aldehyd mit einigen Stücken Chlorcalcium zusammengestellt auf diesem Krystalle von Metaldehyd absetzt. Dabei findet die Umwandlung selbst bei gewöhnlicher Temperatur statt; sie schreitet langsam fort und einmal gebildeter Metaldehyd wird anscheinend nicht weiter verändert. Auch Chlorzink in sehr geringer Menge veranlaßt in Aldehyd die Entstehung von Metaldehyd. Spontane Bildung von Metaldehyd aus Aldehyd, welchem kein Ferment absichtlich zugesetzt worden war, hatten wir öfter zu beobachten Gelegenheit, besonders wenn wenig Aldehyd in verhältnißmäßig großen Gefäßen längere Zeit stand. Da, wie wir oben angegeben, Essigsäure in keiner Weise verändernd auf Aldehyd wirkt, so muß man entweder annehmen, es sei durch Zufall eine fermentartige Substanz hinzugetreten, oder man darf vielleicht die Annahme machen, bei langsamer Oxydation des Aldehyds werde Ozon gebildet und dieses veranlasse die erwähnte Umwandlung.

In Betreff der Eigenschaften des Metaldehyds haben wir den früheren Angaben nur wenig hinzuzufügen. Die meisten Bildungsweisen liefern denselben in Form feiner weißer Nadeln; nur bei Anwendung von Chlorcalcium erhält man kurze und verhältnißmäßig dicke durchsichtige Prismen. Nach einer gütigen Mittheilung des Herrn Professor v o m R a t h sind dieselben aber theils wegen ihrer geringen Größe, theils wegen ihrer unvollkommenen Flächenbeschaffenheit zu genauen Messungen untauglich. Das Ergebniß seiner Bestimmungen ist daher weder in Bezug auf die Winkel noch auf den Charakter des Systems als vollkommen sicher anzusehen, es muß vielmehr nur als wahrscheinlich betrachtet werden. Die Krystalle gehören dem quadratischen Systeme an;

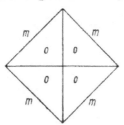

sie sind Combinationen eines stumpfen quadratischen Octaëders o, welches in den Endkanten 105°3' mißt, mit dem quadratischen Prisma zweiter Stellung m; Kante o : m = 104°58½'. Andere Flächen als o und m sind an den Krystallen nicht zu bemerken. Die Messungen der verschiedenen Combinationskanten o : m haben zwar nicht ganz übereinstimmende Resultate ergeben, doch sind diese Abweichungen wohl die Folge unvollkommener Ausbildung und gehören die Krystalle trotz derselben dem quadratischen Systeme an.

Der Metaldehyd löst sich nicht in Wasser, auch von Alkohol, Aether, Chloroform, Benzol wird er in der Kälte nur wenig in der Hitze leichter, aber immer noch in verhältnißmäßig geringer Menge gelöst. Heiße gesättigte Lösungen erfüllen sich beim Erkalten mit einem Netzwerk weißer Nadeln, die bei sehr langsamem Abkühlen zuweilen die Länge von mehreren Zollen erreichen. Bei raschem Erhitzen sublimirt der Metaldehyd plötzlich in Form feiner, zu verworrenen Flocken vereinigter Nadeln. Bei 112 bis 115° findet diese Sublimation noch deutlich, wenn auch langsam statt; sie erfolgt sehr allmälig sogar schon bei 100°. Hierbei wird stets neben dem sublimirenden Metaldehyd gewöhnlicher Aldehyd erzeugt. Nimmt man das Erhitzen in zugeschmolzenen Röhren vor, so wird begreiflicher Weise zuletzt nur gewöhnlicher Aldehyd erhalten; bei 112 bis 115° ist diese Umwandlung in wenigen Stunden vollendet [1]).

Obgleich unter diesen Umständen eine Dampfdichtebestimmung kein Resultat erwarten ließ, haben wir doch einige Versuche mit dem Metaldehyd in der Barometerleere angestellt. Bei 60° (im Chloroformdampf) gab die Substanz überhaupt keinen Dampf, bei 100° wurde ein Theil des Metaldehyds in Aldehyd umgewandelt, während ein anderer Theil unverändert blieb und eine kleine Menge in langen feinen Nadeln sublimirte. Bei Anwendung noch höherer Temperatur vermehrte sich die Menge des gewöhnlichen Aldehyds bedeutend, aber in keinem Falle wurde der Metaldehyd vollständig umgewandelt [2]).

Wird Metaldehyd mit wenig verdünnter Schwefelsäure erwärmt, so destillirt reiner Aldehyd über. Läßt man etwas Salzsäuregas zu Metaldehyd treten, so verschwindet derselbe allmälig und es entsteht aldehydhaltiger Paraldehyd, der durch die Gegenwart der Salzsäure beim Destilliren das oben erwähnte Verhalten zeigt. Phosphorpentachlorid erzeugt mit Metaldehyd Aethylidenchlorid.

---

Da die Dampfdichte des Metaldehyds nicht bestimmt und die Moleculargröße überhaupt aus keiner bis jetzt bekannten Thatsache hergeleitet werden kann, so läßt sich über seine Constitution nichts Bestimmtes sagen. Die Bildung von Aethylidenchlorid und die leichte Rückverwandlung in Aldehyd lassen es wahrscheinlich erscheinen, daß mehrere

---

[1]) G e u t h e r beobachtete die Umwandlung bei 180°. (Diese Annalen 106, 252 (1858).)

[2]) Seit Anstellung dieser Versuche sind ganz ähnliche Beobachtungen von A. W. H o f m a n n mitgetheilt worden. (Ber. der deutsch. chem. Ges. 1870, 3, 590.)

Aldehydmolecule (vielleicht zwei) durch Sauerstoffbindung zu einem complicirteren Molecul verknüpft sind.

Dem Paraldehyd kommt ohne Zweifel die Molecularformel $C_6H_{12}O_3$ zu. Aus seinem Verhalten zu Phosphorsuperchlorid, zu Essigsäureanhydrid[1]), zu Salzsäure, zu Schwefelsäure und überhaupt zu all den fermentartigen Körpern, die ihn leicht in Aldehyd verwandeln, kann mit Sicherheit der Schluß gezogen werden, daß in ihm die Aldehydmolecule durch Sauerstoffbindung ringförmig verkettet sind, wie dieses von verschiedenen Chemikern schon seit längerer Zeit angenommen wird.

Die von L i e b e n [2]) ausgesprochene Ansicht, der Paraldehyd sei wohl eine dem Acetal entsprechende Verbindung, also ein Acetyläthyläther des Aethylidenglycols, wird durch die Thatsachen widerlegt. Ein so constituirter Körper müßte mit Essigsäureanhydrid neben dem von G e u t h e r beobachteten Diacetat Essigsäureäthyläther, er müßte mit Phosphorsuperchlorid neben Aethylidenchlorid Aethylchlorid und Acetylchlorid geben.

------

# Ueber einige Condensationsproducte des Aldehyds;
## von Aug. Kekulé.

(Mittheilung aus dem chemischen Institut der Universität Bonn.)

(Eingelaufen den 14. März 1872.)

A. **162**, 309—320 (25. 4. 1872).

IV. *Condensation von Aldehyd unter Wasserstoffaufnahme.*

Das Bittermandelöl erzeugt bekanntlich unter Aufnahme von Wasserstoff und gleichzeitiger Verdoppelung des Moleculs ein eigenthümliches Condensationsproduct, das Hydrobenzoïn: $C_{14}H_{14}O_2$. Ein ähnlicher Abkömmling ist bis jetzt aus dem Aldehyd der Essigsäure nicht erhalten worden. Seine Darstellung bot von verschiedenen Gesichtspunkten aus Interesse. Ein Körper, der zum Essigsäurealdehyd in derselben Beziehung steht, wie das Hydrobenzoïn zum Benzaldid, mußte ein zweiwerthiger Alkohol, ein Butylenglycol: $C_4H_{10}O_2$ sein; man durfte hoffen, durch das Studium seiner Umwandlungsproducte seine Constitution aufzuklären, also namentlich festzustellen, an welche Kohlenstoffatome

------

[1]) Zeitschrift für Chemie 1865, N. F. **1**, 32.
[2]) Diese Annalen Suppl.-Bd. **1**, 114 (1861).

die beiden Wasserreste angelagert sind; die an dem Glycol der Fettgruppe gemachten Erfahrungen waren dann vielleicht auf den entsprechenden zweiwerthigen Alkohol der aromatischen Reihe anwendbar, und
so konnte ein Beitrag zur Erkenntniß der wahren Natur des Hydrobenzoïns geliefert werden, dessen Constitution immer noch nicht mit
Sicherheit ermittelt ist, obgleich kaum irgend ein anderer Körper häufiger den Gegenstand von Untersuchungen und mehr noch von Betrachtungen gebildet hat.

Auf beträchtliche experimentelle Schwierigkeiten mußte man bei der
Untersuchung gefaßt sein; denn gerade diejenigen Agentien, welche
aus Benzaldid eine reichliche Ausbeute von Hydrobenzoïn liefern, konnten bei dem so leicht veränderlichen Acetaldehyd nicht zur Anwendung
gebracht werden. Am meisten Aussicht auf Erfolg bot die Behandlung
des stark mit Wasser verdünnten Aldehyds mit Natriumamalgam in
einer durch zeitweiligen Säurezusatz stets schwach sauer gehaltenen
Flüssigkeit. Dieß sind nun gerade die Bedingungen, durch welche
W u r t z [1]) den Aldehyd zu Aethylalkohol reducirt hat. Da indessen
W u r t z seine Versuche in der Absicht angestellt hatte, diese Reducirbarkeit des Aldehyds zu Alkohol darzuthun, so durfte angenommen werden, daß das gleichzeitig und vielleicht nur in geringer Menge entstehende Butylenglycol seiner Aufmerksamkeit entgangen war.

Der Versuch hat diese Voraussetzung bestätigt, aber er hat auch gezeigt, daß selbst in den günstigsten Bedingungen nur sehr kleine Mengen
von Butylenglycol gebildet werden, so daß sehr beträchtliche Quantitäten von Aldehyd verarbeitet werden mußten, um die zu einer auch
nur halb erschöpfenden Untersuchung nöthige Menge des Condensationsproductes darzustellen.

Das zur Bereitung des Butylenglycols angewandte Verfahren ist kurz
folgendes. Reiner Aldehyd wurde mit dem drei- bis sechsfachen Volumen
Wasser verdünnt und durch Einstellen der Flaschen in Eiswasser stets
kalt gehalten. Dann wurde Natriumamalgam von 1 pC. allmälig eingetragen und die Flüssigkeit durch zeitweiligen Zusatz von verdünnter
Salzsäure stets schwach sauer gehalten. Trotz aller Vorsicht konnte ein
theilweises Verharzen des Aldehyds häufig nicht vermieden werden,
und fast immer machte sich gebildeter Crotonaldehyd durch seinen
charakteristisch stechenden Geruch bemerkbar. Die vom Quecksil-

---

[1]) Diese Annalen 123, 140 (1862).   (A.)

ber abgegossene Flüssigkeit wurde zunächst filtrirt, dann mit kohlensaurem Natron neutralisirt und zur Gewinnung des gebildeten Aethylalkohols theilweise destillirt. Dabei ging mit den Alkohol- und Wasserdämpfen stets etwas Crotonaldehyd über. Die rückständige Flüssigkeit wurde dann zunächst mit Aether ausgeschüttelt, um secundäre Umwandlungsproducte des Aldehyds zu entfernen, und nachher im Wasserbad bis nahe zur Trockene verdampft. Nun wurde Alkohol zugesetzt, das ausgeschiedene Chlornatrium entfernt und die Flüssigkeit der Destillation unterworfen. Dabei wurde eine geringe Menge einer über 200° siedenden Flüssigkeit gewonnen, aus welcher durch wiederholte Rectification das Butylenglycol rein abgeschieden werden konnte. Die Methode der Reinigung war, wie man sieht, auf die Eigenschaften begründet, welche nach bekannten Analogieen von dem Butylenglycol erwartet werden durften.

Das Butylenglycol siedet bei 203,5 bis 204°; es ist eine farblose, dickflüssige, dem Glycol ähnliche Flüssigkeit, von süßem, nur sehr schwach stechendem Geschmack. In Wasser und Alkohol ist es sehr leicht, in Aether nicht löslich. Mit Wasserdämpfen verflüchtigt es sich nur in sehr geringer Menge. Die Analyse führt zu der Formel $C_4H_{10}O_2$.

1. 0,2730 Grm. gaben 0,5314 Kohlensäure und 0,2750 Wasser.
2. 0,2448 Grm. gaben 0,4793 Kohlensäure und 0,2480 Wasser.

Daraus berechnet sich:

|         |    | Theorie |  | Gefunden | |
|---------|-----|---------|--|-----------|--|
|         |    |         |  | 1.        | 2. |
| $C_4$    | 48 | 53,33   |  | 53,22     | 53,39 |
| $H_{10}$ | 10 | 11,11   |  | 11,22     | 11,26 |
| $O_2$    | 32 | 35,56   |  | ---       | --- |
|         | 90 | 100,00. |  |           | |

Daß die untersuchte Substanz wirklich ein Butylenglycol, also ein zweiwerthiger Alkohol ist, habe ich zwar durch besondere Versuche nicht festgestellt, halte es aber kaum für zweifelhaft. Von dem seither bekannten Butylenglycol ist der aus Aldehyd dargestellte Körper natürlich verschieden.

Ueber andere Eigenschaften des aus Aldehyd dargestellten Butylenglycols hoffe ich demnächst berichten zu können; ich habe vorläufig wesentlich sein Verhalten gegen Oxydationsmittel studirt, weil ich hoffte, in dieser Weise am sichersten seine Constitution ermitteln zu können.

Von den zahlreichen der Theorie nach denkbaren Glycolen von der Formel $C_4H_{10}O_2$ kommen hier, da es sich um einen durch Condensation von zwei Aldehydmolecülen entstehenden Körper handelt, nur drei in Betracht, die durch folgende Formeln ausgedrückt werden können:

1. $CH_2(OH) - CH_2 - CH_2 - CH_2(OH)$.
2. $CH_2(OH) - CH_2 - CH(OH) - CH_3$.
3. $CH_3 - CH(OH) - CH(OH) - CH_3$.

Das vierte vom normalen Butan sich herleitende Glycol:

4. $CH_2(OH) - CH(OH) - CH_2 - CH_3$

braucht hier nicht berücksichtigt zu werden, da seine Bildung aus Aldehyd nicht gedacht werden kann. Dasselbe gilt von den beiden Glycolen, die sich vom tertiären Butan (Trimethylmethan: $CH[CH_3]_3$) herleiten und von den Körpern, die man als Butylidenglycole bezeichnen könnte, insofern sie die beiden Wasserreste in Verbindung mit demselben Kohlenstoffatom enthalten.

Ein Glycol von der ersten Formel kann nun bei der Oxydation zunächst eine Oxybuttersäure, es muß als Endproduct Bernsteinsäure liefern. Auch aus dem zweiten Glycol könnte zuerst eine Modification der Oxybuttersäure entstehen; eine zweibasische Säure von vier Kohlenstoffatomen kann bei weiterer Oxydation nicht gebildet werden, es ist vielmehr Spaltung in Essigsäure und Oxalsäure, resp. deren Zersetzungsproducte zu erwarten. Das dritte Glycol endlich kann bei der Oxydation überhaupt keine Säure von vier Kohlenstoffatomen erzeugen, es muß direct in zwei Essigsäuremolecule zerfallen.

Das Butylenglycol wurde daher in Destillirapparaten einerseits mit Salpetersäure und andererseits mit einer wässerigen Lösung von Chromsäure oxydirt. Bei Anwendung von Salpetersäure trat etwas Kohlensäure auf; das stark saure Destillat enthielt viel Essigsäure, die durch das Silbersalz identificirt wurde; im Rückstand war so viel Oxalsäure enthalten, daß sie mit Leichtigkeit in Krystallen daraus gewonnen werden konnte. Bernsteinsäure konnte, trotz sorgfältiger Versuche, nicht aufgefunden werden; überhaupt keine andere als die genannten Säuren. Besondere Aufmerksamkeit verdienen die folgenden weiteren Beobachtungen. Das wässerige die Essigsäure enthaltende Destillat zeigte in unverkennbarer Weise den charakteristisch stechenden Geruch des Crotonaldehyds; die entweichenden Gase aber riechen deutlich nach gewöhnlichem Aldehyd, und als sie durch Wasser geleitet wurden, konnte mit diesem der helle für den Acetaldehyd charakteristische Silberspiegel hervorgebracht werden.

Aehnliche Resultate gab die Oxydation mit Chromsäure. Auch hier trat der Geruch des Crotonaldehyds auf; auch hier konnte in den entweichenden Gasen gewöhnlicher Aldehyd mittelst der Silberreaction nachgewiesen werden. Es entwich Kohlensäure, wie ich glaube sogar in größerer Menge als bei der Oxydation durch Salpetersäure. Das Destillat enthielt viel Essigsäure; die von der Chromsäure so leicht oxydirbare Oxalsäure aber war im Rückstand nicht aufzufinden.

Aus den Hauptproducten dieser Oxydationen ergiebt sich direct, daß dem untersuchten Butylenglycol die zweite der oben zusammengestellten Formeln beigelegt werden muß. Die Bildung der Essigsäure und der Oxalsäure sind dann leicht erklärlich; auch das Auftreten des Acetaldids kann ohne Schwierigkeit erklärt werden. Aber der Crotonaldehyd?

Da der Crotonaldehyd das dem Butylenglycol am nächsten stehende unter den beobachteten Oxydationsproducten ist, so wurde reiner Crotonaldehyd sowohl mit Salpetersäure als mit wässeriger Chromsäure oxydirt. Die Producte waren dieselben wie die aus Butylenglycol. Es entwich etwas Kohlensäure und im Destillat war viel Essigsäure enthalten; drei Silbersalze gaben 64,59, 64,65 und 64,69 pC. Silber, während das essigsaure Silber 64,67 pC. Silber enthält. Bei Anwendung von Salpetersäure konnte aus dem Rückstand viel oxalsaurer Kalk und aus diesem leicht krystallisirte Oxalsäure erhalten werden. Bei beiden Oxydationen rochen die entweichenden Gase unverkennbar nach Aldehyd und mit ihnen beladenes Wasser gab prachtvolle Silberspiegel.

Nach diesen Resultaten muß die Oxydation des Butylenglycols in folgender Weise gedeutet werden. Das Butylenglycol ist offenbar nach der zweiten der oben zusammengestellten Formeln zusammengesetzt:

$$CH_3 - CH(OH) - CH_2 - CH_2(OH).$$

Bei der Oxydation tritt zunächst und wohl nur durch die Einwirkung der im Oxydationsmittel enthaltenen Säure, Wasser aus; dadurch treten die beiden inneren Kohlenstoffatome in dichtere Bindung und es entsteht Crotonalkohol:

$$CH_3 - CH = CH - CH_2(OH),$$

welcher sofort weiter zu Crotonaldehyd oxydirt wird:

$$CH_3 - CH = CH - CHO.$$

Jetzt sind die dichter gebundenen und wasserstoffärmeren Kohlenstoffatome der Oxydation zuerst ausgesetzt. An beide tritt, indem sich
die dichtere Bindung völlig löst, Sauerstoff. Die eine (nach vorn geschriebene) Hälfte des in Bruchstücke zerfallenden Moleculs bildet Acetaldehyd, der sich zum größten Theil weiter oxydirt. Die andere Hälfte
liefert zunächst einen Aldehyd der Oxalsäure, aus welchem durch weitere Oxydation direct Oxalsäure gebildet wird, die dann ihrerseits,
wenigstens bei Anwendung von Chromsäure, sogleich weiter zerfällt.

Wenn die oben gemachte Annahme richtig ist, wenn also dichter gebundene Kohlenstoffatome bei Anwendung von Salpetersäure und von
Chromsäure als Oxydationsmittel zuerst der Oxydation ausgesetzt sind;
und wenn der Acetaldehyd wirklich das Oxydationsproduct der Gruppe
$CH_3 - CH =$ ist, so muß natürlich auch die Crotonsäure selbst:

$$CH_3 - CH = CH - CO_2H$$

bei der Oxydation Aldehyd und Essigsäure und bei Anwendung von
Salpetersäure auch Oxalsäure liefern. Der Versuch hat diese Vermuthung
in der That bestätigt. Die Crotonsäure setzt zwar den genannten Oxydationsmitteln weit stärkeren Widerstand entgegen als der ihr entsprechende Aldehyd; aber wenn überhaupt Oxydation stattfindet, so erfolgt
dieselbe in der angedeuteten Richtung. Wird Crotonsäure mit verdünnter Salpetersäure oder mit einer wässerigen Lösung von Chromsäure
destillirt, so geht viel Crotonsäure unverändert über und die aus dem
Destillat dargestellten unlöslicheren Silbersalze zeigen genau den Silbergehalt des crotonsauren Silbers. (Ein bei Anwendung von Chromsäure gewonnenes Silbersalz gab 55,17 pC., ein nach Destillation mit
Salpetersäure bereitetes 56,00 pC. Silber; das crotonsaure Silber verlangt 55,96 pC.) Dabei trat bisweilen der Geruch von Aldehyd auf,
aber es gelang nicht, in den entweichenden Gasen den Aldehyd in der
früher angegebenen Weise durch die Silberreaction nachzuweisen. Erst
als Crotonsäure mit chromsaurem Kali und wenig Wasser erwärmt und
in die warme Flüssigkeit allmälig Schwefelsäure von mittlerer Concentration eingegossen wurde, trat am oberen Ende des aufwärts gerichteten Kühlers bis an das Ende der Operation unverkennbar der Geruch
von Aldehyd auf, und mit den entweichenden Gasen beladenes Wasser
gab die deutlichste Aldehydreaction. Als dann Crotonsäure längere Zeit
mit Salpetersäure gekocht wurde, konnte im Rückstand Oxalsäure nachgewiesen werden.

Die beschriebenen Oxydationsversuche führen zu einigen allgemeineren Schlüssen, auf welche ich gleich näher eingehen will. Ich muß zunächst bemerken, daß sie in Betreff des Crotonaldehyds die früher gemachten Erfahrungen und die darauf begründete Ansicht über die Constitution dieses Körpers bestätigen. Wie früher beim Schmelzen der Crotonsäure mit Kalihydrat, so habe ich jetzt bei Behandlung des Crotonaldehyds mit Salpetersäure und mit Chromsäure ein Zerfallen in der Mitte des Moleculs beobachtet. Wenn überhaupt aus derartigen Spaltungen Schlüsse auf die Constitution der zersetzten Substanzen gezogen werden dürfen, so wird man in dem vorliegenden Fall, wo verschiedenartige Agentien eine Spaltung an derselben Stelle hervorrufen, gewiß die Ansicht für berechtigt halten, die doppelte Bindung fände zwischen den beiden mittleren Kohlenstoffatomen statt.

Für das aus Aldehyd entstehende Butylenglycol zeigen schon die bei der Oxydation entstehenden Producte, daß es durch die oben schon mitgetheilte Formel $CH_3 — CH(OH) — CH_2 — CH_2(OH)$ ausgedrückt werden muß. Der Umstand, daß aus ihm Crotonaldehyd gebildet wird, dessen Structur als völlig festgestellt angesehen werden darf, dient dieser Ansicht als weitere Stütze. Die Bildung des Butylenglycols aus Aldehyd erscheint der des Crotonaldehyds völlig analog, und man giebt sich von dem Mechanismus dieser Condensation mit ziemlicher Leichtigkeit Rechenschaft. Wenn man nun, gestützt auf die mitgetheilten Versuche, für das aus Aldehyd entstehende Butylenglycol die Formel:

$$CH_3 — CH(OH) — CH_2 — CH_2(OH)$$

annehmen will, so wird man sich wohl veranlaßt sehen für das unter ganz ähnlichen Bedingungen aus dem Benzalid entstehende Hydrobenzoïn einen ähnlichen Mechanismus der Bildung und eine ähnliche Constitution anzunehmen. Das Hydrobenzoïn wäre dann aufzufassen als:

$$C_6H_5 — CH(OH) — C_6H_4 — CH_2(OH).$$

Es erschiene als Abkömmling des interessanten, von Zincke[1]) vor einiger Zeit entdeckten Kohlenwasserstoffs, des Benzyltoluols:

$$C_6H_5 — CH_2 — C_6H_4 — CH_3,$$

oder vielleicht als Abkömmling einer mit diesem Benzyltoluol isomeren Substanz, in welcher die an die Gruppe $C_6H_4$ angelagerten Reste sich in relativ verschiedener Stellung befinden[2]).

---

[1]) Diese Annalen **161**, 93 (1871).

[2]) Vgl. Zincke, Berichte der deutsch. chem. Gesellsch. **4**, 838 (1871).

Hätten die mit dem Butylenglycol angestellten Versuche für diesen Körper zu der Formel:

$$CH_3 - CH(OH) - CH(OH) - CH_3$$

geführt, so würde man darin eine Stütze für die von G r i m a u x [1]) und von mir [2]) vor längerer Zeit für das Hydrobenzoïn vorgeschlagene Formel:

$$C_6H_5 - CH(OH) - CH(OH) - C_6H_5$$

gefunden haben.

Ich muß jetzt darauf aufmerksam machen, daß Oxydationsversuche mit Salpetersäure und auch mit Chromsäure in ganz ähnlicher Weise zur Ermittelung der Constitution der sogenannten wasserstoffärmeren Verbindungen benutzt werden können, wie die schon seit längerer Zeit gebräuchlichen Schmelzversuche mit Kalihydrat. Dabei ist nur zu berücksichtigen, daß die genannten Säuren in ganz anderer Weise einwirken wie das schmelzende Alkali. Salpetersäure und Chromsäure sind wahre Oxydationsmittel. Sie bewirken Spaltung durch Sauerstoffzufuhr. Die doppelt gebundenen Kohlenstoffatome werden durch Sauerstoff gesprengt. Deshalb entsteht aus Crotonsäure nur Ein Molecul Essigsäure, während die andere Hälfte des Crotonsäuremoleküls in Oxalsäure, resp. deren Oxydations- und Spaltungsproducte umgewandelt wird. Die Salpetersäure hat vor der Chromsäure den Vorzug, daß sie die Oxalsäure als solche bestehen läßt.

Das schmelzende Kalihydrat ist· kein eigentliches Oxydationsmittel; es wirkt vielmehr als Säure bildendes, aber gleichzeitig Wasserstoff zuführendes Agens. Seine Wirkung auf Körper mit doppelter Kohlenstoffbindung ist ganz ähnlicher Art, wie die Wirkung des Kalihydrats auf Cyanide. So kommt es, daß ein Molecul Crotonsäure beim Schmelzen mit Kalihydrat zwei Molecule Essigsäure erzeugt. Während die eine Hälfte des Crotonsäuremoleculs, unter Sprengung der doppelten Kohlenstoffbindung, Sauerstoff, oder genauer ausgedrückt die Gruppe $O_2K$ aufnimmt, wird den verwendbar werdenden Kohlenstoffverwandtschaften der zweiten Hälfte Wasserstoff zugeführt und so ein zweites Molecul Essigsäure gebildet.

---

[1]) Berichte der deutsch. chem. Gesellsch. **2**, 280 (1869).   (A.)
[2]) Daselbst **2**, 610 (1869).   (A.)

Mit diesen Anschauungen stimmen auch die an dem Allylalkohol und der Acrylsäure gemachten Erfahrungen überein. Der Allylalkohol liefert bei Behandeln mit wahren Oxydationsmitteln (Chromsäure) keine Essigsäure; beim Schmelzen mit Kalihydrat aber wird aus der Acrylsäure Essig gebildet.

Rinne und Tollens[1]) schließen also mit Recht aus ihren Versuchen, daß der von ihnen oxydirte Allylalkohol nicht:

$$CH_3 — CH = CH(OH)$$

sondern

$$CH_2 = CH — CH_2(OH)$$

sei. Aber aus meinen Versuchen ergiebt sich mit mindestens derselben Wahrscheinlichkeit, daß dem Crotonaldehyd und der Crotonsäure nicht die Formel:

$$CH_2 = CH — CH_2 — CO_2H,$$

sondern vielmehr die Formel:

$$CH_3 — CH = CH — CO_2H$$

beigelegt werden muß. Rinne und Tollens werden die Berechtigung dieser Schlüsse zugeben; denn wenn aus der Beobachtung, daß aus dem Allylalkohol bei Oxydation mit Chromsäure keine Essigsäure entsteht, geschlossen werden darf, der Allylalkohol enthalte sicher nicht die Methylgruppe; so wird man andererseits aus der Thatsache, daß der Crotonaldehyd bei der Oxydation Essigsäure liefert, den Schluß ziehen müssen, in ihm sei sicher die Methylgruppe enthalten. Der von Tollens[2]) vorgebrachten Bemerkung, beim Schmelzen der Crotonsäure mit Kalihydrat habe vielleicht eine Umlagerung statt gefunden, was bei den bei niedriger Temperatur verlaufenden Oxydationen mit Chromsäure nicht anzunehmen sei, ist wohl von Anfang wenig Werth beigelegt worden; sie kann jedenfalls jetzt, nachdem die Bildung von Essigsäure bei Einwirkung von Salpetersäure und von Chromsäure auf Crotonaldehyd nachgewiesen worden ist, nicht mehr für berechtigt gehalten werden. Die von Fittig[3]) in neuester Zeit gemachten Bemerkungen können hier wohl mit Stillschweigen übergangen werden, da sie der Allyldebatte keine neuen Gesichtspunkte hinzufügen.

---

[1]) Diese Annalen 159, 105 (1871) und Zeitschr. f. Chemie 1871, N. F. 7, 250. — Dort steht irrtümlich „270". (A.)

[2]) Zeitschrift für Chemie 1871, N. F. 7, 253.

[3]) Diese Annalen 161, 321 (1872).

Die Frage liegt jetzt noch genau so wie früher; nur muß jetzt sowohl für den Allylalkohol als auch für die Crotonsäure die Constitution als mit Sicherheit festgestellt angesehen werden. Jetzt handelt es sich also darum zu erklären, in welcher Weise aus dem nach der Formel:

$$CH_2 = CH — CH_2(OH)$$

constituirten Allylalkohol die nach der Formel:

$$CH_3 — CH = CH — CO_2H$$

zusammengesetzte Crotonsäure gebildet wird. Die Versuchung, zu der so bequemen und so beliebt gewordenen Hypothese der sogenannten moleculären Umlagerung seine Zuflucht zu nehmen, ist groß. Aber durch diese Annahme ist Nichts erklärt, so lange nicht nachgewiesen oder wenigstens wahrscheinlich gemacht wird, wo und wie diese Umlagerung stattfindet.

Ist schon das aus dem Allylalkohol dargestellte Jodid nicht mehr

$$CH_2 = CH — CH_2J \text{ sondern } CH_3 — CH = CHJ,$$

oder findet die Umlagerung erst bei der Bildung des Cyanids statt, so daß aus dem ersten Jodid nicht die Cyanverbindung:

$$CH_2 = CH — CH_2 — CN \text{ sondern : } CH_3 — CH = CH — CN$$

gebildet wird? Oder soll endlich angenommen werden, die innere Structur sei von dem Alkohol bis zu dem Cyanid dieselbe geblieben, aber das nach der ersten Formel constituirte Cyanid liefere bei seiner Zersetzung die dem zweiten Cyanid entsprechende Säure.

Auf den ersten Blick will es scheinen, als sei eine Umlagerung noch am ersten bei der Bildung des Jodids aus dem Alkohol anzunehmen. Nach gewissen Analogieen könnte eine solche Umlagerung sogar einigermaßen wahrscheinlich erscheinen. Es könnte zunächst das dem Alkohol entsprechende Jodid:

$$CH_2 = CH — CH_2J$$

gebildet werden. Dieses könnte sich durch Aufnahme von Jodwasserstoff umwandeln in:

$$CH_3 — CHJ — CH_2J.$$

Jetzt könnte das an das innere Kohlenstoffatom gebundene Jod in Form von Jodwasserstoff austreten, indem es dem mit Jod gebundenen äußeren Kohlenstoffatom Wasserstoff entzieht. So würde die doppelte Kohlenstoffbindung wieder hergestellt und das gebildete Allyljodid wäre:

$$CH_3 — CH = CHJ.$$

In der von G e r o m o n t [1]) beobachteten Verbindbarkeit des Allyl-
bromids mit Bromwasserstoff könnte man vielleicht eine Stütze für diese
Annahme erkennen, die sich, mutatis mutandis, auf zahlreiche andere
Fälle anwenden läßt.

Ich will für den Augenblick auf die eigenthümlichen Consequenzen
nicht weiter eingehen, zu welchen ein weiteres Verfolgen dieser Hypothese führt. Ich ziehe es vielmehr vor, auch hier das Experiment zu
Rathe zu ziehen, um später die Thatsachen reden zu lassen. Versuche,
die ich in Gemeinschaft mit Dr. R i n n e begonnen habe, bieten alle Aussicht, das Dunkel, welches jetzt in diesem Gegenstand noch herrscht,
endgültig aufzuklären.

------

## Aug. Kekulé:
## Zur Kenntniß des Formaldehyds.

(Mittheilung aus dem chemischen Institut der Universität Bonn.)

(Eingegangen am 28. Juli.)

B. **25**, 2435—2436 (1892).

Gelegentlich einiger Versuche mit Formaldehyd habe ich es für
zweckmäßig gehalten, diesen Körper in seinen verschiedenen Modificationen durch eigene Anschauung kennen zu lernen. Ich behalte mir vor,
über die gemachten Erfahrungen demnächst zu berichten und will jetzt
nur mittheilen, daß es gelungen ist, den Monoformaldehyd, der bisher
nur in gasförmigem Zustand bekannt war, in flüssiger Form darzustellen.

Wenn man den gasförmigen Formaldehyd, so wie er durch Erhitzen
seiner festen polymeren Modification entsteht, aus möglichst trockenem
Material darstellt und das Gas durch ein Gemisch von fester Kohlensäure und Aether stark abkühlt, so verdichtet sich der Monoformaldehyd
als wasserhelle, leicht bewegliche Flüssigkeit. Der Siedepunkt derselben
liegt bei — 21°, so zwar, daß das Thermometer in der Flüssigkeit — 20,5°
zeigt, während das im Dampf befindliche auf — 21,5° steht.

Der flüssige Monoformaldehyd dehnt sich bei Temperaturerhöhung
sehr stark aus, wie dies bei den meisten verflüssigten Gasen beobachtet

------

[1]) Diese Annalen **158**, 369 (1871).

worden ist. Er hat bei $-80°$ das spec. Gew. 0,9172, bei $-20°$ das spec. Gew. 0,8153. Nach der freilich veralteten K o p p ' schen Regel zur Berechnung der Atomvolume berechnet sich das spezif. Gew. zu 0,8772. Danach ergiebt sich der mittlere Ausdehnungscoëfficient bei Temperaturen zwischen $-80°$ und $-20°$ zu 0,0020833 . ., eine Zahl, die mit dem Ausdehnungscoëfficienten des flüssigen Schwefligsäureanhydrids und des flüssigen Ammoniaks nahezu übereinstimmt. Die mitgetheilten Zahlen machen selbstverständlich keinen Anspruch auf volle Sicherheit und bedürfen noch genauerer Feststellung.

Der flüssige Monoformaldehyd erleidet sehr leicht Polymerisation. Er verhält sich dabei ganz ähnlich, wie die flüssige Cyansäure. Bei starker Kälte ist er relativ lange haltbar. In einem Kältegemisch von $-20°$ verwandelt er sich rasch aber ruhig in eine feste, weiße Substanz. Wird er in verschlossener Röhre durch gewöhnliche Temperatur rascher erwärmt, so tritt starke Erhitzung ein, es macht sich ein knatterndes Geräusch bemerkbar, und die gebildete feste Modification wird unter explosionsartigem Aufspritzen emporgeschleudert.

Das gebildete Product zeigt auch im Aussehen die größte Aehnlichkeit mit dem Cyamelid.

Es ist dies die einzige Bildungsweise der in Wasser unlöslichen Modification des Polyformaldehyds in völlig trockenem Zustande, die bis jetzt beobachtet werden konnte.

---

## Aug. Kekulé und A. Rinne:
# Ueber die Constitution der Allylverbindungen.

(Aus dem chemischen Institut der Universität Bonn.)

(Eingegangen am 19. März; verlesen in der Sitzung von Hrn. O p p e n h e i m.)

B. **6**, 386—388 (1873).

Die Thatsache, daß aus Allylalkohol, dem jetzt ziemlich allgemein und wie wir glauben mit Recht die Formel:

$$C H_2 = C H - C H_2 O H$$

zugeschrieben wird, mit Leichtigkeit Crotonsäure entsteht, hat viele Chemiker veranlaßt, für die Crotonsäure die Formel:

$$C H_2 = C H - C H_2 - C O_2 H$$

anzunehmen. Alle Gründe, die der eine von uns wiederholt zu Gunsten der anderen Crotonsäure-Formel:

$$CH_3 - CH = CH - CO_2H$$

vorgebracht hat, sind dabei ohne Berücksichtigung geblieben. Daß eine unbefangene Erwägung aller in Betreff des Allylalkohols und der Crotonsäure bis jetzt bekannten Thatsachen nothwendig zu der Ansicht führen muß, es fände während der Umwandlung des Allylalkohols in Crotonsäure in irgend welcher Weise eine Verschiebung der dichteren Bindung statt, ist von dem einen von uns schon früher erörtert worden[1]), und es wurde damals bereits angekündigt, daß wir gemeinschaftlich Versuche begonnen hätten, um durch das Experiment die Frage zu entscheiden, bei welchem Schritt dieser Umwandlung die Verschiebung der dichteren Bindung stattfinde.

Wir haben zunächst aus Glycerin durch Oxalsäure direct dargestellten Allylalkohol in das Jodid umgewandelt (Siedep. 101°) und aus diesem durch den Oxalsäure-Allyläther (Siedep. 115°,5, ganzer Quecksilberfaden im Dampf) den Alkohol regenerirt. Der so dargestellte Allylalkohol (Siedep. 95°—96°, ganzer Quecksilberfaden im Dampf) erwies sich mit dem ursprünglich dargestellten als absolut identisch. Schon danach erscheint die Annahme, bei der Bildung des Jodids aus dem Alkohol erfolge eine Umlagerung, nicht wohl zulässig; man wäre genöthigt die weitere Annahme zu machen, bei der Rückbildung des Alkohols aus dem Jodid trete auch die doppelte Bindung wieder an ihre alte Stelle.

Um dann weiter die Stelle der doppelten Bindung in dem Allylalkohol, dem Allyljodid und dem Allylcyanid mit möglichster Sicherheit festzustellen, haben wir diese drei Körper einerseits mit Chromsäure und andrerseits mit Salpetersäure oxydirt. Nach allen Erfahrungen, die man in neuerer Zeit über die Spaltung von Substanzen mit doppelter Kohlenstoffbindung gemacht hat, dürfen nämlich die durch diese Oxydationsmittel und namentlich die durch Salpetersäure entstehenden Produkte für mindestens ebenso charakteristisch gehalten werden als die beim Schmelzen mit Kali entstehenden Spaltungsprodukte[2]).

Wenn eine Allylverbindung nach der Formel:

$$CH_3 - CH = CHR$$

constituirt ist, so muß sie sowohl mit Chromsäure als mit Salpetersäure Essigsäure erzeugen; dabei muß gleichzeitig Kohlensäure gebildet

[1]) Ann. Chem. Pharm. **162**, 319 (1872).
[2]) Ann. Chem. Pharm. **162**, 317 (1872).

werden, und aus dem Allylcyanid, wenigstens bei Anwendung von Salpetersäure als Oxydationsmittel, Oxalsäure.

Ist eine Allylverbindung dagegen:

$$C H_2 == C H --- C H_2 . R$$

so kann sie weder mit Chromsäure noch mit Salpetersäure Essigsäure
liefern, sie muß vielmehr Ameisensäure (resp. Kohlensäure) und bei Anwendung von Salpetersäure Oxalsäure erzeugen. Das nach dieser Formel constituirte Allylcyanid müßte, neben Ameisensäure (resp. Kohlensäure) Malonsäure oder deren Spaltungsprodukte bilden.

Unsere Versuche haben nun zu folgenden Resultaten geführt.

Der Allylalkohol wird, wie schon R i n n e und T o l l e n s fanden [1]),
von verdünnter Chromsäure leicht angegriffen. Schon in der Kälte
macht sich der Geruch von Acrolein bemerkbar, und es entweicht Kohlensäure. Destillirt man nach einiger Zeit ab, so kann im Destillat leicht
Ameisensäure nachgewiesen werden. Essigsäure wird nicht gebildet.
Beim Behandeln des Allylalkohols mit Salpetersäure zeigt sich kein
Geruch nach Acrolein; im Destillat ist Ameisensäure, aber keine Essigsäure; im Rückstand viel Oxalsäure.

Allyljodid verhält sich ebenso. Bei der Oxydation mit Chromsäure
wurde neben Kohlensäure Ameisensäure, aber keine Essigsäure erhalten. Auch Salpetersäure lieferte keine Essigsäure, aber wieder
Ameisensäure und im Rückstand viel Oxalsäure.

Auf die Reindarstellung des Allylcyanids haben wir besondere Sorgfalt verwendet. Reines Allyljodid wurde mit reinem Cyankalium behandelt, das Produkt sorgfältig rectificirt und nur der bei 115°—117°
siedende Theil der Oxydation unterworfen. Zum Ueberfluß haben wir
uns durch die Analyse von der Reinheit dieses Allylcyanids überzeugt.
(0,328 gr. geben 0,8593 gr. $CO_2$ und 0,2245 gr. $H_2 O$; dies entspricht:
71,45 pCt. C und 7,60 pCt. H; die Formel verlangt: 71,64 pCt. C und
7,46 pCt. H).

Wird Allylcyanid mit Chromsäure oxydirt, so tritt sofort der Geruch
nach Essigsäure auf, und das Destillat besteht aus fast reiner Essigsäure. Ein aus diesem Destillat dargestelltes Silbersalz zeigte völlig
das Aussehen des essigsauren Silbers; es gab bei einer Bestimmung
64,54 bei einer anderen 64,62 pCt. Silber; essigsaures Silber verlangt
64,67 pCt.

---

[1]) Ann. Chem. Pharm. **159,** 110 (1871).

Von Salpetersäure wird das Allylcyanid schon in der Kälte leicht angegriffen. Nach dem Abdestilliren blieb im Rückstand Oxalsäure. Das Destillat wurde mit Kali neutralisirt, eingedampft, mit absolutem Alkohol extrahirt und aus dem in Alkohol löslichen Kalisalz das Silbersalz dargestellt. Es enthielt 64,50 pCt. Silber, war also ebenfalls essigsaures Silber.

Diese Versuche bestätigen von Neuem die Ansicht, daß der Allylalkohol nach der Formel:

$$CH_2 = CH - CH_2 . OH$$

constituirt ist. Sie zeigen, daß das Allyljodid in seiner Struktur dem Allylalkohol entspricht:

$$CH_2 = CH - CH_2 . J.$$

Sie lehren aber weiter, daß das Allylcyanid die doppelte Bindung zwischen den mittleren Kohlenstoffatomen enthält, daß es eine dem Crotonaldehyd und der Crotonsäure entsprechende Struktur besitzt, und daß es also das wahre Nitril der Crotonsäure ist:

$$CH_3 - CH = CH - CN.$$

Die Annahme, das Cyanid entspreche in seiner Struktur dem Allylalkohol und dem Allyljodid, und es werde bei Einwirkung von Oxydationsmitteln zunächst in Crotonsäure übergeführt, die erst später der Oxydation unterliege, ist nicht wohl zulässig, da das Cyanid, wie oben angegeben, sehr leicht Oxydation erleidet, während die Crotonsäure nur sehr schwer oxydirt wird [1]. Man darf es also wohl als feststehend betrachten, daß bei der Umwandlung des Allylalkohols in Crotonsäure eine Verschiebung der dichteren Bindung dann stattfindet, wenn man aus dem Jodid in das Cyanid übergeht.

Wir leisten darauf Verzicht, ausführliche Betrachtungen über diese Frage anzustellen, wie diese Umlagerung vielleicht gedeutet werden kann. Wer sich je mit derartigen Spekulationen beschäftigt hat, weiß, daß es bei einiger Phantasie leicht ist, selbst für noch wenig erforschte Vorgänge mehr oder weniger plausible Vorstellungen zu ersinnen; aber da in neuester Zeit die Veröffentlichung von thatsächlich noch nicht begründeten Betrachtungen nur allzu beliebt geworden ist, so ziehen wir unsererseits Enthaltsamkeit vor.

---

[1] Ann. Chem. Pharm. **162**, 315 (1872).

# Ueber die Carboxytartronsäure und die Constitution des Benzols;

## von Aug. Kekulé.

A. **221**, 230—260 (13. 10. 1883).

Die Constitution des Benzols ist in den letzten beiden Jahrzehnten vielfach Gegenstand der Speculation und der Discussion gewesen. Nachdem ich vor etwa 18 Jahren meine Ansichten über die Constitution der aromatischen Verbindungen veröffentlicht und dabei auch die Vorstellung mitgetheilt hatte, die mir zu jener Zeit in Betreff der Constitution des Benzols selbst als die wahrscheinlichste erschien, sind zahlreiche andere Hypothesen über die Constitution dieses Kohlenwasserstoffs veröffentlicht und selbstverständlich ebensoviel Benzolformeln mitgetheilt worden. Die meisten der in Discussion gezogenen Hypothesen stimmen mit der von mir ausgesprochenen in den hauptsächlichsten Grundgedanken überein. Sie beruhen auf der Valenztheorie und der auf diese begründeten Vorstellung über die Art der Bindung der die Molecule zusammensetzenden Atome, einer Vorstellung, die man nach Butlerow's Vorschlag jetzt als Structurtheorie zu bezeichnen gewohnt ist. Sie haben weiter das gemeinsam, daß sechs vierwerthige Kohlenstoffatome in ringförmiger Bindung gedacht werden.

Diesen Hypothesen, die sämmtlich durch sogenannte Structurformeln ausgedrückt werden können, stehen dann andere zur Seite, die von wesentlich verschiedenen Grundgedanken ausgehen. Die Autoren dieser zweiten Gruppe von Hypothesen über die Constitution des Benzols sind Gegner der Valenztheorie, oder wenigstens der auf die Valenztheorie begründeten Structurtheorie. Die Grundgedanken ihrer Vorstellungen sind der Gerhardt'schen Typenthorie entlehnt, und die Formeln, durch welche diese Vorstellungen zum Ausdruck gebracht werden, können daher als typische Benzolformeln bezeichnet werden.

Wenn man für den Augenblick von der Verschiedenheit der durch die chemischen Formeln ausgedrückten Grundgedanken absieht, — also die Frage unerörtert läßt, ob die Grundgedanken der Structurtheorie richtig sind, oder nicht —, so erkennt man leicht, daß alle bisher in Vorschlag gebrachten typischen Benzolformeln mit der einen oder der anderen der schon vorher in Discussion gezogenen Structurformeln zusammenfallen. Man findet namentlich, daß die von E. v. Meyer[1]) vor Kurzem mitgetheilte Benzolformel und ebenso die von Mendelejeff[2]) in neuester Zeit vorgeschlagene mit der sogenannten Prismenformel der Structurchemiker übereinstimmen. Alle thatsächlichen Gründe, die für oder gegen eine bestimmte Structurformel sprechen, haben also genau denselben Werth in Betreff der dieser Structurformel entsprechenden typischen Benzolformeln.

Durch zahlreiche in neuerer Zeit festgestellte Thatsachen ist nun mit ziemlicher Sicherheit nachgewiesen, daß einzelne der früher discutirten Benzolformeln offenbar unzulässig sind. Bei dem jetzigen Stand unserer Kenntnisse stehen sich nur noch zwei Ansichten über die Constitution des Benzols gegenüber, von welchen die eine in der von mir ursprünglich vorgeschlagenen sogenannten Sechseckformel oder Ringformel, die andere in der sogenannten Prismenformel ihren Ausdruck findet.

In der neuesten Zeit ist nun eine Thatsache bekannt geworden, die von allen Chemikern, die seitdem Gelegenheit hatten über diesen Gegenstand zu schreiben, als ein gewichtiges Argument gegen meine Ansicht über die Constitution des Benzols angesehen wird. Ich meine die Bildung der Carboxytartronsäure aus Brenzcatechin.

Im Jahre 1879 hatte Gruber[3]), als er Protocatechusäure in ätherischer Lösung mit salpetriger Säure behandelte, die Bildung einer Säure beobachtet, welche die bemerkenswerthe Eigenschaft besitzt, ein nahezu unlösliches Natronsalz zu bilden. Später erhielt Barth[4]) dieselbe Säure bei gleicher Behandlung des Brenzcatechins. In neuester Zeit fand sie Herzig[5]) unter den Producten der Einwirkung von salpetriger Säure auf Guajacol.

Gruber hatte, gestützt auf die Analyse des Natronsalzes und auf die Beobachtung, daß dieses Salz leicht in Kohlensäure und tartronsaures

---

[1]) Ausführliches Lehr- und Handbuch der organischen Chemie von H. Kolbe, zweite Auflage bearbeitet von E. v. Meyer (1882) Bd. II, S. 387.

[2]) Ber. d. deutsch. chem. Ges. 16, 1366 (1883).

[3]) Berichte der Wiener Academie, 9. Januar 1879; Ber. d. deutsch. chem. Ges. 12, 514 (1879).

[4]) Berichte der Wiener Academie, 18. November 1880; Wiener Monatshefte 1, 869.

[5]) Berichte der Wiener Academie, 9. November 1882; Wiener Monatshefte 3, 825.

Natron zerfällt, die aus Protocatechusäure erhaltene Säure als Carboxytartronsäure bezeichnet und ihr die folgende Formel beigelegt:

$$C_4H_4O_7 \quad \text{oder} \quad HO-\underset{\underset{\displaystyle COOH}{|}}{\overset{\overset{\displaystyle COOH}{|}}{C}}-COOH.$$

Name und Formel wurden von B a r t h adoptirt und bald allgemein angenommen. Auch der Vertreter der K o l b e ' schen Richtung,
E. v. M e y e r [1]), schloß sich dieser Ansicht in Betreff der Constitution
an; er wählte den allerdings passenderen Namen: Oxymethintricarbonsäure, der übrigens genau denselben Gedanken ausdrückt und schrieb
die Formel:

$$C(OH) \begin{cases} COOH \\ COOH. \\ COOH \end{cases}$$

Die Wichtigkeit, welche man dermalen der Carboxytartronsäure zuschreibt, beruht offenbar wesentlich auf den weitgehenden Schlüssen,
die man aus ihrer Bildung aus Brenzcatechin ziehen zu können geglaubt
hat. B a r t h knüpft an seine schönen Beobachtungen eine Reihe von
Betrachtungen, die ich mit einigen unwesentlichen Kürzungen hier
wiedergebe:

„Faßt man die Bildung einer vier Kohlenstoffatome enthaltenden
*dreibasischen Säure, deren Constitution nicht zweifelhaft sein kann*, aus
Brenzcatechin ins Auge, so bieten sich zur Erklärung dieser Bildung
nur zwei Annahmen:

1) Der Benzolkern wird gesprengt, ein Rest von $C_3$ nimmt am mittleren Kohlenstoffatom noch ein Kohlenstoffatom auf, und zugleich werden alle Endkohlenstoffe in Carboxyle verwandelt. Die Carboxytartronsäure entstünde also durch einen Aufbau aus einfacheren Resten, also
durch Synthese, und zwar bei einem Proceß, der als deutlicher Zer-
setzungsproceß erscheint, und unter Bedingungen, bei welchen es mehr
als unwahrscheinlich erscheint, daß sich ein so labiler, leicht zersetz-
licher Körper aus Bruchtheilen zusammensetze.

2) Der Benzolkern zerfällt. Dasjenige Kohlenstoffatom, welches in
der Carboxytartronsäure mit drei anderen gebunden ist, hat diese Bindungen schon im Benzolkern. Die Carboxytartronsäure ist also ein

---

[1]) K o l b e 's Organische Chemie, von E. v. Me y e r II, 129, 394 und 484.

Zwischenproduct. Sie entsteht nicht durch Aufbau, sondern durch Abbau. Nur so läßt sich ihre Entstehung ungezwungen deuten.

Es muß also im Benzol jedenfalls *ein* Kohlenstoffatom mit *drei* anderen verbunden sein. Dann muß aber dieselbe Annahme auch für die anderen fünf Kohlenstoffatome gemacht werden. Das Benzol enthält also nicht drei doppelte und drei einfache, sondern neun einfache Bindungen. Mit einem Wort, man muß die Ringformel oder Sechseckformel verlassen und zur Prismenformel übergehen."

Die Argumentation hat auf den ersten Blick etwas Bestechendes und sie ist auch, so weit ich sehen kann, von allen Chemikern, die seitdem über die Constitution des Benzols zu schreiben Gelegenheit hatten, als beweisend anerkannt worden [1]).

Sieht man etwas näher zu, so machen sich doch Bedenken geltend.

Zunächst hätte füglich der Versuch gemacht werden können, mit Zugrundlegung der alten Benzolformel die Bildung der Carboxytartronsäure zu erklären, ohne dabei den allerdings unwahrscheinlichen Wiederaufbau aus vorher entstandenen Bruchstücken anzunehmen. Ein leidlich analoger und die Erklärung vielleicht erleichternder Fall ist seit langer Zeit bekannt in der Bildung von Benzoësäure bei der Oxydation des Benzols [1]). Da hier der Eintritt einer Carboxylgruppe in das Benzol unwahrscheinlich erschien, haben S c h u l t z und ich [2]) die Vermuthung ausgesprochen, es entstehe wohl vorübergehend Diphenyl und aus diesem bei weiterer Oxydation Benzoësäure. Dieser Annahme hat sich dann E. v. M e y e r angeschlossen [3]). Eine ähnliche Annahme hätte auch, und vielleicht mit größerer Wahrscheinlichkeit, für das Dioxybenzol: Brenzcatechin gemacht werden können, weisen doch die schönen Versuche H o f m a n n's [4]) über die Umwandlung des Dimethylpyrogallols in Cörulignon darauf hin, daß Oxybenzole unter Umständen leicht in Diphenylderivate übergehen. Man hätte also annehmen können, aus dem Brenz-

[1]) Vergl. z. B. B e i l s t e i n , Handbuch der organischen Chemie S. 794; L a u b e n h e i m e r , Grundzüge der organischen Chemie S. 413; R. M e y e r , E r l e n m e y e r's Lehrbuch der organischen Chemie, Abth. II, S. 101; K o l b e's Lehr- und Handbuch der organischen Chemie, bearbeitet von E. v. M e y e r , S. 393, 394 und 484; R. M e y e r , Ber. d. deutsch. chem. Ges. 15, 1826 (1883).

[1]) C a r i u s , diese Annalen 148, 50 (1868); C o q u i l l o n , Compt. rend. 80, 1089 (1875).

[2]) K e k u l é , Lehrbuch der organischen Chemie, III, 384.

[3]) K o l b e's Lehr- und Handbuch, bearbeitet von E. v. M e y e r , S. 620.

[4]) Ber. d. deutsch. chem. Ges. 11, 335 (1878).

catechin entstehe zunächst Tetraoxydiphenyl, aus diesem bei weiterer
Oxydation Dioxybenzoësäure (Protocatechusäure) und dann, wie bei den
G r u b e r ' schen Versuchen, Carboxytartronsäure.

Derartige Betrachtungen sind, wie ich nachher zeigen werde, gegen-
standslos; sie hätten nur Zweck, wenn der Carboxytartronsäure die ihr
zugeschriebene Constitution wirklich zukäme. Ein Zweifel an der Richtigkeit dieser Constitutionsformel scheint nun freilich Niemanden gekommen zu sein, und doch hätte man sich die Frage vorlegen können, ob
eine thatsächliche Berechtigung zur Annahme dieser Constitutionsformel
vorhanden ist.

Schon der Umstand, daß aus dem Benzol, nach den bekannten Versuchen von C a r i u s , Fumarsäure (Phenakonsäure) erhalten werden
kann, hätte vorsichtig machen können; dabei spielt freilich die immer
noch mysteriöse Trichlorphenomalsäure, über welche ich demnächst berichten zu können hoffe, eine wesentliche Rolle. Aber die Fumarsäure enthält immerhin, wie die Carboxytartronsäure, vier Kohlenstoffatome, und
in ihr ist keines mit den drei anderen in directer Bindung anzunehmen.
Man hätte also die Frage in Erwägung ziehen können, ob etwa der Carboxytartronsäure eine der Fumarsäure ähnliche Constitution zukomme.

Weiter konnte die Thatsache Verdacht erwecken, daß die Carboxytartronsäure nur ein Dinatriumsalz erzeugt, während sie als Oxytricar-
bonsäure doch wohl dreibasisch sein sollte. Dieses Natriumsalz war freilich in der Regel mittelst Natriumcarbonat dargestellt worden, aber schon
G r u b e r hatte beobachtet, daß es von verdünnter Natronlauge nicht
verändert wird, und B a r t h hatte weiter gefunden, daß man es sogar
mittelst Natronhydrat darstellen kann. Dem von B a r t h untersuchten
Barytsalz konnte keine Beweiskraft zugeschrieben werden. Wenn man
auch annimmt, das analysirte Präparat sei ein einheitlicher Körper gewesen, so war doch immer zu bedenken, daß das Baryum unter Umständen basische Salze erzeugt und daß es bisweilen sogar den Wasserstoff
von Hydroxylen zu ersetzen vermag.

Die Versuche von G r u b e r und von B a r t h hatten offenbar nur die
empirische Zusammensetzung des carboxytartronsauren Natrons festgestellt. Sie hatten gezeigt, daß dem krystallisirten Salz die empirische
Formel $C_4H_8Na_2O_{10}$ zukommt. Da B a r t h 2 Mol. $H_2O$ durch Erwärmen
austreiben konnte, so lag zunächst eine Berechtigung zu der Annahme
vor, das Salz sei $C_4H_4Na_2O_8 + 2H_2O$. Weil das Trocknen nur bei verhältnißmäßig niederer Temperatur ausgeführt werden konnte, durfte man

weiter mit einer gewissen Berechtigung annehmen, es sei nicht alles Wasser ausgetrieben worden. Man hatte dann die Wahl zwischen folgenden Formeln:

$$C_4H_2Na_2O_7 + 3\,H_2O \text{ und } C_4Na_2O_6 + 4\,H_2O\,.$$

Gruber und Barth bevorzugten die erste dieser Formeln, weil sie die Zersetzung des Salzes in Kohlensäure und tartronsaures Natron als directe Spaltung deuten wollten. Man wird zugeben, daß die letzte Formel ebensowohl zulässig ist; nur muß dann die Annahme gemacht werden, die Spaltung erfolge unter Aufnahme von Wasser.

Festgestellt ist also nur, daß die Carboxytartronsäure durch eine der drei folgenden Formeln ausgedrückt wird:

$$C_4H_6O_8 \text{ oder } C_4H_4O_7 \text{ oder } C_4H_2O_6\,.$$

Fragt man sich nun, ob eine dieser Formeln (oder vielleicht alle) so zergliedert werden kann, daß sie die Constitution einer *zweibasischen* Säure ausdrückt, welche in Kohlensäure und Tartronsäure zu zerfallen vermag, so kommt man zu Folgendem:

Zunächst ist es einleuchtend, daß diese drei Formeln, nach allen an ähnlich constituirten Substanzen (z. B. Mesoxalsäure, Brenztraubensäure u. s. w.) gemachten Erfahrungen, offenbar denselben Körper ausdrücken, oder wenigstens Substanzen, die mit ausnehmender Leichtigkeit in einander übergehen.

Die Existenz einer derartigen Verbindung, die man als Dioxyweinsäure oder als Tetráoxybernsteinsäure bezeichnen könnte, kann a priori nicht für unwahrscheinlich gelten. Sie würde offenbar eine zweibasische Säure sein und sich in einfacher Weise an die Oxalsäure und Mesoxalsäure anschließen:

Oxalsäure.     Dioxymalonsäure.     Tetraoxybernsteinsäure.
               (Mesoxalsäure)

Man sieht weiter, daß eine so constituirte Substanz bei Abspaltung von Kohlensäure aller Wahrscheinlichkeit nach Tartronsäure erzeugen muß. Es wird dann, wenn man für den Augenblick die letzte der drei oben gegebenen Formeln benutzt, in erster Linie die Säure COH—CO—$CO_2H$ gebildet, die man als eine Aldehydketonsäure bezeichnen könnte und die zu der Brenztraubensäure in einfacher Beziehung steht, so zwar, daß sie als Dioxysäure der Brenztraubensäure erscheint:

$$
\begin{array}{ccc}
CH_3 & CHBr_2 & CHO \\
| & | & | \\
CO & CO & CO \\
| & | & | \\
CO . OH & CO . OH & CO . OH \\
\text{Brenztraubensäure.} & \text{Dibrombrenz-} & \text{Dioxybrenztrauben-} \\
 & \text{traubensäure.} & \text{säure.}
\end{array}
$$

Nun weiß man durch die Versuche von G r i m a u x [1]), daß die aus Brenztraubensäure dargestellte Dibrombrenztraubensäure bei Behandlung mit Baryt nicht die ihr direct entsprechende Dioxybrenztraubensäure erzeugt, sondern daß statt dieser durch eine Art intramolecularer Atomverschiebung Tartronsäure gebildet wird:

$$
\begin{array}{cc}
CO . H & CO . OH \\
| & | \\
C{<}^{OH}_{OH} & C{<}^{H}_{OH} \\
| & | \\
CO . OH & CO . OH \\
\text{Dioxybrenztrauben-} & \text{Tartronsäure.} \\
\text{säure.} &
\end{array}
$$

Danach darf man wohl annehmen, daß auch bei anderen Reactionen, bei welchen eigentlich Dioxybrenztraubensäure gebildet werden sollte, statt dieser Tartronsäure entstehen werde.

Diese Betrachtungen mußten es wahrscheinlich machen, daß die Carboxytartronsäure nichts anderes ist als Dioxyweinsäure, oder, was dasselbe besagt, Tetraoxybernsteinsäure.

Wenn diese Vermuthung richtig ist, so muß sich die Carboxytartronsäure zu Weinsäure reduciren und umgekehrt durch Oxydation aus Weinsäure darstellen lassen.

## Umwandlung der Carboxytartronsäure in Weinsäure.

Da das carboxytartronsaure Natron in Wasser und in schwach alkoholischen Flüssigkeiten so gut wie unlöslich ist, und da es bei Anwesenheit derartiger Flüssigkeiten schon bei verhältnißmäßig niederer Tempe-

---

[1]) Ber. d. deutsch. chem. Ges. **10**, 903 (1877). — Bull. soc. chim. 1877, 440.

ratur in Kohlensäure und tartronsaures Natron zerfällt, schien von vornherein ein Reductionsversuch mit Natriumamalgam nur wenig Aussicht
auf Erfolg zu bieten. Er wurde nichts destoweniger angestellt, gab aber
wenig befriedigende Resultate. Aus der bei der Reaction gebildeten
Säure wurden verschiedene Kalksalze erhalten, deren Calciumgehalt annähernd dem für tartronsauren Kalk berechneten entsprach. Es war
offenbar viel Tartronsäure gebildet worden.

Bessere Resultate konnten bei einer Reduction in saurer Lösung erwartet werden. Weiß man doch schon aus den Versuchen von B a r t h ,
daß die Carboxytartronsäure in salzsaurer Lösung wenigstens während
kurzer Zeit beständig ist.

Bei einem Vorversuch wurden 10 g carboxytartronsaures Natron
in viel Salzsäure gelöst und dann eine reichliche Menge von metallischem
Zink zugegeben, so daß eine lebhafte Entwicklung von Wasserstoff eintrat. Das Gemenge wurde 24 Stunden, unter zeitweisem Zusatz von Salzsäure, sich selbst überlassen. Schließlich wurde erwärmt, vom unange-
griffenen Zink abgegossen, das gelöste Zink mit kohlensaurem Natron
gefällt, die abfiltrirte Flüssigkeit mit Salzsäure angesäuert und mit
essigsaurem Blei versetzt. Das so erhaltene Bleisalz wurde mit Schwefelwasserstoff zerlegt und der abfiltrirten und erwärmten Flüssigkeit eine
Lösung von essigsaurem Kalk zugefügt. Nach zwei Tagen hatte sich
eine reichliche Menge eines krystallinischen Niederschlags abgesetzt.

0,5110 g dieses Kalksalzes verloren beim Trocknen bei 155 bis 160⁰ 0,1378,
entsprechend 26.97 pC. Wasser.

0,3590 g des getrockneten Salzes gaben 0.1120 CaO, entsprechend 22,28 pC.
Calcium.

Der traubensaure Kalk $C_4H_4O_6Ca + 4H_2O$ verlangt 27,69 pC. Wasser, der
trockne traubensaure Kalk 21.28 pC. Calcium.

Bei mikroskopischer Besichtigung konnten in diesem Kalksalz Kryställchen von der Form des traubensauren Kalks, daneben aber auch
solche von der Form der inactiv-weinsauren Kalks erkannt werden.

Nun wurden 30 g carboxytartronsaures Natron[1], in sechs Kölb-

---

[1] Das zu diesen Versuchen verwandte carboxytartronsaure Natron wurde aus
Brenzcatechin genau nach B a r t h ' s Vorschrift dargestellt. Die Ausbeute ist sehr
ungleich. Bei einem Versuch wurden aus 7 g 5¹/₂ g Natronsalz erhalten (also
78 pC.), bei einem zweiten aus 20 g nur 11 g (55 pC.), bei einem dritten aus 40 g
32 g (80 pC.). Die beste Ausbeute wurde erhalten als die salpetrige Säure aus
einer Salpetersäure von 1.35 sp. G. dargestellt und drei Stunden eingeleitet worden war.

chen vertheilt, während zwei Tagen mit Zink und Salzsäure behandelt.
Diesmal wurde das Zink mit Ammoniak und Schwefelammonium ausgefällt, die filtrierte Flüssigkeit wurde eingeengt, mit Essigsäure angesäuert, nochmals eingeengt, filtrirt, mit Ammoniak neutralisirt und mit
essigsaurem Blei versetzt. Der Bleiniederschlag wurde zur Entfernung
des Chlorbleis mit Wasser ausgekocht und dann mit Schwefelwasserstoff
zerlegt. Die filtrirte Lösung der Säure wurde eingedampft und im Vacuum
über Schwefelsäure vollständig zur Trockne gebracht.

Da nach den Ergebnissen des Vorversuchs das Vorhandensein von
Traubensäure und von inactiver Weinsäure erwartet werden durfte und
außerdem wohl auch Tartronsäure zugegen war, und da die Tartronsäure
in Aether leicht löslich ist, während von den beiden Weinsäuren die
Traubensäure auch von Alkohol nur sehr wenig gelöst wird, so wurde zunächst in folgender Weise verfahren. Die trocknen Säuren wurden zuerst mit Aether und dann mit wenig Alkohol behandelt. Der Aetherauszug wurde verdunstet und nochmals mit Aether aufgenommen. Das
Ungelöste wurde mit dem alkoholischen Auszug vereinigt.

Der Alkoholauszug wurde zur Trockne gebracht und in Wasser gelöst. Die eine Hälfte dieser Lösung wurde mit Kali genau neutralisirt,
die andere zugefügt, das Gemisch zur Trockne eingedampft und dann
mit wenig Wasser aufgenommen. So mußte das saure Kalisalz der inactiven Weinsäure in Lösung gegangen, das saure Kalisalz der Traubensäure ungelöst geblieben sein.

Der in Aether und in Alkohol ungelöste Antheil wurde aus Wasser
umkrystallisirt. Die erste Krystallisation bestand wesentlich aus tafel-
förmigen Krystallen, zeigte aber kein einheitliches Aussehen. Sie wurde
deshalb ebenfalls in das saure Kalisalz umgewandelt. Bei Behandeln
dieses Salzes mit wenig Wasser blieb nahezu alles ungelöst. Aus der
Mutterlauge dieser ersten Krystallisation schieden sich bei langsamem
Verdunsten wohlausgebildete Krystalle ab, die zu krystallographischer
Bestimmung geeignet schienen.

Durch diese Behandlung war es gelungen Tartronsäure, inactive
Weinsäure und Traubensäure nahezu vollständig von einander zu
trennen.

*Tartronsäure.* — Der oben erwähnte Aetherauszug hinterließ beim
Verdunsten Krystalle, die bei 125 bis 130° unter Gasentwicklung schmolzen. Die wässerige Lösung gab mit Silbernitrat ein weißes Silbersalz,
welches beim Erhitzen mit Wasser metallisches Silber abschied. Es lag

offenbar Tartronsäure vor, aber sie war in so geringer Menge gebildet
worden, daß quantitative Bestimmungen nicht ausgeführt werden konnten.

*Inactive Weinsäure.* — Das aus dem alkoholischen Auszug gewonnene, in Wasser leicht lösliche saure Kalisalz wurde in stark verdünnter
Lösung mit essigsaurem Kalk versetzt. Der nach zwei Tagen entstandene Niederschlag wurde in Salzsäure gelöst und Ammoniak zugefügt.
Da die nach längerem Stehen ausgeschiedenen Kryställchen keine charakteristischen Formen zeigten, wurden sie nochmals in Salzsäure gelöst
und wieder durch Ammoniak ausgeschieden. Jetzt entstanden wohlausgebildete Kryställchen, die unter dem Mikroskop genau die Form des
inactiv-weinsauren Kalks zeigten.

> 0.6994 g verloren in der L i e b i g'schen Trockenröhre bei 166° 0,1630, ent-
> sprechend 22,31 pC. Wasser.
> 0.2730 g des trocknen Salzes gaben 0.0830 CaO, entsprechend 21,71 pC. Calcium.
> 0.2368 g gaben 0.0712 CaO, entsprechend 21,48 pC. Calcium.
> Die Formel des inactiv-weinsauren Kalks $C_4H_4O_6Ca \cdot 3 H_2O$ verlangt 22,31 pC
> Wasser.
> Der trockne weinsaure Kalk enthält 21,28 pC. Calcium.

*Traubensäure.* — Es ist oben erwähnt worden, daß sowohl aus dem
alkoholischen Auszug als auch aus dem in Alkohol ungelösten Theil in
Wasser schwer lösliche Kalisalze dargestellt worden waren. Beide wurden in viel Wasser gelöst und die Lösung mit essigsaurem Kalk versetzt.
Das Salz aus dem in Alkohol ungelösten Antheil gab nach einigen Tagen
einen krystallinischen, völlig homogen aussehenden Niederschlag, dessen
wohlausgebildete Kryställchen deutlich die Formen des traubensauren
Kalks erkennen ließen (Nr. 1). Das aus dem sauren Kalisalz des alkoholischen Auszugs erhaltene Kalksalz war weniger gut krystallisirt. Es
wurde in verdünnter Salzsäure gelöst und dann Ammoniak zugefügt.
Nach längerem Stehen entstand ein gut krystallisirter Niederschlag, der
deutlich die Formen des traubensauren Kalks zeigte (Nr. 2).

> Nr. 1.  0.1846 g im Platintiegel auf 140° erhitzt verloren 0,0506, entsprechend
> 27.41 pC. Wasser.
> 0.1340 g des trocknen Salzes gaben 0.0399 CaO, entsprechend 21.27 pC.
> Calcium.
> Nr. 2.  0.8500 g in der L i e b i g'schen Trockenröhre auf 145° erhitzt ver-
> loren 0.2432, entsprechend 28,61 pC. Wasser.
> 0.3586 g des trocknen Salzes gaben 0,1094 CaO, entsprechend 21,79 pC.
> Calcium.
> 0.2154 g trocknes Salz gaben 0.0654 CaO, entsprechend 21.22 pC.
> Calcium.

Der krystallisirte traubensaure Kalk $C_4H_4O_6Ca + 4H_2O$ enthält 27,69 pC. Wasser.

Der trockne traubensaure Kalk verlangt 21,28 pC. Calcium.

In Betreff der wohlausgebildeten Krystalle, welche aus der wässerigen Lösung des in Aether und in Alkohol ungelösten Säuregemisches erhalten worden waren, ist Folgendes zu erwähnen. Diese Krystalle zeigen prismatische Ausbildung und lassen schon mit bloßem Auge die Formen der Traubensäure erkennen. Ihre wässerige Lösung fällt Gypswasser.

0,3400 g im Platinschiffchen auf 105° erhitzt verloren 0,0358, entsprechend 10,53 pC. Wasser.

0,3042 g der getrockneten Substanz gaben 0,3476 $CO_2$ und 0,1166 Wasser.

Die analysirte Substanz enthielt etwas Asche, aber die gefundenen Zahlen stimmen hinlänglich mit den für Traubensäure berechneten überein.

|   | Berechnet für $C_4H_6O_6$ | | Gefunden |
|---|------|-------|---------|
| C | 48 | 32,0 | 31.2 |
| H | 6 | 4,0 | 4.2 |
| O | 96 | 64,0 | — |
|   | 150 | 100,0. | |

Die krystallisirte Traubensäure $C_4H_6O_6 + H_2O$ verlangt 10,71 pC. Wasser.

Herr Prof. v o n L a s a u l x ist so gefällig gewesen, die Krystalle zu messen und ist dabei zu folgenden Resultaten gekommen, welchen ich die älteren Messungen von d e l a P r o v o s t a y e und v o n R a m m e l s - b e r g [1]) zur Seite stelle, und weiter einige Messungen, welche B o d e - w i g an der von A n s c h ü t z und mir [2]) aus Fumarsäure dargestellten Traubensäure (T a n a t a r ' s Dioxyfumarsäure) ausgeführt hat.

„Die Krystalle zeigen die folgenden Flächen:

$$p = \infty P',$$
$$p' = \infty', P$$
$$a = \infty \breve{P} \infty$$
$$b = \infty \breve{P} \infty$$
und in der Endigung: $r = 'P' \infty$
$$q_1 = _1 \breve{P}' \infty .$$

projiziert auf eine zur Verticalaxe normale Fläche.

[1]) R a m m e l s b e r g , Handbuch der krystallographisch-physikalischen Chemie, 1882, II, 101.

[2]) Ber. d. deutsch. chem. Ges. 13, 2152 (1880).

Gemessen wurden, immer als Mittel aus vier Repetitionsablesungen:

|         | v. Lasaulx | de la Provo-<br>staye | Rammels-<br>berg | Bodewig |
|---------|-----------|--------------|-----------|---------|
| p : a = | 152°47′   | 152°54′      | 152°50′   | —       |
| a : p, = | 129°3′   | 129°51′      | 129°51′   | —       |
| p, : b = | 111°10′  | 110°45′      | 110°46′   | 110°43′ |
| b : p = | 146°25′  | 146°30′      | 146°37′   | —       |
| r : q, = | 127°30′  | 128°13′      | —         | 128°56′ |
|         |          | (berechnet). |           |         |

Die beiden Flächen der Endigung sind wenig glänzend und gestatten keine gute Messung. In der Endigung einzelner Krystalle finden sich noch sehr kleine Flächen, die nicht gemessen werden konnten.

Der Nachweis, daß die Krystalle Traubensäure sind, ist unzweifelhaft.‟

Die mitgetheilten Thatsachen zeigen, daß das aus Brenzcatechin dargestellte carboxytartronsaure Natron bei Reduction mit Zink und Salzsäure Weinsäure, und zwar ein Gemisch von Traubensäure und inactiver Weinsäure liefert.

Da bei dieser Reduction nur sehr wenig Tartronsäure gebildet wird, so ergiebt sich weiter, daß die Carboxytartronsäure in saurer Lösung durchaus nicht so zersetzlich ist, wie man nach den seitherigen Angaben hätte glauben sollen. Ich zweifle daher kaum daran, daß es gelingen wird, die Carboxytartronsäure in freiem Zustand darzustellen.

*Bildung von Carboxytartronsäure aus Weinsäure.*

Die Beobachtung, daß die Carboxytartronsäure bei Reduction Traubensäure und inactive Weinsäure liefert, mußte selbstverständlich die Wahrscheinlichkeit der oben ausgesprochenen Ansicht erhöhen, die Carboxytartronsäure sei als Dioxyweinsäure aufzufassen und sie könne vielleicht durch Oxydation einer der Weinsäuren erhalten werden. Hier warf sich nun zunächst die Frage auf, ob wohl alle Modificationen der Weinsäure geeignet sein würden Carboxytartronsäure zu liefern, oder ob etwa nur einzelne dieser Modificationen, vielleicht gerade die Traubensäure, im Stande sein würden eine solche Umwandlung zu erleiden. Nun ist aber nach den jetzt ziemlich allgemein angenommenen Ansichten über die Constitution der Kohlenstoffverbindungen nur eine Art von Dioxyweinsäure denkbar, und es ist kein Grund ersichtlich, warum die verschiedenen Modificationen der Weinsäure verschiedene Dioxyderivate liefern sollten. Es wurde deshalb zunächst und vorläufig ausschließ-

lich nur die am leichtesten zugängliche Modification, die gewöhnliche
Weinsäure, in Arbeit genommen.

Die Versuche, durch vorsichtig geleitete langsame Oxydation die
Weinsäure in Carboxytartronsäure überzuführen, sind bis jetzt ohne
Resultat geblieben.

Nun liefert bekanntlich die aus der Weinsäure darstellbare sogenannte Nitroweinsäure bei freiwilliger Zersetzung Tartronsäure. Es lag
also der Gedanke nahe, bei dieser Zersetzung könne als Zwischenproduct Carboxytartronsäure gebildet werden.

Ich will zunächst die Methode angeben, die zur Darstellung und Reinigung der verwendeten Nitroweinsäure in Anwendung gebracht wurde.
Gepulverte Weinsäure wurde in 4½ Th. rauchende Salpetersäure eingetragen und der Lösung das gleiche Volum englischer Schwefelsäure zugefügt. Der Krystallbrei wurde auf einen mit Platinconus und etwas
Glaswolle beschickten Trichter gebracht und mittelst der Wasserluftpumpe möglichst von den anhaftenden Säuren befreit. Die nahezu
trockene, aber immer noch stark rauchende Säure wurde dann in kleinen
Portionen in einen Scheidetrichter eingetragen, der Aether und Stücke
von Eis enthielt. Nach wiederholtem Umschütteln wurde das gebildete
Wasser abgelassen und immer abwechselnd neues Eis und neue Mengen
Nitroweinsäure eingetragen. Schließlich wurde die Aetherlösung wiederholt durch Schütteln mit Eiswasser gewaschen, von der wässerigen
Schicht getrennt und filtrirt. Dann wurde der Aether bei gewöhnlicher
Temperatur mittelst der Wasserluftpumpe verdunstet und der Rück-
stand im Vacuum über Schwefelsäure zur Trockne gebracht. Die Darstellung erfordert nur wenig Zeit, die Ausbeute beträgt etwa 120 pC. der
Weinsäure und die erhaltene Nitroweinsäure ist in Aether leicht und
vollständig löslich.

Die ersten Versuche, freiwillige Zersetzungen der Nitroweinsäure,
welche nach den für Darstellung der Tartronsäure am meisten empfohlenen Methoden geleitet wurden, so zu verlangsamen oder an dem Punkt
zu unterbrechen, daß vorzugsweise das Zwischenproduct, die Carboxytartronsäure, vorhanden war, gaben sämmtlich negative Resultate.

Ein einfacher Kunstgriff führte dann zu dem gewünschten Resultat.
Man weiß, daß viele Salpetersäureäther, namentlich diejenigen, die öfter
als Nitroverbindungen bezeichnet werden, sich bisweilen lange halten,
daß aber die einmal begonnene Zersetzung namentlich dann rasch fortschreitet, wenn die gebildeten Reductionsproducte der Salpetersäure

mit der Substanz in Berührung bleiben. Es scheint demnach, als ob die Anwesenheit niederer Oxyde des Stickstoffs derartige Zersetzungen befördere. Diese Vermuthung veranlaßte den folgenden Versuch.

Einer ätherischen Lösung von Nitroweinsäure wurde etwas roher Salpetrigäther (so will ich der Kürze wegen eine Lösung von salpetriger Säure in Alkohol nennen) zugefügt und das Gemisch bei Zimmertemperatur sich selbst überlassen. Nach drei Tagen wurde mit Eiswasser ausgeschüttelt und die wässerige Schicht mit kohlensaurem Natron versetzt. Es schied sich fast augenblicklich eine reichliche Menge eines krystallinischen weißen Niederschlags aus, der genau das Aussehen des carboxytartronsauren Natrons zeigte. Als die Aetherlösung den folgenden Tag wieder mit Wasser ausgeschüttelt und die wässerige Schicht mit Sodalösung neutralisirt wurde, entstand eine neue Menge dieses Niederschlags. So konnten während mehrerer Tage stets weitere Mengen dieses krystallinischen, in Wasser unlöslichen Natronsalzes erhalten werden. Besondere Versuche zeigten, daß statt des Salpetrigäthers auch die in Zersetzung begriffene ätherische Lösung der Nitroweinsäure verwendet werden kann.

Nachdem in dieser Weise schon größere Mengen von carboxytartronsaurem Natron dargestellt worden waren, wurden folgende vergleichende Versuche angestellt: Je 20 g Nitroweinsäure wurden in gleich viel Aether gelöst. Zwei dieser Lösungen wurden mit Salpetrigäther versetzt, die dritte blieb ohne Zusatz. Am vierten Tage wurde die eine der mit Salpetrigäther versetzten Lösungen mit Wasser ausgeschüttelt und die wässerige Schicht mit Sodalösung neutralisirt. Es entstand ein reichlicher Niederschlag des unlöslichen Natronsalzes. Als nach vier Stunden wieder mit Wasser ausgeschüttelt und mit Soda neutralisirt wurde, entstand kein Niederschlag, den folgenden Tag dagegen wurde durch erneutes Ausschütteln u. s. w. wieder eine beträchtliche Menge des unlöslichen Natronsalzes erhalten. So konnten durch tägliches Ausschütteln derselben Aetherlösung während acht Tagen stets neue Mengen carboxytartronsaures Natron erhalten werden. Vom neunten Tag an wurde kein Natronsalz mehr gefällt. Nun wurde die zweite Menge der mit Salpetrigäther versetzten ätherischen Nitroweinsäurelösung mit Wasser ausgeschüttelt und die wässerige Schicht mit Sodalösung versetzt. Es entstand direct eine sehr reichliche Fällung. Auch hier wurde bei erneutem Ausschütteln nach vier Stunden kein Natronsalz erhalten. Als jetzt beiden Aetherlösungen neue Mengen Salpetrigäther zugefügt

wurden, konnten nach mehrtägigem Stehen wieder geringe Niederschläge des unlöslichen Natronsalzes erhalten werden.

Bei beiden Behandlungsweisen wurden aus gleichen Mengen Nitroweinsäure nahezu gleiche Mengen carboxytartronsaures Natron erhalten; aus 20 g Nitroweinsäure zwischen 7 und 8 g.

Die dritte Nitroweinsäurelösung, die nicht mit Salpetrigäther versetzt worden war, gab erst nach sechzehntägigem Stehen eine schwache
Fällung von carboxytartronsaurem Natron.

Inzwischen waren noch folgende Beobachtungen gemacht worden:
Eine größere Menge Nitroweinsäure, die in nicht völlig trockenem Zustand in eine Flasche gefüllt worden war, hatte unter Austreten rother
Dämpfe eine beginnende Zersetzung erlitten. Es konnte jedoch keine
Carboxytartronsäure nachgewiesen werden. Ein Theil dieser Nitroweinsäure wurde unter eine Glocke über Natronkalk gestellt. Die Säure
wurde wieder farblos, enthielt aber selbst nach längerem Stehen keine
Carboxytartronsäure. Drei andere Mengen dieser Nitroweinsäure wurden, die eine mit wenig Wasser, die andere mit wenig Alkohol, die dritte
mit Aether übergossen und dann sich selbst überlassen. Nach dreitägigem
Stehen lieferten die mit Wasser und mit Alkohol übergossenen Portionen bei Zusatz von Soda zu der verdünnten wässerigen Lösung reichliche Fällungen von carboxytartronsaurem Natron. Die mit Aether über-
gossene Nitroweinsäure war durch Verdunsten des Aethers wieder
trocken geworden und lieferte kein unlösliches Natronsalz.

Die mitgetheilten Versuche lassen darüber keinen Zweifel, daß man
sich das carboxytartronsaure Natron jedenfalls billiger aus Nitroweinsäure darstellen kann, als aus Brenzcatechin. Welche der angegebenen
Methoden für die Darstellung größerer Mengen des Natronsalzes die ge-
eignetere ist, kann ich im Augenblick nicht sagen. Die zuletzt erwähnten Methoden: Uebergießen von Nitroweinsäure mit Wasser oder Alkohol u. s. w. gaben bei einzelnen Versuchen sehr gute Ausbeute. Aber
die Ausbeute scheint von Bedingungen abhängig zu sein, die sich nicht
mit Sicherheit einhalten lassen. Die zuerst beschriebene Methode: Zusatz von mit salpetriger Säure beladenem Alkohol zu einer ätherischen
Lösung von Nitroweinsäure u. s. w. ist etwas zeitraubend, aber sie liefert mit Sicherheit eine immerhin befriedigende Menge von carboxytartronsaurem Salz.

Ich habe im Vorhergehenden das aus Nitroweinsäure dargestellte unlösliche Natronsalz als carboxytartronsaures Natron bezeichnet, ohne

dafür analytische Belege zu geben. Unlösliche Natronsalze giebt es nur ausnehmend wenige[1]). Das carboxytartronsaure Natron hat ein so charakteristisches Aussehen, daß es nicht wohl mit einem anderen bekannten Natronsalz verwechselt werden kann. Die nachher mitzutheilenden Analysen werden keinen Zweifel darüber lassen, daß das aus Nitroweinsäure dargestellte Natronsalz identisch ist mit dem aus Brenzcatechin bereiteten. Für den Augenblick begnüge ich mich mit folgenden Angaben.

Erhitzt man das aus Nitroweinsäure dargestellte unlösliche Natronsalz mit Wasser auf 50 bis 60°, so tritt eine lebhafte Entwicklung von Kohlensäure ein. Die klare Lösung liefert beim Eindampfen eine farblose Gallerte. Die wässerige Lösung dieses Natronsalzes giebt mit essigsaurem Blei und mit salpetersaurem Silber weiße krystallinische Niederschläge. Die aus dem Bleisalz mittelst Schwefelwasserstoff oder aus dem Natronsalz durch Zusatz von Salzsäure und Ausschütteln mit Aether dargestellte Säure bildet farblose, strahlig gruppirte Prismen, die bei 148° unter Entwicklung von Kohlensäure schmelzen. Bei der Analyse des Silbersalzes wurden folgende Zahlen erhalten:

1. 0,8371 g gaben 0,5388 Ag. entsprechend 64,36 pC. Silber
2. 0,7482 g „ 0,4818 „ „ 64,39 „ „
3. 0,4356 g „ 0,2800 „ „ 64,28 „ „
Tartronsaures Silber $C_3H_2H_5Ag$ verlangt 64,67 „ „

Das aus Nitroweinsäure dargestellte unlösliche Natronsalz liefert also beim Erwärmen mit Wasser tartronsaures Natron.

### Zusammensetzung der Carboxytartronsäure.

Ich habe mich oben auf die Angabe beschränkt, das aus Nitroweinsäure dargestellte unlösliche Natronsalz sei nach Eigenschaften und Zusammensetzung carboxytartronsaures Natron. Es erübrigt noch die analytischen Belege für diese Behauptung mitzutheilen.

Da schon die ersten mit dem aus Nitroweinsäure dargestellten Natronsalz ausgeführten analytischen Versuche nicht vollständig mit den von Barth in Betreff des carboxytartronsauren Natrons gemachten Angaben übereinstimmten, sah ich mich genöthigt, auch das aus Brenzcatechin bereitete Salz in den Kreis der Untersuchung zu ziehen.

---

[1]) Ich erinnere indeß an die relativ schwache Löslichkeit des oxalsauren Natrons.

Ueber die Zusammensetzung des *wasserhaltigen* carboxytartron-
sauren Natrons liegen folgende Angaben vor. Gruber analysirte ein
Salz aus Protocatechusäure, Barth das Product aus Brenzcatechin,
Herzig ein aus Guajacol dargestelltes Präparat.

Das im Vacuum über Schwefelsäure getrocknete Salz gab folgende
Zahlen:

Gruber

|     | 1.    | 2.    | 3.    | 4.    | 5.    | 6.    |
|-----|-------|-------|-------|-------|-------|-------|
| C   | 18.20 | 18.38 | 18.27 | —     | —     | —     |
| H   | 3.40  | 3.19  | 3.10  | —     | —     | —     |
| Na  | —     | —     | —     | 17.41 | 17.42 | 17.49.|

Ferner:

Barth          Herzig

|     | 1.    | 2.    | 3.    | 4.    | 5.    | Herzig |
|-----|-------|-------|-------|-------|-------|--------|
| C   | 18.10 | —     | —     | —     | —     | 18.30  |
| H   | 3.32  | —     | —     | —     | —     | 3.34   |
| Na  | —     | 17.20 | 17.37 | 17.26 | 17.34 | 17.19. |

Gruber leitete aus seinen Analysen die Formel $C_4H_2Na_2O_7 + 3H_2O$
ab, die dann von Barth und von Herzig adoptirt wurde. Sie verlangt:

Berechnet

|    |        |
|----|--------|
| C  | 18.32  |
| H  | 3.05   |
| Na | 17.55. |

Daß man gerade $3H_2O$ als Krystallwasser annahm, wurde dadurch
veranlaßt, daß man dem Salz seiner Zersetzung in Tartronsäure und
Kohlensäure wegen die durch den Namen Carboxytartronsäure ausgedrückte Zusammensetzung zuschrieb.

Bei einem Versuch das Salz zu trocknen beobachtete Barth, daß
bei *tagelangem* Erhitzen auf 80 bis 90° 2 Mol. Wasser weggehen, während das dritte, fester gebunden, noch zurückbleibt.

|         | Berechnet für $2H_2O$ | Gefunden |
|---------|-----------------------|----------|
| $H_2O$  | 13.74                 | 14.31.   |

Das getrocknete Salz gab:

|      | Berechnet für $C_4H_2Na_2O_7 + H_2O$ | Gefunden |
|------|--------------------------------------|----------|
| Na   | 20.37                                | 20.65.   |

B a r t h fügt bei: „Erhitzt man höher, so beobachtet man eine langsam fortschreitende weitere Abnahme des Gewichts. Dieses bleibt endlich bei *mehrstündigem* Erhitzen auf 120° constant. Dabei zeigte es sich, daß schon vollständige Zersetzung eingetreten war. Der Rückstand ist reines tartronsaures Natron. Die gefundenen Zahlen dienen als Beleg:

|  | Berechnet | Gefunden |
|---|---|---|
| $CO_2 + 3\,H_2O$ | 37,40 | 37,12. |

Der Rückstand gab:

|  | Berechnet für $C_3H_2Na_2O_5$ | Gefunden |
|---|---|---|
| Na | 28,05 | 27,66.“ |

In einer Anmerkung sagt B a r t h weiter: „Erhitzt man im Wasserbad, also bei circa 99°, so geht ebenfalls Wasser fort, aber nach *mehrtägigem* Trocknen beträgt die Gewichtsabnahme, ohne daß irgend eine scharfe Grenze beobachtet werden konnte, mehr als für 3 Mol. Wasser berechnet ist und nach *mehrwöchentlicher* Dauer des Versuchs besteht der Rückstand ebenfalls nur mehr aus tartronsaurem Natron.“

Meine Versuche lehren, daß die Ermittlung der Zusammensetzung des carboxytartronsauren Natrons und seines Verhaltens beim Trocknen durchaus nicht leicht und jedenfalls ausnehmend zeitraubend ist. Ich will daher von vornherein bemerken, daß es mir bisher nicht möglich gewesen ist, dieser Aufgabe völlig gerecht zu werden. Die bisher gemachten Beobachtungen sind die folgenden.

Bei der Analyse des wasserhaltigen Salzes wurde gefunden:

I. Aus Nitroweinsäure dargestelltes, direct gefälltes Salz:

1. 0,2088 g gaben 0,1111 $SO_4Na_2$, entsprechend 17,23 pC. Na.
0,4546 g „ 0,3108 $CO_2$ und 0,1472 $H_2O$, entsprechend 18,64 pC. C und 3,59 pC. H.
Das Salz hatte mehrere Tage über Schwefelsäure im Vacuum gestanden.

2. 0,4556 g gaben 0,2922 $CO_2$ und 0,1426 $H_2O$, entsprechend 17,49 pC. C und 3,48 pC. H.
0,4490 g gaben 0,2359 $SO_4Na_2$, entsprechend 17,02 pC. Na.
Das Salz war drei Tage über Schwefelsäure im Vacuum getrocknet.

3. 0,5453 g gaben 0,3520 $CO_2$ und 0,1656 $H_2O$,. entsprechend 17,79 pC. C und 3,37 pC. H.

II. Aus Nitroweinsäure dargestelltes umkrystallisirtes Salz:

4. 0,6224 g gaben 0,3342 $SO_4Na_2$, entsprechend 17,39 pC. Na.
5. 0,5366 g „ 0,2824 „ „ 17,04 „ „
6. 0,4584 g „ 0,2398 „ „ 16,91 „ „

III. Aus Brenzcatechin dargestelltes umkrystallisirtes Salz:

7. 0,5078 g gaben 0,2632 $SO_4Na_2$, entsprechend 16,79 pC. Na.
8. 0,1644 g „ 0,0854 „ „ 16,82 „ „

|   | Gefunden | | | | | | | |
|---|---|---|---|---|---|---|---|---|
|   | 1. | 2. | 3. | 4. | 5. | 6. | 7. | 8. |
| C | 18,64 | 17,49 | 17,79 | — | — | — | — | — |
| H | 3,59 | 3,48 | 3,37 | — | — | — | — | — |
| Na | 17,23 | 17,02 | — | 17,39 | 17,04 | 16,91 | 16,79 | 16,82. |

Diese Zahlen stimmen annähernd mit den von Gruber und von Barth gefundenen, also auch mit den aus der Formel $C_4H_2N_2O_7 + 3\,H_2O$ oder $C_4Na_2O_6 + 4\,H_2O$ berechneten überein. Sie stimmen indessen zum Theil besser zu der Formel $C_4H_2Na_2O_7 + 3^1/_2\,H_2O$ oder $C_4Na_2O_6 + 4^1/_2\,H_2O$. Man hat:

|   | Berechnet für | |
|---|---|---|
|   | $C_4Na_2O_6 + 4\,H_2O$ | $C_4Na_2O_6 + 4^1/_2\,H_2O$ |
| C | 18,32 | 17,72 |
| H | 3,05 | 3,32 |
| Na | 17,56 | 16,79. |

Bei den Versuchen, das krystallinische gefällte carboxytartronsaure Natron zu trocknen, wurden folgende Beobachtungen gemacht:

1) 0,3098 g des im Vacuum getrockneten Salzes aus Nitrowein-säure wurden in der Liebig'schen Trockenröhre in einem schwachen Luftstrom auf 85 bis 87° erhitzt. Ein Verlust von circa 14 pC., wie ihn Barth gefunden, wurde zufällig nicht beobachtet. Gerade die Ge-wichtsabnahme von 10 pC. auf 22,6 pC. erfolgte sehr rasch in der ver-hältnißmäßig kurzen Zeit von der 325. bis zur 385. Stunde des Trock-nens. Nachdem der Trockenversuch 540 Stunden gedauert hatte, wobei 18 Wägungen ausgeführt worden waren, so daß die ganze Operation nahezu einen Monat währte, schien das Gewicht constant zu bleiben. Der Gewichtsverlust betrug 27,6 pC.

Bei der Annahme, es seien 4 Mol. $H_2O$ ausgetreten, berechnet sich:

für $C_4Na_2O_6$, $4\,H_2O$ — $4\,H_2O = 27,5$ pC.;
für $C_4Na_2O_6$, $4^1/_2\,H_2O$ — $4\,H_2O = 26,5$ pC.

0,2240 g des getrockneten Rückstands gaben 0,1617 $SO_4Na_2$, entsprechend 23,38 pC. Na.

Es berechnet sich:

für $C_4Na_2O_6$ . . . . . . 24,21 pC. Na;
„ $C_4Na_2O_6 + ^1/_2\,H_2O$ . . 23,11 „ „

2) 0,4922 g Natronsalz aus Nitroweinsäure, während acht Tagen im Vacuum getrocknet, wurden in der L i e b i g' schen Trockenröhre auf 88° erhitzt. Nach 486 stündigem Erhitzen betrug die Gewichtsabnahme 14,2 pC., also ziemlich genau so viel wie B a r t h beobachtet hatte. Bei weiterem Erhitzen nahm das Gewicht fortwährend ab. Nach 1752 Stunden, wobei die Zeit von 28 Wägungen nicht mitgerechnet ist, schien das Gewicht constant zu bleiben. Die Abnahme betrug 25,96 pC.

0,2566 g der getrockneten Substanz gaben 0,1818 $SO_4Na_2$, entsprechend 22,91 pO. Na.

Beide Zahlen können direct mit den oben angeführten verglichen werden.

3) Es schien wichtig, das aus Brenzcatechin dargestellte Natronsalz direct mit dem aus Nitroweinsäure bereiteten in Bezug auf sein Verhalten beim Trocknen zu vergleichen. Beide Salze wurden daher in zwei L i e b i g' schen Trockenröhren, welche nebeneinander in einem eigens dazu construirten Apparat standen, auf 85 bis 90° erhitzt. Die angewandten Salze waren durch Lösen in Salzsäure und nochmaliges Fällen mit Natroncarbonat gereinigt. Es kamen zur Anwendung: 2,949 g des aus Nitroweinsäure und 2,7056 g des aus Brenzcatechin dargestellten Salzes.

Beide Salze verhielten sich im Allgemeinen gleich; das aus Brenzcatechin dargestellte nahm indessen etwas rascher an Gewicht ab, wie das aus Nitroweinsäure bereitete, offenbar weil es zufällig in etwas kleineren Kryställchen ausgefallen war.

Das Salz aus Brenzcatechin zeigte am 10. Tag einen Gewichtsverlust von etwa 14 pC., das aus Nitroweinsäure erst am 17. Tag. Das Salz aus Brenzcatechin schien nach 82 Tagen (es waren inzwischen 25 Wägungen vorgenommen worden) nicht mehr an Gewicht abzunehmen, der Gewichtsverlust betrug 29,89 pC. Zu derselben Zeit hatte das aus Nitroweinsäure dargestellte Salz 26,8 pC. verloren. Bei ihm schien erst nach 100 Tagen (während welcher 35 Wägungen ausgeführt worden waren) keine Gewichtszunahme mehr stattzufinden. Der Gewichtsverlust betrug 29,51 pC.

Beide Zahlen stimmen, wenn man die Annahme machen will, es sei nur Wasser weggegangen, sehr genau mit der Ansicht, das nach der Formel $C_4Na_2O_6 + 4^1/_2 H_2O$ zusammengesetzte Salz habe alles Wasser verloren. Es berechnet sich dann 29,88 pC. $H_2O$.

0,2777 g des trockenen Salzes aus Brenzcatechin gaben 0,2051 $SO_4Na_2$, entsprechend 23,92 pC. Na.

0,3980 g des trockenen Salzes aus Brenzcatechin gaben 0,2925 $SO_4Na_2$, entsprechend 23,80 pC. Na.

0,2786 g des trockenen Salzes aus Nitroweinsäure gaben 0,2086 $SO_4Na_2$, entsprechend 24,25 pC. Na.

Diese Zahlen stimmen, aber vielleicht nur durch Zufall, mit der Formel $C_4Na_2O_6$, welche 24,21 pC. Na verlangt.

Das getrocknete Salz zeigt nun höchst überraschende Eigenschaften. Es ist sehr hygroskopisch und sogar leicht zerfließlich. Es ist also offenbar kein carboxytartronsaures Natron mehr. Es entwickelt weiter während des Zerfließens oder beim Uebergießen mit Wasser reichliche Mengen von Kohlensäure. Also ist es kein tartronsaures Natron, wofür überdies viel zu wenig Natron gefunden war. Bei längerem Kochen mit Wasser erzeugt es indeß unter Entwicklung von Kohlensäure tartronsaures Natron.

0,4736 g eines aus dieser Lösung dargestellten Silbersalzes gaben 0,3060 Ag, entsprechend 64,61 pC.; das tartronsaure Silber verlangt 64,67 pC. Ag.

Danach konnte es scheinen, als sei das getrocknete carboxytartronsaure Natron nach der Formel $C_4Na_2O_6$ zusammengesetzt, und als zerfiele es nach der Gleichung:

$$C_4Na_2O_6 + H_2O = C_3H_2Na_2O_5 + CO_2.$$

Versuche, die bei Einwirkung von Wasser oder von verdünnter Schwefelsäure entweichende Kohlensäure quantitativ zu bestimmen, gaben für das aus Nitroweinsäure dargestellte Salz 17,8 pC. $CO_2$, für das aus Brenzcatechin bereitete 16,1 pC. $CO_2$, während die eben mitgetheilte Zersetzungsgleichung 23,1 pC. $CO_2$ verlangt. In beiden Fällen entwickelten die Lösungen beim Eindampfen noch längere Zeit Gasblasen. Es scheint also, als vollführe sich die Zersetzung nur langsam und die gefundenen Kohlensäuremengen müssen jedenfalls als zu niedrig angesehen werden.

Das getrocknete Salz scheint indeß keine einheitliche Substanz, sondern ein Gemenge zu sein. Wenigstens wurden bei drei Verbrennungen nur 22,2, 22,5 und 22,8 pC. Kohlenstoff und dabei etwas über 1 pC. Wasserstoff gefunden, während das Salz $C_4Na_2O_6$ 25,2 pC. Kohlenstoff enthält.

Ich komme darauf nachher zurück.

4) In der Erwartung, der Wasserverlust werde im luftverdünnten Raum rascher eintreten als bei gewöhnlichem Druck, wurden 1,6250 g eines aus Nitroweinsäure dargestellten, im Vacuum getrockneten Natronsalzes in einem langsamen Luftstrom bei einem Druck von 25 mm Quecksilber auf 85° erhitzt. Es zeigte sich indeß keine Beschleunigung der Gewichtsabnahme. Erst nach 18 Tagen betrug der Gewichtsverlust 14 pC. Nach 50 Tagen betrug er 23,9 pC. Da keine Beschleunigung des Trocknens erreicht worden war, wurde der Versuch unterbrochen.

Dieser Gewichtsverlust von 23,9 pC. entspricht ziemlich genau der Annahme, das nach der Formel $C_4Na_2O_6 + 4^1/_2 H_2O$ zusammengesetzte Salz sei zu $C_4Na_2O_6 + H_2O$ oder $C_4H_2Na_2O_7$ geworden; diese Annahme würde 23,2 pC. Verlust verlangen.

Das soweit getrocknete Salz wurde nun im Dampfschrank, also bei nahezu 100° im Luftstrom weiter erhitzt. Nach weiteren 12 Tagen betrug der Gewichtsverlust 28,6 pC.; also nahezu soviel, als bei Versuch 3 beobachtet worden war. Als nach weiteren 4 Tagen wieder gewogen wurde. zeigte sich, daß plötzlich eine sehr starke Gewichtsabnahme stattgefunden hatte. Der Gewichtsverlust betrug jetzt 40 pC. Das trokkene Salz gab, diesem Gewichtsverlust entsprechend 27,53 pC. Na.

Es ist klar, daß jetzt nicht ausschließlich Wasser, sondern auch Kohlensäure weggegangen war. Nun war in früheren Stadien des Trocknens sowohl bei diesem als bei früheren Versuchen wiederholt auf weggehende Kohlensäure geprüft worden, unter anderem auch zu der Zeit, als das bei 85° getrocknete Salz der Temperatur des siedenden Wassers ausgesetzt wurde. Die Versuche hatten stets negatives Resultat gegeben, obgleich sie mehrere Stunden fortgeführt worden waren. Da indeß kleine Mengen Kohlensäure, die in langen Zeiträumen entweichen, doch wohl der Beobachtung entgehen konnten, so muß ich es vorläufig unentschieden lassen, ob das Natronsalz nur in den letzten Stadien des Trocknens Kohlensäure verliert, oder ob, was mir wahrscheinlicher ist, schon ehe alles Wasser ausgetrieben auch Kohlensäure abgegeben wird.

Auch der bei dieser Operation erhaltene getrocknete Rückstand war zerfließlich und entwickelte mit Wasser Kohlensäure, aber weniger wie bei Versuch Nr. 3. Er war also keinenfalls reines tartronsaures Natron, obgleich der gefundene Natriumgehalt nahezu mit dem für tartronsaures Natron berechneten (28,05 pC.) übereinstimmt. Aus der eingedampften wässerigen Lösung dieses Trockenrückstandes wurde ein Silbersalz er-

halten, von welchem 0,3885 g beim Glühen 0,2178 g Ag lieferten, entsprechend 64,34 pC., während tartronsaures Silber 64,67 pC. Ag verlangt.

Diese Versuche sind noch zu unvollständig, um eine befriedigende
Deutung zuzulassen. Am wahrscheinlichsten ist mir dermalen Folgendes. Das carboxytartronsaure Natron verliert zunächst nur Wasser; dann
aber, und ehe alles Wasser ausgetrieben ist, auch Kohlensäure. Dabei
bildet ein Theil des Salzes unter Austritt von Kohlensäure tartronsaures
Natron; ein anderer aber ohne Abscheidung von Kohlensäure einen Körper, der bei Einwirkung von Wasser tartronsaures Natron und Kohlensäure liefert. Schon der bei Versuch 3 erhaltene Trockenrückstand ist
wohl ein Gemenge von wenig tartronsaurem Natron mit diesem durch
Wasser zersetzbaren Körper. Ob dieser eine einheitliche Verbindung,
oder seinerseits ein Gemenge ist, kann vorläufig nicht entschieden werden. Es wäre immerhin denkbar, daß einem nach der Formel $C_4Na_2O_6$
zusammengesetzten Salz die Eigenschaft zukäme, mit Wasser schon bei
gewöhnlicher Temperatur in Kohlensäure und carboxytartronsaures Natron zu zerfallen. Wahrscheinlicher scheint mir jedoch die Annahme,
es entstehe kohlensaures Natron und dabei ein anhydridartiger Abkömmling der Tartronsäure, aus welchem durch Wasser eine Säure gebildet wird, welche sofort das kohlensaure Natron zerlegt. Dann müßte
weiter angenommen werden, die Zersetzung des carboxytartronsauren
Natrons fände so statt, daß ein Theil des Salzes Kohlensäure und tartronsaures Natron liefert, während ein anderer kohlensaures Natron erzeugt und dabei jene anhydridartige Substanz, die vielleicht auch das
Natronsalz eines lactidartigen Derivats der Malonsäure sein könnte.

In der Hoffnung, diese Frage der Lösung näher bringen zu können,
habe ich den Trockenrückstand von Versuch 4 wiederholt mit Alkohol
ausgekocht. Es war nur eine Spur einer schlecht charakterisirten Substanz in Lösung gegangen, die nach Einwirkung von Wasser saure
Reaction zeigte. Das Ungelöste brauste bei Zusatz von Wasser kaum
mehr auf und zeigte schwach alkalische Reaction. Ein entsprechender
Versuch mit dem weniger lang erhitzten Rückstand von Versuch 3 würde
vielleicht ein entscheidenderes Resultat geliefert haben.

Für den Augenblick habe ich diese Versuche unterbrechen müssen,
weil das Trocknen des Natronsalzes eine allzu lange Zeit in Anspruch
nimmt.

## Schlußbemerkungen.

Die im Vorhergehenden mitgetheilten Versuche zeigen, daß das aus Weinsäure darstellbare unlösliche Natronsalz mit dem aus Brenzcatechin bereiteten carboxytartronsauren Natron identisch ist. Sie lehren weiter, daß das sogenannte carboxytartronsaure Natron bei Reduction Traubensäure und inactive Weinsäure liefert und daß es umgekehrt durch Oxydation aus Weinsäure dargestellt werden kann.

Dadurch ist bewiesen, daß der sogenannten Carboxytartronsäure jedenfalls nicht die Constitution zukommt, die man ihr bisher zuschrieb. Man wird sie also nicht mehr Carboxytartronsäure oder Oxymethintricarbonsäure nennen dürfen. Einmal, weil sie nicht die durch diese Namen ausgedrückte Constitution besitzt, und dann, weil diese Namen für diejenige Säure reservirt werden müssen, welcher die durch sie ausgedrückte Constitution zukommt und die sich wohl ohne Schwierigkeit wird darstellen lassen.

Obgleich die analytischen Resultate die Zusammensetzung des carboxytartronsauren Natrons nicht vollständig feststellen, insofern sie die Frage nicht entscheiden, wie viel Krystallwasser in dem Natronsalz anzunehmen ist, so beweisen sie doch jedenfalls, daß die sogenannte Carboxytartronsäure zur Weinsäure in einfacher Beziehung steht. Sie zeigen, daß sie als Dioxyweinsäure oder Tetraoxybernsteinsäure aufzufassen und zu bezeichnen ist.

Was nun die Schlüsse angeht, die aus der Bildung dieser Dioxyweinsäure aus Brenzcatechin auf die Constitution des Benzols gezogen werden können, so scheint mir die Sache folgendermaßen zu liegen.

Da die Dioxyweinsäure (Carboxytartronsäure) kein Kohlenstoffatom enthält, welches mit drei anderen Kohlenstoffatomen in directer Bindung steht, so ist ihre Bildung aus Brenzcatechin kein Argument gegen die von mir ursprünglich ausgesprochene Ansicht über die Constitution des Benzols.

Ich will damit nicht behaupten, die Erkenntniß der Constitution der sogenannten Carboxytartronsäure *beweise* die Richtigkeit dieser Ansicht und das Irrthümliche der durch die Prismenformel ausgedrückten. Man *kann* die Bildung einer Dioxyweinsäure aus Brenzcatechin erklären, selbst wenn man die sogenannte Prismenformel für richtig hält; ebenso wie man die Bildung einer wahren Carboxytartronsäure bei Annahme der sogenannten Sechseckformel hätte deuten können. Dabei ist indeß

wohl kaum zu verkennen, daß sich die Bildung der Dioxyweinsäure aus
Brenzcatechin *leichter* erklären läßt, wenn man für das Benzol die Sechseckformel, als wenn man die Prismenformel annimmt.

Schießlich muß ich meinem Assistenten, Herrn Dr. Hugo Schrötter, meinen besten Dank aussprechen für die werthvolle Hülfe, die er
mir bei Ausführung der im Vorhergehenden beschriebenen Versuche geleistet hat.

Bonn, den 12. August 1883.

---

# Ueber die Trichlorphenomalsäure und die Constitution des Benzols;

## von Aug. Kekulé und Otto Strecker.

A. **223**, 170—197 (Heft II. 12. 4. 1884).

Im Jahre 1866 begann Carius die Veröffentlichung einer Reihe
von Abhandlungen[1]), in welchen er die Resultate einer offenbar mühe-
vollen und sorgfältig durchgeführten Experimentaluntersuchung über
die Producte der Einwirkung von chlorsaurem Kali und Schwefelsäure
auf Benzol darlegte. Das Wesentlichste dieser Mittheilungen läßt sich
in wenige Sätze zusammenfassen.

Wenn man Benzol mit Schwefelsäure und chlorsaurem Kali behandelt, so wird neben anderen Producten eine eigenthümliche chlorhaltige
Säure gebildet, die als Chlorsubstitutionsproduct einer mit der Aepfelsäure homologen Säure betrachtet werden kann und die deshalb *Trichlorphenomalsäure* genannt wird. Sie hat die Formel $C_6H_7Cl_3O_5$ und
entsteht nach folgender Gleichung:

$$C_6H_6 + 3\,ClO_2H = C_6H_7Cl_3O_5 + H_2O.$$

Als Nebenproducte treten auf: Oxalsäure, eine amorphe chlorhaltige
Säure, Chlorbenzol, gechlorte Chinone, von welchen namentlich Dichlor-
chinon rein dargestellt und näher untersucht wurde, ferner gechlorte
Hydrochinone und wahrscheinlich auch Chlorsubstitutionsproducte des
Phenols.

---

[1]) Diese Annalen **140**, 317 (1867); **142**, 129 (1867); **143**, 315 (1867); **149**, 257
(1869); **155**, 217 (1870).

Die Trichlorphenomalsäure ist wenig beständig. Bei Einwirkung von Alkalien, am besten beim Erwärmen mit Barytwasser zerfällt sie nach der Gleichung:

$$C_6H_7Cl_3O_5 + H_2O = C_6H_6O_6 + 3\,HCl.$$

Das Spaltungsproduct ist eine dreibasische Säure, die, weil sie mit der Aconitsäure isomer ist, als *Phenakonsäure* bezeichnet wird. Sie ist polymer mit der Fumarsäure und zeigt mit dieser im Aeußeren einige Aehnlichkeit, ist aber doch bestimmt von ihr verschieden[1]).

Die Phenakonsäure addirt Wasserstoff und liefert dabei *Bernsteinsäure*. Bei Anwendung von Jodwasserstoff entsteht als einziges Product Bernsteinsäure und zwar in quantitativer Menge. Es findet also eine „polymere Umlagerung" statt nach folgender Gleichung[2]):

$$2\,C_6H_6O_6 + 3\,H_2 = 3\,C_4H_6O_4.$$

Auch die Trichlorphenomalsäure bildet bei energischer Einwirkung von Reductionsmitteln Bernsteinsäure, wobei wahrscheinlich zunächst Phenakonsäure gebildet wird. Bei weniger energischer Reduction werden chlorfreie Producte erhalten, die der Trichlorphenomalsäure noch nahe zu stehen scheinen.

Von Brom wird die Phenakonsäure in der Wärme leicht angegriffen. Bei Anwesenheit von wenig Wasser entstehen wesentlich zwei Modificationen der Dibrombernsteinsäure; ist mehr Wasser zugegen, so werden vorzugsweise zwei Modificationen der Monobrommaleïnsäure gebildet. Diese bromhaltigen Säuren sind offenbar identisch mit den schon damals bekannten und inzwischen näher untersuchten Substanzen, die man noch jetzt gewöhnlich als Dibrombernsteinsäure und Isodibrombernsteinsäure, sowie als Brommaleïnsäure und Isobrommaleïnsäure (Bromfumarsäure) bezeichnet. Auch bei dieser Einwirkung von Brom kann eine „polymere Umlagerung" angenommen werden:

$$2\,C_6H_6O_6 + 3\,Br_2 = 3\,C_4H_4Br_2O_4.$$

Aus dem Product der Einwirkung von Brom auf Phenakonsäure entsteht beim Erwärmen mit Barytwasser, neben Brommaleïnsäure, eine Weinsäure und zwar unzweifelhaft Traubensäure.

Diese in mancher Hinsicht auffallenden Angaben mußten selbstverständlich einiges Aufsehen, gleichzeitig aber auch gewisse Zweifel erregen.

---

[1]) Vgl. bes. diese Annalen **142**, 152 (1867).
[2]) Vgl. bes. daselbst **149**, 263 (1869).

Nicht allzu lange nach der letzten ausführlichen Abhandlung erschien dann eine kurze Notiz[1]), in welcher Carius selbst, gestützt auf einige Versuche über saure Kalisalze der Fumarsäure, die bestimmte Erklärung abgab: „es sei hiermit nachgewiesen, daß die Phenakonsäure identisch ist mit Fumarsäure.“

Damit waren die Hauptschwierigkeiten gehoben. Die Trichlorphenomalsäure blieb zwar ein mysteriöser Körper und ihr Zerfallen in Fumarsäure blieb unerklärt, aber das früher unverständliche Verhalten der Phenakonsäure schien jetzt berechtigt und die Phenakonsäure verschwand aus der chemischen Literatur.

Im Jahre 1877 unterzog sich dann Krafft[2]) der an sich gewiß verdienstlichen Aufgabe eine Revision der Carius schen Angaben zu unternehmen: Er „verfuhr aufs sorgfältigste nach der gegebenen Vorschrift“, „fand die Angaben über den Vorgang im allgemeinen bestätigt“ und isolirte einen in kaltem Wasser schwer löslichen Körper, der bei 131 bis 132° oder nach öfterem Umkrystallisiren bei 133 bis 134° schmolz und die durch die Formel $C_6H_3Cl_3O_2$ ausgedrückte Zusammensetzung zeigte. Der Körper war in allen Eigenschaften identisch mit dem schon von Städeler und später von Gräbe dargestellten Trichlorhydrochinon und gab in der That bei Einwirkung von wenig rauchender Salpetersäure das bei 155 bis 156° schmelzende Trichlorchinon. Dasselbe Trichlorchinon fand sich auch fertig gebildet in der Benzolschicht vor und gab mit Kalilauge eine zuerst grüne, dann rothbraune Lösung, aus der sich beim Stehen die sehr charakteristischen Nadeln des chloranilsauren Kali's absetzten. Krafft zog aus seinen Versuchen den Schluß: die Trichlorphenomalsäure sei nichts anderes als Trichlorhydrochinon. Er fügte bei: „in der That ist auch die Beschreibung der Trichlorphenomalsäure von Carius eine fast wörtliche Wiedergabe des vor längerer Zeit von Städeler und später von Gräbe über das Trichlorhydrochinon Mitgetheilten.“

Seit dieser Zeit ist auch die Trichlorphenomalsäure so ziemlich aus der chemischen Literatur verschwunden; sie gilt für identisch mit Trichlorhydrochinon. Man übersah dabei, daß Krafft im Grund genommen nur den Nachweis geliefert hatte, daß durch Behandlung von Benzol mit Schwefelsäure und chlorsaurem Kali nicht nur das von Carius

---

[1]) Ber. d. deutsch. chem. Ges. 4, 928 (1871).
[2]) Ber. d. deutsch. chem. Ges. 10, 797 (1877).

schon isolirte Dichlorchinon, sondern auch Trichlorchinon und Trichlorhydrochinon in greifbarer Menge erhalten werden können. Die Identität der Trichlorphenomalsäure mit Trichlorhydrochinon war von
K r a f f t in keiner Weise erwiesen worden. Zunächst stimmen schon die
Angaben über die physikalischen Eigenschaften beider Körper durchaus
nicht vollständig überein, denn wenn auch beide Substanzen in kaltem
Wasser schwer löslich sind und nahezu denselben Schmelzpunkt zeigen,
so gaben doch alle Beobachter an, das Trichlorhydrochinon krystallisire
in Nadeln oder Prismen, während C a r i u s von seiner Trichlorphenomalsäure sagt, sie scheide sich aus Wasser in Blättchen oder Tafeln ab. Dann
liefert das Trichlorhydrochinon mit Salpetersäure leicht das wohlcharakterisirte Trichlorchinon. C a r i u s aber hatte seine Trichlorphenomalsäure mit Salpetersäure oxydirt und zu nitriren versucht. Er hatte damals gleichzeitig gechlorte Chinone unter den Händen und würde die
Bildung eines solchen gewiß nicht übersehen haben, wenn es entstanden wäre. Endlich giebt das Trichlorhydrochinon bei Einwirkung
von Alkalien grün und roth gefärbte Lösungen. Sollte C a r i u s
das Eintreten so intensiver Färbungen nicht gesehen oder nicht
erwähnenswerth gefunden haben? Die Trichlorphenomalsäure liefert
aber beim Erwärmen mit Barytwasser die Phenakonsäure (Fumarsäure). Dieser einzig entscheidende Versuch ist von K r a f f t nicht
ausgeführt worden und doch wird man füglich sagen können, daß
nur diejenige chlorhaltige Säure für identisch mit der C a r i u s '-
schen Trichlorphenomalsäure gehalten werden kann, aus welcher
sich Fumarsäure darstellen läßt, denn daß C a r i u s Fumarsäure,
und zwar größere Mengen von Fumarsäure unter den Händen hatte,
wird wohl nicht bezweifelt werden dürfen: sonst hätte er die Umwandlungen derselben nicht bis zur Krystallmessung der Traubensäure verfolgen können.

Die im Nachfolgenden mitgetheilten Beobachtungen werden zeigen
bis zu welchem Grad die Angaben von C a r i u s und von K r a f f t richtig sind. Wenn wir die Resultate unserer kritischen Studien kurz zusammenfassen wollen, so können wir sagen: die reine Comödie der Irrthümer. Die Trichlorphenomalsäure entsteht nicht nach der von C a r i u s
gegebenen Bildungsgleichung und hat nicht die von C a r i u s ihr zugeschriebene Formel $C_6H_7Cl_3O_5$; sie ist aber noch weniger, wie K r a f f t
behauptet, identisch mit Trichlorhydrochinon. Sie spaltet auch bei Einwirkung von Alkalien nicht Chlorwasserstoff ab und liefert dabei auch

keine Fumarsäure, aber nichtsdestoweniger ist die Phenakonsäure von C a r i u s identisch mit Fumarsäure.

Dabei glauben wir weiter bemerken zu sollen, daß wir den präparativen und descriptiven Theil der C a r i u s ' schen Arbeit durchaus bestätigt gefunden haben, während wir freilich dasselbe von den Analysen und Interpretationen nicht sagen können. K r a f f t dagegen hat einfach die Bedingungen nicht wiederfinden können, unter denen C a r i u s gearbeitet hatte. Er hat einige der Nebenproducte herausgearbeitet, deren Bildung von C a r i u s schon beobachtet worden war, die eigentliche Trichlorphenomalsäure aber hat er übersehen.

---

Wenn das Trichlorhydrochinon mit der Trichlorphenomalsäure identisch wäre, so müßte es nothwendig beim Erwärmen mit Barytwasser Fumarsäure erzeugen. So unwahrscheinlich uns eine derartige Reaction auch scheinen mußte, so haben wir den Versuch dennoch angestellt, und da er uns von fundamentaler Wichtigkeit schien, haben wir ihn sechsmal wiederholt. Aus Phenol dargestelltes Trichlorhydrochinon (5 g in 100 g Wasser) wurde mit Barytwasser (20 g Barythydrat in 1200 g Wasser) zusammengebracht. Je nach der Art des Mischens trat entweder direct eine braune Färbung ein, oder eine grüne, die bald in braun überging. Bald schieden sich braune Flocken ab und beim Erwärmen wurde die Flüssigkeit stets dunkler. Nachdem der überschüssige Baryt durch Kohlensäure ausgefällt war, blieb eine braune Flüssigkeit, die beim Eindampfen braune amorphe Krusten von unerquicklichem Aussehen hinterließ, aus welchen in keiner Weise Fumarsäure gewonnen werden konnte.

Nachdem wir so die Ueberzeugung gewonnen hatten, daß das Trichlorhydrochinon offenbar nicht identisch mit Trichlorphenomalsäure ist, schritten wir zur Darstellung dieser Säure nach der C a r i u s ' schen Vorschrift.

Da nun bei dieser Darstellung die Bedingungen des Versuchs, also die Art der Operation, vom allergrößten Einfluß sind, halten wir es für geeignet etwas ausführlich zu sein und die C a r i u s ' sche Vorschrift zunächst wörtlich wiederzugeben.

„Die beste Darstellungsweise ist folgende: Man bringt in Kochflaschen, welche dadurch nur' etwa zur Hälfte gefüllt werden, ein erkaltetes Gemisch von 1200 g reinen Schwefelsäurehydrats mit 600 g Wasser, setzt 70 bis 80 g *reines* Benzol und nach starkem Schütteln in sehr kleinen Antheilen, etwa je $^1/_2$ g, 150 g *reines* chlorsaures Kalium hinzu. Das Gefäß wird mit einem Glasstöpsel lose verschlossen und nach jedesmaligem Eintragen von chlorsaurem Kalium öfter stark geschüttelt, bis das Salz gelöst ist. Am Günstigsten ist eine Temperatur von etwa 18°; es findet dann Anfangs bei jedem neuen Zusatz von chlorsaurem Kalium eine gelinde Temperaturerhöhung statt, wobei man aber sorgen muß, daß diese nicht über 30° steigt. Nachdem etwa die Hälfte des chlorsauren Kaliums eingetragen ist, bleibt am Boden des Gefäßes ein krystallinisches Gemenge von letzterem Salze und saurem schwefelsaurem Kalium; man fährt unter häufigem Schütteln mit Eintragen fort, indem man nur darauf achtet, daß keine zu starke Erwärmung und Entwicklung von chloriger Säure als Gas stattfindet. Nach 3 bis 5 Tagen pflegt die Operation so weit beendigt zu sein, daß die geringen Mengen in dem krystallinischen Bodensatze noch enthaltenen chlorsauren Salzes in der Kälte nur noch äußerst langsam zersetzt werden; die Flüssigkeit hat dann auch eine röthlichere Farbe angenommen. Man erwärmt nun den Kolben in Wasser eingesenkt sehr allmählich und unter häufigem Schütteln zuletzt auf 60 bis 70°, bis *alles* Salz gelöst ist. Der Versuch ist beendigt, wenn dabei die wässerige Flüssigkeit wieder röthlich gefärbt erscheint. — Beim Erkalten krystallisirt aus der Lösung saures schwefelsaures Kalium mit Krystallwasser in prächtigen monoklinoëdrischen Tafeln; es ist besser, dieses zu verhüten, indem man die noch etwas warme Flüssigkeit mit ihrem halben Volum Wasser mischt."

Die Vorschrift ist so bestimmt wie möglich, denn man wird zugeben, daß es schwer ist die Art des Schüttelns genau zu beschreiben, und daß einem Experimentator, der bei seiner Art des Schüttelns gute Resultate erhalten hatte, nicht wohl der Gedanke kommen konnte noch detaillirte Angaben zu machen.

Die von C a r i u s angewandte Methode der weiteren Verarbeitung geben wir in abgekürzter Form. „Die Trichlorphenomalsäure ist zum größeren Theil in der sauren wässerigen Flüssigkeit, zum Theil aber auch in der aufschwimmenden Benzolschicht gelöst. Durch Verdampfen der letzteren in gelinder Wärme, Ausziehen des braunen theerartigen Rückstandes mit heißem Wasser, Schütteln der filtrirten wässerigen Lösung mit Aether und Abdestilliren erhält man fast reine Trichlorphenomalsäure. Die saure wässerige Flüssigkeit wird mit Aether ausgeschüttelt, die ätherische Lösung eingedampft und der Rückstand in Wasser gelöst; dann wird zur Entfernung der Schwefelsäure Chlor-

baryum zugefügt und wieder mit Aether ausgeschüttelt. Die ätherische
Lösung hinterläßt beim Verdunsten einen schwach gefärbten zähen
Rückstand, der beim Behandeln mit wenig kaltem Wasser Trichlorphenomalsäure abscheidet. Durch Umkrystallisiren aus heißem Wasser erhält
man die Säure rein.“

Bei dem ersten Versuch zur Darstellung der Trichlorphenomalsäure
verfuhren wir genau nach der C a r i u s ’schen Vorschrift, so wie wir
dieselbe verstanden hatten. Drei größere Glaskolben wurden mit einem
erkalteten Gemisch von je 1200 g Schwefelsäurehydrat und 600 g Wasser beschickt, es wurden je 80 g Benzol zugefügt und in jeden Kolben
120 g chlorsaures Kali in kleinen Mengen langsam eingetragen. Die Kolben standen, um Erwärmung zu vermeiden, in größeren Gefäßen, die mit
kaltem Wasser gefüllt waren. Das chlorsaure Kali wurde in grob gepulvertem Zustand angewandt und es wurde tüchtig und so häufig geschüttelt, daß der Experimentator vollauf in Anspruch genommen war.
Die Operation wurde in fünf Tagen zu Ende geführt. Beim Verdunsten
der Benzolschicht hinterblieb ein brauner theerartiger Rückstand, aus
dem mit heißem Wasser eine braungefärbte Flüssigkeit ausgezogen
wurde. Das Ungelöste roch stark nach Chloranil, wurde aber nicht weiter berücksichtigt. Der wässerige Auszug wurde mit Aether geschüttelt,
die Aetherlösung abgehoben und der Aether abdestillirt. Es blieb ein
brauner Rückstand, der bei schrittweisem Umkrystallisiren aus Wasser
etwa 4 g krystallinischer Producte lieferte. Aus der sauren wässerigen
Lösung konnten bei Verarbeitung nach der C a r i u s ’schen Vorschrift
keine krystallisirten Producte erhalten werden.

Die bei der ersten Krystallisation erhaltene Substanz stimmte in
ihren äußeren Eigenschaften mit der C a r i u s ’schen Trichlorphenomalsäure überein. Sie war in kaltem Wasser wenig, in heißem leicht
löslich und bildete kleine Blättchen, die bei 127 bis 131° schmolzen. Zwei
Chlorbestimmungen gaben folgendes Resultat.

1.   0,1070 g mit Kalk verbrannt gaben 0,2110 AgCl, entsprechend 48,78 pC.
     Chlor.
2.   0,1204 g gaben 0,2390 AgCl, entsprechend 49,08 pC. Chlor.

Dies ist annähernd der Chlorgehalt des Trichlorhydrochinons, welches 49,88 pC. Chlor enthält, aber eine heiß gesättigte Lösung der Substanz gab bei Zusatz von rauchender Salpetersäure keine Abscheidung
von gechlortem Chinon, während ein vergleichender Versuch zeigte, daß
Trichlorhydrochinon unter denselben Bedingungen reichliche Mengen

von Trichlorchinon liefert. Die Lösung blieb sogar farblos und schied beim Erkalten Krystalle der offenbar unveränderten Verbindung ab.

Eine spätere Krystallisation von derselben Darstellung zeigte ein etwas anderes Aussehen. Eine Chlorbestimmung gab nahezu denselben Chlorgehalt.

0,3487 g gaben 0,6988 AgCl, entsprechend 49,55 pC. Chlor.

Dieses Präparat zeigte indeß mit Salpetersäure die bekannte Chinonreaction. Als eine wässerige Lösung mit rauchender Salpetersäure versetzt wurde, schieden sich reichliche Mengen eines gechlorten Chinons aus.

Unter den Bedingungen, unter welchen wir bei unserer ersten Operation gearbeitet hatten, waren also offenbar zwei verschiedene Körper von nahezu demselben Chlorgehalt gebildet worden. Der eine war unstreitig Trichlorhydrochinon (also die Trichlorphenomalsäure von Krafft), der andere, aller Wahrscheinlichkeit nach, die Trichlorphenomalsäure von Carius.

Wir suchten also die Versuchsbedingungen zu ändern und verfuhren bei der zweiten Darstellung in folgender Weise. Drei Kolben wurden genau wie vorher beschickt, aber während der Operation nicht gekühlt. Das chlorsaure Kali wurde in fein gepulvertem Zustand angewandt und im Verlauf von fünf Tagen in etwa 200 Portionen eingetragen. Es wurde außerdem nicht so heftig und nicht so andauernd geschüttelt wie bei der ersten Darstellung. Bei Verarbeitung der Benzolschicht und der wässerigen Lösung erhielten wir diesmal nahezu 12 g eines krystallisirten Products vom Aussehen der Trichlorphenomalsäure, welches mit rauchender Salpetersäure keine Chinonreaction zeigte.

Um Klarheit zu gewinnen stellten wir einen dritten Versuch in der Weise an, daß unter Zuhülfenahme eines Dieners andauernd bis zur Ermüdung geschüttelt wurde. Diesmal erhielten wir wenig und schwer zu reinigende Trichlorphenomalsäure, es waren wesentlich gechlorte Chinone und gechlorte Hydrochinone gebildet worden. Wiederholte Darstellungen bestätigten diese Erfahrung. Ein allzu häufiges und starkes Schütteln, durch welches fortwährend fein zertheiltes Benzol in die wässerige Schicht eingeführt wird, ist durchaus nicht vortheilhaft; weit zweckmäßiger ist durch eine mehr schwingende als schüttelnde Bewegung den Kolbeninhalt nur zum Rotiren zu bringen. Die besten Ausbeuten erhielten wir, als (bei Verwendung der oben angegebenen Mengen) am ersten Tag 30, am zweiten Tag 40, am dritten und vierten je 30

und am fünften Tag 20 g feingepulvertes chlorsaures Kali in sehr kleinen Mengen eingetragen und dabei in der zuletzt angegebenen Weise
geschüttelt wurde. Künstliches Kühlen ist nicht erforderlich, da die
Temperatur nur selten über 25° steigt. Wir erhielten so aus drei Kolben
20 g reine Trichlorphenomalsäure.

Für die weitere Verarbeitung haben wir die von Carius gegebene
Vorschrift vollständig zweckentsprechend gefunden, halten es aber doch
für geeignet unsere Erfahrungen mitzutheilen. Wir bemerken dabei zunächst, daß die Trennung der Trichlorphenomalsäure von Trichlorhydrochinon gewisse Schwierigkeiten bietet und daß es deshalb zweckmäßig
ist, die Bildung des letzteren möglichst zu vermeiden. Man erreicht dies
durch die von uns angewandte Art des Schüttelns, zum Theil wohl, weil
so das in Lösung befindliche gechlorte Hydrochinon in gechlortes Chinon umgewandelt wird. Bei gut geleiteten Operationen entsteht kein gechlortes Hydrochinon und nur wenig gechlortes Chinon, dagegen stets
viel Monochlorbenzol, während nur wenig Benzol unverändert bleibt.
Wir verfuhren in folgender Weise. Nachdem die Operation durch Erwärmen auf 70° zu Ende geführt war, wurden je 600 cbcm Wasser zugesetzt und die beiden Schichten getrennt. Die Benzolschicht wurde
entweder eingedampft, oder das Flüchtige im Vacuum abdestillirt. Bisweilen blieb eine krystallinische Masse, die direct aus Wasser umkrystallisirt werden konnte. In anderen Fällen blieb ein brauner theerartiger
Rückstand, der mit heißem Wasser ausgezogen wurde. Durch Zusatz von
Chlorbaryum wurde etwa vorhandene Schwefelsäure gefällt, dann wieder mit Aether ausgeschüttelt, der Aether abdestillirt und der Rückstand aus heißem Wasser umkrystallisirt.

Die wässerige Schicht des Reactionsproducts wurde mit Aether behandelt, die ätherische Lösung mit etwas Chlorbaryum durchgeschüttelt,
nach vorhergegangener Filtration mit Chlorcalcium getrocknet und eingedampft u. s. w.

Die zuletzt erhaltenen wässerigen Lösungen gaben bei schrittweisem
Verdampfen drei bis vier Krystallisationen. Die letzten Mutterlaugen
hinterließen stets schmierige, mehr oder weniger gefärbte Rückstände,
die nicht weiter berücksichtigt wurden. Jede Krystallisation ist mit
rother rauchender Salpetersäure auf etwaigen Gehalt an gechlorten
Hydrochinonen zu prüfen. Schließlich werden die vereinigten Producte
aus heißem Wasser umkrystallisirt.

Das so erhaltene Product zeigt alle Eigenschaften der Carius'-

schen Trichlorphenomalsäure. Es ist in kaltem Wasser schwer, in heißem leicht löslich und krystallisirt beim Erkalten der heißen Lösung in kleinen glänzenden Blättchen, die bei 131 bis 132° schmelzen. In Benzol und Chloroform ist die Substanz leicht löslich und hinterbleibt beim Verdunsten dieser Lösungen in dickeren durchsichtigen Täfelchen. Fügt man zu einer warmen wässerigen Lösung concentrirte Salzsäure oder starke Salpetersäure (1,45 spec. Gewicht), so scheiden sich bei längerem Stehen größere Blättchen aus, die bei 132° schmelzen. Die Säure sublimirt zum größten Theil unzersetzt und ist auch mit Wasserdämpfen flüchtig. Sie riecht angenehm. Beim Erhitzen mit Wasser schmilzt sie, ehe sie sich löst. Die wässerige Lösung treibt aus den Carbonaten der Alkalien und alkalischen Erden Kohlensäure aus, aber die so erhaltenen Salzlösungen zersetzen sich bald unter Bildung von Chloriden.

C a r i u s hatte aus seinen Analysen die Formel $C_6H_7Cl_3O_5$ hergeleitet. Er hatte gefunden:

|  | Theorie | | Versuch | | |
|---|---|---|---|---|---|
| $C_6$ | 84 | 27,12 | 27,01 | 27,18 | 27,04 |
| $H_7$ | 7 | 2,64 | 2,75 | 2,86 | 2,70 |
| $Cl_3$ | 106,5 | 40,13 | 40,15 | 40,21 | 40,07 |
| $O_5$ | 80 | 30,11 | — | — | — |

Unsere Analysen gaben folgende Resultate:

1.  0,2071 g (nach K o p f e r verbrannt) gaben 0,2112 $CO_2$ und 0,0286 $H_2O$.
2.  0,2048 g (nach K o p f e r verbrannt) gaben 0,2070 $CO_2$ und 0,0280 $H_2O$.
3.  0,2403 g (mit Kalk verbrannt) gaben 0,4776 AgCl.

Daraus berechnet sich die Formel $C_5H_3Cl_3O_3$, wie folgende Zusammenstellung zeigt, in welche die beiden früher schon mitgetheilten Chlorbestimmungen mit aufgenommen sind:

|  | Berechnet | | Gefunden | | | | |
|---|---|---|---|---|---|---|---|
|  |  |  | 1. | 2. | 3. | | |
| $C_5$ | 60 | 27,66 | 27,81 | 27,56 | — | — | — |
| $H_3$ | 3 | 1,38 | 1,53 | 1,51 | — | — | — |
| $Cl_3$ | 106,5 | 49,00 | — | — | 49,17 | 48,78 | 49 08 |
| $O_3$ | 48 | 21,96 | — | — | — | — | — |
|  | 217,5 | 100,00. | | | | | |

Die Kohlenstoffbestimmungen von C a r i u s weichen von den unserigen nur wenig ab. Den Wasserstoff hat C a r i u s beträchtlich höher gefunden als wir, und wir sind nicht in der Lage von der Ursache dieser

Differenz Rechenschaft zu geben. Das Chlor fand C a r i u s etwa 9 pC.
(nahezu 20 pC. des Chlors) niedriger als wir. Die wahrscheinliche Ursache dieses Verlusts werden wir nachher darlegen.

Versucht man nun sich von der Constitution einer nach der empirischen Formel $C_5H_3Cl_3O_3$ zusammengesetzten Säure, die aus Benzol entsteht und die bei Spaltung Fumarsäure erzeugt, Rechenschaft zu geben,
so drängt sich eine Vermuthung auf, die in folgender Structurformel
ihren Ausdruck findet:

$$CCl_3—CO—CH=CH—CO_2H.$$

Eine solche Säure hätte in der Constitution eine gewisse Aehnlichkeit
mit:

$$Chloral . . . CCl_3—COH$$

und mit Trichloraceton, oder:

$$Methylchloral \ CCl_3—CO—CH_3.$$

Da nun das Chloral bei Einwirkung von Basen leicht Chloroform
und ·Ameisensäure erzeugt, und da das Methylchloral bei Behandlung
mit Kalilauge oder Barytwasser nach den Versuchen von K r ä m e r [1])
und von M o r a w s k y [2]) in entsprechender Weise in Chloroform und
Essigsäure zerfällt, so sollte eine derartig constituirte Säure sich in
Chloroform und Fumarsäure (resp. eine Säure von der Zusammensetzung
der Fumarsäure) zu zerlegen im Stande sein.

Eine so constituirte Säure sollte weiter als „ungesättigte“ (wasserstoffärmere) Verbindung „additionsfähig“ sein, also beispielsweise mit
zwei Bromatomen sich direct vereinigen.

*Zersetzung der Trichlorphenomalsäure mit Baryt. Phenakonsäure.*

Beim Erwärmen mit Barytwasser zerfällt die Trichlorphenomalsäure
nach C a r i u s [3]) im Sinn der folgenden Gleichung:

$$C_6H_7Cl_3O_5 + H_2O = C_6H_6O_6 + 3\,HCl.$$

„Nachdem die Zusammensetzung der Trichlorphenomalsäure völlig
sicher gestellt war“, hat C a r i u s „diese etwas ungewöhnliche Reaction
durch einen quantitativen Versuch (Bestimmung des gebildeten Chlor-
baryums) controlirt.“ Dabei ist zu berücksichtigen, daß C a r i u s den

---

[1]) Ber. d. deutsch. chem. Ges. **7**, 258 (1874).
[2]) J. f. pr. Ch. [2] **12**, 388 (1875).
[3]) Diese Annalen **142**, 149 (1867).

Chlorgehalt der Trichlorphenomalsäure um etwa $\frac{1}{5}$ zu niedrig gefunden hatte: er hatte also bei dieser quantitativen Bestimmung nur etwa $\frac{4}{5}$ des Chlors der Trichlorphenomalsäure in Chlorbaryum umgewandelt. Die Ursache des Verlusts erklärt sich durch die folgenden Beobachtungen:

Die Trichlorphenomalsäure zerfällt leicht im Sinn folgender Gleichung:

$$C_5H_3Cl_3O_3 + H_2O = CHCl_3 + C_4H_4O_4.$$

Wird die Säure mit Barytwasser erwärmt, so macht sich schon bei Anwendung kleiner Mengen der Geruch des Chloroforms bemerkbar. Werden etwas größere Mengen verwandt und die Operation in einem Destillirapparat ausgeführt, so kann leicht Chloroform gewonnen werden. Aus 10 g Trichlorphenomalsäure erhielten wir beispielsweise 1,5 g reines bei 61° siedendes Chloroform, obgleich der Versuch insofern in ungünstigen Bedingungen ausgeführt worden war, als die Lösung der Trichlorphenomalsäure der heißen Lösung von Barythydrat allmählich zugefügt wurde. Das ist freilich kaum mehr als $\frac{1}{4}$ der theoretischen Menge, aber man weiß, und wir haben es durch besondere Versuche bestätigt, daß das Chloroform beim Erwärmen mit Barytwasser leicht unter Bildung von Chlorbaryum zersetzt wird.

Jetzt wird es einigermaßen verständlich, warum C a r i u s bei seinen Analysen der Trichlorphenomalsäure so große Verluste an Chlor erlitt. Er führte diese Bestimmungen nach der von ihm kurz vorher ausgearbeiteten Methode durch Erhitzen mit Salpetersäure im zugeschmolzenen Rohr aus. Diese Methode giebt unstreitig in all den Fällen, in welchen eine vollständige Verbrennung erzielt wird, ungemein scharfe Resultate, aber man hat leider niemals Sicherheit darüber, ob vollständige Verbrennung erreicht worden ist, und es ist deshalb in der Regel und namentlich bei flüchtigen Chlorverbindungen oder bei Körpern, welche flüchtige Chlorverbindungen abspalten können, rathsam, wenigstens eine Chlorbestimmung nach der alten Kalkmethode auszuführen. Giebt die C a r i u s 'sche Methode annähernd dieselben Zahlen, so hat man dann alles Recht, die nach ihr gewonnenen Werthe für die genaueren zu halten.

Zur Darstellung der C a r i u s 'schen Phenakonsäure verfuhren wir bei wiederholten Operationen wie folgt: 10 g Trichlorphenomalsäure, in 100 g Wasser gelöst, wurden in eine Lösung von 8 g Barythydrat in 400 g Wasser eingegossen und das Gemisch auf etwa 80° erwärmt. Nach etwa 30 Minuten war die Reaction beendigt. Der überschüssige Baryt wurde mit Kohlensäure gefällt und die filtrirte Lösung schrittweise eingeengt. Beim Erkalten schieden sich farblose glänzende Blättchen eines Barytsalzes aus, welches durch zweimaliges Umkrystallisiren von dem anhaftenden Chlorbaryum befreit werden konnte.

Das so erhaltene Salz ist offenbar identisch mit dem phenakonsauren Baryt von Carius. Es ist in kaltem Wasser relativ schwer, in heißem weit leichter löslich und krystallisirt sowohl beim Erkalten der heißen Lösung als beim Eindampfen in perlmutterglänzenden Blättchen. Es hat die Zusammensetzung $C_4H_2O_4Ba, H_2O$.

> 1,2316 g des lufttrockenen Salzes verloren bei fünftägigem Erhitzen auf 160°
> 0,0794 g, entsprechend 6,45 pC. Wasser.
>
> 0,2022 g des getrockneten Salzes gaben 0,1867 $SO_4Ba$, entsprechend 54,30 pC.
> Baryum.
>
> Die Formel $C_4H_2O_4Ba, H_2O$ verlangt 6,69 pC. $H_2O$; gefunden 6,45 pC.
>       „       „    $C_4H_2O_4Ba$        „    54,62 „  Ba      „    54,30 „

Das trockene Salz hat also die Zusammensetzung des fumarsauren Baryts, aber es ist nicht *fumarsaurer*, sondern *maleïnsaurer* Baryt. Dies zeigen schon sein Aussehen, seine Löslichkeitsverhältnisse und namentlich sein Krystallwassergehalt. Der fumarsaure Baryt krystallisirt aus Wasser mit 3 Mol. Krystallwasser und fällt nach den von Anschütz[1] gemachten Erfahrungen beim Kochen seiner wässerigen Lösung und auch wenn diese Lösung im Wasserbad eingedampft wird, wasserfrei, als unlösliches Pulver aus.

Auch das aus dem Baryumsalz dargestellte Silbersalz zeigt das charakteristische Verhalten des maleïnsauren Silbers. Setzt man zu der wässerigen Lösung des Barytsalzes eine Lösung von salpetersaurem Silber, so entsteht ein weißer käseartiger Niederschlag, der bald krystallinisch wird und unter dem Mikroskop als dünne glänzende Täfelchen erscheint.

> 0,2100 g dieses Silbersalzes gaben 0,1374 metallisches Silber, entsprechend
> 65,43 pC. Silber.
>
> Die Formel $C_4H_2O_4Ag_2$ verlangt 65,45 pC. Silber.

Aus diesem Silbersalz haben wir durch Zersetzen mit Schwefelwasserstoff die Säure dargestellt. Beim Verdunsten im Vacuum blieb eine krystallinische Masse, die sich in Wasser sehr leicht löste und bei 132° schmolz.

Es war also bei Zersetzung der Trichlorphenomalsäure mit Baryt

---

[1] Ber. d. deutsch. chem. Ges. **12**, 2282 (1879).

offenbar *Maleïnsäure* gebildet worden. Durch Erwärmen mit Salzsäure konnte dieselbe leicht in *Fumarsäure* umgewandelt werden.

Auch bei Zersetzung des aus Trichlorphenomalsäure mit Barythydrat dargestellten phenakonsauren Baryts mit der gerade genügenden Menge, und selbst mit schwach überschüssiger Schwefelsäure erhält man Maleïnsäure, wenn das Barytsalz völlig frei von Chlorbaryum war. Die Maleïnsäure wird nämlich von wenig Schwefelsäure selbst bei wiederholtem Eindampfen nur sehr langsam und unvollständig in Fumarsäure übergeführt. Enthält dagegen der angewandte phenakonsaure Baryt noch Chlorbaryum, so wird beim Eindampfen der durch Schwefelsäure frei gemachten Säure direct Fumarsäure erhalten, weil die anwesende Salzsäure die Umwandlung der Maleïnsäure in Fumarsäure hervorruft.

Jetzt erklären sich viele bisher dunkle Stellen der C a r i u s'schen Beobachtungen. Zunächst schon die Angaben über die Darstellung der Phenakonsäure. Da wird eine Methode in Anwendung gebracht, die für Gewinnung einer in Wasser leicht löslichen Säure berechnet ist, und man erhält schließlich ein Product, welches 150 Th. Wasser zur Lösung bedarf. Dann weiter die Erfahrungen, welche C a r i u s bei seinen offenbar sorgfältigen Studien über die Einwirkung von Brom auf Phenakonsäure machte. Er erhielt hier neben Dibrombernsteinsäure auch Isodibrombernsteinsäure. Man sieht deutlich, daß die Phenakonsäure, welche er zu diesen Versuchen verwandte, ein Gemisch von Fumarsäure und von noch nicht umgewandelter Maleïnsäure war. Hätte er reine Fumarsäure, also diejenige Phenakonsäure, deren physikalische Eigenschaften er bestimmte, in Anwendung gebracht, so würde nur Dibrombernsteinsäure haben entstehen können u. s. w.

Was C a r i u s über phenakonsaure Salze mittheilt, läßt sich nicht mehr mit Sicherheit entziffern, weil diese Salze zum Theil aus dem direct dargestellten Barytsalz, zum Theil aber aus freier Phenakonsäure dargestellt wurden, von welcher es fraglich bleiben muß, ob sie reine Fumarsäure oder ein Gemisch von Fumarsäure und Maleïnsäure war. Der phenakonsaure Baryt, direct aus Trichlorphenomalsäure gewonnen, war sicher maleïnsaurer Baryt. Der phenakonsaure Kalk, aus reiner Phenakonsäure dargestellt, stimmt in den Eigenschaften auf fumarsauren Kalk. Das aus ihm dargestellte Bleisalz muß also ebenfalls ein fumarsaures Salz gewesen sein. Die Angaben über das Silbersalz beziehen sich offenbar zum Theil auf maleïnsaures, zum anderen Theil, wie es scheint, auf fumarsaures Silber. Aehnlich liegt es für die Kalisalze, die C a r i u s

zuerst[1]) aus dem direct erhaltenen phenakonsauren Baryt, also einem
maleïnsauren Salz, später aber[2]) unter Verwendung freier Phenakonsäure, also Fumarsäure, darstellte u. s. w.

*Trichlorphenomalsäure und Brom.* — Die Trichlorphenomalsäure
verbindet sich ausnehmend leicht mit Brom. Fügt man zu einer Lösung
von Trichlorphenomalsäure in Chloroform Brom im Verhältniß der Mole-
culargewichte, so verschwindet schon bei gewöhnlicher Temperatur allmählich die Farbe des Broms. Durch Erhitzen auf etwa 60° wird die
Reaction wesentlich beschleunigt. Sie verläuft dann so rasch, daß die
Operation füglich im offenen Kolben ausgeführt werden kann. Die Lösung hinterläßt bei freiwilligem Verdunsten durchsichtige, wohlausgebildete Krystalle, welche nach der optischen Untersuchung dem triklinen
System angehören. Die gebildete bromhaltige Säure ist in kaltem Wasser
nicht und auch in siedendem nur schwer löslich, sie löst sich leicht in
Alkohol, Aether und Chloroform. Ein aus Chloroform dreimal umkrystallisirtes Präparat schmolz bei 97,5°, wurde aber schon bei etwa 90°
weich. Die Säure ist sublimirbar und verflüchtigt sich langsam schon bei
der Temperatur des Wasserbads; auch mit Wasserdampf kann sie verflüchtigt werden.

Die Analyse gab folgende Zahlen:

0.3849 g gaben 0.2283 $CO_2$ und 0.0356 $H_2O$.

0,2512 g mit Kalk verbrannt gaben 0,5406 eines Gemisches von AgCl und
AgBr. aus welchem nach Reduction mit Zink und Schwefelsäure, Lösen in
Salpetersäure und Fällen mit Salzsäure 0,4799 AgCl erhalten wurden.

|        |       | Berechnet | Gefunden |
|--------|-------|-----------|----------|
| $C_5$  | 60    | 15,90     | 16,25    |
| $H_3$  | 3     | 0,79      | 1,01     |
| $Cl_3$ | 106,5 | 28,21     | 28,62    |
| $Br_2$ | 160   | 42.38     | 42,35    |
| $O_3$  | 48    | 12.72     | —        |
|        | 377,5 | 100,00.   |          |

Die Säure hat also die Formel $C_5H_3Cl_3Br_2O_3$ und entsteht aus der
Trichlorphenomalsäure durch directe Aufnahme von Brom:

$$C_5H_3Cl_3O_3 + Br_2 = C_5H_3Cl_3Br_2O_3.$$

Wie die Trichlorphenomalsäure selbst, so spaltet auch ihr Bromadditionsproduct bei Einwirkung von Basen leicht Chloroform ab. Da

---

[1]) Diese Annalen **142**, 154 (1867).

die Trichlorphenomalsäure bei dieser Zersetzung Maleïnsäure erzeugt, so war für die bromhaltige Säure die Bildung von inactiver Weinsäure zu erwarten. Wir haben daher einige Gramm der bromhaltigen Säure mit Kalkwasser längere Zeit gekocht. Es schied sich ein weißes Pulver aus, welches sich in Salzsäure unter schwacher Entwicklung von Kohlensäure löste. Die Lösung gab mit Ammoniak einen krystallinischen Niederschlag. Dieser wurde wieder in Salzsäure gelöst und der Lösung heißes Wasser, Ammoniak und Essigsäure zugesetzt. Beim Stehen schieden sich kleine Kryställchen aus, welche die charakteristische Form des inactiv weinsauren Kalks zeigten, jene compacten Kryställchen, welche der Eine von uns, obgleich sie offenbar nicht dem regulären System angehören, früher als „würfelähnlich" bezeichnet hat.

Aus der kalkhaltigen Lösung, welche von dem ersten Niederschlag abfiltrirt worden war, wurde der überschüssige Kalk in der Hitze durch Kohlensäure gefällt. Die filtrirte Lösung gab bei längerem Stehen dieselben charakteristischen Kryställchen des inactiv weinsauren Kalks.

Wir wollen hier noch darauf aufmerksam machen, daß die amorphe, chlorhaltige Säure, welche C a r i u s neben der Trichlorphenomalsäure erhielt, und die bei Zersetzung mit Barytwasser Chlormaleïnsäure lieferte[1]), vielleicht ein unserem Bromadditionsproduct entsprechendes Chloradditionsproduct ist, dessen Bildung in den Bedingungen des Versuchs sehr wohl möglich erscheint. Vielleicht ist diese chlorhaltige Säure auch ein Chlorsubstitutionsproduct der Trichlorphenomalsäure, von dessen Bildung man sich ebenfalls leicht Rechenschaft geben könnte.

---

Die mitgetheilten Versuche lassen wohl darüber keinen Zweifel, daß der sogenannten Trichlorphenomalsäure wirklich die Constitutionsformel zukommt, die wir oben schon mitgetheilt haben. Sie kann demnach als $\beta$-Trichloracetylacrylsäure bezeichnet werden. Das aus ihr durch Addition von Brom entstehende Product wäre dann $\beta$-Trichloracetyl-$\alpha$-$\beta$-dibrompropionsäure.

Beide Säuren stehen in einfacher Beziehung zu einigen bekannten Substanzen:

$\beta$-Trichloracetylacrylsäure . . . . . . $CCl_3 - CO - CH = CH - CO_2H$
(Trichlorphenomalsäure)
$\beta$-Trichloracetyl-$\alpha$-$\beta$-dibrompropionsäure . $CCl_3 - CO - CHBr - CHBr - CO_2H$

---

[1]) Vgl. besonders diese Annalen 142, 139 (1867) und 155, 217 (1870).

$\beta$-Acetylpropionsäure . . . . . . . .    $CH_3 - CO - CH_2 - CH_2 - \overset{.}{C}O_2H$
(Lävulinsäure)
$\gamma$-Oxynormalvalerinsäure . . . . . . .    $CH_3 - CH \cdot OH - CH_2 - CH_2 - CO_2H$
Normalvalerinsäure . . . . . . . .    $CH_3 - CH_2 - CH_2 - CH_2 - CO_2H.$

Es muß danach sehr wahrscheinlich erscheinen, daß es gelingen werde, die sogenannte Trichlorphenomalsäure und auch ihr Bromadditionsproduct durch reducirende Agentien schrittweise in Lävulinsäure, $\gamma$-Oxyvaleriansäure, resp. deren Lacton, und in Normalvaleriansäure umzuwandeln. Derartige Reductionsversuche bieten jedoch schon deshalb einige Schwierigkeit, weil beide Säuren ausnehmend leicht Chloroform abspalten, während das andere Spaltungsproduct zu Bernsteinsäure reducirt wird.

Wir haben einige Versuche in dieser Richtung angestellt, sind aber, obgleich relativ große Mengen von Trichlorphenomalsäure und dem aus ihr entstehenden Bromadditionsproduct verwendet wurden, bis jetzt zu keinen bestimmten Resultaten gekommen. Wir haben die Reduction wiederholt mit Zink und Salzsäure, mit Zink und Schwefelsäure und dann mit Natriumamalgam in einer durch Essigsäure oder verdünnte Schwefelsäure schwach sauer gehaltenen Lösung versucht. Bei einzelnen Operationen erhielten wir durch Destillation des sauren Reactionsproducts mit Wasserdampf ein schwach saures Destillat, welches einen der Valeriansäure ähnlichen Geruch zeigte. Aus dem mit Soda versetzten Destillationsrückstand, Ausschütteln mit Aether und Destillation der ätherischen Lösung erhielten wir einige Tropfen einer hochsiedenden, ölartigen Flüssigkeit, welche vielleicht das Lacton der $\gamma$-Oxyvaleriansäure war. Bernsteinsäure haben wir mehrfach beobachtet. Schließlich haben wir auf Fortführung dieser Versuche Verzicht geleistet, weil die Darstellung der Trichlorphenomalsäure des unangenehmen und lang anhaftenden Geruchs der Nebenproducte wegen eine auf die Dauer ausnehmend peinliche Operation ist.

### Bildung von Trichlorphenomalsäure aus Chinon.

Betrachtungen, die wir nachher mittheilen werden, veranlaßten uns zu versuchen, ob auch aus Chinon Trichlorphenomalsäure erhalten werden kann. Wir verfuhren folgendermaßen: 25 g Chinon wurden in fein gepulvertem Zustand in einem erkalteten Gemisch von 500 g Schwefelsäure und 250 g Wasser suspendirt und 70 g fein gepulvertes chlorsaures Kali in kleinen Portionen eingetragen. Das Chinon färbte sich allmählich heller. Später schwamm auf der dunkelgelb gefärbten Flüssigkeit ein gelber harzartiger Körper, dessen Menge bei weiterem Eintragen von chlorsaurem Kali kleiner wurde. Nach drei Tagen wurde erwärmt bis zur Auflösung des noch vorhandenen chlorsauren und des gebildeten schwefelsauren Kali's, wobei sich auch die geringe Menge der aufschwimmenden gelben Substanz noch löste. Nun wurden 500 cbcm Wasser zugegeben und nach dem Erkalten von einer kleinen Menge einer kleberigen Materie abfiltriert. Die bernsteingelbe Flüssigkeit wurde mit Aether ausgeschüttelt; die ätherische Lösung mit Chlorbaryum behandelt, der Aether abdestillirt und der Rückstand aus Wasser umkrystallisirt. Das Product zeigt alle Eigenschaften der Trichlorphenomalsäure. Es bildete kleine Blättchen, die bei 131 bis 132° schmolzen; zeigte gegen Wasser, Alkohol, Aether und Chloroform dieselbe Löslichkeit wie die aus Benzol dargestellte Trichlorphenomalsäure und lieferte beim Erwärmen mit Barytwasser Chloroform und Maleïnsäure. Bei Einwirkung von Brom auf seine ätherische Lösung entstanden die charakteristischen Krystalle des Bromadditionsproducts, die bei 97° schmolzen und beim Erwärmen mit Barytwasser den Geruch des Chloroforms zeigten.

Aus 25 g Chinon waren 4 g Trichlorphenomalsäure erhalten worden; für einen ersten Versuch gewiß eine verhältnismäßig gute Ausbeute.

*Betrachtungen über die Bildung der sogenannten Trichlorphenomalsäure.*

Nachdem C a r i u s die Identität seiner Phenakonsäure mit Fumarsäure nachgewiesen hatte, lag es nahe aus der Constitution der Fumarsäure Schlüsse auf die Constitution des Benzols zu ziehen. Da man zu jener Zeit der Fumarsäure allgemein die Constitution:

$$CO_2H—CH=CH—CO_2H$$

zuschrieb, konnte man geneigt sein, auch in dem Benzol mindestens ein doppelt gebundenes Kohlenstoffpaar, und demnach vier in derselben Weise wie in der Fumarsäure verkettete Kohlenstoffatome anzunehmen. Es liegt auf der Hand, daß ein derartiger Schluß nur wenig Berechtigung gehabt hätte, denn die Fumarsäure tritt nicht als directes Spaltungsproduct des Benzols, sondern als Zersetzungsproduct der vorher gebildeten Trichlorphenomalsäure auf. Bei ihrer Bildung spaltet die Trichlorphenomalsäure, nach den Angaben von C a r i u s, Chlorwasserstoff ab, es war

also sehr wohl denkbar, daß erst jetzt die doppelte Kohlenstoffbindung
hervorgebracht wurde, und man war also nicht zu der Annahme berechtigt, eine solche doppelte Bindung sei schon im Ausgangsmaterial vorhanden gewesen.

Jetzt nachdem die sogenannte Trichlorphenomalsäure als $\beta$-Trichlor-
acetylacrylsäure:

$$CCl_3\text{---}CO\text{---}CH=CH\text{---}CO_2H$$

erkannt ist, wäre ein derartiger Rückschluß auf die Constitution des
Benzols schon weit eher berechtigt. Eine wirkliche Beweiskraft wird
man ihm indeß nicht zuerkennen dürfen, so lange die Bildung der $\beta$-Tri-
chloracetylacrylsäure nicht aufgeklärt ist.

Versucht man nun sich von der Bildung der $\beta$-Trichloracetylacryl-
säure Rechenschaft zu geben, so kommt man zunächst zu der Ueberzeugung, daß diese Säure gewiß nicht das directe Product einer einfachen Einwirkung irgend einer Sauerstoffsäure des Chlors auf das Benzol ist, und es wäre deshalb ein nutzloses Bemühen ihre Bildung durch
einfache Formelgleichung ausdrücken zu wollen. Die sogenannten Trichlorphenomalsäure entsteht offenbar nach mancherlei Zwischenproduc-
ten und gerade deshalb neben zahlreichen Nebenproducten bei der gleichzeitig chlorirenden und oxydirenden Einwirkung der aus dem chlorsauren Kali durch Schwefelsäure erzeugten Zersetzungsproducte der
Chlorsäure. Man wird sich vielleicht am meisten der Wahrheit nähern,
wenn man annimmt, die Aenderungen, welche das Benzol erleidet, fänden zunächst im Sinn des folgenden Schemas statt:

Da alle diese Umwandlungen auf die Bildung eines gechlorten Chinons hinstreben, wird man weiter zu der Annahme geführt, ein solches
gechlortes Chinon sei die Muttersubstanz der $\beta$-Trichloracetylsäure. Bei
chlorirender Einwirkung entsteht nun bekanntlich aus dem Monochlorchinon eine derjenigen Modificationen des Dichlorchinons, welche das
zweite Chloratom gewissermaßen auf der entgegengesetzten Seite des
Moleculs enthalten wie das erste. Dasselbe Dichlorchinon ist von C a -
r i u s aus den Nebenproducten bei der Darstellung der Trichlorpheno-

malsäure isolirt worden. Wenn man sich vorstellt, der weitere, oxydirend-chlorirende Angriff fände für einen Theil des Monochlorchinons
auf derselben Seite des Moleculs statt, auf welcher sich schon das erste
Chloratom befindet, so kann man sich leicht denken, daß auf dieser Seite
des Moleculs eine Sprengung gebundener Kohlenstoffatome und sogar
das Loslösen eines Kohlenstoffatoms in Form, gleichgültig welcher Verbindung eintrete.

Legt man, um diesen Betrachtungen eine bestimmtere Form zu geben,
zunächst diejenige Ansicht über die Constitution des Benzols zu Grunde,
welche in der sogenannten Sechseckformel ihren Ausdruck findet:

$$
\begin{array}{c}
H \\
C \\
{}^{4} \\
HC^{3} \qquad {}^{5}CH \\
HC_{2} \qquad {}_{6}CH \\
{}_{1} \\
C \\
H
\end{array}
$$

und versucht man, sich von der Bildung der Trichlorphenomalsäure
direct aus Benzol Rechenschaft zu geben, so stößt man auf beträchtliche
Schwierigkeiten. Man muß dann Folgendes annehmen: ein Kohlenstoffatom (etwa 6) wird eliminirt, das eine der benachbarten (etwa 1) wird
oxydirt und liefert so $CO_2H$, das andere (also 5) nimmt drei Chloratome
auf, während 4 sich durch zwei Verwandtschaften an Sauerstoff bindet
und gleichzeitig die doppelte Bindung zwischen 4 und 5 sich in einfache
umwandelt.

Bezieht man die s. g. Trichlorphenomalsäure auf das Chinon oder das
Monochlorchinon und benutzt man dabei die jetzt noch am meisten ge-
bräuchliche Ansicht über die Constitution des Chinons, die in folgendem
Schema zum Ausdruck kommt:

$$
\begin{array}{c}
C \\
HC \quad O \quad CH \\
HC \quad O \quad CH \\
C
\end{array}
$$

so werden diese Schwierigkeiten nicht gehoben.

Legt man dagegen die schon mehrfach ausgesprochene und von manchen Gesichtspunkten aus wahrscheinlichere Ansicht über die Constitu-

tion des Chinons zu Grunde, nach welcher das Monochlorchinon durch folgendes Formelschema ausgedrückt werden kann:

$$
\begin{array}{c}
\text{O} \\
\parallel \\
\text{C} \\
{}_4 \\
\text{HC}^3 \quad {}^5\text{CCl} \\
\parallel \qquad \parallel \\
\text{HC}_2 \quad {}_6\text{CH} \\
{}_1 \\
\text{C} \\
\parallel \\
\text{O}
\end{array}
$$

so läßt sich die Bildung der β-Trichloracetylacrylsäure[1]) in verhältniß-mäßig einfacher und ziemlich plausibler Weise deuten. Man hat jetzt nur anzunehmen, der oxydirend-chlorirende Angriff erfolge an der erfahrungsmäßig schwächsten Stelle des Moleculs, das Kohlenstoffatom 6 werde als Kohlensäure eliminirt, das eine der benachbarten Kohlenstoffatome (1) nehme gleichzeitig Hydroxyl, das andere Nachbaratom (5) zwei Atome Chlor auf.

Versieht man die Kohlenstoffatome der β-Trichloracetylacrylsäure mit denselben Zahlen, die in dem Formelschema des Monochlorchinons benutzt sind:

$$
\underset{(5)}{\text{CCl}_3}\text{—}\underset{(4)}{\text{CO}}\text{—}\underset{(3)}{\text{CH}}\text{=}\underset{(2)}{\text{CH}}\text{—}\underset{(1)}{\text{COOH}} .
$$

so wird diese Vorstellung über die Bildung der β-Trichloracetylacryl-säure noch anschaulicher und man sieht dann deutlich, daß nicht nur das Kohlenstoffskelet der β-Trichloracetylacrylsäure im Monochlor-chion schon enthalten ist, sondern daß beide Substanzen den gemein-schaftlichen Theil:

$$
\underset{(5)}{=\text{CCl}}\text{—}\underset{(4)}{\text{CO}}\text{—}\underset{(3)}{\text{CH}}\text{=}\underset{(2)}{\text{CH}}\text{—}\underset{(1)}{\text{CO}}\text{—}
$$

enthalten.

Dabei ist weiter bemerkenswerth, daß diese Anschauung über die Bildung der β-Trichloracetylacrylsäure die einzige ist, die sich durch eine einfache Formelgleichung ausdrücken läßt. Man hat nämlich:

$$
C_6H_3ClO_2 + 2\,ClO_2H = C_5H_3Cl_3O_3 + CO_3H_2 \;(= CO_2 + H_2O).
$$

Versucht man, andererseits, sich von der Bildung der β-Trichloracetyl-

---

[1]) In der Abhandlung steht irrtümlich hier: β-Trichloracetylpropionsäure. (A.)

acrylsäure mit Zugrundlegung derjenigen Ansicht über die Constitution des Benzols, welche durch die sogenannte Prismenformel:

ausgedrückt zu werden pflegt, Rechenschaft zu geben, so stößt man zwar nicht auf unüberwindliche Schwierigkeiten aber doch auf unverkennbare Unwahrscheinlichkeiten. Man muß dann zunächst annehmen, es würden 5 einfache Kohlenstoffbindungen gelöst. Drei durch Abspaltung des sich loslösenden und dann austretenden Kohlenstoffatoms, was natürlich nicht auffallend erscheinen kann; zwei weitere aber gerade in der Weise, daß eine normale Kohlenstoffkette entsteht, so wie sie in der $\beta$-Trichloracetylacrylsäure enthalten ist. Man muß zudem die gewiß sehr unwahrscheinliche Annahme machen, es werde aus einer einfachen eine sogenannte doppelte Kohlenstoffbindung erzeugt, unter Bedingungen, unter welchen weit eher die Lösung einer etwa vorhandenen doppelten Bindung erwartet werden sollte.

Wir sind bei alledem weit davon entfernt behaupten zu wollen, die Bildung der $\beta$-Trichloracetylacrylsäure *beweise* die Richtigkeit der von dem Einen von uns vor Jahren ausgesprochenen Ansicht über die Constitution des Benzols, aber wir glauben, daß sie bei Annahme dieser Ansicht sich weit leichter deuten lasse als bei Zugrundelegung irgend einer anderen Benzolformel.

Bonn, 20. März 1884.

# Arbeiten über Piperidin und Pyridin in den Jahren 1887—1890.

Z. Busz und Aug. Kekulé:

## Ueber Orthoamide des Piperidins.

[Aus dem chemischen Institut der Universität B o n n.]

(Eingegangen am 2. December.)

B. **20**, 3246—3248 (1888).

Orthoamide der in ihren Salzen einbasischen organischen Säuren, wie Ameisensäure, Essigsäure, Benzoësäure u. s. w., sind unseres Wissens bisher nicht dargestellt worden. Derartige Körper sollten auch, ähnlich wie die Orthosäuren selbst, entweder nicht existenzfähig oder wenigstens sehr unbeständig sein. Beständigere Körper sind vielleicht zu erwarten, wenn statt des unorganischen Amides ein Amid eingeführt wird, dessen Wasserstoffatome durch organische Radicale vertreten sind. Auch primäre Ammoniakbasen werden indeß voraussichtlich noch keine beständige Orthoamide erzeugen, weil hier das eine Amid: $NHR$ einem anderen noch Wasserstoff zu liefern im Stande ist. Hier dürfte eher die Bildung von Amidinen erwartet werden. Erst bei Anwendung secundärer Ammoniakbasen erscheinen beständige Orthoamide wahrscheinlich.

Der Eine von uns hat schon vor längerer Zeit versucht, durch Einwirkung der Trichloride der Ameisensäure, Essigsäure und Benzoësäure auf secundäre Basen von dem Typus: $NHR_2$ (Diäthylamin, Aethylanilin und Diphenylamin) derartige Orthoamide darzustellen. Die diesbezüglichen Versuche sind bis jetzt nicht zum Abschluß gekommen.

Bessere Resultate erhielten wir bei Anwendung des jetzt leicht zugänglichen Piperidins, also einer secundären Ammoniakbase von der Form $NHR''$.

Wird Methylchloroform, das Trichlorid der Essigsäure, mit überschüssigem Piperidin 4—5 Stunden lang am Rückflußkühler erhitzt, so scheidet sich viel salzsaures Piperidin ab, und der flüssige Theil liefert bei Destillation im luftverdünnten Raum das gewünschte Orthoamid. Dieses Orthopiperid oder Tripiperid der Essigsäure siedet bei etwa 15 mm Druck bei 133—134°, bei gewöhnlichem Druck bei 261—263°. Die Analysen führen zu der Formel $CH_3 \cdot CH(C_5H_{10}N)_3$, welche auch durch die Analyse eines krystallisirbaren und in Aether unlöslichen salzsauren Salzes mit $3\,HCl$ und durch die Zusammensetzung eines aus heißem Wasser sich in goldgelben Blättchen abscheidenden Platinsalzes bestätigt wird. Mit Wasser kann das Tripiperid andauernd gekocht und selbst auf 150° erhitzt, auch mit verdünnter Schwefelsäure kann es Tage lang im Sieden erhalten werden, ohne daß bemerkbare Mengen von Essigsäure gebildet würden, eine Beständigkeit, welche einigermaaßen bemerkenswerth erscheint, da Ehrenberg[1] für das aus Trimethylenoxyd dargestellte Dipiperidinderivat des Formaldehyds und Klotz, wie Ehrenberg mittheilt, für das Dipiperid des Benzaldehyds ein so leichtes Zerfallen in die Generatoren beobachtet haben.

Das Trichlorid der Ameisensäure, das Chloroform, wirkt sehr langsam auf Piperidin. Wir haben hier mehrere Tage am Rückflußkühler erhitzt und durch Destillation der vom salzsauren Piperidin getrennten Flüssigkeit eine unter einem Druck von etwa 15 mm bei 98° siedende Base gewonnen, welcher nach verschiedenen Analysen die Formel $C_{16}H_{33}N_3O$ zukommt. Es scheint ein relativ beständiges Hydrat des gesuchten Orthoameisenpiperids vorzuliegen: $CH(C_5H_{10}N)_3, H_2O$.

Das Benzotrichlorid wirkt sehr leicht auf Piperidin ein. Schon nach einstündigem Erhitzen scheint die Reaction beendet. Ob in dem krystallisirenden Product das Orthopiperid der Benzoësäure vorliegt, ist noch nicht festgestellt.

Es war von Anfang an beabsichtigt, das angedeutete Thema in etwas ausgedehnter und systematischer Weise zu bearbeiten, und es sollten dabei auch die den Aldehyden und Ketonen entsprechenden Orthoamide, auch des Piperidins, in den Kreis der Untersuchung gezogen werden. Nachdem die oben erwähnte Mittheilung von Ehrenberg, die wir im Original übersehen hatten und auf welche erst durch das Referat in diesen Berichten unsere Aufmerksamkeit gelenkt wurde, zu unserer Kenntniß gekommen ist, leisten wir selbstverständlich auf weitere Ver-

---

[1] Journ. f. prakt. Chem., N. F., 36. 126. — Im Auszug »diese Berichte 20, Ref. 629« (1887).

suche über die Orthoamide der Aldehyde Verzicht. Wir halten es aber für geeignet, diese vorläufige Notiz zu veröffentlichen, um uns das Recht auf ruhige Weiterbearbeitung des angedeuteten Gebietes, so weit es nicht von Anderen schon betreten worden ist, zu wahren.

# Über die Konstitution des Pyridins;

## von August Kekulé;

### aus seinem wissenschaftlichen Nachlaß zusammengestellt von Richard Anschütz.

*Vorbemerkung:* Seit dem Jahre 1886 arbeitete Aug. Kekulé, der Reihe nach unterstützt von seinen damaligen Privatassistenten, den Doktoren Eugen Romig, George Dunning Moore, William Orren Emery und seinen Vorlesungs-Assistenten Eberhard Weber und Wilhelm Berns, über die Konstitution des Pyridins. Anfang 1890 waren die Untersuchungen abgeschlossen, so daß Kekulé in der Festsitzung der Deutschen chemischen Gesellschaft in Berlin zur Feier des fünfundzwanzigjährigen Bestehens der Benzoltheorie am 10. März 1890 darüber seinen mit begeistertem Beifall aufgenommenen Vortrag halten konnte. Er sprach frei wie immer, einen Entwurf hatte er nicht niedergeschrieben, konnte er sich doch auf sein treues Gedächtnis ganz verlassen, und kein Stenograph hielt leider seine Rede fest. Kekulé hatte bestimmt die Absicht, seine mit zäher Geduld ausgeführte Untersuchung, begleitet von dem umfangreichen präparativen und analytischen Material, später in Liebig's Annalen zu veröffentlichen. Allein es kam nicht mehr dazu. Wohl versuchte Kekulé die in den Laboratoriums-Tagebüchern seiner Assistenten vorliegenden Berichte über die zahlreichen Versuche und die vielen Analysen zu sichten; auch diktierte er einen Teil Emery in die Feder. Aber das Wichtigste der Untersuchung: der Plan und die Ueberlegungen, die den Gang der Versuche lenkten, fehlten. Die Spannkraft Kekulé's versagte bei seinem wankenden Gesundheitszustand in seinen letzten Lebensjahren mehr und mehr.

Als ich 1894 für mein Lehrbuch der organischen Chemie den Abschnitt über die Konstitution des Pyridins verfaßt hatte, legte ich meinem Entwurf die von Kekulé in seinem Vortrag vom 10. 3. 1890 gemachten Ausführungen zu Grund, den ich mit angehört, und bat ihn, meinen Entwurf durchzusehen. Kekulé prüfte das Schriftstück eingehend, änderte einige Stellen, ohne viel hinzuzufügen. So stand mir einmal diese auch in späteren Auflagen meines Lehrbuches unverändert gebliebene Betrachtung für die Abfassung der theoretischen Einleitung zur Verfügung. Dann aber fand ich in Kekulé's hinterlassenen, wissenschaftlichen Notizen auf einem unscheinbaren Oktavblättchen datiert vom 19. 1. 1890 die mit Bleistift hingeworfene Betrachtung, mit der er seinen Vortrag in Berlin eingeleitet hatte und mit der ich ihn die Pyridin-Abhandlung eröffnen lasse.

Für die Eigenart von K e k u l é ' s kritischer experimenteller Forschung ist diese, seine letzte große Arbeit ein weiteres Beispiel, das sich seinen Abhandlungen: „Ueber die Carboxytartronsäure und die Konstitution des Benzols" und „Ueber die Trichlorphenomalsäure" anreiht.                    R. A n s c h ü t z.

„Es wird Niemand von dem Erfinder des ersten Ringes erwarten, daß er gegen Ringe voreingenommen sei. Aber man wird sich auch darüber nicht täuschen können, daß mit der Annahme von *Ringen* in neuerer Zeit etwas Mißbrauch getrieben worden ist. In vielen Fällen macht es die Annahme von Ringen allerdings möglich, eine größere Anzahl von Substanzen auf denselben Ring, also leicht auf dieselbe Muttersubstanz, zurückzuführen. Sehr häufig werden dabei die Beziehungen des Ringes zu anderen verwandten Körpern verhüllt."

„Es gibt eben offenbar zwei Arten von Ringen. Das Pyridin — und ähnliche Körper — ist also nicht eigentlich ein Ring, sondern eine durch ein *Schloß* ringförmig geschlossene *Kette*. Es erscheint als Ring, wenn man das Schloß als Glied der Kette behandelt; aber ein solcher Ring wird stets, und zwar gerade am *Schloß*, leichter zu öffnen sein, als wahre Ringe, die aus gleichartigen Gliedern bestehen. Es dürfte daher geeignet sein, den Pyridin*ring* auch einmal als eine durch ein *Schloß* verschlossene Kette darzustellen."

(Soweit K e k u l é ' s Notizblatt.)

Für das Pyridin kommen zwei Strukturformeln in Betracht, entweder die W i l h e l m K ö r n e r[1] - J a m e s - D e w a r[2] sche, von der K e k u l é -

[1] Offener Brief von K ö r n e r an C a n n i z z a r o vom 20. April 1869, veröffentlicht im Giornale dell' Accademia di Scienze Economiche Naturale di Palermo 5, (1869). Der Brief ist abgedruckt in der „Chemie des Steinkohlenteers" von G u s t a v S c h u l t z, II. Aufl. 1886, 1, 427. Anm. 2) und so zuerst in Deutschland bekannt geworden. er lautet: „L'isomérie qui existe entre l'aniline et la picoline est complètement inexpliquée jusqu'ici. Qu'il me soit permis de représenter ici au moyen d'une formule une idée que je m'avais faite sur la constitution de la pyridine et qui ne me parait pas sans intérêt. Voici cette formule:

Non seulement cette manière de voir rend compte de la transformation de la naphtaline en pyridine, observée par M. P e r k i n et de la préparation de cette base par déshydratation du nitrate d'amyle réalisée par M. M. C h a p m a n n et S m i t h , mais elle explique aussi pourquoi cette série commence par un terme à cinq atomes de carbone.

[2] Proc. Roy. Soc. Edinburgh 7, 192 [6 Juni 1870]: On the oxydation products of picoline; vgl. Zeitschr. f. Chemie [N. F.] 7, 116 (1871).

schen Benzolformel abgeleitete Formel I, die ein mit *zwei* Kohlenstoffatomen verbundenes Stickstoffatom enthält, oder die von C. R i e d e l [1])
zuerst aufgestellte, vom Acridin abgeleitete Formel II mit einem an *drei*
Kohlenstoffatome gebundenen Stickstoffatom, die sogenannte *Diagonal-*
formel des Pyridins.

Beide Formeln lassen einen Zusammenhang des Pyridins mit verwandten
Körpern nicht hervortreten. Sieht man sich nach Verbindungen um, in
denen ein Stickstoffatom ringförmig mit den Kohlenstoffatomen verknüpft sein könnte, so war ich geneigt, das sog. Fumarimid als
ein derartiges Gebilde aufzufassen. V i k t o r  D e s s a i g n e s [2]) hat das
Fumarimid 1850 durch Erhitzen der sauren Ammoniumsalze der Aepfelsäure, der Fumarsäure und der Maleïnsäure erhalten und gezeigt, daß es
beim Erhitzen mit Salzsäure in Asparaginsäure übergeht. J u l i u s
W o l f f [3]) wiederholte damals auf Veranlassung von J u s t u s  L i e b i g
im Gießener Laboratorium diese Versuche, bestätigte sie und stellte
durch neue Analysen die Formel

$$C_8H_3NO_4 \ (C = 6, \quad O = 8)$$

also

$$C_4H_3NO_2 \ (C = 12, \ O = 16)$$

fest. P a s t e u r [4]) wies nach, daß die aus dem sog. Fumarimid gewonnene Asparaginsäure optisch inaktiv ist.

Die Beziehungen des Fumarimids, wenn man ihm die einfache Formel $C_4H_3NO_2$ zuschreibt, zu den sauren Ammoniumsalzen der Aepfelsäure, Fumarsäure und Maleïnsäure einer — und zu der inaktiven
Asparaginsäure andererseits stellen folgende Formeln dar:

---

[1]) B. **16**, 1612 (1883).
[2]) J. 1850, 375 414; C. r. **31**, 432 (1850); J. 1852, 466; A. **83**, 83 (1852).
[3]) A. **75**, 293 (1850).
[4]) A. **82**, 324 (1852); A. ch. phys. [3] **34**, 30 (1852).

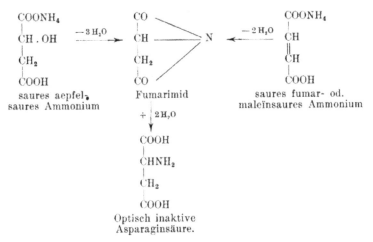

$$-3\,H_2O$$ Fumarimid $$-2\,H_2O$$

saures aepfel-
saures Ammonium

saures fumar- od.
maleïnsaures Ammonium

$$+ \; | \; 2\,H_2O$$

COOH

CHNH₂

CH₂

COOH

Optisch inaktive
Asparaginsäure.

Wie man leicht sieht, macht die dem Fumarimid von mir zugeschriebene Strukturformel, sowohl seine Bildung aus den sauren Ammoniumsalzen der Aepfelsäure, Fumarsäure und Maleïnsäure als auch seine Umwandlung in Asparaginsäure verständlich. Ich füge hinzu, daß W i l -h e l m  K ö r n e r und A n g e l o  M e n o z z i[1] 1887 an Fumarsäure- und Maleïnsäure-diätylester Ammoniak angelagert und neben Asparaginsäure-diäthylester auch Asparagin-imid

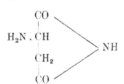

erhalten hatten. Dieselben Verbindungen gewannen sie aus Monobrombernsteinsäure-äthylester durch Behandlung mit alkoholischem Ammoniak.

Auf Grund dieser Ueberlegungen unternahm ich es, eine dem sogenannten Fumarimid homologe Verbindung darzustellen. Dazu schienen mir die sauren Ammoniumsalze der bis dahin noch nicht bekannten β-Oxyglutarsäure und der 1884 von M a x  C o n r a d und M a x  G u t h -z e i t[2] entdeckten Glutaconsäure geeignet. Erhielt ich das homologe

[1] G. **17**, 226 (1887); J. 1887, 1533.
[2] A. **222**, 249 (1884).

Fumarimid durch Erhitzen dieser Ammoniumsalze, so mußte es sich wohl
mit Salzsäure erhitzt in $\beta$-Amidoglutarsäure umwandeln lassen, genetische Beziehungen, die nachfolgendes Formelschema veranschaulicht:

$$
\begin{array}{ccc}
\text{COONH}_4 & \text{CO} & \text{COONH}_4 \\
| & | & | \\
\text{CH}_2 & \text{CH}_2 & \text{CH} \\
| \quad \xrightarrow{-3\,H_2O} & | & \| \quad \xleftarrow{-2\,H_2O} \\
\text{CH.OH} & \text{CH} \longrightarrow N \longleftarrow & \text{CH} \\
| & | & | \\
\text{CH}_2 & \text{CH}_2 & \text{CH}_2 \\
| & | & | \\
\text{COOH} & \text{CO} & \text{COOH}
\end{array}
$$

saures β-oxyglu-          erwartetes          saures glutacon-
tars. Ammonium          Homofumarimid          saures Ammonium

$$\downarrow + 2\,H_2O$$

COON
|
CH$_2$
|
CHNH$_2$
|
CH$_2$
|
COOH

β-Amidoglutarsäure.

Die $\beta$-Oxgylutarsäure stellte ich dar durch Reduktion der 1884 von
H a n s v. P e c h m a n n [1]) aus Citronensäure mit conc. Schwefelsäure bereiteten Acetondicarbonsäure, oder, wie ich sie zu nennen vor-
schlage, $\beta$-Oxoglutarsäure, den doppelt an ein Kohlenstoffatom gebundenen Sauerstoff mit „Oxo" kennzeichnend. C o n r a d und G u t h z e i t
bereiteten die Glutaconsäure aus dem von ihnen s y n t h e t i s c h gewonnenen Dicarboxy-glutaconsäurester durch Verseifen und Abspaltung
von zwei Kohlendioxyd. Man kann jedoch, wie ich fand, die Glutaconsäure auch aus der $\beta$-Oxyglutarsäure durch Erhitzen mit Schwefelsäure
bereiten und ihr Anhydrid durch vorsichtige Destillation der $\beta$-Oxy-
glutarsäure.

Meine Versuche durch Erhitzen der Monammoniumsalze der $\beta$-Oxyglu-
tarsäure und der Glutaconsäure ein dem Fumarimid ähnliches Homofumarimid zu gewinnen, hatten nicht den gewünschten Erfolg.

Ich stellte daher nach dem von R i c h a r d A n s c h ü t z und A m é
P i c t e t [2]) zur Gewinnung der Weinsäureester ausgearbeiteten Verfah-

[1]) B. **17**, 2542 (1884).
[2]) B. **13**, 1175 (1880).

ren den $\beta$-Oxyglutarsäure-äthylester und aus diesem mit Ammoniak das $\beta$-Oxy-glutarsäure-amid, $HO \cdot CH \, [CH_2CONH_2]_2$, dar. Allein auch dieses Amid gab weder beim Erhitzen für sich, noch in trocknem Chlorwasserstoffgas ein dem Fumarimid ähnliches Produkt.

Ich mußte also nach einem anderen Weg suchen. Nun hatten 1884 Alfred Behrmann und A. W. Hofmann[1]) durch Behandlung von Citramid mit Schwefelsäure eine Säure erhalten, die sie Citrazinsäure nannten; sie war isomer mit der von Henry How[2]) entdeckten und von Hermann Ost[3]) genau untersuchten Komenaminsäure. Beide Säuren geben mit Phosphorpentachlorid zwei Dichlorpyridin-monocarbonsäuren. Mit Jodwasserstoff reduziert, geht die Dichlor-pyridincarbonsäure aus Komenaminsäure in Picolinsäure oder $\alpha$-Pyridincarbonsäure, die Dichlorpyridincarbonsäure aus Citrazinsäure in Isonikotinsäure oder $\gamma$-Pyridin-carbonsäure über. Behrmann und Hofmann sahen in der Citrazinsäure die $\alpha\alpha_1$-Dioxypyridin-$\gamma$-carbonsäure, aus Citramid unter Abspaltung von Ammoniak und Wasser entstanden:

Citramid         Citrazin-säure
$\alpha\alpha_1$-Dioxy-pyridin-$\gamma$-carbonsäure.

Ein Blick auf die Formel des Citramids zeigt, daß man für die Citrazinsäure ebenso gut eine Formel mit Diagonalbindung des Stickstoffs ableiten kann, was 1887 Siegfried Ruhemann[4]) empfahl, der damals aus Aconitsäure-ester mit Ammoniak das Citrazinamid dargestellt und ihm die Strukturformel,

---

1) B. **17**, 2681 (1884).
2) A. **80**, 65 (1851).
3) J. pr. Ch. [2] **27**, 257 (1883).
4) B. **20**, 799, 3367 (1887); **21**, 1247 (1888).

beigelegt hatte. Dem widersprach L o v é n [1]) 1889, da sich die Bildungsweise des Citrazinamids aus Akonitsäure-ester und Ammoniak unge-
zwungener unter Annahme einer der beiden folgenden Formeln verstehen ließ:

$$H_2N . CO . C \diagup \begin{matrix} CH \!-\!\! CO \\ CH_2 \!-\! CO \end{matrix} \diagdown NH \quad oder$$

$$H_2N . CO . C \diagup \begin{matrix} CH \!-\! C . OH \\ CH \!=\! C . ON \end{matrix} \diagdown N$$

Ich ließ daher auf das Amid der $\beta$-Oxyglutarsäure Schwefelsäure einwirken und bekam in der Tat eine Verbindung, die nach der Analyse
zu $\beta$-Oxyglutarsäure-amid in derselben Beziehung zu stehen schien, wie
die Citrazinsäure zum Citramid und die ich zunächst als $\alpha\alpha_1$-Dioxy-
pyridin auffaßte. Denn diese neue Verbindung gab über Zinkstaub
destilliert Pyridin und mit einem Ueberschuß von Phosphorpentachlorid
behandelt Pentachlorpyridin. Mit Schwefelsäure bildet das sog. $\alpha\alpha_1$-Di-
oxy-pyridin ein Salz, $[C_5H_5NO_2]_2 . SO_4H_2 . 2 H_2O$, aus dem durch Umsetzung mit Bariumchlorid ein Chlorhydrat, $C_5H_5NO_2 . HCl . H_2O$ entsteht. Beide Salze dissoziieren sich leicht beim Erhitzen mit Wasser.
Die wäßrige Lösung der Base färbt sich beim Eindampfen an der Luft
tief violett blau. Dieses Verhalten erinnert an eine ähnliche von B e h r -
m a n n und A. W. H o f m a n n an den Citrazinaten beobachtete Erscheinung, deren Lösungen sich an der Luft schnell bläulich mit einem Stich
in's Grünliche färben; sie sagen: „Besonders auffallend ist die Erscheinung bei der ammoniakalischen Lösung, welche nach einiger Zeit
die tiefblaue Farbe des Kupferoxyd-ammoniaks annimmt."
     Einerlei, ob man dem sog. $\alpha\alpha_1$-Dioxypyridin nach K ö r n e r - D e w a r
die Formel $I_1$ oder nach R i e d e l die Formel $II_1$ gibt:

$$I_1 \quad \begin{matrix} & CH & \\ HC & & CH \\ HO . C & & C . OH \\ & N & \end{matrix} \qquad II_1 \quad \begin{matrix} & CH & \\ HC & | & CH \\ HO . C & | & C . OH \\ & N & \end{matrix}$$

so verschleiern beide Formeln gewissermaßen seine genetische Beziehung

---

[1]) B. **22**, 3054, Anm. (1889).

zu dem $\beta$-Oxyglutar-amid, die sofort hervortritt, wenn man die Hydroxy-
formeln $I_1$ und $II_1$, in die Oxoformeln $I_2$ und $II_2$ umformt:

Nach der Formel $I_2$ ist das sog. $\alpha\alpha_1$-Dioxypyridin nichts anderes als das
Glutacon-imid, nach der Formel $II_2$ das erwartete Homofumarimid, das
bicyclische Imid der $\beta$-Amidoglutarsäure.

Daraus ergaben sich zwangsläufig eine Reihe von Versuchen, die es
ermöglichen mußten, unter den vier Formeln $I_1$, $I_2$, $II_1$ und $II_2$ für das
sog. $\alpha\alpha_1$-Dioxypyridin die richtige zu ermitteln. Nur die Formel $I_2$ enthält
eine Imidogruppe. Gelang es im sog. $\alpha\alpha_1$-Dioxypyridin eine Imidogruppe
nachzuweisen, so waren damit die Formeln $I_1$, $II_1$ und $II_2$ erledigt; es
kam ihm die Formel $I_2$ zu, d. h. es war Glutacon-imid. Mißlang dieser
Nachweis, so konnte die Aufspaltung durch Erhitzen mit Salzsäure, im
Falle dem sog. $\alpha\alpha_1$-Dioxypyridin eine der Formeln $II_1$ oder $II_2$ zukam,
zur $\beta$-Amidoglutarsäure führen; zwischen $II_1$ und $II_2$ war dann noch zu
entscheiden. Entstand dagegen bei der Aufspaltung Glutaconsäure, so
gewann für das sog. $\alpha\alpha_1$-Dioxypyridin die Formel $I_1$ an Wahrscheinlichkeit.

Um das sog. $\alpha\alpha_1$-Dioxypyridin auf das Vorhandensein einer Imidogruppe zu prüfen, behandelte ich es mit salpetriger Säure und erhielt ein
Nitrosoderivat, $C_5H_4O_2N \cdot NO$. Auf die alkoholische Lösung des sog.
$\alpha\alpha_1$-Dioxypyridins ließ ich die für den Eintritt von einem Atom berechnete Menge Natrium einwirken, wodurch sich die Natriumverbindung,
$C_5H_4O_2N \cdot Na$, abschied, die mit Jodmethyl ein Methylderivat, $C_5H_4O_2N \cdot$
$CH_3$, lieferte. Daß in diesem Methylabkömmling das Methyl, also auch
in der Natriumverbindung das Natrium mit Stickstoff verbunden ist, bewies die Abspaltung von Methylamin durch Erhitzen des Methylabkömm-
lings mit Jodwasserstoffsäure. Erhitzen des sog. $\alpha\alpha_1$-Dioxypyridins mit
Salzsäure auf $140^0$ gab neben Salmiak Glutaconsäure.

Alle diese Reaktionen sprechen dafür, daß das sog. $\alpha\alpha_1$-Dioxy-pyri-
din *kein Pyridinderivat*, sondern nichts anderes als *Glutacon-imid* ist,
entstanden aus $\beta$-Oxyglutarsäure-amid durch Schwefelsäure unter Abspaltung von Wasser und Ammoniak nach dem Schema:

$$
\begin{array}{ccccc}
\text{CONH}_2 & & \text{CONH}_2 & & \text{CO} \\
| & & | & & | \\
\text{CH}_2 & \xrightarrow{-\text{H}_2\text{O}} & \text{CH} & \xrightarrow{-\text{NH}_3} & \text{CH} \\
| & & \| & & \| \\
\text{CHOH} & & \text{CH} & & \text{CH} \\
| & & | & & | \\
\text{CH}_2 & & \text{CH}_2 & & \text{CH}_2 \\
| & & | & & | \\
\text{CONH}_2 & & \text{CONH}_2 & & \text{CO}
\end{array}
\qquad \Big\rangle \text{NH}
$$

|  |  |  |
|---|---|---|
| β-Oxy-glutar.<br>säure-amid | Glutacon-<br>säure-amid | Glutacon-<br>säure-imid |

Die Entscheidung ist also zu Gunsten der Formel $I_2$ gefallen, die Formel $I_1$, $II_1$, $II_2$ kommen für das sog. $aa_1$-Dioxypyridin nicht mehr in Betracht.

Wenn Glutaconsäure-amid das Zwischenprodukt ist bei der Umwandlung von $\beta$-Oxy-glutarsäure-amid im Glutaconsäure-imid oder Glutaconimid, wie es das obige Schema annimmt, so mußte sich das Imid auch unmittelbar aus dem Amid der Glutaconsäure darstellen lassen.

Ich bereitete daher zunächst aus dem glutaconsauren Silber mit Jodmethyl und mit Jodäthyl den Glutaconsäure-methyl- und den Glutaconsäure-äthyl-ester. Denn durch Einwirkung von Chlorwasserstoffgas auf die alkoholischen Lösungen der Glutaconsäure lassen sich die Ester nicht gewinnen, da sich der Chlorwasserstoff an die doppelt gebundenen Kohlenstoffatome der Glutaconsäure anlagert, so daß $\beta$-Chlorglutarsäureester entstehen. Für die Darstellung der Amidverbindungen standen mir das bei der Destillation der $\beta$-Oxyglutarsäure entstehende Anhydrid der Glutaconsäure und ihre Ester zur Verfügung. Durch Einwirkung von trockenem Ammoniakgas auf das in Aether und Chloroform gelöste Anhydrid gewann ich die Glutacon-aminsäure. Konzentrierte wäßrige Lösung von Ammoniak wandelte die Gutaconsäure-ester in das Amid um. Sowohl Glutacon-aminsäure als Glutacon-amid gehen in der Tat unter der Einwirkung von Schwefelsäure in das Glutacon-imid über. Obgleich das Glutacon-imid noch kein Pyridinabkömmling ist, so läßt sich doch seine oben erwähnte Umwandlung mit Phosphorpentachlorid in Pentachlor-pyridin leicht verstehen. Zunächst werden wohl die beiden Carbonyl-Sauerstoffatome durch je zwei Chloratome ersetzt, worauf unter Abspaltung von zwei Molekülen Chlorwasserstoff $aa_1$-Dichlor-pyridin entsteht. Allein ich konnte das $aa_1$-Dichlor-pyridin unter den Reaktionsprodukten nicht auffinden, da es offenbar sehr leicht nach weiterer Anlagerung von Chlor und darauffolgender Abspaltung von Chlorwasserstoff in ein Tetra- und das Penta-chlor-pyridin übergeht. Auch die Bildung von Pyridin bei der Destillation von Glutaconimid über Zinkstaub ist nicht auffallend, wenn man bedenkt, daß in dem Imid sich die fünf Kohlenstoffatome und das Stickstoffatom bereits, wie im Pyridin,. in ringförmiger Bindung befinden.

Wenn es mir somit auch nicht gelungen war weder von der $\beta$-Oxyglutarsäure noch von der Glutaconsäure ausgehend, eine sich unmittelbar von dem Pyridin ableitende Verbindung darzustellen, so schien es mir im Hinblick auf das sog. Fumar-imid und seine Umwandlung in Asparaginsäure möglich der homolgen $\beta$-Amidoglutarsäure in der Art zwei Moleküle Wasser zu entziehen, daß der mit dem $\beta$-Kohlenstoff verbundene Stickstoff auch mit den beiden Carbonylen in Bindung trat, gemäß dem Schema:

$$
\begin{array}{ccc}
& \mathrm{II_2} & \mathrm{II_1} \\
\mathrm{CH_2\!-\!CO\;OH} & \mathrm{CH_2\!-\!CO} & \mathrm{CH\!=\!C\,.\,OH} \\
\mathrm{CH\!-\!N}\!\!<\!\!{}^{H}_{H} \xrightarrow{-2\,H_2O} & \mathrm{CH\!-\!N} \quad\text{oder}\quad & \mathrm{CH\!-\!N} \\
\mathrm{CH_2\!-\!CO\;OH} & \mathrm{CH_2\!-\!CO} & \mathrm{CH\!=\!C\,.\,OH}
\end{array}
$$

Man erhält so die weiter oben als $\mathrm{II_2}$ bezeichnete Formel und aus ihr durch Verschiebung von zwei Wasserstoffatomen die Hydroxylformel $\mathrm{II_1}$. Die Formel $\mathrm{II_2}$ entspricht der hypothetischen, einfachen Formel für das sog. Fumarimid:

$$
\begin{array}{c}
\quad\;\diagup\mathrm{CO} \\
\mathrm{CH\!-\!N} \\
\mathrm{CH_2\!-\!CO}
\end{array}
$$

Wie K ö r n e r und M e n o z z i die Asparaginsäure einerseits aus dem Fumarsäure- und Maleïnsäure-äthylester durch Anlagerung von Ammoniak, andererseits aus Monobrombernsteinsäure durch Umsetzung mit Ammoniak dargestellt hatten, so erhielt ich die $\beta$-Amidoglutarsäure sowohl aus Glutaconsäure als aus $\beta$-Bromglutarsäure, dem Produkt der Anlagerung von Bromwasserstoff an Glutaconsäure, mit Ammoniak. Die $\beta$-Amidoglutarsäure, die erst bei 247—248° unter Schwärzung und Zersetzung schmilzt, unterscheidet sich dadurch von der bei 198° schmelzenden $\alpha$-Amidoglutarsäure oder Glutaminsäure. Durch Einleiten von Chlorwasserstoff in eine alkoholische Lösung von $\beta$-Amidoglutarsäure entsteht das Chlorhydrat der $\beta$-Amido-glutaräthylester-säure, die man durch Behandlung mit Silberoxyd in die $\beta$-Amido-glutar-äthylestersäure selbst umwandelt.

Weder die freie $\beta$-Amidoglutarsäure noch die $\beta$-Amidoglutar-äthyl-ester-säure ließen sich durch Erhitzen für sich, oder durch konzentrierte Schwefelsäure, oder durch Phosphorpentachlorid zu einem ringförmigen, den Formeln $II_2$ oder $II_1$ entsprechenden Derivat kondensieren.

Ich schließe daraus, daß keine Neigung des Amidyls der $\beta$-Amido-glutarsäure und der $\beta$-Amido-glutar-äthylester-säure besteht, sich der Diagonalformel R i e d e l s entsprechend mit den Carboxylen der freien Säure, sowie dem Carboxäthyl und Carboxyl der Estersäure unter Ring-bildung umzusetzen.

In diesem Zusammenhang will ich noch darauf hinweisen, daß 1884 E m i l  F i s c h e r [1] im Verlauf seiner Untersuchung des von ihm aus Triaceton-alkamin durch Abspaltung von Wasser dargestellten Triace-tonins:

$$H_2C-CHOH-CH_2 \qquad -H_2O \longrightarrow \qquad H_2C-CH{=}CH$$
$$(CH_3)_2C-NH----C(CH_3)_2 \qquad\qquad (CH_3)_2C-NH-C(CH_3)_2$$
$$\text{Triaceton-alkamin} \qquad\qquad\qquad \text{Triacetonin}$$

sich folgendermaßen aussprach: „Bei dem zuvor besprochenen Wasser-austritt aus den Hydroxylbasen der Piperidinreihe sind die Bedingungen für das Zustandekommen einer solchen Stickstoff-Kohlenstoffbindung" — wie sie die Diagonalformel des Pyridins enthält — „besonders gün-stig. Trotzdem hat der Versuch gezeigt, daß die Imidogruppe bei jener Reaktion" — der Umwandlung des Triaceton-alkamins in das Triaceto-nin — „intakt bleibt, daß dagegen in der Kohlenstoffkette eine unge-sättigte Gruppe entsteht."

„Von einer besonderen Neigung des Stickstoffes mit dem in der Parastellung befindlichen Kohlenstoffatom in Bindung zu treten, kann hier also gewiß keine Rede sein."

Das steht völlig im Einklang mit meinen Beobachtungen bei der Bil-dung des Glutaconimides und dem Verhalten der $\beta$-Amido-glutarsäure.

Man wird daher dermalen der K ö r n e r - D e w a r 'schen Formel für das Pyridin den Vorzug geben vor der Diagonalformel, die R i e d e l vorgeschlagen hat.

Die im nachfolgenden beschriebenen Versuche, bei denen mich der Reihe nach meine Privatassistenten, die Doktoren E u g e n  R o m i g, G e o r g e  D u n n i n g  M o o r e, W i l l i a m  O r r e n  E m e r y und meine

---

[1] B. **17**, 1798 (1854).

Vorlesungs-Assistenten Dr. Eberhard Weber und Dr. Wilhelm Berns hingebend unterstützten, gliedern sich in drei Abschnitte:

I. Ueber das Amid der β-Oxyglutarsäure und seine Umwandlung in das sog. αα₁-Dioxypyridin.

II. Nachweis, daß das sog. αα₁-Dioxypyridin nichts anderes ist als das Imid der Glutaconsäure.

III. Ueber Versuche, die β-Amidoglutarsäure intramolekular ringförmig zu kondensieren.

## Beschreibung der Versuche.

### I. *Ueber das Amid der β-Oxyglutarsäure und seine Umwandlung in das sog. αα₁-Dioxypyridin.*

Zur Zeit, als unsere Versuche begannen, lagen über eine Säure von der Constitution der β-Oxyglutarsäure nur zwei ältere Angaben vor: Maxwell Simpson[1]) will eine solche Säure synthetisch aus dem Dichlorhydrin dargestellt haben. Theodor Wieland[2]) glaubte die Säure, die er durch Erhitzen der Brenzweinsulfosäure mit Kali erhalten hatte, sei identisch mit der Simpson'schen Säure. Weiter hat K. Rjabinin[3]) durch Oxydation von Diallylcarbinolmethyläther mittelst Permanganat eine Methoxyglutarsäure dargestellt, von der man vielleicht erwarten könnte, daß sie durch Entziehung des Methyls sich in β-Oxyglutarsäure umwandeln lasse. Daß auf diesem Wege größere Mengen von β-Oxyglutarsäure nicht dargestellt werden können, liegt auf der Hand.

Andererseits erregen auch die Angaben von Simpson einigen Verdacht. Es ist sehr wenig wahrscheinlich, daß eine mit der Aepfelsäure homologe Säure sich eine Behandlung mit Salpetersäure und Chlor gefallen lassen würde. Wir haben nichts desto weniger die Simpson'sche Synthese mehrfach zu verschiedenen Zeiten, in veränderten Bedingungen und mit Weglassen der gefährlichen Reinigungsmethode ver-

---

[1]) A. **133**, 74 (1864).
[2]) A. **157**, 41 (1871).
[3]) J. pr. Ch. [2] **23**, 274 (1881).

sucht, aber immer nur eine geringe Menge einer Säure erhalten, die sich durch ihren Schmelzpunkt als Glutaconsäure erwies.

Kurz vor Beginn dieser Untersuchung war durch v. Pechmann[1]) die β-Oxoglutarsäure (Acetondicarbonsäure) entdeckt worden und es lag auf der Hand, daß sich diese durch Reduktion in β-Oxyglutarsäure müsse verwandeln lassen. In jener Zeit lagen nur die vorläufigen Angaben von v. Pechmann über die Acetondicarbonsäure vor.

Acetondicarbonsäure oder β-Oxoglutarsäure,

$$CO_2H . CH_2 . CO . CH_2 . CO_2H.$$

Es zeigte sich bald, daß bei der Behandlung der Citronensäure mit concentrierter Schwefelsäure ein Zusatz von rauchender Schwefelsäure vorteilhaft ist und wir erfuhren auch während der Versuche, daß in den Höchster Farbwerken dieselbe Erfahrung gemacht worden war.

Das folgende Verfahren hat sich schließlich als das zweckmäßigste erwiesen. 300 g gepulverte, längere Zeit bei 100° getrocknete Citronensäure werden mit einem Gemisch von 300 g gewöhnlicher und 200 g rauchender Schwefelsäure im Wasserbade längere Zeit erwärmt. Die Reaction darf als vollendet angesehen werden, wenn die Kohlenoxydflamme von selbst erlischt. Die dicke Flüssigkeit wird möglichst rasch abgekühlt, auf 900 g zerkleinertes Eis gegossen und einige Zeit sich selbst überlassen. Die in Schüppchen abgeschiedene Acetondicarbonsäure wird zunächst durch die Saugpumpe und durch Aufstreichen auf unglasierte Thonteller von der Mutterlauge befreit. Die Ausbeute beträgt 70 g, bei gut gelungenen Operationen sogar 90 g völlig trockene Säure. Wir sind auf eine nähere Untersuchung der Acetondicarbonsäure selbstverständlich nicht eingegangen, haben jedoch den Diäthylester dargestellt und dessen Siedepunkt unter 12$^{mm}$ Druck bei 138° beobachtet[2]). Wir glauben außerdem darauf aufmerksam machen zu müssen, daß die Säure, wenn ihr auch nur wenig Schwefelsäure anhaftet, nicht längere Zeit aufbewahrt werden kann. Sie zerfällt und liefert als Hauptproducte Kohlensäure, Aceton und Essigsäure.

*Die Reduction der Acetondicarbonsäure zur β-Oxyglutarsäure* bietet keine besonderen Schwierigkeiten, erfordert jedoch einige Vorsicht. Eine vorläufige Neutralisation der Säure mit Alkali erschien bei der leichten Zersetzbarkeit der Säure nicht geeignet. Als besonders zweck-

---

[1]) B. **17**, 2542 (1884).
[2]) William Orren Emery, B. **23**, 3762 Anm. [2]) (1890).

mäßig erwies es sich, in eine Lösung von 30 g Acetondicarbonsäure in 100 g Wasser unter fortwährender guter Kühlung durch Kältegemisch zweiprozentiges Natriumamalgam in kleinen Mengen einzutragen. Sobald die Flüssigkeit alkalisch geworden ist, giebt man 100 g Natriumamalgam auf einmal hinzu und erwärmt, indem man mehrfach neue Mengen von Natriumamalgam zufügt, während zwei bis drei Tagen auf dem Wasserbade. Versuche, aus diesem Rohproducte die $\beta$-Oxyglutarsäure durch Darstellung eines unlöslichen oder eines krystallisierbaren Salzes in reinem Zustande zu gewinnen, blieben erfolglos. Selbst das schwer lösliche Bleisalz zeigte sich nicht als geeignet.

Wir fanden schließlich, daß die Säure, obgleich man dies von der der Aepfelsäure homologen Säure kaum hätte erwarten können, sich ihrer wäßrigen Lösung durch Aether entziehen läßt. Das zur Darstellung angewendete Verfahren war danach das folgende: Die wäßrige Lösung wird unter gutem Abkühlen mit einer Mischung gleicher Teile englischer Schwefelsäure und Wasser neutralisiert und dann mit einem großen Ueberschuß von Schwefelsäure versetzt. Nach längerem Stehen wird vom auskrystallisierten Natriumsulfat abgegossen und die Flüssigkeit zehn- bis vierzehnmal mit dem sechs- bis achtfachen Volum Aether ausgeschüttelt. Nach dem Abdestillieren des Aethers bleibt ein Syrup, der bei gut gelungenen Operationen krystallinisch erstarrt. Bisweilen tritt dies Krystallisieren erst bei mehrtägigem Stehen im Exsiccator ein. Die aus Essigester umkrystallisierte Säure schmolz bei 93 bis 94° [1]). Die Analyse gab folgende Zahlen:

0.1251 g Substanz gaben 0.1886 $CO_2$ und 0.0604 $H_2O$.

|   | Berechnet für: $C_5 H_8 O_5$ | Gefunden: |
|---|---|---|
| C | 40.52 | 41.12 |
| H | 5.46 | 5.40 |
| O | 54.02 | — |

Die $\beta$-Oxyglutarsäure geht bei kurzem Erwärmen mit concentrierter oder bei längerem Erhitzen mit verdünnter Schwefelsäure in Glutaconsäure über. Bei der Destillation liefert sie Glutaconsäureanhydrid. Ich komme auf beide Umwandlungen später zurück.

---

[1) H. v. Pechmann und K. Jenisch, die in der Zwischenzeit die $\beta$-Oxyglutarsäure ebenfalls durch Reduktion der Acetondicarbonsäure dargestellt haben, bedienen sich zur Reinigung des Kupfersalzes: B. 24, 3250 (1891). (A.)

*Monoammoniumsalz der β-Oxyglutarsäure.* Wenn man eine wässrige, stark ammoniakalische Lösung der Säure verdunsten läßt, so hinterbleibt eine krystallinische Masse, die aus dem sauren Ammoniumsalz besteht. Das neutrale Ammoniumsalz konnte nicht erhalten werden. Das saure Salz gab bei der Analyse folgenden Wert:

0.9796 g Substanz gaben 0.3168 $NH_4$ Cl.

|  | Berechnet auf $C_5 H_{11} NO_5$ | Gefunden |
|---|---|---|
| $NH_3$ | 10.34 | 10.31 |

*Kalksalz der β-Oxyglutarsäure.* Durch Neutralisation der Säure mit Calciumcarbonat erhalten:

0.1176 g des bei 100° getrockneten Salzes gaben 0.0590 CaO.

|  | Berechnet für $C_5 H_6 O_5 Ca$ | Gefunden: |
|---|---|---|
| Ca | 21.55 | 21.35 |

*Silbersalz* kann als Fällung erhalten werden, es ist in Wasser löslich und krystallisiert daraus in länglichen Platten.

| I | 0.1504 g Substanz gaben | 0.0888 Ag |
|---|---|---|
| II | 0.1508 g   „       „ | 0.0890 Ag |
| III | 0.1267 g   „       „ | 0.0741 Ag |

|  | Berechnet für $C_5 H_6 O_5 Ag_2$ | Gefunden | | |
|---|---|---|---|---|
|  |  | I | II | III |
| Ag | 59.64 | 59.04 | 59.02 | 58.48 |

Das Baryum- und das Zinksalz konnten nicht krystallisiert erhalten werden. Das Kupfersalz ist verhältnismäßig schwer löslich.

*β - Oxyglutarsäurediaethylester*  HO.CH$\begin{smallmatrix} CH_2CO_2C_2H_5 \\ CH_2CO_2C_2H_5 \end{smallmatrix}$ . Dieser Ester kann ohne große Schwierigkeiten aus der Säure selbst durch Einwirkung von Alkohol und Chlorwasserstoff dargestellt werden [1]). Die Oxysäure wird in der gewöhnlichen Menge absoluten Alkohols gelöst, die Lösung gut mit Eis gekühlt und mit Chlorwasserstoffgas gesättigt. Nach zwölfstündigem Stehen werden Chlorwasserstoff, Alkohol und Wasser

---

[1]) Diesen Ester hatten H. v. P e c h m a n n und K. J e n i s c h (B. **24**, 3251 (1891)) vergebens „nach der Methode von A n s c h ü t z darzustellen" versucht. Damals war nach dieser Methode der Ester von K e k u l é ohne Schwierigkeit erhalten worden, vgl. B. **25**, 1976 (1892) Anmerkung [1]) von A n s c h ü t z.

unter vermindertem Druck erst bei gewöhnlicher Temperatur, dann bei 100° abgesaugt. Hierauf setzt man wieder Alkohol zu und verfährt in derselben Weise. Man wiederholt diese Operation zurm dritten Male, löst den Rückstand in Aether, gießt die ätherische Lösung auf Eis und schüttelt mit Eiswasser wiederholt aus. Die ätherische Schicht wird dann getrocknet und bei stark vermindertem Druck destilliert. Wenn bei dieser Darstellung eine größere Temperaturerhöhung eintritt, so wird Glutaconsäureaethylester gebildet und durch Einwirkung von Salzsäure daraus Chlorglutaconsäureester. Auch bei der Destillation unter gewöhnlichem Druck spaltet der $\beta$-Oxyglutarsäureaethylester Wasser ab und geht in Glutaconsäureester über. Gut gelungene Operationen liefern bis 55 pct der berechneten Menge des Ester, der unter etwa 11$^{mm}$ Druck bei 150° siedet. Bei den Analysen wurden folgende Zahlen erhalten:

I    0.1071 g Substanz gaben 0.2068 $CO_2$ und 0.0771 $H_2O$
II   0.1279 g       „          „   0.2477 $CO_2$ „  0.0934 $H_2O$
III  0.1432 g       „          „   0.2775 $CO_2$ „  0.1035 $H_2O$.

|   | Berechnet für: $C_9 H_{16} O_5$: | Gefunden: | | |
|---|---|---|---|---|
|   |   | I | II | III |
| C | 52.90 | 52.66 | 52.82 | 52.85 |
| H | 7.91 | 8.05 | 8.17 | 8.09 |
| O | 39.19 | — | — | — |

$\beta$-Oxyglutaramid $HO . CH \Big\langle \begin{smallmatrix} CH_2 . CONH_2 \\ CH_2 . CONH_2 \end{smallmatrix} + 2 H_2O$ , wird leicht durch Einwirkung von starkem Ammoniak auf den Ester erhalten. Man arbeitet zweckmäßig in kleinen Mengen. In 20$^{ccm}$ des Esters werden mit dem doppelten Volum des bei 0° gesättigten wässerigen Ammoniakes längere Zeit unter wiederholtem Umschütteln sich selbst überlassen. Gewöhnlich genügen zwei Tage, um den Ester in Lösung zu bringen. Man läßt dann das Reactionsprodukt in flachen Schalen verdunsten. Nach etwa zwölf Stunden hat sich ein großer Teil des Amides in flachen Tafeln abgeschieden. Die Krystalle enthalten zwei Moleküle Krystallwasser und verwittern schon bei gewöhnlicher Temperatur.

2.94 g lufttrockener Krystalle verlieren bei 100° 0.5752 g Wasser:

|   | Berechnet für: $C_5 H_{10} N_2 O_3 \cdot 2 H_2O$ | Gefunden: |
|---|---|---|
| $H_2O$ | 19.78 | 19.56 |

Die Analysen des krystallwasserfreien Amides gaben folgende Zahlen:

I   0.1903 g gaben 0.2877 $CO_2$ und 0.1209 $H_2O$
II  0.2319 g   „   0.3488  „   „  0.1492 $H_2O$
III 0.2266 g   „   34 ccm Stickgas bei 11° unter 750 mm Druck.

| | Berechnet für: | Gefunden: | | |
|---|---|---|---|---|
| | $C_5 H_{10} N_2 O_3$ | I | II | III |
| C | 41.04 | 41.23 | 41.02 | — |
| H | 6.91 | 7.11 | 7.20 | — |
| N | 19.21 | — | — | 17.80 |
| O | 32.84 | — | — | — |

*Sog. $aa_1$-Dioxypyridin aus β-Oxyglutarsäureamid.*

Versuche, durch Erhitzen von β-oxyglutarsaurem Ammonium einen dem Fumarimid analogen Körper darzustellen, blieben erfolglos. Auch durch Erhitzen des β-Oxyglutaramids für sich oder im Strom von Chlorwasserstoffgas konnte kein wohl charakterisiertes Produkt erhalten werden. Bessere Resultate ergab die Anwendung des Verfahrens, durch das A. W. H o f m a n n und A. B e h r m a n n[1]) aus den Amiden der Citronensäure die Citrazinsäure erhalten haben.

Der bei Einwirkung von Schwefelsäure auf β-Glutaramid entstehende Körper zeigt indeß keinerlei Aehnlichkeit mit dem Fumarimid. Er ist eine schwache Base, die mit Säuren gut krystallisierende Salze bildet. Die Untersuchung der Salze und der freien Base ergab, daß ihr die Zusammensetzung eines $aa_1$-Dioxypyridins zukommt und so mag sie vorläufig bezeichnet werden.

$aa_1$-*Dioxypyridin-sulfat*, $(C_5H_5NO_2) SO_4H_2 \cdot 2 H_2O$. Drei Teile des Amids werden mit 8 Teilen concentrierter Schwefelsäure übergossen und mehrere Stunden auf 130—140° erhitzt. Beim Erkalten erstarrt der entstandene Syrup zu einer blättrig-krystallinischen Masse. Uebergießt man diese Masse mit wenig Wasser — etwas mehr als Amid angewandt wurde —, so wandeln sich die Blätter in ein Krystallpulver um. Man bringt durch Erwärmen in Lösung und läßt erkalten. Es entstehen dann compakte und bisweilen große Krystalle des $aa_1$-Dioxypyridinsulfats mit zwei Molekulen Krystallwasser, das aus wenig Wasser und aus heißem Alkohol umkrystallisiert werden kann, während es durch größere Mengen von Wasser zerlegt wird. Das wasserhaltige Salz schmilzt bei 183—184°.

---

[1]) B. **17**, 2681 (1884).

I   0.9188 g aus Wasser verloren bei 100° 0.0999 $H_2O$
II  1.5417 g „ Alkohol „ „ 100° 0.1548 $H_2O$
III 1.6647 g „ Mutterlaugen, große Krystalle, verloren bei 100° 0.1688 g $H_2O$.

| Berechnet für | | Gefunden | | |
|---|---|---|---|---|
| $(C_5H_5NO_2)_2SO_4H_2 \cdot 2H_2O$ | | I | II | III |
| $H_2O$ | 10.11 | 10.87 | 10.04 | 10.14 |

Diese Krystalle verwittern langsam schon bei gewöhnlicher Temperatur. Die Analysen des krystallwasserfreien Sulfates gaben folgende Zahlen:

I   0.1567 g Substanz gaben 0.2151 $CO_2$ und 0.0574 $H_2O$
II  0.3494 g „ „ 0.2676 $SO_4Ba$.

| Berechnet für | | Gefunden: | |
|---|---|---|---|
| $(C_5H_5NO_2)_2SO_4H_2$ | | I | II |
| C | 37.47 | 37.44 | — |
| H | 3.78 | 4.10 | — |
| N | 8.77 | — | — |
| S | 10.01 | — | 10.52 |
| O | 39.97 | — | — |

$aa_1$-*Dioxypyridin-chlorhydrat*, $C_5H_5NO_2 \cdot HCl \cdot H_2O$:

Aus dem Sulfat kann das Chlorid durch doppelte Umsetzung mit Baryumchlorid dargestellt werden. Man versetzt eine alkoholische Lösung des Sulfates mit einer heißen concentrierten Lösung von Baryumchlorid, filtriert von dem Baryumsulfat ab, bringt zur Trockne und extrahiert mit absolutem Alkohol. Die nach der Verdunstung des Alkohols hinterbleibenden Krystalle werden aus wenig heißem Wasser umkrystallisiert. Man erhält so lange Prismen des krystallwasserhaltigen Salzes. Das Salz verliert beim Erwärmen nicht nur Wasser, sondern auch Salzsäure: das Wasser entweicht schon bei 80°, die Salzsäure erst bei 90°—100°. Die zurückbleibende Base sublimiert zum nicht geringen Teil in farblosen feinen Nädelchen.

0.6072 g verloren bei vierzehnstündigem Erhitzen bei 100°: 0.1976 g. Aus der vorgelegten Silbernitratlösung wurden 0.5072 g AgCl gefällt.

| Berechnet für: | | Gefunden: |
|---|---|---|
| $C_5H_5NO_2 \cdot HCl \cdot H_2O$ | | |
| $HCl \cdot H_2O$ | 32.90 | 32.54 |
| $HCl$ | 22.02 | 21.24 |

$aa_1$-*Dioxypyridin*, $C_5H_5NO_2$. Versuche aus einer wäßrigen Lösung des Sulfates durch Zersetzen mit Barytwasser, Ausfällen des überschüssigen Baryts mit Kohlensäure und Eindampfen der Lösung die freie Base zu gewinnen, blieben erfolglos. *Die Flüssigkeit färbte sich während der Operation und namentlich während des Eindampfens tief violettblau*[1]. Daß das Chlorid schon beim Erhitzen auf $100^0$ unter Verlust der Salzsäure die freie Base erzeugt, ist erwähnt worden. Am zweckmäßigsten erhält man die Base aus dem Sulfat durch Zersetzen desselben mit Wasser. Man löst das Sulfat in verhältnismäßig viel siedendem Wasser und kühlt rasch ab. Es scheiden sich dann weiße Nadeln der Base aus, die gewaschen und auf Thonplatten getrocknet werden. Man arbeitet dabei zweckmäßig mit sehr kleinen Mengen im Reagensrohr, in dem man jedesmal 1 g Sulfat in 10 $^{ccm}$ Wasser löst. Aus 24 g Sulfat erhält man 16 g rohe Base. Da dieses Rohprodukt immer noch etwas Schwefelsäure enthält, so löst man je 2 g in 15 $^{ccm}$ siedendem Wasser und kühlt die Lösung rasch ab. Die ausgeschiedenen Blättchen oder Nädelchen werden abfiltriert, mit wenig Wasser gewaschen und getrocknet. Man erhält so 10 g der reinen Base. Aus den Mutterlaugen kann in der oben angegebenen Weise leicht wieder Chlorhydrat gewonnen werden, das für weitere Umwandlungen verwandt oder durch Schwefelsäure in das krystallisierte Sulfat übergeführt werden kann.

Die Analysen der freien Base gaben folgende Zahlen:

I    0.1930 g Substanz gaben 0.3804 $CO_2$ und 0.0862 $H_2O$
II   0.1514 g    ,,     ,,   0.2995 ,,   ,,  0.0622 $H_2O$
III  0.1496 g    ,,     ,,   15.5 $^{ccm}$ Stickgas bei $8^0$ unter 760 $^{mm}$ Druck.

|   | Berechnet für | Gefunden | | |
|---|---|---|---|---|
|   | $C_5H_5NO_2$ | I | II | III |
| C | 54.01 | 53.75 | 53.95 | — |
| H | 4.54 | 4.91 | 4.60 | — |
| N | 12.64 | — | — | 12.59 |
| O | 28.81 | — | — | — |

Das freie Dioxypyridin ist sublimierbar, die sublimierte Substanz schmilzt bei 183—184$^0$ und giebt nur schwach die blaue Reaction. Beim

---

[1] B e h r m a n n und A. W. H o f m a n n, B. **17**, 2689 (1884) beobachteten ähnliche Färbungen an den Lösungen der Citrazinate: „Besonders auffallend ist diese Erscheinung bei der ammoniakalischen Lösung, welche nach einiger Zeit die tiefblaue Farbe des Kupferoxydammoniaks annimmt."

Stehen an der Luft färbt sich die Base dunkelbraun und schließlich schwarz.

*Die Umwandlung des aa₁-Dioxypyridins in Pyridin:* Es mußte uns zunächst darauf ankommen den Zusammenhang des Dioxypyridins mit dem Pyridin nachzuweisen. Zu diesem Zwecke wurden folgende zwei Versuche angestellt:

1) 1 g Dioxypyridinsulfat wurde mit 10 g Zinkstaub vermischt, das Gemisch in eine Röhre eingefüllt, noch 10 g Zinkstaub vorgelegt und bis auf Rotglut erhitzt. Die entweichenden Dämpfe wurden in Salzsäure aufgefangen und das entstandene Chlorhydrat mit Platinchloridlösung gefällt.

2) Ein Gramm freies Dioxypyridin wurde mit Zinkstaub in derselben Weise behandelt und das entstandene Chlorhydrat mit Platinchloridlösung behandelt. Die Analyse beider Platinchlorid-Doppelsalze gaben auf platinchlorwasserstoffsaures Ppridin stimmende Werte.

I  0.0890 g gaben 0.0307 Pt
II 0.2114 g   „     0.0734 Pt.

| | Berechnet für | Gefunden: | |
| | $[C_5 H_5 N \cdot HCl]_2 \cdot PtCl_4$ | I | II |
| Pt | 34.31 | 34.49 | 34.72 |

### Dioxypyridin mit Phosphorpentachlorid.

Die eben beschriebene Umwandlung kann nicht als strenger Beweis für die Constitution des Dioxypyridins angesehen werden, weil sie sich in der Glühhitze vollzieht. Wir haben es daher für geeignet gehalten, das Dioxypyridin mit Phosphorpentachlorid zu behandeln. Es mußte dabei, gleichgültig, welche Constitution dem Dioxypyridin zukommt, ein Product von der Zusammensetzung eines Chlorpyridins erhalten werden. Der Versuch hat gezeigt, daß es einerlei ist, ob man das Sulfat, oder das Chlorid, oder die freie Base verwendet. Läßt man bei einer dieser Reactionen einen großen Ueberschuß von Phosphorpentachlorid einwirken, so entsteht eine Substanz von der Zusammensetzung des *Pentachlorpyridins*, ohne daß größere Mengen eines Nebenproduktes gebildet werden. Arbeitet man mit wenig Phosphorpentachlorid, so entstehen an Chlor ärmere Produkte, die nicht in reinem Zustande erhalten werden konnten. Ein großer Theil der angewandten Substanz geht dann in ein complizierteres Produkt über, das sich bei der Destillation des Roh-

produktes mit Wasserdampf als grüner Schlamm absetzt und dessen
Natur nicht entziffert werden konnte.

Erhitzt man getrocknetes Dioxypyridinsulfat mit der neunfachen
Menge Phosphorpentachlorid mehrere Stunden auf 100° und zuletzt auf
150°, so entsteht eine klare Lösung, aus der beim Erkalten überschüssiges
Phosphorpentachlorid auskrystallisiert. Man verdünnt mit abgekühltem
Wasser und destilliert im Dampfstrom. Mit den Wasserdämpfen ging
eine weiße krystallinische Masse über, die in rohem Zustande bei
120—122° schmolz. Durch mehrmaliges Umkrystallisieren aus Alkohol entstanden größere, bei 124—125° schmelzende Blättchen. Die Analyse führte zu der Formel des Pentachlorpyridins.

I   0.2022 g gaben 0.1720 $CO_2$ und 0.0050 $H_2O$
II  0.1755 g   „     0.4952 AgCl
III 0.1812 g   „     0.5097 AgCl
IV  0.1018 g   „     0.2888 AgCl
V   0.2342 g   „    11.1 ccm Stickgas bei 12.°3 unter 753.5 mm Druck.

|   | Berechnet für | | Gefunden: | | | |
|---|---|---|---|---|---|---|
|   | $C_5 Cl_5 N$ | I | II | III | IV | V |
| C  | 23.88 | 23.20 | — | — | — | — |
| Cl | 70.54 | — | 69.77 | 69.55 | 70.15 | — |
| N  | 5.58 | — | — | — | — | 5.63 |
| H  | 0.00 | 0.28 | — | — | — | — |

Ein Versuch, auf dem Weg der Rückwärtssubstitution den Nachweis
zu führen, daß diese Substanz wirklich ein chlorsubstituiertes Pyridin
ist, bot keine Aussicht auf Erfolg. Man kennt einerseits die Leichtigkeit, mit der das Pyridin und seine Abkömmlinge Wasserstoff aufnehmen und weiß andererseits durch frühere Versuche, daß substituierte
Pyridine ihr Chlor oder Brom entweder nicht, oder ungemein schwer
abgeben. Es blieb uns also nur übrig aus dem Pyridin selbst Chlorsubstitutionsproducte darzustellen, um diese mit unserem Pentachlorpyridin
vergleichen zu können.

Ueber gechlorte Pyridine liegen sehr wenige Angaben vor: W. Königs und R. Geigy[1] haben aus Pyridindisulfosäure mit Phosphorpentachlorid ein Gemisch von Di- und Trichlorpyridin erhalten. Das
Pyridin gilt im allgemeinen, obgleich E. H. Keiser[2] durch direkte

---

[1] B. **17**, 593 (1884).
[2] Americ. Chem. J. **8**, 308 (1886).

Substitution ein Dichlorpyridin erhalten hat, für einen sehr schwer substituierbaren Körper. W. K ö n i g s und R. G e i g y bemerkten am Schlusse ihrer Abhandlung: „Versuche, das Pyridin durch Erhitzen mit Phosphor- und Antimonpentachlorid direkt zu chlorieren, führten zu anderen, ebenfalls krystallisierten Produkten." Wir haben diese Reaktion aufgegriffen und gefunden, daß sich bei dem Pyridin eine Substitution durch Erhitzen mit Phosphorpentachlorid oder Antimonpentachlorid sehr leicht bewerkstelligen läßt. Auffallenderweise ist in diesem Falle die Phosphorverbindung weit wirksamer als die Antimonverbindung.

Pyridin und Phosphorpentachlorid, im Verhältnis von einem auf fünf und ein halbes Molekül, wurden unter Zusatz von etwas Phosphoroxychlorid in zugeschmolzenen Röhren mehrere Tage auf 270—280° erhitzt. Alle fünf Stunden werden die Röhren aufgeschmolzen, wobei Ströme von Chlorwasserstoff entweichen. Est wenn die Bildung von Chlorwasserstoffgas beträchtlich nachgelassen hatte, wurde die Operation als beendet angesehen. Das Reactionsproduct wurde mit Wasser versetzt und mit Wasserdampf destilliert. Schon vor Beginn der Destillation hatten sich Oeltropfen und weiße Flocken abgeschieden. Mit den Wasserdämpfen ging anfangs eine ölförmige Substanz über; später erstarrten die Oeltropfen krystallinisch. Das Rohprodukt, von dem ein Teil selbst beim Abkühlen flüssig bleibt, enthält offenbar auch niedrig gechlorte Pyridine, mit deren Untersuchung wir uns nicht weiter befaßt haben, da es uns nur auf das Pentachlorpyridin ankam. Aus dem festen Teil der Reactionsprodukte können leicht zwei gechlorte Pyridine isoliert werden: Das Pentachlorpyridin und ein Tetrachlorpyridin. Man krystallisiert wiederholt aus heißem absolutem Alkohol um und erhält so das in kaltem Alkohol wenig lösliche Pentachlorpyridin in reinem Zustande.

Das Pentachlorpyridin bildet farblose, seidenglänzende vierseitige Tafeln und schmilzt bei 124—125°.

I  0.1571 g Substanz gaben 0.4474 AgCl
II 0.1394 g    „         „    0.3941 AgCl.

|  | Berechnet für | Gefunden: | |
|---|---|---|---|
|  | $C_5 Cl_5 N$ | I | II |
| Cl | 70.54 | 70.42 | 69.90 |

Um das Tetrachlorpyridin zu gewinnen, wird die Mutterlauge des Pentachlorpyridins zum Sieden erhitzt und dann bis zur beginnenden

Trübung mit siedendem Wasser versetzt. Die bei langsamem Erkalten
sich abscheidenden Nädelchen werden wieder in heißem Alkohol gelöst
und die Lösung abgekühlt. Man entfernt eine geringe Menge auskry-
stallisierter Substanz, versetzt die zum Sieden erhitzte alkoholische
Mutterlauge wiederum mit siedendem Wasser bis zur beginnenden Trübung und verfährt wie oben. Man wiederholt die Operation zum dritten
Male und erhält so nahezu reines Tetrachlorpyridin.

Das *Tetrachlorpyridin*, $C_5 Cl_4 HN$ bildet farblose Nädelchen, die bei
80° bis 85° schmelzen.

I   0.1330 g Substanz gaben 0.3522 AgCl
II  0.1370 g      „         „     0.3658 AgCl.

| | Berechnet für | Gefunden: | |
|---|---|---|---|
| | $C_5 HCl_4 N$ | I | II |
| Cl | 65.39 | 65.48 | 66.02 |

Bei einem Versuche mit Antimonpentachlorid wurde genau in derselben Weise verfahren. Bei der Destillation der Reactionsprodukte mit
Wasserdampf ging direkt eine weiße krystallisierte Substanz über, die
nach einmaligem Umkrystallisieren aus heißem Alkohol glänzende, vierseitige Tafeln vom Schmelzpunkt 124—125° lieferte. Es war also nur
Pentachlorpyridin gebildet worden.

Der oben beschriebene, aus Dioxypyridin erhaltene Körper von der
Zusammensetzung des Pentachlorpyridins zeigte genau dasselbe Aussehen und denselben Schmelzpunkt, wie das aus Pyridin dargestellte
Substitutionsproduct, er kann also offenbar als Pentachlorpyridin angesehen werden.

### β-Oxyglutaramid mit Phosphorpentachlorid.

Da das β-Oxyglutaramid beim Behandeln mit Schwefelsäure unter
Austritt von Wasser und Ammoniak Dioxypyridin erzeugt, das durch
Erhitzen mit Phosphorpentachlorid: Pentachlorpyridin liefert, so erschien es möglich, daß das β-Oxyglutaramid vielleicht mit Phosphorpentachlorid als Endprodukt ebenfalls Pentachlorpyridin liefern könne.
Man hätte dann die immerhin mit Verlust verbundene Darstellung des
s. g. Dioxypyridins umgehen können.

Der Versuch zeigte, daß die Reaction in anderer Weise verläuft.
Wenn man das Amid mit viel Phosphorpentachlorid erhitzt, und das
Produkt mit Wasserdampf destilliert, so erhält man in der Tat eine

flüchtige krystallisierbare Substanz, die wir anfangs für ein gechlortes Pyridin hielten. Später zeigte sich, daß diese Substanz *zwei* Stickstoffatome im Molekül enthält, und aus Chlorsubstitutionsprodukten eines Amidopyridins besteht. Bei seiner Bildung wird offenbar eine Amidogruppe in derselben Weise umgelagert, wie bei der Einwirkung von Schwefelsäure auf das Amid. Die zweite Amidogruppe wird nicht als Ammoniak abgespalten, sondern verbleibt in der Verbindung.

Das Entziffern des bei dieser Reaktion entstehenden Produktes bot große Schwierigkeiten. Da die erhaltenen Verbindungen mit dem Ziel dieser Arbeit nicht in direkter Beziehung stehen, so begnügen wir uns mit summarischen Angaben.

Man erhält immer drei *gechlorte Amido*pyridine je nach den Mengenverhältnissen der Materialien in wechselnder Menge. Es entstehen

Monochloramidopyridin: $C_5 H_5 Cl N_2$, Schmp. 69—70°,
Dichloramidopyridin : $C_5 H_4 Cl_2 N_2$, Schmp. 136—137°,
Trichloramidopyridin : $C_5 H_3 Cl_3 N_2$, Schmp. 143—144°.

Das Monochloramidopyridin ist eine starke Base und deshalb in Säuren leicht löslich. Auch das Dichloramidopyridin besitzt schwach basische Eigenschaften. Das Trichloramidopyridin vereinigt sich nicht mehr mit Säuren. Bei der Destillation des mit einem Ueberschuß von Salzsäure versetzten Gemisches der drei Chloramidopyridine mit Wasserdampf geht also zunächst nur Trichloramidopyridin über. Später gesellt sich ihm auch Dichloramidopyridin bei, weil dessen Chlorid allmählich Zersetzung erleidet. Wird der Rückstand mit Alkali versetzt und dann mit Wasserdampf destilliert, so geht das Dichloramidopyridin und das Monochloramidopyridin über. Bei Anwendung von wenig Phosphorpentachlorid wird nur eine geringe Menge des Trichloramidopyridins gebildet. Durch Verwendung größerer Mengen des Phosphorchlorides vermehrt sich die Ausbeute an diesem Produkt. Das Mono- und das Dichloramidopyridin werden immer nur in geringer Menge gebildet. Die Ausbeute an gechlorten Amidopyridinen ist stets relativ klein, sie beträgt höchstens 20 pct. Ein großer Teil des angewandten $\beta$-Oxyglutaramides wird in offenbar compliciert zusammengesetzte Produkte umgewandelt, die sich schon beim Vermischen des Rohproduktes mit Wasser als grüner Schlamm absetzen. Im Allgemeinen verfuhren wir in folgender Weise: Das $\beta$-Oxyglutaramid wurde mit etwas Phosphoroxychlorid befeuchtet und dann Phosphorpentachlorid zugefügt; auf 5 g Amid 15—35 g Phosphorpentachlorid. Das Gemisch wurde anfangs auf dem Dampfbad, später in siedendem Wasser und bei einzelnen Versuchen bis auf 120° erhitzt. Dann wurde in Eiswasser gegossen und mit Wasserdampf destilliert. Dabei gehen mit den Wasserdämpfen weiße, feine zu Flocken vereinigte Nadeln über. Der Schmelzpunkt des Rohproduktes schwankt je nach Umständen zwischen 138° bis 153°. Durch Umkrystallisieren aus heißem verdünntem Alkohol gewinnt man das Trichloramidopyridin rein, es schmilzt bei 143—144°.

Versetzt man den Rückstand einer Destillation mit Alkali und destilliert wieder im Dampfstrom, so scheiden sich aus dem Destillat nur selten kleine Mengen von Dichloramidopyridin ab, meist bleibt Alles in Lösung. Man neutralisiert mit Salzsäure, dampft im Wasserbade ein und destilliert den Rückstand mit wenig Kalilauge. Aus dem Destillat scheiden sich zwei Arten von Krystallen ab: feine Nadeln und Blättchen. Durch wiederholtes Umkrystallisieren aus wenig heißem Wasser können beide, wenn auch schwierig, getrennt werden. Beim Erkalten scheiden sich zunächst die Nadeln und aus der abgegossenen Flüssigkeit die Blättchen aus. Die ersteren sind das bei 111—113° schmelzende Dichloramidopyridin, die Blättchen bestehen aus Monochloramidopyridin und schmelzen bei 69 bis 70°.

Ein an Chlor reicheres Substitutionsprodukt scheint unter den innegehaltenen Reactionsbedingungen nicht zu entstehen. Wir haben das Trichloramidopyridin mit überschüssigem Phosphorpentachlorid längere Zeit auf 100° erhitzt und bei nachfolgender Destillation mit Wasserdampf unverändert wieder erhalten.

Von den zahlreichen Analysen, die mit diesen schwer zu reinigenden Produkten ausgeführt wurden, teilen wir nur die folgenden mit. Die sämtlichen Chlorbestimmungen sind nach der Methode von C a r i u s durch Erhitzen im geschlossenen Rohr mit Salpetersäure und Silbernitrat ausgeführt worden.

*Monochlor-amido-pyridin,* Schmp. 69--70°.

$$
\begin{array}{lll}
\text{I.} & 0.1095 \text{ g gaben} & 0.1217 \text{ AgCl.} \\
\text{II.} & 0.1014 \text{ g} \quad ,, & 0.1135 \text{ ,, ,,} \\
\text{III.} & 0.1012 \text{ g} \quad ,, & 0.1136 \text{ ,, ,,}
\end{array}
$$

| | Berechnet für: $C_5 H_5 N_2 Cl$ | Gefunden: I. | II. | III. |
|---|---|---|---|---|
| Cl | 27.62 | 27.41 | 27.69 | 27.77 |

*Dichlor-amido-pyridin,* Schmp. 136—137°.

I. 0.1033 g gaben 0.1827 AgCl.

| | Berechnet für: $C_5 H_4 N_2 Cl_2$ | Gefunden: I. |
|---|---|---|
| Cl | 43.56 | 43.75. |

*Trichlor-amido-pyridin,* Schmp. 143—144°, ist am leichtesten in etwas größerer Menge zu gewinnen. Die Schmelzpunkte verschiedener Präparate schwankten von 143—144°, 146—147°, 140—143° und 144—148°. Es sind von diesen Präparaten nicht weniger als 11 Verbrennungen, 3 Stickstoffbestimmungen und 23 Chlorbestimmungen ausgeführt worden, von denen die der bei 143—144° schmelzenden Präparate am besten auf die Formel eines Trichlor-amido-pyridins stimmen:

| | | | |
|---|---|---|---|
| I. | 0.1034 g | gaben | 0.1142 $CO_2$ und 0.0202 $H_2O$. |
| II. | 0.1194 g | ., | 0.1307 $CO_2$ ., 0.0235 $H_2O$. |
| III. | 0.1478 g | „ | 0.1610 $CO_2$ ., 0.0216 $H_2O$. |
| IV. | 0.2508 g | „ | 29.5 cc N (22°, 758 mm). |
| V. | 0.2036 g | „ | 23.9 cc N (18.5°, 768 mm). |
| VI. | 0.2046 g | ., | 27 cc N (23°, 758 mm). |
| VII. | 0.1032 g | „ | 0.2283 AgCl. |
| VIII. | 0.1036 g | .. | 0.2227 AgCl. |
| IX. | 0.1022 g | „ | 0.2225 AgCl. |

| | Berechnet für: | | | | Gefunden: | | | | |
|---|---|---|---|---|---|---|---|---|---|
| $C_5 H_3 N_2 Cl_3$ | I. | II. | III. | IV. | V. | VI. | VII. | VIII. | IX. |
| C | 30.38 | 30.12 | 29.85 | 29.71 | — | — | — | — | — | — |
| H | 1.52 | 2.17 | 2.19 | 1.63 | — | — | — | — | — | — |
| N | 14.17 | — | — | — | 13.23 | 13.62 | 14.82 | — | — | — |
| Cl | 53.92 | — | — | — | — | — | — | 54.72 | 53.18 | 53.85 |

Ein Versuch, dem Trichloramidopyridin, das in größter Menge erhalten worden war, das Chlor durch Erhitzen mit Jodwasserstoffsäure zu entziehen, um so zu dem Amidopyridin selbst zu gelangen, blieb ohne Erfolg. Eine vollständige Rückwärtssubstitution konnte nicht erzielt werden, offenbar hatte eine Addition von Wasserstoff stattgefunden. Wir haben das Trichloramidopyridin mit einem großen Ueberschuß einer wässrigen Lösung des Jodwasserstoff vom spec. Gew. 1.96 mehrere Stunden auf 170 bis 180° erhitzt und das alkalisch gemachte Produkt mit Wasserdampf destilliert. Es wurden ölartige Tröpfchen erhalten, die bald krystallinisch erstarrten und nach dem Auspressen bei 77—78°

schmolzen. Dem wässrigen Destillat konnte mit Aether ein anderes bei
125—128° schmelzendes Produkt entzogen werden. Noch zweimal wurde
dieselbe Behandlung mit der hochconcentrierten Jodwasserstoffsäure
wiederholt und stets neben den bei 78—80° schmelzenden Platten, eine
bei 126—128° schmelzende Substanz der wässrigen Lösung entzogen.
Es standen uns nur so kleine Mengen der beiden Substanzen zur Verfügung, daß sie eben zu den folgenden Chlorbestimmungen reichten:
Die bei 78—80° schmelzende Substanz gab folgende Werte:

I.  0.0810 g gaben 0.1390 AgCl.
II. 0.1014 g   „   0.1748 AgCl.

|  | Berechnet für: | | Gefunden: | |
|---|---|---|---|---|
|  | $C_5H_4N_2Cl_2$ | $C_5H_8N_2Cl_2$ | I. | II. |
| Cl | 43.49 | 42.44 | 42.43 | 42.62 |

Die bei 126—128° schmelzende Substanz gab folgenden Wert:

I.  0.1062 g gaben 0.1052 AgCl.

|  | Berechnet für: | Gefunden: |
|---|---|---|
|  | $C_5H_9N_2Cl.$ | |
| Cl | 26.73 | 24.49. |

Wir haben diesen Gegenstand nicht weiter verfolgt.


II. *Nachweis, daß das sog. $aa_1$-Dioxypyridin nichts anderes ist als, das
Imid der Glutaconsäure.*

Die im Vorhergehenden als Dioxypyridin beschriebene Substanz ist
empierisch homolog mit dem s. g. Fumarimid. Ihre Eigenschaften zeigen, daß sie kein dem Fumarimid analoges Verhalten besitzt, daß also
zwischen beiden Verbindungen eine wahre Homologie nicht besteht.
Dem Fumarimid kommt nach allen seinen Eigenschaften ein hohes Mole-
kulargewicht zu; seine Molekularformel ist mindestens das Doppelte,
vielleicht das Vierfache der einfachen Formel $C_4H_3NO_2$.
Die Eigenschaften unsres s. g. Dioxypyridins berechtigen zu der Annahme, die einfachste Verhältnisformel $C_5H_5NO_2$ sei gleichzeitig die
Molekularformel. Nach den in der Einleitung mitgeteilten Betrachtungen kommen für eine Verbindung dieser Molekularformel wesentlich
die folgenden vier Constitutionsformeln in Betracht:

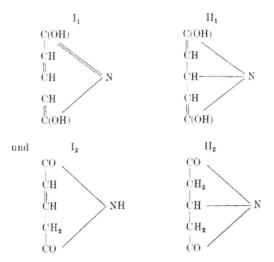

Wie man leicht sieht, sind in den Formeln $I_1$ und $II_1$ je 2 Hydroxyle enthalten, also an Sauerstoff gebundener Wasserstoff. Die Formeln $I_2$ und $II_2$ enthalten den Sauerstoff in s. g. Ketobindung. Nur die Formel $I_2$ enthält eine Imidgruppe, in der durch sie ausgedrückten Substanz wird also ein an Stickstoff gebundenes Wasserstoffatom angenommen.

Welche dieser vier Formeln der wahre Ausdruck für die Constitution unseres s. g. Dioxypyridins ist, muß sich nachweisen lassen:

1. durch die Eigenschaften des s. g. Dioxypyridins.
2. durch seine Spaltungen.
3. durch seine Synthesen.

### 1. Die Eigenschaften des s. g. Dioxypyridins.

a) Das s. g. Dioxypyridin ist eine Base, es bildet mit Schwefelsäure und Salzsäure krystallisierbare Salze. Es ist eine schwache Base: das Sulfat wird durch Wasser zersetzt und das Hydrochlorid verliert schon unter 90—100° seinen Chlorwasserstoff.

b) Durch Einwirkung von salpetriger Säure auf das s. g. Dioxypyridin entsteht ein Nitrosoderivat. Man neutralisiert Dioxypyridin mit Salzsäure und fügt allmählich eine wässrige Lösung von Natriumnitrit hinzu. Bald schied sich ein krystallinisches schwach gelb gefärbtes Pulver aus, das sehr schön die Liebermann'sche Reaction und bei der Analyse auf die Formel $C_5 H_4 O_2 N(NO)$ stimmende Zahlen gab:

I. 0.2070 g Substanz gaben 0.3257 $CO_2$ und 0.0593 $H_2O$

II. 0.2261 g      „         „   37,5 ccm Stickgas bei 8.5° unter 775 mm Druck.

| | Berechnet für: $C_5 H_4 N_2 O_3$ | Gefunden: I. | II. |
|---|---|---|---|
| C | 42.82 | 42.91 | — |
| H | 2.88 | 3.20 | — |
| N | 20.04 | — | 20.47 |
| O | 34.26 | — | — |

c) *Natriumverbindung des s. g. Dioxypyridins*, $C_5 H_4 O_2 N \cdot Na$. Wird der alkoholischen Lösung des Dioxypyridins die berechnete Menge Natrium hinzugefügt, so scheidet sich ein weißes krystallinisches Pulver ab. Dieselbe Substanz entsteht bei Zusatz einer alkoholischen Lösung von Natriumaethylat zu einer alkoholischen Lösung des Dioxypyridins. Die beiden Produkte wurden zuerst mit Alkohol, dann mit Aether ausgewaschen und im Vacuumexsiccator getrocknet.

I. 0.1130 g, mit Natrium dargestellt, gaben beim Glühen mit Schwefelsäure: 0.0584 $SO_4 Na_2$.

II. 0.2016 g mit Natriumaethylat dargestellt, gaben 0.1049 $SO_4 Na_2$.

| | Berechnet für: $C_5 H_4 O_2 NNa$ | Gefunden: I. | II. |
|---|---|---|---|
| Na | 17.31 | 16.76 | 16.87. |

d) *Methylderivat des s. g. Dioxypyridins*. Wenn Dioxypyridin mit Jodmethyl unter Zusatz von Methylalkohol einige Zeit auf 100° erhitzt und die Reactionsflüssigkeit eingedampft wird, so erstarrt der Rückstand zu gelben Nädelchen. Selbst nach dem Umkrystallisieren aus Methylalkohol enthält dieses Produkt noch Jod. Es besteht offenbar wesentlich aus einem jodwasserstoffsauren Salz. Nach zweimaligem Umkrystallisieren aus wenig Wasser erhält man Nädelchen, die fast von Jod frei sind. Dieselbe Verbindung entsteht, wenn man statt der freien Base ihre Natriumverbindung mit Methyljodid erhitzt. Bei den Analysen beider Präparate wurden folgende Zahlen erhalten:

I. 0.1468 g (aus der Natriumverbindung mit Jodmethyl) gaben 0.3081 $CO_2$ und 0.0745 $H_2O$.

II. 0.1508 g (aus der freien Base mit Jodmethyl) gaben 0.3170 $CO_2$ und 0.0781 $H_2O$.

III. 0.2010 g (aus der freien Base) gaben 18.7 ccm Stickgas bei 3.5° unter 767 mm Druck.

|   | Berechnet für: | Gefunden: | | |
|---|---|---|---|---|
|   | $C_5 H_4 (CH_3) O_2 N$ | I. | II. | III. |
| C | 57.55 | 57.33 | 57.24 | — |
| H | 5.65 | 5.79 | 5.68 | — |
| N | 11.22 | — | — | 11.5 |
| O | 25.58 | — | — | — |

e) *Einwirkung von concentrierter Jodwasserstoffsäure auf die Methylverbindung des s. g. Dioxypyridins.* Erhitzt man die vorher beschriebene Methylverbindung längere Zeit mit starker Jodwasserstoffsäure auf 130°, so erleidet sie eine tiefgehende Spaltung. Destilliert man das Rohprodukt zunächst mit Wasserdampf, so geht eine kleine Menge Jodmethyl über, das durch die Bildung von Trimethylsulfinjodid identiciert werden konnte. Setzt man nach dem Abdestillieren des Jodmethyls Alkalilauge zum Rückstand und erhitzt von neuem, so entweichen Dämpfe, die deutlich nach einem Alkylamin riechen. Sie wurden in Salzsäure aufgefangen und die Lösung zum Trocknen gebracht. Der Rückstand ist zerfließlich und in absolutem Alkohol leicht löslich. Die Lösung wurde wieder zum Trocknen gebracht und nochmals mit Alkohol ausgezogen um von etwas Salmiak zu trennen. Die Lösung des so gereinigten Salzes wurde mit Platinchloridlösung gefällt. Das erhaltene Platinchloriddoppelsalz krystallisierte beim Erkalten seiner wässrigen Lösung in zu Warzen vereinigten Prismen.

0.1048 g gaben 0.0432 Pt.

|   | Berechnet für: | Gefunden: |
|---|---|---|
|   | $[NH_2 CH_3 \cdot HCl]_2 Pt. Cl_2$ | |
| Pt. | 41.30 | 41.22 |

Da aus der in geringer Menge beobachteten Bildung des Jodmethyls der Schluß gezogen werden könnte, daß in dem methylierten s. g. Dioxypyridin wenigstens ein Teil des Methyls in ein Hydroxyl eingetreten war, so wurde derselbe Versuch mit Succinimid ausgeführt. Durch Behandeln mit Natrium und Jodmethyl ging Succinimid in Methylsuccinimid über, das beim Erhitzen mit concentrierter Jodwasserstoffsäure aus zwei Gramm eine ganz beträchtliche Menge Jodmethyl lieferte. Bei der Destillation des alkalisch gemachten Rückstandes entwich neben Ammoniak auch Methylamin, dessen Platinchloriddoppelsalz ebenfalls analysiert wurde:

0.1036 g gaben 0.0428 Pt.

|  | Berechnet für:<br>[CH$_3$ NH$_2$ . HCl]$_2$ PtCl$_4$ | Gefunden: |
|---|---|---|
| Pt. | 41,4 | 41,29 |

„Alle diese Eigenschaften sprechen zu Gunsten der Formel I$_2$; und man wird wohl kaum daran zweifeln können, daß der vorläufig als Dioxypyridin beschriebene Körper ein an Stickstoff gebundenes Wasserstoffatom enthält" [1]). Dann ist das s. g. Dioxypyridin in der Tat *Glutaconsäureimid*. Die Bestätigung dieses Schlusses brachten die nachfolgenden Versuche.

### 2. Die Spaltung des s. g. Dioxypyridins.

Erhitzt man zwei Gramm s. g. Dioxypyridinhydrochlorid mit viel concentrirter Salzsäure im geschlossenen Rohr mehrere Tage auf 140°, so öffnet sich das Rohr nach dem Erkalten ohne Druck. Die fast farblose Flüssigkeit wurde mehrmals mit Aether ausgeschüttelt. Die ätherischen Auszüge hinterließen nach dem Verdunsten des Aethers eine ansehnliche Menge weißer Krystalle. In der wässrigen Mutterlauge gelang es nicht, eine Amidosäure aufzufinden, obgleich eine solche, etwa der Asparaginsäure entsprechende Säure hätte entstehen können, wenn dem s. g. Dioxypyridin die einfache Homofumarimidformel zukam. Zur Reinigung wurde die in Aether aufgenommene Säure in ihr Zinksalz übergeführt, das in heißem Wasser unlöslich ist. Die daraus mit Schwefelwasserstoff abgeschiedene Säure schmolz nach zweimaligem Lösen in Wasser und Ausschütteln mit Aether bei 129—131°, war also fast reine *Glutaconsäure*, was die Analyse bestätigte.

0.1533 g gaben 0.2584 CO$_2$ und 0.0696 H$_2$O.

|  | Berechnet für:<br>C$_5$ H$_6$ O$_4$ | Gefunden: |
|---|---|---|
| C | 46.13 | 45.97 |
| H | 4.66 | 5.08 |
| O | 49.21 | — |

Zum Vergleich wurde nach der Vorschrift von C o n r a d und G u t h - z e i t [2]) aus Chloroform und Natriummalonsäureester der Dicarboxyglutaconsäureester und daraus die von den genannten Forschern entdeckte

[1]) Von K e k u l é selbst verfaßt.
[2]) A. **222**, 254 (1884).

bei 132—133⁰ schmelzende Glutaconsäure bereitet. Mit ihr ist die durch die Spaltung des s. g. Dioxypyridins erhaltene Säure identisch.

3) *Aufbau des s. g. Dioxypyridins oder Glutaconimides aus Glutaconsäure-Abkömmlingen.*

a) *Bildung von Glutaconsäure aus β-Oxyglutarsäure.* 12 g β-Oxyglutarsäure werden mit 60 $^{ccm}$ verdünnter Schwefelsäure (1 : 10) auf 105⁰ erhitzt und dann der Röhreninhalt auf dem Wasserbad eingedampft. Dem Eindampfungsrückstand entzieht man die Glutaconsäure mit Aether. Die nach dem Abdestillieren des Aethers erhaltene Säure bildete in das Zinksalz verwandelt und daraus wieder abgeschieden, bei 132—133⁰ schmelzende Krystalle.

b) *Verhalten der β-Oxyglutarsäure bei der Destillation: Glutacon-*

*säureanhydrid,* $\begin{array}{c} CH_2 . CO \\ | \quad \quad | \\ CH \quad O \\ \| \quad \quad | \\ CH . CO \end{array}$ . Die β-Oxyglutarsäure wurde in Anteilen von je

5 g in kleinen Kolben mit angeschmolzener Vorlage unter 12 $^{mm}$ Druck im Paraffinbad rasch auf 200⁰ erhitzt. Das anfangs überdestillierende Wasser verschwand bald, da die Vorlage der Luftkühlung überlassen wurde und bei 200—220⁰ Außen- und 170—180⁰ Innentemperatur geht eine zu Nadeln erstarrende Flüssigkeit über. Die in der Vorlage auftretenden nadelförmigen Krystalle fühlten sich fettig an und waren von einer nach Buttersäure riechenden Flüssigkeit durchtränkt. Die abgesaugten, mit Aether gewaschenen Nädelchen schmolzen bei 80—81⁰. Wie die Analysen und das Verhalten zeigte, lag das Glutaconsäureanhydrid isomer mit Ita- und Citraconsäureanhydrid vor.

I. 0.1502 g gaben 0.2962 $CO_2$ und 0.0510 $H_2O$.
II. 0.1510 g „ 0.2969 $CO_2$ „ 0.0516 $H_2O$.

|  | Berechnet für: | Gefunden: | |
|---|---|---|---|
|  | $C_5 H_4 O_3$ | I. | II. |
| C | 53.55 | 53.78 | 53.62 |
| H | 3.61 | 3.79 | 3.82 |
| O | 42.84 | — | — |

Das Glutaconsäureanhydrid ist wenig in Aether und Chloroform löslich. In Alkohol löst es sich leicht, ebenso in Wasser, mit dem es sich rasch beim Kochen zu Glutaconsäure verbindet. Als Nebenproduct entstand ein nicht näher untersuchtes Oel.

c) *Glutaconsäureanhydrid aus ·Glutaconsäure:* 5 g Glutaconsäure wurden genau unter denselben Bedingungen wie die $\beta$-Oxyglutarsäure erhitzt. Das anfangs übergehende Wasser verschwand bald. Bei 180 bis 200° Außen- und 150—160° Innentemperatur ging unter 11 mm Druck eine bald erstarrende Flüssigkeit über. Das Rohprodukt schmolz gegen 78°, der Schmelzpunkt stieg nach einmaligem Umkrystallisiren auf 81 bis 82°.

0.1505 g gaben 0.2944 $CO_2$ und 0.0496 $H_2O$.

|   | Berechnet für: $C_5 H_4 O_3$ | Gefunden: |
|---|---|---|
| C | 53.55 | 53.35 |
| H | 3.61 | 3.68 |
| O | 42.84 | — |

d) *Glutaconsäuremethyl- und Glutaconsäureäthylester.* Die Ester ließen sich leicht aus dem Silbersalz mit Jodmethyl und Jodäthyl bereiten. Beide Ester sind bei gewöhnlicher Temperatur flüssig und besitzen folgende Kochpunkte:

| Methylester | $Kp._{780}$ | 226—227° |
|---|---|---|
|  | $Kp._{11}$ | 108—110° |
| Aethylester | $Kp._{780}$ | 237—238° |
|  | $Kp._{11}$ | 124—126°. |

Durch Einwirkung von Salzsäuregas auf die alkoholischen Lösungen von Glutaconsäure lassen sich die Ester nicht gewinnen, da sich Salzsäure unter Lösung der doppelten Kohlenstoffbindung addiert und die entstehenden Ester wesentlich aus $\beta$-Chlorglutarsäureestern bestehen.

e) *Ammoniak auf Glutaconsäureanhydrid: Glutaconaminsäure,*

$CH_2$ $CO_2H$
|
CH        . Das Anhydrid wurde in einem Gemisch von trockenem Chloro-
‖
$CH . CONH_2$

form und trockenem Aether gelöst und in diese Lösung ein Strom trockenen Ammoniaks geleitet. Es schied sich ein flockiger, weißer Niederschlag aus, der keinen bestimmten Schmelzpunkt zeigte, sondern sich beim Erhitzen unter Aufblähen zersetzte. Die Analysen dieser Verbindung gaben auf die Formel der Glutaconaminsäure stimmende Werte.

I. 0.1500 g gaben 0.2542 $CO_2$ und 0.0765 $H_2O$.
II. 0.2563 g   „   0.4383 $CO_2$  „  0.1353 $H_2O$.
III. 0.4257 g   „  mit Kalilösung destillirt, gaben 0.1767 $NH_4$ Cl.

| Berechnet für: | | Gefunden: | | |
|---|---|---|---|---|
| $C_5H_7NO_3$ | | I. | II. | III. |
| C | 46.47 | 46.22 | 46.64 | — |
| H | 5.47 | 5.70 | 5.90 | — |
| $NH_3$ | 13.22 | — | — | 13.23 |

Behandelt man das Glutaconsäureanhydrid mit alkoholischem Ammoniak, so geht es in Lösung und beim Versetzen mit Aether wird die Aminsäure gefällt.

I. 0.2639 g gaben 0.4528 $CO_2$ und 0.1298 $H_2O$.

II. 0.3650 g „ mit Kalilauge destilliert, gaben 0.1505 $NH_4Cl$.

| Berechnet für: | | Gefunden: | |
|---|---|---|---|
| $C_5H_7NO_3$ | | I. | II. |
| C | 46.47 | 46.80 | — |
| H | 5.47 | 5.50 | — |
| $NH_3$ | 13.22 | — | 13.14. |

Unter den bei beiden Reactionen gewählten Bedingungen waren weder das Imid der Glutaconsäure noch das glutaconaminsaure Ammonium entstanden, sondern die freie Glutaminsäure selbst.

Ueberläßt man dagegen die ammoniakalische Mutterlauge, aus der die Glutaconaminsäure bei dem zweiten Versuch mit Aether gefällt wurde, mehrere Wochen sich selbst, so scheiden sich allmählich gelbliche Krystalle von glutaminsaurem Ammonium, $C_5H_{10}N_2O_3$, aus:

I. 0.2280 g gaben mit Kalilauge destilliert 0.1590 $NH_4Cl$.

II. 0.2100 g gaben 0.1537 $NH_2Cl$.

| Berechnet für: | | Gefunden: | |
|---|---|---|---|
| $C_5H_{10}N_2O_3$ | | I. | II. |
| $NH_3$ | 23.35 | 22.7 | 23.33. |

Die Glutaconaminsäure geht beim Erhitzen für sich nicht in das Glutaconimid oder s. g. Dioxypyridin über. Auch bei der Behandlung mit der äquimoleculären Menge Phosphorpentachlorid war aus der Glutaconaminsäure kein Glutaconimid zu gewinnen. Behandelt man dagegen die Glutaconaminsäure mit einem großen Ueberschuß von Phosphorpentachlorid, so wird eine bei 124° schmelzende Verbindung, also wahrscheinlich Pentachlorpyridin erhalten.

f) *Ammoniak auf Glutaconsäuremethyl- und Glutaconsäureäthyl-ester: Glutaconamid,*

$$CH_2 . CO . NH_2$$
$$| CH$$
$$\| CH . CO . NH_2 .$$

Die beiden Ester wurden mit dem doppelten Volum einer bei 0° gesättigten Lösung von Ammoniak in Wasser übergossen. Ueberläßt man diese Mischungen sich selbst, so pflegten die Ester in einigen Tagen sich der Hauptsache nach zu lösen, während eine geringfügige Abscheidung feiner Nädelchen stattgefunden hat. Das entstandene Glutaconamid wurde abgesaugt, mit Alkohol und Aether gewaschen und bei 90° zur Analyse getrocknet. Aus der Mutterlauge wird durch Verdunsten unter stark vermindertem Druck eine weitere Menge Glutaconamid gewonnen.

0.0923 g gaben 0.1588 $CO_2$ und 0.0541 $H_2O$.

|   | Berechnet für:<br>$C_5 H_8 N_2 O_2$ | Gefunden |
|---|---|---|
| C | 46.82 | 46.92 |
| H | 6.31 | 6.56 |

g) *Schwefelsäure auf Glutaconaminsäure: Glutaconimid.*

Die Glutaconaminsäure wird mit concentrierter Schwefelsäure — 3 Teile Schwefelsäure auf 4 bis 6 Teile Wasser — ein bis zwei Stunden auf 135° erhitzt. Nach dem Erkalten erstarrt das Reactionsproduct blättrig krystallinisch. Diese Masse wird mit so viel Wasser verrührt, als man Aminsäure angewendet hat. Nach einigen Tagen werden die Krystalle abfiltriert, die gewaschen und getrocknet bei 181—183° schmelzen. Nach zweimaligem Umkrystallisieren aus Wasser wurden bei 183—184° schmelzende Nädelchen erhalten, die alle Eigenschaften des Glutaconimidsulfates, des s. g. Dioxypyridinsulfates zeigen, die daraus in der früher beschriebenen Weise abgeschiedene freie Base gab bei der Analyse auf Glutaconimid stimmende Werte.

0.1009 g gaben 0.1997 $CO_2$ und 0.0438 $H_2O$.

|   | Berechnet für:<br>$C_5 H_5 NO_2$ | Gefunden: |
|---|---|---|
| C | 54.01 | 53.98 |
| H | 4.54 | 4.86. |

h) *Schwefelsäure auf Glutaconamid: Glutaconimid.*

Der Versuch wurde genau ebenso wie bei Glutaconsäure ausgeführt und gab ebenfalls das bei 183—184° schmelzende Sulfat mit allen Eigenschaften des sogenannten $aa_1$-Dioxypyridinsulfates. Das aus dem Sulfat bereitete Glutaconimid gab die folgenden auf die Formel $C_5 H_5 NO_2$ stimmende Werte:

I.  0.1014 g gaben 0.2005 $CO_2$ und 0.0440 $H_2O$.
II. 0.1678 g   „   18 cc Stickgas (10°, 763 mm).

| | Berechnet für:<br>$C_5H_5NO_2$ | Gefunden:<br>I. | II. |
|---|---|---|---|
| C | 54.01 | 53.93 | — |
| H | 4.54 | 4.85 | — |
| N | 12.64 | — | 12.99 |
| O | 28.81 | — | — |

Diese Reaktionen bilden in ihrer Gesamtheit einen zwingenden Beweis dafür, daß das sogenannte $\alpha\alpha_1$-Dioxypyridin nichts anderes ist als *Glutaconimid*, daß in ihm das Stickstoffatom an zwei und nicht an drei Kohlenstoffatome gebunden ist. Da das Glutaconimid mit Phosphorpentachlorid in Pentachlorpyridin übergeht, so ist auch in diesem die Bindung des Stickstoffs an nur zwei Kohlenstoffatome wahrscheinlich.

**III. *Ueber Versuche, die β-Amidoglutarsäure intramolecular ringförmig zu kondensieren.***

*β-Bromglutarsäure*, $CO_2H \cdot CH_2 \cdot CHBr \cdot CH_2 \cdot CO_2H$, entsteht, wenn man einen Teil Glutaconsäure mit zehn Teilen sehr konzentrierter Bromwasserstoffsäure zwanzig Stunden im geschlossenen Rohr auf 100° erhitzt. Nach dem Erkalten des Rohres scheiden sich meist schon Krystalle der β-Bromglutarsäure aus. Den Inhalt des Rohres befreit man im Vakuum-Exsiccator über Natronkalk von der überschüssigen Bromwasserstoffsäure. Die auskrystallisierte Säure wird durch Glaswolle filtriert und auf unglasierten Tontellern getrocknet. Man löst die Krystalle in möglichst wenig *kaltem* Wasser, filtriert die Lösung und läßt sie im Vakuum-Exsiccator verdunsten, wobei sich große, glashelle farblose Krystalle ausscheiden, die bei zwei Brombestimmungen folgende Werte ergaben:

I. 0.2330 g gaben 0.2006 AgBr.
II. 0.3119 g „ 0.2757 AgBr.

| | Berechnet für:<br>$C_5H_7O_4Br$ | Gefunden:<br>I. | II. |
|---|---|---|---|
| Br | 37.9 | 36.64 | 37.62 |

*β-Amidoglutarsäure*, $CO_2H \cdot CH_2 \cdot CH(NH_2) \cdot CH_2 \cdot CO_2H$. Je 6 g Glutaconsäure werden mit etwa 48 ccm bei 0° gesättigtem Ammoniak in Röhren eingeschmolzen und 36 Stunden auf 106° erhitzt. Den Inhalt der Röhren dampft man auf dem Wasserbad zur Trockne ein. Nachdem das im Wasser gelöste Ammoniak entwichen ist, macht sich beim Eintrocknen des Rückstands wiederum der Geruch nach Ammoniak bemerkbar, weil sich das Ammoniumsalz der entstandenen $\beta$-Amidoglutarsäure dissoziiert. Der Rückstand, eine krümmelliche, meist grün gefärbte Masse, wird auf je 5 g mit 800 ccm Wasser versetzt, und die Lösung so lange mit Tierkohle gekocht, bis sie farblos filtriert. Die Kohle kocht man nochmals mit 150 ccm Wasser aus. Nach dem Erkalten setzen die beiden vereinigten Filtrate weiße Krystalle ab, die sich bei etwa 210° bräunen und bei 247—248° unter Zersetzung schwärzen und schmelzen.

I. 0.2391 g gaben 0.3554 $CO_2$ und 0.1378 $H_2O$.
II. 0.2321 g „ 0.3453 $CO_2$ „ 0.1353 $H_2O$.
III. 0.3399 g „ 28 ccm Stickgas (20°, 753.6 mm).

| | Berechnet für:<br>$C_5 H_9 O_4 N$ | Gefunden:<br>I. | II. | III. |
|---|---|---|---|---|
| C | 40.80 | 40.54 | 40.57 | — |
| H | 6.13 | 6.42 | 6.49 | — |
| N | 9.55 | — | — | 9.60 |
| O | 43.52 | — | — | — |

Dieselbe Säure erhält man, wenn man $\beta$-Bromglutarsäure, je 5 g mit 50 ccm starkem wässrigem Ammoniak im geschlossenen Rohr 2 Stunden auf 100° erhitzt. Die Lösung wird auf dem Wasserbad zur Trockene eingedampft. Der Rückstand, ebenso wie das Reaktionsprodukt von Ammoniak auf Glutaconsäure behandelt, liefert die kleinen, bei 247—248° unter Zersetzung und Schwärzung schmelzenden Krystalle der $\beta$-Amidoglutarsäure.

In kaltem Wasser, Alkohol und Aether ist die $\beta$-Amidoglutarsäure unlöslich, in heißem Wasser löst sie sich im Verhältnis von 1 zu 160, sie bildet sowohl mit Säuren als mit Basen Salze. Das Ammoniumsalz der $\beta$-Amidoglutarsäure verliert bereits im Exsiccator sein Ammoniak.

Da die inactive $\alpha$-Amidoglutarsäure bei 198° schmilzt, so kann man annehmen, daß die Amidogruppe und das Brom sich in $\beta$-Stellung befinden, in den im vorstehenden daher als $\beta$-Brom- und $\beta$-Amidoglutarsäure aufgefaßten Säuren.

Weder durch konzentrierte Schwefelsäure, noch durch Erhitzen für sich im trockenen Luft- oder im Chlorwasserstoffstrom, noch durch Phosphorpentachlorid, noch durch Acetylchlorid gelang es, die $\beta$-Amidoglutarsäure zu einem Pyridinderivat zu kondensieren. Mit salpetriger Säure behandelt, gab die $\beta$-Amidoglutarsäure eine stickstofffreie, bei 131° schmelzende Säure, wahrscheinlich Glutaconsäure.

$$CH_2 . CO_2C_2H_5$$

*Chlorhydrat des Monoäthylesters der β-Amidoglutarsäure,* $CHNH_3Cl$

$$CH_2 . CO_2H$$

entsteht, einerlei ob man in der Kälte, oder in der Hitze auf die alkoho-lische Lösung der β-Amidoglutarsäure Chlorwasserstoffgas einwirken läßt; es ist leicht löslich in Wasser und in Alkohol, schwer löslich in Essigester und schmilzt bei 123°.

I. 0.1932 g gaben 0.2748 $CO_2$ und 0.1124 $H_2O$.
II. 0.2124 g „ 0.3031 $CO_2$ „ 0.1314 $H_2O$.
III. 0.1501 g „ 0.2128 $CO_2$ „ 0.0914 $H_2O$.
IV. 0.2006 g „ 0.2882 $CO_2$ „ 0.1208 $H_2O$.
V. 0.2938 g „ 0.1995 AgCl.
VI. 0.1369 g „ 0.0933 AgCl.
VII. 0.1731 g „ 0.1180 AgCl.

| Berechnet für: $C_7H_{14}O_4NCl$ | I. | II. | III. | IV. | V. | VI. | VII. |
|---|---|---|---|---|---|---|---|
| C | 39.71 | 38.77 | 38.79 | 36.66 | 39.18 | — | — | — |
| H | 6.63 | 6.47 | 6.89 | 6.78 | 6.68 | — | — | — |
| Cl | 16.76 | — | — | — | — | 16.79 | 16.85 | 16.86 |
| N | 6.64 | — | — | — | — | — | — | — |
| O | 30.25 | — | — | — | — | — | — | — |

Das Chlorhydrat des Diäthylesters konnte auf diesem Weg nicht er-halten werden.

$$CH_2 . CO_2C_2H_5$$

*β-Amidoglutar-monäthylester-säure,* $CHNH_2$

$$CH_2 . CO_2H$$

wird aus feinem Chlorhydrat erhalten, wenn dessen absolut-alkoholische Lösung mit Silberoxyd geschüttelt wird; er schmilzt noch nicht bei 200°.

I. 0.1706 g gaben 0.2990 $CO_2$ und 0.1172 $H_2O$.
II. 0.1567 g „ 10.5 ccm N (8.5°, 766.5 mm).

| Berechnet für: $C_7H_{13}NO_4$ | I. | II. |
|---|---|---|
| C | 47.98 | 47.79 | — |
| H | 7.43 | 7.62 | — |
| N | 8.00 | — | 8.14 |
| O | — | — | — |

Auch aus dem β-Amidoglutarsäure-monäthylester ist es nicht ge-lungen ein wohlgekennzeichnetes Kondensationsprodukt zu erhalten, so viel Mühe auch auf dahin zielende Versuche verwendet worden war.

# II. Berichte.

*Sur l'action de l'amalgame de sodium sur la coumarine et l'hélicine,* par M. le docteur Swarts.

Rapport de M. Kekulé.

Bull. Acad. Roy. Belg. [2] **19**, 302—303 (Séance du 4 mars 1865).

La note de M. Swarts contient deux faits nouveaux, qui, s'ils n'ont pas une importance supérieure, ne sont néanmoins pas dépourvus d'intérêt.

Ces deux faits, les voici:

La coumarine, principe extrait des fèves de Tonka, exposée à l'influence de l'amalgame de sodium en présence de l'eau, se dédouble en donnant comme produit principal de l'acide salicylique. D'après certaines analogies on aurait pu s'attendre à observer une addition d'hydrogène. L'expérience a démontré que cette addition n'a pas lieu, mais que la soude caustique à l'état naissant, provoque déjà à la température ordinaire un dédoublement, qui sous l'influence de la soude toute formée n'a lieu que par la fusion.

Le second fait décrit dans la note de M. Swarts est le suivant.

L'hélicine (produit d'oxydation de la salicine) traitée en présence de l'eau par l'amalgame de sodium, s'ajoute de l'hydrogène, en donnant ainsi de l'hélicoïdine. Ici, l'auteur s'était attendu à voir se produire un dédoublement analogue à celui qu'il avait observé pour la coumarine; l'observation a démontré que c'est au contraire l'addition qui a lieu.

D'après les détails des expériences décrites dans la note, on peut regarder ces deux faits comme parfaitement démontrés. En conséquence, j'ai l'honneur de proposer à la classe d'insérer la note de M. Swarts dans ses Bulletins.

Conformément aux conclusions des rapports de MM. les commissaires, l'impression de ce travail est ordonnée[1].

---

[1] Vgl. Bull. Acad. Roy. Belg. [2] **19**, 307—310 (1865). (A.)

# Sur quelques dérivés de l'acide phénique; par M. le docteur W. Körner.

## Rapport de M. Aug. Kekulé.

Bull. Acad. Roy. Belg. [2] 20, 10—11 (Séance du 3 juin 1865).

La note que M. Körner vient de présenter à l'Académie peut être considérée à bon droit comme un travail fort important. L'auteur y décrit non-seulement un certain nombre de composés nouveaux du plus haut intérêt, mais il a préparé et étudié encore, le plus souvent en employant des méthodes nouvelles, plusieurs substances déjà signalées par d'autres chimistes dont il a contrôlé ainsi les résultats.

L'ensemble de ces travaux constitue une espèce de monographie des produits de substitution de l'acide phénique et pourrait être regardé comme un chapitre isolé d'un grand traité de chimie. Le principal mérite de ce travail consiste dans la persévérance dont l'auteur a fait preuve pour mener à bonne fin une étude qui n'était pas exempte de difficultés et de complications et qui portait sur des substances dont les propriétés et surtout l'odeur n'étaient guère attrayantes.

M. Körner n'a pas jugé à propos de consigner dans sa note les résultats numériques de ses analyses. Toutefois, comme toutes les expériences décrites dans sa note ont été exécutées dans le laboratoire et sous les yeux du rapporteur, ce dernier croit pouvoir garantir l'exactitude parfaite de tous les résultats obtenus.

Je crois devoir attirer l'attention spéciale de la classe et des savants sur l'ingénieux appareil que M. Körner a imaginé pour distiller, dans le vide, les substances dégageant des vapeurs acides qui excluent, par conséquent, l'emploi de la machine pneumatique. Les nombreuses expériences exécutées avec cet appareil ont prouvé surabondamment qu'il satisfait à toutes les exigences.

Il serait impossible de résumer les nombreux faits relatés par M. Körner. Ils se rapportent, d'une part, à la préparation des produits de substitution bromés et iodés de l'acide phénique; d'autre part, à la transformation de ces produits, soit en acides correspondants, soit en de nouveaux bromures. Je citerai, cependant, comme très-remarquable, la tranformation de l'acide monoiodophénique en un mélange de pyrocatéchine et d'hydroquinone, ce qui donne une nouvelle méthode de préparation des ces corps.

J'ai l'honneur de proposer à la classe d'ordonner l'impression dans ses Bulletins du travail de M. Körner et de la planche qui y est jointe[1]).

---

## Sur les dérivés par addition de l'acide crotonique; par M. le docteur W. Körner.

### Rapport de M. Aug. Kekulé.

Bull. Acad. Roy. Belg. [2] **20**, 12 (Séance du 3 juin 1865).

On a trouvé récemment qu'un grand nombre d'acides peuvent se combiner par addition directe à une molécule d'hydrogène ou de brôme. La composition de l'acide crotonique permettait de prévoir une réaction analogue, d'autant plus qu'un acide de la composition de l'acide monobromocrotonique se combine directement au brôme, d'après les expériences de M. Cahours pour donner de l'acide tribromobutyrique, et que ce même acide, soumis à l'action de l'hydrogène naissant, se transforme en acide butyrique, comme cela résulte des expériences du rapporteur.

M. Körner s'est proposé de rechercher si l'acide crotonique se comporte comme les analogies paraissaient l'indiquer. Il a trouvé que l'addition d'hydrogène n'a pas lieu, mais que la réaction se produit pour le brôme, en donnant naissance à l'acide bibromobutyrique.

C'est acide bibromobutyrique se décompose par les alcalis, tantôt en donnant de l'acide monobromocrotonique, tantôt en donnant naissance à une huile bromée que l'auteur se propose d'examiner ultérieurement. Ces recherches promettent de devenir fort intéressantes, d'autant plus que des réactions analogues ont été observées pour d'autres substances encore.

En conséquence, j'ai l'honneur de proposer à la classe d'engager M. Körner à poursuivre ses recherches, et d'ordonner l'impression de sa notice préliminaire dans le Bulletin.

(Vgl. Bull. Acad. Roy. Belg. [2] **20**, 148—150 (1865).

---

[1]) Vgl. Bull. Acad. Roy. Belg. [2] **20**, 135—148 (1865).  (A.)

# Sur l'action du perchlorure de phosphore sur quelques acides organiques; par M. le docteur Wichelhaus.

## Rapport de M. Aug. Kekulé.

Bull. Acad. Roy. Belg. [2] 20, 13—14 (Séance du 3 juin 1865).

L'action du perchlorure de phosphore sur les acides organiques a été étudiée pour la première fois par M. Cahours, en 1847. Les résultats de ces travaux restèrent en partie oubliés pendant longtemps, par suite d'une erreur qui s'était glissée dans le traité de Gmelin sur la composition des produits formés, et qui est passée de là dans la plupart des autres ouvrages. En 1852, Gerhardt reprit ces recherches à l'occasion de ses travaux sur les acides anhydres, dont la formation et l'existence avaient été prévues par Williamson. Ce dernier chimiste, tout en indiquant la réaction qui devait donner naissance à ces corps, n'avait pas réalisé ses idées, induit en erreur, à ce qu'il paraît, par les indications erronées que l'ouvrage de Gmelin avait répandues.

Quoi qu'il en soit, de nombreux travaux montrèrent que le perchlorure de phosphore, en réagissant sur les acides dont l'atomicité est égale à la basicité, produit des chlorures normaux, qui par l'action de l'eau régénèrent les acides dont ils dérivent. Mais il n'en est plus ainsi pour les acides qui renferment encore de l'hydrogène alcoolique, c'est-à-dire pour ceux dont l'atomicité est supérieure à la basicité. Bien que de nombreux faits semblent démontrer qu'il se produit ici des chlorures de radicaux chlorés où le nombre d'atomes de chlore typique est égal à celui de l'hydrogène métallique, tandis que ceux que contient le radical sont en rapport avec le nombre d'atomes d'hydrogène alcoolique, on connaît plusieurs réactions qui n'offrent rien de régulier et dont l'étude devrait être complétée, pour qu'on parvienne à les formuler en une loi générale.

Telle est la question que M. Wichelhaus s'est posée, et quoiqu'il ne soit pas parvenu à découvrir cette loi, j'ai néanmoins l'honneur de proposer à la classe d'accueillir favorablement son travail, puisque les résultats qui y sont consignés doivent contribuer un jour à la solution de la question.

M. Wichelhaus a étudié l'action du perchlorure de phosphore sur les acides mucique, saccharique et glycérique. Disons de suite que l'acide saccharique a donné des résultats tout à fait négatifs; quant à l'acide mucique, il avait déjà été étudié à ce point de vue par M. Liès-Bodaert et, plus récemment, par M. Bode. M. Wichelhaus a complété les travaux de ces chimistes en décrivant le chlorure qui donne naissance à l'acide chloromuconique; il a également préparé l'éther de cet acide.

Pour ce qui est de l'acide glycérique, M. Wichelhaus a trouvé que par le perchlorure de phosphore il se transforme en chlorure de chloro-propionyle, au lieu de donner le chlorure de bichloropropionyle, auquel on aurait pu s'attendre.

En résumé, la note de M. Wichelhaus contient des faits nouveaux et intéressants pour la science: je n'hésite donc pas à engager la classe à l'insérer dans ses Bulletins [1]).

Après avoir entendu les conclusions de M. Kekulé, la classe a succes-sivement ordonné l'impression dans les Bulletins de trois notices précé-dentes.

## *Faits pour servir à l'histoire de l'acide cinnamique;* par M. le docteur Swarts.

### Rapport de M. Aug. Kekulé.

Bull. Acad. Roy. Belg. [2] **20**, 359—361 (Séance du 5 août 1865).

« La note de M. Swarts contient trois faits nouveaux, qui doivent contribuer un jour à assigner à l'acide cinnamique la place que ce corps occupe dans la classification systématique des substances organiques. L'auteur ayant eu surtout en vue de prendre date pour des expériences que d'autres recherches qui l'occupent ne lui permettent pas de pour-suivre en ce moment, n'a pas cru devoir entrer dans le détail des obser-vations qu'il a faites: son travail n'est donc qu'une notice préliminaire.

Le plus important des trois faits observés par M. Swarts est la syn-thèse de l'acide cinnamique, exécutée d'après la méthode générale indi-quée par le rapporteur, c'est-à-dire en faisant réagir l'anhydride carboni-que sur le styrol monobromé en présence du sodium. Accessoirement, l'auteur a observé la formation de l'acide hydrocinnamique.

Le second fait est pour ainsi dire l'inverse du précédent: l'auteur est

---

[1]) Vgl. Bull. Acad. Roy. Belg. [2] **20**, 126—135 (1865).  (A.)

parvenu à dédoubler l'acide cinnamique en anhydride carbonique et en styrol, en le chauffant pendant longtemps avec de l'eau.

Quant à la troisième réaction, elle est analogue à la précédente; elle consiste en une décomposition de l'acide cinnamique par l'acide chlorhydrique (ou bromhydrique) en anhydride carbonique et en une huile chlorée, que l'auteur n'a pas examinée ultérieurement.

Je dois faire remarquer maintenant que peu de temps après que M. Swarts eut présenté sa note à l'Académie, il a paru dans un journal allemand une note de M. Erlenmeyer, dans laquelle ce chimiste s'occupe de deux des réactions que M. Swarts avait étudiées de son côté. D'après le chimiste allemand, l'eau ne décomposerait pas l'acide cinnamique, même à des températures bien supérieures à celles que M. Swarts a employées; l'action des acides donnerait naissance à de l'acide carbonique et à un isomère du styrol, qui se combine à une molécule de brome et que l'auteur nomme distryol.

La différence qui se trouve entre les observations des deux expérimentateurs réside probablement dans les conditions d'expérience, et les résultats annoncés par M. Erlenmeyer ne peuvent en rien infirmer les fait observés par M. Swarts, d'autant moins que ce dernier a, sur ma demande, repris depuis lors le sujet, et qu'il est arrivé à des résultats qui confirment ses premières observations. Dans tous les cas, le sujet mérite un examen plus approfondi, et il serait à désirer que M. Swarts reprît l'étude de ces réactions, ce qu'il promet d'ailleurs dans sa notice actuelle.

J'ai l'honneur de proposer à la classe l'insertion de la notice de M. Swarts dans les Bulletins de l'Académie. »

Conformément aux conclusions de ce rapport, auxquelles se rallie entièrement M. Stas, second commissaire, la classe ordonne l'impression de la notice de M. le docteur Swarts [1]).

## Note sur les dérivés bromés du camphre, par M. Th. Swarts.
### Rapport de M. Kekulé.

Bull. Acad. Roy. Belg. [2] 21, 277—278 (Séance du 7 avril 1866).

« En 1862, dans une des séances précédentes, M. Swarts avait présenté à la classe une première note sur les dérivés bromés du camphre.

---

[1]) Vgl. Bull. Acad. Roy. Belg. [2] 20, 430—434 (1865). (A.)

Plusieurs années après, M. Perkin publia [1]), en Angleterre, des expériences sur le même sujet, sans mentionner la publication antérieure de M. Swarts. C'est pour sauvegarder ses droits de priorité, qui d'ailleurs avaient déjà été reconnus par un journal allemand [2]), que M. Swarts adresse maintenant une nouvelle note à l'Académie.

Dans cette nouvelle communication, il rectifie en même temps deux fautes typographiques, assez importantes, qui s'étaient glissées dans sa première publication. Il complète ses observations antérieures sur le camphre monobromé, et il en confirme plusieurs qui se trouvaient en désaccord avec les indications de M. Perkin. Il fait connaître, de plus, un nouveau dérivé du camphre, à savoir: le camphre bibromé; il en décrit la préparation et les propriétés, et il en établit la composition par l'analyse.

Une observation assez curieuse mériterait un examen plus approfondi: c'est la régénération du camphre normal par l'action de la vapeur d'eau sur le camphre monobromé. On se rend difficilement compte d'une réaction de ce genre, quoiqu'on en connaisse certaines analogies, et il serait donc intéressant d'en expliquer le mécanisme.

J'ai l'honneur de proposer à la classe l'insertion de la note de M. Swarts dans les *Bulletins* de l'Académie [3]).»

---

*Sur les dérivés par addition de l'acide itaconique et de ses isomères;* par M. Th. Swarts, professeur à l'École militaire

### Rapport de M. Kekulé.

Bull. Acad. Roy. Belg. [2] **21**, 527—530 (Séance du 2 juin 1866).

« Les trois acides isomères, dérivés de l'acide citrique: l'acide itaconique, l'acide citraconique et l'acide mésaconique, possèdent, ainsi que le rapporteur a pu le démontrer il y a quelques années, la propriété de se combiner par addition à l'hydrogène pour donner naissance à de l'acide pyrotartrique. Ils peuvent se combiner de même au brome, et ils forment

[1]) Journal of the Chemical Society of London, III, 92 (1865).
[2]) Zeitschrift für Chemie, von H ü b n e r , 1865, p. 533.
[3]) Vgl. Bull. Acad. Roy. Belg. [2] **21**, 285—289 (1866).  (A.)

ainsi trois acides isomères, qui présentent la composition de l'acide
pyrotartrique bibromé, mais qui possèdent des propriétés différentes
d'après la nature des acides qui leur ont donné naissance. Ces trois acides
bromés ont été désignés, pour rappeler leur origine, par les noms: acide
ita-bibromo-pyrotartrique, citra-bibromo-pyrotartrique et mésa-bibromo-
pyrotartrique.

Dans une notice préliminaire, communiquée à l'Académie dans sa
séance de novembre 1864, M. Swarts avait annoncé qu'il était parvenu
à combiner ces mêmes acides, par addition directe aux acides chlorhydrique, bromhydrique et iodhydrique. Il a continué depuis lors ses
recherches intéressantes, et il résume dans la note que nous avons à
examiner aujourd'hui l'histoire des produits d'addition qu'il a préparés
jusqu'à présent, ainsi que des décompositions que ces corps subissent
dans différentes circonstances; il se réserve pour plus tard la description
détaillée des nouveaux corps qui prennent naissance dans ces décompositions.

Les faits principaux décrits dans la note actuelle sont les suivants:

L'acide itaconique se combine directement et par addition à l'acide
chlorhydrique; il donne naissance ainsi à de l'acide ita-monochloro-
pyrotartrique. Cet acide se décompose par la chaleur, pour donner l'anhydride correspondant; il se décompose par l'eau ou par les bases pour
engendrer un nouvel acide, homologue de l'acide malique, et que l'auteur
nomme acide ita-malique; il se décompose de même par l'ammoniaque,
mais cette fois il élimine de l'acide chlorhydrique en produisant non plus
de l'acide itaconique, mais son isomère l'acide mésaconique; il se décompose enfin par l'oxyde d'argent en présence de l'eau, mais ici la réaction
est autre encore: le produit, tout en possédant la composition de l'acide
itaconique, est monobasique seulement, c'est un acide qui est à l'acide
itamalique ce que l'acide métaphosphorique est à l'acide phosphorique
ordinaire.

L'acide bromhydrique se combine plus facilement à l'acide itaconique que ne le fait l'acide chlorhydrique. Le produit, désigné par le nom
d'acide ita-monobromo-pyrotartrique, se comporte en tout point comme
l'acide chloré correspondant. L'acide iodhydrique, enfin, peut se combiner
également à l'acide itaconique: mais ici on doit éviter soigneusement un
excès d'acide iodhydrique, attendu que l'acide ita-monoiodo-pyrotartri-
que passe facilement par substitution inverse à l'état d'acide pyrotartrique normal.

Quant à l'acide citraconique, isomère de l'acide itaconique, il possède comme ce dernier la propriété de se combiner par addition à l'acide chlorhydrique.

L'acide citra-monochloro-pyrotartrique ainsi formé diffère, par toutes ses propriétés, le l'acide isomérique préparé de l'acide itaconique. Il se décompose facilement par l'action de la chaleur, tant à l'état sec qu'en présence de l'eau; il élimine alors de l'acide chlorhydrique pour former, non pas de l'acide citraconique qui lui a donné naissance, mais encore de l'acide mésaconique. Si on le chauffe avec une solution alcaline, il perd à la fois de l'acide chlorhydrique et de l'acide carbonique, en produisant ainsi l'acide crotonique. Il se comporte donc comme son analogue l'acide citra-bibromo-pyrotartrique, qui, dans les mêmes circonstances, comme je l'ai démontré dans le temps, donne naissance à de l'acide crotonique monobromé. — L'acide citra-monoiodo-pyrotartrique ne paraît avoir qu'une existence éphémère; il se dédouble avec trop de facilité en acide iodhydrique et acide mésaconique, et il se transforme trop aisément, par substitution inverse, en acide pyrotartrique.

L'acide mésaconique enfin se combine plus difficilement à l'acide chlorhydrique que ses deux isomères, l'acide itaconique et l'acide citraconique. Le produit de cette addition, l'acide mésa-monochloro-pyrotartrique, se décompose par l'eau bouillante pour régénérer l'acide mésaconique; il se décompose par les alcalis en produisant de l'acide crotonique.

J'ai cru devoir donner ce résumé pour montrer combien la note de M. Swarts est riche en faits nouveaux; et encore ai-je négligé de parler de quelques substances qu'elle décrit incidemment: des éthers des acides ita-monochloro-pyrotartrique, ita-monobromo-pyrotartrique, etc.

J'ajouterai que tous ces faits me paraissent parfaitement démontrés par l'expérience; que les corps nouveaux sont décrits avec beaucoup de détails et que leur composition est nettement établie par l'analyse. Je n'hésite donc pas à proposer à la classe d'ordonner l'impression du travail de M. Swarts dans les *Bulletins* de ses séances, et de voter à l'auteur des remercîments pour son intéressante communication » [1]).

---

[1]) Vgl. Bull. Acad. Roy. Belg. [2] **21**, 538—552 (1866).   (A.)

# Corrélation entre le pouvoir réfringent et le pouvoir calorifique de diverses substances, par M. Montigny.

## Rapport de M. A. Kekulé.

Bull. Acad. Roy. Belg. [2] 23, 53—68 (2 février 1867)

« Newton avait remarqué le premier que le pouvoir réfringent de certains corps combustibles est beaucoup plus élevé que le pouvoir réfringent des corps non combustibles; du pouvoir réfringent du diamant il avait conclu, que ce corps doit être combustible, ou formé d'éléments combustibles. Il dit [1]: « Si l'on compose ensemble la réfraction du » camphre, de l'huile d'olive, de l'huile de lin, de l'essence de térébenthine » et de l'ambre, qui sont des corps gras, sulfureux, onctueux, et du dia- » mant, qui est probablement une substance onctueuse coagulée, il parai- » tra que les forces réfringentes de toutes ces différentes substances » onctueuses sont trois ou quatre fois plus grandes par rapport à leurs » densités, que ne le sont les forces réfringentes des autres substances. » « Sur quoi il semble qu'on est en droit d'attribuer le pouvoir réfringent » de tous les corps principalement, sinon entièrement, aux parties sul- » fureuses, en quoi ils abondent; car il y a grande apparence que tous les » corps abondent plus ou moins en soufres. »

La remarque de Newton a été répétée depuis par tous les auteurs, qui ont écrit sur des questions de réfraction; elle se trouve reproduite dans tous les traités de physique. Du langage de l'ancienne chimie, on l'a traduite dans celui de la chimie moderne, et l'on dit maintenant, en se basant sur un nombre plus considérable de faits que Newton ne pou- vait le faire: « il paraît que les substances combustibles, c'est-à-dire » celles qui contiennent du carbone, de l'hydrogène, du phosphore ou du » soufre, ont un pouvoir réfringent relativement élevé [2]. »

Personne n'avait eu l'idée de se servir d'une mesure numérique pour exprimer la combustibilité plus ou moins grande des corps dits combus- tibles, et de comparer les chiffres qui indiquent les rapports de combus- tibilité aux nombres qui expriment les pouvoirs réfringents. Dans le

---

[1] *Traité d'optique de Newton*, traduit par Coste. Amsterdam, 1720, pp. 377 et 380.

[2] Voir p. e. *Physikalische und theoretische Chemie*, von Buff, Kopp und Zamminer, p. 335.

mémoire qu'il a soumis à l'appréciation de la classe, et sur lequel celle-ci m'a fait l'honneur de me demander un rapport, M. Montigny tente de combler cette lacune.

Il exprime la combustibilité plus ou moins grande des différentes substances par les quantités de calorique que ces substances dégagent en brûlant; et il compare les chaleurs de combustion, ou les pouvoirs calorifiques, aux pouvoirs réfringents.

Dans un mémoire antérieur, il avait signalé une corrélation entre ces deux pouvoirs pour certains gaz; il étend maintenant ces comparaisons à un nombre plus considérable de gaz, aux substances liquides, et aux corps solides. Il réunit dans des tableaux toutes les substances pour lesquelles les deux pouvoirs ont été déterminés par l'expérience; il s'efforce de prouver qu'en général l'ordre des substances reste le même, peu importe d'après lequel des deux pouvoirs on les classe; et il conclut, qu'à quelques exceptions près, le pouvoir calorifique diminue avec le pouvoir réfringent.

Remarquons de suite que l'auteur ne prétend pas que les deux pouvoirs diminuent dans la même proportion; il ne cherche pas à préciser le rapport qui existe entre les deux pouvoirs; il ne veut qu'établir le fait général d'une corrélation.

Dans les préliminaires de son mémoire, l'auteur donne des développements assez étendus, pour démontrer que le symbole: $\frac{n^2-1}{\delta}$ doit posséder une signification précise dans la théorie des ondulations. Il indique ensuite la bibliographie des deux propriétés physiques qu'il se propose de comparer, et il cite les mémoires qui lui ont fourni les déterminations expérimentales. A cette occasion, il mentionne qu'il a souvent inscrit dans ses tableaux, et pour les comparer aux pouvoirs réfringents, les pouvoirs calorifiques déduits de la formule chimique. Ici, une erreur évidente s'est glissée dans les calculs de l'auteur; erreur qui consiste en ce qu'il ne tient pas compte de l'oxygène que contiennent les substances.

Deux tableaux donnent les noms des substances que l'auteur se propose de prendre en considération, leurs densités, leurs indices de réfraction et leurs puissances réfractives. Trois autres tableaux mettent en parallèle les pouvoirs réfringents avec les pouvoirs calorifiques. Chaque tableau est suivi de conclusions qui — d'après l'auteur — découlent directement de la comparaison des chiffres.

J'examinerai par la suite jusqu'à quel point ces conclusions se trouvent en accord avec les faits; arrêtons-nous d'abord à une question de principe. Si l'on cherche à établir un rapport entre la réfrangibilité des substances et leur combustibilité, que doit-on comparer? Faut-il choisir, d'un côté, l'indice de réfraction, la puissance réfractive, ou le pouvoir réfringent, ou bien encore l'expression que l'on a désignée par le pouvoir réfringent moléculaire? Doit-on s'arrêter, d'autre part, aux quantités de chaleur dégagées par la combustion de poids égaux, de volumes égaux, ou de quantités équivalentes, c'est-à-dire des quantités qui contiennent le même nombre de molécules? Le pouvoir réfringent étant entièrement indépendant tant du poids que du volume de la substance employée, la question paraît difficile à résoudre.

L'auteur du mémoire choisit, sans en indiquer les raisons, du côté de la réfraction les pouvoirs réfringents: $\frac{n^2-1}{\delta}$, et il les compare aux chaleurs de combustion de l'unité de poids.

Je ne veux pas examiner pour le moment de quel droit on pourrait choisir ces expressions plutôt que d'autres, mais je me permettrai quelques observations qui peut-être pourront fixer les idées sur ce sujet, et jeter quelque lumière sur la question que l'auteur traite dans les préliminaires de son mémoire.

Et qu'on me permette d'abord de faire observer que, ne me sentant pas compétent dans des questions de physique aussi délicates, je n'ose me prononcer sur la question de savoir si c'est l'expression: $\frac{n-1}{\delta}$ ou $\frac{n^2-1}{\delta}$ qui est une constante. Tout en reconnaissant que les expériences les plus récentes, celles de MM. Gladstone et Dale, et de M. Landolt surtout, s'accordent mieux avec l'expression $\frac{n-1}{\delta}$, et que M. Beer aussi, dans son traité d'optique mathématique, paraît donner la préférence à cette expression, je choisirai ici $\frac{n^2-1}{\delta}$, pour me conformer au mémoire que nous avons à examiner.

Admettons que $\frac{n^2-1}{\delta}$ soit une constante, et que la puissance réfractive d'une substance soit proportionnelle à la densité. La densité d'un corps donné étant en raison directe du nombre de molécules qui se trouvent dans l'unité de volume, on pourra remplacer $\delta$ par N (nombre moléculaire), et on aura: $\frac{n^2-1}{N}$; c'est-à-dire que la puissance réfractive sera proportionnelle au nombre moléculaire.

On conçoit d'ailleurs qu'il doive en être ainsi. Ce sont les molécules matérielles que nous devons regarder comme les sièges des forces attractives (ou répulsives) qui réagissent sur l'éther; et l'état de l'éther doit par conséquent dépendre du nombre de molécules dans l'unité de volume.

Si d'une substance donnée, dont la densité ne varie que par le changement de volume, nous passons maintenant à des substances différentes, nous serons forcés d'admettre que la puissance réfractive restera toujours une fonction connue du nombre moléculaire; elle sera proportionnelle à ce nombre. Mais elle pourra dépendre de plus: 1° de la masse des molécules, c'est-a-dire de leur poids; 2° du nombre et de la nature des atomes élémentaires qui constituent le système que nous nommons molécule; elle pourra être influencée enfin par l'arrangement des atomes dans la molécule. La forme de ces fonctions nous est inconnue encore; mais nous savons au moins, par les travaux récents de MM. Schrauf et Landolt, que, pour un grand nombre de substances, le pouvoir réfringent $\frac{n^2-1}{N}$ peut se déduire de la formule chimique, qui contient à la fois le poids de la molécule et sa composition atomique. Nous n'avons qu'à admettre que chaque atome élémentaire apporte dans la molécule un coefficient de réfraction qui lui est propre.

Le nombre moléculaire (N) ne pouvant se déterminer par l'expérience, il convient de changer la forme de l'expression $\frac{n^2-1}{N}$. N étant égal à $\frac{\delta}{P}$, c'est-a-dire au rapport de la densité au poids moléculaire, on aura:

$$\frac{n^2-1}{\dfrac{\delta}{P}}, \text{ ou bien } \frac{P.(n^2-1)}{\delta};$$

expression dont MM. Berthelot et Schrauf se sont déjà servis, et qu'ils ont désignée par pouvoir réfringent moléculaire.

M. Landolt, de son côté, en donnant la préférence à l'expression $\frac{P(n-1)}{\delta}$, calcule le pouvoir réfringent d'une substance: $C_\alpha H_\beta O_\gamma$ à l'aide de la formule suivante:

$$\frac{P.n-1}{\delta} = \alpha.\,2{,}5 + \beta.\,1{,}3 + \gamma.\,1{,}5$$

Ajoutons de suite qu'une formule tout à fait analogue permet, pour beaucoup de substances, de calculer de la formule chimique le pouvoir calorifique moléculaire.

Examinons maintenant si les faits s'accordent avec les conclusions que l'auteur du mémoire croit pouvoir en tirer.

Le premier tableau donne les pouvoirs réfringents de vingt gaz; pour sept d'entre eux les pouvoirs calorifiques ont été déterminés par l'expérience. Pour ces sept gaz, que l'on peut comparer par rapport aux deux pouvoirs, et en se basant sur l'expérience seulement, nous remarquons que la vapeur du sulfure de carbone a un pouvoir calorifique beaucoup plus faible que le cyanogène, qui cependant lui est inférieur par rapport au pouvoir réfringent. A cette exception viennent s'en ajouter trois autres, au moins si l'on veut tenir compte des pouvoirs calorifiques calculés des éléments. Ce sont d'abord: l'hydrogène phosphoré et l'ammoniaque, qui ont un pouvoir calorifique plus faible que la vapeur de l'éther sulfurique, tandis que leur pouvoir réfringent est plus élevé; c'est ensuite l'acide sulfhydrique, dont le pouvoir calorifique est plus faible que celui du cyanogène, tandis que son pouvoir réfringent est bien supérieur. Remarquons encore que la vapeur d'eau et l'acide chlorhydrique occupent dans la série des pouvoirs réfringents des places plus élevées que l'oxyde de carbone; ce dernier cependant brûle facilement, l'eau et l'acide chlorhydrique, au contraire, sont les derniers produits de la combustion de l'hydrogène dans l'oxygène et dans le chlore. Ajoutons que dans la colonne des pouvoirs réfringents, l'acide sulfureux et le deutoxyde d'azote occupent des places tout à fait inférieures, et que cependant ces deux corps sont capables, sinon de brûler, au moins de se combiner encore à l'oxygène.

En examinant les pouvoirs réfringents inscrits dans ce premier tableau, on ne peut manquer, me paraît-il, de se rappeler la remarque de Newton, et l'interprétation que la plupart des physiciens et des chimistes lui ont donnée, c'est que le pouvoir réfringent d'une substance paraît dépendre, non pas de la combustibilité de la substance comme telle, mais de la présence d'éléments combustibles dans la substance.

Le second tableau s'occupe des pouvoirs réfringents et calorifiques des liquides; il donne ces pouvoirs pour trente-cinq substances. Pour quatre des corps inscrits dans la liste, le pouvoir calorifique est inconnu; trois d'entre eux sont incapables de brûler. Je ferai remarquer que parmi ces quatre corps, on trouve le cyanogène liquéfié, qui a un pouvoir réfringent à peine supérieur à celui de l'eau, et qui cependant s'éloigne évidemment de ce liquide, par rapport à la combustibilité. Je ferai remarquer encore que le pouvoir réfringent de l'eau est plus élevé que celui de l'acide formique, qui cependant dégage encore deux mille calories en brûlant.

Des trente et une substances dont les pouvoirs calorifiques sont connus (pour deux par le calcul seulement), vingt-huit sont des substances organiques, c'est-à-dire des corps formés par le carbone, l'hydrogène et l'oxygène seulement. Les trois autres: le soufre et le phosphore fondus et le sulfure de carbone font exception à la règle, comme l'auteur le fait remarquer lui-même dans la première des conclusions qu'il tire de ce tableau. Quant aux vingt-huit substances organiques, il est vrai que pour celles-ci la corrélation signalée par l'auteur du mémoire paraît exister; remarquons cependant que l'ordre est renversé pour les trois couples suivants: alcool amylique et éther éthylique, acide valérique et butyrate de méthyle, acide butyrique et éther acétique.

Qu'on me permette de ne pas discuter en détail les chiffres inscrits dans ce tableau, mais de démontrer plutôt, d'abord qu'une corrélation analogue à celle que signale M. Montigny pouvait être prévue pour les substances organiques, et ensuite que cette corrélation ne peut pas être aussi simple que l'auteur du mémoire le suppose.

Beaucoup de savants se sont déjà occupés des rapports que les pouvoirs réfringents paraissent présenter avec la composition atomique des molécules; d'autres ont tenté d'établir des rapports entre le pouvoir calorifique et la composition chimique. Des deux côtés on s'est efforcé de découvrir l'influence que les éléments qui forment la combinaison exercent sur les deux pouvoirs physiques respectifs; des deux côtés on est parvenu à pouvoir calculer pour un grand nombre de substances, et avec un rapprochement assez satisfaisant, les pouvoirs physiques à l'aide de la formule chimique.

C'est ainsi que M. Landolt déduit de la formule suivante les pouvoirs réfringents d'un grand nombre de substances organiques, et de presque toutes celles qui figurent dans le quatrième tableau.

La substance ayant la formule chimique: $C_\alpha H_\beta O_\gamma$, son pouvoir réfringent moléculaire est:

$$\frac{P \cdot n - 1}{\delta} = \alpha \cdot 2{,}5 + \beta \cdot 1{,}3 + \gamma \cdot 1{,}5.$$

Il est vrai, que M. Landolt donne la préférence au symbole $n - 1$, tandis que M. Montigny se sert de $n^2 - 1$; mais remarquons que, selon M. Schrauf et M. Landolt luimême, une formule en tout point analogue permet de calculer le pouvoir réfringent moléculaire: $\dfrac{P.n^2-1}{\delta}$. Ajoutons qu'on n'a qu'à diviser le pouvoir réfringent moléculaire par le poids moléculaire pour arriver au pouvoir réfringent.

$$\frac{n-1}{\delta} = \frac{\alpha.\,2{,}5 + \beta.\,1{.}3 + \gamma\,1{,}5}{P} \quad \text{ou bien:} \quad \frac{\alpha.\,2{,}5 + \beta.\,1{,}3 + \gamma.\,1{,}5}{\alpha.\,6 + \beta.\,1 + \gamma.\,8.}$$

Quant au pouvoir calorifique, il peut, pour les hydrocarbures, se calculer, et avec un rapprochement assez grand, par la formule suivante. La formule chimique d'un hydrocarbure étant: $C_\alpha H_\beta$, son pouvoir calorifique moléculaire est:

$$Ch.\,m. = a.\,48480 + \beta.\,34462$$

et, par suite, le pouvoir calorifique:

$$\frac{\alpha.\,48480 + \beta.\,34462}{P} \quad \text{ou bien:} \quad \frac{\alpha.\,48480 + \beta.\,34462}{\alpha.\,6 + \beta.\,1.}$$

Pour les substances qui, à côté du carbone et de l'hydrogène, contiennent encore l'oxygène, on doit tenir compte de cet oxygène. On doit donc, avant de calculer la chaleur de combustion des éléments combustibles, déduire de ces éléments un nombre d'atomes correspondant au nombre d'atomes d'oxygène que contient la substance. On doit admettre, en d'autres mots, que l'oxygène, renfermé dans la substance, ait déjà brûlé une certaine quantité soit de carbone, soit d'hydrogène. En employant l'un ou l'autre de ces artifices, ou en les combinant tous les deux, ont parvient à calculer des chiffres qui s'accordent pour beaucoup de cas avec les nombres déterminés par l'expérience. Retrancher, dans la formule chimique, du carbone ou de l'hydrogène, cela revient à introduire dans le calcul l'oxygène avec un signe négatif, en lui attribuant, pour ainsi dire, une chaleur de combustion négative, égale par sa valeur à celle d'un atome d'hydrogène ou d'un demi-atome de carbone.

Le pouvoir calorifique moléculaire d'une substance de la formule chimique $C_\alpha H_\beta O^1)_\gamma$ sera donc:

$$a.\,48480 + \beta.\,34462 - \gamma.\,24240$$

ou:

$$a.\,48480 + \beta.\,34462 - \gamma.\,34462$$

et pour arriver à la chaleur de combustion de l'unité de poids, on n'aura qu'à diviser l'une ou l'autre de ces expressions par le poids moléculaire.

---

J'admets que les formules que je viens d'indiquer pour les deux pouvoirs physiques ne donnent que des rapprochements; j'admets encore qu'elles sont purement empiriques, et que l'on devra probablement les remplacer par d'autres, basées non pas sur des faits seulement, mais sur des idées philosophiques en même temps. Toujours est-il que les deux formules s'accordent pour un grand nombre de cas avec les faits; et si elles ne sont pas l'expression vraie et définitive des corrélations qui existent entre les deux pouvoirs physiques et la composition chimique, elles ont au moins l'avantage de résumer les cas auxquels elles s'appliquent, et elles gagnent ainsi, pour ces cas, la valeur de faits.

Ces réserves faites, nous pouvons admettre les deux formules, et les comparer:

Pouvoir réfringent . . $\alpha$. 2,5   $+ \beta$. 1,3   $+ \gamma$. 1,5.
Pouvoir calorifique . . $\alpha$. 48480 $+ \beta$. 34462 $- \gamma$. 24240 (ou 34462).

Les deux pouvoirs physiques, étant en relation avec la composition chimique, doivent évidemment présenter un rapport entre eux. Ce rapport cependant ne peut guère être aussi simple que le croit l'auteur du mémoire, attendu que l'oxygène entre pour le pouvoir réfringent avec un signe positif, pour le pouvoir calorique, au contraire, avec un signe négatif.

Le pouvoir calorifique doit donc être relativement faible pour les corps riches en oxygène, et même l'ordre doit se renverser pour des cas extrêmes, suivant la propriété physique d'après laquelle on met les corps en série.

Je n'ai que peu de mots à dire du tableau qui s'occupe des substances solides. Pour sept des vingt-deux substances inscrites dans ce tableau, on connaît les pouvoirs calorifiques. Les six premières de ces sept substances se rangent dans l'ordre suivant, d'après le pouvoir réfringent:

Phosphore, soufre, houille, diamant, cire d'abeilles, blanc de baleine.
Les pouvoirs calorifiques des mêmes substances sont:

6870,   2261,   8451,   7770,   10496 et 10342.

Ici l'ordre paraît plutôt renversé, et nous ne suivrons pas l'auteur dans les conclusions qu'il tire de ces chiffres, d'autant plus qu'il n'y insiste pas beaucoup lui-même. Remarquons cependant que, dans ce tableau, le fer qui, en brûlant, dégage encore 1350 calories, se trouve, et avec une différence relativement petite du pouvoir réfringent, à côté du chromate de plomb, qui est bien une des substances les plus brûlées que l'on puisse imaginer, et que les chimistes emploient de préférence quand il s'agit de brûler les autres. Ajoutons que l'acide arsénieux, corps capable d'une oxydation ultérieure, se trouve presque à la fin de la liste, précédé du chromate de plomb, de la glace, du borax, du spath d'Irlande, du sel gemme et du croron.

Je me suis arrêté assez longtemps à l'interprétation des tableaux qui forment la partie principale du mémoire; je passerai rapidement sur les considérations qui les suivent.

L'auteur résume d'abord dans un petit tableau les éléments, surtout les cinq pour lesquels les deux pouvoirs ont été déterminés par l'expérience; il trouve que, si l'on excepte le soufre et le phosphore, les deux sortes de pouvoir décroissent dans le même ordre. Il calcule ensuite les pouvoirs réfringents de quelques corps opaques, à l'aide de la réflexion que ces corps font subir à un rayon de lumière polarisée. Le fer, le zinc, le cuivre et l'argent prennent ainsi place dans la série, en se rangeant d'après le pouvoir réfringent et d'après le pouvoir calorifique dans l'ordre que je viens d'indiquer.

Arrivé à ce terme de son travail, l'auteur résume les conclusions qui, d'après lui, découlent des faits; et il croit pouvoir les formuler d'une manière certaine, ainsi qu'il suit:

1° Les substances solides, liquides ou gazeuses de nature combustible à l'air, possèdent un pouvoir réfringent supérieur à celui des substances qui sont considérées d'ordinaire comme étant incombustibles;

2° En général, les pouvoirs réfringents des corps simples reconnus comme combustibles à l'air ou dans l'oxygène, et surtout ceux des substances composées jouissant de la même propriété, sont d'autant plus élevés que ces substances dégagent plus de chaleur en brûlant;

3° Le pouvoir réfringent des substances incombustibles reste en général (à l'exception peut-être de quelques combinaisons du fluor, *voir* la note) supérieur à celui de l'oxygène.

Viennent ensuite des considérations qui ont pour but de démontrer que les pouvoirs réfringents des corps connus sous forme solide et liquide, ou liquide et gazeuse, ne diffèrent pas beaucoup d'un état à l'autre. Puis l'exposé de quelques observations et calculs qui font admettre à l'auteur que les substances liquides combustibles se distinguent des liquides non combustibles par l'étendue relativement grande de la partie

rouge du spectre (entre B et C de Frauenhofer), par rapport au spectre
tout entier, ou plutôt de la partie comprise entre les raies B et H.

Plusieurs pages du mémoire ont pour but de montrer certains rapports entre la composition chimique, d'une part, et le pouvoir réfringent
ou le pouvoir calorifique, de l'autre. La plupart de ces rapports, et bien
d'autres encore, ont été signalés par l'un ou l'autre des auteurs qui ont
écrit sur ces questions; je crois donc ne pas devoir m'arrêter à cette partie du mémoire, d'autant plus que l'auteur la regarde lui-même comme
« n'ayant pas trait immédiatement à son sujet. » Je ne puis cependant
pas supprimer l'observation que, selon moi, le mémoire aurait pu gagner
en transparence et en clarté, si l'auteur avait pu se décider à raccourcir,
sinon à supprimer quelques-unes de ces considérations.

Le mémoire se termine par des spéculations sur la cause de la corrélation entre le pouvoir réfringent et le pouvoir calorifique. L'auteur
croit que la corrélation signalée « attribue presque une certitude réelle,
» non à l'explication de la différence des effets lumineux et calorifiques,
» selon la rapidité des vibrations, mais à l'identité si présumable des
» fluides lumineux et calorifiques, et à l'intervention de l'éther dans la
» production des phénomènes de chaleur. » Il croit, « que la préexi-
» stence de conditions intérieures, l'état intérieur de l'éther », est la vraie
cause tant des propriétés optiques des substances, que des quantités de
chaleur qu'elles peuvent dégager en brûlant dans l'oxygène. « L'oxy-
» gène n'est en réalité, dans ces combustions, que l'occasion de la mani-
» festation des phénomènes calorifiques. »

Il prévoit bien des objections, tirées du fait que les corps, en brûlant dans le chlore, etc., dégagent des quantités de chaleur bien différentes de celles qu'ils mettent en liberté en brûlant dans l'oxygène; mais
il déclare que « cette non-concordance ne diminuerait nullement l'im-
» portance de la corrélation signalée à propos des chaleurs produites
» dans les combustions dans l'oxygène: elle caractériserait plus encore,
» me semble-t-il, le rôle si grand et si exceptionnel qui est assigné à
» l'oxygène dans la nature. »

Je ne veux pas fatiguer l'attention de la classe en discutant toutes
les observations du mémoire qui ont pour but d'expliquer, autant que
faire se peut, quelques-unes au moins des nombreuses exceptions qui
n'ont pu échapper à la sagacité de l'auteur. Aucune de ces explications
ne m'a paru bien concluante. Le progrès de la science démontrera si
des causes particulières à certaines substances permettent d'expliquer

ces exceptions; ou si une corrélation, telle que le mémoire que nous venons d'examiner la signale, n'existe point dans la nature. J'admets volontiers que les manques de concordance parfaite, et même les discordances ne constituent point des démentis formels à la thèse générale, au point qu'il faille la rejeter sans examen plus approfondi.

Je me résume. Le mémoire de notre confrère a le mérite d'attirer de nouveau, et plus qu'on ne l'a fait jusqu'à présent, l'attention des savants sur la remarque de Newton. Il a le mérite surtout de mieux préciser la combustibilité, plus ou moins grande, des différentes substances, en l'exprimant par des données numériques, à savoir, les chaleurs de combustion.

Il ne contient pas la solution du problème, il est vrai, et il n'établit pas de loi, mais il réunit tous les matériaux que l'état actuel de la science nous fournit sur ces questions. L'auteur ne se contente pas d'énumérer quelques exemples qui parlent en faveur de la corrélation qu'il croit voir; il discute tous les faits connus, même les cas, assez nombreux d'ailleurs, qui sont en contradiction avec la thèse qu'il défend. Quel que soit l'avenir de cette question, assez obscure encore maintenant, le mémoire de notre honorable confrère restera toujours un pas vers la solution du problème.

J'ai donc l'honneur de proposer à la classe d'ordonner l'impression du travail de M. Montigny dans le recueil des Mémoires in-8°. »

Conformément aux conclusions des rapporteurs, la classe vote des remercîments à M. Montigny et décide que son travail prendra place dans le recueil des Mémoires in-8°.[1])

---

## Sur l'acide phénique monochloré; par M. Dubois.
### Rapport de M. Kekulé.

Bull. Acad. Roy. Belg. [2] 23, 221—223 (Séance du 2 mars 1867).

« Les produits de substitution du phénol ont souvent été l'objet de recherches chimiques. Depuis les travaux classiques de Laurent, qui ont joué un rôle si considérable dans le développement de nos idées théoriques, la liste des dérivés par substitution du phénol s'est considérable-

---

[1]) Tome 19, 3—41 (1867). (A.)

ment augmentée. Assez récemment encore, les recherches faites par
M. Körner, au laboratoire de l'Université de Gand, ont ajouté un bon
nombre de substances nouvelles à cette liste déjà si longue. M. Dubois
vient y apporter une nouvelle contribution.

Il a préparé, pour la première fois, le phénol monochloré à l'état de
pureté, et il l'a obtenu solide et bien cristallisé. En l'attaquant par
l'acide nitrique, il a pu le transformer en phénol monochloré-binitré; il
a étudié cet acide à l'état libre, et il en décrit plusieurs sels. Les observations faites sur cet acide ne s'accordent pas, d'une manière complète,
avec les indications antérieures de M. Griess. L'auteur de la note donne
une hypothèse qui pourrait peut-être expliquer l'isomérie, si toutefois
un examen plus détaillé ne démontre pas l'identité des deux corps.

A côté de ces faits, qui présentent déjà un certain intérêt, la note de
M. Dubois fait connaître une nouvelle réaction, qui ne manquera pas
d'attirer l'attention: c'est l'action du chlorure de sulfuryle sur la benzine
et sur le phénol.

L'action que le chlorure de sulfuryle exerce sur les substances organiques a été peu étudiée jusqu'à présent. Elle le sera davantage à l'avenir, car cette substance, d'une préparation difficile autrefois, est devenue
accessible maintenant, grâce à la méthode ingénieuse de préparation im-
aginée par notre savant confrère, M. Melsens.

Pour ce qui concerne l'action du chlorure de sulfuryle sur les substances organiques, on aurait pu s'attendre à voir ce corps se comporter comme le bichlorure du radical sulfuryle, ou, au moins, comme le
monochlorure du radical $S\Theta_2$ Cl. En réagissant sur la benzine, il aurait
pu donner naissance à la sulfobenzide, ou bien au chlorure de sulfophényle.

$$2\,\mathrm{C}_6\,\mathrm{H}_6 + \mathrm{S\Theta}_2\,\mathrm{Cl}_2 = \left.\begin{array}{l}\mathrm{C}_6\,\mathrm{H}_5\\ \mathrm{C}_6\,\mathrm{H}_5\end{array}\right\}\,\mathrm{S\Theta}_2 + 2\,\mathrm{HCl}$$

ou:

$$\mathrm{C}_6\,\mathrm{H}_6 + \mathrm{S\Theta}_2\,\mathrm{Cl}_2 = \mathrm{C}_6\,\mathrm{H}_5\,\mathrm{S\Theta}_2\,\mathrm{Cl} + \mathrm{HCl}.$$

M. Dubois démontre que la réaction se passe tout autrement. Il se
dégage de l'anhydride sulfureux et de l'acide chlorhydrique, et il se
forme de la benzine monochlorée. Le phénol produit une réaction analogue; il donne naissance au phénol monochloré. Le chlorure de sulfuryle
se décompose donc en ses générateurs; il se comporte comme une solution de chlore, ou plutôt comme un de ces chlorures instables, tels que
le pentachlorure d'antimoine, le trichlorure d'iode, etc.

D'après ce que je viens de dire, je crois pouvoir proposer à la classe d'ordonner l'impression de la note de M. Dubois dans les *Bulletins* et de lui voter des remerciments.»[1])

---

## Sur les dérivés par addition de l'acide itaconique et de ses isomères (2^me partie); par M. Swarts.

### Rapport de M. Kekulé.

Bull. Acad. Roy. Belg. [2] **24**, 8—14 (Séance du 6 juillet 1867).

« La note que M. Swarts vient de présenter à la classe est une continuation du beau travail que le même auteur a communiqué à l'Aacadémie en mai 1866, et qui a été imprimé dans les *Bulletins*.

En poursuivant ses recherches sur les dérivés pyrogénés de l'acide citrique, l'habile chimiste est parvenu à échanger le chlore des acides chlorés qu'il avait préparés par l'action de l'acide chlorhydrique sur les acides itaconique, citraconique et mesaconique, contre le reste HO provenant de l'eau. Il a obtenu ainsi des acides homologues de l'acide malique. Il a examiné cette transformation surtout pour l'acide itaconique, et il a trouvé que l'acide ita-chloropyrotartrique échange tantôt le chlore contre le groupe hydroxyle, et tantôt perd de l'acide chlorhydrique. La première métamorphose donne naissance à un acide triatomique et bibasique, que l'auteur désigne sous le nom, acide ita-malique, et qui par l'action de la chaleur perd de l'eau pour se transformer en acide itaconique. Le produit de la seconde métamorphose a reçu le nom d'acide paraconique; il a la même composition que l'acide itaconique et ses isomères, mais il est monobasique seulement, et plusieurs de ses sels peuvent facilement se combiner aux éléments de l'eau pour se transformer en ita-malates. L'acide paraconique paraît donc être pour l'acide itamalique ce que l'acide métaphosphorique est pour l'acide orthophosphorique, ou ce que l'acide térébique est à l'acide diatérébique.

L'ensemble de la note répond à toutes les exigences; les deux acides nouveaux, ainsi que leurs sels, sont soigneusement décrits; leur composition est établie par de nombreuses analyses (57 dosages).

---

[1]) Vgl. Bull. Acad. Roy. Belg. [2] **23**, 266—273 (1867). (A.)

L'auteur de la note n'entre dans aucune spéculation théorique sur la constitution probable des substances qu'il a examinées; il se contente de donner un rapprochement de formules, destiné à montrer l'analogie des dérivés avec les substances qui les engendrent. Dans ce tableau il représente les acides itaconique, citraconique et mesaconique par les formules que le rapporteur lui-même a employées en 1863; mais il fait en même temps ses réserves, en déclarant que ces formules ne sont nullement destinées à indiquer ses idées sur le groupement des atomes dans la molécule.

Nous ferons remarquer qu'à l'époque même de leur publication ces formules avaient plutôt pour but de donner une image de la différence de ces trois acides, que de représenter l'enchaînement des atomes qui les composent. Ce dernier sujet, en effet, n'était guère abordable à cette époque; il l'est devenu depuis, grâce aux recherches de M. Swarts. Votre rapporteur croit devoir consigner ici les idées qu'il se fait actuellement sur les trois acides pyrogénés de l'acide citrique; il est heureux de dire que ces idées sont en même temps celles de M. Swarts et les siennes propres.

J'exposerai donc les considérations suivantes en notre nom commun.

Si, en discutant l'isomérie des acides de la formule de l'acide itaconique, on ne considère que les cas où l'oxygène se trouve en combinaison avec les deux atomes de carbone qui terminent la chaîne et si, de plus, on néglige les acides secondaires et tertiaires, on arrive, ainsi qu'il a déjà été indiqué par d'autres, à concevoir l'existence de quatre modifications isomériques. Ces quatre modifications peuvent se représenter par les formules suivantes:

| 1. | 2. | 3. | 4. |
|---|---|---|---|
| ϴϴH | ϴϴH | ϴϴH | ϴϴH |
| ϴH H | ϴ . . | ϴH . | ϴH . |
| ϴ . . | ϴH H | ϴH . | ϴH H |
| ϴH H | ϴH H | ϴH H | ϴH . |
| ϴϴϴH | ϴϴϴH | ϴϴϴH | ϴϴϴH |

Dans ces formules on a indiqué par des points la position des lacunes ou affinités à saturer. Dans les deux premiers cas, un atome de carbone porte deux lacunes, mais occupe une position différente; tandis que pour les deux autres les deux lacunes sont réparties, de manière à ce que deux atomes de carbone aient chacun une affinité non saturée. Pour ces deux derniers cas, ainsi que pour tous les cas analogues, on pourrait, et avec plus de probabilité, nous paraît-il, admettre que les deux atomes de carbone se trouvent en combinaison plus intime. Les formules 3 et 4 prendraient alors la forme suivante:

Si maintenant, en discutant les métamorphoses de ces corps, nous cherchons à appliquer ces spéculations aux trois acides pyrogénés de l'acide citrique, nous trouvons que la première des quatre formules données s'applique à l'acide itaconique, la seconde à l'acide citraconique, la troisième à l'acide mésaconique. La plupart des faits connus jusqu'à ce jour s'expliquent aisément dans cette manière de voir.

On conçoit d'abord que les trois modifications de l'acide pyrotartrique bibromé doivent être représentées par les formules suivantes:

L'acide ita-bibromopyrotartrique donne naissance à de l'acide aconique. Les deux atomes de brome se combinent à deux atomes d'hydrogène; deux molécules d'acide bromhydrique s'éliminent, et les trois atomes de carbone, qui forment le centre de la molécule, se soudent ensemble d'une manière plus intime. On a:

---

[1] Dieser Formel fehlt ein „H" und die Bindung zwischen Kohlenstoffatom 2 und Kohlenstoffatom 4, wie es die Formel 4a zeigt. (A.)

*Acide*
*itabibromo-pyrotartrique.*      *Acide*
                                 *aconique.*

$$
\begin{array}{cc}
\text{COOH} & \text{COOH} \\
| & | \\
\text{CHH} & \text{CH} \\
| & \| \\
\text{CBr Br} & \text{C} \\
| & \| \\
\text{CHH} & \text{CH} \\
| & | \\
\text{COOH} & \text{COOH}
\end{array}
$$

Les deux modifications de l'acide bibromopyrotartrique, préparées l'une de l'acide citraconique, l'autre de l'acide mesaconique, fournissent toutes les deux de l'acide monobromocrotonique. Ces réactions s'expliquent par les formules suivantes, dans lesquelles on a marqué d'une accolade les éléments qui s'éliminent sous forme d'acide bromhydrique:

*Acide citrabibromo-*     *Acide*                  *Acide mesa-*
*pyrotartrique.*          *monobromo-crotonique.*  *bibromo-pyrotartrique.*

$$
\begin{array}{ccc}
\text{COOH} & \text{H .}^{1)} & \text{COOH} \\
| & | & | \\
\text{CBr Br}\rceil & \text{CBr} & \text{CBr H}\rceil \\
| & \| & | \\
\text{CHH}\rfloor & \text{CH} & \text{CH Br}\rfloor \\
| & | & | \\
\text{CHH} & \text{CHH} & \text{CHH} \\
| & | & | \\
\text{COOH} & \text{COOH} & \text{COOH}
\end{array}
$$

Un autre fait encore s'explique aisément dans notre manière de voir, c'est la facilité avec laquelle l'acide itaconique et l'acide citraconique se transforment en acide mésaconique. Considérons les transformations opérées par l'acide bromhydrique. Les lacunes se comblent d'abord, et il s'élimine ensuite de l'acide bromhydrique; mais pour la formation de cet acide le brome prendra un autre atome d'hydrogène que celui avec lequel il est entré. On aura:

*Acide ita-monobromo-*   *Acide citra-*             *Acide*
*pyrotartrique.*         *monobromo-pyrotartrique.* *mésaconique.*

$$
\begin{array}{ccc}
\text{COOH} & \text{COOH} & \text{COOH} \\
| & | & | \\
\text{CHH}\rceil & \text{CH}^{\bullet}\text{Br}^{\bullet}\rceil & \text{CH} \\
| & | & \| \\
\text{CH}^{\bullet}\text{Br}^{\bullet}\rfloor & \text{CHH}\rfloor & \text{CH} \\
| & | & | \\
\text{CHH} & \text{CHH} & \text{CHH} \\
| & | & | \\
\text{COOH} & \text{COOH} & \text{COOH}
\end{array}
$$

---

[1]) Irrtümlich steht dort „HCBr — CH — CHH — COOH“.    (A.)

(Les éléments de l'acide bromhydrique, qui s'élimine, sont marqués par l'accolade; ceux de l'acide bromhydrique qui entre, par des astérisques; ils correspondent aux lacunes des acides générateurs.)

Les acides itaconique et citraconique, qui sont à lacunes, ont une tendance à se transformer en acide mésaconique, lequel, n'ayant pas de lacunes, mais contenant le carbone en combinaison plus intime, est la modification la plus stable des trois. Le fait de la transformation des deux acides isomériques en acide mésaconique possède une haute importance encore à un autre point de vue; il prouve que l'acide mésaconique doit nécessairement être représenté par la troisième et non par la quatrième des formules données plus haut. On conçoit, en effet, qu'un acide de cette quatrième formule pourrait bien prendre naissance de l'acide citraconique, mais non pas de l'acide itaconique.

Rappelons, en dernier lieu, que les acides itaconique et citraconique se combinent beaucoup plus facilement par addition que ne le fait l'acide mésaconique. Ce fait encore s'explique par notre manière de voir, car on peut certainement admettre, en principe, que la combinaison se fait plus facilement quand il y a des lacunes à combler, que quand les éléments, pour entrer, doivent partiellement délier les atomes de carbone qui sont combinés par deux affinités.

Les principes de ces spéculations s'appliquent naturellement à tous les cas analogues. Pour ce qui concerne, par exemple, les acides fumarique et maléique, on regardera le premier comme analogue et réellement homologue à l'acide mésaconique, en y admettant le carbone en combinaison plus intime. L'acide maléique, au contraire, sera regardé comme un corps à lacunes, analogue aux acides itaconique et citraconique; il donne, en effet, plus facilement des combinaisons additionelles que son isomère l'acide fumarique.

Les considérations qui précèdent reposent en grande partie sur des faits trouvés par M. Swarts; on conçoit donc que les résultats auxquels est parvenu ce chimiste ne présentent pas seulement l'intérêt de faits nouveaux; ils ont une importance d'un ordre plus élevé, ils nous permettent de faire un pas de plus vers la connaissance de la structure atomique des substances, problème principal qui occupe actuellement les chimistes.

D'après ce que je viens de dire, la classe n'hésitera pas, j'espère, à ordonner l'impression du nouveau travail de M. Swarts dans les *Bulletins* de l'Académie et de voter des remercîments à l'auteur. » [1]).

[1]) Vgl. Bull. Acad. Roy. Belg. [2] **24**, 25—47 (1867). (A.)

# Recherches sur quelques dérivés de l'acide cinnamique (2me partie);
## par M. Glaser.

### Rapport de M. Kekulé.

Bull. Acad. Roy. Belg. [2] **24**, 14—17 (Séance du 6 juillet 1867).

« On se rappelle le beau mémoire que M. le docteur Glaser a présenté à l'Académie dans sa séance du 3 novembre 1866. Il avait démontré que l'acide phényl-bibromoprópionique, engendré par l'action du brome sur l'acide phényl-acrylique (acide cinnamique) peut, en se dédoublant, donner naissance à deux acides phényl-monobromo-acryliques isomères. Il avait trouvé, en outre, que l'acide phényl-propionique (acide hydrocinnamique) soumis à l'influence du brome, donne tantôt des produits de substitution, et tantôt régénère l'acide phénylacrylique.

La nouvelle note, sur laquelle nous avons à nous prononcer aujourd'hui, contient la continuation de ces recherches. M. Glaser fait voir que l'acide phényl-acrylique (acide cinnamique) peut aussi se combiner directement avec les acides hypochloreux et hyprobromeux. Ces produits d'addition, que l'on doit désigner par les noms : acide phényl-monochlorolactique et acide phényl-monobromolactique, se transforment, par substitution inverse, en acide phényl-lactique. Soumis à l'influence des hydracides, ils échangent le groupe HO contre le corps halogène de l'hydracide employé; l'acide phényl-lactique engendre ainsi les acides phényl-chloropropionique et phényl-bromopropionique; les produits de substitution de l'acide phényl-lactique donnent naissance aux acides phényl - bichloropropionique, phényl - bibromopropionique et phénylchlorobromo-propionique. Ces mêmes produits de substitution, décomposés dans d'autres conditions, perdent les éléments de l'acide chlorhydrique ou bromhydrique pour . se transformer en acide phénylpyruvique.

On voit par ce résumé, dans lequel nous n'avons pu consigner que les résultats les plus importants, que le mémoire de M. Glaser est riche en faits nouveaux, et qu'il formera une page importante dans l'histoire des acides aromatiques. Il ne décrit pas moins de dix nouveaux acides; il fait connaître leurs formations, leurs propriétés et leurs transformations. Les méthodes de préparation sont indiquées avec tous les détails désirables; les acides et leurs sels sont décrits d'une manière minutieuse. De nombreuses analyses, — il n'y a pas moins de quarante-six dosages, — établissent la composition des substances décrites.

Le dernier chapitre du mémoire démontre que les substances découvertes par M. Glaser n'ont pas seulement les attraits de corps nouveaux, mais qu'elles offrent en même temps un grand intérêt théorique. Ce chapitre est consacré à des spéculations théoriques sur la constitution de l'acide cinnamique et de ses dérivés. L'acide cinnamique est-il un corps à lacunes, ou deux des atomes de carbone, qui constituent la chaîne latérale, sont-ils en combinaison plus intime? L'auteur discute la valeur relative de ces deux hypothèses et il s'arrête à la première, comme étant la plus probable. Nul ne pourrait contester la logique de ses raisonnements, et on sera forcé d'avouer que l'hypothèse de l'auteur explique d'une manière aussi simple qu'élégante les faits qu'il décrit dans la note actuelle. Cette hypothèse doit-elle, par cela même, être regardée comme l'expression vraie de la constitution de l'acide cinnamique? Nous en doutons. Si elle rend aisément compte des faits consignés dans la note actuelle, elle ne s'applique pas avec la même facilité à quelques réactions que M. Glaser a fait connaître dans son mémoire antérieur. On s'explique difficilement que l'acide phényl-bibromopropionique puisse donner naissance à deux acides phényl-monobromacryliques isomères; plus difficilement encore que ces deux acides, en se combinant avec le brome, engendrent deux modifications isomères de l'acide phényl-tribromopropionique.

En continuant ses recherches, l'auteur arrivera très probablement à la solution définitive du problème. Votre rapporteur croit ne pas devoir anticiper sur les publications de M. Glaser, qui annonce, dès maintenant, une troisième partie à son travail sur les dérivés de l'acide cinnamique.

Il résulte de ce que je viens de dire, que je ne puis hésiter un instant à proposer à la classe d'ordonner l'impression du beau travail de M. Glaser dans les *Bulletins* de l'Académie, et de voter des remercîments à l'auteur.» [1])

---

[1]) Vgl. Bull. Acad. Roy. Belg. [2] **24**, 48—78 (1867). (A.)

*Notice sur la synthèse de l'acide anisique, de l'acide méthyloxy-*
*benzoïque, d'un crésol nouveau et sur l'acide paraiodobenzoïque;*
### par M. le docteur W. Körner.

#### Rapport de M. Kekulé.

Bull. Acad. Roy. Belg. [2] **24**, 107--109 (Séance du 3 août 1867).

« Les hypothèses qui, dans ces derniers temps, ont été introduites en
chimie, et en chimie organique surtout, quand même elles n'auraient pas
la valeur de théories, présentent un moins l'avantage de faire prévoir, mieux
qu'on a pu le faire autrefois, un grand nombre de faits nouveaux. La
notice que M. le docteur Körner vient de présenter à l'Académie fournit
une nouvelle preuve de l'utilité de ces hypothèses. Elle annonce, en
effet, trois synthèse nouvelles, qui toutes ont été prévues et déduites de
spéculations théoriques.

Ces trois synthèses peuvent se résumer ainsi:

1º L'oxydation du crésol n'a pas donné de résultats jusqu'ici, on
aurait dû s'attendre à la formation de l'acide paraoxybenzoïque.
M. Körner nous démontre que l'éther méthylique du crésol engendre par
oxydation l'éther méthylique de l'acide paraoxybenzoïque, qui n'est
autre que l'acide anisique;

2º La seconde synthèse que nous signale M. Körner est tout aussi
intéressante. On sait que les éthers des phénols présentent, sous beaucoup de rapports, une grande analogie avec les hydrocarbures de la série
aromatique. Tenant compte de ces analogies, M. Körner a cru pouvoir
appliquer aux éthers du phénol monobromé la réaction par laquelle votre
rapporteur a pu transformer le benzol monobromé en acide benzoïque.
Il a obtenu ainsi l'acide méthyl-oxybenzoïque, isomère de l'acide anisique (acide méthyl-paraoxybenzoïque);

3º L'analogie des éthers du phénol avec les hydrocarbures a conduit
M. Körner à la découverte d'une troisième synthèse, qui n'est pas moins
importante. En appliquant aux éthers du phénol monobromé la belle
réaction par laquelle M. Fittig a pu préparer les hydrocarbures homologues de la benzine, il a transformé l'éther méthylique du phénol monobromé en éther méthylique d'un crésol, inconnu jusqu'a présent, isomère
du crésol ordinaire et correspondant à l'acide oxybenzoïque. L'acide

iodhydrique, en réagissant sur cet éther, donne le nouveau crésol lui-
même.

A côté de ces faits synthétiques, la note contient encore des observations curieuses sur le crésol lui-même, sur l'éther méthylique du crésol, sur le toluol monoiodé et sur l'acide paraiodobenzoïque, qui se forme
par l'oxydation de ce dernier.

Le travail de M. Körner n'est qu'une notice préliminaire, destinée à
prendre date pour les découvertes curieuses qu'il renferme. Il mérite
incontestablement de figurer dans les *Bulletins* de l'Académie, et je
n'hésite pas un instant à proposer à la classe d'en ordonner l'insertion
dans ce recueil ».[1])

---

## Sur quelques transformations de l'acide formobenzoïque;
### par MM. Glaser et Radziszewsky.

#### Rapports de MM. Kekulé et Stas.

Bull. Acad. Roy. Belg. [2] **24**, 109—110 (Séance du 3 août 1867).

« L'acide formobenzoïque peut être envisagé comme l'homologue
inférieur de l'acide phényl-lactique, que M. Glaser a décrit récemment et
qu'il avait préparé de l'acide cinnamique. Il était intéressant de comparer ces deux acides homologues, de voir si le premier, vis-à-vis des
hydracides, se comporte comme le second, s'il peut donner naissance à
un acide homologue de l'acide cinnamique, etc.

MM. Glaser et Radziszewsky ont trouvé que l'acide formobenzoïque,
soumis à l'action de l'acide bromhydrique, donne l'acide phénylbromo-
acétique, et que celui-ci, en échangeant le brome contre l'hydrogène,
engendre l'acide phénylacétique normal, qui n'est autre que l'acide
α-toluique.

Jusque-là l'analogie est complète entre l'acide formobenzoïque et
son homologue supérieur; elle ne l'est plus autant quand on attaque par
la potasse alcoolique les bromhydrines des deux acides homologues.
L'acide phénylbromopropionique perd facilement les éléments de l'acide
bromhydrique, pour se transformer en acide cinnamique; l'acide phényl-
bromacétique, au contraire, échange le brome contre un reste alcoolique,
pour engendrer l'acide phényl-éthylglycolique (acide phényl-éthoxacéti-

---

[1]) Vgl. Bull. Acad. Roy. Belg. [2] **24**, 152—158 (1867). (A.)

que); il se comporte donc comme le fait l'acide monobromacétique lui-
même.

Peut-être, en modifiant les conditions de l'expérience, réussira-t-on
néamnoins à obtenir l'homologue inférieur de l'acide cinnamique, que
les auteurs on essayé en vain de préparer.

Quoi qu'il en soit, le mémoire de MM. Glaser et Radziszewsky doit
être considéré comme une contribution importante pour l'histoire des
acides aromatiques; j'ai donc l'honneur de proposer à la classe d'en
ordonner l'impression dans les *Bulletins* de ses séances. «

M. Stas, second commissaire, désigné par la classe, ajoute les paroles
suivantes aux conclusions qui précèdent:

« J'adhère aux conclusions du rapport de mon savant confrère,
M. Kekulé, je me permettrai toutefois de proposer de joindre des remercîments aux auteurs à l'impression de leur note dans le *Bulletin* de la
séance « [1]).

Ces conclusions sont adoptées.

---

*Faits pour servir à la détermination du lieu chimique dans la
série aromatique;* par M. le docteur Körner.

## Rapport de M. Kekulé.

Bull. Acad. Roy. Belg. [2] **24**, 111—112 (Séance du 3 août 1867).

« Le travail que M. le docteur Körner vient de présenter à la classe
touche à une question qui me paraît des plus intéressantes. Elle découle
des théories que j'ai publiées moi-même sur la constitution des substances aromatiques, et elle peut être désignée brièvement comme «la
» détermination du lieu chimique dans les dérivés de la benzine. »

Le travail actuel de M. Körner ne donne pas la solution définitive de
ce problème, plus vaste d'ailleurs que tous ceux que la chimie s'est posés
jusqu'ici; mais il contient l'annonce d'un grand nombre de faits nouveaux, qui permettent déjà maintenant des conclusions très-importantes.
L'auteur remet à plus tard la description détaillée des corps nouveaux
qu'il a préparés; il ne veut aujourd'hui que prendre date pour ses découvertes, et il annonce une seconde partie de cette notice préliminaire.

---

[1]) Vgl. Bull. Acad. Roy. Belg. [2] **24**, 158—165 (1867). (A.)

Le travail a été exécuté sous mes yeux, je puis donc affirmer que les préparations n'ont pas seulement été faites avec plus de soin, mais sur une échelle beaucoup plus vaste qu'on n'a malheuresement l'habitude de le faire. La composition de presque tous les corps décrits, quoique la note n'en dise rien, a déjà été établie par un grand nombre d'analyses. Les produits mentionnés dans la note font d'ailleurs partie d'une collection que M. Körner a exposée à Paris, collection qui a beaucoup attiré l'attention des savants de tous les pays, et qui a valu à notre jeune savant la médaille d'argent. C'est assez dire que les substances exposées sont d'une beauté tout à fait exceptionnelle.

Votre rapporteur doit renoncer à donner un résumé d'un travail qui lui-même n'est qu'une annonce succincte des expériences dont les détails seront publiés plus tard; mais il ne peut hésiter à vous proposer d'ordonner l'impression de cette note remarquable dans les *Bulletins,* de voter des remercîments à l'auteur et de l'engager à poursuivre ces recherches importantes ».[1])

---

## *Notice préliminaire sur l'acide homotartrique;* par M. H. Ronday.

### Rapport de M. Kekulé.

Bull. Acad. Roy. Belg. [2] **24**, 112—113 (Séance du 3 août 1867).

« Le travail que M. le lieutenant Ronday vient de soumettre à l'Académie soulève une question intéressante: celle de savoir si l'acide homotartrique, découvert il y a quelques années par votre rapporteur, est identique avec l'acide itatartrique décrit récemment par M. Wilm. A cette question se rattache encore celle de savoir si cet acide est réellement l'homologue supérieur de l'acide tartrique.

Les expériences de M. Ronday semblent établir l'identité des deux acides; mais comme l'auteur n'a eu en vue que de prendre date, et n'a pas donné les détails de ses expériences, je pense qu'il n'y a pas lieu pour le moment de formuler une appréciation de son travail.

J'ai l'honneur de proposer à la classe de voter l'impression de la note, et d'engager l'auteur à poursuivre ses recherches ».[2])

---

[1]) Vgl. Bull. Acad. Roy. Belg. [2] **24**, 166—185 (1867).  (A.)
[2]) Vgl. Bull. Acad. Roy. Belg. [2] **24**, 194—195 (1867).  (A.)

# Die Chemie auf der 43. Versammlung deutscher Naturforscher und Aerzte in Innsbruck.

B. 2, 548--551 (1869).

Die diesjährige Versammlung deutscher Naturforscher und Aerzte war weit stärker besucht, als man im Allgemeinen erwartet hatte, und von den Anwesenden hat wohl Keiner bereut, daß er unter dem Vorwand, Wissenschaft zu treiben, nach dem schönen Tirol wanderte, um dort mit Fachgenossen und sonstigen Freunden genußvolle Tage zu verbringen. Wie frühere Versammlungen, so hatte auch die diesjährige wesentlich den statutenmäßigen Hauptzweck vor Augen (§ 2), den nämlich: den Naturforschern und Aerzten Deutschlands Gelegenheit zu geben sich persönlich kennen zu lernen. Alle Mittel, die sich zur Erreichung dieses Zweckes dienlich bewährt haben, wurden in Anwendung gebracht. In allgemeinen Versammlungen und in 18 Sectionen wurden zahlreiche Vorträge gehalten, wodurch den Zuhörern natürlich Gelegenheit geboten ward, die Vortragenden persönlich kennen zu lernen. Da aber ein so einseitiges Mittel, selbst bei der größten Thätigkeit, nur unvollständig zum Ziele führt, so nahm man, wie dies stets zu geschehen pflegt, zu gemeinsamen Excursionen, zu Festessen und zu zwanglosen Abendvereinigungen seine Zuflucht, und man brachte dabei überdies noch mancherlei weitere Hülfsmittel in Anwendung, welche erfahrungsgemäß das „sich kennen lernen" erleichtern. Die Chemiker namentlich haben sich Nichts vorzuwerfen, in so fern viele derselben, offenbar um dem § 2 recht gründlich Genüge zu leisten, häufig bis nach Mitternacht vereinigt blieben.

Ein allgemeiner Bericht über die ganze Versammlung hätte von Vielem zu reden und könnte von Manchem Vieles sagen. Leider soll hier nur ein kleiner Theil des Ganzen, die Thätigkeit der chemischen Section, besprochen werden. Ihr Berichterstatter schweigt also, und ohne Ueberwindung, von allen lucullischen Genüssen, aber er versagt es sich ungern von den gemeinschaftlichen Ausflügen zu reden, weil ihm so die Gelegenheit entgeht, der Reize der Gegend zu gedenken und den biedern Tirolern und liebenswürdigen Tirolerinnen den Dank zu zollen, den ihr freundschaftliches Entgegenkommen in so hohem Maaße verdient.

Alles dies gehört nicht hierher. Auch die Anreden des k. k. Statthalters und des Bürgermeisters von Innsbruck müssen mit Stillschweigen übergangen werden, obgleich sie in mancher Hinsicht bemerkenswerth waren und jedenfalls zeigten, daß im schönen Tirol nicht Alles so schwarz aussieht, als man früher behauptet hatte. Selbst die wissenschaftlichen Vorträge der allgemeinen Sitzungen sind hier nicht näher zu beleuchten. Könnte dies geschehen, so würde schon eine flüchtige Inhaltsangabe der von Helmholtz, Carl Vogt und Virchow gehaltenen Reden beweisen, daß nur wenige Naturforscherversammlungen so zeitgemäß interessante und so gediegen werthvolle Vorträge aufzuweisen haben; daß Richtung und Ziel der heutigen Naturforschung im Allgemeinen und einzelner Disciplinen insbesondere wohl selten klarer und bestimmter gekennzeichnet worden sind. An Vogt's Vortrag würde sich noch manche Bemerkung knüpfen lassen, unter anderen auch die, daß nicht nur der Forscher von Profession, sondern auch das sonstige Publikum die mißliebigsten Errungenschaften der Wissenschaften geduldig hin- und annimmt, wenn man ihm dieselben in eleganter Form und in eindringlicher Weise zuflüstert.

Doch genug; wenden wir uns zur chemischen Section. Die Präsenzlisten wiesen 86 Mitglieder nach; das Sitzungslocal, der Hörsaal für Chemie im Universitätsgebäude, war stets gefüllt und selbst überfüllt; an Vorträgen war kein Mangel. Alles gute Zeichen, besonders wenn man bedenkt, daß es heutzutage der Publicationsweisen so viele giebt und daß, namentlich seit Begründung der „Deutschen Chemischen Gesellschaft" auch vorläufige Notizen rasch ins Publikum gebracht werden können, so daß selbst halbfertige Resultate wohl kaum mehr auf Lager gehalten werden. Wie schon seit mehreren Jahren, so behandelten auch bei der diesjährigen Versammlung die meisten Vorträge rein wissenschaftliche Probleme von moderner Färbung; es sind eben meist jüngere Fachgenossen, die sich bei derartigen Versammlungen thätig zeigen oder auch nur betheiligen.

Die wissenschaftliche Thätigkeit der Section begann Montag den 20. Sept. unter Vorsitz von Herrn Prof. Hlasiwetz. Zunächst machte Herr Prof. Lieben eine Mittheilung über die Entstehung des Jodoforms und die Verwendbarkeit der Jodoformbildung zu analytischen Zwecken. Er zeigte, daß die Bildung von Jodoform eine höchst empfindliche Reaction auf Alkohol abgiebt und daß mit Hülfe der Jodoformreaction die geringsten Spuren von Alkohol erkannt werden können, vorausgesetzt, daß nicht andere Körper zugegen sind, die dieselbe Reaction zeigen. Nicht nur im gewöhnlichen, sondern auch in dem gereinigten und selbst in dem über Natrium destillirten Aether läßt sich Alkohol nachweisen, und man überzeugt sich so, daß es ungemein schwer ist, vollständig alkoholfreien Aether herzustellen. In feuchtem Aether scheint allmälig wieder Alkohol gebildet zu werden. Unter denselben Bedingungen wie der Alkohol liefern auch viele andere Substanzen Jodoform. Ueberblickt man alle Körper, für welche bis jetzt die Jodoformreaction beobachtet wurde und deren Structur als mit Sicherheit ermittelt angesehen werden darf, so wird man zu dem Schluß geführt, daß nur Substanzen, welche die Gruppe $CH_3$ enthalten, zur Jodoformbildung geeignet sind, daß dagegen alle die Körper, in welchen kein mit 3 Wasserstoffatomen verbundenes Kohlenstoffatom vorkommt, auch kein Jodoform zu erzeugen vermögen. Der umgekehrte Schluß ist nicht zulässig: daraus, daß eine Substanz kein Jodoform zu bilden vermag, kann nicht gefolgert werden, daß sie kein Methyl enthalte, denn, wie der Aether, so liefern auch zahlreiche andere Körper, in welchen entschieden $CH_3$ vorkommt, kein Jodoform. Auffallend ist es, daß die Fleischmilchsäure deutlich die Jodoformreaction zeigt. Von Substanzen, deren Structur noch nicht mit Sicherheit ermittelt ist, liefern einige, in welchen man gewöhnlich kein Methyl annimmt, dennoch Jodoform, z. B. die Chinasäure. Dies kann zu der Annahme führen, daß die Chinasäure doch die Gruppe $CH_3$ enthalte, und der Vortragende theilt vermuthungsweise eine Formel mit, die dieser Bedingung Genüge leistet und durch welche sich, wie er meint, alle bis jetzt bekannten Umwandlungen der Chinasäure deuten lassen.

Herr Prof. W i s l i c e n u s theilt hierauf neue Beobachtungen über die verschiedenen Modificationen der Milchsäure mit. Seine Untersuchungen, obgleich noch nicht völlig abgeschlossen, führen zu dem bemerkenswerthen Resultat, daß es d r e i Modificationen der Oxypropionsäure giebt. Von der Aethylidenmilchsäure (Gährungsmilchsäure) ist zunächst die wahre Aethylenmilchsäure verschieden, die M o l d e n - h a u e r zuerst dargestellt, aber nicht näher untersucht hatte, und die seitdem mehrfach bearbeitet worden ist. Sie kann leicht aus der $\beta$-Jodpropionsäure erhalten werden, welche B e i l s t e i n zuerst aus Glycerinsäure darstellte. Von beiden verschieden ist die Fleischmilchsäure. Sie ist indeß kein chemisches Individuum, sondern enthält neben Aethylenmilchsäure eine dritte Modification. Diese dritte Oxypropionsäure ist — optisch activ, sie dreht die Polarisationsebene um etwa 3,3° nach rechts und scheint eine Modification der Aethylidenmilchsäure zu sein.

Aethylenmilchsäure ohne diese dritte Modification wurde in einem Oedem aufgefunden, welches von einem an Osteomalacie Verstorbenen herrührte.

Der Vortragende macht darauf aufmerksam, daß die Existenz dreier Oxypropionsäuren die Unzulänglichkeit der gewöhnlich gebrauchten Structurformeln nachweise, also auch der Anschauungen, die wir durch diese Formel auszudrücken gewohnt sind. Derlei feinere Isomerieen würden sich wohl durch räumliche Vorstellung über die Gruppirung der Atome, also durch Modellformeln deuten lassen.

Herr Prof. B o l l e y sprach sodann über ein häufig als Phénicin bezeichnetes Phenylbraun, welches J. R o t h 1864 in die Färberei einführte. Es wird bekanntlich durch allmäligen Zusatz einer Mischung von Schwefelsäure und Salpetersäure zu Phenol und nachheriges Eingießen in viel Wasser als braunes, amorphes Pulver erhalten, und hat mehrfach zu Explosionen Veranlassung gegeben. Sowohl aus käuflichem als auch nach der Vorschrift dargestelltem Phenylbraun konnte Binitrophenol abgeschieden werden. Neben diesem enthält das Präparat eine braune amorphe Substanz, die weder eine Nitro-, noch eine Sulfoverbindung ist, und die ihre Entstehung, wie es scheint, der Einwirkung von Schwefelsäure auf Binitrophenol verdankt.

Herr Prof. S c h w a r z e n b a c h hielt hierauf einen Vortrag über Proteinkörper, in welchem er wesentlich hervorhebt, daß andere Beobachter mit dem von ihm 1865 als Reagens empfohlenen Kaliumplatincyanür zu anderen Resultaten gelangt seien als er selbst. Er meint, dies rühre zum Theil wohl daher, daß statt des G m e l i n'schen Salzes das Q u a d r a t'sche angewandt worden sei.

Ein Vortrag von Herrn Prof. H l a s i w e t z setzt die Chemiker in Besitz einer neuen und, wie es scheint, sehr zweckmäßigen Methode zur Darstellung von Jodsubstitutionsproducten. Die Methode besteht darin, daß man der zu jodirenden Substanz Quecksilberoxyd zusetzt und dann die berechnete Menge von Jod allmälig einträgt. Der Vortragende war zur Aufsuchung einer neuen und zur Entdeckung der erwähnten Methode geführt worden, weil es ihm darauf ankam, größere Mengen von Bijodphenol bereiten zu können. Es schien wichtig festzustellen, ob dieser Körper bei Einwirkung von schmelzendem Kali Pyrogallussäure, Phloroglucin oder ein drittes Isomeres erzeugt. Der Versuch lehrte, daß überhaupt kein Trioxybenzol gebildet wird, daß vielmehr, unter weiter gehender Zersetzung, Brenzcatechin entsteht, genau wie aus Monojodphenol. Die Untersuchung wird in Gemeinschaft mit W e s e l s k y fortgesetzt und weiter ausgedehnt.

# Die Chemie auf der 43. Versammlung deutscher Naturforscher und Aerzte in Innsbruck.

B. 2, 607—614 (1869).

(Fortsetzung.)

Die Berichterstattung über die Thätigkeit einer Wanderversammlung hat mancherlei Schwierigkeiten und bietet stets eine gewisse Gefahr. Wer auf derartigen Versammlungen etwas Neues vorbringt, hat gewöhnlich eine schriftliche Mittheilung bereits irgend einer Zeitschrift eingesandt, oder thut dies wenigstens so bald als möglich. Bis dann der Berichterstatter von seiner Wanderung heimgekehrt ist und seinen Bericht zum Druck gebracht hat, ist unvermeidlich schon Manches auf anderem Wege dem größeren Publikum bekannt geworden.

In der z w e i t e n  S e c t i o n s s i t z u n g , welche Dienstag, den 21. Sept., unter dem Vorsitz von Herrn Prof. K e k u l é stattfand, brachte zunächst Herr Prof. C l a u s ausnehmend interessante Mittheilungen über die sogenannten Schwefelstickstoffkörper, über jene merkwürdigen Verbindungen, die Herr F r e m y vor langer Zeit dargestellt und als Corps sulfazotés beschrieben hatte und die auffallender Weise seitdem nicht wieder bearbeitet worden sind. Hr. Prof. C l a u s hat, zum Theil in Gemeinschaft mit Hrn. S. K o c h , den Gegenstand wieder aufgenommen und bis jetzt wesentlich die Salze von drei Schwefelstickstoffsäuren näher untersucht:

Tetra-sulfammonsaures Kali $K_4 HNS_4 O_{12} + 3 H_2O$
Tri-sulfammonsaures Kali    $K_3 H_2 NS_3 O_9 + 2 H_2O$
Di-sulfammonsaures Kali     $K_2 H_3 NS_2 O_6$.

Das erstere Salz wird im reinen Zustande nur erhalten, wenn ein bedeutender Ueberschuß einer Lösung von neutralem schwefligsaurem Kali mit einer Lösung von salpetrigsaurem Kali vermischt wird. Seine Entstehung folgt nach der Gleichung:

$$4 K_2 SO_3 + KNO_2 + 3 H_2O = 5 KHO + K_4 HNS_4 O_{12} .$$

Es geht bei Einwirkung von Wasser in trisulfammonsaures Salz über:

$$K_4 HNS_4 O_{12} + H_2 O = KHSO_4 + K_3 H_2 NS_3 O_9$$

aus welchem dann beim Kochen mit Wasser disulfammonsaures Salz
entsteht:        $K_3 H_2 NS_3 O_9 + H_2 O = KHSO_4 + K_2 H_3 NS_2 O_6$ .

Gestützt auf die beobachteten Thatsachen und namentlich weil bei
den erwähnten Umwandlungen die Gruppe $SO_3 K$ durch H ersetzt wird,
während sie mit dem Wasserrest (OH) saures schwefelsaures Salz erzeugt, leitet Herr Prof. C l a u s die sulfammonsauren Salze von dem fünf-
werthigen Stickstoff ab und drückt sie durch folgende Formeln aus:

Tetrasulfammonsaures Kali   $NH (SO_3 K)_4$
Trisulfammonsaures Kali   $NH_2 (SO_3 K)_3$
Disulfammonsaures Kali   $NH_3 (SO_3 K)_2$.

Ihr Berichterstatter hat zwar gegen diese Auffassung gewisses Bedenken, aber er hält es für ungeeignet eine andere Interpretation hier
beizufügen.

Hr. Prof. C l a u s erwähnt außerdem noch einer anderen Gruppe
von Schwefelstickstoffsäuren (Hrn. F r e m y 's Sulfazinsäure und Sulf-
azotinsäure?), deren Untersuchung noch nicht beendigt ist. Sie sind
jedenfalls von den Sulfammonsäuren wesentlich verschieden, können
successive aus einander dargestellt werden und scheinen als letztes
Umwandlungsproduct die wahre Sulfamminsäure zu liefern.

Eine Mittheilung von Hrn. Prof. P e t e r s e n über Anthracen und
daraus erzeugte Farbstoffe enthält nichts von wissenschaftlichem Interesse.

Hr. Dr. O t t o bespricht verschiedene Reactionen der von ihm entdeckten organischen Quecksilberverbindungen.    Durch anorganische
Säuren werden diese Verbindungen in organische Quecksilbersalze und
die ursprünglichen Kohlenwasserstoffe zerlegt. Organische Säuren dagegen, z. B. Ameisensäure, Essigsäure, Propionsäure, Myristinsäure
u. s. w. bilden, unter Abscheidung von nur einem Molekül des betreffenden Kohlenwasserstoffs, Salze organischer Quecksilberradicale, z. B.:

$$\begin{array}{c} C_6 H_5 \\ C_6 H_5 \end{array}\!\!\Big\rangle Hg + \begin{array}{c} C_2 H_3 O \\ H \end{array}\!\!\Big\rangle O = C_6 H_6 + \begin{array}{c} C_2 H_3 O \\[4pt] | \\ C_6 H_5 \end{array}\!\!\Big\rangle O \big| Hg$$

Die Halloide: Chlor, Brom und Jod wirken anfangs ähnlich wie diese
organischen Säuren, z. B.:

$$\begin{array}{c} C_{10} H_7 \\ C_{10} H_7 \end{array}\!\!\Big\rangle Hg + J_2 = C_{10} H_7 J + C_{10} H_7 - Hg - J$$

den Kohlenwasserstoffs, Salze organischer Quecksilberradicale, z. B.

bei weiterer Einwirkung des Haloids wird dann eine unorganische
Quecksilberverbindung erzeugt:

$$C_{10}H_7 \cdot Hg \cdot J + J_2 = C_{10}H_7 J + Hg J_2$$

Die zuerst gebildeten organischen Jodide oder Bromide können auch
durch Einwirkung von Quecksilberjodid und resp. -bromid auf die Quecksilberverbindungen selbst erhalten werden; offenbar so:

$$\left. \begin{matrix} C_{10}H_7 \\ C_{10}H_7 \end{matrix} \right\} Hg + Hg J_2 = 2 C_{10}H_7 \cdot Hg \cdot J$$

Bei Anwendung von Quecksilbercyanid bilden sich entsprechende
Cyanverbindungen. Schwefel erzeugt mit den Kohlenwasserstoffqueck-
silberderivaten Quecksilbersulfid und von den Kohlenwasserstoffen sich
herleitende Sulfüre. Zink liefert Zinkamalgam neben zinkorganischen
Verbindungen. — Auch die Quecksilberverbindungen der einatomigen
Alkoholradicale, z. B. Methyl, zeigen im Allgemeinen dasselbe Verhalten.

Den Schluß der Sitzung bildeten einige von Herrn Prof. Böttger
ausgeführte Versuche: „sie erfreuten sich," wie das Tagblatt sagt, „des
Beifalls der zahlreich versammelten Mitglieder." Das Wissenswertheste
von diesen Versuchen ist Folgendes:

Wird zu Hrn. Graham's merkwürdigem Versuche ein langer Streifen von sehr dünnem Palladiumblech verwendet, so rollt sich derselbe
fast momentan zusammen. Kehrt man den Strom um, so dreht er sich
zunächst wieder auf und rollt sich bald nach der anderen Seite. —
Wird mit sogenanntem Palladiumschwarz (auf galvanischem Wege)
überzogenes Palladium mit Wasserstoff gesättigt, dann rasch abgetrock-
net und mit Schießbaumwolle umgeben, so erglüht nach wenig Augenblicken das Metall und bringt die Schießbaumwolle zum Verpuffen. Ein
derartiges mit Wasserstoff gesättigtes, durch Palladiumschwarz mattes
Palladiumblech (nicht das blanke) entwickelt in Aether reichlich Wasserstoff. Die Beobachtung, daß dieser Wasserstoff von dem Aether allmälig
— durch Hydrogenisirung — aufgenommen werde, bedarf wohl weiterer Bestätigung, oder beruht vielleicht einfach auf Absorption. —
Schließlich wird das schon mehrfach produzierte explosive Antimon nochmals vorgeführt und mephistophelische Dünste erfüllen den sich lee-
renden Raum.

Die dritte Sectionssitzung, Mittwoch den 22., war vom
Wetter ausnehmend begünstigt; weit mehr als die vorige. Ein kalter
Regen kam dem noch nicht erlahmten Wissensdrang zu Hülfe. Wohl
hatten Manche verrätherische Pläne zu Excursionen in die reizende Um-

gebung geschmiedet; aber die Umgebung war heute nicht sichtbar; sie reizte Niemand; Alle waren froh, das Nützliche mit dem Angenehmen verbinden und im trocknen Sitzungssaal einen Vormittag ausfüllen zu können. Die Sitzung bot übrigens des Interessanten so viel, daß sie Wetter und fehlgeschlagene Pläne vergessen ließ.

Der Vorsitzende, Hr. Prof. L i m p r i c h t, theilt zunächst die Resultate einiger Versuche über Pyroschleimsäure mit, die in der Zwischenzeit in der Zeitschrift für Chemie (V., 599) veröffentlicht worden sind. Er sprach dann, unter Vorzeigung zahlreicher Präparate, von verschiedenen Körpern aus der Toluylengruppe, die in neuester Zeit, theils von ihm selbst, theils von einzelnen seiner Schüler untersucht wurden. Er erwähnt, daß es zwei Modificationen des Toluylenalkohols gebe, von welchen die eine bei etwa 120° schmilzt und klinorhombisch krystallisirt, während die andere orthorhombische Tafeln mit Winkeln von 120° und 60° bildet, und erst bei 132—133° schmilzt. Die erstere entsteht bei Zersetzung des essigsauren Toluylenäthers mit Kali; die zweite bei Zersetzung des oxalsauren Toluylenäthers mit Ammoniak. Aus Bittermandelöl werde mit Natriumamalgam die klinorhombische, mit Zink und Salzsäure die orthorhombische Modification erhalten. Eine Umwandlung der einen Modification in die andere sei bis jetzt nicht gelungen. — Das Benzoïn schmelze nicht, wie überall angegeben, bei 120°, sondern erst bei 136°. Die Umwandlung in Benzilsäure vermittelst weingeistigen Kalis sei mit großen Schwierigkeiten verknüpft; man erhalte häufig andere Producte, deren Untersuchung indeß noch nicht vollendet sei. — Das Benzil verwandle sich mit weingeistigem Kali durch Wasseraufnahme direct in Benzilsäure: häufig, und wie es scheine besonders bei Anwendung von sehr concentrirter Kalilösung, trete indeß eine andere Zersetzung ein, bei welcher Tolanalkohol gebildet werde:

$$2\,C_{14}\,H_{10}\,O_2 + 2\,H_2\,O = 2\,C_7\,H_6\,O_2 + C_{14}\,H_{12}\,O_2 \,.$$

Benzil          Benzoësäure  Tolanalkohol.

Der Tolanalkohol bilde schöne, bei etwa 200° schmelzende Krystalle; ob aber die Verbindung den Namen Tolanalkohol wirklich verdiene, müsse noch ermittelt werden.

Die Angaben des Vortragenden über Benzilsäure sind zum größten Theil durch Nr. 13 dieser Berichte bereits bekannt. Das über Oxytoliden Mitgetheilte ist inzwischen in der Zeitschrift für Chemie (V, 596) veröffentlicht worden; ebenso das über Thionessal, Tolallylsulfür, Lepiden und Oxylepiden, bemerkte (ibid. 597).

Die Structurformeln, welche der Vortagende mittheilt, und namentlich die für die Benzilsäure vorgeschlagene Formel veranlaßten eine Discussion, an der sich die Hrn. K e k u l é , G r ä b e , L i e b e n und W i s -
l i c e n u s betheiligten. Von den beiden Ersteren wird namentlich hervorgehoben, in allen Körpern der Benzoingruppe sei wohl eine eigenthümliche Bindung des Sauerstoffs anzuerkennen, so wie es die erste
der zwei folgenden Formeln ausdrückt; der Benzilsäure selbst komme
wohl die zweite Formel zu:

$$C_6H_5.C\diagdown \atop C_6H_5.C\diagup O \qquad\qquad C_6H_5.C\diagdown \text{OH} \atop C_6H_5.C\diagup \text{OH}\quad O$$

Die saure Natur der Benzilsäure könne bei dieser Auffassung nicht
überraschen, denn der durch Metalle vertretene Wasserstoff sei, wenn
auch nicht in derselben Weise, so doch ganz ähnlich gestellt, wie der
vertretbare Wasserstoff der wahren Carbonsäuren[1]).

---

[1]) In dieser Auffassung hätte man, nach einem alten Notizblatte Ihres Be-
richterstatters:

$$\text{Ausgangspunkte:}\quad {C_6H_5.CH_2 \atop C_6H_5.CH_2} \qquad {C_6H_5.CH \atop C_6H_5.CH} \qquad {C_6H_5.C \atop C_6H_5.C}$$

           Dibenzyl        Toluylen (Stilben)      Tolan

Von den beiden ersteren leiten sich ab:

| Dibenzylderivate | | Toluylenderivate | |
|---|---|---|---|
| $C_6H_5.C\!-\!{H \atop Br}$  $C_6H_5.C\!-\!{Br \atop H}$ | Toluylenbromid. | $C_6H_5.C\!-\!Cl$  $C_6H_5.C\!-\!Cl$ | Tolanchlorid. |
| $C_6H_5.C\!-\!{H \atop OH}$  $C_6H_5.C\!-\!{OH \atop H}$ | Toluylenalkohol. (Hydrobenzoin). | $C_6H_5.C\!-\!OH$  $C_6H_5.C\!-\!OH$ | Tolanalkohol. |
| $C_6H_5.C\diagdown H \atop C_6H_5.C\diagup H$ | Desoxybenzoin. | $C_6H_5.C\diagdown \atop C_6H_5.C\diagup$ $O$ | Tolanoxyd. (v. Fleischer.) |
| $C_6H_5.C\diagdown OH \atop C_6H_5.C\diagup H$ | Benzoin. | $C_6H_5.C\diagdown \atop C_6H_5.C\diagup$ $S$ | Tolansulfid. (v. Märker.) |
| $C_6H_5.C\diagdown OH \atop C_6H_5.C\diagup OH$ | Benzilsäure. | | |
| $C_6H_5.C\diagdown \atop C_6H_5.C\diagup$ $O$   $O$ | Benzil. | | |

Mit dem Toluylenalkohol, einem aromatischen Glycol, könnte eine Substanz
isomer sein, die die beiden OH an Einem C hätte; neben dem Desoxybenzoïn,

Die neuen Structurformeln räumten jetzt wieder der unterhaltenden Chemie das Feld. Hr. Professor B ö t t g e r zeigt, wie man mittelst Platinchlorid und Lavendelöl Porzellan oder Glas mit einer dünnen spiegelnden Platinschicht überziehen kann, und wie sich durch Salzsäure und einem Zinkstab das Platin „blitzschnell" wieder ablösen läßt. — Nachdem dann das bekannte Arzneiglas — bis zu $^3/_4$ mit Wasserstoff gefüllt — seine Töne von sich gegeben, wurde eine neue chemische Harmonika producirt, die Ihrem Berichterstatter bislang unbekannt geblieben war, die aber mit Chemie ebensowenig zu thun hat, wie alle übrigen tönenden Röhren. In eine etwa $1^1/_2$ Fuß lange, 2 Zoll weite Glasröhre wird ein Drahtnetz bis zu $^1/_3$ eingeschoben. Erhitzt man das Drahtnetz zum Glühen, indem man die Röhre senkrecht mit der $^1/_3$ Seite nach unten, über eine Gasflamme hält, so tönt die Röhre, sobald man sie von der Flamme entfernt. Wird die Röhre umgekehrt mit der $^2/_3$ Seite über die Flamme geschoben, so findet das Tönen direkt statt; entfernt man sie von der Flamme und dreht sie um, so tritt wieder der frühere Ton auf. — Es wird weiter berichtet, der sogenannte Ozonäther sei nichts anderes als wassersuperoxydhaltiger Aether. Man erhalte ihn leicht, indem man Bariumsuperoxydhydrat mit Aether übergieße und langsam Salzsäure zufließen lasse. Das Präparat lasse sich beliebig lange aufbewahren und sei ein zweckmäßiges Reagenz, indem es die geringsten Mengen freier Chromsäure direct durch die bekannte intensiv blaue Färbung der Aetherschicht anzeige. — Eine schwarze Pharaoschlange (mit ätherischer Lösung von Damarharz getränkt) bildet den Schluß; aber trotz des mephistophelischen Geruches theilte Hr. Prof. H l a s i w e t z Herrn W e s e l s k y 's Resultate „über einige Succinylderivate mit, die seitdem in Nr. 15 der „Berichte" veröffentlicht worden sind.

Eine Mittheilung von Hrn. Dr. G r ä b e betraf die Resultate einer in Gemeinschaft mit Hrn. Dr. L u d w i g angestellten Untersuchung über Naphtalinderivate.

---

einem aromatischen Aethylenoxyd könnte ein entsprechender Aldehyd existiren; ebenso wäre eine mit Benzoïn isomere Substanz denkbar, ein Acetonalkohol u. s. w. Hrn. L i m p r i c h t 's Oxylepiden (von dem indeß das betreffende Notizblatt noch nichts wußte), wäre vielleicht aufzufassen als:

$$C_6 H_6 . C = O$$
$$C_6 H_5 . C = O.$$

Dem Chinon analog sind folgende Körper:

$$C_{10}H_5\begin{cases}OH\\NH\\NH\end{cases}\hspace{2cm}C_{10}H_5\begin{cases}O\\O\\NH\end{cases}\hspace{2cm}C_{10}H_5\begin{cases}OH\\O\\O\end{cases}$$

$$\text{1.}\hspace{3cm}\text{2.}\hspace{3cm}\text{3.}$$

Diesen entsprechen die dem Hydrochinon analogen Verbindungen:

$$C_{10}H_5\begin{cases}OH\\NH_2\\NH_2\end{cases}\hspace{2cm}C_{10}H_5\begin{cases}OH\\OH\\NN_2\end{cases}\hspace{2cm}C_{10}H_5\begin{cases}OH\\OH\\OH\end{cases}$$

$$\text{4.}\hspace{3cm}\text{5.}\hspace{3cm}\text{6.}$$

Bi-imidonaphtol (1) ist die von HH. M a r t i u s und G r i e ß aus Bi-amidonaphtol (4) durch Oxydation erhaltene Base; sie liefert bei Reduc- - tion wieder Bi-amidonaphtol. Durch weitere Oxydation entsteht aus Bi-imidonaphtol, wie schon die HH. M a r t i u s und G r i e ß fanden, ein gefärbtes Product; es hat die Zusammensetzung 2 und steht demnach in der Mitte zwischen einem Chinon und einer Biimidoverbindung. Es liefert bei Reduction die farblose Verbindung 5 (Amido-oxynaphtol oder Amido-dioxynaphtalin). Der zuletzt entstehende stickstofffreie Körper hat die Formel 3; er wird als Naphtalinsäure bezeichnet und liefert mit nascirendem Wasserstoff die Substanz 6 (Trioxynaphtalin), mit Zinkstaub dagegen Naphtalin.

Hr. Prof. K e k u l é machte hierauf eine vorläufige Mittheilung über einige Versuche, die Hr. Dr. C z u m p e l i k im Bonner Laboratorium angestellt hat. Die Theorie deutet in sehr naheliegender Weise die Existenz neuer Kategorien von Verbindungen aus der aromatischen Gruppe an. Es ist nämlich einleuchtend, daß dieselben Umwandlungen, die vom Toluol zum Benzylalkohol, zum Benzaldehyd und zur Benzoësäure führen, auch gleichzeitig an den zwei Seitenketten des Xylols, Cymols und ähnlicher Kohlenwasserstoffe müssen hervorgebracht werden können; so zwar, daß die Umwandlung an beiden Ketten bisweilen dieselbe ist, bisweilen nicht. Von zahlreichen, in dieser Richtung angestellten Versuchen haben bis jetzt nur diejenigen einigermaßen abgerundete Resultate gegeben, die Hr. Dr. C z u m p e l i k mit Cuminsäure unternommen hat. Aus dem Chlorid der Cuminsäure entsteht bei geeigneter Behandlung mit Chlor oder Brom und nachheriger Zerlegung mit Wasser eine chlor- oder bromhaltige Cuminsäure, die das Haloid nicht im Benzolrest, sondern in der Propylgruppe enthält. Das Chlor oder Brom kann leicht gegen den Wasserrest ausgetauscht werden, und es entsteht so eine eigenthümliche Oxycuminsäure, die gleichzeitig ein aromatischer Alkohol und eine aromatische Säure ist, also eine Glycolsäure der aromatischen Reihe:

$$C_6 H_4 \begin{cases} C_3 H_7 \\ CO_2 H \end{cases} \qquad C_6 H_4 \begin{cases} C_3 H_6 Cl \\ CO_2 H \end{cases} \qquad C_6 H_4 \begin{cases} C_3 H_6 . OH \\ CO_2 H \end{cases}$$

Cuminsäure      neue Chlorcuminsäure      neue Oxycuminsäure

Hr. Prof. L u d w i g theilt dann mit, daß es ihm in Gemeinschaft mit Hrn. Dr. K l e i n gelungen sei, das von Hrn. L o s s e n entdeckte Hydroxylamin synthetisch aus Stickoxydgas darzustellen. Man leitet zweckmäßig das Stickoxyd durch eine Reihe von Cylindern, die mit granulirtem Zinn und verdünnter Salzsäure beschickt sind. Die resultirende Flüssigkeit wird durch Schwefelwasserstoff vom Zinn befreit und eingedampft. Die Salzmasse besteht zur Hälfte aus salzsaurem Hydroxylamin, welches durch absoluten Alkohol ausgezogen werden kann.

Den Schluß der Sitzung bildet ein Vortrag von Hrn. Prof. L i e b e n. Die früher besprochene Jodoformreaction gab Veranlassung, die immer noch offene Frage wieder aufzugreifen, ob bei Genuß spirituöser Getränke der Alkohol in den Harn übergehe oder nicht. Es fand sich zunächst, daß sowohl Menschen- als Thierharn stets eine flüchtige Substanz enthält, welche die Jodoformreaction hervorbringt. Durch sorgfältige, aber auch mühevolle Versuche gelang es indessen doch aus Harn, der nach dem Genuß geistiger Getränke aufgesammelt war, den Alkohol rein abzuscheiden, so daß er an seinen chemischen und physikalischen Eigenschaften mit voller Sicherheit erkannt werden konnte. Selbst nach dem Genuß von nur $^1/_4$ Liter Wein konnte der Alkohol mit Sicherheit nachgewiesen werden, aber die in den Harn übergehende Alkoholmenge ist stets eine unverhältnißmäßig kleine.

---

# Die Chemie auf der 43. Versammlung deutscher Naturforscher und Aerzte in Innsbruck.

B. 2, 650—657 (1869).

(Schluß.)

Wie bei den zwanglosen Abendvereinigungen, so zeigten auch bei den wissenschaftlichen Sectionssitzungen der diesjährigen Versammlung die Chemiker den lobenswerthesten Eifer. Selbst die vierte Sitzung der chemischen Section — am 23. September — war so stark besucht, daß kaum eine Abnahme wahrgenommen werden konnte. War es Wissensdrang allein, der diese Ausdauer bewirkte? Der Himmel hatte sich aufgeklärt; wie verzuckert blicken von jenseits die angeschneiten Felszacken des Brandjochs und der Hohen Warthe hernieder; und hier, an die runde Kuppe des Patscherkofels sich anlehnend, winken verlockend die Lanser Köpfe. Dorthin steht für den Nachmittag der Ausflug in Aussicht, den die Ungunst des Wetters neulich verhinderte. Wer kann jetzt Innsbruck verlassen?

Unter dem Vorsitz von Hrn. Prof. W i s l i c e n u s eröffnete ein Vortrag von Hrn. Prof. G ü n n i n g aus Amsterdam die Sitzung. Der Vortragende erinnert zunächst an die bekannte Zersetzung der Alaunlösung durch Wasser. Er weist darauf hin, daß das Eisenchlorid, welches sich dem Alaun ganz ähnlich verhält, in den Niederlanden jetzt allgemein angewendet werde, um trübes Fluß- oder Canalwasser als Trinkwasser tauglich zu machen, zu klären und seiner krankheiterregenden Wirkung zu berauben. Er weist dann nach, daß die verschiedenen Colloidal-Substanzen denselben Einfluß ausüben, wie die trübenden Bestandtheile des Wassers; und er zeigt, daß die Lösungen der erwähnten Salze um so leichter durch äußere Einflüsse und ohne eigentlich chemische Wirkung zersetzt werden, je verdünnter sie sind. Die Ursache dieser mit der Verdünnung zunehmenden Zersetzbarkeit sucht G ü n n i n g in der Contraction, die bei der Verdünnung stattfinde; D e v i l l e habe schon gezeigt, daß bei der Contraction Wärme latent werden müsse, und daraus müsse gefolgert werden, daß gelöste Salze bei der Verdünnung einer wahren Dissociation unterliegen. Der Vortragende meint, diese Annahme führe zum vollkommenen Verständnis vieler sonst unerklärlicher Thatsachen und Reactionen, und die Erklärungsweise habe noch den Vortheil, daß sie die Wirkungen der hypothetischen Affinität nicht voraussetze, sondern lediglich physikalische Aenderungen, welche bei chemischen eintreten, für die Erklärung benutze.

Hr. Prof. B a r t h bespricht hierauf die isomeren Modifikationen der Toluolsulfosäure und ihre Zersetzung durch schmelzendes Kali. Daß beim Schmelzen der rohen Toluolsulfosäure mit Kali, neben Kresol, oder wahrscheinlich neben zwei isomeren Kresolen, auch zwei Modifikationen der Oxybenzoësäure, nämlich die Paraoxybenzoësäure und Salicylsäure, gebildet werden, ist in einer der Gesellschaft eingereichten Originalmittheilung bereits ausführlich dargelegt (vergl. Ber. Nr. 15, S. 525). Hier muß

also, um so mehr, da inzwischen ähnliche Versuche von E n g e l h a r d t
und L a t s c h i n o f f bekannt geworden sind[1]), besonders darauf hingewiesen werden, daß es dem Vortragenden gelungen ist, aus der rohen
Toluolsulfosäure, die bis dahin für eine einheitliche Säure gegolten hatte,
durch Krystallisation der Kalisalze mit Sicherheit zwei, vielleicht sogar
drei verschiedene Modifikationen abzuscheiden. Von beiden Kalisalzen,
von welchen das sich zuerst abscheidende prachtvolle, bis 2 Zoll lange
Krystalle bildet, wurden reichliche Mengen vorgezeigt.

Eine weitere Mittheilung von Hrn. Prof. B a r t h, über die Constitution der Phloretinsäure und des Tyrosins, ist in den Berichten der Gesellschaft bereits abgedruckt (vgl. Nr. 15, S. 528).

Die von Hrn. Prof. B a r t h besprochene Bildung von Oxybenzoë-
säuren und Toluolsulfosäuren, und die in einer früheren Sitzung von Hrn.
Prof. H l a s i w e t z mitgetheilten Schmelzversuche mit Bijodphenol, veranlassen Hrn. Prof. K e k u l é, kurz die Reactionen zusammenzustellen,
welche in neuerer Zeit beim Schmelzen aromatischer Substanzen mit
Aetzkali beobachtet worden sind. Man habe zunächst in Jodsubstitutionsproducte, dann in Sulfosäuren den Wasserrest eingeführt; man habe
dann dieselbe Reaction für einige Chlor- und Bromsubstitutionsproducte
und selbst für einzelne Amidoderivate beobachtet. Hr. Prof. H l a s i-
w e t z habe jetzt aus Bijodphenol statt eines Trioxybenzols nur Dioxy-
benzole erhalten; er selbst habe mehrmals, und namentlich beim Schmelzen der Phenoldisulfosäure ähnliche Beobachtungen gemacht, also Producte beobachtet, welche weniger Sauerstoff enthalten, als man hätte
erwarten sollen. Er schreibe derartige Reductionen der beim Schmelzen
häufig eintretenden partiellen Verkohlung zu, und es scheine nach einigen, allerdings noch nicht beweiskräftigen Versuchen, als könne durch
Zusatz verkohlender Substanzen (z. B. Zucker) die Menge derartiger
Reductionsproducte vermehrt werden. Man wisse nun weiter, daß der
Ameisensäurerest, wenigstens bei mangelndem Kali, durch Wasserstoff
ersetzt werden könne; man wisse, daß Aldehydreste zu Säureresten würden; daß Säurereste von mehreren Kohlenstoffatomen sich in den Amei-
sensäurenrest umwandeln u. s. w. Jetzt habe Hr. Prof. B a r t h beobachtet, daß das Methyl der Toluolsulfosäure zu $CO_2 H$ oxydirt werde.
Dazu komme, daß möglicherweise der Ameisensäurerest der aroma-

---

[1]) Vgl. Correspondenz aus St. Petersburg in diesem Hefte Seite 661. — Irrtümlich steht dort „659". (A.)

tischen Säuren, oder wenigstens gewisser Säuren, sich ähnlich verhalten
könne, wie der Schwefelsäurerest der Sulfosäuren. Er habe zwar derartige Reactionen bis jetzt nicht hervorbringen können, halte sie aber
trotzdem nicht für geradezu unmöglich. Fasse man Alles zusammen, so
komme man jedenfalls zu dem Schluß, daß aus der Natur der beim
Schmelzen mit Kali entstehenden Producte nur mit großer Umsicht
Schlüsse auf die Natur der angewandten Materien gezogen werden könnten. — Diesen Bemerkungen gegenüber hoben die HH. Prof. H l a s i -
w e t z und B a r t h hervor, daß sie niemals eine Umwandlung aromatischer Säuren in dem zuletzt angedeuteten Sinne beobachtet, daß sie
vielmehr durch besondere Versuche für einzelne Säuren schmelzendem
Kali gegenüber die größte Beständigkeit nachgewiesen hätten:
    Genug der Theorie!

>Wie man bei Tische ohne kühlen Trank
>Die trockne Speis' unmöglich kann verdauen,
>So wenig kann man einen ganzen Morgen lang
>Die trockne . . . . .

Deshalb, und auch um einem vielfach geäußerten Wunsche zu entsprechen, theilt Hr. Prof. B ö t t g e r „einige weitere instructive Vorlesungsversuche" mit. Aber Bosco's Zauberhut ist sichtlich erschöpft und
selbst die geschickteste Handbewegung vermag nichts wesentlich Neues
herauszuziehen. Große Seifenblasen sehen zwar reizend aus und zeigen
die brillantesten Farben in fortwährend wechselnder Farbenpracht; ob
man es aber für geeignet halten wird, in chemischen Vorträgen die
hygroscopische Natur des Glycerins in dieser Weise zu illustriren, dies
ist eine andere Frage. Rrr! Eine zerknickte Schmuckfeder — oder auch
eine Gänsekiel — läßt sich in bekannter Weise durch Eintauchen in
siedendes und dann in kaltes Wasser in ihrer ursprünglichen Form wieder herstellen, und jetzt kennt man wenigstens Eine Eigenschaft der
Hornsubstanz, die in chemischen Vorlesungen durch das Experiment
zur Anschauung gebracht zu werden verdient.
    Die angemeldeten Vorträge sind erschöpft. Prof. K e k u l é spricht
über die Constitution der Salze. Das Tageblatt berichtet über diesen
Vortrag Folgendes: Er deutet kurz die Entwicklung der jetzt gebräuchlichen Ansichten an, macht auf ihre Mängel aufmerksam und theilt dann
die wesentlichsten Gesichtspunkte mit, die seiner Ansicht nach allen
Betrachtungen über die Constitution der Salze zu Grunde gelegt werden

müssen. Er schließt mit der Bemerkung, daß er derartige Betrachtungen nicht für Veröffentlichung durch Schrift und Druck geeignet halte, daß er aber geglaubt habe, sie den Fachgenossen mittheilen zu sollen, damit Jeder das, was ihm gut scheine, weiter verarbeiten und bei seinen Untersuchungen benutzen könne.

Da Ihr Berichterstatter wenigstens den Vorwurf der Indiskretion nicht zu befürchten hat, so darf er sich wohl erlauben, etwas ausführlicher zu sein und einige der vom Vortragenden berührten Gesichtspunkte in möglichster Kürze andeuten.

Selbst neuere Betrachtungen über die Constitution der Salze haben die Basicität der Säuren allzusehr in den Vordergrund gestellt und die Werthigkeit der Metalle erst in zweiter Linie und häufig ungenügend berücksichtigt. Wäre die Natur der Metalle mehr in Rechnung gezogen worden, so würden manche nicht uninteressante Beziehungen aufgefunden worden sein. Man würde dann von einem weiten Gesichtspunkte aus diejenigen Salze für die einfachsten angesehen und vielleicht als Orthosalze bezeichnet haben, bei welchen die Anzahl der vereinigten Säuremoleküle eben so groß ist als die Werthigkeit des Metalls, oder bei complicirterer Zusammensetzung, als die des höchstwerthigen Metalls. Man würde, von einem anderen Gesichtspunkt aus, diejenigen Salze für die einfachsten gehalten haben, die sich (ähnlich wie die der Metaphosphorsäure) von der geringstmöglichen Anzahl von Säuremolekülen herleiten. Viele Mineralien, und namentlich manche Silikate, deren Formeln jetzt noch sehr complicirt erscheinen, würden als verhältnissmäßig einfache und sogar normale Salze erkannt worden sein.

Eine weitere Frage, die man hätte aufwerfen können, sei die, ob in den Molekülen mehrbasischer Säuren, die verschiedenen Wasserstoffatome, an benachbarten Orten befindlich, also ein und demselben Atom eines mehrwerthigen Metalls auch zugänglich seien. Diese Frage scheine von fundamentaler Wichtigkeit. Es sei einleuchtend, daß z. B. zwei in einem größeren Atomsysteme polar gestellte Wasserstoffatome nicht durch dasselbe zweiwerthige Metallatom vertreten werden könnten, denn man könne eben so wenig annehmen, daß ein zweiwerthiges Metallatom ein gegebenes Atomsystem diagonal durchdringe, als daß es dasselbe auf für atomistische Anziehungen große Entfernungen hin umspanne. Da nun für die beständigsten, die am leichtesten entstehenden und auch für die in der Natur vorkommenden Salze eine möglichst einfache Constitution wahrscheinlich sei, so würde man sich vielleicht für

berechtigt gehalten haben, aus der Zusammensetzung der am besten
charakterisirten Salze Schlüsse auf die relative Stellung der Wasserstoffatome in den entsprechenden Säuren zu ziehen. Man würde so wahrscheinlich dazu gelangt sein, in der Kohlensäure, der Schwefelsäure u.s.f.
zwei benachbarte Wasserstoffatome anzunehmen; in der Phosphorsäure
würde man wohl zwei Wasserstoffatome benachbart, das dritte aber getrennt angenommen haben, während die bestkrystallisirten Silikate zweiwerthiger Metalle zu der Ansicht geführt haben würden, die vier Wasserstoffatome der Kieselsäure seien zu je zwei benachbart. Derartige Betrachtungen würden freilich auf mancherlei Schwierigkeiten gestoßen
sein. Schon bei den Sulfaten würde man die Frage haben erörtern müssen, ob den wasserfreien Salzen des Calciums, Bariums u. s. w. mehr
Beweiskraft zugeschrieben werden solle, oder vielmehr dem Magnesium-
sulfat und ähnlichen Salzen mit Halbhydratwasser. Derartige Salze —
und ein ähnliches Verhalten, wenn auch meist weniger ausgeprägt,
zeige sich sehr häufig und selbst bei organischen Säuren — könnten
nämlich nicht wohl anders aufgefaßt werden, als so, wie es Hr. E r l e n -
m e y e r vor Kurzem erörtert habe und wie er selbst es seit lange gelten
läßt. Es seien basisch-saure Salze, sie leiten sich von zwei vereinigten
Molekülen, oder wie man früher gesagt haben würde, von dem gemisch-
tem Typus Schwefelsäure + Wasser ab. Bei dieser Annahme sei aber
nur ein Wasserstoffatom der zweibasischen Schwefelsäure durch Metall
ersetzt, und man würde sich dadurch vielleicht zu dem Schluss berechtigt geglaubt haben, das zweite Wasserstoffatom sei demselben
Metallatom nicht erreichbar.

Die Berechtigung derartiger Betrachtungen werde wohl nicht bestritten werden; aber es sei zweckmäßig, die Hypothese selbst erst
weiter auszubilden, um sie dann um so sicherer durch die Thatsachen
prüfen zu können. Thue man das, so ergebe sich leicht, daß allen vorhin
angedeuteten Schlüssen nur geringe Beweiskraft zuerkannt werden
könne. In den Atomsystemen, die wir Moleküle nennen, müsse man
offenbar die Atome in möglichster Gleichgewichtslage, also wohl auch
in möglichst symmetrischer Stellung im Raum annehmen. Wenn nicht
besondere Gründe zu anderen Annahmen vorlägen, so sei also wohl zu
vermuthen, daß in zweibasischen Säuren die beiden Wasserstoffatome
polar gestellt seien; für dreibasische Säuren sei kaum eine andere als
eine trianguläre Stellung denkbar, wenn auch nicht nothwendig ein
gleichseitiges Dreieck; bei vierbasischen Säuren erscheine eine tetra-

edrische Stellung am wahrscheinlichsten, aber auch hier nicht nothwendig ein reguläres Tetraeder. Gehe man von diesen Ansichten aus,
so müßte für zweibasische Säuren (wenn nicht besondere Gründe eine
andere, also etwa benachbarte Stellung der Wasserstoffatome wahrscheinlich erscheinen lasse) die Anzahl der im Salz vereinigten Säuremolecüle eben so groß sein als die Werthigkeit des Metalls. Bei dreibasischen Säuren würde — vorausgesetzt, daß die Anzahl der Atome im
Molekül nicht groß, die Atom-Entfernungen also nicht zu beträchtlich
sind — ein zweiwerthiges Metall stets zwei Wasserstoffatome in demselben Säuremolekül ersetzen können; ein dreiwerthiges Metall dagegen
müsse stets mindestens zwei Säuremoleküle vereinigen u. s. f. Bei vierbasischen Säuren stelle sich die Sache so: ein zweiwerthiges Metall
könne bei einmaligem Eintritt ein Wasserstoffpaar, bei zweimaligem
Eintritt zwei Wasserstoffpaare in demselben Säuremolekül ersetzen;
Vertretung von drei Wasserstoffatomen in einem Säuremolekül durch
Ein Metallatom sei sowohl bei drei- als auch bei noch höher-werthigen
Metallen denkbar; vier Wasserstoffatome dagegen könnten nie in demselben Säuremolekül durch Ein Metallatom ersetzt werden. Diese Betrachtungen lassen es also wahrscheinlich erscheinen, daß die wasserfreien Salze der zweibasischen Säuren, Kohlensäure und Schwefelsäure,
mit zweiwerthigen Metallen sich von zwei Säuremolekülen herleiten.

Zwei Punkte fanden noch besondere Besprechung. Zunächst meint
Redner, bei der Beurtheilung der Constitution der Salze seien vielleicht
auch die specifischen Verwandtschaften der Metalle zu berücksichtigen.
Das Magnesium z. B. habe, wie es scheine, größere Neigung, sich mit
Sauerstoff zu verbinden, als dem Schwefel nahe zu treten. Da man nun
für die Schwefelsäure mit ziemlicher Sicherheit eine unsymetrische Constitution annehmen könne:

$$(H - O - S - O - O - O - H),$$

so dürfe vielleicht der Grund für die eigenthümliche Constitution des
Magnesiumsulfats darin gesucht werden, daß das Magnesium nur den
auf der sauerstoffreichen Seite des Säuremoleküls befindlichen Wasserstoff ersetze, und daß es dann eher einen Wasserstoffrest in die Verbindung einführe, als daß es sich an die schwefelhaltige Seite des Säuremoleküls binde.

Dann wurde noch der Isomorphismus im Allgemeinen und besonders
der Isomorphismus einiger Ferrososalze mit Magnesium- oder Calcium-

salzen u. s. w. besprochen. Da das Eisen als vierwerthig angesehen werden müsse, so sei in den Eisenverbindungen der sogenannten Oxydulreihe mit größter Wahrscheinlichkeit die aus zwei durch doppelte Bindung vereinigten Atomen bestehende Gruppe $\overset{IV}{F_2}$ anzunehmen. Bei dieser Annahme sei es aber schwer verständlich, wie z. B. das Eisencarbo-
nat mit dem Calcium- oder Magnesiumcarbonat isomorph sein könne;
wenigstens wenn diese letzteren Salze durch die einfacheren Formeln
$\overset{II}{CO_3\,Ca}$, $\overset{II}{CO_3\,Mg}$ ausgedrückt werden sollten. Diese Schwierigkeit existire
allerdings nur für diejenigen Chemiker, welche sich nicht dazu ent-
schließen könnten, die Werthigkeit für eine fortwährend wechselnde
und beliebig annehmbare Eigenschaft zu halten. Er gehöre aber leider
zu diesen Ketzern, und er glaube sogar, daß in dieser Richtung die Zukunft der Wissenschaft läge. Verdopple man aus den oben erörterten
Gründen die Molekularformeln zu $(CO_3)\overset{II}{Ca_2}$ und $(CO_3)\overset{II}{Mg_2}$, so werde die
Schwierigkeit schon geringer; stelle man sich die Sache räumlich vor,
so scheine sie auf den ersten Blick ganz zu verschwinden. Die vierwerthige Gruppe $(Fe_2)$ könne, wie die folgenden Formeln

$$CO_3 \left\{ \begin{matrix} H-H \\ \\ H-H \end{matrix} \right\} CO_3 \qquad CO_3 \left\{ \begin{matrix} H \diagdown \quad \diagup H \\ \diamond \\ H \diagup \quad \diagdown H \end{matrix} \right\} CO_3$$

schon andeuten, zwei Säuremoleküle eben so gut zusammenhalten, wie
zwei zweiwerthige Atome. Für die Form des Moleküls und folglich auch
für die Krystallform des Salzes scheine es ganz gleichgültig, ob zwischen
den zwei Metallatomen im Innern des Moleküls noch ein weiterer Zusammenhang stattfinde oder nicht. Diese Betrachtungsweise habe indessen auch ihre schwachen Seiten, und man stoße z. B. schon bei der
Deutung der sogenannten Doppelsulfate der Magnesiumreihe auf neue
Schwierigkeiten.

Derartige Schwierigkeiten, und die Unmöglichkeit, die er seither gefunden, den Isomorphismus mit der Theorie der Werthigkeit in volle Uebereinstimmung zu bringen, haben den Vortragenden bisher abgehalten, speciellere Betrachtungen aus dem Gebiet
der unorganischen Chemie zu veröffentlichen. Sie haben ihn mehrfach
zu Ansichten über die Ursachen des Isomorphismus geführt, die mit den
jetzt herrschenden wenig Aehnlichkeit zeigen. Eine dieser Ansichten

scheine ihm dermalen eine gewisse Wahrscheinlichkeit zu besitzen, und er wolle die Grundzüge derselben deßhalb hier mittheilen. In den Atomsystemen, die wir Moleküle nennen, müssen die Atome in fortwährender Bewegung angenommen werden, aber diese Bewegung muß nothwendig der Art sein, daß die Atome ihre relativen Stellungen nicht wesentlich ändern, daß sie also stets zu einer mittleren Gleichgewichtslage zurückkehren. Man kann also von der Form der Moleküle sprechen, wenn man darunter den Raum versteht, der alle Atome einschließt, den also alle Atome des Systems während ihrer Bewegung durchfliegen. Diese Form wird stets mehr oder weniger abgerundet, und wahrscheinlich in vielen Fällen sehr unregelmäßig sein. Von der Form der Moleküle wird es nun wesentlich abhängig sein, in welcher Weise und nach welchen Gesetzen sie sich zu Krystallen anordnen; die Form der Moleküle wird namentlich die relativen Abstände der Moleküle nach den verschiedenen Dimensionen des Raums bedingen, also die Axenlänge der Krystalle veranlassen u. s. w. Aus dieser Anschauung leiten sich dann sehr vielerlei Consequenzen her. Man wird u. A. zu dem Gedanken geführt, gleiche Krystallform setze nicht nothwendig eine allseitige Gleichheit der Form der Moleküle voraus, sondern könne auch durch theilweise und vielleicht sogar einseitige Gleichheiten der Molekularformeln veranlaßt werden. Ein etwas rohes Bild gestattet vielleicht den Gedanken in möglichster Kürze klar zu machen. Man denke sich Moleküle, deren Form sich der Birnform nähert: in gewissen Bedingungen können sie sich so ordnen, daß die Kopfenden die Krystallform veranlassen, in anderen vielleicht so, daß die Krystallform durch die Stielenden bedingt wird. Wenn die Moleküle verschiedener Substanzen Birnform zeigen, und zwar so, daß die Kopfenden stark verschieden, die Stielenden wesentlich gleich sind, so wird Isomorphismus stattfinden können, wenn die gleichgestalteten Enden die Krystallform bedingen, und die Verschiedenheit in der sonstigen Form der Moleküle wird ohne Einfluß sein u. s. w.

Fünfte Sitzung, am 24. September. Auch der schönste Tag geht endlich zur Neige und dem größten Eifer ergeht es ebenso. Die fünfte Sitzung der chemischen Section war nur schwach besucht; man sagt, von 8 Mitgliedern. Ihr Berichterstatter ist leider nicht in der Lage, nach Augenschein berichten zu können, und er muß sich daher auf kurze Inhaltsangabe der vorgebrachten Mittheilungen beschränken.

Hr. Prof. Gilm aus W. Neustadt zeigt und erläutert einen von ihm construirten Gasregulator, der selbst bei kleinen Flammen constanten

Druck hervorzubringen gestattet. Er bespricht weiter eine Methode zur
quantitativen Bestimmung des Rückstandes von Mineralwassern. Man
dampft, statt in offener Schale, in horizontalen Glasröhren im Luftstrom
ein und trocknet den Rückstand.

Hr. Dr. M a r q u a r t berichtet über ein auffallendes Zerreißen
schmiedeeiserner Kessel beim Eindampfen neutraler Laugen von salpetersaurem Strontian.

Hr. Dr. B a t k a verliest eine Abhandlung über Thee und hebt
namentlich die geringe Uebereinstimmung der verschiedenen Theeana-
lysen hervor. Hr. Prof. H l a s i w e t z erklärt darauf, die Quantitäten
der allgemeinen Pflanzenstoffe seien offenbar von vielen Zufälligkeiten
abhängig, quantitative Bestimmungen haben also vorläufig wenig Werth.

Da sich Niemand mehr zum Worte meldet, wird die Sitzung (um
9$^1/_2$ Uhr) vom Vorsitzenden, Hrn. Prof. B ö t t g e r , geschlossen.

Die Thätigkeit der Section ist somit beendet. Ein Vortrag, den Hr.
Prof. V i r c h o w in der letzten allgemeinen Sitzung hält, vereinigt nochmals die noch Anwesenden. Dann trennen sich Alle.

Hat nun die diesjährige Versammlung Nutzen gebracht; hat sie
namentlich dem statutenmäßigen Hauptzweck Genüge geleistet? Man
frage Alle, die in Innsbruck versammelt gewesen sind, denn „Stimm-
recht besitzen ausschließlich die bei den Versammlungen gegenwärtigen
Mitglieder" (§ 7 der Statuten).

                                              A u g. K e k u l é.

# III. Kritiken.

## Einführung der Kritischen Zeitschrift für Chemie, Physik und Mathematik.

Herausgegeben in Heidelberg

von A. Kekulé, F. Eisenlohr, G. Levinstein, M. Cantor.

Erlangen. Verlag von Ferdinand Enke, 1, 3—7 (1858).

Die Redaction der kritischen Zeitschrift für Chemie, Physik und Mathematik hält es für ihre Pflicht, gleich beim Erscheinen des ersten Heftes den Fragen zu begegnen, die ihr füglich gestellt werden können, und die sich im Wesentlichen auf drei Punkte reduciren lassen:

I. Ist das Erscheinen einer neuen Zeitschrift wie die vorliegende gerechtfertigt?

2. Welches sind die näheren Zwecke, welche die Redaction im Auge hat?

3. Welches sind die Mittel, die zur Erreichung jener Zwecke dienen sollen?

Gerechtfertigt ist nach unserem Ermessen nur eine solche Arbeit, welche theils einem wirklichen Bedürfnisse abhilft, theils wenigstens eine wesentliche Erleichterung darbietet. Beides glauben wir zu erreichen. Es hat sich in der That immer mehr das Bedürfniß nach einem recensirenden und über die fortlaufende Litteratur Bericht erstattenden Organe fühlbar gemacht, ein Bedürfniß, dessen natürlicher Grund in der Ausdehnung und mannichfachen Anwendung liegt, welche die Naturwissenschaften in der letzten Zeit gewonnen haben. Denn mit diesen wuchs, und vielleicht in unverhältnißmäßiger Zunahme, die Anzahl neuer litterarischer Erscheinungen, so daß es dem Einzelnen zur Unmöglichkeit geworden ist, sich durch eigene Einsicht über Inhalt und Werth aller neu erschienenen Schriften zu belehren und das seinen Zwecken Dienliche auszuwählen. Sicherlich aber wird es für Jeden, der irgendwelche Bücher der genannten Art zu seinem unmittelbaren Berufe bedarf, nothwendig sein, auch über das nicht direct in sein Fach Einschlagende eine gewisse Uebersicht zu erhalten, und so wird ihm jede

Erleichterung dieser sonst mit unersetzlichem Zeitverluste verbundenen
Mühe höchst erwünscht sein müssen, besonders wenn ihm die Gewißheit
geboten wird, die betreffenden Arbeiten von Fachgenossen besprochen
zu finden. Wenn diese Ueberzeugung schon an sich der Redaction den
Muth gab, ein Unternehmen zu beginnen, dessen Schwierigkeit ihr wohl
bewußt war, so wurde sie noch viel mehr durch das anerkennende Urtheil
der competentesten Männer bestärkt, theils solcher, welche selbst mit-
arbeitend sich zu betheiligen zusagten, theils solcher, deren durch Be-
rufsgeschäfte aller Art schon eingenommene Zeit ihnen nur erlaubte,
ihr Interesse in freundlichster Art auszusprechen.

So hat sich denn die Redaction dieser Zeitschrift in dem Zwecke
vereinigt, dem Leser eine möglich genaueste und vielseitigste Kenntniß der Litteratur und dadurch ein Urtheil über den jeweiligen Stand der
Wissenschaft zu vermitteln. Sie will dem Publikum nicht bloß eine umfassende Kenntniß der neuen Erscheinungen erleichtern, sie will ihm
auch darin dienen, daß sie durch eingehende Besprechungen das Gute
und Wichtige von dem Schlechten und Ueberflüssigen zu scheiden und
dadurch die Auswahl des selbst zu Lesenden auf sein Minimum zu reduciren versuchen wird. Namentlich gegen falsche Trivialisirung der
Wissenschaft wird die Zeitschrift mit aller Macht auftreten und sich
glücklich schätzen, wenn es ihr gelingen sollte, auch nur soweit selbst
auf die Litteratur einzuwirken, daß der drohenden Ueberschwemmung
mit solchen Büchern ein Damm gesetzt würde. Gegen derartige Aus-
wüchse wird die Redaction einen einheitlichen Parteistandpunkt einnehmen. Im Uebrigen wird jeder Ansicht ihre Berechtigung zugestanden
werden, sofern sie nur mit logischen, auf der Höhe der Wissenschaft
stehenden Gründen auftritt und sich von Persönlichkeiten fernhält.
Endlich will die Redaction, und darin sieht sie keinen unwichtigen
Zweck, dem Leser die Möglichkeit gewähren, die über jeden Gegenstand
zerstreut erschienenen Arbeiten leicht zu finden.

Um diese verschiedenen Zwecke nach Kräften zu erreichen, schien
es nöthig, auch in den Mitteln eine ähnliche Vielseitigkeit zu bewahren,
und demnach wird die Zeitschrift auch künftig, wie es schon in diesem
ersten Hefte geschildert:

I. von bedeutenderen Büchern a u s f ü h r l i c h e  R e c e n s i o n e n
bringen, wie dieselben durch deren Inhalt geboten sind, wobei die schon
erwähnte Partheilosigkeit der Redaction ihr zwar nicht das Recht nehmen
darf, manche Beiträge als ungeeignet zurückzuweisen, andrerseits aber

soweit eingehalten werden soll, daß sogar m e h r e r e Kritiken desselben Werkes von v e r s c h i e d e n e n Standpunkten willkommen sein werden. Gegenkritiken aber können keine Berücksichtigung erlangen, indem das Blatt keineswegs einen Tummelplatz für litterarische Fehden abgeben soll. Der Besprechung werden demgemäß unterworfen:

a) W i s s e n s c h a f t l i c h e W e r k e f ü r F a c h m ä n n e r aus dem bereits oben angedeuteten Grunde, das es dem Einzelnen kaum möglich ist, auch nur die speciell in sein Fach einschlagenden Werke regelmäßig zu verfolgen.

b) B ü c h e r f ü r L e h r z w e c k e. Für Bücher zum Selbstunterricht ist die Nothwendigkeit einer eingehenden Kritik darum geboten, weil diese in den meisten Fällen die alleinige Grundlage künftigen Studiums bilden, auf deren vorsichtige Auswahl daher Alles ankommt, wenn der Schüler nicht später einen größeren Zeitverlust durch nothwendiges Vergessen als durch neues Erlernen erleiden soll. — Bei Büchern zum Schulunterricht ist die Kritik dem Lehrer erwünscht, weil ihm die jetzige Einrichtung der meisten Unterrichtsanstalten den Unterricht in so verschiedenen Gegenständen aufbürdet, daß er selten in jedem einzelnen von solcher Ausbildung sein kann, um das Urtheil des Fachmannes entbehren zu können.

c) W e r k e f ü r d a s g r ö ß e r e P u b l i c u m, oder angeblich p o p u - l ä r e S c h r i f t e n. Obgleich der Nutzen nicht zu leugnen ist, den eine wahre Popularisirung stiften kann, d. h. die Verbreitung unter dem größeren Kreise der allgemein Gebildeten von solchen Wahrheiten, deren strengere Begründung und Ableitung nur dem speciellen Fachmann zugänglich ist, so liegt doch andrerseits eine große, dem Laien ohne Warnung nicht bemerkliche Gefahr darin, daß falsche oder unvollständig durchgeführte Ansichten wegen ansprechender Form zur Verbreitung irriger Vorstellungen beitragen und nur zu leicht das Gefühl vermeintlicher Kenntnisse erzeugen.

II. Diesen ausführlichen Recensionen werden sich kürzere k r i - t i s c h e A n z e i g e n anschließen.

III. Die Zeitschrift wird ferner eine vollständige B i b l i o g r a p h i e der betreffenden Fächer bringen, und zwar hat sich die Redaction entschlossen, diese Bibliographie mit dem Buchhändlerjahre 1858 zu beginnen, um einen bestimmten Anfangspunkt zu haben.

IV. Wenn auch der meiste Raum der Beurtheilung größerer Werke gewidmet werden soll, so liegt es durchaus nicht in der Absicht der

Redaction, Besprechungen einzelner in Journalen enthaltenen Abhandlungen und Aufsätze auszuschließen, wenn solche geeignet
scheinen, die entsprechenden Disciplinen wesentlich zu fördern.•

V. Es wird ein alphabetisch nach dem Hauptinhalt geordnetes Verzeichnis der in sämmtlichen der Redaction zugänglichen periodischen
Schriften des In- und Auslandes veröffentlichten Arbeiten in möglich
frühen Terminen gegeben werden.

Die Redaction freut sich hinzusetzen zu können, daß die Bereit-
willigkeit, mit welcher ihr von allen Seiten die Versprechungen der Betheiligung zugegangen sind, sie in den Stand setzt, die einzelnen Werke
nur von solchen Männern besprechen zu lassen, welche sich mit den betreffenden Zweigen der Wissenschaft längere Zeit besonders beschäftigt haben. Wir lassen die Namen der außerhalb Heidelberg wohnenden
Gelehrten folgen, welche bis jetzt ihre freundliche Mitwirkung zusagten:

a) für Chemie:

Prof. Babo (in Freiburg). Prof. Boettger (in Frankfurt a. M.).
Prof. Bolley (in Zürich). Prof. Butlerow (in Kasan). Prof. H. Fehling (in Stuttgart). Prof. Hornig (in Wien). Prof. K. Karmarsch
(in Hannover). Prof. H. Ludwig (in Jena). Apotheker Dr. Meitzen
(in Köln). Med.-Rat Fr. Mohr (in Coblenz). Prof. Runge (in Oranien-
burg). Prof. Sandberger (in Karlsruhe). Prof. Schiff (in Bern).
Prof. Schichkow (in Petersburg). Prof. Schloßberger (in Tübin-
gen). Prof. W. Stein (in Dresden). Prof. R. Wagner (in Würzburg).
Prof. Wiggers (in Göttingen). Prof. G. C. Wittstein (in München).

b) Für Physik:

Prof. Bolzani (in Kasan). Hofrat Eisenlohr (in Karlsruhe).
Prof. Greiß (in Wiesbaden). Prof. Hädenkamp (in Hamm). Prof.
Moser (in Königsberg). Prof. v. Quintus-Icilius (in Hannover).
Prof. P. Rieß (in Berlin). Prof. Schröder (in Mannheim). Prof.
Wiedemann (in Basel).

c) Für Mathematik:

Dr. Arndt (in Berlin). Prof. Baur (in Stuttgart). Prof. Bret-
schneider (in Gotha). Dr. Dedekind (in Göttingen). Gymnasial-
lehrer Giesel (in Torgau). Dr. Grohé (in Mannheim). Prof. Gru-
nert (in Greifswald). Director der k. k. Sternwarte v. Littrow (in
Wien). Prof. Schell (in Marburg). Prof. Schlömilch (in Dresden).
Dr. Simon Spitzer (in Wien). Prof. v. Staudt (in Erlangen).
Dr. A. Weiler (in Mannheim).

Indem die Redaction diesen Herrn ihren verbindlichsten Dank sagt, bittet sie zugleich noch alle ferneren, sich für das Unternehmen interessierenden Gelehrten um in das Gebiet der Zeitschrift einschlagende Beiträge, wobei noch bemerkt wird, daß sämmtliche Arbeiten stets mit der Unterschrift des Verfassers veröffentlicht werden sollen. Die Arbeiten der Redacteure werden wie üblich nur mit dem jeweiligen Anfangsbuchstaben des Namens unterzeichnet werden.

---

# Lehrbuch der organischen Chemie,
## mit besonderer Rücksicht auf Physiologie und Pathologie, auf Pharmacie, Technik und Landwirtschaft.
### Von J. E. Schloßberger.

4. Auflage. — Leipzig und Heidelberg. C. F. Winter 1857.

Z. f. Ch. 1, 8—25 (1858) [1]).

Unter der Masse von Werken, welche in den letzten Jahren über alle Zweige der Chemie, für alle Arten von Publikum bestimmt, erschienen sind, behandeln verhältnißmäßig wenige speciell die organische Chemie und unter diesen sind es sehr wenige nur, die sich der Gunst des Publikums erfreuen und deren rascher Abgang für ihre Brauchbarkeit Bürgschaft geleistet hat. — Schloßberger's Lehrbuch der organischen Chemie gehört zu den letzteren. Die vier Auflagen, welche das Werk seit seinem ersten Erscheinen — seit 1849 also — erlebt, geben hinlänglich Zeugniß dafür, daß das Buch ein Bedürfniß des lernenden Publikums befriedigte.

Daß bei einer so rasch fortschreitenden Disciplin, wie die organische Chemie ältere Werke und namentlich Lehrbücher unbrauchbar oder nahezu unbrauchbar werden, daß es den älteren Auflagen vorliegenden Werkes ebenso gegangen, versteht sich von selbst. Fallen so ältere Werke im allgemeinen aus dem Bereich der Kritik, so wäre es doch bei

---

[1]) Kritische Zeitschrift für Chemie, Physik und Mathematik 1858, Bd. I, S. 8—25. herausgegeben in Heidelberg von A. Kekulé, F. Eisenlohr, G. Lewinstein, M. Cantor. Erlangen. Verlag v. F. Enke. (A.)

älteren Auflagen noch jetzt gangbarer Bücher nicht ganz ohne
Interesse zu ermitteln und es verdiente, wenn es nicht zu weit abführen
würde, besprochen zu werden: in wie weit die früheren Auflagen dem
damaligen Bedürfniß genügt und ob sie dem damaligen Stand der
Wissenschaft Rechnung getragen haben. Denn in den meisten Fällen
sind neue Auflagen nur mehr oder weniger veränderte Modificationen
der früheren, während der Plan meist beibehalten, das Ziel meist dasselbe geblieben ist; wie dieß z. B. der Autor vorl. Werkes in der Vorrede zu jeder neuen Auflage selbst angiebt. Ein solches Beibehalten
oder Anschließen an den früheren Plan kann nun leicht Veranlassung
geben, daß ein früher auf der Höhe der Wissenschaft stehendes Werk
von der rascher fortschreitenden Wissenschaft überholt wird und daß
es so, weil es der Art seiner Entstehung nach und vielleicht auch principiell den alten und möglicherweise veralteten Standpunkt repräsentirt,
in seiner neuen Form weniger hoch steht als die älteren Auflagen es für
ihre Zeit thaten.

In solchen Fällen ist es dann doppelt Pflicht der Kritik (und ganz besonders bei Lehrbüchern) den Autor und das Publikum darauf aufmerksam zu machen. Die günstige Aufnahme der neuen Auflage wird vielleicht weniger durch das ihr eigene Verdienst, als durch den von den
früheren sich forterbenden Kredit veranlaßt; mehr einer Art von Tradi-
tion als ihrem eignen Werk verdankt sie den Beifall, den sie findet; denn
weil die früheren Auflagen hoch standen, wird die neue noch ohne weitere
Prüfung als hochstehend betrachtet und der fachunkundige Leser (für
den das Buch als Lehrbuch bestimmt ist) kommt dann leicht zu der Ansicht: er habe den neuesten Stand der Wissenschaft kennen gelernt,
während er von den neueren Entwicklungen derselben kaum etwas erfährt. — Bei neuen Auflagen also: „darf und soll die Kritik (wie dies
unser Autor in der Vorrede zur zweiten Auflage hervorhebt) den Prü-
fungsmaaßstab weit strenger anlegen.“

Mit der Aufgabe, die der Verfasser sich (Vorrede I. Aufl.) gestellt,
sind wir vollkommen einverstanden; er will „den g e s a m m t e n Inhalt der organischen Chemie, nach Grundlage der n e u e s t e n For-
schungen in möglichst g e d r ä n g t e r und ü b e r s i c h t l i c h e r Form
darstellen“; ebenso können wir es nur billigen, daß „sein angelegent-
liches Bemühen stets dahin gerichtet war, die praktische Seite,
d. h. die Anwendung der Wissenschaft auf Thier- und Pflanzen-
physiologie, auf Pharmacie, Landwirtschaft und Technik, einleuch-

tend aber mehr in allgemeinen Zügen hervorzuheben." Denn abgesehen davon, daß solche Bemerkungen über praktische Wichtigkeit oder
Verwendung das Interesse an der Wissenschaft selbst erhöhen, ist es
von Wichtigkeit, daß der Lernende durch das Lehrbuch schon eine
Uebersicht der angrenzenden specielleren Disciplinen erwerbe; eine
Uebersicht, die ihm dann als Vorstudium für das eigentliche Fach von
Nutzen ist oder die ihm wenigstens einige Kenntniß der Nebenfächer verschafft, mit deren speciellerem Studium er sich nicht abgeben
kann. —

Wir erkennen weiter die geschickte Auswahl an, die der Verfasser
in dem überreichen Material der organischen Chemie getroffen; er hat
in der That nach dem in der Vorrede ausgesprochenen Plan „die richtige
Mitte gehalten zwischen den kurzen Grundrissen und Leitfaden sowie
den großen umfangreichen Hand- und Lehrbüchern", er giebt z. B. nicht
seitenlange Beschreibungen ganzer Reihen an sich unwichtiger Salze,
wie dies in dem etwa gleich starken G r u n d r i ß der org. Chemie von
L i m p r i c h t[1]) geschieht (ein Umstand, die den Werth dieses Werkes
als C o m p e n d i u m für den Chemiker von Fach erhöht, ihm aber vollständig den Character eines L e h r b u c h s raubt), er beschränkt sich vielmehr wesentlich auf Mittheilung der Körper, die praktisch wichtig oder
die als Beispiele zur Erörterung theoretischer Ansichten dienlich sind.
Wir erkennen ferner das Vorzügliche in der Art der Beschreibung an
und wir konstatiren nur, was die Erfahrung zur Genüge gezeigt hat, daß
der Lernende, während er andere ähnliche Bücher des trockenen Tones
wegen bald aus der Hand legt, mit Vergnügen in vorl. Werke liest.
Dazu trägt neben dem gefälligen Styl und außer den vielfach eingeschal-
teten, technischen, physiologischen etc. Bemerkungen noch das gelegent-
liche Einfließenlassen theoretischer Betrachtungen bei, wodurch der
Lesende stets von neuem angeregt und mit fortschreitender Kenntniß
der Thatsachen auch der Kreis seiner Verallgemeinerungen stets erwei-
tert wird, und wodurch gleichzeitig das für den Anfänger so ermüdende
und abschreckende, bei getrennter Behandlung sämmtlicher Theorien
aber unvermeidliche, Benutzen noch unbekannter Thatsachen als Beispiele vermieden wird.

Daß die vielen Notizen über Technologie, Landwirtschaft, Physiologie und Pathologie (welche letztere Fächer, wie bekannt, seit längerer

---

[1]) Braunschweig. 1855. (A.)

Zeit den Gegenstand der Specialstudien des Verf. bilden), in welchen
meist auf wenig Raum viel und in schöner Form gesagt ist, den Werth
des Werkes als Lehrbuch ungemein erhöhen, ist schon hervorgehoben
worden. — Wir wollen hier nicht prüfen, ob alle diese Bemerkungen am
geeignetsten Ort eingeschaltet sind, aber wir möchten im Allgemeinen die
Frage aufwerfen, ob es nicht geeigneter wäre, einen Theil derselben zu besonderen Kapiteln zusammenzufassen und am Schlusse des Werkes als Anhang etwa zusammenzustellen. Das von dem Verfasser gewählte System
des Einschaltens hat unstreitig gewisse Vorzüge: es macht (durch das
abwechselnde des Gegenstandes) das Buch zu einer angenehmeren Lektüre; es erhöht das Interesse auch für die wissenschaftliche Behandlung
der Körper, von deren Anwendung und Wichtigkeit die Rede ist, und
veranlaßt hie und da wohl manchen, ein ganzes Kapitel zu lesen, welches
er sonst überschlagen hätte; andrerseits bringt es aber, namentlich wenn
die Bemerkungen, wie dies bei manchen derselben unvermeidlich ist,
etwas ausführlicher werden, den Nachtheil mit sich, daß durch die häu-
figen und bisweilen langen Unterbrechungen der Zusammenhang des
eigentlich chemischen Theiles gestört wird, während dennoch, eben weil
jene Bemerkungen gelegentlich einzelner Körper also oft an sehr entfernter Stellen gegeben werden, kein Zusammenhang der specielleren Disciplin erreicht, kein Bild des gesammten Pflanzenlebens, keine Uebersicht über den Lebensproceß des Thieres z. B. gegeben werden kann.

Für die technischen Notizen ist diese Frage von geringerem Belang.
Die meisten derselben finden, insofern sie die Verwendung einzelner
Substanzen betreffen, gelegentlich dieser ihre natürliche Stelle. Nur für
Bemerkungen über solche Substanzen, die nicht chemische Individuen,
sondern Gemenge mehrerer sind, mag es bisweilen schwer sein, die geeignete Stelle zu finden, für das Brod z. B. erscheint es zweifelhaft, ob
es am zweckmäßigsten gelegentlich des Stärkemehls oder gelegentlich
des Pflanzenklebers (also unter den Proteinsubstanzen) abgehandelt
werden soll. —

Weit wichtiger und wie uns scheint in der That von Bedeutung, ist
die angeregte Frage für die physiologische Chemie, denn gerade da
kommt es, wenn überhaupt etwas genützt werden soll, wesentlich darauf
an, daß der Schüler eine klare Uebersicht erlange über die chemischen
Vorgänge, die beim Wachsthum der Pflanze und beim Leben des Thieres
stattfinden. — Die meisten in der Physiologie eine Rolle spielenden
Substanzen, die thierischen Flüssigkeiten z. B. sind Gemenge verschied-

ner, oft einer größeren Anzahl chemischer Verbindungen und es wird für
sie schon schwer die geeignete Stelle zu finden. Soll z. B. das Blut gelegentlich des Blutfibrins oder gelegentlich des Albumins oder gar (wie der Autor
vorl. Werkes es thut) gelegentlich des Blutfarbstoffes in der Gruppe
der thierischen Farbstoffe abgehandelt werden? Schwerer noch ist es
natürlich die Stelle zu finden, an welcher Bemerkungen über physiologische Wichtigkeit etc. ungezwungen eingeschaltet werden können, und
das System des Einschaltens stößt, wie uns gerade nach den Versuchen
unsres Autors scheint, auf unüberwindliche Schwierigkeiten. Wenn z. B.
die Respiration gelegentlich des Blutes besprochen wird (S. 188 *in der
Gruppe der thierischen Farbstoffe)*, die Wichtigkeit der Kohlenhydrate
als Respirationsmittel bei den Kohlenhydraten (S. 80) zur Sprache
kommt, der Unterschied zwischen Respirationsmitteln und plastischen
Nahrungsmitteln dagegen erst bei den Proteinsubstanzen auseinander
gesetzt wird (S. 134); wenn, in ähnlicher Weise, die Wichtigkeit der
Proteinsubstanzen als plastische Nahrungsmittel vor der Beschreibung
derselben entwickelt wird, während erst weit später die Zusammensetzung der Muskeln, Nerven etc., also der Körpertheile, welche durch
die plastischen Nahrungsmittel gebildet werden, mitgetheilt wird: dann
kann unmöglich und am wenigsten für den Anfänger ein klares Bild des
thierischen Stoffwechsels erzielt werden. Ebenso wenig wird der Schüler
eine Einsicht in das Leben der Pflanze gewinnen, wenn die Vorgänge
beim Keimen bei den Kohlenhydraten (S. 120), das Reifen der Früchte
bei den Pektinkörpern (S. 126), die Lehre vom Dünger bei den Humuskörpern und die Pflanzenrespiration bei dem Chlorophyll (S. 441) [1], in
der Gruppe der Chromogene und Pflanzenstoffe (S. 761) zur Sprache
kommen.

Uns scheint diese Klippe nur dadurch vermieden und die praktische
Seite der Wissenschaft nur dadurch „e i n l e u c h t e n d wenn auch nur
i n a l l g e m e i n e n Z ü g e n" hervorgehoben werden zu können, daß man
gelegentlich einzelner Körper oder ganzer Körpergruppen auf ihre tech-
nische Verwendung, auf ihre Wichtigkeit im Thier- und Pflanzenleben,
u. s. w. hinweist; dann aber, nachdem der Schüler sämmtliche Materialien,
ihr Vorkommen, ihre Eigenschaften und Umwandlungen kennen gelernt
hat, diese angewandten Disciplinen, und namentlich die Pflanzen- und
Thier-Chemie und Physiologie, zu besonderen Kapiteln übersichtlich zu-

---

[1] Dieses Zitat gehört hinter „Humuskörpern." (A.)

sammenfaßt, ähnlich wie dies andre Autoren, z. B. Regnault, in seinem trefflichen *Cours élémentaire de chimie* [1] und Gregory in seinen *Handbook of chemistry* [2] gethan haben. —

Haben wir so der Tendenz des vorl. Werkes, der Wahl des Materials und der Art der Behandlung im Allgemeinen unsre Zustimmung nicht versagen können, so sind wir andrerseits nicht einverstanden mit der Systematik. Wir glauben nicht, daß ein System wie das im Lehrbuch eingeschlagene — wenn man überhaupt zusammenhanglos nebeneinander gereihte Thatsachen noch ein System nennen kann — im Stande ist, die Körper in „übersichtlicher Form darzustellen", wie dieß der Autor der Vorrede nach beabsichtigte.

Der Autor nennt sein System eine „Familienanordnung", „ein System nach natürlichen Familien" und beansprucht, „daß es wenigstens die embryonale Anlage trage zu einem natürlichen System der Zukunft, welches Gerhardt's Lehre gegenüber dieselbe Stellung einnehmen wird, wie die botanischen Systeme eines Jussieu und Decandolle im Verhältniß zu dem Eintheilungsverfahren eines Adamson oder Linné".

Wir sind nicht der Ansicht, gestehen vielmehr, daß wir, selbst wenn wir den Embryo uns weiter herangewachsen denken, weder die Vorzüge noch das natürliche einer solchen Systematik einzusehen vermögen. Wir schließen uns gerne der Ansicht von Berzelius an (Lehrbuch 1825, S. V [3])), „daß in dem Handbuch die strengste systematische Ordnung die Hauptsache ist, in dem Lehrbuch dagegen diejenige Ordnung aufgesucht werden muß, nach welcher die Wissenschaft am leichtesten begriffen und am besten im Gedächtniß behalten wird". Kann also dem Lehrbuch eine gewisse Freiheit der Systematik gestattet sein, so muß doch, wenn überhaupt Uebersichtlichkeit erzielt werden soll, im Allgemeinen nach einem einheitlichen Gesichtspunkte systematisirt werden. Wenn also bei Aufstellung der Gruppen bald das Vorkommen (*thierische Farbstoffe*, Gr. VI; *Chromogene vegetabilische Farbstoffe*, Gr. XXI; *eigenthümliche Stoffe der Galle*, Gr. XVIII) bald äußere Eigenschaften (*Fette*, Gr. VII, *Harze und Balsame*, Gr. X etc.), bald Zusammen-

---

[1] I. Aufl., 2 Bde., Paris 1847—1849; 4me edit. 4 vol. Paris 1853 (Deutsch von Adolph Strecker).

[2] 4th edit. London 1856.

[3] Lehrbuch der Chemie, von J. Jacob Berzelius. Deutsch von F. Wöhler. Dresden 1825. (A.)

setzung (*Kohlenhydrate*, Gr. I, *getrennt von Pseudozucker*, Gr. XX),
bald chemische Funktion (*Alkohole, Aether und Aldehyde nebst deren
Säuren*, Gr. VIII, *Anhydride und organische Säuren*, Gr. XV, *Amide,
Imide und Nitride*, Gr. XVI) als characteristische Merkmale betrachtet
werden; wenn dazu noch Gruppen kommen wie: Kautschukkörper (XI),
Humuskörper (XII), Extractivstoffe (XIII) u. s. w., dann kann unmöglich Uebersichtlichkeit erzielt werden, es wird vielmehr zweifelhaft, ob
dem Leser das Auffinden oder dem Autor das Unterbringen der einzelnen Substanzen mehr Schwierigkeit machen muß. Unnöthig ist es, an
einzelnen Beispielen zu zeigen, es ist dies schon zu oft und seit zu lange
geschehen, daß ein und derselbe Körper sehr gut fünf oder mehr solcher
natürlichen Familien angehören kann, daß es also dem Belieben des
Autors überlassen bleibt, ihn hinzusetzen, wohin er eben will, während
der Leser ihn in vier Gruppen, die ihm die wahrscheinlichsten scheinen,
vergeblich sucht, bis er ihn endlich in der fünften, in der er ihn kaum
vermuthen konnte, findet; wenn er nicht, was er nach wenig Erfahrung
thun wird, und was bei „natürlichen" Systemen der Art das einzig anwendbare ist, gleich von Anfang das Register zu Rathe zieht.

Wie sehr solche „natürliche Familien" auf die Natur der Körper begründet sind, zeigt sich am deutlichsten bei der Durchsicht einzelner
derselben. So erscheint z. B. die natürliche Berechtigung der zwei
Familien: Alkohole (Gr. VIII) und Fette (Gr. VII) in nicht gerade
dem besten Lichte, wenn man einerseits die Ameisensäure und die Essigsäure in der Gruppe der Alkohole, die übrigen fetten Säuren dagegen
in der Gruppe der Fette beschrieben findet, während andrerseits die
Alkohole des Wallrates und des Wachses zum Theil bei den Fetten
(S. 231 u. 232), zum anderen Theil bei den Alkoholen [1]) abgehandelt sind.
Besonders auffallend tritt dieses Zersplittern der Beschreibung, welches
übrigens bei sehr vielen Körpern der beiden Gruppen stattfindet, bei der
Cerotinsäure hervor, von welcher einzelne Eigenschaften in der Gruppe
der Fette an zwei Stellen angegeben sind (S. 218 u. 232), während andere
in der Gruppe der Alkohole [2]) nachgetragen werden; wobei noch überdieß nur eine der drei Stellen in dem Register aufgeführt wird. Ebenso
muß dem Leser die Berechtigung der „natürlichen Gruppe" „organische Säuren" etwas zweifelhaft erscheinen, wenn er den bei wei-

---

[1]) S. 341. (A.)
[2]) S. 343. (A.)

tem größten Theil der organischen Säuren außerhalb der so bezeichneten
Gruppe an andern Stellen des Buches findet. Nachdem nämlich unter
den Fetten und den Alkoholen alle fette Säuren, die Oelsäure
und ihre Homologe, sowie einzelne Homologe der Oxalsäure und
Bernsteinsäure abgehandelt worden, nachdem unter den ätherischen
Oelen alle s. g. aromatischen Säuren besprochen, nachdem eine Anzahl andrer Säuren vereinzelt in andren Gruppen (Harze, Gerb-
stoff z. B.) zur Sprache gebracht, bleibt für die Gruppe der organischen Säuren kaum etwas übrig (Oxalsäure, Bernsteinsäure, Milchsäure, Schleimsäure, Aepfelsäure, Weinsäure, Citronensäure und wenige
andre) und der Leser ist dann geneigt, die Frage aufzuwerfen, ob die
Gruppe der organischen Säuren nach der Systematik des Autors als
natürliche Familie berechtigt ist, oder ob sie vielmehr nur dazu
diente, alles das unterzubringen, was anderwärts keinen Platz fand.

Etwas Aehnliches ließe sich für fast alle Gruppen nachweisen, so
enthalten z. B. die Harze (Gruppe X) eine Anzahl von Glycosiden
(Gr. XIX), z. B. Convolvulin, Jalappin; ebenso die Gerbstoffe (Gr. XIV),
z. B. Gerbsäure (S. 449); die Glycoside enthalten eine Anzahl von vegetabilischen Farbstoffen, z. B. Datiscin (S. 674), Quercitrin (S. 675); organische Säuren sind natürlich in fast allen Gruppen zerstreut; kurz Beispiele der Art ließen sich mit Leichtigkeit vermehren, würden aber
nichts beweisen, da es auch ohne Beweis schon klar ist, daß ein System
ohne einheitlichen Gesichtspunkt kein System ist.

Bei konsequenter Durchführung eines Systems nach so bunterlei Principien würde unbedingt alle Uebersichtlichkeit verloren gehen; eine ge-
wisse Uebersichtlichkeit kann nur durch zahlreiche Wiederholungen,
Verweisungen und Inconsequenzen erreicht werden. Freilich geht unser
Lehrbuch in solchen Inconsequenzen bisweilen so weit, daß dadurch der
Uebersichtlichkeit wiederum geschadet wird; indem es z. B. den Harnstoff
S. 647, den Anilinharnstoff, der doch die Kenntnis des Harnstoffs voraussetzt, schon S. 585, die übrigen zusammengesetzten Harnstoffe dagegen
erst S. 778 beschreibt, oder indem es S. 526 die mit Glycocoll gepaarten
Säuren bespricht, während das Glycocoll selbst erst S. 642 zur Sprache
kommt.

In welcher Weise die Substanzen sich natürlich einem solchen
„natürlichen System“ einordnen lassen, zeigt am besten die Familie der
ätherischen Oele (oder der flüchtigen Oele, denn beide Namen sind
bei der Seitenüberschrift abwechselnd gebraucht: ätherische Oele

S. 353—388; 402—406; 410—412; flüchtige Oele: S. 390[1])—400; 408); sie enthält: A. die Kohlenwasserstoffe, mit Einschluß der Homologe des ölbildenden Gases, welche früher in der Gruppe der Alkohole schon besprochen wurden, und der Reihe des Benzols, welche später gelegentlich der s. g. aromatischen Säuren an einer späteren Stelle in derselben Familie beschrieben sind. B. Sauerstoffhaltige Oele, nämlich: a) ohne bekanntes Radikal, z. B. Camphorarten etc. b) Oele mit bekanntem Radikal: und zwar a) Benzoylreihe, mit dem Anhang: Amygdalin, b) Spiroylreihe; im Anhang zu beiden (den Benzoyl- und Spiroyl-Körpern) die Phenyl-Körper, im Anhang zu diesem Anhang die Taurylsäure und Damalursäure, dann c) Cinnamyl-, d) Cumaryl-, e) Anisyl-, f) Cuminylreihe; in weiterer Anhang (man weiß nicht ob zur Cuminylreihe?) das Rautenöl, welches eigentlich in der Gruppe der Aldehyde (VIII) hätte abgehandelt werden sollen; endlich C. schwefelhaltige flüchtige Oele, eine Rubrik, unter welcher das Senföl und Rettigöl zwar nicht abgehandelt werden, da beide schon S. 332 ff. in der Familie der Alkohole beschrieben sind, wo diesen beiden Substanzen aber doch „der Platz unter den ätherischen Oelen gesichert wird"[2]) und wo außerdem das Sinapin und die Sinapinsäure besprochen werden, die beide alles eher sind als ätherische Oele. —

Das Mitgetheilte wird genügen, um zu zeigen, daß die Gruppirung nach „natürlichen Familien" nicht leistet, was der Autor damit zu leisten beabsichtigte und daß sie, wenigstens vom chemischen Gesichtspunkte aus, eine natürliche nicht genannt werden kann. Jene Systematik stammt aus einer Zeit, in welcher die Chemie, und namentlich die organische Chemie, einer wissenschaftlichen Behandlung noch nicht fähig war, in welcher vielmehr die vereinzelten chemischen Erfahrungen einen Theil der beschreibenden Naturwissenschaften ausmachten; von jener Kindheitsperiode unsrer Wissenschaft allmälich sich forterbend, wurde jene Systematik nach der Abstammung und nach den alleräußerlichsten Eigenschaften der Hauptsache nach, wenn auch mit fortwährenden Modificationen (wodurch eben jenes merkwürdige Gemisch von Principien entstand) beibehalten; nicht etwa weil man ihre Mängel nicht einsah, sondern einfach deßhalb, weil man zwar Besseres, aber nichts vollständig Abgerundetes an ihre Stelle zu setzen vermochte. Daß

---

[1]) Irrtümlich steht dort „396". (A.)
[2]) S. 411. (A.)

unser Autor sich ihrer in den früheren Auflagen bediente, kann eben
darum nicht überraschen, man muß vielmehr zugeben, daß er dem damaligen Stand der Wissenschaft Rechnung getragen, daß er namentlich
die für Systematik so fruchtbringende Idee der homologen Reihen in
zweckdienlicher Weise benutzt hat. Daß er dieselbe Systematik in den
späteren und selbst der neuesten Auflage beibehalten hat, muß dagegen
für einen Rückschritt, d. h. für ein Stehenbleiben inmitten der fortschreitenden Wissenschaft betrachtet werden. Seit dem Erscheinen der
ersten Auflage hat sich die organische Chemie in sehr tiefgehender
Weise geändert, namentlich in systematischer Beziehung sind unerwartete Fortschritte gemacht worden. Den vereinten Bemühungen einer
großen Anzahl von Chemikern, welche wesentlich in der Richtung
arbeiteten, ist es gelungen, Beziehungen aufzufinden zwischen einer
Menge von Substanzen, über deren chemische Natur vorher so gut wie
Nichts bekannt war; nach einer Anzahl mehr oder weniger mißlungener
Versuche ist es möglich geworden, die organischen Verbindungen von
chemischem Gesichtspunkt aus, nach ihren chemischen Funktionen und
Metamorphosen also, zu ordnen, und so eine unerwartete Klarheit in
das vorher choatische Gebiet der organischen Chemie zu bringen. Ob
die Grundlagen dieser neueren Systeme richtig sind, lassen wir für den
Augenblick dahingestellt, daß die S y s t e m e selbst, und besonders das
G e r h a r d t 'sche, ü b e r s i c h t l i c h  sind, hat noch Niemand, was er
auch sonst von den theoretischen Ansichten G e r h a r d t s halten mag,
im Ernste bezweifelt. —

Von den zahlreichen Vorwürfen, welche der Verfasser vorl. Werkes
der G e r h a r d t 'schen Systematik macht, um ihre Nichtannahme zu
rechtfertigen, ist kaum einer begründet. Es ist ein Mißverständniß, wenn
der Verf. das G e r h a r d t 'sche System wiederholt ein k ü n s t l i c h e s
nennt. Die Systeme von L a u r e n t und von G m e l i n , sowie die *échelle
de combustion*, nach welcher G e r h a r d t in seinem früheren Werke
*(Précis de Chimie organique)*[1] klassificirte, können künstliche Systeme
genannt werden, und die beiden ersteren, insofern sie fast ausschließlich
nach der Anzahl der Kohlenstoffatome ordnen, können verglichen werden mit den botanischen Systemen, welchen die Anzahl der Staubfäden
als Hauptmerkmal diente; G e r h a r d t 's neueres System aber, welches

---

[1] Précis de Chimie Organique par C h a r l e s  G e r h a r d t , Tome I, Paris
1844, Tome second, Paris 1845.   (A.)

als ersten Grundsatz hinstellt (Gerh. Tr.[1] S. 121): *Classer c'est formuler des analogies*, und welches diesem Grundsatze in anerkannter Weise treu bleibt, indem er einerseits nach den chemischen Funktionen (in Bd. IV), andrerseits nach den genetischen Beziehungen (im Haupttheil des Buches) zusammenstellt, kann in keiner Weise k ü n s t l i c h genannt werden. Deßhalb ist auch der Vorwurf des Verfassers (S. IX), „daß auch in dem besten künstlichen System[2]) häufig höchst ähnliche Körper auseinander gerissen, Analogien in der Zusammensetzung und Verrichtung verwaschen oder nicht beachtet, umgekehrt heterogene Dinge, z. B. einfach wegen der Abstammung oder gleichem Kohlenstoffgehalt zusammengekoppelt werden", auf das G e r h a r d t 'sche System nicht anwendbar. Ebenso wenig kann zugegeben werden, „daß die Gruppencharakteristik eines Systems nach s. g. natürlichen Familien, eine größere Anzahl von Eigenschaften und Functionen zusammenfaßt" als dies ein System thut, welches gerade nach chemischen Eigenschaften und Funktionen die Körper zu Gruppen zusammenstellt, in welchem also allein schon durch die Stellung in dem System eine große Anzahl chemischer Beziehungen angedeutet ist.

Daß „das G e r h a r d t 'sche System oft schon für den Chemiker von Fach wenig geläufig ist" (S. IX), kann wohl kaum dem System, eher noch dem Chemiker zum Vorwurf gemacht werden; ebensowenig wird es als Beweis der Richtigkeit oder nur der Zweckmäßigkeit der s. g. natürlichen Familien angesehen werden können, „daß sie sich mehr an das Herkömmliche anschließen".

Die weitere Bemerkung: „daß viele Körper existiren, die sich dem G e r h a r d t 'schen System nicht einreihen lassen", ist, obgleich richtig, für das System kein Vorwurf. Jedes chemische System wird alle die Körper, über deren c h e m i s c h e Natur noch nichts bekannt ist, nicht einreihen können, ebensowenig, wie man für Substanzen, deren Bestandtheile noch nicht bekannt sind, eine chemische Formel geben kann. *Corps à serier* wird es also immer geben, so lange noch Körper unbekannt oder wenig gekannt sind; sie existiren in jedem System, selbst in dem unsres Lehrbuches, denn es wird Niemand glauben, daß

---

[1]) Gerh. Tr. Abkürzung für Traité de Chimie organique, par C h a r l e s G e r - h a r d t. Tome premier. Paris 1853; Tome Deuxième, Paris 1853; Tome troisième, Paris 1854; Tome quatrième, Paris 1856. (A.)

[2]) Bei S c h l o ß b e r g e r Vorrede S. IX heißt es: „Werden bei einem streng gegliederten und folgerichtig ausgearbeiteten System u. s. w." (A.)

ein Körper in das System natürlich eingereiht ist, wenn man ihn als
eigne Gruppe (cf. *Chitin und Conchiolin*, Gr. IV), oder mit einigen
andern ebenso wenig gekannten Körpern zu einer Gruppe vereinigt,
irgendwo an beliebiger Stelle in das System einschiebt. Diese *Corps à
sérier* werden aber mit der fortschreitenden Erforschung ihrer Natur
alle nach und nach dem System sich einreihen lassen, wie dies die Erfahrung der letzten Jahre an zahllosen Beispielen gezeigt hat; und dabei
werden g l e i c h z e i t i g  d i e  m e i s t e n  j e n e r  s. g.  n a t ü r l i c h e n
F a m i l i e n  v e r s c h w i n d e n, von welchen einzelne, die Gerbstoffe,
die äther. Oele, die Harze u. s. f. schon jetzt eine Anzahl ihrer wichtigsten und natürlich ihre best gekannten Stoffe an andere Gruppen haben
abgeben müssen.

Daß G e r h a r d t einige jener noch wenig erforschten Substanzen an
„willkürlicher Stelle“ [1]) eingeschoben (vgl. S. 867), muß allerdings zugegeben werden und wird sogar von G e r h a r d t selbst anerkannt.
(Tom. I., S. 122). *Il est, en, effet un grand nombre, dont les métarmor-
phoses sont si peu étudiées; qu'il faut encore se contenter de les classer
p r o v i s o i r e m e n t* [2]), *en vertu de n'i m p o r t e  q u e l principe, jusqu'à ce qu'enfin de nouvelles expériences aient livré à la science le
secret de leurs transformations. —*

Die übrigen Vorwürfe aber, welche der Autor in den letzten Seiten
vorl. Werkes der G e r h a r d t' schen Systematik macht, sind sämmtlich
nicht wohl zu rechtfertigen und finden ihre Widerlegung zum größten
Theil schon in dem G e r h a r d t' schen Werke selbst. G e r h a r d t hat
selbst darauf aufmerksam gemacht, daß man von denselben leitenden
Ideen ausgehend in verschiedener Weise systematisiren kann, daß man
z. B. die Alkohole ebenso gut wie die Säuren als *pivot* der Reihen gebrauchen kann; er zog es vor, die Säuren dazu zu benutzen, weil diese
weit vollständiger bekannt sind wie die Alkohole; damit war es zugleich geboten, die Methylkörper in der Reihe der Essigsäure und nicht
in der der Ameisensäure abzuhandeln [3]), denn man kennt eine Masse von

---

[1]) Am angegebenen Ort heißt es wörtlich: „wo jedenfalls ihre Stellung als
eine sehr zweifelhafte, g e z w u n g e n e oder sehr w i l l k ü r l i c h gewählte erscheint.“   (A.)

[2]) Hier hat K e k u l é ausgelassen: „comme on peut.“   (A.)

[3]) K e k u l é rechtfertigt G e r h a r d t hier gegen einen Vorwurf, den ihm
S c h l o ß b e r g e r auf S. 869 macht.   (A.)

Reactionen, bei welchen Methylverbindungen aus Essigsäure, aber keine einzige, bei welcher sie aus Ameisensäure erzeugt werden.

Wir können hier die Vorzüge der Gerhardt'schen Systematik früheren Systemen gegenüber nicht ausführlich besprechen, aber wir glauben, es ist nicht zu weit gegangen, wenn man behauptet, daß sie eine Uebersichtlichkeit darbietet, wie sie kein andres System vorher auch nur annähernd erreichte, und daß sie namentlich in der Gruppencharakteristik eine Anzahl allgemeiner Eigenschaften und Funktionen zusammenfaßt, wie es keines der früheren Systeme auch nur thun konnte.

Ob die Art der Ausführung des Systems, die Gerhardt in seinem Traité gewählt, die beste, ob sie namentlich für ein kürzeres Lehrbuch geeignet, ob sie jetzt noch in unveränderter Form beibehalten werden kann; dies sind Fragen, deren Beantwortung hier zu weit führen würde. Das Princip, daß ein chemisches System nur auf chemische Eigenschaften (Metamorphosen, chemische Funktion und genetische Beziehung) gegründet sein kann, ist unbestreitbar richtig und wird auch durch die Fortschritte der Wissenschaft nicht umgestoßen werden können, wenn auch die Art der Ausführung des Systems, dem jemaligen Stand der Wissenschaft entsprechend, sich ändern muß.

Nach all dem sind wir der Ansicht, daß das vorl. Lehrbuch nicht dadurch gewonnen hat, daß es die veraltete Systematik nach s. g. natürlichen Familien von den früheren Auflagen in die neue mit übergenommen hat, und daß die in der Vorrede und hie und da im Text der Gerhardt'schen Systematik gemachten Vorwürfe nicht hinlänglich beweisend sind, um „die Nichtannahme der" — wie der Autor sich ausdrückt (S. X) — „von jenseit des Rheines gekommenen Neuerungen in der Methode" zu rechtfertigen.

Die Systematik ist der Natur der Sache nach immer bis zu einem gewissen Grade ein Ausdruck des theoretischen Standpunktes. Die Art der Systematik unsers Lehrbuches, die Nichtannahme der neueren Systeme, beweist also schon, daß der Autor den neueren Ansichten nicht huldigt. Der Autor ist ein Anhänger der dualistischen Ansichten, die in ihrer Anwendung auf die organische Chemie als s. g. Radikaltheorie auftreten; eine Theorie, deren Hypothesenreichtum am Besten durch ein Beispiel charakterisirt wird, welches wir dem Buche selbst entnehmen. Es heißt S. 255: „die ersten Oxyde der Alkoholradicale, z. B. Aethyl $+ 0$, Methyl $+ 0$ u. A. sind meist für sich dargestellt und dann indifferente

Körper; sie existiren aber auch noch in einer zweiten Modifikation, in
welcher sie nicht für sich darstellbar sind," was doch wohl
nichts anderes heißt, als sie existiren noch in einer anderen Modifikation, in welcher sie nicht existiren.

Es ist hier nicht der Ort, gegen die alten und für die neueren Theorien der Chemie zu argumentiren. Die Richtigkeit und Zweckmäßigkeit
theoretischer Ansichten wird stets durch die Fortschritte der Wissenschaft — weit schlagender als durch Polemik — entschieden; Lau-
rents Theorie der Substitution z. B., obgleich fortwährend bekämpft,
ist jetzt von allen Chemikern angenommen; ob es den theoretischen Ansichten Gerhardt's ebenso gehen wird, kann nur die weitere Entwickelung der Wissenschaft zeigen, uns dünkt, für die meisten derselben
haben es die Fortschritte der letzten Jahre bereits gethan.

Neue Theorien werden stets veranlaßt durch die Entdeckung neuer
Thatsachen, welche durch die älteren Ansichten keine oder keine befriedigende Erklärung finden; sind die neueren Ansichten dann auf die
schon bekannten Thatsachen ebensogut oder sogar besser anwendbar,
als die früheren, so verdienen sie darum schon den Vorzug; lassen sie
dazu noch eine größere Anzahl von noch unbekannten Thatsachen
voraussehen, so gewinnen sie mehr noch an Wahrscheinlichkeit und in
demselben Maaße, in welchem sich solche durch die Theorie entdeckte
Thatsachen mehren, mehrt sich auch die Zahl ihrer Anhänger. Daß
unser Autor mehr solcher thatsächlicher Argumente bedarf, daß er
wiederholt hervorhebt: „die neu entdeckten Thatsachen seien keine entscheidenden Beweise gegen die herkömmliche Ansicht, die deßhalb
wohl vorläufig am besten beibehalten werde", ist eine Vorsicht, die an
sich nicht zu tadeln, im vorliegenden Falle aber nicht gerade nothwendig
erscheint. — Kann es also dem Autor nicht verübelt werden, daß er
nicht Anhänger der neuen Theorien ist, so muß doch andrerseits an ein
Lehrbuch billiger Weise die Forderung gestellt werden, daß es jene Ansichten wenigstens berücksichtige und daß es namentlich die Thatsachen mittheile, auf welchen die neuere Ansicht basirt; zumal wenn
es der Vorrede nach „die Bereicherungen der Wissenschaft bis zum
Anfang des Jahres 1857 organisch einverleibt" enthalten soll. Wir
können nun leider in der Beziehung das vorl. Werk nicht ganz
ohne Vorwurf lassen, müssen vielmehr behaupten, daß es nicht nur
neuere Ansichten, sondern sogar Thatsachen, und namentlich die, welche die Hauptgrundlagen der neueren Ansichten bilden, in

stiefmütterlicher und mangelhafter Weise behandelt. Von den vielen Beispielen, die sich als Beweis für die ausgesprochene Ansicht aufführen lassen, wählen wir zwei: die Theorie der Aetherbildung und die Anhydride der einbasischen Säuren. —

S. 275 und 276 werden fünf verschiedene Theorien der Aetherbildung mitgetheilt, die neueste auf eine Reihe sorgfältiger Beobachtungen gestützte Theorie von Williamson wird dabei mit keinem Worte erwähnt; von den Thatsachen, auf welche sie begründet ist, sind die meisten nirgends zu finden, daß z. B. Alkohol mit Aetherschwefelsäure Aether, mit Amylschwefelsäure dagegen den intermediären Aethyl-Amyläther bildet, und daß dabei statt der angewandten Amylschwefelsäure jetzt Aethylschwefelsäure im Rückstand bleibt, ist ebenso wenig angegeben, wie die Existenz dieses intermediären Aethers selbst. Daß Williamson, Chancel und Gerhardt eine verdoppelte Formel für den Aether vorgeschlagen, wird zwar S. 272[1]) in einer Anmerkung mitgetheilt, von den Gründen, die sie zu der Verdoppelung veranlaßt, von den thatsächlichen Argumenten ist keine Rede, es wird vielmehr einfach behauptet, die betr. Thatsachen enthielten keine entscheidenden Beweise gegen die herkömmliche Ansicht, ließen sich vielmehr ebenso gut nach der bisherigen Lehre erklären; eine Behauptung, welche der Schüler natürlich glauben muß, weil ihm alle Argumente für die neue Ansicht und selbst die meisten der Thatsachen, die mit der älteren Lehre nicht in Uebereinstimmung sind, vorenthalten werden.

Aehnlich geht es den Anhydriden und Chloriden der einbasischen Säuren. Das Thatsächliche über die wasserfreie Essigsäure und das Acetoylchlorür (Acetylchlorid von Gerh.) wird S. 299 in kleinen Lettern und sehr unvollständig mitgetheilt; von der wasserfreien Essigsäure wird z. B. nur angegeben, sie entstehe durch Einwirkung von Acetoylchlorür[2]) auf essigsaure Salze, während die andern weit wichtigeren Bildungsweisen ohne Erwähnung bleiben. Daß Gerhardt es geeignet fand, ähnlich wie für die Aether, so auch die Formeln der Anhydride zu verdoppeln und welche Gründe ihn dazu veranlaßten, wird weder dabei noch S. 464 in dem theoretischen Theil über Anhydride und Säuren angegeben; es heißt dort vielmehr (S. 469[3]): „noch müssen wir

[1]) In Kekulé's Abhandlung steht irrtümlich „282". (A.)
[2]) In Kekulé's Abhandlung steht irrtümlich „Chlorbenzoyl". (A.)
[3]) In Kekulé's Abhandlung steht irrtümlich „489". (A.)

hervorheben, daß G e r h a r d t und seine Anhänger in sehr vielen organischen Säuren ein O - h a l t i g e s R a d i k a l voraussetzen, als dessen Oxyd dann ihr Anhydrid anzusehen wäre; so z. B. in den Säuren $C_n H_n O_4$ ein Radical $C_n H_{n-1} O_2$, dessen Oxyd $C_n H_{n-1} O_3$ das Anhydrid ist." [1] Es wird eine Ansicht als die Ansicht G e r h a r d t' s hingestellt, welche dieser mit einer Anzahl scharfsinniger und schlagfertiger Argumente bekämpfte.

Die mitgetheilten Beispiele betreffen gerade die Thatsachen, welche den Hauptanstoß zur Aufstellung der neuen Theorie gaben; eine Anzahl anderer Thatsachen, deren Entdeckung der neueren Zeit angehört, und die als Hauptstützen der neueren Ansichten betrachtet werden müssen, sind in ähnlicher Weise behandelt. Das Verhalten des Zinkäthyls gegen O, S, Cl, Br etc. wird S. 291 möglichst kurz, aber freilich nicht ganz richtig angegeben. Es heißt: „läßt man das Zinkäthyl langsam O absorbiren, so bildet sich ein weißes amorphes Oxyd", es wird aber dabei nicht erwähnt, daß dieser Körper nicht das Verhalten eines Oxydes zeigt, sondern vielmehr als Zinkäthylat (Alkoholzink) betrachtet werden muß; das durch Einwirkung von S auf Zinkäthyl Zinkmercaptid gebildet wird, bleibt ganz ohne Erwähnung, dagegen heißt es: „auch mit Cl, Br, J verbindet sich das Zinkäthyl direct", während F r a n k l a n d, dem wir die Untersuchung dieses merkwürdigen Körpers verdanken, gerade zeigte, daß keine directe Vereinigung, vielmehr eine Spaltung zu Bromzink und Bromäthyl z. B. stattfindet. Der Einwirkung der Schwefelverbindungen des Phosphors auf Essigsäure, der Bildung der geschwefelten Essigsäure geschieht im ganzen Werke nirgends Erwähnung, und doch ist diese Reaktion und das eben erwähnte Verhalten des Zinkäthyls von den Anhängern der neuen Theorie (vgl. z. B. G e r h a r d t IV, 591) als Hauptargument für die charakteristische Verschiedenheit in der chemischen Natur der Elemente und für die Verschiedenheit der Typen aufgeführt worden.

Sind so im Haupttheil des Werkes die neueren Ansichten fast voll-

---

[1] K e k u l é hat in diesem Zitat Verschiedenes ausgelassen; es heißt bei S c h l o s s b e r g e r: „müssen wir noch hervorheben, daß G e r h a r d t und seine Anhänger in sehr vielen organischen Säuren ein O - h a l t i g e s R a d i c a l voraussetzen, als dessen Oxyd (oder Oxydhydrat) dann ihr Anhydrid (oder die eigentliche Säure) anzusehen wäre. So z. B. in den Säuren $C^n H^n O^2$ ein Radical $C^n H^{n-1} O^2$, dessen Oxyd (das Anydrid) $C^n H^{2n-1} O^3$ und dessen Chlorür $C^n H^{2n-1} O^2 Cl$, dessen Oxydhydrat die Säure $C^n H^n O^2$ selbst ist. (A.)

ständig und die sie stützenden Thatsachen theilweise wenigstens ohne
Berücksichtigung geblieben, so „scheint es dem Autor doch geboten, die
Wichtigkeit derselben durch eine Skizze der ihnen zu Grunde liegenden
Gedanken am Ende des Werkes anzuerkennen." In einem Anhang:
„Skizze der wichtigsten Lehren von L a u r e n t und G e r h a r d t", gibt
der Verf. einen Auszug aus den theoretischen Betrachtungen, welche
G e r h a r d t im 4ten Theil seines Traité mittheilt. Wir halten es für
ungeeignet, auf eine ausführliche Kritik dieser Skizze einzugehen, glau-
ben aber kaum, daß der Anfänger durch sie ein klares Bild der G e r -
h a r d t' schen Ansichten gewinnen kann.

Die Skizze enthält: I. Ein Kapitel mit der Ueberschrift: „Neuerungen in der Lehre von den Mischungsgewichten", während es G e r -
h a r d t nie einfallen konnte und nie einfiel, an den Mischungsgewichten, als einem directen Ergebniß der Versuche, etwas zu ändern, er vielmehr nur den Gebrauch anderer Symbole für die Atomgewichte und
Aequivalentgewichte vorschlug, Gründe für Veränderung der Atomgewichte beibrachte, und es für manche Zwecke (für Darstellung von
Metallaustausch namentlich) für zweckmäßig erklärte, Aequivalentformeln zu schreiben. Betrachtungen, welche n u r verstanden werden können, wenn man für die an sich verschiedenen Begriffe: Proportionalzahl
(Mischungsgewicht), Aequivalent, Atom und Molecül auch verschiedene
Worte gebraucht, die aber völlig unklar werden, wenn alle diese Worte
als Synonyme bald für den einen, bald für den andern Begriff gebraucht
werden. Die Skizze enthält: II. Die Unitarische Schreibweise. Ein Titel,
welcher das Mißverständniß einschließt, als ob G e r h a r d t sein System
*méthode unitaire* gennat, habe im Gegensatz zum Dualismus, während
G e r h a r d t selbst sagt (IV. 585[1]): *J'appelle méthode unitaire l'en-*
*semble des principes que j'applique à l'étude de la chimie, et qui sont*
*basés sur le choix d'une u n i t é de molécule et d'une unité de réaction*
*pour la comparaison des fontions chimiques des corps.* Die Skizze enthält weiter: III. Die G e r h a r d t' schen Typen; IV. die G e r h a r d t' -
schen Radikale und V. die neue Klassification der organischen Körper.

Einzelne der G e r h a r d t' schen Ansichten sind mit ziemlicher Vollständigkeit wiedergegeben, andere, und zwar mit die wichtigsten Kapitel aus den theoretischen Betrachtungen G e r h a r d t's, z. B.: *Double*
*décomposition, réaction type* (IV. 570) *unité de molécule* (IV. 581) etc.

---

[1] Anm. 3. (A.)

bleiben ganz ohne Erwähnung. — Im Allgemeinen enthält die Skizze eine Uebersicht der Gerhardt'schen Ansichten, giebt aber fast nirgends die Begründung derselben oder die Argumente, welche ihr vor andern Ansichten den Vorzug geben. So werden z. B. (S. 850) alle die Gründe, die man aus den physikalischen Eigenschaften zur Stütze der neueren Ansichten hergenommen hat, einfach mit den Worten abgefertigt: „Noch hat man zu Gunsten der Halbirung der meisten organischen Formeln Gründe aus Gesetzmäßigkeiten in physikalischen Punkten beigebracht (z. B. im specifischen Gewicht- und Siedepunkt bei den Alkoholen, Aethern etc.). Wir wollen dieselben hier nicht näher besprechen, weil sie uns zu sehr ins Einzelne führen würden." Ein Nichteingehen, welches um so weniger gebilligt werden kann, als auch im Text des Buches von diesen Gesetzmäßigkeiten, von dem specifischen Gewicht der Gase und Dämpfe namentlich, kaum (nur S. 45 gelegentlich der s. g. Atomgewichtsbestimmung) die Rede ist; und doch sind gerade diese Gesetzmäßigkeiten nahezu die einzigen Capitel, in welchen die Chemie bei ihrem jetzigen Stand einer eigentlich wissenschaftlichen Behandlung sich nähert.

Wir haben geglaubt, auf diese Mängel des sonst in vieler Hinsicht ausgezeichneten Werkes aufmerksam machen zu müssen, wesentlich weil wir der Ansicht sind, daß das Werk bei der Verbreitung, die es mit Recht gefunden hat, ungleich mehr nützen könnte, wenn es den neueren Fortschritten der Wissenschaften und den neueren theoretischen Ansichten in etwas ausgedehnterem Maaße Rechnung trüge.        K.

---

# C. A. Wild's pracktischer Rathgeber.

Ein Magazin wohlgeprüfter haus- und landwirtschaftlicher wie technischchemischer Erfahrungen, für Fabrikanten, Apotheker, Künstler, Oekonomen, Gewerbetreibende und strebsame Hausfrauen. 7. Auflage.

## Von Prof. Dr. Rud. Böttger.

Frankfurt a. M. 1858. (Sauerländer.)

Kritische Zeitschrift für Chemie, Physik und Mathematik. 1, 106 (1858).

Das 384 Seiten starke Buch, eine weitere Auflage von Wild's praktischem Rathgeber, dessen letzte Auflage, bearbeitet von Dr. Doliar,

1843 erschienen war, macht wie alle Receptbücher der Art nicht Anspruch auf eigentliche Wissenschaftlichkeit, aber es hält sich durch Brauchbarkeit und Nützlichkeit seines Inhaltes für hinlänglich berechtigt, um dies nicht noch besonders in einer Vorrede hervorzuheben. Als eine Sammlung von Recepten aller Art, die in der neuen Auflage mit Beibehaltung der früheren Anordnung, also im allgemeinen ohne Plan zusammengestellt sind, enthält das Buch neben: Gegenständen der Oekonomie (Abschnitt I.) Methoden zur Prüfung auf Echtheit und Güte von Nahrungsmitteln etc. (II.), Gegenständen der Haushaltung (III.) etc., auch eine Anzahl *praktischer Verfahrungsweisen aus dem Gebiete der Chemie und chemischen Technologie;* neben einer „einfachen Rattenfalle, besonders für Wasserratten", einer Vorschrift, „das Blühen der Zwiebelgewächse in Gläsern oder Töpfen zu beschleunigen" oder „Kaffeebohnen schnell zum Keimen zu bringen" neben Vorschriften zum Einmachen von Obst, zum Bereiten von Torten, Lebkuchen etc. und ähnlichen Kochbuchrecepten, die specieller für die auf dem Titel in Aussicht genommene „strebsame Hausfrau" bestimmt sind, füllen diese chemischen und chemisch-technischen Erfahrungen, deren Behandlung auch am meisten von den früheren Auflagen abweicht, den bei weitem größten Theil des Buches aus, so daß man sie für den Haupttheil des Buches halten muß, wofür noch weiter der Umstand spricht, daß Prof. Böttger sich der Ausarbeitung dieser neuen Auflage unterzogen hat. — Dieser letztere Umstand bietet bei der allgemein anerkannten Erfahrung und Gewissenhaftigkeit des Verfassers eine hinlängliche Garantie dafür, daß wirklich das Brauchbare von dem Unbrauchbaren gesichtet und nicht, wie dies in anderen Receptbüchern der Fall, alle Arten von Schwindeleien und wissenschaftlichem Blödsinn aufgenommen worden.

Was weiter an dem Büchlein noch besondere Anerkennung verdient, ist: daß auch die in neuester Zeit und selbst in ausländischen Journalen in Vorschlag gebrachten Methoden in dasselbe aufgenommen worden sind. .                                                                    K.

—————

# Ueber ein neues Reagens auf Stickstoff-Basen und Anwendung desselben zur Abscheidung von Alkaloiden,

## von Fr. L. Sonnenschein.

Berlin 1857 (Ernst Kühn).

Kritische Zeitschrift für Chemie, Physik und Mathematik. **1**, 107 (1858).

Die einen Bogen starke Broschüre (auch als Abhandlung in verschiedenen wissenschaftlichen Journalen erschienen) lehrt in der *Phosphormolybdänsäure* ein Mittel kennen, vermittelst dessen alle *Alkaloide* auch aus sauren Flüssigkeiten und selbst aus sehr gemischten Substanzen abgeschieden und so in eine Form gebracht werden können, welche die Anstellung der für die einzelnen Alkaloide charakteristischen Reactionen möglich macht. Die vom Verfasser mitgetheilte Methode bietet also einerseits ein Mittel, um *Droguen* rascher und sicherer als seither auf ihren Gehalt an Alkaloiden zu prüfen, andrerseits macht sie es möglich, bei *Vergiftungen* Alkaloide mit ungleich größerer Sicherheit nachzuweisen, als dies seither möglich war, mit nahezu derselben Sicherheit, mit welcher Arsenik oder Blausäure nachgewiesen werden können; sie ist deshalb jetzt, wo Vergiftungen mit Alkaloiden häufiger wie früher vorzukommen pflegen, für Toxikologie und namentlich für *gerichtliche Medizin* von ganz besonderem Interesse.                    K.

# IV. Artikel.

## Neues Handwörterbuch der Chemie
## von Hermann v. Fehling.

Erster Band, Seite 51—52.

Braunschweig. Vieweg und Sohn 1871.

**Acidität.** Der Ausdruck Acidität wird verhältnißmäßig selten gebraucht; er bezeichnet den reziproken Begriff von „Basicität" und drückt demnach, bei rein qualitativer Auffassung, die Befähigung gewisser Substanzen aus, besonders leicht mit Säuren Verbindungen einzugehen. Man schreibt also in der unorganischen Chemie von der Acidität der basischen Oxyde und Hydrate, und man bedient sich ebenso und sogar vorzugsweise des Ausdrucks Acidität für manche organische Substanzen, namentlich für die Alkohole, welche ähnlich wie die Basen der unorganischen Chemie, besonders leicht mit Säuren Verbindungen eingehen, um so die den Salzen entsprechenden Säureäther zu bilden.

Geradeso wie mit dem Ausdruck Basicität, so verbindet man auch mit dem Ausdruck Acidität bisweilen einen quantitativen Sinn. Man vergleicht also verschiedene Säuren in Bezug auf ihre Basicität, und man vergleicht ebenso verschiedene Basen, oder den Basen ähnliche Körper in Bezug auf ihre Acidität. Solche Vergleiche führen zu dem Resultat, daß die Basicität verschiedener Säuremolecüle ungleich, und daß ebenso die Acidität basischer oder den Basen vergleichbarer Molecüle verschieden sein kann. Man sagt also von verschiedenen Säuren ihre Basicität sei gleich. 1, gleich 2. etc.; und man sagt ebenso von den verschiedenen Basen, oder den verschiedenen Classen von Alkoholen, ihre Acidität sei gleich 1, gleich 2, u. s. f.; je nachdem ein Molecül der betreffenden Base oder des betreffenden Alkohols mit einem. mit 2, mit 3 oder mehr Säure ä q u i - v a l e n t e n Salze oder Aetherarten zu erzeugen vermag.

Während man zur Bezeichnung der Basicität der Säuren sich der Adjectiva einbasisch. zweibasisch, etc. bedient, hat man, um die Acidität der Basen oder der Alkohole auszudrücken die Beiwörter einsäurig, zweisäurig, u. s. f. gewählt. Eine Base, die nur mit einem Aequivalent einer Säure ein Salz zu bilden vermag, und ebenso ein Alkohol, der mit einem Aequivalent Säure direct den neutralen Aether erzeugt. werden als einsäurig bezeichnet; eine Base oder ein Alkohol, die mit einem oder mit zwei Aequivalent Säure. Salze oder Aether zu bilden im Stande sind, werden eine zweisäurige Base oder ein zweisäuriger Alkohol genannt; etc. Das Kalihydrat kann demnach als einsäurige Base bezeichnet werden;

das Quecksilberoxyd ist zweisäurig, das Wismuthoxydhydrat dreisäurig, das Eisen-oxyd und Eisenoxydhydrat sind sechssäurig, etc. Unter den Alkoholen sind der Aethylalkohol, die mit ihm homologen und auch andere ähnliche Substanzen, ein-säurig; der Aethylenalkohol (Glycol) ist zweisäurig; das Glycerin ist ein drei-säuriger Alkohol. Die Acidität wird also bei basischen Metalloxyden und Oxyd-hydraten (wenigstens wenn Molecüle von außergewöhnlicher Complication aus-geschlossen werden) durch die Werthigkeit des Metalls, bei den Alkoholen durch die Werthigkeit des Radicals ausgedrückt, denn diese Werthigkeit giebt die An-zahl von Säureäquivalenten an, deren Wasserstoffatome durch die betreffenden Metalle oder Radicale ersetzt werden können. Berücksichtigt man nur die nor-malen Hydrate der Metalloxyde und die wahren Alkohole, so kann man sagen, die Acidität werde durch die Anzahl der mit dem Metall oder dem Radical ver-bundenen Wasserreste (OH) oder durch die Anzahl der in ihnen enthaltenen Wasserstoffatome ausgedrückt. Es sind in der That diese Wasserreste, oder die in ihnen enthaltenen Wasserstoffatome, welche man bei Bildung von Salzen oder von Aetherarten sich durch äquivalente Mengen von Säureresten ersetzt denken kann.

Die Acidität ist wie die Basicität, ein specieller Fall der Werthigkeit oder der Aequivalenz (vgl. diesen Artikel). Besitzt eine Substanz nur Acidität, wie dies bei den Basen der unorganischen Chemie und bei den Alkoholen der Fall ist, so ist die Acidität ebenso groß wie die Werthigkeit; hat ein Körper nur Basici-tät, wie dies bei den meisten Säuren stattfindet, so ist dieselbe gleich mit der Werthigkeit oder Aequivalenz. Dieselbe Substanz kann aber auch gleichzeitig Aci-dität und Basicität besitzen; dann sind beide zusammen gleich groß wie die Werthigkeit. So sagt man z. B., die Milchsäure sei zweiwerthig, dabei aber ein-basisch (als Säure) und einsäurig (als Alkohol)."          A. K.

---

# Neues Handwörterbuch der Chemie

## von Hermann v. Fehling.

### Erster Band, Seite 77—89.

„**Aequivalent** und **Aequivalenz**."[1]) Die Ausdrücke äquivalent und Aequi-valenz sind schon seit den ersten Jahren dieses Jahrhunderts in der Chemie in Gebrauch, aber erst in den letzten Jahrzehnten sind die Begriffe, welche durch sie ausgedrückt werden, scharf und bestimmt festgestellt, und damit der Gebrauch der Ausdrücke geregelt worden. In Uebereinstimmung mit dem ethymologischen

---

1) „In Betreff der älteren Versuche und der älteren Ansichten über äquivalente Mengen und Aequivalenz vgl. H. K o p p , Gesch. d. Ch. bes. **2**, S. 314, 355, 363 und A. L a d e n b u r g , Entwickelungsgesch. d. Ch. bes. S. 51, 67, 108, 185, 198 etc." — Erste Auflage 1869, Braunschweig, Vieweg & Sohn.)  (A.)

Sinn der Worte spricht man jetzt von Aequivalenz nur bei Substanzen, die eine mehr oder weniger ähnliche Rolle zu spielen, die also annähernd denselben Effect hervorzubringen im Stande sind, und man nennt die relativen Mengen chemisch ähnlicher Substanzen, welche nahezu dieselbe Wirkung ausüben, äquivalente Mengen.

Die ersten Versuche zur Ermittelung derjenigen relativen Mengen gewisser chemisch ähnlicher Substanzen, welche denselben chemischen Effect hervorbringen, die wir also jetzt als äquivalente Mengen bezeichnen, sind, selbst wenn die von H o m b e r g schon 1699 ausgeführten Versuche als zu ungenau und mit zu unreinen Substanzen angestellt, unberücksichtigt bleiben, vor jetzt nahezu 100 Jahren von B e r g m a n n , K i r w a n , W e n z e l und R i c h t e r ausgeführt worden. Wenn B e r g m a n n (1775) und nach ihm K i r w a n (1780) diejenigen relativen Gewichtsmengen verschiedener Basen ermittelten, die sich mit derselben Menge einer gewissen Säure zu vereinigen vermögen, wenn sie andererseits die relativen Mengen verschiedener Säuren feststellten, welche sich mit einer und derselben Menge einer gewissen Base verbinden, so bestimmten sie das, was wir jetzt' äquivalente Mengen der verschiedenen Säuren oder der verschiedenen Basen nennen. Wenn B e r g m a n n weiter erforschte, in welchen relativen Mengen ein Metall ein anderes aus der neutralen und neutral bleibenden Lösung eines Salzes zu fällen vermag, so ermittelte er diejenigen relativen Mengen der verschiedenen Metalle, die wir jetzt als äquivalente Mengen bezeichnen. Auch die Untersuchungen von W e n z e l (1777), obgleich sie zu manchen irrigen Schlußfolgerungen führten, hatten nach unserer jetzigen Ausdrucksweise wesentlich die Bestimmung äquivalenter Mengen zum Gegenstande.

R i c h t e r , der in derselben Richtung ausführliche Experimentaluntersuchungen anstellte, kam der Erkenntniß der Aequivalenz noch näher. Seine Betrachtungen über die Neutralsalze zeigen deutlich, daß ihm der Begriff der Aequivalenz eigentlich schon geläufig war, wenn er sich auch des Ausdrucks nicht bediente. Er stellte diejenigen Mengen von Basen, welche durch dasselbe Gewicht einer gegebenen Säure neutralisirt werden, und ebenso die Mengen von Säuren, welche durch dieselbe Quantität gewisser Basen gesättigt werden, in Reihen zusammen und nannte solche Reihen Neutralitäts- oder Massenreihen. F i s c h e r vereinigte dann (1802) die verschiedenen Reihen von R i c h t e r in eine einzige Tabelle, in welcher in einer Columne die wichtigsten Basen, in der anderen die damals bekannten Säuren aufgeführt waren: die beigesetzten Zahlen geben die relativen Mengen an, nach welchen die verschiedenen Basen sich mit den verschiedenen Säuren zu Neutralsalzen vereinigen. F i s c h e r ' s Tabelle kann füglich die erste Aequivalentgewichtstafel genannt werden; die eine Spalte gab die Aequivalentgewichte der Basen, die andere die Aequivalentgewichte der Säuren. Der Ausdruck „Aequivalent" wird freilich immer noch nicht gebraucht, F i s c h e r bedient sich vielmehr der Bezeichnung „Verhältnißmengen".

Nachdem dann durch D a l t o n (1804) die atomistische Theorie in die Chemie eingeführt worden war, hatten der englische Chemiker D a v y und der Physiker W o l l a s t o n , obgleich sie die Grundidee dieser Atomtheorie billigten und annahmen, doch gewisse Bedenken. Sie meinten, alle Grundsätze und Betrachtungen,

durch welche man die Anzahl der Atome in den Verbindungen bestimme, seien an
sich unsicher, und diese Unsicherheit übertrage sich natürlich auf die relativen
Gewichte der einzelnen Atome, also auf die sogenannten Atomgewichte; es sei
daher geeigneter, sich für chemische Betrachtungen nicht der Atome und der Atomgewichte zu bedienen. D a v y bezeichnete die relativen Gewichtsmengen, welche
D a l t o n und seine Anhänger Atomgewichte nannten, als *„proportions"*, also Verhältnisse, ein Ausdruck, der mit F i s c h e r ' s „Verhältnißmengen" zusammenfällt, und statt dessen man sich später auch der Ausdrücke „Verbindungsgewichte"
(*combining proportions*), oder „Mischungsgewichte" bediente. W o l l a s t o n dagegen schlug 1814 den Ausdruck „Aequivalent" vor. Dabei hatte W o l l a s t o n
unverkennbar die Versuche von B e r g m a n n und R i c h t e r , und andere Versuche, durch welche wirklich äquivalente (d. h. gleichwerthige) Mengen bestimmt
worden waren, im Auge; aber indem er den Ausdruck Aequivalent geradezu an
die Stelle des Ausdrucks Atomgewicht setzte, benutzte er von Anfang an das
Wort Aequivalent in einem Sinn, den es seiner ethymologischen Ableitung nach
nicht in allen Fällen ausdrücken konnte. Er nannte ebensowohl diejenigen relativen Mengen verschiedener Körper, die sich gegenseitig ersetzen, Aequivalente
als auch diejenigen relativen Mengen verschiedener Stoffe, die sich zu einfachen
und bekannten Verbindungen vereinigen, und die man zweckmäßiger, mit D a v y ,
proportions oder Verbindungsgewichte genannt hätte.

So gab W o l l a s t o n selbst zu der Verwirrung der Begriffe Veranlassung,
die sich Jahrzehnte lang erhielt, und die einen so nachtheiligen Einfluß auf die
Entwickelung der Wissenschaft ausübte. In der nächstfolgenden Zeit wurde zwar
von B e r z e l i u s und seiner Schule die atomistische Hypothese streng durchgeführt und weiter ausgedehnt, und man bediente sich vorzugsweise und sogar
ausschließlich der Atomgewichte. Als aber verschiedene der Anhaltspunkte, die
man zur Bestimmung der Atomgewichte benutzen zu können geglaubt hatte, sich
für den damaligen Stand der Wissenschaft als unzureichend erwiesen (specifische
Gewichte, specifische Wärmen etc.), glaubte man, „man würde wohl niemals darüber einig werden, durch welche Gewichtsverhältnisse die relativen Atomgewichte
auszudrücken seien, und es sei deshalb zweckmäßiger, auf sie Verzicht zu leisten
und sich der Aequivalente zu bedienen." [1]) Von jetzt an wurden von den meisten
Chemikern die Ausdrücke: Atomgewicht, Aequivalent und Verbindungsgewicht
(oder Mischungsgewicht) neben einander und für dieselben Begriffe gebraucht. Was
man durch sie bezeichnete, waren weder in allen Fällen die Atomgewichte, noch
waren es wahre Aequivalente; es war bald das eine, bald das andere, bisweilen
auch keins von beiden. Es waren willkürlich gewählte, oder durch Uebereinkunft
für gewisse Perioden festgestellte Verbindungs- oder Mischungsgewichte; also

---

[1]) „L i e b i g , Ann. Ch.: Pharm. **31,** S. 36 (1839)". — Wörtlich heißt es dort: „Die
Aequivalente werden sich nie ändern, ich zweifle aber sehr, ob man jemals
darüber einig werden wird, durch welche Gewichtsverhältnisse die relativen Atomgewichte auszudrücken sind. Das Studium der Chemie würde unendlich erleichtert werden, wenn sich die Chemiker entschlössen, zu den Aequivalenten zurückzukehren." (A.)

Zahlenwerthe, mit Hülfe derer man Formeln schreiben und die empirischen Gesetze darstellen konnte, die aber keine durch irgend welche Thatsachen oder Speculationen feststellbare Größen ausdrückten. Die Begriffe von Atom und von Aequivalent waren beide noch nicht mit voller Klarheit erkannt; man verwechselte sie vielfach und man unterschied von beiden noch nicht den Begriff des Molecüls.

Erst nachdem durch G e r h a r d t und namentlich durch L a u r e n t [1]) (1846) die Begriffe von Atom und Molecül von einander getrennt, klar erfaßt und scharf definirt worden waren, konnte auch der Begriff des Aequivalents bestimmt erkannt und consequent durchgeführt werden (1849). Man sah jetzt, daß für die Elemente die Aequivalente zwar bisweilen, aber durchaus nicht immer mit den Atomgewichten zusammenfallen; daß die relativen Mengen, welche man durch die damals gebräuchlichen Symbole ausdrückte, weder in allen Fällen Atomgewichte noch auch Aequivalente waren. Man entschloß sich, der atomistischen Schreibweise wieder den Vorzug zu geben; man sah die Nothwendigkeit ein, die drei völlig verschiedenen Begriffe: Atom, Molecül und Aequivalent scharf von einander zu unterscheiden, und man bemühte sich, jeden der drei Ausdrücke möglichst consequent nur für einen der drei verschiedenen Begriffe anzuwenden. Dabei übte freilich die alte Gewohnheit den nachtheiligsten Einfluß aus. Sie veranlaßte, daß die frühere Unklarheit und Verwirrung noch längere Zeit fortdauerte und noch jetzt nicht vollständig verschwunden ist.

Während man jetzt in der Chemie mit Atom die chemisch kleinsten, also chemisch nicht weiter spaltbaren Theilchen von Materie bezeichnet, so daß von Atomen nur für die Elemente die Rede sein kann; während man unter Molecül die kleinste, der freien Existenz fähige Menge von Substanz, also das chemische Individuum, versteht; hat der Begriff Aequivalent mit diesen aus der atomistischen Hypothese entsprungenen Anschauungen direct durchaus nichts gemein. Aequivalent nennt man vielmehr, in Uebereinstimmung mit dem ethymologischen Sinn des Wortes, diejenigen relativen Mengen, die von einem gewissen Gesichtspunkt aus als gleich- oder ähnlich-werthig erscheinen, die also in gewissen, gerade berücksichtigten, Fällen, denselben Effect hervorzubringen im Stande sind. Von Aequivalenz kann also nur für Körper die Rede sein, die von irgend einem chemischen Gesichtspunkt aus in Bezug auf Wirkungswerth mit einander verglichen werden können. Da man nun in Bezug auf chemischen Effect die Atome der verschiedenartigsten Elemente wohl untereinander, und ebenso die Molecüle der mannigfaltigsten Substanzen miteinander, nie aber Atome mit Molecülen vergleichen kann, so ist es jedenfalls einleuchtend, daß von der Aequivalenz von Atomen mit Molecülen niemals die Rede sein kann. Wie weit man aber für diejenigen Substanzen, für welche überhaupt von Aequivalenz gesprochen werden darf, den Begriff der Aequivalenz ausdehnen will, hängt wesentlich von den Gesichtspunkten ab, von welchen aus man gerade Vergleiche anstellt.

Eine Bestimmung derjenigen relativen Mengen, welche denselben chemischen

---

[1]) „Vgl. bes. Ann. Chim. Phys. [3] **18**, S. 266 u. 296 (1846): L a u r e n t et G e r h a r d t , Compt. rend. d. Traveaux d. Chim. 1849, p. 1.“ — (Jahrgang 5, pag. I—VIII. unterzeichnet „G. G.“, d. h. Charles Gerhardt.)   (A.)

Effect hervorzubringen im Stande sind, kann nun, wie alles Abmessen, wesentlich in zweierlei Weise ausgeführt werden; entweder durch die Methode des directen Vergleichens, oder die des Messens mit einem gemeinschaftlichen Maaß.

Aequivalenz der Atome. Bei den Atomen der Elemente kann die Methode des directen Vergleichens sehr häufig in Anwendung gebracht werden. Für viele Metalle können z. B. die äquivalenten Mengen mit Leichtigkeit in der Weise bestimmt werden, daß man, wie dies Bergmann und Richter schon thaten, durch den Versuch feststellt, nach welchen relativen Mengen die verschiedenen Metalle sich aus der Lösung ihrer Salze ausfällen. Der Wasserstoff kann in derselben Weise mit denjenigen Metallen direct verglichen werden, durch welche er aus Säuren oder anderen Verbindungen ausgetrieben wird. Da das Jod aus vielen seiner Verbindungen durch Brom oder durch Chlor, und da das Brom ebenfalls durch Chlor verdrängt werden kann, so bietet auch die Bestimmung derjenigen relativen Mengen von Chlor, Brom und Jod, die für äquivalent gehalten werden müssen, keinerlei Schwierigkeit. Da nun weiter der Wasserstoff in sehr vielen Fällen, z. B. bei Bildung der Substitutionsproducte, durch Chlor, oder Brom und selbst durch Jod verdrängt und ersetzt werden kann, und zwar unter Bildung von Producten, die offenbar mit den Muttersubstanzen für chemisch ähnlich gehalten werden dürfen, so ist auch der Wasserstoff mit den genannten Haloiden in Bezug auf Aequivalenz direct vergleichbar. Im Allgemeinen kann die Methode des directen Vergleichens stets dann zur Anwendung gebracht werden, wenn verschiedene Elemente sich in Bezug auf chemische Function so ähnlich sind, daß eins das andere direct zu verdrängen und unter Bildung eines dem angewandten Körper ähnlichen Productes zu ersetzen vermag.

Dabei ist nun zunächst Folgendes zu bemerken. Der Begriff der Aehnlichkeit ist an sich ein etwas vager; man kann ihn enger und weiter fassen. Man kann vielleicht nur solche Körper für ähnlich ansehen wollen, die sich in jeder Hinsicht ausnehmend nahe stehen; oder man kann andererseits Substanzen, die keine so vollständige Aehnlichkeit zeigen, von gewissen Gesichtspunkten aus doch noch für ähnlich halten. Thut man das letztere, so wird man natürlich Stoffe, für welche man bei engerer Auffassung des Begriffs der Aehnlichkeit nicht mehr von äquivalenten Mengen reden würde, doch noch in Bezug auf Aequivalenz vergleichen dürfen. So wird man z. B. 71 Gewichtstheile Chlor für äquivalent ansehen dürfen mit 16 Gewichtstheilen Sauerstoff, weil sie aus Kalk oder anderen Metalloxyden 16 Gewichtstheile Sauerstoff auszutreiben und statt ihrer sich mit dem Metall zu binden im Stande sind. Da in vielen organischen Verbindungen bei Einwirkung von Phosphorchlorid 16 Gewichtstheile Sauerstoff gegen 71 Gewichtstheile Chlor ausgewechselt werden, so wird man auch daraus den Schluß ziehen dürfen, 16 und 71 seien äquivalente Mengen dieser beiden Elemente.

Von ebenso allgemeiner oder sogar von noch allgemeinerer Anwendbarkeit als die Methode des directen Vergleichs ist die des Messens mit einem gemeinschaftlichen Maaßstab. Man wird diejenigen relativen Mengen verschiedener Elemente, die sich mit einer und derselben Menge eines bestimmten Elementes zu chemisch ähnlichen Verbindungen zu vereinigen im Stande sind, für äquivalent anzusehen sich für berechtigt halten.

35.5 Theile Chlor, 80 Theile Brom und 127 Theile Jod sind äquivalent, weil sie mit 1 Theil Wasserstoff die drei analogen Wasserstoffsäuren erzeugen, weil sie mit 23 Theilen Natrium oder 108 Theilen Silber etc. in jeder Hinsicht ähnliche Verbindungen bilden. Ebenso wird man diejenigen relativen Mengen der verschiedenen Metalle für äquivalente Mengen ansehen müssen, die mit derselben Menge Chlor oder derselben Menge Brom etc., Verbindungen erzeugen, welche für ähnlich anzusehen man sich berechtigt hält.

Werden bei solchen Betrachtungen nur Substanzen berücksichtigt, die sich so nahe stehen, daß ihre Aehnlichkeit allgemein anerkannt wird, so werden auch die Schlüsse, zu welchen man gelangt, von Niemanden bestritten werden. Nun ist es aber einleuchtend, daß auch hier der Begriff der Aehnlichkeit enger oder weiter gefaßt werden kann. Man kann z. B., von einem gewissen Gesichtspunkt aus, von der mehr oder weniger großen Aehnlichkeit der Producte ganz oder nahezu ganz absehen, und diejenigen relativen Mengen verschiedener Elemente für äquivalent erklären, welche eine und dieselbe Menge eines anderen Elementes überhaupt zu binden und zu sättigen vermögen. Von diesem Gesichtspunkt aus wird man beispielsweise sagen: 35.5 Theile Chlor, 80 Theile Brom und 127 Theile Jod sind äquivalent, weil sie 1 Theil Wasserstoff zu sättigen vermögen; 16 Theile Sauerstoff, 32 Theile Schwefel und 79.4 Theile Selen sind untereinander äquivalent, weil sie 2 Theile Wasserstoff sättigen können. Daraus wird man dann folgern müssen: 16 Theile Sauerstoff oder 32 Theile Schwefel sind äquivalent mit 71 Theilen Chlor oder 160 Theilen Brom: oder, was auf dasselbe hinauskommt, 8 Theile Sauerstoff oder 16 Theile Schwefel sind äquivalent mit 35,5 Theilen Chlor oder 80 Theilen Brom; denn dies sind diejenigen relativen Mengen dieser Elemente, welche dieselbe Menge Wasserstoff, oder die mit dieser Wasserstoffmenge äquivalente Menge irgend eines Metalls, zu sättigen im Stande sind. Von ganz demselben Gesichtspunkt aus, indem man also einzig auf Gleichwerthigkeit im Sättigungsvermögen Rücksicht nimmt, wird man weiter zu dem Schluß gelangen, 14 Gewichtstheile Stickstoff oder 31 Gewichtstheile Phosphor seien äquivalent mit 106,5 Theilen Chlor, folglich seien $4^2/_3$ Theile Stickstoff, oder $10^1/_3$ Theile Phosphor äquivalent mit 35,5 Theilen Chlor, mit 8 Theilen Sauerstoff etc.; dies sind in der That diejenigen Mengen Stickstoff oder Phosphor, welche ebenso wie 35,5 Theile Chlor oder 8 Theile Sauerstoff 1 Gewichtstheil Wasserstoff zu sättigen im Stande sind. Derselbe Gedankengang wird weiter zu dem Schluß führen, 3 Gewichtstheile Kohlenstoff seien äquivalent mit 8 Theilen Sauerstoff oder mit 35.5 Theilen Chlor.

Man sieht leicht, daß solche Betrachtungen dazu führen, die Atome der verschiedenen Elemente in Bezug auf ihre Aequivalenz mit einander zu vergleichen. Dieser Gegenstand wird ausführlicher in dem Artikel Atomtheorie besprochen werden, hier können, beispielsweise, nur einige Resultate solcher Betrachtungen angeführt werden.

Alle Versuche und alle Betrachtungen über die Aequivalenz des Chlors, Broms und Jods führen zu dem Schluß, daß für diese Elemente 1 Atom des einen stets einem Atom des anderen äquivalent ist, und daß 1 Atom dieser Elemente auch stets äquivalent ist einem Atom Wasserstoff. Man findet ferner, daß auch für manche Metalle, für Natrium, Kalium, Silber etc. 1 Atom stets einem Atom

Wasserstoff äquivalent ist. Es ergiebt sich dann weiter, daß 1 Atom Sauerstoff äquivalent ist mit einem Atom Schwefel oder mit einem Atom Selen, daß aber 1 Atom dieser Elemente stets zwei Atomen Chlor oder 2 Atomen Wasserstoff äquivalent ist; in der That kann ein Atom Sauerstoff oder 1 Atom Schwefel in derselben Weise 2 Atome Wasserstoff oder 2 Atome Kalium oder Silber binden wie dies 2 Chloratome zu thun im Stande sind. Ebenso ist 1 Atom Calcium äquivalent einem Atom Strontium oder einem Atom Baryum, aber 1 Atom dieser Metalle ist äquivalent mit 2 Atomen Natrium, Kalium, Silber oder auch Wasserstoff; denn es ist zur Sättigung eines Atoms der ersteren Metalle eben so viel Chlor (2 Atome) nöthig, als zur Sättigung von 2 Atomen Natrium, Kalium etc.

Für Stickstoff, Phosphor, Arsen, Antimon und Wismuth ist, wenn man diese Elemente untereinander vergleicht, 1 Atom des einen stets einem Atom des anderen äquivalent; aber 1 Atom dieser Elemente ist äquivalent mit 3 Atomen Wasserstoff oder Chlor. 1 Stickstoffatom sättigt z. B. 3 Wasserstoffatome ganz in derselben Weise wie dies 3 Chloratome zu thun vermögen; 1 Atom Phosphor, Arsen, Antimon oder Wismut vermag 3 Chloratome zu sättigen, übt also denselben Effect aus, den 3 Wasserstoffatome hervorzubringen im Stande sind. Für den Kohlenstoff, das Silicium und andere Elemente ergiebt sich, daß 1 Atom 4 Wasserstoff- oder 4 Chloratomen äquivalent ist. So sättigt 1 Atom Kohlenstoff in dem einfachsten Kohlenwasserstoff 4 Wasserstoffatome, hat also dieselbe Wirkung wie 4 Chloratome; 1 Atom Silicium aber bindet 4 Chloratome, bringt also, in Bezug auf Sättigung des Chlors, denselben Effect hervor, den 4 Wasserstoffatome hervorzubringen im Stande sind.

Aequivalenz der Molecüle. Bei den Molecülen bietet die Bestimmung äquivalenter Mengen im Allgemeinen eben so wenig Schwierigkeit als bei den Atomen, und es sind auch hier dieselben beiden Methoden anwendbar.

Wenn bei irgend einem chemischen Vorgang ein Product gebildet wird, welches denselben chemischen Charakter, oder dieselbe Function zeigt wie eine der Substanzen, die zu seiner Bildung Veranlassung gegeben haben, so daß man es mit Recht dieser ähnlich nennen kann, so kann die Menge des gebildeten Productes mit derjenigen Menge des chemisch ähnlichen Körpers, welche seine Bildung veranlaßt hat, äquivalent genannt werden. Wenn man z. B. mit einem Säureanhydrid aus dem Hydrat oder Salz einer anderen Säure das entsprechende Anhydrid verdrängt; wenn man durch Einwirkung einer Säure auf ein Salz ein anderes Säurehydrat darstellt; wenn man durch ein Metalloxyd aus einer Salzlösung ein anderes Metalloxyd, oder durch ein Oxydhydrat ein anderes Oxydhydrat ausfällt, so können stets die relativen Mengen der einwirkenden und der gebildeten Substanzen für äquivalent gelten.

Wirken zwei Körper so aufeinander ein, daß zwei Producte entstehen, von welchen das eine mit der einen der einwirkenden Substanzen, das andere mit der anderen vergleichbar ist, so ist für jedes der beiden Producte die gebildete Menge mit derjenigen Menge des chemisch ähnlichen Körpers, die in Wirkung getreten ist, äquivalent. So kann man z. B. sagen: wenn eine Lösung von salpetersaurem Silber mit Chlornatrium versetzt wird, so wird eine dem zersetzten Chlornatrium äquivalente Menge Chlorsilber gefällt und es entsteht eine dem zer-

setzten salpetersauren Silber äquivalente Menge von salpetersaurem Natron. Dabei
legt man, dem gewöhnlichen Gebrauch entsprechend, auf die Natur der Säuren
einen vorzugsweisen Werth und man betrachtet also die beiden Chloride als ähnlich, und ebenso die beiden Nitrate. Will man, was ebenso berechtigt ist, mehr
Werth auf die Natur der Metalle legen und demgemäß die beiden Silberverbindungen für ähnlich ansehen, so wird man sagen: die Menge des gefällten Chlor-
silbers ist der Menge des zersetzten Silbersalpeters äquivalent und es ist eine dem
zersetzten Kochsalz äquivalente Menge von Natronsalpeter gebildet worden.

Durch Messen mit einem gemeinschaftlichen Maßstab können äquivalente
Mengen von Molecülen, also von frei existirenden Substanzen, in vielen Fällen
mit ausnehmender Leichtigkeit bestimmt werden. Schon B e r g m a n n und R i c h -
t e r haben in dieser Weise ermittelt, welche relative Mengen der verschiedenen
Basen oder der verschiedenen Säuren äquivalent sind. Will man für Säuren die
äquivalenten Mengen bestimmen, also diejenigen relativen Mengen, die denselben
Effect hervorbringen, so dient eine beliebig gewählte Base als Maßstab; handelt
es sich umgekehrt um die Bestimmung der Aequivalenz verschiedener Basen, so
misst man mit einer bestimmten Menge einer beliebig gewählten Säure. Diejenigen relativen Mengen der verschiedenen Basen sind äquivalent, die mit einer
und derselben Menge derselben Säure wohlcharakterisirte und vergleichbare
Salze bilden; ebenso sind diejenigen Mengen verschiedener Säuren äquivalent,
die mit derselben Menge derselben Base bestimmte und vergleichbare Salze erzeugen. Dabei ist man, wie weiter unten noch erörtert werden wird, übereingekommen, die neutralen Salze vorzugsweise für ähnlich und vergleichbar anzusehen.

Für die Säuren können natürlich statt der Basen (Oxyde und Oxydhydrate)
auch die Metalle selbst als Maßstab benutzt werden, und man wird also diejenigen
Mengen verschiedener Säuren für äquivalent ansehen, in welche bei der Bildung
vergleichbarer Salze die gleichgroße Menge desselben Metalls eintritt. Dies läßt
sich dann auch so ausdrücken: diejenigen relativen Mengen verschiedener Säuren
sind äquivalent, in welchen gleich viel durch Metalle vertretbarer Wasserstoff enthalten ist. Da nun weiter in den Salzen das vorhandene Metall, genau so wie der
Wasserstoff der Säuren, durch andere Metalle verdrängt und ersetzt werden kann,
so können die Salze sowohl unter einander als mit den Säuren in Bezug auf
Aequivalenz verglichen werden, und man sieht, daß diejenigen relativen Mengen
verschiedener Säuren oder Salze als äquivalent bezeichnet werden müssen, welche
äquivalente Mengen von Wasserstoff oder von Metall enthalten. Ganz in derselben
Weise und aus denselben Gründen können auch geradezu diejenigen Mengen der
verschiedenen Basen für äquivalent angesehen werden, in welchen äquivalente
Mengen von Metall enthalten sind.

Der Umstand, daß die Aequivalenz der Salze und der Basen direct durch den
Gehalt an äquivalenten Mengen von Metall bestimmt und ausgedrückt werden
kann, während für die Säuren der mit den Metallen direct vergleichbare Wasserstoff als Maßstab der Aequivalenz dient, hat dazu geführt, für Säuren, Salze und
Basen den Begriff der Aequivalenz oder wenigstens den Gebrauch des Wortes
äquivalent etwas weiter auszudehnen und von äquivalenten Mengen auch für

Körper zu reden, die in Bezug auf chemische Function nicht wohl als ähnlich bezeichnet werden können. So sagt man z. B.: Zur Darstellung des neutralen Salzes einer gewissen Säure fügt man zu einer bestimmten Menge dieser Säure eine äquivalente Menge der betreffenden Base; statt der freien Base kann auch eine äquivalente Menge des kohlensauren Salzes angewandt werden, etc.

Für andere Körper als Säuren, Salze und Basen ist man nicht oder doch weit weniger gewohnt, von Aequivalenz und äquivalenten Mengen zu reden. Bisweilen kommen indessen diese Ausdrücke auch für andere Substanzen zur Anwendung, am häufigsten noch für Verbindungen, die man von gewissen Gesichtspunkten aus mit den Säuren, Salzen oder Basen vergleichen kann. Wenn man z. B. die Alkohole der organischen Chemie mit den basischen Hydraten in Parallele setzt, so wird man sich auch für berechtigt halten, sie in Bezug auf Aequivalenz mit diesem zu vergleichen und man wird dann z. B. sagen: die Säureäther des Aethylalkohols, oder auch diejenigen Fette, welche Glycerinäther sind, werden von Kalilauge so zersetzt, daß eine der verbrauchten Kalimenge äquivalente Menge von Aethylalkohol oder von Glycerin entsteht.

Obgleich man nun vorzugsweise nur bei gewissen Körperclassen von Aequivalenz und äquivalenten Mengen zu reden gewohnt ist, so ist es doch klar, daß es zulässig ist, den Begriff und also auch die Ausdrücke auch auf andere Substanzen anzuwenden, vorausgesetzt, daß sie von irgend einem Gesichtspunkt aus in Bezug auf chemischen Wirkungswerth verglichen werden können. Wenn man z. B. von der Bildung organischer Chloride handelt, so wird man für alle die Substanzen, welche solche Chloride zu erzeugen im Stande sind (Salzsäure, Phosporchlorid, etc.) diejenigen relativen Mengen äquivalente Mengen nennen, welche in Bezug auf diese Chloridbildung denselben Effect ausüben.

Gerade so wie man durch Studien über die Aequivalenz der Atome dazu geführt wird, die Atome der verschiedensten Elemente in Bezug auf ihre Aequivalenz zu vergleichen, so führen die Betrachtungen über die Aequivalenz der frei existirenden Substanzen zu einem Vergleich der Molecüle in Bezug auf deren Aequivalenz. Man kommt so beispielsweise zu folgenden Resultaten.

Für die Säuren findet man, daß 1 Molecül Salzsäure (HCl) äquivalent ist, 1 Molecül Bromwasserstoff (HBr) oder 1 Molecül Salpetersäure ($HNO_3$) oder 1 Molecül Essigsäure ($C_2 H_4 O_2$). Ebenso ergiebt sich, daß 1 Molecül Schwefelsäure ($H_2 SO_4$) einem Molecül Oxalsäure ($C_2 H_2 O_4$) oder einem Molecül Bernsteinsäure ($C_4 H_6 O_4$) äquivalent ist. Dagegen findet man, daß 1 Molecül der drei zuletzt genannten Säuren 2 Molecülen Salzsäure oder Salpetersäure oder Essigsäure äquivalent ist, und daß, in ähnlicher Weise, 1 Molecül Phosphorsäure ($PO_4 H_3$) äquivalent ist 3 Molecülen Salzsäure oder Salpetersäure. Man constatirt im Allgemeinen, daß für Säuren von gleicher Basicität ein Molecül der einen stets einem Molecül der anderen äquivalent ist, daß dagegen 1 Molecül einer zweibasischen Säure 2 Molecülen einer einbasischen und daß ebenso 1 Molecül einer dreibasischen Säure 3 Molecülen einer einbasischen Säure äquivalent ist.

Für die basischen Hydrate kommt man zu ganz entsprechenden Resultaten. 1 Molecül Kalihydrat (KHO) ist einem Molecül Natronhydrat (NaHO) und ebenso ist 1 Molecül Kalkhydrat ($CaH_2 O_2$) einem Molecül Barythydrat ($BaH_2 O_2$) äquivalent. Dagegen ist 1 Molecül Kalkhydrat 2 Molecülen Kalihydrat, 1 Molecül Wismutoxydhydrat ($BiH_3O_3$) sogar 3 Molecülen Kalihydrat äquivalent. Für die basischen Hydrate sind also Molecüle von gleicher Acidität äquivalent; ist dagegen die Acidität verschieden, so kann 1 Molecül 2 und selbst 3 oder noch mehr Molecülen eines anderen basischen Hydrates äquivalent sein. 1 Molecül einer zweisäurigen Base ist 2, 1 Molecül einer dreisäurigen Base sogar 3 Molecülen irgend einer einsäurigen Base äquivalent.

Säureanhydride können natürlich in Bezug auf Aequivalenz direct mit anderen Säureanhydriden, nicht aber, oder wenigstens nicht von allen Gesichtspunkten aus, mit Säurehydraten verglichen werden; ebenso Metalloxyde nicht, oder wenigstens nicht direct mit Oxydhydraten. Will man solche Körper nur in Bezug auf ihr Sättigungsvermögen bei Salzbildung vergleichen, so findet man beispielsweise: 1 Molecül Unterchlorigsäureanhydrid ($Cl_2O$) ist äquivalent 2 Molecülen Unterchlorigsäurehydrat (ClHO); 1 Molecül Phosphorsäureanhydrid ($P_2O_5$) [1] ist 2 Molecülen gewöhnlicher Phosphorsäure ($PO_4H_3$) äquivalent; ebenso ist 1 Molecül Silberoxyd ($Ag_2O$) äquivalent 2 Molecülen Kalihydrat (KHO) etc.

Aequivalent der Radicale. Sowohl in der organischen als auch in der unorganischen Chemie vergleicht man bekanntlich sehr häufig zusammengesetzte Atomgruppen oder Radicale mit den Atomen der Elemente. Man sieht also bei gewissen Betrachtungen von dem Zusammengesetztsein solcher Atomgruppen und von der Art der Bindung der einzelnen Atome in ihnen ab, und behandelt dieselben, weil sie bei den Erscheinungen, die man gerade berücksichtigt, nicht weiter zerlegt werden, genau so, als ob es wirklich unzerlegbare Größen, also Atome, wären. Danach ist es einleuchtend, daß man diese sogenannten Radicale in Bezug auf Aequivalenz sowohl untereinander als mit den Atomen der Elemente vergleichen kann; und weiter, daß man bei Bestimmung der Aequivalenz der Radicale genau nach denselben Principien verfährt, wie bei der Bestimmung der Aequivalenz der Atome.

So findet man z. B., daß das Radical der Salpetersäure ($NO_2$) einem Atom Wasserstoff oder einem Atom Chlor äquivalent ist, und ebenso, daß der Rest HO des Wassers, wenn man denselben als Radical (Hydroxyd) auffaßt, äquivalent ist mit einem Atom Wasserstoff oder einem Atom Chlor. Das dem Chlor vergleichbare Radical Cyan (CN) ist einem Atom Chlor, die dem Wasserstoff oder dem Kalium vergleichbaren Alkoholradicale: Methyl ($CH_3$) oder Aethyl ($C_2H_5$) etc. sind einem Atom Wasserstoff oder Kalium äquivalent. Das Radical der Schwefelsäure ($SO_2$), das der Kohlensäure (CO), das des Glycols ($C_2H_4$) etc. sind 2 Atomen Wasserstoff, Chlor oder Kalium, das Radical der Phosphorsäure (PO), des Glycerins ($C_3H_5$) u. s. w. sind 3 Atomen Wasserstoff äquivalent, u. s. f.

Einheit der Aequivalenz. Man hat es, und zwar wesentlich, zur Vereinfachung der chemischen Ausdrucksweise, für zweckmäßig befunden, die verschiedensten Körper in Bezug auf die Aequivalenz, die zwischen den verschiedenen relativen Mengen stattfindet, auf ein und dieselbe Einheit zu beziehen; und man ist übereingekommen, als solche Einheit den Wasserstoff zu benutzen, der be-

---

[1] Irrtümlich steht dort „($P_2O_6$)“.   (A.)

kanntlich auch bei der Wahl der Zahlengrößen anderer chemischer Verhältniß-
werthe (Atomgewichte etc.) als Einheit benutzt wird. Man sagt also: 1 Atom
Wasserstoff ist die Einheit der Aequivalenz oder e i n A e q u i v a l e n t. Die Wahl
des Wasserstoffs hat den wesentlichen Vortheil, daß eine sehr große Anzahl von
Substanzen, und namentlich alle diejenigen, für welche man von Aequivalenz und
äquivalenten Mengen öfter zu sprechen gewohnt ist, sich direct und thatsächlich
mit der gewählten Einheit vergleichen lassen. Ist ein solcher directer Vergleich
thatsächlich nicht ausführbar, so schiebt man als Zwischenglied des Messens eine
andere Substanz ein, deren Aequivalentgewicht direct bestimmbar ist.

Für die Atome der Elemente bezeichnet man als e i n Aequivalent diejenige
Menge, welche äquivalent ist mit einem Atom Wasserstoff oder mit der einem
Atom Wasserstoff äquivalenten Menge eines anderen Elements.

Die früher in Bezug auf die Aequivalenz der Atome gewonnenen Resultate
können also jetzt in folgender Weise ausgedrückt werden. 1 Atom Chlor, Brom
oder Jod ist gleichzeitig auch 1 Aequivalent, auch 1 Atom Kalium, Natrium oder
Silber ist 1 Aequivalent. Für den Sauerstoff dagegen ist oder repräsentirt 1 Atom
2 Aequivalente, ebenso für Schwefel, Selen und für die Metalle Calcium,
Baryum etc. Ein halbes Atom Sauerstoff, Schwefel oder Calcium ist also 1 Aequivalent. Für den Stickstoff, für Phosphor, Arsen etc. ist oder repräsentirt 1 Atom
3 Aequivalente; bei diesen Elementen ist also $1/_3$ Atom = 1 Aequivalent. Für den
Kohlenstoff, das Silicium etc. ist sogar $1/_4$ Atom = 1 Aequivalent, das Atom selbst
st = 4 Aequivalenten. Genau in derselben Weise wird auch bisweilen, wenn gleich
seltener, die Aequivalenz der Radicale in Einheiten der Aequivalenz ausgedrückt.

Neben dieser, in manchen Zusammenstellungen etwas schleppenden Ausdrucksweise, ist nun in neuerer Zeit eine andere vielfach und sogar fast allgemein in
Gebrauch gekommen. Man hat es nämlich zweckmäßig gefunden, Adjectiva zu bilden, welche direct die Anzahl von Aequivalenten ausdrücken, die von einem Atom
oder einem Radical repräsentirt werden; man spricht also von monovalent, biva-
lent, trivalent etc., oder man bedient sich, und sogar vorzugsweise, statt dieser
lateinischen Worte der deutschen Ausdrücke: einwerthig, zweiwerthig u. s. f.

Man sagt also z. B., das Chlor, Brom und Jod sind, wie der Wasserstoff, ein-
werthig, d. h. 1 Atom dieser Elemente ist äquivalent oder gleichwerthig mit einem
Atom Wasserstoff, Auch die Metalle Natrium, Kalium und Silber sind einwerthig.
Der Sauerstoff, der Schwefel und ebenso die Metalle Calcium, Baryum und andere
sind dagegen zweiwerthig; 1 Atom dieser Elemente ist äquivalent, es hat den-
selben chemischen Bindungswerth, wie 2 Atome Wasserstoff, Chlor oder Kalium.
Stickstoff, Phosphor etc. werden als dreiwerthig; Kohlenstoff, Silicium und andere
Elemente als vierwerthig bezeichnet. Für die Radicale bedient man sich derselben
Ausdrucksweise, man spricht von einwerthigen, von zweiwerthigen Radicalen etc.

Was nun weiter die Aequivalenz der Molecüle angeht, so ist man für diejenigen
Substanzen, für welche man überhaupt von äquivalenten Mengen zu sprechen gewohnt ist, also namentlich für Säuren, Salze und Basen, im Stande, sich derselben
Einheit, also des Wasserstoffatoms, zu bedienen; ganz besonders noch deshalb,
weil man fast immer Salzzersetzungen im Auge hat, wenn man bei Verbindungen,
welche einer dieser drei Klassen von Körpern zugehören, von Aequivalenz und

äquivalenten Mengen redet. Säuremolecüle, die wie die Salzsäure, Salpetersäure oder Essigsäure nur 1 Atom durch Metalle vertretbaren Wasserstoff enthalten, die also durch Eintritt von nur einem Aequivalent Metall in neutrale Salze umgewandelt werden, sind also e i n Aequivalent Säure. 1 Molecül Schwefelsäure dagegen ist 2 Aequivalent; denn für die Schwefelsäure wie für alle zweibasischen Säuren ist 1 Molecül äquivalent 2 Molecülen Salzsäure, die gleichzeitig 2 Aequivalente Salzsäure sind. 1 Molecül Phosphorsäure ($PO_4H_3$) oder einer anderen dreibasischen Säure ist gleich 3 Aequivalenten etc. Sucht man dann umgekehrt auf, welche Menge einer gewissen Säure 1 Aequivalent dieser Säure ist, so findet man, daß für einbasische Säuren 1 Molecül, für zweibasische Säuren $1/_2$ Molecül, für dreibasische Säuren $1/_3$ Molecül gleich ist einem Aequivalent. 1 Aequivalent einer Säure ist also stets diejenige Menge Säure, welche 1 Atom (also 1 Aequivalent) durch Metalle vertretbaren Wasserstoff enthält.

Für die Salze gelten ganz dieselben Betrachtungen und werden auch dieselben Bezeichnungen angewandt. 1 Aequivalent irgend eines neutralen Salzes ist diejenige Menge, die einem Aequivalent Säure entspricht, die also 1 Aequivalent irgend eines Metalls enthält. 1 Molecül Chlornatrium ist 1 Aequivalent, 1 Molecül kohlensaures Natron ($Na_2CO_3$) dagegen ist 2 Aequivalente, es kann in der That an 2 Aequivalente irgend einer Säure die zur Bildung eines neutralen Salzes nöthige Metallmenge abgeben.

Auch auf die Basen (Metalloxyde und Hydrate) sind ganz dieselben Betrachtungen anwendbar. Wenn man nämlich, wie dies oben geschah und fast immer geschieht, diejenigen relativen Mengen der verschiedenen Basen äquivalent nennt, welche äquivalente Mengen von Metall enthalten, die sie bei Einwirkung von Säuren für Salzbildung verwendbar machen, so wird man diejenige Menge von Base, welche e i n Aequivalent Metall enthält, e i n Aequivalent Base nennen. 1 Molecül Kalihydrat (KHO) ist also 1 Aequivalent, 1 Molecül Silberoxyd ($Ag_2O$) dagegen 2 Aequivalente, 1 Molecül Kalk (CaO) oder 1 Molecül Kalkhydrat ($CaH_2O_2$) sind beide 2 Aequivalente; 1 Molecül Wismuthoxydhydrat ($BiH_3O_3$) ist 3 Aequivalente u. s. w. Umgekehrt hat man: 1 Aequivalent ist bei manchen basischen Hydraten gleich einem Molecül, bei vielen Oxyden ($Ag_2O$, CaO etc.) und bei manchen Hydraten gleich (z. B. $CaH_2O_2$) gleich $1/_2$ Molecül etc.

Aus den zuletzt in Betreff der Aequivalenz der Molecüle mitgetheilten Betrachtungen ergiebt sich deutlich, daß diejenigen Mengen chemischer Verbindungen, die wir jetzt durch die Formel darstellen, durchaus nicht immer Aequivalente sind. Dies war auch bei der früheren Schreibweise der Formeln der Fall, wurde aber meistens übersehen, weil man damals die Begriffe von Aequivalent, Atom und Molecül nicht hinlänglich unterschied. Indessen hatte doch D u m a s schon 1828 darauf hingewiesen, das Aequivalent der Thonerde, die man damals $Al_2O_3$ schrieb, sei Al $2/_3$O; und ein gleiches Verhalten war auch für andere Substanzen nachgewiesen worden. Durch G r a h a m ' s berühmte Untersuchung über die Phosphorsäuren und durch L i e b i g ' s classische Arbeit über die mehrbasischen Säuren wurde die Aufmerksamkeit dann noch mehr auf diese Gegenstände hingelenkt und so die Unterscheidung der Begriffe Aequivalent und Molecül angebahnt.

Will man auch bei anderen Substanzen als bei Säuren, Salzen und Basen,

z. B. bei den Alkoholen der organischen Chemie, von Aequivalent und Aequivalent-einheiten reden, so verfährt man natürlich genau nach denselben Principien wie bei den Säuren oder den Basen.

Auch bei frei existirenden Substanzen, also Molecülen, bedient man sich jetzt häufig des dem Substantiv „Aequivalent" im Sinne entsprechenden Adjectivs „werthig"; man ersetzt sogar häufig, und namentlich, wenn von organischen Substanzen, die nicht gerade in die Classe der Säuren oder Basen gehören, die Rede ist, den Ausdruck „Aequivalenz" durch den Ausdruck „Werthigkeit". Für Säuren und für Basen, für welche, wie oben schon angedeutet, Betrachtungen über Aequivalenz besonders häufig angestellt werden, und für welche daher das Bedürfniß nach bezeichnenden Worten am meisten fühlbar war, hat man es außerdem noch für zweckmäßig gefunden, neben dem allgemeineren Ausdruck „n-werthig", oder statt seiner, die specielleren Ausdrücke „n-basisch" oder „n-säurig" zu gebrauchen.

Für Säuren, deren Molecüle 1, 2 oder 3 Aequivalente repräsentiren, sagt man also, sie seien 1-, 2- oder 3-werthig; und da die Aequivalenz der Säuren wesentlich durch Basen gemessen wird, so ersetzt man die Ausdrücke 1-, 2- oder 3-werthig gewöhnlich durch 1-, 2- oder 3-basisch. Umgekehrt sagt man von verschiedenen Basen, deren Aequivalenz wesentlich durch Säuren meßbar ist, sie seien einsäurig. zweisäurig oder dreisäurig (statt einwerthig, zweiwerthig etc.).

Daß bei gewissen organischen Verbindungen (z. B. bei der Milchsäure etc.) die Begriffe von Werthigkeit und Basicität und ebenso die Begriffe von n-werthig und n-basisch schärfer unterschieden werden müssen, wird später besprochen.

Verschiedene Aequivalenz bei demselben Körper. Nach den im Vorhergehenden angestellten Betrachtungen könnte es scheinen, als böten die Bestimmungen derjenigen relativen Mengen verschiedener Substanzen, die für äquivalent gehalten werden müssen, in keinen Fällen besondere Schwierigkeit, und als seien deshalb die Resultate solcher Betrachtungen stets vollständig sicher und unbestreitbar. Dem ist jedoch nicht so. Eine gewisse Unsicherheit erwächst zunächst schon daraus, daß die Grundlage aller derartigen Betrachtungen einigermaßen unsicher ist, insofern der Begriff der Aehnlichkeit, also auch der der chemischen Gleich- oder Aehnlichwerthigkeit ein etwas vager ist. Dann ist weiter zu berücksichtigen, daß man dieselben Körper von verschiedenen Gesichtspunkten aus oder bei verschiedenen Kategorien von Reactionen in Bezug auf Aequivalenz vergleichen kann. So kann man, bei strengem Festhalten an dem Begriff Aequivalenz, dazu geführt werden, einem und demselben Körper zwei verschiedene Aequivalente beizulegen. Das Phosphorsuperchlorid giebt bei manchen Reactionen seine 5, bei anderen nur 2 Chloratome ab; in dem einen Falle repräsentirt 1 Molecül 5, im anderen 2 Aequivalente. Vergleicht man die Essigsäure in Bezug auf ihr Sättigungsvermögen mit anderen Säuren, so ist 1 Molecül Essigsäure gleich einem Aequivalent; berücksichtigt man dagegen diejenigen Reactionen, bei welchen die Essigsäure ihren Sauerstoff gegen Chlor oder ähnliche Elemente austauscht, so kann man sagen, 1 Molecül sei gleich 2 Aequivalent. Für die unterchlorige Säure ist, wenn man dieselbe als Säure betrachtet, 1 Molecül gleich 1 Aequivalent; spricht man dagegen von dem Oxydationsvermögen der unterchlorigen Säure und vergleicht man sie in Bezug auf oxydirende Kraft mit anderen Substanzen, so kann man sagen, 1 Molecül repräsentire 2 Aequivalent. Eine bedenkliche Verwirrung kann durch solche von verschiedenen Gesichtspunkten aus angestellten Betrachtungen und die darauf begründeten Bezeichnungen nicht wohl erwachsen, weil man nur in den oben ausführlicher besprochenen und in anderen nahe liegenden Fällen von äquivalenten Mengen und Aequivalenten zu reden gewohnt ist, während man in allen anderen Fällen sich entweder einer Umschreibung bedient oder wenigstens den Standpunkt angiebt, auf welchen man sich gerade stellt.

Eigenthümliche Schwierigkeiten erwachsen dann in einigen besonderen Fällen, die hier wenigstens im Allgemeinen besprochen werden müssen.

Für die mehrbasischen Säuren wirft sich die Frage auf, welches der verschiedenen aus der betreffenden Säure entstehenden Salze bei der Bestimmung der Aequivalenz vorzugsweise zu berücksichtigen sei. 90 Gewichtstheile trockene Oxalsäure bilden z. B. mit 56.1 Theil Kalihydrat, also mit einem Aequivalent Base, ein krystallisirbares Kalisalz; dieselbe Menge Oxalsäure vermag aber auch mit der doppelten Kalimenge, also mit 2 Aequivalent Base, ein wohlcharacterisirtes Salz zu erzeugen. Bei der Bildung des ersten Salzes ist also 1 Molecül Oxalsäure (90 Gewichtstheile) gleich einem Aequivalent, bei der Bildung des zweiten Salzes gleich 2 Aequivalent. 90 Gewichtstheile Oxalsäure bei Bildung des sauren Salzes sind also 45 Gewichtstheile Oxalsäure bei Bildung des neutralen Salzes äquivalent; die Oxalsäure hat demnach 2 Aequivalente. Noch auffallender werden diese Verhältnisse bei der dreibasischen Phosphorsäure. 1 Molecül Phosphorsäure (98 Gewichtstheile) vertreibt aus Kochsalz 1 Molecül, also 1 Aequivalent Salzsäure, und nimmt dabei 1 Atom also 1 Aequivalent Natrium auf; demnach ist 1 Molecül Phosphorsäure gleich 1 Aequivalent. Aus kohlensaurem Natron dagegen vertreibt 1 Molecül Phosphorsäure 1 Molecül, also 2 Aequivalente Kohlensäure und nimmt 2 Atome, also 2 Aequivalente Natrium auf; jetzt ist also 1 Molecül Phosphorsäure gleich 2 Aequivalenten. Wirkt endlich Phosphorsäure auf Natronhydrat ein, so hat 1 Molecül Phosphorsäure denselben Effect wie 3 Molecüle Salzsäure, es zersetzt 3 Molecüle Natronhydrat und nimmt dabei 3 Atome oder Aequivalente Natrium auf; diesmal ist also 1 Molecül Phosphorsäure gleich 3 Aequivalenten. 1 Molecül Phosphorsäure ist, je nach der Substanz, auf welche es einwirkt, und je nach der Zusammensetzung des entstehenden Salzes, 1, 2 oder 3 Molecülen Salzsäure äquivalent; die Phosphorsäure hat also 3 Aequivalente.

Alle solche Schlüsse müssen nach dem oben mitgetheilten Principien, nach welchen im Allgemeinen äquivalente Mengen bestimmt werden, als thatsächlich berechtigt anerkannt werden, und man sieht daher, daß bei Bestimmung der Aequivalenz mehrbasischer Säuren außer den allgemeinen Principien noch ein weiterer Grundsatz angenommen werden muß. Man ist daher übereingekommen, bei der Bestimmung der Aequivalenz mehrbasischer Säuren ausschließlich die neutralen Salze zu berücksichtigen. Aus denselben Gründen und ganz in derselben Weise werden bei Bestimmung der Aequivalenz mehrsäuriger Basen nur die neutralen, nicht aber die basischen Salze in Rücksicht gezogen.

Eine Schwierigkeit anderer Art zeigt sich bei der Bestimmung der Aequivalenz derjenigen Metalle, welche zwei Reihen von Salzen zu bilden im Stande sind.

Das Quecksilber bildet zwei Oxyde, und diesen entsprechend zwei Reihen von Salzen. Aus dem neutralen Nitrat der Oxydreihe fällen 65.2 Gewichstheile Zink 200 Gewichtstheile Quecksilber; aus dem neutralen Nitrat der Oxydulreihe wird von derselben Zinkmenge doppelt so viel, also 400 Gewichtstheile Quecksilber gefällt. 65.2 Gewichtstheile Zink sind also in dem einen Fall 200, in dem anderen 400 Gewichtstheilen Quecksilber äquivalent. 200 Gewichtstheile Quecksilber verbinden sich beim Zusammenreihen direct mit 127 Gewichtstheilen Jod zu grünem Quecksilberjodür; dieselbe Quecksilbermenge vereinigt sich aber auch mit doppelt so viel, also mit 254 Gewichtstheilen Jod, und bildet so Quecksilberjodid. Im Quecksilberchlorid ($HgCl_2$) sind mit 71 Gewichtstheilen Chlor 200 Theile Quecksilber im Quecksilberchlorür mit derselben Chlormenge 400 Theile Quecksilber verbunden. 200 Gewichtstheile Quecksilber in den Verbindungen der Oxydreihe bringen also offenbar denselben chemischen Effect hervor, wie 400 Theile Quecksilber in den Verbindungen der Oxydulreihe; die doppelte Menge Quecksilber kann also der einfachen Menge äquivalent sein; das Quecksilber hat 2 Aequivalente. Vergleicht man das Quecksilber in Bezug auf seine Aequivalenz mit dem Wasserstoff oder dem Kalium, so findet man, daß in den Verbindungen der Oxydreihe 100 Theile Quecksilber einem Atom Wasserstoff oder Kalium, daß dagegen in den Verbindungen der Oxydulreihe 200 Theile Quecksilber einem Atom Wasserstoff oder Kalium äquivalent sind. In den Verbindungen der Oxydreihe sind also 100 Theile Quecksilber gleich 1 Aequivalent, in den Verbindungen der Oxydulreihe dagegen 200. Genau wie das Quecksilber verhält sich das Kupfer.

Bei dem Zinn zeigt sich ein ähnliches Verhalten. Das Zinnchlorür enthält auf 35.5 Gewichtstheile Chlor 59 Gewichtstheile Zinn, im Zinnchlorid sind auf dieselbe Chlormenge nur $29^1/_2$ Gewichtstheile Zinn enthalten. Wenn man also die Aequivalenz des Zinns mit Hülfe des Chlors mißt, so sind 59 Gewichtstheile Zinn im Chlorür den $29^1/_2$ Theilen Zinn im Chlorid äquivalent; das Zinn hat 2 Aequivalente; 59 im Chlorür und den entsprechenden Verbindungen, $29^1/_2$ im Chlorid und den analog zusammengesetzten Körpern.

Auch für das Eisen und die ihm ähnlichen Metalle lehrt die Beobachtung, daß in den verschiedenen Reihen von Verbindungen, welche diese Metalle zu bilden im Stande sind, ungleiche Mengen mit einander äquivalent sind; daß diesen Elementen also verschiedene Aequivalente zuerkannt werden müssen. Im Eisenchlorid z. B. sind 35.5 Gewichtstheile Chlor durch $18^2/_3$ Gewichtstheile Eisen gesättigt; diese $18^2/_3$ Gewichtstheile Eisen bringen also denselben Effect hervor, der von einem Aequivalent Kalium oder Wasserstoff hervorgebracht werden kann. Im Eisenchlorür dagegen sind mit 35.5 Gewichtstheilen Chlor 28 Gewichtstheile Eisen verbunden; jetzt üben also 28 Gewichtstheile Eisen dieselbe Wirkung aus, wie 1 Aequivalent Kalium. $18^2/_3$ Gewichtstheile Eisen des Chlorids sind also mit 28 Gewichtstheilen Eisen des Chlorürs äquivalent; im Eisenchlorid und in allen Verbindungen der Oxydreihe hat das Eisen demnach das Aequivalent $18^2/_3$ ($= {}^2/_3 \cdot 28$), im Eisenchlorür und den Verbindungen der Oxydulreihe dagegen das Aequivalent 28 ($= 1^1/_2 \cdot 18^2/_3$).

Die angegebenen Beispiele, die sich leicht weiter ausführen und vermehren ließen, zeigen in unbestreitbarer Weise, daß die genannten Metalle und überhaupt alle Elemente, die sich ähnlich verhalten, in verschiedenen Verbindungen mit verschiedener Aequivalenz oder mit verschiedenen Aequivalenten auftreten. Wenn man das Wort Aequivalent für den Begriff gebraucht, für welchen es jetzt allgemein benutzt wird, so ist es nur ein Ausdruck der durch die Beobachtung festgestellten Thatsachen und nicht etwa eine Hypothese, wenn man sagt, das Quecksilber, das Zinn, das Eisen etc. haben verschiedene Aequivalente. In welcher Weise diese Thatsache vom Standpunkte unserer jetzigen atomistischen Hypothese aus erklärt werden kann, wird unter „Atomtheorie" ausführlicher besprochen werden. Hier ist nur noch darauf aufmerksam zu machen, daß ganz gleiche Betrachtungen mit ganz ähnlichen Resultaten nicht nur für die besprochenen und ihnen nahestehenden Metalle, sondern auch für zahlreiche andere Elemente angestellt werden könnten. So könnte z. B. aus der Existenz des Wasserstoffsuperoxyds ($H_2 O_2$) neben dem Wasser ($H_2 O$), und ebenso aus der Existenz des Kaliumbisulfids ($K_2 S_2$) neben dem Kaliumsulfid ($K_2 S$) der Schluß gezogen werden, die doppelte Sauerstoffmenge sei bisweilen der einfachen und ebenso die doppelte Schwefelmenge der einfachen äquivalent. Da man wesentlich bei Betrachtungen über Salze und Salzzersetzungen sich der Ausdrücke Aequivalenz und Aequivalent bedient, so hat man auch vorzugsweise bei Metallen auf das thatsächliche Vorhandensein der verschiedenen Aequivalenz Werth gelegt und man hat nur ausnahmsweise derartige Betrachtungen auch auf andere Elemente ausgedehnt. Die verschiedene Aequivalenz einzelner Metalle hat schon sehr früh die Aufmerksamkeit der Chemiker auf sich gezogen. Dumas hatte z. B. schon 1828 darauf hingewiesen, daß 8 Theile Kupfer im Kupferoxydul mit einem, im Kupferoxyd dagegen mit 2 Theilen Sauerstoff verbunden seien und daß sich daraus das Aequivalent des Kupfers, das des Sauerstoff als Einheit genommen, entweder zu 8 oder zu 4 berechne. Laurent und Gerhardt[1] führten derartige Betrachtungen dann consequenter durch. Ihre Ansichten wurden nur von wenigen Chemikern direct als richtig anerkannt, von den meisten nicht berücksichtigt, von einzelnen sogar heftig angegriffen. Die Richtigkeit dieser Ansichten ist jetzt, seitdem die Begriffe von Atom, Molecül und Aequivalent sich geklärt haben, nicht mehr bestreitbar und allgemein anerkannt.

Schreibweise der Formeln in Aequivalenten. Die von Berzelius in die Chemie eingeführte Schreibweise der Formeln hatte gleich von Anfang die bestimmt ausgesprochene Absicht, durch die einzelnen Symbole diejenigen relativen Mengen der Elemente auszudrücken, die man für die Atome und Atomgewichte hielt, und während längerer Zeit blieb die Schreibweise der Formeln allgemein atomistisch. Erst im Jahre 1839 wurde von einzelnen Chemikern eine andere Schreibweise der Formeln eingeführt, in welcher die Symbole nicht die Atome, sondern die Aequivalente ausdrücken sollten. Diese Schreibweise in sogenannten Aequivalenten kam namentlich in Deutschland in ziemlich allgemeinen Gebrauch und ist erst in neuester Zeit wieder durch eine atomistische Schreibweise ersetzt worden, die freilich, den Fortschritten der thatsächlichen Erkenntnisse und den philosophischen Anschauungen entsprechend, von der früheren in mancher

---

[1] Compt. rend. d. trav. de chim., par. L. et G. 1849, p. 1.

Hinsicht abweicht. Wenn man jetzt, von den Gesichtspunkten aus, die oben entwickelt worden sind, prüft, ob die früher gebräuchliche Schreibweise in vermeintlichen Aequivalenten wirklich für sämmtliche Elemente die wahren Aequivalente
durch die Symbole darstellte, so kommt man ohne Schwierigkeit zu der Ueberzeugung, daß dies nicht der Fall ist. Für viele Elemente wurden allerdings diejenigen relativen Mengen durch die Symbole ausgedrückt, die man auch jetzt für
Aequivalente gelten lassen muß, z. B. für Wasserstoff, Chlor, Brom, Jod, Sauerstoff, Schwefel und für viele Metalle. Für zahlreiche andere Elemente aber, namentlich für Stickstoff, Phosphor, Arsen, Antimon, Wismut, für Kohlenstoff und manche
andere war dies nicht der Fall. Hätte man, nachdem der Begriff der Aequivalenz
mit völliger Klarheit erkannt worden war, eine Schreibweise in Aequivalenten
beibehalten wollen, so hätten an dem damals gebräuchlichen System wesentliche
Veränderungen vorgenommen werden müssen. Aus zahlreichen Gründen, die hier
nicht näher erörtert werden können, hat man es vorgezogen, eine den Fortschritten
der atomistischen Theorie entsprechende atomistische Schreibweise in Anwendung
zu bringen. Den jetzt gebräuchlichen Symbolen der chemischen Formelsprache
legt man also ziemlich allgemein den Sinn und Werth von Atomen und Atomgewichten bei. Wollte man daher, und es würde dies für manche Betrachtungen gewisse
Vortheile bieten, n e b e n der atomistischen Schreibweise der Formeln sich zu gewissen Zwecken und vielleicht nur in einzelnen Fällen auch einer Schreibweise in
Aequivalenten bedienen, so müßte man dieselbe jedenfalls von der jetzt gebräuchlichen atomistischen Schreibweise schon durch die Wahl der Symbole unterscheiden. Da nun die jetzt gebräuchlichen Symbole mit großen Anfangsbuchstaben
die Atome und Atomgewichte bezeichnen, so könnte man etwa übereinkommen,
für die Aequivalente sich derselben Symbole, aber mit kleinen Anfangsbuchstaben zu bedienen. Für diejenigen Elemente, für welche das Atom gleichzeitig
ein Aequivalent ist, würden dabei zweckmäßig auch in der Aequivalentschreibweise die großen Buchstaben beibehalten. Man hätte beispielsweise:

In Atomen . . . . . $ClH$   $KCl$   $OH_2$   $CaCl_2$   $NH_3$   $BiCl_3$   $CH_4$   $SiCl_4$
In Aequivalenten . $ClH$   $KCl$   $oH$   $caCl$   $nH$   $biCl$   $cH$   $siCl$.

Dabei könnte man, um dem Gedächtniß zu Hülfe zu kommen, und um die
Uebertragung der Aequivalentformeln in Atomformeln zu erleichtern, etwa noch
übereinkommen, den Symbolen, welche die Aequivalente ausdrücken, so viel
Punkte beizufügen, als Aequivalente genommen werden müssen, um das Atom zu
bilden. Durch übergesetzte Punkte würde also das Umgekehrte von dem bezeichnet, was man bei der atomistischen Schreibweise häufig durch übergeschriebene
Striche ausdrückt, die bekanntlich dazu bestimmt sind, die Werthigkeit der Elemente anzugeben, also die Anzahl der Aequivalenzeinheiten, welche 1 Atom repräsentirt. Man würde beispielsweise schreiben:

In Atomen . . . . . $\overset{\text{II}}{O}H_2$   $\overset{\text{III}}{N}H_3$   $\overset{\text{IV}}{C}H_4$   $\overset{\text{II}}{Ca}Cl_2$   $\overset{\text{III}}{Bi}Cl_3$[1]) etc.:

In Aequivalenten . $\overset{..}{o}H$   $\overset{...}{n}H$   $\overset{....}{c}H$   $caCl$   $\overset{..}{bi}Cl$   etc.

Eine derartige, consequent durchgeführte Schreibweise in Aequivalenten ist

--------

[1]) Irrtümlich steht dort „$\overset{\text{III}}{Br}Cl_3$". (A.)

nun bislang niemals in allgemeinen Gebrauch gekommen, und die atomistisch-moleculare Schreibweise der Formeln bietet auch in sehr vieler Hinsicht so große Vorzüge dar, daß eine consequent durchgeführte Aequivalentschreibweise für den gewöhnlichen und allgemeinen Gebrauch nicht wohl empfohlen werden kann.

Anstatt in der oben angedeuteten Weise alle Elemente durch Aequivalentzeichen darzustellen, könnte man sich, und so würden die wichtigsten Vortheile erreicht und gleichzeitig manche Nachtheile vermieden, damit begnügen, nur die bei Salzzersetzungen wechselnden Metalle durch Aequivalentsymbole auszudrücken, für alle übrigen Elemente aber die Atomzeichen beizubehalten. Nun wird man zwar, wenn es sich darum handelt, die Moleculargröße eines Salzes durch die Formel darzustellen, natürlich auch das Metall, durch dessen Natur häufig die Complication und Größe des Molecüls veranlaßt wird, durch sein Atomzeichen ausdrücken, in vielen anderen Fällen aber wird man darauf Verzicht leisten und das Metall durch das ihm zukommende Aequivalentzeichen darstellen dürfen.

Will man z. B. die meisten Vorgänge der qualitativen und quantitativen Analyse, also Salzzersetzungen, bei welchen äquivalente Mengen der verschiedenen Metalle gegeneinander oder gegen Wasserstoff ausgetauscht werden, durch Formeln darstellen, so sind Formeln mit Aequivalentzeichen der Metalle weit einfacher als die mit Atomzeichen. Will man die verschiedenen Salze einer und derselben Säure in Bezug auf Krystallwassergehalt vergleichen, so bieten Formeln mit Aequivalentzeichen den Vortheil dar, daß alle Salze auf gleich viel Säure bezogen worden etc. Man vermeidet weiter die vielfach nutzlose Complication, die dadurch entsteht, daß man die Formeln complicirt zusammengesetzter Säuren, die man, um ihre innere Structur auszudrücken, in weiter aufgelöster Weise zu schreiben genöthigt ist, in allen ihren Theilen mit 2 oder 3 oder gar mit 6 multiplciren muß, um diejenige Anzahl von Wasserstoffatomen zu gewinnen, die durch das Atom eines gewissen Metalls ersetzt werden sollen.

Bei einer solchen Schreibweise mit Aequivalentzeichen müßte man natürlich für alle diejenigen Metalle, welche in verschiedenen Verbindungen mit verschiedener Aequivalenz aufzutreten im Stande sind, auch verschiedene Aequivalentzeichen benutzen. Dies ist auch vor jetzt 20 Jahren von L a u r e n t und G e r h a r d t schon vorgeschlagen worden [1]); die damals vorgeschlagene Form entspricht indessen nicht mehr den jetzigen Anforderungen. Man würde jetzt zweckmäßig bei der Wahl der verschiedenen Symbole, durch welche die verschiedenen Aequivalente solcher Metalle ausgedrückt werden sollen, den Vorstellungen Rechnung tragen, welche die jetzige Atomtheorie sich von der Ursache dieser verschiedenen Aequivalenz bei einem und demselben Metall gebildet hat. Da man nun jetzt ziemlich allgemein annimmt, daß derartige Metalle jedenfalls in einer ihrer Verbindungsreihen, wenn nicht in beiden, nicht als einzelne Atome vorkommen, daß vielmehr 2 Atome sich durch Bindung untereinander zu einer zusammengesetzten Gruppe (Metallradical) vereinigt haben, die während der Dauer ihres Bestehens das Verhalten eines einzelnen Atoms zeigt; so würde man zweckmäßig die Symbole derartiger Metallradicale so wählen, daß sie direct die Idee gleichartiger mit

[1]) Compt. rend. d. trav. de chim., par L. et G. 1849, p. 1.

einander gebundener Atome ausdrücken. Dasselbe Princip könnte dabei ebensowohl für die Atomsymbole wie für die Aequivalentsymbole benutzt werden. Man könnte etwa für die aus zwei gleichartigen Atomen bestehenden Metallradicale das Symbol so wählen, daß es den Anfangsbuchstaben desjenigen Symbols, durch welches das einfache Atom ausgedrückt wird, zweimal enthält. Man hätte beispielsweise:

| | In Atomzeichen | In Aequivalentzeichen |
|---|---|---|
| Quecksilberchlorid | $Hg\,Cl_2$ | hg Cl |
| Quecksilberchlorür | $Hg_2\,Cl_2$ oder $Hhg\,Cl_2$ | hhg Cl |
| Zinnchlorid | $Sn\,Cl_4$ | sn Cl |
| Zinnchlorür | $Sn_2\,Cl_4$ oder $Ssn\,Cl_4$ | ssn Cl |
| Eisenchlorid | $Fe_2\,Cl_6$ ,, $Ffe\,Cl_6$ | ffe Cl |

Wollte man bei dieser Schreibweise noch die Anzahl der Verwandtschaftseinheiten ausdrücken, durch welche man die beiden gleichartigen Metallatome sich gebunden denkt, so könnte dies etwa durch eine horizontale Durchstreichung des Doppelsymbols geschehen. Dies wäre namentlich von Wichtigkeit, für diejenigen Metalle von zweierlei Aequivalenz, für welche man in beiden Verbindungsreihen zwei untereinander gebundene, aber in verschiedener Weise gebundene Metallatome annimmt. Will man z. B., wie dies von vielen Chemikern geschieht, für das Eisen in den Verbindungen der Oxydreihe zwei einfach gebundene, in den Verbindungen der Oxydulreihe aber zwei doppelt gebundene Eisenatome annehmen, so könnte man dies sowohl in Atom- als in Aequivalentzeichen so ausdrücken:

| | In Atomzeichen | In Aequivalentzeichen |
|---|---|---|
| Eisenchlorid | $Fe_2\,Cl_6$ oder $\overline{Ffe}\,Cl_6$ | $\overline{ffe}$ Cl |
| Eisenchlorür | $Fe_2\,Cl_4$ ,, $\overline{Ffe}\,Cl_4$ | $\overline{ffe}$ Cl |

Eine weitere Ausführung dieser Vorschläge kann hier nicht gegeben werden, und es ist daher auch unmöglich darzulegen, welch' einfache Form bei Benutzung solcher Aequivalentzeichen alle Salzformeln annehmen würden und bis zu welchem Grade man sich gewisse Betrachtungen erleichtern und den schriftlichen Ausdruck aller Salzzersetzungen vereinfachen könnte. Dabei dürfte man natürlich nie aus den Augen verlieren, daß alle Formeln, welche Aequivalentzeichen enthalten, niemals diejenigen Mengen der Verbindungen ausdrücken, welche man als Molecüle anzusehen sich für berechtigt hält; daß vielmehr solche Formeln, um Molecularformeln zu werden, mit derjenigen Zahl multiplicirt werden müssen, welche die Atomäquivalenz des in Aequivalentzeichen geschriebenen Metalls ausdrückt.

A. K.

# V. Reden

## Die wissenschaftlichen Ziele und Leistungen der Chemie.

Rede, gehalten beim Antritt des Rectorates
der Rheinischen Friedrich Wilhelms-Universität am 18. Oktober 1877

### von August Kekulé[1]).

### Vorwort.

Der Vortrag, den ich hiermit dem grösseren Publikum übergebe, ist wesentlich dazu bestimmt gewesen, dem Nicht-Chemiker von den wissenschaftlichen Zielen der Chemie und von dem, was die Chemie in höherwissenschaftlicher Richtung bis jetzt geleistet hat, eine gewisse Vorstellung zu geben. Der Fachmann wird daher etwas wesentlich Neues weder erwarten noch finden. Manches ist wohl in anderer Form, Einiges vielleicht auch bestimmter gesagt, als es bisher geschehen war. Dem Charakter einer akademischen Festrede entsprechend, musste das, was gesagt werden sollte, in kurze Sätze zusammengefaßt, auf eingehendere Entwicklungen und Begründungen aber Verzicht geleistet werden. Gedanken, die schon von Anderen in, wie ich glaube, guter Form ausgesprochen waren, habe ich so weit als thunlich in das schon benutzte Gewand gekleidet und es sind so, nicht ohne Absicht, zahlreiche Anklänge an andere Veröffentlichungen aus dem Gebiet der theoretischen Chemie entstanden.

Mehr als ein Menschenalter ist verstrichen seit mein Vorgänger auf dem Lehrstuhl der Chemie, der für die chemische Geologie so verdiente Bischoff, das hohe Amt bekleidete, welches das wohlwollende Vertrauen meiner Collegen für das beginnende Studienjahr in meine Hände gelegt hat. Seit jener Zeit hat die Chemie tiefgreifende Aende-

[1]) Bonn. Verlag von Max Cohen & Sohn (Fr. Cohen). 1878.

rungen erfahren, und auch ihre Stellung auf den deutschen Hochschulen
ist eine wesentlich andere geworden.

Damals hatte eine allgemeine Entmuthigung grade die am meisten
tonangebenden Chemiker erfasst. Weil ganze Kategorien von Thatsachen weder untereinander, noch mit den allgemein theoretischen Ansichten jener Zeit in Uebereinstimmung gebracht werden konnten,
glaubte man alle Speculation aus der Chemie verbannen und namentlich
allen atomistischen Betrachtungen entsagen zu müssen.

Damals wurde die Chemie auf unseren Hochschulen meist nur vom
Katheder gelehrt; vielfach von Lehrern, die wesentlich für andere
Fächer berufen waren. Auf den meisten Universitäten konnte die Jugend nur durch Gunst der Lehrer zu praktischen Arbeiten zugelassen
werden, und selbst L i e b i g ' s Laboratorium in Giessen, das erste aller
Unterrichtslaboratorien, erhielt erst grade damals seine innere Einrichtung.

Wie anders jetzt. — Ihrer Aufgabe und ihrer Ziele bewusst, schreitet
die wissenschaftliche Chemie, in engem Anschluss an die Physik, zwar
langsam, aber mit Selbstvertrauen und einer gewissen Sicherheit, vor-
wärts.

Jede Universität hat einen besonderen Lehrstuhl der Chemie, viele
sogar mehrere. Reich ausgestattete Laboratorien und vielfach luxuriöse
Gebäude stehen auf nahezu allen deutschen Universitäten dem chemischen Unterricht zur Verfügung, und die chemischen Vorträge gehören
fast überall zu den am meisten besuchten.

Alles dies und auch der Umstand, dass es grade dem Chemiker vergönnt ist, heute als Vertreter der Gesammtuniversität von dieser Stelle
zur gesammten Universität zu reden, beweist wohl, dass unsre Wissenschaft die verdiente Anerkennung jetzt im Allgemeinen gefunden hat.
Aber so wie sie von mancher Seite überschätzt wird, so wird von andrer
Seite, selbst jetzt, ihre wissenschaftliche Berechtigung noch öfter in
Zweifel gezogen. Während der Laie, der gelegentlich ein chemisches
Experiment gesehen oder von den grossartigen Anwendungen der Chemie auf die Praxis gehört hat, die Chemie für die schönste aller Wissenschaften erklärt, obgleich er von ihren wissenschaftlichen Zielen sich
keinerlei Vorstellung zu machen vermag, neigen andrerseits einseitige
Vertreter so genannt humanistischer Fächer, indem sie ebenfalls die
Anwendungen der Chemie mit ihrer wissenschaftlichen Aufgabe verwechseln, zu der unberechtigten Ansicht, die Chemie gehöre doch

eigentlich auf die Polytechniken, nicht aber auf die universitas litterarum.

Die Verbreitung derartiger irriger Auffassungen macht es dem Chemiker zur Pflicht, als Vertheidiger der Wissenschaft aufzutreten, deren Vertretung ihm obliegt, und man wird es daher wohl gerechtfertigt finden, wenn ich heute die wissenschaftliche Stellung der Chemie und ihre Betheiligung an den großen Fortschritten des Gesammtwissens Ihnen darzulegen mich bemühe.

Man hat die Chemie vielfach als Schwester der Physik bezeichnet, und in der That sind beide Disciplinen so eng verwandt, und ihre Gebiete berühren sich so nahe, dass der Laie den Unterschied nicht zu verstehen und auch der Fachmann nur schwer die Grenzen festzustellen vermag.

Die Chemie bildet mit der Physik diejenige Gruppe naturwissenschaftlicher Disciplinen, die man als allgemeine Naturwissenschaft bezeichnen kann, insofern das Vorkommen der Studienobjecte für sie unwesentlich ist und die von ihnen erkannten Gesetze überall Geltung haben. Astronomie, Geographie, Geologie, Botanik und Zoologie (die letztere mit Einschluss jener specielleren, vom Menschen handelnden Disciplinen, die den wissenschaftlichen Theil der Medicin bilden), alle diese Disciplinen, die man als specielle Naturwissenschaft zusammenfassen sollte, sind an gewisse Kreise von Studienobjecten gebunden, und die von ihnen erkannten Wahrheiten haben nur für diese Kreise Geltung. Selbst jene Verallgemeinerung der sogenannten organischen Naturwissenschaften, die man als Biologie bezeichnet, wird eine allgemeine Naturwissenschaft nicht wohl genannt werden können, denn wenn es überhaupt anderwärts als auf der Erde etwas giebt, was mit dem, was wir hier Leben nennen, Aehnlichkeit hat, so liegt doch geringe Wahrscheinlichkeit dafür vor, dass die Gesetze des irdischen Lebens auf jenes Leben andrer Welten sich werden übertragen lassen.

Die gemeinsame Aufgabe der allgemeinen Naturwissenschaft — der Physik und Chemie also — ist die Erforschung der Materie, ihrer Eigenschaften, ihrer Aenderungen und der Gesetze dieser Aenderungen; und die von ihnen erkannten Gesetze müssen überall da anwendbar sein, wo es überhaupt Materie giebt.

Was nun den Unterschied zwischen Physik und Chemie angeht, so fällt es bei oberflächlicher Betrachtung auf, dass die heutige Physik in mehr allgemeiner Weise die Eigenschaften und Eigenschafts-

änderungen der Körper behandelt, und dabei die einzelnen Körper nur
als Träger der Eigenschaften in den Kreis der Betrachtung zieht; während die Chemie grade die einzelnen in ihrem Stoff verschiedenen Körper studirt, indem sie die Eigenschaften meist nur insofern berührt, als
sie zum Signalement der Körper nothwendig erscheinen. Man könnte
geneigt sein, auf diese Unterschiede eine Definition der beiden Disicpli-
nen zu begründen. Bei tieferem Eindringen zeigt sich, dass die wesentlichen Unterschiede anderswo zu suchen sind.

Von allen Vorstellungen, die der menschliche Geist über das Wesen
der Materie bisher sich zu bilden vermochte, hat nur die Annahme d i s -
c r e t e r Massentheilchen, also die a t o m i s t i s c h e  H y p o t h e s e ,
zu einer verständlichen Erklärung der Thatsachen geführt. Wenn auch
Niemand, der den wissenschaftlichen Discussionen der neuesten Zeit
gefolgt ist, in Abrede stellen kann, dass das Streben des naturwissenschaftlichen Denkens gerade jetzt wieder darauf hingeht, die Verschiedenheiten der Stoffe auf dynamische Ursachen zurückzuführen, so wird
doch jedenfalls das zugegeben werden müssen, dass d e r m a l e n nur aus
der Atomtheorie die beobachteten Thatsachen sich als nothwendige
Folgen ableiten lassen. Darüber dürften jedenfalls Physiker und Chemiker einig sein. Und wenn selbst moderne Vertreter der speculativen
Philosophie der Ansicht beistimmen, dass alles Naturerkennen in letzter Instanz auf Mechanik der Atome ziele, so wird man wohl innerhalb
der Naturwissenschaften die Atomtheorie v o r l ä u f i g als Grundlage
weiterer Betrachtungen benutzen und, f ü r  j e t z t  w e n i g s t e n s ,
auch der Definition der einzelnen Zweige der Naturwissenschaft zu
Grund legen dürfen, sei es auch nur, um von dem Inhalt und den Grenzen ihrer Gebiete sich klarere Rechenschaft zu geben.

Die Summe aller in Betreff der Materie erworbenen Kenntnisse hat
nun zu folgenden G r u n d - S ä t z e n  d e r  A t o m t h e o r i e geführt.

Man muss sich vorstellen, die Materie bestehe aus kleinen, in ihrem
Stoff einheitlichen und auch bei chemischen Vorgängen nicht mehr weiter spaltbaren Theilchen, aus A t o m e n. Diese Atome häufen sich, vermöge der ihnen innewohnenden oder der auf sie einwirkenden Kräfte,
zusammen, und erzeugen so Atomsysteme, oder M o l e k e l n. Im gasförmigen Zustand bewegen sich solche Molekeln als isolirte Wesen im
Raum, in den anderen Aggregatzuständen macht sich eine Anziehung
auch der Molekeln geltend und so entstehen die M a s s e n, welche
direct auf unsre Sinne zu wirken vermögen.

Wenn diese Vorstellung über das Wesen der Materie zu Grund gelegt wird, so wird man die Chemie als die Wissenschaft der Atome und die Physik als die Wissenschaft der Molekeln definiren dürfen, und es liegt dann nahe, denjenigen Theil der Iïeutigen Physik, der von den Massen handelt, als besondere Disciplin loszulösen und für ihn den Namen Mechanik zu reserviren. Die Mechanik erscheint so als Grundwissenschaft der Physik und der Chemie, insofern beide ihre Molekeln und resp. Atome bei gewissen Betrachtungen und namentlich Rechnungen als Massen zu behandeln haben. Mechanik, Physik und Chemie aber sind Grundlagen aller speciellen Naturwissenschaften, denn es ist einleuchtend, dass alle Veränderungen. gleichgültig, ob sie im grossen Kosmos oder im Mikrokosmos des Pflanzen- oder Thierkörpers vorgehen, nur mechanischer, physikalischer oder chemischer Art sein können.

Daraus nun, dass es die Chemie mit dem Studium der Atome zu thun hat, also der Bausteine, aus welchen sich die Molekeln zusammensetzen, die die Physik als Ganzes behandelt, ergiebt sich direct, dass die theoretische Forschung der Chemie mehr Schwierigkeiten bietet als die der Physik, und dass die theoretische Chemie nach gewissen Richtungen hin erst fortschreiten kann, wenn die theoretisch-physikalischen Kenntnisse hinlänglich ausgebildet sind. Der verhältnissmässig niedere Stand der theoretischen Chemie erscheint nicht nur verzeihlich, sondern natürlich, und es wird verständlich, warum die theoretisch-chemische Forschung sich vorläufig wesentlich der Bearbeitung derjenigen Fragen zugewandt hat, die von der Physik mehr oder weniger unabhängig sind. So erklärt es sich, warum die chemische Dynamik ein noch nahezu unbebautes Feld ist, auf welchem das in unübersehbarer Menge angehäufte Material eine theoretische Bearbeitung bis jetzt nicht finden konnte, während auf dem Gebiet der chemischen Statik reife oder wenigstens entwickelte Früchte in reichlicher Anzahl geerntet wurden.

Dass die Chemie und dass die Chemiker, nach dieser Richtung hin, nicht unwesentlich zur Förderung der allgemeinen Atomlehre, also zur Förderung unsrer Kenntnisse über die Natur der Materie beigetragen haben, wird sich unschwer zeigen lassen.

Seit der, so weit wie wir wissen, ersten Begründung wissenschaftlicher Naturbetrachtung durch Democrit sind die elementarsten Sätze der Theorie der Materie dieselben geblieben. „Aus Nichts wird

Nichts; nichts was ist kann vernichtet werden; alle Veränderung ist nur
Verbindung oder Trennung von Theilchen." Aber die atomistische
Theorie des Alterthums war mehr ein Vorläufer der Ansichten, die wir
jetzt in der Physik als Moleculartheorie bezeichnen, sie enthielt, selbst
in ihrer weiteren Entfaltung, keinen Grundgedanken einer speciell
chemischen Theorie.

Der erste Fundamentalsatz der wissenschaftlichen Chemie wurde
gegen Ende des 17. Jahrhunderts von dem Chemiker B o y l e ausgesprochen, der zuerst den Begriff des c h e m i s c h e n E l e m e n t e s  a l s  d e s
n i c h t  w e i t e r  i n  m a t e r i e l l  V e r s c h i e d e n e s  S p a l t b a r e n
feststellte. Mögen immerhin manche, und vielleicht alle die Körper,
die wir jetzt für chemische Elemente ansehen, durch die Fortschritte
der Erkenntniss als chemisch zerlegbar erkannt werden, — wofür indessen keinerlei thatsächliche Andeutung vorliegt —; der B e g r i f f
des chemischen Elementes wird immer bestehen bleiben.

Mit diesem Begriff des Elementes trat dann jene alte Vorstellung
von der Unzerstörbarkeit der Materie in Verbindung, und so entstand
der weitere Fundamentalsatz der Chemie von der Unwandelbarkeit der
Elemente, der seit L a v o i s i e r ' s berühmten Versuchen über die viel-
behauptete Umwandlung von Wasser in Erde nicht mehr bestritten
worden ist, und der in allen chemischen Thatsachen seine Bestätigung
findet.

Aus diesen Ansichten erwuchs zu Beginn des 19. Jahrhunderts die
c h e m i s c h e  A t o m t h e o r i e, als deren Begründer mit Recht der
englische Chemiker D a l t o n angesehen wird. Denn während nach
Democrit die Verschiedenheit aller Dinge von der Verschiedenheit ihrer
Atome an Zahl, Grösse, Gestalt und Ordnung herrührt, eine q u a l i t a -
t i v e Verschiedenheit der Atome aber nicht sattfindet, nahm Dalton
zuerst in bestimmter Weise die Existenz q u a l i t a t i v  v e r s c h i e -
d e n e r Elementaratome an. Er, zuerst, schrieb diesen qualitativ verschiedenen Atomen bestimmte, für die verschiedenen Elemente c h a r a k -
t e r i s t i s c h e  G e w i c h t e zu; er zeigte zuerst, dass diese relativen
A t o m g e w i c h t e durch chemische Studien ermittelt werden können.

Wie der Begriff des chemischen Elementes, so wird auch der Begriff
des chemischen Atoms, a l s  d e r  d u r c h  c h e m i s c h e  V o r g ä n g e
n i c h t  w e i t e r  s p a l t b a r e n  M e n g e  e l e m e n t a r e r  M a t e r i e,
immer bestehen bleiben. Für die Chemie ist die Frage, ob die chemi-
schen Atome ursprünglich einheitliche und absolut untheilbare Wesen

seien, von keinem Belang. Mag immerhin der Nachweis geliefert werden, dass die chemischen Atome aus Theilchen feinerer Ordnung gebildet sind, oder mag die von William Thomson· begründete Theorie der Wirbelringe, oder irgend eine ähnliche Vorstellung, die die Atome als aus continuirlicher Materie entstanden auffasst, durch die Fortschritte der Erkenntniss ihre Bestätigung finden, der Begriff der chemischen Atome wird dadurch nicht aufgehoben. Der Chemiker wird eine Erklärung seiner Einheiten stets mit Freude begrüssen, denn die Chemie bedarf nur zunächst, nicht aber zuletzt der Atome.

Dalton's Atomtheorie litt nun gleich von Anfang an einer gewissen Unvollkommenheit, die darin bestand, dass sie sowohl von elementaren als von zusammengesetzten Körpern von Atomen sprach, und die Begriffe von Atom und Molekel nicht schied. Aus dieser Unklarheit erwuchs für die nächste Zeit, in welcher die Fundamente der chemischen Wissenschaft ausgebaut werden mussten, kein wesentlicher Nachtheil, aber sie rief später, als der Bau sich weiter entfalten sollte, beträchtliche Verwirrung hervor.

Zwar stellte schon 1811 A m a d e o A v o g a d r o den Satz auf: gasförmige Substanzen enthielten in gleichen Räumen eine gleiche Anzahl von Molekeln, und die Molekeln bestünden selbst bei elementaren Substanzen aus mehreren Atomen, und der französische Physiker A m p è r e kam 1814 zu denselben Vorstellungen; aber diese für später so fruchtbringende Idee fand zunächst wenig Beachtung. Sie führte in ihrer Anwendung zu damals unlösbar scheinenden Widersprüchen, und sie wurde deshalb, obgleich der grosse Chemiker D u m a s sie längere Zeit seinen Betrachtungen zu Grund gelegt hatte, verlassen. Mehr als das, sie wurde vergessen, bis vierzig Jahre später der italienische Chemiker C a n n i z z a r o die Verdienste seines Landsmanns den Fachgenossen in's Gedächtniss zurückrief.

Inzwischen waren z u n ä c h s t die Chemiker und s p ä t e r auch die Physiker, von neuen und völlig unabhängigen Gesichtspunkten aus, zu ganz denselben Vorstellungen gelangt.

Die Chemiker, L a u r e n t und G e r h a r d t an der Spitze, wurden durch r e i n c h e m i s c h e Betrachtungen, und wesentlich durch Gründe der Systematik, dazu geführt, die Begriffe von Atom und Molekel scharf zu unterscheiden und Methoden aufzufinden, welche, i n d e r V e r v o l l k o m m n u n g, d i e s i e j e t z t e r f a h r e n h a b e n, für alle genauer untersuchten Substanzen die Bestimmung der relativen Gewichte der

Atome und der Molekeln und selbst der a b s o l u t e n Anzahl der Atome in den Molekeln durch Discussion rein chemischer Thatsachen möglich machen. Sie gelangten, unter Anderem, zu dem Resultat: die Molekeln auch der Elemente bestünden in der Regel aus zwei Atomen.

In der P h y s i k aber führte die m e c h a n i s c h e W ä r m e t h e o r i e dazu, dem Grundgedanken der Avogadro'schen Hypothese eine an Gewissheit grenzende Wahrscheinlichkeit zuzuerkennen; und als unser berühmter College C l a u s i u s im Verlauf seiner klassischen Untersuchungen zu der Vorstellung gelangt war, auch bei den Elementen seien mehrere Atome zu einer Molekel verbunden, da konnte er seine Befriedigung darüber aussprechen, dass die Chemiker v o r i h m auf völlig verschiedenen Wegen schon zu denselben Resultaten gelangt seien.

Nachdem so Avogadro's Hypothese über die Natur der Gase zur Anerkennung gekommen war und man somit aus den specifischen Gewichten der Gase die relativen Gewichte der Gaspartikeln herleiten konnte; nachdem man andrerseits gelernt hatte, durch chemische Betrachtungen die relativen Gewichte der chemischen Molekeln festzustellen; da ergab sich, dass beide Werthe zusammenfallen, und man kam so zu der ihrer Einfachheit wegen ohnedies wahrscheinlichen, aber doch vorher nicht nothwendigen Vorstellung, dass die G a s p a r t i k e l n mit den c h e m i s c h e n M o l e k e l n identisch seien, dass also die Wärme die Materie bis zu den chemischen Molekeln zu zerstäuben vermag.

Eine wesentliche Erweiterung erfuhr der c h e m i s c h e T h e i l der Atomtheorie vor etwa zwanzig Jahren durch die von Chemikern aufgestellte Hypothese, die als Theorie vom c h e m i s c h e n W e r t h der Atome bezeichnet worden ist. In ihrem Grundgedanken besagt diese Hypothese nur, dass den Atomen n e b e n dem charakteristischen Atomgewicht, welches die Veranlassung davon ist, dass sich die Elemente in bestimmten G e w i c h t s v e r h ä l t n i s s e n vereinigen, noch eine w e i t e r e Grundeigenschaft zukommen müsse, die es bedingt, dass sich die A t o m e gerade n a c h d e r A n z a h l mit einander verbinden, nach welcher sie es thun. Da man sich von dieser Grundeigenschaft zunächst keine klare Vorstellung zu machen vermochte, so hat man einfach den materiell verschiedenen Atomen eine bestimmte Anzahl chemischer Anziehungseinheiten zugeschrieben, und sie danach als 1-, 2-, 3- oder 4-werthig bezeichnet.

Diese Hypothese vom chemischen Werth der Elementaratome bietet nun freilich noch manche dunkle Punkte, aber sie hat doch zur Erkenntniss eines Gesetzes geführt, welches nicht nur für die Chemie, sondern für die gesammte Atomtheorie von fundamentaler Bedeutung ist, und welches die Chemiker als Gesetz der Verkettung der Atome bezeichnen. Die einzelnen Atome einer Molekel stehen nicht alle mit allen oder alle mit einem in Verbindung, jedes haftet vielmehr nur an einem oder an wenigen Nachbaratomen, so wie in der Kette Glied an Glied sich reiht.

Dabei ist es einleuchtend, dass die Atome innerhalb der Molekeln sich in fortwährender Bewegung befinden, und wenn auch über die Art dieser Bewegung Nichts Bestimmtes bekannt ist, so ergiebt sich doch aus eben diesem Gesetz der Verkettung, dass die intramoleculare Atombewegung der Art sein muss, dass die einzelnen Atome sich um gewisse Gleichgewichtslagen bewegen, ohne dieselben — so lange die Molekeln chemisch bestehen bleiben — jemals zu verlassen. Die Bewegung der Atome hat also jedenfalls Aehnlichkeit mit derjenigen der Molekeln im festen Aggregatzustand und man kann demnach sagen, die Molekeln der bestehenden Substanzen seien feste Atomaggregate. Ein Bewegungszustand demjenigen ähnlich, den die Molekeln flüssiger Körper besitzen, tritt — und offenbar nur vorübergehend und nur für einzelne Atome — nur bei chemischen Umlagerungen ein, durch welche Molekeln von anderer Atomstructur gebildet werden. Ein solcher Zustand spielt gewiss eine wichtige Rolle nicht nur bei den Gährungserscheinungen, sondern auch bei den chemischen Vorgängen in lebenden Organismen.

Die Art der Bewegung der Atome ist, wie schon gesagt, vorläufig unbekannt. Vielleicht darf sie als eine schwingende aufgefasst werden in der Weise, dass die in der Zeiteinheit ausgeführte Anzahl von Schwingungen gerade den chemischen Werth darstellt, und dass in functioneller Schwingung befindliche und vielleicht aneinander anprallende Atome in chemischer Bindung erscheinen. Dann würde der chemische Werth der Atome, mit noch grösserer Wahrscheinlichkeit als bisher, als ein constanter zu betrachten sein. Man würde immerhin sich vorstellen können, dass mehrwerthige Atome, bei Temperaturen, die für die betreffenden Substanzen ultra-heiss genannt werden könnten, während einer oder auch mehrerer Schwingungsphasen mit keinem Atom zusammentreffen, indem sie einen Theil ihrer Bewegungsenergie der Molecularbewegung hinzufügen; eine Auffassung, die mit der jetzigen Vorstellung ungesättigter Verwandtschaften zusammenfiele. Man würde es weiter für wahrscheinlich halten müssen, dass, bei noch mehr gesteigerter Hitze, auf diesen Zwischenzustand einer partiellen Dissociation der einer totalen Dissociation folgt, bei welchem isolirte Atome sich im Raum bewegen, wie dies für das dampfförmige Quecksilber schon bei leicht erreichbaren Temperaturen nachgewiesen ist.

Das auf die Hypothese vom chemischen Werth begründete Gesetz der Atomverkettung giebt vorläufig nur von der c h e m i s c h e n  A n e i n a n d e r r e i h u n g der Atome Rechenschaft, nicht von ihrer r ä u m l i c h e n  L a g e und der dadurch veranlassten F o r m  d e r  M o l e k e l n. Aus den Studien über die Molecularvolume ergiebt sich indessen schon jetzt, dass die Art der Bindung der Atome auf die m i t t l e r e n  A t o m a b s t ä n d e von Einfluss ist.

Der Umstand, dass bei isomeren Substanzen der Siedepunkt derjenigen Modification am höchsten liegt, für welche das Gesetz der Verkettung eine gradlinig fortlaufende Kette annimmt, während die Flüchtigkeit um so grösser wird, je mehr Verzweigungen die Kette zeigt, je gedrungener also die Molekel von chemischem Gesichtspunkt aus erscheint; zusammengenommen mit dem an sich wahrscheinlichen Satz, dass die Lage des Schwerpunkts und das Trägheitsmoment der rotirenden Molekel auf die Flüchtigkeit von Einfluss sein müsse; scheint darauf hinzudeuten, dass die Ansichten über die chemische Verkettung der Atome gleichzeitig auch über die m i t t l e r e  L a g e  d e r s e l b e n  i m  R a u m e einigen Aufschluss geben. Auch die von E m i l  M e y e r ausgeführten Berechnungen der Moleculardurchmesser, Molecularquerschnitte und Molecularvolume scheint dieser Ansicht als Stütze zu dienen. Dadurch steigert sich dann die Wahrscheinlichkeit der von L e  B e l ausgesprochenen und von v a n ' t  H o f f weiter ausgebildeten Hypothese vom u n s y m m e t r i s c h e n  K o h l e n s t o f f, nach welcher die vier Verwandtschaften des Kohlenstoffatoms, die man seither schon tetraëdrisch darstellte, auch r ä u m l i c h in tetraëdrischer Lage gedacht werden. Eine Hypothese, die zwar vielleicht nicht das unbedingte Lob verdient, welches Wislicenus ihr gezollt hat, aber jedenfalls noch weniger den herben Spott, welchen Kolbe über sie hat ergiessen wollen.

Die Hypothese vom chemischen Werth führt weiter noch zu der Annahme, dass auch eine beträchtlich grosse Anzahl von Einzelmolekeln sich durch mehrwerthige Atome zu n e t z - und, wenn man so sagen will, schwammartigen Massen vereinigen könne, um so jene der Diffusion widerstrebenden Molecularmassen zu erzeugen, die man, nach Graham's Vorschlag, als colloidal bezeichnet. Dieselbe Hypothese führt in natürlichster Weise zu der von unserem genialen Collegen Pflüger schon ausgesprochenen Ansicht, dass eine solche Molecular-anhäufung noch weiter gehen und so die Formelelemente der lebenden Organismen bilden könne. Massen-molekeln, von welchen man vielleicht die weitere Annahme machen darf, dass sie, durch fortwährende Umlagerung mehrwerthiger Atome, einen steten Wechsel der verknüpften Einzelmolekeln zeigen, so dass sich das Ganze — und selbstverständlich unter Elektricitätserregung — in einer Art von Leben befindet, indem überdiess, da und dort, durch ebensolche Umlagerung, naheliegende Molekeln in den Kreis der Verknüpfung hineingezogen und neu gebildete ausgeschieden werden. Es hiesse indessen den Boden des Thatsächlichen allzusehr verlassen, wollte man derartige Speculationen schon jetzt weiter verfolgen.

Ueber die Natur der Kraft, welche die Vereinigung der Atome hervorbringt, sind wirklich fruchtbringende Hypothesen bis jetzt nicht aufgestellt worden. Die von dem grossen Berzelius in so geistreicher Weise entwickelte elektrochemische Theorie, von welcher man während Jahrzehnten glaubte, sie werde zu einer befriedigenden Erklärung der chemischen Thatsachen und zu deren Verknüpfung mit den physikalischen Erscheinungen führen, hat sich als unzulänglich erwiesen. Aller Wahrscheinlichkeit nach wird sie in einer demnächstigen Entwicklungsperiode der Wissenschaft wieder aufgegriffen werden, um dann, in verjüngter Form, auch Früchte zu bringen.

Jedenfalls ist neben dem chemischen Werth, der die Anzahl der sich bindenden Atome bedingt, noch die specifische Intensität zu berücksichtigen, mit welcher diese Bindung geschieht. Dabei muss angenommen werden, dass die zu einer Molekel vereinigten, also in Bezug auf ihren Werth gesättigten Atome nicht nur aufeinander, sondern auch auf Atome benachbarter Molekel Anziehung ausüben, und dass so eine Molecular-Attraction zu Stande kommt, die durch die Anziehung der Einzel-Atome veranlasst und demnach durch deren Qualität bedingt ist. Nur so erklärt sich der Vorgang bei chemischen Zersetzungen und die Existenz jener endlosen Anzahl complicirterer Dinge, die man als Molecularadditionen oder als Molekel höherer Ordnung auffasst. Dieselbe Ursache spielt unstreitig eine

Rolle bei den sogenannten Massenwirkungen und katalytischen Zersetzungen. Auf sie ist die Bildung der Lösungen zurückzuführen, die man bisher als chemische Verbindungen nach wechselnden Verhältnissen bezeichnete, und die jetzt zweckmässiger molekulare Gemenge genannt werden. Dieselbe Grundursache veranlasst weiter die Erscheinungen der Cohäsion, der Adhäsion und der Capillarität, und es will also scheinen, als ob die Annahme besonderer Molecularkräfte in keiner Weise mehr nöthig sei.

Da aber die Anziehung der Atome abhängig ist von ihrer Qualität, so ist es ausserdem klar, dass die durch solche Atomanziehung veranlasste Molecular-Attraction in geeigneten Bedingungen ein Orientiren aller sich aneinander fügenden Molekeln erzeugen und so zu Körpern von regelmässiger Molecular-Structur, also zu Krystallen führen muss.

Die Frage endlich, ob die Eigenschaften der Atome abhängig seien von ihrem Gewicht, hat die Chemiker der Neuzeit vielfach beschäftigt. Sichere und in wenig Worten klar zu legende Resultate sind noch nicht gewonnen worden, aber nach den von Lothar Meyer und Mendelejeff angestellten Betrachtungen will es scheinen, als ob nicht nur die chemischen Eigenschaften und speciell der chemische Werth der Atome und die Intensität der gegenseitigen Bindung, sondern auch die physikalischen Eigenschaften, die jetzt noch für die stofflich verschiedenen Dinge als Constanten behandelt werden, eine Function, und zwar eine periodische Function des Atomgewichts seien. Die mathematische Form dieser Function dürfte allerdings eigenthümlicher Art sein, aber das Eine scheint sicher, dass der Zahlenwerth des Atomgewichts die Variable ist, durch welche die substantielle Natur und alle von ihr abhängigen Eigenschaften bestimmt werden.

Somit scheint jetzt wieder Hoffnung vorhanden, dass es gelingen werde, alle Eigenschaften der Materie, mit Einschluss der Schwere, auf eine und dieselbe Kraft zurückführen.

Die Berechtigung aller solcher Speculationen in den exacten Wissenschaften ist nun vielfach bestritten worden. Man giebt wohl allgemein zu, dass das Aufstellen von Hypothesen auf dem der exacten Forschung zugänglichen Gebiet, als Methode der Forschung, insofern zweckmässig sei, als es oft das Fortschreiten des exacten Wissens zu beschleunigen vermöge. Aber man ist dabei häufig der Meinung, über eine gewisse

Grenze hinaus seien Speculationen nicht zulässig. Man hat namentlich den wissenschaftlichen Werth aller atomistischen Betrachtungen von jeher und auch in neuester Zeit vielfach angezweifelt. Man hat besonders behauptet, dass die Annahme der Atome keine Eigenschaft der Körper erkläre, die man nicht vorher den Atomen selbst beigelegt habe.

Man muss zugeben, dass derartige Einwände manches Wahre enthalten, aber gerade desshalb scheint es nöthig, sich von der Grenze ihrer Richtigkeit Rechenschaft zu geben.

Dass die Resultate exacter Beobachtung den Werth von Thatsachen besitzen, also denjenigen Grad von Sicherheit, den das menschliche Erkennen überhaupt erreichen kann, wird allgemein anerkannt. Es ist weiter unbestritten, dass allen denjenigen Gesetzen, die, unabhängig von Hypothesen über die Natur der Materie, aus den Thatsachen abgeleitet sind, nahezu dieselbe Sicherheit zukommt, wie den Thatsachen selbst. Ebenso unbestreitbar ist es aber, dass der menschliche Geist in der positiven Erkenntniss des Thatsächlichen keine volle Befriedigung findet, und dass desshalb die Naturwissenschaften noch ein weiteres, höheres Ziel zu verfolgen haben: das der Erkenntniss des Wesens der Materie und des ursächlichen Zusammenhangs aller Erscheinungen.

Das Wesen der Materie aber entzieht sich jedem directen Studium. Es kann nur aus den unsrer Beobachtung zugänglichen Erscheinungen erschlossen werden. Und somit ist es einleuchtend, dass es eine bestimmte und überdies durch den jeweiligen Stand des Wissens beeinflusste Grenze giebt, über welche hinaus die positive Forschung den Boden verliert und nur für die speculative noch Bahn bleibt.

Wenn also auch der Einzelne, seiner inneren Natur entsprechend, sich mit positiver Forschung begnügen und auf speculative Verzicht leisten mag, so ist es doch klar, dass der Wissenschaft als solcher dies nicht gestattet ist.

Auf dem Weg der Hypothese müssen, auf Grundlage des thatsächlich Erkannten, Vorstellungen über die Natur der Materie gebildet, die Consequenzen dieser Vorstellungen müssen logisch und wenn erforderlich, unter Zuziehung der Rechnung entwickelt, und die Resultate dieser Theorien müssen mit den der Beobachtung zugänglichen Erscheinungen verglichen werden.

Die volle Wahrheit wird sich in dieser Weise freilich nie erreichen lassen, oder es wird wenigstens niemals Gewissheit dafür vorhanden

sein, dass unsere Vorstellungen mit der Wahrheit wirklich zusammenfallen. Die an sich einfachste Vorstellung aber, die in einfachster Weise
die grösste Anzahl und schliesslich alle Erscheinungen deutet, wird nicht
nur für die beste und wahrscheinlichste zu halten sein, man wird sie
sogar als relativ, und, man darf sagen, als menschlich wahr bezeichnen
müssen.

Damit ist wohl die wissenschaftliche Berechtigung der speculativen
Forschung auch in den sogenannten exacten Wissenschaften nachgewiesen, denn über eine gewisse Grenze hinaus hören dieselben eben
auf exact zu sein.

Gleichzeitig aber ist auch der wissenschaftliche Werth der jetzigen
Atomtheorie dargethan, denn es ist unbestritten, dass dieselbe, selbst in
ihrer jetzigen, noch ausnehmend unvollständigen Form, besser als irgend
eine andere Vorstellung von einer ungemein grossen Anzahl von Thatsachen befriedigende Rechenschaft giebt.

Eines weiteren Ausbau's, und auch eines tieferen Unterbau's, wird
sie sicher bedürfen; aber es liegt dermalen wenig Wahrscheinlichkeit
dafür vor, dass sie von wesentlich verschiedenen Vorstellungen völlig
werde verdrängt werden.

Der Chemie speciell, und mehr noch den Chemikern, sind nun — und
seit Baco von Verulam's Zeiten — noch andre Vorwürfe gemacht worden; und selbst der Chemiker kann es nicht läugnen, nicht ganz mit
Unrecht.

Man hat ihr vorgeworfen, sie mache mit Willkühr zahllose Einzel-
hypothesen, die weder untereinander noch mit dem Ganzen in Zusammenhang stünden; sie überschätze den Werth der Hypothesen, indem
sie selbst wenig berechtigten allzugrosse Sicherheit zuschreibe und sie
gradezu als thatsächlich erwiesen behandle; und endlich, sie erhebe ihre
Hypothesen allmälig zu Glaubensartikeln und verfolge als Ketzer Jeden,
der gegen das Dogma verstosse.

Die neuere Zeit hat auch in dieser Hinsicht eine erhebliche Besse-
rung gebracht. Die Berechtigung und der Werth der Hypothesen sind
auch in der Chemie anerkannt, gleichzeitig aber ist der wahre Werth
der Hypothesen auch von den Chemikern erkannt worden.

Wie auf allen Gebieten des Wissens, so ist auch in der Chemie der
Autoritätsglauben gebrochen und dadurch schon die Gefahr des Dog-
matisirens gemindert. Und sollte etwa ein Einzelner, der mit seinen Ansichten gealtert, der fortschreitenden Wissenschaft sein Dogma als

Hemmschuh anzulegen versuchen, so wird er stets die strebsame Jugend, die Vertreterin der Zukunft, bereit finden, unberechtigte Hindernisse hinwegzuräumen. Sollten Andre, grade im Feuereifer der Jugend, gewagte Phantasiegebilde für wissenschaftliche Hypothesen anzusehen und auszugeben geneigt sein, so werden die an sich oder durch die reifere Erfahrung des Alters Gemässigten stets die Verpflichtung fühlen als Regulatoren einzugreifen.

Die Schule der selbstständig und dabei ruhig Denkenden hat jetzt auch unter den Chemikern so viele Vertreter, dass eine stetige Entwicklung der Wissenschaft in sicherer Aussicht steht und ein Ueberwuchern durch Unkraut nicht mehr zu befürchten ist. Auch in der Chemie ist man jetzt der Continuität menschlicher Geistesarbeit sich bewusst; die gegenwärtige Generation blickt nicht mehr mit verächtlicher Geringschätzung auf die Arbeit der Vorgänger; weit davon entfernt sich selbst für unfehlbar zu halten, weiss sie, dass es zu jeder Zeit der Zukunft vorbehalten bleibt, das Werk der Generationen weiter zu führen.

# Die Principien des höheren Unterrichts und die Reform der Gymnasien,

## von Dr. August Kekulé[1]),

Geh. Reg.-Rat und Professor der Chemie
z. Z. Rektor der Universität Bonn.

Rede zur academischen Feier des Geburtsfestes Sr. Majestät des Kaisers und Königs Wilhelm I., gehalten am 22. März 1878.

Wieder sind wir im Festraum unserer Universität versammelt, um Deutschlands Kaiser, unseren allverehrten König und Herrn, der heute das 82. Jahr seines ruhmreichen Lebens beginnt, mit unseren Segenswünschen in sein neues Lebensjahr zu geleiten, und ihm den Zoll unseres ehrfurchtsvollen Dankes darzubringen für Alles, was er zur Kräftigung des Vaterlandes nach Aussen und Innen gethan. Mehr als unsere Schwesterinstitute fühlen grade wir uns zu solchem Danke gedrängt:

---

[1]) Bonn, Verlag von Emil Strauss. 1878.

wir fühlen uns dem erhabenen Monarchen näher, dessen geliebter Enkel in diesem Jahre zu den Unseren zählt.

Aber die festliche Stimmung schliesst ernste Betrachtungen nicht aus. Jeder Gedanke an den erhabenen Monarchen, der in hohem Alter, mit der Energie eines Jünglings, allen Unterthanen ein Muster, Zeit und Kraft dem Wohl des Volkes widmet, mahnt uns sogar daran, dass es die Pflicht eines Jeden ist, nach Kräften das Gesammtwohl durch That oder Wort zu fördern. Und sind wir auch durch unsere amtliche Stellung nicht dazu berufen, direkt auf die Gestaltung der Gegenwart einzuwirken, so macht doch der Ernst der Zeit auch uns, deren nächste Aufgabe die Bildung kommender Generationen ist, es zur Pflicht, selbst unaufgefordert da unsere Meinung zu äussern, wo wir durch die Erfahrung, die unser Beruf uns bietet, besser als Andre die Gegenwart beurtheilen und Vorschläge für die Zukunft machen zu können glauben.

So werden Sie es denn gerechtfertigt finden, wenn ich heute dasselbe Thema wähle, welches vor jetzt 4 und 10 Jahren von dem aus unserer Mitte geschiedenen Collegen, unserem verehrten Freund von Sybel, in so beredter und patriotischer Weise von dieser Stelle aus behandelt worden ist.

Von unseren Universitäten und namentlich von ihren Vorbereitungsanstalten beabsichtige ich zu reden.

Nun ist die Frage des höheren Unterrichts eine so ausgedehnte, dass sie in ihrem ganzen Umfang in der Spanne Zeit, die hier zur Verfügung steht, unmöglich behandelt werden kann. Es ist über sie im letzten Jahrzehnt so viel geredet und geschrieben worden, dass wesentlich Neues sich nicht mehr beibringen lässt. Aber es giebt Fragen, die, so lange sie nicht zum Austrag gekommen sind, nicht oft genug behandelt werden können, und in welchen eine Stimme mehr, selbst wenn sie nichts Neues sagt, vielleicht von Einfluss sein kann. Wenn auch von Sybel und in noch eingehenderer Weise mein Freund Lothar Meyer grade die Punkte besprochen haben, die auch ich herauszugreifen beabsichtige, so gelingt es vielleicht dennoch, hie und da durch neue Streiflichter Einzelnes besser zu beleuchten, und da oder dort Etwas hervortreten zu lassen, was bisher sich der Aufmerksamkeit entzogen hatte.

Unzweifelhaft sind die Lehrer der Vorbildungsanstalten in hohem Masze berechtigt und befähigt, in Fragen des höheren Unterrichts eine Meinung zu äussern. Sie wissen am besten, was von der Schule geleistet werden kann. Eben so berechtigt aber wie sie, und offenbar befähigter, sind die Universitätsprofessoren. Sie können, besser wie jene, beurtheilen, was von der Schule geleistet werden muss, und sie kennen dabei die Anforderungen, die an ihren eignen Unterricht zu stellen sind, weil sie mit den verschiedenen Berufsarten, für welche sie ihre Zöglinge heranbilden, sich in fortwährender Fühlung befinden.

Von allen akademischen Lehrern aber dürfen die Vertreter naturwissenschaftlicher Fächer für sich das Recht beanspruchen, das am meisten entscheidende Urtheil zu besitzen. Während die Vertreter humanistischer Disciplinen in derselben Richtung, in welcher sie in der Schule erzogen wurden, sich selbst weiter ausgebildet haben, um dann in eben dieser Richtung Schüler zu lehren, die auch ihrerseits eine Vorbildung in dieser Richtung genossen haben; sind die Vertreter naturwissenschaftlicher Fächer, die ja der Mehrzahl nach ebenfalls auf Gymnasien ausgebildet wurden, zunächst in der Nothwendigkeit gewesen, dem dort Gelernten, nicht nur in Kenntnissen sondern auch in Methode, wesentlich Anderes hinzuzufügen und oft sogar für sie Hemmendes abzustreifen; sie finden sich später Schülern gegenüber, die im In- und Ausland in der verschiedensten Weise vorbereitet wurden. So darf also der Naturwissenschafter sich für besonders befähigt halten, in Fragen des höheren Unterrichts eine Ansicht zu haben, aber er muss überdiess sich für besonders verpflichtet erachten, seine Meinung zu äussern, denn es ist unbestreitbar, dass grade seine Auffassung in maszgebenden Kreisen nicht hinlänglich und jedenfalls weit weniger vertreten ist, als diejenige der Repräsentanten sogenannt humanistischer Studienrichtungen.

Ich selbst aber darf mir vielleicht um so eher eine von anerzogenen Vorurtheilen freie Meinung zutrauen, als mir ein 14jähriger Aufenthalt in der Schweiz, in Frankreich, England und Belgien Gelegenheit gegeben hat, die Unterrichtssysteme dieser Staaten kennen zu lernen und mit dem unseren zu vergleichen. Ich fühle mich zudem persönlich gedrängt, wenigstens meinen Collegen gegenüber meinen Standpunkt klar zu legen, weil die Haltung, die ich vor einigen Jahren bei Besprechung der Frage nach der Zulassung der Realschulabiturienten zu den akademischen Studien eingenommen habe, bei Manchem den Eindruck hinterlassen hat, als sei ich ein Feind der Gymnasien und ein Gönner der jetzigen Realschule.

Um nun gleich von vornherein, wenigstens in Betreff des nach meiner Meinung wichtigsten Punktes der gesammten Unterrichtsfrage, meine Ansicht zu kennzeichnen, will ich die Erklärung abgeben, dass

ich mit Lothar Meyer völlig in Folgendem übereinstimme. Ich
hege die Ueberzeugung, dass jene Zweitheilung des Unterrichts, die
sich in der Coexistenz der jetzigen Realschulen I. Ordn. neben den Gymnasien, und weiter in der Existenz der polytechnischen Hochschulen
und der mit ihnen gleichstehenden Sonder-Akademien neben den Universitäten ausspricht, schon jetzt üble Folgen hervorgebracht hat und
in Zukunft noch schlimmere hervorbringen muss. Nicht in der Begründung der ursprünglichen Real- und Gewerbe-Schulen sehe ich einen
Fehler, wohl aber darin, dass man beide später allzusehr gehoben, dass
man aus den Realschulen Vorbereitungsanstalten für die Hochschulen
und aus den Gewerbeschulen polytechnische Hochschulen gemacht hat.
Bei dem Geist, der bis vor Kurzem die Gymnasien und die Universitäten
beseelte, und der fast überall noch jetzt der herrschende ist, war eine
solche Entwicklung natürlich, aber sie ist nichtsdestoweniger beklagens-
werth.

Einseitiges Festhalten am Hergebrachten hatte die Gymnasien veranlasst, sich lange Zeit sogar der Mathematik gegenüber abwehrend zu verhalten, und die Naturwissenschaften, selbst nachdem sich dieselben so
weit entwickelt hatten, dass ihr Werth als Bildungsmittel nicht mehr bestritten werden konnte, vollständig auszuschliessen oder in höchst ungenügender Weise, kaum mehr als zum Schein, in ihren Lehrplan aufzunehmen. So mussten Schulen entstehen, die grade die von den Gymnasien vernachlässigten Fächer vorzugsweise pflegten. Und als die Gymnasien, gegen das allgemeine Interesse und gegen ihr eigenes, sich hartnäckig weigerten, den Fortschritten der sich ausdehnenden Erkenntniss
Rechnung zu tragen, da mussten jene Schulen in dem Masze sich weiter
entwickeln und heben, in welchem die Naturwissenschaften und die auf
ihnen und auf Mathematik beruhenden Disciplinen der Ingenieurwissen-
schaft weitere Fortschritte machten und an socialem Ansehen gewannen.
So wurde es schliesslich unvermeidlich, die Realschulabiturienten, für
gewisse Fächer wenigstens, zu akademischen Studien zuzulassen; und
es wird, wenn anders Gymnasien und Realschulen in ihrer jetzigen Form
bestehen bleiben sollten, demnächst unvermeidlich werden, diese Berechtigung noch weiter, und namentlich auf das Studium der Medicin, auszudehnen.

Aehnlich wie die Gymnasien, so glaubten auch die Universitäten am
Althergebrachten und an dem, was sie irrthümlich für den wahren Geist
der Universitäten ansahen, festhalten zu müssen. Mehr realistische Dis-

ciplinen fanden, insofern sie nicht schon bei der Begründung der Universitäten betheiligt gewesen waren, auf den universitas keine Stätte. So mussten zunächst specielle Fachschulen entstehen, die sich dann vielfach, ähnlich wie dies vor Jahrhunderten bei Begründung der Universitäten geschehen war, zu polytechnischen Schulen vereinigten, während nur diejenigen als isolirte Akademien bestehen blieben, deren Beibehaltung den betreffenden Ministerien zweckmässig erschien, die dabei wohl mehr als nöthig auf das Heranziehen gut dressirter und gefügiger Beamten Werth legten. Je grössere Ausdehnung jene realistischen Disciplinen gewannen und je mehr sie in socialem Ansehen stiegen, desto mehr mussten auch die Polytechniken sich heben, bis sie endlich in neuester Zeit, sowohl in Organisation als in Lehrmethode, sich den Universitäten mehr und mehr näherten und zu polytechnischen Hochschulen wurden.

So ist durch die Fehler der Gymnasien und der Universitäten, als nothwendige Folge, jene Zweitheilung des höheren Unterrichts entstanden. Wer aber unbefangen unsere höheren Schulen überblickt, und nicht die Bequemlichkeit der Gegenwart, sondern das Wohl künftiger Generationen im Auge hat, wird zugeben müssen, dass das höhere Unterrichtswesen in falsche Bahnen gelenkt worden ist. Er wird sich auch nicht verhehlen dürfen, dass zahlreiche Andeutungen dafür vorliegen, dass die Richtung der Zeit, nicht nur im Publikum, sondern auch in maszgebenden Kreisen, dahingeht, auf diesen falschen Bahnen weiter zu schreiten. Hätte man rechtzeitig den wissenschaftlichen und auch den socialen Werth der mehr realistischen Disciplinen erkannt, so wäre es ein Leichtes gewesen, die Universitäten den Bedürfnissen moderner Bildung entsprechend zu erweitern und auch im Lehrplan der Gymnasien diesen Bedürfnissen Rechnung zu tragen. So wie die Sachen jetzt liegen, ist ein Innehalten, ein Umkehren bis zu einem gewissen Punkt und ein Einlenken in andere Bahnen für das Wohl künftiger Generationen erforderlich.

Selbst wenn die Realschulen, sei es in der Form, die sie jetzt besitzen, sei es nach Einführung der als besonders nothwendig erkannten Aenderungen, ihre Schüler ebenso gut für höhere Studien vorbereiten könnten, wie die jetzigen oder die modificirten Gymnasien, — was nach den bisher gemachten Erfahrungen nicht der Fall zu sein scheint; — selbst wenn die Polytechniken in den von ihnen gelehrten Fächern eine ebenso hohe Bildung zu geben im Stande wären, wie die Universitäten in den ihrigen: so müsste die Existenz von Parallelschulen auf verschiedenen Gebieten der Geistesbildung und des Wissens dennoch für nachtheilig gehalten werden.

Für die Vorbildungsschulen zunächst schon desshalb, weil junge Knaben, die die Schule beziehen, unmöglich wissen können, zu welchem Beruf sie wirkliche Neigung in sich tragen, und weil auch die Eltern durchaus nicht immer zu beurtheilen vermögen, zu welchem Beruf ihre Kinder wirklich befähigt sind. Für alle Stufen des höheren Unterrichtes aber, weil durch zu frühzeitiges Trennen der verschiedenen Studienrichtungen und durch völlig getrenntes Fortführen der weiteren Ausbildung alle Fühlung zwischen den verschiedenen Zweigen des Wissens verloren geht, so dass die Schüler der einen Richtung in das Wissen der andern nicht den geringsten Einblick gewinnen und sich nur allzu leicht einbilden, jenes Wissen sei für sie, und desshalb überhaupt, unnöthig und nutzlos. Endlich aber, und darauf ist, wie ich glaube, am meisten Werth zu legen, weil eine streng durchgeführte Trennung des Unterrichts das Gesammtwohl dadurch zu schädigen droht, dass sie das Gefühl der Zusammengehörigkeit an sich gleichstehender Staatsangehörigen aufhebt und einen Kastengeist ausbildet, der die Schüler der einen Richtung bis in das späteste Lebensalter hinein geneigt macht, mit Geringschätzung auf die der andern herabzublicken, weil sie von Haus aus und von Jugend an eine, wie sie glauben, niedrere Bildung genossen.

Eine möglichste Einheit des höheren Unterrichts ist also anzustreben. Aber darum nicht das, was vielfach als Gleichheit des Unterrichts bezeichnet worden ist. Jene Utopie von der Gleichheit des Unterrichts für Alle, also für die Kinder aller Stände, verdiente in der That hier keine Erwähnung, wenn sie nicht Gelegenheit böte, ein Princip zu erörtern, welches für die Organisation des gesammten Unterrichtswesens von fundamentaler Wichtigkeit ist, und ebensowohl bei der Kritik des Bestehenden als bei Plänen für irgend welche Reformen stets im Auge behalten werden muss. Gewiss ist es wünschenswerth und das Gesammtwohl fördernd, dass die Zahl der Ungebildeten auf ein Minimum gebracht und die mittlere Bildung der Massen möglichst gehoben werde. Von noch viel grösserer Wichtigkeit aber ist es, dass die Begabteren das höchstmögliche Bildungsmaximum erreichen, denn die am höchsten Gebildeten, seien es auch nur Wenige, sind es, die den Fortschritt Aller veranlassen und vermitteln. Ein gleicher Unterricht für Alle würde die Massen nur wenig heben, aber die Besseren um Vieles herabziehen.

Diesem einen Grundsatz, der nothwendig dazu führt, für die durch ungleiche Erziehung in den Kinderjahren ungleich Vorgebildeten verschiedenartige Schulen zu begründen, mag gleich ein zweiter von gleicher Wichtigkeit an die Seite gestellt werden, dessen Erörterung nicht wohl umgangen werden kann. Denn wenn auch in unseren Kreisen über die leitenden Grundsätze des höheren Unterrichts keinerlei Streit und kaum mehr Zweifel ist, so wird doch zugegeben werden müssen, dass anderwärts diese Grundsätze nicht immer in vollem Masze gewürdigt werden. Es ergiebt sich dies deutlich aus vielen der Motive, durch welche die zahlreichen Anträge gestützt worden sind, die in den letzten 10 Jahren zu Gunsten der Realschulen an Provinzialschulcollegien, an das Abgeordnetenhaus und an die Regierung gerichtet wurden; es ergiebt sich weiter aus vielen der Argumente, welche die Vertheidiger der Realschulen seitdem vorgebracht haben.

Jeder Unterricht hat immer zwei Ziele im Auge: Schulung des Geistes, das heisst Erwecken und Heranbilden der geistigen Fähigkeiten, einerseits, und Beibringen von an sich nützlichen Kenntnissen andererseits. Weil beide Ziele gleichzeitig zu verfolgen sind, müssen alle Lehrgegenstände, die vorzugsweise dem einen Zweck dienen sollen, so gewählt und so gelehrt werden, dass sie gleichzeitig auch nach der anderen Richtung möglichsten Nutzen stiften. Der Natur der Sache nach wird die Schulung des Geistes namentlich in den früheren Perioden des Unterrichts die Hauptrolle zu spielen haben, während in den späteren auf die an sich nützlichen und für den speciellen Beruf nothwendigen Kenntnisse mehr und mehr Werth zu legen ist. Dabei darf sogar, so paradox es scheinen mag, behauptet werden, dass grade diejenigen Fächer, die später nicht weiter verfolgt werden sollen, im Vorbereitungsunterricht doppelt eingehend und namentlich mit besonderer Rücksicht auf das an sich Nützliche behandelt werden müssen.

So ergiebt sich also, dass jede Schule ein bestimmtes Ziel vor Augen haben muss, und dass Lehrgegenstände und Lehrmethode diesem Ziel entsprechend zu wählen sind. Es wird weiter klar, dass es für die lernende Jugend stets nützlicher ist, eine für einen bestimmten Zweck richtig organisirte Schule bis zu Ende durchzumachen, als eine für ein höheres Ziel bestimmte nur theilweise, also nur in den unteren Klassen zu besuchen.

Aus diesen Principien folgt also, dass verschiedenartige und verschiedenen Zielen zustrebende Schulen erforderlich sind, denn das Gesammtwohl erheischt, dass jeder Einzelne so weit herangebildet werde, als seine geistigen Fähigkeiten und seine erste Jugendbildung es möglich machen, und sein späterer Beruf es nöthig erscheinen lässt. Dabei lehren aber gleichzeitig die vorher angestellten Betrachtungen, dass in dieser Theilung nicht zu weit gegangen werden darf, und dass für junge Leute von annähernd gleicher Jugendbildung, die dabei, sei es auf noch so verschiedenartigen Gebieten der Geistesarbeit, Ziele von annähernd gleicher Höhe vor Augen haben, eine möglichste Einheit des Unterrichts angestrebt werden muß.

Sobald man über diese Grundsätze sich klar geworden ist, wird es weiter einleuchtend, dass die richtige und einheitliche Vorbildungsanstalt für den höchsten Unterricht so organisirt sein muss, dass sie für alle auf Geistesarbeit beruhenden Berufsarten, und zunächst für alle Fächer, die auf der Hochschule gelehrt werden, in gleicher Weise vorbereitet. Sie muss also alle geistigen Fähigkeiten wecken und in genügender Weise heranbilden, selbst wenn darüber das Beibringen von an sich nützlichen Kenntnissen bis zu einem gewissen Grad vernachlässigt werden sollte. Eine richtig organisirte Vorbereitungsschule wird also immer nur als solche, niemals als Ausbildungsschule von wahrem Nutzen sein können. Desshalb wird es ohne Schädigung des Hauptzwecks auch nie gelingen, die Gymnasien so einzurichten, dass ihr ausschliesslicher Besuch eine einigermaßen abgerundete Bildung verleiht. Dazu sind andere Schulen erforderlich, in welchen bei geringerer Schulung des Geistes eine grössere Summe an sich nützlicher Kenntnisse gelehrt wird. Die Reife des Gymnasiums ist nicht Reife für's Leben, sondern speciell Reife für den höheren Unterricht, wie die Universität ihn ertheilt.

Dass auch von den Hochschulen, obgleich bei ihnen als den höchsten Spitzen des allgemeinen Unterrichts, die an sich nützlichen Kenntnisse eine wesentliche Rolle spielen, dennoch die weitere Schulung des Geistes als hauptsächlichster Zweck angesehen werden muss, dessen sind die deutschen Universitäten sich schon seit lange bewusst. Sie huldigen seit lange der Ueberzeugung, dass wissenschaftliche Reife die beste Vorbereitung für jeden auf Geistesarbeit beruhenden Beruf ist, und dass es also ihre Hauptaufgabe sein muss, die ihnen anvertrauten jungen Männer zu selbständigen Denkern heranzubilden. Desshalb legen sie bei der Wahl ihrer Mitglieder in erster Linie, und ehe sie durch Prüfung früherer Lehrerfolge sich über die Lehrbefähigung des zu Berufenden informiren, den grössten Werth darauf, dass der künftige Professor sich als Forscher bewährt habe. Denn nur wer an den Grenzen des menschlichen Wissens neue Gebiete erobert und auf vorher unbekanntem Boden sich eine Ueberzeugung erkämpft hat, vermag es, dem Hörer die Ueberzeugung von der Richtigkeit seiner Lehre beizubringen und ihn zu lehren, wie man, selbst in schwierigen Fällen, dem Unbekannten gegenüber sich zu benehmen hat. Unsere Universitäten lehren die Methoden des höheren Lernens und des wissenschaftlichen Arbeitens, so wie die Anwendung dieser Methoden auf die verschiedenen Berufsarten. Sie überlassen es aber jedem Einzelnen, sich alle die zahlreichen speciellen Kenntnisse zu erwerben, deren er für seinen besonderen Beruf bedarf, und sie leisten namentlich Verzicht auf Unterweisung in der Berufspraxis, denn es liegt in der That auf der Hand, dass selbst der höchste wissenschaftliche Unterricht niemals in der Praxis des Berufs auszubilden vermag und dass nur die Erfahrung selbst Erfahrung zu geben im Stande ist.

Nur ein Beruf macht in dieser Hinsicht, und auch dieser nur bis zu einem gewissen Grade, eine Ausnahme; der des Lehrers. Die Kunst des Lehrens kann offenbar durch receptive Betheiligung am Unterricht erlernt werden und es muss sehr fraglich erscheinen, ob besondere Uebungsschulen für Lehrer wesentlichen Nutzen stiften würden, oder ob die etwa zu erreichenden Vortheile nicht würden überwogen werden durch die Gefahr, unsere Schulen mit einem nach einseitiger Schablone dressirten Lehrergeschlecht zu überschwemmen.

Dass auch der Staat die Universitäten und ebenso die polytechnischen Hochschulen und die speciellen Fachschulen nur als Vorbildungsschulen höchster Art betrachtet, giebt er deutlich dadurch zu erkennen, dass er in nahezu allen Fällen, wo er die durch Geistesarbeit geleisteten Dienste für sich zu verwerthen und zu honoriren beabsichtigt, nach beendeter Studienzeit noch Jahre der Praxis verlangt. Niemand wird die Berechtigung und die hohe Zweckmässigkeit dieser Maszregel in Abrede stellen, und man kann es nur gerechtfertigt finden, dass selbst von den Pharmaceuten, obgleich dieselben keine Staatsanstellung, sondern nur eine Concession und dadurch ein Privileg erwerben, eine solche Praxis gefordert wird. Um so auffallender muss es erscheinen, dass für den Mediciner etwas Aehnliches nicht existirt. Nur wenigen unserer medicinischen Commilitonen ist es vergönnt, als Assistenzärzte an klinischen Anstalten oder an Hospitälern sich gründlich in die Praxis ihres Berufs einzuführen; die meisten treten, und oft mit sehr mangelhaften Kenntnissen, direkt in die Praxis des Lebens, um sich zunächst auf Kosten ihrer Mitmenschen die Erfahrungen zu erwerben, die später Anderen nützen sollen. Da es sich hier weder um eine Staatsanstellung noch um ein Privileg handelt, so können bestimmte Vorschriften nicht wohl gemacht werden, aber es ist zu bedauern, dass der in England bestehende Usus sich nicht auch bei uns herangebildet hat, nach welchem die jungen Aerzte zunächst bei erfahreneren Collegen als Hülfsärzte eintreten, um erst, nachdem sie selbst Erfahrung gesammelt haben, sich auf eigene Füsse zu stellen.

Wenn ich jetzt, nachdem diese mehr allgemeinen Principien erörtert worden sind, mich zur Besprechung speciellerer Fragen wende, so muss ich zunächst erklären, dass ich vollständig der Meinung derer beipflichte, die es für eine Lebensfrage der deutschen Universitäten halten, dass die Hauptmasse der Schüler eine gute und einigermaszen gleichmässige Vorbildung besitze. Gewiss sollen die Pforten unserer Hörsäle den Wissbegierigen in liberalster Weise geöffnet sein, aber es ist doch nie aus den Augen zu verlieren, dass die Universität keine selbständige Schule ist, sondern die höhere Stufe eines systematischen Unterrichts. Es muss also dafür Sorge getragen werden, dass die tonangebende Mehrzahl der Studirenden aus normal vorgebildeten Jünglingen bestehe, die mit ernstem wissenschaftlichem Streben die Hochschule beziehen. Wäre dies nicht der Fall, so würden, nach dem eignen Zugeständniss derjenigen Professoren, deren Fächer dabei überhaupt in Betracht kommen, gewisse Vorlesungen Gefahr laufen ihren wissenschaftlichen Charakter zu verlieren. Es läge weiter die Gefahr vor, dass grade der Lebensnerv unserer Universitätseinrichtungen, die akademische Freiheit, eine schon bemerkbare Zahl unserer Commilitonen schädigen könnte, wo dann unfehlbar durch Rückwirkung die akademische Freiheit selbst geschädigt werden würde.

Desshalb ist es eine völlig berechtigte Anforderung unserer Universitäten, dass sie nur genügend vorgebildete Jünglinge ihre Schüler nennen wollen. Es ist berechtigt, dass nur die Schüler, nicht aber die Hörer, zur Bewerbung um Preise und zu akademischen Beneficien zugelassen werden. Es wäre berechtigt, nur sie zu seminaristischen Uebungen und zur Erwerbung akademischer Ehrentitel zuzulassen. Dabei sollte jedoch, und namentlich in der zuletzt genannten Hinsicht, den Universitäten eine gewisse, ihrer würdige Selbständigkeit gewährleistet werden. Es sollte den Fakultäten zustehen, über die Zulassung von Ausländern, und in Ausnahmefällen auch von Inländern von anomalem Studiengang zu ihren Prüfungen selbstständig zu beschliessen, ohne dass sie genöthigt wären, in jedem einzelnen Fall, wie unmündige Kinder, die Erlaubniss der vorgesetzten Behörde nachzusuchen.

Sobald der Grundsatz anerkannt wird, dass die Universitäten für die Hauptmenge ihrer Schüler eine wissenschaftlich gründliche und möglichst gleichmässige Vorbildung verlangen müssen, entscheidet sich dann eine weitere Frage so zu sagen von selbst. Die beiden jetzigen Vorbildungsanstalten der Universität haben anerkanntermaszen beide beträchtliche Fehler. Dabei ist es aber doch unbestreitbar, dass die richtige Vorschule sich leichter aus dem Gymnasium wird herausbilden lassen, als aus der Realschule 1. O. Bei den Gymnasien sind gewisse Aenderungen erforderlich; für die Realschulen wäre eine Umgestaltung nöthig, die sie fast zu Gymnasien machen würde. Die Realschulen haben schon früher stark heterogene und der höheren Wissenschaftlichkeit fern liegende Ziele verfolgt. Seitdem die Zulassung ihrer Abiturienten zu Universitätsstudien verfügt worden ist, werden sie immer mehr dazu gedrängt das Unmögliche anzustreben. Während sie einzelne ihrer Schüler für die Universität, andere für die polytechnische Hochschule vorbereiten wollen, sind sie gleichzeitig und vorzugsweise darauf angewiesen für die Hauptmasse ihrer Schüler nicht Vorbildungs- sondern Ausbildungs-Anstalten zu sein. Weil sie nach zu vielen Richtungen hin Etwas leisten wollen, sind sie in der Unmöglichkeit nach irgend einer wirklich zu befriedigen.

Die große Stärke der Gymnasien liegt unbestreitbar in der vortrefflichen Schulung des formalen Denkens, die sie durch den gründlichen Unterricht der alten Sprachen erreichen. Ich will dabei nicht die vielbesprochene Frage über den Bildungswerth der formenreichen Sprachen des klassischen Alterthums von Neuem erörtern. Was darüber von competenterer Seite, und namentlich durch von S y b e l von dieser Stelle aus, gesagt worden ist, hat, wie mir scheint, so volle Beweiskraft, dass Weiteres sich nicht hinzufügen lässt. Ich will auch den lebenden Sprachen, oder wenigstens dem Französischen, einen grossen Werth als Mittel zur Geistesbildung durchaus nicht absprechen, aber es will mir scheinen, als ob eine Sprache, bei welcher der durch eine Autorität sanktionirte Usus Gesetzeskraft erlangt hat, jedenfalls als Lehrmittel nicht dasselbe zu leisten vermöge wie das Latein, dessen Regeln in den unteren Klassen zwar selbstverständlich autoritarisch gelehrt, in den oberen aber induktiv aus den Autoren abgeleitet werden. Dabei bin ich weiter der Meinung, dass jener direkt zu Tage tretende Vortheil, den das Erlernen

einer lebenden Sprache bietet, für den Unterricht einer höheren Vor-
bildungsschule von weit geringerem Werth ist, als der viel weniger sich
hervordrängende, den das Studium klassischer Sprachen dadurch ge-
währt, dass es den jugendlichen Geist in die uns ferneliegende und grade
desshalb ideale Welt des klassischen Alterthums einführt. Auf alle
Fälle scheint mir das sicher zu stehen: der Unterricht in klassischen
Sprachen hat sich seit lange als treffliches Mittel der formalen Geistesbildung bewährt, während die lebenden Sprachen bis jetzt den Beweis
schuldig geblieben sind, dass sie dasselbe zu leisten vermögen. In Sachen
des höheren Unterrichtes aber kann kühnes Experimentiren wohl kaum
für zulässig erachtet werden, und so werden also auf das Studium der
klassischen Sprachen begründete Gymnasien für die richtigsten Vorbildungsschulen für den höheren Unterricht angesehen werden müssen.

Ob die auf den Gymnasien dermalen gebräuchliche Lehrmethode auf
den Zusammenhang der Sprachformen mit den Denkformen hinlänglichen
Werth legt, ob wirklich, wie dies vielfach behauptet wird, ein allzu for-
maler grammatikalischer Unterricht die Uebungen in der Syntax und
mehr noch die Lektüre, und dadurch wieder das Eindringen in den Geist
des klassischen Alterthums in schädlicher Weise überwuchert habe, dies
sind Fragen, für deren Beurtheilung ich mich nicht competent erachte.
Aber es sind jedenfalls Fragen von mehr untergeordneter Wichtigkeit,
innere Fragen der Gymnasien, die durch die Erfahrung an den Gymnasien selbst, ohne wesentliche Schädigung der Jugend, über kurz oder
lang zum Austrag kommen werden.

Dass auch die lebenden Sprachen an den Gymnasien nicht vollständig
vernachlässigt werden dürfen, versteht sich wohl von selbst. Das Französische hat jetzt schon seine Stelle. Englisch und Italienisch werden hie
und da, und sollten überall, wenigstens für die besseren Schüler, fakul-
tativ gelehrt werden. Ich selbst erinnere mich noch mit Vergnügen solcher fakultativer Stunden, die im Winter um 7 und im Sommer um 6 Uhr
Morgens stattfanden und uns wenigstens so weit brachten, dass wir beide
Sprachen mit ziemlicher Leichtigkeit lesen konnten und dass ich mich
später in London leidlich durchzuschlagen vermochte.

Der wesentliche Fehler unserer Gymnasien liegt, nach meiner und
Vieler Ueberzeugung, in Folgendem. Die Gymnasien sind weit davon
entfernt a l l e Fähigkeiten des Geistes anzuregen und in möglichst gleich-
mässiger Weise heranzubilden. Während sie gewisse Geistesfähigkeiten
wecken und pflegen, lassen sie andere ganz oder doch nahezu unberück-

sichtigt. Sie genügen also nicht den Anforderungen, welche an allgemeine Vorbildungsanstalten gestellt werden müssen.

Die Gymnasien erwecken nur in höchst ungenügender Weise, wenn überhaupt, den Sinn für richtiges Sehen, noch weniger den für Vergleichung, Unterscheidung und für Beobachtung complicirterer Vorgänge. Sie regen den jugendlichen Geist nicht an, an Gegenstände der Natur und an Naturerscheinungen Fragen zu stellen. Sie üben ihn in keiner Weise in der Fertigkeit durch naturwissenschaftliche Induktion aus dem Beobachteten Schlüsse zu ziehen und den ursächlichen Zusammenhang der Erscheinungen zu ermitteln. Der beste sprachliche Unterricht kann alle diese Geistesfähigkeit weder erwecken noch bilden. Ebensowenig vermag es der mathematische, der mit dem grammatikalischen unverkennbar eine gewisse Aehnlichkeit zeigt. So wenig wie die sprachliche ist die mathematische Logik, mit ihrer mehr deduktiven Methode der Schlussfolgerung, fähig, irgendwie fördernd auf die Befähigung zu naturwissenschaftlichem Sehen und Beobachten einzuwirken, oder den jugendlichen Geist in die induktive Methode des naturwissenschaftlichen Denkens einzuführen. Niemand wird bestreiten, dass die Mathematik eine ungemein wichtige Hülfswissenschaft für die meisten naturwissenschaftlichen Disciplinen ist, aber sie kann desshalb doch nicht für eine Grundwissenschaft derselben gehalten werden, und es ist ein Irrthum zu glauben, der mathematische Unterricht bereite auf den naturwissenschaftlichen vor.

Nun wird vielfach behauptet, der normal ausgebildete Gymnasialabiturient könne das in dieser Richtung Fehlende verhältnissmässig leicht nachholen und ergänzen. Die Erfahrung des akademischen Lehrers, und am besten wohl die des Chemikers, beweist in schlagender Weise, dass dies ein Irrthum ist. Die naturwissenschaftlichen Prüfungen der Mediciner zeigen deutlich, dass selbst der bessere Gymnasialabiturient, insofern er nicht durch persönliche Liebhaberei das, was die Schule ihm nicht bot, sich nebenher angeeignet hat, Monate und selbst Semester verwenden muß, nur um sich die Methoden des naturwissenschaftlichen Sehens und Denkens anzueignen. Es ist eine ganz constante Erfahrung, dass der naturwissenschaftliche Unterricht der Universität in der ersten Zeit in Bezug auf sachliche Kenntnisse noch keinerlei Erwerb bringt, dass er vielmehr nur die für reale Wissenschaften nöthigen Geistesfähigkeiten entwickelt, also das nachholt, was die Schule verabsäumt hat. Dabei wird weiter wohl zugegeben werden müssen, dass die Entwicklung grade dieser Fähigkeiten für Niemanden schädlich sein kann. Mediciner, Philosophen und künftige Lehrer der Naturwissenschaften bedürfen ihrer gradezu, und auch dem Juristen und Philologen würden sie bei Ausübung des künftigen Berufes und bei der Interpretation zahlreicher Autoren gewiss von wesentlichem Nutzen sein.

Die große an die Gymnasien zu stellende Forderung ist also: Hebung des naturwissenschaftlichen Unterrichts. Dabei ist aber immer wieder an den vorhin erörterten Grundsatz zu erinnern: nicht auf an sich nützliche Kenntnisse kommt es an, sondern vielmehr darauf, dass diejenigen Geistesfähigkeiten erweckt und geschult werden, die zum Erfassen und Verstehen der Körperwelt in Anwendung gebracht werden müssen.

Nun lehren freilich die Gymnasien schon jetzt Naturwissenschaften; aber sie thun es in entschieden ungenügender Weise. Sie verwenden zunächst auf diesen Unterricht zu wenig Zeit, und sie benutzen selbst diese Zeit nicht grade in richtiger Weise. Dass Botanik und Zoologie schon in den unteren Klassen gelehrt werden, ist völlig berechtigt. Der Unterricht in einzelnen Zweigen dieser Wissenschaften, namentlich in Entomologie, könnte sogar noch früher beginnen, denn die Befähigung zu körperlicher Anschauung kann nicht früh genug geweckt werden. Bei Pflanzen und Thieren treten die meisten charakteristischen Merkmale schon dem ungeübten Auge entgegen; da ist es leicht Gemeinsames aufzufinden und so die allgemeine Methode des wissenschaftlichen Klassificirens kennen zu lernen. Welchen Nutzen aber der mineralogische Unterricht in Unter-Tertia stiften soll, ist schwer verständlich. Bei Mineralien liegen die charakteristischen Eigenschaften nicht so direkt zu Tage. Das Wichtigste und für Schulung des Geistes Nützlichste, Krystallform und materielle Beschaffenheit, bleibt unverständlich, so lange nicht gewisse Kenntnisse in Stereometrie erworben und wenigstens die Fundamentalbegriffe der Chemie erörtert worden sind. Dem mehr beschreibenden Unterricht in den niederen Klassen sollte sich in den höheren ein summarisches Studium der Anatomie und Physiologie anschliessen. Es muss in der That für jeden Gebildeten für nöthig gehalten werden, dass er sich selbst zu beobachten und dass er sich von den Funktionen des Körpers Rechenschaft zu geben vermöge, denn nur dadurch kann das Verständniss der Geistesfunktionen ermöglicht werden.

Auf die Physik wird verhältnissmässig viel Zeit verwandt und hier werden auch die entschieden günstigsten Resultate erzielt. Aber auch hier entsprechen die Leistungen in der Regel in keiner Weise den An-

forderungen. Namentlich will es mir scheinen, als ob vielfach durch allzu trocken systematischen Unterricht der jugendliche Geist mit einer
nutzlosen Anzahl von Einzelheiten belastet werde, während der Zusammenhang des Einzelnen mit den großen Erscheinungen der Natur nicht
hinlänglich hervorgehoben und die Anwendung der Mathematik auf physikalische Probleme nicht genügend berücksichtigt werde.

Grade von diesem Gesichtspunkt aus scheint es nothwendig auch den
mathematischen Unterricht, der an anderen Stellen vielleicht der Vereinfachung fähig wäre, weiter zu heben. Es ist unbestreitbar, dass selbst
für den Mediciner, das, was er an mathematischen Kenntnissen vom
Gymnasien mitbringt, nicht ausreicht und dass auch Nationalökonomen
und Verwaltungsbeamte wissen müssten, in welcher Weise Funktionen
durch Formeln oder durch Curven ausgedrückt werden können. Ich ver-
lange also mit D u b o i s - R e y m o n d „Kegelschnitte", und wenn ich
nicht beifüge, „kein griechisches Scriptum mehr", so geschieht dies einfach, weil ich auch hier den Philologen die Entscheidung der Frage
überlassen möchte, ob sie die Zeit, die ihnen für Griechisch zur Verfügung gestellt werden kann, besser zu verwenden glauben, indem sie
die Schüler zu stümperhafter Handhabung der griechischen Sprache
dressiren, als dadurch, dass sie durch vermehrte Lektüre sie tiefer in
den Geist des Alterthums einführen.

Und nun die Chemie. Sie erwarten wohl, dass der Chemiker der Disciplin das Wort rede, die er in unserem Kreise vertritt, und Sie sind
darauf gefasst, dass ich die Chemie in das Lehrprogramm der Gymnasien
aufgenommen zu sehen wünsche. Nun stimme ich zwar vollständig dem
bei, was mein Freund W i l l i a m s o n , Professor am University-College
in London, vor Jahren über den Bildungswerth der experimentellen
Wissenschaften und speciell der Chemie gesagt hat. Ich glaube sogar,
dass die Chemie in noch höherem Grade wie die Physik die Eigenthümlichkeit zeigt, dass sie eine ungemein grosse Anzahl der verschiedensten
Geistesfähigkeiten gleichzeitig in Thätigkeit bringt. Dabei bin ich aber
doch der Meinung, dass ein wirklich fruchtbringender Unterricht in der
Chemie eine Zeit in Anspruch nehmen würde, die das Gymnasium unmöglich zu liefern im Stande ist. Einen oberflächlichen, und namentlich
einen elementar-systematischen Unterricht würde ich aber viel eher für
schädlich wie für nützlich halten. Als Disciplin für sich ist die Chemie
von den Gymnasien fern zu halten, aber gewisse chemische Begriffe sollten auch im Gymnasium gelehrt, das Interesse an chemischen Erschei-

nungen sollte geweckt und das Verständnis chemischer Vorgänge sollte vorbereitet werden.

In welcher Weise dies geschehen und in welcher Weise der naturwissenschaftliche Unterricht auf Gymnasien überhaupt fruchtbringend gemacht werden könnte, dies ist nun freilich eine ebenso schwierige wie wichtige Frage. Mir will es scheinen, als läge die beste Lösung in Folgendem. In den Lehrplan der Gymnasien wäre eine besondere Disciplin aufzunehmen, die als kosmische Physik bezeichnet werden könnte. Da böte sich Gelegenheit in grossen Zügen Einzelnes aus der Astronomie, der physischen Geographie und der Geologie zu behandeln, die meteorologischen und überhaupt die in der Natur verlaufenden grossartigen physikalischen Erscheinungen zu besprechen, und durch das Studium des Wassers, der Luft und wohl auch der Verbrennungserscheinungen auch chemische Thatsachen und Begriffe in den Kreis des Unterrichts zu ziehen.

Ich hege die feste Ueberzeugung, dass ein solcher Unterricht, bei richtiger Leitung, die besten Früchte bringen würde. Mehr als die elementare Beschäftigung mit irgend einer speciellen Disciplin würde er die Neigung zu Naturbeobachtung anregen und alle die Geistesfähigkeiten heranbilden, die zum Verständniss der Körperwelt in Thätigkeit gesetzt werden müssen. Eine eingehende und einigermassen erschöpfende Behandlung sei es auch nur weniger Naturerscheinungen (ich nenne als Beispiel den Regenbogen) würde als Mittel zur Geistesbildung gewiss fördernder sein, wie das Erlernen von noch so viel einzelnen Thatsachen, die bei dem trocken systematischen Unterricht der einzelnen Disciplinen kaum eine andere Wirkung hervorbringen können, als das Gedächtniss in nahezu nutzloser Weise zu belasten.

Ein im angegebenen Sinn reformirter naturwissenschaftlicher Unterricht würde indessen nur dann das zu leisten im Stande sein, was von einer allgemeinen Vorbildungsanstalt verlangt werden muss, wenn bei der Wahl der Lehrer, mehr als dies jetzt gewöhnlich geschieht, Werth auf die alte Wahrheit gelegt würde, dass es weit schwerer ist in kurzer Zeit anregend zu lehren, als in einer grossen Stundenzahl eine gewisse Summe an sich nützlicher Kenntnisse in elementarer Weise vorzutragen.

Auf den Gymnasien namentlich, in welchen bisher der sprachliche Unterricht allzusehr im Vordergrund gestanden hat, kann ein wirklicher Erfolg des naturwissenschaftlichen Unterrichts nur erwartet werden, wenn die Lehrer der Naturwissenschaft und das von ihnen vertretene Fach in jeder Hinsicht den Lehrern der klassischen Sprachen und dem sprachlichen Unterricht wirklich gleichgestellt werden. So lange eine solche Gleichstellung nicht vorhanden ist, werden die Schüler von frühester Jugend an den unauslöschlichen Eindruck gewinnen, als seien die Naturwissenschaften etwas Nebensächliches und Unwichtiges, welches im Grund genommen neben den eigentlichen Gymnasialfächern kaum in Betracht komme. Thatsächlich liegt es jetzt so, dass ein Schüler nicht nur die Naturwissenschaften, sondern selbst die Mathematik systematisch vernachlässigen kann und dass er dabei doch von Klasse zu Klasse vorrückt, um unter Umständen mit einem für glänzend geltenden Zeugniss die Schule zu verlassen.

Das Recht des veto muss dabei für eine illusorische Maszregel gehalten werden, denn ein in andern Fächern tüchtiger Schüler wird in Unkenntniss schon das Unmögliche leisten müssen, bis der Lehrer sich dazu entschliesst, ihn durch ein einseitiges „durchaus ungenügend" zurückzuhalten.

So drängt sich denn die Frage auf, ob nicht ein wirksameres Mittel zur Hebung des naturwissenschaftlichen und auch des mathematischen Unterrichts; oder, allgemeiner ausgedrückt, zur thatsächlichen Gleichstellung der verschiedenen Lehrfächer, aufgefunden werden könne. Auf die Gefahr hin, von praktischen Schulmännern für unpraktisch gehalten zu werden, will ich es wagen als Vertheidiger eines Vorschlages aufzutreten, der, wie ich glaube, noch nicht hinlänglich berücksichtigt worden ist. Es wäre, so scheint mir, in ernste Erwägung zu ziehen, ob das Vorrücken von Klasse zu Klasse nothwendig in allen Fächern zu derselben Zeit stattfinden muss, oder ob es durchführbar wäre, ein fachweises Vorrücken einzuführen; in der Weise, dass die Schüler immer nur in denjenigen Fächern in die höhere Klasse übertreten, in welchen sie die nöthige Reife erlangt haben, während sie in all den Fächern, in welchen sie nicht genügen, den Unterricht in der niederen Klasse zu wiederholen hätten. Die jetzige Einrichtung des gleichzeitigen Versetzens in allen Fächern muss nothwendig dazu führen, dass einzelne Schüler beim Eintritt in eine Klasse nicht diejenige Reife besitzen, die für das Verständniss des Klassenunterrichts erforderlich ist. Der Lehrer ist dann vor die Alternative gestellt, entweder die unreifen Schüler geradezu fallen zu lassen, oder den Fortschritt der Besseren in der schädlichsten Weise zu verlangsamen. Bei fachweisem Vorrücken würde dieser Missstand gehoben, es könnte direkt das Klassenpensum begonnen und ohne Nachtheil beträchtlich erhöht werden. Das fachweise Vorrücken böte dabei aber noch einen weiteren, nicht zu unterschätzenden Vortheil. Es würde allen Schülern von Anfang an die Ueberzeugung beibringen, dass es keine nutzlosen Nebenfächer giebt. Kein Fach würde ohne empfindlichen Nachtheil vernachlässigt werden können, und Jeder würde sich nach Kräften bemühen alle Geistesfähigkeiten in möglichst harmonischer Weise heranzubilden.

Nun sind freilich die jugendlichen Köpfe ungleich organisirt und schon durch die früheste Jugenderziehung ungleich ausgebildet. Naturanlage und Neigung erleichtern dem Einen das Studium der Geisteswissenschaften, während sie den Andern für mathematische Studien und für realistische Fächer befähigter machen. Ein ungleiches Vorrücken würde also immer Platz greifen. Darin sehe ich indessen nicht etwa einen Nachtheil; ich glaube vielmehr, dass bei consequenter Durchführung dieses Systems ein wesentlicher Vortheil erreicht werden könnte. Der jetzigen Prima wäre einfach eine Selekta vorzustellen. Wer in Mathematik und Naturwissenschaften zurückgeblieben, in anderen Fächern aber normal vorangekommen, hätte da Gelegenheit sich in humanistischen Disciplinen weitere und eingehendere Kenntnisse zu erwerben, während er das in realistischen Fächern Fehlende nachholt. Wer umgekehrt in Mathematik und Naturwissenschaften rasch vorangeschritten, hätte, während er in Latein und Griechisch sich die mit Recht verlangten Kenntnisse erwirbt, die Möglichkeit, seine mathematischen und naturwissenschaftlichen Studien weiter fortzuführen. Kein Schüler würde das Gymnasium verlassen, bevor er in allen Fächern mindestens diejenige Reife erlangt hat, die für den Austritt aus der Prima gefordert wird; eine erhebliche Anzahl aber wäre in der einen oder anderen Richtung, und in der Regel wohl in der des künftigen Berufs, zu größerer Reife gelangt wie jetzt.

Es will mir scheinen, als habe eine solche Einrichtung beträchtliche Vorzüge vor der vielfach vorgeschlagenen Abzweigung der oberen Klassen in Parallelklassen von mehr humanistischer, neben anderen von mehr realistischer Richtung.

Dabei kann ich mir freilich nicht verhehlen, dass eine derartige Einrichtung in der Ausführung gewisse Schwierigkeiten bieten würde; wenn man aber einmal von der Zweckmässigkeit überzeugt ist, so können auch Mittel gefunden werden diese Schwierigkeiten zu überwinden. Denn die

Bequemlichkeit des Augenblicks kann nicht maszgebend sein, wo es sich um das Wohl künftiger Generationen handelt.

Ein jedes Heben des Gymnasialunterrichts setzt indess — und darauf ist schon bis zum Ueberdruss aufmerksam gemacht worden — in erster Linie voraus, dass aus den Gymnasien alle die Elemente entfernt werden, die nichts darin zu thun haben. So wie die Universität, als zweite Etappe des höheren Unterrichts, mit Recht nur diejenigen in die Zahl ihrer wahren Schüler aufnimmt, die die erste Hälfte des Wegs zurückgelegt haben, so muss, und zwar mit grösserer Strenge, das Gymnasium, als die erste Etappe des Gesammtweges zur höchsten Geistesbildung. ausschliesslich diejenigen Knaben zulassen, die den Weg wirklich bis zu Ende zurückzulegen beabsichtigen. Wer nach bestandener Abiturientenprüfung nicht die Universität zu beziehen gedenkt, gehört nicht auf die Bänke des Gymnasiums. Nur wenn aus den unteren und mittleren Klassen jene den Fortschritt der wahren Gymnasiasten hemmende Masse entfernt worden ist, wird das Gymnasium im Stande sein, seiner Aufgabe wirklich gerecht zu werden. Bis zu welchem Grad sich die Intensität des Unterrichts dann wird steigern lassen, entzieht sich jeder Berechnung. Sicher ist, dass alle Lehrfächer in gleicher Weise gewinnen würden, und es scheint mir unzweifelhaft, dass der Unterricht der klassischen Sprachen dann zwei wöchentliche Stunden abgeben und dabei mindestens dasselbe, wenn nicht mehr leisten könnte wie jetzt.

Für die von den Gymnasien fern zu haltenden Schüler müssten nun selbstverständlich geeignete Mittelschulen vorhanden sein und wo sie fehlen, begründet werden. Aber die Begründung würde für sich allein nur wenig helfen. Eigner Vortheil und das Interesse Anderer sollte zwar Alle, die nicht die Absicht haben sich höheren Studien zu widmen, von den Gymnasien fernhalten, aber hier wie überall spielen Vorurtheile und falscher Ehrgeiz eine wesentliche Rolle. Wer in die Liste der Universitäts-Studirenden eingeschrieben war, gilt in gewissen Kreisen, selbst wenn er seine Zeit überall sonst nur nicht in den Hörsälen zugebracht hat, für einen halben Gelehrten; und so wird, wer auf den Bänken des Gymnasiums sass, sei es auch nur in den unteren Klassen, vielfach für halbstudirt gehalten. Die Hauptmasse der Kinder aller Stände würde immer dem Gymnasium zuströmen, wenn sie nicht durch zwingende Gründe daran gehindert würde.

Da könnte es nun auf den ersten Blick scheinen, als ob es genüge die Zulassung von dem Versprechen abhängig zu machen, dass das Gymnasium wirklich absolvirt und nachher die Hochschule bezogen werden solle. Bis zu einem gewissen Grad und für eine gewisse Zeit dürfte eine solche Maszregel allerdings Erfolg versprechen, auf die Dauer aber würde sie sich jedenfalls als illusorisch erweisen, denn alle solche Versprechen können mala oder bona fide nur allzuleicht umgangen werden.

Als Mittel von unfehlbarer und durchschlagender Wirksamkeit dürfte dagegen jene von einem der bewährtesten Schulmänner schon empfohlene Maszregel angesehen werden. Man gebe erst dem Reifezeugniss der Prima das Recht zum einjährig-freiwilligen Militärdienst und verleihe dasselbe Recht den Abgangszeugnissen der Mittelschulen, selbst wenn diese mit einer der Secunda und sogar der Untersecunda entsprechenden Klasse abschliessen. Eine Ungerechtigkeit würde Niemand darin finden, wenn die Abgangszeugnisse verschiedener und selbst ungleich hoher Schulen in dieser Hinsicht die gleiche Berechtigung gewährten. Jedenfalls würden die wirklich berechtigten Schüler der Gymnasien in keiner Weise geschädigt, denn es ist wohl unzweifelhaft, dass Alle, die sich höheren Studien widmen, die Dienstzeit nicht in die Lehrjahre des Gymnasiums, sondern in die Wanderjahre des Universitätsstudiums verlegen werden.

Täusche man sich nicht darüber, die Reorganisation des höheren Unterrichts ist eine der wichtigsten Fragen der Zeit, die Frage, von deren richtiger Lösung, mehr als von etwas sonst, das Wohl künftiger Generationen abhängt. Durch Heeresmacht kann ein starker Staat wohl gebildet, aber nur durch geistige Kraft kann er erhalten und nach Aussen und Innen gekräftigt werden. Was unser Heldenkaiser an der Spitze des Volksheeres dem Vaterlande erkämpft hat: Einheit, Macht und innere Freiheit, das sind wir und künftige Generationen verpflichtet in vollen Ehren zu erhalten und nach Kräften zu mehren.

Dabei dürfen wir mit Zuversicht zu dem erhabenen Monarchen emporblicken, zu dessen Feier wir hier versammelt sind. Wie er nicht erlahmte, als es sich darum handelte in hartem Strauss dem Vaterlande diese Güter zu erkämpfen, so wird er jetzt nicht ermüden dafür Sorge zu tragen, dass sie seinem Volke gewahrt bleiben und dass ein Geschlecht herangebildet werde, würdig sie ferner zu geniessen und fähig sie mehr und mehr zu entwickeln.

Möge ein gütiges Geschick den geliebten Monarchen noch lange erhalten, damit er das von ihm begründete Deutschland mehr und mehr kräftige, und mehr und mehr den Dank seines Volkes ernte, der, neben dem eigenen Bewusstsein, der einzige Lohn ist, nach dem seine Seelengrösse begehrt.

# Rede von August Kekulé,

gehalten bei der ihm zu Ehren veranstalteten Feier der Deutschen Chemischen Gesellschaft im großen Saal des Rathauses der Stadt Berlin am 11. März 1890.

Ber. d. deutsch. chem. Ges. **23**, 1302 (1890).

Ich bin mit Ehrenbezeugungen so überhäuft, dass mir zum Dank nicht nur die Worte, dass mir die Gedanken fehlen. Wo soll ich anfangen? Wie soll ich enden? Noch niemals, seitdem Wissenschaft betrieben wird, ist ein Lebender in solcher Weise von seinen Fachgenossen gefeiert worden. Noch niemals hat man für eine wissenschaftliche Arbeit nach nur 25 Jahren ein Jubiläum veranstaltet.

Die Deutsche Chemische Gesellschaft hat es für geeignet gehalten, eine meiner geringen Leistungen in dieser ausserordentlichen Weise zu feiern. Ihrem Beispiel und offenbar ihrer Aufforderung sind zahlreiche gelehrte Gesellschaften des In- und Auslandes gefolgt; zahllose einzelne Fachgenossen haben sich angeschlossen.

Die Deutsche Chemische Gesellschaft hat mir überdies eine prachtvoll ausgestattete Adresse überreicht. Ein flüchtiger Blick, und mehr als ein flüchtiger Blick ist mir bisher nicht vergönnt gewesen, hat mir schon gezeigt, dass ein wahres Kunstwerk vorliegt. Der Inhalt, den mein verehrter Freund W i c h e l h a u s , welchen ich mit Stolz zu meinen Schülern rechne, uns mitgetheilt hat, überschüttet mich mit überschwänglichem Lob.

Fremde Gesellschaften haben eigene Vertreter hierhergesandt. Im Namen der Chemical Society in London hat mein berühmter Freund A r m s t r o n g , der erste Sekretär der Gesellschaft, eine Ansprache gehalten und mir eine kunstvoll ausgestattete Adresse überreicht. Von dem Inhalt eines von zahlreichen Mitgliedern der Société chimique in Paris unterzeichneten Schreibens hat mein verehrter Freund M a r t i u s uns Kenntniss gegeben. Mein lieber Freund und langjähriger Mitarbeiter, Professor K ö r n e r aus Mailand, der mit an der Wiege der Benzoltheorie gestanden hat, ist als Vertreter zahlreicher Italienischer Körperschaften hier erschienen und hat deren Glückwünsche theils in Form von Adressen, theils als Depeschen angekündigt. Eine Adresse der Russischen Physico-Chemischen Gesellschaft in Petersburg ist von Hrn. Professor B i s c h o f f aus Riga verlesen und hier niedergelegt worden.

Selbst das ferne Amerika hat einen Vertreter gesandt, um mir seine Glückwünsche zu überbringen.

Ich bin im Augenblick ausser Stande, allen Rednern nach Gebühr zu danken und auf Alles, was zu meinem Lobe gesagt worden ist, zu erwidern. Für mich ist Eines sicher, man hat meine geringen Verdienste weit über Gebühr gelobt. In allen Reden und in allen Adressen höre ich denselben Ton, den Ton derselben Uebertreibung.

Ich wende mich nochmals an Sie, hochverehrter Freund H o f m a n n , den Begründer und Vorsitzenden der Deutschen Chemischen Gesellschaft; ich wende mich an den Vorstand der Gesellschaft.

Sie haben, ohne zureichenden Grund, eine aussergewöhnliche und aussergewöhnlich grossartige Feier veranstaltet und haben dieser Feier den Stempel meines Namens aufgedrückt. So bin ich, sehr gegen meine Neigung, genöthigt, von meiner eigenen Person zu reden und die Frage zu erwägen, ob meine geringen Verdienste eine derartige Huldigung und ob sie überhaupt eine Huldigung verdient haben.

Sie feiern das Jubiläum der Benzoltheorie. Ich muss zunächst sagen, für mich selbst war diese Benzoltheorie nur eine Konsequenz, und zwar eine leidlich naheliegende Konsequenz der Ansichten, die ich mir über den chemischen Werth der Elementaratome und über die Art der Bindung der Atome gebildet hatte, also der Ansichten, die wir jetzt als Valenz- und Structurtheorie zu bezeichnen gewohnt sind. Was hätte ich mit den disponibel bleibenden Verwandtschaften anfangen sollen?

Ich habe mit besonderem Vergnügen gehört, dass Ihr Festredner, mein verehrter Freund B a e y e r , in seiner geistreichen und beredten Weise, denselben Gedanken zum Ausdruck gebracht hat. Er hat uns gesagt, die Benzoltheorie sei der Schlussstein des Gebäudes und wir feierten heute das Richtfest der Structurchemie. Derselben Ansicht hat, zu meiner grossen Genugthuung, auch der berühmte Italiener C a n n i z - z a r o Ausdruck gegeben, indem er in der für mich so schmeichelhaften Rede [1]), durch welche er die Accademia dei Lincei veranlasste, am heu-

---

[1]) Aus dieser in der Sitzung der Accademia dei Lincei vom 2. März 1890 gehaltenen Rede mögen hier folgende Worte citirt sein:

    » E le parole colle quali il Berzelius ed il Thomson narrarono come la notizia dell'ipotesi di Dalton colpì immediatamente di nuova luce il loro

tigen Tage ein Glückwunschtelegramm hierherzuschicken, die Benzoltheorie als Krönung des Werks bezeichnete.

Aber wo ist das besondere Verdienst?

Meine Herren Fachgenossen! Wir alle stehen auf den Schultern
unserer Vorgänger; ist es da auffallend, dass wir eine weitere Aussicht
haben als sie? Wenn wir auf den von unseren Vorgängern gebahnten
Wegen, oder wenigstens auf den von ihnen betretenen Pfaden mühelos
zu den Punkten gelangen, welche Jene, mit Ueberwindung zahlreicher
Schwierigkeiten, als die äussersten erreicht haben: ist es da ein besonderes Verdienst, wenn wir noch die Kraft besitzen, weiter wie sie in das
Gebiet des Unbekannten vorzudringen?

Jeder der Fachgenossen hat zu diesen Fortschritten beigetragen;
Jeder in seiner Weise. Sie können gewiss meinen Fachgenossen von
vor 25 Jahren keinen Vorwurf daraus machen, dass nicht sie es waren,
die die Benzoltheorie erdacht und veröffentlicht haben: aber andererseits wäre es zu weit gegangen, wenn Sie es mir als besonderes Verdienst
anrechnen wollten, dass gerade ich sie erdachte.

Gewisse Ideen liegen zu gewissen Zeiten in der Luft; wenn der Eine
sie nicht ausspricht, thut es kurz nachher ein Anderer.

Man hat gesagt: die Benzoltheorie sei wie ein Meteor am Himmel erschienen, sie sei absolut neu und unvermittelt gekommen. Meine Herren!
So denkt der menschliche Geist nicht. Etwas absolut Neues ist noch niemals gedacht worden, sicher nicht in der Chemie. Wer, wie ich, von
Jugend auf die Geschichte der Entwickelung seiner Wissenschaft mit
Liebhaberei studirt, und dann später, wie es dem Alter ziemt, sich in
neue gründlichere Studien der Klassiker vertieft hat, der kann versichern,
keine Wissenschaft hat sich so stetig entwickelt wie die Chemie.

Während der Entwickelung, die ich zum Theil ja noch miterlebt habe,
sah das zeitweise freilich anders aus. Vor jetzt 50 Jahren hatte sich der
Strom in zwei Arme getheilt; der eine floss, meist auf französischem
Boden, durch üppige, blumenreiche Gefilde, und die ihm Folgenden,
L a u r e n t und D u m a s an der Spitze, konnten auf der ganzen Fahrt

---

*spirito, e diede loro il bandolo della matassa che non giungevano a distri-
care col solo paziente lavoro sperimentale, possono bene ripetersi per scol-
pire l'effetto che la pubblicazione della teoria di Kekulé ebbe nel 1865, su
tutti i chimici che lavoravano nel vasto campo delle così dette sostanze
aromatiche, tra i quali era allora anche io coi miei lavori sull'alcool ben-
zoico ed omologhi.*     *G(ustav) S(chultz).*

fast mühelos die reichste Ernte einheimsen. Der andere schlug die Richtung ein, die ein seit lange bewährter, von dem großen Schweden B e r -
z e l i u s aufgepflanzter Wegweiser andeutete. Er führte vielfach durch
zertrümmertes Gestein und kam erst später wieder in fruchtbares Land.
Schliesslich, als beide Zweige sich schon wesentlich genähert hatten,
trennte sie ein Gestrüpp von Missverständnissen; die noch immer getrennt Einherfahrenden sahen sich nicht und verstanden ihre Sprache
nicht. Da erscholl plötzlich lautes Hurrah in der Heerschaar der Typiker.
Die Anderen waren auch angekommen; F r a n k l a n d an der Spitze. Man
sah jetzt, dass man, wenn auch auf verschiedenen Wegen, demselben
Ziele zugestrebt hatte. Man tauschte seine Erfahrungen aus; jede Partei
zog Vortheil aus den Errungenschaften der anderen, und mit vereinten
Kräften fuhr man auf dem wieder einheitlichen Strom durch die frucht-
barsten Gefilde weiter. Nur Einzelne hielten sich schmollend zur Seite;
sie meinten, sie allein hätten den richtigen Weg eingeschlagen, sie allein
befänden sich im richtigen Fahrwasser; aber sie folgten dem Strome.

Unsere jetzigen Ansichten stehen nicht, wie man öfter behauptet hat,
auf den Trümmern früherer Theorien. Keine der früheren Theorien
ist durch spätere Geschlechter als vollständig irrig erkannt worden; alle
konnten, gewisser unschöner Schnörkel entkleidet, in den späteren Bau
aufgenommen werden und bilden mit ihm ein harmonisches Ganzes.

Da ist wohl zeitweise ein Samenkorn liegen geblieben, ohne zu
keimen, aber Alles, was wuchs, entsprosste dem früher ausgestreuten
Samen. Auch meine Ansichten sind aus denen der Vorgänger erwachsen
und lehnen sich an sie an. Von absoluter Neuheit kann keine Rede sein.

Man hat gesagt, die Benzoltheorie sei, gewappnet wie Pallas Athene,
dem Haupt eines chemischen Zeus entsprungen. Das mag vielleicht so
ausgesehen haben, aber selbst wenn es so aussah, so war es nicht so.
Ich bin in der Lage, Ihnen in dieser Hinsicht einige Aufklärung geben
zu können.

Meine Vorstellungen über den chemischen Werth und die Art der
Bindung der Atome, also das, was wir jetzt als Structurtheorie bezeichnen, waren schon während meines Aufenthaltes in London entstanden.
Als junger Privatdocent in Heidelberg brachte ich diese Ansichten zu
Papier und theilte die Arbeit zweien meiner näheren Freunde mit. Beide
schüttelten bedenklich den Kopf. Ich dachte, eines von beiden ist noch
nicht reif, entweder meine Theorie oder die Zeit und legte das Manuscript ruhig in die Schieblade: Nonumque prematur in annum. Ueber

ein Jahr nachher gab eine Abhandlung von L i m p r i c h t den äusseren
Anstoss zur Veröffentlichung; natürlich in veränderter Form. Die Arbeit
hat durch diese Aenderung nicht eigentlich gewonnen; der polemische
Theil wäre zweckmässig nicht gedruckt worden: nach meiner Ansicht
war die ursprüngliche Form besser.

Aehnlich ging es mit der Benzoltheorie. Sie lag nahezu ein Jahr
geschrieben in meinen Papieren, bis die schöne Synthese aromatischer
Kohlenwasserstoffe von F i t t i g und T o l l e n s mich zur Veröffentlichung veranlasste.

Lassen wir immer die Früchte hängen, bis sie reif sind. Unreifes
Obst bringt selbst dem Züchter wenig Gewinn; es schädigt die Gesund-
heit derer, die es geniessen; es gefährdet namentlich die Jugend, die
Reif und Unreif noch nicht zu unterscheiden vermag.

Man hat von Genie gesprochen und die Benzoltheorie als genial bezeichnet. Ich habe mich oft gefragt: was ist eigentlich genial, was ist
ist ein Genie?

Man sagt, das Genie erkenne die Wahrheit ohne den Beweis zu
kennen. Ich zweifle nicht daran, dass schon in den ältesten Zeiten in
dieser Weise gedacht worden ist. »Würde Pythagoras eine Hekatombe
geopfert haben, wenn er seinen berühmten Satz nicht gekannt hätte, als
er den Beweis fand«?

Man sagt auch: das Genie denke in Sprüngen. Meine Herren, der
wachende Geist denkt nicht in Sprüngen. Das ist ihm nicht gegeben.

Vielleicht ist es für Sie von Interesse, wenn ich, durch höchst indis-
crete Mittheilungen aus meinem geistigen Leben, Ihnen darlege, wie ich
zu einzelnen meiner Gedanken gekommen bin.

Während meines Aufenthaltes in London wohnte ich längere Zeit
in Clapham road in der Nähe des Common. Die Abende aber verbrachte
ich vielfach bei meinem Freund H u g o M ü l l e r in Islington, dem entgegengesetzten Ende der Riesenstadt. Wir sprachen da von mancherlei,
am meisten aber von unserer lieben Chemie. An einem schönen Sommer-
tage fuhr ich wieder einmal mit dem letzten Omnibus durch die zu dieser
Zeit öden Strassen der sonst so belebten Weltstadt: »outside«, auf dem
Dach des Omnibus, wie immer. Ich versank in Träumereien. Da gaukelten vor meinen Augen die Atome. Ich hatte sie immer in Bewegung gesehen, jene kleine Wesen, aber es war mir nie gelungen, die Art ihrer
Bewegung zu erlauschen. Heute sah ich, wie vielfach zwei kleinere sich
zu Pärchen zusammenfügten; wie grössere zwei kleine umfassten, noch

grössere drei und selbst vier der kleinen festhielten, und wie sich Alles in wirbelndem Reigen drehte. Ich sah, wie grössere eine Reihe bildeten und nur an den Enden der Kette noch kleinere mitschleppten. Ich sah, was Altmeister K o p p , mein hochverehrter Lehrer und Freund, in seiner »Molecularwelt« uns in so reizender Weise schildert; aber ich sah es lange vor ihm. Der Ruf des Conducteurs: »Clapham road« erweckte mich aus meinen Träumereien, aber ich verbrachte einen Theil der Nacht, um wenigstens Skizzen jener Traumgebilde zu Papier zu bringen. So entstand die Structurtheorie.

Aehnlich ging es mit der Benzoltheorie. Während meines Aufenthaltes in Gent in Belgien bewohnte ich elegante Junggesellenzimmer in der Hauptstrasse. Mein Arbeitszimmer aber lag nach einer engen Seitengasse und hatte während des Tages kein Licht. Für den Chemiker, der die Tagesstunden im Laboratorium verbringt, war dies kein Nachtheil. Da sass ich und schrieb an meinem Lehrbuch; aber es ging nicht recht; mein Geist war bei anderen Dingen. Ich drehte den Stuhl nach dem Kamin und versank in Halbschlaf. Wieder gaukelten die Atome vor meinen Augen. Kleinere Gruppen hielten sich diesmal bescheiden im Hintergrund. Mein geistiges Auge, durch wiederholte Gesichte ähnlicher Art geschärft, unterschied jetzt grössere Gebilde von mannigfacher Gestaltung. Lange Reihen, vielfach dichter zusammengefügt; Alles in Bewegung, schlangenartig sich windend und drehend. Und siehe, was war das? Eine der Schlangen erfasste den eigenen Schwanz und höhnisch wirbelte das Gebilde vor meinen Augen. Wie durch einen Blitzstrahl erwachte ich; auch diesmal verbrachte ich den Rest der Nacht um die Consequenzen der Hypothese auszuarbeiten.

Lernen wir träumen, meine Herren, dann finden wir vielleicht die Wahrheit:

>Und wer nicht denkt,
Dem wird sie geschenkt,
Er hat sie ohne Sorgen « —

aber hüten wir uns, unsere Träume zu veröffentlichen, ehe sie durch den wachenden Verstand geprüft worden sind.

>Unzählige Keime des geistigen Lebens erfüllen den Weltraum, aber nur in einzelnen, seltenen Geistern finden sie den Boden zu ihrer Entwicklung; in ihnen wird die Idee, von der Niemand weiss, von wo sie stammt, in der schaffenden That lebendig. «

Ich habe Ihnen vorhin gesagt: zu gewissen Zeiten liegen gewisse Ideen in der Luft. Wir hören jetzt von L i e b i g , dass es die Keime von Ideen sind, die, ähnlich den Bacillenkeimen, die Atmosphäre erfüllen. Warum fanden nun die vor 25 Jahren umherschwirrenden Keime der Structur- und Benzol-Idee gerade in meinem Kopf den für ihre Entwicklung geeigneten Nährboden? Ich muss Sie wieder mit Mittheilungen aus meinem Leben belästigen.

Auf dem Gymnasium meiner Vaterstadt hatte ich mich namentlich in Mathematik und in der Kunst des Zeichnens hervorgethan. Mein Vater, mit berühmten Architecten enge befreundet, bestimmte mich für das Studium der Architectur. Ueber die Lebensrichtung der Söhne entscheiden ja meistens die Eltern. Ich bezog also die Universität als studiosus architecturae und betrieb, unter R i t g e n ' s Leitung, mit anerkennenswerthem Fleiss Descriptivgeometrie, Perspective, Schattenlehre, Steinschnitt und andere schöne Dinge. Aber L i e b i g ' s Vorlesungen verführten mich zur Chemie und ich beschloss umzusatteln. Da meine Verwandten mir Bedenkzeit auferlegten, verbrachte ich ein Semester auf dem Polytechnikum in Darmstadt. So ist auch die Legende entstanden, ich sei Realschüler, was ich übrigens in keiner Weise für entehrend halten würde. Erst jetzt durfte ich, unter W i l l ' s und L i e b i g ' s Leitung, mich mit meiner lieben Chemie beschäftigen.

Schon meine Lehrjahre führten mich nach Paris. Hier konnte ich eben noch den Vorlesungen des berühmten D u m a s beiwohnen, ich glaube, es waren die letzten. Ich verkehrte viel mit W u r t z , mit dem mich später die Bande wahrer Freundschaft verknüpften. Ich machte durch Zufall die Bekanntschaft und erwarb mir die Freundschaft von G e r h a r d t , der in jener Zeit gerade die wasserfreien Säuren entdeckte und das schon fertig vorliegende Manuscript seines berühmten Lehrbuchs zum Druck vorbereitete. Ein anderthalbjähriger Aufenthalt auf einem einsamen Schloss in der Schweiz gab mir reichlich Musse, das, was ich durch Einblick in jenes noch nicht veröffentlichte Manuscript gelernt hatte, selbstständig zu verarbeiten.

Meine Wanderjahre führten mich weiter nach London. Hatte ich in Paris Gelegenheit gehabt, die noch nicht veröffentlichten Ansichten G e r - h a r d t ' s kennen zu lernen, so war mir jetzt das Glück beschieden, in regem Freundesverkehr mit W i l l i a m s o n mich mit der Denkweise dieses philosophischen Geistes vertraut zu machen.

Ursprünglich Schüler von L i e b i g , war ich zum Schüler von

D u m a s , G e r h a r d t und W i l l i a m s o n geworden; ich gehörte keiner Schule mehr an.

Dieser Umstand und die Richtung, welche die früheren architectonischen Studien meinem Geiste gegeben, ein unwiderstehliches Bedürfniss nach Anschaulichkeit: sie sind offenbar die Ursache davon, dass jene vor 25 Jahren in der Luft umherschwirrenden chemischen Ideenkeime gerade in meinem Kopf den für sie geeigneten Boden fanden. Der Mensch ist eben ein Ausdruck der Verhältnisse, in denen er gross geworden; ein besonderes Verdienst erwächst ihm daraus nicht.

Darf ich für jüngere Fachgenossen eine Lehre anknüpfen? Machen Sie sich frei vom Geist der Schule, dann werden Sie fähig sein, Eigenes zu leisten. Bedenken Sie dabei, dass es Mephisto war, der dem Schüler den Rath gab:

Am besten ist's auch hier,
Wenn Ihr nur Einen hört
Und auf des Meisters Worte schwört.

Nur ein Verdienst glaube ich selbst mir zusprechen zu können. Ich habe getreulich den Rath befolgt, den Altmeister L i e b i g dem jungen Anfänger gab. »Wenn Sie Chemiker werden wollen, so sagte mir L i e b i g , als ich in seinem Laboratorium arbeitete, so müssen Sie sich Ihre Gesundheit ruiniren; wer sich nicht durch Studiren die Gesundheit ruinirt, bringt es heutzutage in der Chemie zu nichts.« Das war vor 40 Jahren; ob es wohl heute noch gilt? Diesem Rath bin ich getreulich nachgekommen. Während vieler Jahre waren mir 4 und selbst 3 Stunden Schlaf genug. Eine bei den Büchern durchwachte Nacht wurde nicht gerechnet, nur wenn zwei oder drei aufeinander folgten, glaubte ich mir ein Verdienst erworben zu haben. Damals hatte ich mir einen Schatz von Kenntnissen erworben, der meine Freunde zu der Ansicht veranlasste: ich sei zuverlässiger als der Jahresbericht.

Die schönen Tage sind längst vorüber. Von den verschiedenen Fähigkeiten des Geistes erlischt die Phantasie am ersten; ihr folgt bald, aber glücklicherweise langsam, das Gedächtniss; am längsten erhält sich die Kritik; aber auch sie befähigt zu werthvollen Leistungen, vorausgesetzt, dass sie auf der breiten Basis solider, durch gründlichen Fleiss erworbener Kenntnisse beruht. Soll ich auch hier eine Nutzanwendung machen? Ich könnte den jüngeren Fachgenossen nur rathen, in der Jugend fleissig zu sein.

Mit Schnellzügen macht man keine Forschungsreisen und durch das

Studium selbst der besten Lehrbücher wird man nicht zum Entdecker. Wer sich damit begnügt, auf wohlangelegten Promenadewegen einen viel besuchten Aussichtspunkt zu besteigen, der kann wohl im seitlichen Gebüsch noch ein vergessenes Blümlein pflücken und, wenn er sich mit Kryptogamen, mit Moosen und Flechten begnügt, sogar eine gefüllte Botanisirtrommel nach Hause bringen; etwas wesentlich Neues wird er nicht finden. Wer sich zum Forscher ausbilden will, muss die Originalwerke der Reisenden studiren; so gründlich, dass er nicht nur zwischen den Zeilen zu lesen, sondern die selbst da nicht zum Ausdruck gebrachten Gedanken zu errathen vermag. Er muss den Pfaden der Pfadfinder folgen; auf jede Fussspur, auf jeden geknickten Zweig, auf jedes gefallene Blatt muss er achten. Dann wird es ihm ein Leichtes sein, an dem äussersten der früher erreichten Punkte die Stelle zu erspähen, wo der weiter fortschreitende Fuss festen Boden zu finden vermag.

Wenn ich alles überblicke, so finde ich keinen Grund, der Sie hätte veranlassen können, eine Feier, wie die heutige, zu veranstalten.

Und doch haben Sie diese Feier veranstaltet. Ich glaube Ihnen sagen zu können, warum Sie es gethan haben.

Das strebsame Völkchen der Chemiker, stolz auf seine Vergangenheit und voll Hoffnung für die Zukunft, hat, in unserem jubiläumsüchtigen Jahrhundert, das Bedürfniss gefühlt, auch seinerseits ein Jubiläum zu feiern; in unserer raschlebigen Zeit durfte die Periode natürlich nicht länger als 25 Jahre sein, und länger als 25 Jahre halten sich auch die meisten Theorien nicht. Nun ist es, zu meinen Bedauern, unbestreitbar: so wie die Substitutions- und Typentheorie dem vorigen Vierteljahrhundert den Stempel aufgedrückt hat, so ist für das zuletzt verflossene, neben der Structurtheorie, ihr Schlussstein, die Benzoltheorie, die am meisten charakteristische Signatur gewesen. Es ist ja auch in anderen Gebieten der Chemie viel Wichtiges geleistet worden; auch andere Zweige sind mächtig gewachsen, noch andere, denen offenbar die Zukunft gehören wird, sind neu entstanden; in der Masse aber war die Parole: aromatisch.

Für die Theorie der aromatischen Verbindungen aber, also für die Benzoltheorie, werde ich allgemein und ohne Widerspruch verantwortlich gemacht; ich habe auch selbst dagegen nie Einsprache erhoben, werde also die Verantwortlichkeit auch weiter übernehmen und alle Consequenzen tragen müssen, selbst wenn sie mir lästig sind.

Obgleich also meine geringen Verdienste nach meiner Ueberzeugung eine Huldigung, wie diejenige, welche Sie mir heute bereitet haben, in keiner Weise verdienen, spreche ich doch dem Vorstand der Deutschen chemischen Gesellschaft für die wohlwollende Beurtheilung meiner geringen Leistungen und für die persönlich wohlthuende Sympathie, welche er durch Veranstaltung dieser Feier mir hat bezeugen wollen, meinen tiefgefühltesten Dank aus, und ich danke von Herzen allen meinen zahlreichen Freunden von Nah und Fern für das Wohlwollen, welches sie durch Betheiligung an dieser, wenn auch unberechtigten Feier an den Tag gelegt haben.

Es erübrigt mir noch, dass ich mich an Sie wende, verehrter Freund G l a s e r , der Sie so lange mein treuer Mitarbeiter gewesen sind, und der Sie heute im Namen deutscher Anilinfarbenfabrikanten geredet haben. Ihre Mittheilung war ganz eigner Art, bedarf also auch der besonderen Beantwortung.

Dass mich Ihre heutige Mittheilung nicht überrascht hat, werden Sie natürlich finden. Ein Portrait lässt sich nicht heimlich herstellen. Auch der Anblick des Gemäldes, der uns für nachher bevorsteht, wird für mich keine Ueberraschung sein, da das Kunstwerk unter meinen Augen entstanden ist. Meine Ueberraschung geht auf eine frühere Zeit zurück. Auf der Höhe des Rigi erreichte mich während der Herbstferien Ihr Brief, der mir Ihre und Ihrer Freunde Absicht mittheilte. Zwei Tage nachher erschien Freund C a r o , um dem schriftlich ausgesprochenen Wunsch mündlich mehr Nachdruck zu geben. Damals war ich allerdings überrascht. Ich war bis dahin der Meinung gewesen, nach Ansicht der Herren Fabrikanten, unter denen ich viele werthe Freunde und frühere Schüler zähle, habe nur die Biene ein Verdienst, die den Honig einheimst, nicht aber die Blume, die den Honig führenden Nektar erzeugt. Sie thue es, so dachte ich, aus innerem Trieb, um sich und ihren Freunden ein Vergnügen zu bereiten. Die Erkenntniss, dass ich mich mit dieser Ansicht geirrt hatte, sie ist es, was mir am meisten Vergnügen bereitet.

Dass manche meiner Arbeiten, und dass auch die Benzoltheorie für die Technik der Theerfarben von Nutzen gewesen sind, kann ich nicht in Abrede stellen; aber ich kann Sie versichern, ich habe niemals für die Technik gearbeitet, immer nur für die Wissenschaft. Ich habe immer für die Technik das grösste Interesse gehabt, aber ich habe von ihr niemals Interessen bezogen. Gerade deshalb bin ich doppelt erfreut darüber und doppelt dankbar dafür, dass die Vertreter der Technik meine geringen Verdienste um die Technik anerkennen wollen.

Die Art, wie sie diese Anerkennung zum Ausdruck zu bringen beabsichtigen, könnte freilich vielleicht bekrittelt werden. Sie beabsichtigen, das Gemälde der Nationalgalerie anzubieten, aber die Nationalgalerie ist doch nicht eigentlich ein Pantheon, eine Walhalla oder eine Ruhmeshalle, sie ist eine Sammlung von Kunstwerken moderner Meister. Dass das Gemälde, welches mich darstellt, dort eine Stelle verdient und eben nur dort die seiner würdige Stelle finden kann, ist mir unzweifelhaft. Aber es will mir scheinen, als solle ich unter dem Namen A n g e l i dort eingeschmuggelt werden. Ich tröste mich mit dem Gedanken, dass die Monumente, die wir auf öffentlichen Plätzen errichten, von den Reisenden aufgesucht und von Baedeker besternt werden, nicht wegen der Personen, die sie darstellen, sondern wegen ihres Kunstwerthes. Das hindert nicht, dass sie die Namen und die Züge der Dargestellten der Nachwelt überliefern. Sie haben dem Lebenden ein Monument setzen wollen und haben mit Recht ein lebendiges Gemälde dem kalten Marmorbild vorgezogen. — Ich danke Ihnen herzlichst für diese Absicht und für die meine Verdienste so weit übersteigende Anerkennung, die Sie in dieser Weise zum Ausdruck haben bringen wollen, und ich bitte Sie daher, meinen tiefgefühltesten Dank entgegenzunehmen und diesen Dank auch allen denjenigen, in deren Namen Sie geredet haben, zu übermitteln.

---

## Rede von August Kekulé,

gehalten bei der ihm im Hörsaal des chemischen Instituts von seinen Schülern veranstalteten Feier seiner 25jährigen Lehrthätigkeit als ordentlicher Professor in Bonn am 1. Juni 1892 [1]).

### Geehrte Herrn!

Sie haben mich in einen Hinterhalt gelockt. Selbst meinen gewöhnlichen Eingang zum Auditorium hat man mir heute verwehren wollen. Sie haben das stillvergnügte Auditorium in vollständige Unordnung gebracht. Auf dem Experimentirtisch sind zum Schein ein paar Apparate

---

[1]) Vgl. Kölnische Zeitung, Erste Morgenausgabe Nr. 448, Freitag, den 3. Juni 1892.

aufgestellt und unter dem Publicum sehe ich viele Freunde, die entschieden nichts vom Wasserstoff hören wollen. Chemische Apparate
sind das nicht (auf die Pflanzen weisend) und die Palmen haben sicher
nichts in dem Laboratorium zu suchen. Es wird mehr wie ein Tag èr-
forderlich sein, um das nicht hierher Gehörige wieder fortzuräumen, um
in unsere alte Ruhe zurückzukehren. Ihr Redner hat mich überdies mit
allen Pfeilen der Schmeichelei beschossen und mich mit unverdientem
Lob überschüttet, so dass ich die Besinnung fast verloren habe. Und doch
soll ich Ihnen danken. Von dem Wasserstoff und seinen Eigenschaften
kann heute natürlich nicht die Rede sein. Aber was soll ich zu Ihnen
sprechen? Denn ich darf annehmen, daß mein noch so herzlicher Dank
Ihnen mager vorkommen dürfte. Da von unseren gewöhnlichen Gegenständen nicht geredet werden kann, so schließen wir uns an das Thema
an, das wir im Wintersemester zu behandeln pflegen, ausgewählte
Kapitel (Aphorismen) aus der Geschichte der Chemie. Die Geschichte
der Chemie ist aber zugleich die Geschichte der Chemiker. Aber nun
macht das Alter geschwätzig und die Alten sind geneigt, viel von sich
zu reden. Da ist es vielleicht nicht unwillkommen, wenn ich Ihnen einige
Details aus meinem Leben mittheile. Ich muß auf die ältesten Zeiten
meiner Existenz zurückkehren. Der Mensch ist ein Ausdruck der Verhältnisse, in denen er groß geworden ist und in denen er lebt. Schon die
frühesten Eindrücke üben einen Einfluß auf uns aus. Ich bin Schüler
des Darmstädter Gymnasiums und machte dort mein Abiturienten-
examen. Auf Prädikate kommt es ja nicht an. Ich bezog die Universität
Gießen, um dort Architectur zu studiren. Auf dem Gymnasium hatte ich
mich hauptsächlich in Mathematik ausgezeichnet. Die Sonntage verbrachte ich in dem Atelier eines Kupferstechers — das Lob des Profes-
sors der Mathematik und des Zeichenlehrers brachten meinen Vater auf
den Gedanken, der Junge muß Architectur studiren. Mein Vater ließ
sich um so eher bereden, als er mit mehreren Architecten befreundet war
(Moller und Krönke). Mein Vater selbst trieb aus Liebhaberei Architectur. Schon als Gymnasiast war ich in die Geheimnisse der Architectur
eingeweiht worden. In Darmstadt stehen noch mehrere Häuser, zu denen
ich als Gymnasiast die Pläne gezeichnet habe. Ich habe mir mein Fach
nicht selbst gewählt. Ich ging also nach Gießen, um unter Leitung von
R i t g e n Architectur zu studiren. Gleichzeitig hörte ich L i e b i g und
seine Vorlesungen führten mich zur Chemie. Meine Verwandten wollten
mir nicht die Erlaubniß geben, so plötzlich umzusatteln, zumal zu einer

Wissenschaft, die damals noch keine Zukunft bot. Ich bekam also ein
halb Jahr Bedenkzeit, das ich in Darmstadt am dortigen Polytechnikum
zubrachte. So ist die Mythe entstanden, daß ich Realschüler bin; ich bin
aber Gymnasiast, obgleich K o l b e immer das Gegentheil behauptete.
Ich würde mich nicht schämen das zuzugeben, wenn es der Fall wäre,
aber ich bin Gymnasiast. Mein erster Lehrer in Chemie war M o l d e n -
h a u e r , der Erfinder der Streichhölzer. Wir sehen, das sind so alte
Zeiten, daß man die Reibhölzer noch nicht kannte. Es gab nur einfache
Schwefelhölzer, ohne Phosphor. Meine Mußestunden verbrachte ich in
einem Kellerraume, um mich mit Modelliren zu beschäftigen, Lehm zu
knutschen. Einzelne Nachmittage verbrachte ich in der Werkstätte eines
Drehers zu, um auch aus eigener Anschauung ein Handwerk kennen zu
lernen. Dann wurde es mir bewilligt nach Gießen zu gehen. Ich hörte
dort erstens bei W i l l und dann bei L i e b i g chemische Vorlesungen.
L i e b i g arbeitete damals an einer neuen Ausgabe seiner chemischen
Briefe. Es mußten noch viele Experimente dazu angestellt werden. Ich
mußte damals Aschenbestimmungen machen und Eiweiß bestimmen
(Kleber in den Pflanzen u. s. w. untersuchen). Die Namen der jungen
Chemiker, die ihm halfen, werden in dem Buche erwähnt, auch ich. Als
L i e b i g mich gerade zu seinem Assistenten machen wollte, wurde mir
der Vorschlag gemacht, auf Kosten eines Verwandten ein Jahr lang in's
Ausland zu gehen, nach Berlin, das war damals für Gießen Ausland, oder
Paris. „Gehen Sie nach Paris,“ sagte L i e b i g , „da erweitern Sie Ihren
Gesichtskreis, da lernen sie eine neue Sprache, da lernen Sie das Leben
einer Großstadt kennen, aber Chemie lernen Sie dort nicht.“ Aber
L i e b i g hatte nicht recht. Ich hörte F r e m y , W ü r t z , P o u i l l e t ,
R e g n a u l t , den Physiologen M a r c h a n d i e , Technologie bei P a y e n .
Eines Tages, als ich durch die Straßen der Weltstadt schlenderte, wen-
deten sich meine Blicke auf einen großen Anschlag: Leçons de philosophie chimique par Charles Gerhardt, exprofesseur de Montpellier. G e r -
h a r d t hatte seine Professur in Montpellier aufgegeben und las in Paris
als Privatdocent über Philosophie der Chemie. Das verlockte mich und
ich schrieb meinen Namen in die Liste ein. Tags nachher fand ich eine
Visitenkarte von G e r h a r d t vor; er hatte meinen Namen in L i e b i g 's
chemischen Briefen gelesen. Sie sehen, welche Rolle der Zufall spielt.
Ich suchte ihn gleich auf und wurde sehr freundlich empfangen. Er
machte mir sogar den Vorschlag, sein Assistent zu werden, aber die Bedingungen waren unannehmbar. Der Besuch hatte 12 Uhr morgens be-

gonnen und ich verließ 12 Uhr nachts das Haus, und wir hatten eine
Menge Chemie geredet. Diese Unterredungen setzten sich noch über
ein Jahr lang fort, wöchentlich mindestens zwei Mal. Zu der Zeit bekam
ich einen Antrag, als Assistent zu von Planta nach Reichenau, Schloß
bei Chur, den ich annahm gegen Liebig's Wunsch, der mir eine Assi-
stentenstelle bei Fehling anempfahl. Ich ging also nach der Schweiz.
Mein Kopf war damals ein zwitscherndes Vogelnest von confiscirlichen
Büchern, um mit Heine zu sprechen. Ich hatte Muße, um zu verdauen,
was ich in Paris im Verkehr mit Gerhardt gelernt hatte. Um diese
Zeit erhielt ich von Stenhouse in London ein Anerbieten, sein Assistent zu werden. Aber ich hatte wenig Lust anzunehmen, weil ich ihn,
wenn ich mir den Ausdruck gestatten darf, für einen Schmierchemiker
hielt. Zufällig kam nun Bunsen zum Besuch seines Schwagers nach
Chur, auf dessen Landgut ich ihn zuerst kennen lernte. Ich besprach mit
ihm das Anerbieten von Stenhouse und er rieth mir auf alle Fälle
anzunehmen, ich würde eine neue Sprache kennen lernen, aber Chemie
würde ich nicht lernen. Ich ging also nach London, wo ich als Assistent
von Stenhouse nicht besonders viel profitirte. Durch Vermittlung
eines Freundes, den ich aufsuchte, kam ich aber in Beziehung zu Williamson. Dieser hatte damals seine Aethertheorie schon veröffentlicht
und arbeitete über mehrbasische Säuren, speciell über Einwirkung von
PCl$_5$ auf SO$_4$H$_2$. Die Chemie stand damals an einem Wendepunkt: die
Theorie der mehrwerthigen Radicale war am Entstehen. Bei Williamson verkehrte auch der geistreiche Odling. Williamson drang auf
klare Formeln, ohne Kommata und Kolbe'sche Schnallen oder Gerhardt'sche Klammern. Das war eine vorzügliche Schulung, die den
Geist unabhängig machte. Man wollte mich in England zurückhalten, ich
sollte Techniker werden, aber mich zog es nach der Heimat. Ich wollte
mich auf einer deutschen Universität habilitiren. Aber wo? Ich machte zu
dem Ende eine Studienreise, um die Verhältnisse auf den einzelnen Hochschulen kennen zu lernen. Dabei kam ich auch nach Bonn. Es war hier
kein bedeutender Chemiker, gleichwohl sah ich keine Aussicht. Nirgends
sah ich eine so große vielversprechende Zukunft wie in Heidelberg. Ich
war sicher, in Bunsen keine Stütze zu finden. Ich kann nichts für Sie
thun, wenigstens nicht öffentlich, sagte er; ich will Ihnen nicht im Wege
sein, aber weiter kann ich auch nichts thun. Ich richtete also ein kleines
Privatlaboratorium in Heidelberg an der Hauptstraße in dem Hause
eines Mehlhändlers Goos ein, ein Zimmer mit anstoßender Küche. Ich

nahm ein paar Schüler auf; zu den Practikanten gehörte auch B a e y e r.
In unserer kleinen Küche stellte ich meine Untersuchung über Knallquecksilber fertig, während B a e y e r seine nachher berühmt gewordenen
Untersuchungen über Kafodyl ausführte. Daß die Wände dicht mit
arseniger giftiger Säure bedeckt waren und daß Knallquecksilber explo-
sibel sei, darum kümmerten wir uns nicht. Nach fünf Semestern erhielt
ich dann einen Ruf als ordentlicher Professor nach Gent. Dort blieb
ich neun Jahre und mußte in französicher Sprache lesen. Mit mir siedelte
auch B a e y e r nach Gent über. Durch die Güte des damaligen Minister-
präsidenten von Belgien, R o g i e r, erhielt ich hinter dem Rücken des
Curatoriums die Mittel zur Errichtung eines kleinen Laboratoriums. Dort
sammelten sich dann um mich eine Zahl von meist schon gereiften
Schülern, unter denen ich B a e y e r, H ü b n e r, L a d e n b u r g,
W i c h e l h a u s, L i n n e m a n n, R a d z c i z e w s k i, den Chemiker
M e y e r nenne. Es war weniger ein systematischer Unterricht, als ein
erfreuliches, freies akademisches Zusammenleben. Nach neunjähriger
Thätigkeit erhielt ich den Ruf nach Bonn. Ich nahm ihn mit Freuden
an, obwohl mir der Abschied von den mir lieb gewordenen Gent nicht
leicht wurde. Ich war damals gerade in Paris auf der Ausstellung. Ich
betrachtete den Ruf nach Bonn aber als eine Erlösung; ich sehnte mich
darnach, in deutscher Sprache zu lehren. Während meines Aufenthaltes
in London enstand das, was man jetzt als Valenz- und Structur-Chemie
bezeichnet. Derartige Gedanken lagen damals in der Luft, über kurz
oder lang wären sie doch ausgesprochen worden, vielleicht ein oder
zwei Jahre später, vielleicht auch in anderer Art, wie ich es that. Es
wäre nur eine „paperchemistry“ geworden, nur der Architect konnte
eine lebendige, räumliche Vorstellung der Atomgruppirung geben. Außerdem habe ich auf meinen mannigfachen Reisen viele Ansichten kennen
und das Gute wie das Schlechte aussondern gelernt: ich war ein Eklek-
tiker geworden. Ich war nicht im Geiste einer engeren Schule befangen.
Ich kehre nun mit wenigen Worten zurück zu dem Zeitpunkt, wo der
Ruf nach Bonn an mich erging. Officiell erhielt ich den Ruf vor 25 Jahren. Meine Lehrthätigkeit aber konnte ich damals noch nicht beginnen,
denn überall wimmelte es von Ratten und Mäusen im Institut, von deren
letzteren es jetzt noch genug im Institut giebt! In den Räumen des Instituts hatten Schreiner und Zimmerleute ihre Werkstatt aufgeschlagen,
erst allmählich konnte ich Stück für Stück in Gebrauch ziehen. Wenn
es uns gelungen ist, hier in Bonn vielleicht etwas zu leisten (ich bin

selbst niemals mit mir zufrieden gewesen), aber wenn es mir gelungen ist, etwas Ersprießliches zu leisten, so verdanke ich das zum größten Theil zahlreichen Mitarbeitern und dem überaus freundlichen Entgegenkommen der jüngeren Commilitonen. Der Assistent, den ich mitbrachte, war Dr. G l a s e r , jetzt einer der Directoren der Bad. Anilin- & Sodafabrik. Von den späteren Assistenten nenne ich Z i n c k e (Marburg), W a l l a c h (Göttingen). Alle meine Schüler haben mir stets die größte Aufmerksamkeit entgegengebracht, daß Sie mir eine solche Festlichkeit wie heute veranstalten, ist nicht eigentlich verdient, aber ich begrüße es mit Freuden.

# Chronologisches Verzeichnis
## der Abhandlungen, Berichte, Kritiken, Artikel und Reden
### von August Kekulé.